· 税收优惠政策实操好帮手 ·

退税减税降费行动指引
组合式税费支持政策解析与应用

杜春法·主　编
陈双专·副主编

图书在版编目(CIP)数据

**退税减税降费行动指引：组合式税费支持政策解析
与应用** / 杜春法主编．—上海：立信会计出版社，2022.8
ISBN 978-7-5429-7085-5

Ⅰ.①退⋯ Ⅱ.①杜⋯ Ⅲ.①减税—税收政策—研究—中国 Ⅳ.①F812.422

中国版本图书馆 CIP 数据核字(2022)第 152156 号

策划编辑　张巧玲
责任编辑　张巧玲

退税减税降费行动指引——组合式税费支持政策解析与应用
TUISHUI JIANSHUI JIANGFEI XINGDONG ZHIYIN ZUHESHI SHUIFEI ZHICHI ZHENGCE JIEXI YU YINGYONG

出版发行	立信会计出版社
地　　址	上海市中山西路 2230 号　邮政编码　200235
电　　话	(021)64411389　传　真　(021)64411325
网　　址	www.lixinaph.com　电子邮箱　lixinaph2019@126.com
网上书店	http://lixin.jd.com　http://lxkjcbs.tmall.com
经　　销	各地新华书店
印　　刷	固安华明印业有限公司
开　　本	787 毫米×1092 毫米　1/16
印　　张	49.25
字　　数	1769 千字
版　　次	2022 年 8 月第 1 版
印　　次	2022 年 8 月第 1 次
书　　号	ISBN 978-7-5429-7085-5/F
定　　价	149.00 元

如有印订差错，请与本社联系调换

前　言

　　税费是企业运营的重要成本,减税降费是促进企业发展、激发市场主体活力的重要政策工具。减税降费是助企纾困解难的最公平、最直接、最有效的举措。以习近平同志为核心的党中央统筹国内国际两个大局,注重宏观政策跨周期和逆周期调节,连续部署实施减税降费政策,为市场主体减负纾困,取得了积极成效。国家税务总局公布的数据显示,2013年至2021年,税务部门办理新增减税降费累计达8.8万亿元(人民币,下同)。中国宏观税负从2012年的18.7%降至2021年的15.1%。2022年实施大规模增值税留抵退税等新的组合式税费支持政策,为减轻市场主体负担、应对经济下行、稳定经济大盘,提供了有力支持。我国于2016年通过全面推开营改增试点,释放大规模减税红利,服务供给侧改革;2017年加大小微企业所得税优惠力度、推出科技型中小企业研发费用加计扣除等激励措施,同时简并增值税税率,切实减轻企业和个人负担;2018年通过降低增值税税率、提高个人所得税基本减除费用标准等措施,进一步减轻广大纳税人负担;2019年更大规模减税降费政策实施,重点聚焦减轻制造业和小微企业负担,全年累计新增减税降费超过2.3万亿元,占GDP比重2%之多。继而,我国于2020年推出七方面28项支持疫情防控和经济社会发展税费优惠政策,全年新增减税降费超2.6万亿元,有力支持了稳岗就业;2021年实施"减税降费＋缓税缓费",持续加力加码,减税降费产生了叠加效应;2022年实施"大规模留抵退税＋减税降费＋缓税缓费"新的组合式税费支持政策,呈现规模性、连续性、精准性、导向性的特点。

　　——突出规模性,政策安排超预期。截至2022年7月,我国合计新增减税降费及退税缓税缓费超3万亿元,规模为历史之最,超出之前社会的普遍预期,反映了党中央、国务院的魄力和决心。信心比黄金还重要、还珍贵,超预期的政策安排将带来稳预期的战略性效果,不仅对缓解企业当前困难而且对推动长远发展都具有重大意义。

　　——突出连续性,聚焦重点促发展。制造业是实体经济和国家竞争力的基础,中小微市场主体是保民生、稳就业的关键。近年来我国实施的减税降费政策,无论是规模还是幅度,中小微市场主体、制造业都是最主要的获益群体和受益行业。今年我国实施新的组合式税费支持政策继续聚焦这一重点,保持政策的连续性和稳定性,并呈现出年年加力、步步扩围、层层递进的特点,提高减免幅度、扩大适用范围,阶段性免征小规模纳税人增值税、地方"六税两费"政策扩围、加大小型微利企业所得税减免力度等一系列政策,将对帮助制造业企业轻装上阵、更好发展,支持中小微市场主体渡过难关、持续发展,起到重要支撑作用。

——突出精准性,助企纾困增活力。受"三重压力"和国际环境等不确定性因素影响,当前不少企业面临资金短缺等困难。今年我国大力改进增值税留抵退税制度,对留抵税额实行大规模退税,优先安排小微企业,对小微企业的存量留抵税额于6月底前一次性全部退还,增量留抵税额足额退还。重点支持制造业,全面解决制造业、科研和技术服务、生态环保、电力燃气、交通运输等行业留抵退税问题,预计全年留抵退税约1.5万亿元,且退税资金全部直达企业,既大力改进增值税留抵退税制度,又有力为企业提供现金流支持,促进消费投资,为市场主体"输血""活血"、纾困解难。

——突出导向性,激励创新强动能。今年我国进一步加大研发费用加计扣除政策实施力度,将科技型中小企业加计扣除比例从75%提高到100%,对企业投入基础研究实行税收优惠,完善设备器具加速折旧、高新技术企业所得税优惠等政策,以激励企业加大研发投入,培育壮大创新动能,更好促进高质量发展。

企业活则经济活,企业优则经济优,企业对于减税降费政策更加期待。减税降费的政治性、业务性、技术性都很强,我国于2022年实施新的组合式税费支持政策更是一项庞大而复杂的系统工程,涉及政策项目多、涉及税种费种多、涉及企业户数多,操作实施要求高、市场主体期待高,时间紧、任务重,对税务部门落实政策提出了更高要求。为了贯彻习近平总书记"减税降费政策措施要落地生根,让企业轻装上阵",方便税务人员和纳税人正确理解减税降费相关政策,有效解决工作中遇到的问题,引导纳税人充分享受减税降费红利,故整理编写了《退税减税降费行动指引——组合式税费支持政策解析与应用》一书。本书引用的退税减税降费政策截至2022年6月,将现行有效的国家减税降费政策和国家税务总局实施减税降费工作领导小组办公室发布的减税降费政策答复进行了系统梳理和重点讲解,对减税降费政策如何运用提出了合理建议,为企业"送政策、优体验、助成长",让减税降费支持政策和创新服务举措及时惠及企业,不折不扣把党中央、国务院减税降费部署落实到位,全面配合"税收优惠促发展,惠企利民向未来"的全国税收宣传月活动,确保减税降费政策落实中提升纳税人获得感,有效激发市场主体活力、拓展成长空间。全书归类为八章内容,按税种分为组合式税费支持政策、增值税减税退税政策、企业所得税优惠政策、其他税种和附加优惠政策、社会保险基金减免政策、非税收入减免政策,特别将小微普惠和促进中小企业发展单独设为独立章节,以助力中小微企业发展。全书分门别类地进行了政策要点、难点把握和政策运用等方面的讲解,并对最新减税降费政策进行了详尽解读,以期通过减税降费促发展强信心,为纳税人缴费人和税务部门提供参考和有效指引。

山东省税务干部学校

杜春法

2022年8月

目　　录

第一章　新的组合式税费支持政策 … 1

第一节　新的组合式税费支持政策要览 … 1
第二节　新的免税支持政策要览 … 5
　　一、增值税小规模纳税人阶段性免征增值税 … 5
　　二、公共交通运输服务免征增值税 … 5
　　三、快递收派服务收入免征增值税 … 6
　　四、商品储备免征印花税和房产税、城镇土地使用税 … 6
　　五、扶贫货物捐赠免征增值税 … 6
　　六、科技企业孵化器等免征房产税、城镇土地使用税和增值税 … 7
　　七、高校学生公寓免征房产税、印花税 … 7
　　八、城市公交站场等运营用地免征城镇土地使用税 … 7
　　九、农产品批发市场、农贸市场免征房产税、城镇土地使用税 … 8
　　十、支持疫情防护救治等免征个人所得税 … 8

第三节　新的减税支持政策要览 … 9
　　一、对3%征收率的小规模纳税人减征增值税 … 9
　　二、小型微利企业减征所得税 … 9
　　三、个体工商户减半征收个人所得税 … 9
　　四、加大科技型中小企业研发费用加计扣除办比例 … 10
　　五、中小微企业新购置设备器具扣除力度 … 10
　　六、小微企业"六税两费"减免 … 10
　　七、生产、生活性服务业增值税加计抵减 … 11
　　八、房产税、城镇土地使用税困难减免 … 11
　　九、重点群体创业税费扣减优惠 … 11
　　十、吸纳重点群体就业税费扣减优惠 … 12
　　十一、自主就业退役士兵创业税费扣减优惠 … 13
　　十二、吸纳退役士兵就业税费扣减优惠 … 13
　　十三、企业扶贫捐赠所得税据实扣除优惠 … 14
　　十四、从事污染防治的第三方企业减免企业所得税 … 14
　　十五、创业投资企业和天使投资个人税收优惠 … 14
　　十六、3岁以下婴幼儿照护费用专项附加扣除优惠 … 15
　　十七、全年一次性奖金个人所得税优惠 … 15
　　十八、上市公司股权激励个人所得税优惠 … 15
　　十九、外籍个人津补贴个人所得税优惠 … 16

第四节　新的退税支持政策要览 … 16
　　一、小微企业（含个体工商户）增值税留抵退税 … 16
　　二、制造业等行业增值税留抵退税 … 17

第五节　新的缓税支持政策要览	17
一、制造业中小微企业延缓缴纳部分税费	17
二、航空和铁路运输企业分支机构暂停预缴增值税	17
第六节　新的降费缓费支持政策要览	18
一、阶段性降低失业保险、工伤保险费率	18
二、特困行业、属于疫情严重地区的中小微企业阶段性缓缴社会保险费	18
三、失业保险稳岗返还	19

第二章　小微企业普惠性税费支持政策解析与应用　20

第一节　促进中小企业健康发展	20
第二节　小企业、小规模纳税人、小微企业与小型微利企业"四小"解析	22
一、小企业、小规模纳税人、小微企业与小型微利企业	22
二、统计上大中小微型企业划分标准解析	23
三、拟修订的划型标准解析	24
第三节　小微企业普惠性税费支持政策解析与应用	26
一、起征点以下免征增值税	29
二、小规模纳税人实行简易计税方法	30
三、小微企业免征增值税	36
四、小规模纳税人阶段性免税	43
五、小微企业增值税期末留抵退税	47
六、小微企业附加税费减免优惠	48
七、小微企业"六税两费"税费减免	50
八、小型微利企业和个体工商户减免企业所得税	56
九、普惠金融支持小微企业政策	62
十、重点群体创业税收优惠	68
十一、其他支持小微企业发展税费政策	71

第三章　增值税减税退税政策解析与应用　74

第一节　2019年增值税减税核心解析	76
一、2019增值税减税核心政策解析	76
二、深化增值税改革政策	77
三、深化增值税改革征管	78
第二节　增值税类型、特点及优惠方式解析	79
一、增值税类型	79
二、增值税的特点和优点	80
三、增值税减免税主要形式	80
四、享受减免税分别核算规定	81
五、增值税优惠备案规定及减免税享受形式	81
六、精简享受优惠政策办理流程和手续	81
七、放弃免税、减税的处理	82
八、享受增值税优惠风险防范	86
第三节　增值税起征点与小微企业免税解析与应用	86
一、增值税起征点	86
二、小微企业免征增值税	86

第四节　增值税低税率优惠解析与应用	86
一、增值税税率基本政策	86
二、适用9%增值税税率货物范围	89
三、调整后(2019年4月1日后)的增值税税率、征收率	97
四、退税率	99
第五节　增值税不征税项目解析与应用	100
一、增值税应税行为应具备的条件	100
二、非经营活动不征增值税	100
三、不征收增值税项目	101
第六节　增值税简易计税减税解析与应用	103
一、简易计税方法政策规定	103
二、销售货物可简易计税的特定项目	104
三、一般纳税人销售固定资产、旧货和二手车	106
四、营改增应税行为一般纳税人可简易计税的特定项目	109
五、简易计税项目备案	115
第七节　差额征税减税解析与应用	115
一、增值税应税行为差额销售额的确定	115
二、差额征税项目解析	117
三、差额扣税凭证规范	124
四、差额征税开票实务	125
五、差额征税的账务处理	127
第八节　进项税额扩抵减税解析与应用	129
一、不动产两次抵扣政策改为一次性抵扣	129
二、购进国内旅客运输服务纳入抵扣范围	130
三、农产品加计抵扣减税	134
第九节　增值税减免税优惠解析与应用	147
一、《增值税暂行条例》规定的免税项目	147
二、销售货物、劳务增值税减免税优惠	154
三、销售服务增值税免税40项过渡项目	163
四、销售应税服务增值税其他免税优惠	187
五、支持小规模纳税人复工复业增值税减免	195
六、增值税直接减免的会计处理	195
第十节　增值税即征即退优惠解析与应用	196
一、重点群体创业就业增值税即征即退	197
二、资源综合利用、新型墙体材料、清洁电力产品增值税即征即退	206
三、软件产品增值税即征即退	222
四、有形动产融资租赁和融资性售后回租服务	226
五、管道运输服务	227
六、飞机修理	227
七、水力发电站	227
八、黄金期货交易与铂金增值税即征即退	228
九、增值税即征即退管理	228

第十一节 增值税先征后退(返)优惠解析与应用 229
一、全额先征后退(返) 229
二、按比例先征后退 229
三、特殊先征后退 230

第十二节 增值税加计抵减优惠解析与应用 236
一、加计抵减操作办法 236
二、声明享受 236
三、加计抵减具体政策及实务操作 238
四、加计抵减会计处理 245

第十三节 增值税留抵退税解析与应用 247
一、增值税留抵税额 247
二、增值税留抵退税政策发展沿革 248
三、留抵退税政策安排 251
四、增值税留抵税额特殊情形下的处理 273

第十四节 出口退(免)税解析与应用 279
一、增值税零税率 281
二、出口货物、劳务和跨境应税行为退(免)税 281

第十五节 专票电子化改革解析与应用 295
一、新办纳税人专用发票电子化 295
二、增值税专用发票电子化试点开票软件 296
三、新型"全电发票"试点启用 296
四、增值税电子专用发票电子化管理与操作有关问题答问 297

第十六节 增值税纳税申报表优化整合 302
一、增值税与附加税费申报表整合 302
一、增值税、消费税与附加税费申报表整合的意义 303
二、如何进行增值税及附加税费申报 303
三、申报表整合后,增值税申报有什么变化 303

第四章 企业所得税优惠政策解析与应用 305
第一节 企业所得税优惠管理解析与应用 305
一、居民企业所得税优惠政策事项 305
二、享受企业所得税税收优惠项目的管理 307
三、企业所得税优惠过渡优惠政策及叠加享受 309
四、企业所得税税收优惠明细表体系 313

第二节 不征税收入解析与应用 313
一、企业所得税法对不征税收入的界定 313
二、不征税收入的具体政策 314
三、不征税收入的个别政策 316
四、不征税收入管理问题 320

第三节 免税、减计收入及加计扣除政策解析与应用 320
一、免税收入优惠项目 320
二、减计收入优惠项目 336
三、一般企业研发费用加计扣除优惠 344

四、科技型中小企业研发费用加计扣除 ……………………………………………… 386
　　五、残疾人员工资加计扣除 …………………………………………………………… 389
　第四节　所得减免政策解析及应用 ………………………………………………………… 390
　　一、基本政策规定 ……………………………………………………………………… 390
　　二、农、林、牧、渔业项目所得减免 ………………………………………………… 391
　　三、公共基础设施项目定期减免所得额 ……………………………………………… 397
　　四、环境保护、节能节水项目定期减免所得额 ……………………………………… 400
　　五、符合条件的技术转让所得免征、减征所得税 …………………………………… 405
　　六、实施清洁机制发展项目所得减免 ………………………………………………… 408
　　七、合同能源管理项目所得减免 ……………………………………………………… 409
　第五节　抵扣应纳税所得额政策解析与应用 ……………………………………………… 412
　　一、政策规定 …………………………………………………………………………… 412
　　二、优惠事项管理 ……………………………………………………………………… 419
　第六节　减免所得税政策解析与应用 ……………………………………………………… 421
　　一、符合条件的小型微利企业减免所得税 …………………………………………… 421
　　二、国家需要重点扶持的高新技术企业低税率优惠 ………………………………… 421
　　三、动漫企业定期减免所得税 ………………………………………………………… 437
　　四、集成电路产业和软件产业企业所得税优惠 ……………………………………… 437
　　五、减免所得税其他专项优惠 ………………………………………………………… 467
　　六、项目所得额按法定税率减半征收企业所得税叠加享受减免税优惠 …………… 481
　　七、扶持就业限额减征企业所得税 …………………………………………………… 485
　　八、民族自治地方企业所得税减免优惠 ……………………………………………… 490
　　九、享受过渡期税收优惠定期减免企业所得税 ……………………………………… 490
　　十、特定区域公司型创业投资企业股权转让所得减免所得税 ……………………… 490
　第七节　专用设备投资额抵免政策解析与应用 …………………………………………… 493
　　一、优惠政策 …………………………………………………………………………… 493
　　二、优惠事项管理 ……………………………………………………………………… 496
　第八节　加速折旧政策解析与应用 ………………………………………………………… 496
　　一、税法规定 …………………………………………………………………………… 497
　　二、加速折旧"旧"政解析与应用 …………………………………………………… 497
　　三、加速折旧"新"政解析与应用 …………………………………………………… 497
　第九节　其他减税支持政策解析与应用 …………………………………………………… 509
　　一、公益性捐赠支出的税前扣除 ……………………………………………………… 509
　　二、亏损弥补 …………………………………………………………………………… 515
　　三、明确部分扣除项目政策 …………………………………………………………… 517
　　四、企业所得税税前扣除凭证规范 …………………………………………………… 522
第五章　其他税种和附加优惠政策解析与应用 ………………………………………………… 525
　第一节　消费税优惠政策解析与应用 ……………………………………………………… 525
　　一、消费税税目税率表 ………………………………………………………………… 525
　　二、消费税优惠项目 …………………………………………………………………… 529
　第二节　城市维护建设税和教育费附加优惠政策解析与应用 …………………………… 531
　　一、应交城市维护建设税和教育费附加 ……………………………………………… 532

  二、城市维护建设税和教育费附加优惠项目 ················· 533
  三、小微企业减征城市维护建设税和教育费附加50% ··············· 534
  四、预缴增值税后城建税不需清算补退 ··················· 534
  五、城市维护建设税、教育费附加简并申报 ··················· 534
 第三节 资源税优惠政策解析与应用 ··················· 535
  一、纳税人和扣缴义务人 ··················· 536
  二、资源税税目和税率 ··················· 537
  三、资源税政策执行口径 ··················· 539
  四、水资源税 ··················· 540
  五、资源税优惠 ··················· 542
  六、资源税简化申报 ··················· 543
 第四节 环境保护税优惠政策解析与应用 ··················· 544
  一、纳税人和应税行为 ··················· 544
  二、计税依据和应纳税额 ··················· 545
  三、税收减免 ··················· 548
  四、环境保护税简化申报 ··················· 550
 第五节 房产税优惠政策解析与应用 ··················· 550
  一、纳税人和征税范围 ··················· 550
  二、税率 ··················· 551
  三、计税依据 ··················· 551
  四、税收优惠 ··················· 552
  五、房产税简化申报 ··················· 565
 第六节 城镇土地使用税优惠政策解析与应用 ··················· 566
  一、纳税人和征税范围 ··················· 566
  二、适用税额—分级幅度税额 ··················· 567
  三、计税依据及应纳税额的计算 ··················· 567
  四、纳税义务发生和终止时间 ··················· 567
  五、税收优惠 ··················· 568
  六、城镇土地使用税优惠项目核准与备案 ··················· 571
  七、小微企业减征城镇土地使用税50% ··················· 583
  八、城镇土地使用税简化申报 ··················· 584
 第七节 耕地占用税优惠政策解析与应用 ··················· 584
  一、纳税人 ··················· 584
  二、征税范围 ··················· 585
  三、应纳税额 ··················· 586
  四、优惠政策 ··················· 587
  五、优惠资料留存备查 ··················· 588
  六、小微企业减征耕地占用税50% ··················· 589
  七、耕地占用税简化申报 ··················· 590
 第八节 车辆购置税优惠政策解析与应用 ··················· 590
  一、征收范围 ··················· 591
  二、税率和计税价格 ··················· 591

三、税收优惠 ·· 592
　　四、特殊情形车辆购置税的补退 ·· 594
　　五、优惠备案 ·· 595
第九节　车船税优惠政策解析与应用 ·· 596
　　一、纳税人和征税范围 ·· 597
　　二、应纳税额计算 ·· 598
　　三、税收优惠 ·· 599
　　四、优惠资料留存备查 ·· 601
　　五、取消的税务证明事项 ·· 602
　　六、车船税税简化申报 ·· 602
第十节　印花税优惠政策解析与应用 ·· 603
　　一、纳税人 ··· 603
　　二、应税凭证 ·· 603
　　三、税目税率 ·· 604
　　四、计税依据、补税、退税及具体计算 ·· 604
　　五、税收优惠 ·· 605
　　六、征管要求 ·· 615
　　七、小规模纳税人减征印花税50%优惠 ·· 616
　　八、印花税简化申报 ··· 617
第十一节　契税优惠政策解析与应用 ·· 617
　　一、纳税人、征税范围和税率 ·· 617
　　二、计税依据与计算 ··· 618
　　三、税收优惠 ·· 619
　　四、征收管理 ·· 622
　　五、优惠备案 ·· 623
第十二节　土地增值税优惠政策解析与应用 ·· 627
　　一、纳税人和征税范围 ·· 627
　　二、适用税率 ·· 629
　　三、税收优惠 ·· 629
　　四、优惠核准 ·· 631
　　五、优惠备案 ·· 631
第十三节　进口税收优惠政策解析与应用 ·· 633
　　一、支持集成电路产业和软件产业发展 ·· 633
　　二、支持科技创新 ·· 635
　　三、支持新冠疫情防控 ·· 636
　　四、支持海南自由贸易港自用生产设备 ·· 637
　　五、支持民用航空维修用航空器材 ·· 637
第十四节　个人所得税优惠政策解析与应用 ·· 637
　　一、个体工商户生产经营所得优惠 ·· 637
　　二、个人独资和合伙企业的生产、经营所得优惠 ···································· 641
　　三、个人综合所得扣除项目优惠 ··· 645
　　四、全年一次性奖金优惠 ·· 653

五、个人取得股权激励优惠 ……………………………………………………… 654
　　六、个人综合所得其他优惠 ……………………………………………………… 655
　　七、股权转让所得管理 …………………………………………………………… 657
　　八、个人所得税综合所得汇算清缴 ……………………………………………… 660

第六章　社会保险基金减免政策解析与应用 …………………………………… 663
第一节　社会保险项目政策解析与应用 ………………………………………… 664
　　一、社会保险缴费内容 …………………………………………………………… 664
　　二、生育保险和职工基本医疗保险合并实施 …………………………………… 664
　　三、社保费移交税务机关征收 …………………………………………………… 665
　　四、社会保险缴费登记 …………………………………………………………… 666
　　五、缴费对象 ……………………………………………………………………… 666
　　六、缴费基数 ……………………………………………………………………… 666
　　七、缴费比例 ……………………………………………………………………… 667
　　八、降低、缓缴社会保险费 ……………………………………………………… 667
　　九、社会保险费征缴模式 ………………………………………………………… 673
第二节　城镇企业职工基本养老保险政策解析与应用 ………………………… 673
　　一、征缴范围 ……………………………………………………………………… 674
　　二、缴费基数 ……………………………………………………………………… 674
　　三、缴费比例 ……………………………………………………………………… 674
　　四、缴费期限和计征方法 ………………………………………………………… 674
第三节　城镇企业职工基本医疗保险政策解析与应用 ………………………… 675
　　一、征缴范围 ……………………………………………………………………… 675
　　二、缴费基数 ……………………………………………………………………… 675
　　三、缴费比例 ……………………………………………………………………… 675
第四节　工伤保险政策解析与应用 ……………………………………………… 676
　　一、征缴范围 ……………………………………………………………………… 676
　　二、缴费基数 ……………………………………………………………………… 676
　　三、缴费比例 ……………………………………………………………………… 676
　　四、建筑业工伤保险 ……………………………………………………………… 676
第五节　失业保险政策解析与应用 ……………………………………………… 677
　　一、征缴范围 ……………………………………………………………………… 677
　　二、缴费基数 ……………………………………………………………………… 677
　　三、缴费比例 ……………………………………………………………………… 677
第六节　生育保险政策解析与应用 ……………………………………………… 677
　　一、征缴范围 ……………………………………………………………………… 677
　　二、缴费基数 ……………………………………………………………………… 677
　　三、缴费比例 ……………………………………………………………………… 677
第七节　社保费滞纳金的计算缴纳解析 ………………………………………… 678
第八节　社会保险事业的税收支持政策解析 …………………………………… 678
　　一、个人所得税支持政策 ………………………………………………………… 678
　　二、企业所得税支持政策 ………………………………………………………… 679
　　三、契税支持政策 ………………………………………………………………… 679

四、印花税支持政策 ·· 679
　　五、综合支持政策 ·· 679
第九节　对严重失信对象实施联合惩戒政策解析 ·· 680
　　一、惩戒对象 ·· 680
　　二、信息共享与联合惩戒的实施方式 ·· 680
　　三、惩戒措施 ·· 681

第七章　非税收入减免政策解析与运用 682
第一节　非税收入管理解析 ·· 682
　　一、非税收入及设立 ·· 682
　　二、票据管理 ·· 682
　　三、申报管理 ·· 683
第二节　行政事业性收费减费政策解析与应用 ·· 683
　　一、行政事业性收费项目审批管理 ·· 683
　　二、全国性及中央部门和单位涉企行政事业性收费目录清单（部分） ························ 684
　　三、行政事业性收费标准管理办法 ·· 689
　　四、行政事业性收费减免政策解析 ·· 689
第三节　政府性基金减费政策解析与应用 ·· 690
　　一、政府性基金管理暂行办法 ·· 690
　　二、全国政府性基金目录清单 ·· 691
第四节　教育费附加与地方教育附加 ·· 693
第五节　工会经费减费政策解析与应用 ·· 693
　　一、工会经费收入范围 ·· 693
　　二、工会经费的拨缴方式 ·· 693
　　三、工会经费支出范围 ·· 694
　　四、工会经费代征 ·· 695
　　五、小微企业全额返工会经费 ·· 695
第六节　残疾人就业保障金减费政策解析与应用 ·· 695
　　一、政策规定 ·· 696
　　二、完善残疾人就业保障金制度更好促进残疾人就业总体方案 ······························ 696
　　三、调整残疾人就业保障金征收政策 ·· 697
　　四、残疾人就业保障金计算方法 ·· 697
　　五、残疾人就业保障金减免缓缴 ·· 698
　　六、残疾人就业保障金申报 ·· 698
第七节　文化事业建设费减费政策解析与应用 ·· 699
　　一、征收范围 ·· 699
　　二、计费依据 ·· 700
　　三、免征情形 ·· 700
第八节　水利建设基金和国家重大水利工程建设基金减费政策解析与应用 ······················ 701
　　一、水利建设基金和国家重大水利工程建设基金 ·· 701
　　二、水利建设基金和国家重大水利工程建设基金减征 ······································ 702
第九节　废弃电器电子产品处理基金减费政策解析与应用 ······································ 703
　　一、基金缴费人及基金缴纳 ·· 703

二、废弃电器电子产品处理目录(2014年版) ……………………………………… 704
第十节　取消、停征和整合部分政府性基金政策解析 …………………………………… 705
　　一、取消、停征和整合部分政府性基金项目 ……………………………………… 705
　　二、取消、调整部分政府性基金 …………………………………………………… 706
　　三、降低部分政府性基金征收标准 ………………………………………………… 706
　　四、关于扩大有关政府性基金免征范围 …………………………………………… 706
　　五、继续征收3项政府性基金规定 ………………………………………………… 706
　　六、取消港口建设费和调整民航发展基金有关政策 ……………………………… 707
　　七、部分政府非税收入项目征管职责划转 ………………………………………… 707

第八章　退税减税降费税务行动指引 ……………………………………………………… 710
　第一节　退税减税降费税务综合措施指引 ………………………………………………… 710
　　一、进一步深化税收征管改革 ……………………………………………………… 710
　　二、制造业中小微企业缓税缓费政策解析与应用 ………………………………… 715
　　三、促进服务业领域困难行业恢复发展的若干政策 ……………………………… 718
　　四、促进工业经济平稳增长的若干政策 …………………………………………… 721
　　五、阶段性税费缓缴 ………………………………………………………………… 722
　第二节　减证便民政策指引 ………………………………………………………………… 722
　　一、证明事项清理 …………………………………………………………………… 723
　　二、国家税务总局取消的税务证明事项 …………………………………………… 723
　　三、六项税务证明事项实行告知承诺制 …………………………………………… 746
　第三节　优化纳税服务政策指引 …………………………………………………………… 751
　　一、2022年"我为纳税人缴费人办实事暨便民办税春风行动" ………………… 752
　　二、税务行政处罚"首违不罚"事项清单 ………………………………………… 758
　　三、办税事项"最多跑一次"清单 ………………………………………………… 759
　　四、"非接触式"网上办税缴费事项清单 ………………………………………… 762
　　五、优化跨区域涉税事项报验管理 ………………………………………………… 766
　　六、纳税信用修复 …………………………………………………………………… 767

第一章 新的组合式税费支持政策

第一节 新的组合式税费支持政策要览

减税降费是助企纾困解难、促进市场主体发展的最公平、最直接、最有效的举措。实施新的组合式税费支持政策是以习近平同志为核心的党中央统筹国内国际两个大局、强化跨周期和逆周期调节的重要举措,是稳定市场预期、提振市场信心、助力企业发展的关键一招。总的来看,着重突出了"四个聚焦":

一是聚焦工业经济平稳增长。工业是国民经济的基石。当前我国经济发展面临需求收缩、供给冲击、预期转弱三重压力,工业经济稳定增长的困难和挑战明显增多。党中央、国务院聚焦工业经济特别是制造业平稳增长,采取了"退、缓、扣"的政策组合:实打实"退",重点支持制造业,全面解决制造业、科研和技术服务、生态环保、电力燃气、交通运输等行业留抵退税问题。增值税留抵退税力度显著加大,以有力提振市场信心,预计2022年退税约2.5万亿元,其中留抵退税约1.5万亿元,退税资金全部直达企业。针对性"缓",将2021年四季度实施的制造业中小微企业部分税费缓缴政策延续实施6个月,并将制造业中小微企业2022年第一季度、第二季度部分税费纳入缓缴范围。分类别"扣",即加大中小微企业设备器具税前扣除力度,中小微企业2022年度内新购置的单位价值500万元以上的设备器具,折旧年限为3年的可选择一次性税前扣除,折旧年限为4年、5年、10年的可减半扣除。

二是聚焦小微企业纾困发展。小微企业和个体工商户数量多、分布广,是就业的主渠道、发展的生力军,对服务"六稳""六保"大局具有重要作用。党中央、国务院部署实施减税降费,小微市场主体一直是重点支持对象。2022年实施的组合式税费支持政策,继续凸显这一鲜明的政策导向,对小微市场主体既有延续性安排,也有新增部署,采取了"减税、扩围、退税"的政策组合:"减税",即实施小规模纳税人阶段性免征增值税政策;"扩围",即将省级人民政府在50%税额幅度内减征资源税、城市维护建设税、房产税、城镇土地使用税、印花税、耕地占用税和教育费附加、地方教育附加等"六税两费"的政策适用主体,由增值税小规模纳税人扩展至小型微利企业和个体工商户;"退税",即对小微企业的存量留抵税额于6月底前一次性全部退还,增量留抵税额足额退还。

三是聚焦服务业恢复发展。服务业是保障就业、维系民生的重要支撑。当前,疫情还处于散发态势,零售业、餐饮业、旅游业、交通运输业等服务业受到较大影响。为帮助服务业领域困难行业渡过难关、恢复发展,党中央、国务院部署实施了包括税费政策在内的一系列精准帮扶措施,税费政策主要包括以下几点内容。第一,对服务业增值税实施加计抵减,即2022年对生产、生活性服务业纳税人当期可抵扣进项税额继续分别按10%和15%加计抵减应纳税额。第二,对交通运输业实行"免税+退税+停缴",即免征公共交通运输服务增值税;全面解决交通运输等行业留抵退税问题;暂停航空运输企业、铁路运输企业预缴增值税一年。第三,对餐饮、旅游、零售业实行"缓交失业保险、工伤保险",即允许失业保险、工伤保险基金结余较多的省份对餐饮、旅游、零售企业阶段性实施缓缴失业保险、工伤保险费政策,具体办法由省级人民政府确定,税务部门主要是配合落实。

四是聚焦鼓励创业创新。创业创新是发展的动力之源,也是富民之道、公平之计、强国之策。2022年实施的组合式税费支持政策,特别注重加大创新领域税收支持力度,培育发展后劲。除了此前延续实施的科技企业孵化器和大学科技园税收优惠等政策外,2022年要加大研发费用加计扣除实施力度,将科技型中小企业加计扣除比例从75%提高至100%,对企业投入基础研究实行税收优惠，完善设备器具加速折旧、高新技术企业所得税优惠等政策，相当于国家对企业创新给予大规模资金支持。

总的来看，2022年实施新的组合式税费支持政策，规模性、连续性、精准性的特点十分突出：一是体量上突出规模性，近年来每年减税降费规模始终保持在万亿元以上，2021年新增减税降费超过1万亿元，截至2022年7月，合计新增减税降费及退税缓税缓费超3万亿元，而且是在赤字率有所下调，动用特定金融机构和专营机构依法上缴结存利润、调入预算稳定调节基金的情况下实施的。继续保持这么大规模的退税减税，力度如此之大，充分彰显出党中央、国务院的决心。二是导向上突出连续性，始终保持对制造业、中小微企业的扶持力度，并呈现出年年加力、步步扩围、层层递进的特点。三是方式上突出精准性，针对这些受疫情影响重、就业容量大的服务业等特殊困难行业，加大"保"的力度，实施阶段性暂停铁路和航空企业预缴增值税、免征公共交通运输服务增值税等政策，体现了对困难行业的"精准滴灌"。

新的组合式税费支持政策体量上更加突出规模性，导向上更加突出连续性，方式上更加突出精准性。从发布时间来看，既有2022年新出台政策，也有延续展期政策。从优惠内容来看，既有阶段性措施，又有制度性安排；既有减税政策，又有降费措施；既有普惠性政策，又有特定领域的专项帮扶措施；既有中央统一实施的政策，又有地方依法自主实施的措施；既有退税，也有减税、免税、缓税等多种方式。截止到2022年5月，新的组合式税费支持政策见下表，其他现行有效的税费支持政策见后续章节内容。

新的组合式税费支持政策一览表

类型	序号	优惠事项	政策要点
免税	1	增值税小规模纳税人阶段性免征增值税	自2022年4月1日至2022年12月31日，增值税小规模纳税人适用3%征收率的应税销售收入，免征增值税；适用3%预征率的预缴增值税项目，暂停预缴增值税。
	2	公共交通运输服务免征增值税	自2022年1月1日至2022年12月31日，对纳税人提供公共交通运输服务取得的收入，免征增值税。
	3	快递收派服务收入免征增值税	自2022年5月1日至2022年12月31日，对纳税人为居民提供必需生活物资快递收派服务取得的收入，免征增值税。
	4	商品储备免征印花税和房产税、城镇土地使用税	部分国家商品储备免征印花税、房产税、城镇土地使用税政策延续至2023年12月31日。
	5	扶贫货物捐赠免征增值税	自2019年1月1日至2025年12月31日，对单位或者个体工商户将自产、委托加工或购买的货物通过公益性社会组织、县级及以上人民政府及其组成部门和直属机构，或直接无偿捐赠给目标脱贫地区的单位和个人，免征增值税。
	6	科技企业孵化器等免征房产税、城镇土地使用税和增值税	自2019年1月1日至2023年12月31日，对国家级、省级科技企业孵化器、大学科技园和国家备案众创空间自用以及无偿或通过出租等方式提供给在孵对象使用的房产、土地，免征房产税和城镇土地使用税。向在孵对象提供孵化服务取得的收入，免征增值税。
	7	高校学生公寓免征房产税、印花税	自2019年1月1日至2023年12月31日，对高校学生公寓免征房产税，对与高校学生签订的高校学生公寓租赁合同，免征印花税。
	8	城市公交站场等运营用地免征城镇土地使用税	自2019年1月1日至2023年12月31日，对城市公交站场、道路客运站场、城市轨道交通系统运营用地，免征城镇土地使用税。

(续表)

类型	序号	优惠事项	政策要点
免税	9	农产品批发市场、农贸市场免征房产税、城镇土地使用税	自2019年1月1日至2023年12月31日,对农产品批发市场、农贸市场(包括自有和承租,下同)专门用于经营农产品的房产、土地,暂免征收房产税和城镇土地使用税。
	10	支持疫情防护救治等免征个人所得税	自2020年1月1日至2023年12月31日,对参加疫情防治工作的医务人员和防疫工作者按照政府规定标准取得的临时性工作补助和奖金,免征个人所得税。单位发给个人用于预防新型冠状病毒感染的肺炎的药品、医疗用品和防护用品等实物(不包括现金),不计入工资、薪金收入,免征个人所得税。
减税	11	适用3%征收率的小规模纳税人减征增值税	2022年3月31日前,适用3%征收率的应税销售收入,减按1%征收率征收增值税;适用3%预征率的预缴增值税项目,减按1%预征率预缴增值税。
	12	小型微利企业减免所得税	自2022年1月1日至2024年12月31日,对小型微利企业年应纳税所得额不超过100万元的部分,减按12.5%计入应纳税所得额,按20%的税率缴纳企业所得税(税负2.5%);对小型微利企业年应纳税所得额超过100万元但不超过300万元的部分,减按25%计入应纳税所得额,按20%的税率缴纳企业所得税(税负5%)。
	13	个体工商户减半征收个人所得税	自2021年1月1日至2022年12月31日,对个体工商户经营所得年应纳税所得额不超过100万元的部分,在现行优惠政策基础上,再减半征收个人所得税。
	14	科技型中小企业研发费用加计扣除优惠	自2022年1月1日起,科技型中小企业研发费用加计扣除比例从75%提高到100%。
	15	中小微企业设备器具扣除优惠	中小微企业在2022年1月1日至2022年12月31日期间新购置的设备、器具,单位价值在500万元以上的,按照单位价值的一定比例自愿选择在企业所得税税前扣除。
	16	小微企业"六税两费"减免	自2022年1月1日至2024年12月31日,对增值税小规模纳税人、小型微利企业和个体工商户可以在50%的税额幅度内减征资源税、城市维护建设税、房产税、城镇土地使用税、印花税(不含证券交易印花税)、耕地占用税和教育费附加、地方教育附加。
	17	生产、生活性服务业增值税加计抵减	生产、生活性服务业增值税加计抵减政策,执行期限延长至2022年12月31日。
	18	房产税、城镇土地使用税困难减免	鼓励各地可根据条例授权和本地实际,2022年对缴纳房产税、城镇土地使用税确有困难的纳税人给予减免。符合条件的服务业市场主体可以享受。
	19	重点群体创业税费扣减优惠	自2019年1月1日至2025年12月31日,符合条件的重点群体创业人员从事个体经营的,3年(36个月)内按每户每年12 000元为限额依次扣减其当年实际应缴纳的增值税、城市维护建设税、教育费附加、地方教育附加和个人所得税。限额标准最高可上浮20%。
	20	吸纳重点群体就业税费扣减优惠	自2019年1月1日至2025年12月31日,企业招用符合条件的重点群体就业,3年(36个月)内按实际招用人数予以定额依次扣减增值税、城市维护建设税、教育费附加、地方教育附加和企业所得税优惠。定额标准为每人每年6 000元,最高可上浮30%。

(续表)

类型	序号	优惠事项	政策要点
减税	21	自主就业退役士兵创业税费扣减优惠	自2019年1月1日至2025年12月31日,自主就业退役士兵从事个体经营的,3年(36个月)内按每户每年12 000元为限额依次扣减其当年实际应缴纳的增值税、城市维护建设税、教育费附加、地方教育附加和个人所得税。限额标准最高可上浮20%。
	22	吸纳退役士兵就业税费扣减优惠	自2019年1月1日至2025年12月31日,与其签订1年以上期限劳动合同并依法缴纳社会保险费的,3年(36个月)内按实际招用人数予以定额依次扣减增值税、城市维护建设税、教育费附加、地方教育附加和企业所得税优惠。定额标准为每人每年6 000元,最高可上浮50%。
	23	企业扶贫捐赠所得税据实扣除优惠	自2019年1月1日至2025年12月31日,企业通过公益性社会组织或者县级(含县级)以上人民政府及其组成部门和直属机构,用于目标脱贫地区的扶贫捐赠支出,准予在计算企业所得税应纳税所得额时据实扣除。
	24	从事污染防治的第三方企业减免企业所得税	自2019年1月1日至2023年12月31日,对符合条件的从事污染防治的第三方企业(以下称第三方防治企业)减按15%的税率征收企业所得税。
	25	创业投资企业和天使投资个人投资抵扣所得税优惠	公司制创业投资企业、有限合伙制创业投资企业合伙人和天使投资个人采取股权投资方式直接投资于符合条件的企业,对其投资按规定抵扣应纳税所得额。
	26	3岁以下婴幼儿照护费用专项附加扣除	纳税人照护3岁以下婴幼儿子女的相关支出,按照每个婴幼儿每月1 000元的标准定额扣除。
	27	全年一次性奖金个人所得税优惠	居民个人取得全年一次性奖金,在2023年12月31日前,不并入当年综合所得,以全年一次性奖金收入除以12个月得到的数额,按照按月换算后的综合所得税率表,确定适用税率和速算扣除数,单独计算纳税。
	28	上市公司股权激励个人所得税优惠	居民个人取得股票期权、股票增值权、限制性股票、股权奖励等股权激励,符合相关政策条件的,在2022年12月31日前,不并入当年综合所得,全额单独适用综合所得税率表,计算纳税。
	29	外籍个人津补贴个人所得税优惠	外籍个人符合居民个人条件,可以选择享受个人所得税专项附加扣除,也可以选择享受住房补贴、语言训练费、子女教育费等津补贴免税优惠政策,但不得同时享受。
退税	30	小微企业(含个体工商户)增值税留抵退税	自2021年4月1日起,对符合条件的小微企业、制造业等行业(含个体工商户)按月全额退还增值税增量留抵税额,并一次性退还存量留抵税额。
	31	制造业等行业增值税留抵退税	符合条件的制造业等行业企业,可以自2022年4月起纳税申报期起向主管税务机关申请退还增量留抵税额。符合条件的制造业等行业中型企业,可以自2022年5月起纳税申报期起向主管税务机关申请一次性退还存量留抵税额;符合条件的制造业等行业大型企业,可以自2022年10月起纳税申报期起向主管税务机关申请一次性退还存量留抵税额。
缓税	32	制造业中小微企业延缓缴纳部分税费	制造业中小微企业延缓缴纳2021年第四季度部分税费政策延长6个月;何延缓缴纳制造业中小微企业2022年第一季度、第二季度部分税费,延缓缴纳期限6个月。
	33	航空和铁路运输企业分支机构暂停预缴增值税	自2022年1月1日至2022年12月31日,航空和铁路运输企业分支机构暂停预缴增值税。

(续表)

类型	序号	优惠事项	政策要点
降费缓费	34	延续阶段性降低失业保险、工伤保险费率	自2022年5月1日,延续实施阶段性降低失业保险、工伤保险费率政策1年,执行期限至2023年4月30日。
	35	特困行业、属于疫情严重地区的中小微企业阶段性缓缴社会保险费	受疫情影响较大餐饮、零售、旅游、民航、公路水路铁路运输、农副食品加工业;纺织业;纺织服装、服饰业;造纸和纸制品业;印刷和记录媒介复制业;医药制造业;化学纤维制造业;橡胶和塑料制品业;通用设备制造业;汽车制造业;铁路、船舶、航空航天和其他运输设备制造业;仪器仪表制造业;社会工作;广播、电视、电影和录音制作业;文化艺术业;体育;娱乐业等特困行业企业(有雇工的个体工商户以及其他单位),缓缴至2022年年底的基本养老保险费,缓缴最长至2023年5月的失业保险费和工伤保险费。属于疫情严重地区的中小微企业,三项社保费单位缴费部分,缓缴实施期限都是到2022年年底结束。
	36	失业保险稳岗返还	参保企业上年度未裁员或裁员率不高于上年度全国城镇调查失业率控制目标,30人(含)以下的参保企业裁员率不高于参保职工总数20%的,可以申请失业保险稳岗返还。

第二节　新的免税支持政策要览

一、增值税小规模纳税人阶段性免征增值税

享受主体	优惠内容	享受条件	办理方式
小规模纳税人	自2022年4月1日至2022年12月31日,增值税小规模纳税人适用3%征收率的应税销售收入,免征增值税;适用3%预征率的预缴增值税项目,暂停预缴增值税。	1. 免税阶段自2022年4月1日至2022年12月31日。 2. 免税范围为适用3%征收率的应税销售收入。 3. 暂停预缴增值税的范围为3%预征率的项目。	自行判别、申报享受

注意事项:增值税小规模纳税人适用3%征收率应税销售收入免征增值税的,应按规定开具免税发票。纳税人选择放弃免税并开具增值税专用发票的,应开具征收率为3%的增值税专用发票。

政策依据:《财政部　税务总局关于对增值税小规模纳税人免征增值税的公告》(财政部　税务总局公告2022年第15号)

二、公共交通运输服务免征增值税

享受主体	优惠内容	享受条件	办理方式
提供公共交通运输服务的纳税人	自2022年1月1日至2022年12月31日,对纳税人提供公共交通运输服务取得的收入,免征增值税、城市维护建设税、教育费附加、地方教育附加。	公共交通运输服务的具体范围,按照《营业税改征增值税试点有关事项的规定》(财税〔2016〕36号印发)执行。具体包括轮客渡、公交客运、地铁、城市轻轨、出租车、长途客运、班车。	自行判别、申报享受

注意事项:纳税人提供公共交通运输服务免征增值税的,应按规定开具免税发票。已向购买方开具增值税专用发票的,应将专用发票追回后方可办理免税。

（续表）

政策依据：《财政部 税务总局关于促进服务业领域困难行业纾困发展有关增值税政策的公告》（财政部 税务总局公告2022年第11号）	

三、快递收派服务收入免征增值税

享受主体	优惠内容	享受条件	办理方式
提供符合条件的快递收派服务的纳税人	自2022年5月1日至2022年12月31日，为居民提供必需生活物资快递收派服务取得的收入，免征增值税、城市维护建设税、教育费附加、地方教育附加。	快递收派服务的具体范围，按照《销售服务、无形资产、不动产注释》（财税〔2016〕36号印发）执行，具体是指接受寄件人委托，在承诺的时限内完成函件和包裹的收件、分拣、派送服务的业务活动。	自行判别、申报享受

注意事项：纳税人提供快递服务免征增值税的，应按规定开具免税发票。

政策依据：《财政部 税务总局关于促进服务业领域困难行业纾困发展有关增值税政策的公告》（财政部 税务总局公告2022年第11号）

四、商品储备免征印花税和房产税、城镇土地使用税

享受主体	优惠内容	享受条件	办理方式
商品储备管理公司及其直属库	自2022年1月1日至2023年12月31日，对商品储备管理公司及其直属库资金账簿免征印花税。对商品储备管理公司及其直属库自用的承担商品储备业务的房产、土地，免征房产税、城镇土地使用税。	商品储备管理公司及其直属库，是指接受县级以上人民政府有关部门委托，承担粮（含大豆）、食用油、棉、糖、肉5种商品储备任务，取得财政储备经费或者补贴的商品储备企业。	自行判别、申报享受，资料留存备查

注意事项：纳税人享受本政策，应按规定进行免税申报，并将不动产权属证明、房产原值、承担商品储备业务情况、储备库建设规划等资料留存备查。

政策依据：《财政部 税务总局关于延续执行部分国家商品储备税收优惠政策的公告》（财政部 税务总局公告2022年第8号）

五、扶贫货物捐赠免征增值税

享受主体	优惠内容	享受条件	办理方式
符合条件的扶贫货物捐赠	自2019年1月1日至2025年12月31日，对单位或者个体工商户将自产、委托加工或购买的货物通过公益性社会组织、县级及以上人民政府及其组成部门和直属机构，或直接无偿捐赠给目标脱贫地区的单位和个人，免征增值税。在政策执行期限内，目标脱贫地区实现脱贫的，可继续适用上述政策。	"目标脱贫地区"包括832个国家扶贫开发工作重点县、集中连片特困地区县（新疆阿克苏地区6县1市享受片区政策）和建档立卡贫困村。	自行判别、申报享受，资料留存备查

注意事项：在2015年1月1日至2018年12月31日期间已发生的符合上述条件的扶贫货物捐赠，可追溯执行上述增值税政策。

政策依据：《财政部 税务总局 人力资源社会保障部 国家乡村振兴局关于延长部分扶贫税收优惠政策执行期限的公告》（财政部 税务总局 人力资源社会保障部 国家乡村振兴局公告2021年第18号）
《财政部 税务总局 国务院扶贫办关于扶贫货物捐赠免征增值税政策的公告》（财政部 税务总局 国务院扶贫办公告2019年第55号）

六、科技企业孵化器等免征房产税、城镇土地使用税和增值税

享受主体	优惠内容	享受条件	办理方式
国家级、省级科技企业孵化器、大学科技园和国家备案众创空间	自2019年1月1日至2023年12月31日，对国家级、省级科技企业孵化器、大学科技园和国家备案众创空间自用以及无偿或通过出租等方式提供给在孵对象使用的房产、土地，免征房产税和城镇土地使用税。向在孵对象提供孵化服务取得的收入，免征增值税。	1. 孵化服务是指为在孵对象提供的经纪代理、经营租赁、研发和技术、信息技术、鉴证咨询服务。 2. 国家级、省级科技企业孵化器、大学科技园和国家备案众创空间应当单独核算孵化服务收入。	自行判别、申报享受，资料留存备查

注意事项：2018年12月31日以前认定的国家级科技企业孵化器、大学科技园，自2019年1月1日起享受本政策规定的税收优惠。2019年1月1日以后认定的国家级、省级科技企业孵化器、大学科技园和国家备案众创空间，自认定之日次月起享受本政策规定的税收优惠。2019年1月1日以后被取消资格的，自取消资格之日次月起停止享受本政策规定的税收优惠。

政策依据：《财政部 税务总局关于延长部分税收优惠政策执行期限的公告》（财政部 税务总局公告2022年第4号）

《财政部 税务总局 科技部 教育部关于科技企业孵化器 大学科技园和众创空间税收政策的通知》（财税〔2018〕120号）

七、高校学生公寓免征房产税、印花税

享受主体	优惠内容	享受条件	办理方式
运营高校学生公寓的纳税人	自2019年1月1日至2023年12月31日，对高校学生公寓免征房产税，对与高校学生签订的高校学生公寓租赁合同，免征印花税。	高校学生公寓，是指为高校学生提供住宿服务，按照国家规定的收费标准收取住宿费的学生公寓。	自行判别、申报享受，资料留存备查

注意事项：纳税人享受本政策，应按规定进行免税申报，并将不动产权属证明、载有房产原值的相关材料、房产用途证明、租赁合同等资料留存备查。

政策依据：《财政部 税务总局关于延长部分税收优惠政策执行期限的公告》（财政部 税务总局公告2022年第4号）
《财政部 税务总局关于高校学生公寓房产税印花税政策的通知》（财税〔2019〕14号）

八、城市公交站场等运营用地免征城镇土地使用税

享受主体	优惠内容	享受条件	办理方式
运营城市公交站场、道路客运站场、城市轨道交通系统的纳税人	自2019年1月1日至2023年12月31日，对城市公交站场、道路客运站场、城市轨道交通系统运营用地，免征城镇土地使用税。	1. 城市公交站场运营用地，包括城市公交首末车站、停车场、保养场、站场办公用地、生产辅助用地。 道路客运站场运营用地，包括站前广场、停车场、发车位、站务用地、站场办公用地、生产辅助用地。 城市轨道交通系统运营用地，包括车站（含出入口、通道、公共配套及附属设施）、运营控制中心、车辆基地（含单独的综合维修中心、车辆段）以及线路用地，不包括购物中心、商铺等商业设施用地。 2. 城市公交站场、道路客运站场，是指经县级以上（含县级）人民政府交通运输主管部门等批准建设的，为公众及旅客、运输经营者提供站务服务的场所。 城市轨道交通系统，是指依规定批准建设的，采用专用轨道导向运行的城市公共客运交通系统，包括地铁系统、轻轨系统、单轨系统、有轨电车、磁浮系统、自动导向轨道系统、市域快速轨道系统，不包括旅游景区等单位内部为特定人群服务的轨道系统。	自行判别、申报享受，资料留存备查

（续表）

注意事项：纳税人享受本政策，应按规定进行免税申报，并将不动产权属证明、土地用途证明等资料留存备查。

政策依据：《财政部 税务总局关于延长部分税收优惠政策执行期限的公告》（财政部 税务总局公告2022年第4号）

《财政部 税务总局关于继续对城市公交站场道路客运站场城市轨道交通系统减免城镇土地使用税优惠政策的通知》（财税〔2019〕11号）

九、农产品批发市场、农贸市场免征房产税、城镇土地使用税

享受主体	优惠内容	享受条件	办理方式
农产品批发市场、农贸市场	自2019年1月1日至2023年12月31日，对农产品批发市场、农贸市场（包括自有和承租，下同）专门用于经营农产品的房产、土地，暂免征收房产税和城镇土地使用税。对同时经营其他产品的农产品批发市场和农贸市场使用的房产、土地，按其他产品与农产品交易场地面积的比例确定征免房产税和城镇土地使用税。	（1）农产品批发市场和农贸市场，是指经工商登记注册，供买卖双方进行农产品及其初加工品现货批发或零售交易的场所。农产品包括粮油、肉禽蛋、蔬菜、干鲜果品、水产品、调味品、棉麻、活畜、可食用的林产品以及由省、自治区、直辖市财税部门确定的其他可食用的农产品。 （2）享受本政策的房产、土地，是指农产品批发市场、农贸市场直接为农产品交易提供服务的房产、土地。农产品批发市场、农贸市场的行政办公区、生活区，以及商业餐饮娱乐等非直接为农产品交易提供服务的房产、土地，不属于规定的优惠范围，应按规定征收房产税和城镇土地使用税。	自行判别、申报享受，资料留存备查

注意事项：纳税人享受本政策，应按规定进行免税申报，并将不动产权属证明、载有房产原值的相关材料、租赁协议、房产土地用途证明等资料留存备查。

政策依据：《财政部 税务总局关于延长部分税收优惠政策执行期限的公告》（财政部 税务总局公告2022年第4号）

《财政部 税务总局关于继续实行农产品批发市场农贸市场房产税城镇土地使用税优惠政策的通知》（财税〔2019〕12号）

十、支持疫情防护救治等免征个人所得税

享受主体	优惠内容	享受条件	办理方式
（1）参加疫情防治工作的医务人员和防疫工作者。 （2）获得单位发给用于预防新冠病毒实物（不包括现金）的个人。	（1）自2020年1月1日至2023年12月31日，对参加疫情防治工作的医务人员和防疫工作者按照政府规定标准取得的临时性工作补助和奖金，免征个人所得税。对省级及省级以上人民政府规定的对参与疫情防控人员的临时性工作补助和奖金，比照执行。 （2）自2020年1月1日至2023年12月31日，单位发给个人用于预防新型冠状病毒感染的肺炎的药品、医疗用品和防护用品等实物（不包括现金），不计入工资、薪金收入，免征个人所得税。	政府规定标准包括各级政府规定的补助和奖金标准。	自行判别、申报享受，资料留存备查

政策依据：《财政部 税务总局关于延长部分税收优惠政策执行期限的公告》（财政部 税务总局公告2022年第4号）

《财政部 税务总局关于支持新型冠状病毒感染的肺炎疫情防控有关个人所得税政策的公告》（财政部 税务总局公告2020年第10号）

第三节　新的减税支持政策要览

一、对3%征收率的小规模纳税人减征增值税

享受主体	优惠内容	享受条件	办理方式
适用3%征收率的增值税小规模纳税人	《财政部 税务总局关于延续实施应对疫情部分税费优惠政策的公告》(财政部 税务总局公告2021年第7号)第一条规定的税收优惠政策，执行期限延长至2022年3月31日。	适用3%征收率的应税销售收入，减按1%征收率征收增值税；适用3%预征率的预缴增值税项目，减按1%预征率预缴增值税。	自行判别、申报享受

注意事项：减按1%征收率征收增值税的销售额为：销售额=含税销售额/(1+1%)。

政策依据：《财政部 税务总局关于对增值税小规模纳税人免征增值税的公告》(财政部 税务总局公告2022年第15号)

二、小型微利企业减征所得税

享受主体	优惠内容	享受条件	办理方式
小型微利企业	自2022年1月1日至2024年12月31日，对小型微利企业年应纳税所得额不超过100万元的部分，减按12.5%计入应纳税所得额，按20%的税率缴纳企业所得税(税负2.5%)；对小型微利企业年应纳税所得额超过100万元但不超过300万元的部分，减按25%计入应纳税所得额，按20%的税率缴纳企业所得税(税负5%)。	小型微利企业，是指从事国家非限制和禁止行业，且同时符合年度应纳税所得额不超过300万元、从业人数不超过300人、资产总额不超过5 000万元等三个条件的企业。	自行判别、申报享受

政策依据：《财政部 税务总局关于进一步实施小微企业所得税优惠政策的公告》(财政部 税务总局公告2022年第13号)

三、个体工商户减半征收个人所得税

享受主体	优惠内容	享受条件	办理方式
个体工商户	自2021年1月1日至2022年12月31日，对个体工商户经营所得年应纳税所得额不超过100万元的部分，在现行优惠政策基础上，再减半征收个人所得税。	个体工商户不区分征收方式，均可享受，在预缴税款时即可享受。	自行判别、申报享受

政策依据：《财政部 税务总局关于实施小微企业和个体工商户所得税优惠政策的公告》(财政部 税务总局公告2021年第12号)

四、加大科技型中小企业研发费用加计扣除办比例

享受主体	优惠内容	享受条件	办理方式
科技型中小企业	科技型中小企业开展研发活动中实际发生的研发费用,未形成无形资产计入当期损益的,在按规定据实扣除的基础上,自2022年1月1日起,再按照实际发生额的100%在税前加计扣除;形成无形资产的,自2022年1月1日起,按照无形资产成本的200%在税前摊销。	科技型中小企业条件和管理办法按照《科技部 财政部 国家税务总局关于印发〈科技型中小企业评价办法〉的通知》(国科发政〔2017〕115号)执行。	自行判别、申报享受,资料留存备查

注意事项:科技型中小企业享受研发费用税前加计扣除政策的其他政策口径和管理要求,按照《财政部 国家税务总局 科技部关于完善研究开发费用税前加计扣除政策的通知》(财税〔2015〕119号)、《财政部 税务总局 科技部关于企业委托境外研究开发费用税前加计扣除有关政策问题的通知》(财税〔2018〕64号)等文件相关规定执行。

政策依据:《财政部 税务总局 科技部关于进一步提高科技型中小企业研发费用税前加计扣除比例的公告》(财政部 税务总局 科技部公告2022年第16号)

五、中小微企业新购置设备器具扣除力度

享受主体	优惠内容	享受条件	办理方式
中小微企业	中小微企业在2022年1月1日至2022年12月31日期间新购置的设备、器具,单位价值在500万元以上的,按照单位价值的一定比例自愿选择在企业所得税税前扣除。其中,企业所得税法实施条例规定最低折旧年限为3年的设备器具,单位价值的100%可在当年一次性税前扣除;最低折旧年限为4年、5年、10年的,单位价值的50%可在当年一次性税前扣除,其余50%按规定在剩余年度计算折旧进行税前扣除。企业选择适用上述政策当年不足扣除形成的亏损,可在以后5个纳税年度结转弥补,享受其他延长亏损结转年限政策的企业可按现行规定执行。	(1)中小微企业是指从事国家非限制和禁止行业,且符合以下条件的企业: ①信息传输业、建筑业、租赁和商务服务业:从业人员2 000人以下,或营业收入10亿元以下或资产总额12亿元以下; ②房地产开发经营:营业收入20亿元以下或资产总额1亿元以下; ③其他行业:从业人员1 000人以下或营业收入4亿元以下。 (2)设备、器具,是指除房屋、建筑物以外的固定资产;从业人数,包括与企业建立劳动关系的职工人数和企业接受的劳务派遣用工人数。	自行判别、申报享受,资料留存备查

注意事项:中小微企业可按季(月)在预缴申报时享受上述政策。中小微企业可根据自身生产经营核算需要自行选择享受上述政策,当年度未选择享受的,以后年度不得再变更享受。

政策依据:《财政部 税务总局关于中小微企业设备器具所得税税前扣除有关政策的公告》(财政部 税务总局公告2022年第12号)

六、小微企业"六税两费"减免

享受主体	优惠内容	享受条件	办理方式
增值税小规模纳税人、小型微利企业和个体工商户	自2022年1月1日至2024年12月31日,由省、自治区、直辖市人民政府根据本地区实际情况,以及宏观调控需要确定,对增值税小规模纳税人、小型微利企业和个体工商户可以在50%的税额幅度内减征资源税、城市维护建设税、房产税、城镇土地使用税、印花税(不含证券交易印花税)、耕地占用税和教育费附加、地方教育附加。	小型微利企业,是指从事国家非限制和禁止行业,且同时符合年度应纳税所得额不超过300万元、从业人数不超过300人、资产总额不超过5 000万元等三个条件的企业。	自行判别、申报享受

（续表）

注意事项：增值税小规模纳税人、小型微利企业和个体工商户已依法享受资源税、城市维护建设税、房产税、城镇土地使用税、印花税、耕地占用税、教育费附加、地方教育附加其他优惠政策的，可叠加享受《财政部税务总局关于进一步实施小微企业"六税两费"减免政策的公告》（2022年第10号）第一条规定的优惠政策。	
政策依据：《财政部 税务总局关于进一步实施小微企业"六税两费"减免政策的公告》（财政部 税务总局公告2022年第10号）	

七、生产、生活性服务业增值税加计抵减

享受主体	优惠内容	享受条件	办理方式
生产、生活性服务业纳税人	（1）自2019年4月1日至2022年12月31日，允许生产、生活性服务业纳税人按照当期可抵扣进项税额加计10%，抵减应纳税额。 （2）2019年10月1日至2022年12月31日，允许生活性服务业纳税人按照当期可抵扣进项税额加计15%，抵减应纳税额。 （3）2022年7月29日，国务院常务会议决定全面延续服务业增值税加计抵减政策，帮扶服务业市场主体渡过难关、支撑消费。	1.生产、生活性服务业纳税人，是指提供邮政服务、电信服务、现代服务、生活服务（以下称四项服务）取得的销售额占全部销售额的比重超过50%的纳税人。四项服务的具体范围按照《销售服务、无形资产、不动产注释》（财税〔2016〕36号印发）执行。 2.生活性服务业纳税人，是指提供生活服务取得的销售额占全部销售额的比重超过50%的纳税人。生活服务的具体范围按照《销售服务、无形资产、不动产注释》（财税〔2016〕36号印发）执行。	自行判别、申报享受

政策依据：《财政部税务总局关于促进服务业领域困难行业纾困发展有关增值税政策的公告》（2022年第11号）《财政部税务总局海关总署关于深化增值税改革有关政策的公告》（2019年39号）《财政部税务总局关于明确生活性服务业增值税加计抵减政策的公告》（2019年第87号）

八、房产税、城镇土地使用税困难减免

享受主体	优惠内容	享受条件	办理方式
房产税、城镇土地使用税纳税人	鼓励各地可根据条例授权和本地实际，2022年对缴纳房产税、城镇土地使用税确有困难的纳税人给予减免。符合条件的服务业市场主体可以享受。	各地均出台了"房土两税困难性减免"的认定标准，纳税人如果符合条件，可申请两税困难减免。	申请享受，核准减免

政策依据：各省文件规定。
国家发展改革委 财政部 人力资源社会保障部 住房城乡建设部 交通运输部 商务部 文化和旅游部 卫生健康委 人民银行 国务院国资委 税务总局 市场监管总局 银保监会 民航局印发《关于促进服务业领域困难行业恢复发展的若干政策》的通知（发改财金〔2022〕271号）

九、重点群体创业税费扣减优惠

享受主体	优惠内容	享受条件	办理方式
建档立卡贫困人口，持《就业创业证》（注明"自主创业税收政策"或"毕业年度内自主创业税收政策"）或《就业失业登记证》（注明"自主创业税收政策"）的人员，具体包括：	自2019年1月1日至2025年12月31日，上述人员从事个体经营的，自办理个体工商户登记当月起，在3年（36个月）内按每户每年12 000元为限额依次	纳税人实际应缴纳的增值税、城市维护建设税、教育费附加、地方教育附加和个人所得税小于减免税限额的，以实际应缴纳的增值税、城市维护建设税、教	自行判别、申报享受，资料留存备查

(续表)

享受主体	优惠内容	享受条件	办理方式
（1）纳入全国扶贫开发信息系统的建档立卡贫困人口。 （2）在人力资源社会保障部门公共就业服务机构登记失业半年以上的人员。 （3）零就业家庭、享受城市居民最低生活保障家庭劳动年龄内的登记失业人员。 （4）毕业年度内高校毕业生。高校毕业生是指实施高等学历教育的普通高等学校、成人高等学校应届毕业的学生；毕业年度是指毕业所在自然年，即1月1日至12月31日。	扣减其当年实际应缴纳的增值税、城市维护建设税、教育费附加、地方教育附加和个人所得税。限额标准最高可上浮20%，各省、自治区、直辖市人民政府可根据本地区实际情况在此幅度内确定具体限额标准。	育费附加、地方教育附加和个人所得税税额为限；实际应缴纳的增值税、城市维护建设税、教育费附加、地方教育附加和个人所得税大于减免税限额的，以减免税限额为限。	

政策依据：《财政部 税务总局 人力资源社会保障部 国家乡村振兴局关于延长部分扶贫税收优惠政策执行期限的公告》（财政部 税务总局 人力资源社会保障部 国家乡村振兴局公告2021年第18号）

《财政部 税务总局 人力资源社会保障部 国务院扶贫办关于进一步支持和促进重点群体创业就业有关税收政策的通知》（财税〔2019〕22号）

十、吸纳重点群体就业税费扣减优惠

享受主体	优惠内容	享受条件	办理方式
招用建档立卡贫困人口，以及在人力资源社会保障部门公共就业服务机构登记失业半年以上且持《就业创业证》或《就业失业登记证》（注明"企业吸纳税收政策"）人员，并与其签订1年以上期限劳动合同并依法缴纳社会保险费的企业。	自2019年1月1日至2025年12月31日，企业招用建档立卡贫困人口，以及在人力资源社会保障部门公共就业服务机构登记失业半年以上且持《就业创业证》或《就业失业登记证》（注明"企业吸纳税收政策"）的人员，与其签订1年以上期限劳动合同并依法缴纳社会保险费的，自签订劳动合同并缴纳社会保险当月起，在3年（36个月）内按实际招用人数予以定额依次扣减增值税、城市维护建设税、教育费附加、地方教育附加和企业所得税优惠。 定额标准为每人每年6 000元，最高可上浮30%，各省、自治区、直辖市人民政府可根据本地区实际情况在此幅度内确定具体定额标准。	（1）上述政策中的企业，是指属于增值税纳税人或企业所得税纳税人的企业等单位。 （2）企业与招用建档立卡贫困人口，以及在人力资源社会保障部门公共就业服务机构登记失业半年以上且持《就业创业证》或《就业失业登记证》（注明"企业吸纳税收政策"）的人员签订1年以上期限劳动合同并依法缴纳社会保险费。 （3）按上述标准计算的税收扣减额应在企业当年实际应缴纳的增值税、城市维护建设税、教育费附加、地方教育附加和企业所得税税额中扣减，当年扣减不完的，不得结转下年使用。 （4）城市维护建设税、教育费附加、地方教育附加的计税依据是享受本政策前的增值税应纳税额。	自行判别、申报享受，资料留存备查

注意事项：企业招用就业人员既可以适用本通知规定的税收优惠政策，又可以适用其他扶持就业专项税收优惠政策的，企业可以选择适用最优惠的政策，但不得重复享受。

政策依据：《财政部 税务总局 人力资源社会保障部 国家乡村振兴局关于延长部分扶贫税收优惠政策执行期限的公告》（财政部 税务总局 人力资源社会保障部 国家乡村振兴局公告2021年第18号）

《财政部 税务总局 人力资源社会保障部 国务院扶贫办关于进一步支持和促进重点群体创业就业有关税收政策的通知》（财税〔2019〕22号）

十一、自主就业退役士兵创业税费扣减优惠

享受主体	优惠内容	享受条件	办理方式
自主就业退役士兵	自2019年1月1日至2023年12月31日,自主就业退役士兵从事个体经营的,自办理个体工商户登记当月起,在3年(36个月)内按每户每年12 000元为限额依次扣减其当年实际应缴纳的增值税、城市维护建设税、教育费附加、地方教育附加和个人所得税。限额标准最高可上浮20%,各省、自治区、直辖市人民政府可根据本地区实际情况在此幅度内确定具体限额标准。	(1)自主就业退役士兵,是指依照《退役士兵安置条例》(国务院中央军委令第608号)的规定退出现役并按自主就业方式安置的退役士兵。 (2)纳税人年度应缴纳税款小于上述扣减限额的,减免税额以其实际缴纳的税款为限;大于上述扣减限额的,以上述扣减限额为限。 (3)纳税人的实际经营期不足1年的,应当按月换算其减免税限额。换算公式为:减免税限额=年度减免税限额÷12×实际经营月数。	自行判别、申报享受,资料留存备查

注意事项:城市维护建设税、教育费附加、地方教育附加的计税依据是享受本项税收优惠政策前的增值税应纳税额。

政策依据:《财政部 税务总局关于延长部分税收优惠政策执行期限的公告》(财政部 税务总局公告2022年第4号)

《财政部 税务总局 退役军人部关于进一步扶持自主就业退役士兵创业就业有关税收政策的通知》(财税〔2019〕21号)

十二、吸纳退役士兵就业税费扣减优惠

享受主体	优惠内容	享受条件	办理方式
招用自主就业退役士兵并与其签订1年以上期限劳动合同并依法缴纳社会保险费的企业	自2019年1月1日至2023年12月31日,招用自主就业退役士兵,与其签订1年以上期限劳动合同并依法缴纳社会保险费的,自签订劳动合同并缴纳社会保险当月起,在3年(36个月)内按实际招用人数予以定额依次扣减增值税、城市维护建设税、教育费附加、地方教育附加和企业所得税优惠。定额标准为每人每年6 000元,最高可上浮50%,各省、自治区、直辖市人民政府可根据本地区实际情况在此幅度内确定具体定额标准。	(1)自主就业退役士兵,是指依照《退役士兵安置条例》(国务院中央军委令第608号)的规定退出现役并按自主就业方式安置的退役士兵。 (2)本政策中的企业,是指属于增值税纳税人或企业所得税纳税人的企业等单位。 (3)企业与招用自主就业退役士兵签订1年以上期限劳动合同并依法缴纳社会保险费。	自行判别、申报享受,资料留存备查

注意事项:1. 企业既可以适用上述税收优惠政策,又可以适用其他扶持就业专项税收优惠政策的,可以选择适用最优惠的政策,但不得重复享受。

2. 企业按招用人数和签订的劳动合同时间核算企业减免税总额,在核算减免税总额内每月依次扣减增值税、城市维护建设税、教育费附加和地方教育附加。企业实际应缴纳的增值税、城市维护建设税、教育费附加和地方教育附加小于核算减免税总额的,以实际应缴纳的增值税、城市维护建设税、教育费附加和地方教育附加为限;实际应缴纳的增值税、城市维护建设税、教育费附加和地方教育附加大于核算减免税总额的,以核算减免税总额为限。

纳税年度终了,如果企业实际减免的增值税、城市维护建设税、教育费附加和地方教育附加小于核算减免税总额,企业在企业所得税汇算清缴时以差额部分扣减企业所得税。当年扣减不完的,不再结转以后年度扣减。自主就业退役士兵在企业工作不满1年的,应当按月换算减免税限额。计算公式为:企业核算减免税总额=Σ每名自主就业退役士兵本年度在本单位工作月份÷12×具体定额标准。

3. 城市维护建设税、教育费附加、地方教育附加的计税依据是享受本政策前的增值税应纳税额。

政策依据:《财政部 税务总局关于延长部分税收优惠政策执行期限的公告》(财政部 税务总局公告2022年第4号)

《财政部 税务总局退役军人部关于进一步扶持自主就业退役士兵创业就业有关税收政策的通知》(财税〔2019〕21号)

十三、企业扶贫捐赠所得税据实扣除优惠

享受主体	优惠内容	享受条件	办理方式
通过公益性社会组织或者县级(含县级)以上人民政府及其组成部门和直属机构,捐赠支出用于目标脱贫地区扶贫的企业。	自2019年1月1日至2025年12月31日,企业通过公益性社会组织或者县级(含县级)以上人民政府及其组成部门和直属机构,用于目标脱贫地区的扶贫捐赠支出,准予在计算企业所得税应纳税所得额时据实扣除。在政策执行期限内,目标脱贫地区实现脱贫的,可继续适用上述政策。	"目标脱贫地区"包括832个国家扶贫开发工作重点县、集中连片特困地区县(新疆阿克苏地区6县1市享受片区政策)和建档立卡贫困村。	自行判别、申报享受,资料留存备查

注意事项:企业同时发生扶贫捐赠支出和其他公益性捐赠支出,在计算公益性捐赠支出年度扣除限额时,符合上述条件的扶贫捐赠支出不计算在内。

政策依据:《财政部 税务总局 人力资源社会保障部 国家乡村振兴局关于延长部分扶贫税收优惠政策执行期限的公告》(财政部 税务总局 人力资源社会保障部 国家振兴局公告2021年第18号)
《财政部 税务总局国务院扶贫办关于企业扶贫捐赠所得税税前扣除政策的公告》(财政部 税务总局公告2019年第49号)

十四、从事污染防治的第三方企业减免企业所得税

享受主体	优惠内容	享受条件	办理方式
符合条件的从事污染防治的第三方企业	自2019年1月1日至2023年12月31日,对符合条件的从事污染防治的第三方企业(以下称第三方防治企业)减按15%的税率征收企业所得税。	第三方防治企业是指受排污企业或政府委托,负责环境污染治理设施(包括自动连续监测设施,下同)运营维护的企业。具体条件见本书第四章详细规定。	自行判别、申报享受,资料留存备查

政策依据:《财政部 税务总局关于延长部分税收优惠政策执行期限的公告》(财政部 税务总局公告2022年第4号)
《财政部 税务总局 国家发展改革委 生态环境部关于从事污染防治的第三方企业所得税政策问题的公告》(财政部 税务总局 国家发展改革委 生态环境部公告2019年第60号)

十五、创业投资企业和天使投资个人税收优惠

享受主体	优惠内容	享受条件	办理方式
公司制创业投资企业、有限合伙制创业投资企业合伙人和天使投资个人	(1)公司制创业投资企业采取股权投资方式直接投资于种子期、初创期科技型企业(以下简称初创科技型企业)满2年(24个月,下同)的,可以按照投资额的70%在股权持有满2年的当年抵扣该公司制创业投资企业的应纳税所得额;当年不足抵扣的,可以在以后纳税年度结转抵扣。 (2)有限合伙制创业投资企业(以下简称合伙创投企业)采取股权投资方式直接投资于初创科技型企业满2年的,该合伙创投企业的合伙人分别按以下方式处理: ①法人合伙人可以按照对初创科技型企业投资额的70%抵扣法人合伙人从合伙创投企业分得的所得;当年不足抵扣的,可以在以后纳税年度结转抵扣。 ②个人合伙人可以按照对初创科技型企业投资额的70%抵扣个人合伙人从合伙创投企业分得的经营所得;当年不足抵扣的,可以在以后纳税年度结转抵扣。 (3)天使投资个人采取股权投资方式直接投资于初创科技型企业满2年的,可以按照投资额的70%抵扣转让该初创科技型企业股权取得的应纳税所得额;当期不足抵扣的,可以在以后取得转让该初创科技型企业股权的应纳税所得额时结转抵扣。	初创科技型企业、创业投资企业的条件见本书第四章规定。天使投资个人的条件见本书第五章规定。	自行判别、申报享受,资料留存备查

（续表）

注意事项：享受本政策的投资，仅限于通过向被投资初创科技型企业直接支付现金方式取得的股权投资，不包括受让其他股东的存量股权。

政策依据：《财政部 税务总局关于延续执行创业投资企业和天使投资个人投资初创科技型企业有关政策条件的公告》（财政部 税务总局公告2022年第6号）

《财政部 税务总局关于实施小微企业普惠性税收减免政策的通知》（财税〔2019〕13号）

《财政部 税务总局关于创业投资企业和天使投资个人有关税收政策的通知》（财税〔2018〕55号）

十六、3岁以下婴幼儿照护费用专项附加扣除优惠

享受主体	优惠内容	享受条件	办理方式
居民个人	纳税人照护3岁以下婴幼儿子女的相关支出，按照每个婴幼儿每月1000元的标准定额扣除。	为婴幼儿出生的当月至年满3周岁的前一个月。	自行判别、申报享受

注意事项：父母可以选择由其中一方按扣除标准的100%扣除，也可以选择由双方分别按扣除标准的50%扣除，具体扣除方式在一个纳税年度内不能变更。

政策依据：《国务院关于设立3岁以下婴幼儿照护个人所得税专项附加扣除的通知》（国发〔2022〕8号）

十七、全年一次性奖金个人所得税优惠

享受主体	优惠内容	享受条件	办理方式
居民个人	居民个人取得全年一次性奖金，在2023年12月31日前，不并入当年综合所得，以全年一次性奖金收入除以12个月得到的数额，按照按月换算后的综合所得税率表，确定适用税率和速算扣除数，单独计算纳税。计算公式为：应纳税额＝全年一次性奖金收入×适用税率－速算扣除数	居民个人取得全年一次性奖金，应当符合《国家税务总局关于调整个人取得全年一次性奖金等计算征收个人所得税方法问题的通知》（国税发〔2005〕9号）规定。	自行判别、申报享受

注意事项：居民个人取得全年一次性奖金，也可以选择并入当年综合所得计算纳税。

政策依据：《财政部 税务总局关于延续实施全年一次性奖金等个人所得税优惠政策的公告》（财政部 税务总局公告2021年第42号）

《财政部 税务总局关于个人所得税法修改后有关优惠政策衔接问题的通知》（财税〔2018〕164号）

十八、上市公司股权激励个人所得税优惠

享受主体	优惠内容	享受条件	办理方式
居民个人	居民个人取得股票期权、股票增值权、限制性股票、股权奖励等股权激励，符合相关政策条件的，在2022年12月31日前，不并入当年综合所得，全额单独适用综合所得税率表，计算纳税。计算公式为：应纳税额＝股权激励收入×适用税率－速算扣除数	居民个人取得股票期权、股票增值权、限制性股票、股权奖励等股权激励，应当符合《财政部 国家税务总局关于个人股票期权所得征收个人所得税问题的通知》（财税〔2005〕35号）、《财政部 国家税务总局关于股票增值权所得和限制性股票所得征收个人所得税有关问题的通知》（财税〔2009〕5号）、《财政部 国家税务总局关于将国家自主创新示范区有关税收试点政策推广到全国范围实施的通知》（财税〔2015〕116号）第四条、《财政部 国家税务总局关于完善股权激励和技术入股有关所得税政策的通知》（财税〔2016〕101号）第四条第（一）项规定的相关条件。	自行判别、申报享受

（续表）

注意事项：居民个人一个纳税年度内取得两次以上（含两次）股权激励的，应合并按规定计算纳税。	
政策依据：《财政部　税务总局关于延续实施全年一次性奖金等个人所得税优惠政策的公告》（财政部　税务总局公告 2021 年第 42 号） 《财政部　税务总局关于个人所得税法修改后有关优惠政策衔接问题的通知》（财税〔2018〕164 号）	

十九、外籍个人津补贴个人所得税优惠

享受主体	优惠内容	享受条件	办理方式
符合居民条件的外籍个人	自 2019 年 1 月 1 日至 2023 年 12 月 31 日，外籍个人符合居民个人条件的，可以选择享受个人所得税专项附加扣除，也可以选择按照《财政部国家税务总局关于个人所得税若干政策问题的通知》（财税〔1994〕20 号）、《国家税务总局关于外籍个人取得有关补贴征免个人所得税执行问题的通知》（国税发〔1997〕54 号）和《财政部国家税务总局关于外籍个人取得港澳地区住房等补贴征免个人所得税的通知》（财税〔2004〕29 号）规定，享受住房补贴、语言训练费、子女教育费等津补贴免税优惠政策。	外籍个人符合居民个人条件，可以选择享受个人所得税专项附加扣除，也可以选择享受住房补贴、语言训练费、子女教育费等津补贴免税优惠政策，但不得同时享受。外籍个人一经选择，在一个纳税年度内不得变更。	自行判别、申报享受

政策依据：《财政部　税务总局关于延续实施外籍个人津补贴等有关个人所得税优惠政策的公告》（财政部　税务总局公告 2021 年第 43 号）
《财政部　税务总局关于个人所得税法修改后有关优惠政策衔接问题的通知》（财税〔2018〕164 号）

第四节　新的退税支持政策要览

一、小微企业（含个体工商户）增值税留抵退税

享受主体	优惠内容	享受条件	办理方式
符合条件的小微企业（含个体工商户）	（1）符合条件的小微企业，可以自 2022 年 4 月纳税申报期起向主管税务机关申请退还增量留抵税额。 （2）符合条件的微型企业，可以自 2022 年 4 月纳税申报期起向主管税务机关申请一次性退还存量留抵税额；符合条件的小型企业，可以自 2022 年 5 月纳税申报期起向主管税务机关申请一次性退还存量留抵税额。 （3）在纳税人自愿申请的基础上，加快退税进度，积极落实微型企业、小型企业存量留抵税额分别于 2022 年 4 月 30 日前、6 月 30 日前集中退还的退税政策。	具体条件见本书第四章规定。	自行判别、申报享受

注意事项：（1）纳税人出口货物劳务、发生跨境应税行为，适用免抵退税办法的，应先办理免抵退税。免抵退税办理完毕后，仍符合规定条件的，可以申请退还留抵税额；适用免退税办法的，相关进项税额不得用于退还留抵税额。

（2）纳税人自 2019 年 4 月 1 日起已取得留抵退税款的，不得再申请享受增值税即征即退、先征后返（退）政策。纳税人可以在 2022 年 10 月 31 日前一次性将已取得的留抵退税款全部缴回后，按规定申请享受增值税即征即退、先征后返（退）政策。纳税人自 2019 年 4 月 1 日起已享受增值税即征即退、先征后返（退）政策的，可以在 2022 年 10 月 31 日前一次性将已退还的增值税即征即退、先征后返（退）税款全部缴回后，按规定申请退还留抵税额。

（3）纳税人可以选择向主管税务机关申请留抵退税，也可以选择结转下期继续抵扣。纳税人应在纳税申报期内，完成当期增值税纳税申报后申请留抵退税。

(续表)

政策依据：《财政部　税务总局关于进一步加大增值税期末留抵退税政策实施力度的公告》（财政部　税务总局公告2022年第14号）

《财政部　税务总局关于进一步加快增值税期末留抵退税政策实施进度的公告》（财政部　税务总局公告2022年第17号）

二、制造业等行业增值税留抵退税

享受主体	优惠内容	享受条件	办理方式
符合条件的制造业等行业企业（含个体工商户）	（1）符合条件的制造业等行业企业，可以自2022年4月纳税申报期起向主管税务机关申请退还增量留抵税额。 （2）符合条件的制造业等行业中型企业，可以自2022年5月纳税申报期起向主管税务机关申请一次性退还存量留抵税额；符合条件的制造业等行业大型企业，可以自2022年10月纳税申报期起向主管税务机关申请一次性退还存量留抵税额。 （3）提前退还中型企业存量留抵税额，2022年6月30日前，在纳税人自愿申请的基础上，集中退还中型企业存量留抵税额。	具体条件见本书第四章规定。	自行判别、申报享受
注意事项：同上述小微企业（含个体工商户）增值税留抵退税。			
政策依据：同上述小微企业（含个体工商户）增值税留抵退税。			

第五节　新的缓税支持政策要览

一、制造业中小微企业延缓缴纳部分税费

享受主体	优惠内容	享受条件	办理方式
符合条件的制造业中小微企业（含个人独资企业、合伙企业、个体工商户）	（1）《国家税务总局财政部关于制造业中小微企业延缓缴纳2021年第四季度部分税费有关事项的公告》（2021年第30号）规定的制造业中小微企业延缓缴纳2021年第四季度部分税费政策，缓缴期限继续延长6个月。 （2）在继续延缓缴纳2021年第四季度部分税费基础上，延缓缴纳2022年第一季度、第二季度部分税费：在依法办理纳税申报后，制造业中型企业可以延缓缴纳本政策规定的各项税费金额的50%，制造业小微企业可以延缓缴纳本政策规定的全部税费，延缓的期限为6个月。延缓期限届满，纳税人应依法缴纳相应月份或者季度的税费。	制造业中小微企业条件见本书第十章规定。	申请办理
政策依据：《国家税务总局　财政部关于延续实施制造业中小微企业延缓缴纳部分税费有关事项的公告》（国家税务总局　财政部公告2022年第2号）			
《国家税务总局　财政部关于制造业中小微企业延缓缴纳2021年第四季度部分税费有关事项的公告》（国家税务总局　财政部公告2021年第30号）			

二、航空和铁路运输企业分支机构暂停预缴增值税

享受主体	优惠内容	享受条件	办理方式
航空和铁路运输企业分支机构	自2022年1月1日至2022年12月31日，航空和铁路运输企业分支机构暂停预缴增值税。	航空和铁路运输企业的分支机构。	申请办理
政策依据：《财政部　税务总局关于促进服务业领域困难行业纾困发展有关增值税政策的公告》（财政部　税务总局公告2022年第11号）			

第六节　新的降费缓费支持政策要览

一、阶段性降低失业保险、工伤保险费率

享受主体	优惠内容	享受条件	办理方式
失业保险、工伤保险参保单位	自2022年5月1日起,延续实施阶段性降低失业保险、工伤保险费率政策1年,执行期限至2023年4月30日。 按照现行阶段性降率政策规定,失业保险总费率为1%。在省(区、市)行政区域内,单位及个人的费率应当统一,个人费率不得超过单位费率。本地具体费率由各省(区、市)确定。工伤保险基金累计结余可支付月数在18至23个月的统筹地区可以现行费率为基础下调20%,累计结余可支付月数在24个月以上的统筹地区可以现行费率为基础下调50%。	此项政策是一项普惠性政策,不区分行业,也不区分企业类型。	申请办理

政策依据:《人力资源社会保障部　财政部　国家税务总局关于做好失业保险稳岗位提技能防失业工作的通知》(人社部发〔2022〕23号)

《人力资源社会保障部　财政部关于继续阶段性降低社会保险费率的通知》(人社部发〔2018〕25号)

《人力资源社会保障部　财政部关于阶段性降低失业保险费率有关问题的通知》(人社部发〔2017〕14号)

二、特困行业、属于疫情严重地区的中小微企业阶段性缓缴社会保险费

享受主体	优惠内容	享受条件	办理方式
餐饮、零售、旅游、民航、公路水路铁路运输企业,以及上述行业中以单位方式参加社会保险的有雇工的个体工商户和其他单位。 属于疫情严重地区的中小微企业。 以个人身份参加企业职工基本养老保险的个体工商户和各类灵活就业人员。	(1)受疫情影响较大餐饮、零售、旅游、民航、公路水路铁路运输、农副食品加工业;纺织业;纺织服装、服饰业;造纸和纸制品业;印刷和记录媒介复制业;医药制造业;化学纤维制造业;橡胶和塑料制品业;通用设备制造业;汽车制造业;铁路、船舶、航空航天和其他运输设备制造业;仪器仪表制造业;社会工作;广播、电视、电影和录音制作业;文化艺术业;体育;娱乐业等特困行业企业(有雇工的个体工商户以及其他单位),缓缴至2022年年底的基本养老保险费,缓缴最长至2023年5月的失业保险费和工伤保险费。 (2)属于疫情严重地区的中小微企业,三项社保费单位缴费部分,缓缴实施期限都是到2022年年底结束。 (3)以个人身份参加企业职工基本养老保险的个体工商户和各类灵活就业人员,2022年缴纳费款有困难的,可自愿暂缓缴费,2022年未缴费月度可于2023年年底前进行补缴,缴费基数在2023年当地个人缴费基数上下限范围内自主选择,缴费年限累计计算。	在缓缴期限内,企业可根据自身经营状况向社会保险登记部门申请缓缴企业职工基本养老保险费、失业保险费和工伤保险费。新开办企业可自参保当月起申请缓缴;企业行业类型变更为上述行业的,可自变更当月起申请缓缴。 社会保险登记部门审核企业是否适用缓缴政策时,应以企业参保登记时自行申报的行业类型为依据。现有信息无法满足划分行业类型需要的,可实行告知承诺制,由企业出具所属行业类型的书面承诺,并承担相应法律责任。	申请办理,社会保险登记部门审核确认

政策依据:《人力资源社会保障部　财政部　国家税务总局关于做好失业保险稳岗位提技能防失业工作的通知》(人社部发〔2022〕23号)

《人力资源社会保障部办公厅　国家税务总局办公厅关于特困行业阶段性实施缓缴企业社会保险费政策的通知》(人社厅发〔2022〕16号)

《人力资源社会保障部　国家发展改革委　财政部　税务总局关于扩大阶段性缓缴社会保险费政策实施范围等问题的通知》(人社部发〔2022〕31号)

三、失业保险稳岗返还

享受主体	优惠内容	享受条件	办理方式
参保单位	参保企业上年度未裁员或裁员率不高于上年度全国城镇调查失业率控制目标,30人(含)以下的参保企业裁员率不高于参保职工总数20%的,可以申请失业保险稳岗返还。大型企业仍按不超过企业及其职工上年度实际缴纳失业保险费的30%返还,中小微企业返还比例从60%最高提至90%。	上述政策执行期限至2022年12月31日。	推广"免申即享"经办新模式,努力实现"免跑腿、免申请、免填表"

政策依据:《人力资源社会保障部 财政部 国家税务总局关于做好失业保险稳岗位提技能防失业工作的通知》(人社部发〔2022〕23号)

第二章 小微企业普惠性税费支持政策解析与应用

第一节 促进中小企业健康发展

政策依据：

> 中共中央办公厅国务院办公厅印发《关于促进中小企业健康发展的指导意见》。

中小企业是国民经济和社会发展的生力军，是扩大就业、改善民生、促进创业创新的重要力量，在稳增长、促改革、调结构、惠民生、防风险中发挥着重要作用。党中央、国务院高度重视中小企业发展，在财税金融、营商环境、公共服务等方面出台一系列政策措施，取得积极成效。同时，随着国际国内市场环境变化，中小企业面临的生产成本上升、融资难融资贵、创新发展能力不足等问题日益突出，必须引起高度重视。为促进中小企业健康发展，现提出如下意见。

1. 指导思想

以习近平新时代中国特色社会主义思想为指导，全面贯彻党的十九大和十九届二中、三中全会精神，坚持和完善我国社会主义基本经济制度，坚持"两个毫不动摇"，坚持稳中求进工作总基调，坚持新发展理念，以供给侧结构性改革为主线，以提高发展质量和效益为中心，按照竞争中性原则，打造公平便捷营商环境，进一步激发中小企业活力和发展动力。认真实施中小企业促进法，纾解中小企业困难，稳定和增强企业信心及预期，加大创新支持力度，提升中小企业专业化发展能力和大中小企业融通发展水平，促进中小企业健康发展。

2. 营造良好发展环境

（1）进一步放宽市场准入。坚决破除各种不合理门槛和限制，在市场准入、审批许可、招标投标、军民融合发展等方面打造公平竞争环境，提供充足市场空间。不断缩减市场准入负面清单事项，推进"非禁即入"普遍落实，最大程度实现准入便利化。

（2）主动服务中小企业。进一步深化对中小企业的"放管服"改革。继续推进商事制度改革，推动企业注册登记、注销更加便利化。推进环评制度改革，落实环境影响登记表备案制，将项目环评审批时限压缩至法定时限的一半。落实好公平竞争审查制度，营造公平、开放、透明的市场环境，清理废除妨碍统一市场和公平竞争的各种规定和做法。主动服务企业，对企业发展中遇到的困难，要"一企一策"给予帮助。

（3）实行公平统一的市场监管制度。创新监管方式，寓监管于服务之中。避免在安监、环保等领域微观执法和金融机构去杠杆中对中小企业采取简单粗暴的处置措施。深入推进反垄断、反不正当竞争执法，保障中小企业公平参与市场竞争。坚决保护企业及其出资人的财产权和其他合法权益，任何单位和个人不得侵犯中小企业财产及其合法收益。严格禁止各种刁难限制中小企业发展的行为，对违反规定的问责追责。

3. 破解融资难融资贵问题

（1）完善中小企业融资政策。进一步落实普惠金融定向降准政策。加大再贴现对小微企业支持力度，重点支持小微企业500万元及以下小额票据贴现。将支小再贷款政策适用范围扩大到符合条件的中小银行（含新型互联网银行）。将单户授信1000万元及以下的小微企业贷款纳入中期借贷便利的合格担保品范围。

（2）积极拓宽融资渠道。进一步完善债券发行机制，实施民营企业债券融资支持工具，采取出售信用风险缓释凭证、提供信用增进服务等多种方式，支持经营正常、面临暂时流动性紧张的民营企业合理债券融资需求。探索实施民营企业股权融资支持工具，鼓励设立市场化运作的专项基金开展民营企业兼并收购或财务投资。大力发展高收益债券、私募债、双创专项债务融资工具、创业投资基金类债券、创新创业企业专项债券等产品。研究促进中小企业依托应收账款、供应链金融、特许经营权等进行融资。完善知识产权质押融资风险分担补偿机制，发挥知识产权增信增贷作用。引导金融机构对小微企业发放中长期贷款，开发续贷产品。

（3）支持利用资本市场直接融资。加快中小企业首发上市进度，为主业突出、规范运作的中小企业上市提供便利。深化发行、交易、信息披露等改革，支持中小企业在新三板挂牌融资。推进创新创业公司债券试点，完善创新创业可转债转股机制。研究允许挂牌企业发行可转换公司债。落实创业投资基金股份减持比例与投资期限的反向挂钩制度，鼓励支持早期创新创业。鼓励地方知识产权运营基金等专业化基金服务中小企业创新发展。对存在股票质押风险的企业，要按照市场化、法治化原则研究制定相关过渡性机制，根据企业具体情况采取防范化解风险措施。

(续表)

(4) 减轻企业融资负担。鼓励金融机构扩大出口信用保险保单融资和出口退税账户质押融资,满足进出口企业金融服务需求。加快发挥国家融资担保基金作用,引导担保机构逐步取消反担保,降低担保费率。清理规范中小企业融资时强制要求办理的担保、保险、评估、公证等事项,减少融资过程中的附加费用,降低融资成本;相关费用无法减免的,由地方财政根据实际制定鼓励降低取费标准的奖补措施。

(5) 建立分类监管考核机制。研究放宽小微企业贷款享受风险资本优惠权重的单户额度限制,进一步释放商业银行投放小微企业贷款的经济资本。修订金融企业绩效评价办法,适当放宽考核指标要求,激励金融机构加大对小微企业的信贷投入。指导银行业金融机构夯实对小微业务的内部激励传导机制,优化信贷资源配置、完善绩效考核方案,适当降低利润考核指标权重,安排专项激励费用;鼓励对小微业务推行内部资金转移价格优惠措施;细化小微企业贷款不良容忍度管理,完善授信尽职免责规定,加大对基层机构发放民营企业、小微企业贷款的激励力度,提高民营企业、小微企业信贷占比;提高信贷风险管控能力、落实规范服务收费政策。

4. 完善财税支持政策

(1) 改进财税对小微企业融资的支持。落实对小微企业融资担保降费奖补政策,中央财政安排奖补资金,引导地方支持扩大实体经济领域小微企业融资担保业务规模,降低融资担保成本。进一步降低创业担保贷款贴息的政策门槛,中央财政安排资金支持地方给予小微企业创业担保贷款贴息及奖补,同时推进相关统计监测和分析工作。落实金融机构单户授信1 000万元及以下小微企业和个体工商户贷款利息收入免征增值税政策、贷款损失准备金所得税税前扣除政策。

(2) 减轻中小企业税费负担。清理规范涉企收费,加快推进地方涉企行政事业性收费零收费。推进增值税等实质性减税,对小微企业、科技型初创企业实施普惠性税收减免。根据实际情况,降低社会保险费率,支持中小企业吸纳就业。

(3) 完善政府采购支持中小企业的政策。各级政府要为中小企业开展政府采购项下融资业务提供便利,依法及时公开政府采购合同等信息。研究修订政府采购促进中小企业发展暂行办法,采取预算预留、消除门槛、评审优惠等手段,落实政府采购促进中小企业发展政策。在政府采购活动中,向专精特新中小企业倾斜。

(4) 充分发挥各类基金的引导带动作用。推动国家中小企业发展基金走市场化、公司化和职业经理人的制度建设道路,使其支持种子期、初创期成长型中小企业发展,在促进中小企业转型升级、实现高质量发展中发挥更大作用。大力推进国家级新兴产业发展基金、军民融合产业投资基金的实施和运营,支持战略性新兴产业、军民融合产业领域优质企业融资。

5. 提升创新发展能力

(1) 完善创新创业环境。加强中央财政对中小企业技术创新的支持。通过国家科技计划加大对中小企业科技创新的支持力度,调整完善科技计划立项、任务部署和组织管理方式,大幅度提高中小企业承担研发任务的比例。鼓励大型企业向中小企业开放共享资源,围绕创新链、产业链打造大中小企业协同发展的创新网络。推动专业化众创空间提升服务能力,实现对创新创业的精准支持。健全科技资源开放共享机制,鼓励科研机构、高等学校搭建网络管理平台,建立高效对接机制,推动大型科研仪器和实验设施向中小企业开放。鼓励中小企业参与共建国家重大科研基础设施。中央财政安排资金支持一批国家级和省级开发区打造大中小企业融通型、专业资本集聚型、科技资源支撑型、高端人才引领型等特色载体。

(2) 切实保护知识产权。运用互联网、大数据等手段,通过源头追溯、实时监测、在线识别等强化知识产权保护,加快建立侵权惩罚性赔偿制度,提高违法成本,保护中小企业创新研发成果。组织实施中小企业知识产权战略推进工程,开展专利导航,助推中小企业技术研发布局,推广知识产权辅导、预警、代理、托管等服务。

(3) 引导中小企业专精特新发展。支持推动中小企业转型升级,聚焦主业,增强核心竞争力,不断提高发展质量和水平,走专精特新发展道路。研究制定专精特新评价体系,建立动态企业库。以专精特新中小企业为基础,在核心基础零部件(元器件)、关键基础材料、先进基础工艺和产业技术基础等领域,培育一批主营业务突出、竞争力强、成长性好的专精特新"小巨人"企业。实施大中小企业融通发展专项工程,打造一批融通发展典型示范和新模式。围绕要素汇集、能力开放、模式创新、区域合作等领域分别培育一批制造业双创平台试点示范项目,引领制造业融通发展迈上新台阶。

(4) 为中小企业提供信息化服务。推进发展"互联网+中小企业",鼓励大型企业及专业服务机构建设面向中小企业的云制造平台和云服务平台,发展适合中小企业智能制造需求的产品、解决方案和工具包,完善中小企业智能制造支撑服务体系。推动中小企业业务系统云化部署,引导有基础、有条件的中小企业推进生产线智能化改造,推动低成本、模块化的智能制造设备和系统在中小企业部署应用。大力推动降低中西部地区中小企业宽带专线接入资费水平。

6. 改进服务保障工作

(1) 完善公共服务体系。规范中介机构行为,提升会计、律师、资产评估、信息等各方面中介服务质量水平,优先为中小企业提供优质高效的信息咨询、创业辅导、技术支持、投资融资、知识产权、财会税务、法律咨询等服务。加强中小企业公共服务示范平台建设和培育。搭建跨部门的中小企业政策信息互联网发布平台,及时汇集涉及中小企业的法律法规、创新创业、财税金融、权益保护等各类政策和政府服务信息,实现中小企业政策信息一站式服务。建立完善对中小企业的统计调查、监测分析和定期发布制度。

（2）推动信用信息共享。进一步完善小微企业名录,积极推进银商合作。依托国家企业信用信息公示系统和小微企业名录,建立完善小微企业数据库。依托全国公共信用信息共享平台建设全国中小企业融资综合信用服务平台,开发"信易贷",与商业银行共享注册登记、行政许可、行政处罚、"黑名单"以及纳税、社保、水电煤气、仓储物流等信息,改善银企信息不对称,提高信用状况良好中小企业的信用评分和贷款可得性。

（3）重视培育企业家队伍。继续做好中小企业经营管理领军人才培训,提升中小企业经营管理水平。健全宽容失败的有效保护机制,为企业家成长创造良好环境。完善人才待遇政策保障和分类评价制度。构建亲清政商关系,推动企业家参与制定涉企政策,充分听取企业家意见建议。树立优秀企业家典型,大力弘扬企业家精神。

（4）支持对外合作与交流。优化海关流程、简化办事手续,降低企业通关成本。深化双多边合作,加强在促进政策、贸易投资、科技创新等领域的中小企业交流与合作。支持有条件的地方建设中外中小企业合作区。鼓励中小企业服务机构、协会等探索在条件成熟的国家和地区设立"中小企业中心"。继续办好中国国际中小企业博览会,支持中小企业参加境内外展览展销活动。

7. 强化组织领导和统筹协调

（1）加强支持和统筹指导。各级党委和政府要认真贯彻党中央、国务院关于支持中小企业发展的决策部署,积极采取有针对性的措施,在政策、融资、营商环境等方面主动帮助企业解决实际困难。各有关部门要加强对中小企业存在问题的调研,并按照分工要求抓紧出台解决办法,同时对好的经验予以积极推广。加强促进中小企业发展工作组织机构和工作机制建设,充分发挥组织领导、政策协调、指导督促作用,明确部门责任和分工,加强监督检查,推动政策落实。

（2）加强工作督导评估。国务院促进中小企业发展工作领导小组办公室要加强对促进中小企业健康发展工作的督导,委托第三方机构定期开展中小企业发展环境评估并向社会公布。各地方政府根据实际情况组织开展中小企业发展环境评估。

（3）营造良好舆论氛围。大力宣传促进中小企业发展的方针政策与法律法规,强调中小企业在国民经济和社会发展中的重要地位和作用,表彰中小企业发展和服务中小企业工作中涌现出的先进典型,让企业有更多获得感和荣誉感,形成有利于中小企业健康发展的良好社会舆论环境。

第二节　小企业、小规模纳税人、小微企业与小型微利企业"四小"解析

一、小企业、小规模纳税人、小微企业与小型微利企业

小企业、小规模纳税人、小微企业与小型微利企业简称"四小"。小企业是中小企业划型标准划定的小型企业,是《小企业会计准则》界定的范畴;小规模纳税人是未登记为一般纳税人的增值税纳税人;小微企业是符合免税标准的增值税小规模纳税人;小型微利企业是企业所得税减低税率的税收优惠。

名称	适用对象	标准	政策依据
小企业	统计	统计上大中小微型企业划分标准	工信部联企业〔2011〕300号
	会计	小企业会计准则	财会〔2011〕17号
小规模纳税人	增值税纳税人分类	年应税销售额＜500万元	财税〔2018〕33号
小微企业	增值税小规模纳税人	月(季)销售额≤15(45)万元	财政部、税务总局公告2021年第11号
小型微利企业	企业所得税减低税率优惠	年应纳税所得额＜300万元	财税〔2019〕13号

问题答疑：

问题："小型微利企业"和"小微企业"两者之间有什么不同？

解答："小微企业"是一个习惯性叫法,并没有严格意义上的界定,目前所说的"小微企业"是

和"大中企业"相对而言的。如果要找一个比较接近的解释,那就是工信部、国家统计局、发展改革委和财政部于2011年6月发布的《中小企业划型标准》,根据企业从业人员、营业收入、资产总额等指标,将16个行业的中小企业划分为中型、小型、微型三种类型,小微企业可以理解为其中的小型企业和微型企业。而"小型微利企业"的出处是《企业所得税法》及其实施条例,是指符合税法规定条件的特定企业,其特点不只体现在"小型"上,还要求"微利",主要用于企业所得税优惠政策方面。

经过几次政策变化,小型微利企业标准不断提高,范围不断扩大。有数据显示,小型微利企业标准提高以后,符合小型微利企业条件的企业占所有企业所得税纳税人的比重约为95%,也就是说,约95%的企业都是企业所得税上的"小型微利企业"。

二、统计上大中小微型企业划分标准解析

政策依据：

《工业和信息化部 国家统计局 国家发展和改革委员会 财政部关于印发中小企业划型标准规定的通知》(工信部联企业〔2011〕300号);
《统计上大中小微型企业划分办法(2017)》(国统字〔2017〕213号)。

根据《中华人民共和国中小企业促进法》和《国务院关于进一步促进中小企业发展的若干意见》(国发〔2009〕36号的规定),工业和信息化部、国家统计局、发展改革委、财政部制定了《中小企业划型标准规定》(工信部联企业〔2011〕300号印发)。2017年6月30日,《国民经济行业分类》(GB/T 4754—2017)正式颁布。8月29日,国家统计局印发《国家统计局关于执行新国民经济行业分类国家标准的通知》(国统字〔2017〕142号),规定从2017年统计年报和2018年定期统计报表起统一使用新分类标准。为此,国家统计局对2011年印发的《统计上大中小微型企业划分办法》进行修订,以国统字〔2017〕213号文件公布了《统计上大中小微型企业划分办法(2017)》,如下表所示。

统计上大中小微型企业划分标准

行业名称	指标名称	计量单位	大型	中型	小型	微型
农、林、牧、渔业	营业收入(Y)	万元	Y≥20 000	500≤Y<20 000	50≤Y<500	Y<50
工业*	从业人员(X)	人	X≥1 000	300≤X<1 000	20≤X<300	X<20
	营业收入(Y)	万元	Y≥40 000	2 000≤Y<40 000	300≤Y<2 000	Y<300
建筑业	营业收入(Y)	万元	Y≥80 000	6 000≤Y<80 000	300≤Y<6 000	Y<300
	资产总额(Z)	万元	Z≥80 000	5 000≤Z<80 000	300≤Z<5 000	Z<300
批发业	从业人员(X)	人	X≥200	20≤X<200	5≤X<20	X<5
	营业收入(Y)	万元	Y≥40 000	5 000≤Y<40 000	1 000≤Y<5 000	Y<1 000
零售业	从业人员(X)	人	X≥300	50≤X<300	10≤X<50	X<10
	营业收入(Y)	万元	Y≥20 000	500≤Y<20 000	100≤Y<500	Y<100
交通运输业*	从业人员(X)	人	X≥1 000	300≤X<1 000	20≤X<300	X<20
	营业收入(Y)	万元	Y≥30 000	3 000≤Y<30 000	200≤Y<3 000	Y<200
仓储业*	从业人员(X)	人	X≥200	100≤X<200	20≤X<100	X<20
	营业收入(Y)	万元	Y≥30 000	1 000≤Y<30 000	100≤Y<1 000	Y<100

(续表)

行业名称	指标名称	计量单位	大型	中型	小型	微型
邮政业	从业人员(X)	人	X≥1 000	300≤X<1 000	20≤X<300	X<20
	营业收入(Y)	万元	Y≥30 000	2 000≤Y<30 000	100≤Y<2 000	Y<100
住宿业	从业人员(X)	人	X≥300	100≤X<300	10≤X<100	X<10
	营业收入(Y)	万元	Y≥10 000	2 000≤Y<10 000	100≤Y<2 000	Y<100
餐饮业	从业人员(X)	人	X≥300	100≤X<300	10≤X<100	X<10
	营业收入(Y)	万元	Y≥10 000	2 000≤Y<10 000	100≤Y<2 000	Y<100
信息传输业*	从业人员(X)	人	X≥2 000	100≤X<2 000	10≤X<100	X<10
	营业收入(Y)	万元	Y≥100 000	1 000≤Y<100 000	100≤Y<1 000	Y<100
软件和信息技术服务业	从业人员(X)	人	X≥300	100≤X<300	10≤X<100	X<10
	营业收入(Y)	万元	Y≥10 000	1 000≤Y<10 000	50≤Y<1 000	Y<50
房地产开发经营	营业收入(Y)	万元	Y≥200 000	1 000≤Y<200 000	100≤Y<1 000	Y<100
	资产总额(Z)	万元	Z≥10 000	5 000≤Z<10 000	2 000≤Z<5 000	Z<2 000
物业管理	从业人员(X)	人	X≥1 000	300≤X<1 000	100≤X<300	X<100
	营业收入(Y)	万元	Y≥5 000	1 000≤Y<5 000	500≤Y<1 000	Y<500
租赁和商务服务业	从业人员(X)	人	X≥300	100≤X<300	10≤X<100	X<10
	资产总额(Z)	万元	Z≥120 000	8 000≤Z<120 000	100≤Z<8 000	Z<100
其他未列明行业*	从业人员(X)	人	X≥300	100≤X<300	10≤X<100	X<10

(1) 大型、中型和小型企业须同时满足所列指标的下限,否则下划一档;微型企业只须满足所列指标中的一项即可。

(2) 附表中各行业的范围以《国民经济行业分类》(GB/T 4754—2017)为准。带*的项目为行业组合类别,其中,工业包括采矿业,制造业,电力、热力、燃气及水生产和供应业;交通运输业包括道路运输业,水上运输业,航空运输业,管道运输业,多式联运和运输代理业、装卸搬运,不包括铁路运输业;仓储业包括通用仓储、低温仓储、危险品仓储、谷物、棉花等农产品仓储,中药材仓储和其他仓储业;信息传输业包括电信、广播电视和卫星传输服务,互联网和相关服务;其他未列明行业包括科学研究和技术服务业,水利、环境和公共设施管理业,居民服务、修理和其他服务业,社会工作,文化、体育和娱乐业,以及房地产中介服务,其他房地产业等,不包括自有房地产经营活动。

(3) 企业划分指标以现行统计制度为准。
① 从业人员,是指期末从业人员数,没有期末从业人员数的,采用全年平均人员数代替。
② 营业收入,工业、建筑业、限额以上批发和零售业、限额以上住宿和餐饮业以及其他设置主营业务收入指标的行业,采用主营业务收入;限额以下批发与零售业企业采用商品销售额代替;限额以下住宿与餐饮业企业采用营业额代替;农、林、牧、渔业企业采用营业总收入代替;其他未设置主营业务收入的行业,采用营业收入指标。
③ 资产总额,采用资产总计代替。

需要说明的是,小微企业普惠性减税,不论是小规模纳税人免税,还是小型微利企业减免所得税,与四部委《中小企业划型标准规定》中的小微企业没有对应关系。

三、拟修订的划型标准解析

现行《中小企业划型标准规定》(工信部联企业〔2011〕300号印发,以下简称《划型标准》)是经国务院同意,由工业和信息化部、国家统计局、国家发展和改革委员会、财政部于2011年6月印发的。

《划型标准》作为促进中小企业发展政策实施和国民经济统计分类的基础依据,发布十年来,得到了较好地执行,为各级政府部门制定和实施促进中小企业特别是小微企业发展政策提供了基础数据和决策参考。但随着经济发展和产业结构调整,执行过程中也遇到了一些问题,主要是:一是部分中小企业规模过大。因采用从业人员、营业收入或资产总额双指标并集划型,导致少数从业人员少而营业收入高或资产规模大的企业划入中小企业。二是行业分类复杂繁琐,且未覆盖"教育"门类和"卫生"大类。三是定性标准缺位。四是部分行业划型指标不适合行业大多数企业经营特征。五是定量标准需随劳动生产率提高等进行调整。2021年4月23日,工业和信息化部中小企业局发布关于公开征求《中小企业划型标准规定(修订征求意见稿)》意见的通知,拟对中小企业划型标准进行修订。

1. 关于行业分类的修订

一是部分行业分类保持不变。包括农、林、牧、渔业,工业,建筑业,批发业,零售业,房地产开发经营业等(涉及企业数量约占60%)。

二是以门类为基础调整简并行业分类。如将住宿业、餐饮业合并,按"住宿和餐饮业"门类统一划型;将信息传输业、软件和信息技术服务业合并,按"信息传输、软件和信息技术服务业"门类统一划型;将交通运输业、仓储业、邮政业合并,按"交通运输、仓储和邮政业"门类与工业统一划型。

三是增加《划型标准》尚未覆盖的行业,如"教育"门类和"卫生"大类。

四是行业性质或特征相近的行业归并划型。将房地产业(房地产开发经营除外),租赁与商务服务业(组织管理服务除外),科学研究和技术服务业,水利、环境和公共设施管理业,居民服务、修理和其他服务业,社会工作,文化、体育和娱乐业,以及新增的教育、卫生等八个行业门类归并统一划型。

五是将不属于中小企业扶持重点领域的"组织管理服务"(属于租赁和商务服务业门类,主要包括"企业总部管理""投资与资产管理""资源与产权交易服务"等资产密集型行业小类)采用建筑业指标划型,降低其小微企业占比。

本次修订后,行业分类由原来的16类减少为9类,覆盖《国民经济行业分类》(GB/T 4754—2017)除金融业、公共管理和社会组织、国际组织三个门类之外的所有行业企业。

2. 关于划型指标的修订

各行业划型指标基本沿用现行《划型标准》,主要是采用从业人员和营业收入双指标划型,仅有农业采用营业收入、建筑业和组织管理服务采用营业收入和资产总额划型。

3. 关于双指标并集转交集的调整

本次修订借鉴欧盟双指标交集模式,即双指标同时低于微型、小型、中型企业的阈值标准,才能划入相应规模类型,强调"小企业要有小企业的样子"。这样可有效解决从业人员少、营业收入高或资产总额大的企业划入中小企业的问题,更为客观地反映中小企业的经营规模,并可降低从业人员统计口径对企业规模变化的影响。

4. 关于定量指标阈值的调整

(1)关于从业人员指标阈值。鉴于现行《划型标准》从业人员指标标准基本具有国际可比性且符合国情。微型企业的人员标准基本与其他国家接近;中型和小型企业标准与其他国家有所差异,但基本适应我国人口众多,劳动生产率相对较低的基本国情。因此,本次修订中从业人员指标阈值主要沿用现行《划型标准》,仅对仓储业、信息传输业、软件和信息技术服务业、物业管理业等少数涉及行业分类调整的从业人员指标进行调整。

(2)关于财务指标阈值。参考国际经验,结合我国国情,本次修订主要考虑四方面因素影响:一是劳动生产率提高的影响;二是双指标划型区间并集转交集的影响;三是定量指标阈值调整与部分行业现有统计规模(或限额)口径衔接;四是各行业规模类型比例相对稳定。

修订后,各行业各类型企业比例与《划型标准》制定时的大中小微企业类型分布比例相对稳定,中小企业特别是小微企业分布维持相对合理比例。所有行业的规模(限额)以上企业中将不再含有微型企业,微型企业均为规模(限额)以下企业。

5. 增加定性标准

为解决实践中大型企业所属子公司因符合中小企业划型定量标准,挤占中小企业有限的政策资源或悬空大型企业法律责任义务问题,借鉴欧美日等设置中小企业独立经营方面定性标准的经验,增加"定性"标准,即规定"符合中小企业划型定量标准,但有下列情形之一的,视同大型企业:单个大型企业或大型企业全资子公司直接控股超过50%的企业;两个以上大型企业或大型企业全资子公司直接控股超过50%的企业;与大型企业或大型企业全资子公司的法定代表人为同一人的企业。"将大型企业所属或直接控制企业排除在中小企业之外。

6. 增加有关中小企业规模类型自我声明及认定内容

按照《国务院办公厅关于全面推行证明事项和涉企经营许可事项告知承诺制的指导意见》和《政府采购促进中小企业发展管理办法》的实践做法,《划型标准》修订中明确"中小企业规模类型采用自我声明的方式,企业对自我声明内容的真实性负责"。同时,明确"在监督检查、投诉处理中对中小企业规模类型有争议的,有关部门可以向有争议的企业登记所在地同级负责中小企业促进工作综合管理部门书面提请认定"。

7. 建立《划型标准》定期评估制度

借鉴国际经验,设立我国中小企业划型标准定期评估制度:"由国务院促进中小企业发展综合管理部门、国家统计部门会同有关部门根据经济社会发展情况,每5年定期评估,根据评估情况适时修订。"

第三节　小微企业普惠性税费支持政策解析与应用

政策依据：

序号	文件名称	文号
1	《财政部　税务总局关于金融企业涉农贷款和中小企业贷款损失准备金税前扣除有关政策的公告》	财政部　税务总局公告 2019 年第 85 号
2	《财政部　税务总局关于明确生活性服务业增值税加计抵减政策的公告》	财政部　税务总局公告 2019 年第 87 号
3	《财政部关于调整残疾人就业保障金征收政策的公告》	财政部公告 2019 年第 98 号
4	《财政部　税务总局关于明确国有农用地出租等增值税政策的公告》	财政部　税务总局公告 2020 年第 2 号
5	《财政部　税务总局关于支持个体工商户复工复业增值税政策的公告》	财政部　税务总局公告 2020 年第 13 号
6	《财政部　税务总局关于延续实施普惠金融有关税收优惠政策的公告》	财政部　税务总局公告 2020 年第 22 号
7	《财政部　税务总局关于延长小规模纳税人减免增值税政策执行期限的公告》	财政部　税务总局公告 2020 年第 24 号
8	《财政部　税务总局关于延长部分税收优惠政策执行期限的公告》	财政部　税务总局公告 2021 年第 6 号
9	《财政部　税务总局关于延续实施应对疫情部分税费优惠政策的公告》	财政部　税务总局公告 2021 年第 7 号
10	《财政部　税务总局关于明确增值税小规模纳税人免征增值税政策的公告》	财政部　税务总局公告 2021 年第 11 号
11	《财政部　税务总局关于实施小微企业和个体工商户所得税优惠政策的公告》	财政部　税务总局公告 2021 年第 12 号
12	《财政部　税务总局　人力资源社会保障部　国家乡村振兴局关于延长部分扶贫税收优惠政策执行期限的公告》	财政部　税务总局　人力资源社会保障部　国家乡村振兴局公告 2021 年第 18 号
13	《财政部　税务总局关于继续执行的城市维护建设税优惠政策的公告》	财政部　税务总局公告 2021 年第 27 号
14	《国家税务总局　财政部关于制造业中小微企业延缓缴纳 2021 年第四季度部分税费有关事项的公告》	国家税务总局　财政部公告 2021 年第 30 号

（续表）

序号	文件名称	文号
15	《国家税务总局 财政部关于延续实施制造业中小微企业延缓缴纳部分税费有关事项的公告》	国家税务总局 财政部公告 2022 年第 2 号
16	《财政部 税务总局关于延长部分税收优惠政策执行期限的公告》	财政部 税务总局公告 2022 年第 4 号
17	《国家税务总局关于小型微利企业所得税优惠政策征管问题的公告》	国家税务总局公告 2022 年第 5 号
18	《财政部 税务总局关于进一步实施小微企业"六税两费"减免政策的公告》	财政部 税务总局公告 2022 年第 10 号
19	《财政部 税务总局关于促进服务业领域困难行业纾困发展有关增值税政策的公告》	财政部 税务总局公告 2022 年第 11 号
20	《财政部 税务总局关于中小微企业设备器具所得税税前扣除有关政策的公告》	财政部 税务总局公告 2022 年第 12 号
21	《财政部 税务总局关于进一步实施小微企业所得税优惠政策的公告》	财政部 税务总局公告 2022 年第 13 号
22	《财政部 税务总局关于进一步加大增值税期末留抵退税政策实施力度的公告》	财政部 税务总局公告 2022 年第 14 号
22	《财政部 税务总局关于对增值税小规模纳税人免征增值税的公告》	财政部 税务总局公告 2022 年第 15 号
23	《国家税务总局关于小规模纳税人免征增值税等征收管理事项的公告》	国家税务总局公告 2022 年第 6 号
24	《财政部 税务总局 科技部关于进一步提高科技型中小企业研发费用税前加计扣除比例的公告》	财政部 税务总局 科技部公告 2022 年第 16 号
25	《财政部 国家税务总局关于随军家属就业有关税收政策的通知》	财税〔2000〕84 号
26	《财政部 国家税务总局关于自主择业的军队转业干部有关税收政策问题的通知》	财税〔2003〕26 号
27	《财政部 国家税务总局关于扩大有关政府性基金免征范围的通知》	财税〔2016〕12 号
28	《财政部 国家税务总局关于营业税改征增值税试点有关文化事业建设费政策及征收管理问题的通知》	财税〔2016〕25 号
29	《财政部 国家税务总局关于全面推开营业税改征增值税试点的通知》	财税〔2016〕36 号
30	《财政部 国家税务总局关于促进残疾人就业增值税优惠政策的通知》	财税〔2016〕52 号
31	《财政部 国家税务总局关于中小企业融资（信用）担保机构有关准备金企业所得税税前扣除政策的通知》	财税〔2017〕22 号

(续表)

序号	文件名称	文号
32	《财政部 税务总局关于延续支持农村金融发展有关税收政策的通知》	财税〔2017〕44号
33	《财政部 税务总局关于小额贷款公司有关税收政策的通知》	财税〔2017〕48号
34	《财政部 税务总局关于支持小微企业融资有关税收政策的通知》	财税〔2017〕77号
35	《财政部 税务总局关于租入固定资产进项税额抵扣等增值税政策的通知》	财税〔2017〕90号
36	《财政部 税务总局关于对营业账簿减免印花税的通知》	财税〔2018〕50号
37	《财政部 税务总局关于金融机构小微企业贷款利息收入免征增值税政策的通知》	财税〔2018〕91号
38	《财政部 税务总局关于实施小微企业普惠性税收减免政策的通知》	财税〔2019〕13号
39	《财政部 税务总局 退役军人部关于进一步扶持自主就业退役士兵创业就业有关税收政策的通知》	财税〔2019〕21号
40	《财政部 税务总局 人力资源社会保障部 国务院扶贫办关于进一步支持和促进重点群体创业就业有关税收政策的通知》	财税〔2019〕22号
41	《国家税务总局关于发布〈企业资产损失所得税税前扣除管理办法〉的公告》	国家税务总局公告2011年第25号
42	《国家税务总局关于金融企业涉农贷款和中小企业贷款损失税前扣除问题的公告》	国家税务总局公告2015年第25号
43	《国家税务总局关于发布〈促进残疾人就业增值税优惠政策管理办法〉的公告》	国家税务总局公告2016年第33号
44	《国家税务总局关于实施小型微利企业普惠性所得税减免政策有关问题的公告》	国家税务总局公告2019年第2号
45	《国家税务总局 人力资源社会保障部 国务院扶贫办 教育部关于实施支持和促进重点群体创业就业有关税收政策具体操作问题的公告》	国家税务总局 人力资源社会保障部 国务院扶贫办 教育部公告2019年第10号
46	《国家税务总局关于支持个体工商户复工复业等税收征收管理事项的公告》	国家税务总局公告2020年第5号
47	《国家税务总局关于小规模纳税人免征增值税征管问题的公告》	国家税务总局公告2021年第5号
48	《国家税务总局关于落实支持小型微利企业和个体工商户发展所得税优惠政策有关事项的公告》	国家税务总局公告2021年第8号

党中央、国务院高度重视小微企业(含个体工商户,下同)发展,出台了一系列税费支持政策,持续加大减税降费力度,助力小微企业降低经营成本、缓解融资难题。小微企业等市场主体成长迅速,已成为我国繁荣经济、扩大就业、改善民生的重要力量。2022年,党中央、国务院根据经济发展形势,出台了新的组合式税费支持政策,进一步加大对小微企业的扶持力度,为广大小微企业和个体工商户发展壮大再添助力。

一、起征点以下免征增值税

（一）起征点适用范围及征税规定

《增值税暂行条例》(国务院令第691号)	《营业税改征增值税试点实施办法》(财税〔2016〕36号附件1)
第十七条　纳税人销售额未达到国务院财政、税务主管部门规定的增值税起征点的，免征增值税；达到起征点的，依照本条例规定全额计算缴纳增值税。	第四十九条　个人发生应税行为的销售额未达到增值税起征点的，免征增值税；达到起征点的，全额计算缴纳增值税。 增值税起征点不适用于登记为一般纳税人的个体工商户。

1. 适用范围

增值税起征点仅适用于个人，包括个体工商户和其他个人，但不适用于登记为一般纳税人的个体工商户，即增值税起征点仅适用于按照小规模纳税人纳税的个体工商户和其他个人。这一政策不仅涉及增值税问题，还涉及《国家税务总局关于发布〈企业所得税税前扣除凭证管理办法〉的公告》(国家税务总局公告2018年第28号)中，关于从事小额零星经营业务的个人界定问题。

2. 销售额的确定

增值税起征点所称的销售额，是指纳税人销售货物、劳务、服务、无形资产和不动产的销售额(不包括出租不动产销售额)，采用销售额和应纳税额合并定价方法的，按照下列公式计算销售额：

$$销售额＝含税销售额÷(1＋征收率)$$

适用增值税差额征收政策的增值税小规模纳税人，2018年12月31日前以差额前的销售额确定是否符合起征点，2019年1月1日后，以差额后的销售额确定是否符合起征点享受免征增值税政策。

3. 达到增值税起征点的征税规定

纳税人达到增值税起征点的，应全额计算缴纳增值税，不应仅就超过增值税起征点的部分计算缴纳增值税。

（二）增值税起征点幅度

《增值税暂行条例实施细则》(国家税务总局令第65号)	《营业税改征增值税试点实施办法》 (财税〔2016〕36号附件1)
第三十七条　增值税起征点的适用范围限于个人。 增值税起征点的幅度规定如下： (1)销售货物的，为月销售额5 000～20 000元。 (2)销售应税劳务的，为月销售额5 000～20 000元。 (3)按次纳税的，为每次(日)销售额300～500元。 上述所称销售额，是指本细则第三十条第一款所称小规模纳税人的销售额。 省、自治区、直辖市财政厅(局)和税务局应在规定的幅度内，根据实际情况确定本地区适用的起征点，并报财政部、国家税务总局备案。	第五十条　增值税起征点幅度如下： (1)按期纳税的，为月销售额5 000～20 000元(含本数)。 (2)按次纳税的，为每次(日)销售额300～500元(含本数)。 起征点的调整由财政部和税务总局规定。省、自治区、直辖市财政厅(局)和税务局应当在规定的幅度内，根据实际情况确定本地区适用的起征点，并报财政部和国家税务总局备案。

小微企业月销售额10万元(2021年4月1日至2022年12月31日为15万元)以下免征增值税，是限期免征，计税方法与增值税起征点相同，但没有改变增值税起征点政策。增值税起征点的适用范围限于个人，不包括认定为一般纳税人的个体工商户。为了减轻个人增值税负担，目前全国适用于个人(不含登记为一般纳税人的个体工商户)的增值税起征点如下：

(1)销售货物的，为月应税销售额5 000～20 000元。

(2)销售应税劳务的，为月应税销售额5 000～20 000元。

(3)发生应税服务行为的，为月应税销售额5 000～20 000元。

(4)按次纳税的，为每次(日)销售额300～500元。

其他个人，采取一次性收取租金形式出租不动产取得的租金收入，可在对应的租赁期内平均分摊，分摊后的月租金收入未超过10万元的，免征增值税。(国家税务总局公告2019年第4号第四条)

自2021年4月1日至2022年12月31日，《增值税暂行条例实施细则》第九条所称的其他个人，采取

（续表）

一次性收取租金形式出租不动产取得的租金收入，可在对应的租赁期内平均分摊，分摊后的月租金收入未超过15万元的，免征增值税。（国家税务总局公告2021年第5号第四条）

问题答疑：

问题：目前增值税起征点是按次不超过500元，按月不超过2万元，还是按次不超过500元，按月不超过3万元，还是按照小微企业免税标准提高至按次不超过500元，按月不超过10万元（15万元）？

解答：增值税起征点，仍按照《增值税暂行条例实施细则》和《营业税改征增值税试点实施办法》（财税〔2016〕36号附件1）执行，即按期纳税的，为月销售额5 000~20 000元（含本数），按次纳税的，为每次（日）销售额300~500元（含本数）。无论是此前对小规模纳税人月销售额2万~3万元（季度6万~9万元）免征增值税，还是自2019年1月1日起将小规模纳税人免税标准从月销售额3万元提高至10万元（季度由9万元提高到30万元），还是自2021年4月1日起将小规模纳税人免税标准从月销售额10万元提高至15万元（季度由30万元提高到45万元）都只是对起征点政策的优惠加码，并没有调整增值税起征点。即：在效果上相当于将现行增值税起征点由月销售额2万元（年销售额24万元）提高到3/10/15万元（年销售额36/120/180万元），并将适用范围从现行的个体工商户和其他个人扩展到小微企业，而增值税起征点仍保持不变。

（三）按次纳税和按期纳税的理解

2019年3月15日，税务总局货物和劳务税司副司长张卫回答网友关于"如何理解按次纳税和按期纳税？"的提问	国家税务总局公告2019年第48号
"按次纳税和按期纳税，以是否办理税务登记或者临时税务登记作为划分标准。凡办理了税务登记或临时税务登记的小规模纳税人，月销售额未超过10万元（按季申报的小规模纳税人，为季销售额未超过30万元的），都可以按规定享受增值税免税政策。未办理税务登记或临时税务登记的小规模纳税人，除特殊规定（如：其他个人出租不动产）外，则执行《增值税暂行条例》及其实施细则关于按次纳税的起征点有关规定，每次销售额未达到500元的免征增值税，达到500元的则需要正常征税。对于经常代开发票的自然人，建议主动办理税务登记或临时税务登记，以充分享受小规模纳税人月销售额10万元以下免税政策。"	从事生产、经营的个人应办而未办营业执照，但发生纳税义务的，可以按规定申请办理临时税务登记。

【例2-1】 2022年10月，我以个人名义向某公司提供了咨询服务，取得收入1万元。我未办理过税务登记或临时税务登记，请问到税务机关代开发票，我是否需要缴纳增值税？

解答：不需要。《财政部 税务总局关于对增值税小规模纳税人免征增值税的公告》（财政部 税务总局公告2022年第15号）规定，自2022年4月1日至2022年12月31日，小规模纳税人适用3%征收率的应税销售收入，免征增值税。	根据相关规定，您作为自然人，按照小规模纳税人纳税，2022年4月因提供咨询服务取得的1万元收入，适用3%的征收率，可以享受免征增值税政策，可到税务机关代开免税普通发票。

二、小规模纳税人实行简易计税方法

（一）小规模纳税人标准及管理
政策依据：

《财政部 税务总局关于统一增值税小规模纳税人标准的通知》（财税〔2018〕33号）；
《增值税一般纳税人登记管理办法》（国家税务总局令第43号）。

小规模纳税人,是指年销售额在规定标准以下,并且会计核算不健全,不能按规定报送有关税务资料的增值税纳税人。会计核算不健全,是指不能正确核算增值税的销项税额、进项税额和应纳税额。小规模纳税人实行简易办法征收增值税,一般不得使用增值税专用发票。根据《财政部 税务总局关于统一增值税小规模纳税人标准的通知》(财税〔2018〕33号)及相关文件规定,小规模纳税人的标准是:

| 1. 一般规定
从2018年5月1日起,增值税小规模纳税人标准为年应征增值税销售额500万元及以下。(财税〔2018〕33号) | 2. 特殊规定
(1) 年应税销售额超过小规模纳税人标准的其他个人按小规模纳税人纳税;年应税销售额超过规定标准但不经常发生应税行为的单位和个体工商户,以及非企业性单位、不经常发生应税行为的企业,可选择按照小规模纳税人纳税。
(2) 旅店业和饮食业纳税人销售非现场消费的食品,属于不经常发生增值税应税行为,自2013年5月1日起,可以选择按小规模纳税人缴纳增值税。(国家税务总局公告2013年第17号)
(3) 按照现行规定,适用增值税差额征收政策的增值税小规模纳税人,以差额前的销售额确定年应税销售额。(国家税务总局令第43号、国家税务总局公告2018年第18号)
(4) 小规模纳税人的标准由国务院财政、税务主管部门规定。 |

(1) 从高统一小规模纳税人年销售额标准的考虑。
① 简化税制。原三档小规模纳税人标准,制度设计过于复杂。在三次产业融合发展的大背景下,纳税人混业经营越来越普遍,行业属性越来越模糊,谁应该执行50万的标准,谁又应该执行80万、500万的标准,实际执行中划分较为困难,容易引发税企争议。因此,从简化和优化税制的角度出发,有必要对原三档标准加以整合。
② 进一步支持小微企业发展。从增值税的税收实践来看,给予纳税人尤其是规模较小的纳税人一定的选择权,由纳税人自主选择成为一般纳税人或小规模纳税人,是一项非常受纳税人欢迎的政策。将小规模纳税人标准统一提高到500万元,并在2020年年底之前,允许已经按较低标准登记为一般纳税人的企业转登记为小规模纳税人,可以让更多的小微企业享受简易计税带来的办税便利和减税红利,从而进一步激发市场活力。
③ 小规模纳税人实行简易办法征收增值税,一般不得使用增值税专用发票。自2020年2月1日起,增值税小规模纳税人(其他个人除外)发生增值税应税行为,需要开具增值税专用发票的,可以自愿使用增值税发票管理系统自行开具。选择自行开具增值税专用发票的小规模纳税人,税务机关不再为其代开增值税专用发票。(国家税务总局公告2019年第33号)
(2) 转登记纳税人可以继续使用现有税控设备开具增值税发票,不需要缴销税控设备和增值税发票。(国家税务总局公告2018年第18号)

1. 未超过规定标准的纳税人可办理一般纳税人登记(国家税务总局令第43号第三条)

| 年应税销售额未超过规定标准的纳税人,会计核算健全,能够提供准确税务资料的,可以向主管税务机关办理一般纳税人登记。 | 《增值税一般纳税人登记管理办法》(国家税务总局令第43号)所称会计核算健全,是指能够按照国家统一的会计制度规定设置账簿,根据合法、有效凭证进行核算。 |

2. 不办理一般纳税人登记的纳税人(国家税务总局令第43号第四条)

政策规定	政策解读
第四条 下列纳税人不办理一般纳税人登记: (1) 按照政策规定,选择按照小规模纳税人纳税的。 (2) 年应税销售额超过规定标准的其他个人(自然人)。 第七条 年应税销售额超过规定标准的纳税人符合《增值税一般纳税人登记管理办法》(国家税务总局令第43号)第四条第一项规定的,应当向主管税务机关提交书面说明。	选择按照小规模纳税人纳税的政策依据有两个,一是根据《增值税暂行条例实施细则》第二十九条规定,非企业性单位、不经常发生应税行为的企业可选择按照小规模纳税人纳税;二是根据《营业税改征增值税试点实施办法》(财税〔2016〕36号文件印发)第三条规定,年应税销售额超过规定标准但不经常发生应税行为的单位和个体工商户可选择按照小规模纳税人纳税。

非企业性单位,是指行政单位、事业单位、军事单位、社会团体和其他单位。不经常发生应税行为的企业,是指非增值税纳税人。不经常发生应税行为,是指其偶然发生增值税应税行为,如其他个人销售不动产。
纳税人年应税销售额超过规定标准,且符合有关政策规定,选择按小规模纳税人纳税的,应当向主管税务机关提交书面说明。(全国税务征管规范2.0版)

(二) 转登记小规模纳税人

财税〔2018〕33号	国家税务总局公告2018年第18号	国家税务总局公告2019年第4号	国家税务总局公告2020年第9号
增值税小规模纳税人标准为年应征增值税销售额500万元及以下。 按照《增值税暂行条例实施细则》第二十八条规定已登记为增值税一般纳税人的单位和个人,在2018年12月31日前,可转登记为小规模纳税人,其未抵扣的进项税额作转出处理。 本通知自2018年5月1日起执行。	同时符合以下条件的一般纳税人,可选择按照《财政部 税务总局关于统一增值税小规模纳税人标准的通知》(财税〔2018〕33号)第二条的规定,转登记为小规模纳税人,或选择继续作为一般纳税人: (1)根据《增值税暂行条例》第十三条和《增值税暂行条例实施细则》第二十八条的有关规定,登记为一般纳税人。 (2)转登记日前连续12个月(以1个月为1个纳税期,下同)或者连续4个季度(以1个季度为1个纳税期,下同)累计应征增值税销售额(以下称应税销售额)未超过500万元。 转登记日前经营期不满12个月或者4个季度的,按照月(季度)平均应税销售额估算上述规定的累计应税销售额。 应税销售额的具体范围,按照《增值税一般纳税人登记管理办法》(国家税务总局令第43号)和《国家税务总局关于增值税一般纳税人登记管理若干事项的公告》(国家税务总局公告2018年第6号)的有关规定执行。	转登记日前连续12个月(以1个月为1个纳税期)或者连续4个季度(以1个季度为1个纳税期)累计销售额未超过500万元的一般纳税人,在2019年12月31日前,可选择转登记为小规模纳税人。 一般纳税人转登记为小规模纳税人的其他事宜,按照《国家税务总局关于统一小规模纳税人标准等若干增值税问题的公告》(国家税务总局公告2018年第18号)、《国家税务总局关于统一小规模纳税人标准有关出口退(免)税问题的公告》(国家税务总局公告2018年第20号)的相关规定执行。	一般纳税人符合以下条件的,在2020年12月31日前,可选择转登记为小规模纳税人:转登记日前连续12个月(以1个月为1个纳税期)或者连续4个季度(以1个季度为1个纳税期)累计销售额未超过500万元。 一般纳税人转登记为小规模纳税人的其他事宜,按照《国家税务总局关于统一小规模纳税人标准等若干增值税问题的公告》(国家税务总局公告2018年第18号)、《国家税务总局关于统一小规模纳税人标准有关出口退(免)税问题的公告》(国家税务总局公告2018年第20号)的相关规定执行。

《增值税暂行条例》及实施细则规定,除另有规定外,纳税人登记为一般纳税人后,不得转为小规模纳税人。因2018年小规模纳税人标准和小微企业纳税标准的提高,以及新冠疫情防控需要,在2020年12月31日前,允许连续12个月(以1个月为1个纳税期)或者连续4个季度(以1个季度为1个纳税期)累计销售额未超过500万元的一般纳税人转登记为小规模纳税人,即"国家税务总局另有规定除外"的具体应用。增值税一般纳税人资格管理由事前审批改为事后登记,主管税务机关应当加强税收风险的管理。2021年1月1日后,一般纳税人不再转登记为小规模纳税人。

(三) 小规模纳税人简易计税

《营业税改征增值税试点实施办法》(财税〔2016〕36号附件1)	政策解读
第三十五条 简易计税方法的销售额不包括其应纳税额,纳税人采用销售额和应纳税额合并定价方法的,按照下列公式计算销售额: 销售额=含税销售额÷(1+征收率)	(1)与一般计税方法相同,简易计税方法中的销售额也是不含税销售额。 (2)销售额的确定和一般计税方法相同。

小规模纳税人销售货物或提供应税劳务,可以申请由主管税务机关代开发票。主管税务机关为小规模纳税人(包括小规模纳税人中的企业、企业性单位及其他小规模纳税人)代开专用发票,应在专用发票"单价"栏和"金额"栏分别填写不含增值税税额的单价和销售额,因此,其应纳税额按销售额依照征收率计算。

为支持小微企业发展,自2019年1月1日至2021年12月31日,对月销售额10万元(含本数)以下的增值税小规模纳税人,免征增值税。(财税〔2019〕13号第一条)

自2021年4月1日至2022年12月31日,对月销售额15万元以下(含本数)的增值税小规模纳税人,免征增值税。(财政部 税务总局公告2021年第11号)

适用增值税差额征税政策的小规模纳税人,以差额后的销售额确定是否可以享受本公告规定的免征增值税政策。《增值税纳税申报表(小规模纳税人适用)》中的"免税销售额"相关栏次,填写差额后的销售额。(国家税务总局公告2019年第4号第二条)

自2022年4月1日至2022年12月31日,增值税小规模纳税人适用3%征收率的应税销售收入,免征增值税;适用3%预征率的预缴增值税项目,暂停预缴增值税。(财政部 税务总局公告2022年第15号)

1. 增值税征收率基本规定

《增值税暂行条例》(国务院令第691号)	《营业税改征增值税试点实施办法》(财税〔2016〕36号附件1)
第十二条 小规模纳税人增值税征收率为3%,征收率的调整,由国务院决定。	第十六条 增值税征收率为3%,财政部和国家税务总局另有规定的除外。

我国增值税的法定征收率是3%;全面"营改增"后的特殊项目适用5%的征收率。使用征收率计税就要求纳税人采用简易征收办法缴税,不能抵扣该项目相关的进项税额。采用征收率计算的税额是应纳税额,不能称其为销项税额。一般纳税人按规定简易计税的,也采用征收率计算增值税应纳税额。

2. 增值税征收率具体规定

由于小规模纳税人会计核算不健全,无法准确核算进项税额和销项税额,在增值税征收管理中,采用简便方式,按照其销售额与规定的征收率计算缴纳增值税,不准许抵扣进项税额,营改增前也不允许自行开具增值税专用发票。营改增后,经过试点和不断扩围,自2020年2月1日起,增值税小规模纳税人(其他个人除外)发生增值税应税行为,需要开具增值税专用发票的,可以自愿使用增值税发票管理系统自行开具。一般纳税人简易计税项目,不允许抵扣进项税额,对外可以开具增值税专用发票。

3%范围	5%范围	减按2%、1.5%与0.5%	1%范围
(1) 小规模纳税人销售货物。 (2) 小规模纳税人提供加工、修理、修配劳务。 (3) 小规模纳税人销售服务,除另有规定外。 (4) 小规模纳税人销售无形资产(除转让土地使用权选择差额征税的)。 (5) 小规模纳税人销售自己使用过的除固定资产以外的物品。 (6) 一般纳税人收取试点前开工的高速公路通行费,可以选择适用简易计税方法,按照3%的征收率计算缴纳增值税。 (7) 一般纳税人销售符合规定条件的货物和服务,具体政策和规定见第三章第六节"增值税简易计税减税解析与应用"。 注:自2020年3月1日至2022年3月31日,享受复工复业减免税的增值税小规模纳税人,可以放弃减税或免税,按照3%征收率申报纳税并开具3%征收率的专用发票,销售额=含税销售额÷(1+3%)。	(1) 小规模纳税人销售不动产。 (2) 小规模纳税人不动产租赁服务,以经营租赁方式将土地出租给他人使用。 (3) 一般纳税人销售不动产,选择适用简易计税方法,征收率为5%。 (4) 房地产开发企业的一般纳税人销售自行开发的房地产老项目,选择适用简易计税方法,征收率为5%。 (5) 一般纳税人出租其2016年4月30日前取得的不动产,选择按简易方法计税,征收率为5%。 (6) 纳税人提供劳务派遣服务、安全保护服务、人力资源外包服务,选择差额纳税的,征收率为5%。 (7) 转让营改增前取得的土地使用权选择适用差额征税的,征收率为5%。 (8) 一般纳税人收取试点前开工的一级公路、二级公路、桥、闸通行费,可以选择适用简易计税方法,按照5%的征收率计算缴纳增值税。 (9) 中外合作油(气)田开采的原油、天然气按实物征收增值税。	(1) 纳税人销售旧货,按照简易办法依照3%征收率减按2%征收增值税。所称旧货,是指进入二次流通的具有部分使用价值的货物(含旧汽车、旧摩托车和旧游艇),但不包括自己使用过的物品。(财税〔2009〕9号) 应纳税额=含税销售额÷(1+3%)×2% 放弃减税,按照3%征收率征税,可开具专用发票。(国家税务总局公告2015年第90号) (2) 自2021年10月1日起,住房租赁企业中的增值税一般纳税人向个人出租住房取得的全部出租收入,可以选择适用简易计税方法,按照5%的征收率减按1.5%计算缴纳增值税,或适用一般计税方法计算缴纳增值税。住房租赁企业中的增值税小规模纳税人向个人出租住房,按照5%的征收率减按1.5%计算缴纳增值税。(财政部 税务总局公告2021年第24号) (3) 个人出租住房,按5%征收率减按1.5%计算。 应纳税额=含税销售额÷(1+5%)×1.5% (4) 自2020年5月1日至2023年12月31日,从事二手车经销的纳税人销售其收购的二手车,由原按照简易办法依3%征收率减按2%征收增值税,改为减按0.5%征收增值税,销售额=含税销售额÷(1+0.5%)。(财政部 税务总局公告2020年第17号)	(1) 自2020年3月1日至12月31日,对湖北省以外其他省、自治区、直辖市的增值税小规模纳税人,适用3%征收率的应税销售收入,减按1%征收率征收增值税。即:纳税义务发生时间在2020年3月1日至12月31日,享受减按1%征收率征收增值税,并按照1%征收率开具增值税发票,销售额=含税销售额÷(1+1%)。(财政部 税务总局公告2020年第13号、财政部 税务总局公告2020年第24号) (2) 自2021年4月1日至2022年3月31日,增值税小规模纳税人(含湖北省)适用3%征收率的应税销售收入,减按1%征收率征收增值税;适用3%预征率的预缴增值税项目,减按1%预征率预缴增值税。(财政部 税务总局公告2021年第7号、2022年第15号)

（续表）

根据《国家税务总局关于税收征管若干事项的公告》（国家税务总局公告2019年第48号）的规定，从事生产、经营的个人应办而未办营业执照，但发生纳税义务的，可以按规定申请办理"临时税务登记"，另根据《国家税务总局关于增值税发票管理等有关事项的公告》（国家税务总局公告2019年第33号）的规定，自2020年2月1日起，增值税小规模纳税人（其他个人除外）发生增值税应税行为，需要开具增值税专用发票的，可以自愿使用增值税发票管理系统自行开具，不再有行业限制。选择自行开具增值税专用发票的小规模纳税人，税务机关不再为其代开增值税专用发票。自愿选择自行开具增值税专用发票的小规模纳税人销售其取得的不动产，需要开具增值税专用发票的，税务机关不再为其代开。

个人出租住房应按照5%的征收率减按1.5%计算应纳增值税（减免性质代码01011705）

3. 支持个体工商户复工复业1%简易计税

政策依据：

《财政部 税务总局关于支持个体工商户复工复业增值税政策的公告》（财政部 税务总局公告2020年第13号）；

《财政部 税务总局关于延长小规模纳税人减免增值税政策执行期限的公告》（财政部 税务总局公告2020年第24号）；

《财政部 税务总局关于延续实施应对疫情部分税费优惠政策的公告》（财政部 税务总局公告2021年第7号）。

财政部、税务总局公告2020年第13号第一条	财政部、税务总局公告2020年第24号	财政部、税务总局公告2021年第7号
自2020年3月1日至5月31日，对湖北省增值税小规模纳税人，适用3%征收率的应税销售收入，免征增值税；适用3%预征率的预缴增值税项目，暂停预缴增值税。除湖北省外，其他省、自治区、直辖市的增值税小规模纳税人，适用3%征收率的应税销售收入，减按1%征收率征收增值税；适用3%预征率的预缴增值税项目，减按1%预征率预缴增值税。	《财政部 税务总局关于支持个体工商户复工复业增值税政策的公告》（财政部 税务总局公告2020年第13号）规定的税收优惠政策实施期限延长到2020年12月31日。	（1）自2020年3月1日至2021年3月31日，湖北省增值税小规模纳税人，适用3%征收率的应税销售收入，免征增值税；适用3%预征率的预缴增值税项目，暂停预缴增值税。自2021年4月1日至2021年12月31日，湖北省增值税小规模纳税人适用3%征收率的应税销售收入，减按1%征收率征收增值税；适用3%预征率的预缴增值税项目，减按1%预征率预缴增值税。 （2）自2020年3月1日至2021年12月31日，除湖北省外，其他省、自治区、直辖市的增值税小规模纳税人，适用3%征收率的应税销售收入，减按1%征收率征收增值税；适用3%预征率的预缴增值税项目，减按1%预征率预缴增值税。

《财政部 税务总局关于支持个体工商户复工复业增值税政策的公告》（财政部 税务总局公告2020年第13号）所称个体工商户适用于所有的增值税小规模纳税人。

自2022年4月1日至2022年12月31日，增值税小规模纳税人适用3%征收率的应税销售收入，免征增值税；适用3%预征率的预缴增值税项目，暂停预缴增值税。《财政部 税务总局关于延续实施应对疫情部分税费优惠政策的公告》（财政部 税务总局公告2021年第7号）第一条规定的税收优惠政策，执行期限延长至2022年3月31日。

享受条件

(1) 享受主体为增值税小规模纳税人。

(2) 纳税义务发生时间在2020年3月1日至2021年12月31日。

(3) 减按1%征收率征收增值税的销售额为：销售额=含税销售额÷(1+1%)。

(4) 增值税纳税申报表填写：

① 免征增值税的销售额等项目应当填写在《增值税纳税申报表（小规模纳税人适用）》及《增值税减免税申报明细表》免税项目相应栏次。

② 减按1%征收率征收增值税的销售额应当填写在《增值税纳税申报表(小规模纳税人适用)》"应征增值税不含税销售额(3%征收率)"相应栏次。

③ 减按1%征收率征收增值税的,其对应减征的增值税应纳税额按销售额的2%计算,填写在《增值税纳税申报表(小规模纳税人适用)》"本期应纳税额减征额"及《增值税减免申报明细表》减税项目相应栏次。

④ 《增值税纳税申报表(小规模纳税人适用)附列资料》第8栏"不含税销售额"计算公式调整为:第8栏=第7栏÷(1+征收率)。

小规模纳税人增值税征收率优惠及免征一览表

文件号	优惠期	摘要
财政部　税务总局公告2020年第13号	2020.3.1—5.31	3%减按1%
财政部　税务总局公告2020年第24号	延至2020.12.31	3%减按1%
财政部　税务总局公告2021年第7号	延至2021.12.31	3%减按1%
财政部　税务总局公告2022年第15号	延至2022.3.31	3%减按1%
财政部　税务总局公告2022年第15号	2022.4.1—2022.12.31	3%的免征

4. 小规模纳税人三种增值税减免的区别

	会计处理	发票开具	纳税申报
小微企业	小微企业在取得销售收入时,应当按照税法的规定计算应交增值税,并确认为应交税费,在达到增值税制度规定的免征增值税条件时,将有关应交增值税转入当期损益。(财会〔2016〕22号)	开具3%征收率普通发票,如果开具3%专用发票,不能享受免税优惠。	直接填写小规模纳税人纳税申报表主表第10栏"小微企业免税销售额"以及主表第18栏"小微企业免税额"对应栏次,不需要填写免税明细申报表。
疫期免税与阶段性免税	疫情期间对纳税人提供公共交通运输服务、生活服务,以及为居民提供必需生活物资快递收派服务取得的收入,免征增值税。在2022年4月1日至12月31日期间,小规模纳税人3%征收率项目免征增值税。公允价就是含税价,免税额是0,会计按照发票额做账,不再进行价税分离计提增值税,属于直接减免。	在开票系统选择对应免税项目,开具免税发票,应当在税率或征收率栏次填写"免税"字样。	直接填写小规模纳税人纳税申报表主表第12栏"其他免税销售额"以及主表第17栏"本期免税额"对应栏次,还应准确填报免税明细申报表。
1%、0.5%优惠	由于是直接将征收率降为1%,而不是像已使用过固定资产那样按照3%计算后减按2%收,因此直接按照1%征收率计算应交增值税即可。	直接开具1%、0.5%普票或专票。	变通处理,按1%计算出来的不含税销售额填在3%征收率栏次,在第16栏本期减征额将多算的2%、2.5%减除。

【例2-2】 某餐馆为增值税小规模纳税人,2022年第1季度取得含税餐饮收入总额为464 600元。计算该餐馆第一季度应缴纳的增值税额。

第1季度取得的不含税销售额=464 600÷(1+1%)=460 000(元)。	第1季度应缴纳的增值税额=460 000×1%=4 600(元)。

【例2-3】 2022年第1季度,某从事二手车经销的小规模纳税人把一台收购的二手车对外出售,取得价款30 150元,计算出售该二手车应纳增值税。

| 该二手车不含税销售额＝30 150÷(1＋0.5%)＝30 000(元)。 | 第1季度应缴纳的增值税额＝30 000×0.5%＝150(元)。 |

三、小微企业免征增值税

政策依据：

> 《财政部 税务总局关于明确增值税小规模纳税人免征增值税政策的公告》(财政部 税务总局公告2021年第11号)；
> 《国家税务总局关于小规模纳税人免征增值税征管问题的公告》(国家税务总局公告2021年第5号)；
> 《财政部 税务总局关于对增值税小规模纳税人免征增值税的公告》(财政部 税务总局公告2022年第15号)；
> 《国家税务总局关于小规模纳税人免征增值税等征收管理事项的公告》(国家税务总局公告2022年第6号)。

小微企业是指在免税标准之内的增值税小规模纳税人，包括企业和非企业单位、个体工商户和其他个人。

(一) 小微企业政策演变及适用区间

优惠内容	适用时间	政策依据
(1) 自2013年8月1日起，对增值税小规模纳税人中月销售额不超过2万元的企业或非企业性单位，暂免征收增值税。	2013年8月1日至2014年9月30日	《财政部 国家税务总局关于暂免征收部分小微企业增值税和营业税的通知》(财税〔2013〕52号)
(2) 自2014年10月1日起至2015年12月31日，对月销售额2万元(含本数，下同)至3万元的增值税小规模纳税人，免征增值税。	2014年10月1日至2018年12月31日	《财政部 国家税务总局关于进一步支持小微企业增值税和营业税政策的通知》(财税〔2014〕71号)
(3) 将财税〔2014〕71号规定的增值税和营业税政策继续执行至2017年12月31日。		《财政部 国家税务总局关于继续执行小微企业增值税和营业税政策的通知》(财税〔2015〕96号)
(4) 自2018年1月1日至2020年12月31日，继续对月销售额2万元(含本数)至3万元的增值税小规模纳税人，免征增值税。		《财政部 国家税务总局关于延续小微企业增值税政策的通知》(财税〔2017〕76号)
(5) 为支持小微企业发展，自2019年1月1日至2021年12月31日，对月销售额10万元以下(含本数)的增值税小规模纳税人，免征增值税。	2019年1月1日至2021年3月31日	《财政部 国家税务总局关于实施小微企业普惠性税收减免政策的通知》(财税〔2019〕13号)
(6) 自2021年4月1日至2022年12月31日，对月销售额15万元以下(含本数)的增值税小规模纳税人，免征增值税。	2021年4月1日至2022年12月31日	《财政部 税务总局关于明确增值税小规模纳税人免征增值税政策的公告》(财政部 税务总局公告2021年第11号) 《国家税务总局关于小规模纳税人免征增值税征管问题的公告》(国家税务总局公告2021年第5号)
(7) 自2022年4月1日至2022年12月31日，增值税小规模纳税人适用3%征收率的应税销售收入免征增值税。	2022年4月1日至2022年12月31日	《财政部 税务总局关于对增值税小规模纳税人免征增值税的公告》(财政部 税务总局公告2022年第15号)

近几年小规模纳税人增值税销售额免征一览表

文件号	优惠期	月(季)销售额(含本数)
财税〔2017〕76号	2018.1.1—2020.12.31	2万—3万
财税〔2019〕13号	2019.1.1—2021.12.31	10万(30万)
财政部 税务总局公告2021年第11号	2021.4.1—2022.12.31	15万(45万)

备注：优惠期重叠的，旧法优惠期未到期的，被后续新法废止。

(二) 月(季)销售额的执行口径

国家税务总局公告2021年第5号	政策解读
小规模纳税人发生增值税应税销售行为，合计月销售额未超过15万元(以1个季度为1个纳税期的，季度销售额未超过45万元，下同)的，免征增值税。 小规模纳税人发生增值税应税销售行为，合计月销售额超过15万元，但扣除本期发生的销售不动产的销售额后未超过15万元的，其销售货物、劳务、服务、无形资产取得的销售额免征增值税。	明确纳税人以所有增值税应税销售行为(包括销售货物、劳务、服务、无形资产和不动产)合并计算销售额，判断是否达到免税标准。同时，小规模纳税人在扣除本期发生的销售不动产的销售额后仍未超过15万元的，其销售货物、劳务、服务、无形资产取得的销售额，可享受小规模纳税人免税政策。 关键点：月销售额15万元以下，所有应税行为都免征，包括不动产；月销售额15万元以上，剔除不动产再次计算，不超15万元的，货物、劳务、服务、无形资产免征，不动产征税；剔除后仍超过15万元的，全部征税。

(1) 月(季)销售额包括小微企业发生所有增值税应税销售行为的合计销售额(包括应征增值税销售额、销售使用过的固定资产不含税销售额、免税销售额、出口免税销售额)。销售免税产品的销售额可按其他优惠政策规定享受增值税减免税。

(2) 免征增值税月销售额由分别核算、分别享受调整为合并核算、合并享受。计算月(季)销售额不再区分营改增增值税项目和原增值税应税项目。已废止的国家税务总局公告2017年第52号，明确以所有增值税应税销售行为(包括销售货物、劳务、服务、无形资产和不动产)合并计算销售额，判断是否达到免税标准。

(3) 销售不动产包含两种政策执行情形：第一，销售不动产免征增值税的情形：小规模纳税人的合计月销售额不超过15万元的，其包含不动产在内的所有销售额均免征增值税；第二，销售不动产征收增值税的情形：小规模纳税人的合计月销售额超过15万元，但扣除不动产销售额后未超过15万元的，其货物、劳务、服务、无形资产的销售额免征增值税，不动产的销售额按规定征收增值税(其他个人销售不动产除外)。综上所述，将小微企业销售不动产的规定理解为"小规模纳税人免征增值税月销售额为扣除销售不动产后的销售额""小规模纳税人销售不动产不免征增值税"等情况，是不全面的。见下面例题说明。

(4) 适用差额征税政策的，以差额后的销售额确定是否可以免征增值税。见下述。

(5) 如果小规模纳税人销售额符合上述条件，但开具了增值税专用发票，开具增值税专用发票部分不得享受免税政策，除非将专票全部联次追回作废或冲红。

(6) 小微企业临界点：一旦合计月销售额超过15万元(以1个季度为1个纳税期的，季度销售额超过45万元)的，全额征收，不存在扣减15万元(以1个季度为1个纳税期的，45万元)再征税的说法。

(7) 月销售额未超过15万元的保险代理人、证券经纪人等个人代理经纪代理人，可以享受增值税免税政策。自然人与保险公司签订长期代理合同，且不属于一次性取得收入的，如果按月发放并开具发票，可以按照小微企业增值税优惠政策执行。

【例2-4】 A小规模纳税人选择按季纳税，2022年第1季度销售货物12万元，提供服务9万元，销售不动产20万元。合计销售额为41万元(12+9+20)，未超过季度45万元免税标准，因此，该纳税人销售货物、服务和不动产取得的销售额41万元，可享受小规模纳税人免税政策。

【例2-5】 B小规模纳税人选择按季纳税，2022年第1季度销售货物12万元，提供服务9万元，销售不动产30万元。合计销售额为51万元(12+9+30)，已超过季度45万元免税标准，剔除销售不动产后的销售额为21万元(12+9)，因此，该纳税人销售货物和服务相对应的销售额21万元可以享受小规模纳税人免税政策，销售不动产30万元应照章纳税，应纳税额=30÷1.05×5%=1.43(万元)。

问题答疑：

问题1. 小规模纳税人转让一项专利技术，按规定享受技术转让相关免税政策。在确认小规模纳税人免税政策的销售额时，是否计算转让专利技术的销售额？

解答：根据现行政策规定，纳税人以所有增值税应税销售行为（包括销售货物、劳务、服务、无形资产和不动产）合并计算销售额，判断是否达到免税标准。因此，计算销售额时应包括转让专利技术等免税销售额。

问题2. 增值税小规模纳税人月销售额不超过15万元，代开专用发票需缴税，自开专用发票如何缴税？

解答：根据现行政策规定，小规模纳税人自行开具增值税专用发票对应的税额需要计算缴纳增值税。

问题3. 小规模纳税人增值税月销售额免税标准提高到15万元以后，保险代理人为保险企业提供保险代理服务是否可以适用新的免税标准？保险企业为保险代理人汇总代开增值税普通发票时，能否适用免税政策？

解答：小规模纳税人增值税月销售额免税标准提高到15万元这项政策，同样适用于个人保险代理人为保险企业提供保险代理服务。同时，保险企业仍可按照《国家税务总局关于个人保险代理人税收征管有关问题的公告》（国家税务总局公告2016年第45号）相关规定，向主管税务机关申请汇总代开增值税发票，并可按规定适用免税政策。

保险公司按月向个人保险代理人支付费用，且按月代征税款并代个人保险代理人统一向主管税务机关申请汇总代开增值税发票。故个人保险代理人是以1个月为纳税期限的小规模纳税人，月销售额不超过15万元的，申请代开增值税普通发票时，免征增值税。保险企业代个人保险代理人申请汇总代开增值税专用发票，按照增值税专用发票销售额计算缴纳增值税。单个代理人月销售额未超过15万元的，当期因代开增值税专用发票已经缴纳的税款，在增值税专用发票全部联次追回或按规定开具红字专用发票后，可以向主管税务机关申请退还。

证券经纪人、信用卡和旅游等行业的个人代理人比照上述规定执行。

问题4. 光伏发电项目发电户销售电力产品能否享受小规模纳税人月销售额10(15)万元以下免税政策？

解答：《国家税务总局关于国家电网公司购买分布式光伏发电项目电力产品发票开具等有关问题的公告》（国家税务总局公告2014年第32号）规定的光伏发电项目发电户，销售电力产品时可以享受小规模纳税人月销售额15万元以下免税政策。

问题5. 按月纳税的小规模纳税人上月发生的销售在本月发生销售退回，本月实际销售额超15万元，如何确定本月销售额能否享受增值税免征优惠？

解答：按照现行政策规定，纳税人适用简易计税方法计税的，因销售退回而退还给购买方的销售额，应当从当期销售额中扣减。因此，发生销售退回的小规模纳税人，应以本期实际销售额扣减销售退回相应的销售额，确定是否适用15万元以下免税政策。

（三）差额征税政策适用问题

国家税务总局公告 2021年第5号	政策解读
适用增值税差额征税政策的小规模纳税人，以差额后的销售额确定是否可以享受本公告规定的免征增值税政策。 《增值税纳税申报表（小规模纳税人适用）》中的"免税销售额"相关栏次，填写差额后的销售额。	营改增以来，延续了营业税的一些差额征税政策。比如，建筑业小规模纳税人，以取得的全部价款和价外费用扣除对外支付的分包款后的余额为销售额，计算缴纳增值税。公告明确适用增值税差额征税政策的，以差额后的余额为销售额，确定其是否可享受小规模纳税人免税政策。同时，明确了小规模纳税人《增值税纳税申报表》中"免税销售额"的填报口径。举例说明，2022年1月，某建筑业小规模纳税人（按月纳税）取得建筑服务收入30万元，同时向其他建筑企业支付分包款18万元，则该小规模纳税人当月扣除分包款后的销售额为12万元，未超过15万元免税标准，因此，当月可享受小规模纳税人免税政策。

(续表)

原来(已废止的国家税务总局公告2016年第26号第三条)是差额前超过免税标准,以差额后的余额交税,不管这个余额是否超过免税标准,都要交税。现在是直接以差额后的余额为销售额,确定其是否可享受小规模纳税人免税政策,不管差额前的销售额100万元、1 000万元,是否超过15万元(按季纳税45万元),只管差额后的余额是否在15万元(按季纳税45万元)以下。只有"享受小微优惠的适用增值税差额征税政策的小规模纳税人"才能适用本条规定。

【例2-6】 某建筑业小规模纳税人选择按月纳税,2022年3月,取得建筑服务收入40万元,同时向其他建筑企业支付分包款28万元,则该小规模纳税人当月扣除分包款后的销售额为12万元,未超过15万元免税标准,因此,当月可享受小规模纳税人免税政策。

【例2-7】 C旅行社系增值税小规模纳税人,选择按季纳税,2022年1季度提供旅游服务收入50万元,其中向旅游服务购买方收取并支付给其他单位或者个人的住宿费、餐饮费、交通费、签证费、门票费等计9万元,支付给其他接团旅游企业的旅游费用11万元,该旅行社3季度需要缴纳多少增值税?

该旅行社以差额后的销售额的余额为增值税销售额。选择上述办法计算销售额的试点纳税人,向旅游服务购买方收取并支付的上述费用,不得开具增值税专用发票,可以开具普通发票。差额后的销售额30万元,符合免税标准,C旅行社2022年第1季度增值税免税。2022年4月1日至12月31日,免征增值税。

(四)其他个人(自然人)出租不动产

国家税务总局公告2021年第5号	政策解读
《增值税暂行条例实施细则》第九条所称的其他个人,采取一次性收取租金形式出租不动产取得的租金收入,可在对应的租赁期内平均分摊,分摊后的月租金收入未超过15万元的,免征增值税。	税务总局在2016年制发了国家税务总局公告2016年第23号和国家税务总局公告2016年第53号,对《增值税暂行条例实施细则》第九条所称的其他个人,采取一次性收取租金(包括预收款)形式出租不动产取得的租金收入,可在对应的租赁期内平均分摊,分摊后的月租金收入不超过3万元的,可享受小规模纳税人免税政策。为确保纳税人充分享受政策,在上调免税标准至15万元后,该政策继续执行。

自然人除出租不动产取得的租金收入外,其他应税行为仍然按次纳税。以预收款形式收取租金和到期一次性收取租金都属于采取一次性收取租金形式出租不动产取得的租金收入,可在对应的租赁期内平均分摊,分摊后的月租金收入未超过15万元的,免征增值税。

行政事业单位、居民委员会、村委会等非企业性单位,一次性收取租金取得的租金收入,不适用其他个人出租不动产的政策规定,不能以分摊后的销售额享受普惠性免税政策。

【例2-8】 2022年1月,张某出租学区房一套,每月租金5万元,租期一年,一次性收取租金60万元。

张某一次性收取租金60万元,在租赁期12个月内平均分摊,月租金收入5万元,未超过15万元,免征增值税。2019年1月1日前,该情况应缴纳增值税 $600\ 000 \div 1.05 \times 1.5\% = 8\ 571.43$(元)。

(五)异地预缴增值税政策的适用

国家税务总局公告2021年第5号	财政部 税务总局公告2022年第15号
按照现行规定应当预缴增值税款的小规模纳税人,凡在预缴地实现的月销售额未超过15万元的,当期无需预缴税款。	自2022年4月1日至2022年12月31日,增值税小规模纳税人适用3%预征率的预缴增值税项目,暂停预缴增值税。

(1)在一个纳税期限内,小规模纳税人在同一县(市、区)提供建筑服务、销售不动产、出租不动产等多个应预缴项目的,合并计算在预缴地实现的销售额。

(2)凡在预缴地实现的月销售额未超过15万元(季度未超过45万元)的,当期无需预缴税款,也无需填报《增值税预缴税款表》。月销售额超过15万元(季度未超过45万元)的,应预缴增值税,并按照项目分别填写《增值税预缴税款表》。

(续表)

(3) 已经预缴增值税税款的,且符合优惠政策享受条件的,可以向预缴地主管税务机关申请退还,由主管税务机关先作废对应的《增值税预缴税款表》,再按规定办理退税。

(4) 异地纳税人,使用电子"跨区域涉税事项报告表"进行报验登记后,在填报《增值税预缴申报表》时,金税三期系统将自动带出该纳税人在注册地的纳税人类型(一般纳税人或者小规模纳税人)、纳税期限等信息,预缴地主管税务机关根据上述信息判断纳税人是否需要预缴增值税。适用差额征税的异地纳税人预缴时,以差额后的销售额判断是否需要预缴。凡在预缴地实现的月销售额未超过15万元(季度销售额未超过45万元)的,当期无需预缴税款,主管税务机关不得受理其增值税预缴申报。

【例 2-9】 注册在 A 县的某建筑业小规模纳税人,在另一地市的 B 县提供建筑服务和不动产租赁服务,2022年1月取得建筑服务收入30万元,取得不动产租赁服务收入10万元,2月和3月无应税收入,按下列方式申报增值税:

如果该纳税人实行按季纳税,由于1季度销售额未超过45万元,该纳税人在2022年4月征期内,无需在B县预缴增值税税款,也无需填报《增值税预缴税款表》。	如果该纳税人实行按月纳税,1月销售额已超过15万元,应在2022年2月征期内到B县主管税务机关分项目填写《增值税预缴税款表》,并预缴增值税税款,同时应在A县主管税务机关申报缴纳增值税,并抵减已预缴增值税税款。

(六)销售不动产政策适用

国家税务总局公告2021年第5号	政策解读
小规模纳税人中的单位和个体工商户销售不动产,应按其纳税期、本公告第五条以及其他现行政策规定确定是否预缴增值税;其他个人销售不动产,继续按照现行规定征免增值税。	小规模纳税人中的单位和个体工商户销售不动产,涉及纳税人在不动产所在地预缴税款的事项。增值税免税标准提高至月15万元后,如果销售不动产销售额为20万元,则:第一种情况,如果某个体工商户选择按月纳税,销售不动产销售额超过月销售额15万元免税标准,则仍应在不动产所在地预缴税款;第二种情况,如果该个体工商户选择按季纳税,销售不动产销售额未超过季度销售额45万元的免税标准,则无需在不动产所在地预缴税款。因此,公告明确小规模纳税人中的单位和个体工商户销售不动产,应按其纳税期、本公告第五条以及其他现行政策规定确定是否预缴增值税。 其他个人偶然发生销售不动产的行为,应当按照现行政策规定实行按次纳税。因此,公告明确其他个人销售不动产,继续按照现行政策规定征免增值税。比如,如果其他个人销售住房满2年符合免税条件的,仍可继续享受免税;如不符合免税条件,则应照章纳税。

风险提示:其他个人偶然发生销售不动产的行为,应当按照现行政策规定实行按次纳税。只有其他个人采取一次性收取租金形式出租不动产取得的租金收入,才按月次,并可在对应的租赁期内平均分摊,分摊后的月租金收入未超过15万元的,免征增值税。

【例 2-10】 D个体户2022年1—3月的销售额分别是5万元、16万元和17万元(全部为销售不动产销售额)。如果按月纳税,则只有7月的5万元能够享受免税;8月销售额16万元、9月销售额17万元,均超过免税标准,应在不动产所在地预缴税款。但如果按季纳税,由于该季度销售额为38万元,未超过免税标准,因此,38万元全部能享受免税。

问题答疑:

问题:按季纳税的小规模纳税人转让了一间商铺,剔除商铺的销售额后可享受免征增值税政策,请问在申报时应注意什么?

解答:根据现行政策规定,小规模纳税人当期若发生销售不动产业务,以扣除不动产销售额后的当期销售额来判断是否超过15万元(按季45万元)。纳税人在申报过程中,可按照申报系统提示据实填报不动产销售额,系统将自动提示是否超过月销售额(季度销售额)标准及填报注意事项。

(七) 小规模纳税人纳税期限的选择

国家税务总局公告 2021 年第 5 号	政策解读
按固定期限纳税的小规模纳税人可以选择以 1 个月或 1 个季度为纳税期限,一经选择,一个会计年度内不得变更。 《增值税暂行条例实施细则》第九条所称的其他个人,采取一次性收取租金形式出租不动产取得的租金收入,可在对应的租赁期内平均分摊,分摊后的月租金收入未超过 15 万元的,免征增值税。	小规模纳税人,纳税期限不同,其享受免税政策的效果可能存在差异。举例说明: 情况 1:某小规模纳税人 2022 年 1—3 月的销售额分别是 10 万元、16 万元和 17 万元。如果按月纳税,则只有 1 月的 10 万元能够享受免税;如果按季纳税,由于该季度销售额为 43 万元,未超过免税标准,因此,43 万元全部能享受免税。在这种情况下,小规模纳税人更愿意实行按季纳税。 情况 2:某小规模纳税人 2022 年 1—3 月的销售额分别是 12 万元、16 万元和 18 万元,如果按月纳税,1 月的 12 万元能够享受免税,如果按季纳税,由于该季度销售额 46 万元已超过免税标准,因此,46 万元均无法享受免税。在这种情况下,小规模纳税人更愿意实行按月纳税。 基于以上情况,为确保小规模纳税人充分享受政策,公告明确,按照固定期限纳税的小规模纳税人可以根据自己的实际经营情况选择实行按月纳税或按季纳税。为确保年度内纳税人的纳税期限相对稳定,同时也明确了一经选择,一个会计年度内不得变更。

为确保小规模纳税人充分享受政策,纳税人在每个会计年度内的任意时间均可向主管税务机关提出申请,选择变更其纳税期限,规模纳税人变更纳税期限为即办事项,办税服务厅(电子税务局)收到纳税人申请后应即时办结,无需提供资料。

"月改季"情形。小规模纳税人选择将按月申报变更为按季申报的,如果申请时间为本季度的第 1 个月,则按季申报自本季度起生效;如果申请时间为本季度第 2 个月或第 3 个月,则按季申报自下季初起生效,本季度继续实行按月申报。

"季改月"情形。小规模纳税人选择将按季申报变更为按月申报的,如果申请时间为本季度的第 1 个月,则按月申报自本月起生效;如果申请时间为本季度第 2 个月或第 3 个月,则按月申报自下季初起生效,本季度继续实行按季申报。

【例 2-11】 以 2022 年 1 季度为例,原实行"按月申报"的纳税人,在 2022 年 1 月申请变更为"按季申报",操作如下:

税(费)种认定	申报期限
将原"按月申报"的税种"认定有效期止"修改为 2021 年 12 月 31 日,并新增"认定有效期起"为 2022 年 1 月 1 日的"按季申报"税种认定信息。	纳税人应在 2022 年 4 月征期内申报"2022 年 1 月 1 日至 2022 年 3 月 31 日"所属期的增值税。

【例 2-12】 原实行"按月申报"的纳税人,在 2022 年 2 月或 3 月申请变更为"按季申报",操作如下:

税(费)种认定	申报期限
将原"按月申报"的税种"认定有效期止"修改为 2022 年 3 月 31 日,并新增"认定有效期起"为 2022 年 4 月 1 日的"按季申报"税种认定信息。	纳税人 2022 年 1 月至 2022 年 3 月属期增值税仍实行"按月申报",并将在 2022 年 4 月属期起实行"按季申报"。

【例 2-13】 原实行"按季申报"的纳税人,在 2022 年 1 月申请变更为"按月申报",操作如下:

税(费)种认定	申报期限
将原"按季申报"的税种"认定有效期止"修改为 2021 年 12 月 31 日,并新增"认定有效期起"为 2022 年 1 月 1 日的"按月申报"税种认定信息。	纳税人在 2022 年 2 月征期内申报"2022 年 1 月 1 日至 2022 年 1 月 31 日"属期增值税。

【例 2-14】 原实行"按季申报"的纳税人,在 2022 年 2 月或 3 月申请变更为"按月申报",操作

如下：

税(费)种认定	申报期限
将原"按季申报"的税种"认定有效期止"修改为2022年3月31日，并新增"认定有效期起"为2022年4月1日的"按月申报"税种认定信息。	纳税人在2022年4月征期内申报"2022年1月1日至2022年3月31日"属期增值税。

问题答疑：

问题：新办或注销小规模纳税人按季申报的，实际经营期不足一个季度的，是按照实际经营期享受还是按季享受优惠？

解答：从有利于小规模纳税人享受优惠政策的角度出发，对于选择按季申报的小规模纳税人，不论是季度中间成立还是季度中间注销的，均按45万元判断是否享受小微优惠。

（八）发票开具

国家税务总局公告2021年第5号	国家税务总局公告2019年第33号
已经使用金税盘、税控盘等税控专用设备开具增值税发票的小规模纳税人，在免税标准调整后，月销售额未超过15万元的，可以继续使用现有税控专用设备开具发票，也可以自愿向税务机关免费换领税务UKey开具发票。	增值税小规模纳税人(其他个人除外)发生增值税应税行为，需要开具增值税专用发票的，可以自愿使用增值税发票管理系统自行开具。选择自行开具增值税专用发票的小规模纳税人，税务机关不再为其代开增值税专用发票。 增值税小规模纳税人应当就开具增值税专用发票的销售额计算增值税应纳税额，并在规定的纳税申报期内向主管税务机关申报缴纳。在填写增值税纳税申报表时，应当将当期开具增值税专用发票的销售额，按照3%和5%的征收率，分别填写在《增值税纳税申报表》(小规模纳税人适用)第2栏和第5栏"税务机关代开的增值税专用发票不含税销售额"的"本期数"相应栏次中。
如果小规模纳税人月销售额未超过15万元的，当期因开具增值税专用发票已经缴纳的税款，在增值税专用发票全部联次追回或者按规定开具红字专用发票后，可以向主管税务机关申请退还已缴纳的增值税。	

【例2-15】 E企业系增值税小规模纳税人，按月纳税，2022年1月到税务机关代开增值税专用发票，不含税金额10 000元，征收率3%，预交税额300元。下列哪种情况能享受增值税小微优惠？

（1）本月开具普通发票不含税销售额140 000元。

（2）本月开具普通发票不含税销售额141 000元。

解析：第一种情况月销售额合计140 000+10 000=150 000(元)，月销售额未超过15万元，免征增值税。对于因开具增值税专用发票已经缴纳的300元税款在增值税专用发票全部联次追回或者按规定开具红字专用发票后，可以向主管税务机关申请退还。第二种情况月销售额合计141 000+10 000=151 000(元)，月销售额超过15万元，不能免征增值税，应补增值税税额=151 000×3%−300=4 230(元)。

问题答疑：

问题1. 月销售额未超过15万元(按季45万元)的小规模纳税人开具发票时，税率栏如何显示？

解答：（1）自行开具。由于月销售额15万元以下免征增值税的优惠政策，纳税人月初开票时并不知晓销售额是否会超过额度、能否享受免税政策，应按照正确的征收率开具增值税普通发票，税率栏次应填写适用的征收率。

(2)向税务机关代开发票。①专用发票:税率栏次显示为适用的征收率;②普通发票:税务机关代开增值税普通发票时,对免征增值税的,"税率"栏自动打印"＊＊＊",因此向税务机关申请代开增值税普通发票,月代开发票金额合计未超过15万元,税率栏次显示"＊＊＊"。

问题2. 小规模纳税人月销售额未超过15万元,其中开具增值税电子专用发票的销售额是否也能够享受免征增值税?

解答:不能,根据《国家税务总局关于在新办纳税人中实行增值税专用发票电子化有关事项的公告》(国家税务总局公告2020年第22号)的规定,电子专票由各省税务局监制,采用电子签名代替发票专用章,属于增值税专用发票,其法律效力、基本用途、基本使用规定等与增值税纸质专用发票(以下简称"纸质专票")相同。因此,纳税人应当就开具增值税电子及纸质专用发票的销售额计算缴纳增值税。

问题3. 其他个人出租不动产,向其不动产所在地主管税务机关申请代开增值税普通发票,能否享受增值税优惠政策?

解答:根据《国家税务总局关于小规模纳税人免征增值税征管问题的公告》(国家税务总局公告2021年第5号)的规定,其他个人采取一次性收取租金形式出租不动产取得的租金收入,可在对应的租赁期内平均分摊,分摊后的月租金收入未超过15万元的,免征增值税。

(九)新旧政策对比

项目	2019年之前	2019年之后	解析
免税标准	3万元(按月申报); 9万元(按季申报)	10万元(按月申报,2021年4月1日后15万元); 30万元(按季申报,2021年4月1日后45万元)	免税标准提高,小微企业可以享受更多优惠。
征收品目划分	货劳销售额与应税服务销售额分别享受优惠政策	不再区分货劳与营改增项目销售额,以企业总应税销售额确定优惠政策	对于综合业务较强企业,优惠力度稍低,但简化了纳税申报。
差额纳税销售额的确定	差额征税纳税人,以差额前的销售额确定免税销售额	差额征税纳税人,以差额后的销售额确定免税销售额	对于以赚取"差价"为销售收入的小规模纳税人,可以真正享受到优惠。
销售不动产销售额	销售不动产销售额不参与小微企业优惠政策规定	(1)含销售不动产销售额未达免税销售额,企业享受小微优惠。 (2)含销售不动产销售额超过免税销售额但扣除销售不动产销售额未达免税销售额,扣除后销售额仍可享受优惠。	将销售不动产销售额纳入企业小微企业优惠范围,对于偶然性销售额不动产业务导致超过起征点纳税人,仍可继续享受优惠。

四、小规模纳税人阶段性免税

政策依据:

《财政部 税务总局关于对增值税小规模纳税人免征增值税的公告》(财政部 税务总局公告2022年第15号);
《国家税务总局关于小规模纳税人免征增值税等征收管理事项的公告》(国家税务总局公告2022年第6号)。

政策规定	税收征管
自2022年4月1日至2022年12月31日，增值税小规模纳税人适用3%征收率的应税销售收入，免征增值税；适用3%预征率的预缴增值税项目，暂停预缴增值税。	（1）增值税小规模纳税人适用3%征收率应税销售收入免征增值税的，应按规定开具免税普通发票。纳税人选择放弃免税并开具增值税专用发票的，应开具征收率为3%的增值税专用发票。 （2）增值税小规模纳税人取得应税销售收入，纳税义务发生时间在2022年3月31日前，已按3%或者1%征收率开具增值税发票，发生销售折让、中止或者退回等情形需要开具红字发票的，应按照对应征收率开具红字发票；开票有误需要重新开具的，应按照对应征收率开具红字发票，再重新开具正确的蓝字发票。 （3）增值税小规模纳税人发生增值税应税销售行为，合计月销售额未超过15万元（以1个季度为1个纳税期的，季度销售额未超过45万元，下同）的，免征增值税的销售额等项目应当填写在《增值税及附加税费申报表（小规模纳税人适用）》"小微企业免税销售额"或者"未达起征点销售额"相关栏次。合计月销售额超过15万元的，免征增值税的全部销售额等项目应当填写在《增值税及附加税费申报表（小规模纳税人适用）》"其他免税销售额"栏次及《增值税减免税申报明细表》对应栏次。 （4）此前已按照《财政部 税务总局关于统一增值税小规模纳税人标准的通知》（财税〔2018〕33号）第二条、《国家税务总局关于小规模纳税人免征增值税政策有关征管问题的公告》（2019年第4号）第五条、《国家税务总局关于明确二手车经销等若干增值税征管问题的公告》（2020年第9号）第六条规定转登记的纳税人，根据《国家税务总局关于统一小规模纳税人标准等若干增值税问题的公告》（2018年第18号）相关规定计入"应交税费——待抵扣进项税额"科目核算，截至2022年3月31日的余额，在2022年度可分别计入固定资产、无形资产、投资资产、存货等相关科目，按规定在企业所得税或个人所得税税前扣除，对此前已税前扣除的折旧、摊销不再调整；对无法划分的部分，在2022年度可一次性在企业所得税或个人所得税税前扣除。 （5）已经使用金税盘、税控盘等税控专用设备开具增值税发票的小规模纳税人，可以继续使用现有设备开具发票，也可以自愿向税务机关免费换领税务UKey开具发票。 （6）纳税人在增值税纳税申报时按规定填写申报表即可享受优惠。可通过办税服务厅（场所）、电子税务局办理，具体地点和网址可从省（自治区、直辖市和计划单列市）税务局网站"纳税服务"栏目查询。

（一）2022年小规模纳税人增值税政策分为两段

1月1日至3月31日	4月1日至12月31日
增值税小规模纳税人适用3%征收率的应税销售收入，减按1%征收率征收增值税；适用3%预征率的预缴增值税项目，减按1%预征率预缴增值税。	增值税小规模纳税人适用3%征收率的应税销售收入，免征增值税；适用3%预征率的预缴增值税项目，暂停预缴增值税。

此项政策适用主体是增值税小规模纳税人，不区分企业或个体工商户，属于增值税小规模纳税人、取得适用3%征收率的应税销售收入的，均可适用政策。但是一般纳税人不能适用此政策，无论是免税政策还是暂停预缴政策，一般纳税人均不适用。

从政策规定可以看出，2022年对小规模纳税人的优惠力度进一步加大，自2022年4月1日至12月31日，小规模纳税人取得适用3%征收率的应税销售收入，由原减按1%征收率征收，改为直接免征增值税，也就是说，叠加现有的起征点等增值税优惠政策，除少数适用5%征收率的业务外，免税政策几乎覆盖所有小规模纳税人，优惠力度非常大。

（二）免征增值税的应税销售收入范围

根据《财政部 税务总局关于对增值税小规模纳税人免征增值税的公告》（财政部 税务总局公告2022年第15号）的规定，可以享受小规模纳税人免征增值税政策的应税销售收入，仅为纳税人取得的适用3%征收率的应税销售收入；对于纳税人取得的适用5%征收率的应税销售收入，仍应按照现行规定计算缴纳增值税。	小规模纳税人适用5%征收率的应税销售收入，主要有销售不动产、出租不动产、劳务派遣选择5%差额缴纳增值税等等业务，在4月1日至12月31日间，不能享受免税政策，仍应按照相关规定计算缴纳增值税。

(续表)

小规模纳税人大多数业务均适用3%征收率,这里需要注意的是,前期出台的一些减征政策,比如销售自己使用过的物品减按2%征收,二手车经销减按0.5%征收等,其减征前的征收率均为3%,因此对于这些业务,既可以选择适用免税政策,开具免税普通发票;也可以仍适用原减征政策,按照减征的征收率开具增值税专用发票并计算缴纳税款。

小规模纳税人取得适用3%征收率的应税销售收入是否适用免税政策,应根据纳税人取得应税销售收入的纳税义务发生时间进行判断,纳税人取得适用3%征收率的销售收入,纳税义务发生时间在2022年4月1日至12月31日的,方可适用免税政策,若纳税义务发生时间在2022年3月31日前的,则应按照此前相关政策规定执行。

(三)关于暂停预缴增值税问题

根据《财政部 税务总局关于对增值税小规模纳税人免征增值税的公告》(财政部 税务总局公告2022年第15号)的规定,自2022年4月1日至2022年12月31日,增值税小规模纳税人适用3%预征率的预缴增值税项目,暂停预缴增值税。	适用3%征收率的应税行为对应的预缴增值税项目,主要包括小规模纳税人提供建筑服务预收款、跨区域提供建筑服务预缴增值税等。

需要注意两点:一是,一般纳税人发生的预缴项目,均不得适用《财政部 税务总局关于对增值税小规模纳税人免征增值税的公告》(财政部 税务总局公告2022年第15号)的规定,均需按规定预缴增值税。例如,建筑业的一般纳税人,就不得按暂免预缴的规定执行。二是,小规模纳税人发生适用5%征收率的应税行为对应的预缴增值税项目,均需按规定预缴增值税,包括异地预缴和预收款预缴规定。例如,房地产开发企业中的小规模纳税人,销售自行开发的房地产项目取得预收款,因房地产销售适用5%征收率,因此,该小规模纳税人不适用15号公告的规定,需按规定预缴增值税。再如,小规模纳税人出租异地不动产,因适用5%征收率,不得享受暂免预缴政策,仍需按规定异地预缴增值税。

【例2-16】 甲建筑企业,属于按季度申报的增值税小规模纳税人,2022年2季度预计取得建筑服务预收款20万元,由于小规模纳税人提供建筑服务适用3%征收率,因此,甲公司不需要就2季度取得的预收款预缴增值税。如该甲公司在外地开展建筑施工业务,则从4月1日开始也不需要在外地预缴增值税。

(四)关于可以部分放弃免税的问题

小规模纳税人不涉及进项税额抵扣问题,小规模纳税人发生多项适用3%征收率的应税行为,可以根据实际经营情况和下游企业抵扣要求,部分享受免税政策,部分放弃免税并开具增值税专用发票。	小规模纳税人放弃免税无需提供书面声明材料,在开具3%等征收率发票时系统会记录纳税人未开具免税发票的原因。

【例2-17】 乙公司是一家制造业小规模纳税人,全部销售额均为销售货物,适用3%征收率。预计2022年4月份销售额80万元,其中30万元下游企业要求开具专用发票,其他的50万元下游企业无特殊要求。该公司可以针对30万元收入放弃免税、开具征收率为3%的增值税专用发票,按规定计算缴纳0.9万元增值税;其余的50万元销售收入,仍可以享受免征增值税政策,开具免税普通发票。

(五)关于开具发票问题

1. 适用免税应如何开具发票	《国家税务总局关于小规模纳税人免征增值税等征收管理事项的公告》(国家税务总局公告2022年第6号)明确,增值税小规模纳税人适用3%征收率应税销售收入免征增值税的,应按规定开具免税普通发票。需要强调的是,小规模纳税人应开具税率栏次标注"免税"的普通发票,而不要选择3%、1%、0等征收率。
2. 放弃免税应如何开具发票	小规模纳税人取得适用3%征收率的应税销售收入,放弃免税、开具增值税专用发票的,应开具征收率为3%的增值税专用发票。15号公告已经明确,小规模纳税人3%征收率减按1%征收增值税政策,截至2022年3月31日到期。到期之后,纳税人开展相关业务的征收率,为《增值税暂行条例》和《营改增试点实施办法》(财税〔2016〕36号附件1)规定的3%。因此,纳税义务发生时间在4月1日之后的业务,小规模纳税人取得适用3%征收率的销售收入,选择放弃免税、开具增值税专用发票的,应开具3%征收率的专用发票,不能再开具1%征收率的专用发票。

	（续表）
3. 开具红字发票的问题	2020年以来，小规模纳税人3%征收率减按1%征收政策执行了两年，因此，2022年4月1日以后，一些纳税人会出现需要补开、换开前期发票的情况。因此，国家税务总局公告2022年第6号文件明确，增值税小规模纳税人取得应税销售收入，纳税义务发生时间在2022年3月31日前，已按3%或者1%征收率开具增值税发票，发生销售折让、中止或者退回等情形需要开具红字发票的，应按照对应征收率开具红字发票；开票有误需要重新开具的，应按照对应征收率开具红字发票，再重新开具正确的蓝字发票。 也就是说，2022年4月1日以后，也并非完全不能开具1%征收率的发票，如果是纳税义务发生时间在2022年3月31日前的业务，仍应按照当时规定的征收率，开具相应的发票。 开具红字发票流程：开具纸质增值税专用发票的，根据不同情况，由购买方或者销售方在增值税发票管理系统中填开并上传《开具红字增值税专用发票信息表》，销售方凭税务机关系统自动校验通过的信息表，在增值税发票管理系统中以销项负数开具红字专用发票。若开具的是增值税电子专用发票，按照《国家税务总局关于在新办纳税人中实行增值税专用发票电子化有关事项的公告》（国家税务总局公告2020年第22号）相关规定执行。

【例2-18】 丙公司为增值税小规模纳税人，有一笔纳税义务发生时间在2021年12月1日的应税销售收入，适用3%征收率，已经依照减按1%征收政策缴纳税款并开具1%征收率发票，但由于购买方名称填写错误被购买方拒收，需要重新开具发票，2022年4月1日之后，该公司应当按照1%征收率开具红字发票，再按照1%征收率重新开具正确的蓝字发票。

（六）免税申报的办理

2021年，国家出台了小规模纳税人月销售额未超过15万元（以1个季度为1个纳税期的，季度销售额未超过45万元，下同）的，免征增值税政策。需要说明的是，该政策与2022年新出台的小规模纳税人免税政策并不矛盾，政策仍然有效且按现行口径继续执行。具体来说，如果小规模纳税人取得的所有应税销售收入均适用3%征收率的，可以全部享受免税政策；如果小规模纳税人取得的应税销售收入含有5%征收率的，若符合月销售额15万元以下免税政策口径的，那么5%征收率也可以享受免税政策，若不符合月销售额15万元以下免税政策口径，则3%征收率部分可以享受免税，5%征收率部分需要按照现行政策规定计算缴纳增值税。	增值税小规模纳税人发生增值税应税销售行为，合计月销售额未超过15万元（以1个季度为1个纳税期的，季度销售额未超过45万元，下同）的，免征增值税的销售额等项目应当填写在《增值税及附加税费申报表（小规模纳税人适用）》"小微企业免税销售额"或者"未达起征点销售额"相关栏次，如果没有其他免税项目，则无需填报《增值税减免税申报明细表》；合计月销售额超过15万元的，免征增值税的全部销售额等项目应当填写在《增值税及附加税费申报表（小规模纳税人适用）》"其他免税销售额"栏次及《增值税减免税申报明细表》对应栏次。

【例2-19】 丁公司为按季申报的增值税小规模纳税人，2022年2季度实现销售货物收入40万元，没有其他免税项目，由于季度销售额未超过45万元，适用月销售额15万元以下免税政策。在增值税纳税申报时，不用选择减免性质代码，如纳税人是企业，将40万元的免税销售额填写在《增值税及附加税费申报表（小规模纳税人适用）》第10栏"小微企业免税销售额"即可；如纳税人是个体工商户，填写在第11栏"未达起征点销售额"，无需填报《增值税减免税申报明细表》。

如果丁公司实现销售货物收入60万元，其他条件相同，则由于季度销售额超过了45万元，应适用新出台的小规模纳税人免税政策。60万元销售额应全部填写在《增值税及附加税费申报表（小规模纳税人适用）》第12栏"其他免税销售额"栏次，同时在《增值税减免税申报明细表》选择减免项目"小规模纳税人3%征收率销售额免征增值税"对应的减免性质代码"01045308"，填写对应免税销售额60万元。

（七）小规模纳税人3%全面免税的会计处理

对于2022年度小规模纳税人3%全面免税的销售，会计核算时依然需要做价税分离。

（1）销售确认应交增值税：

借：银行存款等
　　贷：主营业务收入
　　　　应交税费——应交增值税

（2）月底时：

借：应交税费——应交增值税
　　贷：其他收益

（八）待抵扣进项税额的处理

2018年至2020年，连续三年出台了转登记政策，转登记纳税人尚未申报抵扣的进项税额以及转登记日当期的期末留抵税额按规定需计入"应交税费——待抵扣进项税额"，用于对其一般纳税人期间发生的销售折让、退回等涉税事项产生的应纳税额进行追溯调整。因转登记计入"应交税费——待抵扣进项税额"科目核算、截至2022年3月31日的余额，在2022年度可分别计入固定资产、无形资产、投资资产、存货等相关科目，按规定在企业所得税或个人所得税税前扣除，对此前已税前扣除的折旧、摊销不再调整；对无法划分的部分，在2022年度可一次性在企业所得税或个人所得税税前扣除。

五、小微企业增值税期末留抵退税

政策依据：

> 《财政部　税务总局关于进一步加大增值税期末留抵退税政策实施力度的公告》（2022年第14号）；
> 《财政部　税务总局关于进一步加快增值税期末留抵退税政策实施进度的公告》（2022年第17号）；
> 《国家税务总局关于进一步加大增值税期末留抵退税政策实施力度有关征管事项的公告》（国家税务局公告2022年第4号）。

（一）享受主体

符合条件的小微企业（含个体工商户）纳税人。

（二）优惠内容

加大小微企业增值税期末留抵退税政策力度，将先进制造业按月全额退还增值税增量留抵税额政策范围扩大至符合条件的小微企业（含个体工商户，下同），并一次性退还小微企业存量留抵税额。

（1）符合条件的小微企业，可以自2022年4月纳税申报期起向主管税务机关申请退还增量留抵税额。在2022年12月31日前，退税条件按照"享受条件"中第一条规定执行。	（2）符合条件的微型企业，可以自2022年4月纳税申报期起向主管税务机关申请一次性退还存量留抵税额；符合条件的小型企业，可以自2022年5月纳税申报期起向主管税务机关申请一次性退还存量留抵税额。 （3）加快小微企业留抵退税政策实施进度，按照《财政部税务总局关于进一步加大增值税期末留抵退税政策实施力度的公告》（2022年第14号）规定，抓紧办理小微企业留抵退税，在纳税人自愿申请的基础上，加快退税进度，积极落实微型企业、小型企业存量留抵税额分别于2022年4月30日前、6月30日前集中退还的退税政策。

（三）享受条件

（1）纳税人享受退税需同时符合以下条件： ① 纳税信用等级为A级或者B级。 ② 申请退税前36个月未发生骗取留抵退税、骗取出口退税或虚开增值税专用发票情形。	③ 申请退税前36个月未因偷税被税务机关处罚两次及以上。 ④ 2019年4月1日起未享受即征即退、先征后返（退）政策。

(续表)

(2) 增量留抵税额，区分以下情形确定：

① 纳税人获得一次性存量留抵退税前，增量留抵税额为当期期末留抵税额与2019年3月31日相比新增加的留抵税额。

② 纳税人获得一次性存量留抵退税后，增量留抵税额为当期期末留抵税额。

(3) 存量留抵税额，区分以下情形确定：

① 纳税人获得一次性存量留抵退税前，当期期末留抵税额大于或等于2019年3月31日期末留抵税额的，存量留抵税额为2019年3月31日期末留抵税额；当期期末留抵税额小于2019年3月31日期末留抵税额的，存量留抵税额为当期期末留抵税额。

② 纳税人获得一次性存量留抵退税后，存量留抵税额为零。

(4) 纳税人按照以下公式计算允许退还的留抵税额：

允许退还的增量留抵税额 = 增量留抵税额 × 进项构成比例 × 100

允许退还的存量留抵税额 = 存量留抵税额 × 进项构成比例 × 100

进项构成比例，为2019年4月至申请退税前一税款所属期已抵扣的增值税专用发票（含带有"增值税专用发票"字样全面数字化的电子发票、税控机动车销售统一发票）、收费公路通行费增值税电子普通发票、海关进口增值税专用缴款书、解缴税款完税凭证注明的增值税额占同期全部已抵扣进项税额的比重。

(5) 纳税人出口货物劳务、发生跨境应税行为，适用免抵退税办法的，应先办理免抵退税。免抵退税办理完毕后，仍符合规定条件的，可以申请退还留抵税额；适用免退税办法的，相关进项税额不得用于退还留抵税额。

(6) 纳税人自2019年4月1日起已取得留抵退税款的，不得再申请享受增值税即征即退、先征后返（退）政策。纳税人可以在2022年10月31日前一次性将已取得的留抵退税款全部缴回后，按规定申请享受增值税即征即退、先征后返（退）政策。

纳税人自2019年4月1日起已享受增值税即征即退、先征后返（退）政策的，可以在2022年10月31日前一次性将已退还的增值税即征即退、先征后返（退）税款全部缴回后，按规定申请退还留抵税额。

(7) 纳税人可以选择向主管税务机关申请留抵退税，也可以选择结转下期继续抵扣。纳税人应在纳税申报期内，完成当期增值税纳税申报后申请留抵退税。2022年4月至6月的留抵退税申请时间，延长至每月最后一个工作日。

小微企业增值税期末留抵退税详细处理见第三章第十三节内容，"增值税留抵退税解析与应用"。

六、小微企业附加税费减免优惠

（一）教育费附加、地方教育附加、水利基金、文化事业建设费

政策依据：

《财政部 国家税务总局关于营业税改征增值税试点有关文化事业建设费政策及征收管理问题的通知》（财税〔2016〕25号）；

《财政部 国家税务总局关于扩大有关政府性基金免征范围的通知》（财税〔2016〕12号）；

《财政部 税务总局关于实施小微企业普惠性税收减免政策的通知》（财税〔2019〕13号）。

财税〔2016〕25号	财税〔2016〕12号	财税〔2019〕13号
增值税小规模纳税人中月销售额不超过2万元（按季纳税6万元）的企业和非企业性单位提供的应税服务，免征文化事业建设费。 自2015年1月1日起至2017年12月31日，对按月纳税的月销售额不超过3万元（含3万元），以及按季纳税的季度销售额不超过9万元（含9万元）的缴纳义务人，免征文化事业建设费。	从2016年2月1日起，将免征教育费附加、地方教育附加、水利建设基金的范围，由现行按月纳税的月销售额不超过3万元（按季度纳税的季度销售额不超过9万元）的缴纳义务人，扩大到按月纳税的月销售额不超过10万元（按季度纳税的季度销售额不超过30万元）的缴纳义务人。 注意优惠对象是月销售额不超过10万元的缴纳义务人，也就是说享受对象可以是一般纳税人。	由省、自治区、直辖市人民政府根据本地区实际情况，以及宏观调控需要确定，对增值税小规模纳税人可以在50%的税额幅度内减征资源税、城市维护建设税、房产税、城镇土地使用税、印花税（不含证券交易印花税）、耕地占用税和教育费附加、地方教育附加。 增值税小规模纳税人已依法享受资源税、城市维护建设税、房产税、城镇土地使用税、印花税、耕地占用税、教育费附加、地方教育附加其他优惠政策的，可叠加享受本通知第三条规定的优惠政策。（叠加享受顺序：先原优惠，后减半优惠，使减半更优）

(二)调整残疾人就业保障金征收政策
政策依据:

《财政部关于取消、调整部分政府性基金有关政策的通知》(财税〔2017〕18号);
《财政部关于降低部分政府性基金征收标准的通知》(财税〔2018〕39号);
《关于完善残疾人就业保障金制度更好促进残疾人就业的总体方案》(发改价格规〔2019〕2015号);
《财政部关于调整残疾人就业保障金征收政策的公告》(财政部公告2019年第98号)。

扩大残疾人就业保障金免征范围 (财税〔2017〕18号)	设置残疾人就业保障金征收标准上限 (财税〔2018〕39号)	暂免征收小微企业残保金 (财政部公告2019年第98号)
自2017年4月1日起,将残疾人就业保障金免征范围,由自工商注册登记之日起3年内,在职职工总数20人(含)以下小微企业,调整为在职职工总数30人(含)以下的企业。调整免征范围后,工商注册登记未满3年、在职职工总数30人(含)以下的企业,可在剩余时期内按规定免征残疾人就业保障金。	自2018年4月1日起,将残疾人就业保障金征收标准上限,由当地社会平均工资的3倍降低至2倍。其中,用人单位在职职工平均工资未超当地社会平均工资2倍(含)的,按用人单位在职职工年平均工资计征残疾人就业保障金;超过当地社会平均工资2倍的,按当地社会平均工资2倍计征残疾人就业保障金。	自2020年1月1日至2022年12月31日,在职职工人数在30人(含)以下的企业,暂免征收残疾人就业保障金。

(三)印花税优惠
政策依据:

《财政部 国家税务总局关于金融机构与小型微型企业签订借款合同免征印花税的通知》(财税〔2014〕78号,);
《财政部 税务总局关于支持小微企业融资有关税收政策的通知》(财税〔2017〕77号);
《财政部 税务总局关于对营业账簿减免印花税的通知》(财税〔2018〕50号);
《财政部 税务总局关于延续实施普惠金融有关税收优惠政策的公告》(财政部 税务总局公告2020年第22号)。

财税〔2014〕78号[全文失效]	财税〔2017〕77号、财政部 税务总局公告2020年第22号、财政部 税务总局公告2021年第6号	财税〔2018〕50号
自2014年11月1日至2017年12月31日,对金融机构与小型、微型企业签订的借款合同免征印花税。 上述小型、微型企业的认定,按照《工业和信息化部 国家统计局 国家发展和改革委员会财政部关于印发中小企业划型标准规定的通知》(工信部联企业〔2011〕300号)的有关规定执行。	自2018年1月1日至2023年12月31日,对金融机构与小型企业、微型企业签订的借款合同免征印花税。	对按万分之五税率贴花的资金账簿减半征收印花税,对按件贴花5元的其他账簿免征印花税。

(四)文化事业建设费
政策依据:

《财政部 国家税务总局关于营业税改征增值税试点有关文化事业建设费政策及征收管理问题的通知》(财税〔2016〕25号);

《财政部 国家税务总局关于营业税改征增值税试点有关文化事业建设费政策及征收管理问题的补充通知》（财税〔2016〕60号）。

财税〔2016〕25号	财税〔2016〕60号	财税〔2019〕46号	财政部 税务总局公告2020年第25号、财政部 税务总局公告2021年第7号
在中华人民共和国境内提供广告服务的广告媒介单位和户外广告经营单位，应按照本通知规定缴纳文化事业建设费。增值税小规模纳税人中月销售额不超过2万元（按季纳税6万元）的企业和非企业性单位提供的应税服务，免征文化事业建设费。	自2016年5月1日起，在中华人民共和国境内提供娱乐服务的单位和个人（以下称缴纳义务人），应按照本通知以及财税〔2016〕25号的规定缴纳文化事业建设费。未达到增值税起征点的缴纳义务人，免征文化事业建设费。	自2019年7月1日至2024年12月31日，对归属中央收入的文化事业建设费，按照缴纳义务人应缴费额的50%减征；对归属地方收入的文化事业建设费，各省（区、市）财政、党委宣传部门可以结合当地经济发展水平、宣传思想文化事业发展等因素，在应缴费额50%的幅度内减征。各省（区、市）财政、党委宣传部门应当将本地区制定的减征政策文件抄送财政部、中共中央宣传部。	自2020年1月1日至2023年12月31日，免征文化事业建设费。

问题答疑：

问题：文化事业建设费是否适用按月10(15)万元按季30(45)万元的规定？

解答：小规模纳税人免税标准为2万元时，为减轻文化事业建设费缴费人负担，财政部、国家税务总局发文明确，小规模纳税人中月销售额不超过2万元的缴费义务人，同时免征文化事业建设费，这是一项长期有效的政策。小规模纳税人免税标准提高至3万元后，财政部、国家税务总局又发文明确，对月销售额不超过3万元的缴费义务人，同时免征文化事业建设费，但此项政策有明确的执行期限，并已于2017年12月31日到期停止执行。小规模纳税人免税标准提高至10(15)万元后，财政部、国家税务总局也未再相应提高免征文化事业建设费的标准。因此，目前仅有月销售额不超过2万元免征文化事业建设费的政策仍继续有效。下一步文化事业建设费有关征缴问题，财政部正会同有关部门进行研究。

（五）小微企业全额返工会经费
政策依据：

《关于支持民营企业加快改革发展与转型升级的实施意见》（发改体改〔2020〕1566号）。

对小微企业2020年1月1日至2021年12月31日的工会经费，实行全额返还支持政策。

七、小微企业"六税两费"税费减免
法规依据：

《财政部 国家税务总局关于实施小微企业普惠性税收减免政策的通知》（财税〔2019〕13号）；

国家发展改革委 财政部 人力资源社会保障部 住房城乡建设部 交通运输部 商务部 文化和旅游部 卫生健康委 人民银行 国务院国资委 税务总局 市场监管总局 银保监会 民航局印发《关于促进服务业领域困难行业恢复发展的若干政策》的通知（发改财金〔2022〕271号）；

国家发展改革委 工业和信息化部 财政部 人力资源社会保障部 自然资源部 生态环境部 交通运输部 商务部 人民银行 税务总局 银保监会 能源局关于印发《促进工业经济平稳增长的若干政策的通知》(发改产业〔2022〕273号);

《财政部 税务总局关于进一步实施小微企业"六税两费"减免政策的公告》(财政部 税务总局公告2022年第10号,以下简称财税10号公告);

《国家税务总局关于进一步实施小微企业"六税两费"减免政策有关征管问题的公告》(国家税务总局公告2022年第3号,以下简称税务总局3号公告)。

(一) 政策规定

财税〔2019〕13号	财政部 税务总局公告2022年第10号
三、由省、自治区、直辖市人民政府根据本地区实际情况,以及宏观调控需要确定,对增值税小规模纳税人可以在50%的税额幅度内减征资源税、城市维护建设税、房产税、城镇土地使用税、印花税(不含证券交易印花税)、耕地占用税和教育费附加、地方教育附加。 四、增值税小规模纳税人已依法享受资源税、城市维护建设税、房产税、城镇土地使用税、印花税、耕地占用税、教育费附加、地方教育附加其他优惠政策的,可叠加享受本通知第三条规定的优惠政策。 六、本通知执行期限为2019年1月1日至2021年12月31日。	一、由省、自治区、直辖市人民政府根据本地区实际情况,以及宏观调控需要确定,对增值税小规模纳税人、小型微利企业和个体工商户可以在50%的税额幅度内减征资源税、城市维护建设税、房产税、城镇土地使用税、印花税(不含证券交易印花税)、耕地占用税和教育费附加、地方教育附加。 二、增值税小规模纳税人、小型微利企业和个体工商户已依法享受资源税、城市维护建设税、房产税、城镇土地使用税、印花税、耕地占用税、教育费附加、地方教育附加其他优惠政策的,可叠加享受本公告第一条规定的优惠政策。 三、本公告所称小型微利企业,是指从事国家非限制和禁止行业,且同时符合年度应纳税所得额不超过300万元、从业人数不超过300人、资产总额不超过5 000万元等三个条件的企业。 四、本公告执行期限为2022年1月1日至2024年12月31日。

2022年"六税两费"减免政策是对2019"六税两费"政策的扩围,体现四个特点:一是扩大适用主体范围。政策适用主体范围由增值税小规模纳税人扩大至全部小型微利企业和个体工商户。二是延续减免幅度。各省(自治区、直辖市)人民政府可以因地制宜在50%的幅度内确定减征"六税两费"。三是细化了小型微利企业的判定方法。按照企业所得税有关规定,纳税人在办理年度汇算清缴后才能最终确定是否属于小型微利企业。为增强政策的确定性和可操作性,将政策红利及时送达市场主体,避免因汇算清缴后的追溯调整增加纳税人办税负担,财税10号公告和税务总局3号公告对小型微利企业的具体判定方法进行了分类细化。四是持续简化办税流程。本次减免优惠继续实行自行申报享受方式,纳税人不需额外提交资料。同时,对《财产和行为税减免税明细申报附表》等4个申报表单进行了修订,增强了优惠享受的便利度。

(二) 政策适用(国家税务总局公告2022年第3号)

一、关于小型微利企业"六税两费"减免政策的适用

(一) 适用"六税两费"减免政策的小型微利企业的判定以企业所得税年度汇算清缴(以下简称汇算清缴)结果为准。登记为增值税一般纳税人的企业,按规定办理汇算清缴后确定是小型微利企业的,除本条第(二)项规定外,可自办理汇算清缴当年的7月1日至次年6月30日申报享受"六税两费"减免优惠;2022年1月1日至6月30日期间,纳税人依据2021年办理2020年度汇算清缴的结果确定是否按照小型微利企业申报享受"六税两费"减免优惠。

(二) 登记为增值税一般纳税人的新设立企业,从事国家非限制和禁止行业,且同时符合申报期上月末从业人数不超过300人、资产总额不超过5 000万元两项条件的,按规定办理首次汇算清缴申报前,可按照小型微利企业申报享受"六税两费"减免优惠。

登记为增值税一般纳税人的新设立企业,从事国家非限制和禁止行业,且同时符合设立时从业人数不超过300人、资产总额不超过5 000万元两项条件的,设立当月依照有关规定按次申报有关"六税两费"时,可申报享受"六税两费"减免优惠。

按规定办理首次汇算清缴后确定不属于小型微利企业的一般纳税人,自办理汇算清缴的次月1日至次年6月30日,不得再申报享受"六税两费"减免优惠;按次申报的,自首次办理汇算清缴确定不属于小型微利企业之日起至次年6月30日,不得再申报享受"六税两费"减免优惠。

新设立企业按规定办理首次汇算清缴后,按规定申报当月及之前的"六税两费"的,依据首次汇算清缴结果确定是否可申报享受减免优惠。

新设立企业按规定办理首次汇算清缴申报前,已按规定申报缴纳"六税两费"的,不再根据首次汇算清

缴结果进行更正。 （三）登记为增值税一般纳税人的小型微利企业、新设立企业，逾期办理或更正汇算清缴申报的，应当依据逾期办理或更正申报的结果，按照本条第（一）项、第（二）项规定的"六税两费"减免期间申报享受减免优惠，并应当对"六税两费"申报进行相应更正。 二、关于增值税小规模纳税人转为一般纳税人时"六税两费"减免政策的适用	增值税小规模纳税人按规定登记为一般纳税人的，自一般纳税人生效之日起不再按照增值税小规模纳税人适用"六税两费"减免政策。增值税年应税销售额超过小规模纳税人标准应当登记为一般纳税人而未登记，经税务机关通知，逾期仍不办理登记的，自逾期月次月起不再按照增值税小规模纳税人申报享受"六税两费"减免优惠。 上述纳税人如果符合本公告第一条规定的小型微利企业和新设立企业的情形，或登记为个体工商户，仍可申报享受"六税两费"减免优惠。

1. 小型微利企业"六税两费"减免政策的适用

（1）享受2022年"六税两费"减免政策的纳税人范围。

按照政策规定，增值税小规模纳税人、小型微利企业和个体工商户等三类主体均可以申报享受"六税两费"减免政策。	个人独资企业、合伙企业如果是增值税小规模纳税人，可以申报享受本次"六税两费"减免优惠。

（2）享受2022年"六税两费"减免政策的"小型微利企业"范围及申报要求。

"小型微利企业"范围	申报要求
享受2022年"六税两费"减免政策的"小型微利企业"基本沿用了企业所得税管理中的"小型微利企业"标准，即小型微利企业的判定以企业所得税年度汇算清缴结果为准。现行企业所得税政策规定，小型微利企业是指从事国家非限制和禁止行业，且同时符合年度应纳税所得额不超过300万元、从业人数不超过300人、资产总额不超过5 000万元等三项条件的企业。 按照企业所得税有关规定，纳税人在办理年度汇算清缴后才能最终确定是否属于小型微利企业。为增强政策确定性和可操作性，将政策红利及时送达市场主体，避免因汇算清缴后追溯调整增加办税负担，税务总局3号公告规定，小型微利企业的判定以企业所得税年度汇算清缴（以下简称汇算清缴）结果为准。企业办理汇算清缴后确定是小型微利企业的，可自办理汇算清缴当年的7月1日至次年6月30日享受"六税两费"减免优惠；2022年1月1日至6月30日期间，纳税人依据2021年办理2020年度汇算清缴的结果确定是否按照小型微利企业享受"六税两费"减免优惠。	企业属于增值税小规模纳税人的，直接申报享受"六税两费"减免优惠。企业登记为增值税一般纳税人的，按规定办理汇算清缴后确定是小型微利企业的，除税务总局3号公告第一条第（二）项规定的情形外，可自办理汇算清缴当年的7月1日至次年6月30日申报享受减免优惠；2022年1月1日至6月30日，纳税人依据2021年办理2020年度汇算清缴的结果确定是否可以享受优惠。

【例2-20】 A公司于2020年6月成立，9月1日登记为增值税一般纳税人。2021年5月，A公司办理了2020年度的汇算清缴申报，结果确定是小型微利企业。A公司于2022年4月征期申报2022年1—3月的"六税两费"时，可以享受减免优惠吗？

答：可以。根据财政部、税务总局公告2022年第10号文件的规定，A公司申报2022年1—3月的"六税两费"时，是否可享受减免优惠，依据2021年办理2020年度汇算清缴的结果确定。

【例2-21】 B公司于2020年6月成立，9月1日登记为增值税一般纳税人。2021年5月，B公司办理了2020年度汇算清缴申报，确定不属于小型微利企业。2022年4月，B公司办理了2021年度汇算清缴申报，确定是小型微利企业。

问题1：B公司于2022年4月征期申报3月的"六税两费"时，可以享受减免优惠吗？

答：不可以。根据财政部、税务总局公告2022年第10号文件的规定，纳税人2021年办理2020年度汇算清缴申报后确定不属于小型微利企业，申报2022年1月1日至6月30日的"六税两费"时，不能享受减免优惠。

问题2：B公司于2022年7月征期申报6月的"六税两费"时，可以享受减免优惠吗？

答：不可以。根据财政部、税务总局公告2022年第10号文件的规定，纳税人2021年办理2020年度汇算清缴申报后确定不属于小型微利企业，申报2022年1月1日至6月30日"六税两费"时，不能享受减免优惠。

问题3：B公司于2022年8月征期申报7月的"六税两费"时，可以享受减免优惠吗？

答：可以。根据财政部、税务总局公告2022年第10号文件的规定，纳税人2022年办理2021年度汇算清缴申报后确定是小型微利企业，申报2022年7月1日至2023年6月30日的"六税两费"时，可以享受减免优惠。

（3）新设立企业"六税两费"减免优惠的享受

第一种情况，新设立企业属于增值税小规模纳税人的，可直接申报享受"六税两费"减免优惠。	第二种情况，新设立企业登记为增值税一般纳税人的，要区分办理首次汇算清缴前和办理首次汇算清缴后两个阶段来适用政策。 登记为一般纳税人的新设立企业，从事国家非限制和禁止行业，按规定办理汇算清缴前，依据申报期上月末是否同时符合从业人数不超过300人、资产总额不超过5 000万元两项条件，判断是否可以享受减免优惠；对于新设立当月即按次申报"六税两费"的，则根据设立时点是否同时符合这两项条件来判断。 登记为增值税一般纳税人的新设立企业，按规定办理首次汇算清缴后确定是小型微利企业的，自办理汇算清缴的次月1日至次年6月30日，可申报享受"六税两费"减免优惠；确定不属于小型微利企业的一般纳税人，自办理汇算清缴的次月1日至次年6月30日，不得再申报享受"六税两费"减免优惠；按次申报的，自首次办理汇算清缴确定不属于小型微利企业之日起至次年6月30日，不得再申报享受"六税两费"减免优惠。办理首次汇算清缴后，按规定申报当月及之前的"六税两费"的，也根据汇算清缴的结果来确定是否可申报享受减免优惠。 同时，为避免因汇算清缴后追溯调整增加办税负担，税务总局3号公告同时明确，新设立企业按规定办理首次汇算清缴申报前，已按规定申报缴纳"六税两费"的，不再根据首次汇算清缴结果进行更正。

【例2-22】 C公司于2021年6月成立，从事国家非限制和禁止行业，12月1日登记为增值税一般纳税人，2022年3月31日的从业人数、资产总额分别为280人和4 500万元。C公司按规定于2022年4月10日申报2022年3月的资源税和2022年1—6月房产税时，尚未办理2021年度汇算清缴申报，是否可申报享受减免优惠？

答：可以。C公司4月10日尚未办理首次汇算清缴，可采用4月的上月末，即2022年3月31日的从业人数、资产总额两项条件，判断其是否可按照小型微利企业申报享受"六税两费"减免优惠。C公司2022年3月31日的从业人数不超过300人，并且资产总额不超过5 000万元，可按照小型微利企业申报享受"六税两费"减免优惠。

【例2-23】 D公司于2021年6月成立，从事国家非限制和禁止行业，12月1日登记为增值税一般纳税人，于2022年4月20日按规定期限办理了2021年度汇算清缴，结果确定不属于小型微利企业。D公司于4月23日依照规定按次申报耕地占用税，可以申报享受减免优惠吗？

答：不可以。D公司首次汇算清缴后已确定不属于小型微利企业，对于按次申报，自首次办理汇算清缴后确定不属于小型微利企业之日起至次年6月30日，不得再申报享受"六税两费"减免优惠。

【例2-24】 E公司于2021年7月成立，从事国家非限制和禁止行业，10月1日登记为增值税一般纳税人，于2022年5月办理2021年度汇算清缴申报，确定不属于小型微利企业。E公司于2023年5月8日办理2022年度汇算清缴申报，确定是小型微利企业。2023年5月12日，E公司根据本省有关规定办理2022年房产税申报，是否可享受减免优惠？

答：不可以。根据税务总局3号公告的规定，新设立企业办理首次汇算清缴申报后，确定不属于小型微利企业的，自办理汇算清缴的次月1日至次年6月30日，不得申报享受"六税两费"减免优惠。新设立企业办理首次汇算清缴后，按规定申报当月及之前的"六税两费"的，依据首次汇算清缴结果确定是否能够申报享受减免优惠。因此,E公司按规定申报2022年全年的房产税,包括办理首次汇算清缴当月及之前(即1—5月)的房产税和汇算清缴后(即6—12月)的房产税时,不能享受减免优惠。

E公司2023年5月8日办理了2022年度汇算清缴申报,确定是小型微利企业,根据税务总局3号公告的规定,其在申报2023年7月1日至2024年6月30日的"六税两费"时,可以享受减免优惠。

【例2-25】 F公司于2021年7月成立,从事国家非限制和禁止行业,当月购买一栋办公楼,该楼是公司唯一的房产。12月1日登记为增值税一般纳税人。2022年5月首次办理2021年度汇算清缴,确定是小型微利企业。按照本省房产税征期规定,F公司应当于2022年12月征期一次性申报2022年全年房产税,是否可享受减免优惠?

答:可以。根据税务总局3号公告的规定,新设立企业办理首次汇算清缴后确定是小型微利企业的,自办理汇算清缴的次月1日至次年6月30日,可申报享受"六税两费"减免优惠。

F公司于2022年5月首次办理2021年度汇算清缴,确定是小型微利企业。因此,2022年12月按规定一次性申报2022年全年房产税时,可申报享受减免优惠。

【例2-26】 G公司于2021年6月成立,从事国家非限制和禁止行业,12月1日登记为增值税一般纳税人,2022年3月31日的从业人数、资产总额分别为280人和4 500万元。G公司于4月10日申报2022年3月的资源税和2022年1—6月房产税时,按小型微利企业享受了减免优惠,4月20日办理了2021年度汇算清缴,结果确定不属于小型微利企业。汇算清缴后,G公司需要对2022年4月10日申报2022年3月的资源税和2022年1—6月房产税进行更正吗?

答:无须更正。根据税务总局3号公告的规定,首次办理汇算清缴申报前,已按规定申报缴纳"六税两费"的,不再根据首次汇算清缴结果进行更正。

(4)逾期办理或更正汇算清缴申报的处理

税务总局3号公告第一条第(一)项、第(二)项关于小型微利企业、新设立企业如何根据汇算清缴结果确定享受减免优惠的时点的规定,都是针对按规定进行正常申报的情形来说的。如果企业所得税汇算清缴存在逾期申报或更正申报的情况,逾期申报或更正申报的结果不应当改变其对应的"六税两费"的减免期间。	因此,根据税务总局3号公告第一条第(三)项规定,登记为增值税一般纳税人的小型微利企业、新设立企业,逾期办理或更正汇算清缴申报的,应当依据逾期办理或更正申报的结果,按照税务总局3号公告第一条第(一)项、第(二)项规定的"六税两费"减免税期间申报享受减免优惠,并应当对"六税两费"申报进行相应更正。

【例2-27】 H公司于2021年6月成立,从事国家非限制和禁止行业,10月1日登记为增值税一般纳税人。2022年5月底前,H公司未按期办理首次汇算清缴申报,8月,H公司办理汇算清缴申报,确定不属于小型微利企业。H公司根据税务总局3号公告的规定,分别于2022年4月和7月征期申报当年1—3月和4—6月的"六税两费"时,按照小型微利企业申报享受了减免优惠。H公司8月办理首次汇算清缴后应当如何对"六税两费"纳税申报进行更正?

答:按照企业所得税有关规定,H公司应当于2022年5月底前办理首次汇算清缴,且根据税务总局3号公告规定,H公司7月征期申报4—6月的"六税两费"时,应当依据首次汇算清缴结果确定是否可享受税收优惠。逾期办理首次汇算清缴后,确定H公司不属于小型微利企业。因此,H公司7月征期申报的4—6月的"六税两费"不能享受减免优惠,应当进行更正申报,补缴减征的税款。根据税务总局3号公告的规定,H公司在规定的首次汇算清缴期截止时间前于4月征期申报2022年1—3月的"六税两费"不必进行更正。

【例2-28】 I公司于2020年7月成立,于9月1日登记为增值税一般纳税人。2021年5月,I公司办理了2020年度汇算清缴申报,结果确定是小型微利企业。I公司于2022年4月征期申报缴纳了1—3月的"六税两费",7月征期申报缴纳了4—6月的"六税两费"。2022年8月,I公司根据税务机关有关执法决定文书,对2020年度汇算清缴申报进行了更正,确定不属于小型微利企业。I公司8月更正汇算清缴申报后,应当如何对"六税两费"申报进行更正?

答:根据税务总局3号公告的规定,I公司2022年1月1日至6月30日的税款是否能够申报享受减免优惠,应当依据2020年度汇算清缴结果确定。I公司于2022年8月更正了2020年度的汇算清缴申报,最新结果确定不属于小型微利企业。根据税务总局3号公告的规定,I公司2022年1月1日至6月30日申报"六税两费"时不能够享受减免优惠,应当进行更正申报,补缴减征的税款。

2. 小规模纳税人转为一般纳税人时"六税两费"减免政策的适用

为进一步明确纳税人类型发生变化时享受减免优惠的具体时间,按照有利于纳税人和简化申报的原则,税务总局3号公告第二条规定:增值税小规模纳税人按规定登记为一般纳税人的,自一般纳税人生效之日起不得再按照增值税小规模纳税人适用"六税两费"减免政策。增值税年应税销售额超过小规模纳税人标准应当登记为一般纳税人而未登记,经税务机关通知,逾期仍不办理登记的,自逾期次月起不得再按增值税小规模纳税人申报享受"六税两费"减免优惠。	增值税小规模纳税人转为一般纳税人后,如果属于税务总局3号公告第一条规定的小型微利企业或新设立企业,或者登记为个体工商户,仍然可以按照"小型微利企业"或"个体工商户"申报享受减免优惠。

【例2-29】 J公司于2021年12月1日成立,从事国家非限制和禁止行业,2022年2月登记为增值税一般纳税人并于当月1日生效。2月末,J公司从业人数为200人,资产总额为3000万元。

问题1:J公司于2022年2月征期申报1月的"六税两费"时可以申报享受减免优惠吗?

解答:可以。J公司2月征期申报1月的"六税两费"时,可以按照增值税小规模纳税人申报享受减免优惠。

问题2:J公司于2022年3月征期申报2月的"六税两费"时可以申报享受减免优惠吗?

解答:可以。根据税务总局3号公告的规定,增值税小规模纳税人按规定登记为一般纳税人的,自一般纳税人生效之日起不再按照增值税小规模纳税人适用"六税两费"减免政策。J公司在2月登记为增值税一般纳税人并于当月1日生效,因此于3月征期申报2月的"六税两费"时,不再按照增值税小规模纳税人享受减免优惠。

但是,由于J公司3月申报期上月末的从业人数小于300人,并且资产总额小于5000万,符合税务总局3号公告第一条第(二)项新设立企业按小型微利企业享受减免优惠的标准,因此,可以按照小型微利企业享受减免优惠。

【例2-30】 K个体工商户为增值税小规模纳税人,因业务发展较快,于2022年7月登记为增值税一般纳税人并于当月1日生效。

问题1:K个体工商户于2022年7月征期申报4—6月的"六税两费"时如何申报享受减免优惠?

解答:K个体工商户申报4—6月的"六税两费"时,可按照增值税小规模纳税人申报享受减免优惠。

问题2:K个体工商户于2022年10月征期申报7—9月的"六税两费"时如何申报享受减免优惠?

解答:K个体工商户申报7—9月的"六税两费"不能再按增值税小规模纳税人申报享受减免优惠,但仍可按"一般纳税人—个体工商户"申报享受减免优惠。

(三)"六税两费"其他优惠政策的叠加享受

根据财税10号公告和税务总局3号公告的有关规定,增值税小规模纳税人、小型微利企业、个体工商户已依法享受其他优惠政策的,可叠加享受"六税两费"减免优惠。	在享受优惠的顺序上,是先享受其他优惠,再享受"六税两费"减免优惠。原来适用比例减免或定额减免的,本次减免额计算的基数是应纳税额减除原有减免税额后的数额。

【例2-31】 个人和企事业单位出租住房的房产税原优惠政策是减按4%税率征收,如果某省确定的增值税小规模纳税人房产税减征比例为50%,政策叠加享受后,可在减按4%税率征收的基础上再减征一半,即实际按2%的税率征收。

(四)分支机构"六税两费"减免

企业所得税实行法人税制,由总机构统一计算包括汇总纳税企业所属各个不具有法人资格分支机构在内的全部应纳税所得额、应纳税额,以法人机构为整体判断是否属于小型微利企业。企业所属各个不具有法人资格的分支机构,登记为增值税一般纳税人的,应当根据总机构是否属于小型微利企业来判别能否申报享受"六税两费"减免优惠。

(五)享受"六税两费"优惠申报操作

"六税两费"减免优惠实行自行申报享受方式,纳税人通过填写申报表单即可享受减免优惠,不需额外提交资料。可通过办税服务厅(场所)、电子税务局办理,具体地点和网址可从省(自治区、直辖市和计划单列市)税务局网站"纳税服务"栏目查询。纳税人申报时,根据自身实际情况在有关申报表单中勾选相应的减免政策适用主体选项并确认适用减免政策起止时间后,系统将自动填列相应的减免性质代码、自动计算减免税款。

鉴于2022年"六税两费"减免政策适用主体增加了小型微利企业和个体工商户,税务总局3号公告修改了4个表单,分别是:《财产和行为税减免税明细申报附表》《〈增值税及附加税费申报表(一般纳税人适用)〉附列资料(五)》《〈增值税及附加税费预缴表〉附列资料》《〈消费税及附加税费申报表〉附表6(消费税附加税费计算表)》。在上述表单中增加了小型微利企业、个体工商户减免优惠申报有关数据项目,并相应修改了填表说明。

(六)纳税人未及时申报享受"六税两费"减免优惠的处理

小微企业"六税两费"减免政策的执行期限是2022年1月1日至2024年12月31日。纳税人符合条件但未及时申报享受"六税两费"减免优惠的,可依法申请抵减以后纳税期的应纳税费款或者申请退还。	对申请抵减的,系统将在纳税人下次申报时,自动抵减同税费种的应纳税费款,对申请退还的,减征税款将按程序予以退还。

八、小型微利企业和个体工商户减免企业所得税

政策依据:

《中华人民共和国企业所得税法实施条例》(中华人民共和国国务院令第512号);

《财政部 税务总局关于实施小微企业普惠性税收减免政策的通知》(财税〔2019〕13号);

《财政部 税务总局关于实施小微企业和个体工商户所得税优惠政策的公告》(财政部 税务总局公告2021年第12号);

《国家税务总局关于落实支持小型微利企业和个体工商户发展所得税优惠政策有关事项的公告》(国家税务总局公告2021年第8号);

《国家税务总局关于小型微利企业所得税优惠政策征管问题的公告》(国家税务总局公告2022年第5号)。

(一)**小型微利企业标准**(《企业所得税法实施条例》第九十二条、财政部 税务总局公告2021年第12号)

标准	两放宽
小型微利企业,是指从事国家非限制和禁	一是进一步放宽小型微利企业标准,将年应纳税所得额由原来的不超过100万元,提高至不超过300万元;将从业人数由原来的工业企业不超过100人、其他

(续表)

标准	两放宽
止行业,且同时符合年度应纳税所得额不超过300万元、从业人数不超过300人、资产总额不超过5000万元等三个条件的企业。	企业不超过80人,统一提高至不超过300人;将资产总额由原来的工业企业不超过3000万元,其他企业不超过1000万元,统一提高至不超过5000万元。调整后的小型微利企业将覆盖95%以上的纳税人,其中98%为民营企业。二是进一步放宽投资初创科技型企业享受优惠政策的范围,将初创科技型企业条件中"从业人数不超过200人"调整为"从业人数不超过300人""资产总额和年销售收入均不超过3000万元"调整为"资产总额和年销售收入均不超过5000万元"。

(1) 国家限制和禁止行业可参照《产业结构调整指导目录(2011年本)(2013年修订)》规定的限制类和淘汰类和《外商投资产业指导目录(2017年修订)》中规定的限制外商投资产业目录、禁止外商投资产业目录列举的产业加以判断。
(2) 工业与其他企业的划分:根据国家统计局《国民经济行业分类》(GB/T 4754—2017)规定执行。
(3) "应纳税所得额":是指《中华人民共和国企业所得税年度纳税申报表(A类)》主表中第23行反映的年度应纳税所得额。
(4) 从业人数,包括与企业建立劳动关系的职工人数和企业接受的劳务派遣用工人数。

(二) 从业人数和资产总额指标计算

财政部 税务总局公告2021年第12号	国家税务总局公告2015年第55号
按季平均计算,季度平均值=(季初值+季末值)÷2 全年季度平均值=全年各季度平均值之和÷4 年度中间开业或者终止经营活动的,以其实际经营期作为一个纳税年度确定上述相关指标。 从业人数,包括与企业建立劳动关系的职工人数和企业接受的劳务派遣用工人数。	以劳务派遣形式就业的残疾人,属于劳务派遣单位的职工。劳务派遣单位可按照《财政部 国家税务总局关于促进残疾人就业税收优惠政策的通知》(财税〔2007〕92号)的规定,享受相关税收优惠政策。

按照政策的规定,劳务派遣用工人数计入了用人单位的从业人数。本着合理性原则,劳务派遣公司可不再将劳务派出人员重复计入本公司的从业人数。汇总纳税企业的从业人数、资产总额应包括分支机构的数据。

小型微利企业在预缴和汇算清缴企业所得税时,通过填写纳税申报表相关内容,即可享受小型微利企业所得税减免政策。进行电子申报的企业,征管系统将根据申报表相关数据,自动判断企业是否符合小型微利企业条件;符合条件的,系统还将进一步自动计算减免税金额,自动生成表单,为企业减轻计算、填报负担。

(三) 小型微利企业所得税优惠政策

《企业所得税法》	财税〔2019〕13号、财政部 税务总局公告2021年第12号	财政部 税务总局公告2022年第13号
第二十八条 符合条件的小型微利企业,减按20%的税率征收企业所得税。	2019年1月1日至2021年12月31日,对小型微利企业年应纳税所得额不超过100万元的部分,减按25%计入应纳税所得额,按20%的税率缴纳企业所得税。	2022年1月1日至2024年12月31日,对小型微利企业年应纳税所得额超过100万元但不超过300万元的部分,减按25%计入应纳税所得额,按20%的税率缴纳企业所得税。
即税率为20%,减征5%	即实际税负2.5%,减征22.5%	即实际税负5%,减征20%

小型微利企业速算扣除表

应纳税所得额	所得税实际税负率	速算扣除数(万元)
应纳税所得额≤100万元	2.5%	0
100万元<应纳税所得额≤300万元	5%	2.5

【例 2-32】 2022 年,A、B、C 以及 D 企业职工人数和资产总额均符合小型微利企业条件,假设年应纳税所得额分别为 100 万元、200 万元、300 万元以及 301 万元,计算四家企业全年应纳税额和减免税额如下表。(单位:万元)

	A	B	C	D
年应纳税所得额	100	200	300	301
是否符合小微企业条件	√	√	√	×
应纳税所得额区间	≤100	100~300	100~300	>300
计算方法(速算扣除)	100×2.5%	200×5%-2.5	300×5%-2.5	301×25%
应纳税额	2.5	7.5	12.5	75.25
减免税额	22.5	42.5	62.5	0

(四)小型微利企业所得税优惠征管(国家税务总局公告 2022 年第 5 号)

(1) 符合财政部、税务总局规定的小型微利企业条件的企业(以下简称小型微利企业),按照相关政策规定享受小型微利企业所得税优惠政策。

企业设立不具有法人资格分支机构的,应当汇总计算总机构及其各分支机构的从业人数、资产总额、年度应纳税所得额,依据合计数判断是否符合小型微利企业条件。

(2) 小型微利企业无论按查账征收方式或核定征收方式缴纳企业所得税,均可享受小型微利企业所得税优惠政策。

(3) 小型微利企业在预缴和汇算清缴企业所得税时,通过填写纳税申报表,即可享受小型微利企业所得税优惠政策。

(4) 小型微利企业预缴企业所得税时,资产总额、从业人数、年度应纳税所得额指标,暂按当年度截至本期预缴申报所属期末的情况进行判断。

(5) 原不符合小型微利企业条件的企业,在年度中间预缴企业所得税时,按照相关政策标准判断符合小型微利企业条件的,应按照截至本期预缴申报所属期末的累计情况,计算减免税额。当年度此前期间如因不符合小型微利企业条件而多预缴的企业所得税税款,可在以后季度应预缴的企业所得税税款中抵减。

(6) 企业预缴企业所得税时享受了小型微利企业所得税优惠政策,但在汇算清缴时发现不符合相关政策标准的,应当按照规定补缴企业所得税税款。

(7) 小型微利企业所得税统一实行按季度预缴。

按月度预缴企业所得税的企业,在当年度 4 月、7 月、10 月预缴申报时,若按相关政策标准判断符合小型微利企业条件的,下一个预缴申报期起调整为按季度预缴申报,一经调整,当年度内不再变更。

1. 不具有法人资格的分支机构小型微利企业所得税优惠政策的适用

《中华人民共和国企业所得税法》第五十条第二款规定,居民企业在中国境内设立不具有法人资格的营业机构的,应当汇总计算并缴纳企业所得税。现行企业所得税实行法人税制,企业应以法人为主体,计算并缴纳企业所得税。因此,企业设立不具有法人资格分支机构的,应当先汇总计算总机构及其各分支机构的从业人数、资产总额、年度应纳税所得额,再依据各指标的合计数判断是否符合小型微利企业条件。

2. 享受小型微利企业所得税优惠政策的办理

小型微利企业在预缴和汇算清缴企业所得税时均可享受优惠政策,享受政策时无需备案,通过填写企业所得税纳税申报表相关栏次,即可享受。对于通过电子税务局申报的小型微利企业,纳税人只需要填报从业人数、资产总额等基础信息,税务机关将为纳税人提供自动识别、自动计算、自动填报的智能服务,进一步减轻纳税人填报负担。

3. 预缴企业所得税时,小型微利企业条件的判断

预缴企业所得税时,企业从事国家非限制和禁止行业,可直接按当年度截至本期末的资产总额、从业人数、应纳税所得额等情况判断是否为小型微利企业。其中,资产总额、从业人数指标按照相关政策标准中"全年季度平均值"的计算公式,计算截至本期末的季度平均值。

目前,小型微利企业的判断标准为:从事国家非限制和禁止行业,且同时符合截至本期末的资产总额季度平均值不超过 5 000 万元、从业人数季度平均值不超过 300 人、应纳税所得额不超过 300 万元。今后如调整标准,从其规定,计算方法以此类推。

【例 2-33】 A 企业于 2020 年成立,从事国家非限制和禁止行业,2022 年各季度的资产总额、从业人数以及累计应纳税所得额情况如下表所示:

季度	从业人数(人)		资产总额(万元)		应纳税所得额（累计值,万元）
	期初	期末	期初	期末	
第 1 季度	120	200	2 000	4 000	150
第 2 季度	400	500	4 000	6 600	200
第 3 季度	350	200	6 600	7 000	280
第 4 季度	220	210	7 000	2 500	350

解析:A 企业在预缴 2022 年度企业所得税时,判断是否符合小型微利企业条件的具体过程如下:

指标		第 1 季度	第 2 季度	第 3 季度	第 4 季度
从业人数(人)	季初	120	400	350	220
	季末	200	500	200	210
	季度平均值	(120+200)÷2=160	(400+500)÷2=450	(350+200)÷2=275	(220+210)÷2=215
	截至本期末季度平均值	160	(160+450)÷2=305	(160+450+275)÷3=295	(160+450+275+215)÷4=275
资产总额(万元)	季初	2 000	4 000	6 600	7 000
	季末	4 000	6 600	7 000	2 500
	季度平均值	(2 000+4 000)÷2=3 000	(4 000+6 600)÷2=5 300	(6 600+7 000)÷2=6 800	(7 000+2 500)÷2=4 750
	截至本期末季度平均值	3 000	(3 000+5 300)÷2=4 150	(3 000+5 300+6 800)÷3=5 033.33	(3 000+5 300+6 800+4 750)÷4=4 962.5
应纳税所得额（累计值,万元）		150	200	280	350
判断结果		符合	不符合（从业人数超标）	不符合（资产总额超标）	不符合（应纳税所得额超标）

综上,A 企业预缴第 1 季度企业所得税时,可以享受小型微利企业所得税优惠政策;预缴第 2、3、4 季度企业所得税时,不可以享受小型微利企业所得税优惠政策。

【例 2-34】 B 企业于 2022 年 5 月成立,从事国家非限制和禁止行业,2022 年各季度的资产总额、从业人数以及累计应纳税所得额情况如下表所示:

季度	从业人数(人)		资产总额(万元)		应纳税所得额（累计值,万元）
	期初	期末	期初	期末	
第 2 季度	100	200	1 500	3 000	200
第 3 季度	260	300	3 000	5 000	350
第 4 季度	280	330	5 000	6 000	280

解析:B 企业在预缴 2022 年度企业所得税时,判断是否符合小型微利企业条件的具体过程如下:

指标		第2季度	第3季度	第4季度
从业人数（人）	季初	100	260	280
	季末	200	300	330
	季度平均值	(100+200)÷2=150	(260+300)÷2=280	(280+330)÷2=305
	截至本期末季度平均值	150	(150+280)÷2=215	(150+280+305)÷3=245
资产总额（万元）	季初	1 500	3 000	5 000
	季末	3 000	5 000	6 000
	季度平均值	(1 500+3 000)÷2=2 250	(3 000+5 000)÷2=4 000	(5 000+6 000)÷2=5 500
	截至本期末季度平均值	2 250	(2 250+4 000)÷2=3 125	(2 250+4 000+5 500)÷3=3 916.67
应纳税所得额（累计值，万元）		200	350	280
判断结果		符合	不符合（应纳税所得额超标）	符合

综上，B企业预缴第2、4季度企业所得税时，可以享受小型微利企业所得税优惠政策；预缴第3季度企业所得税时，不可以享受小型微利企业所得税优惠政策。

4. 企业预缴企业所得税时，小型微利企业减免税额的计算

目前，小型微利企业年应纳税所得额不超过100万元、超过100万元但不超过300万元的部分，分别减按12.5%、25%计入应纳税所得额，按20%的税率缴纳企业所得税。今后如调整政策，从其规定，计算方法以此类推。

【例2-35】 C企业2022年第1季度预缴企业所得税时，经过判断不符合小型微利企业条件，但是此后的第2季度和第3季度预缴企业所得税时，经过判断符合小型微利企业条件。第1季度至第3季度预缴企业所得税时，相应的累计应纳税所得额分别为20万元、100万元、200万元。

解析：C企业在预缴2022年第1季度至第3季度企业所得税时，实际应纳所得税额和减免税额的计算过程如下：

计算过程	第1季度	第2季度	第3季度
预缴时，判断是否为小型微利企业	不符合小型微利企业条件	符合小型微利企业条件	符合小型微利企业条件
应纳税所得额（累计值，万元）	20	100	200
实际应纳所得税额（累计值，万元）	20×25%=5	100×12.5%×20%=2.5	100×12.5%×20%+(200-100)×25%×20%=7.5
本期应补(退)所得税额（万元）	5	0(2.5-12.5<0，本季度应缴税款为0)	7.5-5=2.5
已纳所得税额（累计值，万元）	5	5+0=5	5+0+2.5=7.5
减免所得税额（累计值，万元）	20×25%-5=0	100×25%-2.5=22.5	200×25%-7.5=42.5

综上，C企业预缴2022年第1、2、3季度企业所得税时，分别减免企业所得税0元、22.5万元、

42.5万元,分别缴纳企业所得税5万元、0元、2.5万元。

5. 小型微利企业的企业所得税预缴期限

为了推进办税便利化改革,从2016年4月开始,小型微利企业统一实行按季度预缴企业所得税。因此,按月度预缴企业所得税的企业,在年度中间4月、7月、10月的纳税申报期进行预缴申报时,如果按照规定判断为小型微利企业的,其纳税期限将统一调整为按季度预缴。

为了避免年度内频繁调整纳税期限,《国家税务总局关于实施小型微利企业普惠性所得税减免政策有关问题的公告》(国家税务总局公告2019年第2号)规定,一经调整为按季度预缴,当年度内不再变更。

【例2-36】 接[例2-35],如果其从业人数和资产总额符合条件,2022年第1—3季度实际利润额为240万元,其仅需缴纳企业所得税9.5万元[100×12.5%×20%+(240-100)×25%×20%=2.5+7=9.5]。

(1)《中华人民共和国企业所得税月(季)度预缴纳税申报表(A类)》(A200000)第10行"实际利润额\按照上一纳税年度应纳税所得额平均额确定的应纳税所得额"填报:240万元。

(2)《中华人民共和国企业所得税月(季)度预缴纳税申报表(A类)》(A200000)第11行"税率(25%)"填报:25%。

(3)不考虑其他情况《中华人民共和国企业所得税月(季)度预缴纳税申报表(A类)》(A200000)第13行"减免所得税额"填报:50.5万元(240×25%-9.5)。

【例2-37】 经过判断,A企业符合小型微利企业条件。2022年第1季度预缴企业所得税时,相应的应纳税所得额为50万元,那么A企业实际应纳税所得额=50×12.5%×20%=1.25(万元)。减免税额=50×25%-1.25=11.25(万元)。第2季度预缴企业所得税时,相应的累计应纳税所得额为150万元,那么A企业实际应纳税所得额=100×12.5%×20%+(150-100)×25%×20%=2.5+2.5=5(万元)。减免税额=150×25%-5=32.5(万元)。

6. 汇缴时不符合小型微利企业的处理

企业预缴企业所得税时已享受小型微利企业所得税减免政策,汇算清缴企业所得税时不符合小型微利企业条件的,应当按照规定补缴企业所得税税款。

问题答疑:

问题1. 上一季度不符合小微条件已由分支机构就地预缴分摊的税款,本季度按现有规定符合条件,其二级分支机构本季度不就地分摊预缴企业所得税。上季度已就地分摊预缴的企业所得税如何处理?

解答:根据《跨地区经营汇总纳税企业所得税征收管理办法》(国家税务总局公告2012年第57号印发)第五条的规定,上年度认定为小型微利企业的跨地区经营企业,其二级分支机构不就地分摊缴纳企业所得税。这里是指本年度小型微利企业预缴时,如果上年度也是小型微利企业的,本年度小型微利企业的二级分支机构可以不就地预缴。因此,小型微利企业二级分支机构是否就地预缴,取决于上年度是否也为小型微利企业。如果是,其二级分支机构不就地预缴;如果不是,其二级分支机构需要就地预缴。

问题2. 小型微利企业普惠性所得税减免政策中的"应纳税所得额"与《中华人民共和国企业所得税月(季)度预缴纳税申报表(A类)》中的"实际利润额"概念如何理解?

解答:在企业所得税中,"实际利润额"与"应纳税所得额"有各自定义。

《企业所得税法》第五条规定,企业每一纳税年度的收入总额,减除不征税收入、免税收入、各项扣除以及允许弥补的以前年度亏损后的余额,为应纳税所得额。因此,"应纳税所得额"首先是一个年度概念,主要在企业年度汇算清缴申报时使用。

《企业所得税法实施条例》第一百二十八条规定，企业根据《企业所得税法》第五十四条规定分月或分季预缴企业所得税时，应当按照月度或者季度的实际利润额预缴。因此，"实际利润额"概念主要在按照实际利润额预缴的企业在预缴申报时使用。

问题3.高新技术企业年中符合小型微利企业条件，是否可以同时享受小型微利企业所得税优惠？

解答：企业既符合高新技术企业所得税优惠条件，又符合小型微利企业所得税优惠条件，可按照自身实际情况由纳税人从优选择适用优惠税率，但不得叠加享受。

（五）个体工商户所得税优惠

2021年1月1日至2022年12月31日，对个体工商户经营所得年应纳税所得额不超过100万元的部分，在现行优惠政策基础上，再减半征收个人所得税。

详细内容见第五章第十四节"个人所得税优惠政策解析与应用"。

九、普惠金融支持小微企业政策

（一）对小微企业融资间接优惠政策

1. 金融机构有关小额贷款利息收入免征增值税

政策依据：

《财政部 国家税务总局关于租入固定资产进项税额抵扣等增值税政策的通知》（财税〔2017〕90号）；

《财政部 税务总局关于支持小微企业融资有关税收政策的通知》（财税〔2017〕77号）；

《财政部 税务总局关于延续实施普惠金融有关税收优惠政策的公告》（财政部 税务总局公告2020年第22号）。

享受主体	优惠内容	享受条件
向农户、小型企业、微型企业及个体工商户发放小额贷款的金融机构。	自2017年12月1日至2023年12月31日，对金融机构向农户、小型企业、微型企业及个体工商户发放小额贷款取得的利息收入，免征增值税。	（1）金融机构应将相关免税证明材料留存备查，单独核算符合免税条件的小额贷款利息收入，按现行规定向主管税务机构办理纳税申报；未单独核算的，不得免征增值税。 （2）农户，是指长期（一年以上）居住在乡镇（不包括城关镇）行政管理区域内的住户，还包括长期居住在城关镇所辖行政范围内的住户和户口不在本地而在本地居住一年以上的住户，国有农场的职工。位于乡镇（不包括城关镇）行政管理区域内和在城关镇所辖行政村范围内的国有经济的机关、团体、学校、企事业单位的集体户；有本地户口，但举家外出谋生一年以上的住户，无论是否保留承包耕地均不属于农户。农户以户为统计单位，既可以从事农业生产经营，也可以从事非农业生产经营。农户贷款的判定应以贷款发放时的借款人是否属于农户为准。 （3）小型企业、微型企业，是指符合《中小企业划型标准规定》（工信部联企业〔2011〕300号）的小型企业和微型企业。其中，资产总额和从业人员指标均以贷款发放时的实际状态确定；营业收入指标以贷款发放前12个自然月的累计数确定，不满12个自然月的，按照以下公式计算： 营业收入（年）＝企业实际存续期间营业收入÷企业实际存续月数×12 （4）小额贷款，是指单户授信小于100万元（含本数）的农户、小型企业、微型企业或个体工商户贷款；没有授信额度的，是指单户贷款合同金额且贷款余额在100万元（含本数）以下的贷款。

2. 金融机构小微企业贷款利息收入免征增值税

政策依据：

> 《财政部 国家税务总局关于金融机构小微企业贷款利息收入免征增值税政策的通知》（财税〔2018〕91号）；
>
> 《财政部 税务总局关于明确国有农用地出租等增值税政策的公告》（财政部 税务总局公告2020年第2号）；
>
> 《财政部 税务总局关于明确无偿转让股票等增值税政策的公告》（财政部 税务总局公告2020年第40号）；
>
> 《财政部 税务总局关于延长部分税收优惠政策执行期限的公告》（财政部 税务总局公告2021年第6号）。

享受主体	优惠内容	享受条件
向小型企业、微型企业和个体工商户发放小额贷款的金融机构。	自2018年9月1日至2023年12月31日，对金融机构向小型企业、微型企业和个体工商户发放小额贷款取得的利息收入，免征增值税。	（1）金融机构可按会计年度选择以下两种方法之一适用免税，一经选定，该会计年度内不得变更： ①对金融机构向小型企业、微型企业和个体工商户发放的，利率水平不高于中国人民银行授权全国银行间同业拆借中心公布的贷款市场报价利率150%（含本数）的单笔小额贷款取得的利息收入，免征增值税；高于中国人民银行授权全国银行间同业拆借中心公布的贷款市场报价利率150%的单笔小额贷款取得的利息收入，按照现行政策规定缴纳增值税。 ②对金融机构向小型企业、微型企业和个体工商户发放单笔小额贷款取得的利息收入中，不高于该笔贷款按照中国人民银行授权全国银行间同业拆借中心公布的贷款市场报价利率150%（含本数）计算的利息收入部分，免征增值税；超过部分按照现行政策规定缴纳增值税。 （2）金融机构，是指经人民银行、银保监会批准成立的已通过监管部门上一年度"两增两控"考核的机构（2018年通过考核的机构名单以2018年上半年实现"两增两控"目标为准），以及经人民银行、银保监会、证监会批准成立的开发银行及政策性银行、外资银行和非银行业金融机构。"两增两控"是指单户授信总额1000万元以下（含）小微企业贷款同比增速不低于各项贷款同比增速，有贷款余额的户数不低于上年同期水平，合理控制小微企业贷款资产质量水平和贷款综合成本（包括利率和贷款相关的银行服务收费）水平。金融机构完成"两增两控"情况，以银保监会及其派出机构考核结果为准。 （3）小型企业、微型企业，是指符合《中小企业划型标准规定》（工信部联企业〔2011〕300号）的小型企业和微型企业。其中，资产总额和从业人员指标均以贷款发放时的实际状态确定；营业收入指标以贷款发放前12个自然月的累计数确定，不满12个自然月的，按照以下公式计算： 营业收入（年）＝企业实际存续期间营业收入÷企业实际存续月数×12 （4）小额贷款，是指单户授信小于1000万元（含本数）的小型企业、微型企业或个体工商户贷款；没有授信额度的，是指单户贷款合同金额且贷款余额在1000万元（含本数）以下的贷款。 （5）金融机构应将相关免税证明材料留存备查，单独核算符合免税条件的小额贷款利息收入，按现行规定向主管税务机构办理纳税申报；未单独核算的，不得免征增值税。 （6）自2019年8月20日起，金融机构向小型企业、微型企业和个体工商户发放1年期以上（不含1年）至5年期以下（不含5年）小额贷款取得的利息收入，可选择中国人民银行授权全国银行间同业拆借中心公布的1年期贷款市场报价利率或5年期以上贷款市场报价利率，适用该免征增值税优惠。

3. 为小微企业融资提供担保取得的担保费收入免征增值税

政策依据：

> 《财政部 国家税务总局关于租入固定资产进项税额抵扣等增值税政策的通知》（财税〔2017〕90号）；
>
> 《财政部 税务总局关于延续实施普惠金融有关税收优惠政策的公告》（财政部 税务总局公告2020年第22号）。

享受主体	优惠内容	享受条件
为农户、小型企业、微型企业及个体工商户借款、发行债券提供融资担保取得的担保费收入，以及为上述融资担保（原担保）提供再担保取得的再担保费收入的纳税人。	自2018年1月1日至2023年12月31日，纳税人为农户、小型企业、微型企业及个体工商户借款、发行债券提供融资担保取得的担保费收入，以及为上述融资担保提供再担保取得的再担保费收入，免征增值税。	（1）再担保合同对应多个原担保合同的，原担保合同应全部适用免征增值税政策。否则，再担保合同应按规定缴纳增值税。 （2）纳税人应将相关免税证明材料留存备查，单独核算符合免税条件的融资担保费和再担保费收入，按现行规定向主管税务机关办理纳税申报；未单独核算的，不得免征增值税。 （3）农户，是指长期（一年以上）居住在乡镇（不包括城关镇）行政管理区域内的住户，还包括长期居住在城关镇所辖行政村范围内的住户和户口不在本地而在本地居住一年以上的住户，国有农场的职工。位于乡镇（不包括城关镇）行政管理区域内和在城关镇所辖行政村范围内的国有经济的机关、团体、学校、企事业单位的集体户；有本地户口，但举家外出谋生一年以上的住户，无论是否保留承包耕地均不属于农户。农户以户为统计单位，既可以从事农业生产经营，也可以从事非农业生产经营。农户担保、再担保的判定应以原担保生效时的被担保人是否属于农户为准。 （4）小型企业、微型企业，是指符合《中小企业划型标准规定》（工信部联企业〔2011〕300号）的小型企业和微型企业。其中，资产总额和从业人员指标均以原担保生效时的实际状态确定；营业收入指标以原担保生效前12个自然月的累计数确定，不满12个自然月的，按照以下公式计算： 营业收入（年）＝企业实际存续期间营业收入÷企业实际存续月数×12

4. 金融机构有关小额贷款利息收入免征增值税

政策依据：

> 《财政部 国家税务总局关于租入固定资产进项税额抵扣等增值税政策的通知》（财税〔2017〕90号）；
>
> 《财政部 税务总局关于支持小微企业融资有关税收政策的通知》（财税〔2017〕77号）；
>
> 《财政部 税务总局关于延续实施普惠金融有关税收优惠政策的公告》（财政部 税务总局公告2020年第22号）。

享受主体	优惠内容	享受条件
向农户、小型企业、微型企业及个体工商户签订借款合同的金融机构。	自2018年1月1日至2023年12月31日，对金融机构与小型企业、微型企业签订的借款合同免征印花税。	（1）金融机构应将相关免税证明材料留存备查，单独核算符合免税条件的小额贷款利息收入，按现行规定向主管税务机构办理纳税申报；未单独核算的，不得免征增值税。 （2）小型企业、微型企业，是指符合《中小企业划型标准规定》（工信部联企业〔2011〕300号）的小型企业和微型企业。其中，资产总额和从业人员指标均以贷款发放时的实际状态确定；营业收入指标以贷款发放前12个自然月的累计数确定，不满12个自然月的，按照以下公式计算： 营业收入（年）＝企业实际存续期间营业收入/企业实际存续月数×12

5. 小额贷款公司农户小额贷款利息收入免征增值税

政策依据：

《财政部 税务总局关于小额贷款公司有关税收政策的通知》（财税〔2017〕48号）；

《财政部 税务总局关于延续实施普惠金融有关税收优惠政策的公告》（财政部 税务总局公告2020年第22号）。

享受主体	优惠内容	享受条件
经省级金融管理部门（金融办、局等）批准成立的小额贷款公司	自2017年1月1日至2023年12月31日，对经省级金融管理部门（金融办、局等）批准成立的小额贷款公司取得的农户小额贷款利息收入，免征增值税。	（1）农户，是指长期（一年以上）居住在乡镇（不包括城关镇）行政管理区域内的住户，还包括长期居住在城关镇所辖行政村范围内的住户和户口不在本地而在本地居住一年以上的住户，国有农场的职工和农村个体工商户。位于乡镇（不包括城关镇）行政管理区域内和在城关镇所辖行政村范围内的国有经济的机关、团体、学校、企事业单位的集体户；有本地户口，但举家外出谋生一年以上的住户，无论是否保留承包耕地均不属于农户。农户以户为统计单位，既可以从事农业生产经营，也可以从事非农业生产经营。农户贷款的判定应以贷款发放时的承贷主体是否属于农户为准。 （2）小额贷款，是指单笔且该农户贷款余额总额在10万元（含本数）以下的贷款。

6. 金融机构农户小额贷款利息收入企业所得税减计收入

政策依据：

《财政部 税务总局关于延续支持农村金融发展有关税收政策的通知》（财税〔2017〕44号）；

《财政部 税务总局关于延续实施普惠金融有关税收优惠政策的公告》（财政部 税务总局公告2020年第22号）。

享受主体	优惠内容	享受条件
向农户提供小额贷款的金融机构	自2017年1月1日至2023年12月31日，对金融机构农户小额贷款的利息收入，在计算应纳税所得额时，按90%计入收入总额。	（1）农户，是指长期（一年以上）居住在乡镇（不包括城关镇）行政管理区域内的住户，还包括长期居住在城关镇所辖行政村范围内的住户和户口不在本地而在本地居住一年以上的住户，国有农场的职工和农村个体工商户。位于乡镇（不包括城关镇）行政管理区域内和在城关镇所辖行政村范围内的国有经济的机关、团体、学校、企事业单位的集体户；有本地户口，但举家外出谋生一年以上的住户，无论是否保留承包耕地均不属于农户。农户以户为统计单位，既可以从事农业生产经营，也可以从事非农业生产经营。农户贷款的判定应以贷款发放时的承贷主体是否属于农户为准。 （2）小额贷款，是指单笔且该农户贷款余额总额在10万元（含本数）以下的贷款。

7. 金融企业涉农和中小企业贷款损失准备金税前扣除

政策依据：

《财政部 税务总局关于金融企业涉农贷款和中小企业贷款损失准备金税前扣除有关政策的公告》（财政部 税务总局公告2019年第85号）；

《财政部 税务总局关于延长部分税收优惠政策执行期限的公告》（财政部 税务总局公告2021年第6号）。

享受主体	优惠内容	享受条件
提供涉农贷款、中小企业贷款的金融企业	自2019年1月1日起,金融企业根据《贷款风险分类指引》(银监发〔2007〕54号),对其涉农贷款和中小企业贷款进行风险分类后,按照以下比例计提的贷款损失准备金,准予在计算应纳税所得额时扣除: (1)关注类贷款,计提比例为2%。 (2)次级类贷款,计提比例为25%。 (3)可疑类贷款,计提比例为50%。 (4)损失类贷款,计提比例为100%。	(1)涉农贷款,是指《涉农贷款专项统计制度》(银发〔2007〕246号)统计的以下贷款: ① 农户贷款。 ② 农村企业及各类组织贷款。 农户贷款,是指金融企业发放给农户的所有贷款。农户贷款的判定应以贷款发放时的承贷主体是否属于农户为准。 农户,是指长期(一年以上)居住在乡镇(不包括城关镇)行政管理区域内的住户,还包括长期居住在城关镇所辖行政村范围内的住户和户口不在本地而在本地居住一年以上的住户,国有农场的职工和农村个体工商户。位于乡镇(不包括城关镇)行政管理区域内和在城关镇所辖行政村范围内的国有经济的机关、团体、学校、企事业单位的集体户;有本地户口,但举家外出谋生一年以上的住户,无论是否保留承包耕地均不属于农户。农户以户为统计单位,既可以从事农业生产经营,也可以从事非农业生产经营。 农村企业及各类组织贷款,是指金融企业发放给注册地位于农村区域的企业及各类组织的所有贷款。农村区域,是指除地级及以上城市的城市行政区及其市辖建制镇之外的区域。 (2)中小企业贷款,是指金融企业对年销售额和资产总额均不超过2亿元的企业的贷款。 (3)金融企业发生的符合条件的涉农贷款和中小企业贷款损失,应先冲减已在税前扣除的贷款损失准备金,不足冲减部分可据实在计算应纳税所得额时扣除。

8. 金融企业涉农和中小企业贷款损失税前扣除

政策依据:

《国家税务总局关于金融企业涉农贷款和中小企业贷款损失税前扣除问题的公告》(国家税务总局公告2015年第25号);

《国家税务总局关于发布〈企业资产损失所得税税前扣除管理办法〉的公告》(国家税务总局公告2011年第25号);

《财政部 税务总局关于金融企业涉农贷款和中小企业贷款损失准备金税前扣除有关政策的公告》(财政部 税务总局公告2019年第85号)。

享受主体	优惠内容	享受条件
提供涉农贷款、中小企业贷款的金融企业	金融企业涉农贷款、中小企业贷款逾期1年以上,经追索无法收回,应依据涉农贷款、中小企业贷款分类证明,按下列规定计算确认贷款损失进行税前扣除: (1)单户贷款余额不超过300万元(含300万元)的,应依据向借款人和担保人的有关原始追索记录(包括司法追索、电话追索、信件追索和上门追索等原始记录之一,并由经办人和负责人共同签章确认),计算确认损失进行税前扣除。 (2)单户贷款余额超过300万元至1 000万元(含1 000万元)的,应依据有关原始追索记录(应当包括司法追索记录,并由经办人和负责人共同签章确认),计算确认损失进行税前扣除。 (3)单户贷款余额超过1 000万元的,仍按《国家税务总局关于发布〈企业资产损失所得税税前扣除管理办法〉的公告》(国家税务总局公告2011年第25号)有关规定计算确认损失进行税前扣除。	同上述7。

9. 小额贷款公司农户小额贷款利息收入企业所得税减计收入

政策依据：

《财政部 税务总局关于小额贷款公司有关税收政策的通知》（财税〔2017〕48号）；

《财政部 税务总局关于延续实施普惠金融有关税收优惠政策的公告》（财政部 税务总局公告2020年第22号）。

享受主体	优惠内容	享受条件
经省级金融管理部门（金融办、局等）批准成立的小额贷款公司	自2017年1月1日至2023年12月31日，对经省级金融管理部门（金融办、局等）批准成立的小额贷款公司取得的农户小额贷款利息收入，在计算应纳税所得额时，按90%计入收入总额。	同上述5。

10. 小额贷款公司贷款损失准备金企业所得税税前扣除

政策依据：

《财政部 税务总局关于小额贷款公司有关税收政策的通知》（财税〔2017〕48号）；

《财政部 税务总局关于延续实施普惠金融有关税收优惠政策的公告》（财政部 税务总局公告2020年第22号）。

享受主体	优惠内容	享受条件
经省级金融管理部门（金融办、局等）批准成立的小额贷款公司	自2017年1月1日至2023年12月31日，对经省级金融管理部门（金融办、局等）批准成立的小额贷款公司按年末贷款余额的1%计提的贷款损失准备金准予在企业所得税税前扣除。	贷款损失准备金所得税税前扣除具体政策口径按照《财政部 税务总局关于金融企业贷款损失准备金企业所得税税前扣除有关政策的公告》（财政部 税务总局公告2019年第86号）执行。

11. 金融机构与小型、微型企业签订借款合同免征印花税

政策依据：

《财政部 税务总局关于支持小微企业融资有关税收政策的通知》（财税〔2017〕77号）第二条、第三条；

《工业和信息化部 国家统计局 国家发展和改革委员会 财政部关于印发中小企业划型标准规定的通知》（工信部联企业〔2011〕300号）；

《财政部 税务总局关于延长部分税收优惠政策执行期限的公告》（2021年第6号）第一条。

享受主体	优惠内容	享受条件
金融机构和小型企业、微型企业	自2018年1月1日至2023年12月31日，对金融机构与小型企业、微型企业签订的借款合同免征印花税。	小型企业、微型企业，是指符合《中小企业划型标准规定》（工信部联企业〔2011〕300号）的小型企业和微型企业。其中，资产总额和从业人员指标均以贷款发放时的实际状态确定，营业收入指标以贷款发放前12个自然月的累计数确定，不满12个自然月的，按照以下公式计算： $$营业收入（年）= \frac{企业实际存续期间营业收入}{企业实际存续月数} \times 12$$

(二）信用贷款支持政策
政策依据：

《中国人民银行 银保监会 财政部 发展改革委 工业和信息化部关于进一步延长普惠小微企业贷款延期还本付息政策和信用贷款支持政策实施期限有关事宜的通知》（银发〔2021〕81号）。

1. 继续实施普惠小微企业贷款延期还本付息政策 （1）普惠小微企业贷款延期还本付息政策延期至2021年12月31日。对于2021年4月1日至12月31日到期的普惠小微企业贷款（包括单户授信1000万元及以下的小微企业贷款、个体工商户和小微企业主经营性贷款，下同），由企业和银行自主协商确定，继续实施阶段性延期还本付息。 （2）对于城市商业银行、农村商业银行、农村合作银行、村镇银行、农村信用社、民营银行等地方法人银行业金融机构办理的延期期限不少于6个月的普惠小微企业贷款，人民银行通过货币政策工具，按照延期贷款本金的1%给予激励，激励资金总额控制在国务院批准的额度内。同一笔贷款（含以前已延期过的贷款）只能再获得一次人民银行提供的激励。	2. 继续实施普惠小微企业信用贷款支持政策 （1）普惠小微企业信用贷款支持政策延期至2021年12月31日。对于符合条件的地方法人银行业金融机构新发放的普惠小微企业信用贷款，人民银行通过货币政策工具继续给予优惠资金支持，加大对个体工商户的支持。货币政策工具支持范围为2021年4月1日至12月31日新发放且期限不小于6个月的贷款，支持比例为贷款本金的40%，资金总量控制在国务院批准的再贷款额度内。符合条件的地方法人银行业金融机构为最新中央银行评级1~5级的地方法人银行业金融机构。 （2）人民银行通过货币政策工具支持的贷款，仍由放贷银行管理，贷款利息由放贷银行收取，坏账损失也由放贷银行承担。人民银行通过货币政策工具提供的优惠资金支持，放贷银行应于收到资金之日起满一年时按原金额返还。

(三）支持"专精特新"中小企业高质量发展
政策依据：

《财政部 工业和信息化部关于支持"专精特新"中小企业高质量发展的通知》（财建〔2021〕2号）。

（1）2021—2025年，中央财政累计安排100亿元以上奖补资金，引导地方完善扶持政策和公共服务体系，分三批（每批不超过3年）重点支持1000余家国家级专精特新"小巨人"企业（以下简称重点"小巨人"企业）高质量发展，促进这些企业发挥示范作用，并通过支持部分国家（或省级）中小企业公共服务示范平台（以下简称公共服务示范平台）强化服务水平，聚集资金、人才和技术等资源，带动1万家左右中小企业成长为国家级专精特新"小巨人"企业。	（2）重点"小巨人"企业：由工业和信息化部商财政部从已认定的专精特新"小巨人"企业中择优选定（不含已在上交所主板、科创板和深交所主板、中小板、创业板，以及境外公开发行股票的）。公共服务示范平台：由省级中小企业主管部门商同级财政部门从工业和信息化部（或省级中小企业主管部门）认定的国家（或省级）中小企业公共服务示范平台中选定，每省份每批次自主确定不超过3个平台。

十、重点群体创业税收优惠

（一）重点群体创业税费扣减
政策依据：

《财政部 税务总局人力资源社会保障部国务院扶贫办关于进一步支持和促进重点群体创业就业有关税收政策的通知》（财税〔2019〕22号）第一条、第五条；

《国家税务总局 人力资源社会保障部 国务院扶贫办 教育部关于实施支持和促进重点群体创业就业有关税收政策具体操作问题的公告》(国家税务总局公告2019年第10号)第一条；
《财政部 税务总局 人力资源社会保障部 国家乡村振兴局关于延长部分扶贫税收优惠政策执行期限的公告》(财政部 税务总局 人力资源社会保障部 国家乡村振兴局公告2021年第18号)；
《财政部 税务总局关于继续执行的城市维护建设税优惠政策的公告》(财政部 税务总局公告2021年第27号)。

享受主体	优惠内容	享受条件
建档立卡贫困人口、持《就业创业证》(注明"自主创业税收政策"或"毕业年度内自主创业税收政策")或《就业失业登记证》(注明"自主创业税收政策")的人员,具体包括： (1) 纳入全国扶贫开发信息系统的建档立卡贫困人口。 (2) 在人力资源社会保障部门公共就业服务机构登记失业半年以上的人员。 (3) 零就业家庭、享受城市居民最低生活保障家庭劳动年龄内的登记失业人员。 (4) 毕业年度内高校毕业生。高校毕业生是指实施高等学历教育的普通高等学校、成人高等学校应届毕业的学生；毕业年度是指毕业所在自然年,即1月1日至12月31日。	自2019年1月1日至2025年12月31日,上述人员从事个体经营的,自办理个体工商户登记当月起,在3年(36个月,下同)内按每户每年12 000元为限额依次扣减其当年实际应缴纳的增值税、城市维护建设税、教育费附加、地方教育附加和个人所得税。限额标准最高可上浮20,各省、自治区、直辖市人民政府可根据本地区实际情况在此幅度内确定具体限额标准。	(1) 纳税人实际应缴纳的增值税、城市维护建设税、教育费附加、地方教育附加和个人所得税小于减免税限额的,以实际应缴纳的增值税、城市维护建设税、教育费附加、地方教育附加和个人所得税税额为限；实际应缴纳的增值税、城市维护建设税、教育费附加、地方教育附加和个人所得税大于减免税限额的,以减免税限额为限。 (2) 城市维护建设税、教育费附加、地方教育附加的计税依据是享受本项税收优惠政策前的增值税应纳税额。

(二) 重点群体创业税费扣减

政策依据：

《财政部 税务总局 退役军人部关于进一步扶持自主就业退役士兵创业就业有关税收政策的通知》(财税〔2019〕21号)；
《财政部 税务总局关于延长部分税收优惠政策执行期限的公告》(财政部 税务总局公告2022年第4号)。

享受主体	优惠内容	享受条件
自主就业的退役士兵	自2019年1月1日至2023年12月31日,自主就业退役士兵从事个体经营的,自办理个体工商户登记当月起,在3年(36个月,下同)内按每户每年12 000元为限额依次扣减其当年实际应缴纳的增值税、城市维护建设税、教育费附加、地方教育附加和个人所得税。限额标准最高可上浮20%,各省、自治区、直辖市人民政府可根据本地区实际情况在此幅度内确定具体限额标准。	1. 自主就业退役士兵,是指依照《退役士兵安置条例》(中华人民共和国国务院 中央军事委员会第608号)的规定退出现役并按自主就业方式安置的退役士兵。 2. 纳税人年度应缴纳税款小于上述扣减限额的,减免税额以其实际缴纳的税款为限；大于上述扣减限额的,以上述扣减限额为限。 3. 城市维护建设税、教育费附加、地方教育附加的计税依据是享受本项税收优惠政策前的增值税应纳税额。

(三) 随军家属创业免征增值税

政策依据：

《财政部 国家税务总局关于全面推开营业税改征增值税试点的通知》(财税〔2016〕36号)附件3《营业税改征增值税试点过渡政策的规定》第一条第(三十九)项[条款失效]。

享受主体	优惠内容	享受条件
从事个体经营的随军家属	自办理税务登记事项之日起,其提供的应税服务3年内免征增值税。	必须持有师以上政治机关出具的可以表明其身份的证明,每一名随军家属可以享受一次免税政策。

(四)随军家属创业免征个人所得税

政策依据:

《财政部 国家税务总局关于随军家属就业有关税收政策的通知》(财税〔2000〕84号)第二条。

享受主体	优惠内容	享受条件
从事个体经营的随军家属	随军家属从事个体经营,自领取税务登记证之日起,3年内免征个人所得税。	(1)随军家属从事个体经营,须有师以上政治机关出具的可以表明其身份的证明。 (2)每一随军家属只能按上述规定,享受一次免税政策。

(五)军队转业干部创业免征增值税

政策依据:

《财政部 国家税务总局关于全面推开营业税改征增值税试点的通知》(财税〔2016〕36号)附件3《营业税改征增值税试点过渡政策的规定》第一条第(四十)项[条款失效]。

享受主体	优惠内容	享受条件
从事个体经营的军队转业干部	自领取税务登记证之日起,其提供的应税服务3年内免征增值税。	自主择业的军队转业干部必须持有师以上部队颁发的转业证件。

(六)自主择业的军队转业干部免征个人所得税

政策依据:

《财政部 国家税务总局关于自主择业的军队转业干部有关税收政策问题的通知》(财税〔2003〕26号)第一条。

享受主体	优惠内容	享受条件
从事个体经营的军队转业干部	自主择业的军队转业干部从事个体经营,自领取税务登记证之日起,3年内免征个人所得税。	自主择业的军队转业干部必须持有师以上部队颁发的转业证件。

(七)残疾人创业免征增值税

政策依据:

《财政部 国家税务总局关于全面推开营业税改征增值税试点的通知》(财税〔2016〕36号)附件3《营业税改征增值税试点过渡政策的规定》第一条第(六)项[条款失效];

《财政部 国家税务总局关于促进残疾人就业增值税优惠政策的通知》(财税〔2016〕52号)第八条。

享受主体	优惠内容	享受条件
残疾人个人	残疾人个人提供的加工、修理修配劳务,为社会提供的应税服务,免征增值税。	残疾人,是指在法定劳动年龄内,持有《中华人民共和国残疾人证》或者《中华人民共和国残疾军人证(1至8级)》的自然人,包括具有劳动条件和劳动意愿的精神残疾人。

(八)安置残疾人就业的单位和个体工商户增值税即征即退
政策依据:

> 《财政部 国家税务总局关于促进残疾人就业增值税优惠政策的通知》(财税〔2016〕52号);
> 《国家税务总局关于发布〈促进残疾人就业增值税优惠政策管理办法〉的公告》(国家税务总局公告2016年第33号)。

享受主体	优惠内容	享受条件
安置残疾人的单位和个体工商户	对安置残疾人的单位和个体工商户(以下称纳税人),实行由税务机关按纳税人安置残疾人的人数,限额即征即退增值税。每月可退还的增值税具体限额,由县级以上税务机关根据纳税人所在区县(含县级市、旗)适用的经省(含自治区、直辖市、计划单列市)人民政府批准的月最低工资标准的4倍确定。 一个纳税期已交增值税额不足退还的,可在本纳税年度内以前纳税期已交增值税扣除已退增值税的余额中退还,仍不足退还的可结转本纳税年度内以后纳税期退还,但不得结转以后年度退还。纳税期限不为按月的,只能对其符合条件的月份退还增值税。	(1)纳税人(除盲人按摩机构外)月安置的残疾人占在职职工人数的比例不低于25%(含25%),并且安置的残疾人人数不少于10人(含10人);盲人按摩机构月安置的残疾人占在职职工人数的比例不低于25%(含25%),并且安置的残疾人人数不少于5人(含5人)。 (2)依法与安置的每位残疾人签订了一年以上(含一年)的劳动合同或服务协议。 (3)为安置的每位残疾人按月足额缴纳了基本养老保险、基本医疗保险、失业保险、工伤保险和生育保险等社会保险。 (4)通过银行等金融机构向安置的每位残疾人,按月支付了不低于纳税人所在区县适用的经省人民政府批准的月最低工资标准的工资。 (5)纳税人纳税信用等级为税务机关评定的C级或D级的,不得享受此项税收优惠政策。 (6)如果既适用促进残疾人就业增值税优惠政策,又适用重点群体、退役士兵、随军家属、军转干部等支持就业的增值税优惠政策的,纳税人可自行选择适用的优惠政策,但不能累加执行。一经选定,36个月内不得变更。 (7)此项税收优惠政策仅适用于生产销售货物,提供加工、修理修配劳务,以及提供营改增现代服务和生活服务税目(不含文化体育服务和娱乐服务)范围的服务取得的收入之和,占其增值税收入的比例达到50%的纳税人,但不适用于上述纳税人直接销售外购货物(包括商品批发和零售)以及销售委托加工的货物取得的收入。

十一、其他支持小微企业发展税费政策

(一)重点行业小型微利企业固定资产税前一次性扣除
政策依据:

> 《财政部 国家税务总局关于完善固定资产加速折旧企业所得税政策的通知》(财税〔2014〕75号);
> 《财政部 国家税务总局关于进一步完善固定资产加速折旧企业所得税政策的通知》(财税〔2015〕106号)。

（财税〔2014〕75号）	（财税〔2015〕106号）
生物药品制造业，专用设备制造业，铁路、船舶、航空航天和其他运输设备制造业，计算机、通信和其他电子设备制造业，仪器仪表制造业，信息传输、软件和信息技术服务业等6个行业的小型微利企业2014年1月1日后新购进的研发和生产经营共用的仪器、设备，单位价值不超过100万元的，允许一次性计入当期成本费用在计算应纳税所得额时扣除，不再分年度计算折旧；单位价值超过100万元的，可缩短折旧年限或采取加速折旧的方法。	轻工、纺织、机械、汽车等四个领域重点行业的小型微利企业2015年1月1日后新购进的研发和生产经营共用的仪器、设备，单位价值不超过100万元的，允许一次性计入当期成本费用在计算应纳税所得额时扣除，不再分年度计算折旧；单位价值超过100万元的，可由企业选择缩短折旧年限或采取加速折旧的方法。

详细内容见第四章第八节"加速折旧政策解析与应用"。

（二）中小微企业设备器具所得税按一定比例一次性扣除

政策依据：

《财政部 税务总局关于中小微企业设备器具所得税税前扣除有关政策的公告》（财政部 税务总局公告2022年第12号）。

享受主体	优惠内容	享受条件
中小微企业	中小微企业在2022年1月1日至2022年12月31日期间新购置的设备、器具，单位价值在500万元以上的，按照单位价值的一定比例自愿选择在企业所得税税前扣除。其中，企业所得税法实施条例规定最低折旧年限为3年的设备器具，单位价值的100%可在当年一次性税前扣除；最低折旧年限为4年、5年、10年的，单位价值的50可在当年一次性税前扣除，其余50%按规定在剩余年度计算折旧进行税前扣除。企业选择适用上述政策当年不足扣除形成的亏损，可在以后5个纳税年度结转弥补，享受其他延长亏损结转年限政策的企业可按现行规定执行。	（1）中小微企业是指从事国家非限制和禁止行业，且符合以下条件的企业： ①信息传输业、建筑业、租赁和商务服务业：从业人员2 000人以下，或营业收入10亿元以下或资产总额12亿元以下。 ②房地产开发经营：营业收入20亿元以下或资产总额1亿元以下。 ③其他行业：从业人员1 000人以下或营业收入4亿元以下。 （2）设备、器具，是指除房屋、建筑物以外的固定资产；所称从业人数，包括与企业建立劳动关系的职工人数和企业接受的劳务派遣用工人数。 从业人数和资产总额指标，应按企业全年的季度平均值确定。具体计算公式如下： 季度平均值＝（季初值＋季末值）÷2 全年季度平均值＝全年各季度平均值之和÷4 年度中间开业或者终止经营活动的，以其实际经营期作为一个纳税年度确定上述相关指标。 （3）中小微企业可按季（月）在预缴申报时享受上述政策。《财政部 税务总局关于中小微企业设备器具所得税税前扣除有关政策的公告》（财政部 税务总局公告2022年第12号）发布前企业在2022年已购置的设备、器具，可在政策发布后的预缴申报、年度汇算清缴时享受。 （4）中小微企业可根据自身生产经营核算需要自行选择享受上述政策，当年度未选择享受的，以后年度不得再变更享受。

（三）科技型中小企业研发费用企业所得税100%加计扣除

政策依据：

《财政部 税务总局 科技部关于进一步提高科技型中小企业研发费用税前加计扣除比例的公告》（财政部 税务总局 科技部公告2022年第16号）。

享受主体	优惠内容	享受条件
科技型中小企业	科技型中小企业开展研发活动中实际发生的研发费用，未形成无形资产计入当期损益的，在按规定据实扣除的基础上，自2022年1月1日起，再按照实际发生额的100在税前加计扣除；形成无形资产的，自2022年1月1日起，按照无形资产成本的200在税前摊销。	科技型中小企业条件和管理办法按照《科技部财政部国家税务总局关于印发〈科技型中小企业评价办法〉的通知》（国科发政〔2017〕115号）执行。

（四）制造业中小微企业延缓缴纳部分税费

政策依据：

> 《国家税务总局 财政部关于制造业中小微企业延缓缴纳2021年第四季度部分税费有关事项的公告》（国家税务总局公告2021年第30号）；
> 《国家税务总局 财政部关于延续实施制造业中小微企业延缓缴纳部分税费有关事项的公告》（国家税务总局 财政部公告2022年第2号）。

享受主体	优惠内容	享受条件
制造业中小微企业（含个人独资企业、合伙企业、个体工商户）	制造业中小微企业延缓缴纳的税费包括所属期为2021年10月、11月、12月（按月缴纳）或者2021年第四季度（按季缴纳）的企业所得税、个人所得税（代扣代缴除外）、国内增值税、国内消费税及附征的城市维护建设税、教育费附加、地方教育附加，不包括向税务机关申请代开发票时缴纳的税费。在依法办理纳税申报后，制造业中型企业可以延缓缴纳上述各项税费金额的50%，制造业小微企业可以延缓缴纳上述全部税费，延缓的期限为3个月。国家税务总局2022年2号公告发布后，2021年第四季度相关税费缓缴期限继续延长6个月。 制造业中小微企业所属期为2022年1月、2月、3月、4月、5月、6月（按月缴纳）或者2022年第一季度、第二季度（按季缴纳）的企业所得税、个人所得税、国内增值税、国内消费税及附征的城市维护建设税、教育费附加、地方教育附加（不包括代扣代缴、代收代缴以及向税务机关申请代开发票时缴纳的税费），在依法办理纳税申报后，制造业中型企业可以延缓缴纳上述各项税费金额的50%，制造业小微企业可以延缓缴纳上述全部税费，延缓的期限为6个月。	（1）制造业中型企业是指国民经济行业分类中行业门类为制造业，且年销售额2 000万元以上（含2 000万元）4亿元以下（不含4亿元）的企业。制造业小微企业是指国民经济行业分类中行业门类为制造业，且年销售额2 000万元以下（不含2 000万元）的企业。 销售额是指应征增值税销售额，包括纳税申报销售额、稽查查补销售额、纳税评估调整销售额。适用增值税差额征税政策的，以差额后的销售额确定。 （2）制造业中小微企业年销售额按以下方式确定： 截至2021年12月31日成立满一年的企业，按照所属期为2021年1月至2021年12月的销售额确定。 截至2021年12月31日成立不满一年的企业，按照所属期截至2021年12月31日的销售额/实际经营月份×12个月的销售额确定。 2022年1月1日及以后成立的企业，按照实际申报期销售额/实际经营月份×12个月的销售额确定。

第三章　增值税减税退税政策解析与应用

政策依据：

《国家税务总局关于做好2019年深化增值税改革工作的通知》(税总发〔2019〕32号)；

《财政部　税务总局　海关总署关于深化增值税改革有关政策的公告》(财政部　税务总局　海关总署公告2019年第39号)；

《国家税务总局关于深化增值税改革有关事项的公告》(国家税务总局公告2019年第14号)；

《国家税务总局关于调整增值税纳税申报有关事项的公告》(国家税务总局公告2019年第15号)；

《国家税务总局关于进一步做好减税降费政策落实工作的通知》(税总发〔2019〕54号)；

《财政部　税务总局关于实施小微企业普惠性税收减免政策的通知》(财税〔2019〕13号)；

《财政部　国家税务总局关于继续实施支持文化企业发展增值税政策的通知》(财税〔2019〕17号)；

《财政部　国家税务总局关于明确养老机构免征增值税等政策的通知》(财税〔2019〕20号)

《财政部　税务总局　退役军人部关于进一步扶持自主就业退役士兵创业就业有关税收政策的通知》(财税〔2019〕21号)；

《财政部　税务总局　人力资源社会保障部　国务院扶贫办关于进一步支持和促进重点群体创业就业有关税收政策的通知》(财税〔2019〕22号)；

《财政部　税务总局　发展改革委　民政部　商务部　卫生健康委关于养老、托育、家政等社区家庭服务业税费优惠政策的公告》(财政部　税务总局　发展改革委　民政部　商务部　卫生健康委公告2019年第76号)；

《国家税务总局关于办理增值税期末留抵税额退税有关事项的公告》(国家税务总局公告2019年第20号)；

《财政部　税务总局关于明确部分先进制造业增值税期末留抵退税政策的公告》(财政部　税务总局公告2019年第84号)；

《国家税务总局关于国内旅客运输服务进项税抵扣等增值税征管问题的公告》(国家税务总局公告2019年第31号)；

《财政部　税务总局关于明确生活性服务业增值税加计抵减政策的公告》(财政部　税务总局公告2019年第87号)；

《财政部　税务总局关于资源综合利用增值税政策的公告》(财政部　税务总局公告2019年第90号)；

《国家税务总局关于异常增值税扣税凭证管理等有关事项的公告》(国家税务总局公告2019年第38号)；

《财政部　税务总局关于支持新型冠状病毒感染的肺炎疫情防控有关税收政策的公告》(财政部　税务总局公告2020年第8号)；

《财政部　税务总局关于支持新型冠状病毒感染的肺炎疫情防控有关捐赠税收政策的公告》(财政部　税务总局公告2020年第9号)；

《财政部　税务总局关于支持个体工商户复工复业增值税政策的公告》(财政部　税务总局公告2020年第13号)；

《国家税务总局关于支持个体工商户复工复业等税收征收管理事项的公告》（国家税务总局公告2020年第5号）；

《财政部 税务总局关于支持疫情防控保供等税费政策实施期限的公告》（财政部 税务总局公告2020年第28号）；

《财政部 税务总局关于二手车经销有关增值税政策的公告》（财政部 税务总局公告2020年第17号）；

《财政部 税务总局关于延长小规模纳税人减免增值税政策执行期限的公告》（财政部 税务总局公告2020年第24号）；

《财政部 税务总局关于明确无偿转让股票等增值税政策的公告》（财政部 税务总局公告2020年第40号）；

《国家税务总局关于在新办纳税人中实行增值税专用发票电子化有关事项的公告》（国家税务总局公告2020年第22号）；

《财政部 税务总局关于延长部分税收优惠政策执行期限的公告》（财政部 税务总局公告2021年第6号）；

《财政部 税务总局关于延续实施应对疫情部分税费优惠政策的公告》（财政部 税务总局公告2021年第7号）；

《财政部 税务总局关于明确增值税小规模纳税人免征增值税政策的公告》（财政部 税务总局公告2021年第11号）；

《国家税务总局关于小规模纳税人免征增值税征管问题的公告》（国家税务总局公告2021年第5号）；

《财政部 税务总局关于明确先进制造业增值税期末留抵退税政策的公告》（财政部 税务总局公告2021年第15号）；

《国家税务总局关于明确先进制造业增值税期末留抵退税征管问题的公告》（国家税务总局公告2021年第10号）；

《国家税务总局关于进一步优化增值税优惠政策办理程序及服务有关事项的公告》（国家税务总局公告2021年第4号）；

《国家税务总局关于增值税消费税与附加税费申报表整合有关事项的公告》（国家税务总局公告2021年第20号）；

《财政部 税务总局关于出口货物保险增值税政策的公告》（财政部 税务总局公告2021年第37号）；

《财政部 税务总局关于完善资源综合利用增值税政策的公告》（财政部 税务总局公告2021年第40号）；

《财政部 税务总局关于杭州2022年亚运会和亚残运会企业赞助有关增值税政策的公告》（财政部 税务总局公告2022年第1号）；

《财政部 税务总局关于促进服务业领域困难行业纾困发展有关增值税政策的公告》（财政部 税务总局公告2022年第11号）；

《财政部 税务总局关于进一步加大增值税期末留抵退税政策实施力度的公告》（财政部 税务总局公告2022年第14号）；

《财政部 税务总局关于进一步加快增值税期末留抵退税政策实施进度的公告》（财政部 税务总局公告2022年第17号）；

《财政部 税务总局关于进一步持续加快增值税期末留抵退税政策实施进度的公告》（财政部 税务总局公告2022年第19号）；

《财政部 税务总局关于扩大全额退还增值税留抵税额政策行业范围的公告》（财政部 税务总局公告2022年第21号）；

《国家税务总局关于进一步加大增值税期末留抵退税政策实施力度有关征管事项的公告》（国家税务总局公告2022年第4号）；

《国家税务总局关于扩大全额退还增值税留抵税额政策行业范围有关征管事项的公告》（国家税务总局公告2022年第11号）；

《财政部 税务总局关于对增值税小规模纳税人免征增值税的公告》（财政部 税务总局公告2022年第15号）；

《国家税务总局关于小规模纳税人免征增值税等征收管理事项的公告》（国家税务总局公告2022年第6号）。

第一节　2019年增值税减税核心政策解析

深化增值税改革是2019年实施更大规模减税降费的"重头戏"，是减轻企业负担、激发市场活力的重大举措，是完善税制、优化收入分配格局的重要改革，是宏观政策支持稳增长、保就业、调结构的重大抉择。增值税减税的核心文件是财政部、国家税务总局、海关总署三部门联合发布的《关于深化增值税改革有关政策的公告》（财政部　税务总局　海关总署公告2019年第39号），核心目标是确保主要行业税负明显降低、部分行业税负有所降低、所有行业税负只减不增。针对实施中部分行业由于进项税额抵扣减少可能引起税负上升，通过增加抵扣、留抵退税等"打补丁"措施妥善解决。为确保2019年深化增值税改革更好地落到实处，国家税务总局下发《关于做好2019年深化增值税改革工作的通知》，国家税务总局办公厅印发《2019年深化增值税改革纳税服务工作方案》，聚焦降低增值税税率等各项改革措施，要求各级税务机关全面精准做实宣传辅导，精简办理手续，从快解决问题，过硬成效检验，全力实现宣传辅导100%全覆盖、可验证，红利账单100%有推送，有效做到政策明、流程清、手续简、成果显，以便利高效的纳税服务促进纳税人更好享受深化增值税改革政策红利，切实增强纳税人获得感。随后，2020年和2021年下发的增值税改革文件都是对《关于深化增值税改革有关政策的公告》（财政部　税务总局　海关总署公告2019年第39号）的深化。

一、2019增值税减税核心政策解析

（1）降低税率。

增值税一般纳税人发生增值税应税销售行为或者进口货物，原适用16%税率的，税率调整为13%；原适用10%税率的，税率调整为9%。

与降税率相适应调整购进农产品的扣除率，其中纳税人购进用于生产或者委托加工13%税率货物的农产品，按照10%的扣除率计算进项税额。同时调整出口退税率和境外旅客购物离境退税率。

（2）扩大抵扣。

停止执行纳税人取得不动产或者不动产在建工程的进项税额分2年抵扣政策。

纳税人购进国内旅客运输服务，其进项税额允许从销项税额中抵扣。

（3）加计抵减。

自2019年4月1日至2021年12月31日，允许四项服务行业纳税人按照当期可抵扣进项税额加计10%，抵减应纳税额。这一政策被简称为加计抵减政策。

适用加计抵减的四项服务是指提供邮政服务、电信服务、现代服务、生活服务取得的销售额占全部销售额的比重超过50%的纳税人。

纳税人应按照当期可抵扣进项税额的10%计提当期加计抵减额。按照现行规定不得从销项税额中抵扣的进项税额，不得计提加计抵减额。

（4）留抵退税。

自2019年4月1日起，试行增值税期末留抵税额退税制度。符合条件的纳税人，可以向主管税务机关申请退还增量留抵税额。增量留抵税额，是指与2019年3月底相比新增加的期末留抵税额。

通过实施以上措施，确保主要行业税负明显降低，确保部分行业税负有所降低，确保所有行业税负只减不增。

二、深化增值税改革政策（财政部 税务总局 海关总署公告2019年第39号，以下简称39号公告）

（1）增值税一般纳税人（以下称纳税人）发生增值税应税销售行为或者进口货物，原适用16%税率的，税率调整为13%；原适用10%税率的，税率调整为9%。

（2）纳税人购进农产品，原适用10%扣除率的，扣除率调整为9%。纳税人购进用于生产或者委托加工13%税率货物的农产品，按照10%的扣除率计算进项税额。

（3）原适用16%税率且出口退税率为16%的出口货物劳务，出口退税率调整为13%；原适用10%税率且出口退税率为10%的出口货物、跨境应税行为，出口退税率调整为9%。

2019年6月30日前（含2019年4月1日前），纳税人出口上述所涉货物劳务、发生上述所涉跨境应税行为，适用增值税免退税办法的，购进时已按调整前税率征收增值税的，执行调整前的出口退税率，购进时已按调整后税率征收增值税的，执行调整后的出口退税率；适用增值税免抵退税办法的，执行调整前的出口退税率，在计算免抵退税时，适用税率低于出口退税率的，适用税率与出口退税率之差视为零参与免抵退税计算。

出口退税率的执行时间及出口货物劳务、发生跨境应税行为的时间，按照以下规定执行：报关出口的货物劳务（保税区及经保税区出口除外），以海关出口报关单上注明的出口日期为准；非报关出口的货物劳务、跨境应税行为，以出口发票或普通发票的开具时间为准；保税区及经保税区出口的货物，以货物离境时海关出具的出境货物备案清单上注明的出口日期为准。

（4）适用13%税率的境外旅客购物离境退税物品，退税率为11%；适用9%税率的境外旅客购物离境退税物品，退税率为8%。

2019年6月30日前，按调整前税率征收增值税的，执行调整前的退税率；按调整后税率征收增值税的，执行调整后的退税率。

退税率的执行时间，以退税物品增值税普通发票的开具日期为准。

（5）自2019年4月1日起，《营业税改征增值税试点有关事项的规定》（财税〔2016〕36号印发）第一条第（四）项第1点、第二条第（一）项第1点停止执行，纳税人取得不动产或者不动产在建工程的进项税额不再分2年抵扣。此前按照上述规定尚未抵扣完毕的待抵扣进项税额，可自2019年4月税款所属期起从销项税额中抵扣。

（6）纳税人购进国内旅客运输服务，其进项税额允许从销项税额中抵扣。

① 纳税人未取得增值税专用发票的，暂按照以下规定确定进项税额：

A. 取得增值税电子普通发票的，为发票上注明的税额。

B. 取得注明旅客身份信息的航空运输电子客票行程单的，为按照下列公式计算进项税额：

$$航空旅客运输进项税额 = (票价 + 燃油附加费) \div (1+9\%) \times 9\%$$

C. 取得注明旅客身份信息的铁路车票的，为按照下列公式计算的进项税额：

$$铁路旅客运输进项税额 = 票面金额 \div (1+9\%) \times 9\%$$

D. 取得注明旅客身份信息的公路、水路等其他客票的，按照下列公式计算进项税额：

$$公路、水路等其他旅客运输进项税额 = 票面金额 \div (1+3\%) \times 3\%$$

② 《营业税改征增值税试点实施办法》（财税〔2016〕36号印发）第二十七条第（六）项和《营业税改征增值税试点有关事项的规定》（财税〔2016〕36号印发）第二条第（一）项第5点中"购进的旅客运输服务、贷款服务、餐饮服务、居民日常服务和娱乐服务"修改为"购进的贷款服务、餐饮服务、居民日常服务和娱乐服务"。

（7）自2019年4月1日至2021年12月31日，允许生产、生活性服务业纳税人按照当期可抵扣进项税额加计10%，抵减应纳税额（以下称加计抵减政策）。

① 本公告所称生产、生活性服务业纳税人，是指提供邮政服务、电信服务、现代服务、生活服务（以下称四项服务）取得的销售额占全部销售额的比重超过50%的纳税人。四项服务的具体范围按照《销售服务、无形资产、不动产注释》（财税〔2016〕36号印发）执行。

2019年3月31日前设立的纳税人，自2018年4月至2019年3月的销售额（经营期不满12个月的，按照实际经营期的销售额）符合上述规定条件的，自2019年4月1日起适用加计抵减政策。

2019年4月1日后设立的纳税人，自设立之日起3个月的销售额符合上述规定条件的，自登记为一般纳税人之日起适用加计抵减政策。

纳税人确定适用加计抵减政策后，当年内不再调整，以后年度是否适用，根据上年度销售额计算确定。

纳税人可计提但未计提的加计抵减额，可在确定适用加计抵减政策当期一并计提。

② 纳税人应按照当期可抵扣进项税额的10%计提当期加计抵减额。按照现行规定不得从销项税额中抵扣的进项税额，不得计提加计抵减额；已计提加计抵减额的进项税额，按规定作进项税额转出的，应在进项税额转出当期，相应调减加计抵减额。计算公式如下：

$$当期计提加计抵减额 = 当期可抵扣进项税额 \times 10\%$$

$$当期可抵减加计抵减额 = 上期末加计抵减额余额 + 当期计提加计抵减额 - 当期调减加计抵减额$$

③ 纳税人应按照现行规定计算一般计税方法下的应纳税额（以下称抵减前的应纳税额）后，区分以下情形加计抵减：

A. 抵减前的应纳税额等于零的，当期可抵减加计抵减额全部结转下期抵减。

B. 抵减前的应纳税额大于零，且大于当期可抵减加计抵减额的，当期可抵减加计抵减额全额从抵减前的应纳税额中抵减。

C. 抵减前的应纳税额大于零，且小于或等于当期可抵减加计抵减额的，以当期可抵减加计抵减额抵减应纳税额至零。未抵减完的当期可抵减加计抵减额，结转

④ 纳税人出口货物劳务、发生跨境应税行为不适用加计抵减政策,其对应的进项税额不得计提加计抵减额。

纳税人兼营出口货物劳务、发生跨境应税行为且无法划分不得计提加计抵减额的进项税额,按照以下公式计算:

$$\text{不得计提加计抵减额的进项税额} = \text{当期无法划分的全部进项税额} \times \frac{\text{当期出口货物劳务和发生跨境应税行为的销售额}}{\text{当期全部销售额}}$$

⑤ 纳税人应单独核算加计抵减额的计提、抵减、调减、结余等变动情况。骗取适用加计抵减政策或虚增加计抵减额的,按照《中华人民共和国税收征收管理法》(以下简称《税收征收管理法》)等有关规定处理。

⑥ 加计抵减政策执行到期后,纳税人不再计提加计抵减额,结余的加计抵减额停止抵减。

(8) 自2019年4月1日起,试行增值税期末留抵税额退税制度。

① 同时符合以下条件的纳税人,可以向主管税务机关申请退还增量留抵税额:

A. 自2019年4月税款所属期起,连续六个月(按季纳税的,连续两个季度)增量留抵税额均大于零,且第六个月增量留抵税额不低于50万元。

B. 纳税信用等级为A级或者B级。

C. 申请退税前36个月未发生骗取留抵退税、出口退税或虚开增值税专用发票情形的。

D. 申请退税前36个月未因偷税被税务机关处罚两次及以上的。

E. 自2019年4月1日起未享受即征即退、先征后返(退)政策的。

② 本公告所称增量留抵税额,是指与2019年3月底相比新增加的期末留抵税额。

③ 纳税人当期允许退还的增量留抵税额,按照以下公式计算:

$$\text{允许退还的增量留抵税额} = \text{增量留抵税额} \times \text{进项构成比例} \times 60\%$$

进项构成比例,为2019年4月至申请退税前一税款所属期内已抵扣的增值税专用发票(含税控机动车销售统一发票)、海关进口增值税专用缴款书、解缴税款完税凭证注明的增值税额占同期全部已抵扣进项税额的比重。

④ 纳税人应在增值税纳税申报期内,向主管税务机关申请退还留抵税额。

⑤ 纳税人出口货物劳务、发生跨境应税行为,适用免抵退税办法的,办理免抵退税后,仍符合本公告规定条件的,可以申请退还留抵税额;适用免退税办法的,相关进项税额不得用于退还留抵税额。

⑥ 纳税人取得退还的留抵税额后,应相应调减当期留抵税额。按照本条规定再次满足退税条件的,可以继续向主管税务机关申请退还留抵税额,但本条第(一)项第1点规定的连续期间,不得重复计算。

⑦ 以虚增进项税额、虚假申报或其他欺骗手段,骗取留抵退税款的,由税务机关追缴其骗取的退税款,并按照《税收征收管理法》等有关规定处理。

⑧ 退还的增量留抵税额中央、地方分担机制另行通知。

(9) 本公告自2019年4月1日起执行。

39号公告明确,调整增值税税率等多项深化增值税改革的政策自2019年4月1日起实施。除生产、生活性服务业纳税人适用加计抵减政策执行至2021年12月31日外,其他政策没有执行期限。

三、深化增值税改革征管(国家税务总局公告2019年第14号)

政策规定	政策解读
(1) 增值税一般纳税人(以下称纳税人)在增值税税率调整前已按原16%、10%适用税率开具的增值税发票,发生销售折让、中止或者退回等情形需要开具红字发票的,按照原适用税率开具红字发票;开票有误需要重新开具的,先按照原适用税率开具红字发票后,再重新开具正确的蓝字发票。 (2) 纳税人在增值税税率调整前未开具增值税发票的增值税应税销售行为,需要补开增值税发票的,应当按照原适用税率补开。 (3) 增值税发票税控开票软件税率栏次默认显示调整后税率,纳税人发生本公告第一条、第二条所列情形的,可以手工选择原适用税率开具增值税发票。 (4) 税务总局在增值税发票税控开票软件中更新了《商品和服务税收分类编码表》,纳税人应当按照更新后的《商品和服	(1) 公告出台背景。 《财政部 税务总局 海关总署关于深化增值税改革有关政策的公告》(财政部 税务总局 海关总署公告2019年第39号,以下简称39号公告)出台后,纳税人开具发票衔接、不动产一次性抵扣、适用加计抵减政策所需填报资料等问题,需要进一步明确,因此出台本公告。 (2) 2019年4月1日降低增值税税率政策实施后,纳税人发生销售折让、中止或者退回等情形的,如何开具红字发票及蓝字发票? 本公告第一条明确,增值税一般纳税人在增值税税率调整前已按原16%、10%适用税率开具的增值税发票,发生销售折让、中止或者退回等情形需要开具红字发票的,按照原适用税率开具红字发票;开票有误需要重新开具的,先按照原适用税率开具红字发票后,再重新开具正确的蓝字发票。 需要说明的是,如纳税人此前已按原17%、11%适用税率开具了增值税发票,发生销售折让、中止或者退回等情形需要开具红字发票的,应按照《国家税务总局关于统一小规模纳税人标准等若干增值税问题的公告》(国家税务总局公告2018年第18号,以下简称18号公告)的相关规定执行。

(续表)

政策规定	政策解读
务税收分类编码表》开具增值税发票。 （5）纳税人应当及时完成增值税发票税控开票软件升级和自身业务系统调整。 （6）已抵扣进项税额的不动产，发生非正常损失，或者改变用途，专用于简易计税方法计税项目、免征增值税项目、集体福利或者个人消费的，按照下列公式计算不得抵扣的进项税额，并从当期进项税额中扣减： 不得抵扣的进项税额＝已抵扣进项税额×不动产净值率 不动产净值率＝（不动产净值÷不动产原值）×100％ （7）按照规定不得抵扣进项税额的不动产，发生用途改变，用于允许抵扣进项税额项目的，按照下列公式在改变用途的次月计算可抵扣进项税额： 可抵扣进项税额＝增值税扣税凭证注明或计算的进项税额×不动产净值率 （8）按照《财政部 税务总局 海关总署关于深化增值税改革有关政策的公告》（财政部 税务总局 海关总署公告2019年第39号）的规定，适用加计抵减政策的生产、生活性服务业纳税人，应在年度首次确认适用加计抵减政策时，通过电子税务局（或前往办税服务厅）提交《适用加计抵减政策的声明》（见附件）。适用加计抵减政策的纳税人，同时兼营邮政服务、电信服务、现代服务、生活服务的，应按照四项服务中收入占比最高的业务在《适用加计抵减政策的声明》中勾选确定所属行业。 （9）本公告自2019年4月1日起施行。《不动产进项税额分期抵扣暂行办法》（国家税务总局公告2016年第15号发布）同时废止。 附件：适用加计抵减政策的声明（略）。	（3）2019年4月1日降低增值税税率政策实施后，纳税人需要补开增值税发票的，如何处理？ 本公告第二条明确，纳税人在增值税税率调整前未开具增值税发票的增值税应税销售行为，需要补开增值税发票的，应当按照原16％、10％适用税率补开。 需要说明的是，如果纳税人还存在2018年税率调整前未开具增值税发票的应税销售行为，需要补开增值税发票的，可根据18号公告相关规定，按照原17％、11％适用税率补开。 （4）自2019年4月1日起，纳税人购入不动产，持有期间用途发生改变的，进项税额应如何处理？ 本公告第六条明确，已抵扣进项税额的不动产，发生非正常损失，或者改变用途，专用于简易计税方法计税项目、免征增值税项目、集体福利或者个人消费的，按照下列公式计算不得抵扣的进项税额，并从当期进项税额中扣减： 不得抵扣的进项税额＝已抵扣进项税额×不动产净值率 不动产净值率＝（不动产净值÷不动产原值）×100％ 本公告第七条明确，按照规定不得抵扣进项税额的不动产，发生用途改变，用于允许抵扣进项税额项目的，按照下列公式在改变用途的次月计算可抵扣进项税额： 可抵扣进项税额＝增值税扣税凭证注明或计算的进项税额×不动产净值率 （5）此次税率调整，适用加计抵减政策的纳税人，需要提供什么资料？ 本公告第八条明确，按照39号公告的规定，适用加计抵减政策的生产、生活性服务业纳税人，应在年度首次确认适用加计抵减政策时，通过电子税务局（或前往办税服务厅）提交《适用加计抵减政策的声明》。适用加计抵减政策的纳税人，同时兼营邮政服务、电信服务、现代服务、生活服务的，应按照四项服务中收入占比最高的业务在《适用加计抵减政策的声明》中勾选确定所属行业。 需要说明的是，按照39号公告规定，纳税人确定适用加计抵减政策，以后年度是否继续适用，需要根据上年度销售额计算确定。已经提交《适用加计抵减政策的声明》并享受加计抵减政策的纳税人，在2020年、2021年，是否继续适用，应分别根据其2019年、2020年销售额确定，如果符合规定，需再次提交《适用加计抵减政策的声明》。

适用加计抵减政策的声明参见本章第十二节"增值税加计抵减优惠解析与应用"。

第二节　增值税类型、特点及优惠方式解析

增值税（Value Added Tax，VAT），是指以货物、劳务和服务在生产经营活动中产生的增值额为课税对象征收的一种流转税。按照我国现行增值税法的规定，增值税是以纳税人在我国境内销售货物或者加工、修理修配劳务（以下简称劳务），销售服务、不动产和无形资产（以下统称为应税销售行为）的增值额和进口货物的金额为计税依据而课征的一种流转税。

一、增值税类型

按增值额的内容、外购固定资产扣除要求的不同，增值税可以分为生产型增值税、收入型增值税和消费型增值税三种类型。

生产型增值税	收入型增值税	消费型增值税
在计算增值额时,销售收入中只允许扣除购买的原材料等劳动对象的消耗部分,不允许扣除购进固定资产(包括动产和不动产)价款或其折旧,计税依据相当于工资、利息、租金、利润和折旧额之和。从整个社会来看,形成的增值额大体相当于国内生产总值额(GDP),故称为生产型增值税。	在计算增值额时,销售收入中既要扣除劳动对象的消耗部分,又要扣除固定资产(包括动产和不动产)投资价值的折旧部分,金额相当于工资、利息、租金和利润之和。从整个社会来看,形成的增值额相当于国民收入(NI),故称为收入型增值税。	在计算增值额时,销售收入中既要扣除劳动对象消耗部分,还要扣除本期购进的全部固定资产(包括动产和不动产)的金额。这种类型的增值税对所有外购项目,即非本企业新创造的价值都实行彻底的购进扣税法,因此,它最能体现增值税的计税原理,是最典型的增值税。从整个社会来看,作为计税依据的增值额相当于全部消费品的价值,不包括原材料、固定资产等投资品价值,故称为消费型增值税。
不允许扣除固定资产价款	允许扣除固定资产折旧费	允许一次扣除固定资产价款

从财政收入着眼,生产型增值税的短期效应最大,收入型增值税次之,消费型增值税最小。从激励投资着眼,则次序相反。西方国家多采用消费型,发展中国家多采用生产型。

2009年1月1日,我国生产型增值税部分向消费型增值税转型;2016年5月1日,营改增全覆盖后,我国增值税已转变为典型的消费型增值税。

二、增值税的特点和优点

特　　点	优　　点
(1) 不重复征税,具有中性税收的特征——税收中性。 (2) 逐环节征税,逐环节扣税,最终消费者承担全部税款——税负转嫁性。 (3) 税基广阔,具有征收的普遍性和连续性。	(1) 有利于平衡税负,促进公平竞争。 (2) 既便于对出口商品退税,又可避免对进口商品征收不足。 (3) 确保财政收入的稳定性、及时性。(因为课税范围广泛、征收普遍连续) (4) 在税收征管上可以相互制约,交叉审计。

增值税之所以能够在世界上众多国家推行,就是因为其可以有效防止商品在流转过程中重复征税,并使其具备保持税收中性、普遍征收、税收负担由最终消费者承担、实行税款抵扣、比例税率、价外征收等特点。

三、增值税减免税主要形式

(1) 直接免税,就是对某些货物、劳务或服务直接免征增值税,纳税人不必缴纳。纳税人用于免征增值税项目的购进货物、应税劳务或者应税服务,进项税额不得抵扣,销售免税货物、劳务或服务不得开具增值税专用发票。

(2) 减征税款,是指按应征税款的一定比例征收(如销售旧货和物品),还有按一定金额直接减征(如购买增值税税控系统专用设备)。

(3) 税务部门即征即退,是指由税务部门先足额征收增值税,再将已征的全部或部分增值税税款由税务部门定期退还给纳税人。纳税人可以开具增值税专用发票,并照常计算销项税额、进项税额和应纳税额。

(4) 财政部门先征后退(返),是指税务机关正常将增值税征收入库,然后由财政机关按税收政策规定审核并将已征税款全部或部分退还给纳税人。纳税人可以开具增值税专用发票,并照常计算销项税额、进项税额和应纳税额。无论是有关文件中明确"税收返还",还是"财政返还",都采取先按统一税收规定征税,后按原征税科目退税的办法。(〔1994〕财预字第55号)

纳税人可以按照以下路径去下载查看最新的《减免税政策代码表》:国家税务总局—纳税服务—减免税政策代码表(http://www.chinatax.gov.cn/chinatax/n810346/index.html)

四、享受减免税分别核算规定(《增值税暂行条例》第十六条、《营业税改征增值税试点实施办法》第四十一条)

纳税人兼营免税、减税项目的,应当分别核算免税、减税项目的销售额;未分别核算销售额的,不得免税、减税。

五、增值税优惠备案规定及减免税享受形式[《全国税务机关纳税服务规范(3.0版)》]

备案规定	减免税享受形式
符合备案类税收减免的纳税人,如需享受相应税收减免,在首次享受减免税的申报阶段或在申报征期后的其他规定期限内提交相关资料向主管税务机关申请办理税收减免备案。 纳税人在符合减免条件期间,备案材料一次性报备,在政策存续期可一直享受,当减免税情形发生变化时,应当及时向税务机关报告。	减免税享受形式分为申报享受税收减免、税收减免备案、税收减免核准3种。其中,申报享受税收减免的优惠办理分为需在申报享受时随申报表报送附列资料和无需报送附列资料两种情形。享受税收优惠的纳税人,按规定到税务机关办理减税、免税,税务机关按规定办理并及时录入信息管理系统。

根据《全国税务机关纳税服务规范(3.0版)》,结合《减免税政策代码目录》(20190717),增值税优惠享受无核准类事项,备案类优惠12项(全部是即征即退优惠项目),申报享受税收减免需报送资料的5项,其他增值税减免税项目全部是申报享受无需报送资料类。

备案类优惠事项	申报享受需报送资料的事项
(1) 1012701 安置残疾人就业增值税即征即退(财税〔2007〕92号)(该政策在2016年度过渡完毕)。 1012716 安置残疾人就业增值税即征即退(财税〔2016〕52号)。 (2) 1021903 光伏发电增值税即征即退(财税〔2016〕81号)。 (3) 1064018 风力发电增值税即征即退(财税〔2015〕74号)。 (4) 1024103 软件产品增值税即征即退(财税〔2011〕100号)。 (5) 1064017 新型墙体材料增值税即征即退(财税〔2015〕73号)。 (6) 1064019 资源综合利用产品和劳务增值税即征即退(财税〔2015〕78号)。 (7) 1081520 黄金期货交易增值税即征即退(财税〔2008〕5号)。 (8) 1083916 有形动产融资租赁服务增值税即征即退(财税〔2016〕36号)。 (9) 1103234、1103235 动漫企业增值税即征即退(财税〔2018〕38号)。 (10) 1120401 飞机维修劳务增值税即征即退(财税〔2000〕102号)。 (11) 1121311 管道运输服务增值税即征即退(财税〔2016〕36号)。 (12) 1129901 铂金及其制品增值税即征即退(财税〔2003〕86号)。	(1) 1081503 上海期货保税交割免征增值税优惠(财税〔2010〕108号)。 (2) 1081506 原油和铁矿石期货保税交割业务增值税政策(财税〔2015〕35号)。 (3) 1083907 熊猫普制金币免征增值税优惠(财税〔2012〕97号)。 (4) 1092203 有机肥免征增值税优惠(财税〔2008〕56号)。 (5) 1124302 无偿援助项目免征增值税优惠(财税〔2002〕2号)。

六、精简享受优惠政策办理流程和手续(国家税务总局公告2021年第4号)

政策规定	政策解读
(1) 单位和个体工商户(以下统称纳税人)适用增值税减征、免征政策的,在增值税纳税申报时按规定填写申报表相应减免税栏次即可享受,相关政策规定的证明材料留存备查。 (2) 纳税人适用增值税即征即退政策的,应当在首次申请增值税退税时,按规定向主管税务机关提	本公告第三条明确规定,除另有规定外,纳税人不再符合增值税优惠条件的,应当自不符合增值税优惠条件的当月起,停止享受增值税优惠。举例说明如下: 【例3-1】 A企业生产销售符合国家标准、行业标准的有机肥,享受增值税免税优惠。2023年5月,A企业改变经营方向,不再生产销售有机肥,改为生产销售化肥。A企业应当自5月所属期起停止享受增值税免税优惠。 【例3-2】 B企业是安置残疾人就业企业,享受增值税即征即退政策。2023年5月,其残疾人职工占在职职工人数的比例发生变化,

(续表)

政策规定	政策解读
供退税申请材料和相关政策规定的证明材料。 纳税人后续申请增值税退税时,相关证明材料未发生变化的,无需重复提供,仅需提供退税申请材料并在退税申请中说明有关情况。纳税人享受增值税即征即退条件发生变化的,应当在发生变化后首次纳税申报时向主管税务机关书面报告。 (3)除另有规定外,纳税人不再符合增值税优惠条件的,应当自不符合增值税优惠条件的当月起,停止享受增值税优惠。 本公告自2021年4月1日起施行。	不再满足享受优惠政策的条件。B企业应当自5月所属期起停止享受增值税即征即退优惠。 **【例3-3】** C企业是增值税一般纳税人,利用废渣生产保温材料,符合产品原料70%以上来自废渣的条件,享受资源综合利用增值税即征即退政策。2023年5月,C企业调整生产工艺,不再符合产品原料70%以上来自废渣的条件,则C企业应当自6月所属期起停止享受增值税即征即退优惠。《财政部 国家税务总局关于印发〈资源综合利用产品和劳务增值税优惠目录〉的通知》(财税〔2015〕78号)第三条规定,已享受本通知规定的增值税即征即退政策的纳税人,自不符合本通知第二条规定的条件以及《资源综合利用产品和劳务增值税优惠目录》规定的技术标准和相关条件的次月起,不再享受本通知规定的增值税即征即退政策。C企业属于本公告第三条中"另有规定"的情况,因此C企业自次月而不是当月起停止享受优惠。

七、放弃免税、减税的处理

政策依据:

> 《增值税暂行条例实施细则》;
> 《营业税改征增值税试点实施办法》(财税〔2016〕36号附件1);
> 《财政部 国家税务总局关于增值税纳税人放弃免税权有关问题的通知》(财税〔2007〕127号);
> 《国家税务总局关于明确二手车经销等若干增值税征管问题的公告》(国家税务总局公告2020年第9号)。

(一)政策规定

《增值税暂行条例实施细则》	《营业税改征增值税试点实施办法》	财税〔2007〕127号	国家税务总局公告2020年第9号
第三十六条 纳税人销售货物或者应税劳务适用免税规定的,可以放弃免税,依照条例的规定缴纳增值税。放弃免税后,36个月内不得再申请免税。	第四十八条 纳税人发生应税行为适用免税、减税规定的,可以放弃免税、减税,依照本办法的规定缴纳增值税。放弃免税、减税后,36个月内不得再申请免税、减税。 纳税人发生应税行为同时适用免税和零税率规定的,纳税人可以选择适用免税或者零税率。	生产和销售免征增值税货物或劳务的纳税人要求放弃免税权,应当以书面形式提交放弃免税权声明,报主管税务机关备案。纳税人自提交备案资料的次月起,按照现行有关规定计算缴纳增值税。 放弃免税权的纳税人符合一般纳税人认定条件尚未认定为增值税一般纳税人的,应当按现行规定认定为增值税一般纳税人,其销售的货物或劳务可开具增值税专用发票。 纳税人一经放弃免税权,其生产销售的全部增值税应税货物或劳务均应按照适用税率征税,不得选择某一免税项目放弃免税权,也不得根据不同的销售对象选择部分货物或劳务放弃免税权。 纳税人在免税期内购进用于免税项目的货物或者应税劳务所取得的增值税扣税凭证,一律不得抵扣。	自2020年5月1日起,一般纳税人可以在增值税免税、减税项目执行期限内,按照纳税人申报期选择实际享受该项增值税免税、减税政策的起始时间。 一般纳税人在享受增值税免税、减税政策后,按照《营业税改征增值税试点实施办法》(财税〔2016〕36号附件1)第四十八条的有关规定,要求放弃免税、减税权的,应当以书面形式提交纳税人放弃免(减)税权声明,报主管税务机关备案。一般纳税人自提交备案资料的次月起,按照规定计算缴纳增值税。

(二) 放弃减免税处理

销售货物、应税劳务	营改增应税行为	区别分析
(1) 放弃免税适用的纳税主体：一般纳税人，小规模纳税人。 (2) 放弃免税适用的征税对象：销售货物、应税劳务。 (3) 放弃免税后的要求： ① 只明确放弃免税，并不包括放弃减税。 ② 36 个月内不得再申请免税。 ③ 不得选择某一免税项目、某一销售对象放弃免税。该纳税人的所有免税项目，均应放弃免税。 (4) 放弃免税时的程序。书面声明上报备案，备案次月按规纳税。 但是，自 2020 年 5 月 1 日起，国家税务总局公告 2020 年第 9 号改变了规则，应享受不享受的，不视为放弃，可以延续适用，可以随时选择免税；选择免税后，再放弃免税而应税的，才属于放弃免税权，且只能在 36 个月后才可选择免税。 (5) 放弃后的进项税额抵扣。免税期内购进的用于免税项目的货物、应税劳务，不得抵扣。	(1) 放弃免税、减税适用的纳税主体：一般纳税人，小规模纳税人。 (2) 放弃免税、减税适用的征税对象：营改增业务涉及的税目。 财税〔2016〕36 号附件 1 明确指的是"纳税人发生应税行为适用免税、减税规定的"，仅指营改增的业务。 (3) 放弃免税、减税后的要求： ① 放弃免税、减税。原增值税相关规定只能放弃免税，营改增相关规定可放弃免税和减税。 ② 36 个月内不得再申请免税。与原增值税规定一致。 ③ 纳税人发生应税行为，可以选择按类放弃免税、减税。	(1) 原增值税的放弃免税权、营改增的放弃免税减税权，主要有这四份文件，实务执行中要区分原增值税与营改增来分别适用。 (2) 在需要出具执法文书时，应引用以上文件予以执行。与以上文件规定有明显违背的，任何层级的解读和答复不得参照，其只能作为争议问题自由裁量的参考。 (3) 原增值税的放弃，明确了该纳税人要放弃全部免税；营改增的放弃，并未明确全部放弃。 (4) 原增值税的放弃需要报告备案；营改增的放弃不需要备案，但自 2020 年 5 月 1 日起一般纳税人放弃营改增免税减税的需要备案；对于小规模纳税人，放弃原增值税免税权的需要备案，放弃营改增减税免税的权仍不需备案。

(1) 由于增值税一般纳税人实行进销项税额抵扣的计税方法，出于纳税核算便利性和进项税额抵扣准确性的考虑，对一般纳税人来说，现行规定是，一经放弃免税，36 个月不得变更，且应按照应税项目来放弃免税，而不能认定是否开具专用发票，或者区分不同的销售对象分别适用征免税。放弃减免税权的增值税一般纳税人发生应税行为，可以按规定开具增值税专用发票。
(2) 纳税人购进专用于免税项目的货物、加工修理修配劳务、应税服务、无形资产或者不动产取得的增值税扣税凭证，一律不得抵扣。
(3) 对于税务机关、财政监察专员办事机构、审计机关等执法机关根据税法有关规定查补的增值税等各项税款，必须全部收缴入库，均不得执行由财政和税务机关给予返还的优惠政策。(财税字〔1998〕80 号)
(4) 纳税人销售自己使用过的固定资产，适用简易办法依照 3% 征收率减按 2% 征收增值税政策的，可以放弃减税，按照简易办法依照 3% 征收率缴纳增值税，并可以开具增值税专用发票。
(5)《财政部 税务总局关于支持个体工商户复工复业增值税政策的公告》(财政部 税务总局公告 2020 年第 13 号、财政部 税务总局公告 2020 年第 24 号)规定，自 2020 年 3 月 1 日至 12 月 31 日，对湖北省增值税小规模纳税人，适用 3% 征收率的应税销售收入，免征增值税。除湖北省外，其他省、自治区、直辖市的增值税小规模纳税人，适用 3% 征收率的应税销售收入，减按 1% 征收率征收增值税。在此期间，可以按照支持复工复业政策享受减免税优惠，也可以放弃减免税，按照 3% 征收率申报纳税并开具专用发票。

(三) 2020 年新规定(国家税务总局公告 2020 年第 9 号)

政策规定	政策解析
自 2020 年 5 月 1 日起，一般纳税人可以在增值税免税、减税项目执行期限内，按照纳税申报期选择实际享受该项增值税免税、减税政策的起始时间。 一般纳税人在享受增值税免税、减税政策后，按照财税〔2016〕36 号文附件 1 第四十八条的有关规定，要求放弃免税、减税权的，应当以书面形式提交纳税人放弃免(减)税权声明，报主管税务机关备案。一般纳税人自提交备案资料的次月起，按照规定计算缴纳增值税。	(1) 在某项增值税减免税政策出台以后，增值税一般纳税人可以在这项政策的执行期限内，自主选择开始享受这项减免税政策的时间。需要注意的是，具体操作上，是按照完整的纳税申报期来选择，也就是说，按季纳税的纳税人，可以自某季度开始起选择享受减免税，按月纳税的，可以自某月度开始起选择享受减免税。 (2) 在一般纳税人实际享受了增值税减免税政策后，再选择放弃这一减免税权的，应以书面形式提交放弃减免税权的声明，报主管税务机关备案。 (3) 上述规定适用于增值税一般纳税人。 举例说明：按照《财政部 税务总局关于支持新型冠状病毒感染的肺炎疫情防控有关税收政策的公告》(财政部 税务总局公告 2020 年第 8 号)的规定，自 2020 年 1 月 1 日起，纳税人提供生活服务取得的收入，可以享受免征增值税的优惠政策。某一般纳税人提供住宿服务(属于生活服务)，可以选择就 2020 年 1 月提供住宿服务取得的全部收入按征税申报、缴税，并开具增值税专用发票；自 2 月 1 日起，就其提供住宿服务取得的收入按照免税申报，不得开具增值税专用发票。此后，如果该纳税人选择放弃享受住宿服务免税权，应按规定以书面形式向主管税务机关提交纳税人放弃免(减)税权声明，并自提交声明的次月起，按照现行规定计算缴纳增值税。

(续表)

(1) 国家税务总局公告2020年第9号只针对一般纳税人。
(2) 出台免税减税政策而暂不享受的,延续应税后,在免税减税期内,可随时选择免税减税。包括原增值税、营改增业务的一般纳税人。
(3) 营改增一般纳税人放弃免税减税的,前期不需备案。自2020年5月1日起需要声明、备案,仅指营改增一般纳税人。营改增小规模纳税人仍不需声明、备案。
(4) 放弃增值税减免税,应先区分原增值税的免税项目与营改增的免税减税项目。放弃原增值税的免税权,一般纳税人与小规模纳税人均需报告、备案;放弃营改增应税行为的免税权,仅一般纳税人均需报告、备案。

1. 第一种情形:对于有明确起止期限的税收优惠。纳税人期初没有享受税收优惠,是不是要视同自动放弃适用该优惠?

> 问题1:某公司是一家孵化器企业,属于增值税一般纳税人,按月纳税。2019年6月被认定为省级科技企业孵化器,符合享受孵化服务免征增值税优惠政策的条件。由于在孵对象的抵扣需求,2019年该公司一直就孵化服务收入正常缴纳增值税,并向在孵对象开具增值税专用发票。2020年受疫情影响,公司业务量大幅下降,经营较为困难,该公司能否从2020年5月起享受孵化服务免征增值税政策?
>
> 解答:根据《财政部 税务总局 科技部 教育部关于科技企业孵化器 大学科技园和众创空间税收政策的通知》(财税〔2018〕120号,以下简称120号文件)以及《财政部 税务总局关于延长部分税收优惠政策执行期限的公告》(财政部 税务总局公告2022年第4号)的规定,自2019年1月1日至2023年12月31日,对国家级、省级科技企业孵化器、大学科技园和国家备案众创空间向在孵对象提供孵化服务取得的收入,免征增值税。同时,《国家税务总局关于明确二手车经销等若干增值税征管问题的公告》(国家税务总局公告2020年第9号)第五条规定,一般纳税人可以在增值税免税、减税项目执行期限内,按照纳税申报期选择实际享受该项目增值税免税、减税政策的起始时间。
>
> 依据上述规定,虽然该公司(孵化器企业)此前未享受120号文件规定的孵化服务免征增值税政策,但不能简单视为该公司已经彻底放弃该项免征增值税优惠。由于目前该公司还处在120号文件规定的优惠执行期限(2019年1月1日至2023年12月31日)之内,税法不强制要求该公司必须从头开始销售减免增值税优惠,可以按照纳税申报期自行选择享受这项免税政策的起始时间,比如,自2020年5月1日起开始享受这项优惠政策。而且,在该公司此前未适用减免增值税的期间,并不需要向以书面形式提交纳税人放弃免(减)税权声明,报主管税务机关备案。

2. 第二种情形:一般纳税人适用免征增值税,可否对一部分客户开具专票正常纳税,对另一部分客户适用免征增值税?

> 问题2:某公司是一家企业培训公司,为增值税一般纳税人。2020年4月,有个别客户要求该公司就部分培训服务开具增值税专用发票。请问,该公司可以就开具增值税专用发票部分培训收入缴纳增值税,其他培训收入享受生活服务免征增值税优惠吗?
>
> 解答:《财政部 税务总局关于支持新型冠状病毒感染的肺炎疫情防控有关税收政策的公告》(财政部 税务总局公告2020年第8号,以下简称8号公告)第五条规定,对纳税人提供生活服务取得的收入,免征增值税。生活服务的具体范围,按照《销售服务、无形资产、不动产注释》(财税〔2016〕36号印发)规定执行,培训等非学历教育服务,属于生活服务的范围,可以适用免征增值税。
>
> 《国家税务总局关于明确二手车经销等若干增值税征管问题的公告》(税务总局公告2020年第9号)第五条规定,一般纳税人在享受增值税免税、减税政策后,按照《营业税改征增值税试点实施办法》(财税〔2016〕36号附件1)第四十八条的有关规定,要求放弃免税、减税权的,应当以书面形式提交纳税人放弃免(减)税权声明,报主管税务机关备案。一般纳税人自提交备案资料的次月起,按照规定计算缴纳增值税。

作为适用一般计税方法的增值税一般纳税人,该培训公司按照8号公告有关规定适用免征增值税政策的,不得开具增值税专用发票,可以开具增值税普通发票。该公司可以就培训服务选择放弃免税,以书面形式提交纳税人放弃免(减)税权声明,报主管税务机关备案,并自提交备案资料的次月起,按照规定计算缴纳增值税并相应开具增值税专用发票。需要说明的是,一经放弃免税,应就培训服务全部放弃免税,不能以是否开具增值税专用发票,或者区分不同的销售对象分别适用征免税。

3. 第三种情形:原已经享受减免税政策,是否可以放弃免(减)税?如何办理?

问题3:某公司是一家货运企业,属于增值税一般纳税人。目前已享受运输疫情防控重点保障物资免征增值税政策,考虑到该公司将购买大批货车,预计可抵扣进项税额很大,想要从6月开始放弃享受运输疫情防控重点保障物资免征增值税政策。请问,该公司应如何操作放弃免税事项?

解答:《营业税改征增值税试点实施办法》(财税〔2016〕36号附件1)第四十八条第一款规定,纳税人发生应税行为适用免税、减税规定的,可以放弃免税、减税,依照本办法的规定缴纳增值税。放弃免税、减税后,36个月内不得再申请免税、减税。据此,增值税纳税人可以放弃免(减)税,一旦放弃免(减)税,36个月内不得再申请免(减)税。财税〔2016〕36号文件中,没有要求增值税纳税人放弃免(减)税必须做出书面声明报备税务机关。

《国家税务总局关于明确二手车经销等若干增值税征管问题的公告》(国家税务总局公告2020年第9号)第五条规定,一般纳税人在享受增值税免税、减税政策后,按照《营业税改征增值税试点实施办法》(财税〔2016〕36号附件1)第四十八条的有关规定,要求放弃免税、减税权的,应当以书面形式提交纳税人放弃免(减)税权声明,报主管税务机关备案。一般纳税人自提交备案资料的次月起,按照规定计算缴纳增值税。可见,《国家税务总局关于明确二手车经销等若干增值税征管问题的公告》(国家税务总局公告2020年第9号)在财税〔2016〕36号文件的基础上增加了"一般纳税人放弃减免税,应当以书面形式提交纳税人放弃免(减)税权声明,报主管税务机关备案"的要求。请注意增加的要求仅限于增值税一般纳税人,并未对小规模纳税人提出要求。

按照上述规定,该公司如果要求自2020年6月开始放弃享受运输疫情防控重点保障物资免征增值税政策,应在2020年5月以书面形式提交纳税人放弃免(减)税权声明,报主管税务机关备案,并自2020年6月1日起,按照规定计算缴纳增值税。

(四)放弃免(减)税备案(纳税服务规范3.0)

增值税纳税人申请放弃免税(减税)权的,应向主管税务机关报送《增值税纳税人放弃免税(减税)权备案登记表》予以备案,声明放弃免税(减税)权,并承诺36个月内不再申请增值税免税(减税)。

纳税人一经放弃减免税权,其发生的全部应税行为均应按照适用税率或征收率征税,不得选择某一减免税项目放弃减免税权,也不得根据不同的对象选择部分应税行为放弃减免税权。

办理材料(纳税服务规范3.0)

序号	材料名称	数量	备注
1	《增值税纳税人放弃免税权声明表》	2份	适用增值税纳税人放弃免(减)税权
2	《出口货物劳务放弃免税权声明表》	2份	适用出口企业放弃免税
3	纳税人身份证件原件(查验后退回)		不需办理税务登记的纳税人
4	税务登记证副本	1份	查验后退回

八、享受增值税优惠风险防范（财税〔2013〕112号）

增值税纳税人发生虚开增值税专用发票或者其他增值税扣税凭证、骗取国家出口退税款行为（以下简称增值税违法行为），被税务机关行政处罚或审判机关刑事处罚的，其销售的货物、提供的应税劳务和营业税改征增值税应税服务（以下统称货物劳务服务）执行以下政策：	（1）享受增值税即征即退或者先征后退优惠政策的纳税人，自税务机关行政处罚决定或审判机关判决或裁定生效的次月起36个月内，暂停其享受上述增值税优惠政策。纳税人自恢复享受增值税优惠政策之月起36个月内再次发生增值税违法行为的，自税务机关行政处罚决定或审判机关判决或裁定生效的次月起停止其享受增值税即征即退或者先征后退优惠政策。 （2）本通知所称虚开增值税专用发票或其他增值税扣税凭证，是指有为他人虚开、为自己虚开、让他人为自己虚开、介绍他人虚开增值税专用发票或其他增值税扣税凭证行为之一的，但纳税人善意取得虚开增值税专用发票或其他增值税扣税凭证的除外。

第三节　增值税起征点与小微企业免税解析与应用

一、增值税起征点

纳税人销售额未达到国务院财政、税务主管部门规定的增值税起征点的，免征增值税；达到起征点的，全额计算缴纳增值税。增值税起征点仅适用于个人，包括个体工商户和其他个人，但不适用于登记为一般纳税人的个体工商户。即：增值税起征点仅适用于按照小规模纳税人纳税的个体工商户和其他个人。这一政策不仅涉及增值税问题，还涉及《国家税务总局关于发布〈企业所得税税前扣除凭证管理办法〉的公告》（国家税务总局公告2018年第28号）中关于从事小额零星经营业务的个人界定问题。

详细内容见第二章第三节"小微企业普惠性税费支持政策解析与应用"。

二、小微企业免征增值税

增值税小微企业是指符合免税标准的小规模纳税人。根据《财政部　税务总局关于明确增值税小规模纳税人免征增值税政策的公告》（财政部　税务总局公告2021年第11号）的规定，自2021年4月1日至2022年12月31日，对月销售额15万元以下（含本数）的增值税小规模纳税人，免征增值税。

详细内容见第二章第三节"小微企业普惠性税费支持普惠性减税降费政策解析与应用"。

第四节　增值税低税率优惠解析与应用

一、增值税税率基本政策

《增值税暂行条例》、财税〔2018〕32号	财政部　税务总局　海关总署公告2019年第39号
第二条　增值税税率： （一）纳税人销售货物、劳务、有形动产租赁服务或者进口货物，除本条第二项、第四项、第五项另有规定外，税率为16%。 （二）纳税人销售交通运输、邮政、基础电信、建筑、不动产租赁服务，销售不动产，转让土地使用权，销售或者进口下列货物，税率为10%： 1. 粮食等农产品、食用植物油、食用盐。 2. 自来水、暖气、冷气、热水、煤气、石油液化气、天然气、二甲醚、沼气、居民用煤炭制品。	一、增值税一般纳税人（以下称纳税人）发生增值税应税销售行为或者进口货物，原适用16%税率的，税率调整为13%；原适用10%税率的，税率调整为9%。 二、纳税人购进农产品，原适用10%扣除率的，扣除率调整为9%。纳税人购进用于生产或者委托加工13%税率货物的农产品，按照10%的扣除率计算进项税额。 三、原适用16%税率且出口退税率为16%的出口货物劳务，出口退税率调整为13%；原适用10%税率且出口退税率为10%的出口货物、跨境应税行为，出口退税率调整为9%。 2019年6月30日前（含2019年4月1日前），纳税人出口前款所涉货物劳务、发生前款所涉跨境应税行为，适用增值税免退税办法的，购进时已按调整前税率征收增值税的，执行调整前的出口退税率，购进时已按调整后税率征收增值税的，执行调整后的出口退税率；适用增值税免抵退税办法的，执行调整前的出口退税率，在计算免抵退税时，适用税率低于出口退税率的，适用税率与出口退税率之差视为零参与免抵退税计算。

(续表)

《增值税暂行条例》、财税〔2018〕32号	财政部　税务总局　海关总署公告2019年第39号
3. 图书、报纸、杂志、音像制品、电子出版物。 4. 饲料、化肥、农药、农机、农膜。 5. 国务院规定的其他货物。 （三）纳税人销售服务、无形资产，除本条第一项、第二项、第五项另有规定外，税率为6%。 （四）纳税人出口货物，税率为零；但是，国务院另有规定的除外。 （五）境内单位和个人跨境销售国务院规定范围内的服务、无形资产，税率为零。 税率的调整，由国务院决定。 第三条　纳税人兼营不同税率的项目，应当分别核算不同税率项目的销售额；未分别核算销售额的，从高适用税率。	出口退税率的执行时间及出口货物劳务、发生跨境应税行为的时间，按照以下规定执行：报关出口的货物劳务（保税区及经保税区出口除外），以海关出口报关单上注明的出口日期为准；非报关出口的货物劳务、跨境应税行为，以出口发票或普通发票的开具时间为准；保税区及经保税区出口的货物，以货物离境时海关出具的出境货物备案清单上注明的出口日期为准。 四、适用13%税率的境外旅客购物离境退税物品，退税率为11%；适用9%税率的境外旅客购物离境退税物品，退税率为8%。 2019年6月30日前，按调整前税率征收增值税的，执行调整前的退税率；按调整后税率征收增值税的，执行调整后的退税率。 退税率的执行时间，以退税物品增值税普通发票的开具日期为准。

（一）现行（2019年4月1日后）税率征收率结构

	税率或征收率	使用范围
税率（一般纳税人）	基本税率为13%（2018年4月30日前为17%，2018年5月1日至2019年3月31日为16%）	销售或进口货物（另有列举的货物除外）；提供应税劳务；提供有形动产租赁服务。
	税率9%（2017年6月30日前13%，2017年7月1日至2018年4月30日为11%，2018年5月1日至2019年3月31日为10%）	销售或进口税法列举的五类货物。 (1) 粮食等农产品、食用植物油、食用盐。 (2) 自来水、暖气、冷气、热水、煤气、石油液化气、天然气、甲醚、沼气、居民用煤炭制品。 (3) 图书、报纸、杂志、音像制品、电子出版物。 (4) 饲料、化肥、农药、农机、农膜。 (5) 国务院规定的其他货物。
	税率9%	提供交通运输、邮政、基础电信、建筑、不动产租赁服务，销售不动产，转让土地使用权。
	税率6%	提供现代服务（租赁除外）、增值电信、金融、生活服务；销售无形资产（不含土地使用权）。
	0	出口货物，列举的跨境应税服务。
征收率	3%	小规模纳税人法定征收率。
	5%	小规模纳税人和一般纳税人特定货物和应税服务项目（不动产、土地、劳务派遣等）。
	特殊3%减按2%、1%、0.5%；5%减按1.5%	

（二）税率沿革

为贯彻落实党中央、国务院决策部署，推进增值税实质性减税，我国自2017年7月1日起多次下调增值税一般纳税人适用税率，自2019年4月1日起，我国增值税采用13%、9%、6%三档税率和零税率形式。2017年7月1日至2019年4月1日税率调整情况见下表。

2017年7月1日至2019年4月1日我国增值税税率调整情况

项　目	2017年 7月1日	2018年 5月1日	2019年 4月1日	2019年 4月1日后
销售或者进口货物（另有列举的货物除外）；销售劳务	17%	17%→16%	16%→13%	13%

(续表)

项　　目		2017年7月1日	2018年5月1日	2019年4月1日	2019年4月1日后
销售或进口农产品（含粮食）、自来水、暖气、石油液化气、天然气、食用植物油、冷气、热水、煤气、居民用煤炭制品、食用盐、农机、饲料、农药、农膜、化肥、沼气、二甲醚、图书、报纸、杂志、音像制品、电子出版物及国务院规定的其他货物		13%→11%	11%→10%	10%→9%	9%
交通运输服务	陆路、水路、航空、管道、无运输工具承运	11%	11%→10%	10%→9%	9%
邮政服务	邮政普遍服务、邮政特殊服务、其他邮政服务	11%	11%→10%	10%→9%	9%
电信服务	基础电信服务	11%	11%→10%	10%→9%	9%
	增值电信服务	6%			
建筑服务	工程服务、安装服务、修缮服务、装饰服务和其他建筑服务	11%	11%→10%	10%→9%	9%
销售不动产	转让建筑物构筑物等不动产所有权	11%	11%→10%	10%→9%	9%
金融服务	贷款服务、直接收费金融服务、保险服务、金融商品转让	6%			
现代服务	研发和技术服务、信息技术服务、文化创意服务、物流辅助服务、鉴证咨询服务、广播影视服务、商务辅助服务、其他现代服务	6%			
	有形动产租赁服务	17%	17%→16%	16%→13%	13%
	不动产租赁服务	11%	11%→10%	10%→9%	9%
生活服务	文化体育服务、教育医疗服务旅游娱乐服务、餐饮住宿服务、居民日常服务、其他生活服务	6%			
销售无形资产	转让技术、商标、著作权、商誉、自然资源和其他权益性无形资产使用权或所有权	6%			
	转让土地使用权	11%	11%→10%	10%→9%	9%

（三）兼营行为的税率选择

财税〔2016〕36号附件2	国家税务总局公告2017年第11号第一条
试点纳税人发生应税销售行为适用不同税率或者征收率的，应当分别核算适用不同税率或者征收率的销售额，未分别核算销售额的，按照以下方法适用税率或者征收率： （1）兼有不同税率的应税销售行为，从高适用税率。 （2）兼有不同征收率的应税销售行为，从高适用征收率。 （3）兼有不同税率和征收率的应税销售行为，从高适用税率。	纳税人销售活动板房、机器设备、钢结构件等自产货物的同时提供建筑、安装服务，不属于"营改增通知"第四十条规定的混合销售，应分别核算货物和建筑服务的销售额，分别适用不同的税率或者征收率。

(四) 开具原税率发票的跟踪监控及开票要求

税总函〔2019〕81号	国家税务总局公告2019年第31号
各级税务机关要以增值税发票管理系统中采集到的发票数据为依托,跟踪监控纳税人发票开具情况,并且据此采取有针对性的服务和管理措施。对于大量开具旧税率发票等情况,要进行分析研判。 属于纳税人不了解政策调整变化的,要安排税务人员进一步开展宣传辅导;属于纳税人未升级税控开票软件,或不熟悉相关操作的,要及时督促税控服务单位做好操作培训;属于涉嫌虚开发票,符合风险纳税人特征的,要依托增值税发票风险快速反应机制,及时开展核查处理。	关于开具原适用税率发票: (1) 自2019年9月20日起,纳税人需要通过增值税发票管理系统开具17%、16%、11%、10%税率蓝字发票的,应向主管税务机关提交《开具原适用税率发票承诺书》,办理临时开票权限。临时开票权限有效期限为24小时,纳税人应在获取临时开票权限的规定期限内开具原适用税率发票。 (2) 纳税人办理临时开票权限,应保留交易合同、红字发票、收讫款项证明等相关材料,以备查验。 (3) 纳税人未按规定开具原适用税率发票的,主管税务机关应按照现行有关规定进行处理。

二、适用9%增值税税率货物范围

农产品税率变化:2017年7月1日以前,农产品的增值税税率为13%;2017年7月1日至2018年4月30日,农产品的增值税税率为11%;自2018年5月1日,农产品的增值税适用税率调整为10%,自2019年4月1日,农产品的增值税适用税率调整为9%。

财税〔2017〕37号	财税〔2017〕37号附件1:《适用11%(现9%)增值税税率货物范围注释》
自2017年7月1日起,简并增值税税率结构,取消13%的增值税税率。 纳税人销售或者进口下列货物,税率为11%(自2019年4月1日起为9%): 农产品(含粮食)、自来水、暖气、石油液化气、天然气、食用植物油、冷气、热水、煤气、居民用煤炭制品、食用盐、农机、饲料、农药、农膜、化肥、沼气、二甲醚、图书、报纸、杂志、音像制品、电子出版物。 上述货物的具体范围见本通知附件1。	(1) 农产品。 农产品,是指种植业、养殖业、林业、牧业、水产业生产的各种植物、动物的初级产品。具体征税范围暂继续按照《农业产品征税范围注释》(财税字〔1995〕52号)及现行相关规定执行,并包括挂面、干姜、姜黄、玉米胚芽、动物骨粒,按照《食品安全国家标准—巴氏杀菌乳》(GB19645—2010)生产的巴氏杀菌乳、按照《食品安全国家标准—灭菌乳》(GB25190—2010)生产的灭菌乳。 (2) 食用植物油、自来水、暖气、冷气、热水、煤气、石油液化气、天然气、沼气、居民用煤炭制品、图书、报纸、杂志、化肥、农药、农机、农膜。 上述货物的具体征税范围暂继续按照《增值税部分货物征税范围注释》(国税发〔1993〕151号)及现行相关规定执行,并包括棕榈油、棉籽油、茴油、毛椰子油、核桃油、橄榄油、花椒油、杏仁油、葡萄籽油、牡丹籽油、由石油伴生气加工压缩而成的石油液化气、西气东输项目上游中外合作开采天然气、中小学课本配套产品(包括各种纸制品或图片)、国内印刷企业承印的经新闻出版主管部门批准印刷且采用国际标准书号编序的境外图书、农用水泵、农用柴油机、不带动力的手扶拖拉机、三轮农用运输车、密集型烤房设备、频振式杀虫灯、自动虫情测报灯、粘虫板、卷帘机、农用挖掘机、养鸡设备系列、养猪设备系列产品、动物尸体降解处理机、蔬菜清洗机。 (3) 饲料。 饲料,是指用于动物饲养的产品或其加工品。具体征税范围按照《国家税务总局关于修订"饲料"注释及加强饲料征免增值税管理问题的通知》(国税发〔1999〕39号)执行,并包括豆粕、宠物饲料、饲用鱼油、矿物质微量元素舔砖、饲料级磷酸二氢钙产品。 (4) 音像制品。 音像制品,是指正式出版的录有内容的录音带、录像带、唱片、激光唱盘和激光视盘。 (5) 电子出版物。 电子出版物,是指以数字代码方式,使用计算机应用程序,将图文声像等内容信息编辑加工后存储在具有确定的物理形态的磁、光、电等介质上,通过内嵌在计算机、手机、电子阅读设备、电子显示设备、数字音/视频播放设备、电子游戏机、导航仪以及其他具有类似功能的设备上读取使用,具有交互功能,用以表达思想、普及知识和积累文化的大众传播媒体。载体形态和格式主要包括只读光盘(CD只读光盘CD—ROM、交互式光盘CD—I、照片光盘Photo—CD、高密度只读光盘DVD—ROM、蓝光只读光盘HD—DVD ROM和BD ROM)、一次写入式光盘(一次写入CD光盘CD—R、一次写入高密度光盘DVD—R、一次写入蓝光光盘HD—DVD/R,BD—R)、可擦写光盘(可擦写CD光盘CD—RW、可擦写高密度光盘DVD—RW、可擦写蓝光光盘HDDVD—RW和BD—RW、磁光盘MO)、软磁盘(FD)、硬磁盘(HD)、集成电路卡(CF卡、MD卡、SM卡、MMC卡、RR—MMC卡、MS卡、SD卡、XD卡、T—Flash卡、记忆棒)和各种存储芯片。

（续表）

(6) 二甲醚。
二甲醚，是指化学分子式为 CH_3OCH_3，常温常压下为具有轻微醚香味、易燃、无毒、无腐蚀性的气体。
(7) 食用盐。
食用盐，是指符合《食用盐》(GB/T 5461—2016) 和《食用盐卫生标准》(GB2721—2003) 两项国家标准的食用盐。

风险提示：自2019年4月1日起，适用9%低税率的货物，大体可分为两类：一类是初级产品，如农产品、矿产品，属于增值税链条的始端，基本没有进项税额抵扣，故适用低税率；另一类是终端消费品，如粮食、水、暖气、盐等，属于增值税链条的末端，为降低增值税的累退性效应，各国普遍对此类货物设置低税率。增值税适用税率10%的货物采用列举法进行明确，特别需要注意的是没有出现"等"字眼，也就是说采用的是完全列举，不在列举范围内的不适用9%税率。

(一)《农业产品征税范围注释》(财税字〔1995〕52号)

政策规定	备注
农业产品是指种植业、养殖业、林业、牧业、水产业生产的各种植物、动物的初级产品。农业产品的征税范围包括：	农产品的征税范围为正列举，凡不在农产品列举范围之内的，不得按照农产品适用税率9%征收增值税，而应按照一般货物的适用税率13%计算缴纳增值税。 (1) 挂面按照粮食复制品适用13%（自2019年4月1日起为9%）的增值税税率。(国税函〔2008〕1007号) (2) 玉米胚芽属于《农业产品征税范围注释》中初级农产品的范围，适用13%（自2019年4月1日起为9%）的增值税税率；玉米浆、玉米皮、玉米纤维（又称喷浆玉米皮）和玉米蛋白粉不属于初级农产品，也不属于《关于饲料产品免征增值税问题的通知》（财税〔2001〕121号）中免税饲料的范围，适用17%（自2019年4月1日起为13%）的增值税税率。(国家税务总局公告2012年第11号) (3) 皂脚不属于食用植物油，也不属于农业产品的范围，应按照17%（自2019年4月1日起为13%）的税率征收增值税。(国家税务总局公告2011年第20号) (4) 天然燕窝是动物的分泌物，属于农产品征税范围，增值税税率为11%（自2019年4月1日起为9%）。
1. 植物类 植物类包括人工种植和天然生长的各种植物的初级产品。具体征税范围为：	
(1) 粮食。 粮食，是指各种主食食料植物果实的总称。本货物的征税范围包括小麦、稻谷、玉米、高粱、谷子和其他杂粮（如大麦、燕麦等），以及经碾磨、脱壳等工艺加工后的粮食（如：面粉、米、玉米面、渣等）。 切面、饺子皮、馄饨皮、面皮、米粉等粮食复制品，也属于本货物的征税范围。 以粮食为原料加工的速冻食品、方便面、副食品和各种熟食品，不属于本货物的征税范围。	
(2) 蔬菜。 蔬菜，是指可作副食的草本、木本植物的总称。本货物的征税范围包括各种蔬菜、菌类植物和少数可作副食的木本植物。 经晾晒、冷藏、冷冻、包装、脱水等工序加工的蔬菜、腌菜、咸菜、酱菜和盐渍蔬菜等，也属于本货物的征税范围。 各种蔬菜罐头（罐头是指以金属罐、玻璃瓶和其他材料包装，经排气密封的各种食品。下同）不属于本货物的征税范围。	
(3) 烟叶。 烟叶，是指各种烟草的叶片和经过简单加工的叶片。本货物的征税范围包括晒烟叶、晾烟叶和初烤烟叶。 ① 晒烟叶。是指利用太阳能露天晒制的烟叶。 ② 晾烟叶。是指在晾房内自然干燥的烟叶。 ③ 初烤烟叶。是指烟草种植者直接烤制的烟叶。不包括专业复烤厂烤制的复烤烟叶。	
(4) 茶叶。 茶叶，是指从茶树上采摘下来的鲜叶和嫩芽（即茶青），以及经吹干、揉拌、发酵、烘干等工序初制的茶。本货物的征税范围包括各种毛茶（如红毛茶、绿毛茶、乌龙毛茶、白毛茶、黑毛茶等）。 精制茶、边销茶及掺兑各种药物的茶和茶饮料，不属于本货物的征税范围。	

(续表)

政 策 规 定	备 注
(5) 园艺植物。 园艺植物,是指可供食用的果实,如水果、果干(如荔枝干、桂圆干、葡萄干等)、干果、果仁、果用瓜(如甜瓜、西瓜、哈密瓜等),以及胡椒、花椒、大料、咖啡豆等。 经冷冻、冷藏、包装等工序加工的园艺植物,也属于本货物的征税范围。 各种水果罐头、果脯、蜜饯、炒制的果仁、坚果、碾磨后的园艺植物(如胡椒粉、花椒粉等),不属于本货物的征税范围。 (6) 药用植物。 药用植物,是指用作中药原药的各种植物的根、茎、皮、叶、花、果实等。 利用上述药用植物加工制成的片、丝、块、段等中药饮片,也属于本货物的征税范围。 中成药不属于本货物的征税范围。 (7) 油料植物。 油料植物,是指主要用作榨取油脂的各种植物的根、茎、叶、果实、花或者胚芽组织等初级产品,如菜籽(包括芥菜籽)、花生、大豆、葵花籽、蓖麻籽、芝麻籽、胡麻籽、茶籽、桐籽、橄榄仁、棕榈仁、棉籽等。 提取芳香油的芳香油料植物,也属于本货物的征税范围。 (8) 纤维植物。 纤维植物,是指利用其纤维作纺织、造纸原料或者绳索的植物,如棉(包括籽棉、皮棉、絮棉)、大麻、黄麻、槿麻、苎麻、苘麻、亚麻、罗布麻、蕉麻、剑麻等。 棉短绒和麻纤维经脱胶后的精干(洗)麻也属于本货物的征税范围。 (9) 糖料植物。 糖料植物,是指主要用作制糖的各种植物,如甘蔗、甜菜等。 (10) 林业产品。 林业产品,是指乔木、灌木和竹类植物,以及天然树脂、天然橡胶。林业产品的征税范围包括: ① 原木。原木,是指将砍伐倒的乔木去其枝芽、梢头或者皮的乔木、灌木,以及锯成一定长度的木段。锯材不属于本货物的征税范围。 ② 原竹。原竹,是指将砍倒的竹去其枝、梢或者叶的竹类植物,以及锯成一定长度的竹段。 ③ 天然树脂。天然树脂,是指木科植物的分泌物,包括生漆、树脂和树胶,如松脂、桃胶、樱胶、阿拉伯胶、古巴胶和天然橡胶(包括乳胶和干胶)等。 ④ 其他林业产品。其他林业产品,是指除上列举林业产品以外的其他各种林业产品,如竹笋、笋干、棕竹、棕榈衣、树枝、树叶、树皮、藤条等。 盐水竹笋也属于本货物的征税范围。竹笋罐头不属于本货物的征税范围。 (11) 其他植物。 其他植物,是指除上述列举植物以外的其他各种人工种植和野生的植物,如树苗、花卉、植物种子、植物叶子、草、麦秸、豆类、薯类、藻类植物等。 干花、干草、薯干、干制的藻类植物,以及农业产品的下脚料等,也属于本货物的征税范围。 2. 动物类 动物类包括人工养殖和天然生长的各种动物的初级产品。具体征税范围为: (1) 水产品。 水产品,是指人工放养和人工捕捞的鱼、虾、蟹、鳖、贝类、棘皮类、软体类、腔肠类、海兽类动物。本货物的征税范围包括鱼、虾、蟹、鳖、贝类、棘皮类、软体类、腔肠类、海兽类、鱼苗(卵)、虾苗、蟹苗、贝苗(秧),以及经冷冻、冷藏、盐渍等防腐处理和包装的水产品。 干制的鱼、虾、蟹、贝类、棘皮类、软体类、腔肠类,如干鱼、干虾、干虾仁、干贝等,以及未加工成工艺品的贝壳、珍珠,也属于本货物的征税范围。 熟制的水产品和各类水产品的罐头,不属于本货物的征税范围。	(5) 经排气密封包装的咸蛋应按 17% 的税率(自 2019 年 4 月 1 日起为 13%)征收增值税,除此之外销售盒装咸蛋适用税率为 13%(自 2019 年 4 月 1 日起为 9%)。 (6) 豆腐皮、豆腐干,从生产过程看,经过磨浆、过滤、加热、结膜、捞制、成皮、包装等工艺流程,不属于农业产品的征税范围,应按 17%(自 2019 年 4 月 1 日起为 13%)的税率征收增值税。(国税函〔2005〕944 号) (7) 干姜、姜黄属于农产品,其增值税适用税率为 13%(自 2019 年 4 月 1 日起为 13%)。干姜是将生姜经清洗、刨皮、切片、烘烤、晾晒、熏硫等工序加工后制成的产品。姜黄包括生姜黄,以及将生姜黄经去泥、清洗、蒸煮、晾晒、烤干、打磨等工序加工后制成的产品。(国家税务总局公告 2010 年第 9 号) (8) 花店使用包装纸将康乃馨包装后销售,属于销售外购的初级农产品,适用 13%(自 2019 年 4 月 1 日起为 9%)的增值税税率。 (9) 复合胶是以新鲜橡胶液为主要原料,经过压片、造粒、烤干等工序加工生产的橡胶制品。因此,复合胶不属于《农业产品征税范围注释》(财税字〔1995〕52 号)规定的"天然橡胶"产品,适用增值税税率应为 17%(自 2019 年 4 月 1 日起为 13%)。(国税函〔2009〕453 号) (10) 按照《食品安全国家标准—巴氏杀菌乳》(GB19645—2010)生产的巴氏杀菌乳和按照《食品安全国家标准—灭菌乳》(GB25190—2010)生产的灭菌乳,均属于初级农业产品,可依照《农业产品征收范围注释》中的鲜奶按 13%(自 2019 年 4 月 1 日起为 13%)的税率征收增值税;按照《食品安全国家标准—调制乳》(GB25191—

(续表)

政策规定	备 注
（2）畜牧产品。 畜牧产品，是指人工饲养、繁殖取得和捕获的各种畜禽。本货物的征税范围包括： ① 兽类、禽类和爬行类动物，如牛、马、猪、羊、鸡、鸭等。 ② 兽类、禽类和爬行类动物的肉产品，包括整块或者分割的鲜肉、冷藏或者冷冻肉、盐渍肉、兽类、禽类和爬行类动物的内脏、头、尾、蹄等组织。 各种兽类、禽类和爬行类动物的肉类生制品，如腊肉、腌肉、熏肉等，也属于本货物的征税范围。 各种肉类罐头、肉类熟制品，不属于本货物的征税范围。 ③ 蛋类产品。蛋类产品，是指各种禽类动物和爬行类动物的卵，包括鲜蛋、冷藏蛋。 经加工的咸蛋、松花蛋、腌制的蛋等，也属于本货物的征税范围。 各种蛋类的罐头不属于本货物的征税范围。 ④ 鲜奶。鲜奶，是指各种哺乳类动物的乳汁和经净化、杀菌等加工工序生产的乳汁。 按照《食品安全国家标准—巴氏杀菌乳》(GB19645—2010)生产的巴氏杀菌乳和按照《食品安全国家标准—灭菌乳》(GB25190—2010)生产的灭菌乳，均属于初级农业产品，可依照《农产品征收范围注释》中的鲜奶按农产品税率征收增值税。按照《食品安全国家标准—调制乳》(GB25191—2010)生产的调制乳，不属于初级农业产品，应按照货物适用税率征收增值税。 用鲜奶加工的各种奶制品，如酸奶、奶酪、奶油等，不属于本货物的征税范围。 （3）动物皮张。 动物皮张，是指从各种动物（兽类、禽类和爬行类动物）身上直接剥取的，未经鞣制的生皮、生皮张。 将生皮、生皮张用清水、盐水或者防腐药水浸泡、刮里、脱毛、晒干或者熏干，未经鞣制的，也属于本货物的征税范围。 （4）动物毛绒。 动物毛绒，是指未经洗净的各种动物的毛发、绒发和羽毛。 洗净毛、洗净绒等不属于本货物的征税范围。 （5）其他动物组织。 其他动物组织，是指上述列举以外的兽类、禽类、爬行类动物的其他组织，以及昆虫类动物。本货物的征税范围包括： ① 蚕茧。蚕茧包括鲜茧、干茧和蚕蛹。 ② 天然蜂蜜。天然蜂蜜，是指采集的未经加工的天然蜂蜜、鲜蜂王浆等。 ③ 动物树脂。例如，虫胶等。 ④ 其他动物组织。例如，动物骨、壳、兽角、动物血液、动物分泌物、蚕种、人工合成牛胚胎等。	2010)生产的调制乳，不属于初级农业产品，应按照17%（自2019年4月1日起为13%）税率征收增值税。（国家税务总局公告2011年第38号） （11）人发不属于《农业产品征税范围注释》（财税字〔1995〕52号）规定的农业产品范围，应适用17%（自2019年4月1日起为13%）的增值税税率。（国税函〔2009〕625号） （12）茴油是八角树枝叶、果实简单加工后的农业产品，毛椰子油是椰子经初加工而成的农业产品，二者均属于农业初级产品，按13%（自2019年4月1日起为9%）的税率征收增值税。（国税函〔2003〕426号） （14）核桃油按照食用植物油13%（自2019年4月1日起为9%）的税率征收增值税。（国税函〔2009〕第455号） （15）动物骨粒属于《农业产品征税范围注释》（财税字〔1995〕52号）第二条第（五）款规定的动物类"其他动物组织"，其适用的增值税税率为13%（自2019年4月1日起为9%）。动物骨粒是指将动物骨经筛选、破碎、清洗、晾晒等工序加工后的产品。（国家税务总局公告2013年第71号） （16）大清盐为矿物石盐结晶体，不属于药用植物，不可以免征增值税。

风险提示：

（1）"农业生产者销售的自产农业产品"，是指直接从事植物的种植、收割和动物的饲养、捕捞的单位和个人销售的注释所列的自产农业产品；对上述单位和个人销售的外购的农业产品，以及单位和个人外购农业产品生产、加工后销售的仍然属于注释所列的农业产品，不属于免税的范围，应当按照规定税率征收增值税。

（2）农业生产者没有要求必须是农户或农民专业合作社，其他类型的单位如符合上述文件规定的条件，也属于农业生产者，销售自产的农产品可以免征增值税。

（3）农产品涉及农产品进项税额抵扣，要注意区分外购货物是否属于农产品的，如淀粉、肉类水产类等熟制品、炒制的果仁坚果、碾磨后的园艺植物，均不属于适用9%农产品征税范围。

（二）食用植物油

国税发〔1993〕151号	其他规定
植物油是从植物根、茎、叶、果实、花或胚芽组织中加工提取的油脂。 食用植物油仅指：芝麻油、花生油、豆油、菜籽油、米糠油、葵花籽油、棉籽油、玉米胚油、茶油、胡麻油，以及以上述油为原料生产的混合油。	棕榈油，棉籽油按照食用植物油13%（自2019年4月1日起为9%）的税率征收增值税。（财税字〔1994〕26号） 核桃油按照食用植物油13%（自2019年4月1日起为9%）的税率征收增值税。（国税函〔2009〕455号） 橄榄油按照食用植物油13%（自2019年4月1日起为9%）的税率征收增值税。（国税函〔2010〕144号） 花椒油按照食用植物油13%（自2019年4月1日起为9%）的税率征收增值税。（国家税务总局公告2011年第33号） 自2014年6月1日起，杏仁油、葡萄籽油适用13%（自2019年4月1日起为9%）税率。（国家税务总局公告2014年第22号） 薄荷油应按17%（自2019年4月1日起为13%）的税率征收增值税。（国税函〔2001〕248号） 皂脚是碱炼动植物油脂时的副产品，不能食用，主要用作化学工业原料。因此，皂脚不属于食用植物油，应按照17%（自2019年4月1日起为13%）的税率征收增值税。（财税字〔1995〕52号） 肉桂油、桉油、香茅油不属于农业产品的范围，适用增值税税率为17%（自2019年4月1日起为13%）。（国家税务总局公告2010年第5号） 环氧大豆油、氢化植物油不属于食用植物油的范围，应适用17%（自2019年4月1日起为13%）的增值税税率。环氧大豆油是将大豆油滴加双氧水后经过环氧反应、水洗、减压脱水等工序后形成的产品。氢化植物油是将普通植物油在一定温度和压力下经过加氢、催化等工序后形成的产品。（国家税务总局公告2011年第43号） 自2015年2月1日起，牡丹籽油适用13%（自2019年4月1日起为9%）的增值税税率。牡丹籽油是以丹凤牡丹和紫斑牡丹的籽仁为原料，经压榨、脱色、脱臭等工艺制成的产品。（国家税务总局公告2014年第75号）

根据财税〔2018〕32号文件的规定，2018年5月1日后，17%税率调整为16%，11%税率调整为10%。

根据财政部、税务总局、海关总署公告2019年第39号文件的规定，2019年4月1日后，16%税率调整为13%，10%税率调整为9%。

（三）自来水（国税发〔1993〕151号）

自来水，是指自来水公司及工矿企业经抽取、过滤、沉淀、消毒等工序加工后，通过供水系统向用户供应的水。

农业灌溉用水、引水工程输送的水等，不属于本货物的范围。

（四）暖气、热水（国税发〔1993〕151号）

暖气、热水，是指利用各种燃料（如煤、石油、其他各种气体或固体、液体燃料）和电能将水加热，使之生成的气体和热水，以及开发自然热能，如开发地热资源或用太阳能生产的暖气、热气、热水。

利用工业余热生产、回收的暖气、热气和热水也属于本货物的范围。

（五）冷气（国税发〔1993〕151号）

冷气，是指为了调节室内温度，利用制冷设备生产的，并通过供风系统向用户提供的低温气体。

（六）煤气（国税发〔1993〕151号）

煤气，是指由煤、焦炭、半焦和重油等经干馏或汽化等生产过程所得气体产物的总称。煤气的范围包括：

焦炉煤气	发生炉煤气	液化煤气
是指煤在炼焦炉中进行干馏所产生的煤气。	是指用空气（或氧气）和少量的蒸气将煤或焦炭、半焦，在煤气发生炉中进行汽化所产生的煤气、混合煤气、水煤气、单水煤气、双水煤气等。	是指压缩成液体的煤气。

（七）石油液化气

国税发〔1993〕151号	国税函〔1999〕343号	国税发〔2005〕83号
石油液化气，是指由石油加工过程中所产生的低分子量的烃类炼厂气经压缩成的液体，其主要成分是丙烷、丁烷、丁烯等。	工业燃气不属于石油液化气范围，应按17%（自2019年4月1日起为13%）的税率征收增值税。	对由石油伴生气加工压缩而成的石油液化气，应当按照13%（自2019年4月1日起为9%）的增值税税率征收增值税。

（八）天然气

国税发〔1993〕151号	国税函〔2003〕1324号
天然气，是指蕴藏在地层内的碳氢化合物可燃气体，主要含有甲烷、乙烷等低分子烷烃和丙烷、丁烷、戊烷及其他重质气态烃类。天然气包括气田天然气、油田天然气、煤矿天然气以及其他天然气。	天然二氧化碳不属于天然气，不应比照天然气征税，应按17%（自2019年4月1日起为13%）的适用税率征收增值税。

（九）沼气（国税发〔1993〕151号）

沼气，主要成分为甲烷，由植物残体在与空气隔绝的条件下经自然分解而成，沼气主要作燃料。本货物的范围包括：天然沼气和人工生产的沼气。

（十）居民用煤炭制品（国税发〔1993〕151号）

居民用煤炭制品，是指煤球、煤饼、蜂窝煤和引火炭。工业煤炭不属于本货物的范围。

（十一）图书、报纸、杂志

国税发〔1993〕151号	国家税务总局公告2013年第10号
图书、报纸、杂志，是指采用印刷工艺，按照文字、图画和线条原稿印刷成的纸制品。本货物的范围包括： （1）图书。图书，是指由国家新闻出版署批准的出版单位出版，采用国际标准书号编序的书籍，以及图片。 （2）报纸。报纸，是指经国家新闻出版署批准，在各省、自治区、直辖市新闻出版部门登记，具有国内统一刊号（CN）的报纸。 （3）杂志。杂志，是指经国家新闻出版署批准，在省、自治区、直辖市新闻出版管理部门登记，具有国内统一刊号（CN）的刊物。	自2013年4月1日起，国内印刷企业承印的经新闻出版主管部门批准印刷且采用国际标准书号编序的境外图书，适用13%的增值税税率（2019年4月1日后为9%）。

风险提示：教材配套产品与中小学课本辅助使用，包括各种纸制品或图片，是课本的必要组成部分。对纳税人生产销售的与中小学课本相配套的教材配套产品（包括各种纸制品或图片），应按照税目"图书"13%（自2019年4月1日后为9%）的增值税税率征收。（国税函〔2006〕770号）

（十二）饲料

财税〔2001〕121号	财税字〔1996〕74号
饲料，是指用于动物饲养的产品或其加工品。本货物的范围包括： （1）单一大宗饲料。单一大宗饲料，是指以一种动物、植物、微生物或矿物质为来源的产品或其副产品。其范围仅限于糠麸、酒糟、鱼粉、草饲料、饲料级磷酸氢钙及除豆粕以外的菜籽粕、棉籽粕、向日葵粕、花生粕等粕类产品。 （2）混合饲料。混合饲料，是指由两种以上单一大宗饲料、粮食、粮食副产品及饲料添加剂按照一定比例配置，其中单一大宗饲料、粮食及粮食副产品的掺兑比例不低于95%的饲料。 （3）配合饲料。配合饲料，是指根据不同的饲养对象，饲养对象的不同生长发育阶段的营养需要，将多种饲料原料按饲料配方经工业生产后，形成的能满足饲养动物全部营养需要（除水分外）的饲料。 （4）复合预混料。复合预混料，是指能够按照国家有关饲料产品的标准要求量，全面提供动物饲养相应阶段所需微量元素（4种或以上）、维生素（8种或以上），由微量元素、维生素、氨基酸和非营养性添加剂中任何两类或两类以上的组分与载体或稀释剂按一定比例配置的均匀混合物。 （5）浓缩饲料。浓缩饲料，是指由蛋白质、复合预混料及矿物质等按一定比例配制的均匀混合物。	骨粉、鱼粉按照"饲料"征收增值税。

饲料分为免税和应税两类，免征增值税政策见第本章第九节"增值税减免税优惠解析与应用"。

（十三）化肥

国税发〔1993〕151号	财税〔2015〕90号
化肥,是指经化学和机械加工制成的各种化学肥料。 化肥的范围包括: (1) 化学氮肥。其主要品种有尿素和硫酸铵、硝酸铵、碳酸氢铵、氯化铵、石灰氮、氨水等。 (2) 磷肥。其主要品种有磷矿粉、过磷酸钙(包括普通过磷酸钙和重过磷酸钙两种)、钙镁磷肥、钢渣磷肥等。 (3) 钾肥。其主要品种有硫酸钾、氯化钾等。 (4) 复合肥料。复合肥料,是指用化学方法合成或混配制成含有氮、磷、钾中的两种或两种以上的营养元素的肥料。含有两种的称二元复合肥,含有三种的称三元复合肥料,也有含三种元素和某些其他元素的叫多元复合肥料。主要产品有硝酸磷肥、磷酸铵、磷酸二氢钾肥、钙镁磷钾肥、磷酸一铵、磷粉二铵、氮磷钾复合肥等。 (5) 微量元素肥。微量元素肥,是指含有一种或多种植物生长所必需的,但需要量又极少的营养元素的肥料,如硼肥、锰肥、锌肥、铜肥、钼肥等。 (6) 其他肥。其他肥,是指上述列举以外的其他化学肥料。	为优化农业生产投入结构,促进农业可持续发展,经国务院批准,化肥增值税优惠政策停止执行。现就有关政策明确如下: (1) 自2015年9月1日起,对纳税人销售和进口化肥统一按13%(2019年4月1日起为9%)税率征收国内环节和进口环节增值税。钾肥增值税先征后返政策同时停止执行。 (2) 化肥的具体范围,仍然按照《增值税部分货物征税范围注释》(国税发〔1993〕151号)的规定执行。进口环节恢复征收增值税的化肥税号见附件(略)。 (3)《财政部 国家税务总局关于若干农业生产资料征免增值税政策的通知》(财税〔2001〕113号)第一条第二项和第四项"化肥"的规定、《财政部 国家税务总局关于进口化肥税收政策问题的通知》(财税〔2002〕44号)、《财政部 国家税务总局关于钾肥增值税有关问题的通知》(财税〔2004〕197号)、《财政部 国家税务总局关于暂免征收尿素产品增值税的通知》(财税〔2005〕87号)、《财政部 国家税务总局关于免征磷酸二铵增值税的通知》(财税〔2007〕171号)自2015年9月1日起停止执行。

自2007年2月1日起,硝酸铵适用的增值税税率统一调整为17%(自2019年4月1日起为13%),同时不再享受化肥产品免征增值税政策。(财税〔2007〕7号)

（十四）农药

国税发〔1993〕151号	国税发〔1995〕192号
农药,是指用于农林业防治病虫害、除草及调节植物生长的药剂。农药包括农药原药和农药制剂,如杀虫剂、杀菌剂、除草剂、植物生长调节剂、植物性农药、微生物农药、卫生用药、其他农药原药、制剂等。	第四条 关于日用"卫生用药"的适用税率问题 用于人类日常生活的各种类型包装的日用卫生用药(如卫生杀虫剂、驱虫剂、驱蚊剂、蚊香、消毒剂等),不属于增值税"农药"的范围,应按17%(自2019年4月1日后13%)的税率征税。

风险提示：根据财税〔2018〕32号文件的规定,2018年5月1日后,原适用17%税率的,调整为16%。根据财政部、税务总局公告、海关总署公告2019年第39号文件的规定,2019年5月1日后,原适用10%税率的,调整为9%。

（十五）农膜（国税发〔1993〕151号）

国税发〔1993〕151号	国税函〔1998〕536号
农膜,是指用于农业生产的各种地膜、大棚膜。	抛秧盘不在农膜的征收范围内,由于抛秧盘为塑料制品,也不属于现行税收法规规定的农机的征收范围。因此,应按照17%(自2019年4月1日后13%)的税率征收增值税。

(十六) 农机

国税发〔1993〕151号	其他"农机"规定
农机，是指用于农业生产（包括林业、牧业、副业、渔业）的各种机器和机械化和半机械化农具，以及小农具。农机的范围包括： （1）拖拉机。拖拉机，是指以内燃机为驱动牵引机具从事作业和运载物资的机械，包括轮拖拉机、履带拖拉机、手扶拖拉机、机耕船。 （2）土壤耕整机械。土壤耕整机械，是指对土壤进行耕翻整理的机械，包括机引犁、机引耙、旋耕机、镇压器、联合整地器、合壤器、其他土壤耕整机械。 （3）农田基本建设机械。农田基本建设机械，是指从事农田基本建设的专用机械，包括开沟筑堤机、开沟铺管机、铲抛机、平地机、其他农田基本建设机械。 （4）种植机械。种植机械，是指将农作物种子或秧苗移植到适于作物生长的苗床机械，包括播作机、水稻插秧机、栽植机、地膜覆盖机、复式播种机、秧苗准备机械。 （5）植物保护和管理机械。植物保护和管理机械，是指农作物在生长过程中的管理、施肥、防治病虫害的机械，包括机动喷粉机、喷雾机（器）、弥雾喷粉机、修剪机、中耕除草机、播种中耕机、培土机具、施肥机。 （6）收获机械。收获机械，是指收获各种农作物的机械，包括粮谷、棉花、薯类、甜菜、甘蔗、茶叶、油料等收获机。 （7）场上作业机械。场上作业机械，是指对粮食作物进行脱粒、清选、烘干的机械设备，包括各种脱粒机、清选机、粮谷干燥机、种子精选机。 （8）排灌机械。排灌机械，是指用于农牧业排水、灌溉的各种机械设备，包括喷灌机、半机械化提水机具、打井机。 （9）农副产品加工机械。农副产品加工机械，是指对农副产品进行初加工，加工后的产品仍属农副产品的机械，包括茶叶机械、剥壳机械、棉花加工机械（包括棉花打包机）、食用菌机械（如培养木耳、蘑菇等）、小型粮谷机械。 以农副产品为原料加工工业产品的机械，不属于本货物的范围。 （10）农业运输机械。农业运输机械，是指农业生产过程中所需的各种运输机械，包括人力车（不包括三轮运货车）、畜力车和拖拉机挂车。 农用汽车不属于本货物的范围。翻斗车是一种特殊的料斗可倾翻的短途输送物料的车辆，不属于农用机械范围。 （11）畜牧机械。畜牧机械，是指畜牧业生产中所需的各种机械，包括草原建设机械、牧业收获机械、饲料加工机械、畜禽饲养机械、畜产品采集机械。 （12）渔业机械。渔业机械，是指捕捞、养殖水产品所用的机械，包括捕捞机械、增氧机、饵料机。 机动渔船不属于本货物的范围。 （13）林业机械。林业机械，是指用于林业的种植、育林的机械，包括清理机械、育林机械、树苗栽植机械。 森林砍伐机械、集材机械不属于本货物征收范围。 （14）小农具。小农具包括畜力犁、畜力耙、锄头以及镰刀等农具。 农机零部件不属于本货物的征收范围。	（1）农用水泵、农用柴油机按农机产品依13%（自2019年4月1日起为9%）的税率征收增值税。农用水泵是指主要用于农业生产的水泵，包括农村水井用泵、农田作业面潜水泵、农用轻便离心泵、与喷灌机配套的喷灌自吸泵。其他水泵不属于农机产品征税范围。农用柴油机是指主要配套于农用拖拉机、田间作业机、农副产品加工机械以及排灌机械，以柴油为燃料，油缸数在3缸以下（含3缸）的往复式内燃动力机械。4缸以上（含4缸）柴油机不属于农机产品征税范围。（财税字〔1994〕60号） （2）不带动力的手扶拖拉机（也称"手扶拖拉机底盘"）和三轮农用运输车（指以单缸柴油机为动力装置的三个车轮的农用运输车辆）属于"农机"，应按有关"农机"的增值税政策规定征免增值税。（财税〔2002〕89号） （3）自2012年4月1日起，密集型烤房设备、频振式杀虫灯、自动虫情测报灯、粘虫板属于农机范围，应适用13%增值税税率。（国家税务总局公告2012年第10号） （4）自2012年8月1日起，卷帘机属于《国家税务总局关于印发〈增值税部分货物征税范围注释〉的通知》（国税发〔1993〕151号）规定的农机范围，应适用13%（自2019年4月1日起为9%）的增值税税率。卷帘机指用于农业温室、大棚，以电力驱动，对保温被或草帘进行自动卷放的机械设备，一般由电机、变速箱、联轴器、卷轴、悬臂、控制装置等部分组成。（国家税务总局公告2012年第29号） （5）自2014年4月1日起，农用挖掘机、养鸡设备系列、养猪设备系列产品属于农机，适用13%（自2019年4月1日起为9%）的增值税税率。（国家税务总局公告2014年第12号） 农用挖掘机是指型式和相关参数符合《农用挖掘机质量评价技术规范》（NY/T1774—2009）要求，用于农田水利建设和小型土方工程作业的挖掘机械，包括拖拉机挖掘机组和专用动力挖掘机。拖拉机挖掘机组是指挖掘装置安装在轮式拖拉机三点悬挂架上，且以轮式拖拉机为动力的挖掘机；专用动力挖掘机指挖掘装置回转角度小于270°，以专用动力和行走装置组成的挖掘机械。 养鸡设备系列包括喂料设备（系统）、送料设备（系统）、刮粪清粪设备、集蛋分蛋装置（系统）、鸡只生产性能测定设备（系统）、产品标示鸡脚环、孵化机、小鸡保温装置、环境控制设备（鸡只）等。 养猪设备系列包括猪只群养管理设备（系统）、猪只生产性能测定设备（系统）、自动喂养系统、刮粪清粪设备、定位栏、分娩栏、保育栏（含仔猪保温装置）、环境控制设备（猪）等。 （6）自2015年12月1日起，动物尸体降解处理机、蔬菜清洗机属于农机，适用13%（自2019年4月1日起为9%）的增值税税率。（国家税务总局公告2015年第72号） 动物尸体降解处理机是指采用生物降解技术将病死畜禽尸体处理成粉状有机肥原料，实现无害化处理的设备。 蔬菜清洗机是指用于农副产品加工生产的采用喷淋清洗、毛刷清洗、气泡清洗、淹没水射流清洗技术对完整或鲜切蔬菜进行清洗，以去除蔬菜表面污物、微生物及农药残留的设备。 （7）拖拉机底盘属于农机零部件，不属于农机产品。（国税函〔2001〕248号） （8）成都金凤液氮容器有限公司生产的液氮容器，是以液氮（-196℃）为制冷剂，主要用于畜牧、医疗、科研部门对家畜冷冻精液及疫苗、细胞、微生物等的长期超低温储存和运输，也可用于国防、科研、机械、医疗、电子、冶金、能源等部门，不属于农机的征税范围，应按17%（自2019年4月1日起为13%）的税率征收增值税。（国税函〔2005〕944号）

风险提示：农机征税范围为正列举，农机按环节免征增值税，生产环节征税，批零环节免税；只要属于"农机"范围，批发和零售环节就免征增值税。

（十七）音像制品（财税〔2017〕37号附件1）

音像制品，是指正式出版的录有内容的录音带、录像带、唱片、激光唱盘和激光视盘。

（十八）电子出版物（财税〔2017〕37号附件1）

电子出版物，是指以数字代码方式，使用计算机应用程序，将图文声像等内容信息编辑加工后存储在具有确定的物理形态的磁、光、电等介质上，通过内嵌在计算机、手机、电子阅读设备、电子显示设备、数字音/视频播放设备、电子游戏机、导航仪以及其他具有类似功能的设备上读取使用，具有交互功能，用以表达思想、普及知识和积累文化的大众传播媒体。	载体形态和格式主要包括只读光盘（CD只读光盘CD—ROM、交互式光盘CD—I、照片光盘Photo—CD、高密度只读光盘DVD—ROM、蓝光只读光盘HD—DVD ROM和BD ROM）、一次写入式光盘（一次写入CD光盘CD—R、一次写入高密度光盘DVD—R、一次写入蓝光光盘HD—DVD/R，BD—R）、可擦写光盘（可擦写CD光盘CD—RW、可擦写高密度光盘DVD—RW、可擦写蓝光光盘HDDVD—RW和BD—RW、磁光盘MO）、软磁盘（FD）、硬磁盘（HD）、集成电路卡（CF卡、MD卡、SM卡、MMC卡、RR—MMC卡、MS卡、SD卡、XD卡、T—Flash卡、记忆棒）和各种存储芯片。

（十九）二甲醚（财税〔2017〕37号附件1）

二甲醚，是指化学分子式为CH_3OCH_3，常温常压下为具有轻微醚香味，易燃、无毒、无腐蚀性的气体。

（二十）食用盐（财税〔2017〕37号附件1）

食用盐，是指符合《食用盐》（GB/T 5461—2016）和《食用盐卫生标准》（GB2721—2003）两项国家标准的食用盐。

三、调整后（2019年4月1日后）的增值税税率、征收率

纳税人	具体范围			税率
销售货物	销售或者进口货物（另有列举的货物除外）；提供加工、修理修配劳务。			13%
	财税〔2017〕37号附件1〔适用11%（自2018年5月1日后为10%）增值税税率货物范围注释〕列举的货物。			9%
一般纳税人	销售服务	交通运输服务	陆路运输服务	铁路运输服务	9%
				其他陆路运输服务	
			水路运输服务	（含）程租业务	
				（含）期租业务	
			航空运输服务	（含）航空运输的湿租业务	
			管道运输服务		
			无运输工具承运业务		
		邮政服务	邮政普遍服务		9%
			邮政特殊服务		
			其他邮政服务（邮品销售、邮政代理）		
		电信服务	基础电信服务		9%
			增值电信服务		6%
		建筑服务	工程服务	工程服务	9%
			安装服务	安装服务	
			修缮服务	修缮服务	
			装饰服务	装饰服务	
			其他建筑服务	其他建筑服务	

(续表)

纳税人				具体范围		税率
一般纳税人	销售服务	金融服务	贷款服务	贷款		6%
				融资性售后回租		
			直接收费金融服务			
			保险服务	人身保险服务		
				财产保险服务		
			金融商品转让	金融商品转让		
				其他金融商品转让		
		现代服务	研发和技术服务	研发服务		6%
				合同能源管理服务		
				工程勘察勘探服务		
				专业技术服务		
			信息技术服务	软件服务		6%
				电路设计及测试服务		
				信息系统服务		
				业务流程管理服务		
				信息系统增值服务		
			文化创意服务	设计服务		6%
				知识产权服务		
				广告服务		
				会议展览服务		
			物流辅助服务	航空服务	航空地面服务	6%
					通用航空服务	
				港口码头服务		
				货运客运场站服务		
				打捞救助服务		
				装卸搬运服务		
				仓储服务		
				收派服务	收件服务	
					分拣服务	
					派送服务	
			租赁服务	融资租赁服务	有形动产融资租赁服务	13%
					不动产融资租赁服务	9%
				经营租赁服务	有形动产经营租赁服务	13%
					不动产经营租赁服务	9%
			鉴证咨询服务	认证服务		6%
				鉴证服务		
				咨询服务		
			广播影视服务	广播影视节目(作品)制作服务		6%
				广播影视节目(作品)发行服务		
				广播影视节目(作品)播映服务		
			商务辅助服务	企业管理服务		6%
				经纪代理服务	货物运输代理服务	
					代理报关服务	
				人力资源服务		
				安全保护服务		
			其他现代服务	其他现代服务		6%

(续表)

纳税人	具体范围				税率
一般纳税人	销售服务	生活服务	文化体育服务	文化服务	6%
				体育服务	
			教育医疗服务	教育服务 学历教育服务	
				教育服务 非学历教育服务	
				教育服务 教育辅助服务	
				医疗服务	
			旅游娱乐服务	旅游服务	
				娱乐服务	
			餐饮住宿服务	餐饮服务	
				住宿服务	
			居民日常服务		
			其他生活服务		
	销售无形资产	技术	专利技术		6%
			非专利技术		
		商标			
		著作权			
		商誉			
		其他权益性无形资产			
		自然资源使用权	海域使用权、探矿权、采矿权、取水权、其他自然资源使用权		
			土地使用权		9%
	销售无形资产	建筑物			9%
		构建物			
小规模纳税人	包括原增值税纳税人和营改增纳税人,从事货物销售,提供增值税加工、修理修配劳务和营改增各项应税服务。				征收率3%
	包括原增值税纳税人和营改增纳税人,转让、出租不动产和无形资产;劳务派遣适用简易计税差额征收。				征收率5%

四、退税率

出口退税	退税率
原适用16%税率且出口退税率为16%的出口货物	13%
原适用10%税率且出口退税率为10%的出口货物、跨境应税行为	9%
其他退税率,按国家税务总局发布的出口货物劳务退税率文库执行	

  免退税企业:(2019年6月30日)前出口的货物、销售的跨境应税行为,购进时已按调整前税率征收增值税的,执行调整前的出口税率;购进时已按调整后税率征收增值税的,执行调整后的出口退税率。
  免抵退企业:(2019年6月30日)前出口的货物、销售的跨境应税行为,执行调整前的出口退税率。
  离境退税:适用13%税率的境外旅客购物离境退税物品,退税率为11%;适用9%税率的境外旅客购物离境退税物品,退税率为8%。2019年6月30日前,按调整前税率征收增值税的,执行调整前的退税率;按调整后税率征收增值税的,执行调整后的退税率。

第五节　增值税不征税项目解析与应用

一、增值税应税行为应具备的条件

确定一项经济行为是否需要缴纳增值税,根据《营业税改征增值税试点实施办法》(财税〔2016〕36号附件1,以下简称《试点实施办法》)的规定,除另有规定外,一般应同时具备以下四个条件:

(1) 应税行为是发生在中华人民共和国境内。
(2) 应税行为是属于《销售服务、无形资产、不动产注释》范围内的业务活动。
(3) 应税服务是为他人提供的。
(4) 应税行为是有偿的。

二、非经营活动不征增值税

财税〔2016〕36号附件1	解　读
第十条　销售服务、无形资产或者不动产,是指有偿提供服务、有偿转让无形资产或者不动产,但属于下列非经营活动的情形除外: (1) 行政单位收取的同时满足以下条件的政府性基金或者行政事业性收费。 ① 由国务院或者财政部批准设立的政府性基金,由国务院或者省级人民政府及其财政、价格主管部门批准设立的行政事业性收费。 ② 收取时开具省级以上(含省级)财政部门监(印)制的财政票据。 ③ 所收款项全额上缴财政。 (2) 单位或者个体工商户聘用的员工为本单位或者雇主提供取得工资的服务。 (3) 单位或者个体工商户为聘用的员工提供服务。 (4) 财政部和国家税务总局规定的其他情形。	(1) 纳税人只有发生有偿提供应税服务才能征收增值税。 (2) 非经营活动即使是有偿的,也不征增值税,包括四种情形: ① 行政单位收取的同时满足条件的政府性基金或者行政事业性收费。 ② 单位或者个体工商户聘用的员工为本单位或者雇主提供取得工资的服务,虽然发生有偿行为但不属于增值税的征收范围。 ③ 单位或者个体工商户为聘用的员工提供服务。例如,单位提供班车接送本单位职工上下班。 ④ 财政部和国家税务总局规定的其他情形。
除纳税人(特指从事再生资源回收的增值税纳税人)聘用的员工为本单位或者雇主提供的再生资源回收不征收增值税外,纳税人发生的再生资源回收或销售的业务,均应按照规定征免增值税。(财政部 税务总局公告2021年第40号第二条)	员工受单位或雇主指派回收再生资源是履职行为;其他情形应按规定征收或免征(具体依据相关规定)。

财税〔2016〕68号	财税〔2017〕90号
五、各党派、共青团、工会、妇联、中科协、青联、台联、侨联收取党费、团费、会费,以及政府间国际组织收取会费,属于非经营活动,不征收增值税。	八、自2016年5月1日起,社会团体收取的会费,免征增值税。本通知下发前已征的增值税,可抵减以后月份应缴纳的增值税,或办理退税。 社会团体,是指依照国家有关法律法规设立或登记并取得《社会团体法人登记证书》的非营利法人。会费,是指社会团体在国家法律法规、政策许可的范围内,依照社团章程的规定,收取的个人会员、单位会员和团体会员的会费。 社会团体开展经营服务性活动取得的其他收入,一律照章缴纳增值税。

财税〔2017〕90号与财税〔2016〕68号是一个并列关系,财税〔2017〕90号的实施不会也没有废止财税〔2016〕68号第五条。财税〔2016〕68号将规定的特殊社会团体界定为非经营活动,不征收增值税;而财税〔2017〕90号规定的社会团体应为普通社团法人,会员费收入免征增值税。企业缴纳给不征税社团法人的会费取得收据即可入账,缴纳给免税社团法人的会费需凭取得的免税发票入账。

(1) 对各党派、共青团、工会、妇联、中科协、青联、台联、侨联,以及政府间国际组织,并不属于财税〔2017〕90号通知所规定的社会团体范围。因此,这些组织收取的会费属于非经营活动,依然适用〔2016〕68号,不征收增值税。需要注意的是,全国工商联是中国共产党领导的以非公有制企业和非公有制经济人士为主体,具有统战性、经济性、民间性有机统一特征的人民团体和商会组织,不在列举范围。

（续表）

（2）对依照国家有关法律法规设立或登记并取得《社会团体法人登记证书》的非营利法人的社会团体收取的会费免征增值税。需要注意的是，基层工会按照规定申请取得的是《工会法人资格证书》，不符合财税〔2017〕90号对社会团体的定义，也适用财税〔2016〕68号通知的不征收增值税政策。

（3）不征收增值税不需要到税务机关办理备案。免征增值税需要到税务机关办理备案。另外，对于不符合上述规定的有关团体收取的会费（如一些私人俱乐部等）应该征收增值税。

（一）行政单位收取的满足条件的政府性基金或者行政事业性收费

政府性基金	行政事业性收费
《政府性基金管理暂行办法》（财综〔2010〕80号）规定，政府性基金，是指各级人民政府及其所属部门根据法律、行政法规和中共中央、国务院文件规定，为支持特定公共基础设施建设和公共事业发展，向公民、法人和其他组织无偿征收的具有专项用途的财政资金。 本条规定的属于非经营活动的政府性基金，必须是国务院或财政部批准设立的政府性基金。例如，铁路建设基金、民航发展基金、地方教育附加、文化事业建设费等。	《行政事业性收费标准管理暂行办法》（发改价格〔2006〕532号）规定，行政事业性收费，是指国家机关、事业单位、代行政府职能的社会团体及其他组织根据法律法规等有关规定，依照国务院规定程序批准，在实施社会公共管理，以及在向公民、法人提供特定公共服务过程中，向特定对象收取的费用。 本条规定的属于非经营活动的行政事业性收费，必须是由国务院或者省级人民政府及其财政、价格主管部门批准设立的行政事业性收费。例如，机动车号牌工本费、商标注册收费、银行业监管费、房屋所有权登记费等。
政府性基金和行政事业性收费的收取主体包括国务院所属部门、地方政府及政府部门、事业单位和代行政府职能的社会团体。行政单位收取政府性基金和行政事业性收费的行为是政府行为，属于非经营活动，无须纳入增值税征税范围；而行政单位以外的单位收取政府性基金和行政事业性收费的行为，应纳入税收管理范围，但同时考虑到其收费行为是代行政府职能，因此应给予免税的政策，具体免税条款体现在《营业税改征增值税试点过渡政策的规定》（财税〔2016〕36号附件3，以下简称《试点过渡政策的规定》）第一条第（十三）项"行政单位之外的其他单位收取的符合《试点实施办法》第十条规定条件的政府性基金和行政事业性收费"。	

（二）员工为本单位或者雇主提供的非经营活动

（1）只有单位或个体经营者聘用的员工为本单位或者雇主提供取得工资的服务才属于非经营活动，不缴纳增值税，非单位或个体经营者聘用的员工为本单位或者雇主提供的服务，属于应税行为，应照章缴纳增值税。	（2）员工为本单位或者雇主提供的服务不需要缴纳增值税，应限定为其提供的职务性服务，即取得工资范围内的服务。员工向用人单位或雇主提供与工作（职务）无关的服务，凡属于《销售服务、无形资产、不动产注释》范围的，应当照章征收增值税。例如，单位聘用的驾驶员为本单位职工开班车赚取工资，此项交通服务属于非经营活动。但是，员工将自己的房屋出租给本单位使用收取房租、员工利用自己的交通工具为本单位运输货物收取运费、员工将自有资金贷给本单位使用收取利息等非账性服务，都不属于非经营活动，应照章征。

（三）单位或者个体工商户为聘用的员工提供服务

单位或者个体工商户为聘用的员工提供的服务属于自我服务，不是为他人服务的，因而属于非经营活动，企业为聘用的员工提供的所有服务均属于非经营活动，不征收增值税。例如，餐饮企业为员工无偿提供的餐饮服务，企业无偿借款给本公司员工等。单位或者个体工商户为聘用的员工提供服务的过程中，发生的增值税允许正常抵扣，不需要进项税额转出。

关于向内部人员提供免费通话问题：根据《试点实施办法》第十条的相关规定，单位为员工提供应税服务，属于非营业活动中提供的应税服务，不应对这部分服务视同销售征收增值税。[《国家税务总局稽查局关于营改增专项稽查工作的函》（税总稽便函〔2015〕174号）第二条]

三、不征收增值税项目

（一）营改增不征收增值税项目（财税〔2016〕36号附件2第一条）

政策规定	政策解读
（1）根据国家指令无偿提供的铁路运输服务、航空运输服务，属于《试点实施办法》第十四条规定的用于公益事业的服务。	（1）用于公益事业的服务不视同销售，不征收增值税。

(续表)

政策规定	政策解读
（2）存款利息。 （3）被保险人获得的保险赔付。 （4）房地产主管部门或者其指定机构、公积金管理中心、开发企业以及物业管理单位代收的住宅专项维修资金。 （5）在资产重组过程中，通过合并、分立、出售、置换等方式，将全部或者部分实物资产以及与其相关联的债权、负债和劳动力一并转让给其他单位和个人，其中涉及的不动产、土地使用权转让行为。	（2）存款利息是指按照《中华人民共和国商业银行法》的规定，经国务院银行业监督管理机构审查批准，具有吸收公众存款业务的金融机构支付的存款利息。延续营业税税目注释"金融保险业"中存款行为不征税的规定。 （3）被保险人获得的保险赔付，并非被保险人发生应税行为取得的收入，因此，不属于增值税征税范围。 （4）延续了《国家税务总局关于住房专项维修基金征免营业税问题的通知》（国税发〔2004〕69 号）的政策。 （5）延续《国家税务总局关于纳税人资产重组有关营业税问题的公告》（国家税务总局公告 2011 年第 51 号）的政策。

自 2017 年 12 月 1 日起，原对城镇公共供水用水户在基本水价（自来水价格）外征收水资源费的试点省份，在水资源费改税试点期间，按照不增加城镇公共供水企业负担的原则，城镇公共供水企业缴纳的水资源税所对应的水费收入，不计征增值税，按"不征税自来水"项目开具增值税普通发票。（国家税务总局公告 2017 年第 47 号）

纳税人出租不动产，租赁合同中约定免租期的，不属于《试点实施办法》第十四条规定的视同销售服务。（国家税务总局公告 2016 年第 86 号）

自 2019 年 2 月 1 日至 2023 年 12 月 31 日（3 年优惠期），对企业集团内单位（含企业集团）之间的资金无偿借贷行为，免征增值税。（财税〔2019〕20 号、财政部 税务总局公告 2021 年第 6 号）

存款利息不征收增值税，纳税人吸收存款支出的利息不能差额扣除或抵扣进项税额；金融同业往来利息免征增值税，纳税人支付同业往来的利息支出不能抵扣进项税额。

在增值税上免税和不征收在增值税抵扣规定上是有区别的，如果是免税，则对应进项税额不得抵扣，抵扣了也需要进项税额转出；如果是不征收增值税，相应的进项税额可以抵扣。

（二）不征收增值税的部分货物

（1）基本建设单位和从事建筑安装业务的企业附设的工厂、车间生产的水泥预制构件、其他构件或建筑材料，用于本单位或本企业的建筑工程的，应在移送使用时征收增值税。但对其在建筑现场制造的预制构件，凡直接用于本单位或本企业建筑工程的，不征收增值税。（国税发〔1993〕154 号）

（2）供应或开采未经加工的天然水（如水库供应农业灌溉用水，工厂自采地下水用于生产），不征收增值税。（国税发〔1993〕154 号）

（3）对国家管理部门行使其管理职能，发放的执照、牌照和有关证书等取得的工本费收入，不征收增值税。（国税函发〔1995〕288 号）

（4）执罚部门和单位查处的属于一般商业部门经营的商品，具备拍卖条件的，由执罚部门或单位商同级财政部门同意后，公开拍卖。其拍卖收入作为罚没收入由执罚部门和单位如数上缴财政，不予征税。对经营单位购入拍卖物品再销售的应照章征收增值税。（财税字〔1995〕69 号）

（5）供电工程贴费不属于增值税销售货物和收取价外费用的范围，不应当征收增值税。供电工程贴费是指在用户申请用电或增加用电容量时，供电企业向用户收取的用于建设 110 千伏及以下各级电压外部供电工程建设和改造等费用的总称，包括供电和配电贴费两部分。（财税字〔1997〕102 号）

（6）对卫生防疫站调拨或发放的由政府财政负担的免费防疫苗不征收增值税。（国税函〔1999〕191 号）

（7）各燃油电厂从政府财政专户取得的发电补贴不属于规定的价外费用，不计入应税销售额，不征收增值税。（国税函〔2006〕1235 号）

（8）卫生防疫站调拨生物制品和药械，属于销售货物行为，应当按照现行税收法规的法规征收增值税。对卫生防疫站调拨或发放的由政府财政负担的免费防疫苗不征收增值税。（国税函〔1999〕191 号）

（9）营改增前，对增值税纳税人收取的会员费收入不征收增值税。（财税〔2005〕165 号）

营改增后，会员费应按照销售"无形资产——其他权益性无形资产——会员权"缴纳增值税。（财税〔2016〕36 号）

（10）中国移动有限公司内地子公司开展的以业务销售附带赠送实物业务（包括赠送用户 SIM 卡、手机或有价物品等实物），属于电信单位提供电信业劳务的同时赠送实物的行为，按照现行流转税政策规定，不征收增值税，其进项税额不得予以抵扣；其附带赠送实物的行为是电信单位无偿赠与他人实物的行为，不属于营业税征收范围，不征收营业税。（国税函〔2006〕1278 号）

（11）中国电信子公司开展的以业务销售附带赠送实物业务［包括赠送用户小灵通（手机）、电话机、SIM 卡、网络终端或有价物品等实物］，属于电信单位提供电信业劳务的同时赠送实物的行为，按照现行流转税政策规定，不征收增值税，其进项税额不得予以抵扣；其附带赠送实物的行为是电信单位无偿赠与他人实物的行为，不属于营业税征收范围，不征收营业税。（国税函〔2007〕414 号）

(12) 中国联通有限公司及所属分公司和中国联合通信有限公司贵州分公司开展的以业务销售附带赠送实物业务(包括赠送用户手机识别卡、手机、电信终端或有价物品等实物),属于电信单位提供电信业劳务的同时赠送实物的行为,按照现行流转税政策规定,不征收增值税,其进项税额不得予以抵扣;其附带赠送实物的行为是电信单位无偿赠与他人实物的行为,不属于营业税征收范围,不征收营业税。(国税函〔2007〕778号)

(13) 自2011年3月1日起,纳税人在资产重组过程中,通过合并、分立、出售、置换等方式,将全部或者部分实物资产以及与其相关联的债权、负债和劳动力一并转让给其他单位和个人,不属于增值税的征税范围,其中涉及的货物转让,不征收增值税。(国家税务总局公告2011年第13号)

自2013年12月1日起,纳税人在资产重组过程中,通过合并、分立、出售、置换等方式,将全部或者部分实物资产以及与其相关联的债权、负债经多次转让后,最终的受让方与劳动力接收方为同一单位和个人的,仍适用《国家税务总局关于纳税人资产重组有关增值税问题的公告》(国家税务总局公告2011年第13号)的相关规定,其中货物的多次转让行为均不征收增值税。资产的出让方需将资产重组方案等文件资料报其主管税务机关。(国家税务总局公告2013年第66号)

在企业重组过程中,企业通过合并、分立、出售、置换等方式,将全部或者部分实物资产以及与其相关联的债权、负债和劳动力,一并转让给其他单位和个人,其中涉及的货物、不动产、土地使用权转让行为,符合规定的,不征收增值税。(财税〔2016〕125号)

鉴于债转股企业投入到新公司的实物资产享受免征增值税政策,因此债转股企业将实物资产投入到新公司时不得开具增值税专用发票。(国税函〔2003〕1394号)

(14) 融资性售后回租业务中承租方出售资产的行为,不属于增值税征收范围,不征收增值税。(国家税务总局公告2010年第13号)

(15) 自2020年1月1日起,纳税人取得的财政补贴收入,与其销售货物、劳务、服务、无形资产、不动产的收入或者数量直接挂钩的,应按规定计算缴纳增值税。纳税人取得的其他情形的财政补贴收入,不属于增值税应税收入,不征收增值税。(国家税务总局公告2019年第45号)

(16) 纳税人受托代理销售二手车,凡同时具备以下条件的,不征收增值税;不同时具备以下条件的,视同销售征收增值税:①受托方不向委托方预付货款;②委托方将《二手车销售统一发票》直接开具给购买方;③受托方按购买方实际支付的价款和增值税额(如系代理进口销售货物则为海关代征的增值税额)与委托方结算货款,并另外收取手续费。(国家税务总局公告2012年第23号)

(17) 单用途卡发卡企业或者售卡企业销售单用途卡,或者接受单用途卡持卡人充值取得的预收资金,不缴纳增值税。支付机构销售多用途卡取得的等值人民币资金,或者接受多用途卡持卡人充值取得的充值资金,不缴纳增值税。(国家税务总局公告2016年第53号)

(18) 药品生产企业销售自产创新药的销售额,为向购买方收取的全部价款和价外费用,其提供给患者后续免费使用的相同创新药,不属于增值税视同销售范围。(财税〔2015〕4号)

(19) 纳税人代理进口按规定免征进口增值税的货物,其销售额不包括向委托方收取并代为支付的货款。向委托方收取并代为支付的款项,不得开具增值税专用发票,可以开具增值税普通发票。(国家税务总局公告2016年第69号)

(20) 原对城镇公共供水用水户在基本水价(自来水价格)外征收水资源费的试点省份,在水资源费改税试点期间,按照不增加城镇公共供水企业负担的原则,城镇公共供水企业缴纳的水资源税所对应的水费收入,不计征增值税,按"不征收自来水"项目开具增值税普通发票。(国家税务总局公告2017年第47号)

第六节 增值税简易计税减税解析与应用

一、简易计税方法政策规定

《增值税暂行条例》	《试点实施办法》
第十一条 小规模纳税人发生应税销售行为,实行按照销售额和征收率计算应纳税额的简易办法,并不得抵扣进项税额。应纳税额计算公式: 应纳税额=销售额×征收率 小规模纳税人的标准由国务院财政、税务主管部门规定。	第三十四条 简易计税方法的应纳税额,是指按照销售额和增值税征收率计算的增值税额,不得抵扣进项税额。应纳税额计算公式: 应纳税额=销售额×征收率

采取简易计税方法计算应纳税额时,不得抵扣进项税额。销售额为不含税销售额,征收率为3%,特定情况为5%。小规模纳税人一律采用简易计税方法计税;一般纳税人提供的特定应税服务可以选择适用简易计税方法,并要按要求备案。

二、销售货物可简易计税的特定项目

根据《财政部 国家税务总局关于简并增值税征收率政策的通知》(财税〔2014〕57号)的规定,自2014年7月1日起简并增值税征收率,将6%和4%的增值税征收率统一调整为3%。

政策规定	政策依据
(1) 增值税一般纳税人销售自产的下列货物,可选择按照简易办法依照3%征收率计算缴纳增值税: ① 县级及县级以下小型水力发电单位生产的电力。小型水力发电单位,是指各类投资主体建设的装机容量为5万千瓦以下(含5万千瓦)的小型水力发电单位。 ② 建筑用和生产建筑材料所用的砂、土、石料。 ③ 以自己采掘的砂、土、石料或其他矿物连续生产的砖、瓦、石灰(不含黏土实心砖、瓦)。 ④ 用微生物、微生物代谢产物、动物毒素、人或动物的血液或组织制成的生物制品。 ⑤ 自来水。对属于增值税一般纳税人的自来水公司销售自来水按简易办法依照3%征收率缴纳增值税,不得抵扣其购进自来水取得增值税扣税凭证上注明的增值税税款。(水资源税改革试点地区,原计征增值税的自来水水费部分,继续按3%计征增值税;水资源费平移为水资源税部分,在货物劳务名称栏填开"不征税自来水") 桶装饮用水不属于自来水,应按照17%(自2019年4月1日后13%)的适用税率征收增值税。(国税函〔2008〕953号) ⑥ 商品混凝土(仅限于以水泥为原料生产的水泥混凝土)。 增值税一般纳税人选择简易办法计算缴纳增值税后,36个月内不得变更。 (2) 增值税一般纳税人销售货物属于下列情形之一的,暂按简易办法依照3%征收率计算缴纳增值税: ① 寄售商店代销寄售物品(包括居民个人寄售的物品在内)。 ② 典当业销售死当物品。	财税〔2009〕9号、财税〔2014〕57号
(3) 属于增值税一般纳税人的单采血浆站销售非临床用人体血液。 人体血液的增值税适用税率为17%(自2019年4月1日后13%)。属于增值税一般纳税人的单采血浆站销售非临床用人体血液,可以按照简易办法依照3%征收率计算应纳税额,但不得对外开具增值税专用发票;也可以按照销项税额抵扣进项税额的办法依照增值税适用税率计算应纳税额。纳税人选择计算缴纳增值税的办法后,36个月内不得变更。	国税函〔2009〕456号
(4) 属于增值税一般纳税人的药品经营企业销售生物制品。 自2012年7月1日起,属于增值税一般纳税人的药品经营企业销售生物制品,可以选择简易办法按照生物制品销售额和3%的征收率计算缴纳增值税,选择后36个月内不得变更计税方法。 药品经营企业,是指取得(食品)药品监督管理部门颁发的《药品经营许可证》,获准从事生物制品经营的药品批发企业和药品零售企业。 增值税一般纳税人购进人体血液不属于购进免税农产品,也不得比照购进免税农业产品按照买价和13%(自2019年4月1日后9%)的扣除率计算抵扣进项税额。(国税函〔2004〕335号)	国家税务总局公告2012年第20号
(5) 属于增值税一般纳税人的兽用药品经营企业销售兽用生物制品。 自2016年4月1日起,属于增值税一般纳税人的兽用药品经营企业销售兽用生物制品,可以选择简易办法按兽用生物制品销售额和3%的征收率计算缴纳增值税。选择后36个月内不得变更计税方法。 兽用药品经营企业,是指取得兽医行政管理部门颁发的《兽药经营许可证》,获准从事兽用生物制品经营的兽用药品批发和零售企业。	国家税务总局公告2016年第8号

(续表)

政策规定	政策依据
（6）对卫生防疫站调拨生物制品和药械。 自2009年1月1日起，对卫生防疫站调拨生物制品和药械，可按照小规模商业企业3%的增值税征收率征收增值税。对卫生防疫站调拨或发放的由政府财政负担的免费防疫苗不征收增值税。	国税函〔1999〕191号、国税发〔2009〕10号
（7）光伏发电户销售电力产品。 光伏发电项目发电户销售电力产品，按照税法规定应缴纳增值税的，可由国家电网公司所属企业按照增值税简易计税办法计算并代征增值税税款，同时开具普通发票；按照税法规定可享受免征增值税政策的，可由国家电网公司所属企业直接开具普通发票。	国家税务总局公告2014年第32号
（8）抗癌药品。 自2018年5月1日起，增值税一般纳税人生产销售和批发、零售抗癌药品，可选择按照简易办法依照3%征收率计算缴纳增值税。上述纳税人选择简易办法计算缴纳增值税后，36个月内不得变更。自2018年5月1日起，对进口抗癌药品，减按3%征收进口环节增值税。纳税人应单独核算抗癌药品的销售额。未单独核算的，不得适用财税〔2018〕47号文件第一条规定的简易征收政策。 抗癌药品，是指经国家药品监督管理部门批准注册的抗癌制剂及原料药。抗癌药品清单（第一批）。抗癌药品范围实行动态调整，由财政部、海关总署、税务总局、国家药品监督管理局根据变化情况适时明确。	财税〔2018〕47号
（9）罕见病药品。 自2019年3月1日起，增值税一般纳税人生产销售和批发、零售罕见病药品，可选择按照简易办法依照3%征收率计算缴纳增值税。上述纳税人选择简易办法计算缴纳增值税后，36个月内不得变更。自2019年3月1日起，对进口罕见病药品，减按3%征收进口环节增值税。纳税人应单独核算罕见病药品的销售额。未单独核算的，不得适用财税〔2019〕24号第一条规定的简易征收政策。 罕见病药品，是指经国家药品监督管理部门批准注册的罕见病药品制剂及原料药。罕见病药品清单（第一批）见附件。罕见病药品范围实行动态调整，由财政部、海关总署、税务总局、药监局根据变化情况适时明确。	财税〔2019〕24号
自2020年10月1日起，财政部、海关总署、税务总局、药监局公告2020年第39号附件1中的抗癌药品和罕见病药品，按《财政部 海关总署 税务总局 药监局关于抗癌药品增值税政策的通知》（财税〔2018〕47号）、《财政部 海关总署 税务总局 药监局关于罕见病药品增值税政策的通知》（财税〔2019〕24号）规定执行相关增值税政策。上述通知已发布的部分抗癌药品和罕见病药品按附件2确定税号。 附件1. 抗癌药品和罕见病药品清单（第二批）（略）。 附件2. 抗癌药品和罕见病药品（第一批）税号修正清单（略）。	财政部 海关总署 税务总局 药监局公告2020年第39号
（10）中外合作油（气）田按合同开采的原油、天然气应按实物征收增值税，征收率为5%，在计征增值税时，不抵扣进项税额。原油、天然气出口时不予退税。 增值税的原油、天然气实物，按实际销售额扣除其本身所发生的实际销售费用后入库。原油、天然气销售的定价方法，应事先经主管税务机关审查。合作油（气）田的原油、天然气按次纳税，每次销售款划入销售方银行账户之日（最迟不得超过合同规定的付款期限最后一日）起5日内申报纳税（如最后一天为法定节、假日可按规定顺延）。	国税发〔1998〕219号
（11）自2022年3月1日起，从事再生资源回收的增值税一般纳税人销售其收购的再生资源，可以选择适用简易计税方法依照3%征收率计算缴纳增值税，或适用一般计税方法计算缴纳增值税。	财政部 税务总局公告2021年第40号

问题答疑：

> 问题：《财政部 海关总署 税务总局 药监局关于罕见病药品增值税政策的通知》（财税〔2019〕24号）规定，自2019年3月1日起，增值税一般纳税人生产销售和批发、零售罕见病药品，可选择按照简易办法依照3%征收率计算缴纳增值税。纳税人经营多种罕见病药品，在选择简易计税时，是需要对多种药品同时选择简易计税，还是可以对其中某种罕见病药品选择简易计税？
>
> 解答：为充分保障纳税人权益，使纳税人能根据自身经营情况做出最优选择，当纳税人同时经营多种罕见病药品时，可以只对其中某一个或多个产品选择简易计税。如某药品企业同时生产A、B两种罕见病药品，经过计算，企业对A药品选择简易计税较为有利，但B药品适用一般计税办法税负更低，则企业可以仅对A药品选择简易计税。（总局深化增值税改革即问即答之六）

三、一般纳税人销售固定资产、旧货和二手车

政策依据：

> 《财政部 国家税务总局关于全国实施增值税转型改革若干问题的通知》（财税〔2008〕170号）；
>
> 《国家税务总局关于增值税简易征收政策有关管理问题的通知》（国税函〔2009〕90号）；
>
> 《财政部 国家税务总局关于部分货物适用增值税低税率和简易办法征收增值税政策的通知》（财税〔2009〕9号）；
>
> 《财政部 国家税务总局关于简并增值税征收率政策的通知》（财税〔2014〕57号）；
>
> 《国家税务总局关于一般纳税人销售自己使用过的固定资产增值税有关问题的公告》（国家税务总局公告2012年第1号）；
>
> 《财政部 国家税务总局关于将铁路运输和邮政业纳入营业税改征增值税试点的通知》（财税〔2013〕106号）；
>
> 《国家税务总局关于简并增值税征收率有关问题的公告》（国家税务总局公告2014年第36号）；
>
> 《国家税务总局关于营业税改征增值税试点期间有关增值税问题的公告》（国家税务总局公告2015年第90号）；
>
> 《财政部 国家税务总局关于全面推开营业税改征增值税试点的通知》（财税〔2016〕36号）；
>
> 《财政部 税务总局关于调整增值税税率的通知》（财税〔2018〕32号）；
>
> 《财政部 税务总局关于二手车经销有关增值税政策的公告》（财政部 税务总局公告2020年第17号）；
>
> 《国家税务总局关于明确二手车经销等若干增值税征管问题的公告》（国家税务总局公告2020年第9号）。

（一）政策规定

财政部 税务总局公告 2020 年第 17 号	财税〔2014〕57 号	财税〔2009〕9 号	财税〔2008〕170 号
自 2020 年 5 月 1 日至 2023 年 12 月 31 日，从事二手车经销的纳税人销售其收购的二手车，由原按照简易办法依 3% 征收率减按 2% 征收增值税，改为减按 0.5% 征收增值税。 销售额＝含税销售额÷（1＋0.5%） （国家税务总局公告 2020 年第 9 号）	《财政部 国家税务总局关于部分货物适用增值税低税率和简易办法征收增值税政策的通知》（财税〔2009〕9 号）第二条第（一）项和第（二）项中"按照简易办法依照 4% 征收率减半征收增值税"调整为"按照简易办法依照 3% 征收率减按 2% 征收增值税"。 本通知自 2014 年 7 月 1 日起执行。	下列按简易办法征收增值税的优惠政策继续执行，不得抵扣进项税额。 （1）纳税人销售自己使用过的物品，按下列政策执行： ① 一般纳税人销售自己使用过的属于《增值税暂行条例》第十条规定不得抵扣且未抵扣进项税额的固定资产，按简易办法依 4% 征收率减半征收增值税； ② 小规模纳税人（除其他个人外，下同）销售自己使用过的固定资产，减按 2% 征收率征收增值税。 小规模纳税人销售自己使用过的除固定资产以外的物品，应按 3% 的征收率征收增值税。 （2）纳税人销售旧货，按照简易办法依照 4% 征收率减半征收增值税。 所称旧货，是指进入二次流通的具有部分使用价值的货物（含旧汽车、旧摩托车和旧游艇），但不包括自己使用过的物品。	自 2009 年 1 月 1 日起，纳税人销售自己使用过的固定资产（以下简称已使用过的固定资产），应区分不同情形征收增值税。 （1）销售自己使用过的 2009 年 1 月 1 日以后购进或者自制的固定资产，按照适用税率征收增值税。 （2）2008 年 12 月 31 日以前未纳入扩大增值税抵扣范围试点的纳税人，销售自己使用过的 2008 年 12 月 31 日以前购进或者自制的固定资产，按照 4% 征收率减半征收增值税。 （3）2008 年 12 月 31 日以前已纳入扩大增值税抵扣范围试点的纳税人，销售自己使用过的在本地区扩大增值税抵扣范围试点以前购进或者自制的固定资产，按照 4% 征收率减半征收增值税；销售自己使用过的在本地区扩大增值税抵扣范围试点以后购进或者自制的固定资产，按照适用税率征收增值税。 本通知所称已使用过的固定资产，是指纳税人根据财务会计制度已经计提折旧的固定资产。 【提示：第（1）、（3）中"按照 4% 征收率减半征收增值税"调整为"按照简易办法依照 3% 征收率减按 2% 征收增值税"。】

增值税一般纳税人销售自己使用过的固定资产，属于以下两种情形的，可按简易办法依 3% 征收率减按 2% 征收增值税，同时不得开具增值税专用发票。(1)纳税人购进或者自制固定资产时为小规模纳税人，认定为一般纳税人后销售该固定资产。(2)增值税一般纳税人发生按简易办法征收增值税应税行为，销售其按照规定不得抵扣且未抵扣进项税额的固定资产。（国家税务总局公告 2012 年第 1 号）

纳税人购进或者自制固定资产时为小规模纳税人，认定为一般纳税人后销售该固定资产。（国家税务总局公告 2012 年 1 号、国家税务总局公告 2014 年第 36 号）

销售自己使用过的、纳入营改增试点之日前取得的固定资产，按照现行旧货相关增值税政策执行。（财税〔2016〕36 号附件 2）

根据《财政部 税务总局关于支持个体工商户复工复业增值税政策的公告》（财政部 税务总局公告 2020 年第 13 号）和《财政部 税务总局关于延长小规模纳税人减免增值税政策执行期限的公告》（财政部 税务总局公告 2020 年第 24 号）的规定，自 2020 年 3 月 1 日至 2020 年 12 月 31 日，湖北省增值税小规模纳税人销售自己使用过的固定资产和旧货取得的应税销售收入，可以免征增值税；其他省、自治区、直辖市的增值税小规模纳税人销售自己使用过的固定资产和旧货取得的应税销售收入，可以减按 1% 征收率缴纳增值税。

(续表)

风险提示：一般纳税人销售自己使用过的除固定资产以外的物品，应当按照适用税率征收增值税。小规模纳税人（除其他个人外，下同）销售自己使用过的固定资产，减按2%征收率征收增值税。小规模纳税人销售自己使用过的除固定资产以外的物品，应按3%的征收率征收增值税。

纳税人销售自己使用过的固定资产，适用简易办法依照3%征收率，应开具普通发票，不得开具增值税专用发票。（国税函〔2009〕90号）

纳税人销售自己使用过的固定资产（本条并未包括销售旧货），适用简易办法依照3%征收率减按2%征收增值税政策的，可以放弃减税，按照简易办法依照3%征收率缴纳增值税，并可以开具增值税专用发票。（国家税务总局公告2015年第90号）

仅限于二手车经销业务的纳税人销售其收购的二手车适用0.5%征收，二手车经销纳税人销售其自用的、二手车经销纳税人收购二手车自用后再销售的、非二手车经销纳税人均不适用0.5%征收情形，按销售旧货处理。

财税〔2009〕9号所称自己使用过的固定资产，是指纳税人根据财务会计制度已经计提折旧的机器设备等动产，不包括房屋、建筑物。

销售使用过的房屋、建筑物，根据《国家税务总局关于发布〈纳税人提供不动产经营租赁服务增值税征收管理暂行办法〉的公告》（国家税务总局公告2016年第16号）进行涉税处理，简易计税按5%，2019年4月1日后，一般计税按9%计算销项税额。

一般纳税人销售古玩和古旧字画属于销售旧货，可以按照3%减按2%简易办法征收。

原营业税纳税人在营改增之前取得的固定资产，在之后使用后销售的，视为销售旧货政策处理，即可以适用按照3%征收率减按2%征收的简易计税办法。但是，既然视为旧货处理政策，就不得通过放弃减税来开具增值税专用发票。

一般纳税人固定资产已在会计中按照报废处理，转让时按废品出售的，2019年4月1日后适用13%税率征收增值税。《增值税暂行条例》第十五条第（七）项销售的自己使用过的物品免税，自己使用过的物品是指其他个人使用过的物品。

（二）销售固定资产和旧货的税务处理

分类	税务处理
销售使用过的、已抵扣进项税额的固定资产	按适用税率征收增值税 销项税额＝含税售价÷（1＋适用税率）×适用税率
销售使用过的、不得抵扣且未抵扣进项税额的固定资产	按3%征收率减按2%征收增值税 应纳税额＝含税售价÷（1＋3%）×2% 可以放弃减税
自2020年5月1日至2023年12月31日，从事二手车经销业务的纳税人销售其收购的二手车	纳税人减按0.5%征收率征收增值税 销售额＝含税销售额÷（1＋0.5%）
销售自己使用过除固定资产外的物品	按适用税率（适用税率）征税

（三）销售收购的再生资源的税务处理

政策依据：

《财政部 税务总局关于完善资源综合利用增值税政策的公告》（财政部 税务总局公告2021年第40号）。

政策规定	政策解读
自2022年3月1日起,从事再生资源回收的增值税一般纳税人销售其收购的再生资源,可以选择适用简易计税方法依照3%征收率计算缴纳增值税,或适用一般计税方法计算缴纳增值税。 (1)《财政部 税务总局关于完善资源综合利用增值税政策的公告》(财政部 税务总局公告2021年第40号,以下简称40号公告)所称再生资源,是指在社会生产和生活消费过程中产生的,已经失去原有全部或部分使用价值,经过回收、加工处理,能够使其重新获得使用价值的各种废弃物。其中,加工处理仅限于清洗、挑选、破碎、切割、拆解、打包等改变再生资源密度、湿度、长度、粗细、软硬等物理性状的简单加工。 (2)纳税人选择适用简易计税方法,应符合下列条件之一: ① 从事危险废物收集的纳税人,应符合国家危险废物经营许可证管理办法的要求,取得危险废物经营许可证。 ② 从事报废机动车回收的纳税人,应符合国家商务主管部门出台的报废机动车回收管理办法要求,取得报废机动车回收拆解企业资质认定证书。 ③ 除危险废物、报废机动车外,其他再生资源回收纳税人应符合国家商务主管部门出台的再生资源回收管理办法要求,进行市场主体登记,并在商务部门完成再生资源回收经营者备案。 (3)各级财政、主管部门及其工作人员,存在违法违规给予从事再生资源回收业务的纳税人财政返还、奖补行为的,依法追究相应责任。	1."再生资源"有了明确的税法范畴 40号公告明确规定了"再生资源"税法范畴的三个特征: 一是在社会生产和生活消费过程中产生; 二是已经失去原有全部或部分使用价值; 三是经过回收、加工处理,能够使其重新获得使用价值的各种废弃物。其中,加工处理仅限于清洗、挑选、破碎、切割、拆解、打包等改变再生资源密度、湿度、长度、粗细、软硬等物理性状的简单加工。 企业如果超出这些加工处理范围进行深度加工,或是改变了回收资源的功能属性、化学属性,则不能选择适用简易计税方法计税。 2.一般纳税人回收企业可选简易方法计税 一是对再生资源回收经营项目有资质要求的,回收企业必须取得主管部门颁发的资质证书,才具备选择适用简易计税方法的条件;企业未经许可、备案从事再生资源回收经营业务的,其取得的收入仍需依法纳税,只是不能选择简易计税方法计税。二是对再生资源回收经营项目没有资质要求的,回收企业应先到商务部门完成再生资源回收经营者备案,然后才能选择适用简易计税方法计税;未备案的,其再生资源回收经营业务不能选择适用简易计税方法计税。 3.明确不得违规财政返还或奖补 40号公告规定,各级财政、主管部门及其工作人员,存在违法违规给予从事再生资源回收业务的纳税人财政返还、奖补行为的,依法追究相应责任。

四、营改增应税行为一般纳税人可简易计税的特定项目

营改增后,仅限于建筑、房地产、尚未执行完毕的老有形动产租赁合同和老融资租赁合同、资管产品管理人运营资管产品,可以按项目选择简易计税,其他均需按业务分类全部实行简易计税,不得选择其中的某一货物或某一销售对象选择实行简易计税。

(一)3%征收率的营改增特定项目

政策规定	政策依据
(1)公共交通运输服务。 公共交通运输服务,包括轮客渡、公交客运、地铁、城市轻轨、出租车、长途客运、班车。 班车,是指按固定路线、固定时间运营并在固定站点停靠的运送旅客的陆路运输服务。 [公共交通不包括铁路(高铁)、航空、游轮、邮轮;出租车属于公共交通,包括滴滴快车等共享出行模式用车。] 2022年免征轮客渡、公交客运、地铁、城市轻轨、出租车、长途客运、班车等公共交通运输服务增值税。(财政部 税务总局公告2022年第11号) (2)经认定的动漫企业。 经认定的动漫企业为开发动漫产品提供的动漫脚本编撰、形象设计、背景设计、动画设计、分镜、动画制作、摄制、描线、上色、画面合成、配音、配乐、音效合成、剪辑、字幕制作、压缩转码(面向网络动漫、手机动漫格式适配)服务,以及在境内转让动漫版权(包括动漫品牌、形象或者内容的授权及再授权)。	财税〔2016〕36号附件2

(续表)

政策规定	政策依据
动漫企业和自主开发、生产动漫产品的认定标准和认定程序,按照《动漫企业认定管理办法(试行)》(文市发〔2008〕51号)的规定执行。 　　(3) 电影放映服务、仓储服务、装卸搬运服务、收派服务和文化体育服务。 　　电影集团公司(含成员企业)在农村取得的电影放映收入,免征增值税。一般纳税人提供的城市电影放映服务,可以按现行政策规定,选择按照简易计税办法计算缴纳增值税。(财税〔2019〕17号第一条) 　　(4) 以纳入营改增试点之日前取得的有形动产为标的物提供的经营租赁服务。 　　(5) 在纳入营改增试点之日前签订的尚未执行完毕的有形动产租赁合同。 　　(6) 公路经营企业中的一般纳税人收取试点前开工的高速公路的车辆通行费,可以选择适用简易计税方法,减按3%的征收率计算应纳税额。 　　试点前开工的高速公路,是指相关施工许可证明上注明的合同开工日期在2016年4月30日前的高速公路。	财税〔2016〕36号附件2
(7) 非学历教育服务。 　　一般纳税人提供非学历教育服务,可以选择适用简易计税方法按照3%征收率计算应纳税额。	财税〔2016〕68号
(8) 教育辅助服务。 　　一般纳税人提供教育辅助服务,可以选择简易计税方法按照3%征收率计算缴纳增值税。 　　教育辅助服务,包括教育测评、考试、招生等服务。	财税〔2016〕140号
(9) 非企业性单位中的一般纳税人提供的研发和技术服务、信息技术服务、鉴证咨询服务,以及销售技术、著作权等无形资产,可以选择简易计税方法按照3%征收率计算缴纳增值税。 　　非企业性单位中的一般纳税人提供《试点过渡政策的规定》(财税〔2016〕36号附件3)第一条第(二十六)款中的"技术转让、技术开发和与之相关的技术咨询、技术服务",可以参照上述规定,选择简易计税方法按照3%征收率计算缴纳增值税。	财税〔2016〕140号
(10) 物业管理服务中收取的自来水水费。 　　提供物业管理服务的纳税人,向服务接受方收取的自来水水费,以扣除其对外支付的自来水水费后的余额为销售额,按照简易计税方法依3%的征收率计算缴纳增值税。	国家税务总局公告2016年第54号
(11) 自2016年1月1日至2018年12月31日,对中国农业发展银行总行及其各分支机构提供涉农贷款取得的利息收入。	财税〔2016〕39号
(12) 农村信用社、村镇银行、农村资金互助社、由银行业机构全资发起设立的贷款公司,法人机构在县(县级市、区、旗)及县以下地区的农村合作银行和农村商业银行提供金融服务收入。 　　村镇银行,是指经中国银行业监督管理委员会依据有关法律、法规批准,由境内外金融机构、境内非金融机构企业法人、境内自然人出资,在农村地区设立的主要为当地农民、农业和农村经济发展提供金融服务的银行业金融机构。 　　农村资金互助社,是指经银行业监督管理机构批准,由乡(镇)、行政村农民和农村小企业自愿入股组成,为社员提供存款、贷款、结算等业务的社区互助性银行业金融机构。 　　由银行业机构全资发起设立的贷款公司,是指经中国银行业监督管理委员会依据有关法律、法规批准,由境内商业银行或农村合作银行在农村地区设立的专门为县域农民、农业和农村经济发展提供贷款服务的非银行业金融机构。 　　县(县级市、区、旗),不包括直辖市和地级市所辖城区。	财税〔2016〕46号

(续表)

政策规定	政策依据
（13）对中国农业银行纳入"三农金融事业部"改革试点的各省、自治区、直辖市、计划单列市分行下辖的县域支行和新疆生产建设兵团分行下辖的县域支行（也称县事业部），提供农户贷款、农村企业和农村各类组织贷款取得的利息收入，可以选择适用简易计税方法按照3%的征收率计算缴纳增值税。 农户贷款，是指金融机构发放给农户的贷款，但不包括按照《试点过渡政策的规定》第一条第（十九）项规定的免征增值税的农户小额贷款。 农村企业和农村各类组织贷款，是指金融机构发放给注册在农村地区的企业及各类组织的贷款。	财税〔2016〕46号
（14）自2018年7月1日至2023年12月31日，对中国邮政储蓄银行纳入"三农金融事业部"改革的各省、自治区、直辖市、计划单列市分行下辖的县域支行，提供农户贷款、农村企业和农村各类组织贷款取得的利息收入，可以选择适用简易计税方法按照3%的征收率计算缴纳增值税。	财税〔2018〕97号、财政部 税务总局公告 2021 年第 6 号
（15）一般纳税人以清包工方式提供的建筑服务，可以选择适用简易计税方法计税。 以清包工方式提供建筑服务，是指施工方不采购建筑工程所需的材料或只采购辅助材料，并收取人工费、管理费或者其他费用的建筑服务。 （16）一般纳税人为甲供工程提供的建筑服务，可以选择适用简易计税方法计税。 甲供工程，是指全部或部分设备、材料、动力由工程发包方自行采购的建筑工程。 注：① 水和电属于建筑工程中的材料与动力，发包方提供水电符合财税〔2016〕36号文件规定的甲供工程。 ② 工程中的搅拌机、脚手架、挖掘机是由甲方提供的，建筑用的材料均由乙方购买，这种甲供设备均可以作为施工方选择简易计税的条件。 ③ 图纸既不属于设备也不属于材料和动力，所以建筑工程甲方提供图纸不属于财税〔2016〕36号文件规定的甲供工程，不得以此选择简易计税。 ④ 发包方租赁设备不属于甲供工程的范围。 （17）一般纳税人为建筑工程老项目提供的建筑服务，可以选择适用简易计税方法计税。 建筑工程老项目，是指： ①《建筑工程施工许可证》注明的合同开工日期在2016年4月30日前的建筑工程项目。 ② 未取得《建筑工程施工许可证》的，建筑工程承包合同注明的开工日期在2016年4月30日前的建筑工程项目。 注：① 为加强对建筑活动的监督管理，维护建筑市场秩序，保证建筑工程的质量和安全，根据《中华人民共和国建筑法》规定，在中华人民共和国境内从事各类房屋建筑及其附属设施的建造、装修装饰和与其配套的线路、管道、设备的安装，以及城镇市政基础设施工程的施工，建设单位在开工前应当按规定，向工程所在地的县级以上人民政府建设行政主管部门申请领取《建筑工程施工许可证》。工程投资额在30万元以下或者建筑面积在300平方米以下的建筑工程，可以不申请办理《建筑工程施工许可证》。省、自治区、直辖市人民政府建设行政主管部门可以根据当地的实际情况，对限额进行调整，并报国务院建设行政主管部门备案。按照国务院规定的权限和程序批准开工报告的建筑工程，不再领取《建筑工程施工许可证》。[《建筑工程施工许可管理办法》（住房和城建部令第18号）第二条] ② 建筑工程承包合同中约定以开工令上注明的日期为开工时间的，该开工令与合同具有同等法律效力，开工令上注明开工日期在2016年4月30日前的，可以作为选择简易计税方法计税的依据。 （18）一般纳税人跨县(市)提供建筑服务，选择适用简易计税方法计税的，应以取得的全部价款和价外费用扣除支付的分包款后的余额为销售额，按照3%的征收率计算缴纳税额。（国家税务总局公告2017年第11号文件调整为跨地级市）	财税〔2016〕36号附件2第一条第（七）项

(续表)

政策规定	政策依据
（19）一般纳税人销售自产机器设备的同时提供安装服务，应分别核算机器设备和安装服务的销售额，安装服务可以按照甲供工程选择适用简易计税方法计税。 　　一般纳税人销售外购机器设备的同时提供安装服务，如果已经按照兼营的有关规定，分别核算机器设备和安装服务的销售额，安装服务可以按照甲供工程选择适用简易计税方法计税。	国家税务总局公告2018年第42号第六条
（20）建筑工程总承包单位为房屋建筑的地基与基础、主体结构提供工程服务，建设单位自行采购全部或部分钢材、混凝土、砌体材料、预制构件的，适用简易计税方法计税。	财税〔2017〕58号
（21）资管产品管理人（以下称管理人）运营资管产品过程中发生的增值税应税行为（以下称资管产品运营业务），暂适用简易计税方法，按照3%的征收率缴纳增值税。	财税〔2017〕56号
风险提示：上述适用3%简易计税的项目，可以自行开具增值税专用发票。	

1. 营改增后特殊的混合销售（国家税务总局公告2017年第11号第一条）

政策规定	政策解读
自2017年5月1日起，纳税人销售活动板房、机器设备、钢结构件等自产货物的同时提供建筑、安装服务，不属于《试点实施办法》第四十条规定的混合销售，应分别核算货物和建筑服务的销售额，分别适用不同的税率或者征收率。	该政策平移了《增值税条例实施细则》第六条的规定，它贯彻的是减税降税负精神。 　　"自产货物+建筑、安装服务"模式符合并属于混合销售行为，国家税务总局公告2017年第11号文件只是明确在增值税的处理上，不属于财税〔2016〕36号文件中一并合计征收增值税的情形，明确作为特殊的混合销售行为，分别核算、分别适用税率或者征收率。 　　自2018年7月25日起，销售机器设备的同时提供建筑、安装服务，按国家税务总局公告2018年第42号文件执行。具体见下述内容。

（1）适用范围。国家税务总局公告2017年第11号文件仅提到"销售活动板房、机器设备、钢结构件等自产货物"，"等"字具体包括什么，按照"同类业务同口径适用政策"原则，此处的"等"，应指"等后"，包括且不限于门窗、玻璃幕墙等其他自产货物，如农业生产者，种植并销售苗木、草皮，同时提供绿化服务，对其取得的绿化服务可以按照建筑服务缴纳增值税等。但水泥、砂子等安装用料不应适用本条规定，销售外购货物的同时提供建筑、安装服务也不能适用该政策。同时，"自产货物+安装、建筑服务"的前提，不包括"销售货物+技术服务"的情形等延伸。该政策需购销双方税务机关口径一致，否则会出现销货方认可而购货方不予认可（得不到抵扣）的尴尬局面。

（2）如何界定"自产"货物。可参国家税务总局公告2011年第23号文件的规定，"纳税人销售自产货物同时提供建筑业劳务，须向建筑业劳务发生地（异地）主管地方税务机关提供其机构所在地主管国家税务机关出具的本纳税人属于从事货物生产的单位或个人的证明。建筑业劳务发生地主管地方税务机关根据纳税人持有的证明，按本公告有关规定计算征收营业税。"另外，自产和委托加工是两种不同性质的交易安排，在增值税处理上，委托加工不属于资产范围。

（3）"应分别核算纳税"的理解。该条款使用了"应"的字样，理解为此种模式必须分别核算销售额，分别使用不同税率或征收率纳税。而不能选择全部适用销售货物或全部适用建筑业计征增值税。分别适用不同的税率或者征收率。按照营改增中建筑业的原则，老项目、甲供工程和清包工可选择3%，新项目应选择11%。

（4）"未分别核算纳税"应如何处理。第一种理解，对划分不清的兼营行为，按照财税〔2016〕36号文件，从高适用税率或征收率；第二种理解，按照国家税务总局公告2011年第23号文件的规定，未分别核算的，由主管税务机关分别核定其货物的销售额和建筑业劳务的营业额。

（5）简易计税问题。纳税人销售自产货物的同时提供建筑、安装服务，应分别核算销售货物和提供建筑、安装服务的销售额，分别适用不同的税率或者征收率，对纳税人销售自产货物并提供建筑服务的，其提供的建筑服务取得的收入可以按照甲供工程的相关规定计算缴纳增值税。

2. 机器设备的安装与维护(国家税务总局公告2018年第42号第六条)

政策规定	政策解读
一般纳税人销售自产机器设备的同时提供安装服务,应分别核算机器设备和安装服务的销售额,安装服务可以按照甲供工程选择适用简易计税方法计税。 一般纳税人销售外购机器设备的同时提供安装服务,如果已经按照兼营的有关规定,分别核算机器设备和安装服务的销售额,安装服务可以按照甲供工程选择适用简易计税方法计税。 纳税人对安装运行后的机器设备提供的维护保养服务,按照"其他现代服务"缴纳增值税。	纳税人销售机器设备同时提供安装服务,包括以下两种情形。 (1)纳税人销售自产机器设备的同时提供安装服务。 按照现行规定,这种情况下纳税人应分别核算机器设备和安装服务的销售额。机器设备销售给甲方后,又交给机器设备销售企业负责安装,可以将此机器设备视为"甲供"的机器设备,机器设备销售企业提供的安装服务也可视为为甲供工程提供的安装服务,可以选择适用简易计税方法计税。 (2)纳税人销售外购机器设备的同时提供安装服务。 这种情形下又分两种情况:一是纳税人未分别核算机器设备和安装服务的销售额,那么应按照混合销售的有关规定,确定其适用税目和税率;二是纳税人已按照兼营的有关规定,分别核算机器设备和安装服务的销售额,同样可以将此机器设备视为"甲供"的机器设备,将纳税人提供的安装服务视为为甲供工程提供的安装服务,选择适用简易计税方法计税。

建设单位要对机器设备会计上做单独的会计核算。机器设备的范围,参照《建设工程计价设备材料划分标准》(GB/T 50531—2009)(住房和建设部公告第387号)。

机器设备价款明显偏低的,可按规定进行计税销售额的调整;对比同期同样或同类机器设备的安装服务价款,选择简易计税的价款明显高于其他计税方式价款的,属于计税依据偏低,可按规定予以调整或按申报不实予以处理。

项目		安装服务		后续维护保养
		一般计税	简易计税(甲供材)	
自产设备带安装		10%	3%	6%
外购设备带安装	兼营	10%	3%	6%
	混合销售	16%或10%		6%

《建设工程计价设备材料划分标准》(GB/T 50531—2009)

设备:经过加工制造,由多种部件按各自用途组成独特结构,具有生产加工、动力、传送、储存、运输、科研、容量及能量传递或转换等功能的机器、容器和成套装置等。设备应按生产和生活使用目的分为工艺设备和建筑设备;应按是否定型生产分为标准设备和非标准设备。

建筑设备:房屋建筑及其配套的附属工程中电气、采暖、通风空调、给排水、通信及建筑智能等为房屋功能服务的设备。 工艺设备:为工业、交通等生产性建设项目服务的各类固定和移动设备。	标准设备:按国家或行业规定的产品标准进行批量生产并形成系列的设备。 非标准设备:没有国家或行业标准。非批量生产的,一般要进行专门设计、由设备制造厂家特别制造或施工企业在工厂或施工现场进行加工制作的特殊设备。

对于难以统一确定组成范围或成套范围的某些设备,应以制造厂的文件及供货范围为准。凡是设备制造厂的文件上列出的清单项目,且实际供应的应属于设备范围。在划分设备与材料时,应根据其供货范围、特性等情况,以及本标准对设备、材料的定义分别确定,不应仅依据物品的品名而划分。

(二) 5%征收率的营改增特定项目

政策规定	政策依据
1. 选择差额征税的劳务派遣 一般纳税人和小规模纳税人均可以取得的全部价款和价外费用,扣除代用工单位支付给劳务派遣员工的工资、福利和为其办理社会保险及住房公积金后的余额为销售额。 选择差额纳税的一般纳税人,向用工单位收取用于支付给劳务派遣员工工资、福利和为其办理社会保险及住房公积金的费用,不得开具增值税专用发票,可以开具普通发票。	财税〔2016〕47号

(续表)

政策规定	政策依据
2. 收费公路通行费 　　一般纳税人收取试点前开工的一级公路、二级公路、桥、闸通行费,可以选择适用简易计税方法,按照5%的征收率计算缴纳增值税。 　　试点前开工,是指相关施工许可证注明的合同开工日期在2016年4月30日前。 3. 选择差额纳税的人力资源外包服务 　　纳税人提供人力资源外包服务,按照经纪代理服务缴纳增值税,其销售额不包括受客户单位委托代为向客户单位员工发放的工资和代理缴纳的社会保险、住房公积金。向委托方收取并代为发放的工资和代理缴纳的社会保险、住房公积金,不得开具增值税专用发票,可以开具普通发票。 　　一般纳税人提供人力资源外包服务,可以选择适用简易计税方法,按照5%的征收率计算缴纳增值税。 4. 老土地使用权出租 　　纳税人以经营租赁方式将土地出租给他人使用,按照不动产经营租赁服务缴纳增值税。 　　纳税人转让2016年4月30日前取得的土地使用权,可以选择适用简易计税方法,以取得的全部价款和价外费用减去取得该土地使用权的原价后的余额为销售额,按照5%的征收率计算缴纳增值税。 5. 老不动产融资租赁合同 　　一般纳税人2016年4月30日前签订的不动产融资租赁合同,或以2016年4月30日前取得的不动产提供的融资租赁服务,可以选择适用简易计税方法,按照5%的征收率计算缴纳增值税。	财税〔2016〕47号
6. 选择差额征税的安全保护服务 　　纳税人提供安全保护服务,比照劳务派遣服务政策执行。	财税〔2016〕68号
7. 选择差额征税的供武装守护押运服务 　　纳税人提供武装守护押运服务,按照"安全保护服务"缴纳增值税。	财税〔2016〕140号
8. 销售不动产 　　(1) 一般纳税人销售其2016年4月30日前取得(不含自建)的不动产,在不动产所在地5%差额预缴,向机构所在地主管税务机关5%差额申报。 　　(2) 一般纳税人销售其2016年4月30日前自建的不动产,在不动产所在地5%全额预缴,向机构所在地主管税务机关5%全额申报。 　　(3) 房地产开发企业中的一般纳税人,销售自行开发的房地产老项目,可以选择适用简易计税方法按照5%的征收率全额计税。	财税〔2016〕36号附件2第一条第(八)项
9. 老不动产经营租赁服务 　　一般纳税人出租其2016年4月30日前取得的不动产,可以选择适用简易计税方法,在不动产所在地5%预缴,向机构所在地主管税务机关5%申报。	财税〔2016〕36号附件2第一条第(九)项
10. 房地产开发企业不动产经营租赁服务 　　房地产开发企业中的一般纳税人,出租自行开发的房地产老项目,可以选择适用简易计税方法,在不动产所在地5%预缴,向机构所在地主管税务机关5%申报。 　　房地产开发企业中的一般纳税人,出租其2016年5月1日后自行开发的与机构所在地不在同一县(市)的房地产项目,应按照3%预征率在不动产所在地预缴税款后,向机构所在地主管税务机关按11%(2016年5月1日后10%)进行纳税申报。	财税〔2016〕68号
11. 房地产开发围填海开发房地产老项目 　　房地产开发企业中的一般纳税人以围填海方式取得土地并开发的房地产项目,围填海工程《建筑工程施工许可证》或建筑工程承包合同注明的围填海开工日期在2016年4月30日前的,属于房地产老项目,可以选择适用简易计税方法按照5%的征收率计算缴纳增值税。	国家税务总局公告2019年第31号第九条
12. 房地产开发并以自己名义立项销售的未完工的房地产老项目 　　房地产开发企业中的一般纳税人购入未完工的房地产老项目继续开发后,以自己名义立项销售的不动产,属于房地产老项目,可以选择适用简易计税方法按照5%的征收率计算缴纳增值税。	财政部 税务总局公告2020年第2号第二条

(续表)

13. 自2021年10月1日起,住房租赁企业中的增值税一般纳税人向个人出租住房取得的全部出租收入,可以选择适用简易计税方法,按照5%的征收率减按1.5%计算缴纳增值税,或适用一般计税方法计算缴纳增值税。住房租赁企业,是指按规定向住房城乡建设部门进行开业报告或者备案的从事住房租赁经营业务的企业。

风险提示:上述适用5%简易计税的项目,除财政部国家税务总局明确规定不得开具专用发票的以外,其他未做禁止性规定的,可以自行开具或申请税务机关代开增值税专用发票。房地产开发企业同一房地产项目只能选择适用一种计税方法。2016年4月30日前租入的不动产,对外转租的可以使用5%征收率简易计税。

五、简易计税项目备案

(一)建筑业简易计税项目备案(国家税务总局公告2019年第31号)

政策规定	留存备查资料
八、关于取消建筑服务简易计税项目备案 自2019年10月1日起,提供建筑服务的一般纳税人按规定适用或选择适用简易计税方法计税的,不再实行备案制。以下证明材料无需向税务机关报送,改为自行留存备查: (一)为建筑工程老项目提供的建筑服务,留存《建筑工程施工许可证》或建筑工程承包合同; (二)为甲供工程提供的建筑服务、以清包工方式提供的建筑服务,留存建筑工程承包合同。	(1)老项目的证明资料:有施工许可证,且施工许可证上注明合同开工日期的,以施工许可证作为证明资料;无施工许可证,或者有施工许可证但施工许可证上没有注明开工日期的,以注明开工日期的建筑工程承包合同为证明资料。 (2)甲供工程的证明资料:建筑工程承包合同应体现相应的甲供条款。实务中,大中型建筑企业的建筑工程承包合同多使用住建部和国家工商总局发布的《建设工程施工合同(示范文本)》(GF—2017—0201),该文本通用条款第8.1条规定,"发包人自行供应材料、工程设备的,应在签订合同时在专用合同条款的附件《发包人供应材料设备一览表》中明确材料、工程设备的品种、规格、型号、数量、单价、质量等级和送达地点。"对于未使用示范文本的建筑工程承包合同,可在合同中单列该表,或者在甲供条款中体现材料、设备和动力的品种、规格、数量、单价等内容。 (3)清包工项目的证明资料:一是合同名称应体现为"劳务分包合同"或"专业作业承包合同";二是合同承包范围不能包括主要建筑材料款和大中型施工机械设备、主要周转材料等,可以有辅助材料和小型机具。

(二)增值税一般纳税人选择简易计税方法计算缴纳增值税备案(《税收征管操作规范2.0》)

自2019年11月1日起,取消一般纳税人简易办法征收备案,取消后由纳税人通过办理申报直接享受,无需再报税务机关备案或核准。

第七节 差额征税减税解析与应用

一、增值税应税行为差额销售额的确定

根据《财政部 国家税务总局关于全面推开营业税改征增值税试点的通知》(财税〔2016〕36号)等相关政策的规定,营改增差额征税是指营业税改征增值税应税服务的纳税人,在中华人民共和国境内吸收服务、无形资产或者不动产时,以其取得的全部价款和价外费用减去按规定可扣除的价款后的余额为销售额的征税方法。虽然全行业纳入了增值税的征收范围,但是目前仍然有无法通过抵扣机制避免重复征税的情况存在,因此,营改增试点期间,继续引入了差额征税的办法,以解决纳税人税收负担增加的问题。从销售额中扣除部分金额后计算销项税额,相当于购入时抵扣了进项税额。目前,属于差额确定销售额的项目有以下几点。

(1) 金融商品转让。（财税〔2016〕36号附件2）

销售额＝卖出价－买入价

【注意】 不得扣除买卖交易中的其他税费；出现负差、可结转下期，但不得跨年；买入价，可以选择加权平均法或移动加权平均法进行核算，选择后36个月内不得变更。

(2) 经纪代理服务。（财税〔2016〕36号附件2）

销售额＝价款＋价外费用－向委托发收取并代为支付的政府性基金或行政事业性收费

(3) 融资租赁服务。（财税〔2016〕36号附件2）

属于现代服务－租赁服务，动产租赁税率为13%，不动产租赁税率为9%

销售额＝价款＋价外费用（含本金）－支付的借款利息、发行债券利息－车辆购置税。

(4) 航空运输服务。（财税〔2016〕36号附件2）

销售额＝价款＋价外费用－代收的机场建设费－代售其他航空运输企业客票而代收转付的价款

(5) 客运场站服务。（财税〔2016〕36号附件2）

销售额＝价款＋价外费用－支付给承运方运费

(6) 旅游服务。（财税〔2016〕36号附件2）

销售额＝价款＋价外费用－向旅游服务购买方收取并支付给其他单位或个人的住宿费、餐饮费、交通费、签证费、门票费－支付给其他接团旅游企业的旅游费用

(7) 适用简易计税方法的建筑服务。（财税〔2016〕36号附件2、国家税务总局公告2016年第17号）

① 一般纳税人选择适用简易计税时：销售额＝价款＋价外费用－支付的分包款

② 一般纳税人预缴增值税时，预缴税款＝（预收款－支付的分包款）×2%

小规模纳税人预缴增值税时，预缴税款＝（预收款－支付的分包款）×3%

【注意】 差额预缴税款不等于实际申报时也采用差额征税。建筑业真正申报税款采用差额征税的，就是一般纳税人适用简易计税方式下，征收率为3%。

(8) 房地产开发一般计税项目。（财税〔2016〕36号附件2、国家税务总局公告2016年第18号、财税〔2016〕140号）

销售额＝价款＋价外费用－受让土地时向政府部门支付的土地价款－取得土地时向其他单位或个人支付的拆迁补充费用

"向政府部门支付的土地价款"，包括土地受让人向政府部门支付的征地和拆迁补偿费用、土地前期开发费用和土地出让收益等。在取得土地时向其他单位或个人支付的拆迁补偿费用也允许在计算销售额时扣除。

【注意】 一般纳税人选择简易计税的老项目，小规模纳税人均是全额计税。

(9) 销售不动产。（转让二手房）

① 一般纳税人销售其2016年4月30日前取得的不动产（不含自建），适用一般计税方法，全额计税，差额预缴，征收率为5%。（财税〔2016〕36号附件3）

② 一般纳税人销售其2016年4月30日前取得（不含自建）的不动产，可以选择适应简易计税方法。差额计税，差额预缴，征收率为5%。（国家税务总局公告2016年第14号）

销售额＝价款＋价外费用－该项不动产购置原价或取得不动产时的作价

③ 一般纳税人销售其2016年5月1日后取得（不含自建）的不动产，应适用一般计税方法，全额计税，差额预缴，征收率为5%。（财税〔2016〕36号附件2）

④ 小规模纳税人销售其取得（不含自建）的不动产（不含个体工商户销售购买的住房和其他个人销售不动产）。差额缴税，征收率为5%。（国家税务总局公告2016年第14号）

销售额＝价款＋价外费用－该项不动产购置原价或取得不动产时的作价

个人销售自建自用住房对外销售的，免征增值税。（财税〔2016〕36号附件3）

⑤ 其他个人销售其取得（不含自建）的不动产（不含其购买的住房），差额缴税，征收率为5%。

销售额＝价款＋价外费用－该项不动产购置原价或取得不动产时的作价（国家税务总局公告2016年第14号）

⑥ 北京市、上海市、广州市和深圳市，个体工商户和个人销售购买的住房，将购买不足2年的住房对外销售的，全额缴税，征收率为5%。

将购买2年以上（含2年）的非普通住房对外销售的，差额缴税，征收率为5%。

销售额＝销售收入－购买住房价款

(10) 劳务派遣服务。（财税〔2016〕47号）

(11) 安全保护服务。（财税〔2016〕68号）

(12) 武装守护押运服务。（财税〔2016〕140号）

上述第(10)、(11)、(12)项一般纳税人和小规模纳税人，可以采用简易计税方法，按照5%的征收率差额缴税。

销售额＝收取价款＋价外费用－代用工单位支付给劳务派遣员工的工资、福利、社会保险、住房公积金

(13) 人力资源外包服务。（财税〔2016〕47号）

（续表）

无论是一般纳税人采用一般计税方式（6%），简易计税方式（5%），还是小规模纳税人简易计税（3%），都是差额征税。

销售额＝价款＋价外费用－受客户单位委托代向客户单位员工发放的工资－代理缴纳的社会保险、住房公积金

（14）转让老土地使用权。（财税〔2016〕47号）

无论是一般纳税人还是小规模纳税人，转让2016年4月30日前取得的土地使用权，选择简易计税方式，征收率为5%。

销售额＝价款＋价外费用－土地使用权取得原价

（15）物业管理服务中收取自来水水费。（简易计税3%）（国家税务总局公告2016年第54号）

销售额＝收取的自来水水费－对外支付自来水水费

（16）教辅单位为境外单位提供境内考试服务。（国家税务总局公告2016年第69号）

销售额＝考试费收入－支付给境外单位考试费

（17）签证代理服务。（国家税务总局公告2016年第69号）

销售额＝价款＋价外费用－支付给外交部和外国驻华使（领）馆的签证费和认证费

（18）电信企业为公益性机构接受捐款。（财税〔2016〕39号）

移动、联通、电信通过手机短信公益特服号为公益性机构接受捐款。

销售额＝价款＋价外费用－给公益性机构捐款

（19）中国证券登记结算公司结算费。（财税〔2016〕39号）

销售额＝价款＋价外费用－提取的证券结算风险基金－代收代付的证券公司资金交收违约垫付资金利息－结算过程中代收代付的资金交收违约罚息

（20）代理进口按规定免征进口增值税的货物。（国家税务总局公告2016年第69号）

销售额＝价款＋价外费用－代收转付货款

（21）境外航段机票代理服务。（自2018年1月1日起）（财税〔2017〕90号）

销售额＝价款＋价外费用－代收转付境外航段机票结算款－相关费用

（22）提供境内机票代理服务。（自2018年7月25日起）（国家税务总局公告2018年第42号）

销售额＝价款＋价外费用－代收转付境内机票结算款－相关费用

（23）融资性售后回租服务。（财税〔2016〕36号附件2）

销售额＝全部价款和价外费用（不含本金）－对外支付的借款利息－发行债券利息

一般纳税人计税销售额＝（取得的全部含税价款和价外费用－支付给其他单位或个人的含税价款）÷（1＋对应征税应税服务适用的增值税税率或征收率）

生产、生活性服务业纳税人，是指提供四项服务取得的销售额占全部销售额的比重超过50%的纳税人。如果纳税人享受差额计税政策，纳税人应该以差额后的全部价款和价外费用参与计算。

差额纳税不区分一般纳税人和小规模纳税人。

部分营改增项目实行差额征税政策，打破了增值税链条的闭环管理，给差额征税企业带来了较大的税收风险。营改增差额征税有明确的列举项目和适用条件，纳税人不要乱用，否则会带来巨大的税收风险。

二、差额征税项目解析

（一）金融商品转让

财税〔2016〕36号附件2第一条	财税〔2016〕140号
金融商品转让，按照卖出价扣除买入价后的余额为销售额。 转让金融商品出现的正负差，按盈亏相抵后的余额为销售额。若相抵后出现负差，可结转下一纳税期与下期转让金融商品销售额相抵，但年末时仍出现负差的，不得转入下一个会计年度。 金融商品的买入价，可以选择按照加权平均法或者移动加权平均法进行核算，选择后36个月内不得变更。 金融商品转让，不得开具增值税专用发票。 风险提示：不得扣除买卖交易中的其他税费。	纳税人2016年1—4月转让金融商品出现的负差，可结转下一纳税期，与2016年5—12月转让金融商品销售额相抵。（财税〔2016〕140号第五条）

(二) 经纪代理服务(财税〔2016〕36号附件2)

政策规定	政策解读	发票开具情形
经纪代理服务,以取得的全部价款和价外费用,扣除向委托方收取并代为支付的政府性基金或者行政事业性收费后的余额为销售额。向委托方收取的政府性基金或者行政事业性收费,不得开具增值税专用发票。	代收的政府性基金或行政事业性收费,本身即非代理服务销售,不属于价外费用。以委托方名义开具发票代委托方收取的款项不属于价外费用。行政单位之外的其他单位收取的符合条件的政府性基金和行政事业性收费,属于免税项目。	方式一:通过增值税发票管理新系统中正常开票功能,以取得的全部价款和价外费用,扣除向委托方收取并代为支付的政府性基金或者行政事业性收费后的余额依6%的税率开具增值税专用发票;代为支付的费用依6%的税率开具增值税普通发票。 方式二:通过增值税发票管理新系统中正常开票功能,以取得的全部价款和价外费用,依6%的税率全额开具增值税普通发票。

风险提示:经纪代理服务允许扣除的行政事业性收费应以省级以上(含省级)财政部门监(印)制的财政票据为合法有效凭证,国外支付的行政事业性收费不得差额扣除。差额扣除部分为免税项目,所以只能就含税部分开专票。

(三) 融资租赁和融资性售后回租业务(财税〔2016〕36号附件2)

经中国人民银行、商务部、银监会批准	融资性售后回租服务	以收取的全部价款和价外费用(不含本金),扣除对外支付的借款利息(包括外汇借款和人民币借款利息)、发行债券利息后的余额为销售额。
	其他融资租赁服务	以收取的全部价款和价外费用,扣除支付的借款利息(包括外汇借款和人民币借款利息)、发行债券利息、车辆购置税后的余额为销售额。
		试点纳税人根据2016年4月30日前签订的有形动产融资性售后回租合同,在合同到期前提供的有形动产融资性售后回租服务,可继续按照有形动产融资租赁服务缴纳增值税。
商务部授权的省级商务主管部门和开发区批准		2016年5月1日以后实收资本达到1.7亿元的,可参照以上规则实行。

项目	税目	收入	扣除	发票开具
融资性售后回租	金融服务—贷款服务(6%)	全部价款及价外用(不含本金)	借款利息、发行债券利息	收取的总价款包含了贷款利息,允许开具专票
融资租赁	现代服务—租赁服务(13%或9%)	全部价款及价外用	借款利息、发行债券利息、车辆购置税	虽可以开专票但没有意义

(四) 航空运输服务(财税〔2016〕36号附件2)

政策规定	发票开具情形
航空运输企业的销售额,不包括代收的机场建设费和代售其他航空运输企业客票而代收转付的价款。	《航空运输电子客票行程单》纳入税务发票管理范围。(国税发〔2008〕54号)

(五)客运场站服务(财税〔2016〕36号附件2)

政策规定	政策解读	发票开具情形
试点纳税人中的一般纳税人(以下称一般纳税人)提供客运场站服务,以其取得的全部价款和价外费用,扣除支付给承运方运费后的余额为销售额。	差额征税后,其从承运方取得的增值税专用发票注明的增值税,不得抵扣。	旅客运输都不能抵扣进项税额,可以全额开具普通发票。
风险提示:该项目简易计税仅适用一般纳税人企业。		

(六)旅游服务(财税〔2016〕36号附件2)

政策规定	政策解读	发票开具情形
试点纳税人提供旅游服务,可以选择以取得的全部价款和价外费用,扣除向旅游服务购买方收取并支付给其他单位或者个人的住宿费、餐饮费、交通费、签证费、门票费和支付给其他接团旅游企业的旅游费用后的余额为销售额。 选择上述办法计算销售额的试点纳税人,向旅游服务购买方收取并支付的上述费用,不得开具增值税专用发票,可以开具普通发票。	旅游服务可以选择按差额确定为销售额,旅游服务公司可根据客户需要灵活选择,不适用"一经选择,36个月不能变更"要求。	1.选择差额征税 方式一:以取得的全部价款和价外费用,扣除向旅游服务购买方收取并支付给其他单位或者个人的住宿费、餐饮费、交通费、签证费、门票费和支付给其他接团旅游企业的旅游费用后的余额依6%的税率开具增值税专用发票;向旅游服务购买方收取并支付给其他单位或者个人的住宿费、餐饮费、交通费、签证费、门票费和支付给其他接团旅游企业的旅游费用依6%的税率开具增值税普通发票。 方式二:以取得的全部价款和价外费用依6%的税率全额开具增值税普通发票。 2.选择全额征税 通过增值税发票管理新系统中正常开票功能,以取得的全部价款和价外费用依6%的税率全额开具增值税发票。
风险提示:纳税人提供旅游服务,将火车票、飞机票等交通费发票原件交付给旅游服务购买方而无法收回的,以交通费发票复印件作为差额扣除凭证。(国家税务总局公告2016年第69号第九条)		

(七)适用简易计税方法的建筑服务(财税〔2016〕36号附件2)

政策规定	政策解读	发票开具情形
试点纳税人(一般纳税人/小规模纳税人)提供建筑服务适用简易计税方法的,以取得的全部价款和价外费用扣除支付的分包款后的余额为销售额。	适用简易计税方法计税的建筑服务包括: (1)一般纳税人以清包工方式提供的建筑服务。 (2)一般纳税人为甲供工程提供的建筑服务。 (3)一般纳税人为建筑工程老项目提供的建筑服务。 (4)符合条件的机器设备安装按照甲供工程简易计税。 (5)规定情形下的房屋建筑地基与基础和主体工程服务适用简易计税方法计税。(财税〔2017〕58号)	全额开票,差额预缴,差额申报。 分包方就所承包项目向总包方开票,总包方按规定全额向发包方开具增值税专用发票或普通发票。
风险提示:建筑服务只有适用简易计税方法的才能差额纳税。一般纳税人提供建筑服务,适用一般计税方法计税的,按现行规定需要预缴增值税时,纳税人应以取得的预收款(全部价款和价外费用)扣除支付的分包款后的余额,适用2%的预征率计算预缴税款,向建筑服务发生地或机构所在地的税务机关预缴税款。扣除的分包款也是应税的,所以可以全额开票。		

(八) 房地产开发企业一般计税项目(财税〔2016〕36号、国家税务总局公告2016年第18号)

政策规定	政策解读	发票开具情形
房地产开发企业中的一般纳税人销售其开发的房地产项目(选择简易计税方法的房地产老项目除外),以取得的全部价款和价外费用,扣除受让土地时向政府部门支付的土地价款后的余额为销售额。 房地产老项目,是指《建筑工程施工许可证》注明的合同开工日期在2016年4月30日前的房地产项目。 财税〔2016〕140号补充规定: 所述"向政府部门支付的土地价款",包括土地受让人向政府部门支付的征地和拆迁补偿费用、土地前期开发费用和土地出让收益等。在取得土地时向其他单位或个人支付的拆迁补偿费用也允许在计算销售额时扣除。	对于适用一般计税方法缴纳增值税的房地产项目,在确定销售额时可以扣除支付给政府部门的土地价款、拆迁补偿费用等。 本条规定不适用于适用简易计税方法计税的房地产项目,即一般纳税人销售房地产老项目选择适用简易计税方法的,以及小规模纳税人销售房地产项目,在确定销售额时,均不得扣除支付给政府部门的土地价款。	全额10%专票或普票。 房地产企业购买的土地虽然不包含增值税,但政策的思路是把政府的土地出让金当成含税处理,故而房地产企业可以全额开专票。

风险提示:
(1) 房地产项目(选择简易计税方法的房地产老项目除外)。
在《增值税纳税申报表附列资料(一)》中,按增值税发票开具金额、税额填入第4a行"10%税率(2018年4月30日前为11%)"第1和第2列、第3和第4列的"销售额""销项(应纳)税额";将受让土地时向政府部门支付的土地价款填入第4行第12列"服务、不动产和无形资产扣除项目本期实际扣除金额"。
在《增值税纳税申报表附列资料(三)》中,按增值税发票价税合计填入第2行"10%税率(2018年4月30日前为11%)的项目"第1列"本期服务、不动产和无形资产价税合计额(免税销售额)";将受让土地时向政府部门支付的土地价款填入第6行第3列"本期发生额"栏次。
(2) 房地产老项目适用简易计税方法计税。
在《增值税纳税申报表附列资料(一)》中,按增值税发票开具金额、税额填入第9b行"5%征收率的服务、不动产和无形资产"第1和第2列、第3和第4列的"销售额""销项(应纳)税额"。

(九) 销售不动产(二手房)〔财税〔2016〕36号附件2第一条第(八)项,国家税务总局公告2016年第14号〕

政策规定	发票开具情形
(1) 一般纳税人销售其2016年4月30日前取得(不含自建)的不动产,适用一般计税方法计税的,以取得的全部价款和价外费用为销售额计算应纳税额。上述纳税人应以取得的全部价款和价外费用减去该项不动产购置原价或者取得不动产时的作价后的余额,按照5%的预征率向不动产所在地的主管税务机关预缴增值税,向机构所在地主管税务机关进行纳税申报。	5%差额预缴、10%全额申报;开具一张全额10%专用发票或普通发票。(2018年4月30日前为11%)
(2) 一般纳税人销售其2016年4月30日前取得(不含自建)的不动产,可以选择适应简易计税方法,以全部收入减去该项不动产购置原价或者取得不动产时的作价后的余额,按照5%的预征率向不动产所在地主管税务机关预缴税款,向机构所在地主管税务机关进行纳税申报。	5%差额预缴、5%差额申报;差额开具5%专用发票或普通发票。
(3) 一般纳税人销售其2016年5月1日后取得(不含自建)的不动产,应适用一般计税方法,以取得的全部价款和价外费用为销售额计算应纳税额。纳税人应以取得的全部价款和价外费用减去该项不动产购置原价或者取得不动产时的作价后的余额,按照5%的预征率向不动产所在地主管税务机关预缴税款,向机构所在地主管税务机关进行纳税申报。	5%差额预缴、10%全额申报;开具一张全额10%专用发票或普通发票。(2018年4月30日前为11%)
(4) 小规模纳税人销售其取得(不含自建)的不动产(不含个体工商户销售购买的住房和其他个人销售不动产),应以取得的全部价款和价外费用减去该项不动产购置原价或者取得不动产时的作价后的余额为销售额,按照5%的征收率计算应纳税额。纳税人应按照上述计税方法在不动产所在地预缴税款后,向机构所在地主管税务机关进行纳税申报。	5%差额预缴、5%差额申报;可以自行差额具开5%普通发票,也可以差额代开5%专用发票。

(续表)

政策规定	发票开具情形
（5）其他个人销售其取得（不含自建）的不动产（不含其购买的住房），应以取得的全部价款和价外费用减去该项不动产购置原价或者取得不动产时的作价后的余额为销售额，按照5%的征收率向不动产所在地主管税务机关申报缴纳增值税。	5%差额申报，差额代开一张专用发票或普通发票。
（6）北京市、上海市、广州市和深圳市，个体工商户和个人销售购买的住房，将购买不足2年的住房对外销售的，按照5%的征收率全额缴纳增值税；将购买2年以上（含2年）的非普通住房对外销售的，以销售收入减去购买住房价款后的差额按照5%的征收率缴纳增值税；个人将购买2年以上（含2年）的普通住房对外销售的，免征增值税。	不足2年的住房对外销售，5%全额申报，代开5%全额专用发票或普通发票；京沪广深2年以上非普通住房，5%差额申报，差额代开一张专用发票或普通发票。

（十）劳务派遣服务（财税〔2016〕47号第一条）

政策规定	发票开具情形
劳务派遣服务，是指劳务派遣公司为了满足用工单位对于各类灵活用工的需求，将员工派遣至用工单位，接受用工单位管理并为其工作的服务。 （1）一般纳税人提供劳务派遣服务，可以选择差额纳税，以取得的全部价款和价外费用，扣除代用工单位支付给劳务派遣员工的工资、福利和为其办理社会保险及住房公积金后的余额为销售额，按照简易计税方法依5%的征收率计算缴纳增值税。 （2）小规模纳税人提供劳务派遣服务，可以选择差额纳税，以取得的全部价款和价外费用，扣除代用工单位支付给劳务派遣员工的工资、福利和为其办理社会保险及住房公积金后的余额为销售额，按照简易计税方法依5%的征收率计算缴纳增值税。 选择差额纳税的纳税人，向用工单位收取用于支付给劳务派遣员工工资、福利和为其办理社会保险及住房公积金的费用，不得开具增值税专用发票，可以开具普通发票。	（1）一般纳税人：可以开两张发票，一张5%增值税专用发票，一张增值税普通发票；也可以一张增值税普通发票；也可以一张6%全额增值税专用发票。 （2）小规模纳税人：可以开两张发票，一张5%增值税专用发票，一张增值税普通发票；也可以一张增值税普通发票；也可以代开一张3%全额增值税专用发票。

风险提示：劳务派遣属于现代服务业的人力资源服务，发票分类编码简称为"人力资源服务"。劳务派遣公司与员工之间是劳动关系，用工单位与员工之间是用工关系，劳务派遣公司与用工单位之间是合同关系。

按照财税〔2016〕47号第一条的规定，适用3%征收率的增值税小规模纳税人，减按1%的征收率和预征率时，也可以选择差额纳税，以取得的全部价款和价外费用，扣除代用工单位支付给劳务派遣员工的工资、福利和为其办理社会保险及住房公积金后的余额为销售额，按照简易计税方法依5%的征收率计算缴纳增值税。

（十一）安全保护服务（财税〔2016〕68号第四条）

政策规定	发票开具情形
纳税人提供安全保护服务，比照劳务派遣服务政策执行。 安全保护服务，是指提供保护人身安全和财产安全，维护社会治安等的业务活动。包括场所住宅保安、特种保安、安全系统监控以及其他安保服务。 （1）一般纳税人提供安全保护服务，可以选择差额纳税，以取得的全部价款和价外费用，扣除代用工单位支付给劳务派遣员工的工资、福利和为其办理社会保险及住房公积金后的余额为销售额，按照简易计税方法依5%的征收率计算缴纳增值税。 （2）小规模纳税人提供安全保护服务，可以选择差额纳税，以取得的全部价款和价外费用，扣除代用工单位支付给劳务派遣员工的工资、福利和为其办理社会保险及住房公积金后的余额为销售额，按照简易计税方法依5%的征收率计算缴纳增值税。 选择差额纳税的纳税人，向用工单位收取用于支付给安全保护员工工资、福利和为其办理社会保险及住房公积金的费用，不得开具增值税专用发票，可以开具普通发票。	（1）一般纳税人：可以开两张发票，一张5%增值税专用发票，一张增值税普通发票；也可以一张增值税普通发票；也可以一张6%全额增值税专用发票。 （2）小规模纳税人：可以开两张发票，一张5%增值税专用发票，一张增值税普通发票；也可以一张增值税普通发票；也可以一张3%全额增值税专用发票。

(十二)武装守护押运服务(财税〔2016〕140号第十四条)

政策规定	发票开具情形
纳税人提供武装守护押运服务,按照"安全保护服务"缴纳增值税。 (1)一般纳税人提供武装守护押运服务,可以选择差额纳税,以取得的全部价款和价外费用,扣除代用工单位支付给劳务派遣员工的工资、福利和为其办理社会保险及住房公积金后的余额为销售额,按照简易计税方法依5%的征收率计算缴纳增值税。 (2)小规模纳税人提供武装守护押运服务,可以选择差额纳税,以取得的全部价款和价外费用,扣除代用工单位支付给劳务派遣员工的工资、福利和为其办理社会保险及住房公积金后的余额为销售额,按照简易计税方法依5%的征收率计算缴纳增值税。 选择差额纳税的纳税人,向用工单位收取用于支付给武装守护押运员工工资、福利和为其办理社会保险及住房公积金的费用,不得开具增值税专用发票,可以开具普通发票。	(1)一般纳税人:可以开两张发票,一张5%增值税专用发票,一张增值税普通发票;也可以一张增值税普通发票;也可以一张6%全额增值税专用发票。 (2)小规模纳税人:可以开两张发票,一张5%增值税专用发票,一张增值税普通发票;也可以一张增值税普通发票;也可以一张3%全额增值税专用发票。

(十三)人力资源外包服务(财税〔2016〕47号第三条)

政策规定	发票开具情形
纳税人(一般纳税人/小规模纳税人)提供人力资源外包服务,按照经纪代理服务缴纳增值税,其销售额不包括受客户单位委托代为向客户单位员工发放的工资和代理缴纳的社会保险、住房公积金。向委托方收取并代为发放的工资和代理缴纳的社会保险、住房公积金,不得开具增值税专用发票,可以开具普通发票。 一般纳税人提供人力资源外包服务,可以选择适用简易计税方法,按照5%的征收率计算缴纳增值税。	(1)两张发票:只就纯粹代理费开具6%专用发票,剩余部分开具普通发票。 (2)全额一张普通发票。

风险提示:人力资源外包服务属于现代服务业中的经纪代理服务,发票分类编码简称为"经纪代理服务"。人力资源外包服务所用人员与人力资源公司是代理关系,与实际用工单位既存在劳动合同关系又存在实际用工关系。销售额不包含代用工单位支付给外派员工的工资和为其办理的社会保险及住房公积金。不包含部分不含税,所以不允许开专票。

(十四)转让老土地使用权(财税〔2016〕47号第三条)

政策规定	发票开具情形
纳税人(一般纳税人/小规模纳税人)转让2016年4月30日前取得的土地使用权,可以选择适用简易计税方法,以取得的全部价款和价外费用减去取得该土地使用权的原价后的余额为销售额,按照5%的征收率计算缴纳增值税。	5%差额预缴、5%差额申报;可以开5%全额专用发票。

(十五)物业管理服务中收取自来水水费(国家税务总局公告2016年第54号)

政策规定	发票开具情形
提供物业管理服务的纳税人(一般纳税人/小规模纳税人),向服务接受方收取的自来水水费,以扣除其对外支付的自来水水费后的余额为销售额,按照简易计税方法依3%的征收率计算缴纳增值税。	全额开具3%发票,可以是增值税3%专用发票,申报时凭支付自来水水费的发票扣除差额,进项税额不得抵扣。

风险提示:该政策有严格的条件和范围,不得擅自扩大。原《物业管理条例》第二十四条规定:"国家提倡建设单位按照房地产开发与物业管理相分离的原则,通过招投标的方式选聘具有相应资质的物业服务企业。住宅物业的建设单位,应当通过招投标的方式选聘具有相应资质的物业服务企业;投标人少于3个或者住宅规模较小的,经物业所在地的区、县人民政府房地产行政主管部门批准,可以采用协议方式选聘具有相应资质的物业服务企业。"(根据2018年3月19日《国务院关于修改和废止部分行政法规的决定》的第三次修订,删去了该条中的"具有相应资质的"规定)

$$应纳税额 = (收取的自来水水费含税 - 对外支付的自来水水费含税) \div (1+3\%) \times 3\%$$

其中,收取的自来水水费和对外支付的自来水水费均为含税价。

(十六) 教辅单位为境外单位提供境内考试服务（国家税务总局公告2016年第69号第六条）

政策规定	发票开具情形
境外单位通过教育部考试中心及其直属单位在境内开展考试,教育部考试中心及其直属单位应以取得的考试费收入扣除支付给境外单位考试费后的余额为销售额,按提供"教育辅助服务"缴纳增值税;就代为收取并支付给境外单位的考试费统一扣缴增值税。教育部考试中心及其直属单位代为收取并支付给境外单位的考试费,不得开具增值税专用发票,可以开具增值税普通发票。	（1）两张发票：支付给境外单位的考试费开具普通发票,剩余部分可开具6%专用发票。 （2）全额开具一张普通发票。

(十七) 签证代理服务（国家税务总局公告2016年第69号第七条）

政策规定	发票开具情形
纳税人提供签证代理服务,以取得的全部价款和价外费用,扣除向服务接受方收取并代为支付给外交部和外国驻华使(领)馆的签证费、认证费后的余额为销售额。向服务接受方收取并代为支付的签证费、认证费,不得开具增值税专用发票,可以开具增值税普通发票。	（1）两张发票：代为支付的签证费、认证费开具普通发票,剩余部分可开具6%专用发票。 （2）全额开具一张普通发票。

(十八) 电信企业为公益性机构接受捐款（财税〔2016〕39号第一条）

政策规定	发票开具情形
中国移动通信集团公司、中国联合网络通信集团有限公司、中国电信集团公司及其成员单位通过手机短信公益特服号为公益性机构接受捐款,以其取得的全部价款和价外费用,扣除支付给公益性机构捐款后的余额为销售额。其接受的捐款,不得开具增值税专用发票。	（1）两张发票：接受的捐款开具普通发票,剩余部分可开具专用发票。 （2）全额开具一张普通发票。

(十九) 中国证券登记结算公司结算费（财税〔2016〕39号第二条）

政策规定	发票开具情形
中国证券登记结算公司的销售额,不包括以下资金项目：按规定提取的证券结算风险基金;代收代付的证券公司资金交收违约垫付资金利息;结算过程中代收代付的资金交收违约罚息。	（1）扣除项目开具普通发票,剩余部分可开具专用发票。 （2）全额开具一张普通发票。

(二十) 代理进口按规定免征进口增值税的货物（国家税务总局公告2016年第69号第八条）

政策规定	政策解读
纳税人代理进口按规定免征进口增值税的货物,其销售额不包括向委托方收取并代为支付的货款。向委托方收取并代为支付的款项,不得开具增值税专用发票,可以开具增值税普通发票。	本条解决了代理进口货款处理的问题,允许代收代付的货款不作为价外费用,不包括在销售额之中。这部代付货款只可以开具普通发票。纳税申报时比照差额征税申报处理。

(二十一) 航空运输销售代理企业提供境外航段机票代理服务（财税〔2017〕90号第三条）

政策规定	发票开具情形
自2018年1月1日起,航空运输销售代理企业提供境外航段机票代理服务,以取得的全部价款和价外费用,扣除向客户收取并支付给其他单位或者个人的境外航段机票结算款和相关费用后的余额为销售额。其中,支付给境内单位或者个人的款项,以发票或行程单为合法有效凭证;支付给境外单位或者个人的款项,以签收单据为合法有效凭证,税务机关对签收单据有疑义的,可以要求其提供境外公证机构的确认证明。 航空运输销售代理企业,是指根据《航空运输销售代理资质认可办法》取得中国航空运输协会颁发的"航空运输销售代理业务资质认可证书",接受中国航空运输企业或通航中国的外国航空运输企业委托,依照双方签订的委托销售代理合同提供代理服务的企业。	全额开票,差额申报。

(二十二)航空运输销售代理企业提供境内机票代理服务(国家税务总局公告2018年第42号第二条)

政策规定	发票开具情形
航空运输销售代理企业提供境内机票代理服务,以取得的全部价款和价外费用,扣除向客户收取并支付给航空运输企业或其他航空运输销售代理企业的境内机票净结算款和相关费用后的余额为销售额。其中,支付给航空运输企业的款项,以国际航空运输协会(IATA)开账与结算计划(BSP)对账单或航空运输企业的签收单据为合法有效凭证;支付给其他航空运输销售代理企业的款项,以代理企业间的签收单据为合法有效凭证。	航空运输销售代理企业就取得的全部价款和价外费用,向购买方开具行程单,或开具增值税普通发票。

三、差额扣税凭证规范

(一)差额扣税凭证一般规范(财税〔2016〕36号附件2)

政策规定	政策解读
试点纳税人按照上述规定从全部价款和价外费用中扣除的价款,应当取得符合法律、行政法规和国家税务总局规定的有效凭证。否则,不得扣除。 上述凭证是指: (1)支付给境内单位或者个人的款项,以发票为合法有效凭证。 (2)支付给境外单位或者个人的款项,以该单位或者个人的签收单据为合法有效凭证,税务机关对签收单据有疑义的,可以要求其提供境外公证机构的确认证明。 (3)缴纳的税款,以完税凭证为合法有效凭证。 (4)扣除的政府性基金、行政事业性收费或者向政府支付的土地价款,以省级以上(含省级)财政部门监(印)制的财政票据为合法有效凭证。 (5)国家税务总局规定的其他凭证。 纳税人取得的上述凭证属于增值税扣税凭证的,其进项税额不得从销项税额中抵扣。	明确不得一票两用,如果某一增值税扣税凭证用于差额确定销售额时的销售额扣除凭证,则该增值税扣税凭证不得再作为进项税额的抵扣凭证。

金融商品转让并不在《财政部 国家税务总局关于全面推开营业税改征增值税试点的通知》(财税〔2016〕36号)附件2第一条(三)销售额11点4~10款的规定内,按买入价规定执行即可。

(二)差额扣税凭证具体规定

扣除项目	政策依据	具体规定
建筑业扣除分包款的凭证	国家税务总局公告2016年第17号	第六条 纳税人按照上述规定从取得的全部价款和价外费用中扣除支付的分包款,应当取得符合法律、行政法规和国家税务总局规定的合法有效凭证,否则不得扣除。 上述凭证是指: (一)从分包方取得的2016年4月30日前开具的建筑业营业税发票。 上述建筑业营业税发票在2016年6月30日前可作为预缴税款的扣除凭证。 (二)从分包方取得的2016年5月1日后开具的,备注栏注明建筑服务发生地所在县(市、区)、项目名称的增值税发票。 (三)国家税务总局规定的其他凭证。
转让不动产差额扣除凭证	国家税务总局公告2016年第73号	第一条 纳税人转让不动产,按照有关规定差额缴纳增值税的,如因丢失等原因无法提供取得不动产时的发票,可向税务机关提供其他能证明契税计税金额的完税凭证等资料,进行差额扣除。 第二条 纳税人以契税计税金额进行差额扣除的,按照下列公式计算增值税应纳税额: (一)2016年4月30日及以前缴纳契税的: $$增值税应纳税额 = \left[\frac{全部交易价格}{(含增值税)} - \frac{契税计税金额}{(含营业税)}\right] \div (1+5\%) \times 5\%$$ (二)2016年5月1日及以后缴纳契税的: $$增值税应纳税额 = \left[\frac{全部交易价格}{(含增值税)} \div (1+5\%) - \frac{契税计税金额}{(不含增值税)}\right] \times 5\%$$ 第三条 纳税人同时保留取得不动产时的发票和其他能证明契税计税金额的完税凭证等资料的,应当凭发票进行差额扣除。

（续表）

扣除项目	政策依据	具体规定
提供旅游服务	国家税务总局公告2016年第69号	第九条 纳税人提供旅游服务，将火车票、飞机票等交通费发票原件交付给旅游服务购买方而无法收回的，以交通费发票复印件作为差额扣除凭证。

四、差额征税开票实务（国家税务总局公告2016年第23号第四条）

按照现行政策规定适用差额征税办法缴纳增值税，且不得全额开具增值税发票的（财政部、税务总局另有规定的除外），纳税人自行开具或者税务机关代开增值税发票时，通过新系统中差额征税开票功能，录入含税销售额（或含税评估额）和扣除额，系统自动计算税额和不含税金额，备注栏自动打印"差额征税"字样，发票开具不应与其他应税行为混开。

开票方式1	开票方式2	开票方式3
通过增值税发票管理新系统差额开票功能，选择差额开票方式开具一张专用发票。 该功能主要针对必须开具一张专用发票，且销项税中有一部分是不允许抵扣的情况，如果收票方坚持要一票结算，可以使用该功能，如转让不动产。 在理解和操作中须把握一条原则：明确规定扣除部分不得开具增值税专用发票的，如果开具增值税专用发票时，必须差额开票把扣除部分给"差额"掉。	通过增值税发票管理新系统中正常开票功能，开具两张发票。扣除部分开具一张普通发票，不得开具专用发票；余额部分开具一张增值税专用发票。虽然多开一张发票，但是开票准确，申报简便。 例如，经纪代理服务、旅游服务、劳务派遣、融资租赁和融资性售后回租业务等服务。	通过增值税发票管理新系统中正常开票功能，开具一张增值税普通发票。 如果收票方完全不需要进行抵扣，那么此时只需要开具一张全额、全税的增值税普通发票即可。下一步差额的扣除，都可以通过附表三结转至附表一。

风险提示：实务中差额开具专用发票的情形，主要限定两项业务：一是销售取得（不含自建）的不动产，适用（或选择适用）简易计税方法；二是北京、上海、广州、深圳的个人，将购买2年以上（含2年）的非普通住房对外销售。这两项业务，可选择差额征税功能开票，也可以全额开普票。其他差额征税项目，如果文件规定扣除项目不得开具专用发票的，可开具两张发票，不得开具专票的扣除部分开具普票，余额部分开专票，也可以全额开具普票。凡文件未标明不得开具增值税专用发票情形的，均为可以全额开具且全额计算销项税额的发票，不必通过差额征税模块开具。无论选择其中哪一种，均要保证增值税的应纳税额和可抵扣的进项税额是一致的。

（一）正常开票的差额征税项目（全额开票，差额申报）

（1）中国证券登记结算公司的销售额。不包括以下资金项目：按规定提取的证券结算风险基金；代收代付的证券公司资金交收违约垫付资金利息；结算过程中代收代付的资金交收违约罚息。（财税〔2016〕39号）

（2）建筑服务预缴以及建筑服务简易计税可扣除支付的分包款。（财税〔2016〕36号附件2）

（3）房地产销售，一般计税可扣除当期允许扣除的土地价款。（财税〔2016〕36号附件2）

（4）符合规定的试点纳税人提供融资租赁服务，以取得的全部价款和价外费用，扣除支付的借款利息（包括外汇借款和人民币借款利息）、发行债券利息和车辆购置税后的余额为销售额。（财税〔2016〕36号附件2）

（5）符合规定的试点纳税人提供融资性售后回租服务，以取得的全部价款和价外费用（不含本金），扣除对外支付的借款利息（包括外汇借款和人民币借款利息）、发行债券利息后的余额作为销售额。（财税〔2016〕36号附件2）

（6）提供物业管理服务的纳税人，向服务接受方收取的自来水水费，以扣除其对外支付的自来水水费后的余额为销售额，按照简易计税方法依3%的征收率计算缴纳增值税。（国家税务总局公告2016年第54号）

(7) 纳税人转让 2016 年 4 月 30 日前取得的土地使用权,可以选择适用简易计税方法,以取得的全部价款和价外费用减去取得该土地使用权的原价后的余额为销售额,按照 5% 的征收率计算缴纳增值税。(财税〔2016〕47 号)

(8) 自 2018 年 1 月 1 日起,航空运输销售代理企业提供境外航段机票代理服务,以取得的全部价款和价外费用,扣除向客户收取并支付给其他单位或者个人的境外航段机票结算款和相关费用后的余额为销售额。(财税〔2017〕90 号)

(9) 试点纳税人中的一般纳税人提供客运场站服务,以其取得的全部价款和价外费用,扣除支付给承运方运费后的余额为销售额。(财税〔2016〕36 号附件 2)

(10) 航空运输企业的销售额,不包括代收的机场建设费和代售其他航空运输企业客票而代收转付的价款。(财税〔2016〕36 号附件 2)

【例 3-4】 2022 年 4 月,A 公司将一项工程发包给 B 公司,工程造价 1 000 万元。B 公司把其中的 200 万元分包给 C 公司,B 公司采取简易计税,B 公司收到工程款 1 000 万元,开具发票上的税额为 1 000÷1.03×3%=29.13(万元),差额纳税=(1 000-200)÷1.03×3%=23.3(万元),A 公司取得发票的进项税额为 29.13 万元。

会计处理(单位:万元)	纳税申报

(1) B 公司收到款项,全额开票:
借:银行存款   1 000.00
  贷:合同结算   970.87
    应交税费——简易计税(970.87×3%)
           29.13
(2) 取得分包发票,差额纳税:
借:合同履约成本——工程施工 194.17
  应交税费——简易计税 5.83
  贷:银行存款   200.00
B 公司差额纳税=29.13-5.83=23.3(万元)。
	通过服务、不动产和无形资产扣除项目的填写实现差额纳税。
	(1) 填写附表三《服务、不动产和无形资产扣除项目明细》第 3 列本期发生额填 200 万元。
	(2) 填写附表一《销售明细表》,第 12 列服务、不动产和无形资产扣除项目本期实际扣除金额填 200 万元,扣除后含税销售额填 800 万元,销项税额填 23.3 万元。
	(3) 填写主表,简易计税办法计算的应纳税额填 23.3 万元,应纳税额合计填 23.3 万元。

(二)不得开具增值税专用发票(差额开票、差额申报)

销售方差额纳税,购买方差额抵扣税款,体现了销售方征多少增值税,购买方抵多少增值税的原理。对于不允许开具专用发票的扣除项目,开具普通发票,扣除后的差额部分开具专用发票。或直接全额开具一张普通发票。不允许开具专用发票的扣除项目如下表:

(1) 经纪代理服务,以取得的全部价款和价外费用,扣除向委托方收取并代为支付的政府性基金或者行政事业性收费后的余额为销售额。向委托方收取的政府性基金或者行政事业性收费,不得开具增值税专用发票。(财税〔2016〕36 号附件 2)

理解:代付款发票由收款单位开具。

(2) 试点纳税人提供有形动产融资性售后回租服务,向承租方收取的有形动产价款本金,不得开具增值税专用发票,可以开具普通发票。(财税〔2016〕36 号附件 2)

理解:承租方购进有形动产时已抵扣,出租时不征增值税,如果回租时开具增值税专用发票,会造成重复抵扣。

(3) 旅游服务,可以选择以取得的全部价款和价外费用,扣除向旅游服务购买方收取并支付给其他单位或者个人的住宿费、餐饮费、交通费、签证费、门票费和支付给其他接团旅游企业的旅游费用后的余额为销售额。向旅游服务购买方收取并支付的上述费用,不得开具增值税专用发票,可以开具普通发票。(财税〔2016〕36 号附件 2)

理解:代付款发票由收款单位或个人开具。

(4) 纳税人提供劳务派遣服务,可以选择差额纳税,以取得的全部价款和价外费用,扣除代用工单位支付给劳务派遣员工的工资、福利和为其办理社会保险及住房公积金后的余额为销售额,按照简易计税方法依 5% 的征收率计算缴纳增值税。选择差额纳税的纳税人,向用工单位收取用于支付给劳务派遣员工工资、福利和为其办理社会保险及住房公积金的费用,不得开具增值税专用发票,可以开具普通发票。(财税〔2016〕47 号)

(5) 安保服务包括场所住宅保安、特种保安、安全系统监控、提供武装守护押运服务以及其他安保服务。纳税人提供安全保护服务,比照劳务派遣服务政策执行。(财税〔2016〕68 号)

(6) 纳税人提供人力资源外包服务,按照经纪代理服务缴纳增值税,其销售额不包括受客户单位委托代为向客户单位员工发放的工资和代理缴纳的社会保险、住房公积金。向委托方收取并代为发放的工资和代理缴纳的社会保险、住房公积金,不得开具增值税专用发票,可以开具普通发票。(财税〔2016〕47 号)

(7) 中国移动通信集团公司、中国联合网络通信集团有限公司、中国电信集团公司及其成员单位通过手机短信公益特服号为公益性机构接受捐款,以其取得的全部价款和价外费用,扣除支付给公益性机构捐款后的余额为销售额。其接受的捐款,不得开具增值税专用发票。(财税〔2016〕39 号)

（续表）

（8）纳税人提供签证代理服务，以取得的全部价款和价外费用，扣除向服务接受方收取并代为支付给外交部和外国驻华使（领）馆的签证费、认证费后的余额为销售额。向服务接受方收取并代为支付的签证费、认证费，不得开具增值税专用发票，可以开具增值税普通发票。（国家税务总局公告2016年第69号）	（10）境外单位通过教育部考试中心及其直属单位在境内开展考试，教育部考试中心及其直属单位提供的教育辅助服务，以取得的考试费收入扣除支付给境外单位考试费后的余额为销售额，就代为收取并支付给境外单位的考试费统一扣缴增值税。教育部考试中心及其直属单位代为收取并支付给境外单位的考试费，不得开具增值税专用发票，可以开具增值税普通发票。（国家税务总局公告2016年第69号）
（9）纳税人代理进口按规定免征进口增值税的货物，其销售额向委托方收取并代为支付的货款。向委托方收取并代为支付的款项，不得开具增值税专用发票，可以开具增值税普通发票。（国家税务总局公告2016年第69号）	（11）金融商品转让，按照卖出价扣除买入价后的余额为销售额，不得开具增值税专用发票。金融商品转让，不得开具增值税专用发票。（财税〔2016〕36号附件2） 理解：购买方不凭票抵扣，可根据"卖出价－买入价"差额征税。 （12）纳税人销售取得（不含自建）的不动产，适用（或选择适用）简易计税方法的，以取得的全部价款和价外费用减去该项不动产购置原价或者取得不动产时的作价后的余额为销售额，按照5%的征收率计算应纳税额。（财税〔2016〕36号附件2）

以上第（12）项既可选择差额征税功能开票，也可选择全额开普票。

（1）至（11）项，建议不使用"差额开票"功能开票，理由是国家税务总局货劳司2016年10月14日回复旅游服务业差额征税政策：选择差额征税政策的业务如需开具增值税专用发票，开具两张发票；差额部分开具增值税普通发票，非差额部分开具增值税专用发票；开具增值税普通发票，即全额开具普通发票即可，两种方式均不使用"差额开票"功能。

依据国家税务总局公告2016年第23号文件的规定，按照现行政策规定适用差额征税办法缴纳增值税，且不得全额开具增值税发票的（财政部、税务总局另有规定的除外），纳税人自行开具或者税务机关代开增值税发票时，通过新系统中差额征税开票功能，录入含税销售额（或含税评估额）和扣除额，系统自动计算税额和不含税金额，备注栏自动打印"差额征税"字样，发票不得与其他应税行为混开。

【例3-5】 2022年4月，某一般纳税人C提供劳务派遣服务，选择适用差额征税，含税销售额100万元，扣除额80万元，征收率5%。不得开具专用发票，是指扣除额80万元部分不得开具，企业有两种开票方式：第一种是开一张100万元的普通发票，申报时扣除差额80万元；第二种是开一张80万元的普通发票和一张20万元的专用发票（金额19.05万元，税额0.95万元，税率5%），申报时扣除差额。这种方法下销售方差额纳税（100－80）÷1.05×5%＝0.95（万元），购买方差额扣抵税款0.95万元。

五、差额征税的账务处理

（一）采用总额法核算

增值税会计处理规定	财政部解读
企业发生相关成本费用允许扣减销售额的账务处理。按现行增值税制度规定企业发生相关成本费用允许扣减销售额的，发生成本费用时，按应付或实际支付的金额，借记"主营业务成本""存货""工程施工"等科目，贷记"应付账款""应付票据""银行存款"等科目。待取得合规增值税扣税凭证且纳税义务发生时，按照允许抵扣的税额，借记"应交税费——应交增值税（销项税额抵减）"或"应交税费——简易计税"科目（小规模纳税人应借记"应交税费——应交增值税"科目），贷记"主营业务成本""存货""工程施工"等科目。	关于企业发生相关成本费用允许扣减销售额的账务处理中涉及的存货类科目。 《财政部关于印发〈增值税会计处理规定〉的通知》第二条第（三）项第一目中，企业发生相关成本费用按现行增值税制度规定允许扣减销售额的，在发生成本费用时，按应付或实际支付的金额，借记"主营业务成本""存货""工程施工"等科目，贷记"应付账款""应付票据""银行存款"等科目。其中，"存货"类的科目具体包括"材料采购""原材料""库存商品""开发成本"等科目，企业应根据本单位业务的实际情况予以确定。

	(续表)
借：主营业务成本/存货/工程施工 　　贷：应付账款/应付票据/银行存款 借：应交税费——应交增值税（销项税额抵减） 　　应交税费——简易计税 　　应交税费——应交增值税 　　贷：主营业务成本/存货/工程施工等	其中，销项税额抵减额＝按规定允许服务、不动产和无形资产扣除项目本期实际扣除金额÷(100％＋税率或征收率)×税率或征收率，税率是提供应税行为适用的税率。 (1)一般纳税人采用一般计税方法的项目增值税差额征税，记入"应交税费——应交增值税（销项税额抵减）"科目； (2)一般纳税人采用简易计税方法的项目增值税差额征税，记入"应交税费——简易计税"科目； (3)小规模纳税人增值税差额征税项目，记入"应交税费——应交增值税"科目。

要点提示：建筑企业预缴税款时，以取得的全部价款和价外费用扣除支付的分包款后的余额按规定的预征率计算应预缴税款，这时"扣除支付的分包款"不属于营改增差额征税核算，预缴税款应全额在"应交税费——预交增值税"科目核算。

【例3-6】 某企业是从事旅游服务的一般纳税人，选择差额征税方式，销售额按总额法计入，2022年4月共取得旅游收入53万元，其中包含向其他单位支付的住宿费12.36万元、餐饮费51 500元、交通费30 900元、门票费11.2万元。开具增值税专用发票注明金额为20万元，税额为12 000元，开具增值税普通发票31.8万元，不考虑其他情况。

借：银行存款　　　　　　　　　530 000 　　贷：主营业务收入　　　　　　500 000 　　　　应交税费——应交增值税（销项税额）30 000 借：主营业务成本　　　　　　　318 000 　　贷：银行存款　　　　　　　　318 000 借：应交税费——应交增值税（销项税额抵减） 　　　　　　　　　　　　　　　18 000 　　贷：主营业务成本——住宿费等　18 000	本案例中，不管扣除项目"住宿费12.36万元、餐饮费5.15万元、交通费3.09万元、门票费11.20万元"适用的是税率还是征收率，计算"销项税额抵减"时都按照旅游服务适用的税率6％计算。

(二) 采用净额法核算

在收入采用净额法确认的情况下，按照增值税有关规定确定的销售额计算增值税销项税额并计入"应交税费——应交增值税（销项税额）"。

【例3-7】 某客运场站为增值税一般纳税人，为客运公司提供客源组织、售票、检票、发车、运费结算等服务。该企业采用差额征税的方式，以其取得的全部价款和价外费用，扣除支付给承运方运费后的余额为销售额。2022年4月，该企业向旅客收取车票款项530 000元，应向客运公司支付477 000元，剩下的53 000元中，50 000元作为销售额，3 000元为增值税销项税额。根据该项经济业务，企业可作如下账务处理：

借：银行存款　　　　530 000 　　贷：应付账款　　　　477 000 　　　　主营业务收入　　50 000 　　　　应交税费——应交增值税（销项税额）　　　　3 000	该例题即反映了增值税中的差额征税，差额征收增值税的销售额是(530 000－477 000)÷1.06＝50 000(元)，对应的销项税额是50 000×6％＝3 000(元)。该例题假设客运场站属于销售代理人，而不是主要责任人来处理的，因此仅将客运场站最终取得的差额收入相当于手续费收入作为会计收入，也就是不含税的5 000元。如果客运场站属于主要责任人，则其可将全部530 000元确认为主营业务收入和销项税额，将支付出去的477 000元确认为主营业务成本和销项税额抵减。

第八节　进项税额扩抵减税解析与应用

一、不动产两次抵扣政策改为一次性抵扣

政策依据：

> 《财政部　税务总局　海关总署关于深化增值税改革有关政策的公告》(财政部　税务总局　海关总署公告2019年第39号)；
> 《国家税务总局关于深化增值税改革有关事项的公告》(国家税务总局公告2019年第14号)；
> 《国家税务总局关于调整增值税纳税申报有关事项的公告》(国家税务总局公告2019年第15号)。

财政部　税务总局海关总署公告2019年第39号	国家税务总局公告2019年第14号	国家税务总局公告2019年第15号
自2019年4月1日起，《试点有关事项的规定》第一条第（四）项第一点、第二条第（一）项第一点停止执行，纳税人取得不动产或者不动产在建工程的进项税额不再分2年抵扣。此前按照上述规定尚未抵扣完毕的待抵扣进项税额，可自2019年4月税款所属期起从销项税额中抵扣。	已抵扣进项税额的不动产，发生非正常损失，或者改变用途，专用于简易计税方法计税项目、免征增值税项目、集体福利或者个人消费的，按照下列公式计算不得抵扣的进项税额，并从当期进项税额中扣减： $$\text{不得抵扣的进项税额} = \text{已抵扣进项税额} \times \text{不动产净值率}$$ $$\text{不动产净值率} = \left(\text{不动产净值} \div \text{不动产原值} \right) \times 100\%$$ 按照规定不得抵扣进项税额的不动产，发生用途改变，用于允许抵扣进项税额项目的，按照下列公式在改变用途的次月计算可抵扣进项税额： $$\text{可抵扣进项税额} = \text{增值税扣税凭证注明或计算的进项税额} \times \text{不动产净值率}$$ 本公告自2019年4月1日起施行。《不动产进项税额分期抵扣暂行办法》（国家税务总局公告2016年第15号发布）同时废止。	截至2019年3月税款所属期，《国家税务总局关于全面推开营业税改征增值税试点后增值税纳税申报有关事项的公告》（国家税务总局公告2016年第13号）附件1中《增值税纳税申报表附列资料（五）》第6栏"期末待抵扣不动产进项税额"的期末余额，可以自本公告施行后结转填入《增值税纳税申报表附列资料（二）》第8b栏"其他"。 本公告自2019年5月1日起施行，国家税务总局公告2016年第13号附件1中《增值税纳税申报表附列资料（五）》废止。

不动产一次性抵扣政策需要掌握两个关键点：

一是政策执行起始日。自2019年4月1日起，原先没有抵扣完毕的不动产待抵扣进项税额，可以从4月税款所属期销项税额中抵扣，即将原记入"应交税费——待抵扣进项税额"科目的40%部分，在4月转入"应交税费——应交增值税（进项税额）"科目，填入2019年4月税款所属期的《增值税纳税申报表附列资料（二）》第8b栏"其他"，在5月申报期申报。自2019年4月1日起纳税人取得不动产或者不动产在建工程的进项税额不再分2年抵扣。其会计处理是：

借：应交税费——应交增值税（进项税额）
　　贷：应交税费——待抵扣进项税额（不动产）

二是抵扣后又转出如何确定金额。如果从2019年4月1日起，进项税已经抵扣了的不动产，又发生了不能抵扣进项税的情形，也就是非正常损失、专用于简易计税、免税项目、集体福利和个人消费，这时应该计算不得抵扣的进项税额。

(一)不动产一次性抵扣的政策

政策规定	注意事项
(1) 2019年4月1日后购入的不动产,纳税人可在购进当期,一次性予以抵扣。 (2) 2019年4月1日前购入的不动产,还没有抵扣的进项税额的40%部分,从2019年4月所属期开始,允许全部从销项税额中抵扣。	(1)"自2019年4月税款所属期起从销项税额中抵扣",一般情况下,纳税人从自身税款缴纳、资金占用角度考虑,在2019年4月所属期就应该将待抵扣部分转入进项税额。但是,如果发生个别纳税人4月以后要求转入的,也是允许的。 (2)纳税人将待抵扣的不动产进项税额转入抵扣时,需要一次性全部转入,不得分次转入。

(二)不动产进项税额转进转出

政策规定	注意事项
(1)已抵扣进项税额的不动产,如果发生非正常损失,或者改变用途,专用于简易计税方法计税项目、免征增值税项目、集体福利或者个人消费的,按照公式计算不得抵扣的进项税额,并从当期进项税额中扣减。 (2)按照规定不得抵扣进项税额的不动产,发生用途改变,用于允许抵扣进项税额项目的,按照公式在改变用途的次月计算可抵扣进项税额。	(1)不动产进项税额转进转出,都是按照不动产净值率计算,不动产净值率是不动产净值与不动产原值的比,不动产净值、原值与企业会计核算应保持一致。 (2)不动产发生用途改变,进项税额转进转出的时间有所不同。需要转出的,是在发生的当期转出;需要转入的,是在发生的下期转入。

【例3-8】 2022年7月,一项价值1 000万元的不动产被改变了用途,之前专门用于集体福利,用了5年,现在净值是750万元,原先已抵扣过110万元的进项税额。

不得抵扣的进项税额=110×(750÷1 000)=82.5(万元),这82.5万元就需要做进项税额转出。

二、购进国内旅客运输服务纳入抵扣范围

政策依据:

《财政部 税务总局 海关总署关于深化增值税改革有关政策的公告》(财政部 税务总局 海关总署公告2019年第39号);
《国家税务总局关于国内旅客运输服务进项税抵扣等增值税征管问题的公告》(国家税务总局公告2019年第31号)。

财政部 税务总局 海关总署公告2019年第39号	国家税务总局公告2019年第31号
纳税人购进国内旅客运输服务,其进项税额允许从销项税额中抵扣。 (1)纳税人未取得增值税专用发票的,暂按照以下规定确定进项税额: ① 取得增值税电子普通发票的,为发票上注明的税额。 ② 取得注明旅客身份信息的航空运输电子客票行程单的,为按照下列公式计算进项税额: 航空旅客运输进项税额=(票价+燃油附加费)÷(1+9%)×9% ③ 取得注明旅客身份信息的铁路车票的,为按照下列公式计算进项税额: 铁路旅客运输进项税额=票面金额÷(1+9%)×9% ④ 取得注明旅客身份信息的公路、水路等其他客票的,按照下列公式计算进项税额: 公路、水路等其他旅客运输进项税额=票面金额÷(1+3%)×3% (2)《试点实施办法》第二十七条第(六)项和《营业税改征增值税试点有关事项的规定》(财税〔2016〕36号附件2)第二条第(一)项第5点中"购进的旅客运输服务、贷款服务、餐饮服务、居民日常服务和娱乐服务"修改为"购进的贷款服务、餐饮服务、居民日常服务和娱乐服务"。	自2019年9月16日起,关于国内旅客运输服务进项税额抵扣包括以下内容: (1)《财政部 税务总局 海关总署关于深化增值税改革有关政策的公告》(财政部 税务总局 海关总署公告2019年第39号)第六条所称"国内旅客运输服务",限于与本单位签订了劳动合同的员工,以及本单位作为用工单位接受的劳务派遣员工发生的国内旅客运输服务。 (2)纳税人购进国内旅客运输服务,以取得的增值税电子普通发票上注明的税额为进项税额的,增值税电子普通发票上注明的购买方"名称""纳税人识别号"等信息,应当与实际抵扣税款的纳税人一致,否则不予抵扣。 (3)纳税人允许抵扣的国内旅客运输服务进项税额,是指纳税人2019年4月1日及以后实际发生,并取得合法有效增值税扣税凭证注明的或依据计算的增值税税额。以增值税专用发票或增值税电子普通发票为增值税扣税凭证的,为2019年4月1日及以后开具的增值税专用发票或增值税电子普通发票。

（续表）

财政部　税务总局　海关总署公告2019年第39号	国家税务总局公告2019年第31号
为便于实际征管操作，财政部、税务总局、海关总署公告2019年第39号文件区分不同的运输方式设置不同的扣税凭证和可抵扣进项税额的计算方法。和其他进项税额抵扣一样，旅客运输最基本的扣税凭证还是增值税专用发票。因此，如果纳税人相应取得了增值税专用发票，直接凭专票抵扣。在未取得专票的情况下，需要分以下情况来分别处理： 　　第一种情况，是凭电子普票据实抵扣。也就是说，如果纳税人取得增值税电子普通发票，可以直接凭发票上注明的税额进行抵扣。目前，部分航空公司已经开始推行了电子普票。 　　第二种情况，航空和铁路凭客票按9%税率抵扣。考虑到航空和铁路客运已全部采取实名制购票，客票样式也都是全国统一的，航空运输是电子客票行程单，铁路运输是铁路车票，而且航空、铁路旅客运运输企业集约化程度高，规模大，基本上都是按照一般计税方法计税的，因此，针对航空和铁路这类征管基础好、风险相对低且可抵扣进项税额确定的，以客票上注明的价款按照9%税率计算抵扣。 　　第三种情况，其他客运按3%计算抵扣。除航空、铁路客票以外，包括公路、水路在内的其他旅客运输，客票式样种类繁多、样式不统一，也基本没有集中统一的客票电子信息。目前仅有一小部分客票已采取实名购票并可以从客票上获取旅客身份信息。更重要的一点是，以公路、水路运输单位，既有一般纳税人，又有小规模纳税人，一般纳税人中还有一部分提供公共运输服务可以选择简易计税。因此，受票方仅凭拿到的客票，无法得知开票方如何交的税，自己可以扣多少。在这种现实情况下，为防范风险，先对其他客运统一暂按3%抵扣，待下一步将相关客运票证纳入增值税发票管理系统之后，再实现凭增值税发票据实抵扣。	（1）关于国内旅客运输服务的抵扣范围。 　　《国家税务总局关于国内旅客运输服务进项税额抵扣等增值税征管问题的公告》（国家税务总局公告2019年第31号）明确，允许抵扣的国内旅客运输服务，限于与本单位签订了劳动合同的员工，以及本单位作为用工单位接受的劳务派遣员工发生的国内旅客运输服务。主要考虑：一是遵循增值税基本规定。纳税人实际接受或负担的、与其生产经营相关的购进项目，才允许抵扣进项税额。员工以其单位经营活动为目的发生的旅客运输服务，与本单位生产经营相关。二是遵循经济业务实际。考虑到实际业务中，以劳务派遣形式用工时，派遣人员直接受用工单位指派进行业务活动，与单位员工工作性质一致。 　　（2）关于旅客运输服务增值税电子普通发票的开具要求。 　　增值税电子普通发票通过增值税电子发票系统开具，可以选择开具给个人或单位。《国家税务总局关于国内旅客运输服务进项税额抵扣等增值税征管问题的公告》（国家税务总局公告2019年第31号）明确了纳税人购进国内旅客运输服务，以增值税电子普通发票作为抵扣凭证的相关要求。即纳税人购进国内旅客运输服务，以取得的增值税电子普通发票上注明的税额为进项税额的，增值税电子普通发票上注明的购买方"名称""纳税人识别号"等信息，应当与实际抵扣税款的纳税人一致。 　　（3）关于旅客运输服务进项税额抵扣的衔接。 　　按照现行政策规定，自2019年4月1日起，一般纳税人购进国内旅客运输服务，其进项税额允许从销项税额中抵扣。遵循纳税义务发生时间的基本原则，《国家税务总局关于国内旅客运输服务进项税额抵扣等增值税征管问题的公告》（国家税务总局公告2019年第31号）明确，纳税人允许抵扣的国内旅客运输服务进项税额，是指纳税人2019年4月1日及以后实际发生，并取得现行合法有效的增值税扣税凭证抵扣的增值税额。其中，以增值税专用发票或增值税电子普通发票为增值税扣税凭证的，增值税专用发票或增值税电子普通发票的开具时间应为2019年4月1日及以后。

　　《财政部　税务总局关于支持个体工商户复工复业增值税政策的公告》（财政部　税务总局公告2020年第13号）规定的3%征收率（预征率）相关调整事项，不影响纳税人按照《财政部　税务总局　海关总署关于深化增值税改革有关政策的公告》（财政部　税务总局　海关总署公告2019年第39号）的规定，凭取得注明旅客身份信息的公路、水路等其他客票计算抵扣旅客运输进项税额。（12366防控疫情税收优惠政策热点问答第九期第3问）

（一）需要明确的问题

1. 旅客仅限于两类 　　一是与本单位签订了劳动合同的员工。也就是本单位正式员工。 　　二是本单位作为用工单位接受的劳务派遣员工。 　　2. 增值税电子普通发票开具要求 　　电子普票信息应与抵扣主体一致，发票上注明的购买方"名称""纳税人识别号"等信息，应当与实际抵扣税款的纳税人一致，否则不予抵扣。 　　3. 扣税凭证的时间要求 　　国家税务总局公告2019年第31号文件再次强调，必须是2019年4月1日及以后的凭证。	4. 如何理解国内旅客运输 　　财税〔2016〕36号附件4规定了国际旅客运输的三种情况： 　　（1）自境内载运旅客或货物出境。 　　（2）自境外载运旅客或货物进境。 　　（3）自境外某地载运旅客或货物到境外另一地方。 　　所以，起点和终点都在境内的旅客运输，才属于国内旅客运输。 　　国际旅客运输适用增值税零税率，没有对服务提供方征税，服务购进方也就不存在退税的问题。

(二)旅客运输抵扣凭证种类

抵扣凭证种类	进项税额抵扣计算
增值税专用发票	发票上注明的税额
增值税电子普通发票	发票上注明的税额
注明旅客身份信息的航空运输电子客票行程单	(票价+燃油附加费)÷(1+9%)×9%
注明旅客身份信息的铁路车票	票面金额÷(1+9%)×9%
注明旅客身份信息的公路、水路等其他客票	票面金额÷(1+3%)×3%

一般纳税人取得符合规定的通行费电子发票后,应当自开具之日起360日内登录本省(区、市)增值税发票选择确认平台,查询、选择用于申报抵扣的通行费电子发票信息。如果取得的是充值的"不征税"增值税电子普通发票,发票上没有税额,也就不能抵扣进项税额。现行政策未对增值税专用发票和电子普通发票以外的国内旅客运输服务凭证设定抵扣期限。

由于旅客运输增值税电子普通发票具有抵扣功能,因此,无论是增值税一般纳税人还是小规模纳税人提供公共交通运输服务,按照财政部、税务总局公告2022年第11号文件规定享受公共交通运输服务免征增值税政策的,在向客户开具增值税电子普通发票时,必须在税率或征收率栏次填写"免税"字样。

(三)抵扣时点

政策规定	把握"购进"时点
自2019年4月1日起,纳税人购进国内旅客运输服务,其进项税额允许从销项税额中抵扣。	"购进"时点是以"购进服务"的付款时点吗?还是以相关票据的开具时点吗?或是以"旅客"报销的时点吗? 以上时点都不准确。应该以提供国内旅客运输服务增值税纳税义务发生时间来界定"购进"时点。即:作为国内旅客运输服务的销售方,销售的国内旅客运输服务增值税纳税义务时间发生在4月1日及以后的,购进方取得的相应发票及其他有效凭证,可抵扣进项税额。

(四)申报表填报要求(国家税务总局公告2019年第15号)

抵扣申报	统计申报
(1)纳税人购进国内旅客运输服务,取得增值税专用发票的,按规定可抵扣的进项税额在申报时填写在申报表《附列资料(二)》第1栏"认证相符的增值税专用发票"相应栏次中。 (2)纳税人购进国内旅客运输服务,未取得增值税专用发票的,以增值税电子普通发票注明的税额(无需注明旅客身份信息),或凭注明旅客身份信息的航空、铁路、公路、水路等票据,按政策规定计算的可抵扣进项税额,填写在申报表《附列资料(二)》第8b栏"其他"中申报抵扣。	为做好深化增值税改革相关政策效应的统计分析工作,申报表《附列资料(二)》中第10栏"(四)本期用于抵扣的旅客运输服务扣税凭证",专用于旅客运输服务两项政策效应的统计分析。 纳税人申报的旅客运输服务,无论是取得增值税专用发票还是其他扣除凭证,都要在《附列资料(二)》第10栏"(四)本期用于抵扣的旅客运输服务扣税凭证"中进行统计,该栏次数据不会汇总至第12栏次"当期申报抵扣进项税额合计"中。 其中《附列资料(二)》第10栏"(四)本期用于抵扣的旅客运输服务扣税凭证":反映按规定本期购进旅客运输服务,所取得的扣税凭证上注明或按规定计算的金额和税额。 本栏次包括第1栏中按规定本期允许抵扣的购进旅客运输服务取得的增值税专用发票和第4栏中按规定本期允许抵扣的购进旅客运输服务取得的其他扣税凭证。本栏"金额""税额"≥0。

(五)航空机票抵扣事项

1.国际航空机票进项税额的处理

直飞机票	经停机票	联程机票
只有国内旅客运输才可以抵扣进项税额,国际运输适用零税率或免税,相应地,购买国际旅客运输服务不能抵扣进项税额。	全程不能抵扣进项税额。	对于国内转机部分的机票可以抵扣进项税额,对于国际段的机票则不能抵扣进项税额。

2. 机票抵扣时点的确认

机票上注明的时点有两个：一是填开日期，二是航班日期。按照财税〔2016〕36号附件1第四十五条第（一）项的规定，纳税人发生应税行为并收讫销售款项或者取得索取销售款项凭据的当天；先开具发票的，为开具发票的当天。收讫销售款项，是指纳税人销售服务、无形资产、不动产过程中或者完成后收到款项。取得索取销售款项凭据的当天，是指书面合同确定的付款日期；未签订书面合同或者书面合同未确定付款日期的，为服务、无形资产转让完成的当天或者不动产权属变更的当天。

对于填开日期晚于航班日期的，因航班日，空公司已经提供运输服务并收讫销售款项，因此，航空公司的纳税义务发生时间为"航班日期"。

对于填开日期早于航班日期的，因行程单不是增值税发票，不适用"先开具发票的为开具发票的当天"，因此，航空公司的纳税义务发生时间为提供服务的当天，也即"航班日期"。

综上，对于取得的行程单，确认其能否抵扣进项税额，应以"航班日期"为准，而不是以"填开日期"。

航空运输电子客票行程单一定要去查询真伪，查询网址：http://www.caac.gov.cn/INDEX/HLFW/DZKPYZ/（中国民用航空局网站首页中部"电子客票验真"）。不需要勾选认证，也就是没有360日限制。

3. 登机牌不能单独作为抵扣凭证

《财政部 税务总局 海关总署关于深化增值税改革有关政策的公告》（财政部 税务总局 海关总署公告2019年第39号）规定，取得注明旅客身份信息的航空运输电子客票行程单的，可以抵扣进项税额。因此，仅仅取得登机牌的不能抵扣进项税额。

机票报销的管理建议：登机牌＋行程单

由于目前机票可以退票，且部分航空公司不收回原机票。导致企业在报销时，仅凭行程单无法判别乘客是否实际购买旅客运输服务。

建议公司在报销机票时，除了要求员工提供行程单外，还要提供登机牌，以防退票再报销的情况。当然，也有不少航空公司要求退票必须提供原行程单，如东航等，也可以减少这种情况的发生。

4. 进项税额不计民航基金、改签费

航空运输的电子客票行程单上的价款是分项列示的，包括票价、燃油附加费和民航发展基金。民航发展基金属于政府性基金，不计入航空企业的销售收入。因此计算抵扣的基础是票价加燃油附加费。

《商品和服务税收分类编码表》中，不征税项目类别下编码6130000000000000000为"代收民航发展基金"。航空公司在提供国内旅客运输服务时代收的民航发展基金，可以选择该编码开具增值税电子普通发票。

CNY代表人民币；CN代表"民航发展基金"；YQ代表"燃油附加费"。可以抵减的金额为（票价＋燃油附加费）÷（1＋9%）×9%。

根据《财政部 税务总局 海关总署关于深化增值税改革有关政策的公告》（财政部 税务总局 海关总署公告2019年第39号）的规定，航空旅客运输服务计算进项可抵扣税额仅包含票价和燃油附加费，允许抵扣进项税额的国内旅客运输服务凭证，除增值税专用发票外，只限于增值税电子普通发票，和注明旅客身份信息的航空运输电子客票行程单、铁路车票、公路、水路等其他客票，不包括增值税普通发票。因此，纳税人取得飞机票改签费增值税普通发票不得抵扣进项税额。

5. OPEN机票不能抵扣进项税额

"OK"票，是指有具体的起飞时间，并确定好了座位的机票；"OPEN"票则是相对"OK"机票而言的，往返票回程不定日期为OPEN票，回程机票上标记为OPEN字样。

由于OPEN机票没有乘坐日期，因此，乘客没有实际购买该项服务，不能抵扣进项税额。

因此，在实际报销时，应将OPEN机票换为带日期的机票再凭登机牌才能抵扣进项税额。

6. 旅行社或网上代订机票取得的普通发票不能抵扣进项税额

企业通过旅行社或网上订票平台订购机票,取得的为增值税普通发票,发票上税收编码属于"旅游服务",税率栏为6%或×××的差额征税发票,不属于旅客运输服务,不属于合规的抵扣凭证,不能抵扣进项税额。	但如果取得增值税专用发票的,仍可以以发票上注明的税额抵扣进项税额。

(六)火车票补票、退票不能抵扣进项税额

关于乘客购进的火车票退票发生的退票费用,由于铁路公司未对乘客提供运输服务,因此,取得的退票凭证不能抵扣进项税额。	关于乘客因越站乘车等情形的补票行为取得的补票凭证,对于铁路公司来说,取得的属于价外费用,应按照提供"旅客运输服务"缴纳增值税。但由于凭证上并未记载乘客信息,因此,也不能抵扣进项税额。

【例3-9】 2022年4月,某公司职工小王出差,电子行程单上的票价和燃油附加费一共是1 090元,火车票545元,公路票103元。报销后,本月小王出差可抵扣的进项税额是多少元?

可抵扣的进项税额=1 090÷(1+9%)×9%+545÷(1+9%)×9%+103÷(1+3%)×3%=138(元)。

问题答疑:

问题1.增值税一般纳税人购进旅客运输服务未取得增值税专用发票,计算抵扣所形成的留抵税额可以申请退税吗?

解答:从设计原理看,留抵退税对应的发票应为增值税专用发票(含税控机动车销售统一发票)、海关进口增值税专用缴款书以及解缴税款完税凭证,也就是说旅客运输服务计算抵扣的部分并不在退税的范围之内,但退税采用公式计算,因而上述进项税额并非直接排除在留抵退税的范围之外,而是通过增加分母比重的形式进行了排除。

问题2.纳税人购进国内旅客运输服务取得的旅行社、航空票务代理等票务代理机构享受差额征税政策并依6%税率开具的代理旅客运输费用电子普通发票,是否可以作为抵扣凭证?

解答:纳税人取得旅行社、航空票务代理等票务代理机构依6%税率开具的代理旅客运输费用电子普通发票,是购进"现代服务——商务辅助服务",不属于购进国内旅客运输服务,不能适用《财政部 税务总局 海关总署关于深化增值税改革有关政策的公告》(财政部 税务总局 海关总署公告2019年第39号)第六条关于其他票据计算抵扣的特殊规定。

按照现行进项税额抵扣的有关规定,纳税人取得上述电子普通发票,不能作为抵扣凭证。

三、农产品加计抵扣减税

《增值税暂行条例》第八条第(三)项	财税〔2016〕36号附件1第二十五条第(三)项	财税〔2008〕81号
购进农产品,除取得增值税专用发票或者海关进口增值税专用缴款书外,按照农产品收购发票或者销售发票上注明的农产品买价和11%的扣除率计算的进项税额。进项税额计算公式:进项税额=买价×扣除率。	购进农产品,除取得增值税专用发票或者海关进口增值税专用缴款书外,按照农产品收购发票或者销售发票上注明的农产品买价和13%的扣除率计算的进项税额,准予从销项税额中抵扣。	对农民专业合作社销售本社成员生产的农业产品,视同农业生产者销售自产农业产品免征增值税。 自2008年7月1日起,增值税一般纳税人从农民专业合作社购进的免税农业产品,可按13%的抵扣率计算抵扣增值税进项税额。
农产品的扣除率要按国家政策的变化进行相应调整:1994年至2017年6月30日为13%;2017年7月1日至2018年4月30日为11%;2018年5月1日至2019年3月31日为10%;2019年4月1日后为9%。			

(一) 农产品购进扣除
1. 一般纳税人购进农产品进项税额扣除具体政策

财税〔2017〕37号	财税〔2018〕32号	财政部 税务总局 海关总署公告 2019年第39号
纳税人购进农产品,自2017年7月1日起,按下列规定抵扣进项税额: 除本通知第二条第(二)项规定外,纳税人购进农产品,取得一般纳税人开具的增值税专用发票或海关进口增值税专用缴款书的,以增值税专用发票或海关进口增值税专用缴款书上注明的增值税额为进项税额;从按照简易计税方法依照3%征收率计算缴纳增值税的小规模纳税人取得增值税专用发票的,以增值税专用发票上注明的金额和11%的扣除率计算进项税额;取得(开具)农产品销售发票或收购发票的,以农产品销售发票或收购发票上注明的农产品买价和11%的扣除率计算进项税额。	纳税人购进农产品,原适用11%扣除率的,扣除率调整为10%。 纳税人购进用于生产销售或委托加工16%税率货物的农产品,按照12%的扣除率计算进项税额。 本通知自2018年5月1日起执行。	自2019年4月1日起,纳税人购进农产品,原适用10%扣除率的,扣除率调整为9%。纳税人购进用于生产或者委托加工13%税率货物的农产品,按照10%的扣除率计算进项税额。

风险提示:

自2009年1月1日起,烟叶收购单位收购烟叶时,按照国家有关规定,以现金形式直接补贴烟农的生产投入补贴(以下简称价外补贴),属于农产品买价,为"价款"的一部分。烟叶收购单位应将价外补贴与烟叶收购价格在同一张农产品收购发票或者销售发票上分别注明,否则,价外补贴不得计算增值税进项税额进行抵扣。(财税〔2011〕21号)

自2017年起连续三年,农产品适用税率实现三连降,从13%税率下调至9%,每次税率下调,农产品扣除率也相应进行了调整。农产品的扣除率要按国家政策的变化进行相应调整:1994年至2017年6月30日为13%;2017年7月1日至2018年4月30日为11%;2018年5月1日至2019年3月31日为10%;2019年4月1日后为9%。

农产品税率的频繁调整,纳税人购进农产品抵扣如何变化,大家比较关注。财税〔2018〕32号和财政部、税务总局、海关总署公告2019年第39号文件中,都有两条对此做出了规定:一条是普遍性规定,伴随税率调整,纳税人购进农产品扣除率同步从11%调整为10%,又从10%调整为9%;还有一条是特殊规定,明确纳税人从2018年5月1日起,购进用于生产销售或委托加工16%税率货物的农产品,按照12%的扣除率计算进项税额,从2019年4月1日起用于生产销售或委托加工13%税率货物的农产品,按照10%的扣除率计算进项税额。也就是说,2018年5月1日税率调整前,购进农产品可以按照11%、13%扣除,税率调整后,按照10%、12%扣除;2019年4月1日税率调整前,购进农产品可以按照10%、12%扣除,税率调整后,按照9%、10%扣除。农产品抵扣问题,总的思路和精神还是参考2017年简并税率时下发的财税〔2017〕37号文件执行。农产品深加工行业进销税差由4%减少为3%,销项税率与扣除率的差减少,相应的应纳税额也减少。应纳税额减少了,企业的利润就会增加,这对农产品深加工行业是个利好调整。

1) 一般扣除

财税〔2017〕37号	政策解读
纳税人购进农产品,自2017年7月1日起,按下列规定抵扣进项税额: 除本通知第二条第(二)项规定外,纳税人购进农产品,取得一般纳税人开具的增值税专用发票或海关进口增值税专用缴款书的,以增值税专用发票或海关进口增值税专用缴款书上注明的增值税额为进项税额;从按照简易计税方法依照3%征收率计算缴纳增值税的小规模纳税人取得增值税专用发票的,以增值税专用发票上注明的金额和11%的扣除率计算进项税额;取得(开具)农产品销售发票或收购发票的,以农产品销售发票或收购发票上注明的农产品买价和11%的扣除率计算进项税额。	该项是明确购入农产品进项税额抵扣几种情形处理: (1)取得一般纳税人开具增值税专用发票或海关进口增值税专用缴款书的,应按上述扣税凭据上注明的税额为进项税额。 (2)取得小规模纳税人依据简易计税按照3%征收率开具的增值税专用发票的(目前这类农产品专用发票均由税务局代开),则以增值税专用发票上注明的金额和11%的扣除率计算进项税额。 (3)取得农业生产者销售自产农产品适用免征增值税政策而开具的农产品销售发票(普通发票)或纳税人自行开具收购发票的,则以上述发票上注明的农产品买价和11%的扣除率计算进项税额。 农产品销售发票的重新定义见财税〔2017〕37号文件第二条第(六)项。

(续表)

风险提示：自2018年5月1日起，11%的扣除率调整为10%；自2019年4月1日起，10%的扣除率调整为9%。自财税〔2017〕37号文件之后，不允许流通环节小规模纳税人开具的普通发票按照扣除率计算进项税额，只有专用发票才可以。

2）加计扣除

财税〔2017〕37号	国家税务总局公告2017年第19号	财政部 税务总局 海关总署公告2019年第39号
纳税人购进农产品，按下列规定抵扣进项税额： 营业税改征增值税试点期间，纳税人购进用于生产销售或委托受托加工17%税率货物的农产品维持原扣除力度不变。 纳税人购进农产品既用于生产销售或委托受托加工17%税率货物又用于生产销售其他货物服务的，应当分别核算用于生产销售或委托受托加工17%税率货物和其他货物服务的农产品进项税额。未分别核算的，统一以增值税专用发票或海关进口增值税专用缴款书上注明的增值税额为进项税额，或以农产品收购发票或销售发票上注明的农产品买价和11%的扣除率计算进项税额。	"维持原扣除力度不变"，是指在现有扣除力度（11%）的基础上，再进行加计扣除。加计扣除农产品进项税额＝当期生产领用农产品已按11%税率（扣除率）抵扣税额÷11%×（13%－11%）。	纳税人购进农产品，原适用10%扣除率的，扣除率调整为9%。纳税人购进用于生产或者委托加工13%税率货物的农产品，按照10%的扣除率计算进项税额。

(1) 参与加计扣除的必须是用于生产销售或委托受托加工13%税率货物的购进农产品。纳税人在购进农产品时，应按照农产品抵扣的一般规定，按照9%计算抵扣进项税额。

(2) 加计扣除的时间是生产领用环节，而不是购进环节。购进环节无法确认使用对象，也就无法确认是否加计扣除。在领用农产品环节，如果农产品用于生产或者委托加工13%税率货物，则再加计1%进项税额。2019年4月1日增值税税率调整降低以后，该公式相应调整为：加计扣除农产品进项税额＝当期生产领用农产品已按9%税率（扣除率）抵扣税额÷9%×（10%－9%）。

(3) 加计扣除1%的账务处理如下：

借：生产成本
　　应交税费——应交增值税——进项税额（农产品加计扣除）
　贷：原材料——农产品

(4) 加计扣除1%的进项税额填写在附表二第8a栏反映。

时间	税率	加计抵扣率	生产或委托加工税率	政策依据
1994年1月1日至2017年6月30日	13%	0	17%、13%	《增值税暂行条例》
2017年7月1日至2018年4月30日	11%	13%	17%	财税〔2017〕37号
2018年5月1日至2019年3月31日	10%	12%	16%	财税〔2018〕32号
2019年4月1日起	9%	10%	13%	财政部 税务总局 海关总署公告2019年第39号

2. 农产品扣除凭证

1）可抵扣凭证与不可抵扣凭证

可抵扣进项税额的凭证	不得抵扣进项税额的凭证
（1）增值税专用发票或海关进口增值税专用缴款书。 （2）农产品收购发票或销售发票。 农产品收购发票与销售发票票面都是农业生产者销售自产农产品，区别在于收购发票是买方开具，发票左上角打印"收购"两字。 销售发票是指农业生产者销售自产农产品适用免征增值税政策而开具的普通发票，由卖方开具，不打印"收购"两字，主要有农场、农村合作社销售农产品时开具和农业生产者个人销售自产农产品，到税务机关代开的免税普通发票。	（1）批发、零售环节纳税人销售免税农产品开具的免税发票： ① 免征蔬菜（财税〔2011〕137号）。 ② 部分免税鲜活肉蛋产品（财税〔2012〕75号）。 （2）小规模纳税人开具的增值税普通发票。

2）农产品销售发票

财税〔2017〕37号	财税〔2012〕75号
纳税人购进农产品，按下列规定抵扣进项税额：《增值税暂行条例》第八条第二款第（三）项和本通知所称销售发票，是指农业生产者销售自产农产品适用免征增值税政策而开具的普通发票。	【本条款废止】《增值税暂行条例》第八条所列准予从销项税额中扣除的进项税额的第（三）项所称的"销售发票"，是指小规模纳税人销售农产品依照3%征收率按简易办法计算缴纳增值税而自行开具或委托税务机关代开的普通发票。

风险提示：
（1）该项是对可自行计算进项税额抵扣发票种类的明确，开具这类发票对象应同时具备两个条件，即农业生产者与自产农产品，如林场销售自育苗木，享受增值税免税而开出普通发票，2019年4月1日后，取得方可依据9%或10%的税率，自行计算进项税额。新规定把农产品销售发票完全进行了重新定义，与财税〔2012〕75号可以说完全不同，明确了多项争议。
（2）三种特殊情况：一是放弃自产农产品免税优惠；二是放弃流通环节免税优惠；三是放弃小微企业增值税优惠。三种情况下，均需通过税务部门代开的3%税率的增值税专用发票来抵扣，其中前两种情况36个月内放弃免税不得变更。
（3）取得农业合作社购进的免税农业产品，可凭农业合作社开具的增值税普通发票上的金额按9%（2019年4月1日后）的扣除率抵扣增值税进项税额。

3）从批发、零售环节购进免税农产品

财税〔2017〕37号	政策解读
纳税人购进农产品，按下列规定抵扣进项税额：纳税人从批发、零售环节购进适用免征增值税政策的蔬菜、部分鲜活肉蛋而取得的普通发票，不得作为计算抵扣进项税额的凭证。	财税〔2017〕37号文件其实就是废除了财税〔2012〕75号文件中3%普票按13%抵扣的规定，而是要专票才能抵扣。

4）农产品免税发票

目前，能开具六种农产品免税发票：一是农业生产者销售自产初级农产品（《增值税暂行条例》第十五条）；二是农民专业合作社销售本社成员生产的农业产品（财税〔2008〕81号）；三是制种企业在特定生产经营模式下，生产销售种子（国家税务总局公告2010年第17号）；	四是从事蔬菜批发、零售的纳税人销售的蔬菜（财税〔2011〕137号）；五是从事农产品批发、零售的纳税人销售部分鲜活肉蛋产品（财税〔2012〕75号）；六是采取"公司＋农户"经营模式销售畜禽（国家税务总局公告2013年第8号）。

上述六种可开具农产品免税发票的情形中，第一、二、三、六种均视为农业生产者销售自产的农产品，取得这四种免税发票，可以按农产品销售发票计算抵扣进项税额。而取得第四、五种情况的免税发票，不能计算抵扣进项税额。

5）农产品收购发票

领用	申请流程	发票开具
纳税人向农业生产者个人购买自产农产品，可以向主管税务机关申请领用收购发票。主管税务机关根据纳税人的经营项目和经营规模，对其领用发票的种类、数量、版面金额以及领用方式按规定予以确认。农业生产者个人，是指从事种植业、养殖业、林业、牧业、水产业生产的其他个人。	向主管税务机关就生产经营情况作出说明，内容包括：企业的类型（属于购销企业还是生产企业）、注册资金、流动资金、经营的主要产品（或商品）、经营场所；生产型企业的年设计生产能力、主要原材料品种；购买农产品品种、购销计划、收购及销售渠道、相关的仓储设施或设备等。已领用过收购发票的纳税人若生产经营方式、经营的产品（或商品）发生重大变化，应自发生变化之日起30日内，向主管税务机关书面报告变化情况。 对于收购发票连续三个月实际使用数量低于或高于确认领购数量的纳税人，主管税务机关可根据调查后实际情况对其领购使用数量进行重新确认。	（1）纳税人向农业生产者个人购买自产农产品，开具收购发票；纳税人向农业生产者个人以外的单位和个人购买农产品，应当向对方索取增值税专用发票或普通发票，不得开具收购发票。 （2）纳税人通过增值税发票管理新系统，使用增值税普通发票开具收购发票，系统在发票左上角自动打印"收购"字样。 （3）纳税人开具收购发票应按照号码顺序填开，填写内容真实，字迹清楚，应准确填写销售方的姓名、货物名称、规格型号、单位、数量、单价、金额，在收购发票销方纳税人"地址、电话"一栏应准确填写农产品生产地址和销售方电话号码，在收购发票销方纳税人"纳税人识别号"一栏应准确填写销售方的身份证号码；全部联次一次打印，内容完全一致。不得按多个销售方汇总开具。 （4）收购发票仅限在本市范围内开具。到本市以外收购农产品的，可向销售方索取普通发票，或向主管税务机关申请开具《外出经营活动税收管理证明》后，向收购地税务机关申请领用收购发票。

(续表)

纳税人购买农产品开具收购发票，按照收购发票上注明的农产品买价和9%的扣除率计算抵扣进项税额。试行农产品增值税进项税额核定扣除办法的纳税人，则根据《财政部 国家税务总局关于在部分行业试行农产品增值税进项税额核定扣除办法的通知》(财税〔2012〕38号)的规定，申报抵扣进项税额。	
纳税人应按规定妥善保管向从事农业生产的自然人收购自产农产品业务相关的原始凭证以备查验，如从事农业生产的自然人的身份证复印件、收购农产品的过磅单、入库单、收付款凭证等。许多纳税人对此重视不够，时常出现身份证信息错误、遗失，以及弄虚作假的行为，在税务机关进行检查时，如果企业无法提供相应的材料，会被认定为不真实的交易行为，面临虚开发票的风险。	
农产品收购发票，只能是纳税人向农业生产者个人购买自产农产品这种业务才能开具；如果向从事农业生产的自然人以外的单位和个人购进农产品，应向对方索取增值税专用发票或普通发票，不能自行开具农产品收购发票。	一般纳税人如果需要开具农产品收购发票，需要向当地税务主管部门申请领购，经过批准后才能开具。一般来说，需要向税务机关就本公司的生产经营情况做出说明，比如企业的类型(属于购销企业还是生产企业)、注册资金、流动资金、经营的主要产品(或商品)、经营场所；生产型企业的年设计生产能力、主要原材料品种；购买农产品品种、购销计划、收购及销售渠道、相关的仓储设施或设备等。
纳税人应按规定妥善保管向从事农业生产的自然人收购自产农产品业务相关的原始凭证以备查验，如从事农业生产的自然人的身份证复印件、收购农产品的过磅单、入库单、收付款凭证等。许多纳税人对此重视不够，时常出现身份证信息错误、遗失，以及弄虚作假的行为，在税务机关进行检查时，如果企业无法提供相应的材料，会被认定为不真实的交易行为，面临虚开发票的风险。	

6) 2019年4月1日后，农产品抵扣归纳

抵扣凭证	取得发票来源	进项税额		
		用于生产销售或委托受托加工13%税率货物	用于生产销售其他货物服务	既用于生产销售或委托受托加工13%税率货物，又用于生产销售其他货物服务，未分别核算
增值税专用发票或海关进口增值税专用缴款书	一般纳税人开具	金额×10%	金额×9%	金额×9%
	小规模纳税人开具	金额×10%	金额×9%	金额×3%
农产品销售发票或收购发票(仅限于农业生产者销售自产农产品)	不区分	买价×10%	买价×9%	买价×9%

(1) 三项普遍规定：

一是收到一般纳税人开具的增值税专用发票或海关专用缴款书，按发票上的税额抵扣；因为农产品2019年4月1日以后的税率是9%，所以这个发票上的税额，等于金额×9%。

二是从小规模纳税人购进农产品，取得3%征收率的增值税专用发票。从2019年4月1日，按票面金额和9%的扣除率计算抵扣进项税额。

三是从农业生产者手中购进农产品，按收购发票和销售发票，注明的买价和9%扣除率计算进项税额。

(2) 两项特殊规定：

一是如果企业能分别核算，购进的农产品确实是用于生产13%税率的货物的，在领用当期加计扣除1%的进项税额，也就等于实际扣除率是10%。

二是如果企业未分别核算，购进得农产品既用于生产13%税率的货物，又用于生产其他货物服务，这时除了不能享受加计扣除，而且从小规模纳税人取得的3%的增值税专用发票，也只能按照3%的扣除率进行抵扣，不能按照票面金额和9%的扣除率计算抵扣进项税额。

3. 农产品加计扣除范围及计算

1）适用农产品加计扣除的范围

按照规定，10%扣除率仅限于纳税人生产或者委托加工13%税率货物所购进的农产品。	按照核定扣除管理办法规定，适用核定扣除政策的纳税人购进的农产品，扣除率为销售货物的适用税率。

2）维持原扣除力度不变

财税〔2017〕37号	政策解读
纳税人购进农产品，按下列规定抵扣进项税额： 营业税改征增值税试点期间，纳税人购进用于生产销售或委托受托加工17%税率货物的农产品维持原扣除力度不变。	2017年4月19日，国务院常务会议定，对农产品深加工企业购入农产品维持原扣除力度不变，避免因进项税额抵扣减少而增加税负。因为农产品深加工后再销售基本都是适用17%税率，所以文件中就将农产品深加工明确为"购进用于生产销售或委托受托加工17%税率货物的农产品"。 根据国家税务总局公告2017年第19号文件的规定，"维持原扣除力度不变"，是指在现有扣除力度（11%）的基础上，再进行加计扣除。 加计扣除农产品进项税额＝当期生产领用农产品已按11%税率（扣除率）抵扣税额÷11%×(13%－11%)

3）维持原扣除力度不变（深加工）分别核算要求

财税〔2017〕37号	政策解读
纳税人购进农产品，按下列规定抵扣进项税额： 纳税人购进农产品既用于生产销售或委托受托加工17%税率货物又用于生产销售其他货物服务的，应当分别核算用于生产销售或委托受托加工17%税率货物和其他货物服务的农产品进项税额。未分别核算的，统一以增值税专用发票或海关进口增值税专用缴款书上注明的增值税额为进项税额，或以农产品收购发票或销售发票上注明的农产品买价和11%的扣除率计算进项税额。	（1）对于购进农产品既用于生产销售或委托受托加工17%税率货物又用于生产销售其他货物服务的纳税人，应当分别核算用于生产销售或委托受托加工17%税率货物和其他货物服务的农产品进项税额。 （2）具体核算方式上，纳税人在购进农产品时，即分别核算用于"生产销售或委托受托加工17%税率货物"和"生产销售其他货物服务"的农产品数量，对于用于17%货物的农产品，纳税人实行核定扣除的，仍按原扣除办法进行扣除；用于其他货物服务的，按11%扣除率进行扣除。 （3）未分别核算的，统一以增值税专用发票或海关进口增值税专用缴款书上注明的增值税额为进项税额，或以农产品收购发票或销售发票上注明的农产品买价和11%的扣除率计算进项税额。（注意：未分别核算情况下，若增值税专用发票上注明的征收率为3%，也按3%对应的税额抵扣，不再按11%扣除率计算抵扣。）

风险提示：按照财税〔2018〕32号文件的规定，2018年5月1日后，17%税率调整为16%；生产16%税率货物的外购农产品的扣除率调整为12%。按照财政部、税务总局、海关总署公告2019年第39号文件的规定，2019年4月1日后，16%税率调整为13%；生产13%税率货物的外购农产品的扣除率调整为10%。未分别核算的，同样不得加计扣除。

与工业品相比较，农产品库存管理中最大的问题，是没有统一的规格与包装，条码管理成本高、难度大。不同批次采购进货，难于区分，实务管理中，农产品加工企业不可能按不同类型的供货商划分仓库存放。在会计账簿上分不同采购渠道（即供应不同发票类型）以明细账记录农产品库存，在领用时，顺序扣减库存。即每一采购渠道库存扣除完毕后，再扣除另一库存，在实物管理上不作区分。这种做法，可能需要和主管税务机关作沟通确认。

4) 2018年5月1日后农产品深加工企业购进农产品按照12%扣除

2017年7月,增值税税率实施"四并三"改革,农产品税率下调后,为了解决农产品深加工企业可能出现的税负上升问题,给予这部分企业维持扣除力度不变的过渡措施,也就是在11%扣除率的基础上加计了2个点,按照13%扣除率计算进项税额,征扣税率差保持在4个百分点(销项税额17%,进项税额13%)。

2018年5月1日税率调整,农产品深加工企业产成品适用税率由17%下调至16%,国家总体考虑是征税率下调,退税率、扣除率均应同步下调,这样有利于下一步规范增值税制度,减少税收风险。因此将其扣除率也同步下调一个点,确定为12%。和税率调整前相比,农产品深加工企业购进农产品加计扣除的力度是一样的,只是在10%的基础上加计2个百分点。

$$\text{加计扣除农产品进项税额} = \text{当期生产领用农产品已按10\%税率(扣除率)抵扣税额} \div 10\% \times (12\% - 10\%)$$

风险提示:12%扣除率的适用范围,仅限于纳税人生产16%税率货物购进的农产品,农产品流通企业或者产成品适用税率是10%的企业,不在加计扣除政策范围内,要按照10%扣除率计算进项税额。

可以享受加计扣除政策的票据有三种类型:

一是农产品收购发票或者销售发票,这里的销售发票必须是农业生产者销售自产农产品适用免税政策开具的普通发票。

二是取得一般纳税人开具的增值税专用发票或海关进口增值税专用缴款书。

三是从按照3%征收率缴纳增值税的小规模纳税人处取得的增值税专用发票。

需要说明的是,取得批发零售环节纳税人销售免税农产品开具的免税发票,以及小规模纳税人开具的增值税普通发票,均不得计算抵扣进项税额。

5) 2019年4月1日后农产品深加工企业购进农产品按照10%扣除

与2017年"四并三"改革时一样,纳税人在购进农产品时,应按照农产品抵扣的一般规定,按照9%计算抵扣进项税额。在领用农产品环节,如果农产品用于生产或者委托加工13%税率货物,则再加计1%进项税额。要实现"纳税人购进用于生产或者委托加工13%税率货物的农产品,按照10%的扣除率计算进项税额",不能直接按10%计算,仍应该分别计算:先按9%计算抵扣后,当期生产领用农产品再通过8a栏"加计扣除农产品进项税额"计算抵扣1%。

2019年4月1日以后,纳税人领用农产品用于生产或委托加工13%税率的货物,统一按1%加计抵扣,不再区分所购进农产品是在4月1日前还是4月1日后。

(1) 取得一般纳税人开具的增值税专用发票(或海关进口增值税专用缴款书)的,以票面增值税额(税率9%)为进项税额,填入《增值税纳税申报表附列资料(二)》(本期进项税额明细)1~3栏(或第5栏"海关进口增值税专用缴款书")的"税额"栏,加计部分按"当期生产领用农产品已按9%税率(扣除率)抵扣税额÷9%×(10%-9%)"计算税额填入第8a栏"加计扣除农产品进项税额""税额"栏,不填写"份数""金额"。

(2) 取得小规模纳税人开具的增值税专用发票的,以增值税专用发票上注明的金额×9%计算进项税额,填入第6栏"农产品收购发票或者销售发票"的"税额"栏,加计部分按"当期生产领用农产品已按9%税率(扣除率)抵扣税额÷9%×(10%-9%)"计算税额填入第8a栏"加计扣除农产品进项税额""税额"栏,不填写"份数""金额"。

虽然此时不按票面税额抵扣,但一定要及时进行认证,因为如果该种专用发票对应的农产品无法分清用途的,需要填入1~3栏的"税额"栏,必须要认证。

(3) 取得销售发票或收购发票的,以农产品销售发票或收购发票上注明的农产品买价×9%计算进项税额,填入第6栏"农产品收购发票或者销售发票"的"税额"栏,加计部分按"当期生产领用农产品已按9%税率(扣除率)抵扣税额÷9%×(10%-9%)"计算税额填入第8a栏"加计扣除农产品进项税额"的"税额"栏,不填写"份数""金额"。

实行农产品增值税进项税额核定扣除的企业,根据财税〔2012〕38号附件1《农产品增值税进项税额核定扣除试点实施办法》的规定,扣除率为销售货物的适用税率。即:纳税义务发生时间从4月1日起的,原适用16%税率的,税率调整为13%;原适用10%税率的,税率调整为9%。不存在加计扣除的问题。

4. 购进农产品抵扣的会计处理

（1）从增值税一般纳税人处购进农产品，依法取得增值税专用发票的，购进时：

借：原材料——××农产品
　　应交税费——应交增值税（进项税额）
　贷：银行存款

注意：按照票面金额和税额填写，认证（勾选）后在申报表附表二第1、2、3栏反映。

（2）从小规模纳税人购进农产品，取得3%专用发票，则购进时先按照票面金额10%计算出进项税额，并操作如下：

借：原材料——××农产品
　　应交税费——应交增值税（进项税额）
　贷：银行存款

注意：总金额是价税合计数，进项税额按照计算得出后填写，并在附表二第6栏反映。

（3）纳税人将购进的农产品用于生产销售或委托受托加工属于深加工税率货物时，按照规定计算准予加计扣除进项税额，在领用时可以按如下处理：

借：生产成本
　　应交税费——应交增值税（进项税额——农产品加计扣除）
　贷：原材料——××农产品

注意：必须是分别核算的，加计扣除按差额计算后得出进项税额填写，并在附表二第8a栏反映。

农产品加计扣除进项税额单独核算尝试办法——"收购环节归集，期末计算比率，领用环节核算"。

以购进农产品为原料进行深加工（销售货物适用16%税率），维持原扣除力度不变的前提条件是购进农产品的进项税额需单独核算，如何进行单独核算需要会计创新处理，下面介绍一种"收购环节归集，期末计算比率，领用环节核算"的尝试办法，供纳税人借鉴使用。

（1）在购进环节全部计算加计扣除金额。

在农产品购进环节，根据本次农产品购进金额，无论将来用于深加工还是初加工，一并计算加计扣除金额。设置"待加计进项税额"明细科目，用于核算留待下步加计扣除进项税额。本科目按照外购农产品类别设置。

（2）按照移动加权平均核算"加计进项税比率"。

按照加权移动平均法，月末一次计算"加计进项税比率"，根据"待加计进项税额"期末余额，农产品期初余额、本期增加等计算加计进项税比率。

"加计进项税比率"=期末分摊前"待加计进项税额"科目余额÷（农产品科目期初余额+本期增加农产品金额）

（3）月末根据农产品用途计算应分摊加计进项税额。

月末，根据发出农产品用途，对"待加计进项税额"进行处理。用于深加工的农产品，根据发出农产品价值和"加计进项税比率"计算加计扣除税额，在当期申报抵扣。对于用于初加工的，根据发出农产品价值和"加计进项税比率"计算加计扣除税额，分别冲减"待加计进项税额"和"营业外收入"科目。

发出农产品对应待加计进项税额=发出农产品价值×加计进项税比率

5. 2019年4月1日后农产品购进扣除实务

（1）增值税一般纳税人购进农产品，取得流通环节小规模纳税人开具的增值税普通发票，不得计算抵扣进项税额。

（2）增值税一般纳税人从批发、零售环节购进适用免征增值税政策的蔬菜（财税〔2011〕137号）、部分免税鲜活肉蛋产品（财税〔2012〕75号）而取得的普通发票，不得作为计算抵扣进项税额的凭证。

（3）从按照简易计税方法依照3%征收率计算缴纳增值税的小规模纳税人取得增值税普通发票，不得抵扣进项税额。

（4）取得的海关进口增值税专用缴款书：先稽核比对，比对相符再抵扣（应交增值税——待抵扣进项税额）。

（5）取得农产品销售发票：农业种植、养殖公司等销售免税自产农产品开具的普通发票；农业合作社销售自产农产品开具的普通发票等。

（6）开具的收购发票：农业生产者销售自产农产品，收购发票是买方开具，发票左上角打印"收购"两字。

（7）生活服务业纳税人同时兼营农产品深加工，能否同时适用农产品加计扣除以及加计抵减政策？

提供生活服务的销售额占全部销售额的比重超过50%的纳税人，可以适用加计抵减政策。该纳税人如果同时兼营农产品深加工业务，其购进用于生产或者委托加工13%税率货物的农产品，可按照10%扣除率计算进项税额，并可同时适用加计抵减政策。

（8）纳税人购进用于生产销售或委托受托加工13%税率货物的农产品：加计扣除时，一定注意是在生产领用环节，但是有的企业在取得发票的时候就加计扣除，这是错误的。加计扣除金额填写在《增值税纳税申报表附列资料（二）》8a栏"加计扣除农产品进项税额"栏。

（9）取得（开具）农产品销售发票或收购发票和小规模纳税人购进农产品时取得增值税专用发票（不用勾选认证，如认证要做进项税额转出）情况填写在第6栏"农产品收购发票或者销售发票"。

（10）从小规模纳税人处购进农产品时取得增值税专用发票（勾选认证），但未分别核算用于生产销售13%税率货物和其他货物服务，填写在第1栏"认证相符的增值税专用发票"中第2栏的"其中：本期认证相符且本期申报抵扣"。

【例3-10】 甲企业向农业合作社收购牛尾生产洗净毛（13%税率），取得农产品销售发票，金额为98 784元，则总的可以抵扣的进项税额为98 784×10%=9 878.40（元）。本月全部领用。

(1) 采购时：
借：原材料——牛尾　　　　89 893.44
　　　应交税费——应交增值税(进项税额)
　　　　　　　　　　　　　 8 890.56
　　贷：应付账款　　　　　　98 784

(2) 领用时加计扣除：
公式：加计扣除农产品进项税额＝当期生产领用农产品已按票面税率(扣除率)抵扣税额÷票面税率(扣除率)×1％＝8 890.56÷9％×1％＝987.84(元)。
借：生产成本　　　　　　　88 905.60
　　　应交税费——应交增值税(进项税额)
　　　　　　　　　　　　　　 987.84
　　贷：原材料——牛尾　　　89 893.44

问题答疑：

问题1. 生活服务业纳税人同时兼营农产品深加工，能否同时适用农产品加计扣除以及加计抵减政策？

解答：按照《财政部　税务总局　海关总署关于深化增值税改革有关政策的公告》(财政部　税务总局　海关总署公告2019年第39号)的规定，提供生活服务的销售额占全部销售额的比重超过50％的纳税人，可以适用加计抵减政策。该纳税人如果同时兼营农产品深加工业务，其购进用于生产或者委托加工13％税率货物的农产品，可按照10％扣除率计算进项税额，并可同时适用加计抵减政策。

问题2. 增值税一般纳税人购进农产品既用于生产销售或委托受托加工13％税率货物又用于生产销售其他货物服务的，是否需要分别核算？

解答：需要分别核算。未分别核算的，统一以增值税专用发票或海关进口增值税专用缴款书上注明的增值税额为进项税额，或以农产品收购发票或销售发票上注明的农产品买价和9％的扣除率计算进项税额。

问题3. 农产品核定扣除的纳税人，扣除率是否也要按照10％计算抵扣进项税额？

解答：核定扣除的纳税人购进农产品，仍按照核定扣除管理办法规定，以销定进，扣除率为销售货物的适用税率。

问题4. 纳税人2019年3月31日前购进农产品已按10％扣除率扣除，2019年4月领用时用于生产或委托加工13％税率的货物，能否加计抵扣？如果能，可加计扣除比例是2％还是1％？

解答：2019年4月1日以后，纳税人领用农产品用于生产或委托加工13％税率的货物，统一按照1％加计抵扣，不再区分所购进农产品是在4月1日前还是4月1日后。

(二) 一般纳税人购进农产品核定扣除

政策依据：

《财政部　国家税务总局关于在部分行业试行农产品增值税进项税额核定扣除办法的通知》(财税〔2012〕38号)；

《财政部　国家税务总局关于扩大农产品增值税进项税额核定扣除试点行业范围的通知》(财税〔2013〕57号)；

《国家税务总局关于在部分行业试行农产品增值税进项税额核定扣除办法有关问题的公告》(国家税务总局公告2012年第35号)；

《国家税务总局关于明确营改增试点若干征管问题的公告》(国家税务总局公告2016年第26号)；

《财政部　国家税务总局关于简并增值税税率有关政策的通知》(财税〔2017〕37号)；

《财政部　税务总局　海关总署关于深化增值税改革有关政策的公告》(财政部　税务总局　海关总署公告2019年第39号)。

1. 以购进农产品为原料生产货物(财税〔2012〕38号附件1第四条第一款)

投入产出法	成本法	参照法
参照国家标准、行业标准(包括行业公认标准和行业平均耗用值)确定销售单位数量货物耗用外购农产品的数量(以下称农产品单耗数量)。 当期允许抵扣农产品增值税进项税额＝当期农产品耗用数量×农产品平均购买单价×扣除率/(1＋扣除率) 其中,当期农产品耗用数量＝当期销售货物数量(不含采购除农产品以外的半成品生产的货物数量)×农产品单耗数量 对以单一农产品原料生产多种货物或者多种农产品原料生产多种货物的,在核算当期农产品耗用数量和平均购买单价时,应依据合理的方法归集和分配。 平均购买单价是指购买农产品期末平均买价,不包括买价之外单独支付的运费和入库前的整理费用。期末平均买价计算公式: 期末平均买价＝(期初库存农产品数量×期初平均买价＋当期购进农产品数量×当期买价)/(期初库存农产品数量＋当期购进农产品数量) 如果期初没有库存农产品,当期也未购进农产品的,农产品"期末平均买价"以该农产品上期期末平均买价计算;上期期末仍无农产品买价的依此类推。	依据试点纳税人年度会计核算资料,计算确定耗用农产品的外购金额占生产成本的比例(以下称农产品耗用率)。当期允许抵扣农产品增值税进项税额依据当期主营业务成本、农产品耗用率以及扣除率计算。 当期允许抵扣农产品增值税进项税额＝当期主营业务成本×农产品耗用率×扣除率/(1＋扣除率) 其中,农产品耗用率＝上年投入生产的农产品外购金额/上年生产成本 按照"成本法"的有关规定核定试点纳税人农产品增值税进项税额时,"主营业务成本""生产成本"中不包括其未耗用农产品的产品的成本。 农产品外购金额(含税)不包括不构成货物实体的农产品(包括包装物、辅助材料、燃料、低值易耗品等)和在购进农产品之外单独支付的运费、入库前的整理费用以及委托加工产品支付的委托加工费用。 对以单一农产品原料生产多种货物或者多种农产品原料生产多种货物的,在核算当期主营业务成本以及核定农产品耗用率时,试点纳税人应依据合理的方法进行归集和分配。 农产品耗用率由试点纳税人向主管税务机关申请核定。 年度终了,主管税务机关应根据试点纳税人本年实际对当年已抵扣的农产品增值税进项税额进行纳税调整,重新核定当年的农产品耗用率,并作为下一年度的农产品耗用率。 适用"成本法"的试点纳税人需要重新核定农产品耗用率的,各市税务局应于1月15日前上报省税务局批准。	新办的试点纳税人或者试点纳税人新增产品的,试点纳税人可参照所属行业或者生产结构相近的其他试点纳税人确定农产品单耗数量或者农产品耗用率。次年,试点纳税人向主管税务机关申请核定当期的农产品单耗数量或者农产品耗用率,并据此计算确定当年允许抵扣的农产品增值税进项税额,同时对上一年增值税进项税额进行调整。核定的进项税额超过实际抵扣增值税进项税额的,其差额部分可以结转下期继续抵扣;核定的进项税额低于实际抵扣增值税进项税额的,其差额部分应按现行增值税的有关规定将进项税额做转出处理。

  风险提示:只有按规定取得(或开具)合法有效凭证,才能核定扣除进项税额。上述扣除率为销售货物的适用税率,例如,用鲜奶生产出了奶酪,则公式中的扣除率是奶酪的税率16%(2018年5月1日前为17%),如果用鲜奶生产出来巴氏杀菌乳,则公式中的扣除率是鲜奶的税率10%(2018年4月30日前为11%)。凡试点纳税人已按规定进行增值税纳税申报的,准予计入销售数量或者主营业务成本实行核定扣除农产品增值税进项税额。试点纳税人应当按照《农产品增值税进项税额核定扣除试点实施办法》(财税〔2012〕38号附件1)第四条的规定准确计算当期允许抵扣农产品增值税进项税额,并从相关科目转入"应交税费——应交增值税(进项税额)"科目。未能准确计算的,由主管税务机关核定。

  2019年4月1日以后,如果销售的货物适用增值税税率为13%,则对应的扣除率为13%;如果销售的货物适用增值税税率为9%,则扣除率为9%。

【例3-11】 某纺织厂系增值税一般纳税人,以外购皮棉为原料生产棉纱,2022年5月8日,自某商贸小规模纳税人处收购皮棉200吨,取得对方代开的增值税专用发票1张,金额80万元,税额2.4万元,款项尚未支付。该企业皮棉无期初库存,当月对外直接销售皮棉90吨,每吨含税售价4 400元,假定当地税务机关核定的损耗率为5%。

（1）购进时： 　　借：原材料　　　　　　824 000 　　　贷：应付账款　　　　　　824 000 （2）销售时： 　　借：应收账款　　　　396 000.00 　　　贷：其他业务收入　　　363 302.75 　　　　　应交税费——应交增值税（销项税额） 　　　　　　　　　　　　　　　32 697.25 　皮棉期末平均购买单价为 824 000÷200＝4 120（元/吨）。	核定扣除的进项税额＝当期销售农产品数量÷（1－损耗率）×农产品平均购买单价×9％÷（1＋9％）＝90÷（1－5％）×4 120÷（1＋9％）×9％＝32 227.91（元）。 　借：其他业务成本[90÷（1－5％）÷（1＋9％）×4 120]358 087.88 　　　应交税费——应交增值税（进项税额） 　　　　　　　　　　　　　　32 227.91 　　贷：原材料　　　　　　390 315.79 应纳额＝4 400×90×9％－32 227.91＝3 412.09（元）。

2. 购进农产品直接销售（财税〔2012〕38 号附件 1 第四条第二款）

购进农产品直接销售的，农产品增值税进项税额按照以下方法核定扣除： 　当期允许抵扣农产品增值税进项税额＝当期销售农产品数量÷（1－损耗率）×农产品平均购买单价×13％÷（1＋13％） 　损耗率＝损耗数量÷购进数量	注意：扣除率原为 13％，2017 年 7 月 1 日至 2018 年 4 月 30 日调整为 11％，2018 年 5 月 1 日后调整为 10％，2019 年 4 月 1 日后调整为 9％。购进农产品直接销售要考虑损耗情况。

3. 购进农产品用于生产经营且不构成货物实体（财税〔2012〕38 号附件 1 第四条第三款）

购进农产品用于生产经营且不构成货物实体的（包括包装物、辅助材料、燃料、低值易耗品等），增值税进项税额按照以下方法核定扣除： 　当期允许抵扣农产品增值税进项税额＝当期销售产品数量÷（1－损耗率）×农产品平均购买单价×13％÷（1＋13％） 　损耗率＝损耗数量÷购进数量	注意：扣除率原为 13％，2017 年 7 月 1 日至 2018 年 4 月 30 日调整为 11％，2018 年 5 月 1 日后调整为 10％，2019 年 4 月 1 日后调整为 9％。购进农产品直接销售要考虑损耗情况。

4. 管理要求（财税〔2012〕38 号附件 1）

会计管理	税务管理
试点纳税人购进农产品取得的农产品增值税专用发票和海关进口增值税专用缴款书，按照注明的金额及增值税额一并计入成本科目；自行开具的农产品收购发票和取得的农产品销售发票，按照注明的买价直接计入成本。 　试点纳税人应自执行《农产品增值税进项税额核定扣除试点实施办法》（财税〔2012〕38 号附件 1）之日起，将期初库存农产品以及库存半成品、产成品耗用的农产品增值税进项税额作转出处理。如不转出会造成双重抵扣。注意转出的进项税额应进入期初原材料成本。 　试点纳税人应当按照《农产品增值税进项税额核定扣除试点实施办法》（财税〔2012〕38 号附件 1）第四条的规定准确计算当期允许抵扣农产品增值税进项税额，并从相关科目转入"应交税金——应交增值税（进项税额）"科目。未能准确计算的，由主管税务机关核定。	试点纳税人购进的农产品价格明显偏高或偏低，且不具有合理商业目的的，由主管税务机关核定。 　试点纳税人在计算农产品增值税进项税额时，应按照下列顺序确定适用的扣除标准： （1）财政部和国家税务总局不定期公布的全国统一的扣除标准。 （2）省级税务机关商同级财政机关根据本地区实际情况，报经财政部和国家税务总局备案后公布的适用于本地区的扣除标准。 （3）省级税务机关依据试点纳税人申请，按照《农产品增值税进项税额核定扣除试点实施办法》（财税〔2012〕38 号附件 1）第十三条规定的核定程序审定的仅适用于该试点纳税人的扣除标准。 　试点纳税人扣除标准核定程序： （1）试点纳税人以农产品为原料生产货物的扣除标准核定程序，包括以下几点： ① 申请核定。以农产品为原料生产货物的试点纳税人应于当年 1 月 15 日前（2012 年为 7 月 15 日前）或者投产之日起 30 日内，向主管税务机关提出扣除标准核定申请并提供有关资料。申请资料的范围和要求由省级税务机关确定。 ② 审定。主管税务机关应对试点纳税人的申请资料进行审核，并逐级上报省级税务机关。 　省级税务机关应由货物和劳务税处牵头，会同政策法规处等相关部门组成扣除标准核定小组，核定结果应由省级税务机关下达，主管税务机关通过网站、报刊等多种方式及时向社会公告核定结果。未经公告的扣除标准无效。 　省级税务机关尚未下达核定结果前，试点纳税人可按上年确定的核定扣除标准计算申报农产品进项税额。 （2）试点纳税人购进农产品直接销售、购进农产品用于生产经营且不构成货物实体扣除标准的核定采取备案制，抵扣农产品增值税进项税额的试点纳税人应在申报缴纳税款时向主管税务机关备案。备案资料的范围和要求由省级税务机关确定。

5. 农产品增值税进项税额扣除标准备案(财税〔2012〕38号附件1第十三条第二款)

政策规定	相关要求
试点纳税人购进农产品直接销售、购进农产品用于生产经营且不构成货物实体扣除标准的核定采取备案制,抵扣农产品增值税进项税额的试点纳税人应在申报缴纳税款时向主管税务机关备案。备案资料的范围和要求由省级税务机关确定。 对财政部和国家税务总局或省级财税部门纳入试点范围的增值税一般纳税人购进农产品增值税进项税额,实施核定扣除办法。其购进农产品无论是否用于生产上述产品,增值税进项税额均按照《农产品增值税进项税额核定扣除试点实施办法》(财税〔2012〕38号附件1)的规定抵扣。省级税务机关依据试点纳税人申请,按照《农产品增值税进项税额核定扣除试点实施办法》(财税〔2012〕38号附件1)规定的核定程序审定仅适用于该试点纳税人的扣除标准。	(1)以农产品为原料生产货物的试点纳税人应于当年1月15日前或者投产之日起30日内,向主管税务机关提出扣除标准核定申请并提供有关资料。 (2)试点纳税人购进农产品不再凭增值税扣税凭证抵扣增值税进项税额,购进除农产品以外的货物、应税劳务和应税服务,增值税进项税额仍按现行有关规定抵扣。 (3)试点纳税人应自执行《农产品增值税进项税额核定扣除试点实施办法》(财税〔2012〕38号附件1)之日起,将期初库存农产品以及库存半成品、产成品耗用的农产品增值税进项税额作转出处理。 (4)试点纳税人购进的农产品价格明显偏高或偏低,且不具有合理商业目的的,由主管税务机关核定。 (5)试点纳税人购进农产品直接销售、购进农产品用于生产经营且不构成货物实体扣除标准的核定采取备案制,抵扣农产品增值税进项税额的试点纳税人应在申报缴纳税款时向主管税务机关备案。备案资料的范围和要求由省级税务机关确定。 (6)试点纳税人对税务机关核定的扣除标准有疑义或者生产经营情况发生变化的,可以自税务机关发布公告或者收到主管税务机关《税务事项通知书》之日起30日内,向主管税务机关提出重新核定扣除标准申请,并提供说明其生产、经营真实情况的证据,主管税务机关应当自接到申请之日起30日内书面答复。

报送资料(《全国税务机关纳税服务规范3.0版》)

序号	材料名称	份数	备注
1	《农产品增值税进项税额扣除标准核定申请表》	2份	
2	省级税务机关确定的其他资料	1份	

问题答疑:

问题:2019年4月1日以后,实行核定扣除方法的纳税人购进农产品如何抵扣进项税额?

解答:以购进农产品为原料生产货物的,扣除率为销售货物的适用税率。其具体计算公式为:

当期允许抵扣农产品增值税进项税额=当期农产品耗用数量×农产品平均购买单价×扣除率÷(1+扣除率)

购进农产品直接销售的,扣除率为9%;具体计算公式为:

当期允许抵扣农产品增值税进项税额=当期销售农产品数量÷(1-损耗率)×农产品平均购买单价×9%÷(1+9%)

购进农产品用于生产经营且不构成货物实体的(包括包装物、辅助材料、燃料、低值易耗品等),用于生产适用13%税率货物的扣除率10%,用于生产适用9%税率货物服务的扣除率9%。其具体计算公式为:

当期允许抵扣农产品增值税进项税额=当期耗用农产品数量×农产品平均购买单价×扣除率÷(1+扣除率)

(三) 加计抵减政策

生活服务业纳税人同时兼营农产品深加工,可以同时适用农产品加计扣除以及加计抵减政策。

按照《财政部 税务总局 海关总署关于深化增值税改革有关政策的公告》(财政部 税务总局 海关总署公告2019年第39号)及《财政部 税务总局关于明确生活性服务业增值税加计抵减政策的公告》(财政部 税务总局公告2019年第87号)的规定,提供生活服务的销售额占全部销售额的比重超过50%的纳税人,可以适用加计抵减政策。该纳税人如果同时兼营农产品深加工业务,其购进用于生产或者委托加工13%税率货物的农产品,可按照10%扣除率计算进项税额,并可同时适用加计抵减政策。

【例3-12】 某公司系一般纳税人,主营业务为植物养护,兼营奶制品生产,农产品进项税额抵扣实行核定扣除,该公司2018年4月至2022年3月的植物养护销售额占全部销售额的比重超过50%。2022年4月购进原乳10 000元用于生产酸奶,当月已全部领用。当期其他一般计税项目取得允许抵扣的进项税额合计2 000元。

由于其购进农产品用于深加工,进项税额允许按照10%扣除率计算抵扣1 000元。其他允许抵扣的进项税额2 000元。该公司可以计算加计抵减的进项税额基数是3 000元,允许加计抵减应纳税额450元(3 000×15%)。

(四) 农产品抵扣风险防控

(1) 从批发、零售环节小规模纳税人购进农产品没有索取增值税专用发票,没有扣税凭证,导致无法抵扣进项税额。

(2) 从批发、零售环节小规模纳税人购进农产品取得税务机关代开的增值税专用发票,在进行增值税纳税申报时按发票上注明的税额(3%征收率对应的增值税额)填列增值税纳税申报表(一般纳税人适用)及其附列资料(二)第1栏和第2栏,导致少抵扣进项税额。

(3) 从批发、零售环节小规模纳税人取得普通发票抵扣了进项税额。

① 从批发、零售环节纳税人处购进免税蔬菜。

② 从批发、零售环节纳税人处购进免税鲜活肉蛋产品。

(4) 向已办理税务登记的农业生产者购买农产品与从批发零售环节购买农产品未分开核算。建议取得农业生产者开具的普通发票,在备注栏内或具体农产品名称后注明"农业生产者自产",以免难以区分。

(5) 2019年4月1日以前收购的农产品,4月1日以后用于生产或委托加工13%税率的货物,错误地按照2%加计扣除。

对于4月1日以后领用农产品用于生产或委托加工13%税率的货物,不论4月1日以前收购还是4月1日之后收购,应统一按照1%加计扣除。

(6) 购进农产品既用于生产销售或委托受托加工13%税率货物,又用于生产销售其他货物或服务的,未分别核算用于生产销售或委托受托加工13%税率货物和其他货物或服务的农产品进项税额。未分别核算的,企业必须统一以增值税专用发票或海关进口增值税专用缴款书上注明的增值税额为进项税额,或以农产品收购发票或销售发票上注明的农产品买价和9%的扣除率计算进项税额。

(7) 未按规定开具农产品收购发票。

① 从非农业生产者处购买的农产品开具了农产品收购发票,存在不予抵扣进项税额的风险。

② 发生了交易,但人为操纵农产品收购数量或价格,造成不缴或少缴税款,存在行政处罚甚至被认定为虚开发票的风险。

③ 未发生交易,虚开农产品收购发票。

对于虚开农产品发票的,存在进行行政处罚,依法追究刑事责任的风险。

《中华人民共和国发票管理办法》(以下简称《发票管理办法》)第三十七条规定,虚开发票的,由税务机关没收违法所得;虚开金额在1万元以下的,可以并处5万元以下的罚款;虚开金额超过1万元的,并处5万元以上50万元以下的罚款;构成犯罪的,依法追究刑事责任。

第九节　增值税减免税优惠解析与应用

一、《增值税暂行条例》规定的免税项目

《增值税暂行条例》	《增值税暂行条例实施细则》
第十五条　下列项目免征增值税： （一）农业生产者销售的自产农产品。 （二）避孕药品和用具。 （三）古旧图书。 （四）直接用于科学研究、科学试验和教学的进口仪器、设备。 （五）外国政府、国际组织无偿援助的进口物资和设备。 （六）由残疾人的组织直接进口供残疾人专用的物品。 （七）销售的自己使用过的物品。 除前款规定外，增值税的免税、减税项目由国务院规定。任何地区、部门均不得规定免税、减税项目。 第十六条　纳税人兼营免税、减税项目的，应当分别核算免税、减税项目的销售额；未分别核算销售额的，不得免税、减税。	第三十五条　条例第十五条规定的部分免税项目的范围，限定如下： （一）第一款第（一）项所称农业，是指种植业、养殖业、林业、牧业、水产业。 农业生产者，包括从事农业生产的单位和个人。 农产品，是指初级农产品，具体范围由财政部、国家税务总局确定。 （二）第一款第（三）项所称古旧图书，是指向社会收购的古书和旧书。 （三）第一款第（七）项所称自己使用过的物品，是指其他个人自己使用过的物品。

纳税人销售货物或者应税服务适用免税规定的，可以放弃免税，依照规定缴纳增值税。放弃免税后，36个月内不得再申请免税。

（一）农业生产者销售的自产农产品免税政策

财税〔2009〕9号	财税字〔1995〕52号	国税函〔2005〕56号
农产品，是指种植业、养殖业、林业、牧业、水产业生产的各种植物、动物的初级产品。具体征税范围暂继续按照《财政部　国家税务总局关于印发〈农业产品征税范围注释〉的通知》（财税字〔1995〕52号）及现行相关规定执行。	农业生产者销售的自产农业产品，是指直接从事植物的种植、收割和动物的饲养、捕捞的单位和个人销售的注释所列的自产农业产品；对上述单位和个人销售的外购的农业产品，以及单位和个人外购农业产品生产、加工后销售的仍然属于注释所列的农业产品，不属于免税的范围，应当按照规定税率征收增值税。 农业生产者用自产的茶青再经筛分、风选、拣剔、碎块、干燥、匀堆等工序精制而成的精制茶，不得按照农业生产者销售的自产农业产品免税的规定执行，应当按照规定的税率征税。	对于农民个人按照竹器企业提供样品规格，自产或购买竹、芒、藤、木条等，再通过手工简单编织成竹制或竹芒藤柳混合坯具的，属于自产农业初级产品，应当免征销售环节增值税。收购坯具的竹器企业可以凭开具的农产品收购凭证计算进项税额抵扣。

风险提示：直接从事植物的种植、收割和动物的饲养、捕捞的单位和个人销售的自产农业产品，免征增值税；对上述单位和个人外购后再转售的，不免征增值税。农业生产者，包括从事农业生产的单位和个人。农业，是指种植业、养殖业、林业、牧业、水产业。农产品，是指初级农产品，其具体范围由《财政部　国家税务总局关于印发〈农业产品征税范围注释〉的通知》（财税字〔1995〕52号）确定，详细内容见本章第四节"增值税低税率优惠解析与应用"。单位和个人销售的外购的农业产品，以及单位和个人外购农业产品生产、加工后销售的仍然属于注释所列的农业产品，不属于免税的范围，应当按照规定税率征收增值税。

1. 农民专业合作社及"公司+农户"回收再销售畜禽免税

农民专业合作社免税政策 （财税〔2008〕81号）	"公司+农户"经营模式免税政策 （国家税务总局公告2013年第8号）
自2008年7月1日起，对农民专业合作社销售本社成员生产的农业产品，视同农业生产者销售自产农业产品免征增值税；增值税一般纳税人从农民专业合作社购进的免税农业产品，可按13%的扣除率计算抵扣增值税进项税额；对农民专业合作社向本社成员销售的农膜、种子、种苗、农药、农机，免征增值税。 自2017年7月1日起，扣除率调整为11%。（财税〔2017〕37号） 自2018年5月1日起，扣除率调整为11%。（财税〔2018〕32号）	自2013年4月1日起，纳税人采取"公司+农户"的经营模式从农户手中回收再销售畜禽产品，属于农业生产者销售自产农产品，应根据现行增值税的有关规定免征增值税。 需注意两点： 一是所称"公司+农户"经营模式销售畜禽，是指公司与农户签订委托养殖合同，向农户提供畜禽苗、饲料、兽药及疫苗等（所有权属于公司），农户饲养畜禽苗至成品后交付公司回收，公司将回收的成品畜禽用于销售。 二是所称"畜禽"，是指属于《财政部 国家税务总局关于印发〈农业产品征税范围注释〉的通知》（财税字〔1995〕52号）文件中规定的农业产品。

2. 粮食和食用植物油

1）免税政策

财税字〔1999〕198号（失效条款已删除）	其他免税规定
（1）国有粮食购销企业必须按顺价原则销售粮食。对承担粮食收储任务的国有粮食购销企业销售的粮食免征增值税。 （2）对其他粮食企业经营粮食，除下列项目免征增值税外，一律征收增值税。 ① 军队用粮。军队用粮，是指凭军用粮票和军粮供应证按军供价供应中国人民解放军和中国人民武装警察部队的粮食。 ② 救灾救济粮。救灾救济粮，是指经县（含）以上人民政府批准，凭救灾救济粮食（证）按规定的销售价格向需救助的灾民供应的粮食。 ③ 水库移民口粮。水库移民口粮，是指经县（含）以上人民政府批准，凭水库移民口粮票（证）按规定的销售价格供应给水库移民的粮食。 （3）对销售食用植物油业务，除政府储备食用植物油的销售继续免征增值税外，一律照章征收增值税。 （4）对粮油加工业务，一律照章征收增值税。 （5）享受免税优惠的企业，应按期进行免税申报，违反者取消其免税资格。 粮食部门应向同级税务局提供军队用粮、救灾救济粮、水库移民口粮的单位、供应数量等有关资料。 （6）属于增值税一般纳税人的生产、经营单位从国有粮食购销企业购进的免税粮食，可依据购销企业开具的销售发票注明的销售额按13%的扣除率（2017年7月1日后降为11%，2018年5月1日后降为10%）计算抵扣进项税额；购进的免税食用植物油，不得计算抵扣进项税额。	自2014年5月1日起，增值税免税政策适用范围由粮食扩大到粮食和大豆，并可对免税业务开具增值税专用发票。（财税〔2014〕38号） 对粮食部门经营的退耕还林还草补助粮，凡符合国家规定标准的，比照"救灾救济粮"免征增值税。（国税发〔2001〕131号） 对中国华粮物流集团公司及其直属企业2009年1月1日后销售粮食的业务，符合财税字〔1999〕198号文件有关规定的，继续免征增值税。（税总函〔2013〕506号）

2）发票开具

国税函〔1999〕560号	国税明电〔1999〕10号
凡享受免征增值税的国有粮食购销企业，均按增值税一般纳税人认定，并进行纳税申报、日常检查及有关增值税专用发票的各项管理。	（1）享受免税优惠的国有粮食购销企业可继续使用增值税专用发票。 （2）自1999年8月1日起，凡国有粮食购销企业销售粮食，暂一律开具增值税专用发票。 （3）国有粮食购销企业开具增值税专用发票时，应当比照非税货物开具增值税专用发票，企业记账销售额为"价税合计"数。 （4）属于一般纳税人的生产、经营单位从国有粮食购销企业购进的免税粮食，可依照国有粮食购销企业开具的增值税专用发票注明的税额抵扣进项税额。

(续表)

自2002年6月1日起,对中国储备粮总公司及各分公司所属的政府储备食用植物油承储企业,按照国家指令计划销售的政府储备食用植物油免征增值税,允许其开具增值税专用发票并纳入增值税防伪税控系统管理。(国税函〔2002〕531号)	
《关于纳税人销售国家临时存储粮食发票开具有关问题的批复》(税总函〔2015〕448号,【全文废止】)	《关于纳税人销售国家临时存储粮食发票开具有关问题的批复》(税总函〔2017〕422号)
吉林省国家税务局:你局《关于非国有粮食收储企业承担国家政策性粮食收储业务增值税问题的请示》(吉国税发〔2015〕21号)收悉。请示中反映,受中国储备粮管理总公司(以下简称中储粮)直属企业委托,并在中国农业发展银行(以下简称"农发行")直接承贷国家临时存储粮食(含大豆,下同)贷款的非中储粮直属企业,按照中储粮要求,通过粮食批发市场或网上公开竞价方式销售国家临时存储粮食,回笼货款汇划到中储粮在农发行总行营业部开立的回笼货款存款专户上,最后通过中储粮直属企业将国家临时存储粮食收储成本划拨至非中储粮直属企业。鉴于以上情况,现就纳税人在上述交易方式下的发票开具问题批复如下: (1)中储粮直属企业应按照国家临时存储粮食的成交金额向购买方开具增值税发票。 (2)非中储粮直属企业应按照中储粮直属企业划拨的国家临时存储粮食收储成本金额,向中储粮直属企业开具增值税发票。	内蒙古自治区国家税务局:你局《关于中储粮总公司明确临储粮拍卖增值税发票开具有关事宜的请示》(内国税发〔2017〕71号)收悉。由于部分国家临储粮的拍卖成交价格低于库存成本,承担国家临储粮任务并直接承贷贷款的非中储粮直属企业,实际收到的货款小于库存成本,无法根据税总函〔2015〕448号的规定,按库存成本金额给中储粮直属企业开具增值税发票。鉴于以上情况,现就纳税人销售国家临储粮(含大豆,下同)增值税发票开具有关问题批复如下: 对于低于库存成本销售的国家临储粮,非中储粮直属企业应按照成交金额向中储粮直属企业开具增值税发票;对于高于(或等于)库存成本销售的国家临储粮,非中储粮直属企业应按照库存成本金额向中储粮直属企业开具增值税发票。 中储粮直属企业应按照国家临储粮的成交金额向购买方开具增值税发票。 此前已发生未处理的,按本批复规定执行。自2017年10月9日起,税总函〔2015〕448号废止。
风险提示:国有粮食购销企业销售储备粮食和储备植物油虽均属于免税货物,但在开具发票方面规定不同,免税粮食可开具增值税专用发票,但免税植物油能否开具增值税专用发票,则要分销售对象,只有中国储备粮管理总公司及各分公司所属的政府储备食用植物油承储企业,按照国家指令计划销售的政府储备食用植物油,允许其开具增值税专用发票,其他企业享受免税只能开具普通发票。	

3. 边销茶免税(财政部 税务总局公告2019年第83号、财政部 税务总局公告2021年第4号)

政策规定	申报审核
边销茶,是指以黑毛茶、老青茶、红茶末、绿茶为主要原料,经过发酵、蒸制、加压或者压碎、炒制,专门销往边疆少数民族地区的紧压茶。 2018年12月31日前,对边销茶生产企业销售自产的边销茶及经销企业销售的边销茶免征增值税。同时规定,纳税人销售享受增值税免税政策的边销茶,如果已向购买方开具了增值税专用发票,应将专用发票追回后方可申请办理免税。凡使用增值税专用发票无法追回的,一律照章征收增值税,不予免税。	(1)是否属于边销茶范围。 (2)是否是列名生产企业销售自产的边销茶。 (3)是否开具了专用发票。 (4)是否符合专供范围(注意:不是特供)。 (5)边销茶是特殊的茶制品,不是茶叶种类。 (6)边销茶与边境小额贸易是不同的概念。
风险提示:与财政部、税务总局公告2019年第83号文件相比,财政部、税务总局公告2021年第4号文件在边销茶范围中删除了"方包茶(马茶)"。因此,自2021年1月1日起,方包茶(马茶)不再享受免征增值税政策。	

4. 特定制种行业增值税免税政策（国家税务总局公告2010年第17号）

自2010年12月1日起,制种企业在下列生产经营模式下生产销售种子,属于农业生产者销售自产农业产品,应根据《增值税暂行条例》有关规定免征增值税。

制种企业利用自有土地或承租土地,雇佣农户或雇工进行种子繁育,再经烘干、脱粒、风筛等深加工后销售种子。	制种企业提供亲本种子委托农户繁育并从农户手中收回,再经烘干、脱粒、风筛等深加工后销售种子。

5. 进口种子种源增值税优惠政策（财关税〔2021〕29号）

经国务院批准,2021年1月1日至2025年12月31日,继续对进口种子(苗)、种畜(禽)、鱼种(苗)和种用野生动植物种源免征进口环节增值税。

(二) 避孕药品和用具

略。

(三) 古旧图书

古旧图书是指向社会收购的古书和旧书。

(四) 直接用于科学研究、科学试验和教学的进口仪器、设备

1. "十四五"期间支持科技创新进口税收政策

政策依据：

> 《财政部 海关总署 税务总局关于"十四五"期间支持科技创新进口税收政策的通知》(财关税〔2021〕23号);
>
> 《财政部等十一部门关于"十四五"期间支持科技创新进口税收政策管理办法的通知》(财关税〔2021〕24号)。

财关税〔2021〕23号	财关税〔2021〕24号
(1)对科学研究机构、技术开发机构、学校、党校(行政学院)、图书馆进口国内不能生产或性能不能满足需求的科学研究、科技开发和教学用品,免征进口关税和进口环节增值税、消费税。 (2)对出版物进口单位为科研院所、学校、党校(行政学院)、图书馆进口用于科研、教学的图书、资料等,免征进口环节增值税。 (3)本通知第一、二条所称科学研究机构、技术开发机构、学校、党校(行政学院)、图书馆是指： ① 从事科学研究工作的中央级、省级、地市级科研院所(含其具有独立法人资格的图书馆、研究生院)。 ② 国家实验室,国家重点实验室,企业国家重点实验室,国家产业创新中心,国家技术创新中心,国家制造业创新中心,国家临床医学研究中心,国家工程研究中心,国家工程技术研究中心,国家企业技术中心,国家中小企业公共服务示范平台(技术类)。 ③ 科技体制改革过程中转制为企业和进入企业的主要从事科学研究和技术开发工作的机构。	(1)科技部核定从事科学研究工作的中央级科研院所名单,函告海关总署,抄送财政部、税务总局。省级(包括省、自治区、直辖市、计划单列市、新疆生产建设兵团,下同)科技主管部门会同省级财政、税务部门和科研院所所在地直属海关核定从事科学研究工作的省级、地市级科研院所名单,核定结果由省级科技主管部门函告科研院所所在地直属海关,抄送省级财政、税务部门,并报送科技部。 本办法所称科研院所名单,包括科研院所所属具有独立法人资格的图书馆、研究生院名单。 (2)科技部核定国家实验室、国家重点实验室、企业国家重点实验室、国家技术创新中心、国家临床医学研究中心、国家工程技术研究中心名单,国家发展改革委核定国家产业创新中心、国家工程研究中心、国家企业技术中心名单,工业和信息化部核定国家制造业创新中心、国家中小企业公共服务示范平台(技术类)名单。核定结果分别由科技部、国家发展改革委、工业和信息化部函告海关总署,抄送财政部、税务总局。 科技部核定根据《国务院办公厅转发科技部等部门关于深化科研机构管理体制改革实施意见的通知》(国办发〔2000〕38号),国务院部门(单位)所属科研机构已转制为企业或进入企业的主要从事科学研究和技术开发工作的机构名单,函告海关总署,抄送财政部、税务总局。省级科技主管部门会同省级财政、税务部门和机构所在地直属海关核定根据国办发〔2000〕38号文件,各省、自治区、直辖市、计划单列市所属已转制为企业或进入企业的主要从事科学研究和技术开发工作的机构名单,核定结果由省级科技主管部门函告机构所在地直属海关,抄送省级财政、税务部门,并报送科技部。

(续表)

财关税〔2021〕23号	财关税〔2021〕24号
④科技部会同民政部核定或者省级科技主管部门会同省级民政、财政、税务部门和社会研发机构所在地直属海关核定的科技类民办非企业单位性质的社会研发机构；省级科技主管部门会同省级财政、税务部门和社会研发机构所在地直属海关核定的事业单位性质的社会研发机构。 ⑤省级商务主管部门会同省级财政、税务部门和外资研发中心所在地直属海关核定的外资研发中心。 ⑥国家承认学历的实施专科及以上高等学历教育的高等学校及其具有独立法人资格的分校、异地办学机构。 ⑦县级及以上党校（行政学院）。 ⑧地市级及以上公共图书馆。 （4）本通知第二条所称出版物进口单位是指中央宣传部核定的具有出版物进口许可的出版物进口单位，科研院所是指第三条第一项规定的机构。 （5）本通知第一、二条规定的免税进口商品实行清单管理。免税进口商品清单由财政部、海关总署、税务总局征求有关部门意见后另行制定印发，并动态调整。 （6）经海关审核同意，科学研究机构、技术开发机构、学校、党校（行政学院）、图书馆可将免税进口的科学研究、科技开发和教学用品用于其他单位的科学研究、科技开发和教学活动。 对纳入国家网络管理平台统一管理、符合本通知规定的免税进口科研仪器设备，符合科技部会同海关总署制定的纳入国家网络管理平台免税进口科研仪器设备开放共享管理有关规定的，可以用于其他单位的科学研究、科技开发和教学活动。 经海关审核同意，科学研究机构、技术开发机构、学校以科学研究或教学为目的，可将免税进口的医疗检测、分析仪器及其附件、配套设备用于其附属、所属医院的临床活动，或用于开展临床实验所需依托的其分立前附属、所属医院的临床活动。其中，大中型医疗检测、分析仪器，限每所医院每3年每种1台。	科技部会同民政部核定或者省级科技主管部门会同省级民政、财政、税务部门和社会研发机构所在地直属海关核定科技类民办非企业单位性质的社会研发机构名单。科技部牵头的核定结果，由科技部函告海关总署，抄送民政部、财政部、税务总局。省级科技主管部门牵头的核定结果，由省级科技主管部门函告社会研发机构所在地直属海关，抄送省级民政、财政、税务部门，并报送科技部。享受政策的科技类民办非企业单位性质的社会研发机构条件见附件1（附件略）。 省级科技主管部门会同省级财政、税务部门和社会研发机构所在地直属海关核定事业单位性质的社会研发机构名单，核定结果由省级科技主管部门函告社会研发机构所在地直属海关，抄送省级财政、税务部门，并报送科技部。享受政策的事业单位性质的社会研发机构，应符合科技部和省级科技主管部门规定的事业单位性质的社会研发机构（新型研发机构）条件。 省级商务主管部门会同省级财政、税务部门和外资研发中心所在地直属海关核定外资研发中心名单，核定结果由省级商务主管部门函告外资研发中心所在地直属海关，抄送省级财政、税务部门，并报送商务部。享受政策的外资研发中心条件见附件2（附件略）。 上述函告文件中，凡不具有独立法人资格的单位、机构，应一并函告其依托单位；有关单位、机构具有有效期限的，应一并函告其有效期限。 （3）教育部核定国家承认学历的实施专科及以上高等学历教育的高等学校及其具有独立法人资格的分校、异地办学机构名单，函告海关总署，抄送财政部、税务总局。 （4）文化和旅游部核定省级以上公共图书馆名单，函告海关总署，抄送财政部、税务总局。省级文化和旅游主管部门会同省级财政、税务部门和公共图书馆所在地直属海关核定省级、地市级公共图书馆名单，核定结果由省级文化和旅游主管部门函告公共图书馆所在地直属海关，抄送省级财政、税务部门，并报送文化和旅游部。 （5）中央宣传部核定具有出版物进口许可的出版物进口单位名单，函告海关总署，抄送中央党校（国家行政学院）、教育部、科技部、财政部、文化和旅游部、税务总局。 出版物进口单位免税进口图书、资料等商品的销售对象为中央党校（国家行政学院）和省级、地市级、县级党校（行政学院）以及本办法第一、三、四条中经核定的单位。牵头核定部门应结合实际需要，将核定的有关单位名单告知有关出版物进口单位。 （6）中央党校（国家行政学院）和省级、地市级、县级党校（行政学院）以及按照本办法规定经核定的单位或机构（以下统称进口单位），应按照海关有关规定，办理有关进口商品的减免税手续。 （7）本办法中相关部门函告海关的进口单位名单和《财政部 海关总署 税务总局关于"十四五"期间支持科技创新进口税收政策的通知》（财关税〔2021〕23号）第五条所称的免税进口商品清单应注明批次。其中，第一批名单、清单自2021年1月1日实施，至第一批名单印发之日后30日内已征的应免税款，准予退还；以后批次的名单、清单，分别自其印发之日后第20日起实施。中央党校（国家行政学院）和省级、地市级、县级党校（行政学院）自2021年1月1日起具备免税进口资格，至本办法印发之日后30日内已征的应免税款，准予退还。

（续表）

财关税〔2021〕23号	财关税〔2021〕24号
（7）"十四五"期间支持科技创新进口税收政策管理办法由财政部、海关总署、税务总局会同有关部门另行制定印发。 （8）本通知有效期为2021年1月1日至2025年12月31日。	前款规定的已征应免税款，依进口单位申请准予退还。其中，已征税进口且尚未申报增值税进项税额抵扣的，应事先取得主管税务机关出具的《"十四五"期间支持科技创新进口税收政策项下进口商品已征进口环节增值税未抵扣情况表》，向海关申请办理退还已征进口关税和进口环节增值税手续；已申报增值税进项税额抵扣的，仅向海关申请办理退还已征进口关税手续。 （8）进口单位可向主管海关提出申请，选择放弃免征进口环节增值税。进口单位主动放弃免征进口环节增值税后，36个月内不得再次申请免征进口环节增值税。 （9）进口单位发生名称、经营范围变更等情形的，应在《财政部 海关总署 税务总局关于"十四五"期间支持科技创新进口税收政策的通知》（财关税〔2021〕23号）有效期限内及时将有关变更情况说明报送核定其名单的牵头部门。牵头部门按照本办法规定的程序，核定变更后的单位自变更登记之日起能否继续享受政策，注明变更登记日期。核定结果由牵头部门函告海关（核定结果较多时，每年至少分两批函告），抄送同级财政、税务及其他有关部门。其中，牵头部门为省级科技、商务、文化和旅游主管部门的，核定结果应相应报送科技部、商务部、文化和旅游部。 （10）进口单位应按有关规定使用免税进口商品，如违反规定，将免税进口商品擅自转让、移作他用或者进行其他处置，被依法追究刑事责任的，在《财政部 海关总署 税务总局关于"十四五"期间支持科技创新进口税收政策的通知》（财关税〔2021〕23号）剩余有效期限内停止享受政策。 （11）进口单位如存在以虚报情况获得免税资格，由核定其名单的牵头部门查实后函告海关，自函告之日起，该单位在《财政部 海关总署 税务总局关于"十四五"期间支持科技创新进口税收政策的通知》（财关税〔2021〕23号）剩余有效期限内停止享受政策。 （12）中央宣传部、国家发展改革委、教育部、科技部、工业和信息化部、民政部、商务部、文化和旅游部加强政策评估工作。 （13）本办法印发之日后90日内，省级科技主管部门应会同省级民政、财政、税务部门和社会研发机构所在地直属海关制定核定享受政策的科技类民办非企业单位性质、事业单位性质的社会研发机构名单的具体实施办法，省级商务主管部门应会同省级财政、税务部门和外资研发中心所在地直属海关制定核定享受政策的外资研发中心名单的具体实施办法。 （14）财政等有关部门及其工作人员在政策执行过程中，存在违反执行免税政策规定的行为，以及滥用职权、玩忽职守、徇私舞弊等违法违纪行为的，依照国家有关规定追究相应责任；涉嫌犯罪的，依法追究刑事责任。 （15）本办法有效期为2021年1月1日至2025年12月31日。

2. 重大技术装备进口税收政策
政策依据：

《财政部 工业和信息化部 海关总署 税务总局 能源局关于调整重大技术装备进口税收政策有关目录的通知》（财关税〔2019〕38号）；

《财政部 工业和信息化部 海关总署 税务总局 能源局关于印发〈重大技术装备进口税收政策管理办法〉的通知》（财关税〔2020〕2号）。

财关税〔2020〕2号	财关税〔2019〕38号
工业和信息化部会同财政部、海关总署、税务总局、能源局制定《国家支持发展的重大技术装备和产品目录》和《重大技术装备和产品进口关键零部件及原材料商品目录》后公布执行。对符合规定条件的企业及核电项目业主为生产国家支持发展的重大技术装备或产品而确有必要进口的部分关键零部件及原材料，免征关税和进口环节增值税。 　　对国内已能生产的重大技术装备和产品，由工业和信息化部会同财政部、海关总署、税务总局、能源局制定《进口不予免税的重大技术装备和产品目录》后公布执行。对按照或比照《国务院关于调整进口设备税收政策的通知》（国发〔1997〕37号）规定享受进口税收优惠政策的下列项目和企业，进口《进口不予免税的重大技术装备和产品目录》中自用设备以及按照合同随上述设备进口的技术及配套件、备件，照章征收进口税收： 　　（1）国家鼓励发展的国内投资项目和外商投资项目。 　　（2）外国政府贷款和国际金融组织贷款项目。 　　（3）由外商提供不作价进口设备的加工贸易企业。 　　（4）中西部地区外商投资优势产业项目。 　　（5）《海关总署关于进一步鼓励外商投资有关进口税收政策的通知》（署税〔1999〕791号）规定的外商投资企业和外商投资设立的研究中心利用自有资金进行技术改造项目。 　　工业和信息化部会同财政部、海关总署、税务总局、能源局核定企业及核电项目业主免税资格，每年对新申请享受进口税收政策的企业及核电项目业主进行认定，每三年对已享受进口税收政策企业及核电项目业主进行复核。 　　取得免税资格的企业及核电项目业主可向主管海关提出申请，选择放弃免征进口环节增值税，只免征进口关税。企业及核电项目业主主动放弃免征进口环节增值税后，36个月内不得再次申请免征进口环节增值税。 　　取得免税资格的企业及核电项目业主应按照《中华人民共和国海关进出口货物减免税管理办法》（海关总署第179号令）及海关有关规定办理有关重大技术装备或产品进口关键零部件及原材料的减免税手续。	《国家支持发展的重大技术装备和产品目录（2019年修订）》（见附件1）和《重大技术装备和产品进口关键零部件、原材料商品目录（2019年修订）》（见附件2）自2020年1月1日起执行，符合规定条件的国内企业为生产本通知附件1所列装备或产品而确有必要进口附件2所列商品，免征关税和进口环节增值税。附件1、2中列明执行年限的，有关装备、产品、零部件、原材料免税执行期限截至该年度12月31日。 　　《进口不予免税的重大技术装备和产品目录（2019年修订）》（见附件3）自2020年1月1日起执行。对2020年1月1日以后（含1月1日）批准的按照或比照《国务院关于调整进口设备税收政策的通知》（国发〔1997〕37号）有关规定享受进口税收优惠政策的下列项目和企业，进口附件3所列自用设备以及按照合同随上述设备进口的技术及配套件、备件，一律照章征收进口税收： 　　（1）国家鼓励发展的国内投资项目和外商投资项目。 　　（2）外国政府贷款和国际金融组织贷款项目。 　　（3）由外商提供不作价进口设备的加工贸易企业。 　　（4）中西部地区外商投资优势产业项目。 　　（5）《海关总署关于进一步鼓励外商投资有关进口税收政策的通知》（署税〔1999〕791号）规定的外商投资企业和外商投资设立的研究中心利用自有资金进行技术改造项目。 　　为保证《进口不予免税的重大技术装备和产品目录（2019年修订）》调整前已批准的上述项目顺利实施，对2019年12月31日前（含12月31日）批准的上述项目和企业在2020年12月31日前（含12月31日）进口设备，继续按照《关于调整重大技术装备进口税收政策有关目录的通知》（财关税〔2018〕42号）附件3和《财政部　国家发展改革委　海关总署　国家税务总局关于调整〈国内投资项目不予免税的进口商品目录〉的公告》（财政部　国家发展改革委　海关总署　国家税务总局公告2012年第83号）执行。 　　自2021年1月1日起，对上述项目和企业进口《进口不予免税的重大技术装备和产品目录（2019年修订）》中所列设备，一律照章征收进口税收。为保证政策执行的统一性，对有关项目和企业进口商品需对照《进口不予免税的重大技术装备和产品目录（2019年修订）》和《国内投资项目不予免税的进口商品目录（2012年调整）》审核征免税的，《进口不予免税的重大技术装备和产品目录（2019年修订）》与《国内投资项目不予免税的进口商品目录（2012年调整）》所列商品名称相同，或仅在《进口不予免税的重大技术装备和产品目录（2019年修订）》中列名的商品，一律以《进口不予免税的重大技术装备和产品目录（2019年修订）》所列商品及其技术规格指标为准。 　　自2020年1月1日起，《关于调整重大技术装备进口税收政策有关目录的通知》（财关税〔2018〕42号）予以废止。 　　附件： 　　国家支持发展的重大技术装备和产品目录（2019年修订）（略）。 　　重大技术装备和产品进口关键零部件、原材料商品目录（2019年修订）（略）。 　　进口不予免税的重大技术装备和产品目录（2019年修订）（略）。

（五）外国政府、国际组织无偿援助的进口物资和设备

署税发〔2005〕398号	财税〔2002〕2号
外国政府、国际组织无偿赠送及我国履行国际条约法规进口物资的减免税，包括减免关税、进口环节增值税和消费税。	经国务院批准，自2001年8月1日起，对外国政府和国际组织无偿援助项目在国内采购的货物免征增值税，同时允许销售免税货物的单位，将免税货物的进项税额在其他内销货物的销项税额中抵扣。
该项目属于申报享受税收减免，需随申报表报送的附列资料：(1)《外国政府和国际组织无偿援助项目在华采购货物明细表》；(2)销售合同复印件；(3)委托协议和实际购货方的情况，包括购货方的单位名称、地址、联系人、联系电话等（委托他人采购的报送）。	

（六）由残疾人的组织直接进口供残疾人专用的物品（海关总署令第61号）

进口下列残疾人专用品，免征进口关税和进口环节增值税、消费税： (1) 肢残者用的支辅具、假肢及其零部件、假眼、假鼻、内脏托带、矫形器、矫形鞋、非机动助行器、代步工具（不包括汽车、摩托车）、生活自助具、特殊卫生用品。 (2) 视力残疾者用的盲杖、导盲镜、助视器、盲人阅读器。 (3) 语言、听力残疾者用的语言训练器。 (4) 智力残疾者用的行为训练器、生活能力训练用品。 进口上述所列残疾人专用品，由纳税人直接在海关办理免税手续。	有关单位进口的国内不能生产的下列残疾人专用品，按隶属关系经民政部或者中国残疾人联合会批准，并报海关总署审核后，免征进口关税和进口环节增值税、消费税： (1) 残疾人康复及专用设备，包括床旁监护设备、中心监护设备、生化分析仪以及超声诊断仪。 (2) 残疾人特殊教育设备和职业教育设备。 (3) 残疾人职业能力评估测试设备。 (4) 残疾人专用劳动设备和劳动保护设备。 (5) 残疾人文体活动专用设备。 (6) 假肢专用生产、装配、检测设备，包括假肢专用铣磨机、假肢专用真空成型机、假肢专用平板加热器和假肢综合检测仪。 (7) 听力残疾者用的助听器。

（七）销售的自己使用过的物品

自己使用过的物品是指其他个人（增值税中的其他个人是指自然人）使用过的物品。

二、销售货物、劳务增值税减免税优惠

（一）蔬菜和部分鲜活肉蛋产品流通环节免征增值税

1. 免征蔬菜流通环节增值税（财税〔2011〕137号）

自2012年1月1日起，对从事蔬菜批发、零售的纳税人销售的蔬菜免征增值税。

蔬菜是指可作副食的草本、木本植物，包括各种蔬菜、菌类植物和少数可作副食的木本植物。免税蔬菜采用列举法，共221种，参照《蔬菜主要品种目录》（财税〔2011〕137号）执行。 经挑选、清洗、切分、晾晒、包装、脱水、冷藏、冷冻等工序加工的蔬菜，属于财税〔2011〕137号文件所述蔬菜的范围（简单加工享受税收优惠）。	各种蔬菜罐头不属于财税〔2011〕137号文件所述蔬菜的范围。蔬菜罐头是指蔬菜经处理、装罐、密封、杀菌或无菌包装而制成的食品。

纳税人既销售蔬菜又销售其他增值税应税货物的，应分别核算蔬菜和其他增值税应税货物的销售额；未分别核算的，不得享受蔬菜增值税免税政策。销售真空包装的蔬菜不得免征流通环节增值税。

2. 免征部分鲜活肉蛋产品流通环节增值税

财税〔2012〕75号	税总货便函〔2013〕11号
自2012年10月1日起，免征部分鲜活肉蛋产品流通环节增值税。 对从事农产品批发、零售的纳税人销售的部分鲜活肉蛋品免征增值税。 免征增值税的鲜活肉产品，是指猪、牛、羊、鸡、鸭、鹅及其整块或者分割的鲜肉、冷藏或者冷冻肉，内脏、头、尾、骨、蹄、爪等组织。 免征增值税的鲜活蛋产品，是指鸡蛋、鸭蛋、鹅蛋，包括鲜蛋、冷藏蛋以及对其进行破壳分离的蛋液、蛋黄和蛋壳。 上述产品中不包括《中华人民共和国野生动物保护法》所规定的国家珍贵、濒危野生动物及其鲜活肉类、蛋类产品。 从事农产品批发、零售的纳税人既销售本通知第一条规定的部分鲜活肉蛋产品又销售其他增值税应税货物的，应分别核算上述鲜活肉蛋产品和其他增值税应税货物的销售额；未分别核算的，不得享受部分鲜活肉蛋产品增值税免税政策。	各地要严格落实财税〔2012〕75号文件的规定，执行鲜活肉蛋产品流通环节免税政策。纳税人申请放弃享受免税的，应按现行增值税规定计算征收增值税，并允许开具增值税专用发票。 各地应严格按照出口退税率文库中标明的出口退税率和现行审核退税的规定，为出口企业准确及时办理鲜活肉蛋产品的出口退税。

（续表）

纳税人销售进口的鲜活猪肉，同样可以享受流通环节免征增值税优惠。
采用列举法，但品种较少：仅包括猪、牛、羊、鸡、鸭、鹅、鸡蛋、鸭蛋、鹅蛋。
注意：分割卖（如猪头、鹅爪甚至蛋液、蛋黄、蛋壳）、冻着卖（冷冻、冷藏）都可以免税，但烧熟了再卖就不免。另外，仅限于三种家畜、三种家禽及它们下的蛋可免税，其他的不免，如鹌鹑和鹌鹑蛋。

（二）免税饲料范围
政策依据：

> 《财政部　国家税务总局关于饲料产品免征增值税问题的通知》（财税〔2001〕121号）；
> 《财政部　国家税务总局关于豆粕等粕类产品征免增值税政策的通知》（财税〔2001〕30号）；
> 《国家税务总局关于部分饲料产品征免增值税政策问题的批复》（国税函〔2009〕324号）；
> 《国家税务总局关于饲料级磷酸二氢钙产品增值税政策问题的通知》（国税函〔2007〕10号）；
> 《国家税务总局关于印发〈增值税部分货物征税范围注释〉的通知》（国税发〔1993〕151号）；
> 《国家税务总局关于取消20项税务证明事项的公告》（国家税务总局公告2018年第65号）。

1. 政策规定：

单一大宗饲料	混合饲料	配合饲料	复合预混料	浓缩饲料
是指以一种动物、植物、微生物或矿物质为来源的产品或其副产品。其范围仅限于糠麸、酒糟、鱼粉、草饲料、饲料级磷酸氢钙及除豆粕以外的菜籽粕、棉籽粕、向日葵粕、花生粕等粕类产品。	是指由两种以上单一大宗饲料、粮食、粮食副产品及饲料添加剂按照一定比例配置，其中单一大宗饲料、粮食及粮食副产品的掺兑比例不低于95%的饲料。	是指根据不同的饲养对象，饲养对象的不同生长发育阶段的营养需要，将多种饲料原料按饲料配方经工业生产后，形成的能满足饲养动物全部营养需要（除水分外）的饲料。	是指能够按照国家有关饲料产品的标准要求量，全面提供动物饲养相应阶段所需微量元素（4种或以上）、维生素（8种或以上），由微量元素、维生素、氨基酸和非营养性添加剂中任何两类或两类以上的组分与载体或稀释剂按一定比例配置的均匀混合物。	是指由蛋白质、复合预混料及矿物质等按一定比例配制的均匀混合物。

自2001年8月1日起，免税饲料主要包括：单一大宗饲料、混合饲料、配合饲料、复合预混料、浓缩饲料。对免税范围内的饲料产品，在生产、批发、零售等所有国内环节都免征增值税。（财税〔2001〕121号）

骨粉属于免税饲料。（财税字〔1996〕74号）

饲用鱼油属于免税饲料。（国税函〔2003〕1395号）

豆粕属于征收增值税的饲料产品，除豆粕以外的其他粕类饲料产品，均免征增值税。（国税函〔2010〕75号）

自2003年1月1日起，对饲用鱼油产品按照"单一大宗饲料"免予征收增值税。饲用鱼油是鱼粉生产过程中的副产品，主要用于水产养殖和肉鸡饲养，属于单一大宗饲料。（国税函〔2003〕1395号）

自2007年1月1日起，对饲料级磷酸二氢钙产品可按照现行"单一大宗饲料"的增值税政策规定，免征增值税。（国税函〔2007〕10号）

自2013年9月1日起，精料补充料属于"配合饲料"范畴，免征增值税。精料补充料是指为补充草食动物的营养，将多种饲料和饲料添加剂按照一定比例配制的饲料。（国家税务总局公告2013年第46号）

自2010年1月1日起，豆粕属于征收增值税的饲料产品，除豆粕以外的其他粕类饲料产品，均免征增值税。（国税函〔2010〕75号）

矿物质微量元素舔砖，是以四种以上微量元素、非营养性添加剂和载体为原料，经高压浓缩制成的块状预混物，可供牛、羊等牲畜直接食用，应按照"饲料"免征增值税。（国税函〔2005〕1127号）

用于动物饲养的粮食、饲料添加剂不属于免税饲料。（国税函发〔1997〕424号）

宠物饲料不属于免征增值税的饲料。（国税函〔2002〕812号）

膨化血粉、膨化肉粉、水解羽毛粉不属于现行增值税优惠政策所定义的单一大宗饲料产品，应对其照章征收增值税。（国税函〔2009〕324号）

2. 取消饲料产品合格证明

序号	证明名称	证明用途	取消后的办理方式
1	饲料产品合格证明。(国家税务总局公告2018年第65号)	符合免税条件的饲料生产企业办理饲料产品免征增值税优惠备案时,需提供有计量认证资质的饲料质量检测机构(名单由省税务局确认)出具的饲料产品合格证明。	不再提交。享受免征增值税优惠政策的饲料产品应当符合行业主管部门明确的产品质量标准。主管税务机关应加强后续管理,必要时可委托第三方检测机构对产品质量进行检测,一经发现不符合免税条件的,应及时纠正并依法处理。

(三)农业生产增值税征免政策

1. 对化肥恢复征收增值税

政策规定 (财税〔2015〕90号、财税〔2015〕97号)	管理要求 (国家税务总局公告2015年第64号)
(1)自2015年9月1日起,对纳税人销售和进口化肥统一按13%税率征收国内环节和进口环节增值税。钾肥增值税先征后返政策同时停止执行。 化肥的具体范围,仍然按照《国家税务总局关于印发〈增值税部分货物征税范围注释〉的通知》(国税发〔1993〕151号)的规定执行。进口环节恢复征收增值税的化肥税号见附件。 (2)自2015年9月1日起至2016年6月30日,对增值税一般纳税人销售的库存化肥,允许选择按照简易计税方法依照3%征收率征收增值税。 (3)化肥属于取消出口退(免)税的货物,仍按照财税〔2012〕39号文件规定,其出口视同内销征收增值税。出口日期,以出口货物报关单(出口退税专用)上注明的出口日期为准。 (4)纳税人应当单独核算库存化肥的销售额,未单独核算的,不得适用简易计税方法。 (5)库存化肥,是指纳税人2015年8月31日前生产或购进的尚未销售的化肥。	(1)2015年9月30日前,纳税人应将库存化肥品种、数量等资料向主管税务机关备案。 纳税人按期办理增值税纳税申报时,需随同纳税申报表向税务机关提交库存化肥销售情况的有关说明材料,详细列明本期销售库存化肥的品种、数量、发票开具份数、发票号码、发票代码、销售额、增值税税额等情况。 (2)主管税务机关应建立库存化肥税收管理台账,按品种设立明细账目,记录纳税人库存化肥销售及结余数量的变化。 (3)纳税人2016年7月1日后销售的库存化肥,一律按适用税率缴纳增值税。 (4)主管税务机关应加强化肥恢复征收增值税后的税收管理,结合增值税发票及纳税申报数据,开展库存化肥销售、结余、报税的分析比对工作。

2. 有机类肥料仍然免征增值税

财税〔2008〕56号	国家税务总局公告2015年第86号
自2008年6月1日起,纳税人生产销售和批发、零售有机肥产品免征增值税。 享受上述免税政策的有机肥产品是指有机肥料、有机—无机复混肥料和生物有机肥。 (1)有机肥料。 指来源于植物和(或)动物,施于土壤以提供植物营养为主要功能的含碳物料。 (2)有机—无机复混肥料。 指由有机和无机肥料混合和(或)化合制成的含有一定量有机肥料的复混肥料。 (3)生物有机肥。 指特定功能微生物与主要以动植物残体(如禽畜粪便、农作物秸秆等)为来源并经无害化处理、腐熟的有机物料复合而成的一类兼具微生物肥料和有机肥效应的肥料。	自2016年1月1日起,《财政部 国家税务总局关于有机肥产品免征增值税的通知》(财税〔2008〕56号)规定享受增值税免税政策的有机肥产品中,有机肥料按《有机肥料》(NY525—2012)标准执行,有机—无机复混肥料按《有机—无机复混肥料》(GB18877—2009)标准执行,生物有机肥按《生物有机肥》(NY884—2012)标准执行。不符合上述标准的有机肥产品,不得享受财税〔2008〕56号文件规定的增值税免税政策。上述有机肥产品的国家标准、行业标准,如在执行过程中有更新、替换,统一按最新的国家标准、行业标准执行。

1) 申报享受税收减免,需随申报表报送的附列资料(《全国税务机关纳税服务规范3.0版》)

由农业部或省、自治区、直辖市农业行政主管部门批准核发的在有效期内的肥料登记证复印件。(生产有机肥产品的纳税人报送)	生产企业提供的在有效期内的肥料登记证复印件。(批发、零售有机肥产品的纳税人报送)
根据《全国税务机关纳税服务规范3.0版》享受有机肥免征增值税优惠(减免性质代码:01092203),属于"申报享受税收减免"类。符合申报享受有机肥免征增值税优惠条件的纳税人,在首次申报享受时,随申报表报送附列资料,不再需要进行免税备案,只需随申报表报送的附列资料。	

2) 取消的税务证明事项目录(国家税务总局令第48号,自2019年7月24日起执行)

序号	证明名称	证明用途	取消后的办理方式
10	有机肥产品质量技术检测合格报告	纳税人办理生产销售和批发、零售有机肥产品免征增值税备案时,需提供通过相关资质认定的肥料产品质量检测机构一年内出具的有机肥产品质量技术检测合格报告。	不再提交。有机肥产品应当符合有关国家标准、行业标准。主管税务机关应加强后续管理,必要时可委托第三方检测机构对产品进行检测,一经发现不符合免税条件的,应及时纠正并依法处理。
11	有机肥产品外省备案证明	纳税人办理生产销售和批发、零售有机肥产品免征增值税备案,在省、自治区、直辖市外销售有机肥产品的,需提供在销售使用地省级农业行政主管部门办理备案的证明。	不再提交。

3. 免征增值税的农业生产资料(财税〔2001〕113号)

(1)农膜。	(2)【化肥规定失效】 批发和零售的种子、种苗、化肥、农药、农机。

4. 其他农业生产

(1)自2007年7月1日起,纳税人生产销售和批发、零售滴灌带和滴灌管产品免征增值税。(财税〔2007〕83号)
销售滴灌系统的配件,如PVC管(主管)、PE管(辅管)、承插管件、过滤器等,不可以免征增值税。
(2)批发和零售的种子、种苗、农药、农机免征增值税。(财税〔2001〕113号)
自2004年1月1日起,对国产农药免征生产环节增值税的政策停止执行。(财税〔2003〕186号)
(3)批发和零售农膜免征增值税(财税〔2001〕113号)
(4)农业机耕、排灌、病虫害防治、植物保护、农牧保险以及相关技术培训业务,家禽、牲畜、水生动物的配种和疾病防治免征增值税。(财税〔2016〕36号文附件3)
(5)将土地使用权转让给农业生产者用于农业生产。(财税〔2016〕36号文附件3)
(6)纳税人采取转包、出租、互换、转让、入股等方式将承包地流转给农业生产者用于农业生产,免征增值税。(财税〔2017〕58号)

(7)对农民专业合作社向本社成员销售的农膜、种子、种苗、农药、农机,免征增值税。(财税〔2008〕81号)
(8)纳税人销售自产人工合成牛胚胎应免征增值税。(国税函〔2010〕97号)
(9)收取电价时一并向用户收取的农村电网维护费(包括低压线路损耗和维护费以及电工经费)免征增值税。(国税函〔2009〕591号)
(10)对饮水工程运营管理单位向农村居民提供生活用水取得的自来水销售收入,免征增值税。对于既向城镇居民供水,又向农村居民供水的饮水工程运营管理单位,依据向农村居民供水收入占总供水收入的比例免征增值税。(财政部 税务总局公告2019年第67号)
(11)对边销茶生产企业销售自产的边销茶及经销企业销售的边销茶免征增值税。(财政部 税务总局公告2019年第83号)

取消的税务证明事项目录(国家税务总局令第48号,自2019年7月24日起执行)

序号	证明名称	证明用途	取消后的办理方式
12	滴灌带和滴灌管产品质量技术检测合格报告	纳税人办理生产、批发和零售滴灌带和滴灌管产品免征增值税备案时,需提供通过省以上质量技术监督部门的相关资质认定的产品质量检验机构出具的质量技术检测合格报告。	不再提交。滴灌带和滴灌管产品应当符合国家有关质量技术标准。主管税务机关应加强后续管理,必要时可委托第三方检测机构对产品进行检测,一经发现不符合免税条件的,应及时纠正并依法处理。

(四) 黄金、白银、钻石、金币

(1) 对中国金币总公司出口的金银币免征增值税。(财税字〔1994〕49号) (2) 对生产黄金和白银免征增值税以及对配售黄金和白银增值税即征即退的政策。(财税明电〔1996〕1号)	(3) 黄金生产和经营单位销售黄金(不包括以下品种:成色为AU9999、AU9995、AU999、AU995;规格为50克、100克、1公斤、3公斤、12.5公斤的黄金,以下简称标准黄金)和黄金矿砂(含伴生金),免征增值税;进口黄金(含标准黄金)和黄金矿砂免征进口环节增值税。(财税〔2002〕142号) (4) 国内开采或加工的钻石,通过钻交所销售的,在国内销售环节免征增值税,可凭核准单开具普通发票;不通过钻交所销售的,在国内销售环节照章征收增值税,并可按规定开具专用发票。(国税发〔2006〕131号)

(五) 水电暖增值税征免政策

1. 供热企业(财税〔2019〕38号、财政部 税务总局公告2021年第6号)

(1) 自2019年1月1日至2023年供暖期结束,对供热企业向居民个人(以下称居民)供热取得的采暖费收入免征增值税。 向居民供热取得的采暖费收入,包括供热企业直接向居民收取的、通过其他单位向居民收取的和由单位代居民缴纳的采暖费。 免征增值税的采暖费收入,应当按照《增值税暂行条例》第十六条的规定单独核算。通过热力产品经营企业向居民供热的热力产品生产企业,应当根据热力产品经营企业实际从居民取得的采暖费收入占该经营企业采暖费总收入的比例,计算免征的增值税。 上述所称供暖期,是指当年下半年供暖开始至次年上半年供暖结束的期间。	(2) 自2019年1月1日至2023年12月31日,对居民供热收取采暖费的供热企业,为居民供热所使用的厂房及土地免征房产税、城镇土地使用税;对供热企业其他厂房及土地,应当按照规定征收房产税、城镇土地使用税。 对专业供热企业,按其向居民供热取得的采暖费收入占全部采暖费收入的比例,计算免征的房产税、城镇土地使用税。 对兼营供热企业,视其供热所使用的厂房及土地与其他生产经营活动所使用的厂房及土地是否可以区分,按照不同方法计算免征的房产税、城镇土地使用税。可以区分的,对其供热所使用厂房及土地,按向居民供热取得的采暖费收入占全部采暖费收入的比例,计算免征的房产税、城镇土地使用税。难以区分的,对其全部厂房及土地,按向居民供热取得的采暖费收入占其营业收入的比例,计算免征的房产税、城镇土地使用税。 对自供热单位,按向居民供热建筑面积占总供热建筑面积的比例,计算免征供热所使用的厂房及土地的房产税、城镇土地使用税。 (3) 上述所称供热企业,是指热力产品生产企业和热力产品经营企业。热力产品生产企业包括专业供热企业、兼营供热企业和自供热单位。 (4) 上述所称"三北"地区,是指北京市、天津市、河北省、山西省、内蒙古自治区、辽宁省、大连市、吉林省、黑龙江省、山东省、青岛市、河南省、陕西省、甘肃省、青海省、宁夏回族自治区、新疆维吾尔自治区。

风险提示:供暖企业对居民供暖取得的收入可以免征增值税、房产税、城镇土地使用税,但所得税方面没有优惠政策。供热企业享受免税要备案;单独核算是享受免税的前提;用于免税项目的进项税额要转出;对无法划分的进项,要按公式计算转出。

自2019年1月1日起,供热企业办理为居民供热所使用的厂房免征房产税备案时,不再提交主管部门出具的供热企业的认定材料和房屋产权证明,改为纳税人自行留存备查。(国家税务总局公告2018年第65号)

入网费收入按建筑服务——安装服务征收增值税。入网费如果选择简易计税,则对应的进项税额不得抵扣。

供热公司购入的供热设备因为既用于居民供热又用于非居民供热,其进项税可以全额抵扣,但后续发生的维护费进项税额需按公式计算不得抵扣的进项税额:

$$\text{不得抵扣的进项税额} = \text{当期无法划分的全部进项税额} \times \left(\text{当期简易计税方法计税项目销售额} + \text{免征增值税项目销售额} \right) \div \text{当期全部销售额}$$

由于供热企业有季节性强的经营特点,主管税务机关可以依据年度数据对不得抵扣的进项税额进行清算。年底清算,是按销售额的占比计算。按照税务总局货劳司解读,对分母"全部销售额"的理解,按如下把握为宜:"当期全部销售额"是指与"当月无法划分的全部进项税额"有关联的应税项目、免税项目及简易计税项目的收入,无关联的其他收入不应该计算在内。

【例3-14】 某供热公司为增值税一般纳税人。2022年度11月收取居民取暖费436万元,商业取暖费239.8万元,入网费41.2万元(入网合同约定,入网工程所用电力由甲方负责),以上收入均为含税收入。取得煤炭增值税专用发票,注明税额13万元,取得电费专用发票,注明税额2.6万元。增值税期初无留抵。根据以上业务及数据,如何做出涉税处理及依据,并计算2022年11月增值税应纳税额。

入网费可以选择简易计税,应提增值税41.2÷1.03×3%=1.2(万元); 本月销项税额=239.8÷(1+9%)×9%=19.8(万元); 本月抵扣进项税额=13+2.6=15.6(万元);	本月进项税额转出=15.6×436÷(436+239.8)=10.06(万元)(注:本月发生的煤炭和电力的进项税额,未用于入网工程,所以入网费不参与计算)。 本月应纳的增值税=19.8-15.6+10.06+1.2=15.46(万元)。

2. 供水企业

水资源费(税)不征增值税	污水处理费免征增值税
原对城镇公共供用水户在基本水价(自来水价格)外征收水资源费的试点省份,在水资源费改税试点期间,按照不增加城镇公共供水企业负担的原则,城镇公共供水企业缴纳的水资源税所对应的水费收入,不计征增值税,按"不征税自来水"项目开具增值税普通发票。(国家税务总局公告2017年第47号) "未发生销售行为的不征税项目"指用于纳税人收取款项但未发生销售货物、应税劳务、服务、无形资产或不动产的情形。开具发票时使用"未发生销售行为的不征税项目"编码,发票税率栏应填写"不征税",不得开具增值税专用发票。(国家税务总局公告2016年第53号第九条第十一款) 水资源费(税)使用"未发生销售行为的不征税项目"编码开具发票,这部分不征税收入不属于增值税优惠范围,不能放弃也无需备案,发票税率栏应填写"不征税",不得开具增值税专用发票,也无需进行增值税纳税申报。	自2001年7月1日起,对各级政府及主管部门委托自来水厂(公司)随水费收取污水处理费,免征增值税。(财税〔2001〕97号) 是否适用免税优惠政策,纳税人可根据自身情况选择。如果选择适用免税优惠政策,应按照税收优惠管理的相关要求,向主管税务机关进行免税备案,只能开具普通发票,发票税率一栏填"免税",在增值税纳税申报的同时填报《增值税减免税申报明细表》;也可以依据《增值税暂行条例实施细则》第三十六条规定,声明放弃适用免税优惠政策(放弃免税后,36个月内不得再申请免税),依照《增值税暂行条例》的规定缴纳增值税,这样也可开具增值税专用发票并作增值税纳税申报。

风险提示:增值税不征收入与免征收入虽然都不需要缴纳增值税,但两者开具发票时对分类编码和税率的选择及是否作纳税申报完全不同。

3. 其他政策

(1)收取电价时一并向用户收取的农村电网维护费(包括低压线路损耗和维护费以及电工经费)免征增值税。(国税函〔2009〕591号)	(2)自2016年1月1日至2023年12月31日,对饮水工程运营管理单位向农村居民提供生活用水取得的自来水销售收入,免征增值税。对于既向城镇居民供水,又向农村居民供水的饮水工程运营管理单位,依据向农村居民供水收入占总供水收入的比例免征增值税。(财税〔2016〕19号、财政部 税务总局公告2019年第67号、财政部 税务总局公告2020年第67号)

(六)修理修配劳务

(1)飞机修理。(财税〔2000〕102号) 自2000年1月1日起,对飞机维修劳务增值税实际税负超过6%的部分即征即退。 (2)飞机维修企业的国外飞机维修业务。(国家税务总局公告2011年第5号) 自2011年2月15日起,对承揽国内、国外航空公司飞机维修业务的企业(以下简称飞机维修企业)所从事的国外航空公司飞机维修业务,实行免征本环节增值税应纳税额、直接退还相应增值税进项税额的办法。 飞机维修企业应分别核算国内、国外飞机维修业务的进项税额;未分别核算或者未准确核算进项税额的,由主管税务机关进行核定。造成多退税款的,予以追回;涉及违法犯罪的,按有关法律法规规定处理。	(3)铁路货车修理。(财税〔2001〕54号) 自2001年1月1日起,对铁路系统内部单位为本系统修理货车的业务免征增值税。 "铁路系统内部单位"包括中国南方、北方机车车辆工业集团公司所属企业,其为铁路系统修理铁路货车的业务免征增值税。

(七)熊猫普制金币免征增值税

财税〔2012〕97号	国家税务总局公告2013年第6号
经国务院批准,自2012年1月1日起,对符合条件的纳税人销售的熊猫普制金币免征增值税。 熊猫普制金币是指由黄金制成并同时符合以下条件的法定货币: (1)由中国人民银行发行。 (2)生产质量为普制。 (3)正面主体图案为天坛祈年殿,并刊国名、年号。背面主体图案为熊猫,并刊面额、规格及成色。规格包括1盎司、1/2盎司、1/4盎司、1/10盎司和1/20盎司,对应面额分别为500元、200元、100元、50元、20元。黄金成色为99.9%。	下列纳税人销售熊猫普制金币免征增值税: (1)中国人民银行下属中国金币总公司(以下简称金币公司)及其控股子公司。 (2)经中国银行业监督管理委员会批准,允许开办个人黄金买卖业务的金融机构。 (3)经金币公司批准,获得"中国熊猫普制金币授权经销商"资格,并通过金币交易系统销售熊猫普制金币的纳税人。 第一批符合条件的纳税人名单附后。 免征增值税的熊猫普制金币是指2012年(含)以后发行的熊猫普制金币。 纳税人既销售免税的熊猫普制金币又销售其他增值税应税货物的,应分别核算免税的熊猫普制金币和其他增值税应税货物的销售额;未分别核算的,不得享受熊猫普制金币增值税免税政策。销售熊猫普制金币免税收入不得开具增值税专用发票。

风险提示:申请享受熊猫普制金币增值税优惠政策的纳税人,应按规定向主管税务机关办理免税备案手续。国家税务总局不定期公告符合免税条件的纳税人名单和不符合免税条件的纳税人退出名单,不符合条件的纳税人销售熊猫普制金币,不再免征增值税。

根据《全国纳税服务规范3.0》,该项目属于申报享受税收减免类优惠(减免性质代码:01083907),需随申报表报送的资料:
(1)"中国熊猫普制金币授权经销商"相关资格证书复印件。(属于"中国熊猫普制金币授权经销商"的纳税人报送)
(2)《中国熊猫普制金币经销协议》复印件。(属于"中国熊猫普制金币授权经销商"的纳税人报送)
(3)中国银行业监督管理委员会批准其开办个人黄金买卖业务的相关批件材料复印件。(金融机构报送)

(八)转让企业全部产权涉及的应税货物转让不征收增值税

国家税务总局公告2011年第13号	国家税务总局公告2013年第66号
自2011年3月1日起,纳税人在资产重组过程中,通过合并、分立、出售、置换等方式,将全部或者部分实物资产以及与其相关联的债权、负债和劳动力一并转让给其他单位和个人,不属于增值税的征税范围,其中涉及的货物转让不征收增值税。	自2013年12月1日起,纳税人在资产重组过程中,通过合并、分立、出售、置换等方式,将全部或者部分实物资产以及与其相关联的债权、负债经多次转让后,最终的受让方与劳动力接收方为同一单位和个人,其中货物的多次转让行为均不征收增值税。资产的出让方需将资产重组方案等文件资料报其主管税务机关。

风险提示:自2013年1月1日起,增值税一般纳税人(以下称原纳税人)在资产重组过程中,将全部资产、负债和劳动力一并转让给其他增值税一般纳税人(以下称新纳税人),并按程序办理注销税务登记的,其在办理注销登记前尚未抵扣的进项税额可结转至新纳税人处继续抵扣。

原纳税人主管税务机关应认真核查纳税人资产重组相关资料,核实原纳税人在办理注销税务登记前尚未抵扣的进项税额,填写《增值税一般纳税人资产重组进项留抵税额转移单》一式三份。新纳税人主管税务机关应将原纳税人主管税务机关传递来的《增值税一般纳税人资产重组进项留抵税额转移单》与纳税人报送资料进行认真核对,对原纳税人尚未抵扣的进项税额,在确认无误后,允许新纳税人继续申报抵扣。

(九)文化体育

(1)古旧图书免征增值税。(《增值税暂行条例》第十五条) (2)自2018年1月1日起至2023年12月31日,免征图书批发、零售环节增值税。(财税〔2018〕53号第二条、财政部 税务总局公告2021年第10号第二条) (3)进口图书、报刊资料免征增值税。(财关税〔2016〕70号)	(4)校办企业生产的应税货物,凡用于本校教学、科研方面的,经严格审核确认后,免征增值税。(财税〔2000〕92号) (5)托儿所、幼儿园提供的保育和教育服务,免征增值税。(财税〔2016〕36号附件3) 详细内容见下述三(一)

(续表)

（6）符合条件的学历教育免征增值税（财税〔2016〕36号附件3） 详细内容见下述三（八） （7）学生勤工俭学提供的服务，符合条件的免征增值税。（财税〔2016〕36号附件3） 详细内容见下述三（九） （8）政府举办的职业学校设立的企业，符合条件的收入免征增值税。（财税〔2016〕36号附件3） 详细内容见下述三（三十） （9）对按照国家规定的收费标准向学生收取的高校学生公寓住宿费收入在营改增试点期间免征增值税。对高校学生食堂为高校师生提供餐饮服务取得的收入，在营改增试点期间免征增值税。（财税〔2016〕82号） （10）纪念馆、博物馆、文化馆、文物保护单位管理机构、美术馆、展览馆、书画院、图书馆在自己的场所提供文化体育服务取得的第一道门票收入免征增值税。（财税〔2016〕36号附件3） 详细内容见下述三（十一）	（11）寺院、宫观、清真寺和教堂举办文化、宗教活动的门票收入免征增值税。（财税〔2016〕36号附件3） 详细内容见下述三（十二） （12）自2018年1月1日起至2020年12月31日，对科普单位的门票收入，以及县级及以上党政部门和科协开展科普活动的门票收入免征增值税。（财税〔2018〕53号） 详细内容见下述三（二十八） （13）福利彩票、体育彩票的发行收入免征增值税优惠。（财税〔2016〕36号附件3） 详细内容见下述三（三十二） （14）对武汉军运会执行委员会符合条件的收入免征增值税（财税〔2018〕119号） （15）对北京冬奥会、冬残奥会符合条件的收入免征增值税（财税〔2017〕60号、财税〔2019〕6号） （16）符合条件的中外合作办学，提供学历教育服务取得的收入免征增值税。（国家税务总局公告2018年第42号）

（十）医疗卫生行业

财税〔2000〕42号	其他政策
医疗服务是指医疗服务机构对患者进行检查、诊断、治疗、康复和提供预防保健、接生、计划生育方面的服务，以及与这些服务有关的提供药品、医用材料器具、救护车、病房住宿和伙食的业务。 （1）非营利性医疗机构。 对非营利性医疗机构自产自用的制剂，免征增值税。 非营利性医疗机构的药房分离为独立的药品零售企业，应按规定征收各项税收。 （2）营利性医疗机构。 对营利性医疗机构取得的收入，按规定征收各项税收。但为了支持营利性医疗机构的发展，对营利性医疗机构取得的收入，直接用于改善医疗卫生条件的，自其取得执业登记之日起，3年内对其自产自用的制剂免征增值税。 对营利性医疗机构的药房分离为独立的药品零售企业，应按规定征收各项税收。 上述（1）、（2）所称医疗机构具体包括：各级各类医院、门诊部（所）、社区卫生服务中心（站）、急救中心（站）、城乡卫生院、护理院（所）、疗养院、临床检验中心等。 （3）不按照国家法规的价格取得的卫生服务收入不免税。（财税〔2016〕36号附件3） 从事非医疗服务取得的收入，如租赁收入、财产转让收入、培训收入、对外投资收入等应依法规征收各项税收。 按照国家法规的价格取得的卫生服务收入免税，详细内容见下述营改增服务。	（4）疾病控制机构和妇幼保健机构等的服务收入。（财税〔2000〕42号） 对疾病控制机构和妇幼保健机构等卫生机构按照国家规定的价格取得的卫生服务收入（含疫苗接种和调拨、销售收入），免征各项税收。不按照国家规定的价格取得的卫生服务收入不得享受这项政策。 对卫生防疫站调拨或发放的由政府财政负担的免费防疫苗不征收增值税。（国税函〔1999〕191号） （5）血站。（财税字〔1999〕264号） 自1999年11月1日起，对血站供应给医疗机构的临床用血免征增值税。血站，是指根据《中华人民共和国献血法》的规定，由国务院或省级人民政府卫生行政部门批准的，从事采集、提供临床用血，不以营利为目的的公益性组织。 （6）供应非临床用血。（国家税务总局公告2014年第36号） 属于增值税一般纳税人的单采血浆站销售非临床用人体血液，可以按照简易办法依照3%征收率计算应纳税额，但不得对外开具增值税专用发票；也可以按照销项税额抵扣进项税额的办法依照增值税适用税率计算应纳税额。 （7）国产抗艾滋病病毒药品。（财政部 税务总局公告2019年第73号、财政部 税务总局公告2021年第6号） 自2019年1月1日至2023年12月31日，继续对国产抗艾滋病病毒药品免征生产环节和流通环节增值税。享受上述免征增值税政策的国产抗艾滋病病毒药品，须由各省（自治区、直辖市）艾滋病药品管理部门按照政府采购有关规定采购的，并向艾滋病病毒感染者和病人免费提供的抗艾滋病病毒药品。药品生产企业和流通企业应将药品供货合同留存，以备税务机关查验。抗艾滋病病毒药品的生产企业和流通企业应分别核算免税药品和其他货物的销售额；未分别核算的，不得享受增值税免税政策。 （8）对抗癌药品实行简易计税。（财税〔2018〕47号） 详细内容见本章第四节"增值税低税率优惠解析与应用" （9）对罕见病药品实行简易计税。（财税〔2019〕24号） 详细内容见本章第四节"增值税低税率优惠解析与应用" （10）对避孕药品和用具免征增值税。（《增值税暂行条例》第十五条第一款第二项）

(十一) 残疾人专用物品

(1) 由残疾人的组织直接进口供残疾人专用的物品,免征增值税。(《增值税暂行条例》第十五条。)
(2) 残疾人个人提供的加工、修理修配劳务,免征增值税。(财税〔2016〕52号)
(3) 残疾人福利机构提供的育养服务,免征增值税。(财税〔2016〕36号附件3)
(4) 残疾人员本人为社会提供的服务,免征增值税。(财税〔2016〕36号附件3)
(5) 供残疾人专用的假肢、轮椅、矫型器(包括上肢矫型器、下肢矫型器、脊椎侧弯矫型器),免征增值税。(财税字〔1994〕60号第二条)

(十二) 军队、军工系统

财税字〔1994〕11号	其他规定
1. 增值税 (1) 军队系统(包括人民武装警察部队)。 军队系统的下列企事业单位,可以按本法规享受税收优惠照顾: ① 军需工厂(指纳入总后勤部统一管理,由总后勤部授予代号经国家税务总局审查核实的企业化工厂)。 ② 军马场。 ③ 军办农场(林厂、茶厂)。 ④ 军办厂矿。 ⑤ 军队院校、医院、科研文化单位、物资供销、仓库、修理等事业单位。 军队系统各单位生产、销售、供应的应税货物应当按法规征收增值税。但为部队生产的武器及其零配件、弹药、军训器材、部队装备(指人被装、军械装备、马装具,下同),免征增值税。军需工厂、物资供销单位生产、销售、调拨给公安系统和国家安全系统的民警服装,免征增值税;对外销售的,按法规征收增值税。供军内使用的应与对外销售的分开核算,否则,按对外销售征收。 军需工厂之间为生产军品而互相协作的产品免征增值税。 军队系统各单位从事加工、修理修配武器及其零配件、弹药、军训器材、部队装备的业务收入,免征增值税。 (2) 军工系统(指电子工业部、中国核工业总公司、中国航天工业总公司、中国航空工业总公司、中国兵器工业总公司、中国船舶工业总公司)。 ① 军工系统所属军事工厂(包括科研单位)生产销售的应税货物应当按法规征收增值税。但对列入军工主管部门军品生产计划并按照军品作价原则销售给军队、人民武装警察部队和军事工厂的军品,免征增值税。 ② 军事工厂生产销售给公安系统、司法系统和国家安全系统的武器装备免征增值税。 ③ 军事工厂之间为了生产军品而相互提供货物以及为了制造军品相互提供的专用非标准设备、工具、模具、量具等免征增值税;对军工系统以外销售的,按法规征收增值税。 (3) 除军工、军队系统企业以外的一般工业企业生产的军品,只对枪、炮、雷、弹、军用舰艇、飞机、坦克、雷达、电台、舰艇用柴油机、各种炮用瞄准具和瞄准镜,一律在总装企业就总装成品免征增值税。 (4) 军队、军工系统各单位经总后勤部和国防科工委批准进口的专用设备、仪器仪表及其零配件,免征进口环节增值税;军队、军工系统各单位进口其他货物,应按法规征收进口环节增值税。 军队、军工系统各单位将进口的免税货物转售给军队、军工系统以外的,应按法规征收增值税。 (5)【条款失效】军品以及军队系统各单位出口军需工厂生产或军需部门调拨的货物,在生产环节免征增值税,出口不再退税。 2. 关于消费税 (1) 军队、军工系统所属企业生产、委托加工和进口消费税应税产品,无论供军队内部使用还是对外销售,都应按法规征收消费税。 (2) 军品以及军队系统所属企业出口军需工厂生产的应税产品在生产环节免征消费税,出口不再退税。	军队物资供应机构在军队系统(包括军队各级机关、部队、院校、医院、科研文化单位、干休所、仓库、供应站、企业化工厂、军办厂矿、农场、马场、招待所等各类单位)内部调拨供应物资,原则上使用军队的物资调拨计价单,军队内部调拨供应物资免征增值税。其中调拨供应给军队企业化工厂、军办厂矿等单位的生产用物资,购货方要求开具增值税专用发票的,可予开具增值税专用发票,但开具增值税专用发票的销售收入均应按规定缴纳增值税。(国税发〔1994〕121号第二条) 军队系统所属企业生产并按军品作价原则作价在军队系统内部调拨或销售的钢材、木材、水泥、煤炭、营具、药品、锅炉、缝纫机械免征增值税。对外销售的一律照章征收增值税。(财税字〔1997〕135号) 对公安部定点警服生产厂生产销售的人民警察制式服装、警用标志,自1995年7月1日起免征增值税。(财税字〔1995〕59号第一条) 军队空余房产租赁收入免征增值税。(财税〔2016〕36号附件3)

(十三) 扶贫捐赠免征增值税
政策依据:

《财政部 税务总局 国务院扶贫办关于扶贫货物捐赠免征增值税政策的公告》(财政部 税务总局 国务院扶贫办公告2019年第55号);
《财政部 税务总局 人力资源社会保障部 国家乡村振兴局关于延长部分扶贫税收优惠政策执行期限的公告》(财政部 税务总局 人力资源社会保障部 国家乡村振兴局公告2021年第18号)。

财政部 税务总局 国务院扶贫办公告2019年第55号	财政部 税务总局 人力资源社会保障部 国家乡村振兴局公告2021年第18号
自2019年1月1日至2022年12月31日,对单位或者个体工商户将自产、委托加工或购买的货物通过公益性社会组织、县级及以上人民政府及其组成部门和直属机构,或直接无偿捐赠给目标脱贫地区的单位和个人,免征增值税。在政策执行期限内,目标脱贫地区实现脱贫的,可继续适用上述政策。 "目标脱贫地区"包括832个国家扶贫开发工作重点县、集中连片特困地区县(新疆阿克苏地区6县1市享受片区政策)和建档立卡贫困村。 在2015年1月1日至2018年12月31日已发生的符合上述条件的扶贫货物捐赠,可追溯执行上述增值税政策。 在本公告发布之前已征收入库的按上述规定应予免征的增值税税款,可抵减纳税人以后月份应缴纳的增值税税款或者办理税款退库。已向购买方开具增值税专用发票的,应将专用发票追回后方可办理免税。无法追回专用发票的,不予免税。 各地扶贫办公室与税务部门要加强沟通,明确当地"目标脱贫地区"具体范围,确保政策落实落地。	《财政部 税务总局 国务院扶贫办关于企业扶贫捐赠所得税税前扣除政策的公告》(财政部 税务总局 国务院扶贫办公告2019年第49号)、《财政部 税务总局 国务院扶贫办关于扶贫货物捐赠免征增值税政策的公告》(财政部 税务总局 国务院扶贫办公告2019年第55号)中规定的税收优惠政策,执行期限延长至2025年12月31日。

(十四) 外国政府和国际组织无偿援助项目在国内采购货物免征增值税(财税〔2002〕2号)

自2001年8月1日起,对外国政府和国际组织无偿援助项目在国内采购的货物免征增值税,同时允许销售免税货物的单位,将免税货物的进项税额在其他内销货物的销项税额中抵扣。	供货方凭购货方出示的免税文件,按照文件的规定,以不含增值税的价格向购货方销售货物。 供货方应向其主管税务机关提出免税申请。供货方所在地主管税务机关凭国家税务总局下发的免税文件为供货方办理免征销项税额及进项税额抵扣手续。

符合申报享受税收减免条件的纳税人,在首次申报享受时随申报表报送附列资料。无偿援助项目免征增值税(减免性质代码:01124302),应报送:(1)《外国政府和国际组织无偿援助项目在华采购货物明细表》;(2)销售合同复印件;(3)委托协议和实际购货方的情况,包括购货方的单位名称、地址、联系人及联系电话等(委托他人采购的报送)。(纳税服规范3.0)

三、销售服务增值税免税40项过渡项目(财税〔2016〕36号附件3)

(一) 托儿所、幼儿园提供的保育和教育服务

政策规定	政策解读
1. 财税〔2016〕36号附件3 托儿所、幼儿园,是指经县级以上教育部门审批成立、取得办园许可证的实施0~6岁学前教育的机构,包括公办和民办的托儿所、幼儿园、学前班、幼儿班、保育院、幼儿院。 公办托儿所、幼儿园免征增值税的收入,是指在省级财政部门和价格主管部门审核报省级人民政府批准的收费标准以内收取的教育费、保育费。 民办托儿所、幼儿园免征增值税的收入,是指在报经当地有关部门备案并公示的收费标准范围内收取的教育费、保育费。 超过规定收费标准的收费,以开办实验班、特色班、兴趣班等为由另外收取的费用以及与幼儿入园挂钩的赞助费、支教费等超过规定范围的收入,不属于免征增值税的收入。	本条延续了下列原营业税优惠政策相关规定。 根据《营业税暂行条例》第八条第(一)项规定,对托儿所、幼儿园提供的育养服务免征营业税。 《关于加强教育劳务营业税征收管理有关问题的通知》(财税〔2006〕3号)第二条规定平移到本条规定: "提供养育服务"是指上述托儿所、幼儿园对其学员提供的保育和教育服务。

(续表)

政策规定	政策解读
2.财政部、税务总局、发展改革委、民政部、商务部、卫生健康委公告2019年第76号 自2019年6月1日起执行至2025年12月31日,提供社区托育服务取得的收入,免征增值税。 社区,是指聚居在一定地域范围内的人们所组成的社会生活共同体,包括城市社区和农村社区。为社区提供托育服务的机构,是指在社区依托固定场所设施,采取全日托、半日托、计时托、临时托等方式,为社区居民提供托育服务的企业、事业单位和社会组织。社区托育服务,是指为3周岁(含)以下婴幼儿提供的照料、看护、膳食、保育等服务。 风险提示:免征增值税的收入仅包括教育费和保育费,不包含伙食费等其他收入,与从事学历教育的学校完全不同,与从事学历教育的学校食堂提供餐饮服务取得的伙食费收入免征增值税。 该项目属于申报享受类优惠,不需要附送相关资料,纳税人留存备查如下资料:县级以上教育部门出具的办园许可证等证明材料、物价主管部门核准收费的批准或备案材料、取得收入的相关证明材料。	

(二)养老机构提供的养老服务

政策规定	政策解读
1.财税〔2016〕36号附件3 养老机构,是指依照民政部《养老机构设立许可办法》(民政部令第48号)设立并依法办理登记的为老年人提供集中居住和照料服务的各类养老机构。 免税的养老机构,包括依照《老年人权益保障法》依法办理登记,并向民政部门备案的为老年人提供集中居住和照料服务的各类养老机构。(财税〔2019〕20号第一条) 养老服务,是指上述养老机构按照民政部《养老机构管理办法》(民政部令第49号)的规定,为收住的老年人提供的生活照料、康复护理、精神慰藉、文化娱乐等服务。	本条延续了下列原营业税优惠政策相关规定。 《营业税暂行条例》第八条第(一)项规定,对养老院提供的育养服务免征营业税。 《关于支持文化服务出口等营业税政策的通知》(财税〔2014〕118号,以下称财税〔2014〕118号文件)第二条对养老机构提供的养老服务免征营业税政策。
2.财政部、税务总局、发展改革委、民政部、商务部、卫生健康委公告2019年第76号 自2019年6月1日起执行至2025年12月31日,提供社区养老服务取得的收入,免征增值税。 社区,是指聚居在一定地域范围内的人们所组成的社会生活共同体,包括城市社区和农村社区。为社区提供养老服务的机构,是指在社区依托固定场所设施,采取全托、日托、上门等方式,为社区居民提供养老服务的企业、事业单位和社会组织。社区养老服务,是指为老年人提供的生活照料、康复护理、助餐助行、紧急救援、精神慰藉等服务。 该项目属于申报享受类优惠,不需要附送相关资料,纳税人留存备查如下资料:养老院提供民政部门核发的社会福利机构设置批准证书,其他养老院类的养老机构提供有关部门批准成立的文件或出具的从业认定证明、取得收入的相关证明材料。	

(三)残疾人福利机构提供的育养服务

政策规定	政策解读
对残疾人福利机构提供的育养服务免征增值税。	本条延续了《营业税暂行条例》第八条第(一)项的规定,对残疾人福利机构提供的育养服务免征营业税。
该项目属于申报享受类优惠,不需要附送相关资料,纳税人留存备查如下资料:社会福利机构设置批准证书、取得收入的相关证明材料。	

(四)婚姻介绍服务

政策规定	政策解读
对婚姻介绍服务免征增值税。	本条延续了《营业税暂行条例》第八条第(一)项的规定,对婚姻介绍服务免征营业税。
该项目属于申报享受类优惠,不需要附送相关资料,纳税人留存备查如下资料:婚姻介绍服务证明材料、取得收入的相关证明材料。	

（五）殡葬服务

政策规定	政策解读
殡葬服务，是指收费标准由各地价格主管部门会同有关部门核定，或者实行政府指导价管理的遗体接运（含抬尸、消毒）、遗体整容、遗体防腐、存放（含冷藏）、火化、骨灰寄存、吊唁设施设备租赁、墓穴租赁及管理等服务。	根据《营业税暂行条例》第八条第（一）项的规定，对殡葬服务免征营业税，但在原营业税制下，并未对殡葬服务的范围做解释。 对殡葬服务免税的初衷，是对与老百姓基本生活紧密相关的服务项目予以免税。但是本来作为基本社会服务应该合理收费的某些项目，在某些追求奢华之风的群体的需求下，也提供偏离合理收费标准的增值服务。为了达到优惠政策的初衷，在营改增税制转换时，根据《国家发展改革委民政部关于进一步加强殡葬服务收费管理有关问题的指导意见》（发改价格〔2012〕673号）的规定，对殡葬服务可享受增值税免税政策做出了需合理定价的条件限制。

（六）残疾人员本人为社会提供的服务

政策规定	政策解读
残疾人员本人为社会提供的服务免征增值税。	本条延续了下列原营业税优惠政策相关规定。 （1）根据《营业税暂行条例》第八条第（二）项的规定，对残疾人员个人提供的劳务，免征营业税。 （2）根据《营业税暂行条例实施细则》第二十二条第（一）款的规定，《营业税暂行条例》第八条所称残疾人员个人提供的劳务，是指残疾人员本人为社会提供的劳务。

残疾人个人提供的加工、修理修配劳务，免征增值税。（财税字〔1994〕4号）

该项目属于申报享受类优惠，不需要附送相关资料，纳税人留存备查如下资料：《中华人民共和国残疾人证》或《中华人民共和国残疾军人证（1至8级）》、劳务合同、个人身份证明。

2019年3月8日后，不再提交残疾人证明，改为纳税人自行留存备查。（国家税务总局令第46号）

（七）医疗机构提供的医疗服务

政策规定	政策解读
医疗机构，是指依据国务院《医疗机构管理条例》（国务院令第149号）及卫生部《医疗机构管理条例实施细则》（卫生部令第35号）的规定，经登记取得《医疗机构执业许可证》的机构，以及军队、武警部队各级各类医疗机构。具体包括：各级各类医院、门诊部（所）、社区卫生服务中心（站）、急救中心（站）、城乡卫生院、护理院（所）、疗养院、临床检验中心，各级政府及有关部门举办的卫生防疫站（疾病控制中心）、各种专科疾病防治站（所），各级政府举办的妇幼保健所（站）、母婴保健机构、儿童保健机构，各级政府举办的血站（血液中心）等医疗机构。 医疗服务，是指医疗机构按照不高于地（市）级以上价格主管部门会同同级卫生主管部门及其他相关部门制定的医疗服务指导价格（包括政府指导价和按照规定由供需双方协商确定的价格等）为就医者提供《全国医疗服务价格项目规范》所列的各项服务，以及医疗机构向社会提供卫生防疫、卫生检疫的服务。 自2019年2月1日至2023年12月31日，医疗机构接受其他医疗机构委托，按照不高于地（市）级以上价格主管部门会同同级卫生主管部门及其他相关部门制定的医疗服务指导价格（包括政府指导价和按照规定由供需双方协商确定的价格等），提供《全国医疗服务价格项目规范》所列的各项服务，可适用财税〔2016〕36号文件第一条第（七）项规定的免征增值税政策。（财税〔2019〕20号第二条、财政部 税务总局公告2021年第6号） 依据《财政部 税务总局关于延长部分税收优惠政策执行期限的公告》（财政部 税务总局公告2021年第6号），本法规税收优惠政策执行期限延长至2023年12月31日。	根据《营业税暂行条例》第八条第（三）项的规定，对医院、诊所和其他医疗机构提供的医疗服务免征营业税。但在原营业税制下，并未对医疗机构和医疗服务的范围做解释。本条根据现行有关法规及部门规章的规定，进行梳理后，对医疗机构、医疗服务进行了界定。

（续表）

（1）营改增政策继续沿用《营业税暂行条例》的口径：医疗机构不区分营利性和非营利性；医疗机构包括疾病控制机构和妇幼保健机构等；医疗服务是指按照不高于医疗服务指导价格提供《全国医疗服务价格项目规范》所列的各项服务，以及医疗机构向社会提供卫生防疫、卫生检疫的服务。因此，无论是营利性医院还是非营利性医院，只要是按规定取得《医疗机构执行许可证》，并按照不高于主管部门制定的医疗服务指导价格提供的医疗服务，均免征增值税。

（2）《国家发展改革委 卫生部 国家中医药管理局关于规范医疗服务价格管理及有关问题的通知》（发改价格〔2012〕1170号）分为综合、诊断、治疗、康复、辅助操作和中医等类，具体包括综合医疗服务（包括医用材料器具、救护车、床位费）、病理学诊断、实验室诊断、影像学诊断、临床诊断、临床手术治疗、临床非手术治疗、临床物理治疗、康复医疗、辅助操作和中医医疗服务等。项目内涵中已包括该设备所使用的全部耗材；本规范除另有说明外，不含药品、临床用血。

① 挂号费属于"一、综合医疗服务"中的"（一）一般医疗服务"的"1.诊察费"，包括"西医诊察费"和"中医辨证论治"收费项目。《全国医疗服务价格项目规范》）因此，经登记取得《医疗机构执业许可证》的医疗机构按照不高于地（市）级以上价格主管部门会同同级卫生主管部门及其他相关部门制定的医疗服务指导价格，收取的挂号费，免征增值税。

② 医疗检测机构对其他单位送来的样本提供医疗检测服务不属于向就医者提供的医疗检测服务，不能免征增值税。医疗机构销售的货物照章纳税。

该项目属于申报享受类优惠，不需要附送相关资料，纳税人留存备查如下资料：医疗机构执业许可证、取得收入的相关证明材料。

自2018年12月28日起，医疗卫生机构在办理免征增值税优惠备案时，不再提交医疗机构执业许可证件。（国家税务总局公告2018年第65号）

（八）从事学历教育的学校提供的教育服务

财税〔2016〕36号	财税〔2019〕14号	国家税务总局公告2018年第42号
学历教育，是指受教育者经过国家教育考试或者国家规定的其他入学方式，进入国家有关部门批准的学校或者其他教育机构学习，获得国家承认的学历证书的教育形式。其具体内容包括以下几点： （1）初等教育：普通小学、成人小学。 （2）初级中等教育：普通初中、职业初中、成人初中。 （3）高级中等教育：普通高中、成人高中和中等职业学校（包括普通中专、成人中专、职业高中、技工学校）。 （4）高等教育：普通本专科、成人本专科、网络本专科、研究生（博士、硕士）、高等教育自学考试、高等教育学历文凭考试。 从事学历教育的学校，是指： （1）普通学校。 （2）经地（市）级以上人民政府或者同级政府的教育行政部门批准成立、国家承认其学员学历的各类学校。 （3）经省级及以上人力资源社会保障行政部门批准成立的技工学校、高级技工学校。 （4）经省级人民政府批准成立的技师学院。 上述学校均包括符合规定的从事学历教育的民办学校，但不包括职业培训机构等国家不承认学历的教育机构。 提供教育服务免征增值税的收入，是指对列入规定招生计划的在籍学生提供学历教育服务取得的收入，具体包括：经有关部门审核批准并按规定标准收取的学费、住宿费、课本费、作业本费、考试报名费收入，以及学校食堂提供餐饮服务取得的伙食费收入。除此之外的收入，包括学校以各种名义收取的赞助费、择校费等，不属于免征增值税的范围。 学校食堂是指依照《学校食堂与学生集体用餐卫生管理规定》（教育部令第14号）管理的学校食堂。	对高校学生公寓免征房产税。 对与高校学生签订的高校学生公寓租赁合同，免征印花税。 本通知所称高校学生公寓，是指为高校学生提供住宿服务，按照国家规定的收费标准收取住宿费的学生公寓。 企业享受本通知规定的免税政策，应按规定进行免税申报，并将不动产权属证明、载有房产值的相关材料、房产用途证明、租赁合同等资料留存备查。 本通知自2019年1月1日至2021年12月31日执行。 注：财政部、税务总局公告2022年第4号将本文件延长至2023年12月31日。	境外教育机构与境内从事学历教育的学校开展中外合作办学，提供学历教育服务取得的收入免征增值税。中外合作办学，是指中外教育机构按照《中华人民共和国中外合作办学条例》（国务院令第372号）的有关规定，合作举办的以中国公民为主要招生对象的教育教学活动。上述"学历教育""从事学历教育的学校""提供学历教育服务取得的收入"的范围，按照《营业税改征增值税试点过渡政策的规定》（财税〔2016〕36号文件附件3）第一条第（八）项的有关规定执行。

(续表)

（1）免税条件：先决条件为获得国家承认的学历证书（不分公办、民办）；收费对象为招生计划内的在籍学生（计划外招生除外）；收费标准为经审批并按标准收取的学费、住宿费、课本费、作业本费、考试报名费，学校食堂伙食费收入。共六项费用，且学校食堂是按教育部第14号令管理的（未审批的、超标准的部分除外）。

注意：国家承认的学历证书是免税的先决条件，不符合的全部征税；收费对象和收费标准中有部分不符合的，不符合部分征税。

（2）审核要点：以各种名义收取的赞助费、择校费等，不予免税；计划外招生的，不予免税。

（3）食堂：学校自办食堂、承包食堂和高校后勤社会化后专门为学生提供就餐服务的实体。《学校食堂与学生集体用餐卫生管理规定》（教育部卫生部令第14号）教育部令14号允许学校食堂承包经营，基本是对卫生和管理提出要求。也就是说，对税收管理没有实质意义（实际上，学校食堂不少是对外租赁场地经营，36号文未予准确界定，有待明确）。

（4）一般纳税人提供非学历教育服务，可以选择适用简易计税方法按照3%征收率计算应纳税额。（财税〔2016〕68号）

（5）校办企业生产的应税货物，凡用于本校教学、科研方面的，经严格审核确认后，免征增值税。（财税〔2000〕92号）

（6）职业技能培训机构提供的培训服务不在免征增值税范围。

（7）中外合作办学者、中外合作办学机构的合法权益，受中国法律保护。中外合作办学机构依法享受国家规定的优惠政策，依法自主开展教育教学活动。（《中华人民共和国中外合作办学条例》第四条）

该项目属于申报享受类优惠，不需要附送相关资料，纳税人留存备查如下资料：物价主管部门核准收费的批准或备案材料、普通学校办学许可证或经省政府（或教育行政部门）批准成立的文件或经市级及以上人力资源和社会保障部门批准成立的文件、取得收入的相关证明材料。

（九）学生勤工俭学提供的服务

政策规定	政策解读
对学生勤工俭学提供的劳务免征增值税。	本条延续了《营业税暂行条例》第八条第（四）项的规定，对学生勤工俭学提供的劳务，免征营业税。

（十）农业机耕、排灌、病虫害防治、植物保护、农牧保险以及相关技术培训业务，家禽、牲畜、水生动物的配种和疾病防治

财税〔2016〕36号	国家税务总局公告2019年第45号
农业机耕，是指在农业、林业、牧业中使用农业机械进行耕作（包括耕耘、种植、收割、脱粒、植物保护等）的业务；排灌，是指对农田进行灌溉或者排涝的业务；病虫害防治，是指从事农业、林业、牧业、渔业的病虫害测报和防治的业务；农牧保险，是指为种植业、养殖业、牧业种植和饲养的动植物提供保险的业务；相关技术培训，是指与农业机耕、排灌、病虫害防治、植物保护业务相关以及为使农民获得农牧保险知识的技术培训业务；家禽、牲畜、水生动物的配种和疾病防治业务的免税范围，包括与该项服务有关的提供药品和医疗用具的业务。	自2020年1月1日起，动物诊疗机构提供的动物疾病预防、诊断、治疗和动物绝育手术等动物诊疗服务，属于《营业税改征增值税试点过渡政策的规定》（财税〔2016〕36号附件3）第一条第（十）项所称"家禽、牲畜、水生动物的配种和疾病防治"。 动物诊疗机构销售动物食品和用品，提供动物清洁、美容、代理看护等服务，应按照现行规定缴纳增值税。 动物诊疗机构，是指依照《动物诊疗机构管理办法》（农业部第19号公布，农业部令2016年第3号、农业部令2017年第8号修改）的规定，取得动物诊疗许可证，并在规定的诊疗活动范围内开展动物诊疗活动的机构。

风险提示：符合规定的动物诊疗机构提供的动物疾病预防、诊断、治疗和动物绝育手术等动物诊疗服务，属于上述免税范围；除此之外，动物诊疗机构销售动物食品和用品，提供动物清洁、美容、代理看护等业务，应按规定缴纳增值税。

该项目属于申报享受类优惠，不需要附送相关资料，纳税人留存备查如下资料：开展相关业务合同、协议或相关业务证明材料、取得收入的相关证明材料。

(十一)纪念馆、博物馆、文化馆、文物保护单位管理机构、美术馆、展览馆、书画院、图书馆在自己的场所提供文化体育服务取得的第一道门票收入

政策规定	政策解读
纪念馆、博物馆、文化馆、文物保护单位管理机构、美术馆、展览馆、书画院、图书馆在自己的场所举办的、属于文化体育业税目征税范围的文化体育服务,取得的第一道门票收入免征增值税。	本条延续了下列原营业税优惠政策的相关规定: 《营业税暂行条例》第八条第(六)项规定。 《营业税暂行条例实施细则》第二十二条第(四)项规定,《营业税暂行条例》第八条所称纪念馆、博物馆、文化馆、文物保护单位管理机构、美术馆、展览馆、书画院、图书馆举办文化活动,是指这些单位在自己的场所举办的属于文化体育业税目征税范围的文化活动。其门票收入,是指销售第一道门票的收入。

(十二)寺院、宫观、清真寺和教堂举办文化、宗教活动的门票收入

政策规定	政策解读
寺院、宫观、清真寺和教堂举办文化、宗教活动的门票收入免征增值税。	本条延续了下列原营业税优惠政策的相关规定: 《营业税暂行条例》第八条第(六)项规定。 《营业税暂行条例实施细则》第二十二条第(四)项规定,《营业税暂行条例》第八条所称宗教场所举办文化、宗教活动的门票收入,是指寺院、宫观、清真寺和教堂举办文化、宗教活动销售门票的收入。

风险提示:以上所称寺庙、宫观、清真寺和教堂必须是经宗教主管部门批准设立的。以上免征营业税的寺庙、宫观、清真寺和教堂举办文化、宗教活动的门票收入必须是由宗教活动场所的管理组织单位管理和使用。(国税函〔2003〕1270号)

(十三)行政单位之外的其他单位收取的符合《营改增试点实施办法》第十条规定条件的政府性基金和行政事业性收费

政策规定	政策解读
《试点实施办法》第十条行政单位收取的同时满足以下条件的政府性基金或者行政事业性收费不征收增值税: (1)由国务院或者财政部批准设立的政府性基金,由国务院或者省级人民政府及其财政、价格主管部门批准设立的行政事业性收费。 (2)收取时开具省级以上(含省级)财政部门监(印)制的财政票据。 (3)所收款项全额上缴财政。	在此次营改增试点的政策设计中,重新明确了政府性基金、行政事业性收费不征税的主体仅指行政单位。除行政单位以外的非企业性单位应为增值税的纳税人,但是考虑到政府性基金和行政事业性收费纳入财政体系管理的特殊性,且行政单位之外的其他单位的收费行为是代行政府职能,因此给予了增值税免税政策。

风险提示:行政单位收取的同时满足条件的政府性基金或者行政事业性收费属于非经营活动,不征收增值税。行政单位之外的其他单位收取的符合条件的政府性基金和行政事业性收费,属于免税项目。不征收增值税其进项税额可以抵扣,免税项目其进项税额不可以抵扣。

该项目属于申报享受类优惠,不需要附送相关资料,纳税人留存备查如下资料:国务院、财政部、地方财政、价格主管部门批准设立收费或基金的文件、所收款项已经全部上缴财政的缴款书、已开具票据存根。

(十四)个人转让著作权

政策规定	政策解读
个人转让著作权免征增值税。	本条平移了《财政部 国家税务总局关于将铁路运输和邮政业纳入营业税改征增值税试点的通知》(财税〔2013〕106号附件3)第一条第(一)项的相关政策规定。

自1994年税制改革以来,个人转让著作权享受免征营业税优惠政策,营改增后继续免征增值税。《中华人民共和国著作权法》第二条规定,中国公民、法人或其他组织的作品,不论是否发表,依照本法享有著作权。该法第三条规定,本法所称的作品,包括以下列形式创作的文学、艺术和自然科学、社会科学、工程技术等作品,并列举了包括文字作品在内的九类作品。原营业税及营改增之后的增值税,对个人转让著作权的免税范围,均包括作者发表文字作品收取稿酬的行为,作者发表文字作品收取稿酬,营改增前免征营业税,营改增后免征增值税。

自2018年12月28日起,纳税人办理个人转让著作权免征增值税优惠事项时,不再提交个人身份证明。

（十五）个人销售自建自用住房

政策规定	政策解读
对个人销售自建自用住房免征增值税。	本条延续了财税〔2013〕62号文件第二条的规定,对个人销售自建自用住房,免征营业税。

该项目属于申报享受类优惠,不需要附送相关资料,纳税人留存备查如下资料:房管部门出具的自建证明材料、房产产权证明、个人身份证明、出售住房合同及收入证明材料。

（十六）公共租赁住房经营管理单位出租公共租赁住房

财税〔2016〕36号	财政部　税务总局公告2019年第61号、 财政部　税务总局公告2021年第6号
2018年12月31日前,公共租赁住房经营管理单位出租公共租赁住房取得的租金收入,免征增值税。	2019年1月1日至2023年12月31日,对经营公租房所取得的租金收入,免征增值税。公租房经营管理单位应单独核算公租房租金收入,未单独核算的,不得享受免征增值税政策。

本条延续了《财政部　国家税务总局关于公共租赁住房税收优惠政策的通知》（财税〔2015〕139号）的相关规定,2018年12月31日前,对经营公共租赁住房所取得的租金收入,免征营业税。公共租赁住房经营管理单位应单独核算公共租赁住房租金收入,未单独核算的,不得享受免征营业税优惠政策。

该项目属于申报享受类优惠,不需要附送相关资料,纳税人留存备查如下资料:县级以上人民政府主办或确定为公共租赁住房经营管理单位的相关证明材料、与住房保障对象签订的租赁合同、县级以上人民政府出具的价格规范证明材料。

（十七）台湾航运公司、航空公司从事海峡两岸海上直航、空中直航业务在大陆取得的运输收入

政策规定	政策解读
台湾航运公司,是指取得交通运输部颁发的"台湾海峡两岸间水路运输许可证"且该许可证上注明的公司登记地址在台湾的航运公司。 台湾航空公司,是指取得中国民用航空局颁发的"经营许可"或者依据《海峡两岸空运协议》和《海峡两岸空运补充协议》的规定,批准经营两岸旅客、货物和邮件不定期（包机）运输业务,且公司登记地址在中国台湾的航空公司。	本条平移了财税〔2013〕106号文件附件3第一条第（八）项的相关政策规定。

（十八）纳税人提供的直接或者间接国际货物运输代理服务

政策规定	政策解读
（1）纳税人提供直接或者间接国际货物运输代理服务,向委托方收取的全部国际货物运输代理服务收入,以及向国际运输承运人支付的国际运输费用,必须通过金融机构进行结算。 （2）纳税人为内地与香港、澳门,大陆与台湾地区之间的货物运输提供的货物运输代理服务参照国际货物运输代理服务有关规定执行。 （3）委托方索取发票的,纳税人应当就国际货物运输代理服务收入向委托方全额开具增值税普通发票。	本条是对财税〔2013〕106号文件和《国家税务总局关于国际货物运输代理服务有关增值税问题的公告》（国家税务总局公告2014年第42号）政策的梳理整合和平移。 财税〔2013〕106号文件附件3第一条第（十四）项规定,对试点纳税人提供的国际货物运输代理服务,免征增值税。(1)试点纳税人提供国际货物运输代理服务,向委托方收取的全部国际货物运输代理服务收入,以及向国际运输承运人支付的国际运输费用,必须通过金融机构进行结算。(2)试点纳税人为大陆与香港、澳门、台湾地区之间的货物运输提供的货物运输代理服务参照国际货物运输代理服务有关规定执行。(3)委托方索取发票的,试点纳税人应当就国际货物运输代理服务收入向委托方全额开具增值税普通发票。(4)本规定自2013年8月1日起执行。2013年8月1日至本规定发布之日前,已开具增值税专用发票的,应将专用发票追回后方可适用本规定。 国家税务总局公告2014年第42号规定如下:(1)试点纳税人通过其他代理人,间接为委托人办理货物的国际运输、从事国际运输的运输工具进出港口、联系安排引航、靠泊、装卸等货物和船舶代理相关业务手续,可按照财税〔2013〕106号文件附件3第一条第（十四）项免征增值税。(2)试点纳税人提供上述国际货物运输代理服务,向委托人收取的全部代理服务收入,以及向其他代理人支付的全部代理费用,必须通过金融机构进行结算。(3)试点纳税人为内地与香港、澳门,大陆与台湾地区之间的货物运输间接提供的货物运输代理服务,参照上述规定执行。

（十九）符合条件的利息收入

（1）小额贷款利息收入、小微企业贷款利息收入。
（2）国家助学贷款利息。
（3）国债、地方政府债利息。
（4）人民银行对金融机构的贷款利息。
（5）受托发放的个人住房公积金贷款利息。
（6）外汇管理部门受托发放的外汇贷款利息。

（7）符合条件的统借统还利息收入。
（8）邮政企业为金融机构代办金融保险业务取得的代理收入。
（9）社保基金会、社保基金投资管理人及养老基金投资管理机构贷款服务收入。
（10）境外机构投资境内债券市场。

1. 小额贷款利息收入、小微企业贷款利息收入

1）小额贷款利息收入

财税〔2017〕77 号	财政部 税务总局公告 2020 年第 22 号	财政部 税务总局公告 2021 年第 6 号
自 2017 年 12 月 1 日至 2019 年 12 月 31 日，对金融机构向农户、小型企业、微型企业及个体工商户发放小额贷款取得的利息收入，免征增值税。金融机构应将相关免税证明材料留存备查，单独核算符合免税条件的小额贷款利息收入，按现行规定向主管税务机构办理纳税申报；未单独核算的，不得免征增值税。《关于延续支持农村金融发展有关税收政策的通知》（财税〔2017〕44 号）第一条相应废止。 自 2018 年 1 月 1 日至 2020 年 12 月 31 日，对金融机构与小型企业、微型企业签订的借款合同免征印花税。 本通知所称农户，是指长期（一年以上）居住在乡镇（不包括城关镇）行政管理区域内的住户，还包括长期居住在城关镇所辖行政村范围内的住户和户口不在本地而在本地居住一年以上的住户，国有农场的职工。位于乡镇（不包括城关镇）行政管理区域内和在城关镇所辖行政村范围内的国有经济的机关、团体、学校、企事业单位的集体户；有本地户口，但举家外出谋生一年以上的住户，无论是否保留承包耕地均不属于农户。农户以户为统计单位，既可以从事农业生产经营，也可以从事非农业生产经营。农户贷款的判定应以贷款发放时的借款人是否属于农户为准。 本通知所称小型企业、微型企业，是指符合《中小企业划型标准规定》（工信部联企业〔2011〕300 号）的小型企业和微型企业。其中，资产总额和从业人员指标均以贷款发放时的实际状态确定，营业收入指标以贷款发放前 12 个自然月的累计数确定，不满 12 个自然月的，按照以下公式计算： 营业收入（年）＝企业实际存续期间营业收入÷企业实际存续月数×12 本通知所称小额贷款，是指单户授信小于 100 万元（含本数）的农户、小型企业、微型企业或个体工商户贷款；没有授信额度的，是指单户贷款合同金额且贷款余额在 100 万元（含本数）以下的贷款。	《财政部 税务总局关于支持小微企业融资有关税收政策的通知》（财税〔2017〕77 号）中规定于 2019 年 12 月 31 日执行到期的税收优惠政策，实施期限延长至 2023 年 12 月 31 日。 本公告发布之日前，已征的按照本公告规定应予免征的增值税，可抵减纳税人以后月份应缴纳的增值税或予以退还。	财税〔2017〕77 号文件规定的税收优惠政策凡已经到期的，执行期限延长至 2023 年 12 月 31 日。本公告发布之日前，已征的相关税款，可抵减纳税人以后月份应缴纳税款或予以退还。

风险提示：2017 年 12 月 1 日以后新发放的贷款取得的利息收入可享受免税政策。无论是此前符合条件的存量贷款，还是新增加的增量贷款，只要这些贷款符合优惠条件即可享受。

该项目属于申报享受类优惠，不需要附送相关资料，纳税人留存备查如下资料：乡镇出具的农户居住证明、金融机构与农户签订的小额贷款合同。

2) 小额贷款公司农户小额贷款利息收入

财税〔2017〕48 号	财政部 税务总局公告 2020 年第 22 号
（1）自 2017 年 1 月 1 日至 2019 年 12 月 31 日，对经省级金融管理部门（金融办、局等）批准成立的小额贷款公司取得的农户小额贷款利息收入，免征增值税。 （2）自 2017 年 1 月 1 日至 2023 年 12 月 31 日，对经省级金融管理部门（金融办、局等）批准成立的小额贷款公司取得的农户小额贷款利息收入，在计算应纳税所得额时，按 90％计入收入总额。 （3）自 2017 年 1 月 1 日至 2019 年 12 月 31 日，对经省级金融管理部门（金融办、局等）批准成立的小额贷款公司按年末贷款余额的 1％计提的贷款损失准备金准予在企业所得税税前扣除。具体政策口径按照《财政部 国家税务总局关于金融企业贷款损失准备金企业所得税税前扣除有关政策的通知》（财税〔2015〕9 号）执行。 （4）本通知所称农户，是指长期（一年以上）居住在乡镇（不包括城关镇）行政管理区域内的住户，还包括长期居住在城关镇所辖行政村范围内的住户和户口不在本地而在本地居住一年以上的住户，国有农场的职工和农村个体工商户。位于乡镇（不包括城关镇）行政管理区域内和在城关镇所辖行政村范围内的国有经济的机关、团体、学校、企事业单位的集体户；有本地户口，但举家外出谋生一年以上的住户，无论是否保留承包耕地均不属于农户。农户以户为统计单位，既可以从事农业生产经营，也可以从事非农业生产经营。农户贷款的判定应以贷款发放时的承贷主体是否属于农户为准。 本通知所称小额贷款，是指单笔且该农户贷款余额总额在 10 万元（含本数）以下的贷款。 （5）2017 年 1 月 1 日至本通知印发之日前已征的应予免征的增值税，可抵减纳税人以后月份应缴纳的增值税或予以退还。	《财政部 税务总局关于小额贷款公司有关税收政策的通知》（财税〔2017〕48 号）中规定于 2019 年 12 月 31 日执行到期的税收优惠政策，实施期限延长至 2023 年 12 月 31 日。 本公告发布之日前，已征的按照本公告规定应予免征的增值税，可抵减纳税人以后月份应缴纳的增值税或予以退还。
风险提示：小额贷款公司不属于"一行两会"批准成立的金融机构，未纳入金融机构监管范围，只是准金融机构，因为准金融机构属性定位分歧较大，无法适用金融机构相关税收优惠政策。但考虑到准金融机构中的小贷公司确实为"三农"和小微企业融资提供了便利，通过税收政策可以引导小贷公司更好地服务实体经济发展，因此，财税〔2017〕48 号文件明确，对经省级金融管理部门（金融办、局等）批准成立的小额贷款公司，可以适用金融机构的农户小额贷款增值税等政策。	

3）小微企业贷款利息收入（财税〔2018〕91 号、财政部 税务总局公告 2020 年第 2 号、财政部 税务总局公告 2020 年第 40 号、财政部 税务总局公告 2020 年第 6 号、财政部 税务总局公告 2021 年第 6 号）

政策规定	政策解读
（1）自 2018 年 9 月 1 日至 2023 年 12 月 31 日，对金融机构向小型企业、微型企业和个体工商户发放小额贷款取得的利息收入，免征增值税。金融机构可以选择以下两种方法之一适用免税： ① 对金融机构向小型企业、微型企业和个体工商户发放的，利率水平不高于人民银行同期贷款基准利率 150％（含本数）的单笔小额贷款取得的利息收入，免征增值税；高于人民银行同期贷款基准利率 150％的单笔小额贷款取得的利息收入，按照现行政策规定缴纳增值税。 ② 对金融机构向小型企业、微型企业和个体工商户发放单笔小额贷款取得的利息收入中，不高于该笔贷款按照人民银行同期贷款基准利率 150％（含本数）计算的利息收入部分，免征增值税；超过部分按照现行政策规定缴纳增值税。 金融机构可按会计年度在以上两种方法之间选定其一作为该年的免税适用方法，一经选定，该会计年度内不得变更。 自 2019 年 8 月 20 日起，将《关于金融机构小微企业贷款利息收入免征增值税政策的通知》（财税〔2018〕91 号）第一条"人民银行同期贷款基准利率"修改为"中国人民银行授权全国银行间同业拆借中心公布的贷款市场报价利率"。（财政部 税务总局公告 2020 年第 2 号第五条） 自 2019 年 8 月 20 日起，金融机构向小型企业、微型企业和个体工商户发放 1 年期以上（不含 1 年）至 5 年期以下（不含 5 年）小额贷款取得的利息收入，可选择中国人民银行授权全国银行间同业拆借中心公布的 1 年期贷款市场报价利率或 5 年期以上贷款市场报价利率，适用《关于金融机构小微企业贷款利息收入免征增值税政策的通知》（财税〔2018〕91 号）规定的免征增值税政策。（财政部 税务总局公告 2020 年第 40 号第二条）	（1）界定了小微企业的范围。 纳入贷款利息收入免征增值税范围的小微企业是指符合《中小企业划型标准规定》（工信部联企业〔2011〕300 号）的小型企业和微型企业。既不同于增值税的小规模纳税人，也不同于企业所得税中的小型微利企业。该标准根据企业从业人员、营业收入、资产总额等指标，结合行业特点将中小企业划分为中型、小型、微型三种类型。其中，资产总额和从业人员指标均以贷款发放时的实际状态确定（这一点与小型微利企业的计算不同，小型微利企业是按照季度平均数计算）；营业收入指标以贷款发放前 12 个自然月的累计数确定，不满 12 个自然月的，换算为年营业收入＝企业实际存续期间营业收入÷企业实际存续月数×12。

（续表）

政策规定	政策解读
（2）本通知所称金融机构，是指经人民银行、银保监会批准成立的已通过监管部门上一年度"两增两控"考核的机构（2018年通过考核的机构名单以2018年上半年实现"两增两控"目标为准），以及经人民银行、银保监会、证监会批准成立的开发银行及政策性银行、外资银行和非银行业金融机构。"两增两控"是指单户授信总额1 000万元以下（含）小微企业贷款同比增速不低于各项贷款同比增速，有贷款余额的户数不低于上年同期水平，合理控制小微企业贷款资产质量水平和贷款综合成本（包括利率和贷款相关的银行服务收费）水平。金融机构完成"两增两控"情况，以银保监会及其派出机构考核结果为准。 （3）本通知所称小型企业、微型企业，是指符合《中小企业划型标准规定》（工信部联企业〔2011〕300号）的小型企业和微型企业。其中，资产总额和从业人员指标均以贷款发放时的实际状态确定；营业收入指标以贷款发放前12个自然月的累计数确定，不满12个自然月的，按照以下公式计算： $$营业收入（年）=\frac{企业实际存续期间营业收入}{企业实际存续月数}×12$$ （4）本通知所称小额贷款，是指单户授信小于1 000万元（含本数）的小型企业、微型企业或个体工商户贷款；没有授信额度的，是指单户贷款合同金额且贷款余额在1 000万元（含本数）以下的贷款。 （5）金融机构应将相关免税证明材料留存备查，单独核算符合免税条件的小额贷款利息收入，按现行规定向主管税务机构办理纳税申报；未单独核算的，不得免征增值税。金融机构应依法依规享受增值税优惠政策，一经发现存在虚报或造假骗取本项税收优惠情形的，停止享受本通知有关增值税优惠政策。金融机构应持续跟踪贷款投向，确保贷款资金真正流向小型企业、微型企业和个体工商户，贷款的实际使用主体与申请主体一致。 （6）银保监会按年组织开展免税政策执行情况督察，并将督察结果及时通报财税主管部门。鼓励金融机构发放小微企业信用贷款，减少抵押担保的中间环节，切实有效降低小微企业综合融资成本。各地税务部门要加强免税政策执行情况后续管理，对金融机构开展小微金融免税政策专项检查，发现问题的，按照现行税收法律法规进行处理，并将有关情况逐级上报国家税务总局（货物和劳务税司）。财政部驻各地财政监察专员办要组织开展免税政策执行情况专项检查。 （7）金融机构向小型企业、微型企业及个体工商户发放单户授信小于100万元（含本数），或者没有授信额度，单户贷款合同金额且贷款余额在100万元（含本数）以下的贷款取得的利息收入，可继续按照《财政部 税务总局关于支持小微企业融资有关税收政策的通知》（财税〔2017〕77号）的规定免征增值税。	（2）明确了小额贷款的额度。 小额贷款，是指单户授信小于1 000万元（含本数）的小型企业、微型企业或个体工商户贷款；没有授信额度的，是指单户贷款合同金额且贷款余额在1 000万元（含本数）以下的贷款。 （3）明晰了税收优惠的选择。 自2018年9月1日至2023年12月31日，对金融机构向小型企业、微型企业和个体工商户发放小额贷款取得的利息收入，免征增值税。但金融机构可以选择以下两种免税方式，一经选定，该会计年度内不得变更。 ① 对金融机构向小微企业和个体工商户发放的，利率水平不高于人民银行同期贷款基准利率150%（含本数）的单笔小额贷款取得的利息收入，免征增值税；高于人民银行同期贷款基准利率150%的单笔小额贷款取得的利息收入，按照现行政策规定缴纳增值税。 应注意：150%是起征点的规定，而非免征额。即符合条件的不高于人民银行同期贷款基准利率150%（含本数）的贷款利息收入，免征增值税，超过150%部分的利息收入，按照规定全额缴纳增值税。 以金融机构实际取得（收付实现制）的收入计算免征增值税，按合同约定计算但尚未取得的收入，暂不计算增值税。 ② 对金融机构向小型企业、微型企业和个体工商户发放单笔小额贷款取得的利息收入中，不高于该笔贷款按照人民银行同期贷款基准利率150%（含本数）计算的利息收入部分，免征增值税；超过部分按照现行政策规定缴纳增值税。 应注意：150%是免征额的规定，而非起征点。即符合条件的不高于人民银行同期贷款基准利率150%（含本数）的贷款利息收入，免征增值税，超过150%部分的利息收入，仅就超过部分缴纳增值税。 以金融机构按规定计算（权责发生制）的利息收入，免征增值税，计算未实际取得的，亦应计算在利息收入之中。 ③ 金融机构向小型企业、微型企业及个体工商户发放单户授信小于100万元（含本数），或者没有授信额度，单户贷款合同金额且贷款余额在100万元（含本数）以下的贷款取得的利息收入，可继续按照《财政部 税务总局关于支持小微企业融资有关税收政策的通知》（财税〔2017〕77号）的规定免征增值税。 （4）强化核算及后续管理。 金融机构应将相关免税证明材料留存备查，单独核算符合免税条件的小额贷款利息收入，按现行规定向主管税务机构办理纳税申报；未单独核算的，不得免征增值税。金融机构应依法依规享受增值税优惠政策，一经发现存在虚报或造假骗取本项税收优惠情形的，停止享受本通知有关增值税优惠政策。金融机构应持续跟踪贷款投向，确保贷款资金真正流向小型企业、微型企业和个体工商户，贷款的实际使用主体与申请主体一致。

(续表)

(1) 与财税〔2017〕77号比较,发放对象少了"农户"。
(2) 免税主体,两类金融机构:①已通过监管部门上一年度"两增两控"考核的机构;②经批准成立的开发银行及政策性银行、外资银行和非银行业金融机构。而财税〔2017〕77号的金融机构没有限制条件。"两增两控"以银保监会及其派出机构考核结果为准,税务机关又多了一个信息交换单位。
(3) 免税证明资料有:①金融机构上一年度"两增两控"考核情况;②贷款的小型企业、微型企业的资产总额、从业人员和营业收入指标;③单户授信额度;④贷款合同;⑤单户贷款余额。
(4) 贷款100万元以下的适用财税〔2017〕77号,优惠条件更为宽松;贷款1 000万元以下的适用财税〔2018〕91号,它多了两个限制条件:部分金融机构要通过"两增两控"考核;单笔贷款利息不高于人民银行同期贷款基准利率150%(含)。
(5) 前期单户贷款合同金额且贷款余额在100万元以下的,金融机构适用了财税〔2017〕77号税收优惠。如果该户前笔贷款未到期,又发放一笔贷款,贷款余额超过100万元未超过1 000万元,那么,金融机构这两笔贷款利息的税收优惠,都应适用财税〔2018〕91号的规定。
(6) 依据《财政部 税务总局关于延长部分税收优惠政策执行期限的公告》(财政部 税务总局公告2021年第6号),本法规税收优惠政策执行期限延长至2023年12月31日。

2. 国家助学贷款利息

政策规定	政策解读
国家助学贷款利息收入免税。	本条延续了《关于进一步推进国家助学贷款业务发展的通知》(银发〔2001〕245号)的规定,经国务院批准,免征国家助学贷款利息收入营业税。

该项目属于申报享受类优惠,不需要附送相关资料,纳税人留存备查如下资料:助学贷款台账、助学贷款合同,《国家助学贷款利息明细表》,学生本人身份证明。

3. 国债、地方政府债利息

政策规定	政策解读
国债、地方政府债利息收入免税。	本条关于国债利息免征增值税的规定,继续遵循《中华人民共和国国库券条例》第十二条"国库券的利息收入享受免税待遇"的原则。考虑到地方政府债与国债在性质和意义上具有一致性,因此也对地方政府债利息收入给予了增值税免税优惠。

4. 人民银行对金融机构的贷款利息

政策规定	政策解读
人民银行对金融机构的贷款利息收入免税。	本条延续了《国家税务总局关于人民银行贷款业务不征收营业税的具体范围的通知》(国税发〔1994〕88号)的规定,对人民银行的贷款业务不征税,是指人民银行对金融机构的贷款业务,人民银行对企业贷款或委托金融机构贷款的业务应当征收营业税。

5. 受托发放的个人住房公积金贷款利息

政策规定	政策解读
住房公积金管理中心用住房公积金在指定的委托银行发放的个人住房贷款利息收入免税。	本条是对《国家税务总局关于住房公积金管理中心有关税收政策的通知》(财税〔2000〕94号)营业税政策的延续。 财税〔2000〕94号文件规定,自2000年9月1日起,对住房公积金管理中心用住房公积金在指定的委托银行发放个人住房贷款取得的收入,免征营业税。

该项目属于申报享受类优惠,不需要附送相关资料,纳税人留存备查如下资料:与指定的委托银行签订的委托贷款协议、该银行与个人签订住房贷款金额、利息收入清单。

6. 外汇管理部门受托发放的外汇贷款利息

政策规定	政策解读
外汇管理部门在从事国家外汇储备经营过程中,委托金融机构发放的外汇贷款利息收入免税。	本条是对《关于对外汇管理部门委托贷款利息收入免征营业税的通知》(财税〔2000〕78号)营业税政策的延续。 财税〔2000〕78号文件规定,自2000年7月1日起,对外汇管理部门在从事国家外汇储备经营过程中,委托金融机构发放的外汇贷款利息收入免征营业税。

7. 符合条件的统借统还利息

1) 政策规定

财税〔2016〕36号附件3	财税〔2019〕20号、财政部 税务总局公告2021年第6号
统借统还业务中,企业集团或企业集团中的核心企业以及集团所属财务公司按不高于支付给金融机构的借款利率水平或者支付的债券票面利率水平,向企业集团或者集团内下属单位收取的利息。 统借方向资金使用单位收取的利息,高于支付金融机构借款利率水平或者支付的债券票面利率水平的,应全额缴纳增值税。 统借统还业务,是指: (1)企业集团或者企业集团中的核心企业向金融机构借款或对外发行债券取得资金后,将所借资金分拨给下属单位(包括独立核算单位和非独立核算单位,下同),并向下属单位收取用于归还金融机构或债券购买方本息的业务。 (2)企业集团向金融机构借款或对外发行债券取得资金后,由集团所属财务公司与企业集团或者集团内下属单位签订统借统还贷款合同并分拨资金,并向企业集团或者集团内下属单位收取本息,再转付企业集团,由企业集团统一归还金融机构或债券购买方的业务。	自2019年2月1日至2023年12月31日,对企业集团内单位(含企业集团)之间的资金无偿借贷行为,免征增值税。 本通知自发布之日(2019年2月2日)起执行。此前已发生未处理的事项,按本通知规定执行。

纳税人适用财税〔2019〕20号优惠仍需按照主管税务机关的要求履行有关手续。享受财税〔2019〕20号文件免征增值税的企业集团及集团内单位,须符合以下条件之一:
(1)已经企业集团核准登记,核发了《企业集团登记证》的。
(2)集团母公司通过国家企业信用信息公示系统,向社会公示的企业集团及其集团成员单位。

2) 无偿借贷资金和统借统还区别

	无偿借贷(财税〔2019〕20号)	统借统还(财税〔2016〕36号)
利息有偿无偿	利息无偿	利息有偿
资金来源	成员之间资金借贷不问资金来源	向金融机构借款或对外发行债券取得资金
资金流向	无管理程序和流程要求	有严格的资金借入、分拨使用、利息收取、利息偿还等管理程序和流程要求

3) 营改增后统借统还免税需同时满足4个条件

(1)借款主体符合规定,只有企业集团或者企业集团中的核心企业对外取得资金,才能享受免税优惠。2018年8月31日前按照《企业集团登记管理暂行规定》成立的集团企业,取得《企业集团登记证》;自2018年9月1日起,在国家企业信用信息公示系统登记、公示的区治集团。统借主体为集团公司或核心企业或集团内财务公司。	(2)资金来源符合规定,资金来源于正规金融机构,包括银行借款或债券融资等外部债务型融资。 (3)使用主体符合规定,资金的最终使用方限定为集团内部企业。 (4)利率符合规定,统借方借出利率不得高于支付给金融机构的借款利率,即不得居中牟利。实务中,虽然合同利率不高于支付给金融机构的借款利率水平或支付的债券票面利率水平,但实际综合利率却高于,也不符合免税条件。

(续表)

(1) 若统借方向资金使用单位收取的利息,高于支付给金融机构借款利率水平或者支付的债券票面利率水平,应将其视为转贷业务,全额缴纳增值税。
(2) 资金池企业之间借贷:以利息分割单为准,在总借款的范围内借还款,利率不超标的情况下,可以免增值税。
(3) 统借统还业务免征增值税,应开具符合规定的免税增值税普通发票,分摊利息的成员单位应取得免税增值税普通发票作为税收票证。

4)企业集团的界定

《企业集团登记管理暂行规定》(工商企字〔1998〕第59号)	国发〔2018〕28号、国市监企注〔2018〕139号
第五条 企业集团应当具备下列条件: (一)企业集团的母公司注册资本在5 000万元人民币以上,并至少拥有5家子公司。 (二)母公司和其子公司的注册资本总和在1亿元人民币以上。 (三)集团成员单位均具有法人资格。 国家试点企业集团还应符合国务院确定的试点企业集团条件。	取消企业集团核准登记。(国发〔2018〕28号) 不再单独登记企业集团,不再核发《企业集团登记证》。(国市监企注〔2018〕139号) 一是放宽名称使用条件。企业法人可以在名称中组织形式之前使用"集团"或者"(集团)"字样,该企业为企业集团的母公司。需要使用企业集团名称和简称的,母公司应当在申请企业名称登记时一并提出,并在章程中记载。各级工商和市场监管部门对企业集团成员企业的注册资本和数量不做审查。 二是强化企业集团信息公示。取消企业集团核准登记后,集团母公司应当将企业集团名称及集团成员信息通过国家企业信用信息公示系统的"集团母公司公示"栏目向社会公示,接受社会监督。国市监企注〔2018〕139号通知下发前已经取得《企业集团登记证》的,可以不再公示。自2018年9月1日起,企业可以通过国家企业信用信息公示系统发布"营业执照作废声明"、母公司可以申请在企业名称中使用"集团"字样,并通过国家企业信用信息公示系统向社会公示企业集团信息。

按照上述规定,只有符合下列条件之一的,才符合企业集团的界定:国市监企注〔2018〕139号文件发布前已经取得《企业集团登记证》;未取得《企业集团登记证》,但在国市监企注〔2018〕139号文件发布后通过国家企业信用信息公示系统向社会公示企业集团名称及集团成员信息。不满足上述条件的企业,不属于企业集团,其关联企业之间发生的资金无偿借贷行为,不能享受增值税免税优惠。实务中常见的非集团性质关联企业之间的资金无偿往来,就属于这种不能享受增值税免税的情况。

5)留存备查资料

该项目属于申报享受类优惠,不需要附送相关资料,纳税人留存备查如下资料:企业集团或者企业集团中的核心企业向金融机构借款合同、集团所属财务公司与企业集团或者集团内下属单位签订的统借统还贷款合同。

【例3-15】 某集团为一般纳税人,发生统借统还业务,按规定进行免征增值税备案,2022年3月按照书面合同确定的付利息日期,向集团内下属单位收取2022年1季度利息100万元,并按规定开具增值税普通发票,则账务处理为(单位:万元):

借:应收账款   100
    贷:其他业务收入   100

问题答疑:

问题1:集团企业设立资金清算中心归集关联企业资金后一并存入银行,收到银行利息后,按照同期银行利率支付关联企业资金占用费用,在资金存续期间,关联企业拥有资金的所有权和使用权,可自主决策如何使用。对于关联企业收到资金清算中心的资金占用费用,是否征收增值税?

解答：对于资金清算中心对成员单位的资金进行集中管理的业务，由于成员单位保持对其资金所有权和使用权，未因资金结算中心的运营而影响其对项目的收入结算和资金操作的独立性，应属于集团内部管理的一种资金归集方式，未发生应税行为。因此，对资金清算中心按照同期人民银行规定的存款利率向成员单位支付的利息，不征收增值税。

对于资金清算中心利用自有、调剂或向金融机构贷款的资金向成员单位发放贷款并收取资金占用费的业务，按贷款服务征收增值税；对于成员单位向资金清算中心发放贷款收取的资金占用费，亦按贷款服务征收增值税。

对于资金清算中心开展的统借统还业务，符合财税〔2016〕36号附件3关于统借统还利息免税规定的，可申请享受免征增值税优惠政策。

问题2：问：甲公司是乙公司在境外的全资子公司，甲公司无偿借款给乙公司，请问乙公司需要代扣代缴增值税吗？［深化增值税改革即问即答（七）第五题］

解答：根据《财政部 税务总局关于明确养老机构免征增值税等政策的通知》（财税〔2019〕20号）第三条和《财政部 税务总局关于延长部分税收优惠政策执行期限的公告》（财政部 税务总局公告2021年第6号）的规定，自2019年2月1日至2023年12月31日，对企业集团内单位（含企业集团）之间的资金无偿借贷行为，免征增值税。按照上述规定，乙公司不需代扣代缴增值税。

8. 邮政企业为金融机构代办金融保险业务取得的代理收入（财税〔2016〕83号第三条）

自2016年1月1日起，中国邮政集团公司及其所属邮政企业为金融机构代办金融保险业务取得的代理收入，在营改增试点期间免征增值税。

9. 社保基金会、社保基金投资管理人及养老基金投资管理机构有关投资业务免税规定

财税〔2018〕94号	财税〔2018〕95号
现将全国社会保障基金理事会（以下简称社保基金会）管理的全国社会保障基金（以下简称社保基金）有关投资业务税收政策通知如下： 对社保基金会、社保基金投资管理人在运用社保基金投资过程中，提供贷款服务取得的全部利息及利息性质的收入和金融商品转让收入，免征增值税。 对社保基金取得的直接股权投资收益、股权投资基金收益，作为企业所得税不征税收入。 对社保基金会、社保基金投资管理人管理的社保基金转让非上市公司股权，免征社保基金会、社保基金投资管理人应缴纳的印花税。 本通知自2018年9月10日起执行。通知发布前发生的社保基金有关投资业务，符合本通知规定且未缴纳相关税款的，按本通知执行；已缴纳的相关税款，不再退还。	现将全国社会保障基金理事会（以下简称社保基金会）受托投资的基本养老保险基金（以下简称养老基金）有关投资业务税收政策通知如下： 对社保基金会及养老基金投资管理机构在国务院批准的投资范围内，运用养老基金投资过程中，提供贷款服务取得的全部利息及利息性质的收入和金融商品转让收入，免征增值税。 对社保基金会及养老基金投资管理机构在国务院批准的投资范围内，运用养老基金投资取得的归属于养老基金的投资收入，作为企业所得税不征税收入；对养老基金投资管理机构、养老基金托管机构从事养老基金管理活动取得的收入，依照税法规定征收企业所得税。 对社保基金会及养老基金投资管理机构运用养老基金买卖证券应缴纳的印花税实行先征后返；养老基金持有的证券，在养老基金证券账户之间的划拨过户，不属于印花税的征收范围，不征收印花税。对社保基金会及养老基金投资管理机构管理的养老基金转让非上市公司股权，免征社保基金会及养老基金投资管理机构应缴纳的印花税。 本通知自2018年9月20日起执行。本通知发布前发生的养老基金有关投资业务，符合本通知规定且未缴纳相关税款的，按本通知执行；已缴纳的相关税款，不再退还。

10. 境外机构投资境内债券市场免税规定

财税〔2018〕108号、财政部税务总局公告2021年第34号	中国人民银行公告〔2016〕第3号第一条
自2018年11月7日起至2025年12月31日止，对境外机构投资境内债券市场取得的债券利息收入暂免征收企业所得税和增值税。 上述暂免征收企业所得税的范围不包括境外机构在境内设立的机构、场所取得的与该机构、场所有实际联系的债券利息。	境外机构投资者，是指符合本公告要求，在中华人民共和国境外依法注册成立的商业银行、保险公司、证券公司、基金管理公司及其他资产管理机构等各类金融机构，上述金融机构依法合规面向客户发行的投资产品，以及养老基金、慈善基金、捐赠基金等中国人民银行认可的其他中长期机构投资者。

（二十）被撤销金融机构以货物、不动产、无形资产、有价证券、票据等财产清偿债务

政策规定	政策解读
被撤销金融机构，是指经人民银行、银监会依法决定撤销的金融机构及其分设于各地的分支机构，包括被依法撤销的商业银行、信托投资公司、财务公司、金融租赁公司、城市信用社和农村信用社。除另有规定外，被撤销金融机构所属、附属企业，不享受被撤销金融机构增值税免税政策。	本条是《财政部 国家税务总局关于被撤销金融机构有关税收政策问题的通知》（财税〔2003〕141号）有关营业税政策的延续。 对被撤销金融机构财产用来清偿债务时，免征被撤销金融机构转让货物、不动产、无形资产、有价证券、票据等应缴纳的增值税、营业税、城市维护建设税、教育费附加和土地增值税。

（二十一）保险公司免税收入

1. 保险公司开办的一年期以上人身保险产品取得的保费收入

财税〔2016〕36号	财税〔2019〕20号	政策解读
一年期以上人身保险，是指保险期间为一年期及以上返还本利的人寿保险、养老年金保险，以及保险期间为一年期及以上的健康保险和其他年金保险。 人寿保险，是指以人的寿命为保险标的的人身保险。 养老年金保险，是指以养老保障为目的，以被保险人生存为给付保险金条件，并按约定的时间间隔分期给付生存保险金的人身保险。养老年金保险应当同时符合下列条件： （1）保险合同约定给付被保险人生存保险金的年龄不得小于国家规定的退休年龄。 （2）相邻两次给付的时间间隔不得超过一年。 健康保险，是指以因健康原因导致损失为给付保险金条件的人身保险。 其他年金保险是指养老年金以外的年金保险。 上述免税政策实行备案管理，具体备案管理办法按照《国家税务总局关于一年期以上返还性人身保险产品免征营业税审批事项取消后有关管理问题的公告》（国家税务总局公告2015年第65号）规定执行。	保险公司开办一年期以上返还性人身保险产品，按照以下规定执行： （1）保险公司开办一年期以上返还性人身保险产品，在保险监管部门出具备案回执或批复文件前依法取得的保费收入，属于《关于一年期以上返还性人身保险产品营业税免税政策的通知》（财税〔2015〕86号）第一条、《营业税改征增值税试点过渡政策的规定》（财税〔2016〕36号附件3）第一条（二十一）项规定的保费收入。 （2）保险公司符合财税〔2015〕86号第一条、第二条规定免税条件，且未列入财政部、税务总局发布的免征营业税名单的，可向主管税务机关办理备案手续。 （3）保险公司开办一年期以上返还性人身保险产品，在列入财政部和税务总局发布的免征营业税名单或办理免税备案手续后，此前已缴纳营业税中尚未抵减或退还的部分，可抵减以后月份应缴纳的增值税。	本条是对《财政部 国家税务总局关于一年期以上返还性人身保险产品营业税免税政策的通知》（财税〔2015〕86号）有关营业税政策的延续和调整。 《国务院关于取消和调整一批行政审批项目等事项的决定》（国发〔2015〕11号）取消了一年期以上返还性人身保险业务免征营业税审批事项。审批事项取消后有关备案管理问题，国家税务总局在《国家税务总局关于一年期以上返还性人身保险产品免征营业税审批事项取消后有关管理问题的公告》（国家税务总局公告2015年第65号）中进行了明确。

(续表)

对个人购买符合规定的商业健康保险产品的支出,允许在当年(月)计算应纳税所得额时予以税前扣除,扣除限额为2 400元/年(200元/月)。单位统一为员工购买符合规定的商业健康保险产品的支出,应分别计入员工个人工资薪金,视同个人购买,按上述限额予以扣除。2 400元/年(200元/月)的限额扣除为个人所得税法规定减除费用标准之外的扣除。

商业健康保险税收优惠政策的纳税人,是指取得工资薪金所得、连续性劳务报酬所得的个人,以及取得个体工商户生产经营所得、对企事业单位的承包承租经营所得的个体工商户业主、个人独资企业投资者、合伙企业合伙人和承包承租经营者。(财税〔2017〕39号)

保险公司按照《财政部 税务总局关于明确养老机构免征增值税等政策的通知》(财税〔2019〕20号)第四条第(三)项规定抵减以后月份应缴纳增值税,截至2020年12月31日抵减不完的,可以向主管税务机关申请一次性办理退税。(财政部 税务总局公告2020年第2号第三条)

按照《试点实施办法》(财税〔2016〕36号附件1)的规定,经国务院财政、税务主管部门或者其授权的财政、税务机关批准,可以由总机构汇总向总机构所在地的主管税务机关申报纳税。截至2020年12月31日抵减不完的,可以向总机构主管税务机关申请一次性办理退税。

该项目属于申报享受类优惠,不需要附送相关资料,纳税人留存备查如下资料:保监会对保险产品的备案回执或批复文件、保险产品的保险条款、保险产品费率表、主管税务机关要求提供的其他相关资料。

《人身保险产品审批和备案管理办法》(保监会令〔2004〕6号)第十八条规定,保险公司申报产品审批或者备案的,应当由其总公司向中国保监会提出。该办法第二十二条规定,中国保监会应当自受理产品审批申请之日起20日内作出批准或者不予批准的决定。20日内不能作出决定的,经中国保监会负责人批准,审批期限可以延长10日。中国保监会应当将延长期限的理由告知保险公司。

鉴于目前保监会的实际情况,开办符合免税条件保险产品的保险公司,可以使用保监会官网上公示的产品备案清单作为申请材料,办理免征增值税优惠备案。保险公司应在保险产品享受税收优惠政策的首个纳税申报期内,将备案资料送主管税务机关备案;在符合减免条件期间,若保险产品的备案资料内容未发生变化,保险公司不需要再行备案;保险公司提交的备案资料内容发生变化,如仍符合减免税规定,应在发生变化的次月纳税申报期内,向主管税务机关进行变更备案;如不再符合减免税规定,应当停止享受免税,按照规定进行纳税申报。

2. 为出口货物提供的保险服务(财税〔2016〕36号附件4)

为出口货物提供的保险服务,包括出口货物保险和出口信用保险。

3. 农牧保险(财税〔2016〕36号附件3)

农牧保险,是指为种植业、养殖业、牧业种植和饲养的动植物提供保险的业务。

4. 再保险服务(财税〔2016〕68号)

政策规定	政策解读
再保险服务。 (1) 境内保险公司向境外保险公司提供的完全在境外消费的再保险服务,免征增值税。 (2) 试点纳税人提供再保险服务(境内保险公司向境外保险公司提供的再保险服务除外),实行与原保险服务一致的增值税政策。再保险合同对应多个原保险合同的,所有原保险合同均适用免征增值税政策时,该再保险合同适用免征增值税政策。否则,该再保险合同应按规定缴纳增值税。	原保险服务,是指保险分出方与投保人之间直接签订保险合同而建立保险关系的业务活动。 再保险服务,是指保险公司将其承担的保险业务,部分转移给其他保险公司的经营行为。

(二十二) 符合条件的金融商品转让收入

(1) 合格境外投资者(QFII)委托境内公司在我国从事证券买卖业务。 (2) 香港市场投资者(包括单位和个人)通过沪港通、深港通买卖上交所、深交所上市A股取得的差价收入。 (3) 对香港市场投资者(包括单位和个人)通过基金互认买卖内地基金份额。	(4) 证券投资基金(封闭式证券投资基金,开放式证券投资基金)管理人运用基金买卖股票、债券。 (5) 个人从事金融商品转让业务。 (6) 人民币合格境外投资者和人民银行认可的境外机构从事证券买卖业务。 (7) 社保基金会、社保基金投资管理人及养老基金投资管理机构金融商品转让收入。

1. 合格境外投资者(QFII)委托境内公司在我国从事证券买卖业务

政策规定	政策解读
对合格境外机构投资者(QFII)委托境内公司在我国从事证券买卖业务取得的差价收入,以及经人民银行认可的境外机构投资银行间本币市场(货币市场、债券市场以及衍生品市场)取得的收入,免征增值税。	本条是《财政部 国家税务总局关于合格境外机构投资者营业税政策的通知》(财税〔2005〕155号)有关营业税政策的延续。 财税〔2005〕155号文件规定,对合格境外机构投资者(QFII)委托境内公司在我国从事证券买卖业务取得的差价收入,免征营业税。

自2016年5月1日起,人民币合格境外投资者(RQFII)委托境内公司在我国从事证券买卖业务,以及经人民银行认可的境外机构投资银行间本币市场取得的收入属于《过渡政策的规定》第一条第(二十二)款所称的金融商品转让收入。银行间本币市场包括货币市场、债券市场以及衍生品市场。(财税〔2016〕70号第四条)

对合格境外机构投资者(QFII)、人民币合格境外机构投资者(RQFII)委托境内公司转让创新企业CDR取得的差价收入,暂免征收增值税。(财政部 税务总局 证监会公告2019年第52号)

创新企业CDR,是指符合《国务院办公厅转发证监会关于开展创新企业境内发行股票或存托凭证试点若干意见的通知》(国办发〔2018〕21号)规定的试点企业,以境外股票为基础证券,由存托人签发并在中国境内发行,代表境外基础证券权益的证券。

2. 香港市场投资者(包括单位和个人)通过沪港通、深港通买卖上交所、深交所上市A股取得的差价收入

政策规定	政策解读
对香港市场投资者(包括单位和个人)通过沪港通、深港通买卖上交所、深交所上市A股取得的差价收入,在营改增试点期间免征增值税。	本条一是《财政部 国家税务总局 证监会关于沪港股票市场交易互联互通机制试点有关税收政策的通知》(财税〔2014〕81号)有关免征营业税政策的延续和调整;二是《财政部 国家税务总局 证监会关于深港股票市场交易互联互通机制试点有关税收政策的通知》(财税〔2016〕127号)的补充。 财税〔2005〕155号文件规定,对合格境外机构投资者(QFII)委托境内公司在我国从事证券买卖业务取得的差价收入,免征营业税。财税〔2016〕127号文件规定,对香港市场投资者(包括单位和个人)通过深港通买卖深交所上市A股取得的差价收入,在营改增试点期间免征增值税。

3. 对香港市场投资者(包括单位和个人)通过基金互认买卖内地基金份额

政策规定	政策解读
对香港市场投资者(包括单位和个人)通过基金互认买卖内地基金份额取得的差价收入,暂免征收增值税。	本条是《财政部 国家税务总局 证监会关于内地与香港基金互认有关税收政策的通知》(财税〔2015〕125号)有关免征营业税政策的延续和调整。 财税〔2015〕125号文件第三条第1项规定,对香港市场投资者(包括单位和个人)通过基金互认买卖内地基金份额取得的差价收入,暂免征收营业税。

4. 证券投资基金(封闭式证券投资基金,开放式证券投资基金)管理人运用基金买卖股票、债券

政策规定	政策解读
对证券投资基金(封闭式证券投资基金,开放式证券投资基金)管理人运用基金买卖股票、债券的差价收入,暂免征收增值税。	本条是《国家税务总局关于证券投资基金税收政策的通知》(财税〔2004〕78号)有关营业税政策的延续。 财税〔2004〕78号文件规定,自2004年1月1日起,对证券投资基金(封闭式证券投资基金,开放式证券投资基金)管理人运用基金买卖股票、债券的差价收入,继续免征营业税。
风险提示:私募基金不能享受证券投资基金(封闭式证券投资基金、开放式证券投资基金)免税政策。	

5. 个人从事金融商品转让业务

政策规定	政策解读
对个人(包括个体工商户及其他个人)从事外汇、有价证券、非货物期货和其他金融商品买卖业务取得的收入,暂免征收增值税。	本条是《财政部 国家税务总局关于个人金融商品买卖等营业税若干免税政策的通知》(财税〔2009〕111号)有关营业税政策的延续。 财税〔2009〕111号文件规定,对个人(包括个体工商户及其他个人)从事外汇、有价证券、非货物期货和其他金融商品买卖业务取得的收入暂免征收营业税。

6. 人民币合格境外投资者和人民银行认可的境外机构(财税〔2016〕70号第四条)

人民币合格境外投资者(RQFII)委托境内公司在我国从事证券买卖业务,属于《试点过渡政策的规定》第一条第(二十二)款所称的金融商品转让收入。	经人民银行认可的境外机构投资银行间本币市场取得的收入属于《试点过渡政策的规定》第一条第(二十二)款所称的金融商品转让收入。 银行间本币市场包括货币市场、债券市场以及衍生品市场。

7. 社保基金会、社保基金投资管理人及养老基金投资管理机构金融商品转让收入

财税〔2018〕94号	财税〔2018〕95号
现将全国社会保障基金理事会(以下简称社保基金会)管理的全国社会保障基金(以下简称社保基金)有关投资业务税收政策通知如下: 对社保基金会、社保基金投资管理人在运用社保基金投资过程中,提供贷款服务取得的全部利息及利息性质的收入和金融商品转让收入,免征增值税。	现将全国社会保障基金理事会(以下简称社保基金会)受托投资的基本养老保险基金(以下简称养老基金)有关投资业务税收政策通知如下: 对社保基金会及养老基金投资管理机构在国务院批准的投资范围内,运用养老基金投资过程中,提供贷款服务取得的全部利息及利息性质的收入和金融商品转让收入,免征增值税。

(二十三)金融同业往来利息收入

基本规定	补充规定
财税〔2016〕36号附件3 金融同业往来利息收入: (1)金融机构与人民银行所发生的资金往来业务。包括人民银行对一般金融机构贷款,以及人民银行对商业银行的再贴现等。 (2)银行联行往来业务。同一银行系统内部不同行、处之间所发生的资金账务往来业务。 (3)金融机构间的资金往来业务。是指经人民银行批准,进入全国银行间同业拆借市场的金融机构之间通过全国统一的同业拆借网络进行的短期(一年以下含一年)无担保资金融通行为。	财税〔2016〕46号 金融机构开展下列业务取得的利息收入,属于《试点过渡政策的规定》(财税〔2016〕36号附件3)第一条第(二十三)项所称的金融同业往来利息收入: (1)质押式买入返售金融商品。 质押式买入返售金融商品,是指交易双方进行的以债券等金融商品为权利质押的一种短期资金融通业务。 (2)持有政策性金融债券。 政策性金融债券,是指开发性、政策性金融机构发行的债券。 财税〔2016〕70号 金融机构开展下列业务取得的利息收入,属于《试点过渡政策的规定》(财税〔2016〕36号附件3)第一条第(二十三)项所称的金融同业往来利息收入: (1)同业存款。 同业存款,是指金融机构之间开展的同业资金存入与存出业务,其中资金存入方仅为具有吸收存款资格的金融机构。 (2)同业借款。 同业借款,是指法律法规赋予此项业务范围的金融机构开展的同业资金借出和借入业务。此条款所称"法律法规赋予此项业务范围的金融机构"主要是指农村信用社之间以及在金融机构营业执照列示的业务范围中有反映为"向金融机构借款"业务的金融机构。 (3)同业代付。 同业代付,是指商业银行(受托方)接受金融机构(委托方)的委托向企业客户付款,委托方在约定还款日偿还代付款项本息的资金融通行为。 (4)买断式买入返售金融商品。 买断式买入返售金融商品,是指金融商品持有人(正回购方)将债券等金融商品卖给债券购买方(逆回购方)的同时,交易双方约定在未来某一日期,正回购方再以约定价格从逆回购方买回相等数量同种债券等金融商品的交易行为。

(续表)

基本规定	补充规定
（4）金融机构之间开展的转贴现业务。 金融机构是指以下几个机构。 ① 银行：包括人民银行、商业银行、政策性银行。 ② 信用合作社。 ③ 证券公司。 ④ 金融租赁公司、证券基金管理公司、财务公司、信托投资公司、证券投资基金。 ⑤ 保险公司。 ⑥ 其他经人民银行、银监会、证监会、保监会批准成立且经营金融保险业务的机构等。	（5）持有金融债券。 金融债券，是指依法在中华人民共和国境内设立的金融机构法人在全国银行间和交易所债券市场发行的、按约定还本付息的有价证券。 （6）同业存单。 同业存单，是指银行业存款类金融机构法人在全国银行间市场上发行的记账式定期存款凭证。 商业银行购买央行票据、与央行开展货币掉期和货币互存等业务属于《试点过渡政策的规定》(财税〔2016〕36号附件3)第一条第(二十三)项第一目所称的金融机构与人民银行所发生的资金往来业务。 境内银行与其境外的总机构、母公司之间，以及境内银行与其境外的分支机构、全资子公司之间的资金往来业务属于《试点过渡政策的规定》(财税〔2016〕36号附件3)第一条第(二十三)项所称的银行联行往来业务。 （境内银行与境外其他银行不属于同一银行系统，不属于财税〔2016〕70号文件规定的同业代付范围，不能免征增值税。） 财税〔2017〕58号 自2018年1月1日起，金融机构开展贴现、转贴现业务，以其实际持有票据期间取得的利息收入作为贷款服务销售额计算缴纳增值税。此前贴现机构已就贴现利息收入全额缴纳增值税的票据，转贴现机构转贴现利息收入继续免征增值税。 《营业税改征增值税试点过渡政策的规定》(财税〔2016〕36号附件3)第一条第(二十三)项第4点自2018年1月1日起废止。 国家税务总局公告2017年第30号 自2018年1月1日起，金融机构开展贴现、转贴现业务需要就贴现利息开具发票的，由贴现机构按照票据贴现利息全额向贴现人开具增值税普通发票，转贴现机构按照转贴现利息全额向贴现机构开具增值税普通发票。

私募基金不属于财税〔2016〕36号规定的金融机构。私募基金公司的同业存单利息收入不属于金融同业往来利息收入，不得免征增值税。

（二十四）符合条件的担保机构从事中小企业信用担保或者再担保业务取得的收入

财税〔2016〕36号附件3	财税〔2017〕90号
同时符合下列条件的担保机构从事中小企业信用担保或者再担保业务取得的收入（不含信用评级、咨询、培训等收入）3年内免征增值税： （1）已取得监管部门颁发的融资性担保机构经营许可证，依法登记注册为企（事）业法人，实收资本超过2 000万元。 （2）平均年担保费率不超过银行同期贷款基准利率的50%。平均年担保费率＝本期担保费收入/(期初担保余额＋本期增加担保金额)×100%。 （3）连续合规经营2年以上，资金主要用于担保业务，具备健全的内部管理制度和为中小企业提供担保的能力，经营业绩突出，对受保项目具有完善的事前评估、事中监控、事后追偿与处置机制。 （4）为中小企业提供的累计担保贷款额占其两年累计担保业务总额的80%以上，单笔800万元以下的累计担保贷款额占其累计担保业务总额的50%以上。 （5）对单个受保企业提供的担保余额不超过担保机构实收资本总额的10%，且平均单笔担保责任金额最多不超过3 000万元人民币。	自2018年1月1日至2019年12月31日，纳税人为农户、小型企业、微型企业及个体工商户借款、发行债券提供融资担保取得的担保费收入，以及为上述融资担保（以下简称原担保）提供再担保取得的再担保费收入，免征增值税。再担保合同对应多个原担保合同的，原担保合同应全部适用免征增值税政策。否则，再担保合同应按规定缴纳增值税。 纳税人应将相关免税证明材料留存备查，单独核算符合免税条件的融资担保费和再担保费收入，按现行规定向主管税务机关办理纳税申报；未单独核算的，不得免征增值税。 农户，是指长期（一年以上）居住在乡镇（不包括城关镇）行政管理区域内的住户，还包括长期居住在城关镇所辖行政村范围内的住户和户口不在本地而在本地居住一年以上的住户，国有农场的职工。位于乡镇（不包括城关镇）行政管理区域内和在城关镇所辖行政村范围内的国有经济的机关、团体、学校、企事业单位的集体户；有本地户口，但举家外出谋生一年以上的住户，无论是否保留承包耕地均不属于农户。农户以户为统计单位，既可以从事农业生产经营，也可以从事非农业生产经营。农户担保、再担保的判定应以原担保生效时的被担保人是否属于农户为准。

(续表)

财税[2016]36号附件3	财税[2017]90号
(6)担保责任余额不低于其净资产的3倍,且代偿率不超过2%。 担保机构免征增值税政策采取备案管理方式。符合条件的担保机构应到所在地县(市)主管税务机关和同级中小企业管理部门履行规定的备案手续,自完成备案手续之日起,享受3年免征增值税政策。3年免税期满后,符合条件的担保机构可按规定程序办理备案手续后继续享受该项政策。	小型企业、微型企业,是指符合《中小企业划型标准规定》(工信部联企业[2011]300号)的小型企业和微型企业。其中,资产总额和从业人员指标均以原担保生效时的实际状态确定;营业收入指标以原担保生效前12个自然月的累计数确定,不满12个自然月的,按照以下公式计算: $$营业收入(年)=\frac{企业实际存续期间营业收入}{企业实际存续月数}\times 12$$

《试点过渡政策的规定》(财税[2016]36号附件3)第一条第(二十四)项规定的中小企业信用担保增值税免税政策自2018年1月1日起停止执行。纳税人享受中小企业信用担保增值税免税政策在2017年12月31日前未满3年的,可以继续享受至3年期满为止。

《财政部 税务总局关于租入固定资产进项税额抵扣等增值税政策的通知》(财税[2017]90号)中规定于2019年12月31日执行到期的税收优惠政策,实施期限延长至2023年12月31日。本公告发布之日前,已征的按本公告规定应予免征的增值税,可抵减纳税人以后月份应缴纳的增值税或予以退还。(财政部 税务总局公告2020年第22号)

(二十五)国家商品储备管理单位及其直属企业承担商品储备任务,从中央或者地方财政取得的利息补贴收入和价差补贴收入

政策规定	政策解读
国家商品储备管理单位及其直属企业,是指接受中央、省、市、县四级政府有关部门(或者政府指定管理单位)委托,承担粮(含大豆)、食用油、棉、糖、肉、盐(限于中央储备)等6种商品储备任务,并按有关政策收储、销售上述6种储备商品,取得财政储备经费或者补贴的商品储备企业。 利息补贴收入,是指国家商品储备管理单位及其直属企业因承担上述商品储备任务从金融机构贷款,并从中央或者地方财政取得的用于偿还贷款利息的贴息收入。价差补贴收入包括销售价差补贴收入和轮换价差补贴收入。 销售价差补贴收入,是指按照中央或者地方政府指令销售上述储备商品时,由于销售收入小于库存成本而从中央或者地方财政获得的全额价差补贴收入。轮换价差补贴收入,是指根据要求定期组织政策性储备商品轮换而从中央或者地方财政取得的商品新陈质价差补贴收入。	本条是对财税[2013]62号文件有关营业税政策的延续和调整。 财税[2013]62号文件规定,自2011年1月1日起,对国家商品储备管理单位及其直属企业承担商品储备任务,从中央或地方财政取得的利息补贴收入以及价差补贴收入,不征收营业税①。

(二十六)纳税人提供技术转让、技术开发和与之相关的技术咨询、技术服务

政策规定	政策解读
(1)技术转让、技术开发,是指《销售服务、无形资产、不动产注释》中"转让技术""研发服务"范围内的业务活动。技术咨询,是指就特定技术项目提供可行性论证、技术预测、专题技术调查、分析评价报告等业务活动。 与技术转让、技术开发相关的技术咨询、技术服务,是指转让方(或者受托方)根据技术转让或者开发合同的规定,为帮助受让方(或者委托方)掌握所转让(或者委托开发)的技术,而提供的技术咨询、技术服务业务,且这部分技术咨询、技术服务的价款与技术转让或者技术开发的价款应当在同一张发票上开具。 (2)备案程序。试点纳税人申请免征增值税时,须持技术转让、开发的书面合同,到纳税人所在地省级科技主管部门进行认定,并持有关的书面合同和科技主管部门审核意见证明文件报主管税务机关备查。	(1)本条是对财税[2013]106号文件附件3第一条第(四)项相关政策规定的平移。 (2)对"技术开发、技术转让"进行了定义,是指《销售服务、无形资产、不动产注释》中"转让技术""研发服务"范围内的业务活动。 (3)技术合同认定权限下放至设区市科技局的,税务部门可以将市级及以上科技主管部门的认定意见作为享受增值税优惠政策的备案资料。

该项目属于申报享受类优惠,不需要附送相关资料,纳税人留存备查如下资料:技术转让合同、技术开发合同、科技主管部门审核意见证明文件。

---

① 现已无营业税,全书同。

(二十七) 同时符合下列条件的合同能源管理服务

政策规定	政策解读
(1) 节能服务公司实施合同能源管理项目相关技术,应当符合国家质量监督检验检疫总局和国家标准化管理委员会发布的《合同能源管理技术通则》(GB/T 24915—2010)规定的技术要求。 (2) 节能服务公司与用能企业签订节能效益分享型合同,其合同格式和内容,符合《中华人民共和国合同法》和《合同能源管理技术通则》(GB/T 24915—2010)等规定。	本条是对财税〔2013〕106号文件附件3第一条第(五)项相关政策规定的平移。

该项目属于申报享受类优惠,不需要附送相关资料,纳税人留存备查如下资料:《税务登记证》(副本),节能服务公司与用能企业签订节能效益分享型合同,节能服务公司实施合同能源管理项目相关技术应符合国家质量监督检验检疫总局和国家标准化管理委员会发布的《合同能源管理技术通则》(GB/T 24915—2010)规定的技术要求的说明、证明文件、鉴定报告。

(二十八) 2017年12月31日前,科普单位的门票收入,以及县级及以上党政部门和科协开展科普活动的门票收入

政策规定	政策解读
科普单位,是指科技馆、自然博物馆、对公众开放的天文馆(站、台)、气象台(站)、地震台(站),以及高等院校、科研机构对公众开放的科普基地。 科普活动,是指利用各种传媒以浅显的、让公众易于理解、接受和参与的方式,向普通大众介绍自然科学和社会科学知识,推广科学技术的应用,倡导科学方法,传播科学思想,弘扬科学精神的活动。	本条是《财政部 国家税务总局关于延续宣传文化增值税和营业税优惠政策的通知》(财税〔2013〕87号)有关营业税政策的延续。 根据财税〔2013〕87号文件的规定,自2013年1月1日起至2017年12月31日,对科普单位的门票收入,以及县(含县级市、区、旗)及县以上党政部门和科协开展的科普活动的门票收入免征营业税。 科普单位、科普活动和科普单位进口自用科普影视作品的认定仍按《科普税收优惠政策实施办法》(国科发政字〔2003〕416号)的有关规定执行。

自2018年1月1日起至2023年12月31日,对科普单位的门票收入,以及县级及以上党政部门和科协开展科普活动的门票收入免征增值税。(财税〔2018〕53号第三条、财政部 税务总局公告2021年第10号第三条)

(二十九) 政府举办的从事学历教育的高等、中等和初等学校(不含下属单位),举办进修班、培训班取得的全部归该学校所有的收入

政策规定	政策解读
全部归该学校所有,是指举办进修班、培训班取得的全部收入进入该学校统一账户,并纳入预算全额上缴财政专户管理,同时由该学校对有关票据进行统一管理和开具。 举办进修班、培训班取得的收入进入该学校下属部门自行开设账户的,不予免征增值税。	本条是《财政部 国家税务总局关于教育税收政策的通知》(财税〔2004〕39号)和财税〔2006〕3号文件有关营业税政策的延续。

该项目属于申报享受类优惠,不需要附送相关资料,纳税人留存备查如下资料:经相关部门批准成立的证件,预算外资金财政专户缴款书,学校提供的统一账户证明材料,举办进修班、培训班取得收入的相关证明材料。

(三十) 政府举办的职业学校设立的企业符合条件的收入

政策规定	政策解读
政府举办的职业学校设立的主要为在校学生提供实习场所,并由学校出资自办、由学校负责经营管理、经营收入归学校所有的企业,从事《销售服务、无形资产或者不动产注释》中"现代服务"(不含融资租赁服务、广告服务和其他现代服务)、"生活服务"(不含文化体育服务、其他生活服务和桑拿、氧吧)业务活动取得的收入。	本条是对财税〔2004〕39号文件有关营业税政策的延续。 本条将免税业务范围更新为从事《销售服务、无形资产、不动产注释》中"现代服务"(不含融资租赁服务、广告服务和其他现代服务)、"生活服务"(不含文化体育服务、其他生活服务和桑拿、氧吧)业务活动。

该项目属于申报享受类优惠,不需要附送相关资料,纳税人留存备查如下资料:经相关部门批准成立的证件、职业学校取得相关收入情况证明材料。

（三十一）家政服务企业由员工制家政服务员提供家政服务取得的收入

财税〔2016〕36 号	财政部　税务总局　发展改革委　民政部　商务部　卫生健康委公告 2019 年第 76 号
家政服务企业，是指在企业营业执照的规定经营范围中包括家政服务内容的企业。 　　员工制家政服务员，是指同时符合下列3个条件的家政服务员： 　　(1) 依法与家政服务企业签订半年及半年以上的劳动合同或者服务协议，且在该企业实际上岗工作。 　　(2) 家政服务企业为其按月足额缴纳了企业所在地人民政府根据国家政策规定的基本养老保险、基本医疗保险、工伤保险、失业保险等社会保险。对已享受新型农村养老保险和新型农村合作医疗等社会保险或者下岗职工原单位继续为其缴纳社会保险的家政服务员，如果本人书面提出不再缴纳企业所在地人民政府根据国家政策规定的相应的社会保险，并出具其所在乡镇或者原单位开具的已缴纳相关保险的证明，可视同家政服务企业已为其按月足额缴纳了相应的社会保险。 　　(3) 家政服务企业通过金融机构向其实际支付不低于企业所在地适用的经省级人民政府批准的最低工资标准的工资。	提供社区养老、托育、家政服务取得的收入，免征增值税。 　　社区，是指聚居在一定地域范围内的人们所组成的社会生活共同体，包括城市社区和农村社区。为社区提供家政服务的机构，是指以家庭为服务对象，为社区居民提供家政服务的企业、事业单位和社会组织。社区家政服务，是指进入家庭成员住所或医疗机构为孕产妇、婴幼儿、老人、病人、残疾人提供的照护服务，以及进入家庭成员住所提供的保洁、烹饪等服务。 　　符合下列条件的家政服务企业提供家政服务取得的收入，比照《试点过渡政策的规定》（财税〔2016〕36 号附件3）第一条第(三十一)项的规定，免征增值税： 　　(1) 与家政服务员、接受家政服务的客户就提供家政服务行为签订三方协议。 　　(2) 向家政服务员发放劳动报酬，并对家政服务员进行培训管理。 　　(3) 通过建立业务管理系统对家政服务员进行登记管理。 　　本公告自 2019 年 6 月 1 日起执行至 2025 年 12 月 31 日。

（三十二）福利彩票、体育彩票的发行收入

政策规定	政策解读
福利、体育彩票取得的发行销售收入免征增值税	本条是《财政部　国家税务总局关于体育彩票发行收入税收问题的通知》（财税字〔1996〕77 号）、《财政部　国家税务总局关于发行福利彩票有关税收问题的通知》（财税〔2002〕59 号）、《财政部　国家税务总局关于营业税若干政策问题的通知》（财税〔2003〕16 号）原有营业税政策的延续。 　　(1) 财税字〔1996〕77 号文件规定，根据现行《营业税暂行条例》及其实施细则等有关规定，对体育彩票的发行收入不征营业税；对体育彩票代销单位代销体育彩票取得的手续费收入应按规定征收营业税。 　　(2) 财税〔2002〕59 号文件规定，福利彩票机构发行销售福利彩票取得的收入不征收营业税。对福利彩票机构以外的代销单位销售福利彩票取得的手续费收入应按规定征收营业税。福利彩票机构发行销售福利彩票取得的收入，包括返还奖金、发行经费、公益金，暂免征收企业所得税。 　　(3) 财税〔2003〕16 号文件明确，财税〔2002〕59 号文件规定，"福利彩票机构发行销售福利彩票取得的收入不征收营业税"，其中"福利彩票机构"包括福利彩票销售管理机构和与销售管理机构签有电脑福利彩票投注站代理销售协议书，并直接接受福利彩票销售管理机构的监督、管理的电脑福利彩票投注点。

　　福利、体育彩票取得的发行销售收入免征增值税，但代销单位代销福利、体育彩票取得的手续费收入应按规定征收增值税。

（三十三）军队空余房产租赁收入

政策规定	政策解读
对军队空余房产租赁收入，暂免征收增值税。	本条是对《财政部　国家税务总局关于暂免征收军队空余房产租赁收入营业税房产税的通知》（财税〔2004〕123 号）有关营业税政策的延续。 　　财税〔2004〕123 号文件规定，自 2004 年 8 月 1 日起，对军队空余房产租赁收入暂免征收营业税；暂免征收营业税的军队空余房产，在出租时必须悬挂《军队房地产租赁许可证》，以备查验。

（三十四）企业、行政事业单位按房改成本价、标准价出售住房取得的收入

政策规定	政策解读
为了配合国家住房制度改革，企业、行政事业单位按房改成本价、标准价出售住房取得的收入，暂免征收增值税。	本条是对财税〔2013〕62号文件有关营业税政策的延续。 财税〔2013〕62号文件规定，对企业、行政事业单位按房改成本价、标准价出售住房的收入，免征营业税。

（三十五）将土地使用权转让给农业生产者用于农业生产

政策规定	政策解读
将土地使用权转让给农业生产者用于农业生产，暂免征收增值税。	本条是对《财政部 国家税务总局关于对若干项目免征营业税的通知》（财税字〔1994〕2号）有关营业税政策的延续。 财税字〔1994〕2号文件规定，将土地使用权转让给农业生产者用于农业生产，免征营业税。

将土地使用权流转给农业生产者用于农业生产。

财税〔2017〕58号	财税〔2017〕90号	财税〔2016〕47号	财政部 税务总局公告2020年第2号
自2017年7月1日起，纳税人采取转包、出租、互换、转让、入股等方式将承包地流转给农业生产者用于农业生产，免征增值税。	自2016年5月1日至2017年6月30日，纳税人采取转包、出租、互换、转让、入股等方式将承包地流转给农业生产者用于农业生产，免征增值税。本通知下发前已征的增值税，可抵减以后月份应缴纳的增值税，或办理退税。	纳税人以经营租赁方式将土地出租给他人使用，按照不动产经营租赁服务缴纳增值税。	纳税人将国有农用地出租给农业生产者用于农业生产，免征增值税。

按照《国民经济行业分类和代码》，农业包括：谷物种植；豆类、油料和薯类种植；棉、麻、糖、烟草种植；蔬菜、食用菌及园艺作物种植；水果种植；坚果、含油果、香料和饮料作物种植；中药材种植；草种植及割草。因此，这里的农业生产不包括大农业意义上的林业、畜牧业、渔业等行业。

（三十六）涉及家庭财产分割的个人无偿转让不动产、土地使用权

政策规定	政策解读
家庭财产分割，包括下列情形： （1）离婚财产分割。 （2）无偿赠与配偶、父母、子女、祖父母、外祖父母、孙子女、外孙子女、兄弟姐妹。 （3）无偿赠与对其承担直接抚养或者赡养义务的抚养人或者赡养人。 （4）房屋产权所有人死亡，法定继承人、遗嘱继承人或者受遗赠人依法取得房屋产权。	本条是对《财政部 国家税务总局关于个人金融商品买卖等营业税若干免税政策的通知》（财税〔2009〕111号）有关营业税政策的延续，并对原文件中规定的可以免征营业税的情形统称为"家庭财产分割"。

《国家税务总局关于进一步简化和规范个人无偿赠与或受赠不动产免征营业税、个人所得税所需证明资料的公告》（国家税务总局公告2015年第75号）

纳税人在办理个人无偿赠与或受赠不动产免征营业税、个人所得税手续时，应报送《个人无偿赠与不动产登记表》、双方当事人的身份证原件及复印件（继承或接受遗赠的，只须提供继承人或受遗赠人的身份证明原件及复印件）、房屋所有权证原件及复印件。属于以下四类情形之一的，还应分别提交相应证明资料。

（1）离婚分割财产的，应当提交：
① 离婚协议或者人民法院判决书或者人民法院调解书的原件及复印件。
② 离婚证原件及复印件。
（2）亲属之间无偿赠与的，应当提交：
① 无偿赠与配偶的，提交结婚证原件及复印件。

(续表)

② 无偿赠与父母、子女、祖父母、外祖父母、孙子女、外孙子女、兄弟姐妹的,提交户口簿或者出生证明或者人民法院判决书或者人民法院调解书或者其他部门(有资质的机构)出具的能够证明双方亲属关系的证明资料原件及复印件。

(3) 无偿赠与非亲属抚养或赡养关系人的,应当提交:

人民法院判决书或者人民法院调解书或者乡镇政府或街道办事处出具的抚养(赡养)关系证明或者其他部门(有资质的机构)出具的能够证明双方抚养(赡养)关系的证明资料原件及复印件。

(4) 继承或接受遗赠的,应当提交:

① 房屋产权所有人死亡证明原件及复印件。

② 有权继承或接受遗赠的证明资料原件及复印件。

税务机关应当认真核对上述资料,资料齐全并且填写正确的,在《个人无偿赠与不动产登记表》上签字盖章,留存《个人无偿赠与不动产登记表》复印件和有关证明资料复印件,原件退还纳税人,同时办理免税手续。

(三十七) 土地所有者出让土地使用权和土地使用者将土地使用权归还给土地所有者

财税〔2016〕36 号	财政部 税务总局公告 2020 年第 40 号	政策解读
对土地所有者出让土地使用权和土地使用者将土地使用权归还给土地所有者的行为,暂免征收增值税。	自 2020 年 9 月 29 日起,土地所有者依法征收土地,并向土地使用者支付土地及其相关有形动产、不动产补偿费的行为,属于《营业税改征增值税试点过渡政策的规定》(财税〔2016〕36 号附件 3)第一条第(三十七)项规定的土地使用者将土地使用权归还给土地所有者的情形。	本条是对《营业税税目注释(试行稿)》(国税发〔1993〕149 号)中无形资产税目注释的调整。 《营业税税目注释(试行稿)》中规定,对土地所有者出让土地使用权和土地使用者将土地使用权归还给土地所有者的行为,不征收营业税。(国税发〔1993〕149 号第八条) 纳税人将土地使用权归还给土地所有者时,只要出具县级(含)以上地方人民政府收回土地使用权的正式文件,无论支付征地补偿费的资金来源是否为政府财政资金,该行为均属于土地使用者将土地使用权归还给土地所有者的行为,按照国税发〔1993〕149 号文件的规定,不征收营业税。(国税函〔2008〕277 号)

(1) 企业将土地使用权交还政府,同政府签署了土地收回协议并取得土地补偿,免征增值税。

(2) 企业将土地使用权交还政府,同政府签署了土地收回协议并同时取得土地补偿和地面建筑物补偿,也应免征增值税。

(3) 企业租赁土地使用并建造地面建筑物,后由于土地被政府收回,给予企业的地面建筑物补偿,也应免征增值税。

(4) 免征增值税,涉及货物的部分,应该按照货物原始购进环节抵扣的进项税额在取得补偿时转出。

(5) 按照"房随地走"的大原则,只要是政府收回国有土地使用权的情况下,不管是政府直接支付,还是委托房屋征收实施单位支付,亦或在土地一级开发模式中,政府首先发布土地收回公告,后期由从事土地一级开发业务的公司进行拆迁并垫付补偿款的,取得补偿款的土地使用权人应该可以按照财政部、税务总局公告 2020 年第 40 号文件的规定享受免征增值税的待遇。

(三十八) 县级以上地方人民政府或自然资源行政主管部门出让、转让或收回自然资源使用权(不含土地使用权)

政策规定	政策解读
县级以上地方人民政府或自然资源行政主管部门出让、转让或收回自然资源使用权的行为,暂免征收增值税。	本条是《财政部 国家税务总局关于转让自然资源使用权营业税政策的通知》(财税〔2012〕6 号)有关营业税政策的调整。 财税〔2012〕6 号文件规定,县级以上地方人民政府或自然资源行政主管部门出让、转让或收回自然资源使用权的行为,不征收营业税。 与本章第(三十七)项所述情形相同,县级以上地方人民政府或自然资源行政主管部门出让、转让或收回自然资源使用权,满足征收增值税的各个征税要素,不能排除在征税范围之外,但考虑到上述自然资源转让行为的特殊性,也给予增值税免税优惠。 由于第(三十七)项已单独列明享受免税的土地使用权转让行为,本条明确享受增值税免税的自然资源使用权不含土地使用权。

（三十九）随军家属就业

政策规定	政策解读
（1）为安置随军家属就业而新开办的企业，自领取税务登记证之日起，其提供的应税服务 3 年内免征增值税。 享受税收优惠政策的企业，随军家属必须占企业总人数的 60%（含）以上，并有军（含）以上政治和后勤机关出具的证明。 （2）从事个体经营的随军家属，自办理税务登记事项之日起，其提供的应税服务 3 年内免征增值税。 随军家属必须有师以上政治机关出具的可以表明其身份的证明。 按照上述规定，每一名随军家属可以享受一次免税政策。	本条平移了《财政部 国家税务总局关于随军家属就业有关税收政策的通知》（财税〔2000〕84 号）、财税〔2013〕106 号文件附件 3 第一条第（十）项的有关政策规定。 根据国务院简政放权的要求，取消了"税务部门应当进行相应的审查认定"和"主管税务机关在企业或个人享受免税期间，应当对此类企业进行年度检查，凡不符合条件的，取消其免税政策"的规定。
该项目属于申报享受类优惠，不需要附送相关资料，纳税人留存备查如下资料：居民身份证、师（含）以上政治机关出具的随军家属证明、军（含）以上政治和后勤机关共同出具的加盖部队公章的"安置随军家属达到规定比例企业"证明材料。	

（四十）军队转业干部就业

政策规定	政策解读
（1）从事个体经营的军队转业干部，自领取税务登记证之日起，其提供的应税服务 3 年内免征增值税。 （2）为安置自主择业的军队转业干部就业而新开办的企业，凡安置自主择业的军队转业干部占企业总人数 60%（含）以上的，自领取税务登记证之日起，其提供的应税服务 3 年内免征增值税。 享受上述优惠政策的自主择业的军队转业干部必须持有师以上部队颁发的转业证件。	本条平移了《财政部 国家税务总局关于自主择业的军队转业干部有关税收政策问题的通知》（财税〔2003〕26 号）、财税〔2013〕106 号文件附件 3 第一条第（十一）项的有关政策规定。

四、销售应税服务增值税其他免税优惠

（一）特定企业增值税优惠（财税〔2016〕39 号）

中国移动通信集团公司、中国联合网络通信集团有限公司、中国电信集团公司及其成员单位通过手机短信公益特服号为公益性机构（名单见财税〔2016〕39 号附件 1）接受捐款，以其取得的全部价款和价外费用，扣除支付给公益性机构捐款后的余额为销售额。其接受的捐款，不得开具增值税专用发票。

中国证券登记结算公司的销售额，不包括以下资金项目：按规定提取的证券结算风险基金；代收代付的证券公司资金交收违约垫付资金利息；结算过程中代收代付的资金交收违约罚息。

中国农业发展银行总行及其各分支机构提供涉农贷款（具体涉农贷款业务清单见附件 2）取得的利息收入，可以选择适用简易计税方法按照 3% 的征收率计算缴纳增值税。

中国海洋石油总公司及所属单位海上自营油田开采的原油、天然气，停止按实物征收增值税，改为按照《增值税暂行条例》及其实施细则缴纳增值税。

美国 ABS 船级社在非营利宗旨不变、中国船级社在美国享受同等免税待遇的前提下，在中国境内提供的船检服务免征增值税。

青藏铁路公司提供的铁路运输服务免征增值税。

中国邮政集团公司及其所属邮政企业提供的邮政普遍服务和邮政特殊服务，免征增值税。

自 2016 年 1 月 1 日起，中国邮政集团公司及其所属邮政企业为金融机构代办金融保险业务取得的代理收入，在营改增试点期间免征增值税。（财税〔2016〕83 号第三条）

2016 年 12 月 31 日前，中和农信项目管理有限公司和中国扶贫基金会举办的农户自立服务社（中心）以及中和农信项目管理有限公司独资成立的小额贷款公司从事农户小额贷款取得的利息收入，免征增值税。

所称小额贷款，是指单笔且该农户贷款余额总额在 10 万元（含）以下的贷款。

所称农户，是指长期（一年以上）居住在乡镇（不包括城关镇）行政管理区域内的住户，还包括长期居住在城关镇所辖行政村范围内的住户和户口不在本地而在本地居住一年以上的住户，国有农场的职工和农村个体工商户。位于乡镇（不包括城关镇）行政管理区域内和在城关镇所辖行政村范围内的国有经济的机关、团体、学校、企事业单位的集体户；有本地户口，但举家外出谋生一年以上的住户，无论是否保留承包耕地均不属于农户。农户以户为统计单位，既可以从事农业生产经营，也可以从事非农业生产经营。农户贷款的判定应以贷款发放时的承贷主体是否属于农户为准。

中国信达资产管理股份有限公司、中国华融资产管理股份有限公司、中国长城资产管理公司和中国东方资产管理公司及各自经批准分设于各地的分支机构（以下称资产公司），在收购、承接和处置剩余政策性剥离不良资产和改制银行剥离不良资产过程中开展的以下业务，免征增值税：

（1）接受相关国有银行的不良债权，借款方以货物、不动产、无形资产、有价证券和票据等抵充贷款本息的，资产公司销售、转让该货物、不动产、无形资产、有价证券、票据以及利用该货物、不动产从事的融资租赁业务。

（续表）

(2) 接受相关国有银行的不良债权取得的利息。

(3) 资产公司所属的投资咨询类公司,为本公司收购、承接、处置不良资产而提供的资产、项目评估和审计服务。

中国长城资产管理公司和中国东方资产管理公司如经国务院批准改制后,继承其权利、义务的主体及其分支机构处置剩余政策性剥离不良资产和改制银行剥离不良资产,比照上述政策执行。

上述政策性剥离不良资产,是指资产公司按照国务院规定的范围和额度,以账面价值进行收购的相关国有银行的不良资产。

上述改制银行剥离不良资产,是指资产公司按照《中国银行和中国建设银行改制过程中可疑类贷款处置管理办法》（财金〔2004〕53号）、《中国工商银行改制过程中可疑类贷款处置管理办法》（银发〔2005〕148号）的规定及中国交通银行股份制改造时国务院确定的不良资产的范围和额度收购的不良资产。

上述处置不良资产,是指资产公司按照有关法律、行政法规,为使不良资产的价值得到实现而采取的债权转移的措施,具体包括运用出售、置换、资产重组、债转股、证券化等方法对贷款及其抵押品进行处置。

资产公司（含中国长城资产管理公司和中国东方资产管理公司如经国务院批准改制后继承其权利、义务的主体）除收购、承接、处置本通知规定的政策性剥离不良资产和改制银行剥离不良资产业务外,从事其他经营业务应一律依法纳税。

除另有规定者外,资产公司所属、附属企业,不得享受资产公司免征增值税的政策。

全国社会保障基金理事会、全国社会保障基金投资管理人运用全国社会保障基金买卖证券投资基金、股票、债券取得的金融商品转让收入,免征增值税。

对下列国际航运保险业务免征增值税：

(1) 注册在上海、天津的保险企业从事国际航运保险业务。

(2) 注册在深圳市的保险企业向注册在前海深港现代服务业合作区的企业提供国际航运保险业务。

(3) 注册在平潭的保险企业向注册在平潭的企业提供国际航运保险业务。

上述政策除已规定期限的外,其他均在营业税改征增值税试点期间执行。

本通知自2016年5月1日起执行。

（二）支持新冠肺炎疫情防控优惠

财政部　税务总局公告2020年第8号、财政部　税务总局公告2021年第7号	国家税务总局公告2020年第4号
对纳税人运输疫情防控重点保障物资取得的收入,免征增值税。 疫情防控重点保障物资的具体范围,由国家发展改革委、工业和信息化部确定。 对纳税人提供公共交通运输服务、生活服务,以及为居民提供必需生活物资快递收派服务取得的收入,免征增值税。 公共交通运输服务的具体范围,按照《营业税改征增值税试点有关事项的规定》（财税〔2016〕36号附件2）执行。 生活服务、快递收派服务的具体范围,按照《销售服务、无形资产、不动产注释》（财税〔2016〕36号附件1）执行。 依据《财政部　税务总局关于延续实施应对疫情部分费优惠政策的公告》（财政部　税务总局公告2021年第7号）的规定,本公告规定的税收优惠政策凡已经到期的,执行期限延长至2021年3月31日。	纳税人按照《财政部　税务总局关于支持新型冠状病毒感染的肺炎疫情防控有关税收政策的公告》（财政部　税务总局公告2020年第8号,以下简称8号公告）和《财政部　税务总局关于支持新型冠状病毒感染的肺炎疫情防控有关捐赠税收政策的公告》（财政部　税务总局公告2020年第9号,以下简称9号公告）有关规定享受免征增值税、消费税优惠的,可自主进行免税申报,无需办理有关免税备案手续,但应将相关证明材料留存备查。 适用免税政策的纳税人在办理增值税纳税申报时,应当填写增值税纳税申报表及《增值税减免申报明细表》相应栏次;在办理消费税纳税申报时,应当填写消费税纳税申报表及《本期减（免）税额明细表》相应栏次。 纳税人按照8号公告和9号公告有关规定适用免征增值税政策的,不得开具增值税专用发票;已开具增值税专用发票的,应当开具对应红字发票或者作废原发票,再按规定适用免征增值税政策并开具普通发票。 纳税人在疫情防控期间已经开具增值税专用发票,按照本公告规定应当开具对应红字发票而未及时开具的,可以先适用免征增值税政策,对应红字发票应当于相关免征增值税政策执行到期后1个月内完成开具。 在本公告发布前,纳税人已将适用免税政策的销售额、销售数量,按照征税销售额、销售数量进行增值税、消费税纳税申报的,可以选择更正当期申报或者在下期申报时调整。已征应予免征的增值税、消费税税款,可以予以退还或者分别抵减纳税人以后应缴纳的增值税、消费税税款。 纳税人运输疫情防控重点保障物资取得的收入,适用8号公告第三条规定免征增值税的,免征城市维护建设税、教育费附加、地方教育附加。

（续表）

免征增值税，不是不征增值税，所以免税收入对应的进项税额不能抵扣。

企业应分别核算免税销售额和应税销售额，未分别核算的，不得享受免征增值税政策。

纳税人开具增值税普通发票、机动车销售统一发票等注明税率或征收率栏次的普通发票时，应当在税率或征收率栏次填写"免税"字样。

纳税人发生符合8号公告和9号公告规定的免征增值税行为，在疫情防控期间已经开具增值税专用发票的，应当及时开具对应红字发票或作废原发票，再按规定适用免征增值税政策。同时，考虑到在疫情防控期间，部分纳税人在开具红字增值税专用发票时，可能会遇到与接受发票方沟通不便而未能及时开具的特殊情况，《国家税务总局关于支持新型冠状病毒感染的肺炎疫情防控有关税收征收管理事项的公告》（国家税务总局公告2020年第4号）中明确，纳税人可以先适用免征增值税政策，随后再按规定开具对应红字发票，开具期限为相关免征增值税政策执行到期后1个月内。按照财政部、税务总局公告2020年第28号文件的规定，1个月内就是2021年1月底之前。

疫情防控重点保障物资清单（发改办财金〔2020〕145号）。

| 1. 医疗应急物资
（1）应对疫情使用的医用防护服、隔离服、隔离面罩、医用及具有防护作用的民用口罩、医用护目镜、新型冠状病毒检测试剂盒、负压救护车、消毒机、消杀用品、红外测温仪、智能监测检测系统、相关医疗器械、酒精和药品等重要医用物资。
（2）生产上述物资所需的重要原辅材料、重要设备和相关配套设备。
（3）为应对疫情提供相关信息的通信设备。 | 2. 生活物资
（1）帐篷、棉被、棉大衣、折叠床等救灾物资。
（2）疫情防控期间市场需要重点保供的粮食、食用油、食盐、糖，以及蔬菜、肉蛋奶、水产品等"菜篮子"产品，方便和速冻食品等重要生活必需品。
（3）蔬菜种苗、仔畜雏禽及种畜禽、水产种苗、饲料、化肥、种子、农药等农用物资。 |

【例3-16】 某快递公司，增值税一般纳税人，2022年10月为居民提供必需生活物资快递收派服务取得收入106万元。已经收到现金款项，其中个人收到现金6万元、微信收款60万元、支付宝收款40万元。

| 取得收入时：
借：库存现金　　　　　　　　　　60 000
　　银行存款　　　　　　　　　1 000 000
　　贷：主营业务收入　　　　　　1 000 000
　　　　应交税费——应交增值税（减免税款）
　　　　　［1 060 000÷（1＋6%）×6%］　60 000 | 结转其他收益：
借：应交税费——增值税（减免税款）
　　　　　　　　　　　　　　　　60 000
　　贷：其他收益　　　　　　　　　60 000 |

（三）影视增值税优惠

财教〔2014〕56号	财税〔2017〕35号	财税〔2019〕17号	财政部 税务总局公告2020年第25号、财政部 税务总局公告2021年第7号
对电影制片企业销售电影拷贝（含数字拷贝）、转让版权取得的收入，电影发行企业取得的电影发行收入，电影放映企业在农村的电影放映收入，自2014年1月1日至2018年12月31日免征增值税。一般纳税人提供的城市电影放映服务，可以按现行政策规定，选择按照简易计税办法计算缴纳增值税。	自2017年1月1日至2019年12月31日，对广播电视运营服务企业收取的有线数字电视基本收视维护费和农村有线电视基本收视费，免征增值税。	对电影主管部门（包括中央、省、地市及县级）按照各自职能权限批准从事电影制片、发行、放映的电影集团公司（含成员企业）、电影制片厂及其他电影企业取得的销售电影拷贝（含数字拷贝）收入、转让电影版权（包括转让和许可使用）收入、电影发行收入以及在农村取得的电影放映收入，免征增值税。一般纳税人提供的城市电影放映服务，可以按现行政策规定，选择按照简易计税办法计算缴纳增值税。 对广播电视运营服务企业收取的有线数字电视基本收视维护费和农村有线电视基本收视费，免征增值税。 本通知执行期限为2019年1月1日至2023年12月31日。	自2020年1月1日至2021年12月31日，对纳税人提供电影放映服务取得的收入免征增值税。 本公告所称电影放映服务，是指持有《电影放映经营许可证》的单位利用专业的电影院放映设备，为观众提供的电影视听服务。

(续表)

广电企业向用户收取的捆绑销售收入中,政府定价的基本收视维护费属于免征增值税的收入,自行定价的有线电视增值业务服务(如高清电视服务)和数字电视付费节目收费取得的收入应当申报缴纳增值税,不属于免征范围。对于免征和征税项目,应分别核算。如果广电企业将捆绑销售的数字电视付费节目费和数字电视基本收视维护费混在一起,没有分别核算,享受着免征增值税的优惠。显然,这是错误的。

经认定的转制文化企业,办理免征增值税、房产税备案时,原需提供转制方案批复函、企业营业执照、核销事业编制、注销事业单位法人的证明,按企业办法参加社会保险制度的有关材料,相关部门对引入非公有资本和境外资本、变更资本结构的批准文件。自2019年1月1日起不再提交,改为纳税人自行留存备查。(国家税务总局令第46号)

湖北省自2020年1月1日至2020年12月31日免征国家电影事业发展专项资金;其他省、自治区、直辖市自2020年1月1日至2020年8月31日免征国家电影事业发展专项资金。(财政部 国家电影局公告2020年第26号)

(四)支持运动会优惠

1. 北京2022年冬奥会和冬残奥会优惠

为支持筹办北京2022年冬奥会和冬残奥会及其测试赛(以下简称北京冬奥会),经国务院批准,按照《财政部 税务总局 海关总署关于北京2022年冬奥会和冬残奥会税收优惠政策的公告》(财政部 税务总局 海关总署公告2019年第92号,以下简称92号公告)第五条和第九条的有关规定,2019年6月1日至2022年12月31日,国际奥委会及其相关实体、国际残奥委会及其相关实体(以下称退税实体)因从事与北京冬奥会相关的工作而在中国境内发生的《国际奥委会及其相关实体采购货物或服务的指定清单》(92号公告附件,以下简称《指定清单》)内的货物或服务采购支出,对应的增值税额可由退税实体凭发票及北京2022年冬奥会和冬残奥会组织委员会(以下简称北京冬奥组委)开具的证明文件,按照发票上注明的税额,向国家税务总局指定的部门申请退还(以下称冬奥会退税)。冬奥会退税的申请时间为2021年7月1日至2023年3月31日。退税实体可在上述期间内的任一时间线上提交退税申请,或者选择工作日线下提交退税申请。

冬奥会退税办理流程包含哪些环节?

冬奥会退税流程主要包括五个环节,分别是:确定清单、申请退税、受理退税、审核退税、税款退库。 (1)确定清单。由财政部、国家税务总局、海关总署联合确定退税实体清单。退税实体清单包含退税实体的中文名称、外文名称(仅境外退税实体)、纳税人识别号(未办理税务登记的退税实体为退税实体代码)。 (2)申请退税。退税实体应按照《北京2022年冬奥会和冬残奥会及其测试赛增值税退税管理办法》规定准备冬奥会退税申请资料,资料内记载的相关信息应与退税实体清单中确定的信息一致。资料准备齐全后,退税实体可自行或委托税务代理人向税务部门提交冬奥会退税申请。	(3)受理退税。退税实体提交的冬奥会退税申请资料齐全、填写内容符合要求的,税务部门予以受理;申请资料不齐全、填写内容不符合要求的,税务部门一次性告知退税实体,退税实体补正后予以受理。 (4)审核退税。《指定清单》内货物和服务的销售方主管税务机关(以下简称销售方主管税务机关),负责办理冬奥会退税以及后续管理工作。销售方主管税务机关应在规定期限内完成退税审核。 (5)税款退库。销售方主管税务机关完成退税审核后,对准予退税的,相应开具税收收入退还书,并将税款退库信息传递至同级人民银行国库部门。人民银行国库部门完成退库审核后,税款退还至退税实体提供的收款账户。

退税实体的哪些采购支出可以申请冬奥会退税?

按照92号公告的规定,退税实体在2019年6月1日至2022年12月31日(以退税实体发生采购支出取得发票的开具日期为准),因从事与北京冬奥会相关的工作而在中国境内发生的下列采购支出,可以按规定申请冬奥会退税: (1)餐饮服务、住宿服务。 (2)广告服务。	(3)电力。 (4)通信服务。 (5)不动产经营租赁服务。 (6)办公室建造、装修、修缮服务。 (7)办公室设备及相关修理修配劳务、有形动产经营租赁服务。 (8)奥林匹克转播服务公司和持权转播商购买或

（续表）

接受的与转播活动相关的货物和服务，包括五项： ① 赛事转播设施建设、装卸所需的货物和服务。 ② 转播设备（包括摄像机、线缆和转播车辆等）。	③ 用于转播、通信设备和车辆的租赁服务和相关修理修配劳务。 ④ 与转播有关的咨询、运输和安保服务。 ⑤ 其他涉及赛事转播的相关货物和服务。

申请冬奥会退税需要提交哪些资料？

退税实体首次申请冬奥会退税时，需向税务部门提交以下资料： （1）开具时间在 2019 年 6 月 1 日至 2022 年 12 月 31 日的注明税额的发票。 （2）《北京 2022 年冬奥会和冬残奥会及其测试赛增值税退税申请表》（以下简称《退税申请表》）。 （3）《北京 2022 年冬奥会和冬残奥会及其测试赛增值税退税证明》（加盖北京冬奥组委税务证明专用章，以下简称《退税证明》）。 （4）委托税务代理人申请退税的，或者以第三方境内人民币银行结算账户（以下简称银行账户）收取冬奥会退税款的，应同时提交《北京 2022 年冬奥会和冬残奥会及其测试赛增值税退税办理委托协议》（以下简称《委托协议》）。	退税实体通过电子税务局提交退税申请的，提交申请资料的电子件；通过办税服务厅提交退税申请的，提交申请资料的纸质件（原件或复印件）或电子件。 退税实体再次申请退税时，《退税证明》和《委托协议》未发生变化的，无需再次提供；发生变化的，需要重新提交新的《退税证明》和《委托协议》。

申请冬奥会退税的发票需满足什么要求？

为确保申请冬奥会退税的发票符合相关规定，退税实体向销售方索取发票时，应注意以下开具要求： 第一，应取得增值税专用发票、增值税普通发票或机动车销售统一发票中的一种或多种。上述发票可以为纸质发票，也可以为电子发票。 第二，发票上记载的"购买方名称"栏次应填写退税实体的中文名称。退税实体的中文名称，应与财政部、国家税务总局、海关总署按照 92 号公告规定确定退税实体清单中退税实体的中文名称完全一致。 第三，已在境内办理税务登记的退税实体，应在发票上记载的购买方"纳税人识别号"栏次填写该退税实体的纳税人识别号。未在境内办理税务登记的退税实体，应在发票上记载的购买方"纳税人识别号"栏次填写其退税实体代码。退税实体代码在财政部、国家税务总局、海关总署确定清单时一并确定。	第四，如果退税实体向同一商户发生多笔采购支出，其中只有部分采购支出属于冬奥会退税范围的，请在索取发票时，要求商户将符合冬奥会退税条件的采购支出与其他采购支出分别开具发票。举例说明，退税实体向某一商户采购了符合冬奥会退税条件的住宿服务、餐饮服务，以及不符合冬奥会退税条件的茶叶等货物，住宿服务和餐饮服务可以合并开具一张发票或分别开具发票用于冬奥会退税；茶叶等货物另开一张发票，不用于冬奥会退税。如果将上述三项采购支出开具在同一张发票上，可以要求商户换开发票。 第五，未在境内办理税务登记的退税实体，取得增值税普通发票或机动车销售统一发票上记载的购买方的地址、电话、开户行及账号相关栏次可不填写。

财税〔2017〕60 号	财税〔2019〕6 号	财政部　税务总局　海关总署公告 2019 年第 92 号
（1）对北京 2022 年冬奥会和冬残奥会组织委员会（以下简称北京冬奥组委）实行以下税收政策： ① 对北京冬奥组委取得的电视转播权销售分成收入、国际奥委会全球合作伙伴计划分成收入（实物和资金），免征应缴纳的增值税。 ② 对北京冬奥组委市场开发计划取得的国内外赞助收入、转让无形资产（如标志）特许权收入和销售门票收入，免征应缴纳的增值税。	（1）对赞助企业及参与赞助的下属机构根据赞助协议及补充赞助协议向北京冬奥组委免费提供的，与北京 2022 年冬奥会、冬残奥会、测试赛有关的服务，免征增值税。	（1）对国际奥委会相关实体中的非居民企业取得的与北京冬奥会有关的收入，免征企业所得税。 （2）对奥林匹克转播服务公司、奥林匹克频道服务公司、国际奥委会电视与市场开发服务公司、奥林匹克文化与遗产基金、官方计时公司取得的与北京冬奥会有关的收入，免征增值税。 （3）对国际赞助计划、全球供应计划、全球特许计划的赞助商、供应商、特许商及其分包商根据协议向北京 2022 年冬奥会和冬残奥会组织委员会（以下简称北京冬奥组委）提供指定货物或服务，免征增值税、消费税。

(续表)

财税〔2017〕60号	财税〔2019〕6号	财政部　税务总局　海关总署公告2019年第92号
③ 对北京冬奥组委取得的与中国集邮总公司合作发行纪念邮票收入、与中国人民银行合作发行纪念币收入，免征应缴纳的增值税。 ④ 对北京冬奥组委取得的来源于广播、互联网、电视等媒体收入，免征应缴纳的增值税。 （2）对国际奥委会、中国奥委会、国际残疾人奥林匹克委员会、中国残奥委员会、北京冬奥会测试赛赛事组委会实行以下税收政策： ① 对国际奥委会取得的与北京2022年冬奥会有关的收入免征增值税、消费税、企业所得税。 ② 对国际奥委会取得的国际性广播电视组织转来的中国境内电视台购买北京2022年冬奥会转播权收入，免征应缴纳的增值税。 ③ 对按中国奥委会、主办城市签订的《联合市场开发计划协议》和中国奥委会、主办城市、国际奥委会签订的《北京2022年冬季奥林匹克运动会主办城市合同》规定，中国奥委会取得的由北京冬奥组委分期支付的收入、按比例支付的盈余分成收入免征增值税、消费税和企业所得税。 ④ 对国际残奥委会取得的与北京2022年冬残奥会有关的收入免征增值税、消费税、企业所得税和印花税。 ⑤ 对中国残奥委会根据《联合市场开发计划协议》取得的由北京冬奥组委分期支付的收入免征增值税、消费税、企业所得税和印花税。 ⑥ 北京冬奥会测试赛赛事组委会取得的收入及发生的涉税支出比照执行北京冬奥组委的税收政策。 （3）对北京2022年冬奥会、冬残奥会、测试赛参与者实行以下税收政策： 企业根据赞助协议向北京冬奥组委免费提供的与北京2022年冬奥会、冬残奥会、测试赛有关的服务，免征增值税。免税清单由北京冬奥组委报财政部、税务总局确定。	赞助企业及下属机构按照本通知所附《北京2022年冬奥会、冬残奥会、测试赛赞助企业及参与赞助的下属机构名单》（第一批）执行。 （2）适用免征增值税政策的服务，仅限于赞助企业及下属机构与北京冬奥组委签订的赞助协议及补充赞助协议中列明的服务。 （3）赞助企业及下属机构应对上述服务单独核算，未单独核算的，不得适用免税政策。 （4）本通知自2017年7月12日起执行。按照本通知应予免征的增值税，凡在本通知下发以前（2019年1月18日）已经征收入库的，从纳税人以后纳税期应缴纳的增值税税款中抵减。纳税人如果已经向购买方开具了增值税专用发票，应将专用发票追回后方可申请办理免税。凡专用发票无法追回的，一律照章征收增值税。	（4）国际奥委会及其相关实体的境内机构因赞助、捐赠北京冬奥会以及根据协议出售的货物或服务免征增值税的，对应的进项税额可用于抵扣本企业其他应税项目所对应的销项税额，对在2022年12月31日仍无法抵扣的留抵税额可予以退还。 （5）国际奥委会及其相关实体在2019年6月1日至2022年12月31日，因从事与北京冬奥会相关的工作而在中国境内发生的指定清单内的货物或服务采购支出，对应的增值税进项税额可由国际奥委会及其相关实体凭发票及北京冬奥组委开具的证明文件，按照发票上注明的税额，向税务总局指定的部门申请退还，具体退税流程由税务总局制定。 （6）对国际奥委会相关实体与北京冬奥组委签订的各类合同，免征国际奥委会相关实体应缴纳的印花税。 （7）国际奥委会及其相关实体或其境内机构按暂时进口货物方式进口的奥运物资，未在规定时间内复运出境的，须补缴进口关税和进口环节海关代征税（进口汽车以不低于新车90%的价格估价征税），但以下情形除外： ① 直接用于北京冬奥会，包括但不限于奥运会转播、报道和展览，且在赛事期间消耗完毕的消耗品，并能提供北京冬奥组委证明文件的。 ② 货物发生损毁不能复运出境，且能提交北京冬奥组委证明文件的。 ③ 无偿捐赠给县级及以上人民政府或政府机构、冬奥会场馆法人实体、特定体育组织和公益组织等机构（受赠机构名单由北京冬奥组委负责确定），且能提交北京冬奥组委证明文件的。 （8）对国际奥委会及其相关实体的外籍雇员、官员、教练员、训练员以及其他代表在2019年6月1日至2022年12月31日临时来华，从事与北京冬奥会相关的工作，取得由北京冬奥组委支付或认定的收入，免征增值税和个人所得税。该类人员的身份及收入由北京冬奥组委出具证明文件，北京冬奥组委定期将该类人员名单及免税收入相关信息报送税务部门。 （9）国际残奥委会及其相关实体的税收政策，比照国际奥委会及其相关实体执行。 （10）对享受税收优惠政策的国际奥委会相关实体实行清单管理，具体清单由北京冬奥组委提出，报财政部、税务总局、海关总署确定。 （11）上述税收优惠政策，凡未注明具体期限的，自公告发布之日（2019年11月11日）起执行。

2. 杭州 2022 年亚运会和亚残运会优惠(财政部　税务总局　海关总署公告2020年第18号)

财政部　税务总局　海关总署公告 2020 年第 18 号	财政部　税务总局公告 2022 年第 1 号
（1）对杭州亚运会组委会（以下简称组委会）取得的电视转播权销售分成收入、赞助计划分成收入（货物和资金），免征增值税。 （2）对组委会市场开发计划取得的国内外赞助收入、转让无形资产（如标志）特许权收入、宣传推广费收入、销售门票收入及所发收费卡收入，免征增值税。 （3）对组委会取得的与中国集邮总公司合作发行纪念邮票收入、与中国人民银行合作发行纪念币收入，免征增值税。 （4）对组委会取得的来源于广播、因特网、电视等媒体收入，免征增值税。 （5）对组委会按亚洲奥林匹克理事会、亚洲残疾人奥林匹克委员会（以下统称亚奥委会）核定价格收取的运动员食宿费及提供有关服务取得的收入，免征增值税。 （6）对组委会赛后出让资产取得的收入，免征增值税和土地增值税。 （7）对组委会使用的营业账簿和签订的各类合同等应税凭证，免征组委会应缴纳的印花税。 （8）对财产所有人将财产（物品）捐赠给组委会所书立的产权转移书据，免征印花税。 （9）对企业、社会组织和团体赞助、捐赠杭州亚运会的资金、物资、服务支出，在计算企业应纳税所得额时予以全额扣除。 （10）对企业根据赞助协议向组委会免费提供的与杭州亚运会有关的服务，免征增值税。免税清单由组委会报财政部、税务总局确定。 （11）对组委会为举办运动会进口的亚奥委会或国际单项体育组织指定的，国内不能生产或性能不能满足需要的直接用于运动会比赛的消耗品，免征关税、进口环节增值税和消费税。享受免税政策的进口比赛用消耗品的范围、数量清单，由组委会汇总后报财政部会同税务总局、海关总署审核确定。 （12）对组委会进口的其他特需物资，包括：亚奥委会或国际单项体育组织指定的，国内不能生产或性能不能满足需要的体育竞赛器材、医疗检测设备、安全保障设备、交通通信设备、技术设备，在运动会期间按暂时进口货物规定办理，运动会结束后复运出境的予以核销；留在境内或做变卖处理的，按有关规定办理正式进口手续，并照章缴纳关税、进口环节增值税和消费税。 （13）上述税收政策自 2020 年 4 月 9 日起执行。	（1）对企业根据赞助协议向杭州亚运会组委会（以下简称组委会）免费提供的与杭州亚运会有关的服务，免征增值税。 赞助企业按照本公告所附《杭州 2022 年亚运会、亚残运会及其测试赛赞助企业名单（第一批）》执行。 （2）适用免征增值税政策的服务，仅限于赞助企业与组委会签订的赞助协议中列明的服务。 （3）赞助企业应对上述服务单独核算，未单独核算的，不得适用免税政策。 （4）本公告自 2020 年 4 月 9 日起执行。按照本公告应予免征的增值税，凡在本公告下发以前已经征收入库的，从纳税人以后纳税期应缴纳的增值税税款中抵减。纳税人如果已经向购买方开具了增值税专用发票，应将专用发票追回后方可申请办理免税。凡专用发票无法追回的，一律照章征收增值税。

（五）科技、知识产权优惠

（1）直接用于科学研究、科学试验和教学的进口仪器、设备免征增值税。（《增值税暂行条例》第十五条） （2）对科学研究机构、技术开发机构、学校等单位进口国内不能生产或者性能不能满足需要的科学研究、科技开发和教学用品，免征进口关税和进口环节增值税、消费税；对出版物进口单位为科研院所、学校进口用于科研、教学的图书、资料等，免征进口环节增值税。（财关税〔2016〕70号） （3）个人转让著作权，免征增值税。（财税〔2016〕36号附件3）	（4）纳税人提供技术转让、技术开发和与之相关的技术咨询、技术服务，免征增值税。（财税〔2016〕36号附件3） （5）动漫软件出口免征增值税。（财税〔2018〕38号） （6）自 2019 年 1 月 1 日至 2021 年 12 月 31 日，对国家级、省级科技企业孵化器、大学科技园和国家备案众创空间向在孵对象提供孵化服务取得的收入，免征增值税。（财税〔2018〕120号）

（六）区域发展优惠

（1）台湾航运公司、航空公司从事海峡两岸海上直航、空中直航业务在大陆取得的运输收入免征增值税优惠。（财税〔2016〕36号附件3） （2）横琴、平潭企业销售货物免征增值税优惠。（财税〔2014〕51号）	（3）自 2017 年 1 月 1 日至 2019 年 12 月 31 日，对新疆国际大巴扎物业服务有限公司和新疆国际大巴扎文化旅游产业有限公司从事与新疆国际大巴扎项目有关的营改增应税行为取得的收入，免征增值税。（财税〔2017〕36号）

（七）其他个人销售住房优惠（财税〔2016〕36号附件3第五条）

京沪广深	其他地区
个人将购买不足2年的住房对外销售的,按照5%的征收率全额缴纳增值税;个人将购买2年以上(含2年)的非普通住房对外销售的,以销售收入减去购买住房价款后的差额按照5%的征收率缴纳增值税;个人将购买2年以上(含2年)的普通住房对外销售的,免征增值税。	个人将购买不足2年的住房对外销售的,按照5%的征收率全额缴纳增值税;个人将购买2年以上(含2年)的住房对外销售的,免征增值税。上述政策适用于北京市、上海市、广州市、深圳市之外的地区。
个人转让住房,因产权纠纷等原因未能及时取得房屋所有权证书(包括不动产权证书,下同),对于人民法院、仲裁委员会出具的法律文书确认个人购买住房的,法律文书的生效日期视同房屋所有权证书的注明时间,据以确定纳税人是否享受税收优惠政策。(国家税务总局公告2017年第8号)	
个体工商户和其他个人销售自己建造且自己使用房屋免征增值税。（财税〔2016〕36号附件3）	

（八）债转股原企业将货物资产作为投资提供给债转股新公司免征增值税（财税〔2005〕29号）

按债转股企业与金融资产管理公司签订的债转股协议,债转股原企业将货物资产作为投资提供给债转股新公司的,免征增值税。债转股原企业将应税消费品作为投资提供给债转股新公司的,免征消费税。 上述优惠政策从国务院批准债转股企业债转股实施方案之日起执行。财税〔2005〕29号文件下发之前,对债转股原企业已征收的增值税和消费税不再退还。	债转股新公司,是指债转股企业按国家有关规定重新登记设立或变更登记设立的有限责任公司或股份有限公司。 债转股原企业按以下规定确认: (1)债转股企业在登记设立新公司后继续存在的,其存续企业为债转股原企业。 (2)债转股企业在登记设立新公司后注销的,其原出资人可视为债转股原企业。 政府有关部门履行债转股企业出资人权利与义务的,政府有关部门所设立或指定的有关机构,可视为债转股原企业。

（九）对经营公租房所取得的租金收入免征增值税（财政部 税务总局公告2019年第61号、财政部 税务总局公告2021年第6号）

自2019年1月1日至2023年12月31日,对经营公租房所取得的租金收入,免征增值税。

（十）公共交通运输服务、生活服务、快递收派服务收入免征增值税及附加

享受主体	优惠内容	享受条件
提供公共交通运输服务、生活服务、快递收派服务的纳税人	自2020年1月1日至2021年3月31日,对纳税人提供公共交通运输服务、生活服务,以及为居民提供必需生活物资快递收派服务取得的收入,免征增值税、城市维护建设税、教育费附加、地方教育附加。 2022年免征轮客渡、公交客运、地铁、城市轻轨、出租车、长途客运、班车等公共交通运输服务增值税。 自2022年5月1日至2022年12月31日,对纳税人为居民提供必需生活物资快递收派服务取得的收入,免征增值税。	纳税人按规定享受上述优惠的,可自主进行免税申报,无需办理有关免税备案手续,但应将相关证明材料留存备查。 公共交通运输服务、生活服务、快递收派服务的具体范围,按照《营业税改征增值税试点有关事项的规定》(财税〔2016〕36号附件2)执行。

政策依据:
1.《财政部 税务总局关于支持新型冠状病毒感染的肺炎疫情防控有关税收政策的公告》(财政部 税务总局公告2020年第8号)
2.《国家税务总局关于支持新型冠状病毒感染的肺炎疫情防控有关税收征收管理事项的公告》(国家税务总局公告2020年第4号)
3.《财政部 国家税务总局关于全面推开营业税改征增值税试点的通知》(财税〔2016〕36号)
4.《财政部 税务总局关于延续实施应对疫情部分税费优惠政策的公告》(财政部 税务总局公告2021年第7号)
5.《财政部 税务总局关于促进服务业领域困难行业纾困发展有关增值税政策的公告》(财政部 税务总局公告2022年第11号)
6.《财政部 税务总局关于快递收派服务免征增值税政策的公告》(财政部 税务总局公告2022年第18号)

五、支持小规模纳税人复工复业增值税减免

政策依据：

《财政部 税务总局关于支持个体工商户复工复业增值税政策的公告》（财政部 税务总局公告 2020 年第 13 号）；

《财政部 税务总局关于延续实施应对疫情部分税费优惠政策的公告》（财政部 税务总局公告 2021 年第 7 号）；

《财政部 税务总局关于对增值税小规模纳税人免征增值税的公告》（财政部 税务总局公告 2022 年第 15 号）。

财政部 税务总局 公告 2020 年第 13 号	财政部 税务总局公告 2021 年第 7 号	财政部 税务总局 公告 2022 年第 15 号
自 2020 年 3 月 1 日至 5 月 31 日，对湖北省增值税小规模纳税人，适用 3% 征收率的应税销售收入，免征增值税；适用 3% 预征率的预缴增值税项目，暂停预缴增值税。 自 2020 年 3 月 1 日至 5 月 31 日，除湖北省外，其他省、自治区、直辖市的增值税小规模纳税人，适用 3% 征收率的应税销售收入，减按 1% 征收率征收增值税；适用 3% 预征率的预缴增值税项目，减按 1% 预征率预缴增值税。	自 2021 年 4 月 1 日至 2021 年 12 月 31 日，增值税小规模纳税人（含湖北省）适用 3% 征收率的应税销售收入，减按 1% 征收率征收增值税；适用 3% 预征率的预缴增值税项目，减按 1% 预征率预缴增值税。	自 2022 年 4 月 1 日至 2022 年 12 月 31 日，增值税小规模纳税人适用 3% 征收率的应税销售收入，免征增值税；适用 3% 预征率的预缴增值税项目，暂停预缴增值税。 《财政部 税务总局关于延续实施应对疫情部分税费优惠政策的公告》（财政部 税务总局公告 2021 年第 7 号）第一条规定的税收优惠政策，执行期限延长至 2022 年 3 月 31 日。

六、增值税直接减免的会计处理

财会〔2016〕22 号	财税〔2008〕151 号	财会〔2017〕15 号
对于当期直接减免的增值税： 借：应交税费—— 　　应交增值税（减免税款） 　贷：其他收益	企业取得的各类财政性资金，除属于国家投资和资金使用后要求归还本金的以外，均应计入企业当年收入总额。 财政性资金，是指企业取得的来源于政府及其有关部门的财政补助、补贴、贷款贴息，以及其他各类财政专项资金，包括直接减免的增值税和即征即退、先征后退、先征后返的各种税收，但不包括企业按规定取得的出口退税款。	根据《企业会计准则第 16 号——政府补助》的规定，与企业日常活动相关的政府补助，应当按照经济业务实质，计入其他收益或冲减相关成本费用。

一般纳税人购买增值税税控系统专用设备支付的费用以及缴纳的技术维护费允许在增值税应纳税额中全额抵减的，按规定抵减的增值税应纳税额：

借：应交税费——应交增值税（减免税款）
　贷：管理费用等

问题答疑：

> 问题：企业对于当期直接减免的增值税，应当如何进行会计处理？（财政部会计司2020年12月11日问题解答）
>
> 解答：对于当期直接减免的增值税，企业应当根据《增值税会计处理规定》（财会〔2016〕22号）的相关规定进行会计处理，借记"应交税金——应交增值税（减免税款）"科目，贷记"其他收益"科目。

【例 3-17】 例析三种会计处理方式比较：某金融机构（一般纳税人）2022年3月取得农户小额贷款利息收入100万元。按照《财政部 税务总局关于支持小微企业融资有关税收政策的通知》（财税〔2017〕77号）的规定，可以免征增值税。

方法一（单位：万元）	方法二（单位：万元）	方法三（单位：万元）
借：银行存款 100.00 贷：主营业务收入 100.00	借：银行存款 100.00 应交税费——应交增值税（减免税款） 5.66 贷：主营业务收入 100.00 应交税费——应交增值税（销项税额） 5.66	借：银行存款 100.00 贷：主营业务收入 94.34 应交税费——应交增值税（销项税额） 5.66 借：应交税费——应交增值税（减免税款） 5.66 贷：其他收益 5.66

比较分析：第一种方法的增值税项目不得抵扣进项税额，也就没有必要再核算销项税额。第二种方法的弊端在于减免税款不属于日常活动形成的，计入主营业务收入不符合会计准则规定。第三种方法的合理性：第一，清晰地核算了减免税款，符合财会〔2016〕22号文件的会计规定；第二，符合《增值税减免税申报明细表》的填报规则；第三，直接减免的增值税属于财政性资金，计入企业当年收入总额，符合财会〔2008〕151号文件的规定；第四，有利于企业所得税收入金额的计算，根据财税〔2017〕44号文件第二条的规定，对金融机构农户小额贷款的利息收入，在计算应纳税所得额时，按90%计入收入总额。案例中正确的收入总额为90.57万元（94.34×90%＋5.66），而非90万元（100×90%）。

第十节 增值税即征即退优惠解析与应用

税务部门增值税即征即退政策，可以分为限额即征即退、超税负即征即退、按比例即征即退和特殊即征即退四种。采取即征即退的方式，企业的进项税额可以抵扣，而且销售也可以开具专用发票，能够保证增值税链条的完整性。

限额即征即退	超税负即征即退	按比例即征即退	特殊即征即退
（1）安置残疾人就业增值税即征即退。 （2）特殊教育校办企业增值税即征即退。	（1）软件产品增值税即征即退。 （2）管道运输服务增值税即征即退。 （3）飞机维修劳务增值税即征即退。 （4）有形动产融资租赁服务增值税即征即退。 （5）动漫企业增值税即征即退。飞机维修6%，其他3%。	（1）资源综合利用产品及劳务增值税即征即退。 （2）新型墙体材料增值税即征即退。 （3）光伏发电增值税即征即退。 （4）风力发电增值税即征即退。	（1）黄金交易增值税即征即退。 （2）黄金期货交易增值税即征即退。 （3）铂金增值税即征即退。

(续表)

自2020年1月1日起,纳税人享受增值税即征即退政策,有纳税信用级别条件要求的,以纳税人申请退税税款所属期的纳税信用级别确定。申请退税税款所属期内纳税信用级别发生变化的,以变化后的纳税信用级别确定。(国家税务总局公告2019年第45号第二条)

例如,2020年4月,某纳税人纳税信用级别被评定为D级,而此前该纳税人纳税信用级别为A级。2020年6月,纳税人向税务机关提出即征即退申请,申请退还2019年12月至2020年5月(6个月)资源综合利用项目的应退税款。按照规定,如纳税人符合其他相关条件,税务机关应为其办理2019年12月至2020年3月所属期的退税,而2020年4月至5月所属期对应的税款,不应给予退还。(应分期对应确定)

再如,某资源综合利用公司主要利用废玻璃生产玻璃熟料,自成立起,公司纳税信用级别一直为A级。后因违反税收规定,2019年4月纳税信用级别被判为C级。在该公司的积极改正下,2019年7月纳税信用级别修复为B级。2019年9月,该公司向税务机关提出退还2019年1至8月所属期税款的申请(此前税款已按规定退还)。请问该公司可以就哪段时间享受增值税即征即退政策?

纳税人享受增值税即征即退政策,有纳税信用级别条件要求的,以纳税人申请退税税款所属期的纳税信用级别确定。申请退税税款所属期内纳税信用级别发生变化的,以变化后的纳税信用级别确定。

该公司2019年1—3月所属期纳税信用级别为A级,2019年4—6月所属期纳税信用级别为C级,2019年7月纳税信用级别修复后,2019年7—8月纳税信用级别为B级。按照国家税务总局公告2019年第45号文件第二条的规定,如果该公司符合即征即退政策的其他条件,税务机关可以退还2019年1—3月和7—8月所属期资源综合利用项目的应退税款。

综合所述,纳税人申请退税税款所属期的纳税信用级别就是指申请退税税款所属期的对应的电子税务局(税局金三系统)显示信用级别,而不是对应评定年度的信用级别。

加计抵减可以是即征即退项目,留抵退税必须未享受即征即退、先征后返(退)政策。

一、重点群体创业就业增值税即征即退

(一) 安置残疾人就业增值税即征即退

政策依据:

> 《财政部 国家税务总局关于促进残疾人就业增值税优惠政策的通知》(财税〔2016〕52号);《促进残疾人就业增值税优惠政策管理办法》(国家税务总局公告2016年第33号发布、国家税务总局公告2018年第31号修改)。

财税〔2016〕52号	国家税务总局公告2016年第33号
(1) 对安置残疾人的单位和个体工商户(以下简称纳税人),实行由税务机关按纳税人安置残疾人的人数,限额即征即退增值税的办法。 安置的每位残疾人每月可退还的增值税具体限额,由县级以上税务机关根据纳税人所在区县(含县级市、旗,下同)适用的经省(含自治区、直辖市、计划单列市,下同)人民政府批准的月最低工资标准的4倍确定。 (2) 享受税收优惠政策的条件。 ① 纳税人(除盲人按摩机构外)月安置的残疾人占在职职工人数的比例不低于25%(含25%),并且安置的残疾人人数不少于10人(含10人)。 盲人按摩机构月安置的残疾人占在职职工人数的比例不低于25%(含25%),并且安置的残疾人人数不少于5人(含5人)。	1. 首次申请备案制度 纳税人首次申请享受税收优惠政策,应向主管税务机关提供以下备案资料: (1)《税务资格备案表》。 (2) 安置的残疾人的《中华人民共和国残疾人证》或者《中华人民共和国残疾军人证(1级至8级)》复印件,注明与原件一致,并逐页加盖公章。安置精神残疾人的,提供精神残疾人同意就业的书面声明以及其法定监护人签字或印章的证明精神残疾人具有劳动条件和劳动意愿的书面材料。 (3) 安置的残疾人的身份证明复印件,注明与原件一致,并逐页加盖公章。 主管税务机关受理备案后,应将全部《中华人民共和国残疾人证》或者《中华人民共和国残疾军人证(1级至8级)》信息以及所安置残疾人的身份证明信息录入征管系统。

(续表)

财税〔2016〕52号	国家税务总局公告2016年第33号
② 依法与安置的每位残疾人签订了一年以上(含一年)的劳动合同或服务协议。 ③ 为安置的每位残疾人按月足额缴纳了基本养老保险、基本医疗保险、失业保险、工伤保险和生育保险等社会保险。 ④ 通过银行等金融机构向安置的每位残疾人，按月支付了不低于纳税人所在区县适用的经省人民政府批准的月最低工资标准的工资。 (3)《财政部 国家税务总局关于教育税收政策的通知》(财税〔2004〕39号)第一条第七目规定的特殊教育学校举办的企业，只要符合本通知第二条第(一)项第一款规定的条件，即可享受本通知第一条规定的增值税优惠政策。这类企业在计算残疾人人数时可将在企业上岗工作的特殊教育学校的全日制在校学生计算在内，在计算企业在职职工人数时也要将上述学生计算在内。 (4) 纳税人中纳税信用等级为税务机关评定的C级或D级的，不得享受本通知第一条、第三条规定的政策。 (5) 纳税人按照纳税期限向主管税务机关申请退还增值税。本纳税期已交增值税额不足退还的，可在本纳税年度内以前纳税期已交增值税扣除已退增值税的余额中退还，仍不足退还的可结转本纳税年度内以后纳税期退还，但不得结转以后年度退还。纳税期限不为按月的，只能对其符合条件的月份退还增值税。 (6) 本通知第一条规定的增值税优惠政策仅适用于生产销售货物，提供加工、修理修配劳务，以及提供营改增现代服务和生活服务税目(不含文化体育服务和娱乐服务)范围的服务取得的收入之和，占其增值税收入的比例达到50%的纳税人，但不适用于上述纳税人直接销售外购货物(包括商品批发和零售)以及销售委托加工的货物取得的收入。 纳税人应当分别核算上述享受税收优惠政策和不得享受税收优惠政策业务的销售额，不能分别核算的，不得享受本通知规定的优惠政策。 (7) 如果既适用促进残疾人就业增值税优惠政策，又适用重点群体、退役士兵、随军家属、军转干部等支持就业的增值税优惠政策的，纳税人可自行选择适用的优惠政策，但不能累加执行。一经选定，36个月内不得变更。 (8) 残疾人个人提供的加工、修理修配劳务，免征增值税。	2. 申请退还增值税需报送的资料 纳税人提供的备案资料发生变化的，应于发生变化之日起15日内就变化情况向主管税务机关办理备案。 纳税人申请退还增值税时，需报送如下资料： (1)《退(抵)税申请审批表》。 (2)《安置残疾人纳税人申请增值税退税声明》。 (3) 当期为残疾人缴纳社会保险费凭证的复印件及由纳税人加盖公章确认的注明缴纳人员、缴纳金额、缴纳期间的明细表。 (4) 当期由银行等金融机构或纳税人加盖公章的按月为残疾人支付工资的清单。 特殊教育学校举办的企业，申请退还增值税时，不提供上述资料(3)和资料(4)。 纳税人申请享受税收优惠政策，应对报送资料的真实性和合法性承担法律责任。主管税务机关对纳税人提供资料的完整性和增值税退税额计算的准确性进行审核。 3. 办理退税 主管税务机关受理退税申请后，查询纳税人的纳税信用等级，对符合信用条件的，审核计算应退增值税额，并按规定办理退税。 纳税人本期应退增值税额按以下公式计算： $$\frac{\text{本期应退}}{\text{增值税额}} = \text{本期所含月份每月应退增值税额之和}$$ $$\frac{\text{月应退增}}{\text{值税额}} = \text{纳税人本月安置残疾人员人数} \times \text{本月月最低工资标准的4倍}$$ 月最低工资标准，是指纳税人所在区县(含县级市、旗)适用的经省(含自治区、直辖市、计划单列市)人民政府批准的月最低工资标准。 纳税人本期已缴增值税额小于本期应退税额不足退还的，可在本年度内以前纳税期已缴增值税额扣除已退增值税额的余额中退还，仍不足退还的可结转本年度内以后纳税期退还。年度已缴增值税额小于或等于年度应退税额的，退税额为年度已缴增值税额；年度已缴增值税额大于年度应退税额的，退税额为年度应退税额。年度已缴增值税额不足退还的，不得结转以后年度退还。 纳税人新安置的残疾人从签订劳动合同并缴纳社会保险的次月起计算，其他职工从录用的次月起计算；安置的残疾人和其他职工减少的，从减少当月计算。 主管税务机关应于每年2月底之前(税总函〔2020〕38号：由2020年2月底前调整为疫情解除后30日内)，在其网站或办税服务厅，将本地区上一年度享受安置残疾人增值税优惠政策的纳税人信息，按下列项目予以公示：纳税人名称、纳税人识别号、法人代表、计算退税的残疾人职工人次等。

（续表）

财税〔2016〕52 号	国家税务总局公告 2016 年第 33 号
（9）税务机关发现已享受本通知增值税优惠政策的纳税人，存在不符合本通知第二条、第三条规定条件，或者采用伪造或重复使用残疾人证、残疾军人证等手段骗取本通知规定的增值税优惠的，应将纳税人发生上述违法违规行为的纳税期内按本通知已享受到的退税全额追缴入库，并自发现当月起 36 个月内停止其享受本通知规定的各项税收优惠。 （10）本通知有关定义。 ① 残疾人，是指法定劳动年龄内，持有《中华人民共和国残疾人证》或者《中华人民共和国残疾军人证（1 至 8 级）》的自然人，包括具有劳动条件和劳动意愿的精神残疾人。 ② 残疾人个人，是指自然人。 ③ 在职职工人数，是指与纳税人建立劳动关系并依法签订劳动合同或者服务协议的雇员人数。 ④ 特殊教育学校举办的企业，是指特殊教育学校主要为在校学生提供实习场所、由学校出资自办、由学校负责经营管理、经营收入全部归学校所有的企业。 （11）本通知规定的增值税优惠政策的具体征收管理办法，由国家税务总局制定。 （12）本通知自 2016 年 5 月 1 日起执行，财税〔2007〕92 号、财税〔2013〕106 号附件 3 第二条第（二）项同时废止。纳税人 2016 年 5 月 1 日前执行财税〔2007〕92 号文件和财税〔2013〕106 号文件发生的应退未退的增值税余额，可按照本通知第五条规定执行。	享受促进残疾人就业增值税优惠政策的纳税人，对能证明或印证符合政策规定条件的相关材料负有留存备查义务。纳税人在税务机关后续管理中不能提供相关材料的，不得继续享受优惠政策。税务机关应追缴其相应纳税期内已享受的增值税退税，并依照税收征管法及其实施细则的有关规定处理。 各地税务机关要加强税收优惠政策落实情况的后续管理，对纳税人进行定期或不定期检查。检查发现纳税人不符合财税〔2016〕52 号文件规定的，按有关规定予以处理。 本办法实施前已办理税收优惠资格备案的纳税人，主管税务机关应检查其已备案资料是否满足本办法第三条规定，残疾人信息是否已按第四条规定录入信息系统，如有缺失，应要求纳税人补充报送备案资料，补录信息。 各省、自治区、直辖市和计划单列市税务局，应定期或不定期在征管系统中对残疾人信息进行比对，发现异常的，按相关规定处理。 本办法自 2016 年 5 月 1 日起施行。

无论适用财税〔2007〕92 号文件还是财税〔2016〕52 号文件，如税务机关发现该企业存在"挂名未上岗"或其他情形导致不符合促进残疾人就业税收优惠政策适用条件的，应将其发生相应违法违规行为年度内实际享受到的减（退）税款全额追缴入库。（税总函〔2016〕609 号）

（1）最低工资标准：根据《最低工资规定》（劳动和社会保障部令第 21 号），最低工资标准是指劳动者在法定工作时间或依法签订的劳动合同约定的工作时间内提供了正常劳动的前提下，用人单位依法应支付的最低劳动报酬。最低工资标准还应考虑延长工作时间工资、特殊工作环境条件下的津贴等一系列因素。同时，财税〔2016〕52 号文件第二条第四款规定，通过银行等金融机构向安置的每位残疾人，按月支付了最低工资标准的工资。这一规定强调了工资实际支付结果，月最低工资标准只是作为一个数字标准。

（2）法定劳动年龄：《中华人民共和国劳动法》《国务院关于安置老弱病残干部的暂行办法》《国务院关于工人退休、退职的暂行办法》等相关法律法规规定，法定劳动年龄指年满 16 周岁至退休年龄，有劳动能力的中国公民。法定退休年龄指男年满 60 周岁，女工人年满 50 周岁，女干部年满 55 周岁。对于不在法定劳动年龄之内的残疾人，不得参与计算残疾职工占比和最低安置人数，也不得参与计算具体的退税限额。

（3）纳税信用等级：财税〔2016〕52 号文件第四条规定，纳税人中纳税信用等级为税务机关评定的 C 级或 D 级的，不得享受相关税收优惠政策。这一规定适用于纳税信用等级评定之后的政策管理，对于评定年度并不具有追溯性。例如，某促进残疾人就业企业于 2017 年 3 月 25 日被评定 2016 年度纳税信用等级为 C 级，则 2017 年 3 月 25 日之后不得进行退税申请，对于已经退还的 2016 年度税款不做追溯处理。对于新办纳税人以及其他未进行纳税信用等级评定的纳税人，不适用于该条款，不得因为没有纳税信用等级而不予退税。

（4）从民政福利企业购买货物用于出口的，出口企业可以凭取得的增值税专用发票申报退（免）税，而销货方民政福利企业也可凭销售发票享受即征即退政策。

（5）以劳务派遣形式就业的残疾人，属于劳务派遣单位的职工。劳务派遣单位可规定享受相关税收优惠政策。（国家税务总局公告 2015 年第 55 号）

（6）财税〔2016〕52 号文件第七条和国家税务总局公告 2011 年第 61 号文件就残疾人就业增值税优惠政策是否可以同时享受多项增值税优惠政策问题作出的规定不同，笔者认为应以财税〔2016〕52 号政策为准。

安置残疾人单位既符合促进残疾人就业增值税优惠政策条件，又符合其他增值税优惠政策条件的，可同时享受多项增值税优惠政策，但年度申请退还增值税总额不得超过本年度内应纳增值税总额。（国家税务总局公告 2011 年第 61 号）

【例 3-18】 甲照明公司系增值税一般纳税人,2022 年 6 月在职职工 50 人,其中残疾人职工 15 名。假设符合享受增值税即征即退优惠条件,所在地月最低工资标准为 1 300 元。2022 年 6 月应纳增值税 8.1 万元,该笔税款在 7 月申报缴纳入库并在当月申请退还了 7.8 万元退税。2022 年 7 月不含税销售额 40 万元,当月无进项税额,税款在 2022 年 8 月申报缴纳入库,计算 8 月可申请退还的增值税额。

所属期 7 月已交税款=400 000×13%=52 000(元);
所属期 6 月已交未退税款=81 000−78 000=3 000(元);
所属期 7 月的退税限额=1 300×4×15=78 000(元);

8 月可申请退还税额=52 000+3 000=55 000(元);
所属期 7 月退税限额期末余额=78 000−55 000=23 000(元)。

(二) 退役士兵创业就业

政策依据:

《财政部 税务总局 退役军人部关于进一步扶持自主就业退役士兵创业就业有关税收政策的通知》(财税〔2019〕21 号)。

1. 自主就业退役士兵从事个体经营(财税〔2019〕21 号)

政策规定	政策解读
自主就业退役士兵从事个体经营的,自办理个体工商户登记当月起,在 3 年(36 个月,下同)内按每户每年 12 000 元为限额依次扣减其当年实际应缴纳的增值税、城市维护建设税、教育费附加、地方教育附加和个人所得税。限额标准最高可上浮 20%,各省、自治区、直辖市人民政府可根据本地区实际情况在此幅度内确定具体限额标准。纳税人年度应缴纳税款小于上述扣减限额的,减免税额以其实际缴纳的税款为限;大于上述扣减限额的,以上述扣减限额为限。纳税人的实际经营期不足 1 年的,应当按月换算其减免税限额。换算公式为:减免税限额=年度减免税限额÷12×实际经营月数。城市维护建设税、教育费附加、地方教育附加的计税依据是享受本项税收优惠政策前的增值税应纳税额。	(1) 一个优惠主体:自主就业退役士兵从事个体经营的。 ① 必须是办理了个体工商户登记从事个体经营的,才能享受限额优惠;未办理个体工商户登记而从事临时经营的,不得享受限额优惠。 ② 从事个体经营的业务范围不作限制。 ③ 一个优惠主体只能享受 3 年。如果该自主就业退役士兵已享受满 3 年,注销原登记后,再新办个体工商户的不得再享受限额优惠;如果只享受 2 年而注销原登记,新办的可再享受 1 年的限额优惠。 (2) 3 年优惠时限:登记当月起 36 个月内。 ① 以登记证件上标明的登记月份为准。 ② 不论登记当月是否实际开始生产经营、是否已实现可扣减应纳税额,均自办理个体工商户登记当月起计算优惠时限的起点。 (3) 按年限额优惠:每户每年 12 000 元,省级政府 20%上浮权限,不需上报国务院备案或审批。目前,各省级地方政府一般上浮了 20%,年限额标准为 14 400 元。 ① 每户按年计算限额优惠,当年未扣减完的,不得结转到次年扣减。 ② 优惠开始和结束年度,如果不足 12 个月的,按实际应享受月份折算优惠限额。 (4) 三税两费优惠:增值税、城市维护建设税、教育费附加、地方教育附加和个人所得税。 ① "依次扣减其当年实际应缴纳的",是在实际缴纳时依次扣减,不是按全年实际应缴纳的三税两费总额依次扣减,只要实现以上应纳税费时,就依次扣减。 ② 到税务机关代开增值税专用发票时实现应纳税费,也应依次扣减。 ③ 财税〔2019〕13 号文件只规定"六税二费"可叠加享受,未明确享受顺序。结合财税〔2019〕21 号文件理解,对城市维护建设税、教育费附加、地方教育附加的优惠计算,应先享受财税〔2019〕13 号文件的 50%优惠,再按实际应纳税费,在财税〔2019〕21 号文件的限额限期内扣减。 (5) 跨年度计算减免税限额的。 **【例 3-19】** 自主就业退役士兵小王从事个体经营的,2022 年 9 月 10 日办理了个体工商户登记,假设该省年度减免限额标准 14 400 元。 则:实际经营月份 4 个月(9—12 月),2022 年减免税限额=14 400÷12×4=4 800(元)。以后年度,还有 32 个月可计算限额优惠。 (6) 一税两费计税依据,是享受本项税收优惠政策前的增值税应纳税额。 **【例 3-20】** 接〔例 3-19〕,小王在 2022 年 10—12 月(按季申报),实现增值税应纳税额 10 000 元,城建税(7%)700 元,教育费附加(3%)300 元,地方教育费附加(2%)200 元。 则:在 2023 年 1 月办理纳税申报时,小王实际应缴纳增值税额 5 200 元(10 000−4 800);城建税 700 元,教育费附加 300 元,地方教育费附加 200 元。 按照依次扣减,限额标准 4 800 元全部扣减在增值税应纳税额一项;一税两费的计税依据,不能因增值税实际缴纳税款减少而改变。

2. 企业招用自主就业退役士兵(财税〔2019〕21号)

政策规定	政策解读
企业招用自主就业退役士兵,与其签订1年以上期限劳动合同并依法缴纳社会保险费的,自签订劳动合同并缴纳社会保险当月起,在3年内按实际招用人数予以定额依次扣减增值税、城市维护建设税、教育费附加、地方教育附加和企业所得税优惠。定额标准为每人每年6 000元,最高可上浮50%,各省、自治区、直辖市人民政府可根据本地区实际情况在此幅度内确定具体定额标准。 企业按招用人数和签订的劳动合同时间核算企业减免税总额,在核算减免税总额内每月依次扣减增值税、城市维护建设税、教育费附加和地方教育附加。企业实际应缴纳的增值税、城市维护建设税、教育费附加和地方教育附加小于核算减免税总额的,以实际应缴纳的增值税、城市维护建设税、教育费附加和地方教育附加为限;实际应缴纳的增值税、城市维护建设税、教育费附加和地方教育附加大于核算减免税总额的,以核算减免税总额为限。 纳税年度终了,如果企业实际减免的增值税、城市维护建设税、教育费附加和地方教育附加小于核算减免税总额,企业在企业所得税汇算清缴时以差额部分扣减企业所得税。当年扣减不完的,不再结转以后年度扣减。 自主就业退役士兵在企业工作不满1年的,应当按月换算减免税限额。计算公式为:企业核算减免税总额=Σ每名自主就业退役士兵本年度在本单位工作月份÷12×具体定额标准。 城市维护建设税、教育费附加、地方教育附加的计税依据是享受本项税收优惠政策前的增值税应纳税额。	(1) 优惠条件:1年以上劳动合同+依法缴纳社保。 ① 1年以上,是否包含1年,文件未明确,实务中存在有自由裁量的不确定性。 ② 未缴足或拖欠缴纳的,有不得享受优惠的风险。 ③ 以后年度补缴的,能否享受优惠,文件未明确。按增值税相关规定,并无追溯享受优惠的精神,应不得享受优惠。 (2) 优惠期限:自签订劳动合同并缴纳社保当月起的3年内。 实务中,企业是在新雇佣人员试用期满后才缴纳社保。试用期满后,如果企业补缴试用期社保的,是否从试用期初开始享受优惠,实务中存在争议。因为文件所表述的"缴纳社保当月起",对此,有的理解为应缴纳当月起,有的理解为实际缴纳当月起。 (3) 优惠税费:增值税、城市维护建设税、教育费附加、地方教育附加和企业所得税。 (4) 优惠标准:每人每年6 000元,最高可上浮50%(省级确定),当年不满1年的,按月换算减免税限额。 (5) 定额依次扣减应缴纳税费;当年扣减不完的,不再结转以后年度扣减。 (6) 城建税、教育费附加、地方教育附加计税依据,是本项优惠前增值税应纳税额。

问题答疑:

问题1:老退役军人员工是否可适用退役军人优惠政策?

甲企业的员工中有很多是退役军人,签订了劳动合同并缴纳社保费用,由于对政策不熟悉,多年来一直没有适用退役军人优惠政策,现在甲企业想享受上述政策,是否需要与退役军人员工重新签订劳动合同?

根据财税〔2019〕21号文件的规定,企业招用退役士兵政策执行期间自签订劳动合同并缴纳社会保险当月起计算,但是甲企业与退役士兵的劳动合同早在多年前已签订,社保费用多年前也早已缴纳,开始享受政策的时点应如何确定?

解答:财税〔2019〕21号文件规定,自签订劳动合同并缴纳社保费用当月起,因此如果能现在签订劳动合同并缴纳社保费用,应自当月起开始适用优惠政策。

问题2:中途离职的自主就业退役士兵何时停止执行政策?

解答:自主就业退役士兵中途离职,工作不满一年的,当年仍然可以适用政策,但要根据实际工作日期调整计算减免税总额。企业核算减免税总额=Σ每名自主就业退役士兵本年度在本单位工作月份÷12×具体定额标准。

3. 征管要求(财税〔2019〕21号)

政策规定	政策解读
本通知所称自主就业退役士兵是指依照《退役士兵安置条例》(国务院 中央军委令第608号)的规定退出现役并按自主就业方式安置的退役士兵。 本通知所称企业是指属于增值税纳税人或企业所得税纳税人的企业等单位。	(1) 实务中,不便判断自主就业退役士兵是否符合《退役士兵安置条例》,以留存备查的证件为准。 (2) 享受优惠的企业,属于增值税纳税人或企业所得税纳税人。只要缴纳这两个税种之一的,均可享受。例如,未发生增值税应税业务,只缴纳企业所得税的非营利性组织、事业单位等。
自主就业退役士兵从事个体经营的,在享受税收优惠政策进行纳税申报时,注明其退役军人身份,并将《中国人民解放军义务兵退出现役证》《中国人民解放军士官退出现役证》或《中国人民武装警察部队义务兵退出现役证》《中国人民武装警察部队士官退出现役证》留存备查。 企业招用自主就业退役士兵享受税收优惠政策的,将以下资料留存备查: (1) 招用自主就业退役士兵的《中国人民解放军义务兵退出现役证》《中国人民解放军士官退出现役证》或《中国人民武装警察部队义务兵退出现役证》《中国人民武装警察部队士官退出现役证》。 (2) 企业与招用自主就业退役士兵签订的劳动合同(副本),为职工缴纳的社会保险费记录。 (3) 自主就业退役士兵本年度在企业工作时间表。	自主就业退役士兵从事个体经营,以及企业招用自主就业退役士兵的,办理减免增值税、城市维护建设税、教育费附加、个人所得税备案时,原需提供退役士兵的《中国人民解放军义务兵退出现役证》或《中国人民解放军士官退出现役证》。自2019年1月1日起,不再提交。改为纳税人自行留存备查。(国家税务总局令第46号) 留存备查资料 (1) 个体经营的:退出现役证件。 (2) 企业招用的:退出现役证件+劳动合同、社保缴费记录+工作时间表。
企业招用自主就业退役士兵既可以适用本通知规定的税收优惠政策,又可以适用其他扶持就业专项税收优惠政策的,企业可以选择适用最优惠的政策,但不得重复享受。	本项优惠属于扶持就业的专项税收优惠。扶持就业的同类优惠可选择适用,不得叠加享受。参见本节前述财税〔2016〕52号第七条规定。
本通知规定的税收政策执行期限为2019年1月1日至2023年12月31日。纳税人在2021年12月31日享受本通知规定税收优惠政策未满3年的,可继续享受至3年期满为止。《财政部 国家税务总局 民政部关于继续实施扶持自主就业退役士兵创业就业有关税收政策的通知》(财税〔2017〕46号)自2019年1月1日起停止执行。 退役士兵以前年度已享受退役士兵创业就业税收优惠政策满3年的,不得再享受本通知规定的税收优惠政策;以前年度享受退役士兵创业就业税收优惠政策未满3年且符合本通知规定条件的,可按本通知规定享受优惠至3年期满。	政策执行期限:2019年1月1日至2023年12月31日。 2021年12月31日享受本规定优惠未满3年的,可继续享受至3年期满为止;已享受满3年的,不得再享受;以前年度享受未满3年的,可享受至3年期满。 自2022年1月1日起,自主就业退役士兵首次开始从事个体经营的、企业新招用自主就业退役士兵的优惠政策,应以新的文件明确为准。

(三) 重点群体创业就业

政策依据:

《财政部 税务总局关于关于进一步支持和促进重点群体创业就业有关税收政策的通知》(财税〔2019〕22号);

《国家税务总局关于实施支持和促进重点群体创业就业有关税收政策具体操作问题的公告》(国家税务总局公告2019年第10号)。

1. 政策规定

财税〔2019〕22号	国家税务总局公告2019年第10号
（1）建档立卡贫困人口、持《就业创业证》（注明"自主创业税收政策"或"毕业年度内自主创业税收政策"）或《就业失业登记证》（注明"自主创业税收政策"）的人员，从事个体经营的，自办理个体工商户登记当月起，在3年（36个月，下同）内按每户每年12 000元为限额依次扣减其当年实际应缴纳的增值税、城市维护建设税、教育费附加、地方教育附加和个人所得税。限额标准最高可上浮20%，各省、自治区、直辖市人民政府可根据本地区实际情况在此幅度内确定具体限额标准。 纳税人年度应缴纳税款小于上述扣减限额的，减免税额以其实际缴纳的税款为限；大于上述扣减限额的，以上述扣减限额为限。 上述人员具体包括：①纳入全国扶贫开发信息系统的建档立卡贫困人口；②在人力资源社会保障部门公共就业服务机构登记失业半年以上的人员；③零就业家庭、享受城市居民最低生活保障家庭劳动年龄内的登记失业人员；④毕业年度内高校毕业生。高校毕业生是指实施高等学历教育的普通高等学校、成人高等学校应届毕业的学生；毕业年度是指毕业所在自然年，即1月1日至12月31日。 （2）企业招用建档立卡贫困人口，以及在人力资源社会保障部门公共就业服务机构登记失业半年以上且持《就业创业证》或《就业失业登记证》（注明"企业吸纳税收政策"）的人员，与其签订1年以上期限劳动合同并依法缴纳社会保险费的，自签订劳动合同并缴纳社会保险当月起，在3年内按实际招用人数予以定额依次扣减增值税、城市维护建设税、教育费附加、地方教育附加和企业所得税优惠。定额标准为每人每年6 000元，最高可上浮30%，各省、自治区、直辖市人民政府可根据本地区实际情况在此幅度内确定	（1）重点群体个体经营税收政策。 ① 申请。 建档立卡贫困人口从事个体经营的，向主管税务机关申报纳税时享受优惠。 登记失业半年以上的人员，零就业家庭、享受城市居民最低生活保障家庭劳动年龄的登记失业人员，以及毕业年度内高校毕业生，可持《就业创业证》（或《就业失业登记证》，下同）、个体工商户登记执照（未完成"两证整合"的还须持《税务登记证》）向创业地县以上（含县级，下同）人力资源社会保障部门提出申请。县以上人力资源社会保障部门应当按照财税〔2019〕22号文件的规定，核实其是否享受过重点群体创业就业税收优惠政策。对符合财税〔2019〕22号文件规定条件的人员在《就业创业证》上注明"自主创业税收政策"或"毕业年度内自主创业税收政策"。 ② 税款减免顺序及额度。 重点群体从事个体经营的，按照财税〔2019〕22号文件第一条的规定，在年度减免税限额内，依次扣减增值税、城市维护建设税、教育费附加、地方教育附加和个人所得税。城市维护建设税、教育费附加、地方教育附加的计税依据是享受本项税收优惠政策前的增值税应纳税额。 纳税人的实际经营期不足1年的，应当以实际月数换算其减免税限额。换算公式为： *减免税限额＝年度减免税限额÷12×实际经营月数* 纳税人实际应缴纳的增值税、城市维护建设税、教育费附加、地方教育附加和个人所得税小于减免税限额的，以实际应缴纳的增值税、城市维护建设税、教育费附加、地方教育附加和个人所得税额为限；实际应缴纳的增值税、城市维护建设税、教育费附加、地方教育附加和个人所得税大于减免税限额的，以减免税限额为限。 ③ 税收减免管理。 登记失业半年以上的人员，零就业家庭、城市低保家庭的登记失业人员，以及毕业年度内高校毕业生享受本项税收优惠的，由其留存《就业创业证》（注明"自主创业税收政策"或"毕业年度内自主创业税收政策"）备查，建档立卡贫困人口无需留存资料备查。 （2）企业招用重点群体税收政策。 ① 申请。 享受招用重点群体就业税收优惠政策的企业，持下列材料向县以上人力资源社会保障部门递交申请： A. 招用人员持有的《就业创业证》（建档立卡贫困人口不需提供）。 B. 企业与招用重点群体签订的劳动合同（副本），企业依法为重点群体缴纳的社会保险记录。通过内部信息共享、数据比对等方式审核的地方，可不再要求企业提供缴纳社会保险记录。 县以上人力资源社会保障部门接到企业报送的材料后，重点核实以下情况： A. 招用人员是否属于享受税收优惠政策的人员范围，以前是否已享受过重点群体创业就业税收优惠政策。 B. 企业是否与招用人员签订了1年以上期限劳动合同，并依法为招用人员缴纳社会保险。 核实后，对持有《就业创业证》的重点群体，在其《就业创业证》上注明"企业吸纳税收政策"；对符合条件的企业核发《企业吸纳重点群体就业认定证明》。 招用人员发生变化的，应向人力资源社会保障部门办理变更申请。 本公告所称企业是指属于增值税纳税人或企业所得税纳税人的企业等单位。

（续表）

财税〔2019〕22号	国家税务总局公告2019年第10号
定具体定额标准。城市维护建设税、教育费附加、地方教育附加的计税依据是享受本项税收优惠政策前的增值税应纳税额。 按上述标准计算的税收扣减额应在企业当年实际应缴纳的增值税、城市维护建设税、教育费附加、地方教育附加和企业所得税税额中扣减，当年扣减不完的，不得结转下年使用。 本通知所称企业是指属于增值税纳税人或企业所得税纳税人的企业等单位。 （3）国务院扶贫办在每年1月15日前将建档立卡贫困人口名单及相关信息提供给人力资源社会保障部、税务总局，税务总局将相关信息转发给各省、自治区、直辖市税务部门。人力资源社会保障部门依托全国扶贫开发信息系统核实建档立卡贫困人口身份信息。 （4）企业招用就业人员既可以适用本通知规定的税收优惠政策，又可以适用其他扶持就业专项税收优惠政策的，企业可以选择适用最优惠的政策，但不得重复享受。 （5）本通知规定的税收政策执行期限为2019年1月1日至2025年12月31日。纳税人在2021年12月31日享受本通知规定税收优惠政策未满3年的，可继续享受至3年期满为止。《财政部 国家税务总局 人力资源社会保障部关于继续实施支持和促进重点群体创业就业有关税收政策的通知》（财税〔2017〕49号）自2019年1月1日起停止执行。	② 税款减免顺序及额度。 A. 纳税人按本单位招用重点群体的人数及其实际工作月数核算本单位减免税总额，在减免税总额内每月依次扣减增值税、城市维护建设税、教育费附加和地方教育附加。城市维护建设税、教育费附加、地方教育附加的计税依据是享受本项税收优惠政策前的增值税应纳税额。 纳税人实际应缴纳的增值税、城市维护建设税、教育费附加和地方教育附加小于核算的减免税总额的，以实际应缴纳的增值税、城市维护建设税、教育费附加、地方教育附加为限；实际应缴纳的增值税、城市维护建设税、教育费附加和地方教育附加大于核算的减免税总额的，以核算的减免税总额为限。纳税年度终了，如果纳税人实际减免的增值税、城市维护建设税、教育费附加和地方教育附加小于核算的减免税总额，纳税人在企业所得税汇算清缴时，以差额部分扣减企业所得税。当年扣减不完的，不再结转以后年度扣减。 享受优惠政策当年，重点群体人员工作不满1年的，应当以实际月数换算其减免税总额。其换算公式为： 减免税总额＝∑每名重点群体人员本年度在本企业工作月数÷12×具体定额标准 B. 第2年及以后年度当年新招用人员、原招用人员及其工作时间按上述程序和办法执行。计算每名重点群体人员享受税收优惠政策的期限最长不超过36个月。 ③ 税收减免管理。 企业招用重点群体享受本项优惠的，由企业留存以下材料备查： A. 享受税收优惠政策的登记失业半年以上的人员，零就业家庭、城市低保家庭的登记失业人员，以及毕业年度内高校毕业生的《就业创业证》（注明"企业吸纳税收政策"）。 B. 县以上人力资源社会保障部门核发的《企业吸纳重点群体就业认定证明》。 C.《重点群体人员本年度实际工作时间表》。 （3）凭《就业创业证》享受上述优惠政策的人员，按以下规定申领《就业创业证》。 ① 失业人员在常住地公共就业服务机构进行失业登记，申领《就业创业证》。对其中的零就业家庭、城市低保家庭的登记失业人员，公共就业服务机构应在其《就业创业证》上予以注明。 ② 毕业年度内高校毕业生在校期间凭学生证向公共就业服务机构申领《就业创业证》，或委托所在高校就业指导中心向公共就业服务机构代为申领《就业创业证》；毕业年度内高校毕业生离校后可凭毕业证直接向公共就业服务机构按规定申领《就业创业证》。 （4）税收优惠政策管理。 ① 严格各项凭证的审核发放。任何单位或个人不得伪造、涂改、转让、出租相关凭证，违者将依法予以惩处；对出借、转让《就业创业证》的人员，主管人力资源社会保障部门要收回其《就业创业证》并记录在案；对采取上述手段已经获取减免税的企业和个人，主管税务机关要追缴其已减免的税款，并依法予以处理。 ②《就业创业证》采用实名制，限持证本人使用。创业人员从事个体经营的，《就业创业证》由本人保管；被用人单位招用的，享受税收优惠政策期间，证件由用人单位保管。《就业创业证》由人力资源社会保障部统一样式，各省、自治区、直辖市人力资源社会保障部门负责印制，作为审核劳动者就业失业状况和享受政策情况的有效凭证。 ③《企业吸纳重点群体就业认定证明》由人力资源社会保障部统一样式，各省、自治区、直辖市人力资源社会保障部门统一印制，统一编号备案，相关信息由当地人力资源社会保障部门按需提供给税务部门。

(续表)

财税〔2019〕22 号	国家税务总局公告 2019 年第 10 号
本通知所述人员,以前年度已享受重点群体创业就业税收优惠政策满 3 年的,不得再享受本通知规定的税收优惠政策;以前年度享受重点群体创业就业税收优惠政策未满 3 年且符合本通知规定条件的,可按本通知规定享受优惠至 3 年期满。	④ 县以上人力资源社会保障、税务部门及扶贫办要建立劳动者就业信息交换和协查制度。人力资源社会保障部建立全国《就业创业证》查询系统(http://jyjc.mohrss.gov.cn),供各级人力资源社会保障、财政、税务部门查询《就业创业证》信息。国务院扶贫办建立全国统一的全国扶贫开发信息系统,供各级扶贫办、人力资源社会保障、财政、税务部门查询建档立卡贫困人口身份等相关信息。 ⑤ 各级税务机关对《就业创业证》或建档立卡贫困人口身份有疑问的,可提请同级人力资源社会保障部门、扶贫办予以协查,同级人力资源社会保障部门、扶贫办应根据具体情况规定合理的工作时限,并在时限内将协查结果通报提请协查的税务机关。 (5) 本公告自 2019 年 1 月 1 日起施行。《国家税务总局 财政部 人力资源社会保障部 教育部 民政部关于继续实施支持和促进重点群体创业就业有关税收政策具体操作问题的公告》(国家税务总局公告 2017 年第 27 号)同时废止。

(1) 重点群体范围扩大。2019 年新版重点群体创业就业税收政策中,重点群体的范围扩大到四类人员。(财税〔2019〕22 号第一条第三款)

(2) 就业创业证申领简化。(国家税务总局公告 2019 年第 10 号)

(3) 取消企业类型限制。取消原政策中招录重点群体优惠的行业限制,增值税纳税人或企业所得税纳税人的企业等单位都可以享受。

(4) 税收减免的三个规则。按人按期计限额、减免税种有顺序、未减税额不结转以后年度。

(5) 相关优惠资料依法留存备查。纳税人不得重复享受重点群体创业就业优惠政策,即每人只能享受一次该项优惠政策,且计算每人享受税收优惠政策的期限最长不超过 3 年。企业招用建档立卡贫困人口、吸纳失业人员就业既适用财税〔2017〕49 号文件、财税〔2019〕22 号文件规定的税收优惠政策,又适用其他扶持就业的专项税收优惠政策,企业可选择适用最优惠的政策,不能重复享受。但是,如果企业同时符合享受小微企业、高新技术企业等非扶持就业的专项优惠政策条件的,不属于重复享受。

2. 特殊人员创业就业增值税优惠归纳

特殊人员对象		就业相关税收优惠	创业相关税收优惠	政策依据
建档立卡贫困人口、在人力资源社会保障部门公共就业服务机构登记失业半年以上且持《就业创业证》(注明"自主创业税收政策"或"毕业年度内自主创业税收政策")或《就业失业登记证》(注明"自主创业税收政策")的人员。	(1) 纳入全国扶贫开发信息系统的建档立卡贫困人口。 (2) 在人力资源社会保障部门公共就业服务机构登记失业半年以上的人员。 (3) 零就业家庭、享受城市居民最低生活保障家庭劳动年龄内的登记失业人员。 (4) 毕业年度内高校毕业生。	企业招用与其签订 1 年以上期限劳动合同并依法缴纳社会保险费的,自签订劳动合同并缴纳社会保险当月起,在 3 年内按实际招用人数予以定额依次扣减增值税、城市维护建设税、教育费附加、地方教育附加和企业所得税优惠。定额标准为每人每年 6 000 元(原来为 4 000 元),最高可上浮 30%(退役军人最高可上浮 30%)。	从事个体经营的,自办理个体工商户登记当月起,在 3 年(36 个月,下同)内按每户每年 12 000 元(原来 8 000 元)为限额依次扣减其当年实际应缴纳的增值税、城市维护建设税、教育费附加、地方教育附加和个人所得税。限额标准最高可上浮 20%。 纳税人年度应纳税款小于上述扣减限额的,减免税额以其实际缴纳的税款为限;大于上述扣减限额的,以上述扣减限额为限。	财税〔2019〕22 号
自主就业退役士兵				财税〔2019〕21 号

【例 3-21】 某企业为小规模纳税人,选择按季申报增值税。2022 年度招用了 4 名重点群体人员,经县以上人力资源社会保障部门核实后,在招用人员的《就业创业证》上注明"企业吸纳税收政策",并核发《企业吸纳重点群体就业认定证明》。4 名重点群体人员《2022 年度实际工作时间表》如下,当地定额标准为每人每年 7 800 元。

序号	招用人员姓名	身份证号码	《就业创业证》编号	类型(1)(2)(3)(4)	在本企业工作时间(单位:月)	招录月份
1	张三	××××××××××	××××××××	(1)	6	2022 年 7 月
2	李四	××××××××××	××××××××	(2)	7	2022 年 6 月
3	王五	××××××××××	××××××××	(2)	6	2022 年 7 月
4	郑六	××××××××××	××××××××	(4)	10	2022 年 3 月

类型:

(1) 纳入全国扶贫开发信息系统的建档立卡贫困人口。

(2) 在人力资源社会保障部门公共就业服务机构登记失业半年以上的人员。

(3) 零就业家庭、享受城市居民最低生活保障家庭劳动年龄内的登记失业人员。

(4) 毕业年度内高校毕业生。

该企业 1 季度应税销售额 27 万元,2 季度应税销售额 25 万元,3 季度应税销售额 50 万元,4 季度应税销售额 29 万元。假定均未开具增值税专用发票,应税销售额均为不含税销售额,该地区"六税二费"减按 50% 征收。

计算该企业 2022 年度可减免税额限额。并说明该企业如何享受重点群体税收优惠。

(1) 企业可减免税额限额,按该企业招用重点群体的人数及每个人实际工作月数计算。该企业 2022 年度可抵减税额总额为:

减免税总额 = $\sum$ 每名失业人员本年度在本企业工作月份 ÷ 12 × 减免定额 = (6 + 7 + 6 + 10) ÷ 12 × 7 800 = 18 850(元)。

(2) 该企业 2022 年 4 个季度分别应纳增值税。1 季度、2 季度应税销售额不超过 30 万元,免征增值税;3 季度应税销售额 50 万元,应纳增值税 15 000 元,"六税二费"减半后,应纳城建税 525 元,教育费附加 225 元,地方教育附加费 150 元;4 季度应税销售额均未超过 30 万元,免征增值税。

该企业自 2022 年 7 月起,全年可减免税款限额为 18 850 元,2022 年 10 月申报 3 季度税款时,依次扣减增值税、城市维护建设税、教育费附加和地方教育附加,共计 15 900 元,到年度终了时,尚有 2 950 元限额未减免。该限额差额部分的余额 2 950 元,可在企业所得税汇算清缴时,扣减企业所得税。当年扣减不完的,不再结转以后年度扣减。

二、资源综合利用、新型墙体材料、清洁电力产品增值税即征即退

政策依据:

《财政部 税务总局关于完善资源综合利用增值税政策的公告》(财政部 税务总局公告 2021 年第 40 号)(自 2022 年 3 月 1 日起执行);

《财政部 税务总局关于资源综合利用增值税政策的公告》(财政部 税务总局公告 2019 年第 90 号)(自 2022 年 3 月 1 日起除"技术标准和相关条件"外同时废止,"技术标准和相关条件"有关规定可继续执行至 2022 年 12 月 31 日止);

《国家税务总局关于取消增值税扣税凭证认证确认期限等增值税征管问题的公告》(国家税务总局公告 2019 年第 45 号);

《国家税务总局关于明确二手车经销等若干增值税征管问题的公告》(国家税务总局公告 2020 年第 9 号)。

(一) 资源综合利用产品和劳务

为进一步推动资源综合利用和节能减排,规范和优化增值税政策,自 2015 年 7 月 1 日起,国家对资源综合利用产品和劳务增值税优惠政策进行了整合和调整。增值税一般纳税人销售自产的资源综合利用产品和提供资源综合利用劳务(以下称销售综合利用产品和劳务),可享受增值税即征即退政策。综合利用的资源名称、综合利用产品和劳务名称、技术标准和相关条件、退税比例等按照《资源综合利用产品和劳务增值税优惠目录(2022 年版)》(以下简称《目录》)的相关规定执行。

1. 享受优惠须同时符合条件

财政部 税务总局公告 2021 年第 40 号	政策解读
(1) 纳税人在境内收购的再生资源,应按规定从销售方取得增值税发票;适用免税政策的,应按规定从销售方取得增值税普通发票。销售方为依法依规无法申领发票的单位或者从事小额零星经营业务的自然人,应取得销售方开具的收款凭证及收款方内部凭证,或者税务机关代开的发票。本款所称小额零星经营业务是指自然人从事应税项目经营业务的销售额不超过增值税按次起征点的业务。 纳税人从境外收购的再生资源,应按规定取得海关进口增值税专用缴款书,或者从销售方取得具有发票性质的收款凭证、相关税费缴纳凭证。 纳税人应当取得上述发票或凭证而未取得的,该部分再生资源对应产品的销售收入不得适用增值税即征即退规定。 不得适用增值税即征即退规定的销售收入＝当期销售综合利用产品和劳务的销售收入×(纳税人应当取得发票或凭证而未取得的购入再生资源成本÷当期购进再生资源的全部成本)。 纳税人应当在当期销售综合利用产品和劳务销售收入中剔除不得适用即征即退政策部分的销售收入后,计算可申请的即征即退税额: 可申请退税额 ＝[(当期销售综合利用产品和劳务的销售收入－不得适用即征即退规定的销售收入)×适用税率－当期即征即退项目的进项税额]× 对应的退税比例 各级税务机关要加强发票开具相关管理工作,纳税人应按规定及时开具、取得发票。 (2) 纳税人应建立再生资源收购台账,留存备查。台账内容包括:再生资源供货方单位名称或个人姓名及身份证号、再生资源名称、数量、价格、结算方式、是否取得增值税发票或符合规定的凭证等。纳税人现有账册、系统能够包括上述内容的,无需单独建立台账。 (3) 销售综合利用产品和劳务,不属于发展改革委《产业结构调整指导目录》中的淘汰类、限制类项目。 (4) 销售综合利用产品和劳务,不属于生态环境部《环境保护综合名录》中的"高污染、高环境风险"产品或重污染工艺。"高污染、高环境风险"产品,是指在《环境保护综合名录》中标注特性为"GHW/GHF"的产品,但纳税人生产销售的资源综合利用产品满足"GHW/GHF"例外条款规定的技术和条件的除外。 (5) 综合利用的资源,属于生态环境部《国家危险废物名录》列明的危险废物的,应当取得省级或市级生态环境部门颁发的《危险废物经营许可证》,且许可经营范围包括该危险废物的利用。	(1) 与《财政部 税务总局关于印发〈资源综合利用产品和劳务增值税优惠目录〉的通知》(财税〔2015〕78 号)相比,本公告规定的资源综合利用退税条件主要有以下变化:一是企业收购再生资源要取得合法凭证作为证明,未取得合法凭证的,则该部分再生资源对应产品的销售收入不得退税;二是除非企业的现有账册、系统能够提供,否则回收企业应单独建立台账,全面登记再生资源的收购信息;三是不得退税的产品、项目根据国家最新发布的相关目录进行了调整;四是因接受环保、税务处罚不得退税的范围有所收窄。 (2) 新增申请退税的资源综合利用企业采购再生资源时必须按规定取得增值税发票的条件,未取得发票则无法对相关的资源综合产品销售收入申请退税。 (3) 新增申请退税的资源综合利用企业应建立再生资源收购台账的退税条件,其目的主要是促使回收企业全面采集再生资源的采购信息,包括投售人姓名及身份证号、再生资源名称、数量、价格、结算方式等。通过建立完整的再生资源采购台账,今后税务机关不论是核查企业资源综合产品投入产出的真实性,还是追征投售人应缴未缴的增值税,都有了准确、翔实的基础信息。 (4) 限制条件。不属于发改委《产业结构调整指导目录》中的淘汰类、限制类项目,不属于生态环境部《环境保护综合名录》中的"高污染、高环境风险"产品或重污染工艺,纳税信用级别不是 C 或 D。 (5) 资源综合利用处罚退税规则有三点变化:一是行政处罚种类明确排除警告、通报批评或单次 10 万元以下(含)罚款、没收违法所得、没收非法财物等;二是处罚停退的罚款金额由 1 万元调整到 10 万元;三是处罚停退的时限由首次 36 个月,二次取消优惠,调整为首次自处罚决定当月起停退 6 个月,二次自处罚决定当月起停退 36 个月。处罚决定被依法撤销、变更、确认违法或者确认无效的,符合条件的纳税人可以重新申请办理退税事宜。

(续表)

财政部　税务总局公告 2021 年第 40 号	政策解读
（6）纳税信用级别不为 C 级或 D 级。 （7）纳税人申请享受规定的即征即退政策时，申请退税税款所属期前 6 个月（含所属期当期）不得发生下列情形： ① 因违反生态环境保护的法律法规受到行政处罚（警告、通报批评或单次 10 万元以下罚款、没收违法所得、没收非法财物除外；单次 10 万元以下含本数，下同）。 ② 因违反税收法律法规被税务机关处罚（单次 10 万元以下罚款除外），或发生骗取出口退税、虚开发票的情形。 纳税人在办理退税事宜时，应向主管税务机关提供其符合本条规定的上述条件以及《目录》规定的技术标准和相关条件的书面声明，并在书面声明中如实注明未取得发票或相关凭证以及接受环保、税收处罚等情况。未提供书面声明的，税务机关不得给予退税。	（6）退税申请需要书面声明。再生资源回收、利用纳税人应依法履行纳税义务。纳税人在办理退税事宜时，应向主管税务机关提供其符合规定条件以及《目录》规定的技术标准和相关条件的书面声明，并在书面声明中如实注明未取得发票或相关凭证以及接受环保、税收处罚等情况。未提供书面声明的，税务机关不得给予退税。

2. 影响享受优惠政策的因素

财政部　税务总局公告 2021 年第 40 号	政策解读
（1）已享受政策规定的增值税即征即退政策的纳税人，自不符合上述部分规定的条件以及《目录》规定的技术标准和相关条件的当月起，不再享受本公告规定的增值税即征即退政策。 （2）已享受政策规定的增值税即征即退政策的纳税人，在享受增值税即征即退政策后，出现上述第（7）点规定情形的，自处罚决定作出的当月起 6 个月内不得享受本公告规定的增值税即征即退政策。如纳税人连续 12 个月内发生两次以上第（7）点规定的情形，自第二次处罚决定作出的当月起 36 个月内不得享受政策规定的增值税即征即退政策。相关处罚决定被依法撤销、变更、确认违法或者确认无效，符合条件的纳税人可以重新申请办理退税事宜。 （3）各省、自治区、直辖市、计划单列市税务机关应于每年 3 月底之前在其网站上，将本地区上一年度所有享受本公告规定的增值税即征即退或免税政策的纳税人，按下列项目予以公示：纳税人名称、纳税人识别号、综合利用的资源名称、综合利用产品和劳务名称。各省、自治区、直辖市、计划单列市税务机关在对本地区上一年度享受本公告规定的增值税即征即退或免税政策的纳税人进行公示前，应会同本地区生态环境部门，再次核实纳税人受环保处罚情况。 （4）纳税人从事《目录》2.15"污水处理厂出水、工业排水（矿井水）、生活污水、垃圾处理厂渗透（滤）液等"项目、5.1"垃圾处理、污泥处理处置劳务"、5.2"污水处理劳务"项目，可适用本公告"三"规定的增值税即征即退政策，也可选择适用免征增值税政策；一经选定，36 个月内不得变更。选择适用免税政策的纳税人，应满足本公告"三"有关规定以及《目录》规定的技术标准和相关条件，相关资料留存备查。 （5）按照政策规定单个所属期退税金额超过 500 万元的，主管税务机关应在退税完成后 30 个工作日内，将退税资料送同级财政部门复查，财政部门逐级复查后，由省级财政部门送财政部当地监管局出具最终复查意见。复查工作应于退税后 3 个月内完成，具体复查程序由财政部当地监管局会同省级财税部门制定。	（1）污水处理和垃圾处理一般为政府主导行为，污水处理费、垃圾处理费均属于政府非税收入，专款专用。财税〔2015〕78 号文件将污水处理、垃圾处理的优惠政策从免税改为增值税 70% 即征即退，企业因此增加了 30% 的增值税税负。为减轻企业负担，同时方便企业根据客户需要进行税务安排，本公告对上述两项资源综合利用业务的税收优惠方式进行了调整，允许纳税人在免税和增值税 70% 即征即退两个方法中进行选择。 （2）后续管理新增大额退税必经复查。 一是在各省、自治区、直辖市、计划单列市税务机关每年 3 月底之前在其网站公示本地区上一年度所有享受增值税即征即退或免税政策的纳税人前，要求会同本地区生态环境部门，再次核实纳税人受环保处罚情况。 二是规定对纳税人单个所属期退税金额超过 500 万元的，主管税务机关应在退税完成后 30 个工作日内，将退税资料送同级财政部门复查，财政部门逐级复查后，由省级财政部门送财政部当地监管局出具最终复查意见。复查工作应于退税后 3 个月内完成，具体复查程序由财政部当地监管局会同省级财税部门制定。

风险提示：
(1) 纳税人生产的相关产品和劳务，应完全符合《资源综合利用产品和劳务增值税优惠目录》列举综合利用的资源名称、综合利用产品和劳务名称、技术标准和相关条件。
(2) 纳税人对可享受资源综合利用产品或劳务，严格按照文件要求单独核算。
(3) 纳税人对可享受即征即退的收入、销项税额、进项税额、应纳增值税等应在单独档次填报增值税申报表。
(4) 当享受优惠政策条件发生变化时，应及时、主动按规定调整，恢复正常缴纳税款。
(5) 实行简易征收的一般纳税企业，生产符合政策规定要求的产品，可享受资源综合利用产品增值税即征即退优惠。

3. 进项税额无法划分的处理（国家税务总局公告2011年第69号）

纳税人既有增值税即征即退、先征后退项目，也有出口等其他增值税应税项目的，增值税即征即退和先征后退项目不参与出口项目免抵退税计算。纳税人应分别核算增值税即征即退、先征后退项目和出口等其他增值税应税项目，分别申请享受增值税即征即退、先征后退和免抵退税政策。	用于增值税即征即退或者先征后退项目的进项税额无法划分的，按照下列公式计算： $$\text{无法划分进项税额中用于增值税即征即退或者先征后退项目的部分} = \text{当月无法划分的全部进项税额} \times \frac{\text{当月增值税即征即退或者先征后退项目销售额}}{\text{当月全部销售额合计}}$$

4. 资源综合利用产品和劳务增值税优惠目录（2022年版）（财政部 税务总局公告2021年第40号）

资源综合利用产品和劳务增值税优惠目录（2022年版）

类别	序号	综合利用的资源名称	综合利用产品和劳务名称	技术标准和相关条件	退税比例
一、共、伴生矿产资源	1.1	油母页岩	页岩油	产品原料95%以上来自所列资源。	70%
	1.2	煤炭开采过程中产生的煤层气（煤矿瓦斯）	电力	产品燃料95%以上来自所列资源。	100%
	1.3	油田采油过程中产生的油污泥（浮渣）	乳化油调和剂、防水卷材辅料产品	产品原料70%以上来自所列资源。	70%
二、废渣、废水（液）、废气	2.1	废渣	砖瓦（不含烧结普通砖）、砌块、陶粒、墙板、管材（管桩）、混凝土、砂浆、道路井盖、道路护栏、防火材料、耐火材料（镁铬砖除外）、保温材料、矿（岩）棉、微晶玻璃、U型玻璃	产品原料70%以上来自所列资源。	70%
	2.2	废渣	水泥、水泥熟料	1. 42.5及以上等级水泥的原料20%以上来自所列资源，其他水泥、水泥熟料的原料40%以上来自所列资源； 2. 纳税人符合《水泥工业大气污染物排放标准》（GB 4915—2013）规定的技术要求。	70%

(续表)

类别	序号	综合利用的资源名称	综合利用产品和劳务名称	技术标准和相关条件	退税比例
二、废渣、废水（液）、废气	2.3	磷石膏	墙板、砂浆、砌块、水泥添加剂、建筑石膏、α型高强石膏、Ⅱ型无水石膏、嵌缝石膏、粘结石膏、现浇混凝土空心结构用石膏模盒、抹灰石膏、机械喷涂抹灰石膏、土壤调理剂、喷筑墙体石膏、装饰石膏材料、磷石膏制硫酸	产品原料40%以上来自磷石膏。	70%
	2.4	建筑垃圾、煤矸石	建设用再生骨料、建筑垃圾制作烧结制品、道路材料、建设用回填材料	1. 产品原料70%以上来自所列资源； 2. 产品以建筑垃圾为原料的，符合《混凝土用再生粗骨料》（GB/T 25177—2010）或《混凝土和砂浆用再生细骨料》（GB/T 25176—2010）或《烧结普通砖》（GB/T 5101—2017）或《道路用建筑垃圾再生骨料无机混合料》（JC/T 2281—2014）或《再生骨料地面砖和透水砖》（CJ/T 400—2012）或《再生骨料透水混凝土应用技术规程》（CJJ/T 253—2016）或《水泥基回填材料》（JC/T 2468—2018）或《建筑垃圾再生骨料实心砖》（JG/T 505—2016）或《建筑用轻质隔墙条板》（GB/T 23451—2009）或《玻璃纤维增强水泥轻质多孔隔条板》（GB/T 19631—2005）或《混凝土和砂浆用再生微粉》（JG/T 573—2020）或《建筑固废再生砂粉》（JC/T 2548—2019）的技术要求；以煤矸石为原料的，符合《建设用砂》（GB/T 14684—2011）或《建设用卵石、碎石》（GB/T 14685—2011）规定的技术要求； 3. 建筑垃圾资源化项目年处置生产能力不低于25万吨。	50%
	2.5	粉煤灰、煤矸石	氧化铝、活性硅酸钙、瓷绝缘子、煅烧高岭土	氧化铝、活性硅酸钙生产原料25%以上来自所列资源，瓷绝缘子生产原料中煤矸石所占比重30%以上，煅烧高岭土生产原料中煤矸石所占比重90%以上。	50%
	2.6	煤矸石、煤泥、石煤、油母页岩	电力、热力	1. 产品燃料60%以上来自所列资源； 2. 纳税人符合《火电厂大气污染物排放标准》（GB 13223—2011）和《电力（燃煤发电企业）行业清洁生产评价指标体系》规定的技术要求。	50%

(续表)

类别	序号	综合利用的资源名称	综合利用产品和劳务名称	技术标准和相关条件	退税比例
二、废渣、废水（液）、废气	2.7	氧化铝赤泥、电石渣	氧化铁、氢氧化钠溶液、铝酸钠、铝酸三钙、脱硫剂	1. 产品原料90%以上来自所列资源； 2. 生产过程中不产生二次废渣。	50%
	2.8	废旧石墨	石墨异形件、石墨块、石墨粉、石墨增碳剂	1. 产品原料90%以上来自所列资源； 2. 纳税人符合《工业炉窑大气污染物排放标准》（GB 9078—1996）规定的技术要求。	50%
	2.9	垃圾以及利用垃圾发酵产生的沼气	电力、热力	1. 产品燃料80%以上来自所列资源； 2. 纳税人符合《火电厂大气污染物排放标准》（GB 13223—2011）或《生活垃圾焚烧污染控制标准》（GB 18485—2014）规定的技术要求。	100%
	2.10	退役军用发射药	涂料用硝化棉粉	产品原料90%以上来自所列资源。	50%
	2.11	废旧沥青混凝土	再生沥青混凝土	1. 产品原料30%以上来自所列资源； 2. 产品符合《再生沥青混凝土》（GB/T 25033—2010）规定的技术要求。	50%
	2.12	蔗渣	蔗渣浆、蔗渣刨花板和纸	1. 产品原料70%以上来自所列资源； 2. 生产蔗渣浆及各类纸的纳税人符合《制浆造纸行业清洁生产评价指标体系》规定的技术要求。	50%
	2.13	废矿物油	润滑油基础油、汽油、柴油等工业油料	1. 产品原料90%以上来自所列资源； 2. 纳税人符合《废矿物油回收利用污染控制技术规范》（HJ 607—2011）规定的技术要求； 3. 已建废矿物油综合利用单个建设项目的废矿物油年利用能力不得低于1万吨（已审批的地方危废中心除外）。新建、改扩建企业单个建设项目年利用能力不得低于3万吨。年利用能力依据该项目环境评价报告书和相应环评批文上批准的数量； 4. 废矿物油提炼再生润滑基础油综合能源消耗应低于900千瓦时/吨。	50%
	2.14	环己烷氧化废液（包括轻质油、皂化液、浓缩液等）	环氧环己烷、正戊醇、醇醚溶剂、水泥生料助磨剂	1. 产品原料90%以上来自所列资源； 2. 纳税人必须通过ISO9000、ISO14000认证。	50%

(续表)

类别	序号	综合利用的资源名称	综合利用产品和劳务名称	技术标准和相关条件	退税比例
二、废渣、废水（液）、废气	2.15	污水处理厂出水、工业排水（矿井水）、生活污水、垃圾处理厂渗透（滤）液等	再生水	1. 产品原料100%来自所列资源； 2. 产品应达到相关用途的再生水水质标准。	70%
	2.16	废弃酒糟和酿酒底锅水，淀粉、粉丝加工废液、废渣	蒸汽、活性炭、白碳黑、乳酸、乳酸钙、沼气、饲料、植物蛋白	产品原料80%以上来自所列资源。	70%
	2.17	含油污水、有机废水、污水处理后产生的污泥，油田采油过程中产生的油污泥（浮渣），包括利用上述资源发酵产生的沼气	微生物蛋白、土壤调理剂、燃料、电力、热力	产品原料或燃料90%以上来自所列资源，其中利用油田采油过程中产生的油污泥（浮渣）生产燃料的原料60%以上来自所列资源。	90%
	2.18	煤焦油、荒煤气（焦炉煤气）	柴油、石脑油	1. 产品原料95%以上来自所列资源； 2. 纳税人必须通过ISO9000、ISO14000认证。	50%
	2.19	燃煤发电厂及各类工业企业生产过程中产生的烟气、高硫天然气	石膏、硫酸、硫酸铵、硫磺	1. 产品原料95%以上来自所列资源； 2. 石膏的二水硫酸钙含量85%以上，硫酸的浓度15%以上，硫酸铵的总氮含量18%以上。	50%
	2.20	工业废气、氯化氢废气、工业副产氢	燃料电池用氢、纯氢、高纯氢和超纯氢、高纯度二氧化碳、工业氢气、甲烷、（液）氯气	1. 产品原料95%以上来自所列资源； 2. 高纯度二氧化碳符合《高纯二氧化碳》（GB/T 23938—2009），工业氢气符合《氢气第1部分工业氢》（GB/T 3634.1—2006），甲烷符合《纯甲烷和高纯甲烷》（GB/T 33102—2016），（液）氯气符合《氯气安全规程》（GB 11984—2008）规定的技术要求，燃料电池用氢符合《质子交换膜燃料电池汽车用燃料氢气》（GB/T 37244—2018），纯氢、高纯氢和超纯氢符合《氢气第2部分：纯氢、高纯氢和超纯氢》（GB/T 3634.2—2011）。	70%
	2.21	转炉煤气、高炉煤气等，化工尾气，生物质合成气、垃圾气化合成气等	变性燃料乙醇（纯度≥99.5%）	1. 产品原料85%以上来自所列资源； 2. 乙醇等符合《变性燃料乙醇》（GB 18350—2013）规定的技术要求。	70%
	2.22	工业生产过程中产生的余热、余压	电力、热力	产品原料100%来自所列资源。	100%

(续表)

类别	序号	综合利用的资源名称	综合利用产品和劳务名称	技术标准和相关条件	退税比例
三、再生资源	3.1	废旧电池及其拆解物	金属及镍钴锰氢氧化物、镍钴锰酸锂、金属盐(碳酸锂、氯化锂、氟化锂、氯化钴、硫酸钴、硫酸镍、硫酸锰)、氢氧化锂、磷酸铁锂	1. 产品原料95%以上来自所列资源; 2. 镍钴锰氢氧化物符合《镍钴锰三元素复合氢氧化物》(GB/T 26300—2020),碳酸锂符合《碳酸锂》(GB/T 11075—2013),氯化锂符合《无水氯化锂》(GB/T 10575—2007),氟化锂符合《氟化锂》(GB/T 22666—2008),氯化钴符合《精制氯化钴》(GB/T 26525—2011),硫酸钴符合《精制硫酸钴》(GB/T 26523—2011),硫酸镍符合《精制硫酸镍》(GB/T 26524—2011),氢氧化锂符合《单水氢氧化锂》(GB/T 8766—2013)规定的技术要求; 3. 从事再生利用的企业,镍、钴、锰的综合回收率应不低于98%,锂的回收率不低于85%,稀土等其他主要有价金属综合回收率不低于97%。采用材料修复工艺的,材料回收率应不低于90%。工艺废水循环利用率应达90%以上。	50%
	3.2	废显(定)影液、废胶片、废像纸、废感光剂等废感光材料	银	1. 产品原料95%以上来自所列资源; 2. 纳税人必须通过ISO9000、ISO14000认证。	30%
	3.3	废旧电机、废旧电线电缆、废铝制易拉罐、报废汽车、报废摩托车、报废船舶、废旧电器电子产品、废旧太阳能光伏器件、废旧灯泡(管),及其拆解物	经冶炼、提纯生产的金属及合金(不包括铁及铁合金)	1. 产品原料70%以上来自所列资源; 2. 法律、法规或规章对相关废旧产品拆解规定了资质条件的,纳税人应当取得相应的资质。	30%
	3.4	废催化剂、电解废弃物、电镀废弃物、废旧线路板、烟尘灰、湿法炼渣、熔炼渣、线路板蚀刻废液、锡箔纸灰	经冶炼、提纯或化合生产的金属、合金及金属化合物(不包括铁及铁合金)、冰晶石	1. 产品原料70%以上来自所列资源; 2. 纳税人必须通过ISO9000、ISO14000认证。	30%
	3.5	报废汽车、报废摩托车、报废船舶、废旧电器电子产品、废旧农机具、报废机器设备、废旧生活用品、工业边角余料、建筑拆解物等产生或拆解出来的废钢铁	炼钢炉料	1. 产品原料95%以上来自所列资源; 2. 炼钢炉料符合《废钢铁》(GB 4223—2017)规定的技术要求; 3. 法律、法规或规章对相关废旧产品拆解规定了资质条件的,纳税人应当取得相应的资质; 4. 纳税人符合工业和信息化部《废钢铁加工行业准入条件》的相关规定; 5. 炼钢炉料的销售对象应为符合工业和信息化部《钢铁行业规范条件》并公告的钢铁企业(不包含铸造企业)。	30%

(续表)

类别	序号	综合利用的资源名称	综合利用产品和劳务名称	技术标准和相关条件	退税比例
三、再生资源	3.6	稀土产品加工废料，废弃稀土产品及拆解物	稀土金属及稀土氧化物	1. 产品原料95%以上来自所列资源； 2. 纳税人符合《稀土冶炼行业清洁生产评价指标体系》规定的技术要求。	30%
	3.7	废塑料、废的塑料复合材料	改性再生塑料、再生塑料颗粒、再生瓶片、塑料粉碎料、再生塑料制品、废的塑料复合材料再生的产物、塑料化学再生的产物	1. 产品原料70%以上来自所列资源； 2. 化纤用再生聚酯专用料杂质含量低于0.5 mg/g，水分含量低于1%，瓶用再生聚对苯二甲酸乙二醇酯（PET）树脂乙醛质量分数小于等于1 μg/g； 3. 纳税人必须通过ISO9000、ISO14000认证； 4. 聚对苯二甲酸乙二醇酯（PET）再生瓶片类企业年废塑料处理能力不低于20 000吨； 5. 塑料再生造粒类企业年废塑料处理能力不低于3 000吨； 6. 塑料再生加工相关生产环节的综合电耗低于500千瓦时/吨废塑料； 7. 聚对苯二甲酸乙二醇酯（PET）再生瓶片类企业与废塑料破碎、清洗、分选类企业的综合新水消耗低于1.5吨/吨废塑料。塑料再生造粒类企业的综合新水消耗低于0.2吨/吨废塑料。	70%
	3.8	废农膜	再生塑料制品、再生塑料颗粒	1. 产品原料70%以上来自所列资源； 2. 纳税人必须通过ISO9000、ISO14000认证。	100%
	3.9	废纸、农作物秸秆	纸浆、秸秆浆和纸	1. 产品原料70%以上来自所列资源； 2. 废水排放符合《制浆造纸工业水污染物排放标准》（GB 3544—2008）规定的技术要求； 3. 纳税人符合《制浆造纸行业清洁生产评价指标体系》规定的技术要求； 4. 纳税人必须通过ISO9000、ISO14000认证。	50%

(续表)

类别	序号	综合利用的资源名称	综合利用产品和劳务名称	技术标准和相关条件	退税比例
三、再生资源	3.10	废旧轮胎、废橡胶制品	橡胶粉、翻新轮胎、再生橡胶、废旧轮胎/橡胶再生油、废旧轮胎/橡胶热裂解炭黑	1. 产品原料70%以上来自所列资源； 2. 橡胶粉符合《硫化橡胶粉》(GB/T 19208—2020)；翻新轮胎符合《载重汽车翻新轮胎》(GB 7037—2007)或《轿车翻新轮胎》(GB 14646—2007)或《工程机械翻新轮胎》(HG/T 3979—2007)，再生橡胶符合《再生橡胶通用规范》(GB/T 13460—2016)，废轮胎/橡胶再生油符合《废轮胎/橡胶再生油》(T/CTRA 01—2020)，废轮胎/橡胶热裂解炭黑符合《废旧轮胎裂解炭黑》(HG/T 5459—2018)、《废轮胎、废橡胶热裂解技术规范》(GB/T 40009—2021)规定的技术要求； 3. 纳税人必须通过ISO9000、ISO14000认证； 4. 废旧轮胎综合利用企业厂区土地使用手续合法(租用合同应不少于15年)； 5. 轮胎翻新能源消耗：预硫化法综合能源消耗低于15千瓦时/标准折算条，模压法综合能源消耗低于18千瓦时/标准折算条。废轮胎加工处理能源消耗：从整胎破碎起计，再生橡胶生产综合能源消耗低于850千瓦时/吨(新型塑化装备除外)；橡胶粉生产综合能源消耗低于350千瓦时/吨(40目以上除外)；热裂解处理综合能源消耗低于200千瓦时/吨，其中破碎工序能源消耗低于120千瓦时/吨，热裂解工序能源消耗低于80千瓦时/吨。	70%
	3.11	废弃天然纤维及其制品、化学纤维及其制品、多种废弃纤维混合物及其制品	纤维纱及织布、无纺布、毡、粘合剂及再生聚酯产品、浆粕、再生纤维、复合板材、生态修复材料	1. 生产再生聚酯产品原料100%来自所列资源； 2. 生产其他产品原料70%以上来自所列资源。	70%
	3.12	人发	档发	产品原料90%以上来自所列资源。	70%
	3.13	废玻璃	玻璃熟料	1. 产品原料90%以上来自所列资源； 2. 产品符合《废玻璃分类及代码》(GB/T 36577—2018)的技术要求； 3. 废玻璃分拣不得采用水洗方式。	90%
	3.14	镉渣	金属镉	产品原料99%以上来自所列资源。	100%

(续表)

类别	序号	综合利用的资源名称	综合利用产品和劳务名称	技术标准和相关条件	退税比例
四、农林剩余物及其他	4.1	厨余垃圾、畜禽粪污、稻壳、花生壳、玉米芯、油茶壳、棉籽壳、三剩物、次小薪材、农作物秸秆、蔗渣,以及利用上述资源发酵产生的沼气	生物质压块、生物质破碎料、生物天然气、热解燃气、沼气、生物油、电力、热力	1.产品原料或者燃料80%以上来自所列资源; 2.纳税人符合《锅炉大气污染物排放标准》(GB 13271—2014)、《火电厂大气污染物排放标准》(GB 13223—2011)或《生活垃圾焚烧污染控制标准》(GB 18485—2014)规定的技术要求。	100%
	4.2	三剩物、次小薪材、农作物秸秆、沙柳、玉米芯	纤维板、刨花板、细木工板、生物炭、活性炭、烤胶、水解酒精、纤维素、木质素、木糖、阿拉伯糖、糠醛、箱板纸	产品原料95%以上来自所列资源。	90%
	4.3	废弃动物油和植物油	生物柴油、工业级混合油	1.产品原料70%以上来自所列资源; 2.工业级混合油的销售对象须为化工企业。	70%
五、资源综合利用劳务	5.1	垃圾处理、污泥处理处置劳务		生活垃圾处理应满足《生活垃圾焚烧污染控制标准》(GB 18485—2014)或《生活垃圾填埋场污染控制标准》(GB 16889—2008)规定的技术要求。	70%
	5.2	污水处理劳务		污水经加工处理后符合《城镇污水处理厂污染物排放标准》(GB 18918—2002)规定的技术要求或达到相应的国家或地方水污染物排放标准中的直接排放限值。	70%
	5.3	工业废气处理劳务		工业废气经治理、处理后符合《大气污染物综合排放标准》(GB 16297—1996)规定的技术要求或达到相应的国家或地方大气污染物排放标准中的直接排放限值。	70%

备注:

1.概念和定义。

"纳税人",是指从事表中所列的资源综合利用项目的增值税一般纳税人。

"废渣",是指采矿选矿废渣、冶炼废渣、化工废渣和其他废渣。其中,采矿选矿废渣(不包括石灰石废渣),是指在矿产资源开采加工过程中产生的煤矸石、粉末、粉尘和污泥;冶炼废渣,是指转炉渣、电炉渣、铁合金炉渣、氧化铝赤泥、电解金属锰浸出渣和有色金属灰渣,但不包括高炉水渣;化工废渣,是指硫铁矿渣、硫铁矿煅烧渣、硫酸渣、硫石膏、磷石膏、磷矿煅烧渣、含氰废渣、电石渣、磷肥渣、硫磺渣、碱渣、含钡废渣、铬渣、盐泥、总溶渣、黄磷渣、柠檬酸渣、脱硫石膏、氟石膏、钛石膏和废石膏模、锰渣;其他废渣,是指粉煤灰、燃煤炉渣、江河(湖、海、渠)道淤泥、淤沙、建筑垃圾、废玻璃、污水处理厂处理污水产生的污泥。

"蔗渣",是指以甘蔗为原料的制糖生产过程中产生的含纤维50%左右的固体废弃物。

"再生水",是指对污水处理厂出水、工业排水(矿井水)、生活污水、垃圾处理厂渗透(滤)液等水源进行回收,经适当处理后达到一定水质标准,并在一定范围内重复利用的水资源。

"冶炼",是指通过焙烧、熔炼、电解以及使用化学药剂等方法把原料中的金属提取出来,减少金属中所含的杂质或增加金属中某种成分,炼成所需要的金属。冶炼包括火法冶炼、湿法提取或电化学沉积。

"烟尘灰",是指金属冶炼厂火法冶炼过程中,为保护环境经除尘器(塔)收集的粉灰状及泥状残留物。

"湿泥",是指湿法冶炼生产排出的污泥,经集中环保处置后产生的中和渣,且具有一定回收价值的污泥状废弃物。

"熔炼渣",是指有色金属火法冶炼过程中,由于比重的差异,金属成分因比重大沉底形成金属锭,而比重较小的硅、铁、钙等化合物浮在金属表层形成的废渣。

"农作物秸秆",是指农业生产过程中,收获了粮食作物(指稻谷、小麦、玉米、薯类等)、油料作物(指油菜籽、花生、大豆、葵花籽、芝麻籽、胡麻籽等)、棉花、麻类、糖料、烟叶、药材、花卉、蔬菜和水果等以后残留的茎秆。

"三剩物",是指采伐剩余物(指枝丫、树梢、树皮、树叶、树根及藤条、灌木等)、造材剩余物(指造材截头)和加工剩余物(指板皮、板条、木竹截头、锯沫、碎单板、木芯、刨花、木块、篾黄、边角余料等)。

"次小薪材",是指次加工材[指材质低于针、阔叶树加工用原木最低等级但具有一定利用价值的次加工原木,按《次加工原木》(LY/T 1369—2011)标准执行]、小径材(指长度在2米以下或径级8厘米以下的小原木条、松木杆、脚手杆、杂木杆、短原木等)和薪材。

"垃圾",是指城市生活垃圾、农作物秸秆、树皮废渣、污泥、合成革及化纤废弃物、病死畜禽等养殖废弃物等垃圾。

"垃圾处理",是指运用填埋、焚烧、综合处理和回收利用等形式,对垃圾进行减量化、资源化和无害化处理处置的业务,其中包括砷碱渣、含砷废渣处置劳务。

"污水处理",是指将污水(包括城镇污水、农村污水和工业废水)处理后达到《城镇污水处理厂污染物排放标准》(GB 18918—2002),或达到相应的国家或地方水污染物排放标准中的直接排放限值的业务。其中,城镇污水是指城镇居民生活污水,机关、学校、医院、商业服务机构及各种公共设施排水,以及允许排入城镇污水收集系统的工业废水和初期雨水。农村污水主要是指农村居民生活产生的污水,主要包括厕所污水和生活杂排水。工业废水是指工业生产过程中产生的,不允许排入城镇污水收集系统的废水和废液。

"污泥处理处置",是指对污水处理后产生的污泥进行稳定化、减量化和无害化处理处置的业务。

2. 综合利用的资源比例计算方式。

(1) 综合利用的资源占生产原料或者燃料的比重,以重量比例计算。其中,水泥、水泥熟料原料中掺兑废渣的比重,按以下方法计算:

① 对经生料烧制和熟料研磨阶段生产的水泥,其掺兑废渣比例计算公式为:掺兑废渣比例=(生料烧制阶段掺兑废渣数量+熟料研磨阶段掺兑废渣数量)÷(除废渣以外的生料数量+生料烧制和熟料研磨阶段掺兑废渣数量+其他材料数量)×100%;

② 对外购水泥熟料采用研磨工艺生产的水泥,其掺兑废渣比例计算公式为:掺兑废渣比例=熟料研磨阶段掺兑废渣数量÷(熟料数量+熟料研磨阶段掺兑废渣数量+其他材料数量)×100%;

③ 对生料烧制的水泥熟料,其掺兑废渣比例计算公式为:掺兑废渣比例=生料烧制阶段掺兑废渣数量÷(除废渣以外的生料数量+生料烧制阶段掺兑废渣数量+其他材料数量)×100%。

(2) 综合利用的资源为余热、余压的,按其占生产电力、热力消耗的能源比例计算。

3. 表中所列综合利用产品,应当符合相应的国家或行业标准。既有国家标准又有行业标准的,应当符合相对高的标准;没有国家标准或行业标准的,应当符合按规定向质量技术监督部门备案的企业标准。

4. 表中所称"以上"均含本数。

5. 备查资料(纳税服务规范3.0)

(1)《税务资格备案表》2份。 (2) 综合利用的资源,属于环境保护部《国家危险废物名录》列明的危险废物,提供省级及以上环境保护部门颁发的《危险废物经营许可证》原件及复印件(原件查验后退回)。	(3) 不属于国家发展改革委《产业结构调整指导目录》中的淘汰类、限制类项目和环境保护部《环境保护综合名录》中的"高污染、高环境风险"产品或者重污染工艺,以及符合《资源综合利用产品和劳务增值税优惠目录》规定的技术标准和相关条件的书面声明材料。

(二) 新型墙体材料

政策依据:

《财政部 国家税务总局关于新型墙体材料增值税政策的通知》(财税〔2015〕73号);

《财政部 税务总局关于资源综合利用增值税政策的公告》(财政部 税务总局公告2019年第90号)。

自2015年7月1日起,对纳税人销售自产的列入财税〔2015〕73号文件所附《享受增值税即征即退政策的新型墙体材料目录》的新型墙体材料,实行增值税即征即退50%的政策。

1. 享受优惠须同时符合条件

纳税人销售自产的《享受增值税即征即退政策的新型墙体材料目录》所列新型墙体材料,申请享受增值税优惠政策时,应同时符合下列条件: (1) 销售自产的新型墙体材料,不属于国家发展和改革委员会《产业结构调整指导目录》中的淘汰类、限制类项目。 (2) 销售自产的新型墙体材料,不属于环境保护部《环境保护综合名录》中的"高污染、高环境风险"产品或者重污染工艺。 "高污染、高环境风险"产品,是指在《环境保护综合名录》中标注特性为"GHW/GHF"的产品,但纳税人生产销售的资源综合利用产品满足"GHW/GHF"例外条款规定的技术和条件的除外。 (3) 纳税信用等级不属于税务机关评定的C级或D级。	各省、自治区、直辖市、计划单列市税务机关应于每年2月底之前(税总函〔2020〕38号文件规定,由2020年2月底前调整为疫情解除后30日内)在其网站上,将享受财税〔2015〕73号文件规定的增值税即征即退政策的纳税人按下列项目予以公示:纳税人名称、纳税人识别号、新型墙体材料的名称。

(续表)

(1) 纳税人在办理退税事宜时,未提供符合条件以及《享受增值税即征即退政策的新型墙体材料目录》规定的技术标准和相关条件的书面声明材料或者出具虚假材料的,税务机关不得给予退税。

(2) 已享受规定的增值税即征即退政策的纳税人,自不符合条件次月起,不再享受财税〔2015〕73号文件规定的增值税即征即退政策。

(3) 纳税人应当单独核算享受财税〔2015〕73号文件规定的增值税即征即退政策的新型墙体材料的销售额和应纳税额。未按规定单独核算的,不得享受财税〔2015〕73号文件规定的增值税即征即退政策。

(4) 已享受财税〔2015〕73号文件规定的增值税即征即退政策的纳税人,因违反税收、环境保护的法律法规受到处罚(警告或单次1万元以下罚款除外),自处罚决定下达的次月起36个月内,不得享受财税〔2015〕73号文件规定的增值税即征即退政策。

(5) 享受增值税即征即退政策的纳税人纳税信用等级不得为C级或D级。从评定结果公布为C级或D级的次月起开始取消退税资格。如经税务机关复评后,纳税信用等级恢复为A级或B级的,可继续享受增值税即征即退政策。

2. 享受增值税即征即退政策的新型墙体材料目录(财税〔2015〕73号)

砖类	砌块类	板材类
(1) 非粘土烧结多孔砖(符合GB 13544—2011技术要求)和非粘土烧结空心砖(符合GB 13545—2014技术要求)。 (2) 承重混凝土多孔砖(符合GB 25779—2010技术要求)和非承重混凝土空心砖(符合GB/T 24492—2009技术要求)。 (3) 蒸压粉煤灰多孔砖(符合GB 26541—2011技术要求)、蒸压泡沫混凝土砖(符合GB/T 29062—2012技术要求)。 (4) 烧结多孔砖(仅限西部地区,符合GB 13544—2011技术要求)和烧结空心砖(仅限西部地区,符合GB 13545—2014技术要求)。	(1) 普通混凝土小型空心砌块(符合GB/T 8239—2014技术要求)。 (2) 轻集料混凝土小型空心砌块(符合GB/T 15229—2011技术要求)。 (3) 烧结空心砌块(以煤矸石、江河湖淤泥、建筑垃圾、页岩为原料,符合GB 13545—2014技术要求)和烧结多孔砌块(以页岩、煤矸石、粉煤灰、江河湖淤泥及其他固体废弃物为原料,符合GB 13544—2011技术要求)。 (4) 蒸压加气混凝土砌块(符合GB 11968—2006技术要求)、蒸压泡沫混凝土砌块(符合GB/T 29062—2012技术要求)。 (5) 石膏砌块(以脱硫石膏、磷石膏等化学石膏为原料,符合JC/T 698—2010技术要求)。 (6) 粉煤灰混凝土小型空心砌块(符合JC/T 862—2008技术要求)。	(1) 蒸压加气混凝土板(符合GB 15762—2008技术要求)。 (2) 建筑用轻质隔墙条板(符合GB/T 23451—2009技术要求)和建筑隔墙用保温条板(符合GB/T 23450—2009技术要求)。 (3) 外墙外保温系统用钢丝网架模塑聚苯乙烯板(符合GB 26540—2011技术要求)。 (4) 石膏空心条板(符合JC/T 829—2010技术要求)。 (5) 玻璃纤维增强水泥轻质多孔隔墙条板(简称GRC板,符合GB/T 19631—2005技术要求)。 (6) 建筑用金属面绝热夹芯板(符合GB/T 23932—2009技术要求)。 (7) 建筑平板。其中:纸面石膏板(符合GB/T 9775—2008技术要求)、纤维增强硅酸钙板(符合JC/T 564.1—2008、JC/T 564.2—2008技术要求)、纤维增强低碱度水泥建筑平板(符合JC/T 626—2008技术要求)、维纶纤维增强水泥平板(符合JC/T 671—2008技术要求)、纤维水泥平板(符合JC/T 412.1—2006、JC/T 412.2—2006技术要求)。

备案资料(纳税服务规范3.0)。

(1)《税务资格备案表》2份。	(2) 不属于国家发展和改革委员会《产业结构调整指导目录》中的淘汰类、限制类项目和环境保护部《环境保护综合名录》中的"高污染、高环境风险"产品或者重污染工艺的声明材料。

(三) 清洁电力产品

财税〔2013〕66号、财税〔2016〕81号	财税〔2015〕74号
自2013年10月1日至2018年12月31日,对纳税人销售自产的利用太阳能生产的电力产品,实行增值税即征即退50%的政策。文到之日前,已征的按规定应予退还的增值税,可抵减纳税人以后月份应缴纳的增值税或予以退还。	自2015年7月1日起,对纳税人销售自产的利用风力生产的电力产品,实行增值税即征即退50%的政策。

备案资料(纳税服务规范3.0)。

(1)《税务资格备案表》2份。	(2) 自产的利用太阳能生产的电力产品的相关材料。

(四) 废旧物资

1. 废旧物资行业涉税政策沿革

再生资源,是指在社会生产和生活消费过程中产生的,已经失去原有全部或部分使用价值,经过回收、加工处理(仅指清洗、挑选、整理等简单加工)能够使其重新获得使用价值的各种废弃物。再生物资回收与批发(俗称废旧物资行业),是指将可再生的废旧物资回收,并批发给制造企业作初级原料的活动。国民经济行业代码5191,属于其他批发业类别。

(1)《财政部 国家税务总局关于对废旧物资回收经营企业增值税先征后返的通知》(财政字〔1995〕24号,已废止)规定,废旧物资回收经营企业增值税实行先征后返70%。

(2)《财政部 国家税务总局关于废旧物资回收经营业务有关增值税政策的通知》(财税〔2001〕78号,已废止)规定,废旧物资收购企业免征增值税,废旧物资加工企业按照税务机关监制的普通发票抵扣10%的进项税额。

(3)《国家税务总局关于废旧物资回收经营业务有关税收问题的批复》(国税函〔2002〕893号)明确,"废旧物资收购人员(非本单位人员)在社会上收购废旧物资,直接运送到购货方(生产厂家),废旧物资经营单位根据上述双方实际发生的业务,向废旧物资收购人员开具废旧物资收购凭证,在财务上作购进处理,同时向购货方开具增值税专用发票或普通发票,在财务上作销售处理,将购货方支付的购货款以现金方式转付给废旧物资收购人员。鉴于此种经营方式是由目前废旧物资行业的经营特点决定的,且废旧物资经营单位在开具增值税专用发票时确实收取了同等金额的货款,并确有同等数量的货物销售,因此,废旧物资经营单位开具增值税专用发票的行为不违背有关税收规定,不应定性为虚开。"

(4)《国家税务总局关于废旧物资回收经营企业增值税问题的批复》(国税函〔2005〕839号)明确,对废旧物资经营企业经营方式与《国家税务总局关于废旧物资经营业务有关税收问题的批复》(国税函〔2002〕893号)所列情形一致的,可依照国税函〔2002〕893号文件的规定办理。国税函〔2002〕893号文件是针对废旧物资回收经营行业某一种特定经营方式的个案批复,不能作为判定该行业其他经营行为是否涉嫌虚开专用发票的政策依据。

(5)《再生资源回收管理办法》(商务部令2007年第8号)规定,从事再生资源回收经营活动,应当在取得营业执照后30日内,按属地管理原则,向登记注册地工商行政管理部门的同级商务主管部门或者其授权机构备案。

(6)《财政部 国家税务总局关于再生资源增值税政策的通知》(财税〔2008〕157号)规定,取消"废旧物资回收经营单位销售其收购的废旧物资免征增值税"和"生产企业增值税一般纳税人购入废旧物资回收经营单位销售的废旧物资,可按废旧物资回收经营单位开具的由税务机关监制的普通发票上注明的金额,按10%计算抵扣进项税额"的政策。但个人(不含个体工商户)销售自己使用过的废旧物品免征增值税。在2010年年底前,对符合条件的增值税一般纳税人销售再生资源缴纳的增值税实行先征后退政策。

(7)《国家税务总局关于废旧物资发票抵扣增值税有关事项的公告》(国家税务总局公告2008年第1号)规定,自2009年1月1日起,从事废旧物资回收经营业务的增值税一般纳税人销售废旧物资,不得开具印有"废旧物资"字样的增值税专用发票。纳税人取得的2009年1月1日以后开具的废旧物资专用发票,不再作为增值税抵扣凭证。

(8)《财政部 国家税务总局关于印发〈资源综合利用产品和劳务增值税优惠目录〉的通知》(财税〔2015〕78号)扩大了再生资源行业享受增值税优惠政策的范围,按不同品种实行不同比例的增值税即征即退。

2. 处置医疗废物是否享受增值税优惠

从事医疗废物集中处置活动的单位,应当向县级以上人民政府环境保护行政主管部门申请领取经营许可证;未取得经营许可证的单位,不得从事有关医疗废物集中处置的活动。[《医疗废物管理条例》(国务院令第380号发布、国务院令第588号修订)第二十二条]

(1)处置医疗废物属于劳务还是服务?

《国家税务总局关于处置危险废物取得收入征免营业税问题的批复》(国税函〔2009〕587号)规定,单位和个人处置危险废物以及医疗废物、放射性废物业务属于垃圾处置劳务的范畴,不属于营业税应税劳务,对其取得的处置费收入不征收营业税。很显然,即使是在营业税时代,处置医疗废物都属于增值税里的垃圾处理应税劳务,不属于应税服务。

(2)处置医疗废物的增值税执行哪档税率?

处置医疗废物既然属于增值税应税劳务,那么,一般纳税人其增值税税率执行的是13%,应按照"20102000000000000000垃圾处理、污泥处置处置劳务"开具增值税发票。

(3)处置医疗废物免征增值税吗?

《财政部 国家税务总局关于调整完善资源综合利用产品及劳务增值税政策的通知》(财税〔2011〕115号)第二条规定:"对垃圾处理、污泥处理处置劳务免征增值税。垃圾处理是指运用填埋、焚烧、综合处理和回收利用等形式,对垃圾进行减量化、资源化和无害化处理处置的业务。"

自2015年7月1日起,上述财税〔2011〕115号文件被《财政部 国家税务总局关于印发〈资源综合利用产品和劳务增值税优惠目录〉的通知》(财税〔2015〕78号)全文废止。因此,自2015年7月1日起,处置医疗废物不免征增值税。

（续表）

（4）处置医疗废物享受增值税即征即退吗？ 根据《资源综合利用产品和劳务增值税优惠目录》（财税〔2015〕78号印发）的规定，享受即征即退政策的范围按照《资源综合利用产品和劳务增值税优惠目录》执行。 垃圾，是指城市生活垃圾、农作物秸秆、树皮废渣、	污泥、合成革及化纤废弃物、病死畜禽等养殖废弃物等垃圾。垃圾处理，是指运用填埋、焚烧、综合处理和回收利用等形式，对垃圾进行减量化、资源化和无害化处理处置的业务。处置医疗废物虽然属于处置垃圾劳务，但却不在《资源综合利用产品和劳务增值税优惠目录》列举的范围，不得享受增值税即征即退政策。

3. 关于废弃物专业化处理适用税率问题（国家税务总局公告2020年第9号）

政策规定	政策解读
自2020年5月1日起，纳税人受托对垃圾、污泥、污水、废气等废弃物进行专业化处理，即运用填埋、焚烧、净化、制肥等方式，对废弃物进行减量化、资源化和无害化处理处置，按照以下规定适用增值税税率： （1）采取填埋、焚烧等方式进行专业化处理后未产生货物的，受托方属于提供《销售服务、无形资产、不动产注释》（财税〔2016〕36号附件1）"现代服务"中的"专业技术服务"，其收取的处理费用适用6%的增值税税率。 （2）专业化处理后产生货物，且货物归属委托方的，受托方属于提供"加工劳务"，其收取的处理费用适用13%的增值税税率。 （3）专业化处理后产生货物，且货物归属受托方的，受托方属于提供"专业技术服务"，其收取的处理费用适用6%的增值税税率。受托方将产生的货物用于销售时，适用货物的增值税税率。	国家税务总局公告2020年第9号文件对废弃物处理的适用税率进行明确后，原来适用资源综合利用即征即退政策的纳税人比较关心的是，被划为"服务"的废弃物处理业务是否还能够享受资源综合利用政策。国家税务总局货物和劳务税司副司长吴晓强在解读国家税务总局公告2020年第9号文件时，给大家"吃了一颗定心丸"：资源综合利用政策初衷是为了保护环境、节约资源，凡是符合资源综合利用政策条件的，即使被划分为"服务"，也仍然可以享受增值税即征即退政策。

纳税人可以享受即征即退政策的综合利用的资源名称、综合利用产品和劳务名称、技术标准和相关条件、退税比例等要按照《资源综合利用产品和劳务增值税优惠目录》相关规定执行。（财税〔2015〕78号）
如果适用税目错误，会导致主业（现代服务）比重计算错误，错误适用进项税额抵减。

4. 完善资源综合利用增值税政策（财政部 税务总局公告2021年第40号）

一、从事再生资源回收的增值税一般纳税人销售其收购的再生资源，可以选择适用简易计税方法依照3%征收率计算缴纳增值税，或适用一般计税方法计算缴纳增值税。 （一）本公告所称再生资源，是指在社会生产和生活消费过程中产生的，已经失去原有全部或部分使用价值，经过回收、加工处理，能够使其重新获得使用价值的各种废弃物。其中，加工处理仅限于清洗、挑选、破碎、切割、拆解、打包等改变再生资源密度、湿度、长度、粗细、软硬等物理性状的简单加工。 （二）纳税人选择适用简易计税方法，应符合下列条件之一： 1. 从事危险废物收集的纳税人，应符合国家危险废物经营许可证管理办法的要求，取得危险废物经营许可证。 2. 从事报废机动车回收的纳税人，应符合国家商务主管部门出台的报废机动车回收管理办法要求，取得报废机动车回收拆解企业资质认定证书。 3. 除危险废物、报废机动车外，其他再生资源回收纳税人应符合国家商务主管部门出台的再生资源回收管理办法要求，进行市场主体登记，并在商务部门完成再生资源回收经营者备案。	（三）各级财政、主管部门及其工作人员，存在违法违规给予从事再生资源回收业务的纳税人财政返还、奖补行为的，依法追究相应责任。 二、除纳税人聘用的员工为本单位或者雇主提供的再生资源回收不征收增值税外，纳税人发生的再生资源回收并销售的业务，均应按照规定征免增值税。 三、增值税一般纳税人销售自产的资源综合利用产品和提供资源综合利用劳务（以下称销售综合利用产品和劳务），可享受增值税即征即退政策。 （一）综合利用的资源名称、综合利用产品和劳务名称、技术标准和相关条件、退税比例等按照本公告所附《资源综合利用产品和劳务增值税优惠目录（2022年版）》（以下简称《目录》）的相关规定执行。 （二）纳税人从事《目录》所列的资源综合利用项目，其申请享受本公告规定的增值税即征即退政策时，应同时符合下列条件： 1. 纳税人在境内收购的再生资源，应按规定从销售方取得增值税发票；适用免税政策的，应按规定从销售方取得增值税普通发票。销售方为依法依规无法申领发票的单位或者从事小额零星经营业务的自然人，应取得销售方开具的收款凭证及收购方

内部凭证,或者税务机关代开的发票。本款所称小额零星经营业务是指自然人从事应税项目经营业务的销售额不超过增值税按次起征点的业务。纳税人从境外收购的再生资源,应按规定取得海关进口增值税专用缴款书,或者从销售方取得具有发票性质的收款凭证、相关税费缴纳凭证。

纳税人应当取得上述发票或凭证而未取得的,该部分再生资源对应产品的销售收入不得适用本公告的即征即退规定。

不得适用本公告即征即退规定的销售收入＝当期销售综合利用产品和劳务的销售收入×(纳税人应当取得发票或凭证而未取得的购入再生资源成本÷当期购进再生资源的全部成本)。

纳税人应当在当期销售综合利用产品和劳务销售收入中剔除不得适用即征即退政策部分的销售收入后,计算可申请的即征即退税额:

可申请退税额＝[(当期销售综合利用产品和劳务的销售收入－不得适用即征即退规定的销售收入)×适用税率－当期即征即退项目的进项税额]×对应的退税比例

各级税务机关要加强发票开具相关管理工作,纳税人应按规定及时开具、取得发票。

2. 纳税人应建立再生资源收购台账,留存备查。台账内容包括:再生资源供货方单位名称或个人姓名及身份证号、再生资源名称、数量、价格、结算方式、是否取得增值税发票或符合规定的凭证等。纳税人现有账册、系统能够包括上述内容的,无需单独建立台账。

3. 销售综合利用产品和劳务,不属于发展改革委《产业结构调整指导目录》中的淘汰类、限制类项目。

4. 销售综合利用产品和劳务,不属于生态环境部《环境保护综合名录》中的"高污染、高环境风险"产品或重污染工艺。"高污染、高环境风险"产品,是指在《环境保护综合名录》中标注特性为"GHW/GHF"的产品,但纳税人生产销售的资源综合利用产品满足"GHW/GHF"例外条款规定的技术和条件的除外。

5. 综合利用的资源,属于生态环境部《国家危险废物名录》列明的危险废物的,应当取得省级或市级生态环境部门颁发的《危险废物经营许可证》,且许可经营范围包括该危险废物的利用。

6. 纳税信用级别不为C级或D级。

7. 纳税人申请享受本公告规定的即征即退政策时,申请退税税款所属期前6个月(含所属期当期)不得发生下列情形:

(1) 因违反生态环境保护的法律法规受到行政处罚(警告、通报批评或单次10万元以下罚款、没收违法所得、没收非法财物除外;单次10万元以下含本数,下同)。

(2) 因违反税收法律法规被税务机关处罚(单次10万元以下罚款除外),或发生骗取出口退税、虚开发票的情形。

纳税人在办理退税事宜时,应向主管税务机关提供其符合本条规定的上述条件以及《目录》规定的技术标准和相关条件的书面声明,并在书面声明中如实注明未取得发票或相关凭证以及接受环保、税收处罚等情况。未提供书面声明的,税务机关不得给予退税。

(三) 已享受本公告规定的增值税即征即退政策的纳税人,自不符合本公告"三"中第"(二)"部分规定的条件以及《目录》规定的技术标准和相关条件的当月起,不再享受本公告规定的增值税即征即退政策。

(四) 已享受本公告规定的增值税即征即退政策的纳税人,在享受增值税即征即退政策后,出现本公告"三"中第"(二)"部分第"7"点规定情形的,自处罚决定作出的当月起6个月内不得享受本公告规定的增值税即征即退政策。如纳税人连续12个月内发生两次以上本公告"三"中第"(二)"部分第"7"点规定的情形,自第二次处罚决定作出的当月起36个月内不得享受本公告规定的增值税即征即退政策。相关处罚决定被依法撤销、变更、确认违法或者确认无效的,符合条件的纳税人可以重新申请办理退税事宜。

(五) 各省、自治区、直辖市、计划单列市税务机关应于每年3月底之前在其网站上,将本地区上一年度所有享受本公告规定的增值税即征即退或免税政策的纳税人,按下列项目予以公示:纳税人名称、纳税人识别号、综合利用的资源名称、综合利用产品和劳务名称。各省、自治区、直辖市、计划单列市税务机关在对本地区上一年度享受本公告规定的增值税即征即退或免税政策的纳税人进行公示前,应会同本地区生态环境部门,再次核实纳税人受环保处罚情况。

四、纳税人从事《目录》2.15"污水处理厂出水、工业排水(矿井水)、生活污水、垃圾处理厂渗透(滤)液等"项目、5.1"垃圾处理、污泥处理处置劳务"、5.2"污水处理劳务"项目,可适用本公告"三"规定的增值税即征即退政策,也可选择适用免征增值税政策;一经选定,36个月内不得变更。选择适用免税政策的纳税人,应满足本公告"三"有关规定以及《目录》规定的技术标准和相关条件,相关资料留存备查。

五、按照本公告规定单个所属期退税金额超过500万元的,主管税务机关应在退税完成后30个工作日内,将退税资料送同级财政部门复查,财政部门逐级复查后,由省级财政部门送财政部当地监管局出具最终复查意见。复查工作应于退税后3个月内完成,具体复查程序由财政部当地监管局会同省级财税部门制定。

六、再生资源回收、利用纳税人应依法履行纳税义务。各级税务机关要加强纳税申报、发票开具、即征即退等事项的管理工作,保障纳税人按规定及时办理相关纳税事项。

七、本公告自2022年3月1日起执行。

5. 废旧物资回收经营业务开具增值税专用发票的定性问题

国税函〔2002〕893号	国税函〔2005〕839号
（1）关于开具增值税专用发票的定性问题。 废旧物资收购人员（非本单位人员）在社会上收购废旧物资，直接运送到购货方（生产厂家），废旧物资经营单位根据上述双方实际发生的业务，向废旧物资收购人员开具废旧物资收购凭证，在财务上作购进处理，同时向购货方开具增值税专用发票或普通发票，在财务上作销售处理，将购货方支付的购货款以现金方式转付给废旧物资收购人员。鉴于此种经营方式是由目前废旧物资行业的经营特点决定的，且废旧物资经营单位在开具增值税专用发票时确实收取了同等金额的货款，并确有同等数量的货物销售，因此，废旧物资经营单位开具增值税专用发票的行为不违背有关税收规定，不应定性为虚开。 （2）关于税款损失额的确定问题。 鉴于废旧物资经营单位按照税收规定享受增值税先征后返70%的优惠政策，因此应将增值税不能返还的30%部分确定为税款损失额。	（1）对废旧物资经营企业经营方式与《国家税务总局关于废旧物资经营业务有关税收问题的批复》（国税函〔2002〕893号）所列情形一致的，可依照国税函〔2002〕893号文件办理。 （2）国税函〔2002〕893号文件是针对废旧物资回收经营行业某一种特定经营方式的个案批复，不能作为判定该行业其他经营行为是否涉嫌虚开专用发票的政策依据。根据提供的有关情况，涉案企业的实际做法与该文件所列情形不尽一致，不应按该文件办理。

根据国税函〔2002〕893号文件生产企业直接向第三方个体人员收购废旧物资，废旧物资经营单位满足下列条件后，即可向生产企业开出相应增值税专用发票，不构成虚开发票：
（1）废旧物资经营单位向第三方个体人员开具废旧物资收购凭证，在财务上做购进处理。
（2）废旧物资经营单位在开出发票后，在财务上做销售处理。
（3）生产企业将款项支付给废旧物资经营单位，再由废旧物资经营单位将款项支付给第三方个体人员。
（4）上列所开具发票、凭证记载的货物数量、金额与真实交易相一致。

三、软件产品增值税即征即退

政策依据：

> 《财政部 国家税务总局关于软件产品增值税政策的通知》（财税〔2011〕100号）；
> 《国家税务总局关于公布取消一批税务证明事项以及废止和修改部分规章规范性文件的决定》（国家税务总局令第48号）。

（一）软件产品的界定（财税〔2011〕100号第二条）

《计算机软件保护条例》	财税〔2011〕100号第二条
软件，又称计算机软件，是指计算机程序及其有关文档；软件必须由开发者独立开发，并已固定在某种有形物体。	软件产品，是指信息处理程序及相关文档和数据。软件产品包括计算机软件产品、信息系统和嵌入式软件产品。 嵌入式软件产品，是指嵌入在计算机硬件、机器设备中并随其一并销售，构成计算机硬件、机器设备组成部分的软件产品。

（二）退税资格申请审批管理

财税〔2011〕100号第三条	国发〔2015〕11号
符合下列条件的软件产品，经主管税务机关审核批准，可以享受本办法规定的增值税即征即退优惠政策： （1）取得省级软件产业主管部门认可的软件检测机构出具的检测证明材料（以下简称检测证明）。 （2）取得软件产业主管部门颁发的《软件产品登记证书》或著作权行政管理部门颁发的《计算机软件著作权登记证书》。	自2015年2月起，取消软件企业和集成电路企业认定及产品的登记备案，目前软件产业主管部门已不再颁发《软件产品登记证书》。

（续表）

财税〔2011〕100号第三条	国发〔2015〕11号
纳税人应于取得证书后向主管税务机关申请享受税收优惠资格，并提供以下即征即退资格认定申请资料： （1）《税务认定审批确认表》。 （2）软件产业主管部门认可的软件检测机构出具的检测证明材料原件及其复印件。 （3）软件产业主管部门颁发的《软件产品登记证书》或著作权行政管理部门颁发的《计算机软件著作权登记证书》原件及其复印件。 （4）税务机关要求的其他资料。 以上由纳税人提供的资料需加盖企业公章，并注明"复印件与原件一致"字样。 主管税务机关受理纳税人申请资料，经审核无误后，于20个工作日内完成审批，并及时通知纳税人享受即征即退优惠政策。	

不再颁发《软件产品登记证书》后，纳税人凭《计算机软件著作权登记证书》和检测证明材料，并自《计算机软件著作权登记证书》注明软件开发完成之日起，即可向主管税务机关申请享受软件产品增值税即征即退政策。因此，企业销售未取得《计算机软件著作权登记证书》的软件产品，不可以享受增值税即征即退优惠政策。

1. 备查资料（纳税服务规范3.0）

该项目属于备案类优惠减免（减免性质代码：01024103），备案资料： （1）《税务资格备案表》2份。 （2）取得软件产业主管部门颁发的《软件产品登记证书》或著作权行政管理部门颁发的《计算机软件著作权登记证书》。	纳税人应在首次享受减免税的申报阶段或在申报征期后的其他规定期限内提交相关资料向税务机关申请办理税收减免备案。在电子税局"税费申报及缴纳"—"申报辅助信息报告"—"增值税即征即退备案"进行备案，在"一般抵税管理"—"软件著作权和测试报告的上报和维护"上传软件著作权扫描件，在"一般退抵税管理"—"软件产品即征即退申请"进行软件即征即退套餐申报。（可通过电子税务局办理）

符合减免税条件期间，备案材料一次性报备，在政策存续期可一直享受，当减免税情形发生变化时，应当及时向税务机关报告。

2. 取消的税务证明事项目录（国家税务总局令第48号，自2019年7月24日起执行）

序号	证明名称	证明用途	取消后的办理方式
9	软件产品、动漫软件检测证明材料	纳税人办理软件产品、动漫软件增值税即征即退手续时，需提供省级软件产业主管部门认可的软件检测机构出具的检测证明材料。	不再提交。主管税务机关应加强后续管理，必要时可委托第三方检测机构对产品进行检测，一经发现不符合免税条件的，应及时纠正并依法处理。

（三）软件产品增值税优惠政策（财税〔2011〕100号、财税〔2016〕36号）

政策规定	政策解读
（1）增值税一般纳税人销售其自行开发生产的软件产品，按17%（自2019年4月1日起为13%）税率征收增值税后，对其增值税实际税负超过3%的部分实行即征即退政策。 （2）增值税一般纳税人将进口软件产品进行本地化改造后对外销售，其销售的软件产品可享受本条第一款规定的增值税即征即退政策。 （3）纳税人受托开发软件产品，属于信息技术服务下的软件服务。	（1）自行开发生产的软件产品是指实际组织、进行开发工作，提供工作条件以完成软件开发，并拥有软件著作权或所有权的软件开发者（包括单位和个人）自行生产的软件产品。 单位或者个人自己开发并自用的软件以及委托他人开发的自用专用软件不适用《软件产品增值税即征即退管理办法》。 （2）本地化改造是指对进口软件产品进行重新设计、改进、转换等，单纯对进口软件产品进行汉字化处理不包括在内。 （3）纳税人销售自行开发生产的软件产品并随同销售一并收取的软件安装费、维护费、培训费等收入，应按照增值税混合销售的有关规定征收增值税，并可享受软件产品增值税即征即退政策。 （4）对软件产品交付使用后，按期或按次收取的维护、技术服务费、培训费等按信息技术服务征收增值税。 （5）软件产品即征即退政策最早的起始执行期限可追溯至2000年6月24日。

(续表)

对属于增值税一般纳税人的动漫企业销售其自主开发生产的动漫软件,按适用税率征收增值税后,对其增值税实际税负超3%的部分,实行即征即退政策。动漫软件出口免征增值税。上述动漫软件,按照财税〔2011〕100号文件中软件产品相关规定执行。(财税〔2013〕98号)

纳税人销售软件产品并随同销售一并收取的软件安装费、维护费、培训费等收入,应按照增值税混合销售的有关规定征收增值税,并可享受软件产品增值税即征即退政策。(财税〔2005〕165号第十一条第二款)

(四)软件产品增值税即征即退税额的计算

软件产品增值税即征即退税额的计算方法	嵌入式软件产品增值税即征即退税额的计算
即征即退税额＝当期软件产品增值税应纳税额－当期软件产品销售额×3% 当期软件产品增值税应纳税额＝当期软件产品销项税额－当期软件产品可抵扣进项税额 当期软件产品销项税额＝当期软件产品销售额×17%(2019年4月1日起为13%)	(1)嵌入式软件产品增值税即征即退税额的计算方法: 即征即退税额＝当期嵌入式软件产品增值税应纳税额－当期嵌入式软件产品销售额×3% 当期嵌入式软件产品增值税应纳税额＝当期嵌入式软件产品销项税额－当期嵌入式软件产品可抵扣进项税额 当期嵌入式软件产品销项税额＝当期嵌入式软件产品销售额×17%(2019年4月1日起为13%) (2)当期嵌入式软件产品销售额的计算公式: 当期嵌入式软件产品销售额＝当期嵌入式软件产品与计算机硬件、机器设备销售额合计－当期计算机硬件、机器设备销售额 计算机硬件、机器设备销售额按照下列顺序确定: ① 按纳税人最近同期同类货物的平均销售价格计算确定。 ② 按其他纳税人最近同期同类货物的平均销售价格计算确定。 ③ 按计算机硬件、机器设备组成计税价格计算确定。 计算机硬件、机器设备组成计税价格＝计算机硬件、机器设备成本×(1＋10%) 对增值税一般纳税人随同计算机硬件、机器设备一并销售嵌入式软件产品,如果适用财税〔2011〕100号文件规定按照组成计税价格计算确定计算机硬件、机器设备销售额的,应当分别核算嵌入式软件产品与计算机硬件、机器设备部分的成本。凡未分别核算或者核算不清的,不得享受财税〔2011〕100号文件规定的增值税政策。

(1)增值税一般纳税人在销售软件产品的同时销售其他货物或者应税劳务的,应单独核算软件产品的进项税额,对于无法划分的进项税额(如水、电等共同消耗,难以直接划分的进项税额),应按照实际成本或销售收入比例确定软件产品应分摊的进项税额;对专用于软件产品开发生产设备及工具(包括但不限于用于软件设计的计算机设备、读写打印器具设备、工具软件、软件平台和测试设备)的进项税额,不得进行分摊。纳税人应将选定的分摊方式报主管税务机关备案,并自备案之日起一年内不得变更。

(2)对于嵌入式软件产品享受超税负退税的销售额应根据公式计算而得,无论是否存在购买软件免费赠送硬件情况,均不允许将其全部销售额作为享受超税负退税的软件部分销售额。

(3)计算嵌入式软件产品计算机硬件、机器设备销售额时,组成计税价格中的计算机硬件、机器设备成本,是指属于外购的计算机硬件、机器设备,不再进行加工和生产的,其成本为实际采购成本(如需简单安装,则包括加工费);属于自制或加工的计算机硬件、机器设备,其成本为制造成本,包括:产品耗用的原材料、辅助材料及其对应的加工费;硬件成本对应分摊的制造费用。包括工人工资、生产用固定资产折旧、生产用低值易耗品摊销及水、电费摊销等。

(4)设备和软件合并开具发票时,必须在备注栏体现软件部分的销售额。

(5)销售软件产品时,随同销售一并收取的软件安装费、维护费和培训费等收入,应按照增值税混合销售的规定缴纳和办理退还增值税;在软件产品销售结束后,单独按期或按次收取的维护费,不属于混合销售行为,应单独计税,不享受增值税即征即退政策。

(6)符合条件的软件企业按照《财政部 国家税务总局关于软件产品增值税政策的通知》(财税〔2011〕100号)的规定取得的即征即退增值税款,由企业专项用于软件产品研发和扩大再生产并单独进行核算,可以作为不征税收入,在计算应纳税所得额时从收入总额中减除。

软件产品增值税即征即退进项税额分摊方式资料报送与信息报告备案材料(纳税服务规范3.0)。

序号	材料名称	数量	备注
1	《纳税人进项税额分摊方式备案报告表》	2份	
2	加载统一社会信用代码的营业执照(或税务登记证、组织机构代码证等)原件	1份	查验后退回

【例3-21】 A公司为增值税一般纳税人,销售自行开发生产的软件产品,符合财税〔2011〕100号文件规定的条件,享受软件产品增值税即征即退政策;2022年11月销售自行开发生产的软件产品取得销售额300万元(不含税),销售其他货物取得销售额100万元(不含税),开具增值税专用发票,税率为13%。取得符合抵扣规定的增值税专用发票10份,金额230万元,税额29.9万元,其中专用于软件产品进项税额为13.9万,其余16万元为无法划分的进项税额。上述进项税额当月已经全部勾选抵扣。

税款计算	增值税申报	申请即征即退税额
软件产品应分摊的进项税额:$16 \times 300 \div (300+100)=12$(万元); 软件产品可抵扣进项税额:$12+13.9=25.9$(万元); 即征即退项目应退增值税:$300 \times 13\% - 25.9 - 300 \times 3\% = 39 - 25.9 - 9 = 4.1$(万元)。	(1)填写《增值税及附加税费申报表附列资料二》(本期进项税额明细),第35行填写本期已勾选抵扣的专用发票信息,核对无误后保存。 (2)填写《增值税及附加税费申报表附列资料一》(本期销售情况明细),第1行"13%税率的货物及加工修理修配劳务""开具增值税专用发票"列相应栏填写本期销售数据;第6行"即征即退货物及加工修理修配劳务""开具增值税专用发票"列相应栏填写本期软件产品销售数据,核对无误后保存。 (3)填写增值税及附加税费申报表主表,主表第一行显示本期销售额,填写第2行应税货物销售额相应栏次;核对本期增值税应纳税额,数据无误保存报表,并对报表进行提交,完成申报及税款的缴纳。	(1)登录电子税务局,点击"我要办税"—"一般退(抵)税管理模块"。 (2)左侧选择进入"入库减免退抵税申请"模块,填写入库减免退抵税备案表。 (3)表格中*号为必填项;注意准确填写退税类型、依据文书字号、原因、方式等。 ① 文书字号:纳税人需要先进行软件产品即征即退的备案,才会显示有该即征即退政策的文书字号。 ② 申请退抵税额:需要先填写下方税款所属期,点击查询后,根据下方显示的退抵税明细中的金额进行填写,申请退税金额应小于等于下方允许退税的金额。 (4)填写"退税申请理由",写清退抵税具体原因和发生过程,包括相关业务销售情况、销售额、销项税额、进项税额,依据的政策文件,计算申请退税额过程及申请退税费额等。

【例3-22】 甲科技有限公司属于增值税一般纳税人,是一家从事集机电产品开发于一体的研究机构(以下简称甲公司)。2018年6月1日,甲公司开发的高端液晶转速显示表软件(以下简称液晶表V1.0)和高端传感型无刷电机控制器系统(以下简称无刷控制器V1.0),取得了国家版权局颁发的《计算机软件著作权登记证书》。2018年8月9日,甲公司取得省经济和信息化委员会颁发的《软件产品登记证书》,有效期均为5年。

2022年8月,甲公司产品销售收入500万元(均不含税,下同),包括无软件设备销售收入280万元;含嵌入式软件产品设备销售收入220万元,其中液晶表1.3万只,销售收入55万元,无刷控制器1 000只,销售收入165万元。8月缴纳增值税40万元。

计算增值税退税	
(1)确定计算机硬件、机器设备销售额。 甲公司开发的两类嵌入式软件产品,其设备不能直接对外销售,也无其他可供参照市场价格,只能与软件嵌入后方可对外出售,所以,应按上述第三条规定计算确定设备销售额。8月液晶表、无刷控制器设备"库存	商品"明细账反映,单位产品成本分别为8元/只、400元/只。液晶表设备销售金额为$13\,000 \times 8 \times (1+10\%)=114\,400$(元),无刷控制器设备销售金额为$1\,000 \times 400 \times (1+10\%)=440\,000$(元)。合计销售额$=440\,000+114\,400=554\,400$(元)。

（续表）

	计算增值税退税
（2）计算当期嵌入式软件产品销售额。 当期嵌入式软件产品销售额＝当期嵌入式软件产品与设备销售额合计－当期机器设备销售额＝2 200 000－554 400＝1 645 600(元)。 （3）当期嵌入式软件产品可抵扣进项税额。 查阅甲公司2022年8月增值税抵扣联发票，其中：购进专用于软件开发的计算机及配套设备4台，不含税价款20 000元；软件检测测试设备3台，不含税价款30 000元。合计进项税额＝50 000×13％＝6 500(元)。 本期生产全部产品耗用水电费用，其进项税金18 000元，按销售收入的比例分摊进项税。	当期嵌入式软件产品可抵扣进项税额＝6 500＋18 000×1 645 600÷5 000 000＝6 500＋5 924.16＝12 424.16(元)。 （4）计算当期嵌入式产品应退增值税。 ① 嵌入式软件产品增值税应纳税额＝1 645 600×13％－12 424.16＝213 928－12 424.16＝201 503.84(元)。 ② 嵌入式软件产品应退增值税额＝201 503.84－1 645 600×3％＝201 503.84－49 368＝152 135.84(元)。

	会计处理
借：银行存款　　　　　　　　　　　　　　　　　　　　　　　　　152 135.84 　贷：其他收益　　　　　　　　　　　　　　　　　　　　　　　　152 135.84	

（五）动漫产业增值税政策（财税〔2018〕38号、财政部　税务总局公告2021年第6号）

自2018年1月1日至2018年4月30日，对动漫企业增值税一般纳税人销售其自主开发生产的动漫软件，按照17％的税率征收增值税后，对其增值税实际税负超过3％的部分，实行即征即退政策。 自2018年5月1日至2020年12月31日，对动漫企业增值税一般纳税人销售其自主开发生产的动漫软件，按照16％的税率征收增值税后，对其增值税实际税负超过3％的部分，实行即征即退政策。	动漫软件出口免征增值税。 动漫软件，按照《财政部　国家税务总局关于软件产品增值税政策的通知》（财税〔2011〕100号）中软件产品的相关规定执行。 动漫企业和自主开发、生产动漫产品的认定标准和认定程序，按照《文化部　财政部　国家税务总局关于印发〈动漫企业认定管理办法（试行）〉的通知》（文市发〔2008〕51号）的规定执行。 《财政部　国家税务总局关于动漫产业增值税和营业税政策的通知》（财税〔2013〕98号）到期停止执行。

财税〔2018〕38号文件是对2018年5月1日增值税税率从17％调整到16％政策作出的相应调整。2019年4月1日后，软件产品执行税率为13％。

该项目属于备案类优惠减免，备案资料：(1)《税务资格备案表》2份；(2)软件产业主管部门颁发的《软件产品登记证书》或著作权行政管理部门颁发的《计算机软件著作权登记证书》。

依据《财政部　税务总局关于延长部分税收优惠政策执行期限的公告》（财政部　税务总局公告2021年第6号）的规定，财税〔2018〕38号文件的税收优惠政策执行期限延长至2023年12月31日。

四、有形动产融资租赁和融资性售后回租服务（财税〔2016〕36号）

政策规定	政策解读
经人民银行、银监会或者商务部批准从事融资租赁业务的试点纳税人中的一般纳税人，提供有形动产融资租赁服务和有形动产融资性售后回租服务，对其增值税实际税负超过3％的部分实行增值税即征即退政策。 商务部授权的省级商务主管部门和国家经济技术开发区批准的从事融资租赁业务和融资性售后回租业务的试点纳税人中的一般纳税人，2016年5月1日后实收资本达到1.7亿元的，从达到标准的当月起按照上述规定执行；2016年5月1日后实收资本未达到1.7亿元但注册资本达到1.7亿元的，在2016年7月31日前仍可按照上述规定执行；2016年8月1日后开展的有形动产融资租赁业务和有形动产融资性售后回租业务不得按照上述规定执行。 本规定所称增值税实际税负，是指纳税人当期提供应税服务实际缴纳的增值税额占纳税人当期提供应税服务取得的全部价款和价外费用的比例。	本条基本平移了财税〔2013〕106号附件3第二条第（四）项相关政策规定，但发生了如下变化： （1）取消了原政策对融资性售后回租即征即退政策的时间限制； （2）对纳税人的注册资本金额要求调整为实收资本金额要求，并对未达标的纳税人规定了3个月的过渡期； （3）融资性售后回租虽然作为"贷款服务"征收增值税，但仍可按照上述规定享受即征即退增值税政策，但仅限于有形动产的融资性售后回租业务。

备查资料(纳税服务规范3.0)。

(1)《税务资格备案表》2份。　　(2)有形动产融资租赁服务业务合同复印件。

取消"批准经营融资租赁业务证明"(国家税务总局令第46号)。

序号	证明名称	证明用途	取消后的办理方式
8	批准经营融资租赁业务证明	经人民银行等部门批准从事融资租赁业务的试点纳税人中的一般纳税人,办理其提供有形动产融资租赁服务和有形动产融资性售后回租服务,对其增值税实际税负超过3%的部分实行增值税即征即退备案时,需提交人民银行等部门批准经营融资租赁业务证明。	不再提交。改为纳税人自行留存备查。

五、管道运输服务

政策规定	政策解读
一般纳税人提供管道运输服务,对其增值税实际税负超过3%的部分实行增值税即征即退政策。 　本规定所称增值税实际税负,是指纳税人当期提供应税服务实际缴纳的增值税额占纳税人当期提供应税服务取得的全部价款和价外费用的比例。	本条是对财税〔2013〕106号附件3第二条第(三)项有关政策规定的平移。 　本规定取消了2015年12月31日前的时间限制。
备案材料:(1)《税务资格备案表》2份;(2)管道运输服务业务合同复印件。	

六、飞机修理(财税〔2000〕102号)

政策规定	备案材料
自2000年1月1日起,对飞机维修劳务增值税实际税负超过6%的部分即征即退。	《税务资格备案表》2份。

七、水力发电站(财税〔2014〕10号)

为支持水电行业发展,自2002年起国家陆续就三峡电站、葛洲坝电站、小浪底水利工程以及黄河上游水电开发有限责任公司等,出台电力产品增值税实际税负超过8%的部分实行即征即退政策。上述政策自2014年1月1日起废止。	为统一和规范大型水电企业增值税政策,《财政部　国家税务总局关于大型水电企业增值税政策的通知》(财税〔2014〕10号)规定,对装机容量超过100万千瓦的水力发电站(含抽水蓄能电站)销售自产电力产品的,自2013年1月1日至2015年12月31日,对其增值税实际税负超过8%的部分实行即征即退政策;自2016年1月1日至2017年12月31日,对其增值税实际税负超过12%的部分实行即征即退政策。这里所称的装机容量,是指单站发电机组额定装机容量的总和,包括项目核准(审批)机关依权限核准(审批)的水力发电站总装机容量(含分期建设和扩机),以及后续因技术改造升级等原因经批准增加的装机容量。该文件于2017年12月31日执行到期,之后暂无相关政策延续。

八、黄金期货交易与铂金增值税即征即退

财税〔2008〕5号	财税〔2003〕86号
自2008年1月1日起,上海期货交易黄金期货交易发生实物交割时,比照现行上海黄金交易所黄金交易的税收政策执行。具体分两个阶段,上海期货交易所会员和客户通过上海期货交易所销售标准黄金,发生实物交割但未出库的,免征增值税;发生实物交割并已出库的,由税务机关按照实际交割价格代开增值税专用发票。	自2003年5月1日起,对中博世金科贸有限责任公司通过上海黄金交易所销售的进口铂金,以上海黄金交易所开具的《上海黄金交易所发票》(结算联)为依据,实行增值税即征即退政策。中博世金科贸有限责任公司进口的铂金未通过上海黄金交易所销售的,不得享受增值税即征即退政策。中博世金科贸有限责任公司通过上海黄金交易所销售的进口铂金,由上海黄金交易所主管税务机关按照实际成交价格代开增值税专用发票。 此外,财税〔2003〕86号文件还规定,国内铂金生产企业自产自销的铂金,实行增值税即征即退政策。注意此项即征即退政策享受主体为国内铂金生产企业,对铂金制品加工企业和流通企业销售的铂金及其制品,仍按现行规定征收增值税。
黄金期货交易增值税即征即退优惠(减免性质代码:01081520),应报送《税务资格备案表》2份。	铂金增值税即征即退优惠(减免性质代码:01129901,政策依据:财税〔2003〕86号),应报送:(1)《税务资格备案表》2份。(2)国内生产企业自产自销铂金的证明材料原件及复印件(原件查验后退回)。(3)上海黄金交易所开具的《上海黄金交易所发票》结算联(查验后退回)。

九、增值税即征即退管理

(一)即征即退项目与免抵退税项目并存处理(国家税务总局公告2011年第69号)

纳税人既有增值税即征即退、先征后退项目,也有出口等其他增值税应税项目的,增值税即征即退和先征后退项目不参与出口项目免抵退税计算。纳税人应分别核算增值税即征即退、先征后退项目和出口等其他增值税应税项目,分别申请享受增值税即征即退、先征后退和免抵退税政策。	用于增值税即征即退或者先征后退项目的进项税额无法划分的,按照下列公式计算: 无法划分进项税额中用于增值税即征即退或者先征后退项目的部分=当月无法划分的全部进项税额×当月增值税即征即退或者先征后退项目销售额÷当月全部销售额合计 本公告自2012年1月1日起执行。

(二)增值税即征即退由先评估后退税改为先退税后评估(国家税务总局公告2011年第60号)

将增值税即征即退优惠政策的管理措施由先评估后退税改为先退税后评估。 主管税务机关应进一步加强对即征即退企业增值税退税的事后管理,根据以下指标定期开展纳税评估。 (1)销售额变动率的计算公式: 本期销售额环比变动率=(本期即征即退货物和劳务销售额-上期即征即退货物和劳务销售额)÷上期即征即退货物和劳务销售额×100% 本期累计销售额环比变动率=(本期即征即退货物和劳务累计销售额-上期即征即退货物和劳务累计销售额)÷上期即征即退货物和劳务累计销售额×100%	本期销售额同比变动率=(本期即征即退货物和劳务销售额-去年同期即征即退货物和劳务销售额)÷去年同期即征即退货物和劳务销售额×100% 本期累计销售额同比变动率=(本期即征即退货物和劳务累计销售额-去年同期即征即退货物和劳务累计销售额)÷去年同期即征即退货物和劳务累计销售额×100% (2)增值税税负率的计算公式: 增值税税负率=本期即征即退货物和劳务应纳税额÷本期即征即退货物和劳务销售额×100%

第十一节 增值税先征后退(返)优惠解析与应用

先征后退(返),是对纳税人按税法规定缴纳的税款,先由税务机关征税入库后,再由税务机关或财政部门按规定程序给予部分或全部退税或返还。先征后退与先征后返的区别在于,前者是由税务机关退税,而后者是由财政部门返还。企业收到先征后退(返)税款时,借记"银行存款"科目,贷记"其他收益"科目。

一、全额先征后退(返)

(一) 华商中心竞卖国家储备糖(财税〔2002〕181号)

《财政部关于华商中心竞卖国家储备糖增值税先征后退的通知》(财税〔2002〕181号)规定,对华商储备商品管理中心销售的国家储备糖缴纳的增值税从2001年起实行先征后退。

(二) 定点企业生产变性燃料乙醇(财税〔2005〕174号)

对吉林燃料乙醇有限责任公司、河南天冠集团、安徽丰原生物化学股份有限公司和黑龙江华润酒精有限公司生产用于调配车用乙醇汽油的变性燃料乙醇免征消费税,以前年度已征的消费税退还给企业。	对上述四个企业生产用于调配车用乙醇汽油的变性燃料乙醇,增值税实行先征后退办法,具体由财政部驻当地财政监察专员办事处按照〔94〕财预字第55号文件的规定办理。

(三) 煤层气抽采企业销售煤层气(财税〔2007〕16号)

自2007年1月1日起,对煤层气抽采企业的增值税一般纳税人抽采销售煤层气实行增值税先征后退政策。 先征后退税款由企业专项用于煤层气技术的研究和扩大再生产,不征收企业所得税。 煤层气也称煤矿瓦斯,是指赋存于煤层及其围岩中与煤炭资源伴生的非常规天然气。	煤层气抽采企业应将享受增值税先征后退政策的业务和其他业务分别核算,不能分别准确核算的,不得享受增值税先征后退政策。 财税〔2007〕16号文件同时废止了对中联公司中外合作开采陆上煤层气按实物征收5%的增值税以及中联公司自营开采陆上煤层气增值税超5%税负返还政策。

(四) 特定核力发电企业(财税〔2008〕38号)

广东核电投资有限公司销售给广东电网公司的电力,在2014年12月31日前继续执行增值税先征后退政策。关于大亚湾核电站和广东核电投资有限公司的税收政策,财税〔2008〕38号文件延续了《关于广东大亚湾核电站有关税收政策问题的通知》(财税字〔1998〕173号)的相关规定。对广东核电投资有限公司销售给广东省电力总公司的电力,自1999年1月1日起至2007年12月31日实行增值税先征后返政策;自2008年1月1日起至2014年12月31日实行增值税先征后退政策。即广东核电投资有限公司销售给广东电网公司的电力,不适用一般核力发电企业生产销售电力产品逐级递减的增值税先征后退政策。

二、按比例先征后退

(一) 核力发电企业生产销售电力产品(财税〔2008〕38号)

为支持核电事业的发展,财税〔2008〕38号文件统一了核电行业税收政策,设置75%、70%、55%三档返还比例。自2008年1月1日起,核力发电企业生产销售电力产品,自核电机组正式商业投产次月起15个年度内,统一实行增值税先征后退政策,返还比例分三个阶段逐级递减。	第一阶段,自正式商业投产次月起5个年度内,返还比例为已入库税款的75%。 第二阶段,自正式商业投产次月起的第6至第10个年度内,返还比例为已入库税款的70%。 第三阶段,自正式商业投产次月起的第11至第15个年度内,返还比例为已入库税款的55%。

	(续表)
自正式商业投产次月起满15个年度以后,不再实行增值税先征后退政策。对原已享受增值税先征后退政策但该政策已于2007年内到期的核力发电企业,自该政策执行到期后次月起,按上述统一政策核定剩余年度相应的返还比例;对2007年内新投产的核力发电企业,自核电机组正式商业投产日期的次月起按上述统一政策执行。	核力发电企业采用按核电机组分别核算增值税退税额的办法,企业应分别核算核电机组电力产品的销售额,未分别核算或不能准确核算的,不得享受增值税先征后退政策。单台核电机组增值税退税额可以按以下公式计算: 单台核电机组增值税退税额=(单台核电机组电力产品销售额÷核力发电企业电力产品销售额合计)×核力发电企业实际缴纳增值税税额×退税比例

(二)出版、印刷等宣传文化业务(财政部 税务总局公告2021年第10号)

为促进我国宣传文化事业的发展,国家陆续于2006年、2009年、2011年、2013年、2018年、2021年出台实施宣传文化增值税优惠政策。最早出台的《财政部 国家税务总局关于宣传文化增值税和营业税优惠政策的通知》(财税〔2006〕153号),自2006年1月1日起实行。现行有效的宣传文化增值税先征后退政策,是自2021年1月1日起执行的《财政部 税务总局关于延续宣传文化增值税优惠政策的通知》(财政部 税务总局公告2021年第10号)。

先征后退100%	先征后退50%
自2021年1月1日起至2023年12月31日,在出版环节执行增值税100%先征后退政策的出版物有七类:一是中国共产党和各民主党派的各级组织的机关报纸和机关期刊,各级人大、政协、政府、工会、共青团、妇联、残联、科协的机关报纸和机关期刊,新华社的机关报纸和机关期刊,军事部门的机关报纸和机关期刊。上述各级组织不含其所属部门。机关报纸和机关期刊增值税先征后退范围掌握在一个单位一份报纸和一份期刊以内。二是专为少年儿童出版发行的报纸和期刊(是指以初中及初中以下少年儿童为主要对象的报纸和期刊),中小学的学生教科书(是指普通中小学学生教科书和中等职业教育教科书)。三是专为老年人出版发行的报纸和期刊,具体包括《中国老年报》(CN11-0031)等50类报纸、期刊。四是少数民族文字出版物。五是盲文图书和盲文期刊。六是经批准在内蒙古、广西、西藏、宁夏、新疆五个自治区内注册的出版单位出版的出版物。七是《半月谈》(CN11-1271/D)、《法制日报》(CN11-0080)等19类特定图书、报纸和期刊。 此外,对两类印刷、制作业务执行增值税100%先征后退的政策:一是对少数民族文字出版物的印刷或制作业务。二是新疆新华印刷厂等58家新疆维吾尔自治区印刷企业的印刷业务。	自2021年1月1日起至2023年12月31日,对两类出版物在出版环节执行增值税50%先征后退的政策:一是各类图书、期刊、音像制品、电子出版物,但财政部、税务总局公告2021年第10号文件第一条第(一)项规定执行增值税100%先征后退的出版物除外。二是代码为133的国际时政类报纸、代码为134的外宣类报纸等3类综合类报纸,以及代码为201的经济类报纸、代码为202的工业产业类报纸等10类行业专业类报纸。
实务中,需关注两个问题:一是已按软件产品享受增值税退税政策的电子出版物,不得再按财政部、税务总局公告2021年第10号文件的规定申请增值税先征后退政策。二是出版物在出版环节享受增值税先征后退100%和50%政策的纳税人,必须是具有相关出版物出版许可证的出版单位(含以"租型"方式取得专有出版权进行出版物印刷发行的出版单位)。承担省级及以上出版行政主管部门指定出版、发行任务的单位,因进行重组改制等原因尚未办理出版、发行许可证变更的单位,经财政部驻各地财政监察专员办事处商省级出版行政主管部门核准,可以享受相应的增值税先征后退政策。纳税人应将享受上述税收优惠政策的出版物在财务上实行单独核算,不进行单独核算的不得享受。违规出版物、多次出现违规的出版单位以及图书批发零售单位,不得享受增值税先征后退优惠政策。	

三、特殊先征后退

(一)利用石脑油和燃料油生产乙烯芳烃类产品

财税〔2011〕87号	财税〔2014〕17号
自2011年10月1日起,对生产石脑油、燃料油的企业对外销售的用于生产乙烯、芳烃类化工产品的石脑油、燃料油,恢复征收消费税。同时,对使用石脑油、燃料油生产乙烯、芳烃的企业购进并用于生产乙烯、芳烃类化工产品的石脑油、燃料油,按实际耗用数量暂退还所含消费税。退还石脑油、燃料油所含消费税计算公式为:	自2014年3月1日起,对外购用于生产乙烯、芳烃类化工产品(以下称特定化工产品)的石脑油、燃料油(以下称2类油品),且使用2类油品生产特定化工产品的产量占本企业用石脑油、燃料油生产各类产品总量的50%(含)以上的企业,其外购2类油品的价格中消费税部分对应的增值税额,予以退还。其计算公式为:

(续表)

财税〔2011〕87号	财税〔2014〕17号
应退还消费税税额＝石脑油、燃料油实际耗用数量×石脑油、燃料油消费税单位税额 该项消费税退税政策的享受主体是，用石脑油、燃料油生产乙烯、芳烃类化工产品的产量占本企业用石脑油、燃料油生产产品总量的50%以上（含50%）的企业，与对应的增值税先征后退政策的享受主体相同。	予以退还的增值税额＝已缴纳消费税的2类油品数量×2类油品消费税单位税额×适用税率 上述企业在2014年2月28日前形成的增值税期末留抵税额，可在不超过其购进2类油品的价格中消费税部分对应的增值税的规模下，申请一次性退还。 2类油品的价格中消费税部分对应的增值税，根据国家对2类油品开征消费税以来企业购进的已缴纳消费税的2类油品数量和消费税单位税额计算。 增值税期末留抵税额，根据主管税务机关认可的增值税纳税申报表的金额计算。
企业收到退税款项的当月，应将退税额从增值税进项税额中转出，未按规定转出的，按《税收征收管理法》有关规定承担相应法律责任。	

（二）内资研发机构和外资研发中心采购国产设备

政策依据：

《财政部 商务部 税务总局关于继续执行研发机构采购设备增值税政策的公告》（财政部 商务部 税务总局公告2019年第91号）；

《国家税务总局关于修订发布〈研发机构采购国产设备增值税退税管理办法〉的公告》（国家税务总局公告2021年第18号）；

《财政部 税务总局关于延长部分税收优惠政策执行期限的公告》（财政部 税务总局公告2021年第6号）。

财政部 商务部 税务总局公告2019年第91号	国家税务总局公告2021年第18号
适用采购国产设备全额退还增值税政策的内资研发机构和外资研发中心包括： （1）科技部会同财政部、海关总署和税务总局核定的科技体制改革过程中转制为企业和进入企业的主要从事科学研究和技术开发工作的机构。 （2）国家发展改革委会同财政部、海关总署和税务总局核定的国家工程研究中心。 （3）国家发展改革委会同财政部、海关总署、税务总局和科技部核定的企业技术中心。 （4）科技部会同财政部、海关总署和税务总局核定的国家重点实验室（含企业国家重点实验室）和国家工程技术研究中心。 （5）科技部核定的国务院部委、直属机构所属从事科学研究工作的各类科研院所，以及各省、自治区、直辖市、计划单列市科技主管部门核定的本级政府所属从事科学研究工作的各类科研院所。 （6）科技部会同民政部核定或者各省、自治区、直辖市、计划单列市及新疆生产建设兵团科技主管部门会同同级民政部门核定的科技类民办非企业单位。 （7）工业和信息化部会同财政部、海关总署、税务总局核定的国家中小企业公共服务示范平台（技术类）。	第二条 符合条件的研发机构（以下简称研发机构）采购国产设备，按照本办法全额退还增值税（以下简称采购国产设备退税）。 第三条 本办法第二条所称研发机构、国产设备的具体条件和范围，按照财政部、商务部、税务总局公告2019年第91号文件的规定执行。 第四条 主管研发机构退税的税务机关（以下简称主管税务机关）负责办理研发机构采购国产设备退税的备案、审核及后续管理工作。 第五条 研发机构享受采购国产设备退税政策，应于首次申报退税时，持以下资料向主管税务机关办理退税备案手续： （一）符合财政部、商务部、税务总局公告2019年第91号文件第一条、第二条规定的研发机构资质证明资料。 （二）内容填写真实、完整的《出口退（免）税备案表》。该备案表在《国家税务总局关于出口退（免）税申报有关问题的公告》（国家税务总局公告2018年第16号）发布。其中，"企业类型"选择"其他单位"；"出口退（免）税管理类型"依据资质证明材料填写"内资研发机构"或"外资研发中心"；其他栏次按填表说明填写。 （三）主管税务机关要求提供的其他资料。 本办法下发前，已办理采购国产设备退税备案的研发机构，无需再次办理备案。 第六条 研发机构备案资料齐全，《出口退（免）税备案表》填写内容符合要求，签字、印章完整的，主管税务机关应当予以备案。备案资料或填写内容不符合要求的，主管税务

(续表)

财政部　商务部　税务总局公告2019年第91号	国家税务总局公告2021年第18号
（8）国家承认学历的实施专科及以上高等学历教育的高等学校（以教育部门户网站公布名单为准）。 （9）符合本公告第二条规定的外资研发中心。 （10）财政部会同国务院有关部门核定的其他科学研究机构、技术开发机构和学校。 外资研发中心，根据其设立时间，应分别满足下列条件： （1）2009年9月30日及其之前设立的外资研发中心，应同时满足下列条件。 ①研发费用标准：对外资研发中心，作为独立法人的，其投资总额不低于500万美元；作为公司内设部门或分公司的非独立法人的，其研发总投入不低于500万美元；企业研发经费年支出额不低于1000万元。 ②专职研究与试验发展人员不低于90人。 ③设立以来累计购置的设备原值不低于1000万元。 （2）2009年10月1日及其之后设立的外资研发中心，应同时满足下列条件。 ①研发费用标准：作为独立法人的，其投资总额不低于800万美元；作为公司内设部门或分公司的非独立法人的，其研发总投入不低于800万美元。 ②专职研究与试验发展人员不低于150人。 ③设立以来累计购置的设备原值不低于2000万元。 外资研发中心须经商务主管部门会同有关部门按照上述条件进行资格审核认定。具体审核认定办法见附件1（附件1略）。在2018年12月31日（含）以前，初次取得退税资格或通过资格复审未满2年的，可继续享受至2年期满。 经核定的内资研发机构、外资研发中心，发生重大涉税违法失信行为的，不得享受退税政策。具体退税管理办法由税务总局会同财政部另行制定。相关研发机构的牵头核定部门应及时将内资研发机构、外资研发中心的新设、变更及撤销名单函告同级税务部门，并注明相关资质起止时间。 本公告的有关定义： （1）本公告所述"投资总额"，是指商务主管部门发放的外商投资企业批准证书或设立、变更备案回执等文件所载明的金额。 （2）本公告所述"研发总投入"，是指外商投资企业专门为设立和建设本研发中心而投入的资产，包括即将投入并签订购置合同的资产（应提交已采购资产清单和即将采购资产的合同清单）。 （3）本公告所述"研发经费年支出额"，是指近两个会计年度研发经费年均支出额。	机关应一次性告知研发机构，待其补正后再予备案。 第七条　已办理备案的研发机构，《出口退（免）税备案表》中内容发生变更的，应自变更之日起30日内，持相关资料向主管税务机关办理备案变更。 第八条　研发机构发生解散、破产、撤销以及其他依法应终止采购国产设备退税事项的，应持相关资料向主管税务机关办理备案撤回。主管税务机关应按规定结清退税款后，办理备案撤回。 研发机构办理注销税务登记的，应先向主管税务机关办理退税备案撤回。 第九条　外资研发中心因自身条件发生变化不再符合91号公告第二条规定条件的，应自条件变化之日起30日内办理退税备案撤回，并自条件变化之日起，停止享受采购国产设备退税政策。未按照规定办理退税备案撤回，并继续申报采购国产设备退税的，依照本办法第十九条规定处理。 第十条　研发机构新设、变更或者撤销的，主管税务机关应根据核定研发机构的牵头部门提供的名单及注明的相关资质起止时间，办理有关退税事项。 第十一条　研发机构采购国产设备退税的申报期限，为采购国产设备之日（以发票开具日期为准）次月1日起至次年4月30日前的各增值税纳税申报期。 研发机构未在规定期限内申报办理退税的，根据《财政部　税务总局关于明确国有农用地出租等增值税政策的公告》（2020年第2号）第四条的规定，在收齐相关凭证及电子信息后，即可申报办理退税。 第十二条　已备案的研发机构应在退税申报期内，凭下列资料向主管税务机关办理采购国产设备退税： （一）《购进自用货物退税申报表》。该申报表在《国家税务总局关于优化整合出口退税信息系统更好服务纳税人有关事项的公告》（国家税务总局公告2021年第15号）发布。填写该表时，应在备注栏填写"科技开发、科学研究、教学设备"。 （二）采购国产设备合同。 （三）增值税专用发票，或者开具时间为2021年1月1日至本办法发布之日前的增值税普通发票（不含增值税普通发票中的卷票，下同）。 （四）主管税务机关要求提供的其他资料。 上述增值税专用发票，应当已通过增值税发票综合服务平台确认用途为"用于出口退税"。 第十三条　属于增值税一般纳税人的研发机构申报采购国产设备退税，主管税务机关经审核符合规定的，应按规定办理退税。 研发机构申报采购国产设备退税，属于下列情形之一的，主管税务机关应采取发函调查或其他方式调查，在确认增值税发票真实、发票所列设备已按规定申报纳税后，方可办理退税： （一）审核中发现疑点，经核实仍不能排除疑点的。 （二）增值税一般纳税人使用增值税普通发票申报退税的。 （三）非增值税一般纳税人申报退税的。 第十四条　研发机构采购国产设备的应退税额，为增值税发票上注明的税额。 第十五条　研发机构采购国产设备取得的增值税专用发票，已用于进项税额抵扣的，不得申报退税；已用于退税的，不得用于进项税额抵扣。

(续表)

财政部 商务部 税务总局公告2019年第91号	国家税务总局公告2021年第18号
不足两个完整会计年度的,可按外资研发中心设立以来任意连续12个月的实际研发经费支出额计算;现金与实物资产投入应不低于60%。 (4) 本公告所述"专职研究与试验发展人员",是指企业科技活动人员中专职从事基础研究、应用研究和试验发展三类项目活动的人员,包括直接参加上述三类项目活动的人员以及相关专职科技管理人员和为项目提供资料文献、材料供应、设备的直接服务人员,上述人员须与外资研发中心或其所在外商投资企业签订1年以上劳动合同,以外资研发中心提交申请的前一日人数为准。 (5) 本公告所述"设备",是指为科学研究、教学和科技开发提供必要条件的实验设备、装置和器械。在计算累计购置的设备原值时,应将进口设备和采购国产设备的原值一并计入,包括已签订购置合同并于当年内交货的设备(应提交购置合同清单及交货期限),上述采购国产设备应属于本公告《科技开发、科学研究和教学设备清单》所列设备。对执行中国产设备范围存在异议的,由主管税务机关逐级上报税务总局商财政部核定。 本公告规定的税收政策执行期限为2019年1月1日至2020年12月31日,具体从内资研发机构和外资研发中心取得退税资格的次月1日起执行。《关于继续执行研发机构采购设备增值税政策的通知》(财税〔2016〕121号)同时废止。	第十六条 主管税务机关应建立研发机构采购国产设备退税情况台账,记录国产设备的型号、发票开具时间、价格、已退税额等情况。 第十七条 已办理增值税退税的国产设备,自增值税发票开具之日起3年内,设备所有权转移或移作他用的,研发机构须按照下列计算公式,向主管税务机关补缴已退税款。 应补缴税款=增值税发票上注明的税额×(设备折余价值÷设备原值) 设备折余价值=增值税发票上注明的金额-累计已提折旧 累计已提折旧按照企业所得税法的有关规定计算。 第十八条 研发机构涉及重大税收违法失信案件,按照《国家税务总局关于发布〈重大税收违法失信案件信息公布办法〉的公告》(国家税务总局公告2018年第54号)被公布信息的,研发机构应自案件信息公布之日起,停止享受采购国产设备退税政策,并在30日内办理退税备案撤回。研发机构违法失信案件信息停止公布并从公告栏撤出的,自信息撤出之日起,研发机构可重新办理采购国产设备退税备案,其采购的国产设备可继续享受退税政策。未按照规定办理退税备案撤回,并继续申报采购国产设备退税的,依照本办法第十九条规定处理。 第十九条 研发机构采取假冒采购国产设备退税资格、虚构采购国产设备业务、增值税发票既申报抵扣又申报退税、提供虚假退税申报资料等手段,骗取采购国产设备退税的,主管税务机关应追回已退税款,并依照税收征收管理法的有关规定处理。 第二十条 本办法未明确的其他退税管理事项,比照出口退税有关规定执行。 第二十一条 本办法施行期限为2021年1月1日至2023年12月31日,以增值税发票的开具日期为准。
依据《财政部 税务总局关于延长部分税收优惠政策执行期限的公告》(财政部 税务总局公告2021年第6号)的规定,财政部、商务部、税务总局公告2019年91号文件规定的税收优惠政策已到期的,执行期限延长至2023年12月31日。	

(三) 海南自由贸易港国际运输船舶增值税退税

政策依据:

> 《财政部 交通运输部 税务总局关于海南自由贸易港国际运输船舶有关增值税政策的通知》(财税〔2020〕41号);
> 《国家税务总局关于发布〈国际运输船舶增值税退税管理办法〉的公告》(国家税务总局公告2020年第18号);
> 《财政部 交通运输部 税务总局关于中国(上海)自由贸易试验区临港新片区国际运输船舶有关增值税政策的通知》(财税〔2020〕52号)。

财税〔2020〕41号	国家税务总局公告2020年第18号
为支持海南自由贸易港建设,根据《海南自由贸易港建设总体方案》,现将国际运输船舶有关增值税政策通知如下:	第二条 运输企业购进符合财税〔2020〕41号文件第一条或者财税〔2020〕52号文件第一条规定条件的船舶,按照本办法退还增值税(以下简称船舶退税)。 应予退还的增值税额,为运输企业购进船舶取得的增值税专用发票上注明的税额。

(续表)

财税〔2020〕41号	国家税务总局公告2020年第18号
（1）对境内建造船舶企业向运输企业销售且同时符合下列条件的船舶，实行增值税退税政策，由购进船舶的运输企业向主管税务机关申请退税。 ① 购进船舶在"中国洋浦港"登记。 ② 购进船舶从事国际运输和港澳台运输业务。 （2）购进船舶运输企业的应退税额，为其购进船舶时支付的增值税额。 （3）购进船舶的运输企业向主管税务机关申请退税时应提供以下资料。 ① 船舶登记管理部门出具的表明船籍港为"中国洋浦港"的《船舶所有权登记证书》。 ② 运输企业及购进船舶从事国际运输和港澳台运输业务的证明文件。从事国际散装液体危险货物和旅客运输的，应提交有效的《国际船舶运输经营许可证》和《国际海上运输船舶备案证明书》；从事国际集装箱和普通货物运输的，应提交有效的交通运输管理部门备案证明材料；从事内地往返港澳散装液体危险货物和普通货物运输的，应提交有效的交通运输管理部门备案证明材料；从事大陆与台湾地区间运输的，应提交有效的《台湾海峡两岸间水路运输许可证》和《台湾海峡两岸间船舶营运证》。 ③ 主管税务机关要求提供的其他材料。 （4）运输企业购进船舶支付的增值税额，已从销项税额中抵扣的，不得申请退税；已申请退税的，不得从销项税额中抵扣。 （5）运输企业不再符合该《通知》退税条件的，应向交通运输部门办理业务变更，并在条件变更次月纳税申报期内向主管税务机关办理补缴已退税款手续。	第三条　主管运输企业退税的税务机关（以下简称主管税务机关）负责船舶退税的备案、办理及后续管理工作。 第四条　适用船舶退税政策的运输企业，应于首次申报船舶退税时，凭以下资料及电子数据向主管税务机关办理船舶退税备案： （一）内容填写真实、完整的《出口退（免）税备案表》及其电子数据。该备案表由《国家税务总局关于出口退（免）税申报有关问题的公告》（国家税务总局公告2018年第16号）发布。其中，"是否提供零税率应税服务"填写"是"；"提供零税率应税服务代码"填写"01（国际运输服务）"；"出口退（免）税管理类型"填写"船舶退税运输企业"；其他栏次按填表说明填写。 （二）运输企业从事国际运输和港澳台运输业务的证明文件。从事国际散装液体危险货物和旅客运输业务的，应当提供交通运输管理部门出具的《国际船舶运输经营许可证》复印件（复印件上应注明"与原件一致"，并加盖企业公章，下同）；从事国际集装箱和普通货物运输的，应提供交通运输管理部门的备案证明材料复印件。从事内地往返港澳散装液体危险货物和旅客运输业务的，应提供交通运输管理部门出具的批准文件复印件；从事内地往返港澳集装箱和普通货物运输的，应提供交通运输管理部门出具的备案证明材料复印件；从事大陆与台湾地区间运输的，应提供《台湾海峡两岸间水路运输许可证》及《台湾海峡两岸间船舶营运证》复印件。 上述资料运输企业可通过电子化方式提交。 第五条　本办法施行前，已办理出口退（免）税备案的运输企业，无需重新办理出口退（免）税备案，按照本办法第四条规定办理备案变更即可。 运输企业适用船舶退税政策的同时，出口货物劳务或者发生增值税零税率跨境应税行为，且未办理过出口退（免）税备案的，在办理出口退（免）税备案时，除本办法第四条规定的资料外，还应按照现行规定提供其他相关资料。 第六条　运输企业备案资料齐全，《出口退（免）税备案表》填写内容符合要求，签字、印章完整的，主管税务机关应当予以备案。备案资料或填写内容不符合要求的，主管税务机关应一次性告知运输企业，待其补正后再予以备案。 第七条　已办理船舶退税备案的运输企业，发生船籍所有人变更、船籍港变更或不再从事国际运输（或港澳台运输）业务等情形，不再符合财税〔2020〕41号文件、财税〔2020〕52号文件退税条件的，应自条件变化之日起30日内，持相关资料向主管税务机关办理备案变更。自条件变更之日起，运输企业停止适用船舶退税政策。 未按照本办法规定办理退税备案变更并继续申报船舶退税的，主管税务机关应按照本办法第十四条规定进行处理。 第八条　运输企业船舶退税的申报期限，为购进船舶之日（以发票开具日期为准）次月1日起至次年4月30日前的各增值税纳税申报期。 第九条　运输企业在退税申报期内，凭下列资料及电子数据向主管税务机关申请办理船舶退税： （1）财税〔2020〕41号文件第三条第1项、第2项规定的资料复印件，或者财税〔2020〕52号文件第三条第1项、第2项规定的资料复印件。其中，已向主管税务机关提供过的资料，如无变化，可不再重复提供。 （2）《购进自用货物退税申报表》及其电子数据。该表在《国家税务总局关于发布〈出口货物劳务增值税和消费税管理办法〉的公告》（国家税务总局公告2012年第24号）发布。填写该表时，应在业务类型栏填写"CBTS"，备注栏填写"船舶退税"。 （3）境内建造船舶企业开具的增值税专用发票及其电子信息。

(续表)

财税〔2020〕41 号	国家税务总局公告 2020 年第 18 号
应补缴增值税额＝购进船舶的增值税专用发票注明的税额×（净值÷原值） 净值＝原值－累计折旧 （6）运输企业按照本通知第五条规定补缴税款的，自税务机关取得解缴税款的完税凭证上注明的增值税额，准予从销项税额中抵扣。 （7）税务总局可在本通知基础上制定具体的税收管理办法。 （8）海南省交通、海事、税务部门要建立联系配合机制，共享监管信息，共同做好后续相关工作。 （9）本通知自 2020 年 10 月 1 日起执行至 2024 年 12 月 31 日。适用政策的具体时间以《船舶所有权登记证书》的签发日期为准。	（4）主管税务机关要求提供的其他资料。 上述增值税专用发票，应当已通过增值税发票综合服务平台确认用途为"用于出口退税"。上述资料运输企业可通过电子化方式提交。 第十条　运输企业申报船舶退税，主管税务机关经审核符合规定的，应按规定及时办理退税。审核中发现疑点，主管税务机关应在确认运输企业购进船舶取得的增值税专用发票真实、发票所列船舶已按规定申报纳税后，方可办理退税。 第十一条　运输企业购进船舶取得的增值税专用发票，已用于进项税额抵扣的，不得申报船舶退税；已用于船舶退税的，不得用于进项税额抵扣。 第十二条　已办理增值税退税的船舶发生船籍所有人变更、船籍港变更或不再从事国际运输（或港澳台运输）业务等情形，不再符合财税〔2020〕41 号文件、财税〔2020〕52 号文件退税条件的，运输企业应在条件变更次月纳税申报期内，向主管税务机关补缴已退税款。未按规定补缴的，税务机关应当按照现行规定追回已退税款。 应补缴税款＝购进船舶的增值税专用发票注明的税额×（净值÷原值） 净值＝原值－累计折旧 第十三条　已办理增值税退税的船舶发生船籍所有人变更、船籍港变更或不再从事国际运输（或港澳台运输）业务等情形，不再符合财税〔2020〕41 号文件、财税〔2020〕52 号文件规定，并已经向主管税务机关补缴已退税款的运输企业，自取得完税凭证当期起，可凭从税务机关取得解缴税款的完税凭证，从销项税额中抵扣完税凭证上注明的增值税额。 第十四条　运输企业采取提供虚假退税申报资料等手段，骗取船舶退税的，主管税务机关应追回已退税款，并依照《税收征收管理法》有关规定处理。 第十五条　本办法未明确的其他退税管理事项，按照现行出口退（免）税相关规定执行。 第十六条　符合财税〔2020〕41 号文件规定情形且《船舶所有权登记证书》的签发日期在 2020 年 10 月 1 日至 2024 年 12 月 31 日的运输企业，以及符合财税〔2020〕52 号文件规定情形且《船舶所有权登记证书》的签发日期在 2020 年 11 月 1 日至 2024 年 12 月 31 日的运输企业，按照本办法办理船舶退税相关事项。

（四）集成电路重大项目企业采购设备（财税〔2011〕107 号）

准予退还的购进设备留抵税额的计算	退还购进设备留抵税额的申请和审批
企业当期购进设备进项税额大于当期增值税纳税申报表"期末留抵税额"的，当期准予退还的购进设备留抵税额为期末留抵税额；企业当期购进设备进项税额小于当期增值税纳税申报表"期末留抵税额"的，当期准予退还的购进设备留抵税额为当期购进设备进项税额。 当期购进设备进项税额，是指企业取得的按照现行规定允许在当期抵扣的增值税专用发票或海关进口增值税专用缴款书（限于 2009 年 1 月 1 日及以后开具的）上注明的增值税额。	（1）企业应于每月申报期结束后 10 个工作日内向主管税务机关申请退还购进设备留抵税额。 主管税务机关接到企业申请后，应审核企业提供的增值税专用发票或海关进口增值税专用缴款书是否符合现行政策规定，其注明的设备名称与企业实际购进的设备是否一致，申请退还的购进设备留抵税额是否正确。审核无误后，由县（区、市）级主管税务机关审批。 （2）企业收到退税款项的当月，应将退税额从增值税进项税额中转出。未转出的，按照《税收征收管理法》有关规定承担相应法律责任。 （3）企业首次申请退还购进设备留抵税额时，可将 2009 年以来形成的购进设备留抵税额，按照上述规定一次性申请退还。

第十二节　增值税加计抵减优惠解析与应用

政策依据：

> 《财政部　税务总局　海关总署关于深化增值税改革有关政策的公告》(财政部　税务总局　海关总署公告2019年第39号)；
> 《国家税务总局关于深化增值税改革有关事项的公告》(国家税务总局公告2019年第14号)；
> 《国家税务总局关于国内旅客运输服务进项税抵扣等增值税征管问题的公告》(国家税务总局公告2019年第31号)；
> 《财政部　税务总局关于明确生活性服务业增值税加计抵减政策的公告》(财政部　税务总局公告2019年第87号)；
> 《国家税务总局关于增值税发票管理等有关事项的公告》(国家税务总局公告2019年第33号)；
> 《财政部　税务总局关于促进服务业领域困难行业纾困发展有关增值税政策的公告》(财政部　税务总局公告2022年第11号)。

一、加计抵减操作办法

财政部　税务总局海关总署公告2019年第39号	财政部　税务总局公告2019年第87号	国家税务总局公告2019年第14号	国家税务总局公告2019年第33号
自2019年4月1日至2021年12月31日，允许生产、生活性服务业纳税人按照当期可抵扣进项税额加计10%，抵减应纳税额(以下称加计抵减政策)。	自2019年10月1日至2021年12月31日，允许生活性服务业纳税人按照当期可抵扣进项税额加计15%，抵减应纳税额(以下称加计抵减15%政策)。	按照《财政部　税务总局　海关总署关于深化增值税改革有关政策的公告》(财政部　税务总局　海关总署公告2019年第39号)的规定，适用加计抵减政策的生产、生活性服务业纳税人，应在年度首次确认适用加计抵减政策时，通过电子税务局(或前往办税服务厅)提交《适用加计抵减政策的声明》。适用加计抵减政策的纳税人，同时兼营邮政服务、电信服务、现代服务、生活服务的，应按照四项服务中收入占比最高的业务在《适用加计抵减政策的声明》中勾选确定所属行业。	符合《财政部　税务总局关于明确生活性服务业增值税加计抵减政策的公告》(财政部　税务总局公告2019年第87号)规定的生活性服务业纳税人，应在年度首次确认适用15%加计抵减政策时，通过电子税务局(或前往办税服务厅)提交《适用15%加计抵减政策的声明》。

生产、生活性服务业增值税加计抵减政策，执行期限延长至2022年12月31日。(财政部　税务总局公告2022年第11号)

2022年7月29日，国务院常务会议决定全面延续服务业增值税加计抵减政策，帮扶服务业市场主体渡过难关、支撑消费。

二、声明享受

国家税务总局公告2019年第14号文件和国家税务总局公告第33号文件均明确，符合适用10%或15%加计抵减政策的纳税人，需要提交《适用10%或15%加计抵减政策的声明》(以下简称《声明》)。提交途径有两个：一是电子税务局；二是前往办税服务厅。

需要说明的是，按照财政部、税务总局、海关总署公告2019年第39号文件的规定，纳税人确定适用加计抵减政策以后年度是否继续适用，需要根据上年度销售额计算确定。已经提交《声明》并享受加计抵减政策的纳税人，在2020年、2021年，是否继续适用，应分别根据其2019年、2020年销售额确定，如果符合规定，需再次提交《声明》。

加计抵减政策本质上属于税收优惠,应由纳税人自主判断、自主申报、自主享受。这样可以保证纳税人及时享受政策红利,避免因户数多、审核时间长而造成政策延迟落地。同时,为帮助纳税人准确适用加计抵减政策,对于申请享受加计抵减政策的纳税人,需要就适用政策做出声明,并在年度首次确认适用时,提交《声明》,完成《声明》后,即可自主申报适用加计抵减政策。

为提醒纳税人,当纳税人进入增值税申报界面时,系统将提示纳税人加计抵减政策具体规定,并告知纳税人如果符合政策规定条件,可以通过填写《声明》,来确认适用加计抵减政策。该提示功能每年至少提示一次,即2019年5月、2020年2月和2021年2月征期,纳税人首次进入申报模块时,系统自动弹出提示信息。在其他征期月份,纳税人可以通过勾选"不再提示"标识,屏蔽该提示信息。

(一) 备查材料

适用情形	材料名称	数量	备注
符合条件的生产、生活性服务业纳税人	《适用加计抵减政策的声明》	2份	
符合条件的生活性服务业纳税人	《适用15%加计抵减政策的声明》	2份	

(二) 声明的主要内容

(1) 纳税人名称和纳税人识别号。

(2) 纳税人需要自行判断并勾选其所属行业。如果兼营四项服务,应按照四项服务中收入占比最高的业务进行勾选。举例说明:某纳税人2018年4月至2019年3月的全部销售额中,货物占比45%,信息技术服务占比30%,代理服务占比25%。由于信息技术服务和代理服务的销售额占全部销售额的比重为55%,因此,该纳税人可在2019年适用加计抵减政策;同时,由于信息技术服务销售额占比最高,因此,纳税人在《声明》中应勾选"信息技术服务业"相应栏次。

(3) 《声明》还包括纳税人判断适用加计抵减政策的销售额计算区间,以及相对应的销售额和占比。

由于加计抵减政策是按年适用的,因此,2019年提交《声明》并享受加计抵减政策的纳税人,如果在以后年度仍可适用的话,需要按年度再次提交新的《声明》,并在完成新的《声明》后,享受当年的加计抵减政策。需要注意的是,并未要求纳税人必须在每个年度的第一个申报期就提交《声明》,纳税人可以补充提交《声明》,并适用加计抵减政策。

(三) 声明格式

10%四项服务业		15%生活服务业	
邮政服务业			
电信服务业		—	
其中:1. 基础电信业	2. 增值电信业		
现代服务业		—	
其中:1. 研发和技术服务业	5. 有形动产租赁服务业		
2. 信息技术服务业	6. 鉴证咨询服务业		
3. 文化创意服务业	7. 广播影视服务		
4. 物流辅助服务			
生活服务业		生活服务业	
其中:1. 文化艺术业	9. 居民服务业	其中:1. 文化艺术业	6. 娱乐业
2. 体育业	10. 社会工作	2. 体育业	7. 餐饮业
3. 教育	11. 公共设施管理业	3. 教育	8. 住宿业
4. 卫生	12. 不动产出租	4. 卫生	9. 居民服务业
5. 旅游业	13. 商务服务业	5. 旅游业	10. 其他生活服务业
6. 娱乐业	14. 专业技术服务业		
7. 餐饮业	15. 代理业		
8. 住宿业	16. 其他生活服务业		

（续表）

适用加计抵减政策的纳税人，同时兼营邮政服务、电信服务、现代服务、生活服务的，应按照四项服务中收入占比最高的业务在《适用加计抵减政策的声明》中勾选确定所属行业。纳税人应单独核算加计抵减额的计提、抵减、调减、结余等变动情况。骗取适用加计抵减政策或虚增加计抵减额的，按照《税收征收管理法》等有关规定处理。

国家税务总局公告2019年第14号文件所附的《适用15%加计抵减政策的声明》对《国家税务总局关于深化增值税改革有关事项的公告》（国家税务总局公告2019年第14号）所附的《适用加计抵减政策的声明》中生活服务业的子项进行了调整，由原16个子项调整为10个子项，取消了原来的6个子项："10.社会工作"；"11.公共设施管理业"；"12.不动产出租"；"13.商务服务业"；"14.专业技术服务业"；"15.代理业"。	物业管理企业应归入"现代服务业"而不属于"生活服务业"，只能按10%加计抵减而不能按15%加计抵减增值税已无歧义。不动产出租不适用加计抵减15%政策，仍适用原加计抵减10%政策。室内设计属于现代服务之文化创意服务范畴，不属于加计抵减15%政策的适用范围，仍适用加计抵减10%政策的适用范围。月子中心属于居民日常生活服务中的照料和护理，体检属于医疗服务，属于加计抵减15%政策适用的行业范围。

三、加计抵减具体政策及实务操作

（一）加计抵减具体政策

财政 税务总局 海关总署公告 2019年第39号	财政部 税务总局公告 2019年第87号	国家税务总局公告 2019年第31号
自2019年4月1日至2021年12月31日，允许生产、生活性服务业纳税人按照当期可抵扣进项税额加计10%，抵减应纳税额（以下称加计抵减政策）。 （1）本公告所称生产、生活性服务业纳税人，是指提供邮政服务、电信服务、现代服务、生活服务（以下称四项服务）取得的销售额占全部销售额的比重超过50%的纳税人。四项服务的具体范围按照《销售服务、无形资产、不动产注释》（财税〔2016〕36号印发）执行。 2019年3月31日前设立的纳税人，自2018年4月至2019年3月的销售额（经营期不满12个月的，按照实际经营期的销售额）符合上述规定条件的，自2019年4月1日起适用加计抵减政策。 2019年4月1日后设立的纳税人，自设立之日起3个月的销售额符合上述规定条件的，自登记为一般纳税人之日起适用加计抵减政策。 纳税人确定适用加计抵减政策后，当年内不再调整，以后年度是否适用，根据上年度销售额计算确定。 纳税人可计提但未计提的加计抵减额，可在确定适用加计抵减政策当期一并计提。 （2）纳税人应按照当期可抵扣进项税额的10%计提当期加计抵减额。按照现行规定不得从销项税额中抵扣的进项税额，不得计提加计抵减额；已计提加计抵减额的进项税额，按规定作进项税额转出的，应在进项税额转出当期，相应调减加计抵减额。计算公式如下： 当期计提加计抵减额＝当期可抵扣进项税额×10% 当期可抵减加计抵减额＝上期末加计抵减额余额＋当期计提加计抵减额－当期调减加计抵减额 （3）纳税人应按照现行规定计算一般计税方法下的应纳税额（以下称抵减前的应纳税额）后，区分以下情形加计抵减： ① 抵减前的应纳税额等于零的，当期可抵减加计抵减额全部结转下期抵减。 ② 抵减前的应纳税额大于零，且大于当期可抵减加计抵减额的，当期可抵减加计抵减额全额从抵减	自2019年10月1日至2021年12月31日，允许生活性服务业纳税人按照当期可抵扣进项税额加计15%，抵减应纳税额（以下称加计抵减15%政策）。 本公告所称生活性服务业纳税人，是指提供生活服务取得的销售额占全部销售额的比重超过50%的纳税人。生活服务的具体范围按照《销售服务、无形资产、不动产注释》（财税〔2016〕36号印发）执行。 2019年9月30日前设立的纳税人，自2018年10月至2019年9月的销售额（经营期不满12个月的，按照实际经营期的销售额）符合上述规定条件的，自2019年10月1日起适用加计抵减15%政策。 2019年10月1日后设立的纳税人，自设立之日起3个月的销售额符合上述规定条件的，自登记为一般纳税人之日起适用加计抵减15%政策。 纳税人确定适用加计抵减15%政策后，当年内不再调整，以后年度是否适用，根据上年度销售额计算确定。 生活性服务业纳税人应按照当期可抵扣进项税额的15%计提当期加计抵减额。按照现行规定不得从销项税额中抵扣的进项税额，不得计	自2019年9月16日起，关于加计抵减： （1）《财政部 税务总局 海关总署关于深化增值税改革有关事项的公告》（财政部 税务总局 海关总署公告2019年第39号）第七条关于加计抵减政策适用所称"销售额"，包括纳税申报销售额、稽查查补销售额、纳税评估调整销售额。其中，纳税申报销售额包括一般计税方法销售额、简易计税方法销售额、免税销售额、税务机关代开发票销售额、免、抵、退办法出口销售额、即征即退项目销售额。 稽查查补销售额和纳税评估调整销售额，计入查补或评估调整当期销售额确定适用加计抵减政策；适用增值税差额征收政策的，以差额后的销售额确定适用加计抵减政策。 （2）2019年3月31日前设立，且2018年4月至2019年3月销售额均为零的纳税人，以首次产生销售额当月起连续3个月的销售额确定适用加计抵减政策。

（续表）

财政部 税务总局 海关总署公告 2019年第39号	财政部 税务总局公告 2019年第87号	国家税务总局公告 2019年第31号
前的应纳税额中抵减。 ③抵减前的应纳税额大于零，且小于或等于当期可抵减加计抵减额的，以当期可抵减加计抵减额抵减应纳税额至零。未抵减完的当期可抵减加计抵减额，结转下期继续抵减。 （4）纳税人出口货物劳务、发生跨境应税行为不适用加计抵减政策，其对应的进项税额不得计提加计抵减额。 纳税人兼营出口货物劳务、发生跨境应税行为且无法划分不得计提加计抵减额的进项税额，按照以下公式计算： 不得计提加计抵减额的进项税额＝当期无法划分的全部进项税额×当期出口货物劳务和发生跨境应税行为的销售额÷当期全部销售额 （5）纳税人应单独核算加计抵减额的计提、抵减、调减、结余等变动情况。骗取适用加计抵减政策或虚增加计抵减额的，按照《税收征收管理法》等有关规定处理。 （6）加计抵减政策执行到期后，纳税人不再计提加计抵减额，结余的加计抵减额停止抵减。	提加计抵减额；已按照15%计提加计抵减额的进项税额，按规定作进项税额转出的，应在进项税额转出当期，相应调减加计抵减额。计算公式如下： 当期计提加计抵减额＝当期可抵扣进项税额×15% 当期可抵减加计抵减额＝上期末加计抵减额余额＋当期计提加计抵减额－当期调减加计抵减额 纳税人适用加计抵减政策的其他有关事项，按照《财政部 税务总局 海关总署关于深化增值税改革有关政策的公告》（财政部 税务总局 海关总署公告2019年第39号）等有关规定执行。	2019年4月1日后设立，且自设立之日起3个月的销售额均为零的纳税人，以首次产生销售额当月起连续3个月的销售额确定适用加计抵减政策。 （3）经财政部和国家税务总局或者其授权的财政和税务机关批准，实行汇总缴纳增值税的总机构及其分支机构，以总机构本级及其分支机构的合计销售额，确定总机构及其分支机构适用加计抵减政策。

加计抵减额不同于进项税额，加计抵减额直接抵减应纳税额，而进项税额用于抵扣销项税额。按规定可以享受加计抵减政策的纳税人，2019年4月1日后认证增值税专用发票的操作流程没有改变，可以按照现有流程在增值税发票选择确认平台进行勾选确认或者扫描认证纸质发票。

符合条件的从事生产、生活服务业一般纳税人按照当期可抵扣进项税额加计10%（生活服务业2019年10月1日后15%），用于抵减应纳税额。增值税加计抵减政策执行期限是2019年4月1日至2021年12月31日，这里的执行期限是指税款所属期。

加计抵减政策是按照一般纳税人当期可抵扣的进项税额的10%（生活服务业10月1日后15%）计算的，只有增值税一般纳税人才可以享受增值税加计抵减政策，小规模纳税人不可以享受增值税加计抵减政策。加计抵减额只可以抵减一般计税方法下的应纳税额，增值税一般纳税人有简易计税方法的应纳税额，不可以从加计抵减额中抵减。

按照现行规定不得从销项税额中抵扣的进项税额，不得计提加计抵减额。已计提加计抵减额的进项税额，如果发生了进项税额转出，则纳税人应在进项税额转出当期，相应调减加计抵减额。

按照财政部、税务总局、海关总署2019年第39号文件的规定，纳税人取得不动产尚未抵扣完毕的待抵扣进项税额，可自2019年4月税款所属期起从销项税额中抵扣。对于该部分进项税额，适用加计抵减政策的纳税人，可在转入抵扣的当期，计算加计抵减额。

"纳税人可计提但未计提的加计抵减额，可在确定适用加计抵减政策当期一并计提"举例说明：新设立的符合条件的纳税人可能会存在这种情况，如某纳税人2019年4月设立，2019年5月登记为一般纳税人，2019年6月若符合条件，可以确定适用加计抵减政策，6月一并计提5～6月的加计抵减额。对于追溯享受主要是针对首次享受的纳税人，对于再次判断享受的纳税人，因按照上一年度销售情况进行判断，一般属于已知可以直接判断、直接享受情形，故不需要追溯享受。

2019年10月1日后，纳税人当既有四项服务销售额并符合加计抵减政策，又有生活服务并符合加计抵减15%政策时，可以按照择优原则只享受加计抵减15%政策。

自2020年1月1日起，纳税人提供的生活服务免征增值税，截止日期视疫情情况另行公告。（财政部 税务总局公告2020年第8号）

同时适用加计抵减和免增值税政策的生活服务，顺序应该是先免税再加计抵减。应先计算当期免税和进项税额不得抵扣的金额后，才能准确计算加计抵减额。对有些生活服务业纳税人而言，放弃免税可能效果更好。

加计抵减可以是即征即退项目，二者可以同时享受。

(二)加计抵减政策的适用主体

行业范围	四项销售额和比重的确定
提供邮政服务、电信服务、现代服务、生活服务等四项应税服务,并且取得的四项服务的销售额占全部销售额的比重超过50%的适用增值税一般计税方法的纳税人。四项服务的具体范围按照《销售服务、无形资产、不动产注释》(财税〔2016〕36号印发)执行。	2019年3月31日前设立的纳税人,自2018年4月至2019年3月的销售额(经营期不满12个月的,按照实际经营期的销售额)符合上述规定条件的,自2019年4月1日起适用加计抵减政策。 2019年4月1日后设立的纳税人,自设立之日起3个月的销售额符合上述规定条件的,自登记为一般纳税人之日起适用加计抵减政策。 生活服务业自2019年10月1日起,享受15%加计抵减政策,计算原理和取数区间比照上述规定。 纳税人确定适用加计抵减政策后,当年内不再调整,以后年度是否适用,根据上年度销售额计算确定。

按照财政部、税务总局、海关总署公告2019年第39号文件的规定,判断适用加计抵减政策的具体标准是,以邮政服务、电信服务、现代服务和生活服务(以下称四项服务)销售额占纳税人全部销售额的比重是否超过50%来确定,如果四项服务销售额占比超过50%,则可以适用加计抵减政策。在执行过程中,需要注意以下问题:

第一,加计抵减政策只适用于一般纳税人,不区分一般项目和即征即退项目,政策执行期限是指税款所属期。小规模纳税人即使四项服务销售额占比超过50%,也不能适用加计抵减政策。注意特殊税目,一般快递公司寄送快递:现代服务(物流辅助服务);货物运输:属于交通运输服务;货物运输代理:属于现代服务(经纪代理服务);不动产出租:属于现代服务(不动产经营租赁);不动产销售:不属于服务。

第二,四项服务销售额是指四项服务销售额的合计数。享受范围包括有形动产租赁服务业和不动产租赁,不是所有的6%的行业都适用,比如金融服务、无形资产中适用6%的。不在《适用加计抵减政策的声明》的"其中"的项目中,只要属于四项服务也能享受加计抵减政策。

第三,关于销售额占比的计算区间,应对2019年4月1日之前和4月1日之后设立的新老纳税人分别处理。4月1日前成立的纳税人,以2018年4月至2019年3月之间四项服务销售额比重是否超过50%判断,经营期不满12个月的,以实际经营期的销售额计算;4月1日以后成立的纳税人,由于成立当期暂无销售额,无法直接以销售额判断,因此,成立后的前3个月暂不适用加计抵减政策,待满3个月,再以这3个月的销售额比重是否超过50%判断,如超过50%,可以自第4个月开始适用加计抵减政策,此前未计提加计抵减额的3个月,可按规定补充计提加计抵减额。

需要注意的是,虽然加计抵减政策只适用于一般纳税人,但在确定主营业务时参与计算的销售额,不仅指纳税人在登记为一般纳税人以后的销售额,其在小规模纳税人期间的销售额也是可以参与计算的。例如,某纳税人于2018年1月成立,2018年9月登记为一般纳税人,在计算四项服务销售额占比时,自2018年4月开始计算。还有一种情况,某些新成立的纳税人,可能成立后的前3个月未开展生产经营,如果前3个月的销售额均为0,则在当年内自纳税人形成销售额的当月起往后计算3个月来判断当年是否适用加计抵减政策。

第四,加计抵减政策按年适用、按年动态调整(一次判断、一年享受)。一旦确定适用与否,当年不再调整。到了下一年度,纳税人需要以上年度四项服务销售额占比来重新确定该年度能否适用。这里的年度是指会计年度,而不是连续12个月的概念。

第五,考虑到加计抵减政策是一项全新的优惠政策,纳税人还需要有一个逐步适应的过程。因此,如果纳税人满足加计抵减条件,但出于各种原因并未及时计提加计抵减额,允许纳税人在此后补充计提,补充计提的加计抵减额不再追溯抵减和调整前期的应纳税额,但可抵减以后期间的应纳税额。

1. 销售额口径(国家税务总局公告2019年第31号)

(1)"四项服务销售额",是指四项服务销售额的合计数。因此兼营四项服务的纳税人,应以四项服务合计销售额占全部销售额的比重是否超过50%,判断其是否可以适用加计抵减政策。

(2)在计算销售占比时,销售额中既包括申报销售额,也包括稽查查补销售额、纳税评估销售额;既包括一般计税销售额,也包括按照简易计税方法计税的销售额;既包括应税销售额,也包括免税销售额和出口销售额;既包括一般项目的销售额,也包括即征即退项目的销售额。稽查查补销售额和纳税评估调整销售额,计入查补或评估调整当期销售额确定适用加计抵减政策。例如,某纳税人在计算销售额占比的时间段内,国内货物销售额为100万元,出口研发服务销售额为20万元,国内四项服务销售额90万元,应按照(20+90)÷(20+90+100)来进行计算占比。因该纳税人四项服务销售额占全部销售额的比重超过50%，按照规定，可以享受加计抵减政策。但需要说明的是，按照财政部、税务总局、海关总署公告2019年第39号规定，出口货物劳务、发生跨境应税行为的销售额可以参与四项服务占比50%判断，但其对应的进项税额不能参与加计抵减发生额计提。

纳税人出口货物劳务、发生跨境应税行为不适用加计抵减政策，其对应的进项税额不得计提加计抵减额。

纳税人兼营出口货物劳务、发生跨境应税行为且无法划分不得计提加计抵减额的进项税额，按照以下公式计算：

不得计提加计抵减额的进项税额＝当期无法划分的全部进项税额×（当期出口货物劳务和发生跨境应税行为的销售额÷当期全部销售额）

（3）适用增值税差额征收政策的，以差额后的销售额确定适用加计抵减政策。如果纳税人提供服务，按照规定可以享受差额计税政策，应以差额后的销售额计算缴纳增值税。例如，某纳税人在计算销售额占比时，货物销售额为2万元，提供四项服务差额前的全部价款和价外费用共20万元，差额后的销售额为4万元。则应按照4÷(2+4)来进行计算占比。因该纳税人四项服务销售额占全部销售额的比重超过50%，按照规定，可以享受加计抵减政策。

（4）关于汇总纳税的总分支机构如何适用加计抵减政策。按照现行政策规定，经财政部和税务总局或者省级财税部门批准，总机构及其分支机构可以实行汇总缴纳增值税。《国家税务总局关于国内旅客运输服务进项税抵扣等增值税征管问题的公告》（国家税务总局公告2019年第31号）明确，经财政部和国家税务总局或者其授权的财政和税务机关批准，实行汇总缴纳增值税的总机构及其分支机构，在判断是否适用加计抵减政策时，以总机构及其分支机构的合计销售额计算四项服务销售额占比。需要注意的是，如果符合加计抵减政策的适用标准，则汇总纳税范围内的总机构及其分支机构均可适用加计抵减政策。否则，总机构及其分支机构均无法适用。

（5）这里的"比重超过50%"不含本数。如果四项服务取得的销售额占全部销售额的比重小于或者正好等于50%的纳税人，不属于生产、生活性服务业纳税人，不能享受加计抵减政策。

在计算判断是否属于四项服务行业纳税人时的销售额口径为包括规定的判断期间的小规模纳税人时期的销售额，及包括出口销售额，有差额征税项目的则按照差额之后的销售额计算。比重必须是大于50%，不包括50%。

问题答疑：

问题：税务总局即问即答中明确，稽查查补销售额和纳税评估调整销售额参与计算四项服务的比重。如果某企业2019年10月被查补（评估）出所属期2018年10月的销售额100万元，该100万元是否可以作为2019年10月的销售额参与计算四项服务销售额的占比？

解答：稽查查补销售额和纳税评估调整销售额应作为查补税款申报当月（或当季）的销售额参与计算四项服务销售额的比重。该例中，企业在2019年10月被查补（评估）的100万元应作为申报查补（评估）税款当月的销售额参与四项服务销售额的计算。（总局深化增值税改革即问即答之七）

2. 判断的计算区间（国家税务总局公告2019年第31号）

一般性规定	特殊情形处理
关于销售额占比的计算区间，应对2019年4月1日之前和4月1日之后设立的新老纳税人分别处理。 4月1日前成立的纳税人，以2018年4月至2019年3月四项服务销售额比重是否超过50%判断，经营期不满12个月的，以实际经营期的销售额计算；4月1日以后成立的纳税人，由于成立当期暂无销售额，无法直接以销售额判断，因此，成立后的前3个月暂不适用加计抵减政策，待满3个月，再以这3个月的销售额比重是否超过50%	新办纳税人在登记之日起3个月内有销售的，无论是否实际满3个月，均按3个月计算；3个月内均没有销售的，则从开始发生销售的月份起连续3个月计算。原登记纳税人在新政策实施之前没有销售的，则从开始有销售之月起连续3个月的销售计算。 （1）在2019年3月31日后新成立的纳税人，如果前3个月的销售均为0，则在当年内自纳税人形成销售额的当月起往后计算3个月来判断当年是否适用加计抵减政策。 （2）在2019年4月1日以后设立的纳税人，但设立后三个月内，仅其中一个月有销售收入，按照自设立之日起3个月的销售额计算判断销售额占比。假设某纳税人2019年5月设立，但其5月、7月均无销售额，其6月四项服务销售额为100万元，货物销售额为30万元。在该例中，应按照5~7月累计销售情况进行判断，即以100÷(100+30)计算。因该纳税人四项服务销售额占全部销售额的比重超过50%，按照规定，可以享受加计抵减政策。

(续表)

一般性规定	特殊情形处理
判断,如超过50%,可以自第4个月开始适用加计抵减政策,此前未计提加计抵减额的3个月,可按规定补充计提加计抵减额。 虽然加计抵减政策只适用于一般纳税人,但在确定主营业务时参与计算的销售额,不仅指纳税人在登记为一般纳税人以后的销售额,其在小规模纳税人期间的销售额也是可以参与计算的。例如,某纳税人于2018年1月成立,2018年9月登记为一般纳税人,在计算四项服务销售额占比时,自2018年4月起开始计算。	(3)在2019年4月1日以后设立的纳税人,但设立后三个月内均无销售收入,以其取得销售额起三个月的销售情况进行判断。假设某纳税人2019年5月设立,但其5月、6月、7月均无销售额,其8月四项服务销售额为100万元,9月销售额为零,10月货物销售额为30万元。在该例中,应按照8~10月累计销售情况进行判断,即以100÷(100+30)计算。因该纳税人四项服务销售额占全部销售额的比重超过50%,按照规定,可以享受加计抵减政策。 (4)2019年3月31日前设立,且2018年4月至2019年3月销售均为零的纳税人,以首次产生销售额当月起连续3个月的销售额确定适用加计抵减政策。假设某纳税人2019年1月设立,但在2019年5月才取得第一笔收入,其5月取得货物销售额30万元,6月销售额为零,7月提供四项服务销售额100万元。在该例中,应按纳税人5~7月的销售额情况进行判断,即以100÷(100+30)计算。因该纳税人四项服务销售额占全部销售额的比重超过50%,按照规定,可以享受加计抵减政策。

"纳税人确定适用加计抵减政策后,当年内不再调整",具体是指增值税一般纳税人确定适用加计抵减政策后,一个自然年度内不再调整。下一个自然年度,再按照上一年的实际情况重新计算确定是否适用加计抵减政策。这里的年度是指会计年度,而不是连续12个月的概念。纳税人可计提但未计提的加计抵减额,可在确定适用加计抵减政策当期一并计提。

(三)加计抵减应纳税额具体公式

计提	抵减
(1)纳税人应按照当期可抵扣进项税额的10%计提当期加计抵减额。 按照现行规定不得从销项税额中抵扣的进项税额,不得计提加计抵减额;已计提加计抵减额的进项税额,按规定作进项税额转出的,应在进项税额转出当期,相应调减加计抵减额。 (2)计提加计抵减额基数。 ① 只有当期可抵扣进项税额才能计提加计抵减额。 ② 按照现行规定不得从销项税额中抵扣的进项税额,不可以计提加计抵减额。 ③ 已计提加计抵减额的进项税额,如果发生了进项税额转出,则纳税人应在进项税额转出当期,相应调减加计抵减额。 ④ 增值税一般纳税人有简易计税方法的应纳税额,不可以从加计抵减额中抵减。加计抵减额只可以抵减一般计税方法下的应纳税额。 可计算加计的进项税额,既不限于接受四项服务取得的进项税额,也不限于提供四项服务对应的进项税额,只要纳税人按照一般规定正常可以抵扣的进项税额,包括农产品加计抵扣的进项税额、不动产一次性抵扣后结转的此前尚未抵扣的40%部分进项税额、旅客运输计算抵扣的进项税额等等,都是可以计算加计的。 (3)计算公式: $$\text{当期计提加计抵减额} = \text{当期可抵扣进项税额} \times 10\%$$ $$\text{当期可抵减加计抵减额} = \text{上期末加计抵减额余额} + \text{当期计提加计抵减额} - \text{当期调减加计抵减额}$$ 纳税人可计提但未计提的加计抵减额,可在确定适用加计抵减政策当期一并计提。	加计抵减额只能用于抵减一般计税方法计算的应纳税额。 (1)增值税一般纳税人当期应纳税额大于零时,就可以用加计抵减额抵减当期应纳税额,当期未抵减完的,结转下期继续抵减。 如果应纳税额比当期可抵减加计抵减额大,所有的当期可抵减加计抵减额在当期全部抵减完毕,纳税人以抵减后的余额计算缴纳增值税。 如果应纳税额比当期可抵减加计抵减额小,当期应纳税额被抵减至0,未抵减完的加计抵减额余额,可以结转下期继续抵减。 (2)增值税一般纳税人如果当期应纳税额等于零,则当期计提的加计抵减额全部结转下期继续抵减。此时,加计抵减额不会对期末留抵税额造成影响。 (3)一般纳税人如果有简易计税项目,其不参与上述应纳税额的计算。

1. 关于加计抵减的计算

（1）加计抵减额不是进项税额。加计抵减额必须与进项税额分开核算，这两个概念一定不能混淆。这样处理的目的是维持进项税额的正常核算，进而实现留抵税额真实准确，以免造成多退出口退税和留抵退税。

（2）加计抵减政策仅适用于国内环节，这也是遵循了WTO公平贸易原则，防止引发出口补贴的质疑而做出的政策安排。因此，关于计提加计抵减额的基础，也就是计算公式中的"当期可抵扣进项税额"，是剔除出口业务对应的进项税额的。总的来看，只要是在国内环节，可计算加计的进项税额，既不限于接受四项服务取得的进项税额，也不限于提供四项服务对应的进项税额，只要纳税人按照一般规定正常可以抵扣的进项税额，包括农产品加计抵扣的进项税额、不动产一次性抵扣后结转的此前尚未抵扣的40%部分进项税额、旅客运输计算抵扣的进项税额等，都是可以计算加计的。但是，如果纳税人既有内销业务，又有出口业务，则出口业务对应的进项税额都不能计提加计抵减额。需要特别说明的是，目前，既有适用退税政策的出口货物服务，也有适用征税政策的出口货物服务，在计提加计抵减额时，无论是退税的还是征税的出口货物服务，对应的进项税额都不能计提加计抵减额。具体的操作原则是，出口和内销的进项税额能够分开核算的，出口直接对应的进项税额不得加计；对于出口与内销无法划分的进项税额，则应按照财政部、税务总局、海关总署公告2019年第39号文件中的计算公式，以出口和内销的销售额比例分劈进项税额，出口对应的进项税额部分不得加计抵减。

（3）纳税人抵扣的进项税额，都相应计提了加计抵减额。同理，如果发生进项税额转出，那么在进项税额转出的同时，此前相应计提的加计抵减额也要同步调减。

（4）加计抵减额独立于进项税额和留抵税额，且随着纳税人逐期计提、调减、抵减、结转等相应发生变动，因此，享受加计抵减政策的纳税人需要准确核算加计抵减额的变动情况。

（5）期初留抵税额不参与当期加计抵减计算。

2. 关于加计抵减额的抵减方法

一般方法	特殊情形
加计抵减额只能用于抵减一般计税方法计算的应纳税额，不得抵减简易计税项目的应纳税额和按规定预缴的预缴税款，这是加计抵减的基本原则。加计抵减额抵减应纳税额需要分两步： 第一步，纳税人先按照一般规定，以销项税额减去进项税额的余额计算出一般计税方法下的应纳税额。 第二步，区分不同情形分别处理。第一种情形，如果第一步计算出的应纳税额为0，则当期无需再抵减，所有的加计抵减额可以直接结转到下期抵减。第二种情形，如果第一步计算出的应纳税额大于0，则当期可以进行抵减。在抵减时，需要将应纳税额和可抵减加计抵减额比大小。如果应纳税额比当期可抵减加计抵减额大，所有的当期可抵减额在当期全部抵减完毕，纳税人以抵减后的余额计算缴纳增值税；如果应纳税额比当期可抵减加计抵减额小，当期应纳税额被抵减至0，未抵减完的加计抵减额余额，可以结转下期继续抵减。加计抵减政策属于税收优惠，未抵减完的加计抵减额不计入留抵税额，不能申请留抵退税。	（1）上一年度符合加计抵减政策计提的税额尚未抵减完的余额，次年虽然不符合享受政策，但其余额可以继续抵减。例如，F公司2019年度根据计税期判断符合并享受加计抵减，年终尚有50万元加计抵减额未抵减。2020年根据2019年度销售额占比计算，不符合政策，不再享受，则2020年度不再计提，但结转的50万元可以在2020年度的应纳税额中继续抵减。 （2）当出现因当期进项税额转出导致计提的加计抵减税额出现负数时，不予补缴税款，而是结转下期冲抵下期的计提税额。需要注意的是，上例中F公司已计提加计抵减额的进项税额在2020年发生进项税额转出时，需要相应调减加计抵减额。

【例3-23】 某服务业一般纳税人，适用加计抵减政策。2022年6月，一般计税项目销项税额为120万元，进项税额100万元，上期留抵税额10万元，上期结转的加计抵减额余额5万元；简易计税项目销售额100万元（不含税价），征收率3%。此外无其他涉税事项。

一般计税项目：抵减前的应纳税额=120−100−10=10（万元）。

当期可抵减加计抵减额=100×10%+5=15（万元）。

抵减后的应纳税额=10−10=0（万元）。

加计抵减额余额=15−10=5（万元）。

简易计税项目：应纳税额=100×3%=3（万元）。

应纳税额合计：一般计税项目应纳税额+简易计税项目应纳税额=0+3=3（万元）。

3. 关于加计抵减政策执行期限问题

加计抵减政策作为一项阶段性税收优惠,执行期限为2019年4月1日至2022年12月31日。政策执行到期后,纳税人不再计提加计抵减额,结余的加计抵减额停止抵减。这里的"加计抵减政策执行到期"指的是2022年12月31日,这里的执行期限是指税款所属期。也就是说,只要是在2022年年底前,纳税人结余的加计抵减额是可以连续抵减的。

加计抵减政策执行到期前纳税人注销,结余的加计抵减额同样适用上述规定,不再进行相应处理。需要说明的是,此处加计抵减额的结余,包括正数也包括负数。需要注意纳税人在2022年12月31日如出现加计抵减额的负数结余时,不需要对加计抵减多抵税额进行补税处理。

【例3-24】 某一般纳税人2019年适用加计抵减政策,截至2019年年底,加计抵减额余额为10万元。如果2020年不再适用加计抵减政策,则2020年该纳税人不得再计提加计抵减额,但是,2019年未抵减完的10万元,是允许该一般纳税人在2020至2021年度继续抵减的。这一原则也体现在一般纳税人转小规模纳税人的情形。

【例3-25】 某适用加计抵减政策的纳税人2022年7月从一般纳税人转为小规模纳税人,转登记前加计抵减额余额为10万元。转成小规模纳税人后,由于小规模纳税人不适用加计抵减政策,因此,10万元余额不得用于抵减小规模纳税人期间的应纳税额。2022年11月,该纳税人又登记为一般纳税人,自纳税人再次登记成为一般纳税人之日起,此前未抵减完的10万元可继续抵减其按一般计税方法计算的应纳税额。

(四)加计抵减管理要求

不得加计抵减的情形	加计抵减的管理
纳税人出口货物劳务、发生跨境应税行为不适用加计抵减政策,其对应的进项税额不得计提加计抵减额。具体的操作原则是,出口和内销的进项税额能够分开核算的,出口直接对应的进项税额不得加计;对于纳税人兼营出口货物劳务、发生跨境应税行为且无法划分不得计提加计抵减额的进项税额,按照以下公式计算: 不得计提加计抵减额的进项税额 = 当期无法划分的全部进项税额 × 当期出口货物劳务和发生跨境应税行为的销售额 ÷ 当期全部销售额 如果前期已经抵扣的进项税额,也参与加计抵减了,以后期间,发生已经抵扣的进项税额转出,应当在进项税额转出的当期,相应调减加计抵减额。	加计抵减政策仅适用于境内环节,出口、跨境业务对应的进项税额均不得加计抵减。 纳税人应单独核算加计抵减额的计提、抵减、调减、结余等变动情况。骗取适用加计抵减政策或虚增加计抵减额的,按照《税收征收管理法》等有关规定处理。加计抵减政策执行到期后,纳税人不再计提加计抵减额,结余的加计抵减额停止抵减。

【例3-26】 E公司是新办纳税人,2022年8月已经确认可以享受加计抵扣政策,发生符合规定的进项税额:专门用于内销四项服务的50万元,专门用于内销四项服务之外项目的30万元,专门用于跨境出口的15万元,既用于内销又用于跨境出口且无法划分的进项税额20万元。当月全部销售额800万元,其中跨境出口销售额200万元。则其加计抵减税额计算如下:

(1)专门用于内销的进项税额80万元(50+30)可以计提,专门用于跨境出口的进项税额15万元不得计提。

(2)内外销兼营且无法划分的进项税额20万元需按照销售比例进行分摊。

不得计提加计抵减额的进项税额=当期无法划分的全部进项税额×当期出口货物劳务和发生跨境应税行为的销售额÷当期全部销售额=20×200÷800=5(万元)。

(3)加计抵减税额计算。

当期计提加计抵减额=当期可抵扣进项税额×10%=(50+30+20-5)×10%=9.5(万元)。

需要提醒的是,对于兼营简易征税项目、免征增值税项目而无法划分不得抵扣进项税额的,也需要按销售比例分摊。

(五) 关于延续实施增值税加计抵减政策衔接处理

增值税加计抵减政策为延续性政策,自2022年1月1日起延续实施一年。按照现行规定,纳税人如果没有及时计提加计抵减额,可以在执行期限内补充计提加计抵减额。因此,本次加计抵减政策延续实施后,纳税人无需追溯调整。这里再重点说明和强调以下四个事项。

一是关于提交适用加计抵减政策申请。纳税人如果符合加计抵减政策条件,可继续通过电子税务局或前往办税服务厅提交《适用加计抵减政策的声明》或《适用15%加计抵减政策的声明》的方式申报办理。

二是前期未抵减完的加计抵减额的处理。按照相关规定,加计抵减政策执行到期后,纳税人不再计提加计抵减额,结余的加计抵减额停止抵减。由于加计抵减政策在2022年度延续实施,因此,纳税人在2021年底尚未抵减完的加计抵减额余额,可以在2022年度内继续抵减应纳税额。

三是前期未及时足额计提加计抵减额的处理。纳税人在适用加计抵减政策时未及时足额计提加计抵减额的,可以在加计抵减政策执行期限内补充计提加计抵减额,并按规定抵减应纳税额。

四是2022年度新适用加计抵减政策的处理。纳税人2022年度是否适用加计抵减政策,应当以2021年度提供邮政服务、电信服务、现代服务和生活服务这四项服务取得的销售额合计占全部销售额的比重是否超过50%来判定。举例来说,某增值税一般纳税人2021年累计取得四项服务的销售额合计600万元,其他增值税销售额400万元,因四项服务合计销售额占全部销售额的比重超过50%,该纳税人可以在2022年度适用加计抵减政策。

四、加计抵减会计处理

2019年4月18日,财政部、会计司发布了《关于〈关于深化增值税改革有关政策的公告〉适用〈增值税会计处理规定〉有关问题的解读》,它明确生产、生活性服务业纳税人在取得资产或接受劳务时,应当按照《增值税会计处理规定》的相关规定对增值税相关业务进行会计处理;实际缴纳增值税时,按应纳税额借记"应交税费——未交增值税"等科目,按实际纳税金额贷记"银行存款"科目,按加计抵减的金额贷记"其他收益"科目。根据《财政部关于印发修订〈企业会计准则第16号——政府补助〉的通知》(财会〔2017〕15号),此次政策规定的抵减应纳税额属于与企业经营相关,应当适用政府补助准则予以规范,计入"其他收益",并入企业所得税收入总额。同时,建议企业新设会计科目"应交税费——增值税加计抵减"辅助账(格式见下面例题),进行备查登记。

【例3-27】 甲公司符合加计抵减增值税政策规定,2022年4月销项税额10.5万元,进项税额10万元,当期计提加计抵减金额1万元。月底,销项税额减进项税额为0.5万元,当月计提加计抵减额1万元可以用于实际抵减0.5万元,期末余额0.5万元就是加计抵减结余金额。

加计抵减台账

纳税人识别号:

税款所属期	进项税额		已计提额		期末可计提额
	本月数	累计数	本月数	累计数	
1	2	3	4	5	6
2022年4月	100 000	100 000	10 000	10 000	5 000

月末结转应交增值税:
借:应交税费——应交增值税(转出未交增值税) 5 000
　　贷:应交税费——未交增值税 5 000

实际抵减时:
借:应交税费——未交增值税 5 000
　　贷:其他收益 5 000

【例3-28】 接[例3-27],2022年5月,甲公司进项税额20万元,销项税额25万元,不考虑加计抵减应交增值税5万元。上月加计抵减余额0.5万元转到当月,本月可以计提2万元加计抵减,可抵减总金额2.5万元当月可全部抵减,抵减后应交增值税=25-20-2.5=2.5(万元)。

加计抵减台账

纳税人识别号：

税款所属期	进项税额		已计提额		期末可计提额
	本月数	累计数	本月数	累计数	
1	2	3	4	5	6
2022年5月	200 000	300 000	20 000	25 000	25 000

月末结转应交增值税： 借：应交税费——应交增值税（转出未交增值税）50 000 　　贷：应交税费——未交增值税　　　　　　　　50 000	实际抵减并缴纳增值税时： 借：应交税费——未交增值税　　50 000 　　贷：银行存款　　　　　　　　25 000 　　　　其他收益　　　　　　　　25 000

【例3-29】 某服务有限公司是增值税一般纳税人，主营业务为居民日常服务业，兼营商品销售，适用加计抵减政策。2022年10月一般计税项目实现收入2 000万元，销项税额为120万元，进项税额100万元，前期已抵扣并加计抵减的一批加热设备转为专门用于职工福利，本期进项税额转出10万元。企业上期留抵税额10万元，上期结转的加计抵减额余额15万元；简易计税项目销售额100万元（不含税价，对应成本未取得扣税凭证无进项税额抵扣），征收率3%。此外无其他涉税事项（包括暂不考虑需要按照简易计税销售额占总销售额的比例转出的不得抵扣的进项税额）。

加计抵减计算	增值税会计处理
（1）计算本期可加计抵减额。 ① 计提加计抵减额＝当期可抵扣进项税额×15%＝100×15%＝15（万元）。 ② 调减加计抵减额： 已计提后又进项税额转出的10×15%＝1.5（万元）。 当期可抵减加计抵减额＝上期末加计抵减额余额＋当期计提加计抵减额－当期调减加计抵减额＝15＋15－1.5＝28.5（万元）。 （2）计算本期应纳税额。 ① 抵减前一般计税应纳税额＝120－100＋10－10＝20（万元）；当期可抵减加计抵减额与一般计税应纳税额相比较：抵减前的应纳税额大于零，且小于或等于当期可抵减加计抵减额的，以当期可抵减加计抵减额抵减应纳税额至零。当期实际加计抵减额20万元，未抵减完的当期可抵减加计抵减额28.5－20＝8.5（万元），结转下期继续抵减。 ② 抵减后的一般计税应纳税为0，加计抵减额余额为8.5万元。 ③ 简易计税项目：应纳税额＝100×3%＝3（万元）。 ④ 本期应纳税额合计为3万元。	（1）实现收入时： 借：银行存款等　　　　　　　　　　　21 200 000 　　贷：主营业务收入　　　　　　　　　20 000 000 　　　　应交税费——应交增值税（销项税额）1 200 000 （2）进项税额抵扣时： 借：应交税费——应交增值税（进项税额）1 000 000 　　贷：银行存款等　　　　　　　　　　1 000 000 （3）进项税额转出时： 借：应付职工薪酬　　　　　　　　　　　100 000 　　贷：应交税费——应交增值税（进项税额转出） 　　　　　　　　　　　　　　　　　　　100 000 （4）月份终了，将当月发生的应缴增值税额自"应交税费——应交增值税"科目转入"未交增值税"科目。 借：应交税费——应交增值税（转出未交增值税） 　　　　　　　　　　　　　　　　　　　200 000 　　贷：应交税费——未交增值税　　　　200 000 （5）简易计税项目。 借：银行存款等　　　　　　　　　　　　30 000 　　贷：应交税费——简易计税　　　　　30 000 （6）实际缴纳时借。 借：应交税费——未交增值税　　　　　　200 000 　　应交税费——简易计税　　　　　　　30 000 　　贷：银行存款　　　　　　　　　　　30 000 　　　　其他收益　　　　　　　　　　　200 000

申报表填写：

（1）填写附表四：当期可抵减加计抵减额与应纳税额相比较，除了应纳税额＝0外，实际抵减额＝当期可抵减加计抵减额。

（2）填写主表：主表第19栏"应纳税额"＝第11栏"销项税额"－第18栏"实际抵扣税额"－"实际抵减额"。

第十三节　增值税留抵退税解析与应用

一、增值税留抵税额

留抵税额是指在期末核算一般纳税人的应纳增值税税额时,如果本期的进项税额大于本期的销项税额,就会产生一个差额,这个差额就是期末留抵税额,是纳税人已缴纳但未抵扣完的进项税额。这部分差额可以放到下期继续抵扣增值税销项税额,没有抵扣期限。期末留抵税额的计算公式为:

期末留抵税额＝上期留抵税额＋本期进项税额－本期销项税额,若<0,则期末留抵税额为0

(一) 留抵税额的作用

(1) 如有留抵税额产生,则本期不缴纳增值税。期末留抵税额可以抵减下期销项税额。 (2) 可以抵减纳税人以前产生的欠税和滞纳金。	(3) 作为生产型出口企业计算免抵退额的重要指标。 ① 当期期末留抵税额≤当期免抵退税额时: 　　当期应退税额＝当期期末留抵税额 　　当期免抵税额＝当期免抵退税额－当期应退税额 ② 当期期末留抵税额＞当期免抵退税额时: 　　当期应退税额＝当期免抵退税额 　　当期免抵税额＝0

(二) 留抵税额抵顶欠税

1. 增值税留抵税额抵缴一般纳税人拖欠纳税检查应补缴的增值税税款的处理

增值税一般纳税人用进项留抵税额抵减增值税欠税问题(国税发〔2004〕112号)	关于增值税进项留抵税额抵减增值税欠税有关处理事项的通知(国税函〔2004〕1197号)
对纳税人因销项税额小于进项税额而产生期末留抵税额的,应以期末留抵税额抵减增值税欠税。 纳税人发生用进项留抵税额抵减增值税欠税时,按以下方法进行会计处理: (1) 增值税欠税税额大于期末留抵税额,按期末留抵税额红字借记"应交税费——应交增值税(进项税额)"科目,贷记"应交税费——未交增值税"科目。 (2) 若增值税欠税税额小于期末留抵税额,按增值税欠税税额红字借记"应交税费——应交增值税(进项税额)"科目,贷记"应交税费——未交增值税"科目。 为了满足纳税人用留抵税额抵减增值税欠税的需要,将《增值税一般纳税人纳税申报办法》(国税发〔2003〕53号)《增值税纳税申报表》(主表)相关栏次的填报口径作如下调整: (1) 第13项"上期留抵税额"栏数据,为纳税人前一申报期的"期末留抵税额"减去抵减欠税额后的余额数,该数据应与"应交税费——应交增值税"明细科目借方月初余额一致。 (2) 第25项"期初未缴税额(多缴为负数)"栏数据,为纳税人前一申报期的"期末未缴税额(多缴为负数)"减去抵减欠税额后的余额数。	(1) 关于税务文书的填开。 当纳税人既有增值税留抵税额,又欠缴增值税而需要抵减的,应由县(含)以上税务机关填开《增值税进项留抵税额抵减增值税欠税通知书》(以下简称《通知书》,式样见本通知附件)一式两份,纳税人、主管税务机关各一份。 (2) 关于抵减金额的确定。 抵减欠税款时,应按欠税发生时间逐笔抵扣,先发生的先抵。抵缴的欠税包含呆账税金及欠税滞纳金。确定实际抵减金额时,按填开《通知书》的日期作为截止期,计算欠缴税款的应缴未缴滞纳金额,应缴未缴滞纳金金额加欠税金额为欠缴总额。若欠缴总额大于期末留抵税额,实际抵减金额应等于期末留抵税额,并按配比方法计算抵减的欠税和滞纳金;若欠缴总额小于期末留抵税额,实际抵减金额应等于欠缴总额。

2. 留抵税额抵顶查补税款欠税(国税函〔2005〕169号)

增值税一般纳税人拖欠纳税检查应补缴的增值税税款,如果纳税人有进项留抵税额,可按照《国家税务总局关于增值税一般纳税人用进项留抵税额抵减增值税欠税问题的通知》(国税发〔2004〕112号)的规定,用增值税留抵税额抵减查补税款欠税。

【例 3-30】 A 企业 2022 年 7 月期末累计欠税 100 万元,期末累计留抵 52 万元,8 月初根据税务部门《增值税进项留抵税额抵减增值税欠税通知书》的要求,以期末留抵 52 万元抵减增值税欠税。假设截至通知发出日,欠税应加收滞纳金金额 4 万元。

根据规定,欠缴总额 104 万元,由于欠缴总额大于期末留抵税额,实际抵减金额应等于期末留抵税额,并按配比方法计算抵减的欠税 50 万元(100×52÷104),抵减滞纳金 2 万元(4×52÷104)。注意,如欠税是多次发生的,则应按欠税发生时间逐笔抵扣,先发生的先抵扣。

会计处理如下:

借:应交税费——应交增值税(进项税额)　　-520 000
　　营业外支出　　　　　　　　　　　　　　20 000
　　贷:应交税费——未交增值税　　　　　　　-500 000

8月申报填列:

(1)增值税及附加税费申报表附列资料(二)(本期进项税额明细)第 21 栏"上期留抵税额抵减欠税"金额 52 万元。

(2)增值税及附加税费申报表主表第 14 栏"进项税额转出"52 万元,第 31 栏"④本期缴纳欠缴税额"填列留抵税额抵减的增值税欠税额 50 万元。

二、增值税留抵退税政策发展沿革

留抵退税是指把增值税期末未抵扣完的税额退还给纳税人。增值税实行链条抵扣机制,以纳税人当期销项税额抵扣进项税额后的余额为应纳税额。其中,销项税额是指按照销售额和适用税率计算的增值税;进项税额是指购进原材料等所负担的增值税。当进项税额大于销项税额时,未抵扣完的进项税额会形成留抵税额。留抵税额主要是纳税人进项税额和销项税额在时间上不一致造成的,如集中采购原材料和存货,尚未全部实现销售;投资期间没有收入等。此外,在多档税率并存的情况下,销售适用税率低于进项适用税率,也会形成留抵税额。国际上对于留抵税额一般有两种处理方式:允许纳税人结转下期继续抵扣或申请当期退还。同时,允许退还的国家或地区,也会相应设置较为严格的退税条件,如留抵税额必须达到一定数额;每年或一段时期内只能申请一次退税;2019 年以来,我国逐步建立了增值税增量留抵退税制度,对先进制造业增量留抵税额予以全部退税,对于其他行业设定了退税门槛,满足条件的增量留抵税额按一定比例退税。2022 年,国家完善增值税留抵退税制度,优化征缴退流程,对留抵税额实行大规模退税,把纳税人今后才可继续抵扣的进项税额予以提前返还。优先安排小微企业,对小微企业的存量留抵税额于 6 月底前一次性集中退还,增量留抵税额足额退还。重点支持制造业,全面解决制造业、科研和技术服务、生态环保、电力燃气、交通运输、软件和信息技术服务等行业留抵退税问题。通过提前返还尚未抵扣的税款,直接为市场主体提供现金流约 1.5 万亿元,增加企业现金流,缓解资金回笼压力,不但有助于提升企业发展信心,激发市场主体活力,还能够促进消费投资,支持实体经济高质量发展,推动产业转型升级和结构优化。

实施大规模增值税留抵退税政策等新的组合式税费支持政策是以习近平同志为核心的党中央统筹国内国际两个大局、因时应势强化跨周期和逆周期调节作出的重大决策。增值税留抵退税政策发展沿革如下:

(1) 2011 年 11 月,财政部、国家税务总局发布《关于退还集成电路企业采购设备增值税期末留抵税额的通知》(财税〔2011〕107 号),自 2011 年 11 月 1 日起,对集成电路重大项目企业采购设备形成的增值税期末留抵税额予以退还。

(2) 2018 年 6 月,财政部、税务总局发布《关于 2018 年退还部分行业增值税留抵税额有关税收政策的通知》(财税〔2018〕70 号),试行对装备制造等先进制造业、研发等现代服务业和电网企业增值税期末留抵税额予以退还。

(3) 2019 年 3 月,财政部、税务总局发布《关于深化增值税改革有关政策的公告》(财政部　税务总局　海关总署公告 2019 年第 39 号),取消了行业限制,规定从 2019 年 4 月 1 日起对于符合条件的纳税人,均有机会申请享受增值税期末留抵税额退税制度。(文件第八条第三款关于"进项构成比例"的相关规定,按照财政部、税务总局公告 2022 年第 14 号文件的规定执行。)

(4) 2019 年 4 月,国家税务总局发布《关于办理增值税期末留抵税额退税有关事项的公告》(国家税务总局公告2019年第20号),对期末留抵退税的全流程进行了明确,自2019年5月1日起施行。(该文件附件已被国家税务总局公告2021年第10号废止,文件第二条已被国家税务总局公告2022年第4号文件废止)

(5) 2019年8月31日,为推进制造业高质量发展,财政部、税务总局发布《关于明确部分先进制造业增值税期末留抵退税政策的公告》(财政部 税务总局公告2019年第84号),明确部分先进制造业(非金属矿物制品、通用设备、专用设备及计算机、通信和其他电子设备销售额)的留抵退税政策,两个主要变化,一是留抵退税的条件由一般企业的"连续六个月增量留抵税额均大于零,且第6个月增量留抵税额不低于50万元"的条件变为"增量留抵税额大于零";二是应退税额计算,取消了60%的限制。(该文件已被财政部、税务总局公告2022年第14号文件废止)

(6) 2019年9月,国家税务总局发布《关于国内旅客运输服务进项税抵扣等增值税征管问题的公告》(国家税务总局公告2019年第31号),修订《退(抵)税申请表》。(文件第三条已被国家税务总局公告2022年第4号文件废止)

(7) 2019年12月,国家税务总局发布《关于取消增值税扣税凭证认证确认期限等增值税征管问题的公告》(国家税务总局公告2019年第45号),规定纳税人适用增值税留抵退税政策,有纳税信用级别条件要求的,以纳税人向主管税务机关申请办理增值税留抵退税提交《退(抵)税申请表》时的纳税信用级别确定。在计算允许退还的增量留抵税额的进项构成比例时,纳税人在2019年4月至申请退税前一税款所属期内按规定转出的进项税额,无需从已抵扣的增值税专用发票、机动车销售统一发票、海关进口增值税专用缴款书、解缴税款完税凭证注明的增值税额中扣减。(该规定已被国家税务总局公告2022年第4号文件废止)

(8) 2019年10月,财政部 税务总局发布《关于民用航空发动机、新支线飞机和大型客机税收政策的公告》(财政部 税务总局公告2019年第88号),规定从事大型民用客机发动机、中大功率民用涡轴涡桨发动机研制项目、生产销售新支线飞机、从事大型客机研制项目而形成的增值税期末留抵税额予以退还。(根据财政部 税务总局公告2021年第6号文件的规定,本文到期的税收优惠政策执行期限延长至2023年12月31日)

(9) 2020年2月,财政部 国家税务总局发布《关于支持新型冠状病毒感染的肺炎疫情防控有关税收政策的公告》(财政部 税务总局公告2020年第8号,以下简称8号公告),规定疫情防控重点保障物资生产企业可以按月向主管税务机关申请全额退还增值税增量留抵税额。8号公告所称增量留抵税额,是指与2019年12月底相比新增加的期末留抵税额。(该项优惠规定已于2021年3月31日执行到期)

(10) 2021年4月,财政部、国家税务总局发布《关于明确先进制造业增值税期末留抵退税政策的公告》(财政部 税务总局公告2021年第15号),规定自2021年4月1日起,将运输设备、电气机械、仪器仪表、医药、化学纤维等制造业企业纳入先进制造业企业增值税留抵退税政策范围,实行按月全额退还增量留抵税额。(该文件已被国家税务总局公告2022年第4号文件废止)

(11) 2021年4月,国家税务总局发布《关于明确先进制造业增值税期末留抵退税征管问题的公告》(国家税务总局公告2021年第10号),明确了先进制造业增值税期末留抵退税征管问题,对《退(抵)税申请表》进行修订并重新发布,自2021年5月1日起施行。(该文件已被国家税务总局公告2022年第4号文件废止)

(12) 2021年8月,国家税务总局发布《关于城市维护建设税征收管理有关事项的公告》(国家税务总局公告2021年第26号),对期末留抵退税退还的增值税的口径、应扣除期限、允许扣除的情形和特殊情况下未扣除完的余额如何处理等问题进行了明确:

① 纳税人自收到留抵退税额之日起,应当在下一个纳税申报期从城建税计税依据中扣除。

② 留抵退税额仅允许在按照增值税一般计税方法确定的城建税计税依据中扣除。当期未扣除完的余额,在以后纳税申报期按规定继续扣除。

③ 对于增值税小规模纳税人更正、查补此前按照一般计税方法确定的城建税计税依据,允许

扣除尚未扣除完的留抵退税额。

（13）2022年3月，财政部、税务总局发布《关于进一步加大增值税期末留抵退税政策实施力度的公告》（财政部　税务总局公告2022年第14号），规定自2022年4月1日起，加大小微企业以及"制造业""科学研究和技术服务业""电力、热力、燃气及水生产和供应业""软件和信息技术服务业""生态保护和环境治理业"和"交通运输、仓储和邮政业"的留抵退税力度，将先进制造业按月全额退还增值税增量留抵税额政策范围扩大至小微企业和制造业等行业，并一次性退还其存量留抵税额。

（14）2022年3月，财政部发布《关于下达2022年支持小微企业留抵退税有关专项资金预算的通知》（财预〔2022〕34号），下达2022年支持小微企业留抵退税有关专项资金预算指标，用于支持小微企业留抵退税。

（15）2022年3月，国家税务总局发布《关于进一步加大增值税期末留抵退税政策实施力度有关征管事项的公告》（国家税务总局公告2022年第4号），明确了进一步加大增值税期末留抵退税政策实施力度有关征管事项。

（16）2022年3月21日，国务院总理李克强主持召开国务院常务会议，确定实施大规模增值税留抵退税的政策安排等。2022年3月23日，国新办举行增值税留抵退税国务院政策例行吹风会。

（17）2022年4月17日，为尽快释放大规模增值税留抵退税政策红利，在帮扶市场主体渡难关上产生更大政策效应，财政部、税务总局发布《关于进一步加快增值税期末留抵退税政策实施进度的公告》（财政部　税务总局公告2022年第17号），加快小微企业留抵退税政策实施进度，在纳税人自愿申请的基础上，加快退税进度，积极落实微型企业、小型企业存量留抵税额分别于2022年4月30日前、6月30日前集中退还的退税政策。提前退还中型企业存量留抵税额，2022年6月30日前，在纳税人自愿申请的基础上，集中退还中型企业存量留抵税额。

（18）2022年5月17日，为进一步加快释放大规模增值税留抵退税政策红利，财政部　税务总局发布《关于进一步持续加快增值税期末留抵退税政策实施进度的公告》（财政部　税务总局公告2022年第19号），规定符合条件的制造业等行业大型企业，可以自2022年6月纳税申报期起向主管税务机关申请一次性退还存量留抵税额。2022年6月30日前，在纳税人自愿申请的基础上，集中退还大型企业存量留抵税额。

（19）2022年6月7日，为进一步加大增值税留抵退税政策实施力度，着力稳市场主体稳就业，财政部、税务总局发布《关于扩大全额退还增值税留抵税额政策行业范围的公告》（财政部　税务总局公告2022年第21号），扩大全额退还增值税留抵税额政策行业范围，将《财政部　税务总局关于进一步加大增值税期末留抵退税政策实施力度的公告》（财政部　税务总局公告2022年第14号）第二条规定的制造业等行业按月全额退还增值税增量留抵税额、一次性退还存量留抵税额的政策范围，扩大至"批发和零售业""农、林、牧、渔业""住宿和餐饮业""居民服务、修理和其他服务业""教育""卫生和社会工作"和"文化、体育和娱乐业"等7个行业的企业（含个体工商户）。符合条件的批发零售业等行业企业，可以自2022年7月纳税申报期起向主管税务机关申请退还增量留抵税额。符合条件的批发零售业等行业企业，可以自2022年7月纳税申报期起向主管税务机关申请一次性退还存量留抵税额。

（20）2022年6月7日，国家税务总局发布《关于扩大全额退还增值税留抵税额政策行业范围有关征管事项的公告》（国家税务总局公告2022年第11号），符合《财政部　税务总局关于扩大全额退还增值税留抵税额政策行业范围的公告》（财政部　税务总局公告2022年第21号）规定的纳税人申请退还留抵税额，应按照《国家税务总局关于办理增值税期末留抵税额退税有关事项的公告》（国家税务总局公告2019年第20号）和《国家税务总局关于进一步加大增值税期末留抵退税政策实施力度有关征管事项的公告》（国家税务总局公告2022年第4号）等规定办理相关留抵退税业务。同时，对《退（抵）税申请表》进行修订并重新发布。

（21）为保障扩大全额退还增值税留抵退税行业范围政策顺利实施，方便纳税人申请办理留抵退税，2022年7月8日，国家税务总局发布《关于延长2022年7月份增值税留抵退税申请时间的公告》(国家税务总局公告2022年第15号),决定将2022年7月增值税留抵退税申请时间延长至7月最后一个工作日。

三、留抵退税政策安排

政策依据:

> 《财政部 税务总局 海关总署关于深化增值税改革有关政策的公告》(财政部 税务总局 海关总署公告2019年第39号);
> 《国家税务总局关于办理增值税期末留抵税额退税有关事项的公告》(国家税务总局公告2019年第20号);
> 《财政部 税务总局关于进一步加大增值税期末留抵退税政策实施力度的公告》(财政部 税务总局公告2022年第14号);
> 《国家税务总局关于进一步加大增值税期末留抵退税政策实施力度有关征管事项的公告》(国家税务总局公告2022年第4号);
> 《财政部 税务总局关于进一步加快增值税期末留抵退税政策实施进度的公告》(财政部 税务总局公告2022年第17号);
> 《财政部 税务总局关于进一步持续加快增值税期末留抵退税政策实施进度的公告》(财政部 税务总局公告2022年第19号);
> 《财政部 税务总局关于扩大全额退还增值税留抵税额政策行业范围的公告》(财政部 税务总局公告2022年第21号);
> 《国家税务总局关于扩大全额退还增值税留抵税额政策行业范围有关征管事项的公告》(国家税务总局公告2022年第11号);
> 《国家税务总局关于延长2022年7月份增值税留抵退税申请时间的公告》(国家税务总局公告2022年第15号)。

为落实党中央、国务院关于留抵退税的部署,支持小微企业和制造业等行业发展,提振市场主体信心、激发市场主体活力,财政部、税务总局联合发布了《财政部 税务总局关于进一步加大增值税期末留抵退税政策实施力度的公告》(财政部 税务总局公告2022年第14号,以下简称2022年第14号公告)与《财政部 税务总局关于扩大全额退还增值税留抵税额政策行业范围的公告》(财政部 税务总局公告2022年第21号,以下简称2022年第21号公告)。与2019年财政部、税务总局、海关总署发布的《关于深化增值税改革有关政策的公告》(财政部 税务总局 海关总署公告2019年第39号,以下简称2019年第39号公告)相比,加大了小微企业和"制造业""科学研究和技术服务业""电力、热力、燃气及水生产和供应业""软件和信息技术服务业""生态保护和环境治理业"和"交通运输、仓储和邮政业"(以下简称制造业等行业)以及"批发和零售业""农、林、牧、渔业""住宿和餐饮业""居民服务、修理和其他服务业""教育""卫生和社会工作"和"文化、体育和娱乐业"(以下简称批发零售业等行业)企业(含个体工商户,下同)的留抵退税力度,将先进制造业按月全额退还增值税增量留抵税额政策范围扩大至小微企业和制造业等行业,并一次性退还其存量留抵税额,留抵退税政策不断扩围、助力和加速。在2019年建立留抵退税制度时,为便利纳税人办理留抵退税,国家税务总局发布了《关于办理增值税期末留抵税额退税有关事项的公告》(国家税务总局公告2019年第20号,以下简称2019年第20号公告),明确了留抵退税办理各环节的征管事项。2022年,为进一步加大留抵退税力度,在2019年第20号公告基础上,结合2022年出台新政策具体情况,国家税务总局又发布了《关于进一步加大增值税期末留抵退税政策实施力度有关征管事项的公告》(国家税务总局公告2022年第4号)和《关于扩大全额退还增值税留抵税额政策行业范围有关征管事项的公告》(国家税务总局公告2022年第11号),对个别征管事项作补充规定。

（一）政策规定

2019年第39号公告	2022年第14号公告、17号公告、19号公告	2022年第21号公告
八、自2019年4月1日起，试行增值税期末留抵税额退还制度。 （一）同时符合以下条件的纳税人，可以向主管税务机关申请退还增量留抵税额： 1. 自2019年4月税款所属期起，连续6个月（按季纳税的，连续两个季度）增量留抵税额均大于0，且第6个月增量留抵税额不低于50万元； 2. 纳税信用等级为A级或者B级； 3. 申请退税前36个月未发生骗取留抵退税、出口退税或虚开增值税专用发票情形的； 4. 申请退税前36个月未因偷税被税务机关处罚两次及以上的； 5. 自2019年4月1日起未享受即征即退、先征后返（退）政策的。 （二）本公告所称增量留抵税额，是指与2019年3月底相比新增加的期末留抵税额。 （三）纳税人当期允许退还的增量留抵税额，按照以下公式计算： 允许退还的增量留抵税额＝增量留抵税额×进项构成比例×60% 进项构成比例，为2019年4月至申请退税前一税款所属期已抵扣的增值税专用发票（含带有"增值税专用发票"字样全面数字化的电子发票、税控机动车销售统一发票）、收费公路通行费增值税电子普通发票、海关进口增值税专用缴款书、解缴税款完税凭证	一、加大小微企业增值税期末留抵退税政策力度，将先进制造业按月全额退还增值税增量留抵税额政策范围扩大至符合条件的小微企业（含个体工商户，下同），并一次性退还小微企业存量留抵税额。 （一）符合条件的小微企业，可以自2022年4月纳税申报期起向主管税务机关申请退还增量留抵税额。在2022年12月31日前，退税条件按照本公告第三条规定执行。 （二）符合条件的微型企业，可以自2022年4月纳税申报期起向主管税务机关申请一次性退还存量留抵税额；符合条件的小型企业，可以自2022年5月纳税申报期起向主管税务机关申请一次性退还存量留抵税额。 二、加大"制造业""科学研究和技术服务业""电力、热力、燃气及水生产和供应业""软件和信息技术服务业""生态保护和环境治理业"和"交通运输、仓储和邮政业"（以下称制造业等行业）增值税期末留抵退税政策力度，将先进制造业按月全额退还增值税增量留抵税额政策范围扩大至符合条件的制造业等行业企业（含个体工商户，下同），并一次性退还制造业等行业企业存量留抵税额。 （一）符合条件的制造业等行业企业，可以自2022年4月纳税申报期起向主管税务机关申请退还增量留抵税额。 （二）符合条件的制造业等行业中型企业，可以自2022年5月纳税申报期起向主管税务机关申请一次性退还存量留抵税额；2022年6月30日前，在纳税人自愿申请的基础上，集中退还中型企业存量留抵税额。符合条件的制造业等行业大型企业，可以自2022年6月纳税申报期起向主管税务机关申请一次性退还存量留抵税额，2022年6月30日前，在纳税人自愿申请的基础上，集中退还大型企业存量留抵税额。 三、适用本公告政策的纳税人需同时符合以下条件： （一）纳税信用等级为A级或者B级； （二）申请退税前36个月未发生骗取留抵退税、骗取出口退税或虚开增值税专用发票情形； （三）申请退税前36个月未因偷税被税务机关处罚两次及以上； （四）自2019年4月1日起未享受即征即退、先征后返（退）政策。 四、本公告所称增量留抵税额，区分以下情形确定： （一）纳税人获得一次性存量留抵退税前，增量留抵税额为当期期末留抵税额与2019年3月31日相比新增加的留抵税额。 （二）纳税人获得一次性存量留抵退税后，增量留抵税额为当期期末留抵税额。 五、本公告所称存量留抵税额，区分以下情形确定： （一）纳税人获得一次性存量留抵退税前，当期期末留抵税额大于或等于2019年3月31日期末留抵税额的，存量留抵税额为2019年3月31日期末留抵税额；当期期末留抵税额小于2019年3月31日期末留抵税额的，存量留抵税额为当期期末留抵税额。 （二）纳税人获得一次性存量留抵退税后，存量留抵税额为零。 六、本公告所称中型企业、小型企业和微型企业，按照《中小企业划型标准规定》（工信部联企业〔2011〕300号）和《金融业企业划型标准规定》（银发〔2015〕309号）中的营业收入指标、资产总额指标确定。其中，资产总额指标按照纳税人上一会计年度年末值确定。营业收入指标按照纳税人	一、扩大全额退还增值税留抵税额政策行业范围，将《财政部 税务总局关于进一步加大增值税期末留抵退税政策实施力度的公告》（财政部 税务总局公告2022年第14号，以下简称2022年第14号公告）第二条规定的制造业等行业按月全额退还增值税增量留抵税额、一次性退还存量留抵税额的政策范围，扩大至"批发和零售业""农、林、牧、渔业""住宿和餐饮业""居民服务、修理和其他服务业""教育""卫生和社会工作"和"文化、体育和娱乐业"（以下称批发零售业等行业）企业（含个体工商户，下同）。 （一）符合条件的批发零售业等行业企业，可以自2022年7月纳税申报期起向主管税务机关申请退还增量留抵税额。 （二）符合条件的批发零售业等行业企业，可以自2022年7月纳税申报期起向主管税务机关申请一次性退还存量留抵税额。 二、2022年第14号公告和本公告所称制造业、批发零售业等行业企业，是指从事《国民经济行业分类》中"批发和零售业""农、林、牧、渔业""住宿和餐饮业""居民服务、修理和其他服务业""教育""卫生和社会工作""文化、体育和娱乐业""制造业""科学研究和技术服务业""电力、热力、燃气及水生产和供应业""软件和信息技术服务业""生态保护和环境治理业"和"交通运输、仓储和邮政业"业务相应发生的增值税销售额占全部增值税销售额

（续表）

2019 年第 39 号公告	2022 年第 14 号公告、17 号公告、19 号公告	2022 年第 21 号公告
注明的增值税额占同期全部已抵扣进项税额的比重。 （四）纳税人应在增值税纳税申报期内，向主管税务机关申请退还留抵税额。 （五）纳税人出口货物劳务、发生跨境应税行为，适用免抵退税办法的，办理免抵退税后，仍符合本公告规定条件的，可以申请退还留抵税额；适用免退税办法的，相关进项税额不得用于退还留抵税额。 （六）纳税人取得退还的留抵税额后，应相应调减当期留抵税额。按照本条规定再次满足退税条件的，可以继续向主管税务机关申请退还留抵税额，但本条第（一）项第 1 点规定的连续期间，不得重复计算。 （七）以虚增进项、虚假申报或其他欺骗手段，骗取留抵退税款的，由税务机关追缴其骗取的退税款，并按照《税收征收管理法》等有关规定处理。 （八）退还的增量留抵税额中央、地方分担机制另行通知。	上一会计年度增值税销售额确定；不满一个会计年度的，按照以下公式计算： 增值税销售额（年）＝上一会计年度企业实际存续期间增值税销售额／企业实际存续月数×12 本公告所称增值税销售额，包括纳税申报销售额、稽查查补销售额、纳税评估调整销售额。适用增值税差额征税政策的，以差额后的销售额确定。 对于工信部联企业〔2011〕300 号文件、银发〔2015〕309 号文件所列行业以外的纳税人，以及工信部联企业〔2011〕300 号文件所列行业但未采用营业收入指标或资产总额指标划型确定的纳税人，微型企业标准为增值税销售额（年）100 万元以下（不含 100 万元）；小型企业标准为增值税销售额（年）2 000 万元以下（不含 2 000 万元）；中型企业标准为增值税销售额（年）1 亿元以下（不含 1 亿元）。 本公告所称大型企业，是指除上述中型企业、小型企业和微型企业外的其他企业。 七、本公告所称制造业等行业企业，是指从事《国民经济行业分类》中"制造业""科学研究和技术服务业""电力、热力、燃气及水生产和供应业""软件和信息技术服务业""生态保护和环境治理业"和"交通运输、仓储和邮政业"业务相应发生的增值税销售额占全部增值税销售额的比重超过 50% 的纳税人。 上述销售额比重根据纳税人申请退税前连续 12 个月的销售额计算确定；申请退税前经营期不满 12 个月但满 3 个月的，按照实际经营期的销售额计算确定。 八、适用本公告政策的纳税人，按照以下公式计算允许退还的留抵税额： 允许退还的增量留抵税额 ＝ 增量留抵税额×进项构成比例×100% 允许退还的存量留抵税额 ＝ 存量留抵税额×进项构成比例×100% 进项构成比例，为 2019 年 4 月至申请退税前一税款所属期已抵扣的增值税专用发票（含带有"增值税专用发票"字样全面数字化的电子发票、税控机动车销售统一发票）、收费公路通行费增值税电子普通发票、海关进口增值税专用缴款书、解缴税款完税凭证注明的增值税额占同期全部已抵扣进项税额的比重。 九、纳税人出口货物劳务、发生跨境应税行为，适用免抵退税办法的，应先办理免抵退税。免抵退税办理完毕后，仍符合本公告规定条件的，可以申请退还留抵税额；适用免退税办法的，相关进项税额不得用于退还留抵税额。 十、纳税人自 2019 年 4 月 1 日起已取得留抵退税款的，不得再申请享受增值税即征即退、先征后返（退）政策。纳税人可以在 2022 年 10 月 31 日前一次性将已取得的留抵退税款全部缴回后，按规定申请享受增值税即征即退、先征后返（退）政策。 纳税人自 2019 年 4 月 1 日起已享受增值税即征即退、先征后返（退）政策的，可以在 2022 年 10 月 31 日前一次性将已退还的增值税即征即退、先征后返（退）税款全部缴回后，按规定申请退还留抵税额。 十一、纳税人可以选择向主管税务机关申请留抵退税，也可以选择结转下期继续抵扣。纳税人应在纳税申报期内，完成当期增值税纳税申报后申请留抵退税。2022 年 4 月至 6 月的留抵退税申请时间，延长至每月最后一个工作日。	的比重超过 50% 的纳税人。 上述销售额比重根据纳税人申请退税前连续 12 个月的销售额计算确定；申请退税前经营期不满 12 个月但满 3 个月的，按照实际经营期的销售额计算确定。 三、按照 2022 年第 14 号公告第六条规定适用《中小企业划型标准规定》（工信部联企业〔2011〕300 号）和《金融业企业划型标准规定》（银发〔2015〕309 号）时，纳税人的行业归属，根据《国民经济行业分类》关于以主要经济活动确定行业归属的原则，以上一会计年度从事《国民经济行业分类》对应业务增值税销售额占全部增值税销售额比重最高的行业确定。 四、制造业、批发零售业等行业企业申请留抵退税的其他规定，继续按照 2022 年第 14 号公告等有关规定执行。 五、本公告第一条和第二条自 2022 年 7 月 1 日起执行；第三条自公告发布之日起执行。

(续表)

2019 年第 39 号公告	2022 年第 14 号公告、17 号公告、19 号公告	2022 年第 21 号公告
	纳税人可以在规定期限内同时申请增量留抵退税和存量留抵退税。同时符合本公告第一条和第二条相关留抵退税政策的纳税人，可任意选择申请适用上述留抵退税政策。 十二、纳税人取得退还的留抵税额后，应相应调减当期留抵税额。 如果发现纳税人存在留抵退税政策适用有误的情形，纳税人应在下个纳税申报期结束前缴回相关留抵退税款。 以虚增进项、虚假申报或其他欺骗手段，骗取留抵退税款的，由税务机关追缴其骗取的退税款，并按照《中华人民共和国税收征收管理法》等有关规定处理。 十三、适用本公告规定留抵退税政策的纳税人办理留抵退税的税收管理事项，继续按照现行规定执行。 十四、除上述纳税人以外的其他纳税人申请退还增量留抵税额的规定，继续按照《财政部 税务总局 海关总署关于深化增值税改革有关政策的公告》（财政部 税务总局 海关总署公告 2019 年第 39 号）执行，其中，第八条第三款关于"进项构成比例"的相关规定，按照本公告第八条规定执行。 十五、各级财政和税务部门务必高度重视留抵退税工作，摸清底数、周密筹划、加强宣传、密切协作、统筹推进，并分别于 2022 年 4 月 30 日、6 月 30 日、9 月 30 日、12 月 31 日前，在纳税人自愿申请的基础上，集中退还微型、小型、中型、大型企业存量留抵税额。税务部门结合纳税人留抵退税申请情况，规范高效便捷地为纳税人办理留抵退税。 十六、本公告自 2022 年 4 月 1 日施行。	

2022 年第 14 号、21 号公告，将先进制造业按月全额退还增值税增量留抵税额政策范围扩大，符合条件的纳税人可以在每月申报期对增值税期末留抵进行退税操作，不需要受连续 6 个月增量的限制，退税比例没有 60% 限制（为 100%）。退税并非强制，需要纳税人自行掌握政策要点，可以选择向主管税务机关申请留抵退税，也可以选择结转下期继续抵扣。

不符合 2022 年第 14 号公告增值税期末留抵退税政策的，但符合 2019 年第 39 号公告规定的，可以按 2019 年第 39 号公告退税。

1. 2022 年留抵退税新政的特点

特点	重点说明的问题
与 2019 年留抵退税相比，2022 年的留抵退税新政有三大特点：一是聚焦"小微企业和重点支持行业"；二是"增量留抵和存量留抵"并退；三是"制度性、一次性和阶段性"安排并举。具体来说，新政主要包括三大类：一是小微企业留抵退税政策，即在 2022 年对所有行业符合条件的小微企业，一次性退还存量税额，并按月退还增量留抵税额；二是制造业等行业留抵退税政策，对"制造业""科学研究和技术服务业""电力、热力、燃气及水生产和供应业""交通运输、仓储和邮政业""软件和信息技术服务业""生态保护和环境治理业"六个行业符合条件的企业，一次性退还存量留抵税额，并按月全额退还增量留抵税额；三是制造业等行业按月全额退还增值税增量留抵税额、一次性退还存量留抵税额的政策范围，扩大至批发零售业等行业企业。	（1）将先进制造业按月退还增量留抵税额的政策范围扩大到所有小微企业和六个重点行业，并作为一项长期性政策。 （2）对所有符合条件的小微企业和制造业等行业企业在 2019 年 4 月 1 日前形成的存量留抵税额予以退还。这项存量留抵退税政策是一次性政策。这里的"一次性"，是指纳税人在获得存量留抵退税后，将不再有存量留抵税额。 （3）2019 年开始实施的普遍性留抵退税政策，设置了"连续 6 个月增量留抵税额大于零，且第 6 个月不低于 50 万元"的退税门槛，此次对小微企业阶段性取消这一退税门槛，2022 年第 14 号公告第一条中规定，执行期限为 2022 年 12 月 31 日前。 （4）小微企业、制造业、批发零售业等行业留抵退税政策的适用主体不仅指企业，还包括按照一般计税方法计税的个体工商户。 （5）从政策分类及条件看，小微企业留抵退税政策和制造业等行业留抵退税政策的适用主体可能存在重叠，也就是说，某个纳税人，比如制造业小微企业，既可以适用小微企业留抵退税政策，也可以适用制造业等行业留抵退税政策，纳税人可以自主选择适用，其政策实施的效果是一样的。

2. 留抵退税新政适用主体的确定

适用主体(三类)		划型标准(营收/资产)	未列明企业采用年销售额标准(不含本数)以下
小微企业	微型	中小企业划型标准规定、金融业企业划型标准规定	100万
	小型		2 000万
制造业、批发零售业等行业	微型	中小企业划型标准规定、金融业企业划型标准规定	100万
	小型		2 000万
	中型		1亿元
	大型		除上述以外
其他企业	除以上企业	—	—

(1) 资产总额、营业收入:(增值税销售额)按照上一会计年度确定。
(2) 不满一年的:增值税销售额(年)=上一会计年度增值税销售额/实际存续月数×12。
(3) 增值税销售额:包括申报销售额、稽查查补销售额、评估调整销售额。差额征税的,以差额后销售额。
(4) 制造业等六行业:制造业,科学研究和技术服务业,电力、热力、燃气及水生产和供应业,软件和信息技术服务业,生态保护和环境治理业,交通运输、仓储和邮政业。
(5) 批发零售业等七行业:批发和零售业,农、林、牧、渔业,住宿和餐饮业,居民服务、修理和其他服务业,教育,卫生和社会工作,文化、体育和娱乐业。
(6) 制造业、批发零售业等行业企业:是国民经济行业分类六行业企业发生的增值税销售额占全部增值税销售额的比重超过50%的;销售额比重按申请退税前连续12个月的销售额计算确定;申请退税前,经营期不满12个月但满3个月的,按照实际经营期的销售额计算确定。

1) 关于企业规模的划型标准

目前,相关部门对外公布的划型标准主要有两个:一是由人民银行等5部门发布的《金融业企业划型标准规定》,按照"资产总额"这1项指标对金融业企业进行划型;二是工信部等4部委发布的《中小企业划型标准规定》,采用"营业收入""资产总额"和"从业人员"三个指标中的一个或两个指标组合,分别对16类行业进行划型。此外,还有"教育""卫生"等6类行业未纳入该划型标准。

为切实保障留抵退税政策落地落实,坚持规范统一和全覆盖的原则,留抵退税政策中采用了上述两个标准中的"营业收入"和"资产总额"两个指标来确定企业规模。同时,对这两个标准中未设置"营业收入"或"资产总额"指标的行业,以及未纳入两个标准划型的行业,明确划型标准如下:微型企业标准为增值税销售额(年)100万元以下(不含100万元);小型企业标准为增值税销售额(年)2 000万元以下(不含2 000万元);中型企业标准为增值税销售额(年)1亿元以下(不含1亿元)。

这里着重明确三个问题:第一,资产总额指标按照纳税人上一会计年度年末值确定。第二,营业收入指标按照纳税人上一会计年度增值税销售额确定。增值税销售额,包括纳税申报销售额、稽查查补销售额、纳税评估调整销售额。适用增值税差额征税政策的,以差额后的销售额确定。第三,《中小企业划型标准规定》在划型指标的运用上,有的需要同时满足两个指标,有的只需要满足其中一个指标即可,纳税人应根据其所处不同国民经济行业适用相应的划型指标。

2) 关于制造业、批发零售业等列举行业的确定

对于适用制造业、批发零售业等列举行业留抵退税政策纳税人的确定,延续了此前先进制造业留抵退税政策"从主"适用原则,按照纳税人的主营业务来判断纳税人是否满足行业相关条件,而非以纳税人登记的行业确定。也就是说,只要纳税人从事制造业、批发零售业等列举行业业务相应发生的增值税销售额合计占全部增值税销售额的比重超过50%,即符合制造业等六个行业的主体条件。

这里需重点说明三个问题:第一,关于销售额比重的计算区间。销售额比重根据纳税人申请退税前连续12个月的销售额计算确定。需要大家注意的是,在计算销售额占比时,计算公式的分子为列举行业项下增值税销售额的合计数。第二,关于行业登记信息。对于纳税人六类收入占比超过50%,但纳税人登记的行业信息不属于列举行业的,特别是列举行业中某类收入为该纳税人各类收入的最高值时,建议纳税人及时按规定办理行业登记信息变更。第三,关于先进制造业留抵退税政策停止执行。在先进制造业增量留抵退税政策扩大到制造业、批发零售业等列举行业、对存量留抵税额实施退税后,制造业批发零售业等退税政策已经完全覆盖了此前的先进制造业因此,新政实施后,先进制造业增量留

3. 增量留抵税额与存量留抵税额

允许退还的留抵税额,是以留抵税额的余额为基础进行计算的,留抵税额包括增量留抵税额和存量留抵税额。

存量留抵税额	增量留抵税额
存量留抵税额,是指留抵退税制度实施前纳税人形成的留抵税额。 (1) 纳税人获得一次性存量留抵退税前,当期期末留抵税额≥2019年3月31日期末留抵税额的,存量留抵税额为2019年3月31日期末留抵税额;当期期末留抵税额<2019年3月31日期末留抵税额的,存量留抵税额为当期期末留抵税额。 (2) 纳税人获得一次性存量留抵退税后,存量留抵税额为零。	增量留抵税额,是指留抵退税制度实施后,即2019年4月1日以后纳税人新增加的留抵税额。 (1) 纳税人获得一次性存量留抵退税前,增量留抵税额为当期期末留抵税额与2019年3月31日相比新增加的留抵税额。 (2) 纳税人获得一次性存量留抵退税后,增量留抵税额为当期期末留抵税额。

4. 申请留抵退税新政的具体时间

增量留抵税额	存量留抵税额
按照2022年第14号公告的规定,符合条件的小微企业和制造业等行业纳税人,均可以自2022年4月纳税申报期起向主管税务机关申请退还增量留抵税额。	按照2022年第14号、17号和21号公告的规定,符合条件的小微企业和制造业等行业企业,申请存量留抵退税的起始时间如下: (1) 微型企业,可以自2022年4月纳税申报期起向主管税务机关申请一次性退还存量留抵税额; (2) 小型企业,可以自2022年5月纳税申报期起向主管税务机关申请一次性退还存量留抵税额; (3) 制造业等行业中的中型企业,可以自2022年5月纳税申报期起向主管税务机关申请一次性退还存量留抵税额; (4) 制造业等行业中的大型企业,可以自2022年10月纳税申报期起向主管税务机关申请一次性退还存量留抵税额。 (5) 符合条件的批发零售业等行业企业,可以自2022年7月纳税申报期起向主管税务机关申请退还增量留抵税额。符合条件的批发零售业等行业企业,可以自2022年7月纳税申报期起向主管税务机关申请一次性退还存量留抵税额。 需要说明的是,上述时间为申请一次性存量留抵退税的起始时间,当期未申请的,以后纳税申报期也可以按规定申请。

这里需要强调说明以下几个事项:第一,纳税人在申请留抵退税前,应先完成当期的增值税纳税申报。第二,留抵退税申请时间的一般规定是,纳税人应在增值税纳税申报期内申请留抵退税;同时,考虑到2022年留抵退税涉及众多小微企业等市场主体,为更好地服务纳税人,2022年4~6月申请留抵退税的时间已从纳税申报期内延长至每月的最后一个工作日。自2022年7月起开始,申请留抵退税的时间恢复为增值税纳税申报期内。第三,延长4~6月留抵退税申请时间的规定,不仅适用于此次出台的新政策,同时也适用于继续实施的老政策。第四,存量留抵退税和增量留抵退税申请时间存在一定差异,为避免给纳税人造成不必要负担,如果符合规定的退税申请时间,纳税人可以同时申请存量留抵退税和增量留抵退税。例如,微型企业在2022年4月既可以申请存量留抵退税,也可以申请增量留抵退税,因此,微型企业在4月完成当期增值税纳税申报后,只需要向主管税务机关提交一次退税申请,即可同时申请存量留抵退税和增量留抵退税。第五,上述时间为申请一次性存量留抵退税的起始时间,纳税人在当期未申请的,以后纳税申报期也可以按规定申请。例如,微型企业可以自2022年4月纳税申报期起申请存量留抵退税,如果4月份未申请,5月及以后也可以提出退税申请。

5. 留抵退税条件

2019年第39号公告	2022年第14号公告
合以下条件的一般纳税人,可以向主管税务机关申请……所属期起,连续6个月(按季纳税的,	办理留抵退税的小微企业、制造业等行业纳税人,需同时符合以下条件: (1) 纳税信用等级为A级或者B级。

2019 年第 39 号公告	2022 年第 14 号公告
连续两个季度)增量留抵税额均大于零,且第 6 个月增量留抵税额不低于 50 万元。 (2)纳税信用等级为 A 级或者 B 级。 (3)申请退税前 36 个月未发生骗取留抵退税、出口退税或虚开增值税专用发票情形的。 (4)申请退税前 36 个月未因偷税被税务机关处罚两次及以上的。 (5)自 2019 年 4 月 1 日起未享受即征即退、先征后返(退)政策的。 增量留抵税额,是指与 2019 年 3 月底相比新增加的期末留抵税额。	(2)申请退税前 36 个月未发生骗取留抵退税、骗取出口退税或虚开增值税专用发票情形。 (3)申请退税前 36 个月未因偷税被税务机关处罚两次及以上。 (4)2019 年 4 月 1 日起未享受即征即退、先征后返(退)政策。

这里需要说明 3 个问题:第一,这四项条件对小微企业留抵退税政策和制造业等行业留抵退税政策同样适用;第二,这四项条件对增量留抵退税和存量留抵退税同样适用;第三,新政出台后,2019 年第 39 号公告规定的普遍性留抵退税政策,即老政策继续实施,相较于新政策,老政策除需同时符合这四项条件外,仍需要满足"连续 6 个月增量留抵税额大于零,且第 6 个月不低于 50 万元"的退税门槛要求。

6. 留抵退税额计算

2019 年第 39 号公告	2021 年第 14 号公告
纳税人当期允许退还的增量留抵税额,按照以下公式计算: 允许退还的增量留抵税额＝增量留抵税额×进项构成比例×60% 进项构成比例,为 2019 年 4 月至申请退税前。	适用 2022 年第 14 号公告政策的纳税人,按照以下公式计算允许退还的留抵税额: 允许退还的增量留抵税额＝增量留抵税额×进项构成比例×100% 允许退还的存量留抵税额＝存量留抵税额×进项构成比例×100%

(1)关于进项构成比例的规定。为简化操作,减轻纳税人核算负担,此次留抵退税新政策不区分存量留抵退税和增量留抵退税,均设置统一的进项构成比例。同时,计算取数区间也与老政策相同,统一设置为 2019 年 4 月 1 日至申请退税前一税款所属期已抵扣的增值税专用发票(含带有"增值税专用发票"字样全面数字化的电子发票、税控机动车销售统一发票)、收费公路通行费增值税电子普通发票、海关进口增值税专用缴款书、解缴税款完税凭证注明的增值税额占同期全部已抵扣进项税额的比重。需要说明的是,纳入进项构成比例计算的扣税凭证中,增加了带有"增值税专用发票"字样全面数字化的电子发票和纳入进项抵扣凭证范围的收费公路通行费增值税电子普通发票,作为进项构成比例计算公式的分子,且这一调整也同样适用于继续实施的老政策。同时,在计算允许退还的留抵税额的进项构成比例时,纳税人在 2019 年 4 月至申请退税前一税款所属期内按规定转出的进项税额,无需从已抵扣的增值税专用发票(含带有"增值税专用发票"字样全面数字化的电子发票、税控机动车销售统一发票)、收费公路通行费增值税电子普通发票、海关进口增值税专用缴款书、解缴税款完税凭证注明的增值税额中扣减。(国家税务总局公告 2022 年第 4 号第二条)

(2)关于可退还的留抵税额。以纳税人当期的增量留抵税额或者存量留抵税额,乘以进项构成比例,即计算出纳税人当期可退还的增量留抵税额或者存量留抵税额。

【例 3-31】 微型企业留抵退税案例

A 企业从事照明灯具制造,属于《中小企业划型标准规定》中的制造业,按照"营业收入"指标确定留抵退税企业划型。2021 年度累计增值税销售额为 10 万元,营业收入小于 300 万元,A 企业为留抵退税微型企业。

分析：A企业2019年3月(税款所属期)期末留抵税额为10万元，2022年3月(税款所属期)期末留抵税额为100万元，符合2022年第14号公告第三条规定的留抵退税4个条件，进项构成比例为100%。A企业可以在2022年4月同时申请退还增量留抵税额和存量留抵税额。可退增量留抵税额为(100－10)×100%×100%＝90(万元)，存量留抵税额为10×100%×100%＝10(万元)，合计退还留抵税额100万元。

【例3-32】 小型企业留抵退税案例

B企业从事灯具制造业务，2021年度实际经营期为5个月，累计增值税销售额为500万元。B企业2021年度实际经营期不满12个月，因此需按实际经营期折算成年销售额，年销售额＝500÷5×12＝1 200(万元)，属于留抵退税小型企业。

分析：B企业2019年3月(税款所属期)期末留抵税额为100万元，2022年3月(税款所属期)期末留抵税额为300万元，符合2022年第14号公告第三条规定的留抵退税4个条件，进项构成比例为100%。B企业可在2022年4月申报后申请增量留抵退税为(300－100)×100%×100%＝200(万元)，并自2022年5月纳税申报期起申请一次性退还存量留抵税额。	假设B企业2022年4月(税款所属期)期末留抵税额为150万元，进项构成比例为100%，可在2022年5月同时申请退还增量留抵税额和存量留抵税额。可退增量留抵税额为(150－100)×100%×100%＝50(万元)，存量留抵税额为100×100%×100%＝100(万元)，合计退还留抵税额150万元。

【例3-33】 制造业等六大行业的中型企业案例

C物流公司主要从事道路货物运输，属于"交通运输业"，按照《中小企业划型标准规定》的"营业收入"指标确定留抵退税企业划型。2021年年度累计增值税销售额为3 200万元，属于增值税留抵退税中型企业。

分析：C物流公司全部收入为交通运输服务收入，可按照2022年第14号公告适用制造业等行业企业留抵退税政策。2019年3月(税款所属期)期末留抵税额为200万元，2022年4月(税款所属期)期末留抵税额为350万元。符合2022年第14号公告第三条规定的4个条件，进项构成比例为100%，C物流公司可以在2022年5月纳税申报期同时申请退还增量留抵税额和存量留抵税额。可退增量留抵税额为(350－200)×100%×100%＝150(万元)，存量留抵税额为200×100%×100%＝200(万元)，合计退还留抵税额350万元。

【例3-34】 进项构成比例案例

D企业是制造业增值税一般纳税人，留抵退税划型为微型企业。2019年3月(税款所属期)期末留抵税额为100万元，2022年3月(税款所属期)期末留抵税额为80万元，2019年4月至2022年3月取得的进项税额中，增值税专用发票500万元，道路通行费电子普通发票100万元，海关进口增值税专用缴款书200万元，农产品收购发票抵扣进项税额200万元。2021年12月，该纳税人因发生非正常损失，此前已抵扣的增值税专用发票中，有50万元进项税额按规定作进项税转出。

分析：D企业在2022年4月申请留抵退税时，进项构成比例＝(500＋100＋200)÷(500＋100＋200＋200)×100%＝80%。进项构成比例计算公式的分子分母均不需扣减2021年进项转出的50万元。E企业符合2022年第14号公告第三条规定的留抵退税4个条件，当期期末留抵税额80万元小于2019年3月31日期末留抵税额100万元的，增量留抵税额为0，存量留抵税额为当期期末留抵税额，可退还的存量留抵税额为80×80%×100%＝64(万元)。

【例3-35】 纳税信用等级调整案例(A、B级→C级)

E企业是留抵退税微型企业，在2021年4月公布的2020年度信用等级为B级。2019年3月(税款所属期)期末留抵税额为10万元，2022年3月(税款所属期)期末留抵税额为20万元。2022年4月10日E企业提交留抵退税申请时，2021年度纳税信用等级未公布，当前纳税信用等级仍为B级，在符合其他留抵退税条件的情况下，假设进项构成比例为100%，可同时申请退还增量留抵税额＝(20－10)×100%×100%＝10(万元)和存量留抵税额10万元。

分析：由于存在逾期未申报企业所得税等情况，E企业2021年纳税信用等级降为C级。假设E企业4月11日收到留抵退税20万元，4月25日公布E企业2021年纳税信用等级降为C级，E企业不需要向税务机关缴回已收到的留抵退税20万元，但在纳税信用等级C级期间E企业不再符合留抵退税条件。

【例3-36】 餐饮企业案例

某大型餐饮企业2019年3月31日的期末留抵税额为1500万元，此前未获得存量留抵退税。2022年7月纳税申报期申请一次性存量留抵退税时，如果当期期末留抵税额为2000万元，该纳税人的存量留抵税额为1500万元；如果当期期末留抵税额为1000万元，该纳税人的存量留抵税额为1000万元。该纳税人在7月份获得存量留抵退税后，将再无存量留抵税额。

【例3-37】 小微企业行业归属案例

某混业经营纳税人2022年7月申请办理留抵退税，其上一会计年度（2021年1月1日至2021年12月31日）增值税销售额500万元，其中，提供建筑服务销售额200万元，提供工程设备租赁服务销售额150万元，外购并销售建筑材料等货物销售额150万元。该纳税人"建筑业"对应业务的增值税销售额占比为40%；"租赁和商务服务业"对应业务的增值税销售额占比为30%；"批发和零售业"对应业务的增值税销售额占比为30%。因其"建筑业"对应业务的销售额占比最高，在适用小微企业划型标准时，应按照《中小企业划型标准规定》（工信部联企业〔2011〕300号）规定的建筑业的划型标准判断该企业是否为小微企业。

7. 留抵退税和即征即退、先征后返（退）政策衔接

2022年第14号公告	政策解读
纳税人自2019年4月1日起已取得留抵退税款的，不得再申请享受增值税即征即退、先征后返（退）政策。纳税人可以在2022年10月31日前一次性将已取得的留抵退税款全部缴回后，按规定申请享受增值税即征即退、先征后返（退）政策。 纳税人自2019年4月1日起已享受增值税即征即退、先征后返（退）政策的，可以在2022年10月31日前一次性将已退还的增值税即征即退、先征后返（退）税款全部缴回后，按规定申请退还留抵税额。	按照现行政策规定，纳税人不能同时适用留抵退税政策和即征即退、先征后返（退）政策，也就是说，享受过即征即退、先征后返（退）的，不得申请留抵退税；已获得留抵退税的，也不得再享受即征即退、先征后返（退）。此次留抵退税力度加大后，可能有此前选择享受即征即退、先征后返（退）的纳税人，希望重新选择留抵退税；同时也有纳税人在申请留抵退税时未考虑全面，也希望给予重新选择享受即征即退、先征后返（退）的机会。针对上述纳税人关切，2022年第14号公告明确规定，纳税人可以在2022年10月31日前一次性将已取得的留抵退税款全部缴回后，按规定申请享受增值税即征即退、先征后返（退）政策。纳税人自2019年4月1日起已享受增值税即征即退、先征后返（退）政策的，可以在2022年10月31日前一次性将已退还的增值税即征即退、先征后返（退）税款全部缴回后，按规定申请退还留抵税额。 这里需要强调的是，第一，纳税人需在2022年10月31日前完成全部已退税款的缴回；第二，纳税人必须在将需缴回的留抵退税款全部解缴入库以后，才能转入进项税额继续抵扣；未全部缴回入库的，不得转入继续抵扣

【例3-38】 即征即退企业一次性缴回已退税款可办理留抵退税案例

F软件开发公司（简称F公司）是从事软件产品开发生产，2019年4月至2021年12月享受自行开发软件产品即征即退优惠政策，累计已退还即征即退税款1000万元。2019年3月（税款所属期）一般项目期末留抵税额为800万元，2022年7月（税款所属期）一般项目期末留抵税额为3000万元。F公司已享受增值税即征即退政策，不符合留抵退税条件。

分析：为了缓解资金压力，加大投入研发，F公司选择在2022年6月一次性缴回已退还的增值税即征即退税额1000万元，因此在符合2022年第14号公告第三条规定的其他留抵退税条件的情况下，可在2022年7月申报期内同时申请退还增量留抵退税和存量留抵税额。假设F公司为留抵退税中型企业，进项构成比例为90%，2022年7月申报期可申请退还增量留抵退税为$(3\,000-800)\times 90\%\times 100\%=1\,980$（万元），退还存量留抵税额为$800\times 90\%\times 100\%=720$（万元），合计退还留抵税额2700万元。

【例 3-39】 留抵退税企业一次性缴回已退税款享受即征即退案例

G 公司从事生产销售建筑材料业务,增值税留抵退税小型企业,2020 年至 2021 年期间已申请退还增值税留抵税额合计 100 万元,2022 年 5 月起技术升级,开始生产销售可享受即征即退政策的新型墙体材料。G 公司已取得留抵退税款,2022 年 5 月不得申请享受增值税即征即退政策。

分析:假设 G 公司选择在 2022 年 6 月 30 日一次性缴回已取得的留抵退税款 100 万元后,在《增值税纳税申报表附列资料(二)(本期进项税额明细)》第 22 栏"上期留抵税额退税"填写"-100 万元",将已缴回的 100 万元留抵退税款调增期末留抵税额,并用于当期或以后期间继续抵扣。G 公司可按规定自 2022 年 7 月起申请享受新型墙体材料增值税即征即退政策。

8. 个体工商户享受留抵退税政策

根据国家税务总局公告 2022 年第 4 号文件的规定,适用增值税一般计税方法的个体工商户,已按照省税务机关公布的纳税信用管理办法参加评价的,可自 2022 年 3 月 22 日起,自愿向主管税务机关申请参照企业纳税信用评价指标和评价方式参加评价。自愿申请参加纳税信用评价的,自新的评价结果发布后,按照新的评价结果确定是否符合申请留抵退税条件。体户要享受留抵退税,针对纳税信用的条件有两条途径:

| (1) 依据省税务机关公布的相应的纳税信用管理办法,被评定为 A 或 B 级的,同时符合其他条件的可申请办理留抵退税。 | (2) 所在省没有相应的纳税信用管理办法的,或者按照有利的原则,希望采用企业纳税信用评价指标和评价方式进行评价的,个体户可以自愿向主管税务机关申请参照企业纳税信用评价指标和评价方式进行评价,并依据评价结果,符合条件的可申请办理留抵退税。但在以后的存续期内适用国家税务总局纳税信用管理相关规定。 |

【例 3-40】 H 个体工商户从事批发业,2021 年及以前从未参加纳税信用等级评价,自 2022 年 1 月起登记增值税一般纳税人,2022 年 3 月(税款所属期)期末留抵税额为 5 万元。C 个体工商户可以自愿申请参照企业纳税信用评价指标和评价方式参加纳税信用评价,假设 H 个体工商户为留抵退税微型企业,评价结果为 B 级,符合其他留抵退税条件,进项构成比例为 100%。

分析:H 个体工商户 2022 年 1 月登记增值税一般纳税人,2019 年 3 月期末留抵税额为 0,因此存量留抵税额为 0,C 个体工商户可以在 2022 年 4 月申请退还 2022 年 3 月所属期的增量留抵税额(5-0)×100%×100%=5(万元)。C 个体工商户一旦参照企业参评后,就不能退出纳税信用评价,在以后的存续期内适用国家税务总局纳税信用管理的相关规定。

(二)增值税留抵退税征管事项

2019 年建立留抵退税制度时,税务总局配套制发了《国家税务总局关于办理增值税期末留抵税额退税有关事项的公告》(国家税务总局公告 2019 年第 20 号),对留抵退税申请、受理、审核、退库等全环节流程相关征管事项进行了明确规定。2022 年出台的留抵退税新政策,并未对现行退税办理流程作实质性调整。分环节看,具体规定如下:

纳税人申请留抵退税环节	核准留抵退税环节	开具税收收入退还书环节	税款退库环节
纳税人申请留抵退税时,只需要提交一张《退(抵)税申请表》,这张申请表可以通过办税服务厅当面提交,也可以通过电子税务局网上提交。结合新政策内容,《退(抵)税申请表》的填报内容做了相应调整,增加了部分栏次,调整了部分栏次表述,同时,为便利纳税人申请退税,各地电子税务局已实现《退(抵)税申请表》中大部分数据的预填功能,纳税人也可以结合实际经营情况对预填内容进行修改,最后进行确认,即可提交退税申请。	税务机关受理纳税人的留抵退税申请后,将按规定进行退税审核,并根据不同情况出具审核结果。第一种情形是,纳税人符合全部退税条件,且未发现任何风险疑点及未处理事项,准予留抵退税。第二种情形是,纳税人不符合留抵退税的一项或多项条件的,不予留抵退税。第三种情形是,虽然纳税人符合留抵退税条件,但存在风险疑点或相关未处理事项的,将暂停办理留抵退税,并对相关风险疑点进行排查,对未处理事项进行处理。处理完毕后,再按规定继续办理留抵退税。	当税务机关作出准予退税的决定后,将相应开具税收收入退还书,并发送给同级国库部门。	国库部门收到税务机关发送的税收收入退还书后,按规定进行退库审核,审核通过后,将退税款退付到纳税人指定的账户上。

1. 留抵退税的申请办理

(1) 提交《退(抵)税申请表》。

① 表样。

退(抵)税申请表

金额单位：元，至角分

申请人名称			纳税人□　扣缴义务人□	
纳税人名称			统一社会信用代码（纳税人识别号）	
联系人			联系电话	
申请退税类型	汇算结算退税　□ 误收退税　　　□ 留抵退税　　　□		纳税信用等级	

一、汇算结算、误收税款退税

	税种	品目名称	税款所属时期	税票号码	实缴金额
原完税情况					
	合计(小写)				
申请退税金额(小写)					

二、留抵退税

留抵退税申请文件依据	□《财政部　税务总局　海关总署关于深化增值税改革有关政策的公告》（财政部　税务总局　海关总署公告 2019 年第 39 号） □《财政部　税务总局关于进一步加大增值税期末留抵退税政策实施力度的公告》（财政部　税务总局公告 2022 年第 14 号） □《财政部　税务总局关于扩大全额退还增值税留抵税额政策行业范围的公告》（财政部　税务总局公告 2022 年第 21 号）	退税企业类型	□ 小微企业 　□ 微型企业　□ 小型企业 □ 特定行业 　□ 制造业 　□ 科学研究和技术服务业 　□ 电力、热力、燃气及水生产和供应业 　□ 软件和信息技术服务业 　□ 生态保护和环境治理业 　□ 交通运输、仓储和邮政业 　□ 批发和零售业 　□ 农、林、牧、渔业 　□ 住宿和餐饮业 　□ 居民服务、修理和其他服务业 　□ 教育 　□ 卫生和社会工作 　□ 文化、体育和娱乐业 □ 一般企业	
申请退还项目	□ 存量留抵税额　　□ 增量留抵税额			
企业经营情况	国民经济行业		营业收入		资产总额	
	企业划型	□ 微型企业　□ 小型企业　□ 中型企业　□ 大型企业			

（续表）

留抵退税申请类型	1. 退税企业类型勾选"一般企业"	连续六个月（按季纳税的,连续两个季度）增量留抵税额均大于零的起止时间： ____年____月至____年____月	
	2. 退税企业类型勾选"特定行业"	____年____月至____年____月,从事《国民经济行业分类》中"制造业""科学研究和技术服务业""电力、热力、燃气及水生产和供应业""软件和信息技术服务业""生态保护和环境治理业""交通运输、仓储和邮政业""批发和零售业""农、林、牧、渔业""住宿和餐饮业""居民服务、修理和其他服务业""教育""卫生和社会工作""文化、体育和娱乐业"业务相应发生的增值税销售额____元,同期全部销售额____元,占比____%。	
留抵退税申请条件	申请退税前36个月未发生骗取留抵退税、骗取出口退税或虚开增值税专用发票情形		是□ 否□
	申请退税前36个月未因偷税被税务机关处罚两次及以上		是□ 否□
	自2019年4月1日起未享受即征即退、先征后返（退）政策		是□ 否□
	出口货物劳务、发生跨境应税行为,适用免抵退税办法		是□ 否□
留抵退税计算	本期已申报免抵退税应退税额		
	申请退税前一税款所属期的增值税期末留抵税额		
	2019年3月期末留抵税额		
	存量留抵税额		
	2019年4月至申请退税前一税款所属期	已抵扣的增值税专用发票（含带有"增值税专用发票"字样全面数字化的电子发票、税控机动车销售统一发票）、收费公路通行费增值税电子普通发票注明的增值税额	
		已抵扣的海关进口增值税专用缴款书注明的增值税额	
		已抵扣的解缴税款完税凭证注明的增值税额	
		全部已抵扣的进项税额	
		进项构成比例	
	本期申请退还的期末留抵税额		
	其中：本期申请退还的存量留抵税额		
	本期申请退还的增量留抵税额		
退税申请理由		经办人(签章)： 　　年　　月　　日	

经办人： 经办人身份证号： 代理机构签章： 代理机构统一社会信用代码：	申请人声明 本申请表是根据国家税收法律法规及相关规定填写的,我确定它是真实的、可靠的、完整的。 申请人(签章)：

(续表)

以下由税务机关填写	
受理情况	受理人： 年　月　日
核实部门意见： 　退还方式：退库□　抵扣欠税□ 　退税类型：汇算结算退税□ 　　　　　　误收退税□ 　　　　　　留抵退税□ 　退税发起方式：纳税人自行申请□ 　　　　　　　税务机关发现并通知□ 　退（抵）税金额： 　经办人：　　　　负责人： 　　年　月　日　　　年　月　日	主管税务机关负责人意见： 签字（公章）： 　　　　　　年　月　日

② 退（抵）税申请表填报说明。

一、本表适用于办理汇算结算、误收税款退税、留抵退税。

二、纳税人退税账户与原缴税账户不一致的，须另行提交资料，并经税务机关确认。

三、本表一式四联，纳税人一联、税务机关三联。

四、申请人名称：填写纳税人或扣缴义务人名称。如申请留抵退税，应填写纳税人名称。

五、申请人身份：选择"纳税人"或"扣缴义务人"。如申请留抵退税，应选择"纳税人"。

六、纳税人名称：填写税务登记证所载纳税人的全称。

七、统一社会信用代码（纳税人识别号）：填写纳税人统一社会信用代码或税务机关统一核发的税务登记证号码。

八、申请退税类型：纳税人根据需要办理的事项，选择"汇算结算退税""误收退税"或"留抵退税"。

九、纳税信用等级：填写申请退税时的纳税信用等级。

十、原完税情况：填写与汇算结算和误收税款退税相关信息。分税种、品目名称、税款所属时期、税票号码、实缴金额等项目，填写申请办理退税的已入库信息，上述信息应与完税费（缴款）凭证复印件、完税费（缴款）凭证原件或完税电子信息一致。

十一、申请退税金额：填写与汇算结算和误收税款退税相关的申请退（抵）税的金额，应小于等于原完税情况实缴金额合计。

十二、留抵退税申请文件依据：根据申请留抵退税的文件依据，选择《财政部　税务总局　海关总署关于深化增值税改革有关政策的公告》（财政部　税务总局　海关总署公告 2019 年第 39 号）、《财政部　税务总局关于进一步加大增值税期末留抵退税政策实施力度的公告》（财政部　税务总局公告 2022 年第 14 号，以下简称 14 号公告）或《财政部　税务总局关于扩大全额退还增值税留抵税额政策行业范围的公告》（财政部　税务总局公告 2022 年第 21 号，以下简称 21 号公告）。

十三、退税企业类型：勾选《财政部　税务总局　海关总署关于深化增值税改革有关政策的公告》（财政部　税务总局　海关总署公告 2019 年第 39 号）"的"退税企业类型"选择"一般企业"。勾选《财政部　税务总局关于进一步加大增值税期末留抵退税政策实施力度的公告》（财政部　税务总局公告 2022 年第 14 号）"或《财政部　税务总局关于扩大全额退还增值税留抵税额政策行业范围的公告》（财政部　税务总局公告 2022 年第 21 号）"的，"退税企业类型"按照企业实际经营情况选择"小微企业"或"特定行业"。其中："小微企业"按照 14 号公告规定的划型标准勾选"微型企业""小型企业"其中一项；"特定行业"按照销售收入占比最高的主营业务勾选"制造业""科学研究和技术服务业""电力、热力、燃气及水生产和供应业""软件和信息技术服务业""生态保护和环境治理业""交通运输、仓储和邮政业""批发和零售业""农、林、牧、渔业""住宿和餐饮业""居民服务、修理和其他服务业""教育""卫生和社会工作""文化、体育和娱乐业"其中一项。同时符合"小微企业"和"特定行业"退税条件的，可勾选"小微企业"其中一项或"特定行业"其中一项。

十四、申请退还项目：纳税人根据其选择退还的留抵税额类型，可同时勾选"存量留抵税额"和"增量留抵税额"或其中一项。

十五、企业经营情况。

（一）国民经济行业：对照《2017年国民经济行业分类(GB/T 4754—2017)》中列明的行业小类填写。

（二）营业收入：按照上一会计年度增值税销售额确定；不满一个会计年度的，按照以下公式计算：增值税销售额(年)＝上一会计年度企业实际存续期间增值税销售额÷企业实际存续月数×12。增值税销售额包括纳税申报销售额、稽查查补销售额、纳税评估调整销售额，适用增值税差额征税政策的，以差额后的销售额确定。

（三）资产总额：按照上一会计年度年末值填写。

（四）企业划型：按照14号公告和21号公告的规定，根据本表填报的"国民经济行业""营业收入""资产总额"信息，勾选"微型企业""小型企业""中型企业"或"大型企业"中的一项。

十六、留抵退税申请类型：纳税人根据勾选的退税企业类型选择对应的项目填写。退税企业类型勾选"一般企业"：应填写"连续六个月(按季纳税的，连续两个季度)增量留抵税额均大于零的起止时间：　年　月至　年　月"栏次，本栏填写纳税人自2019年4月税款所属期起，连续六个月(按季纳税的，连续两个季度)增量留抵税额均大于零，且第六个月增量留抵税额不低于50万元的起止时间。退税企业类型勾选"特定行业"：应填写"　年　月至　年　月，从事《国民经济行业分类》中'制造业''科学研究和技术服务业''电力、热力、燃气及水生产和供应业''软件和信息技术服务业''生态保护和环境治理业''交通运输、仓储和邮政业''批发和零售业''农、林、牧、渔业''住宿和餐饮业''居民服务、修理和其他服务业''教育''卫生和社会工作''文化、体育和娱乐业'业务相应发生的增值税销售额元，同期全部销售额元，占比％。"栏次。如申请退税前经营期满12个月，本栏起止时间填写申请退税前12个月的起止时间，本栏销售额填写申请退税前12个月的销售额；如申请退税前经营期不满12个月但满3个月的，本栏起止时间填写实际经营期的起止时间，本栏销售额填写实际经营期的销售额。

十七、留抵退税申请条件：根据企业实际经营情况，逐项勾选"是"或"否"。

十八、留抵退税计算：

（一）本期已申报免抵退税应退税额：填写适用免抵退税政策的纳税人本期申请退还的免抵退税额。

（二）申请退税前一税款所属期的增值税期末留抵税额：根据申请退税前一税款所属期的《增值税及附加税费申报表(一般纳税人适用)》主表"一般项目"期末留抵税额栏次填写。

（三）2019年3月期末留抵税额：根据2019年3月税款所属期的《增值税及附加税费申报表(一般纳税人适用)》主表"一般项目"期末留抵税额栏次填写，如2019年3月所属期未进行增值税一般纳税人申报，则该栏次金额为0。

（四）存量留抵税额：1.获得过一次性存量留抵退税前，填写本表"申请退税前一税款所属期的增值税期末留抵税额"栏次与"2019年3月期末留抵税额"栏次孰小值。2.获得过一次性存量留抵退税后，本栏为0。

（五）已抵扣的增值税专用发票(含带有"增值税专用发票"字样全面数字化的电子发票、税控机动车销售统一发票)、收费公路通行费增值税电子普通发票注明的增值税额：填写2019年4月至申请退税前一税款所属期抵扣的增值税专用发票(含带有"增值税专用发票"字样全面数字化的电子发票、税控机动车销售统一发票)、收费公路通行费增值税电子普通发票注明的增值税额。取得不动产或者不动产在建工程的进项税额不再分2年抵扣后一次性转入的进项税额，视同取得增值税专用发票抵扣的进项税额，也填入本栏。

（六）已抵扣的海关进口增值税专用缴款书注明的增值税额：填写2019年4月至申请退税前一税款所属期抵扣的海关进口增值税专用缴款书注明的增值税额。

（七）已抵扣的解缴税款完税凭证注明的增值税额：填写2019年4月至申请退税前一税款所属期抵扣的解缴税款完税凭证注明的增值税额。

（八）全部已抵扣的进项税额：填写2019年4月至申请退税前一税款所属期全部已抵扣进项税额。

（九）进项构成比例：进项构成比例＝本表〔已抵扣的增值税专用发票(含带有"增值税专用发票"字样全面数字化的电子发票、税控机动车销售统一发票)、收费公路通行费增值税电子普通发票注明的增值税额＋已抵扣的海关进口增值税专用缴款书注明的增值税额＋已抵扣的解缴税款完税凭证注明的增值税额〕÷全部已抵扣的进项税额

（十）本期申请退还的期末留抵税额：

1. 退税企业类型勾选为"小微企业"和"特定行业"。

（1）申请退还项目仅勾选"存量留抵税额"本期申请退税的期末留抵税额＝本表"存量留抵税额"×"进项构成比例"×100％。

（2）申请退还项目仅勾选"增量留抵税额"本期申请退税的期末留抵税额＝本表("申请退税前一税款所属期的增值税期末留抵税额"－"存量留抵税额")×"进项构成比例"×100％。

（3）申请退还项目同时勾选"存量留抵税额"以及"增量留抵税额"本期申请退税的期末留抵税额＝本表"申请退税前一税款所属期的增值税期末留抵税额"×"进项构成比例"×100％。

2. 退税企业类型勾选为"一般企业"本期申请退税的期末留抵税额＝本表("申请退税前一税款所属期的增值税期末留抵税额"－"存量留抵税额")×进项构成比例×60％。

(续表)

（十一）本期申请退还的存量留抵税额：1.申请退还项目勾选"存量留抵税额"本期申请退还的存量留抵税额＝本表"存量留抵税额"×"进项构成比例"×100%；2.申请退还项目仅勾选"增量留抵税额"本期申请退还的存量留抵税额＝0。

（十二）本期申请退还的增量留抵税额：本期申请退还的增量留抵税额＝本表"本期申请退还的期末留抵税额"－"本期申请退还的存量留抵税额"

十九、退税申请理由：简要概述退税申请理由，如果本次退税账户与原缴税账户不一致，需在此说明，并另行提交资料，报经税务机关确认。

二十、受理情况：填写核对接受纳税人、扣缴义务人资料的情况。

二十一、退还方式：申请汇算结算或误收税款退税的，退还方式可以单选或多选，对于有欠税的纳税人，一般情况应勾选"抵扣欠税"，对于勾选"抵扣欠税"情况，可以取消该选择，将全部申请退税的金额，以"退库"方式办理。申请留抵退税的，可同时勾选"退库"和"抵扣欠税"。如果纳税人既有增值税欠税，又有期末留抵税额，按照《国家税务总局关于办理增值税期末留抵税额退税有关事项的公告》（国家税务总局公告2019年第20号）第九条第三项的规定，以最近一期增值税纳税申报表期末留抵税额，抵减增值税欠税后的余额确定允许退还的增量留抵税额。

二十二、退税类型：税务机关依据纳税人申请事项，勾选"汇算结算退税""误收退税"或"留抵税"。

二十三、退税发起方式：纳税人申请汇算结算或误收税款退税的，税务机关勾选"纳税人自行申请"或"税务机关发现并通知"；纳税人申请留抵退税的，税务机关勾选"纳税人自行申请"。

二十四、退（抵）税金额：填写税务机关核准后的退（抵）税额。

2. 税务机关审核确认（国家税务总局公告2019年第20号）

1) 税务机关办理留抵退税原则

政策规定	政策解读
税务机关按照"窗口受理、内部流转、限时办结、窗口出件"的原则办理留抵退税。税务机关对纳税人是否符合留抵退税条件、当期允许退还的增量留抵税额等进行审核确认，并将审核结果告知纳税人。	在办理留抵退税过程中，税务机关分别对部分先进制造业、一般企业及疫情防控重点保障物资生产企业三类纳税人是否符合留抵退税条件、当期可退还增量留抵税额等进行审核确认，并区分不同情形进行处理： （1）准予办理留抵退税。对于符合退税条件，且不存在国家税务总局公告2019年第20号文件所列情形的，税务机关应在一定期限内完成审核，并向纳税人出具准予留抵退税的《税务事项通知书》。 （2）暂停（终止）办理留抵退税。对于符合退税条件，但纳税人存在增值税涉税风险疑点，或存在未处理的相关涉税事项等情形的，明确先暂停为其办理留抵退税。 ① 如果风险疑点排除且相关事项处理完毕后，仍符合留抵退税条件的，税务机关继续为其办理留抵退税。 ② 如果风险疑点排除且相关事项处理完毕后，不再符合留抵退税条件的，税务机关不予办理留抵退税。 ③ 如果在进行风险排查时，发现纳税人涉嫌增值税重大税收违法的，终止为其办理留抵退税。在税务机关对纳税人涉嫌增值税重大税收违法问题核实处理完毕后，纳税人仍符合留抵退税条件的，可重新申请办理留抵退税。 （3）不予办理留抵退税。经税务机关审核，对不符合留抵退税条件的纳税人，不予办理留抵退税，并向纳税人出具不予留抵退税的《税务事项通知书》。

2) 税务机关审核完成时间

政策规定	政策解读
纳税人符合留抵退税条件且不存在国家税务总局公告2019年第20号文件第十二条所列情形的，税务机关应自受理留抵退税申请之日起10个工作日内完成审核，并向纳税人出具准予留抵退税的《税务事项通知书》。纳税人发生国家税务总局公告2019年第20号文件第九条第二项所列情形的，上述10个工作日，自免抵退税应退税额核准之日起计算。	税务机关审核留抵退税申请的时限为自受理留抵退税申请之日起10个工作日内完成。需要注意的是申请要求在申报期内提交，但并不代表审核要在申报期内完成。如果提交申请较迟，完成审核的时间可能会在当月纳税申报期结束后，甚至可能会跨月。

3）特殊情形留抵退税的审核

政策规定	政策解读
纳税人在办理留抵退税期间发生下列情形的,按照以下规定确定允许退还的增量留抵税额: （1）因纳税申报、稽查查补和评估调整等原因,造成期末留抵税额发生变化的,按最近一期《增值税纳税申报表(一般纳税人适用)》期末留抵税额确定允许退还的增量留抵税额。 （2）纳税人在同一申报期既申报免抵退税又申请办理留抵退税的,或者在纳税人申请办理留抵退税时存在尚未经税务机关核准的免抵退税应退税额的,应待税务机关核准免抵退税应退税额后,按最近一期《增值税纳税申报表(一般纳税人适用)》期末留抵税额,扣减税务机关核准的免抵退税应退税额后的余额确定允许退还的增量留抵税额。 税务机关核准的免抵退税应退税额,是指税务机关当期已核准,但纳税人尚未在《增值税纳税申报表(一般纳税人适用)》第15栏"免、抵、退应退税额"中填报的免抵退税应退税额。 （3）纳税人既有增值税欠税,又有期末留抵税额的,按最近一期《增值税及附加税费申报表(一般纳税人适用)》期末留抵税额,抵减增值税欠税后的余额确定允许退还的增量留抵税额。	（1）留抵税额发生变化的,如某企业2019年4~9月符合留抵退税相关条件,但是企业于2019年12月才提出退税申请。期间由于税务稽查查补,对留抵税额进行了调整,导致2019年9月期末留抵税额也发生了变化。那么就按最近一期也就是2019年11月的《增值税纳税申报表(一般纳税人适用)》期末留抵税额来确定允许退还的增量留抵税额。 （2）既申报免抵退税又申请办理留抵退税的,应等待税务机关核准免抵退税应退税额后,按最近一期《增值税纳税申报表(一般纳税人适用)》期末留抵税额,扣减税务机关核准的免抵退税应退税额后的余额确定允许退还的增量留抵税额。例如,某企业2019年4~9月符合留抵退税相关条件,企业于2019年10月申报期既申报了免抵退税又申请办理留抵退税,原本应该是以2019年9月期末的留抵税额确定允许退还的增量留抵税额的,现在只能等待税务机关核准免抵退税应退税额后再确定允许退还的增量留抵税额。如果税务机关于2019年11月才核准免抵退税应退税额,那么就按最近一期也就是2019年10月的《增值税纳税申报表(一般纳税人适用)》期末留抵税额,扣减税务机关核准的免抵退税应退税额后的余额确定允许退还的增量留抵税额。 （3）纳税人申请办理留抵退税时存在尚未经税务机关核准的免抵退税应退税额的,应等待税务机关核准免抵退税应退税额后,按最近一期《增值税纳税申报表(一般纳税人适用)》期末留抵税额,扣减税务机关核准的免抵退税应退税额后的余额确定允许退还的增量留抵税额。例如,2019年10月申报期内申请办理留抵退税时存在尚未经税务机关核准的免抵退税应退税额的,如果税务机关于2019年11月才核准免抵退税应退税额,那么就按最近一期也就是2019年10月的《增值税纳税申报表(一般纳税人适用)》期末留抵税额,扣减税务机关核准的免抵退税应退税额后的余额确定允许退还的增量留抵税额。 （4）"欠缴增值税、又有留抵税额处理"同时存在的情形。例如,某企业2021年4~9月符合留抵退税相关条件,原本应该是以2021年9月期末的留抵税额确定允许退还的增量留抵税额的,但是企业于2021年12月才提出退税申请。期间,该企业于2021年10月发生欠税10万元,2021年11月进项税金大于销项税金,产生留抵税额70万元,那么2021年12月审核退税申请是时就可以按规定用2021年11月的留抵税额抵减2021年10月欠税后的余额60万元确定允许退还的增量留抵税额。

最近一期申报表,应是指申请办理退税时点的最近一期,后期更正的不影响前期退税计算。所以,在申报期内更正申报表的,才可能影响当期留抵退税计算。退税审核期间、纳申报期内更正申报的,以准予留抵退税的《税务事项通知书》出具时点来判断,紧邻时点之前的为最近一期。

4）核准留抵退税期,免抵退税应退税额和免抵税额的计算

政策规定	政策解读
在纳税人办理增值税纳税申报和免抵退税申报后、税务机关核准其免抵退税应退税额前,核准其前期留抵退税的,以最近一期《增值税纳税申报表(一般纳税人适用)》期末留抵税额,扣减税务机关核准的留抵税额后的余额,计算当期免抵退税应退税额和免抵税额。 税务机关核准的留抵税额,是指税务机关当期已核准,但纳税人尚未在《增值税纳税申报表附列资料(二)(本期进项税额明细)》第22栏"上期留抵税额退税"填报的留抵退税额。	例如,某企业2021年4—9月符合留抵退税相关条件,企业于2021年10月22日才提出退税申请。该企业于2021年11月3日完成了2021年10月的增值税纳税申报和免抵退税申报,税务机关于2021年11月4日核准了其留抵退税额。则该企业应以最近一期即2021年10月《增值税纳税申报表(一般纳税人适用)》期末留抵税额,扣减税务机关核准的留抵退税额后的余额,计算当期免抵退税应退税额和免抵税额。

5）不予留抵退税审核时限

政策规定	政策解读
纳税人不符合留抵退税条件的，不予留抵退税。税务机关应自受理留抵退税申请之日起10个工作日内完成审核，并向纳税人出具不予留抵退税的《税务事项通知书》。	税务机关审核留抵退税申请的时限为自受理留抵退税申请之日起10个工作日内完成。如果纳税人不符合留抵退税条件的，不予留抵退税，税务机关应自受理留抵退税申请之日起10个工作日内完成审核，并向纳税人出具不予留抵退税的《税务事项通知书》。

6）暂停办理留抵退税情形

政策规定	政策解读
税务机关在办理留抵退税期间，发现符合留抵退税条件的纳税人存在以下情形，暂停为其办理留抵退税： （1）存在增值税涉税风险疑点的。 （2）被税务稽查立案且未结案的。 （3）增值税申报比对异常未处理的。 （4）取得增值税异常扣税凭证未处理的。 （5）国家税务总局规定的其他情形。	列举情形是暂停办理留抵退税，不是终止办理留抵退税情形，待相关事项处理完毕后，纳税人仍符合留抵退税条件的，税务机关继续为其办理留抵退税；纳税人不再符合留抵退税条件的，不予留抵退税。 对于涉税疑点必须是确定的，且税务机关要进行排查。不能以可能的疑点且不排查来无限期暂停办理留抵退税，未安排排查的，可视为税务机关的不作为。税务机关对发现的增值税涉税风险疑点进行排查的具体处理时间，由各省（自治区、直辖市和计划单列市）税务局确定。目前仍未见部分省局的具体排查处理时间的规定。

7）暂停办理留抵退税情形排除后的处理

政策规定	政策解读
国家税务总局公告2019年第20号文件第十二条列举的增值税涉税风险疑点等情形已排除，且相关事项处理完毕后，按以下规定办理： （1）纳税人仍符合留抵退税条件的，税务机关继续为其办理留抵退税，并自增值税涉税风险疑点等情形排除且相关事项处理完毕之日起5个工作日内完成审核，向纳税人出具准予留抵退税的《税务事项通知书》。 （2）纳税人不再符合留抵退税条件的，不予留抵退税。税务机关应自增值税涉税风险疑点等情形排除且相关事项处理完毕之日起5个工作日内完成审核，向纳税人出具不予留抵退税的《税务事项通知书》。 税务机关对发现的增值税涉税风险疑点进行排查的具体处理时间，由各省（自治区、直辖市和计划单列市）税务局确定。	（1）增值税涉税风险疑点等情形已排除，且相关事项处理完毕后，纳税人仍符合留抵退税条件的，税务机关继续为其办理留抵退税，审核完毕后向纳税人出具准予留抵退税的《税务事项通知书》；纳税人不再符合留抵退税条件的，不予留抵退税，审核完毕后向纳税人出具不予留抵退税的《税务事项通知书》。 （2）对于留抵退税申请审核的时限是应自增值税涉税风险疑点等情形排除且相关事项处理完毕之日起5个工作日。 （3）发现的增值税涉税风险疑点进行排查的具体处理时间由各省（自治区、直辖市和计划单列市）税务局确定。

8）涉嫌增值税重大税收违法行为的核查处理

政策规定	政策解读
税务机关对增值税涉税风险疑点进行排查时，发现纳税人涉嫌骗取出口退税、虚开增值税专用发票等增值税重大税收违法行为的，终止为其办理留抵退税，并自做出终止办理留抵退税决定之日起5个工作日内，向纳税人出具终止办理留抵退税的《税务事项通知书》。 税务机关对纳税人涉嫌增值税重大税收违法行为核查处理完毕后，纳税人仍符合留抵退税条件的，可按照国家税务总局公告2019年第20号文件的规定重新申请办理留抵退税。	税务机关对增值税涉税风险疑点进行排查时，发现纳税人涉嫌骗取出口退税、虚开增值税专用发票等增值税重大税收违法行为的，终止为其办理留抵退税，也就是不再为其办理留抵退税相关事宜。但是如果税务机关对纳税人涉嫌增值税重大税收违法行为核查处理完毕后，纳税人仍符合留抵退税条件的，可按照国家税务总局公告2019年第20号文件的规定重新申请办理留抵退税。

3. 申请缴回已退还的全部留抵退税款

国家税务总局公告 2022 年第 4 号第三条	政策解读
纳税人按照《财政部 税务总局关于进一步加大增值税期末留抵退税政策实施力度的公告》(财政部 税务总局公告 2022 年第 14 号)第十条的规定,需要申请缴回已退还的全部留抵退税款的,可通过电子税务局或办税服务厅提交《缴回留抵退税申请表》(见附件 2)。税务机关应自受理之日起 5 个工作日内,依申请向纳税人出具留抵退税款缴回的《税务事项通知书》。纳税人在缴回已退还的全部留抵税款后,办理增值税纳税申报时,将缴回的全部退税款在《增值税及附加税费申报表附列资料(二)》(本期进项税额明细)第 22 栏"上期留抵税额退税"填写负数,并可继续按规定抵扣进项税额。	纳税人按规定向主管税务机关申请缴回已退还的全部留抵退税款时,可通过电子税务局或办税服务厅提交《缴回留抵退税申请表》。纳税人在一次性缴回全部留抵退税款后,可在办理增值税纳税申报时,相应调增期末留抵税额,并可继续用于进项税额抵扣。 例如,某纳税人在 2019 年 4 月 1 日后,陆续获得留抵退税 100 万元。因纳税人想要选择适用增值税即征即退政策,于 2022 年 4 月 3 日向税务机关申请缴回留抵退税款,4 月 5 日,留抵退税款 100 万元已全部缴回入库。该纳税人在 4 月 10 日办理 2022 年 3 月(税款所属期)的增值税纳税申报时,可在《增值税纳税申报表附列资料(二)》(本期进项税额明细)第 22 栏"上期留抵税额退税"填写"-100 万元",将已缴回的 100 万元留抵退税款调增期末留抵税额,并用于当期或以后期间继续抵扣。

纳税人按规定申请缴回已退还的增值税期末留抵税额退税款时,应填写《缴回留抵退税申请表》一式四联,纳税人一联、税务机关三联。

1)《缴回留抵退税申请表》表样

缴回留抵退税申请表

金额单位:元,至角分

纳税人名称		统一社会信用代码 (纳税人识别号)	
联系人		联系电话	

缴回留抵退税款明细

序号	政策依据	税款所属期	退库日期	留抵退税金额		已缴回金额	缴回税款金额
				存量留抵税额	增量留抵税额		
						—	—
						—	—
						—	—
						—	—
						—	—
合计						—	—

缴回税款理由		经办人(签章): 　　　年　月　日

授权声明	如果你已委托代理人申请,请填写下列资料: 为代理相关税务事宜,现授权_____(地址)_____为本纳税人的代理申请人,任何与本申请有关的往来文件,都可寄于此人。 授权人(签章):	申请人声明	本申请表是根据国家税收法律法规及相关规定自愿填写的,我确定它是真实的、可靠的、完整的。 申请人(签章):
以下由税务机关填写			
办理情况			经办人: 年 月 日
核实部门意见 经办人: 负责人: 年 月 日 年 月 日			主管税务机关意见 负责人(公章): 年 月 日

2)《缴回留抵退税申请表》填表说明

一、本表适用于纳税人按照规定,申请缴回已退还的增值税期末留抵税额退税款。

二、本表一式四联,纳税人一联、税务机关三联。

三、纳税人名称:填写税务登记证所载纳税人的全称。

四、统一社会信用代码(纳税人识别号):填写纳税人统一社会信用代码或税务机关统一核发的税务登记证号码。

五、政策依据:填写拟缴回的留抵退税款对应的政策依据。

六、税款所属期:填写拟缴回的留抵退税款对应的税款所属期。

七、退库日期:填写拟缴回的留抵退税款对应的退库日期。

八、留抵退税金额:填写拟缴回的留抵退税款对应的金额。按"存量留抵税额"和"增量留抵税额"分别填写。

九、已缴回金额:填写拟缴回的留抵退税款对应已经缴回的税款合计金额。

十、缴回税款金额:填写拟缴回的留抵退税款合计金额,等于留抵退税合计金额减已缴回合计金额。

十一、缴回税款理由:简要概述缴回税款的理由。

4. 留抵退税和出口退税的衔接(国家税务总局公告2019年第20号)

政策规定	政策解读
四、纳税人出口货物劳务、发生跨境应税行为,适用免抵退税办法的,可以在同一申报期内,既申报免抵退税又申请办理留抵退税。 五、申请办理留抵退税的纳税人,出口货物劳务、跨境应税行为适用免抵退税办法的,应当按期申报免抵退税。当期可申报免抵退税的出口销售额为零的,应办理免抵退税零申报。 六、纳税人既申报免抵退税又申请办理留抵退税的,税务机关应先办理免抵退税。办理免抵退税后,纳税人仍符合留抵退税条件的,再办理留抵退税。	增值税一般纳税人出口货物劳务、发生跨境应税行为,适用免抵退税办法的,办理免抵退税后,仍符合留抵退税规定条件的,可以申请退还留抵税额,也就是说要按照"先免抵退税,后留抵退税"的原则进行判断;同时,适用免抵退税办法的,相关进项税额不得用于退还留抵税额。 当纳税人既有内销业务,又有出口业务时,出口退税和留抵退税制度需要进行有效衔接。具体来说,对于适用免抵退税办法的生产企业,办理退税的顺序是,先办理出口业务的免抵退税,待免抵退税完成后,还有期末留抵税额且符合留抵退税条件的,可以再申请办理留抵退税。如果是适用免退税办法的外贸企业,由于其进项税额要求内销和出口分别核算,出口退税退的是出口货物的进项税额。因此,应将这类纳税人的出口和内销分开处理,其出口业务对应的所有进项税额均不得用于留抵退税;内销业务的留抵税额如果符合留抵退税条件,可就其内销业务按规定申请留抵退税。

对于适用免抵退税办法的生产企业,办理退税的顺序是:先办理出口业务的免抵退税,待免抵退税完成后,还有期末留抵税额且符合留抵退税条件的,可以再申请办理留抵退税,两项业务在同一个申报期内完成。如果可申报免抵退税的出口销售额为零的,应先办理免抵退税零申报后再申请办理留抵退税。之所以这样规定,是为了便于计算、核实留抵退税额。

【例 3-41】 出口免抵退与留抵退税衔接案例

J 企业从事光学仪器制造,是出口免抵退的增值税一般纳税人企业,留抵退税划型为小型企业,2019 年 3 月(税款所属期)期末留抵税额为 20 万元,2022 年 3 月(税款所属期)期末留抵税额为 100 万元,2022 年 4 月 8 日核准 2022 年 3 月(税款所属期)出口免抵退应退税额 70 万元,符合 14 号公告第三条规定的留抵退税 4 个条件,进项构成比例为 90%。J 企业可在 2022 年 4 月申请增量留抵退税,允许退还的增量留抵税额应减除当月核准的免抵退应退税额,即允许退还的增量留抵税额为 $(100-70-20) \times 90\% \times 100\% = 9$(万元)。

分析:J 企业 2022 年 5 月申请一次性退还存量留抵税额后,存量留抵税额为 0。2022 年 6 月起转型内销业务,没有发生出口业务,2022 年 8 月(税款所属期)期末留抵税额为 100 万元。J 企业可在 2022 年 9 月纳税申报期内申请退还增量留抵税额,J 企业为出口免抵退企业,即使当月没有出口业务,仍应办理免抵退税零申报。假设进项构成比例为 80%,可申请退还增量留抵税额为 $(100-0) \times 80\% \times 100\% = 80$(万元)。

5. 退税后续操作(国家税务总局公告 2019 年第 20 号)

政策规定	政策解读
纳税人应在收到税务机关准予留抵退税的《税务事项通知书》当期,以税务机关核准的允许退还的增量留抵税额冲减期末留抵税额,并在办理增值税纳税申报时,相应填写《增值税纳税申报表附列资料(二)(本期进项税额明细)》第 22 栏"上期留抵税额退税"。	例如,某企业 2021 年 4~9 月符合留抵退税相关条件,企业于 2021 年 11 月 15 日才提出退税申请。税务机关于 2021 年 11 月 22 日核准了其留抵退税额,企业于同日收到税务机关准予留抵退税的《税务事项通知书》,则该企业应在 2021 年 11 月以税务机关核准的允许退还的增量留抵税额冲减期末留抵税额,相应在 2021 年 12 月纳税申报期填写在 2021 年 11 月《增值税纳税申报表附列资料(二)(本期进项税额明细)》第 22 栏"上期留抵税额退税"。 借:银行存款 贷:应交税费——应交增值税(进项税额转出)
纳税人收到退税款项的当月,应调减留抵税额,将退税额从增值税进项税额中转出,否则会造成重复退税。在完成退税后,如果纳税人要再次申请留抵退税,连续 6 个月计算区间,不能和上一次申请退税的计算区间重复。	

(三)骗取留抵退税(国家税务总局公告 2019 年第 20 号)

纳税人以虚增进项、虚假申报或其他欺骗手段骗取留抵退税的,由税务机关追缴其骗取的退税款,并按照《税收征收管理法》等有关规定处理。	本公告自 2019 年 5 月 1 日起施行。

(四)留抵退税会计处理

(1) 在会计上应设立"应交税费——应交增值税(留抵退税)"明细科目,便于留抵退税的常态化管理。实务中,可参考《财政部 国家税务总局关于退还集成电路企业采购设备增值税期末留抵税额的通知》(财税〔2011〕107 号)第三条第二项的规定,计算应退税额时:
借:其他应收款——应退期末留抵税额
  贷:应交税费——应交增值税(进项税额转出)
收到退税款时:
借:银行存款
  贷:其他应收款——应退期末留抵税额
	(2) 退回留抵退税款以换取即征即退权的:
	借:应交税费——应交增值税(进项税额转出)
	  贷:银行存款
	(3) 退回即征即退税款以换取留抵退税权的:
	借:以前年度损益调整(2019 年 4 月 1 日之后至 2021 年 12 月 31 日之前确认部分)
	    其他收益(2022 年度确认部分)
	  贷:银行存款

(五)留抵退税后城建税及教育费附加的计算(财税〔2018〕80 号)

此次深化增值税改革涉及增值税期末留抵退税也适用《财政部 税务总局关于增值税期末留抵退税有关城市维护建设税教育费附加和地方教育附加政策的通知》(财税〔2018〕80 号)的规定。	对实行增值税期末留抵退税的纳税人,允许其从城市维护建设税、教育费附加和地方教育费附加的计税(征)依据中扣除退还的增值税税额。

【例3-42】 位于某市市区的K企业(城建税适用税率为7%),2022年9月收到增值税留抵退税200万元。2022年10月申报期,申报缴纳增值税120万元(其中按照一般计税方法100万元,按照简易计税方法20万元),该企业10月应申报缴纳的城建税为(100−100)×7%+20×7%=1.4(万元)。2022年11月申报期,该企业申报缴纳增值税200万元,均为按照一般计税方法产生的,该企业11月应申报缴纳的城建税为(200−100)×7%=7(万元)。

(六) 留抵退税与加计抵减的区别

(1) 适用条件不同。加计抵减适用于四项服务取得的销售额占全部销售额占比超过50%的一般纳税人;而一般留抵退税政策无行业限制;加计抵减无信用等级等要求,留抵退税要求信用等级A级或B级;加计抵减可以是即征即退项目,留抵退税必须未享受即征即退、先征后返(退)政策。

(2) 计算公式不同。与留抵退税相比,加计抵减的计算公式没有进项构成比例的限制,也不限定抵扣凭证。

(3) 会计处理不同。加计抵减的金额贷记"其他收益"科目;留抵退税的退税额计"应交税费——应交增值税(进项税额转出)"。

(4) 抵减/退税方式不同。抵减当期应纳税额,不影响进项税额和留抵税额,对加计抵减不能申请留抵退税,而留抵退税影响退税当期的留抵税额。

(5) 其他方面。加计抵减需提交《适用加计抵减政策的声明》,留抵退税额提交《退(抵)税申请表》;加计抵减政策在2021年12月31日到期,留抵退税制度未规定期限。

留抵退税对应的加计抵减额不需要调减。

(七) 以案为鉴,防范骗取增值税留抵退税(摘自中国税务报)

1. 利用虚列进项,扩增留抵税额骗取退税

某食品加工厂即是典型一例。该企业2019年4月成立,为增值税一般纳税人企业,加工食品享受按10%扣除率计算抵扣进项税额政策,符合增值税留抵退税条件。

税务部门检查发现,该企业2022年3月取得符合抵扣条件的增值税专用发票进项税额80万元,农产品收购发票进项税额80万元,但收购发票中只有40万元是真实购进可抵的进项税额,企业自行虚拟抵扣进项税额40万元。

该企业当期销项税额合计120万元,申报产生期末留抵税额40(120−80−80)万元,按"允许退还的增量留抵税额"公式计算进项构成比例为50%[80÷(80+80)],从申报表上看当期可获增量留抵退税20(40×50%×100%)万元。

如果该企业未自行虚拟抵扣40万元进项税额,其当期留抵税额为0(120−80−40)元,无留抵退税。对比可见,该企业虚假申报留抵退税20万元,税务部门需要认真审核进项发票,尤其是农产品收购或销售发票。

另外需要注意的是,虽然"允许退还的增量留抵税额"公式中有进项构成比例要求,但若增值税虚假抵扣凭证增加,通过进项构成比例计算的退税款中掺杂的虚假成分会相应增加。

可见,进项构成比例只是一个平衡信息比对发票与不比对发票的标尺,税务人员不可因进项构成比例核算准确,而忽略进项税额构成真实与否对留抵退税计算产生的影响。

2. 利用少计收入,逆增留抵税额骗取退税

利用销售货物劳务及服务不开具增值税发票,或红字冲减收入进行虚假申报,也是不法分子常用的虚增留抵税额手法。

主要表现为因纳税义务时间不同,对已发生的业务不开具发票也不进行纳税申报,或者因受票方是自然人不要发票而不开具发票等。不法分子常通过少计销售收入来逆增当期的留抵税额,特别是房地产、建筑安装等行业,因项目周期长,未按规定纳税义务时间确认销售收入的情形常见,甚至存在销售行为发生并已收款,但仍按业务往来挂账不结转收入的情况,这为不法分子骗取留抵退税带来了空间。

例如,2018年1月成立的某建筑安装企业。税务部门核查发现,这家增值税一般纳税人企业2019年3月末留抵税额80万元,2022年3月取得符合抵扣条件增值税专用发票进项税额200万元,结转上期末留抵税额85万元,实际发生销售收入1 500万元。

但这些销售收入中有500万元未入账,未开具发票,造成企业当期产生虚假期末留抵税额195(1 000×9%−200−85)万元。

该企业不涉及其他增值税项目,虽不符合小微企业增量留抵退税条件,但符合普惠性一般企业按连续6个月增量留抵税额大于0,且第6个月增量大于50万元并按60%比例退税的条件,其进项构成比例为100%,申报表上当期允许退还的增量留抵税额为69[(195−80)×100%×60%]万元。

(续表)

若该企业未隐匿 500 万元收入且已开具发票,其当期实际产生期末留抵税额 150(1 500×9%－200－85)万元,当期可申请办理增量留抵退税为 42[(150－80)×100%×60%]万元。可见,企业虚假申报留抵退税 27 万元。对此,应关注企业确认销售收入的及时性和收入冲减(红字)的准确性。

3. 利用关联企业,转嫁留抵税额骗取退税

当前,有部分不满足增值税留抵退税条件但有结存留抵税额的纳税人,在发生企业注销业务时,向符合留抵退税条件的下游关联企业虚开增值税专用发票,操纵其办理留抵退税。

主要表现为在没有真实商业目的前提下,上游企业虚开销项发票抵消结存留抵税额,不产生缴税,但利用下游企业取得虚假进项税发票进行抵扣,并产生留抵税额进行骗税。

例如,税务部门发现,2020 年 1 月成立的某批发企业为增值税一般纳税人,因疫情经营亏损,拟注销企业。其 2022 年 3 月期末留抵税额为 180 万元,但纳税信用为 C 级,不符合留抵退税要求。为了将结存的 180 万元留抵税额变为退税,该企业将资产高价卖给符合留抵退税条件的下游关联企业 B,并开具增值税专用发票销项税额 180 万元,之后将企业注销。B 企业虚假抵扣 180 万元进项税额后,将虚假产生的 180 万元留抵税额申报了退税。

可见,不具备留抵退税条件的企业,通过转嫁留抵骗取退税的关联交易需要关注。

4. 利用进项转出,暗增留抵税额骗取退税

当期增值税应纳税额计算是否准确,与进项税额转出密切相关。特别是当纳税人发生既适用一般计税方法,又兼营简易计税方法计税项目、免征增值税项目而无法划分不得抵扣的进项税额时,当期不得抵扣进项税额是由"当期无法划分的全部进项税额"乘以"当期简易计税方法计税项目销售额和免征增值税项目销售额",再除以"当期全部销售额"计算而来。

因此,只要纳税人将无法划分的全部进项税额归集在简易计税等不得抵扣项目收入较少的纳税申报期进行计算,就会导致当期进项税额转出变小,可抵扣的进项税额变大。甚至将本属于简易计税或免税项目的进项发票,归集在一般计税项目下,用于抵扣进项税额,虚增留抵税额。

主要表现为一般计税项目增值税税负过低,甚至为零,而简易计税项目纳税正常。如果建筑安装纳税人涉及跨区经营预缴增值税,在《增值税及附加税费预缴表》中会长期出现预缴余额,结构分析显示这些余额均是一般计税项目按 2%预征率形成的预缴税款。

例如,某批发行业企业,符合微型企业标准。税务人员审核发现,这家 2018 年 1 月成立的增值税一般纳税人,2019 年 3 月期末有留抵税额 15 万元,2022 年 3 月发生一般计税项目收入 200 万元(适用税率为 13%),发生免税项目收入 100 万元。当期取得增值税专用发票进项税额 40 万元,其中用于免税项目 24 万元。上期期末留抵税额 25 万元,进项构成比例为 100%。

2022 年 4 月,该企业将存量与增量留抵税额同时申报退税,并将用于免税项目的进项税额转移至一般计税项目下抵扣,其当期申请退还的存量留抵税额为 15(15×100%×100%)万元,当期增量留抵税额为 24[(40+25)－200×13%－15]万元,当期申请退还增量留抵税额为 24(24×100%×100%)万元。

而按实际情况,该企业当期允许退还的存量留抵税额为 15 万元,其当期增量留抵税额不是 24 万元,应为 0[(40－24+25)－200×13%－15]万元,当期允许退还的增量留抵税额应为 0(0×100%×100%)万元。

可见,该企业虚假申报留抵退税 24 万元,需要特别注意企业进项税额归集、转出处理是否合理准确。

(八)增值税留抵退税风险自查问题

虚增进项税额	虚减销项税额
(1)用于抵扣进项税额的增值税专用发票是否真实合法:是否有开票单位与收款单位不一致或票面所记载货物与实际入库货物不一致的发票用于抵扣。 (2)用于抵扣进项税额的运输业发票是否真实合法:是否有用于非增值税应税项目、免征增值税项目、集体福利和个人消费、非正常损失的货物(劳务)、非正常损失的在产品、产成品所耗用的购进货物(劳务)所发生的运费抵扣进项;是否有与购进和销售货物无关的运费申报抵扣进项税额;是否有以国际货物运输代理业	(1)销售收入是否完整及时入账:是否存在现金收入不按规定入账的情况;是否存在不给客户开具发票,相应的收入不按规定入账的情况;是否存在以货易货、以货抵债收入未记收入的情况;是否存在销售产品不开发票,取得的收入不按规定入账的情况;是否存在销售收入长期挂账不转收入的情况;是否收取外单位或个人水、电、汽等费用,不计、少计收入或冲减费用;是否将应收取的销售款项,先支付费用(如购货方的回扣、推销奖、营业费用、委托代销商品的手续费等),再将余款入账作收入的情况。 (2)是否存在视同销售行为、未按规定计提销项税额的情况:将自产或委托加工的货物用于非增值税应税项目、集体福利或个人消费,如用于内设的食堂、宾馆、医院、托儿所、学校、俱乐部、家属社区等部门,不计或少计应税收入;将自产、委托加工或购买的

(续表)

虚增进项税额	虚减销项税额
发票和国际货物运输发票抵扣进项；是否存在以开票方与承运方不一致的运输发票抵扣进项；是否存在以项目填写不齐全的运输发票抵扣进项税额等情况。 （3）是否存在未按规定开具农产品收购统一发票申报抵扣进项税额的情况。具体包括：扩大农产品范围，把非免税农产品（如方木、枕木、道木、锯材等）开具成免税农产品（如原木）；虚开农产品收购统一发票（虚开数量、单价，抵扣税款）。 （4）用于抵扣进项税额的海关进口增值税专用缴款书是否真实合法；进口货物品种、数量等与实际生产是否相匹配。 （5）发生退货或取得销售折让是否按规定作进项税额转出。 （6）从供货方取得的与商品销售量、销售额挂钩的各种返还收入，是否冲减当期的进项税额。是否存在将返利挂入其他应付款、其他应收款等往来账或冲减营业费用，而不作进项税额转出的情况。 （7）用于简易计税方法计税项目、免征增值税项目、集体福利或者个人消费的购进货物、加工修理修配劳务、服务、无形资产和不动产是否抵扣进项税额。 （8）非正常损失的购进货物，以及相关的加工修理修配劳务和交通运输服务是否抵扣进项税额。 （9）非正常损失的在产品、产成品所耗用的购进货物（不包括固定资产）、加工修理修配劳务和交通运输服务是否抵扣进项税额。 （10）非正常损失的不动产，以及该不动产所耗用的购进货物、设计服务和建筑服务是否抵扣进项税额。 （11）非正常损失的不动产在建工程所耗用的购进货物、设计服务和建筑服务是否抵扣进项税额。 （12）购进的旅客运输服务、贷款服务、餐饮服务、居民日常服务和娱乐服务，是否抵扣进项税额。	货物用于投资、分配、无偿捐助、赠送及将外购的材料改变用途对外销售等，不计或少计应税收入。 （3）是否存在开具不符合规定的红字发票冲减应税收入的情况：发生销货退回、销售折让，开具的红字发票和账务处理是否符合税法规定。 （4）向购货方收取的各种价外费用（例如手续费、补贴、集资费、返还利润、奖励费、违约金、运输装卸费等等）是否按规定纳税。 （5）设有两个以上的机构并实行统一核算的纳税人，将货物从一个机构移送到其他机构（不在同一县市）用于销售，是否作销售处理。 （6）对逾期未收回的包装物押金是否按规定计提销项税额。 （7）增值税混合销售行为是否依法纳税；对增值税税法规定应视同销售征税的行为是否按规定纳税；从事货物运输业务的单位和个人，发生销售货物并负责运输所售货物的混合销售行为，是否按规定缴纳增值税。 （8）兼营销售货物、劳务、服务、无形资产或者不动产的纳税人，适用不同税率或者征收率的，是否按规定分别核算适用不同税率或者征收率的销售额；对不分别核算或者不能准确核算的，是否按主管税务机关核定的货物或者应税劳务的销售额缴纳增值税。 （9）按照增值税税法规定应征收增值税的代购货物、代理进口货物的行为，是否缴纳了增值税。 （10）免税货物是否依法核算：增值税纳税人免征增值税的货物或应税劳务，是否符合税法的有关规定；有无擅自扩大免税范围的问题；兼营免税项目的增值税一般纳税人，其免税额、不予抵扣的进项税额计算是否准确。 （11）是否存在不按文件规定的时间确认收入，递延纳税义务。纳税人发生应税行为并收讫销售款项或者取得索取销售款项凭据的当天；先开具发票的，为开具发票的当天；纳税人提供建筑服务、租赁服务采取预收款方式的，其纳税义务发生时间为收到预收款的当天；纳税人从事金融商品转让的，为金融商品所有权转移的当天；纳税人发生视同销售服务、无形资产或者不动产情形的，其纳税义务发生时间为服务、无形资产转让完成的当天或者不动产权属变更的当天；增值税扣缴义务发生时间为纳税人增值税纳税义务发生的当天。 （12）企业是否存在不符合差额征税规定，而按照差额征税方法计算增值税的情形。

四、增值税留抵税额特殊情形下的处理

（一）大型客机和新支线飞机期末留抵税额退还

财税〔2016〕141号	财政部 税务总局公告2019年第88号
（1）对纳税人从事大型客机、大型客机发动机研制项目而形成的增值税期末留抵税额予以退还。	（1）自2018年1月1日起至2023年12月31日止，对纳税人从事大型民用客机发动机、中大功率民用涡轴涡桨发动机研制项目而形成的增值税期末留抵税额予以退还；对上述纳税人及其全资子公司从事大型民用客机发动机、中大功率民用涡轴涡桨发动机研制项目自用的科研、生产、办公房产及土地，免征房产税、城镇土地使用税。

（续表）

财税〔2016〕141号	财政部　税务总局公告2019年第88号
上述所称大型客机，是指空载重量大于45吨的民用客机。上述所称大型客机发动机，是指起飞推力大于14 000公斤①的民用客机发动机。 （2）对纳税人生产销售新支线飞机暂减按5%征收增值税，并对其因生产销售新支线飞机而形成的增值税期末留抵税额予以退还。 上述所称新支线飞机，是指空载重量大于25吨且小于45吨、座位数量少于130个的民用客机。 （3）纳税人符合本通知第一、二条规定的增值税期末留抵税额，可在初次申请退税时予以一次性退还。 （4）纳税人收到退税款项的当月，应将退税额从增值税进项税额中转出。未按规定转出的，按《税收征收管理法》有关规定承担相应法律责任。 （5）退还的增值税税额由中央和地方按照现行增值税分享比例共同负担。 （6）本通知的执行期限为2015年1月1日至2018年12月31日。	（2）自2019年1月1日起至2023年12月31日止，对纳税人生产销售新支线飞机暂减按5%征收增值税，并对其因生产销售新支线飞机而形成的增值税期末留抵税额予以退还。 （3）自2019年1月1日起至2023年12月31日止，对纳税人从事大型客机研制项目而形成的增值税期末留抵税额予以退还；对上述纳税人及其全资子公司自用的科研、生产、办公房产及土地，免征房产税、城镇土地使用税。 （4）本公告所称大型民用客机发动机、中大功率民用涡轴涡桨发动机、新支线飞机和大型客机，指上述发动机、民用客机的整机，具体标准如下： ① 大型民用客机发动机，是指：单通道干线客机发动机，起飞推力12 000～16 000 kgf；双通道干线客机发动机，起飞推力28 000～35 000 kgf。 ② 中大功率民用涡轴涡桨发动机，是指：中等功率民用涡轴涡桨发动机，起飞功率1 000～3 000 kW；大功率民用涡桨发动机，起飞功率3 000 kW以上。 ③ 新支线飞机，是指空载重量大于25吨且小于45吨、座位数量少于130个的民用客机。 ④ 大型客机，是指空载重量大于45吨的民用客机。 （5）纳税人符合本公告规定的增值税期末留抵税额，可在初次申请退税时予以一次性退还。纳税人收到退税款项的当月，应将退税额从增值税进项税额中转出。未按规定转出的，按《税收征收管理法》的有关规定承担相应法律责任。 退还的增值税税额由中央和地方按照现行增值税分享比例共同负担。 （6）纳税人享受本公告规定的免征房产税、城镇土地使用税政策，应按规定进行免税申报，并将不动产权属、房产原值、土地用途等资料留存备查。 （7）纳税人已缴纳的根据本公告规定应予减免的税款，从其应纳的相应税款中抵扣或者予以退税。

填写《增值税期末留抵税额退税申请表》4份，申请退税。

依据《财政部　税务总局关于延长部分税收优惠政策执行期限的公告》（财政部　税务总局公告2021年第6号）的规定，财政部、税务总局公告2019年第88号文件规定的税收优惠政策已到期的，执行期限延长至2023年12月31日。

（二）符合条件的集成电路重大项目增值税留抵税额退税（财税〔2011〕107号）

政策规定	申请材料
（1）对国家批准的集成电路重大项目企业[具体名单见附件（略）]因购进设备形成的增值税期末留抵税额（以下称购进设备留抵税额）准予退还。购进的设备应属于《增值税暂行条例实施细则》第二十一条第二款规定的固定资产范围。 （2）准予退还的购进设备留抵税额的计算。 企业当期购进设备进项税额大于当期增值税纳税申报表"期末留抵税额"的，当期准予退还的购进设备留抵税额为期末留抵税额；企业当期购进设备进项税额小于当期增值税纳税申报表"期末留抵税额"的，当期准予退还的购进设备留抵税额为当期购进设备进项税额。	《增值税期末留抵税额退税申请表》4份。 增值税专用发票复印件1份。 海关进口增值税专用缴款书复印件1份。

---

① 1公斤＝1千克。

当期购进设备进项税额,是指企业取得的按照现行规定允许在当期抵扣的增值税专用发票或海关进口增值税专用缴款书(限于2009年1月1日及以后开具的)上注明的增值税额。 (3) 退还购进设备留抵税额的申请和审批。 ① 企业应于每月申报期结束后10个工作日内向主管税务机关申请退还购进设备留抵税额。 主管税务机关接到企业申请后,应审核企业提供的增值税专用发票或海关进口增值税专用缴款书是否符合现行政策规定,其注明的设备名称与企业实际购进的设备是否一致,申请退还的购进设备留抵税额是否正确。审核无误后,由县(区、市)级主管税务机关审批。 ② 企业收到退税款项的当月,应将退税额从增值税进项税额中转出。未转出的,按照《税收征收管理法》有关规定承担相应法律责任。 ③ 企业首次申请退还购进设备留抵税额时,可将2009年以来形成的购进设备留抵税额,按照上述规定一次性申请退还。 (4) 退还的购进设备留抵税额由中央和地方按照现行增值税分享比例共同负担。	进口协议复印件1份。 进口货物报关单复印件1份。

(三)对外购用于生产乙烯、芳烃类化工产品的石脑油、燃料油价格中消费税部分对应的增值税额退税(财税〔2014〕17号)

政策规定	申请材料
(1) 自2014年3月1日起,对外购用于生产乙烯、芳烃类化工产品(以下称特定化工产品)的石脑油、燃料油(以下称2类油品),且使用2类油品生产特定化工产品的产量占本企业用石脑油、燃料油生产各类产品总量50%(含)以上的企业,其外购2类油品的价格中消费税部分对应的增值税额,予以退还。 $$\frac{予以退还的}{增值税额} = \frac{已缴纳消费税的}{2类油品数量} \times \frac{2类油品消费税}{单位税额} \times 17\%$$ (2) 对符合本通知第一条规定条件的企业,在2014年2月28日前形成的增值税期末留抵税额,可在不超过其购进2类油品的价格中消费税部分对应的增值税额的规模下,申请一次性退还。 2类油品的价格中消费税部分对应的增值税额,根据国家对2类油品开征消费税以来企业购进的已缴纳消费税的2类油品数量和消费税单位税额计算。 增值税期末留抵税额,根据主管税务机关认可的增值税纳税申报表的金额计算。 (3) 退还增值税的申请[具体内容见本章第十一节,"增值税先征后退(返)优惠解析与应用"]和审批。 符合本通知第一条规定条件的企业,应于每月纳税申报期结束后10个工作日内向主管税务机关申请退税。 企业申请退税时,应提交下列资料:购进合同、进口协议、增值税专用发票、进口货物报关单、海关进口增值税专用缴款书、外购的2类油品已缴纳消费税的证明材料等购进2类油品相关的资料。 主管税务机关接到企业申请后,应认真审核企业提供的相关资料和申请退还的增值税额的正确与否。审核无误后,由县(区、市)级主管税务机关审批。 (4) 企业收到退税款项的当月,应将退税额从增值税进项税额中转出。未按规定转出的,按《税收征收管理法》有关规定承担相应法律责任。 (5) 退还的增值税税额由中央和地方按照现行增值税分享比例共同负担。	《增值税期末留抵税额退税申请表》4份。 增值税专用发票复印件1份。 海关进口增值税专用缴款书复印件1份。 购进合同复印件1份。 进口货物报关单复印件1份。

(四)研发机构采购国产设备全额退还增值税

政策依据:

《财政部 商务部 税务总局关于继续执行研发机构采购设备增值税政策的公告》(财政部 商务部 税务总局公告2019年第91号);

《国家税务总局关于发布〈研发机构采购国产设备增值税退税管理办法〉的公告》(国家税务总局公告2020年第6号)。

为了鼓励科学研究和技术开发,促进科技进步,自 2019 年 1 月 1 日至 2020 年 12 月 31 日,继续对符合规定的内资研发机构和外资研发中心采购国产设备全额退还增值税。

财政部　商务部　税务总局公告 2019 年第 91 号	国家税务总局公告 2020 年第 6 号
一、适用采购国产设备全额退还增值税政策的内资研发机构和外资研发中心包括: (一)科技部会同财政部、海关总署和税务总局核定的科技体制改革过程中转制为企业和进入企业的主要从事科学研究和技术开发工作的机构。 (二)国家发展改革委同财政部、海关总署和税务总局核定的国家工程研究中心。 (三)国家发展改革委会同财政部、海关总署、税务总局和科技部核定的企业技术中心。 (四)科技部会同财政部、海关总署和税务总局核定的国家重点实验室(含企业国家重点实验室)和国家工程技术研究中心。 (五)科技部核定的国务院部委、直属机构所属从事科学研究工作的各类科研院所,以及各省、自治区、直辖市、计划单列市科技主管部门核定的本级政府所属从事科学研究工作的各类科研院所。 (六)科技部会同民政部核定或者各省、自治区、直辖市、计划单列市及新疆生产建设兵团科技主管部门会同同级民政部门核定的科技类民办非企业单位。 (七)工业和信息化部会同财政部、海关总署、税务总局核定的国家中小企业公共服务示范平台(技术类)。 (八)国家承认学历的实施专科及以上高等学历教育的高等学校(以教育部门户网站公布名单为准)。 (九)符合本公告第二条规定的外资研发中心。 (十)财政部会同国务院有关部门核定的其他科学研究机构、技术开发机构和学校。 二、外资研发中心,根据其设立时间,应分别满足下列条件: (一)2009 年 9 月 30 日及其之前设立的外资研发中心,应同时满足下列条件: 1. 研发费用标准:(1)对外资研发中心,作为独立法人的,其投资总额不低于 500 万美元;作为公司内设部门或分公司的非独立法人的,其研发总投入不低于 500 万美元;(2)企业研发经费年支出额不低于 1 000 万元。 2. 专职研究与试验发展人员不低于 90 人。 3. 设立以来累计购置的设备原值不低于 1 000 万元。 (二)2009 年 10 月 1 日及其之后设立的外资研发中心,应同时满足下列条件:	第一条　为规范研发机构采购国产设备增值税退税管理,根据《财政部　商务部　税务总局关于继续执行研发机构采购设备增值税政策的公告》(财政部　商务部　税务总局公告 2019 年第 91 号,以下简称 91 号公告)的规定,制定本办法。 第二条　符合条件的研发机构(以下简称研发机构)采购国产设备,按照本办法全额退还增值税(以下简称采购国产设备退税)。 第三条　本办法第二条所称研发机构、国产设备的具体条件和范围,按照 91 号公告规定执行。 第四条　主管研发机构退税的税务机关(以下简称主管税务机关)负责办理研发机构采购国产设备退税的备案、审核、核准及后续管理工作。 第五条　研发机构享受采购国产设备退税政策,应于首次申报退税时,持以下资料向主管税务机关办理退税备案手续: (一)符合 91 号公告第一条、第二条规定的研发机构资质证明资料。 (二)内容填写真实、完整的《出口退(免)税备案表》。该备案表在《国家税务总局关于出口退(免)税申报有关问题的公告》(国家税务总局公告 2018 年第 16 号)发布。其中,"企业类型"选择"其他单位";"出口退(免)税管理类型"依据资质证明材料填写"内资研发机构(简写:内资机构)"或"外资研发中心(简写:外资中心)";其他栏次按填表说明填写。 (三)主管税务机关要求提供的其他资料。 本办法下发前,已办理采购国产设备退税备案的研发机构,无需再次办理备案。 第六条　研发机构备案资料齐全,《出口退(免)税备案表》填写内容符合要求,签字、印章完整的,主管税务机关应当予以备案。备案资料或填写内容不符合要求的,主管税务机关应一次性告知研发机构,待其补正后再予以备案。 第七条　已办理备案的研发机构,《出口退(免)备案表》中内容发生变更的,须自变更之日起 30 日内,持相关资料向主管税务机关办理备案变更。 第八条　研发机构发生解散、破产、撤销以及其他依法应终止采购国产设备退税事项的,应持相关资料向主管税务机关办理备案撤回。主管税务机关应按规定结清退税款后,办理备案撤回。 研发机构办理注销税务登记的,应向主管税务机关办理退税备案撤回。 第九条　外资研发中心因自身条件发生变化不再符合 91 号公告第二条规定条件的,应自条件变化之日起 30 日内办理退税备案撤回,并自条件变化之日起,停止享受采购国产设备退税政策。未按照规定办理退税备案撤回,并继续申报采购国产设备退税的,依照本办法第十九条规定处理。 第十条　研发机构新设、变更或者撤销的,主管税务机关应根据核定研发机构的牵头部门提供的名单及注明的相关资质起止时间,办理有关退税事项。

（续表）

财政部　商务部　税务总局公告 2019 年第 91 号	国家税务总局公告 2020 年第 6 号
1. 研发费用标准：作为独立法人的，其投资总额不低于 800 万美元；作为公司内设部门或分公司的非独立法人的，其研发总投入不低于 800 万美元。 2. 专职研究与试验发展人员不低于 150 人。 3. 设立以来累计购置的设备原值不低于 2 000 万元。 外资研发中心须经商务主管部门会同有关部门按照上述条件进行资格审核认定。具体审核认定办法见附件 1。在 2018 年 12 月 31 日（含）以前，初次取得退税资格或通过资格复审未满 2 年的，可继续享受至 2 年期满。 三、经核定的内资研发机构、外资研发中心，发生重大涉税违法失信行为的，不得享受退税政策。具体退税管理办法由税务总局会同财政部另行制定。相关研发机构的牵头核定部门应及时将内资研发机构、外资研发中心的新设、变更及撤销名单函告同级税务部门，并注明相关资质起止时间。 四、本公告的有关定义： （一）本公告所述"投资总额"，是指商务主管部门发放的外商投资企业批准证书或设立、变更备案回执等文件所载明的金额。 （二）本公告所述"研发总投入"，是指外商投资企业专门为设立和建设本研发中心而投入的资产，包括即将投入并签订购置合同的资产（应提交已采购资产清单和即将采购资产的合同清单）。 （三）本公告所述"研发经费年支出额"，是指近两个会计年度研发经费年均支出额；不足两个完整会计年度的，可按外资研发中心设立以来任意连续 12 个月的实际研发经费支出额计算；现金与实物资产投入应不低于 60%。 （四）本公告所述"专职研究与试验发展人员"，是指企业科技活动人员中专职从事基础研究、应用研究和试验发展三类项目活动的人员，包括直接参加上述三类项目活动的人员以及相关专职科技管理人员和为项目提供资料文献、材料供应、设备的直接服务人员，上述人员须与外资研发中心或其所在外商投资企业签订 1 年以上劳动合同，以外资研发中心提交申请的前一日人数为准。 （五）本公告所述"设备"，是指为科学研究、教学和科技开发提供必要条件的实验设备、装置和器械。在计算累计购置的设备原值时，应将进口设备和采购国产设备的原值一并计入，包括已签订购置合同并于当年内交货的设备（应提交购置清单及交货期限），上述	第十一条　研发机构采购国产设备退税的申报期限，为采购国产设备之日（以发票开具日期为准）次月 1 日起至次年 4 月 30 日前的各增值税纳税申报期。 2019 年研发机构采购国产设备退税申报期限延长至 2020 年 8 月 31 日前的各增值税纳税申报期。 第十二条　已备案的研发机构应在退税申报期内，凭下列资料向主管税务机关办理采购国产设备退税： （一）《购进自用货物退税申报表》。该表在《国家税务总局关于发布〈出口货物劳务增值税和消费税管理办法〉的公告》（国家税务总局公告 2012 年第 24 号）发布。填写该表时，应在备注栏填写"科技开发、科学研究、教学设备"。 （二）采购国产设备合同。 （三）增值税专用发票，或者开具时间为 2019 年 1 月 1 日至本办法发布之日前的增值税普通发票（不含增值税普通发票中的卷票，下同）。 （四）主管税务机关要求提供的其他资料。 上述增值税专用发票，在增值税发票综合服务平台上线后，应当已通过增值税发票综合服务平台确认用途为"用于出口退税"；在增值税发票综合服务平台上线前，应当已经扫描认证通过，或者已通过增值税发票选择确认平台勾选确认。 第十三条　属于增值税一般纳税人的研发机构申报采购国产设备退税，主管税务机关经审核符合规定的，应按规定办理退税。 研发机构申报采购国产设备退税，属于下列情形之一的，主管税务机关应采取发函调查或其他方式调查，在确认增值税发票真实、发票所列设备已按规定申报纳税后，方可办理退税： （一）审核中发现疑点，经核实仍不能排除疑点的。 （二）增值税一般纳税人使用增值税普通发票申报退税的。 （三）非增值税一般纳税人申报退税的。 第十四条　研发机构采购国产设备的应退税额，为增值税发票上注明的税额。 第十五条　研发机构采购国产设备取得的增值税专用发票，已用于进项税额抵扣的，不得申报退税；已用于退税的，不得用于进项税额抵扣。 第十六条　主管税务机关应建立研发机构采购国产设备退税情况台账，记录国产设备的型号、发票开具时间、价格、已退税额等情况。 第十七条　已办理增值税退税的国产设备，自增值税发票开具之日起 3 年内，设备所有权转移或移作他用的，研发机构须按照下列计算公式，向主管税务机关补缴已退税款。 应补缴税款＝增值税发票上注明的税额×（设备折余价值÷设备原值） 设备折余价值＝增值税发票上注明的金额－累计已提折旧 累计已提折旧按照企业所得税法的有关规定计算。 第十八条　研发机构涉及重大税收违法失信案件，按照

(续表)

财政部　商务部　税务总局公告2019年第91号	国家税务总局公告2020年第6号
采购国产设备应属于本公告《科技开发、科学研究和教学设备清单》所列设备（见附件2）。对执行中国产设备范围存在异议的，由主管税务机关逐级上报税务总局商财政部核定。 五、本公告规定的税收政策执行期限为2019年1月1日至2020年12月31日，具体从内资研发机构和外资研发中心取得退税资格的次月1日起执行。《财政部　商务部　国家税务总局关于继续执行研发机构采购设备增值税政策的通知》（财税〔2016〕121号）同时废止。 附件： 1. 外资研发中心采购国产设备退税资格审核认定办法（略）。 2. 科技开发、科学研究和教学设备清单（略）。	《国家税务总局关于发布〈重大税收违法失信案件信息公布办法〉的公告》（国家税务总局公告2018年第54号）被公布信息的，研发机构应自案件信息公布之日起，停止享受采购国产设备退税政策，并在30日内办理退税备案撤回。研发机构违法失信案件信息停止公布并从公告栏撤出的，自信息撤出之日起，研发机构可重新办理采购国产设备退税备案，其采购的国产设备可继续享受退税政策。未按照规定办理退税备案撤回，并继续申报采购国产设备退税的，依照本办法第十九条规定处理。 第十九条　研发机构采取假冒采购国产设备退税资格、虚构采购国产设备业务、增值税发票既申报抵扣又申报退税、提供虚假退税申报资料等手段，骗取采购国产设备退税的，主管税务机关应追回已退税款，并依照税收征收管理法的有关规定处理。 第二十条　本办法未明确的其他退税管理事项，比照出口退税有关规定执行。 第二十一条　本办法施行期限为2019年1月1日至2020年12月31日，以增值税发票的开具日期为准。

（五）一般纳税人转登记小规模纳税人尚未申报抵扣或留抵进项税额的处理（国家税务总局公告2018年第18号）

政策规定	政策解读
转登记纳税人尚未申报抵扣的进项税额以及转登记日当期的期末留抵税额，计入"应交税费——待抵扣进项税额"核算。 尚未申报抵扣的进项税额计入"应交税费——待抵扣进项税额"时： （1）转登记日当期已经取得的增值税专用发票、机动车销售统一发票、收费公路通行费增值税电子普通发票，应当已经通过增值税发票选择确认平台进行选择确认或认证后稽核比对相符；经稽核比对异常的，应当按照现行规定进行核查处理。已经取得的海关进口增值税专用缴款书，经稽核比对相符的，应当自行下载《海关进口增值税专用缴款书稽核结果通知书》；经稽核比对异常的，应当按照现行规定进行核查处理。 （2）转登记日当期尚未取得的增值税专用发票、机动车销售统一发票、收费公路通行费增值税电子普通发票，转登记纳税人在取得上述发票以后，应当持税控设备，由主管税务机关通过增值税发票选择确认平台（税务局端）为其办理选择确认。尚未取得的海关进口增值税专用缴款书，转登记纳税人在取得以后，经稽核比对相符的，应当由主管税务机关通过稽核系统为其下载《海关进口增值税专用缴款书稽核结果通知书》；经稽核比对异常的，应当按照现行规定进行核查处理。	通常情况下，大家可能认为，未抵扣的进项税额应该做进项税额转出处理，直接调增企业的成本费用。这样做虽然简单，但是存在较多的问题： 一是未抵扣的进项税额是企业的权益，转入成本费用也就意味着不能再进行抵扣，对企业不利。 二是转登记纳税人在今后可能还会对转登记前的业务进行调整，包括退货、折扣等，也包括稽查补税、自查补税等，都需要将未抵扣的进项税额纳入计算，以更大程度地维护纳税人的权益。 三是一些出口企业还需要将未抵扣的进项税额申请退税。 因此，继续核算未抵扣的进项税额是有必要的。 如何核算未抵扣的进项税额，有几种方案可供选择。比如，可以要求纳税人设立台账进行管理，按月报送税务机关；也可以调整申报表，增加相关栏次要求纳税人按月填报。但是这两种方案都会增加纳税人的核算负担，不是最优的选择。税务总局最终确定，转登记纳税人尚未申报抵扣的进项税额，以及转登记日当期的期末留抵税额，计入"应交税费——待抵扣进项税额"科目核算，暂挂账处理，这样做，既可满足需要，又简便易行，不增加纳税人负担。 需要注意的是，随着转登记纳税人对转登记前的业务进行调整，未抵扣的进项税额是一个动态变化的数据，纳税人应准确核算，税务机关也应做好辅导，重点关注，共同防范涉税风险。

(六)经营地点迁移后原留抵税额的抵扣(国家税务总局公告2011年第71号)

(1) 增值税一般纳税人(以下简称纳税人)因住所、经营地点变动后仍继续经营,按照相关规定,在工商行政管理部门作变更登记处理,但因涉及改变税务登记机关,需要办理注销税务登记并重新办理税务登记的,在迁达地重新办理税务登记后,其增值税一般纳税人资格予以保留,办理注销税务登记前尚未抵扣的进项税额允许继续抵扣。

(2) 迁出地主管税务机关应认真核实纳税人在办理注销税务登记前尚未抵扣的进项税额,填写《增值税一般纳税人迁移进项税额转移单》一式三份,迁出地主管税务机关留存一份,交纳税人一份,传递迁达地主管税务机关一份。

(3) 迁达地主管税务机关应将迁出地主管税务机关传递来的《增值税一般纳税人迁移进项税额转移单》与纳税人报送资料进行认真核对,对其迁移前尚未抵扣的进项税额,在确认无误后,允许纳税人继续申报抵扣。

(4) 本公告自2012年1月1日起执行。此前已经发生的事项,不再调整。

(七)资产重组中增值税留抵税额(国家税务总局公告2012年第55号)

(1) 增值税一般纳税人(以下简称原纳税人)在资产重组过程中,将全部资产、负债和劳动力一并转让给其他增值税一般纳税人(以下简称新纳税人),并按程序办理注销税务登记的,其在办理注销登记前尚未抵扣的进项税额可结转至新纳税人处继续抵扣。

(2) 原纳税人主管税务机关应认真核查纳税人资产重组相关资料,核实原纳税人在办理注销税务登记前尚未抵扣的进项税额,填写《增值税一般纳税人资产重组进项留抵税额转移单》。《增值税一般纳税人资产重组进项留抵税额转移单》一式三份,原纳税人主管税务机关留存一份,交纳税人一份,传递新纳税人主管税务机关一份。

(3) 新纳税人主管税务机关应将原纳税人主管税务机关传递来的《增值税一般纳税人资产重组进项留抵税额转移单》与纳税人报送资料进行认真核对,对原纳税人尚未抵扣的进项税额,在确认无误后,允许新纳税人继续申报抵扣。

(八)清算注销时增值税留抵税额处理

财税〔2005〕165号第六条	国税函发〔1995〕288号
一般纳税人注销或被取消辅导期一般纳税人资格,转为小规模纳税人时,其存货不作进项税额转出处理,其留抵税额也不予以退税。	纳税人破产、倒闭、解散、停业后,其期初存货中尚未抵扣的已征税款,以及征税后出现的进项税额大于销项税额后不足抵扣部分(即留抵税额),税务机关不再退税。

风险提示:虽然一般纳税人注销时留抵的增值税进项税额不予以退税,但在计算应纳税所得额时是准予扣除的。

第十四节　出口退(免)税解析与应用

出口货物、劳务退(免)税主要政策依据:

《财政部　国家税务总局关于出口货物劳务增值税和消费税政策的通知》(财税〔2012〕39号,以下简称《通知》);

《国家税务总局关于发布〈出口货物劳务增值税和消费税管理办法〉的公告》(国家税务总局公告2012年第24号);

《财政部　国家税务总局关于跨境电子商务零售出口税收政策的通知》(财税〔2013〕96号);

《财政部　国家税务总局关于防范税收风险若干增值税政策的通知》(财税〔2013〕112号);

《国家税务总局关于〈出口货物劳务增值税和消费税管理办法〉有关问题的公告》(国家税务总局公告2013年第12号);

《国家税务总局关于出口企业申报出口货物退(免)税提供收汇资料有关问题的公告》(国家税务总局公告2013年第30号);

《国家税务总局关于调整出口退(免)税申报办法的公告》(国家税务总局公告2013年第61号);

《国家税务总局关于出口货物劳务增值税和消费税有关问题的公告》(国家税务总局公告2013年第65号);

《国家税务总局关于外贸综合服务企业出口货物退（免）税有关问题的公告》（国家税务总局公告2014年第13号）；

《国家税务总局关于出口货物劳务退（免）税管理有关问题的公告》（国家税务总局公告2014年第51号）；

《国家税务总局关于出口企业申报出口退（免）税免予提供纸质出口货物报关单的公告》（国家税务总局公告2015年第26号）；

《国家税务总局关于出口退（免）税有关问题的公告》（国家税务总局公告2015年第29号）；

《国家税务总局关于逾期未申报的出口退（免）税可延期申报的公告》（国家税务总局公告2015年第44号）；

《国家税务总局关于〈适用增值税零税率应税服务退（免）税管理办法〉的补充公告》（国家税务总局公告2015年第88号）；

《国家税务总局关于下发〈全国税务机关出口退（免）税管理工作规范（1.1版）〉的通知》（税总发〔2015〕162号）；

《国家税务总局关于进一步加强出口退（免）税事中事后管理有关问题的公告》（国家税务总局公告2016年第1号）；

《国家税务总局关于发布修订后的〈出口退（免）税企业分类管理办法〉的公告》（国家税务总局公告2016年第46号）；

《国家税务总局关于进一步优化外贸综合服务企业出口货物退（免）税管理的公告》（国家税务总局公告2016年第61号）；

《国家税务总局关于推进出口退（免）税无纸化管理试点工作的通知》（税总函〔2016〕36号）；

《国家税务总局 财政部 海关总署关于开展赋予海关特殊监管区域企业增值税一般纳税人资格试点的公告》（国家税务总局 财政部 海关总署公告2016年第65号①）；

《国家税务总局关于调整完善外贸综合服务企业办理出口货物退（免）税有关事项的公告》（国家税务总局公告2017年第35号）；

《国家税务总局 财政部 海关总署关于扩大赋予海关特殊监管区域企业增值税一般纳税人资格试点的公告》（国家税务总局公告2018年第5号②）；

《财政部 税务总局关于调整增值税税率的通知》（财税〔2018〕32号）；

《国家税务总局关于出口退（免）税申报有关问题的公告》（国家税务总局公告2018年第16号）；

《国家税务总局关于统一小规模纳税人标准有关出口退（免）税问题的公告》（国家税务总局公告2018年第20号）；

《国家税务总局关于加快出口退税进度有关事项的公告》（国家税务总局公告2018年第48号）；

《国家税务总局关于下发〈全国税务机关出口退（免）税管理工作规范（2.0版）〉的通知》（税总发〔2018〕48号）；

《财政部 税务总局 商务部 海关总署关于跨境电子商务综合试验区零售出口货物税收政策的通知》（财税〔2018〕103号）；

---

① 根据《国家税务总局 财政部 海关总署关于在综合保税区推广增值税一般纳税人资格试点的公告》（国家税务总局公告2019年第29号），本公告自2019年8月8日起废止，公告中列名的昆山综合保税区等48个海关特殊监管区域按照国家税务总局公告2019年第29号文件继续开展一般纳税人资格试点。

② 根据《国家税务总局 财政部 海关总署关于在综合保税区推广增值税一般纳税人资格试点的公告》（国家税务总局公告2019年第29号），本公告自2019年8月8日起废止，公告中列名的昆山综合保税区等48个海关特殊监管区域按照国家税务总局公告2019年第29号继续开展一般纳税人资格试点。

《财政部　税务总局　海关总署关于深化增值税改革有关政策的公告》(财政部　税务总局　海关总署公告 2019 年第 39 号);

《财政部　税务总局关于明确国有农用地出租等增值税政策的公告》(财政部　税务总局公告 2020 年第 2 号);

《财政部　税务总局关于提高部分产品出口退税率的公告》(财政部　税务总局公告 2020 年第 15 号);

《财政部　海关总署　税务总局关于海南离岛旅客免税购物政策的公告》(财政部　海关总署　税务总局公告 2020 年第 33 号);

《财政部　海关总署　税务总局关于海南离岛旅客免税购物政策的公告》(财政部公告 2020 年第 33 号);

《财政部　海关总署　税务总局关于海南自由贸易港试行启运港退税政策的通知》(财税〔2021〕1 号);

《财政部　海关总署　税务总局关于海南自由贸易港自用生产设备"零关税"政策的通知》(财关税〔2021〕7 号);

《国家税务总局关于优化整合出口退税信息系统更好服务纳税人有关事项的公告》(国家税务总局公告 2021 年第 15 号);

《国家税务总局关于进一步便利出口退税办理促进外贸平稳发展有关事项的公告》(国家税务总局公告 2022 年第 9 号)。

跨境应税行为退(免)税主要政策依据:

《跨境应税行为适用增值税零税率和免税政策的规定》(财税〔2016〕36 号附件 4,以下简称《零税率和免税政策规定》);

《国家税务总局关于发布〈适用增值税零税率应税服务退(免)税管理办法〉的公告》(国家税务总局公告 2014 年第 11 号);

《国家税务总局关于发布〈营业税改征增值税跨境应税行为增值税免税管理办法(试行)〉的公告》(国家税务总局公告 2016 年第 29 号,以下简称《跨境应税行为增值税免税管理办法》);

《财政部　税务总局关于出口货物保险增值税政策的公告》(财政部　税务总局公告 2021 年第 37 号)。

一、增值税零税率

《增值税暂行条例》	《试点实施办法》
第二条　增值税税率: (四)纳税人出口货物,税率为零;但是,国务院另有规定的除外。 (五)境内单位和个人跨境销售国务院规定范围内的服务、无形资产,税率为零。	第十五条　增值税税率: (四)境内单位和个人发生的跨境应税行为,税率为零。具体范围由财政部和国家税务总局另行规定。
风险提示:税法规定的零税率不同于免税,免税往往指在某一环节免税,而零税率是指整体税负为零,意味着出口环节免税且退还以前纳税环节的已纳税额,这就是所谓的"出口退税"。境内的单位和个人销售适用增值税零税率的服务或无形资产的,可以放弃适用增值税零税率,选择免税或按规定缴纳增值税。放弃适用增值税零税率后,36 个月内不得再申请适用增值税零税率。(财税〔2016〕36 号附件 4)	

二、出口货物、劳务和跨境应税行为退(免)税

(一)适用增值税退(免)税政策的范围
1. 适用主体

(1)依法办理市场主体登记、对外贸易经营者备案登记,自营或委托出口货物的单位或个体工商户。	(2)依法办理市场主体登记但未办理对外贸易经营者备案登记,委托出口货物的生产企业。

2. 出口货物、劳务退免税范围(财税〔2012〕39号)

出口货物退(免)税的企业范围	根据出口货物劳务的性质划分为三种情况:出口企业、其他单位、修理修配单位。
退(免)税的出口货物劳务的范围	根据企业出口贸易的性质划分:出口货物、视同出口货物。

结合上述两种情况,适用增值税退(免)税政策的出口货物劳务范围有三种:(1)出口企业出口货物;(2)出口企业或其他单位视同出口货物;(3)出口企业对外提供加工修理修配劳务。

1)出口企业出口货物[财税〔2012〕39号第一条第(一)项]

(1)出口企业。

出口企业,是指依法办理工商登记、税务登记、对外贸易经营者备案登记,自营或委托出口货物的单位或个体工商户,以及依法办理工商登记、税务登记但未办理对外贸易经营者备案登记,委托出口货物的生产企业。出口企业分为两种类型:

生产企业	外贸企业
生产企业,是指具有生产能力(包括加工修理修配能力)的单位或个体工商户。	不具有生产能力的出口企业,包括营改增企业。

(2)出口货物。

出口货物,是指向海关报关后实际离境并销售给境外单位或个人的货物,分为自营出口货物和委托出口货物两类。办理出口退税的出口货物必须同时具备四个条件:

第一,准予办理出口退免税的货物,必须是出口属于增值税、消费税征税范围并已征了税的货物。(出口发票、消费税缴款书、增值税纳税申报表)	第三,必须是在财务上作销售处理的货物。(账)
第二,出口货物必须是报关离境的货物(非贸易性质的出口货物,如捐赠品、不结汇的展品样品等不予退税)。(报关单、代理出口货物证明)	第四,必须是收汇的货物。(收汇凭证)

登记条件			企业类型	出口的货物	退(免)税政策
工商登记	税务登记	对外贸易经营者备案登记			
有	有	有	各类单位或个体户	自营或委托出口货物	免税并退税
有	有	无	生产企业	委托出口货物	
有	有	无	非生产单位	非出口企业	委托出口货物	免税

待遇:对满足规定条件的出口企业自营或委托出口的货物实施退(免)税;对不能满足规定条件的非出口企业委托出口的货物实施免税。

2)出口企业或其他单位视同出口货物[财税〔2012〕39号第一条第(二)项]

政策规定	政策解读
(1)出口企业对外援助、对外承包、境外投资的出口货物。 (2)出口企业经海关报关进入国家批准的出口加工区、保税物流园区、保税港区、综合保税区、珠澳跨境工业区(珠海园区)、中哈霍尔果斯国际边境合作中心(中方配套区域)、保税物流中心(B型)(以下统称特殊区域)并销售给特殊区域内单位或境外单位、个人的货物。 (3)免税品经营企业销售的货物[国家规定不允许经营和限制出口的货物(见本通知附件1)、卷烟和超出免税品经营企业《企业法人营业执照》规定经营范围的货物除外]。具体是指: ① 中国免税品(集团)有限责任公司向海关报关运入海关监管仓库,专供其经国家批准设立的统一经营、统一组织进货、统一制定零售价格、统一管理的免税店销售的货物。	视同出口货物没有报关离境,不是销售给境外单位个人。 (1)按照规定不符合出口企业要求的其他企业、单位和个体工商户就统称为其他单位,如国内航空供应公司售销给国内和国外航空公司国际航班的航空食品,销售给特殊区域内生企业生产耗用且不向海关报关而输入的水、电、气(汽)等。 (2)视同出口货物分为报关出口销售未实际离境的货物、报关出口的

(续表)

政策规定	政策解读
② 国家批准的除中国免税品(集团)有限责任公司外的免税品经营企业,向海关报关运入海关监管仓库,专供其所属的首都机场口岸海关隔离区内的免税店销售的货物。 ③ 国家批准的除中国免税品(集团)有限责任公司外的免税品经营企业所属的上海虹桥、浦东机场海关隔离区内的免税店销售的货物。 ④ 出口企业或其他单位销售给用于国际金融组织或外国政府贷款国际招标建设项目的中标机电产品[(以下称中标机电产品)。上述中标机电产品,包括外国企业中标再分包给出口企业或其他单位的机电产品(贷款机构和中标机电产品的具体范围见本通知附件2)]。 ⑤ 财税〔2012〕39号全文失效(废止)生产企业向海上石油天然气开采企业销售的自产的海洋工程结构物。海洋工程结构物和海上石油天然气开采企业的具体范围见本通知附件3。 ⑥ 出口企业或其他单位销售给国际运输企业用于国际运输工具上的货物。上述规定暂仅适用于外轮供应公司、远洋运输供应公司销售给外轮、远洋国轮的货物,国内航空供应公司生产销售给国内和国外航空公司国际航班的航空食品。 ⑦ 出口企业或其他单位销售给特殊区域内生产企业生产耗用且不向海关报关而输入特殊区域的水(包括蒸汽)、电力、燃气(以下称输入特殊区域的水电气)。 除本通知及财政部和国家税务总局另有规定外,视同出口货物适用出口货物的各项规定。	特殊货物和未报关出口在国内销售的货物三类。 ① 报关出口销售未实际离境的货物。如报关出口销售到出口加工区、保税港区等海关特殊监管区域的货物。 ② 报关出口的特殊货物。如出口企业对外援助、对外承包、境外投资等货物。 ③ 非报关出口在国内销售的货物。销售给用于国际金融组织或外国政府贷款国际招标建设项目的中标机电产品、销售给国际运输企业用于国际运输工具上的货物等。 (3) 出口企业销售给以下七类海关特殊监管区域内单位的货物办理退税,统称特殊区域:出口加工区、保税物流园区、保税港区、综合保税区、珠澳跨境工业区(珠海园区)、中哈霍尔果斯国际边境合作中心(中方配套区域)、保税物流中心(B型)。

风险提示:[《出口退(免)税管理工作规范(2.0版)》第三十六条]

(1) 向海关报关进入特殊区域并销售给特殊区域内生产企业生产耗用的列名原材料,核对出口货物报关单的标记唛码及备注栏有《海关特殊监管区域不征收出口关税及退税货物审批表》编号。

(2) 销售中标机电产品的,核对销售机电产品的普通发票(生产企业提供)、购进货物的增值税专用发票或海关进口增值税专用缴款书(外贸企业提供)记载的货物名称、计量单位、数量与中标证明通知书、供货合同、发货单与收货清单上记载的设备名称、计量单位、数量相符。

申报退税的机电产品,如果属于《外商投资项目不予免税的进口商品目录》范围,按照规定不予退税。

(3) 销售给海上石油天然气开采企业的海洋工程结构物,核对销售的海洋工程结构物与合同记载货物名称相符;申报表备注栏填写的购货企业名称与普通发票、购销合同上记载的购货企业名称相符。

(4) 销售给外轮、远洋国轮的货物,核对购进货物的增值税专用发票、海关进口增值税专用缴款书与出口发票的货物名称、计量单位、数量相符;出口发票经外轮、远洋国轮船长签名。

(5) 生产并销售给国内和国外航空公司国际航班的航空食品,核对企业配餐合同与送货清单上记载的货物名称、计量单位、数量、金额相符;送货清单有国际航班乘务长签名;配餐计划表与送货清单上记载的航班号相符;航班号为国际航班。

(6) 对外提供加工修理修配劳务,核对以下内容:

① 出口货物报关单、对外修理修配合同、出口发票的货物名称、计量单位、数量、金额相符。

② 对飞机维修企业,核对《增值税纳税申报表》申报的国外飞机维修业务的进项税额;同时,核对维修工作单、出口货物报关单、出口发票的货物名称、计量单位、数量、金额相符。

③ 对外修理修配的船舶,核对出口货物报关单标记唛码及备注栏的被修理船舶名称与修理修配合同上的修理船舶名称相符。

(7) 生产企业出口的视同自产货物以及列名生产企业出口的非自产货物,属于消费税应税消费品的,核对以下内容:

① 用消费税专用缴款书或分割单、海关进口消费税专用缴款书申报退税的,其货物名称、计量单位、数量与出口货物报关单的相关内容相符。

② 委托加工收回的应税消费品,其代扣代收税款凭证上记载的货物名称、计量单位与企业申报的数据相符。

(8) 出口已使用过的设备,审核设备进项税额有主管税务机关征税部门出具的进项税额未抵扣证明;计税依据与《出口已使用过的设备退税申报表》中的折余价值一致。

(9) 为国外(地区)企业的飞机(船舶)提供航线维护(航次维修)的,核对维修单据有航班机长或外轮船长签字;《生产企业出口货物免、抵、退税申报明细表》备注栏的国外(地区)企业名称、航班号(船名)与维修合同、出口发票、国外(地区)企业的航班机长或外轮船长签字确认的维修单据相符;发票上的企业名称与维修单据上的企业名称相符。

(10) 用于境外投资的出口货物,核对出口企业提供的商务部及其授权单位批准其在境外投资的文件副本。

(续表)

(11) 对外承包工程项目的出口货物,核对出口企业提供的对外承包工程合同;属于分包的,提供分包合同(协议),由承接分包的出口企业申请退(免)税。

(12) 输入特殊区域的水电气,核对《购进自用货物退税申报表》上的付款凭证号码与支付水、电、气费用的银行结算凭证号一致;银行结算凭证复印件与原件一致。

(13) 通过保税区仓储企业报关离境的出口货物,核对出口货物备案清单的出口日期未超过规定的退(免)税申报期限;备案清单的商品代码、商品名称、计量单位、数量、金额等内容与出口货物报关单相关内容相符。

(14) 研发机构采购国产设备退税,核对需要发函调查的情形。

1) 国家不允许经营和限制出口的货物(财税〔2012〕39号附件1)

(1)《中华人民共和国禁止出境物品表》(海关总署令1993第43号)所列的货物。 (2)《卫生部 对外经贸经济合作部 海关总署关于进一步加强人体血液 组织器官管理有关问题的通知》(卫药发〔1996〕第27号)规定的血液和血液制品、人体组织和器官(包括胎儿)以及利用人体组织和器官(包括胎儿)加工生产的制剂。 (3) 商务部会同有关部门公布的《禁止出口货物目录》所列的货物。 (4)《濒危野生动物国际贸易公约》所列的附录一、二、三级的动物、动物产品和植物、植物产品。	(5) 林业部、农业部发布的《国家重点保护野生动物名录》所列的一、二级保护的野生动物及货物。 (6) 国家食品药品监督管理局、公安部、卫生部发布的《精神药品管制品种目录》《麻醉药品管制品种目录》所列的货物。 (7) 国家环保总局、海关总署发布的《中华人民共和国禁止或严格限制的有毒化学品目录》所列的货物。

2) 贷款机构和中标机电产品的具体范围(财税〔2012〕39号附件2)

(1) 贷款机构的具体范围。 包括32家国际金融组织或外国政府贷款国别(机构),纳入外国政府贷款范围的德国贷款包括德国促进贷款;美国进出口银行的贷款指主权担保贷款。	(2) 中标机电产品的具体范围。 海关出口货物税则号第84~90章所列的货物,但不包括海关总署发布的《外商投资项目不予免税的进口商品目录》所列的货物。

3) 出口企业对外提供加工修理修配劳务(财税〔2012〕39号第一条第三项)

对外提供加工修理修配劳务,是指对进境复出口货物或从事国际运输的运输工具进行的加工修理修配。

4) 出口至保税区的货物(国家税务总局公告2012年第24号)

运入保税区的货物,如果属于出口企业销售给境外单位、个人,境外单位、个人将其存放在保税区内的仓储企业,离境时由仓储企业办理报关手续,海关在其全部离境后,签发进入保税区的出口货物报关单的,保税区外的生产企业和外贸企业申报退(免)税时,除分别提供《出口货物劳务增值税和消费税管理办法》第四、五条规定的资料外,还须提供仓储企业的出境货物备案清单。	确定申报退(免)税期限的出口日期以最后一批出境货物备案清单上的出口日期为准。

3. 跨境应税服务的退(免)税适用范围(财税〔2016〕36号附件4第一条)

中华人民共和国境内(以下称境内)的单位和个人销售的下列服务和无形资产,适用增值税零税率:

(1) 国际运输服务。 国际运输服务,是指: ① 在境内载运旅客或者货物出境。 ② 在境外载运旅客或者货物入境。 ③ 在境外载运旅客或者货物。 (2) 航天运输服务。 (3) 向境外单位提供的完全在境外消费的下列服务: ① 研发服务。 ② 合同能源管理服务。	③ 设计服务。 ④ 广播影视节目(作品)的制作和发行服务。 ⑤ 软件服务。 ⑥ 电路设计及测试服务。 ⑦ 信息系统服务。 ⑧ 业务流程管理服务。 ⑨ 离岸服务外包业务。 ⑩ 转让技术。 (4) 财政部和国家税务总局规定的其他服务。

增值税一般纳税人提供适用增值税零税率的应税服务,实行增值税退(免)税办法。该办法于2014年1月1日起实行。境内单位和个人发生的与中国香港、澳门、台湾有关的应税行为,视同跨境应税行为。

适用零税率的租赁服务

业务类型	零税率的申请方
境内的单位或个人提供程租服务,如果租赁的交通工具用于国际运输服务和港澳台运输服务	出租方
境内的单位或个人向境内单位或个人提供期租、湿租服务,如果承租方利用租赁的交通工具向其他单位或个人提供国际运输服务和港澳台运输服务	承租方
境内的单位或个人向境外单位或个人提供期租、湿租服务	出租方
境内的单位或个人以无运输工具承运方式提供国际运输服务	境内实际承运人

1) 国际运输服务

国际运输的界定	国际运输收入的确认
起点或终点在境外的运单、提单或客票等所对应的各航段或路段的运输服务,属于国际运输服务。 起点或终点在中国港澳台地区的运单、提单或客票等所对应的各航段或路段的运输服务,属于港澳台运输服务。 从境内载运旅客或货物至国内海关特殊监管区域及场所、从国内海关特殊监管区域及场所载运旅客或货物至国内其他地区或者国内海关特殊监管区域及场所,不属于增值税零税率运输服务适用范围。	(1) 以铁路运输方式载运旅客的,为按照铁路合作组织清算规则清算后的实际运输收入。 (2) 以铁路运输方式载运货物的,为按照铁路运输进款清算办法,对"发站"或"到站(局)"名称包含"境"字的货票上注明的运输费用以及直接相关的国际联运杂费清算后的实际运输收入。 (3) 以航空运输方式载运货物或旅客的,如果国际运输或港澳台运输各航段由多个承运人承运的,为中国航空结算有限责任公司清算后的实际收入;如果国际运输或港澳台运输各航段由一个承运人承运的,为提供航空运输服务取得的收入。

(1) 国际运输服务应具备的资质(国家税务总局公告2014年第11号)。

| (1) 提供国际运输服务。
① 以水路运输方式的,应提供《国际船舶运输经营许可证》。
② 以航空运输方式的,应提供经营范围包括"国际航空客货邮运输业务"的《公共航空运输企业经营许可证》或经营范围包括"公务飞行"的《通用航空经营许可证》。
③ 以公路运输方式的,应提供经营范围包括"国际运输"的《道路运输经营许可证》和《国际汽车运输行车许可证》。
④ 以铁路运输方式的,应提供经营范围包括"许可经营项目:铁路客货运输"的《企业法人营业执照》或其他具有提供铁路客货运输服务资质的证明材料。 | (2) 提供港澳台运输服务。
① 以公路运输方式提供内地往返香港、澳门的交通运输服务的,应提供《道路运输经营许可证》及持《道路运输证》的直通港澳运输车辆的物权证明。
② 以水路运输方式提供内地往返香港、澳门交通运输服务的,应提供获得港澳线路运营许可船舶的物权证明。
③ 以水路运输方式提供大陆往返台湾交通运输服务的应提供《台湾海峡两岸间水路运输许可证》及持《台湾海峡两岸间船舶营运证》船舶的物权证明。
④ 以航空运输方式提供港澳台运输服务的,应提供经营范围包括"国际、国内(含港澳)航空客货邮运输业务"的《公共航空运输企业经营许可证》或者经营范围包括"公务飞行"的《通用航空经营许可证》。
⑤ 以铁路运输方式提供内地往返香港的交通运输服务的,应提供经营范围包括"许可经营项目铁路客货运输"的《企业法人营业执照》或其他具有提供铁路客货运输服务资质的证明材料。 | (3) 采用程租、期租和湿租方式租赁交通运输工具用于国际运输服务和港澳台运输服务的,应提供程租、期租和湿租合同或协议。 | (4) 境内的单位和个人取得交通部门颁发的《国际班轮运输经营资格登记证》或加注国际客货运输的《水路运输许可证》,并以水路运输方式提供国际运输服务的,适用增值税零税率政策。 |

（2）如何办理国际运输退免税申请？

提供国际运输服务、港澳台地区运输服务的，需填报《增值税零税率应税服务（国际运输/港澳台运输）免抵退税申报明细表》，并提供下列原始凭证的原件及复印件：

（1）以水路运输、航空运输、公路运输方式的，提供增值税零税率应税服务的载货、载客舱单或其他能够反映收入原始构成的单据凭证。以航空运输方式且国际运输和港澳台运输各航段由多个承运人承运的，还需提供《航空国际运输收入清算账单申报明细表》。

（2）以铁路运输方式的，客运的提供增值税零税率应税服务的国际客运联运票据、铁路合作组织清算函件及《铁路国际客运收入清算函件申报明细表》；货运的提供铁路进款资金清算机构出具的《国际铁路货运进款清算通知单》，启运地的铁路运输企业还应提供国际铁路联运单，以及"发站"或"到站（局）"名称包含"境"字的货票。

（3）采用程租、期租、湿租服务方式租赁交通运输工具从事国际运输服务和港澳台运输服务的，还应提供程租、期租、湿租的合同或协议复印件。向境外单位和个人提供期租、湿租服务，按规定由出租方申报退（免）税的，可不提供第（1）项原始凭证。

上述（1）、（2）项原始凭证（不包括《航空国际运输收入清算账单申报明细表》和《铁路国际客运收入清算函件申报明细表》），经主管税务机关批准，增值税零税率应税服务提供者可只提供电子数据，原始凭证留存备查。

2）航天运输服务

航天运输服务应具备的资质	如何办理国际运输退免税申请？
提供航天运输服务的，应提供经营范围包括"商业卫星发射服务"的《企业法人营业执照》或其他具有提供商业卫星发射服务资质的证明材料。	提供航天运输服务的，需填报《增值税零税率应税服务（航天运输）免抵退税申报明细表》，并提供下列资料及原始凭证的原件及复印件： （1）签订的提供航天运输服务的合同。 （2）从与之签订航天运输服务合同的单位取得收入的收款凭证。 （3）《提供航天运输服务收讫营业款明细清单》。

3）向境外单位提供的完全在境外消费的服务

上述项目源自财税〔2013〕106号文件、《财政部 国家税务总局关于影视等出口服务适用增值税零税率政策的通知》（财税〔2015〕118号）等相关政策规定，增加了"完全在境外消费"的限制条件。

（1）"完全在境外消费"的含义。

财税〔2016〕36号附件4	政策理解
本规定所称完全在境外消费，是指： （1）服务的实际接受方在境外，且与境内的货物和不动产无关。 （2）无形资产完全在境外使用，且与境内的货物和不动产无关。 （3）财政部和国家税务总局规定的其他情形。	完全在境外消费，应按照以下两个方面掌握： （1）完全在境外消费的服务，是指服务的实际接受方在境外，且与境内的货物和不动产无关。例如，境内A咨询公司与美国B集团签订法律咨询合同，如果实际是为B集团在我国境内的子公司提供的法律咨询，则该咨询服务不属于完全在境外消费的咨询服务。 （2）完全在境外消费的无形资产，是指无形资产完全在境外使用，且与境内的货物和不动产无关。例如，境内C公司向印度D公司转让一项有关高铁轨道铺设的专利技术，用于D公司在印度建设的高铁项目，则该专利技术属于完全在境外消费的无形资产。

（2）离岸服务外包业务。

离岸服务外包业务，包括信息技术外包服务（ITO）、技术性业务流程外包服务（BPO）、技术性知识流程外包服务（KPO），它所涉及的具体业务活动，按照《销售服务、无形资产、不动产注释》相对应的业务活动执行。

类别			适用范围
信息技术外包服务（ITO）	软件研发及外包	软件研发及开发服务	用于金融、政府、教育、制造业、零售、服务、能源、物流、交通、媒体、电信、公共事业和医疗卫生等部门和企业，为用户的运营/生产/供应链/客户关系/人力资源和财务管理、计算机辅助设计/工程等业务进行软件开发，包括定制软件开发，嵌入式软件、套装软件开发、系统软件开发、软件测试等。
		软件技术服务	软件咨询、维护、培训、测试等技术性服务。

(续表)

类别			适用范围
信息技术外包服务（ITO）	信息技术研发服务外包	集成电路和电子电路设计	集成电路和电子电路产品设计以及相关技术支持服务等。
		测试平台	为软件、集成电路和电子电路的开发运用提供测试平台。
	信息系统运营维护外包	信息系统运营和维护服务	客户内部信息系统集成、网络管理、桌面管理与维护服务；信息工程、地理信息系统、远程维护等信息系统应用服务。
		基础信息技术服务	基础信息技术管理平台整合、IT基础设施管理、数据中心、托管中心、安全服务、通信服务等基础信息技术服务。
技术性业务流程外包服务（BPO）	企业业务流程设计服务		为客户企业提供内部管理、业务运作等流程设计服务。
	企业内部管理服务		为客户企业提供后台管理、人力资源管理、财务、审计与税务管理、金融支付服务、医疗数据及其他内部管理业务的数据分析、数据挖掘、数据管理、数据使用的服务；承接客户专业数据处理、分析和整合服务。
	企业运营服务		为客户企业提供技术研发服务，为企业经营、销售、产品售后服务提供的应用客户分析、数据库管理等服务。主要包括金融服务业务，政务与教育业务、制造业务和生命科学、零售和批发与运输业务、卫生保健业务、通讯与公共事业业务、呼叫中心、电子商务平台等。
	企业供应链管理服务		为客户提供采购、物流的整体方案设计及数据库服务。
技术性知识流程外包服务（KPO）			知识产权研究、医药和生物技术研发和测试、产品技术研发、工业设计、分析学和数据挖掘、动漫及网游设计研发、教育课件研发、工程设计等领域。

4. 增值税出口退税率

出口货物、劳务增值税退税率 （财税〔2012〕39号第三条）	跨境应税行为增值税退税率 （财税〔2016〕36号附件4）
（1）退税率的一般规定。 除财政部和国家税务总局根据国务院决定而明确的增值税出口退税率（以下称退税率）外，出口货物的退税率为其适用税率。服务和无形资产的退税率为其按照《增值税暂行条例》规定适用的增值税税率。 国家税务总局根据上述规定将退税率通过出口货物劳务退税率文库予以发布，供征纳双方执行。退税率有调整的，除另有规定外，其执行时间以货物（包括被加工修理修配的货物）出口货物报关单（出口退税专用）上注明的出口日期为准。 （2）退税率的特殊规定。 ① 外贸企业购进按简易办法征税的出口货物、从小规模纳税人购进的出口货物，其退税率分别为简易办法实际执行的征收率、小规模纳税人征收率。上述出口货物取得增值税专用发票的，退税率按照增值税专用发票上的税率和出口货物退税率孰低的原则确定。 ② 出口企业委托加工修理修配货物，其加工修理修配费用的退税率，为出口货物的退税率。 ③ 中标机电产品、出口企业向海关报关进入特殊区域销售给特殊区域内生产企业生产耗用的列名原材料（以下称列名原材料）、输入特殊区域的水电气，其退税率为适用税率。如果国家调整列名原材料的退税率，列名原材料应当自调整之日起按调整后的退税率执行。	服务和无形资产的退税率为其按照《试点实施办法》第十五条第（一）至（三）项规定适用的增值税税率。实行退（免）税办法的服务和无形资产，如果主管税务机关认定出口价格偏高的，有权按照核定的出口价格计算退（免）税，核定的出口价格低于外贸企业购进价格的，低于部分对应的进项税额不予退税，转入成本。 境内的单位和个人销售适用增值税零税率的服务或无形资产的，可以放弃适用增值税零税率，选择免税或按规定缴纳增值税。放弃适用增值税零税率后，36个月内不得再申请适用增值税零税率。

1）2019年4月1日退税率调整（财政部 税务总局 海关总署公告2019年第39号）

政策规定	政策解读
原适用16％税率且出口退税率为16％的出口货物劳务，出口退税率调整为13％；原适用10％税率且出口退税率为10％的出口货物、跨境应税行为，出口退税率调整为9％。 2019年6月30日前（含2019年4月1日前），纳税人出口上述所涉货物劳务、发生上述所涉跨境应税行为，适用增值税免退税办法的，购进时已按调整前税率征收增值税的，执行调整前的出口退税率，购进时已按调整后税率征收增值税的，执行调整后的出口退税率；适用增值税免抵退税办法的，执行调整前的出口退税率，在计算免抵退税时，适用税率低于出口退税率的，适用税率与出口退税率之差视为零参与免抵退税计算。 出口退税率的执行时间及出口货物劳务、发生跨境应税行为的时间，按照以下规定执行：报关出口的货物劳务（保税区及经保税区出口除外），以海关出口报关单上注明的出口日期为准；非报关出口的货物劳务、跨境应税行为，以出口发票或普通发票的开具时间为准；保税区及经保税区出口的货物，以货物离境时海关出具的出境货物备案清单上注明的出口日期为准。 适用13％税率的境外旅客购物离境退税物品，退税率为11％；适用9％税率的境外旅客购物离境退税物品，退税率为8％。 2019年6月30日前，按调整前税率征收增值税的，执行调整前的退税率；按调整后税率征收增值税的，执行调整后的退税率。 退税率的执行时间，以退税物品增值税普通发票的开具日期为准。	目前，我国针对出口货物劳务、发生跨境应税行为（以下称出口货物服务）设定的退税率有两种：一种是退税率与适用税率一致的；另一种是退税率小于适用税率的。此次出口退税的率调整，仅涉及征退税率一致的出口货物服务。对于原退税率小于适用税率的，此次不作调整出口退税率。 根据2019年的深化增值税改革方案，自2019年4月1日起，增值税税率16％的下调为13％；10％的下调为9％。配合增值税税率调整，自2019年4月1日起，原征税率和退税率均为16％的出口货物服务，退税率调整为13％；原征税率和退税率均为10％的出口货物服务，退税率调整为9％。2019年4月1日出口退税率的调整，仅限于原适用16％征税率且退税率为16％的，本次调整为13％；原适用10％征税率且退税率10％的，本次调整为9％。其余的商品或服务退税率没有调整。这里所说的"4月1日"指的是货物服务的出口时间，并非出口企业在国内采购货物取得的增值税专用发票的开具时间。

根据《财政部 税务总局 海关总署关于深化增值税改革有关政策的公告》（财政部 税务总局 海关总署公告2019年第39号）有关退税率调整的规定，国家税务总局编制了2019B版出口退税率文库（以下简称文库）。文库放置在国家税务总局可控FTP系统"程序发布"目录下，请各地及时下载，并在出口退税审核系统进行文库升级。（税总函〔2019〕82号）

2）退税率执行时间和出口时间的确定

出口退税率的执行时间应按照下列原则确认：一是报关出口（不含保税区出口）的，以海关出口报关单上注明的出口日期为准；二是保税区及经保税区出口的，以离境时海关出具的出境货物备案清单上注明的出口日期为准；三是非报关出口的，以出口发票或普通发票的开具时间为准。

货物服务的出口时间，也按照上述原则确定。

5. 离境退税物品退税率的调整

2015年，为促进旅游业发展，国务院决定在全国符合条件的地区实施境外旅客购物离境退税政策。截至目前，实施离境退税政策的省（市）已经有26个。为贯彻落实国务院决定，财政部和国家税务总局分别发布了相关政策文件和管理办法，其中规定，适用税率为17％和13％的退税物品，离境退税的退税率统一为11％。 2017年和2018年，增值税税率进行了两次调整，退税物品的适用税率从17％和13％分别调整到16％和10％，但是，离境退税物品的退税率未做调整，仍然统一为11％。	根据2019年的深化增值税改革方案，增值税税率由16％和10％分别调整为13％和9％。为配合税率调整，我们相应调整了离境退税物品的退税率，针对适用税率为9％的物品，增加了8％的退税率，其他物品，仍维持11％的退税率。也就是说，自2019年4月1日起，将退税物品的退税率由原11％一档调整为11％和8％两档，适用税率为13％的退税物品，退税率为11％；适用税率为9％的退税物品，退税率为8％。

2019年6月30日前，如果购进的货物，征税率为16％和10％的，退税率为11％；征税率为13％的，退税率为11％；征税率为9％的，退税率为8％。自2019年7月1日起，征税率为16％和13％的，退税率为11％；征税率为10％和9％的，退税率为8％。

（二）适用增值税免税政策的出口货物劳务（财税〔2012〕39号第六条）

对符合下列条件的出口货物劳务，除适用本通知第七条规定外，按下列规定实行免征增值税（以下称增值税免税）政策：

（1）出口企业或其他单位出口规定的货物，具体是指： ① 增值税小规模纳税人出口的货物。 ② 避孕药品和用具，古旧图书。 ③ 软件产品。其具体范围是指海关税则号前四位为"9803"的货物。 ④ 含黄金、铂金成分的货物，钻石及其饰品。 ⑤ 国家计划内出口的卷烟。 ⑥ 已使用过的设备。其具体范围是指购进时未取得增值税专用发票、海关进口增值税专用缴款书但其他相关单证齐全的已使用过的设备。 ⑦ 非出口企业委托出口的货物。 ⑧ 非列名生产企业出口的非视同自产货物。 ⑨ 农业生产者自产农产品〔农产品的具体范围按照《农业产品征税范围注释》（财税〔1995〕52号）的规定执行〕。 ⑩ 油画、花生果仁、黑大豆等财政部和国家税务总局规定的出口免税的货物。 ⑪ 外贸企业取得普通发票、废旧物资收购凭证、农产品收购发票、政府非税收入票据的货物。 ⑫ 来料加工复出口的货物。 ⑬ 特殊区域内的企业出口的特殊区域内的货物。 ⑭ 以人民币现金作为结算方式的边境地区出口企业从所在省（自治区）的边境口岸出口到接壤国家的一般贸易和边境小额贸易出口货物。 ⑮ 以旅游购物贸易方式报关出口的货物。	（2）出口企业或其他单位视同出口的下列货物劳务： ① 国家批准设立的免税店销售的免税货物〔包括进口免税货物和已实现退（免）税的货物〕。 ② 特殊区域内的企业为境外的单位或个人提供加工修理修配劳务。 ③ 同一特殊区域、不同特殊区域内的企业之间销售特殊区域内的货物。	（3）出口企业或其他单位未按规定申报或未补齐增值税退（免）税凭证的出口货物劳务。具体是指： ① 未在国家税务总局规定的期限内申报增值税退（免）税的出口货物劳务。 ② 未在规定期限内申报开具《代理出口货物证明》的出口货物劳务。 ③ 已申报增值税退（免）税，却未在国家税务总局规定的期限内向税务机关补齐增值税退（免）税凭证的出口货物劳务。 对于适用增值税免税政策的出口货物劳务，出口企业或其他单位可以依照现行增值税有关规定放弃免税，并依照本通知第七条的规定缴纳增值税。

风险提示：对于适用增值税免税政策的出口货物和劳务，出口企业或其他单位可以依照现行增值税有关规定放弃免税，并依照财税〔2012〕39号文件第七条"适用增值税免税政策的出口货物和劳务"的规定缴纳增值税。

1. 出口免税货物劳务包括特定企业、特定货物和特定行为

特定的企业	特定的货物	特定的行为
（1）增值税小规模纳税人出口的货物。 （2）非出口企业委托出口的货物。 （3）非列名生产企业出口的非视同自产货物。 （4）特殊区域内的企业出口的特殊区域内的货物。 （5）国家批准设立的免税店销售的免税货物。 （6）特殊区域内的企业为境外的单位或个人提供加工修理修配劳务。 （7）同一特殊区域、不同特殊区域内的企业之间销售特殊区域内的货物。	（1）农业生产者自产农产品。 （2）避孕药品和用具，古旧图书。 （3）软件产品。 （4）含黄金、铂金成分的货物，钻石及其饰品。 （5）国家计划内出口的卷烟。 （6）油画、花生果仁、黑大豆等财政部和国家税务总局规定的出口免税的货物。 （7）来料加工复出口的货物。 （8）以人民币现金作为结算方式的境小额贸易出口货物。 （9）以旅游购物贸易方式报关出口的货物。 （10）提供境外的工程勘察勘探服务等跨境服务。	（1）未在国家税务总局规定的期限内申报增值税退（免）税的出口货物劳务。 （2）未在规定期限内申报开具《代理出口货物证明》的出口货物劳务。 （3）未在期限内收汇的出口货物劳务。 （4）外贸企业取得普通发票、农产品收购发票、政府非税收入票据的货物。 （5）已使用过的设备。其具体范围是指购进时未取得增值税扣税凭证但其他相关单证齐全的已使用过的设备。

2. 国家计划内出口的卷烟的具体范围（财税〔2012〕39号附件8）

（1）有出口经营权的卷烟生产企业（具体范围是指湖南中烟工业公司、浙江中烟工业公司、河南中烟工业公司、贵州中烟工业公司、湖北中烟工业公司、陕西中烟工业公司、安徽中烟工业公司）按国家批准的免税出口卷烟计划（以下简称出口卷烟计划）自营出口的自产卷烟。

（2）卷烟生产企业按出口卷烟计划委托卷烟出口企业（具体范围是指深圳烟草进出口有限公司、中国烟草辽宁进出口公司、中国烟草黑龙江进出口有限责任公司）出口的自产卷烟；北京卷烟厂按出口卷烟计划委托中国烟草上海进出口有限责任公司出口的自产"中南海"牌卷烟。

（3）口岸国际隔离区免税店销售的卷烟。

（4）卷烟出口企业（具体范围是指中国烟草上海进出口有限责任公司、中国烟草广东进出口公司、中国烟草山东进出口有限公司、云南烟草国际有限公司、川渝中烟工业公司、福建中烟工业公司）按出口卷烟计划出口的外购卷烟。

3. 市场采购贸易方式出口货物免税（国家税务总局公告2015年第89号）

第二条　本办法所称市场采购贸易方式出口货物，是指经国家批准的专业市场集聚区内的市场经营户（以下简称市场经营户）自营或委托从事市场采购贸易经营的单位（以下简称市场采购贸易经营者），按照海关总署规定的市场采购贸易监管办法办理通关手续，并纳入涵盖市场采购贸易各方经营主体和贸易全流程的市场采购贸易综合管理系统管理的货物（国家规定不适用市场采购贸易方式出口的商品除外）。

第三条　市场经营户自营或委托市场采购贸易经营者以市场采购贸易方式出口的货物免征增值税。

市场采购贸易方式，是指在经认定的市场集聚区内采购商品，单票报关单商品货值15万美元（含15万美元）以下，并由符合条件的经营者在海关指定口岸办理出口商品通关手续的贸易方式。市场采购贸易方式起源于浙江义乌，主要解决无法提供增值税发票的小商品出口问题。目前，商务部等八部门（商务部、发改委、财政部、海关总署、国家税务总局、国家工商总局、质检总局、国家外汇局）分三批，共八个市场纳入市场采购贸易方式试点单位。

4. 免（抵）退税改为免税（财税〔2013〕112号）

增值税纳税人发生虚开增值税专用发票或者其他增值税扣税凭证、骗取国家出口退税款行为（以下简称增值税违法行为），被税务机关行政处罚或审判机关刑事处罚的，其销售的货物、提供的应税劳务和营业税改征增值税应税服务（以下统称货物劳务服务）执行以下政策：

（1）出口企业或其他单位发生增值税违法行为对应的出口货物劳务服务，视同内销，按规定征收增值税（骗取出口退税的按查处骗税的规定处理）。出口企业或其他单位在财税〔2013〕112号文件生效后发生2次增值税违法行为的，自税务机关行政处罚决定或审判机关判决或裁定生效之日的次日起，其出口的所有适用出口退（免）税政策的货物劳务服务，一律改为适用增值税免税政策。纳税人如果已被停止出口退税权的，适用增值税免税政策的起始时间为停止出口退税权期满后的次日。

（2）财税〔2013〕112号文件所称虚开增值税专用发票或其他增值税扣税凭证，是指有为他人虚开、为自己虚开、让他人为自己虚开、介绍他人虚开增值税专用发票或其他增值税扣税凭证行为之一的，但纳税人善意取得虚开增值税专用发票或其他增值税扣税凭证的除外。

出口企业购进货物的供货纳税人有属于办理税务登记2年内被税务机关认定为非正常户或被认定为增值税一般纳税人2年内注销税务登记，且符合下列情形之一的，自主管其出口退税的税务机关书面通知之日起，在24个月内出口的适用增值税退（免）税政策的货物劳务服务，改为适用增值税免税政策。

（1）外贸企业使用上述供货纳税人开具的增值税专用发票申报出口退税，在连续12个月内达到200万元以上（含本数，下同）的，或使用上述供货纳税人开具的增值税专用发票，连续12个月内申报退税额占该期间全部申报退税额30%以上的。

（2）生产企业在连续12个月内申报出口退税额达到200万元以上，且从上述供货纳税人取得的增值税专用发票税额达到200万元以上或占该期间全部进项税额30%以上的。

（3）外贸企业连续12个月内使用3户以上上述供货纳税人开具的增值税专用发票申报退税，且占该期间全部供货纳税人户数20%以上的。

（4）生产企业连续12个月内有3户以上上述供货纳税人，且占该期间全部供货纳税人户数20%以上的。

上述所称"连续12个月内"，外贸企业自使用上述供货纳税人开具的增值税专用发票申报退税的当月开始计算，生产企业自从上述供货纳税人取得的增值税专用发票认证当月开始计算。

（续表）

财税〔2013〕112号文件生效前已出口的上述供货纳税人的货物，出口企业可联系供货纳税人，由供货纳税人举证其销售的货物真实、纳税正常的证明材料，经供货纳税人的主管税务机关盖章认可，并在2014年7月底前按国家税务总局的函调管理办法回函后，税务机关可按规定办理退（免）税，在此之前，没有提供举证材料或举证材料没有被供货纳税人主管税务机关盖章认可并回函的，实行增值税免税政策。

被停止出口退税权的纳税人在停止出口退税权期间，如果变更《税务登记证》纳税人名称或法定代表人担任新成立企业的法定代表人的企业，在被停止出口退税权的纳税人停止出口退税权期间出口的货物劳务服务，实行增值税征税政策。

出口企业或其他单位出口的适用增值税退（免）税政策的货物劳务服务，如果货物劳务服务的国内收购价格或出口价格明显偏高且无正当理由的，该出口货物劳务服务适用增值税免税政策。主管税务机关按照下列方法确定货物劳务服务价格是否偏高：

（1）按照该企业最近时期购进或出口同类货物劳务服务的平均价格确定。
（2）按照其他企业最近时期购进或出口同类货物劳务服务的平均价格确定。
（3）按照组成计税价格确定。组成计税价格的计算公式为：

$$组成计税价格＝成本×(1＋成本利润率)$$

成本利润率由国家税务总局统一确定并公布。

出口企业或其他单位存在下列情况之一的，其出口适用增值税退（免）税政策的货物劳务服务，一律适用增值税免税政策：

（1）法定代表人不知道本人是法定代表人的。
（2）法定代表人为无民事行为能力人或限制民事行为能力人的。

（三）跨境应属行为免税适用范围（财税〔2016〕36号附件4）

境内的单位和个人销售的下列服务和无形资产免征增值税，但财政部和国家税务总局规定适用增值税零税率的除外。

（1）下列服务：
① 工程项目在境外的建筑服务。
② 工程项目在境外的工程监理服务。
③ 工程、矿产资源在境外的工程勘察勘探服务。
④ 会议展览地点在境外的会议展览服务。
⑤ 存储地点在境外的仓储服务。
⑥ 标的物在境外使用的有形动产租赁服务。
⑦ 在境外提供的广播影视节目（作品）的播映服务。
⑧ 在境外提供的文化体育服务、教育医疗服务、旅游服务。
（2）为出口货物提供的邮政服务、收派服务、保险服务。
为出口货物提供的保险服务，包括出口货物保险和出口信用保险。
（3）向境外单位提供的完全在境外消费的下列服务和无形资产：
① 电信服务。
② 知识产权服务。
③ 物流辅助服务（仓储服务、收派服务除外）。
④ 鉴证咨询服务。
⑤ 专业技术服务。
⑥ 商务辅助服务。
⑦ 广告投放地在境外的广告服务。
⑧ 无形资产。
（4）以无运输工具承运方式提供的国际运输服务。
（5）为境外单位之间的货币资金融通及其他金融业务提供的直接收费金融服务，且该服务与境内的货物、无形资产和不动产无关。
（6）财政部和国家税务总局规定的其他服务。

按照国家有关规定应取得相关资质的国际运输服务项目，纳税人取得相关资质的，适用增值税零税率政策，未取得的，适用增值税免税政策。

境内的单位或个人提供程租服务，如果租赁的交通工具用于国际运输服务和港澳台地区运输服务，由出租方按规定申请适用增值税零税率。

(续表)

境内的单位和个人向境内单位或个人提供期租、湿租服务,如果承租方利用租赁的交通工具为其他单位或个人提供国际运输服务和港澳台运输服务,由承租方适用增值税零税率。境内的单位或个人向境外单位或个人提供期租、湿租服务,由出租方适用增值税零税率。

境内单位和个人以无运输工具承运方式提供的国际运输服务,由境内实际承运人适用增值税零税率;无运输工具承运业务的经营者适用增值税免税政策。

《跨境应税行为增值税免税管理办法》(国家税务总局公告2016年第29号)	
第二条 下列跨境应税行为免征增值税:	
(1) 工程项目在境外的建筑服务。	工程总承包方和工程分包方为施工地点在境外的工程项目提供的建筑服务,均属于工程项目在境外的建筑服务。
(2) 工程项目在境外的工程监理服务。	
(3) 工程、矿产资源在境外的工程勘察勘探服务。	
(4) 会议展览地点在境外的会议展览服务。	为客户参加在境外举办的会议、展览而提供的组织安排服务,属于会议展览地点在境外的会议展览服务。
(5) 存储地点在境外的仓储服务。	
(6) 标的物在境外使用的有形动产租赁服务。	
(7) 在境外提供的广播影视节目(作品)的播映服务。	在境外提供的广播影视节目(作品)播映服务,是指在境外的影院、剧院、录像厅及其他场所播映广播影视节目(作品)。 通过境内的电台、电视台、卫星通信、互联网、有线电视等无线或者有线装置向境外播映广播影视节目(作品),不属于在境外提供的广播影视节目(作品)播映服务。
(8) 在境外提供的文化体育服务、教育医疗服务、旅游服务。	在境外提供的文化体育服务和教育医疗服务,是指纳税人在境外现场提供的文化体育服务和教育医疗服务。 为参加在境外举办的科技活动、文化活动、文化演出、文化比赛、体育比赛、体育表演、体育活动而提供的组织安排服务,属于在境外提供的文化体育服务。 通过境内的电台、电视台、卫星通信、互联网、有线电视等媒体向境外单位或个人提供的文化体育服务或教育医疗服务,不属于在境外提供的文化体育服务、教育医疗服务。
(9) 为出口货物提供的邮政服务、收派服务、保险服务。	(1) 为出口货物提供的邮政服务,是指: ① 寄递函件、包裹等邮件出境。 ② 向境外发行邮票。 ③ 出口邮册等邮品。 (2) 为出口货物提供的收派服务,是指为出境的函件、包裹提供的收件、分拣、派送服务。 纳税人为出口货物提供收派服务,免税销售额为其向寄件人收取的全部价款和价外费用。 (3) 为出口货物提供的保险服务,包括出口货物保险和出口信用保险。
(10) 向境外单位销售的完全在境外消费的电信服务。	纳税人向境外单位或者个人提供的电信服务,通过境外电信单位结算费用的,服务接受方为境外电信单位,属于完全在境外消费的电信服务。
(11) 向境外单位销售的完全在境外消费的知识产权服务。	服务实际接受方为境内单位或者个人的知识产权服务,不属于完全在境外消费的知识产权服务。

(续表)

(12) 向境外单位销售的完全在境外消费的物流辅助服务（仓储服务、收派服务除外）。	境外单位从事国际运输和港澳台运输业务经停我国机场、码头、车站、领空、内河、海域时，纳税人向其提供的航空地面服务、港口码头服务、货运客运站场服务、打捞救助服务、装卸搬运服务，属于完全在境外消费的物流辅助服务。
(13) 向境外单位销售的完全在境外消费的鉴证咨询服务。	下列情形不属于完全在境外消费的鉴证咨询服务： (1) 服务的实际接受方为境内单位或者个人。 (2) 对境内的货物或不动产进行的认证服务、鉴证服务和咨询服务。
(14) 向境外单位销售的完全在境外消费的专业技术服务。	下列情形不属于完全在境外消费的专业技术服务： (1) 服务的实际接受方为境内单位或者个人。 (2) 对境内的天气情况、地震情况、海洋情况、环境和生态情况进行的气象服务、地震服务、海洋服务、环境和生态监测服务。 (3) 为境内的地形地貌、地质构造、水文、矿藏等进行的测绘服务。 (4) 为境内的城、乡、镇提供的城市规划服务。
(15) 向境外单位销售的完全在境外消费的商务辅助服务。	(1) 纳税人向境外单位提供的代理报关服务和货物运输代理服务，属于完全在境外消费的代理报关服务和货物运输代理服务。 (2) 纳税人向境外单位提供的外派海员服务，属于完全在境外消费的人力资源服务。外派海员服务，是指境内单位派出属于本单位员工的海员，为境外单位在境外提供的船舶驾驶和船舶管理等服务。 (3) 纳税人以对外劳务合作方式，向境外单位提供的完全在境外发生的人力资源服务，属于完全在境外消费的人力资源服务。对外劳务合作，是指境内单位与境外单位签订劳务合作合同，按照合同约定组织和协助中国公民赴境外工作的活动。 (4) 下列情形不属于完全在境外消费的商务辅助服务： ① 服务的实际接受方为境内单位或者个人。 ② 对境内不动产的投资与资产管理服务、物业管理服务、房地产中介服务。 ③ 拍卖境内货物或不动产过程中提供的经纪代理服务。 ④ 为境内货物或不动产的物权纠纷提供的法律代理服务。 ⑤ 为境内货物或不动产提供的安全保护服务。
(16) 向境外单位销售的广告投放地在境外的广告服务。	广告投放地在境外的广告服务，是指为在境外发布的广告提供的广告服务。
(17) 向境外单位销售的完全在境外消费的无形资产（技术除外）。	下列情形不属于向境外单位销售的完全在境外消费的无形资产： (1) 无形资产未完全在境外使用。 (2) 所转让的自然资源使用权与境内自然资源相关。 (3) 所转让的基础设施资产经营权、公共事业特许权与境内货物或不动产相关。 (4) 向境外单位转让在境内销售货物、应税劳务、服务、无形资产或不动产的配额、经营权、经销权、分销权、代理权。

(续表)

(18) 为境外提供的直接收费金融服务。	为境外单位之间的货币资金融通及其他金融业务提供的直接收费金融服务,且该服务与境内的货物、无形资产和不动产无关。 为境外单位之间、境外单位和个人之间的外币、人民币资金往来提供的资金清算、资金结算、金融支付、账户管理服务,属于为境外单位之间的货币资金融通及其他金融业务提供的直接收费金融服务。
(19) 属于以下情形的国际运输服务。	(1) 以无运输工具承运方式提供的国际运输服务。 (2) 以水路运输方式提供国际运输服务但未取得《国际船舶运输经营许可证》的。 (3) 以公路运输方式提供国际运输服务但未取得《道路运输经营许可证》或者《国际汽车运输行车许可证》,或者《道路运输经营许可证》的经营范围未包括"国际运输"的。 (4) 以航空运输方式提供国际运输服务但未取得《公共航空运输企业经营许可证》,或者其经营范围未包括"国际航空客货邮运输业务"的。 (5) 以航空运输方式提供国际运输服务但未持有《通用航空经营许可证》,或者其经营范围未包括"公务飞行"的。
(20) 符合零税率政策但适用简易计税方法或声明放弃适用零税率选择免税的下列应税行为。	(1) 国际运输服务。 (2) 航天运输服务。 (3) 向境外单位提供的完全在境外消费的下列服务: ① 研发服务。 ② 合同能源管理服务。 ③ 设计服务。 ④ 广播影视节目(作品)的制作和发行服务。 ⑤ 软件服务。 ⑥ 电路设计及测试服务。 ⑦ 信息系统服务。 ⑧ 业务流程管理服务。 ⑨ 离岸服务外包业务。 (4) 向境外单位转让完全在境外消费的技术。

第三条 纳税人向国内海关特殊监管区域内的单位或者个人销售服务、无形资产,不属于跨境应税行为,应照章征收增值税。

第四条 2016年4月30日前签订的合同,符合《财政部 国家税务总局关于将铁路运输和邮政业纳入营业税改征增值税试点的通知》(财税〔2013〕106号附件4)和《财政部 国家税务总局关于影视等出口服务适用增值税零税率政策的通知》(财税〔2015〕118号)规定的免税政策条件的,在合同到期前可以继续享受免税政策。

(四) 出口货物保险增值税政策(财政部 税务总局公告2021年第37号)

(1) 自2022年1月1日至2025年12月31日,对境内单位和个人发生的下列跨境应税行为免征增值税: ① 以出口货物为保险标的的产品责任保险; ② 以出口货物为保险标的的产品质量保证保险。	(2) 境内单位和个人发生上述跨境应税行为的增值税征收管理,按照现行跨境应税行为增值税免税管理办法的规定执行。 (3) 此前已发生未处理的事项,按本公告规定执行;已缴纳的相关税款,不再退还。

第十五节　专票电子化改革解析与应用

政策依据：

> 《国家税务总局关于在新办纳税人中实行增值税专用发票电子化有关事项的公告》（国家税务总局公告2020年第22号）；
> 《财政部　国家档案局关于规范电子会计凭证报销入账归档的通知》（财会〔2020〕6号）。

一、新办纳税人专用发票电子化（国家税务总局公告2020年第22号）

（1）自2020年12月21日起，在天津、河北、上海、江苏、浙江、安徽、广东、重庆、四川、宁波和深圳等11个地区的新办纳税人中实行专票电子化，受票方范围为全国。其中，宁波、石家庄和杭州等3个地区已试点纳税人开具增值税电子专用发票（以下简称电子专票）的受票方范围扩至全国。

自2021年1月21日起，在北京、山西、内蒙古、辽宁、吉林、黑龙江、福建、江西、山东、河南、湖北、湖南、广西、海南、贵州、云南、西藏、陕西、甘肃、青海、宁夏、新疆、大连、厦门和青岛等25个地区的新办纳税人中实行专票电子化，受票方范围为全国。

实行专票电子化的新办纳税人具体范围由国家税务总局各省、自治区、直辖市和计划单列市税务局（以下简称各省税务局）确定。

（2）电子专票由省税务局监制，采用电子签名代替发票专用章，属于增值税专用发票，其法律效力、基本用途、基本使用规定等与增值税纸质专用发票（以下简称纸质专票）相同。

（3）电子专票的发票代码为12位，编码规则：第1位为0，第2～5位代表省、自治区、直辖市和计划单列市，第6～7位代表年度，第8～10位代表批次，第11～12位为13。发票号码为8位，按年度、分批次编制。

（4）自各地专票电子化实行之日起，本地区需要开具增值税纸质普通发票、增值税电子普通发票（以下简称电子普票）、纸质专票、电子专票、纸质机动车销售统一发票和纸质二手车销售统一发票的新办纳税人，统一领取税务UKey开具发票。税务机关向新办纳税人免费发放税务UKey，并依托增值税电子发票公共服务平台，为纳税人提供免费的电子专票开具服务。

（5）税务机关按照电子专票和纸质专票的合计数，为纳税人核定增值税专用发票领用数量。电子专票和纸质专票的增值税专用发票（增值税税控系统）最高开票限额应当相同。

（6）纳税人开具增值税专用发票时，既可以开具电子专票，也可以开具纸质专票。受票方索取纸质专票的，开票方应当开具纸质专票。

（7）纳税人开具电子专票后，发生销货退回、开票有误、应税服务中止、销售折让等情形，需要开具红字电子专票的，按照以下规定执行：

① 购买方已将电子专票用于申报抵扣的，由购买方在增值税发票管理系统（以下简称发票管理系统）中填开并上传《开具红字增值税专用发票信息表》（以下简称《信息表》），填开《信息表》时不填写相对应的蓝字电子专票信息。

购买方未将电子专票用于申报抵扣的，由销售方在发票管理系统中填开并上传《信息表》，填开《信息表》时应填写相对应的蓝字电子专票信息。

② 税务机关通过网络接收纳税人上传的《信息表》，系统自动校验通过后，生成带有"红字发票信息表编号"的《信息表》，并将信息同步至纳税人端系统中。

③ 销售方凭税务机关系统校验通过的《信息表》开具红字电子专票，在发票管理系统中以销项税额负数开具。红字电子专票应与《信息表》一一对应。

④ 购买方已将电子专票用于申报抵扣的，应当暂依《信息表》所列增值税税额从当期进项税额中转出，待取得销售方开具的红字电子专票后，与《信息表》一并作为记账凭证。

（8）受票方取得电子专票用于申报抵扣增值税进项税额或申请出口退税、代办退税的，应当登录增值税发票综合服务平台确认发票用途，登录地址由各省税务局确定并公布。

（9）单位和个人可以通过全国增值税发票查验平台（https://inv-veri.chinatax.gov.cn）对电子专票信息进行查验；可以通过全国增值税发票查验平台下载增值税电子发票版式文件阅读器，查阅电子专票并验证电子签名有效性。

（10）纳税人以电子发票（含电子专票和电子普票）报销入账归档的，按照《财政部　国家档案局关于规范电子会计凭证报销入账归档的通知》（财会〔2020〕6号）的规定执行。

（11）本公告自2020年12月21日起施行。

二、增值税专用发票电子化试点开票软件(税务UKey版)

1. 下载并安装开票软件(税务UKey版)

下载地址:国家税务总局全国增值税发票查验平台(https://inv-veri.chinatax.gov.cn)——相关下载——增值税发票开票软件(税务UKey版)下载安装包。下载完成后,解压安装包,双击"增值税发票开票软件(税务 UKey 版).exe"文件,点击"立即安装"并按提示步骤完成安装。

2. 首次登录的初始化设置

软件安装提示成功后,插入税务 UKey,点击桌面生成的"票"字图标。

(1) 修改密码。

① 输入税务 UKey 密码,初始密码为8个8,纳税人可进行修改。

② 验证数字证书密码,初始密码为8个8,首次登录必须进行修改。如果更换电脑操作,需要进行重新设置时,该处应填写纳税人修改后的密码。

③ 设置管理员登录密码(根据自身需要设置,8位以上数字、字母、特殊字符组合)。

(2) 设置企业基本信息。

(3) 设置系统参数。

① 服务器地址(IP地址):skfp.shanghai.chinatax.gov.cn,端口:9006。

② 如使用电子发票,则需要进行"电子发票配置",点击系统设置——系统设置首页——参数设置——电子发票配置:

A. 版式文件服务器地址:skfp.shanghai.chinatax.gov.cn 端口:9008。

B. 邮件发件箱:填写本企业邮件发件箱地址,会自动生成发送邮件服务器地址和发送邮件服务器端口,一般情况下不需要修改。

C. 邮箱 SMTP 授权码:纳税人需要自行到本企业邮件发件箱中获取。以 QQ 邮箱为例:纳税人登录 QQ 邮箱,点击"首页/设置/账户";找到"POP3/IMAP/SMTP/Exchange/CardDAV/CalDAV 服务"模块,点击 POP3/SMTP 服务右方的开启按钮;3 根据窗口提示内容,通过手机短信进行验证;4 验证后页面上将显示邮箱 SMTP 授权码,将其复制粘贴到开票软件对应填写框,点击确定即可。

3. 发票领用

点击"发票管理/发票领购管理/发票网上申领",税局端受理通过后,点击"发票管理/发票网上申领/发票网上分发"菜单项,即完成发票领用。(根据各省实际修改)

4. 发票填开

点击"发票管理/正数发票填开",选择需要开具的发票类型,进入发票填开界面。

点击"系统设置/基础编码设置/客户编码(自定义货物与劳务编码)",可设置常用的客户及货物劳务编码,提高开票效率。

5. 数据管理

纳税人应在每月征收期内完成发票汇总上传。纳税人在每月首次登录增值税发票开票软件(税务 UKey 版)且系统处于互联网连接状态时,系统会自动完成发票汇总上传操作。如果因网络原因自动上传未成功,纳税人可以点击"数据管理/数据处理/汇总上传"或者在开票软件首页的导航窗口中,点击"汇总上传"图标,对所需上报汇总的发票进行汇总上传。

对于按月申报缴纳增值税的纳税人,每月申报成功且通过一窗式比对后,纳税人点击"数据管理/数据处理/反写监控",进行反写操作后即可继续开具增值税发票。

对于按季申报缴纳增值税的纳税人,每季度首月申报成功,且通过一窗式比对后,纳税人点击"数据管理/数据处理/反写监控",进行反写操作后即可继续开具增值税发票。其余月份可以直接点击"数据管理/数据处理/反写监控",进行反写操作。

6. 电子发票其他使用注意事项

(1) 电子发票需上传后才有效,可通过"发票查询管理-已开发票查询"模块查询发票上传状态;若未上传,可通过"发票查询管理-未上传发票查询"模块上传。

(2) 电子发票不可作废,可以冲红。

(3) 电子发票的文件格式目前为 OFD 格式,电子发票购销双方均需使用增值税电子发票版式文件阅读器(下载地址同开票软件)才能阅读、打印。

具体操作说明详见开票软件帮助模块操作手册。

三、新型"全电发票"试点启用

根据广东省税务局、上海市税务局和内蒙古自治区税务局三地发布的通知,自2021年12月1日起,依托全国统一的电子发票服务平台,试点开展全面数字化的电子发票(以下简称全电发票),24小时在线免费为纳税人提供全电发票开具、交付、查验等服务,实现发票全领域、全环节、全要素电子化。

(1) 全电发票的法律效力、基本用途与现有纸质发票相同。其中,带有"增值税专用发票"字样的全电发票,其法律效力、基本用途与现有增值税专用发票相同;带有"普通发票"字样的全电发票,其法律效力、基本用途与现有普通发票相同。

(2) 全电发票无联次,基本内容包括:动态二维码、发票号码、开票日期、购买方信息、销售方信息、项目名称、规格型号、单位、数量、单价、金额、税率/征收率、税额、合计、价税合计(大写、小写)、备注、开票人。

（续表）

（3）全电发票的发票号码为20位，其中：第1~2位代表公历年度后两位，第3~4位代表上海市行政区划代码，第5位代表全电发票开具渠道等信息，第6~20位代表顺序编码。

（4）试点纳税人通过实名验证后，无需使用税控专用设备，无需办理发票票种核定，无需领用全电发票，使用电子发票服务平台即可开票。

（5）税务机关对试点纳税人开票实行开具金额总额度管理。开具金额总额度，是指一个自然月内，试点纳税人发票开具总金额（不含增值税）的上限额度。

① 试点纳税人开具全电发票以及纸质增值税专用发票、纸质增值税普通发票等使用增值税发票管理系统开具的发票，共用同一个开具金额总额度。

② 税务机关依据纳税人的风险程度、纳税信用级别、实际经营情况等因素，确定初始开具金额总额度，并进行动态调整。

③ 试点纳税人开具金额总额度不足，可向主管税务机关提出调整开具金额总额度。税务机关依据纳税人的风险程度、纳税信用级别、实际经营情况等因素调整其开具金额总额度。

（6）试点纳税人的电子发票服务平台税务数字账户自动归集发票数据，供试点纳税人查询、下载、打印。

（7）试点纳税人可以通过电子发票服务平台税务数字账户自动交付全电发票，也可通过电子邮件、二维码等方式自行交付全电发票。

（8）试点纳税人取得增值税扣税凭证用于申报抵扣增值税进项税额或申请出口退税、代办退税的，应通过电子发票服务平台确认用途。试点纳税人确认用途有误的，可向主管税务机关申请更正。

非试点纳税人取得全电发票用于申报抵扣增值税进项税额或申请出口退税、代办退税的，应通过增值税发票综合服务平台确认用途。

（9）试点纳税人可通过电子发票服务平台标记发票入账标识。纳税人以全电发票报销入账归档的，按照财政和档案部门的相关规定执行。

（10）试点纳税人发生开票有误、销货退回、服务中止、销售折让等情形，需要开具红字全电发票的，按以下规定执行：

① 受票方未做增值税用途确认及入账确认的，开票方全额开具红字全电发票，无需受票方确认；

② 受票方已做增值税用途确认或入账确认的，开票方或受票方均可发起冲红流程，经对方确认后，生成《红字发票信息确认单》（见附件2），开票方全额或部分开具红字全电发票。

受票方已将全电发票用于增值税申报抵扣的，应当暂依《红字发票信息确认单》所列增值税税额从当期进项税额中转出，待取得开票方开具的红字全电发票后，与《红字发票信息确认单》一并作为记账凭证。

（11）单位和个人可以通过电子发票服务平台或全国增值税发票查验平台（https://inv-veri.chinatax.gov.cn）查验全电发票信息。

（12）电子发票服务平台暂不支持开具纸质发票，开具纸质发票功能的上线时间另行公告。功能上线前，试点纳税人可通过增值税发票管理系统开具纸质发票。

电子发票服务平台暂不支持开具成品油、稀土、机动车（含二手车）、卷烟、出口、通行费等特定业务全电发票，开具上述全电发票的上线时间另行公告。功能上线前，试点纳税人可通过增值税发票管理系统开具上述发票。

（13）试点纳税人应当按照规定依法、诚信、如实使用全电发票，不得虚开、虚抵、骗税，并接受税务机关依法检查。

四、增值税电子专用发票电子化管理与操作有关问题答问（财政部会计司　国家档案局经济科技档案业务指导司　国家税务总局货物和劳务税司）

（1）电子专票作为电子会计凭证与纸质会计凭证法律效力是否相同？

答：电子会计凭证是指以电子形式生成、传输、存储的各类会计凭证，包括电子原始凭证、电子记账凭证。电子专票属于电子会计原始凭证。国家税务总局2020年第22号公告第二条规定："电子专票由各省税务局监制，采用电子签名代替发票专用章，属于增值税专用发票，其法律效力、基本用途、基本使用规定等与增值税纸质专用发票相同。"《财政部　国家档案局关于规范电子会计凭证报销入账归档的通知》（财会〔2020〕6号）规定："来源合法、真实的电子会计凭证与纸质会计凭证具有同等法律效力。"《档案法》第三十七条规定："电子档案应当来源可靠、程序规范、要素合规""电子档案与传统载体档案具有同等效力，可以以电子形式作为凭证使用"。因此，来源合法、真实的电子专票作为电子会计凭证与纸质会计凭证具有同等的法律效力，且可作为电子档案进行保存归档。

（2）实行专票电子化的新办纳税人如何开具电子专票？

答：实行专票电子化的新办纳税人可向税务机关免费领取税务UKey，通过电子税务局、办税服务厅等渠道申请电子专票票种核定，在国家税务总局增值税发票查验平台（https://inv-veri.chinatax.gov.cn）上下载并安装增值税发票开票软件（税务UKey版）后，开具电子专票。开票完成后，纳税人可以通过电子邮件、二维码等方式，远程交付电子专票给受票方。

（3）受票方收到电子专票后，应如何查验其发票真伪？

答：电子专票采用可靠的电子签名代替原发票专用章，采用经过税务数字证书签名的电子发票监制章代替原发票监制章，更好适应了发票电子化改革的需要。

纳税人可以通过全国增值税发票查验平台（https://inv-veri.chinatax.gov.cn）下载增值税电子发票版式文件阅读器，查阅电子专票并验证电子签名以及电子发票监制章有效性。

验证电子签名具体方法如下：通过增值税电子发票版式文件阅读器打开已下载的电子专票版式文件，鼠标移动到左下角"销售方"相关信息处，点击鼠标右键，再点击提示框中的"验证"按钮，即可弹出验证结果。

如验证结果为"该签章有效！受该签章保护的文档内容未被修改。该签章之后的文档内容无更改"，表明销售方的电子签名有效。

验证电子发票监制章具体方法如下：通过增值税电子发票版式文件阅读器打开已下载的电子专票版式文件，鼠标右键点击发票上方椭圆形的发票监制章，选择"验证"，即可显示验证结果。

此外，纳税人还可以在全国增值税发票查验平台上，通过录入发票代码、发票号码、开票日期、发票校验码等字段，对电子专票信息进行查验。

（4）受票方收到电子专票后，如何申请抵扣增值税进项税额或出口退税、代办退税？

答：受票方取得电子专票用于申报抵扣增值税进项税额或申请出口退税、代办退税的，应当登录增值税发票综合服务平台确认发票用途，登录地址由各省税务局确定并公布。

（5）使用电子专票进行报销入账归档的基本规定有哪些？

答：依据财会〔2020〕6号文件的规定，电子专票作为电子会计凭证的一种，同时满足下列条件的，可以仅使用电子专票进行报销入账归档：

① 接收的电子会计凭证经过查验合法、真实。

② 电子会计凭证的传输、存储安全、可靠，对电子会计凭证的任何篡改能够及时被发现。

③ 使用的会计核算系统能够准确、完整、有效接收和读取电子会计凭证及其元数据，能够按照国家统一的会计制度完成会计核算业务，能够按照国家档案行政管理部门规定格式输出电子会计凭证及其元数据，设定了经办、审核、审批等必要的审签程序，且能有效防止电子会计凭证重复入账。

④ 电子会计凭证的归档及管理符合《会计档案管理办法》（财政部 国家档案局令第79号）等要求。

采用电子专票进行报销、入账且本单位财务信息系统能导出符合国家档案部门规定的电子归档格式的，应当将电子专票与其他电子会计记账凭证等一起归档保存，电子专票不再需要打印和保存纸质件；不满足上述条件的单位，采用电子专票纸质打印件进行报销、入账的，

电子专票应当与其纸质打印件一并交由会计档案人员保存。

（6）如何借助标准化手段支持会计核算系统对电子专票进行自动接收、识别和入账处理？

答：财政部即将出台电子发票入账数据标准，并将会同国家税务总局在部分企业开展试点，以进一步规范电子发票等电子凭证入账，方便受票方会计核算系统进行自动化的接收、识别和入账处理。

（7）电子专票的纸质打印件能否单独作为报销入账归档依据使用？

答：不能。根据财会〔2020〕6号文件的规定，各单位无论采用何种报销、入账方式，只要接收的是电子专票，则必须归档保存电子专票。单位如果以电子专票的纸质打印件作为报销入账归档依据的，必须同时保存打印该纸质件的电子专票。

（8）受票方应如何防范电子专票的纸质打印件重复报销入账的风险？

答：电子专票的纸质打印件只是承载电子专票发票信息的载体，不具备物理防伪功能，具有可复制的特点。为避免电子专票的纸质打印件重复报销入账，各单位应建立完善的内控机制，严格按照财会〔2020〕6号文件的规定。如果以电子专票的纸质打印件作为报销入账归档依据的，必须同时保存打印该纸质件的电子专票。同时建议各单位在报销入账时对发票代码、号码进行查重处理。对于已经使用财务信息系统的单位，可以通过建立发票数据库的方式，升级系统功能，利用系统进行自动比对；对于尚未使用财务软件实行纯手工记账的单位，可以通过电子表格等方式，建立已入账发票手工台账，有效防范重复报销、虚假入账等风险。

（9）包括电子专票在内的各类电子发票应如何归档保存？

答：电子发票归档保存分以下几种情况进行。

已建立电子档案管理系统的单位，实施了会计信息系统，与电子发票相关的记账凭证、报销凭证等已全部实现电子化（不包括纸质凭证扫描，下同），可将电子发票与相关的记账凭证、报销凭证等电子会计凭证通过归档接口或手工导入电子档案管理系统进行整理、归档并长期保存，归档方法可参照《企业电子文件归档和电子档案管理指南》（档办发〔2015〕4号）；如与电子发票相关的记账凭证、报销凭证等未实现电子化，可单独将电子发票通过归档接口或手工导入电子档案管理系统进行整理、归档并长期保存；整理、归档、长期保存方法可参照《企业电子文件归档电子档案管理指南》（档办发〔2015〕4号）。

无电子档案管理系统的单位，如实施了会计信息系统，与电子发票相关的记账凭证、报销凭证等已全部实现电子化，可将电子发票与相关的记账凭证、报销凭证等移交会计档案管理人员保存，编制档号。同时，建立电子会计档案台账或者目录。

如未实施会计信息系统，与电子发票相关的记账凭证、报销凭证未实现电子化，电子发票以电子形式移交会计档案管理人员保存。

问题答疑：

总局政策解读	国家税务总局 12366
（1）在新办纳税人中实行增值税专用发票电子化的背景是什么？ 答：为适应经济社会发展和税收现代化建设需要，税务总局自 2015 年起分步推行了增值税电子普通发票（以下简称电子普票）。电子普票推行后，因开具便捷、保管便利、查验及时、节约成本等优点，受到越来越多的纳税人欢迎。 为贯彻落实国务院关于加快电子发票推广应用的部署安排，税务总局本着积极稳妥的原则，决定采用先在部分地区新设立登记的纳税人（以下简称新办纳税人）中实行增值税专用发票电子化（以下简称专票电子化），此后逐步扩大地区和纳税人范围的工作策略。一是先在新办纳税人中实行专票电子化，在完善系统、积累经验的基础上，下一步再考虑在其他纳税人中实行专票电子化。二是对于新办纳税人，从 2020 年 9 月 1 日起先逐步在宁波、石家庄和杭州开展专票电子化试点，在此基础上再分两步在全国实行：第一步，自 2020 年 12 月 21 日起，在天津等 11 个地区的新办纳税人中实行专票电子化，受票方范围为全国；第二步，自 2021 年 1 月 21 日起，在北京等 25 个地区的新办纳税人中实行专票电子化，受票方范围为全国。 （2）前期已纳入试点的纳税人，开具电子专票的受票方范围有何变化？ 根据《国家税务总局关于在新办纳税人中实行增值税专用发票电子化有关事项的公告》（国家税务总局公告 2020 年第 22 号）和前期试点地区发布的相关政策规定，宁波、石家庄、杭州等 3 个地区已纳入试点的纳税人，开具增值税电子专用发票（以下简称电子专票）的受票方范围，在 2020 年 12 月 20 日（含）前仅限于规定地区，自 2020 年 12 月 21 日起扩至全国。上述地区自 2020 年 12 月 21 日起实行专票电子化的新办纳税人，开具电子专票的受票方范围为全国。 （3）电子专票具备哪些优点？ 电子专票属于增值税专用发票，其法律效力、基本用途、基本使用规定等与增值税纸质专用发票（以下简称纸质专票）相同。与纸质专票相比，电子专票具有以下几方面优点： ① 发票样式更简洁。电子专票进一步简化发票票面样式，采用电子签名代替原发票专用章，将"货物或应税劳务、服务名称"栏次名称简化为"项目名称"，取消了原"销售方：（章）"栏次，使电子专票的开具更加简便。 ② 领用方式更快捷。纳税人可以选择办税服务厅、电子税务局等渠道领用电子专票。通过网上申领方式领用电子专票，纳税人可以实现"即领即用"。 ③ 远程交付更便利。纳税人可以通过电子邮箱、二维码等方式交付电子专票，与纸质专票现场交付、邮寄交付等方式相比，发票交付的速度更快。 ④ 财务管理更高效。电子专票属于电子会计凭证，纳税人可以便捷获取数字化的票面明细信息，并据此提升财务管理水平。同时，纳税人可以通过全国增值税发票查验平台（https://inv-veri.chinatax.gov.cn）下载增值税电子发票版式文件阅读器，查阅电子专票并验证电子签名有效性，降低接收假发票的风险。 ⑤ 存储保管更经济。电子专票采用信息化存储方式，与纸质专票相比，无需专门场所存放，也可以大幅降低后续人工管理的成本。此外，纳税人还可以从税务部门提供的免费渠道重新下载电子专票，防范发票丢失和损毁风险。	（1）纳税人如何查验增值税电子专用发票？ 根据《国家税务总局关于在新办纳税人中实行增值税专用发票电子化有关事项的公告》（国家税务总局公告 2020 年第 22 号）的规定，单位和个人可以通过全国增值税发票查验平台（https://inv-veri.chinatax.gov.cn）对电子专票信息进行查验；可以通过全国增值税发票查验平台下载增值税电子发票版式文件阅读器，查阅电子专票并验证电子签名有效性。 （2）自 2020 年 12 月 21 日起，在哪些地区开展增值税电子专用发票试点？ 根据《国家税务总局关于在新办纳税人中实行增值税专用发票电子化有关事项的公告》（国家税务总局公告 2020 年第 22 号）的规定，自 2020 年 12 月 21 日起，在天津、河北、上海、江苏、浙江、安徽、广东、重庆、四川、宁波和深圳等 11 个地区的新办纳税人中实行专票电子化，受票方范围为全国。其中，宁波、石家庄和杭州等 3 个地区已试点纳税人开具增值税电子专用发票（以下简称电子专票）的受票方范围扩至全国。 …… 实行专票电子化的新办纳税人具体范围由国家税务总局各省、自治区、直辖市和计划单列市税务局（以下简称各省税务局）确定。 （3）纳税人开具电子专票后，发生销货退回、开票有误、应税服务中止、销售折让等情形，如何开具红字发票？ 根据《国家税务总局关于在新办纳税人中实行增值税专用发票电子化有关事项的公告》（国家税务总局公告 2020 年第 22 号）的规定，纳税人开具电子专票后，发生销货退回、开票有误、应税服务中止、销售折让等情形，需要开具红字电子专票的，按照以下规定执行： ① 购买方已将电子专票用于申报抵扣的，由购买方在增值税发票管理系统（以下简称发票管理系统）

总局政策解读	国家税务总局 12366
⑥ 社会效益更显著。电子专票交付快捷，有利于交易双方加快结算速度，缩短回款周期，提升资金使用效率。同时，电子专票的推出，还有利于推动企业财务核算电子化的进一步普及，进而对整个经济社会的数字化建设产生积极影响。 （4）电子专票为何采用电子签名代替原纸质发票上的发票专用章？ 《中华人民共和国电子签名法》第十四条规定，可靠的电子签名与手写签名或者盖章具有同等的法律效力。为更好适应发票电子化改革需要，电子专票采用电子签名代替原发票专用章，纳税人可以通过全国增值税发票查验平台下载增值税电子发票版式文件阅读器，查阅电子专票并验证电子签名的有效性。 （5）在新办纳税人中实行专票电子化，税务部门同步推出了哪些便利纳税人的举措？ 税务部门紧紧围绕推进办税缴费便利化改革和提升纳税人获得感，不断优化发票服务方式，以专票电子化为契机，创新推出了五条便利化举措： ① 开票设备免费领取。需要开具增值税纸质普通发票（以下简称纸质普票）、电子普票、纸质专票、电子专票、纸质机动车销售统一发票（以下简称纸质机动车发票）和纸质二手车销售统一发票（以下简称纸质二手车发票）的新办纳税人，统一领取税务 UKey 开具发票。税务机关向新办纳税人免费发放税务 UKey。 ② 电子专票免费开具。税务部门依托增值税电子发票公共服务平台，为纳税人提供免费的电子专票开具服务，纳税人通过该平台开具电子专票无需支付相关费用。 ③ 首票服务便捷享受。税务部门对首次开具、首次接收电子专票的纳税人实行"首票服务制"，通过线上线下多种方式，帮助纳税人及时全面掌握政策规定和操作要点。 ④ 发票状态及时告知。税务部门对增值税发票综合服务平台进行了优化升级，纳税人可以通过该平台及时掌握所取得的电子专票领用、开具、用途确认等流转状态以及正常、红冲、异常等管理状态信息。这一举措有助于纳税人全面了解电子专票的全流程信息，减少因购销双方信息不对称或滞后而产生的发票涉税风险，有效保障纳税人权益。 ⑤ 发票信息批量下载。纳税人可以通过增值税发票综合服务平台，批量下载所取得的纸质普票、电子普票、纸质专票、电子专票、纸质机动车发票和纸质二手车发票等发票的明细信息。这既为纳税人实现报销入账归档电子化提供了完整准确的发票基础数据，也有利于纳税人改进内部管理，防范电子发票重复报销入账风险。此外，发票电子信息的便捷获取和拓展应用，还将有助于纳税人更好地开展财务分析，强化资金和供应链管理，为企业提升经营决策水平提供帮助。 随着专票电子化工作的推进，税务部门还将推出更多创新服务举措，为纳税人提供更便捷、更高效、更舒心的办税体验。 （6）实行专票电子化的新办纳税人领取税务 UKey 后，可以开具哪些种类的发票？ 实行专票电子化的新办纳税人领取税务 UKey 并核定对应票种后，可以开具纸质普票、电子普票、纸质专票、电子专票、纸质机动车发票和纸质二手车发票。	中填开并上传《开具红字增值税专用发票信息表》（以下简称《信息表》），填开《信息表》时不填写相对应的蓝字电子专票信息。 购买方未将电子专票用于申报抵扣的，由销售方在发票管理系统中填开并上传《信息表》，填开《信息表》时应填写相对应的蓝字电子专票信息。 ② 税务机关通过网络接收纳税人上传的《信息表》，系统自动校验通过后，生成带有"红字发票信息表编号"的《信息表》，并将信息同步至纳税人端系统中。 ③ 销售方凭税务机关系统校验通过的《信息表》开具红字电子专票，在发票管理系统中以销项税额负数开具。红字电子专票应与《信息表》一一对应。 ④ 购买方已将电子专票用于申报抵扣的，应当暂依《信息表》所列增值税税额从当期进项税额中转出，待取得销售方开具的红字电子专票后，与《信息表》一并作为记账凭证。 …… 上述规定自 2020 年 12 月 21 日起施行。 （4）取得增值税电子专用发票的纳税人，如何进行发票的勾选确认？ 根据《国家税务总局关于在新办纳税人中实行增值税专用发票电子化有关事项的公告》（国家税务总局公告 2020 年第 22 号）的规定，受票方取得电子专票用于申报抵扣增值税进项税额或申请出口退税、代办退税的，应当登录增值税发票综合服务平台确认发票用途，登录地址由各省税务局确定并公布。 （5）增值税电子专用发票的领用数量和开票限额如何确定？ 根据《国家税务总局关于在新办纳税人中实行增值税专用发票电子化有关事项的公告》（国家税务总局公告 2020 年第 22 号）的规定，税务机关按照电子专票和纸质专票的合计数，为纳税人核定增值税专用发票领用数量。电子专票和纸质专票的增值税专用发票（增值税税控系统）最高开票限额应当相同。

（续表）

总局政策解读	国家税务总局 12366
（7）实行专票电子化的新办纳税人在核定电子专票时有什么具体要求？ 按照《国家税务总局关于新办纳税人首次申领增值税发票有关事项的公告》（国家税务总局公告 2018 年第 29 号）的规定，税务机关为首次申领增值税发票的新办纳税人办理发票票种核定，增值税专用发票最高开票限额不超过 10 万元，每月最高领用数量不超过 25 份。各省税务机关可以在此范围内结合纳税人税收风险程度，自行确定新办纳税人首次申领增值税发票票种核定标准。 电子专票和纸质专票同属增值税专用发票。税务机关核定的增值税专用发票最高开票限额，同时适用于纳税人所领用的电子专票和纸质专票，两者保持一致。实行专票电子化的新办纳税人，可以在税务机关核定的增值税专用发票每月最高领用数量内，根据自身需要分别确定电子专票和纸质专票的领用数量。 实行专票电子化的新办纳税人，在税务机关核定增值税专用发票最高开票限额和领用数量后，可以根据生产经营需要申请"增版增量"。 （8）实行专票电子化的新办纳税人领取税务 UKey 后，是不是电子专票和纸质专票都可以开具？ 实行专票电子化的新办纳税人领取税务 UKey 后，既可以开具电子专票，也可以开具纸质专票。部分受票方因自身管理需要，可能仍需使用纸质专票，为保障受票方权益，其在索取纸质专票时，开票方应当开具纸质专票。 （9）纳税人以电子发票报销入账归档的，应当注意哪些事项？ 纳税人以电子发票（含电子专票和电子普票）报销入账归档的，应当按照《财政部 国家档案局关于规范电子会计凭证报销入账归档的通知》（财会〔2020〕6 号，以下简称财会〔2020〕6 号文件）的相关规定执行。 ① 纳税人可以根据财会〔2020〕6 号文件第三条的规定，仅使用电子发票进行报销入账归档。 ② 电子发票与纸质发票具有同等法律效力，按照财会〔2020〕6 号文件第五条的规定，纳税人取得的电子发票，可不再另以纸质形式保存。 ③ 纳税人如果需要以电子发票的纸质打印件作为报销入账归档依据的，应当根据财会〔2020〕6 号文件第四条的规定，同时保存打印该纸质件的电子发票。 （10）受票方丢失已开具的电子专票后应当如何处理？ 受票方如丢失或损毁已开具的电子专票，可以根据发票代码、发票号码、开票日期、开具金额（不含税）等信息，在全国增值税发票查验平台查验通过后，下载电子专票。如不掌握相关信息，也可以向开票方重新索取原电子专票。	（6）受票方向增值税电子专用发票的开票方索取纸质专用发票的，开票方是否应该开具？ 根据《国家税务总局关于在新办纳税人中实行增值税专用发票电子化有关事项的公告》（国家税务总局公告 2020 年第 22 号）的规定，纳税人开具增值税专用发票时，既可以开具电子专票，也可以开具纸质专票。受票方索取纸质专票的，开票方应当开具纸质专票。 （7）增值税电子专用发票的发票代码的编码规则是什么？ 根据《国家税务总局关于在新办纳税人中实行增值税专用发票电子化有关事项的公告》（国家税务总局公告 2020 年第 22 号）的规定，电子专票的发票代码为 12 位，编码规则：第 1 位为 0，第 2～5 位代表省、自治区、直辖市和计划单列市，第 6～7 位代表年度，第 8～10 位代表批次，第 11～12 位为 13。发票号码为 8 位，按年度、分批次编制。 （8）增值税电子专用发票的法律效力如何？ 根据《国家税务总局关于在新办纳税人中实行增值税专用发票电子化有关事项的公告》（国家税务总局公告 2020 年第 22 号）的规定，电子专票由各省税务局监制，采用电子签名代替发票专用章，属于增值税专用发票，其法律效力、基本用途、基本使用规定等与增值税纸质专用发票（以下简称纸质专票）相同。 （9）自 2021 年 1 月 21 日起，在哪些地区开展增值税电子专用发票试点？ 根据《国家税务总局关于在新办纳税人中实行增值税专用发票电子化有关事项的公告》（国家税务总局公告 2020 年第 22 号）的规定，自 2021 年 1 月 21 日起，在北京、山西、内蒙古、辽宁、吉林、黑龙江、福建、江西、山东、河南、湖北、湖南、广西、海南、贵州、云南、西藏、陕西、甘肃、青海、宁夏、新疆、大连、厦门和青岛等 25 个地区的新办纳税人中实行专票电子化，受票方范围为全国。 实行专票电子化的新办纳税人具体范围由国家税务总局各省、自治区、直辖市和计划单列市税务局（以下简称各省税务局）确定。 （10）实行增值税电子专用发票试点的纳税人用什么系统开具发票？ 根据《国家税务总局关于在新办纳税人中实行增值税专用发票电子化有关事项的公告》（国家税务总局公告 2020 年第 22 号）的规定，自各地专票电子化实行之日起，本地区需要开具增值税纸质普通发票、增值税电子普通发票（以下简称电子普票）、纸质专票、电子专票、纸质机动车销售统一发票和纸质二手车销售统一发票的新办纳税人，统一领取税务 UKey 开具发票。税务机关向新办纳税人免费发放税务 UKey，并依托增值税电子发票公共服务平台，为纳税人提供免费的电子专票开具服务。

第十六节 增值税纳税申报表优化整合

政策依据：

> 《财政部 税务总局 海关总署关于深化增值税改革有关政策的公告》（财政部 税务总局 海关总署公告2019年第39号）；
> 《国家税务总局关于支持个体工商户复工复业等税收征收管理事项的公告》（国家税务总局公告2020年第5号）；
> 《国家税务总局关于明确二手车经销等若干增值税征管问题的公告》（国家税务总局公告2020年第9号）；
> 《国家税务总局关于增值税、消费税与附加税费申报表整合有关事项的公告》（国家税务总局公告2021年第20号）；
> 《国家税务总局关于进一步实施小微企业"六税两费"减免政策有关征管问题的公告》（国家税务总局公告2022年第3号）。

一、增值税与附加税费申报表整合

根据国家税务总局公告2021年第20号文件的规定，自2021年8月1日起，增值税与城市维护建设税、教育费附加、地方教育附加申报表整合，增值税与附加税费申报表整合，是指将《增值税纳税申报表（一般纳税人适用）》《增值税纳税申报表（小规模纳税人适用）》及其附列资料、《增值税预缴税款表》《消费税纳税申报表》分别与《城市维护建设税教育费附加地方教育附加申报表》整合，启用《增值税及附加税费申报表（一般纳税人适用）》《增值税及附加税费申报表（小规模纳税人适用）》《增值税及附加税费预缴表》及其附列资料。鉴于"六税两费"减免优惠政策适用主体增加了小型微利企业和个体工商户，国家税务总局公告2022年第3号文件相应修订了《增值税及附加税费申报表（一般纳税人适用）附列资料（五）》《增值税及附加税费预缴表附列资料》等表单。《废止文件及条款清单》所列文件、条款同时废止。

附件	废止文件及条款清单
（1）《增值税及附加税费申报表（一般纳税人适用）》及其附列资料。 （2）《增值税及附加税费申报表（一般纳税人适用）》及其附列资料填写说明。 （3）《增值税及附加税费申报表（小规模纳税人适用）》及其附列资料。 （4）《增值税及附加税费申报表（小规模纳税人适用）》及其附列资料填写说明。 （5）《增值税及附加税费预缴表》及其附列资料。 （6）《增值税及附加税费预缴表》及其附列资料填写说明。 （7）消费税及附加税费申报表。 （8）废止文件及条款清单。	增值税部分： （1）《国家税务总局关于全面推开营业税改征增值税试点后增值税纳税申报有关事项的公告》（国家税务总局公告2016年第13号）附件1、附件2、附件5、附件6。 （2）《国家税务总局关于调整增值税纳税申报有关事项的公告》（国家税务总局公告2016年第27号）附件3、附件4。 （3）《国家税务总局关于调整增值税纳税申报有关事项的公告》（国家税务总局公告2019年第15号）附件1、附件2。 （4）《国家税务总局关于简并税费申报有关事项的公告》（国家税务总局公告2021年第9号）附件4至附件9。 附加税费部分： 《国家税务总局关于调整部分政府性基金有关征管事项的公告》（国家税务总局公告2019年第24号）第一条第一项及附件。 其他： 《国家税务总局关于简并税费申报有关事项的公告》（国家税务总局公告2021年第9号）附件11。

一、增值税、消费税与附加税费申报表整合的意义

优化办税流程	减轻办税负担	提高办税质效
附加税费是随增值税、消费税附加征收的,附加税费单独申报易产生与增值税、消费税申报不同步等问题,整合主税附加税费申报表,按照"一表申报、同征同管"的思路,将附加税费申报信息作为增值税、消费税申报表附列资料(附表),实现增值税、消费税和附加税费信息共用,提高申报效率,便利纳税人操作。	整合主税附加税费申报表,对原有表单和数据项进行全面梳理整合,减少了表单数量和数据项。新申报表充分利用部门共享数据和其他征管环节数据,可实现已有数据自动预填,从而大幅减轻纳税人、缴费人填报负担,降低申报错误概率。	整合主税附加税费申报表,利用信息化手段实现税额自动计算、数据关联比对、申报异常提示等功能,可有效避免漏报、错报,有利于确保申报质量,有利于优惠政策及时落实到位。通过整合各税费种申报表,实现多税费种"一张报表、一次申报、一次缴款、一张凭证",提高了办税效率。

二、如何进行增值税及附加税费申报

新启用的《增值税及附加税费申报表(一般纳税人适用)》《增值税及附加税费申报表(小规模纳税人适用)》《增值税及附加税费预缴表》及其附列资料中,附加税费申报表作为附列资料或附表,纳税人在进行增值税、消费税申报的同时完成附加税费申报。

具体为纳税人填写增值税相关申报信息后,自动带入附加税费附列资料(附表);纳税人填写完附加税费其他申报信息后,回到增值税申报主表,形成纳税人本期应缴纳的增值税和附加税费数据。上述表内信息预填均由系统自动实现。

申报表整合施行后,原《城市维护建设税教育费附加地方教育附加申报表》不再使用。

三、申报表整合后,增值税申报有什么变化

一般纳税人增值税纳税申报	小规模纳税人增值税纳税申报
(1)新启用的《增值税及附加税费申报表(一般纳税人适用)》及其附列资料,主要变化有三个方面:一是在原《增值税纳税申报表(一般纳税人适用)》主表增加第39栏至第41栏"附加税费"栏次,并将表名调整为《增值税及附加税费申报表(一般纳税人适用)》。二是将原《增值税纳税申报表附列资料(二)》(本期进项税额明细)第23栏"其他应作进项税额转出的情形"拆分为第23a栏"异常凭证转出进项税额"和第23b栏"其他应作进项税额转出的情形",并将表名调整为《增值税及附加税费申报表附列资料(二)》(本期进项税额明细)。其中第23a栏专门用于填报异常增值税扣税凭证转出情况,第23b栏填报原第23栏内容。三是增加《增值税及附加税费申报表附列资料(五)》(附加税费情况表)。 涉及增值税纳税申报内容的变化主要是,纳税人在办理纳税申报时,需要将按照规定本期应当作异常增值税扣税凭证转出处理的进项税额,填写在《增值税及附加税费申报表附列资料(二)》(本期进项税额明细)的第23a栏"异常凭证转出进项税额"。对于前期已经作过异常增值税扣税凭证转出处理,解除异常凭证或经税务机关核实允许继续抵扣的,且纳税人重新确认用于抵扣的进项税额,在本栏次填入负数。 (2)2021年7月及之后税款所属期,纳税人收到主管税务机关送达的税务事项通知书,告知其已申报抵扣的增值税专用发票为异常增值税扣税凭证。纳税人在办理纳税申报时应当如何处理? 按照《增值税及附加税费申报表(一般纳税人适用)》及其附列资料的填写说明,《增值税及附加税费申报表附列资料(二)》第23a栏"异常凭证转出进项税额"栏次,填写本期异常增值税扣税凭证转出的进项税额。	新启用的《增值税及附加税费申报表(小规模纳税人适用)》及其附列资料,主要变化有三个方面:一是在原《增值税纳税申报表(小规模纳税人适用)》主表增加第23栏至第25栏"附加税费"栏次,并将表名调整为《增值税及附加税费申报表(小规模纳税人适用)》。二是将原《增值税纳税申报表(小规模纳税人适用)》主表中开具增值税专用发票销售额和开具普通发票销售额相关栏次名称调整为更准确的表述,即将第2、5栏次名称由原"税务机关代开的增值税专用发票不含税销售额"调整为"增值税专用发票不含税销售额";将第3、6、8、14栏次名称,由原"税控器具开具的普通发票不含税销售额"调整为"其他增值税发票不含税销

一般纳税人增值税纳税申报	小规模纳税人增值税纳税申报
如果纳税人的纳税信用等级不为 A 级，按照《国家税务总局关于异常增值税扣税凭证管理等有关事项的公告》（国家税务总局公告2019年第38号，以下简称38号公告）第三条第（一）项的规定，应当在纳税人办理收到相关税务事项通知书对应税款所属期的增值税及附加税费申报时，按照《增值税及附加税费申报表附列资料（二）》填写说明的要求，将对应专用发票已抵扣税额计入《增值税及附加税费申报表附列资料（二）》第23a栏。 　　如果纳税人的纳税信用等级为 A 级，则可以按照38号公告第三条第（四）项的规定，自接到税务机关通知之日起10个工作日内，向主管税务机关提出核实申请，在税务机关出具核实结果之前暂不作进项税额转出处理，也不需要将对应专用发票已抵扣税额计入《增值税及附加税费申报表附列资料（二）》第23a栏。 　　若纳税人逾期未提出核实申请，或者提出核实申请但经核实确认相关发票不符合现行增值税进项税额抵扣相关规定的，应当继续作进项税额转出处理。 　　（3）2021年7月及之后税款所属期，纳税人收到主管税务机关送达的税务事项通知书，告知其已作进项税额转出的异常增值税扣税凭证，被税务机关解除异常，对应增值税专用发票可按照现行规定继续抵扣。纳税人在办理纳税申报时应当如何处理？ 　　按照《增值税及附加税费申报表（一般纳税人适用）》及其附列资料填写说明，《增值税及附加税费申报表附列资料（二）》第23a栏"异常凭证转出进项税额"栏次，填写本期异常增值税扣税凭证转出的进项税额。异常增值税扣税凭证转出后，经核实允许继续抵扣的，且纳税人重新确认用于抵扣的，在本栏填入负数。 　　纳税人在2021年7月及之后税款所属期，作进项税额转出处理的异常凭证，在解除异常凭证后，纳税人应先通过增值税发票综合服务平台对相关发票再次进行抵扣勾选，然后在办理抵扣勾选税款所属期增值税及附加税费申报时，按照《增值税及附加税费申报表附列资料（二）》填写说明的要求，将允许继续抵扣的税额以负数形式计入《增值税及附加税费申报表附列资料（二）》第23a栏。在2021年7月税款所属期之前已作进项税额转出处理的异常凭证，不需要再次进行抵扣勾选，可以经税务机关核实后，直接将允许继续抵扣的税额以负数形式计入《增值税及附加税费申报表附列资料（二）》第23a栏。	售额"，上述栏次具体填报要求不变。三是增加《增值税及附加税费申报表（小规模纳税人适用）附列资料（二）》（附加税费情况表）。 　　《增值税及附加税费申报表（小规模纳税人适用）》及其附列资料涉及的增值税纳税申报内容和口径没有变化。

第四章　企业所得税优惠政策解析与应用

第一节　企业所得税优惠管理解析与应用

政策依据：

> 《中华人民共和国企业所得税法》(以下简称《企业所得税法》)及《中华人民共和国企业所得税法实施条例》(以下简称《企业所得税法实施条例》)；
> 《国家税务总局关于发布修订后的〈企业所得税优惠政策事项办理办法〉的公告》(国家税务总局公告2018年第23号)；
> 《减免税政策代码目录》(国家税务总局公告2015年第73号)；
> 《国家税务总局关于税务行政审批制度改革若干问题的意见》(税总发〔2014〕107号)。

一、居民企业所得税优惠政策事项

优惠原则方向 (《企业所得税法》)	优惠事项 (国家税务总局公告2018年第23号)
第二十五条　国家对重点扶持和鼓励发展的产业和项目，给予企业所得税优惠。	第二条　企业所得税优惠政策事项(以下简称优惠事项)是指企业所得税法规定的优惠事项，以及国务院和民族自治地方根据企业所得税法授权制定的企业所得税优惠事项。包括免税收入、减计收入、加计扣除、加速折旧、所得减免、抵扣应纳税所得额、减低税率、税额抵免等。 第三条　优惠事项的名称、政策概述、主要政策依据、主要留存备查资料、享受优惠时间、后续管理要求等，见本公告附件《企业所得税优惠事项管理目录(2017年版)》。《企业所得税优惠事项管理目录(2017年版)》由税务总局编制、更新。

《企业所得税优惠事项管理目录(2017年版)》共列举了69项企业所得税优惠政策，其中11项属于汇缴享受企业所得税优惠政策，1项"固定资产或购入软件等可以加速折旧或摊销"则规定为"税会处理一致的，预缴享受；税会处理不一致的，汇缴享受"，其余57项属于预缴享受。

（一）免税收入

(1) 国债利息收入。 (2) 符合条件的居民企业之间的股息、红利等权益性投资收益。 (3) 符合条件的非营利组织的收入(含科技企业孵化器、国家大学科技园)。	(4) 其他专项优惠。 ① 中国清洁发展机制基金取得的收入。 ② 投资者从证券投资基金分配中取得的收入。 ③ 取得的地方政府债券利息所得或收入。 ④ 中国保险保障基金有限责任公司取得的保险保障基金等收入。 ⑤ 中国奥委会取得北京冬奥组委支付的收入。 ⑥ 中国残奥委会取得北京冬奥组委分期支付的收入。 ⑦ 其他。

（二）减计收入

(1) 综合利用资源生产产品取得的收入。 (2) 金融、保险等机构取得的涉农利息、保费减计收入。 ① 金融机构取得的涉农贷款利息收入。 ② 保险机构取得的涉农保费收入。 ③ 小额贷款公司取得的农户小额贷款利息收入。	(3) 取得的中国铁路建设债券利息收入。 (4) 其他。 ① 取得的社区家庭服务收入在计算应纳税所得额时减计收入。 ② 其他。

(三) 加计扣除

（1）开发新技术、新产品、新工艺发生的研究开发费用加计扣除。 （2）科技型中小企业研究开发费用税前加计扣除。	（3）企业为获得创新性、创意性、突破性的产品进行创意设计活动而发生的相关费用加计扣除。 （4）安置残疾人员所支付的工资加计扣除。 （5）其他。

(四) 所得减免

（1）农、林、牧、渔业项目。 免税项目： ① 蔬菜、谷物、薯类、油料、豆类、棉花、麻类、糖料、水果、坚果的种植。 ② 农作物新品种的选育。 ③ 中药材的种植。 ④ 林木的培育和种植。 ⑤ 牲畜、家禽的饲养。 ⑥ 林产品的采集。 ⑦ 灌溉、农产品初加工、兽医、农技推广、农机作业和维修等农、林、牧、渔服务业项目。 ⑧ 农产品初加工。 ⑨ 远洋捕捞。 减半征收项目： ① 从事花卉、茶以及其他饮料作物和香料作物的种植。 ② 海水养殖、内陆养殖。 ③ 其他。 （2）国家重点扶持的公共基础设施项目。 ① 港口码头项目。 ② 机场项目。 ③ 铁路项目。 ④ 公路项目。 ⑤ 城市公共交通项目。 ⑥ 电力项目。	⑦ 水利项目（不含农村饮水安全工程）。 ⑧ 农村饮水安全工程项目。 ⑨ 其他项目。 （3）符合条件的环境保护、节能节水项目。 ① 公共污水处理项目。 ② 公共垃圾处理项目。 ③ 沼气综合开发利用项目。 ④ 节能减排技术改造项目。 ⑤ 海水淡化项目。 ⑥ 其他项目。 （4）符合条件的技术转让项目。 ① 一般技术转让项目。 ② 中关村国家自主创新示范区特定区域技术转让项目。 （5）清洁发展机制项目。 （6）符合条件的节能服务公司实施合同能源管理项目。 （7）线宽小于130纳米（含）的集成电路生产项目。 （8）线宽小于65纳米（含）或投资额超过150亿元的集成电路生产项目。 （9）线宽小于28纳米（含）的集成电路生产项目。 （10）其他。

(五) 创业投资企业抵扣应纳税所得额

（1）创业投资企业直接投资按投资额一定比例抵扣应纳税所得额。	（2）通过有限合伙制创业投资企业投资按一定比例抵扣分得的应纳税所得额。

(六) 减免所得税额（减低税率）

（1）符合条件的小型微利企业。 （2）国家需要重点扶持的高新技术企业。 （3）经济特区和上海浦东新区新设立的高新技术企业。 （4）受灾地区农村信用社。 （5）动漫企业自主开发、生产动漫产品。 （6）符合条件的集成电路生产企业、设计企业、软件企业。 （7）经营性文化事业单位转制为企业。 （8）符合条件的生产和装配伤残人员专门用品企业。 （9）技术先进型服务企业。 （10）服务贸易类技术先进型服务企业。	（11）设在西部地区的鼓励类产业企业。 （12）新疆困难地区新办企业。 （13）新疆喀什、霍尔果斯特殊经济开发区新办企业。 （14）广东横琴、福建平潭、深圳前海等地区的鼓励类产业企业。 （15）北京冬奥组委、北京冬奥会测试赛赛事组委会。 （16）支持和促进重点群体创业就业企业。 （17）扶持自主就业退役士兵创业就业企业。 （18）民族自治地方对属于地方分享的部分减征或免征。 （19）其他。

(七) 专用设备投资额抵免所得税额

1. 环境保护专用设备投资额抵免税额	2. 节能节水专用设备投资额抵免税额	3. 安全生产专用设备投资额抵免的税额	4. 其他专用设备投资额抵免的税额
（1）水污染治理专用设备。 （2）大气污染防治专用设备。 （3）固体废物处置专用设备。 （4）环境监测专用仪器仪表。 （5）清洁生产专用设备。	（1）节能专用设备。 （2）节水专用设备。	（1）煤矿安全生产专用设备。 （2）非煤矿山安全生产专用设备。 （3）危险化学品安全生产专用设备。 （4）烟花爆竹行业安全生产专用设备。 （5）公路行业安全生产专用设备。 （6）铁路行业安全生产专用设备。 （7）民航行业安全生产专用设备。 （8）应急救援专用设备。	

(八) 加速折旧或摊销

（1）符合条件的固定资产加速折旧。 （2）企业单位购进软件缩短折旧或摊销年限。	（3）集成电路生产企业生产性设备缩短折旧年限。

二、享受企业所得税税收优惠项目的管理

政策依据：

> 《国家税务总局关于发布修订后的〈企业所得税优惠政策事项办理办法〉的公告》（国家税务总局公告2018年第23号）。

(一) 优惠事项办理方式

政策规定	政策解读
第四条　企业享受优惠事项采取"自行判别、申报享受、相关资料留存备查"的办理方式。企业应当根据经营情况以及相关税收规定自行判断是否符合优惠事项规定的条件，符合条件的可以按照《企业所得税优惠事项管理目录（2017年版）》列示的时间自行计算减免税额，并通过填报企业所得税纳税申报表享受税收优惠。同时，按照本办法的规定归集和留存相关资料备查。 第十一条　税务机关应当严格按照本办法规定的方式管理优惠事项，严禁擅自改变优惠事项的管理方式。	自2008年起，企业所得税优惠逐步实现备案管理，极大地方便了纳税人。原税收优惠管理制度要求，企业没有向税务机关备案，则不得享受税收优惠。《国家税务总局关于税务行政审批制度改革若干问题的意见》（税总发〔2014〕107号）第四条第十一款规定，实施备案管理的事项，纳税人等行政相对人应当按照规定向税务机关报送备案材料，税务机关应当将其作为加强后续管理的资料，但不得以纳税人等行政相对人没有按照规定备案为由，剥夺或者限制其依法享有的权利、获得的利益、取得的资格或者可以从事的活动。根据规定，企业虽然没有备案，但不能剥夺企业享受税收优惠的权利，企业补充备案，仍可以享受税收优惠。 2015年，税务总局根据"放管服"改革要求，发布了《企业所得税优惠政策事项办理办法》（国家税务总局公告2015年第76号发布）【《企业所得税优惠政策事项办理办法》（国家税务总局公告2018年第23号发布修订）第十五条规定，本办法适用于2017年度企业所得税汇算清缴及以后年度企业所得税优惠事项办理工作。《国家税务总局关于发布〈企业所得税优惠政策事项办理办法〉的公告》（国家税务总局公告2015年第76号）同时废止】，全面取消对企业所得税优惠事项的审批管理，一律实行备案管理。该办法通过简化办税流程、精简涉税资料、统一管理要求，为企业能够及时、精准享受到所得税优惠政策创造了条件、提供了便利。 为进一步优化税收环境，《企业所得税优惠政策事项办理办法》（国家税务总局公告2018年第23号发布修订）全面取消所得税优惠备案管理，实行纳税人"自行判别、申报享受、相关资料留存备查"的办理方式，真正实行了纳税人自我判断、自留备查、自负风险的"三自"管理，企业在年度纳税申报及享受优惠事项前无需再履行备案手续，报送《企业所得税优惠事项备案表》《汇总纳税企业分支机构已备案优惠事项清单》和享受优惠所需要的相关资料，原备案资料全部作为留存备查资料，保留在企业，以备税务机关后续核查时根据需要提供。"以表代备"或"以报代备"，是利好也是责任，对税企双方均提出了更高要求和挑战。

(续表)

风险提示:《企业所得税优惠政策事项办理办法》(国家税务总局公告2018年第23号发布修订)适用于2017年度企业所得税汇算清缴以及以后年度企业所得税优惠事项办理工作,《企业所得税优惠政策事项办理办法》(国家税务总局公告2018年第23号发布修订)所称企业包括居民企业和在中国境内设立机构、场所的非居民企业。企业应当根据经营情况以及相关税收规定自行判断是否符合优惠事项规定的条件,符合条件的可以按照《企业所得税优惠事项管理目录(2017年版)》列示的时间自行计算减免税额,并通过填报企业所得税纳税申报表享受税收优惠。同时,按照新办法的规定归集和留存相关资料备查。

减免税享受形式分为申报享受税收减免、税收减免备案、税收减免核准3种。根据《全国税务机关纳税服务规范(3.0版)》,结合《减免税政策代码目录》(20190717),居民企业所得税优惠全部是申报享受无需报送资料类。

(二) 强化留存备查资料管理

政策规定	政策解读
第五条 本办法所称留存备查资料是指与企业享受优惠事项有关的合同、协议、凭证、证书、文件、账册、说明等资料。留存备查资料分为主要留存备查资料和其他留存备查资料两类。主要留存备查资料由企业按照《企业所得税优惠事项管理目录(2017年版)》列示的资料清单准备,其他留存备查资料由企业根据享受优惠事项情况自行补充准备。 第六条 企业享受优惠事项的,应当在完成年度汇算清缴后,将留存备查资料归集齐全并整理完成,以备税务机关核查。 第七条 企业同时享受多项优惠事项或者享受的优惠事项按照规定分项目进行核算的,应当按照优惠事项或者项目分别归集留存备查资料。 第八条 设有非法人分支机构的居民企业以及实行汇总纳税的非居民企业机构、场所享受优惠事项的,由居民企业的总机构以及汇总纳税的主要机构、场所负责统一归集并留存备查资料。分支机构以及被汇总纳税的非居民企业机构、场所按照规定可独立享受优惠事项的,由分支机构以及被汇总纳税的非居民企业机构、场所负责归集并留存备查资料,同时分支机构以及被汇总纳税的非居民企业机构、场所应在当完成年度汇算清缴后将留存的备查资料清单送总机构以及汇总纳税的主要机构、场所汇总。	留存备查资料用于证实企业是否符合相关优惠事项规定的条件。由于企业情况不同,留存备查资料难以全部列示,因此《企业所得税优惠政策事项办理办法》(国家税务总局公告2018年第23号发布修订)将留存备查资料分为主要留存备查资料和其他留存备查资料。企业应当按照《企业所得税优惠事项管理目录(2017年版)》列示的清单归集和整理主要留存备查资料,其他留存备查资料则由企业根据享受优惠事项的情况自行归集,以助于税务机关在后续管理时能够做出准确判断。 我国企业所得税实行法人所得税制,因此跨地区经营汇总纳税企业享受优惠事项的,应当由总机构负责统一归集并留存相关备查资料,但是分支机构按照规定可以独立享受优惠事项的,则由分支机构负责归集并留存相关备查资料。例如,设在西部地区的鼓励类产业企业减按15%的税率征收企业所得税优惠事项,当设在西部地区的分支机构符合规定条件而享受优惠事项的,由该分支机构负责归集并留存相关备查资料,同时将其留存备查资料的清单提供总机构汇总。 留存备查资料是企业自行判断是否符合相关优惠事项规定条件的直接依据,企业应当在年度纳税申报前全面归集、整理并认真研判。在本企业完成汇算清缴后,留存备查资料应当归集和整理完毕,以备税务机关核查。第六条规定确定了归集整理留存备查资料的时间要求:只有开始时间——在完成年度汇算清缴后,而没有截止时间,由于归集整理留存备查资料的目的是"以备税务机关核查",因此,留存备查资料在完成年度汇算清缴后,最迟在税务机关核查前,归集齐全并整理完成。 企业留存备查资料应从企业享受优惠事项当年的企业所得税汇算清缴期结束次日起保留10年。

(三) 重申企业的权利义务和法律责任

政策规定	政策解读
第九条 企业对优惠事项留存备查资料的真实性、合法性承担法律责任。 第十条 企业留存备查资料应从企业享受优惠事项当年的企业所得税汇算清缴期结束次日起保留10年。	企业可以根据经营情况自行判断是否符合相关优惠事项规定的条件,在符合条件的情况下,企业可以自行按照《企业所得税优惠事项管理目录(2017年版)》中列示的"享受优惠时间"自预缴申报时开始享受或者在年度纳税申报时享受优惠事项。 在享受优惠事项后,企业有义务提供留存备查资料,并对留存备查资料的真实性与合法性负责。如果企业未能按照税务机关的要求提供留存备查资料,或者提供的留存备查资料与实际生产经营情况、财务核算情况、相关技术领域、产业、目录、资格证书等不符,不能证实其符合优惠事项规定的条件的,或者存在弄虚作假情况的,税务机关将依法追缴其已享受的企业所得税优惠。

(四)强调后续管理要求

政策规定	政策解读
第十二条 企业享受优惠事项后,税务机关将适时开展后续管理。在后续管理时,企业应当根据税务机关管理服务的需要,按照规定的期限和方式提供留存备查资料,以证实享受优惠事项符合条件。其中,享受集成电路生产企业、集成电路设计企业、软件企业、国家规划布局内的重点软件企业和集成电路设计企业等优惠事项的企业,应当在完成年度汇算清缴后,按照《企业所得税优惠事项管理目录(2017年版)》"后续管理要求"项目中列示的清单向税务机关提交资料。 第十三条 企业享受优惠事项后发现其不符合优惠事项规定条件的,应当依法及时自行调整并补缴税款及滞纳金。 第十四条 企业未能按照税务机关要求提供留存备查资料,或者提供的留存备查资料与实际生产经营情况、财务核算情况、相关技术领域、产业、目录、资格证书等不符,无法证实符合优惠事项规定条件的,或者存在弄虚作假情况的,税务机关将依法追缴其已享受的企业所得税优惠,并按照税收征管法等相关规定处理。	为加强管理,《企业所得税优惠政策事项办理办法》(国家税务总局公告2018年第23号发布修订)规定税务机关将对企业享受优惠事项开展后续管理,企业应当予以配合并按照税务机关规定的期限和方式提供留存备查资料。其中,按照《财政部 国家税务总局 发展改革委 工业和信息化部关于软件和集成电路产业企业所得税优惠政策有关问题的通知》(财税〔2016〕49号)的有关规定,享受《企业所得税优惠事项管理目录(2017年版)》第30至31项、第45至53项、第56至57项软件和集成电路产业优惠事项的,企业应当在汇算清缴后按照《企业所得税优惠事项管理目录(2017年版)》"后续管理要求"项目中列示的资料清单向税务部门提交资料,提交资料时间不得超过本年度汇算清缴期。例如,企业享受《企业所得税优惠事项管理目录(2017年版)》第45项优惠事项(新办集成电路设计企业减免企业所得税),在2019年4月30日完成2018年度企业所得税纳税申报和缴纳税款,其应在4月30日同步将留存备查资料归集和整理完毕,并在2019年5月31日前按照第45项优惠事项"后续管理要求"项目中列示的资料清单向税务机关提交相关资料。

(五)分别核算、单独计算所得的要求(《企业所得税法实施条例》第一百零二条)

政策规定	政策解读
企业同时从事适用不同企业所得税待遇的项目的,其优惠项目应当单独计算所得,并合理分摊企业的期间费用;没有单独计算的,不得享受企业所得税优惠。	纳税人同时从事减免项目与非减免项目的,应分别核算,独立计算减免项目的计税依据以及减免税额度。不能分别核算的,不能享受减免税;核算不清的,由税务机关按有关规定核定。

企业完全可能同时从事适用不同企业所得税待遇的项目。为了保证企业所得税优惠政策真正落到国家鼓励发展、需要税收扶持的项目上,本条规定对优惠项目应单独进行核算。单独进行核算,是指对该优惠项目有关的收入、成本、费用应单独核算,向税务机关提供单独的生产、财务核算资料,并计算相应的应纳税所得额和应纳税额,而对于不享受企业所得税优惠的项目,则另行计算其应纳税所得额。

三、企业所得税优惠过渡优惠政策及叠加享受

政策依据:

《企业所得税法》及《企业所得税法实施条例》;
《国务院关于实施企业所得税过渡优惠政策的通知》(国发〔2007〕39号);
《财政部 国家税务总局关于执行企业所得税优惠政策若干问题的通知》(财税〔2009〕69号);
《国家税务总局关于深入实施西部大开发战略有关企业所得税问题的公告》(国家税务总局公告2012年第12号);
《国家税务总局关于进一步明确企业所得税过渡期优惠政策执行口径问题的通知》(国税函〔2010〕157号)。

(一) 企业所得税过渡优惠政策

国务院关于实施企业所得税过渡优惠政策的通知（国发〔2007〕39号）

（1）新税法公布前批准设立的企业税收优惠过渡办法。

企业按照原税收法律、行政法规和具有行政法规效力文件规定享受的企业所得税优惠政策，按以下办法实施过渡：

自2008年1月1日起，原享受低税率优惠政策的企业，在新税法施行后5年内逐步过渡到法定税率。其中：享受企业所得税15%税率的企业，2008年按18%税率执行，2009年按20%税率执行，2010年按22%税率执行，2011年按24%税率执行，2012年按25%税率执行；原执行24%税率的企业，2008年起按25%税率执行。

自2008年1月1日起，原享受企业所得税"两免三减半""五免五减半"等定期减免税优惠的企业，新税法施行后继续按原税收法律、行政法规及相关文件规定的优惠办法及年限享受至期满为止，但因未获利而尚未享受税收优惠的，其优惠期限从2008年度起计算。

〔根据国家税务部局《关于富士康科技集团有关涉税诉求问题的函》（国税办函〔2010〕611号），在2008年《企业所得税法》实施后，原财税〔2002〕56号文件中规定的按增资项目未享受完的"二免三减半"税收优惠政策不属于国发〔2007〕39号文件公布的《实施企业所得税过渡优惠政策表》的内容，不享受过渡优惠政策。〕

享受上述过渡优惠政策的企业，是指2007年3月16日以前经工商等登记管理机关登记设立的企业；实施过渡优惠政策的项目和范围按《实施企业所得税过渡优惠政策表》执行。

（2）继续执行西部大开发税收优惠政策。

根据国务院实施西部大开发有关文件精神，财政部、税务总局和海关总署联合下发的《财政部 国家税务总局 海关总署关于西部大开发税收优惠政策问题的通知》（财税〔2001〕202号）中规定的西部大开发企业所得税优惠政策继续执行。

（3）实施企业税收过渡优惠政策的其他规定。

享受企业所得税过渡优惠政策的企业，应按照《企业所得税法》及《企业所得税法实施条例》中有关收入和扣除的规定计算应纳税所得额，并按本通知第一部分规定计算享受税收优惠。

企业所得税过渡优惠政策与《企业所得税法》及《企业所得税法实施条例》规定的优惠政策存在交叉的，由企业选择最优惠的政策执行，不得叠加享受，且一经选择，不得改变。

国务院关于经济特区和上海浦东新区新设立高新技术企业实行过渡性税收优惠的通知（国发〔2007〕40号）

根据《企业所得税法》第五十七条的有关规定，国务院决定对法律设置的发展对外经济合作和技术交流的特定地区内，以及国务院已规定执行上述地区特殊政策的地区内新设立的国家需要重点扶持的高新技术企业，实行过渡性税收优惠。现就有关问题通知如下：

法律设置的发展对外经济合作和技术交流的特定地区，是指深圳、珠海、汕头、厦门和海南经济特区；国务院已规定执行上述地区特殊政策的地区，是指上海浦东新区。

对经济特区和上海浦东新区内在2008年1月1日（含）之后完成登记注册的国家需要重点扶持的高新技术企业（以下简称新设高新技术企业），在经济特区和上海浦东新区内取得的所得，自取得第一笔生产经营收入所属纳税年度起，第一年至第二年免征企业所得税，第三年至第五年按照25%的法定税率减半征收企业所得税。

国家需要重点扶持的高新技术企业，是指拥有核心自主知识产权，同时符合《企业所得税法实施条例》第九十三条规定的条件，并按照《高新技术企业认定管理办法》认定的高新技术企业。

经济特区和上海浦东新区内新设高新技术企业同时在经济特区和上海浦东新区以外的地区从事生产经营的，应当单独计算其在经济特区和上海浦东新区内取得的所得，并合理分摊企业的期间费用；没有单独计算的，不得享受企业所得税优惠。

经济特区和上海浦东新区内新设高新技术企业在按照本通知的规定享受过渡性税收优惠期间，由于复审或抽查不合格而不再具有高新技术企业资格的，从其不再具有高新技术企业资格年度起，停止享受过渡性税收优惠；以后再次被认定为高新技术企业的，不得继续享受或者重新享受过渡性税收优惠。

本通知自2008年1月1日起执行。

（二）企业所得税优惠叠加享受问题

财税〔2008〕1 号	财税〔2009〕69 号	国家税务总局公告 2012 年第 12 号
根据《企业所得税法》第三十六条的规定，经国务院批准，现将有关企业所得税优惠政策问题通知如下： 关于鼓励软件产业和集成电路产业发展的优惠政策。 自 2008 年 1 月 1 日起至 2010 年年底，对集成电路生产企业、封装企业的投资者，以其取得的缴纳企业所得税后的利润，直接投资于本企业增加注册资本，或作为资本投资开办其他集成电路生产企业、封装企业，经营期不少于 5 年的，按 40％的比例退还其再投资部分已缴纳的企业所得税税款。再投资不满 5 年撤出该项投资的，追缴已退的企业所得税税款。 自 2008 年 1 月 1 日起至 2010 年年底，对国内外经济组织作为投资者，以其在境内取得的缴纳企业所得税后的利润，作为资本投资于西部地区开办集成电路生产企业、封装企业或软件产品生产企业，经营期不少于 5 年的，按 80％的比例退还其再投资部分已缴纳的企业所得税税款。再投资不满 5 年撤出该项投资的，追缴已退的企业所得税税款。 关于鼓励证券投资基金发展的优惠政策。 （1）对证券投资基金从证券市场中取得的收入，包括买卖股票、债券的差价收入，股权的股息、红利收入、债券的利息收入及其他收入，暂不征收企业所得税。 （2）对投资者从证券投资基金分配中取得的收入，暂不征收企业所得税。 （3）对证券投资基金管理人运用基金买卖股票、债券的差价收入，暂不征收企业所得税。 关于其他有关行业、企业的优惠政策。 为保证部分行业、企业税收优惠政策执行的连续性，对原有关就业再就业、奥运会和世博会、社会公益、债转股、清产核资、重组、改制、转制等企业改革，涉农和国家储备，其他单项优惠政策共 6 类定期企业所得税优惠政策，自 2008 年 1 月 1 日起，继续按原优惠政策规定的办法和时间执行到期。 关于外国投资者从外商投资企业取得利润的优惠政策。 2008 年 1 月 1 日之前外商投资企业形成的累积未分配利润，在 2008 年以后分配给外国投资者的，免征企业所得税；2008 年及以后年度外商投资企业新增利润分配给外国投资者的，依法缴纳企业所得税。	执行《国务院关于实施企业所得税过渡优惠政策的通知》（国发〔2007〕39 号）规定的过渡优惠政策及西部大开发优惠政策的企业，在定期减免税的减半期内，可以按照企业适用税率计算的应纳税额减半征税。其他各类情形的定期减免税，均应按照企业所得税 25％的法定税率计算的应纳税额减半征税。 《国务院关于实施企业所得税过渡优惠政策的通知》（国发〔2007〕39 号）第三条所称不得叠加享受，且一经选择，不得改变的税收优惠情形，限于企业所得税过渡优惠政策与《企业所得税法》及《企业所得税法实施条例》中规定的定期减免税和减低税率类的税收优惠。 《企业所得税法》及《企业所得税法实施条例》中规定的各项税收优惠，凡企业符合规定条件的，可以同时享受。 企业在享受过渡税收优惠过程中发生合并、分立、重组等情形的，按照《财政部 国家税务总局关于企业重组业务企业所得税处理若干问题的通知》（财税〔2009〕59 号）的统一规定执行。 2008 年 1 月 1 日以后，居民企业之间分配属于 2007 年度及以前年度的累积未分配利润而形成的股息、红利等权益性投资收益，均应按照《企业所得税法》第二十六条和《企业所得税法实施条例》第十七条、第八十三条的规定处理。	根据《财政部 国家税务总局关于执行企业所得税优惠政策若干问题的通知》（财税〔2009〕69 号）第一条及第二条的规定，企业既符合西部大开发 15％优惠税率条件，又符合《企业所得税法》及《企业所得税法实施条例》和国务院规定的各项税收优惠条件的，可以同时享受。在涉及定期减免税的减半期内，可以按照企业适用税率计算的应纳税额减半征税。 在优惠地区内外分别设有机构的企业享受西部大开发优惠税率问题。 （1）总机构设在西部大开发税收优惠地区的企业，仅就设在优惠地区的总机构和分支机构（不含优惠地区外设立的二级分支机构在优惠地区内设立的三级以下分支机构）的所得确定适用 15％优惠税率。在确定该企业是否符合优惠条件时，以该企业设在优惠地区的总机构和分支机构的主营业务是否符合《西部地区鼓励类产业目录》及其主营业务收入占其收入总额的比重加以确定，不考虑该企业设在优惠地区以外分支机构的因素。该企业应纳所得税额的计算和所得税缴纳，按照《国家税务总局关于印发〈跨地区经营汇总纳税企业所得税征收管理暂行办法〉的通知》（国税发〔2008〕28 号）第十六条和《国家税务总局关于跨地区经营汇总纳税企业所得税征收管理若干问题的通知》（国税函〔2009〕221 号）第二条的规定执行。有关审核、备案手续向总机构主管税务机关申请办理。 （2）总机构设在西部大开发税收优惠地区外的企业，其在优惠地区内设立的分支机构（不含仅在优惠地区内设立的三级以下分支机构），仅就该分支机构所得确定适用 15％优惠税率。在确定该分支机构是否符合优惠条件时，仅以该分支机构的主营业务是否符合《西部地区鼓励类产业目录》及其主营业务收入占其收入总额的比重加以确定。该企业应纳所得税额的计算和所得税缴纳，按照国税发〔2008〕28 号文件第十六条和国

(续表)

财税〔2008〕1号	财税〔2009〕69号	国家税务总局公告2012年第12号
除《企业所得税法》《企业所得税法实施条例》《国务院关于实施企业所得税过渡优惠政策的通知》(国发〔2007〕39号)、《国务院关于经济特区和上海浦东新区新设立高新技术企业实行过渡性税收优惠的通知》(国发〔2007〕40号)及本通知规定的优惠政策外,2008年1月1日之前实施的其他企业所得税优惠政策一律废止。各地区、各部门一律不得越权制定企业所得税的优惠政策。	企业在2007年3月16日之前设立的分支机构单独依据原内、外资企业所得税法的优惠规定已享受有关税收优惠的,凡符合《国务院关于实施企业所得税过渡优惠政策的通知》(国发〔2007〕39号)所列政策条件的,该分支机构可以单独享受国发〔2007〕39号文件规定的企业所得税过渡优惠政策。	税函〔2009〕221号文件第二条的规定执行。有关审核、备案手续向分支机构主管税务机关申请办理,分支机构主管税务机关需将该分支机构享受西部大开发税收优惠情况及时函告总机构所在地主管税务机关。

(三) 不得叠加享受的情形和可以叠加享受的情形

不得叠加享受的情形	可以叠加享受的情形
(1) 企业所得税过渡优惠政策与《企业所得税法》及《企业所得税法实施条例》中规定的定期减免税和减低税率类的税收优惠,不得叠加享受,且一经选择,不得改变的税收优惠。(财税〔2009〕69号、国发〔2007〕39号) (2) 企业处于清算期间已经无法正常生产经营,不符合持续经营假设,根据税收优惠的立法目的和宗旨不应当享受优惠税率,同时,企业清算时应当以整个清算期作为一个纳税年度。由此可见,企业清算期无法享受任何税收优惠政策,自然也就不存在税收优惠叠加享受的问题。	(1) 对于一般企业而言,企业所得税过渡优惠政策与《企业所得税法》及《企业所得税法实施条例》中规定的定期减免税和减低税率类的税收优惠,不得叠加享受。但是,对于符合西部大开发战略条件的企业,15%的低税率优惠和定期减免税的减半期优惠可以叠加享受,不受财税〔2009〕69号文件第二条规定限制。(国家税务总局公告2012年第12号、财税〔2009〕69号) (2) 科技型中小企业所得税优惠:近年推出的科技型中小企业所得税优惠政策等文件,均属于依据企业所得税法制定的企业所得税专项优惠政策,可叠加享受企业所得税优惠政策。(财税〔2009〕69号) (3) 自2018年1月1日至2020年12月31日,符合条件的小型微利企业,无论采取查账征收方式还是核定征收方式,其年应纳税所得额低于100万元(含100万元,下同)的,均可以享受财税〔2018〕77号文件规定的所得减按50%计入应纳税所得额,按20%的税率计算缴纳企业所得税的政策。(国家税务总局公告2018年第40号)

(四) 居民企业选择适用税率及减半征税的具体界定(国税函〔2010〕157号第一条)

(1) 居民企业被认定为高新技术企业,同时又处于国发〔2007〕39号文件第一条第三款规定享受企业所得税"两免三减半""五免五减半"等定期减免税优惠过渡期的,该居民企业的所得税适用税率可以选择依照过渡期适用税率并适用减半征税至期满,或者选择适用高新技术企业的15%税率,但不能享受15%税率的减半征税。 (2) 居民企业被认定为高新技术企业,同时又符合软件生产企业和集成电路生产企业定期减半征收企业所得税优惠条件的,该居民企业的所得税适用税率可以选择适用高新技术企业的15%税率,也可以选择依照25%的法定税率减半征税,但不能享受15%税率的减半征税。	(3) 居民企业取得《企业所得税法实施条例》第八十六条、第八十七条、第八十八条和第九十条规定可减半征收企业所得税的所得,是指居民企业应就该部分所得单独核算并依照25%的法定税率减半缴纳企业所得税。 (4) 高新技术企业减低税率优惠属于变更适用条件的延续政策而未列入过渡政策,因此,凡居民企业经税务机关核准2007年度及以前享受高新技术企业或新技术企业所得税优惠,2008年及以后年度未被认定为高新技术企业的,自2008年起不得适用高新技术企业的15%税率,也不得适用国发〔2007〕39号文件第一条第二款规定的过渡税率,而应自2008年度起适用25%的法定税率。

四、企业所得税税收优惠明细表体系(2017年版,2021年修订)

2017年版(2021年修订)申报表将税收优惠体系脱离纳税调整体系,并自成体系。在税收优惠计算时,按优惠方式不同,以应纳税所得额为界,分为前段优惠(税基优惠)与后段优惠(税额优惠)分别计算填列,优惠方式的不同是确定优惠数据在何处计算展现的依据。固定资产加速折旧和无形资产加计摊销表不在税收优惠明细表,放在纳税调整明细表。税收优惠明细表设有5张一级附表、4张二级附表,未设汇总表。

一级附表	二级附表
A107010 免税、减计收入及加计扣除优惠明细表	A107011 符合条件的居民企业之间的股息、红利等权益性投资收益优惠明细表
	A107012 研发费用加计扣除优惠明细表
A107020 所得减免优惠明细表	
A107030 抵扣应纳税所得额明细表	
A107040 减免所得税优惠明细表	A107041 高新技术企业优惠情况及明细表
	A107041 软件、集成电路企业优惠情况及明细表
A107050 税额抵免优惠明细表	
纳税人应根据自身情况,选择相应的附表填报。	

第二节　不征税收入解析与应用

一、企业所得税法对不征税收入的界定

《企业所得税法》第七条	《企业所得税法实施条例》第二十六条
收入总额中的下列收入为不征税收入: (1) 财政拨款。 (2) 依法收取并纳入财政管理的行政事业性收费、政府性基金。 (3) 国务院规定的其他不征税收入。	《企业所得税法》第七条第一项所称财政拨款,是指各级人民政府对纳入预算管理的事业单位、社会团体等组织拨付的财政资金,但国务院和国务院财政、税务主管部门另有规定的除外。 《企业所得税法》第七条第二项所称行政事业性收费,是指依照法律法规等有关规定,按照国务院规定程序批准,在实施社会公共管理,以及在向公民、法人或者其他组织提供特定公共服务过程中,向特定对象收取并纳入财政管理的费用。 《企业所得税法》第七条第二项所称政府性基金,是指企业依照法律、行政法规等有关规定,代政府收取的具有专项用途的财政资金。 《企业所得税法》第七条第三项所称国务院规定的其他不征税收入,是指企业取得的,由国务院财政、税务主管部门规定专项用途并经国务院批准的财政性资金。

税法中规定的"不征税收入"概念,不属于税收优惠的范畴,这些收入不属于营利性活动带来的经济利益,是专门从事特定目的的收入,这些收入从企业所得税原理上讲应永久不列为征税范围的收入范畴。而免税收入是纳税人应税收入的重要组成部分,只是国家为了实现某些经济和社会目标,在特定时期或对特定项目取得的经济利益给予的税收优惠照顾。

(1) 财政拨款需要具备的条件:一是主体为各级人民政府;二是拨款对象为纳入预算管理的事业单位、社会团体等组织,关键在于"纳入预算管理";三是拨款为财政资金,列入预算支出的。企业实际收到的财政拨款中的财政补贴和税收返还等,按照现行会计准则的规定,属于政府补助的范畴,被排除在税法所谓的"财政拨款"之外,计入收入总额,除企业取得的所得税返还(退税)和出口退税的增值税进项外,一般作为应税收入征收企业所得税。

(续表)

（2）把行政事业性收费和政府性基金列为不征税收入，主要基于以下考虑：一是行政事业性收费和政府性基金的组织或机构一般是承担行政性职能或从事公共事务的，不以营利为目的，一般不作为应税收入的主体；二是行政事业性收费和政府性基金一般通过财政的"收支两条线"管理，封闭运行，对其征税没有实际意义。

依据《违反行政事业性收费和罚没收入收支两条线管理规定行政处分暂行规定》（国务院令第281号）的规定，行政事业性收费主要具备的条件：一是依照法律法规等有关规定，并按照国务院规定程序批准；二是以实施社会公共管理为目的，并在向公民、法人或其他组织提供特定公共服务过程中收取的；三是向特定对象收取，即收取对象只限于直接从该公共服务中受益的特定群体；四是纳入财政管理，即执行收支两条线管理，收费上缴国库，不得坐收坐支。

依据《违反行政事业性收费和罚没收入收支两条线管理规定行政处分暂行规定》（国务院令第281号）的规定，政府性基金主要具备的条件：一是有法律、行政法规等有关规定作为依据；二是企业代政府收取的；三是具有专项用途；四是性质为财政资金，即上缴国库，纳入预算管理。

政府性基金和行政事业性收费都属于非税收入，所不同的是行政事业性收费是企业提供公共服务的补偿，属于先支出后收入；而政府性基金则是企业为用于某项事业而收取的，属于先收入后支出。

（3）其他不征税收入需要具备两方面的条件：一是在设定主体上，应当经国务院批准，由国务院财政、税务主管部门规定，实践中通常是由国务院财政、税务主管部门制订，报国务院批准后执行；二是属于具有专项用途的财政性资金。

（4）不征税收入取得的利息收入需要确认收入，非营利组织不征税收入和免税收入孳生的银行存款利息收入属于免税收入。

二、不征税收入的具体政策

财税〔2008〕151号文件对财政拨款、行政事业性收费、政府性基金作为不征税收入进行了规定，财税〔2011〕70号文件是对财税〔2008〕151号文件的补充，是仅针对企业取得财政性资金进行的规定。

（一）企业取得政府财政资金的收入时间确认（国家税务总局公告2021年第17号）

政策规定	政策解读
六、关于企业取得政府财政资金的收入时间确认问题 企业按照市场价格销售货物、提供劳务服务等，凡由政府财政部门根据企业销售货物、提供劳务服务的数量、金额的一定比例给予全部或部分资金支付的，应当按照权责发生制原则确认收入。 除上述情形外，企业取得的各种政府财政支付，如财政补贴、补助、补偿、退税等，应当按照实际取得收入的时间确认收入。	为规范企业取得财政补贴等政府支付款项计算收入的时间问题，原则上，对于政府按照企业销售货物、提供劳务服务的数量、金额给予的补贴，以及政府支付的属于货物、劳务服务价款的组成部分，企业应按权责发生制原则确认收入。除上述情形外，企业取得的各种政府财政资金，如财政补贴、补助、退税、补偿，按照收付实现制原则确认收入实现。

（二）企业取得的各类财政性资金

企业取得的各类财政性资金，除属于国家投资和资金使用后要求归还本金的，均应计入企业当年收入总额。

财政性资金，是指企业取得的来源政府及其有关部门的财政补助、补贴、贷款贴息，以及其他各类财政专项资金，包括直接减免的增值税和即征即退、先征后退、先征后返的各种税收，但不包括企业按规定取得的出口退税款。

对企业收取的由财政部、国家税务总局规定专项用途并经国务院批准的财政性资金，准予作为不征税收入，在计算应纳税所得额时从收入总额中减除；未上缴财政的部分，不得从收入总额中减除。

（续表）

《企业会计准则第16号——政府补助》应用指南	财税〔2008〕151号	国家税务总局公告2014年第29号
政府资本性投入不属于政府补助。政府拨入的投资补助等专项拨款中，国家相关文件规定作为"资本公积"处理的，也属于资本性投入的性质。政府的资本性投入无论采用何种形式，均不属于政府补助。	国家投资，是指国家以投资者身份投入企业，并按有关规定相应增加企业实收资本（股本）的直接投资。	县级以上人民政府（包括政府有关部门，下同）将国有资产明确以股权投资方式投入企业，企业应作为国家资本金（包括资本公积）处理。该项资产如为非货币性资产，应按政府确定的接收价值确定计税基础。

2021年及以后年度汇算清缴，企业按照市场价格销售货物、提供劳务服务等，凡由政府财政部门根据企业销售货物、提供劳务服务的数量、金额的一定比例给予全部或部分资金支付的，应当按照权责发生制原则确认收入。除上述情形外，企业取得的各种政府财政支付，如财政补贴、补助、补偿、退税等，应当按照实际取得收入的时间确认收入。（国家税务总局公告2021年第17号第六条）

风险提示：财税〔2008〕151号文件规定，只有增加实收资本才属于国家投资，否则就属于应税收入或不征税收入，而《企业会计准则第16号——政府补助》应用指南则认为，国家相关文件规定作为"资本公积"处理的，也属于资本性投入的性质。国家税务总局公告2014年第29号文件在财税〔2008〕151号文件的基础上进一步明确，作为国家资本金（包括资本公积），均不属于应税收入，作为接受投资处理，但注意"资本公积"的明细科目应选用"资本溢价"明细科目。

（三）企业收取或缴纳的各种基金、收费

企业收取的各种基金、收费	企业缴纳的各种基金、收费
企业收取的各种基金、收费，应计入企业当年收入总额。但对企业依照法律、法规及国务院有关规定收取并上缴财政的政府性基金和行政事业性收费，准予作为不征税收入，于上缴财政的当年在计算应纳税所得额时从收入总额中减除；未上缴财政的部分，不得从收入总额中减除。	企业按照规定缴纳的、由国务院或财政部批准设立的政府性基金以及由国务院和省、自治区、直辖市人民政府及其财政、价格主管部门批准设立的行政事业性收费，准予在计算应纳税所得额时扣除。

（四）不征税收入的具体条件

自2008年1月1日起，对企业从县级以上各级人民政府财政部门及其他部门取得的应计入收入总额的财政性资金，凡同时符合以三个下条件的，可以作为不征税收入，在计算应纳税所得额时从收入总额中减除：第一，企业能够提供规定资金专项用途的资金拨付文件；第二，财政部门或其他拨付资金的政府部门对该资金有专门的资金管理办法或具体管理要求；第三，企业对该资金以及以该资金发生的支出单独进行核算。

"资金拨付文件"	"具体使用要求"	"单独核算"
应是县级以上政府财政部门及其他部门下发的带有文号的文件（合同和协议不属于该范畴），文件中必须规定了该资金的专项用途，明确资金使用的具体项目。	应该理解为县级以上政府财政部门或其他拨付资金的政府管理部门在相关的文件中，应该有对该项资金具体使用的监督和管理要求。	应为企业将该资金以及该资金形成的支出单独设置明细账或明细科目进行核算，清晰地反映收入及支出的核算情况。

风险提示：财税〔2008〕151号文件和财税〔2011〕70号文件未将非货币性资产纳入"不征税收入"范围，但根据国家税务总局公告2014年第29号文件的规定，如果符合财税〔2011〕70号文件规定的三个条件，非货币性资产也可以纳入"不征税收入"的范围。

（五）企业财政性资金作为不征税收入申报后的后续处理要求

收入方面	扣除方面	优惠方面
企业将财政性资金作不征税收入处理后，在5年（60个月）内未发生支出且未缴回财政或其他拨付资金的政府部门的部分，应重新计入取得该资金第6年的收入总额，该项申报应在汇算清缴时进行。重新计入收入总额的财政性资金发生的支出，允许在计算应纳税所得额时扣除。	（1）企业不征税收入用于支出所形成的费用，不得在计算应纳税所得额时扣除；企业的不征税收入用于支出所形成的资产，其计算的折旧、摊销不得在计算应纳税所得额时扣除。（《企业所得税法实施条例》第二十八条） 不征税收入用于支出所形成的费用不能享受研发费用加计扣除的优惠政策。企业需根据自身实际情况，做出最有利的选择。不征税收入形成的资产发生的资产损失不得在税前扣除，企业无需履行与资产损失有关的备案手续。 企业取得的各项免税收入所对应的各项成本费用，除另有规定者外，可以在计算企业应纳税所得额时扣除。 （2）企业不征税收入不能作为计算业务招待费、广告费和业务宣传费扣除限额的计算基数。	2014年版申报表中，参照财税〔2010〕81号文件、财税〔2013〕13号文件的附件，对上述收入和扣除表述进行了修改，在《研发费用加计扣除优惠明细表》A107014中，将第11列明确为"减：作为不征税收入处理的财政性资金用于研发的部分"，因此，2014年以后取得政府补助收入等财政性资金作为应税收入申报的，可以享受加计扣除优惠政策。

三、不征税收入的个别政策

（一）社保基金会、社保基金投资管理人及养老基金投资管理机构有关投资业务

财税〔2018〕94号	财税〔2018〕95号
现将全国社会保障基金理事会（以下简称社保基金会）管理的全国社会保障基金（以下简称社保基金）有关投资业务税收政策通知如下： 对社保基金会、社保基金投资管理人在运用社保基金投资过程中，提供贷款服务取得的全部利息及利息性质的收入和金融商品转让收入，免征增值税。 对社保基金取得的直接股权投资收益、股权投资基金收益，作为企业所得税不征税收入。 对社保基金会、社保基金投资管理人管理的社保基金转让非上市公司股权，免征社保基金会、社保基金投资管理人应缴纳的印花税。 本通知自2018年9月10日起执行。通知发布前发生的社保基金有关投资业务，符合本通知规定且未缴纳相关税款的，按本通知执行；已缴纳的相关税款，不再退还。	现将全国社会保障基金理事会（以下简称社保基金会）受托投资的基本养老保险基金（以下简称养老基金）有关投资业务税收政策通知如下： 对社保基金会及养老基金投资管理机构在国务院批准的投资范围内，运用养老基金投资过程中，提供贷款服务取得的全部利息及利息性质的收入和金融商品转让收入，免征增值税。 对社保基金会及养老基金投资管理机构在国务院批准的投资范围内，运用养老基金投资取得的归属于养老基金的投资收入，作为企业所得税不征税收入；对养老基金投资管理机构、养老基金托管机构从事养老基金管理活动取得的收入，依照税法规定征收企业所得税。 对社保基金会及养老基金投资管理机构运用养老基金买卖证券应缴纳的印花税实行先征后返；养老基金持有的证券，在养老基金证券账户之间的划拨过户，不属于印花税的征收范围，不征收印花税。对社保基金会及养老基金投资管理机构管理的养老基金转让非上市公司股权，免征社保基金会及养老基金投资管理机构应缴纳的印花税。 本通知自2018年9月20日起执行。本通知发布前发生的养老基金有关投资业务，符合本通知规定且未缴纳相关税款的，按本通知执行；已缴纳的相关税款，不再退还。

(二) 废弃电器电子产品处理基金补贴

政策依据：

> 《废弃电器电子产品回收处理管理条例》（国务院令第551号）；
> 《关于印发〈废弃电器电子产品处理基金征收使用管理办法〉的通知》（财综〔2012〕34号）；
> 《财政部 国家税务总局关于进一步明确废弃电器电子产品处理基金征收产品范围的通知》（财综〔2012〕80号）；
> 《国家税务总局关于发布〈废弃电器电子产品处理基金征收管理规定〉的公告》（国家税务总局公告2012年第41号）；
> 《废弃电器电子产品处理目录（2014年版）》（发展改革委 环境保护部 工业和信息化部 财政部 海关总署 税务总局公告2015年第5号）；
> 《国家发展和改革委员会等关于印发废弃电器电子产品处理目录（2014年版）释义的通知》（发改办环资〔2016〕1050号）；
> 《国家税务总局关于修订〈废弃电器电子产品处理基金申报表〉的公告》（国家税务总局公告2015年第62号）；
> 《财政部 生态环境部 国家发展改革委 工业和信息化部关于调整废弃电器电子产品处理基金补贴标准的通知》（财政〔2021〕10号）。

财综〔2012〕34号	财税〔2021〕10号	国家税务总局公告2012年第41号
依据《废弃电器电子产品回收处理管理条例》（国务院令第551号）和《废弃电器电子产品处理资格许可管理办法》（环境保护部令第13号）的规定取得废弃电器电子产品处理资格的企业（以下简称处理企业），对列入《废弃电器电子产品处理目录》的废弃电器电子产品进行处理，可以申请基金补贴。基金补贴标准为：电视机85元/台、电冰箱80元/台、洗衣机35元/台、房间空调器35元/台、微型计算机85元/台。财综〔2012〕80号文件明确了纳入基金征收范围的电视机、电冰箱、洗衣机、房间空调器、微型计算机的具体范围。	自2021年4月1日起，对废弃电器电子产品处理基金补贴标准予以调整（调整后的标准见本通知附件），本通知施行前已处理的废弃电器电子产品，按规定申请废弃电器电子产品处理基金补贴，按原补贴标准执行。	在中华人民共和国境内生产《废弃电器电子产品处理基金征收使用管理办法》所规定的电器电子产品的生产者，为基金缴纳义务人。按照《废弃电器电子产品回收处理管理条例》（国务院令第551号）和《关于印发〈废弃电器电子产品处理基金征收使用管理办法〉的通知》的规定（财综〔2012〕34号），目前纳入基金征收范围的电器电子产品包括电视机、电冰箱、洗衣机、房间空调器和微型计算机共五类产品，对这五类产品的生产者征收基金。鉴于出口的电器电子产品无需在国内回收处理，规定电器电子产品生产者生产用于出口的电器电子产品免征基金。为了避免重复征收，规定对购进或者收回委托加工电器电子产品已缴纳基金的，可从应征基金产品销售数量中扣除。基金实行按季申报，从量定额计征，征收标准为：电视机13元/台、电冰箱12元/台、洗衣机7元/台、房间空调器7元/台、微型计算机10元/台。使用税收票证进行基金的征缴。

应缴纳基金的计算公式为：应缴纳基金＝销售数量（受托加工数量）×征收标准。

缴纳义务人销售应征基金产品时缴纳基金。缴纳义务人应当自季度终了之日起15日内申报缴纳基金，填报《废弃电器电子产品处理基金申报表（2015年版）》2份。缴纳义务人销售或受托加工生产相关电器电子产品，按照从量定额的办法计算应缴纳基金。

自2014年6月1日起，缴纳义务人受外贸公司（以下称委托方）委托加工电器电子产品，其海关贸易方式为"进料加工"或"来料加工"且由委托方收回后复出口的，免征基金。缴纳义务人自行申报享受减免优惠，无需额外提交资料。企业拆解处理废弃电视取得的补贴，与其回收后拆解处理的废弃电视数量有关，与其拆解后卖出电子零件的收入或数量不直接相关，不属于国家税务总局公告2019年第45号第七条规定的"销售货物、劳务、服务、无形资产、不动产的收入或者数量直接挂钩"，无需缴纳增值税。

废弃电器电子产品处理基金补贴标准见第七章第九节"废弃电器电子产品处理基金降费政策解析与应用"。

(三) 符合条件的棚户区改造资金补助

财综〔2015〕57 号	财税〔2013〕65 号
积极稳妥做好城市棚户区改造政府购买服务工作。 　　多渠道筹集城市棚户区改造资金。按照"省级负总责、市县抓落实、中央适当补助"的原则，中央和省级财政根据各地区财政困难状况、城市棚户区改造任务完成情况给予适当补助，市县财政部门要按照国家规定筹集城市棚户区改造资金。 　　落实城市棚户区改造涉及的税费优惠政策。 　　(1) 落实免收各项收费基金优惠政策。对城市棚户区改造项目，按照财政部规定免收防空地下室易地建设费、白蚁防治费、城市基础设施配套费、散装水泥专项资金、新型墙体材料专项基金、教育费附加、地方教育附加、城镇公用事业附加等各项行政事业性收费和政府性基金。同时，按规定免收省级出台的各项行政事业性收费。 　　(2) 落实免收土地出让收入政策。对城市棚户区改造中的安置住房建设用地实行划拨方式供应，除依法支付土地补偿费、拆迁补偿费外，一律免缴土地出让收入。 　　(3) 落实税收减免政策。对城市棚户区改造项目涉及的城镇土地使用税、印花税、土地增值税、契税、个人所得税等，按照《财政部　国家税务总局关于棚户区改造有关税收政策的通知》(财税〔2013〕101号) 的规定执行。 　　推广实施城市棚户区改造项目贷款贴息。 　　为引导和鼓励社会资本参与城市棚户区改造工作，各地区要认真落实财政部印发的《城镇保障性安居工程贷款贴息办法》(财综〔2014〕76号)，对符合条件的城市棚户区改造项目贷款予以一定比例和一定期限的利息补贴。贴息资金来源为各级财政预算安排用于城市棚户区改造的资金。贴息利率以中国人民银行公布的同期贷款基准利率为准，原则上不超过2个百分点。贴息期限按项目建设、收购周期内实际贷款期限确定。	企业参与政府统一组织的工矿(含中央下放煤矿) 棚户区改造、林区棚户区改造、垦区危房改造并同时符合一定条件的棚户区改造支出，准予在企业所得税前扣除。 　　本通知所称同时符合一定条件的棚户区改造支出，是指同时满足以下条件的棚户区改造支出： 　　(1) 棚户区位于远离城镇、交通不便，市政公用、教育医疗等社会公共服务缺乏城镇依托的独立矿区、林区或垦区。 　　(2) 该独立矿区、林区或垦区不具备商业性房地产开发条件。 　　(3) 棚户区市政排水、给水、供电、供暖、供气、垃圾处理、绿化、消防等市政服务或公共配套设施不齐全。 　　(4) 棚户区房屋集中连片户数不低于50户，其中，实际在该棚户区居住且在本地区无其他住房的职工(含离退休职工) 户数占总户数的比例不低于75%。 　　(5) 棚户区房屋按照《房屋完损等级评定标准》和《危险房屋鉴定标准》评定属于危险房屋、严重损坏房屋的套内面积不低于该片棚户区建筑面积的25%。 　　(6) 棚户区改造已纳入地方政府保障性安居工程建设规划和年度计划，并由地方政府牵头按照保障性住房标准组织实施；异地建设的，原棚户区土地由地方政府统一规划使用或者按规定实行土地复垦、生态恢复。 　　在企业所得税年度纳税申报时，企业应向主管税务机关提供其棚户区改造支出同时符合本通知第二条规定条件的书面说明材料。 　　本通知自2013年1月1日起施行。

(四) 国有资产无偿划入 (国家税务总局公告2014年第29号)

政策规定	政策解读
(1) 企业接收政府投资资产的企业所得税处理。 　　县级以上人民政府(包括政府有关部门，下同) 将国有资产明确以股权投资方式投入企业，企业应作为国家资本金(包括资本公积) 处理。该项资产如为非货币性资产，应按政府确定的接收价值确定计税基础。	县级以上人民政府及其有关部门将国有资产作为股权投资划入企业，属于政策性划转(投资) 行为，按现行企业所得税规定，不属于收入范畴，因此，企业应将其作为国家资本金(资本公积) 进行企业所得税处理。另外，由于该项资产价值通常由政府在划转时直接确定，因此，该项资产的计税基础可以按其实际接收价值确定。

（续表）

政策规定	政策解读
（2）企业接收政府指定用途资产的企业所得税处理。 县级以上人民政府将国有资产无偿划入企业，凡指定专门用途并按《财政部　国家税务总局关于专项用途财政性资金企业所得税处理问题的通知》（财税〔2011〕70号）规定进行管理的，企业可作为不征税收入进行企业所得税处理。其中，该项资产属于非货币性资产的，应按政府确定的接收价值计算不征税收入。	县级以上人民政府及其有关部门将国有资产无偿划入企业，凡划出单位或业务监管部门指定了专门用途，且企业已按财税〔2011〕70号文件的规定进行了管理，就具备了财政性资金性质，因此，根据《企业所得税法》第七条的规定，可以作为不征税收入进行税务处理。其中，无偿划入资产属于非货币性资产的，应按该项资产实际接收价值确定不征税收入。
（3）企业接收政府无偿划入资产的企业所得税处理。 企业无偿接受县级以上人民政府无偿划入资产，属于上述（1）、（2）项以外情形的（税法另有规定除外），应按政府确定的接收价值计入当期收入总额计算缴纳企业所得税。政府没有确定接收价值的，按资产的公允价值计算确定应税收入。	现行企业所得税法将企业收入总额分为免税收入、不征税收入和应税收入三类，显然，该项收入如果不属于免税收入或不征税收入，就应当属于应税收入。

企业接收政府划入资产税务处理原则，可以概括为"一个注意，两个突破，三种处理"。

一个注意，是指要注意该条款只适用于县级以上人民政府划入资产，不涉及企业间的无偿划转。

两个突破，一是将国家投资由增加"实收资本"扩大到"资本公积"；二是将有专项用途的财政性资金可以作为不征税收入的范围，由单纯的货币资金扩大到非货币性资产。

三种处理，是指企业接受政府划入资产，区别不同情况，按照接受投资（不属于纳税范围）、不征税收入、征税收入三种情形来进行税务处理。要注意的是，政府部门将资产租给企业，不属于划入资产。

（五）财政资金孳生的银行存款利息收入（财税〔2009〕122号）

根据现有规定，除非营利组织的不征税收入孳生的银行存款利息收入为免税收入外，财政资金无论是否作为不征税收入处理，其孳生的银行存款利息收入为应税收入。

（六）增值税加计抵减

会计处理	所得税处理
自2019年至2021年，规定行业范围内的纳税人可以按照当期可抵扣进项税额加计一定比例（10%或15%）抵减应纳税额。按照《财政部关于〈关于深化增值税改革有关政策的公告〉适用〈增值税会计处理规定〉有关问题的解读》的要求，生产、生活性服务业纳税人取得资产或接受劳务时，应当按照《增值税会计处理规定》（财会〔2016〕22号）的相关规定对增值税相关业务进行会计处理，实际缴纳增值税时，按应纳税额借记"应交税费——未交增值税"等科目，按实际纳税金额贷记"银行存款"科目，按加计抵减的金额贷记"其他收益"科目。	加计抵减的增值税形成企业的经济利益流入，应计入企业收入总额。按照现有政策规定，由于增值税加计抵减形成的收益不属于不征税收入或免税收入，因此应作为应税收入计入纳税所得计征企业所得税。

（七）基础设施领域不动产投资信托基金REITs（财政部　税务总局公告2022年第3号，以下简称3号公告）

政策规定	政策解读
一、设立基础设施REITs前，原始权益人向项目公司划转基础设施资产相应取得项目公司股权，适用特殊性税务处理，即项目公司取得基础设施资产的计税基础，以基础设施资产的原计税基础确定；原始权益人取得项目公司股权的计税基础，以基础设施资产的原计税基础确定。原始权益人和项目公司不确认所得，不征收企业所得税。 二、基础设施REITs设立阶段，原始权益人向基础设施REITs转让项	（1）什么是基础设施REITs？ 基础设施领域不动产投资信托基金（即基础设施REITs），以基础设施资产为支持，向社会投资者公开募集资金，形成基础设施项目，基金管理人运营基础设施项目，并将产生的绝大部分收益分配给投资者。简单来说，基础设施REITs是基础设施项目的上市，意味着投资者可以通过购买基金份额来投资基础设施项目，从而分享项目的基础收益、资产升值以及国家经济高质量发展的红利。 （2）从税务视角看，基础设施REITs的生命周期包含设立前重组、设立、运营和退出4个环节。其中，重组环节和设立环节的税务成本，对基础设施REITs整体发行成本影响较大。3号公告主要明确了这两个环节的企业所得税问题，使得相关主体在设立前重组环

(续表)

政策规定	政策解读
目公司股权实现的资产转让评估增值,当期可暂不缴纳企业所得税,允许递延至基础设施REITs完成募资并支付股权转让价款后缴纳。其中,对原始权益人按照战略配售要求自持的基础设施REITs份额对应的资产转让评估增值,允许递延至实际转让时缴纳企业所得税。原始权益人通过二级市场认购(增持)该基础设施REITs份额,按照先进先出原则认定优先处置战略配售份额。 三、对基础设施REITs运营、分配等环节涉及的税收,按现行税收法律法规的规定执行。 四、本公告适用范围为证监会、发展改革委根据有关规定组织开展的基础设施REITs试点项目。 五、本公告自2021年1月1日起实施。2021年1月1日前发生的符合本公告规定的事项,可按本公告规定享受相关政策。	节和设立环节,均可递延纳税,大大减轻相关主体的税务成本。 (3)税收优惠政策。 第一个环节是设立基础设施REITs前重组阶段,原始权益人向项目公司划转基础设施资产应取得项目公司股权,不受《财政部 国家税务总局关于企业重组业务企业所得税处理若干问题的通知》(财税〔2009〕59号)、《财政部 国家税务总局关于促进企业重组有关企业所得税处理问题的通知》(财税〔2014〕109号)等文件规定条件的限制,可直接适用特殊性税务处理:项目公司取得基础设施资产的计税基础,以基础设施资产的原计税基础确定;原始权益人取得项目公司股权的计税基础,以基础设施资产的原计税基础确定,原始权益人和项目公司不确认所得,不征收企业所得税。 第二个环节基础设施REITs设立阶段,原始权益人向基础设施REITs转让项目公司股权实现的资产转让评估增值,考虑到在股权转让当期没有现金流等实际问题,在转让当期可暂不缴纳企业所得税,允许递延至基础设施REITs完成募资并支付股权转让价款后缴纳,其中对原始权益人按照战略配售要求自持的基础设施REITs份额对应的资产转让评估增值,可进一步允许递延至实际转让REITs份额时缴纳企业所得税。考虑到原始权益人除按照战略配售要求自持基础设施REITs份额外,还会在二级市场自行购买基础设施REITs份额。为提高政策可操作性,避免原始权益人人为推迟缴纳税款,政策还规定按照先进先出的原则认定优先处置战略配售份额。

四、不征税收入管理问题(国家税务总局公告2012年第15号)

企业取得的不征税收入,凡未按照财税〔2011〕70号文件规定进行管理的,应作为企业应税收入计入应纳税所得额,依法缴纳企业所得税。	对企业作不征税收入处理后,在5年(60个月)内未发生支出且未缴回财政部门或其他拨付资金的政府部门的部分,做好相应台账的登记工作,做到后续监管,以监督企业对未使用部分是否计入取得该资金第六年的应税收入总额。

同时符合财税〔2011〕70号文件三个条件的,可以作为不征税收入,也可以作为应税收入;未同时符合三个条件的,不能作为不征税收入,只能作为应税收入。对于未按照财税〔2011〕70号文件规定进行管理作为应税收入处理的财政性资金,其发生的支出可以从税前扣除。如支出符合研究开发费加计扣除的范围,可以享受研究开发费加计扣除的税收优惠。2017年版(2021年修订)申报表《研发费用加计扣除优惠明细表》(A107014),出于鼓励研发投入的目的,决定企业可以放弃不征税收入待遇,从而享受加计扣除的税收待遇。

第三节　免税、减计收入及加计扣除政策解析与应用

一、免税收入优惠项目

《企业所得税法》	《企业所得税法实施条例》
第二十六条　企业的下列收入为免税收入: (1)国债利息收入。 (2)符合条件的居民企业之间的股息、红利等权益性投资收益。	第八十二条　《企业所得税法》第二十六条第(一)项所称国债利息收入,是指企业持有国务院财政部门发行的国债取得的利息收入。 第八十三条　《企业所得税法》第二十六条第(二)项所称符合条件的居民企业之间的股息、红利等权益性投资收益,是指居民企业直接投资于其他居民企业取得的投资收益。《企业所得税法》第二十六条第(二)项和第(三)项所称股息、红利等权益性投资收益,不包括连续持有居民企业公开发行并上市流通的股票不足12个月取得的投资收益。

(续表)

《企业所得税法》	《企业所得税法实施条例》
(3) 在中国境内设立机构、场所的非居民企业从居民企业取得与该机构、场所有实际联系的股息、红利等权益性投资收益。 (4) 符合条件的非营利组织的收入。	第八十四条 《企业所得税法》第二十六条第(四)项所称符合条件的非营利组织,是指同时符合下列条件的组织: (1) 依法履行非营利组织登记手续。 (2) 从事公益性或者非营利性活动。 (3) 取得的收入除用于与该组织有关的、合理的支出外,全部用于登记核定或者章程规定的公益性或者非营利性事业。 (4) 财产及其孳息不用于分配。 (5) 按照登记核定或者章程规定,该组织注销后的剩余财产用于公益性或者非营利性目的,或者由登记管理机关转赠给与该组织性质、宗旨相同的组织,并向社会公告。 (6) 投入人对投入该组织的财产不保留或者享有任何财产权利。 (7) 工作人员工资福利开支控制在规定的比例内,不变相分配该组织的财产。 前款规定的非营利组织的认定管理办法由国务院财政、税务主管部门会同国务院有关部门制定。 第八十五条 《企业所得税法》第二十六条第(四)项所称符合条件的非营利组织的收入,不包括非营利组织从事营利性活动取得的收入,但国务院财政、税务主管部门另有规定的除外。

所得税的计税对象是所得额,一般不宜采用对收入直接予以免税的方式,除非要体现特别的政策取向和扶持。由于企业所得税法采用的是完全列举,因此,除《企业所得税法》列举的四项内容外,不应存在其他的免税收入。免税收入是对收入的优惠,其免税收入对应的成本费用可在所得税前扣除。免税收入之间以及和其他优惠形式叠加享受。企业取得的免税收入,基本上是特指从指定部门取得的收入,以及税后分配的投资收益,由于不包括销售、转让等经营性收入,不会产生上游免税下游作成本费用的情况,因此一般也不会产生关联企业间避税空间。

企业取得的各项免税收入所对应的各项成本费用,除另有规定者外,可以在计算企业所得额时扣除。(国税函〔2010〕79号第六条)

(一) 国债利息收入免税

1. 国债利息收入所得税免税政策

《企业所得税法》第二十六条	《企业所得税法实施条例》第八十二条
企业取得的国债利息收入为免税收入。	国债利息收入,是指企业持有国务院财政部门发行的国债取得的利息收入。

国债专指财政部代表中央政府发行的国家公债。国债市场分为两个层次:一是国债发行市场,也称一级市场;二是国债流通市场,也称为二级市场。企业购买国债,不管是一级市场还是二级市场购买其利息收入均享受免税优惠。但对于企业在二级市场转让国债获得的收入,还需作为转让财产收入计算缴纳企业所得税。

2. 国债利息收入的所得税处理(国家税务总局公告2011年第36号)

国债利息收入时间确认	国债利息收入计算	国债利息收入所得税免税问题
国债利息收入应以国债发行时约定应付利息的日期确认;转让国债,应在国债转让收入确认时确认利息收入的实现。	企业到期前转让国债,或者从非发行者投资购买的国债,其持有期间尚未兑付的国债利息收入,按以下公式计算确定: 国债利息收入＝国债金额×(适用年利率÷365)×持有天数 上述公式中的"国债金额",按国债发行面值或发行价格确定;"适用年利率"按国债票面年利率或折合年收益率确定;如企业不同时间多次购买同一品种国债,"持有天数"可按平均持有天数计算确定。	企业从发行者直接投资购买的国债持有至到期,其从发行者取得的国债利息收入,全额免征企业所得税。 其持有期间按照公式:国债利息收入＝国债金额×(适用年利率÷365)×持有天数,计算确定尚未兑付的国债利息收入,免征企业所得税。

(续表)

从以上规定来看,企业购买的自行持有期间的国债未兑付的利息收入免企业所得税。当然,购买的自行持有至到期的国债兑付的利息收入也免企业所得税。同时注意,企业购买国债的利息收入免征企业所得税专指企业购买国内的国债而不是购买国外的国债利息收入。如果企业持有期间约定应收利息的日期获得不属于本企业持有期间的国债利息,不是该企业的国债利息收入,而是出售者的国债利息收入,应作为应收项目冲减投资成本。

3. 国债转让收入的所得税处理(国家税务总局公告 2011 年第 36 号)

国债转让收入时间确认	国债转让收益(损失)计算
(1) 企业转让国债应在转让国债合同、协议生效的日期,或者国债移交时确认转让收入的实现。 (2) 企业投资购买国债,到期兑付的,应在国债发行时约定的应付利息的日期,确认国债转让收入的实现。	企业转让或到期兑付国债取得的价款,减除其购买国债成本,并扣除其持有期间按照国家税务总局公告 2011 年第 36 号文件第一条计算的国债利息收入以及交易过程中相关税费后的余额,为企业转让国债收益(损失)。 转让国债所得(损失)=国债转让价款-购买该国债成本-持有期间应得的利息-转让过程中的相关税费

国债转让收益(损失)征税问题:根据《企业所得税法实施条例》第十六条的规定,企业转让国债,应作为转让财产,其取得的收益(损失)应作为企业应纳税所得额计算纳税。

4. 国债成本的确定及计算方法(国家税务总局公告 2011 年第 36 号)

通过支付现金方式取得的国债,以买入价和支付的相关税费为成本。	通过支付现金以外的方式取得的国债,以该资产的公允价值和支付的相关税费为成本。

国债成本的计算方法:企业在不同时间购买同一品种国债的,其转让时的成本计算方法,可在先进先出法、加权平均法、个别计价法中选用一种。计价方法一经选用,不得随意改变。

5. 优惠事项管理(国家税务总局公告 2018 年第 23 号)

序号	主要留存备查资料	享受优惠时间	后续管理要求
1	(1) 国债净价交易交割单。 (2) 购买、转让国债的证明,包括持有时间、票面金额、利率等相关材料。 (3) 应收利息(投资收益)科目明细账或按月汇总表。 (4) 减免税计算过程的说明。	预缴享受	由省税务机关(含计划单列市税务机关)规定。

【例 4-1】 甲企业投资购买 A 国债,2022 年 1 月 1 日购买面值 1 000 万元、2 月 1 日购买面值 300 万元、3 月 1 日购买面值 2 000 万元。2022 年 5 月 1 日转让面值 1 500 万元 A 国债,取得 2 000 万元收入,支付手续费 50 万元。2022 年 6 月 1 日将剩余面值 1 800 万元 A 国债全部转让,转让价格为 2 000 万元,发生转让手续费 50 万元。A 国债票面年利率 4%,到期时间为 2024 年 10 月 30 日。

2022 年 5 月 1 日转让的面值 1 500 万元的国债	2022 年 6 月 1 日转让的面值 1 800 万元的国债
持有天数=(121+90+61)÷3=91(天)。(按简单平均法计算) 转让成本=1 000+300+200=1 500(万元)。 国债利息收入=国债金额×(适用年利率÷365)×持有天数=1 500×(4%÷365)×91=14.96(万元)。	持有天数=92 天。 转让成本=1 800 万元。 国债利息收入=国债金额×(适用年利率÷365)×持有天数=1 800×(4%÷365)×92=18.15(万元)。 国债转让收入=企业转让或到期兑付国债取得的价款-购买国债成本-国债利息收入-交易过程中相关税费=2 000-1 800-18.15-50=131.85(万元)。

(续表)

2022年5月1日转让的面值1 500万元的国债	2022年6月1日转让的面值1 800万元的国债
国债转让收入＝企业转让或到期兑付国债取得的价款－购买国债成本－国债利息收入－交易过程中相关税费＝2 000－1 500－14.96－50＝435.04（万元）。	33.11万元（14.96＋18.15）利息收入予以免税，566.89万元的转让收益需作为企业应纳税所得额计算纳税。33.11万元填报在《免税、减计收入及加计扣除优惠明细表》（A107010）第2行"（一）国债利息收入免征企业所得税"。

（二）符合条件的居民企业之间的股息、红利等权益性投资收益免税

政策依据：

《财政部 国家税务总局关于企业清算业务企业所得税处理若干问题的通知》（财税〔2009〕60号）；

《财政部 国家税务总局关于执行企业所得税优惠政策若干问题的通知》（财税〔2009〕69号）；

《国家税务总局关于贯彻落实企业所得税法若干税收问题的通知》（国税函〔2010〕79号）；

《国家税务总局关于企业所得税若干问题的公告》（国家税务总局公告2011年第34号）；

《财政部 国家税务总局 证监会关于沪港股票市场交易互联互通机制试点有关税收政策的通知》（财税〔2014〕81号）；

《财政部 国家税务总局 证监会关于深港股票市场交易互联互通机制试点有关税收政策的通知》（财税〔2016〕127号）；

《财政部 税务总局 证监会关于创新企业境内发行存托凭证试点阶段有关税收政策的公告》（财政部 税务总局 证监会公告2019年第52号）；

《财政部 税务总局关于永续债企业所得税政策问题的公告》（财政部 税务总局公告2019年第64号）。

《企业所得税法》	《企业所得税法实施条例》	国税函〔2010〕79号
第三条 居民企业应当就其来源中国境内、境外的所得缴纳企业所得税。 若对来自国外的股息红利所得已经在当地实际缴纳了所得，可根据《企业所得税法》第二十三、二十四条的规定，进行税额抵免。 对于居民企业股东取得的来自符合条件的居民企业之间的股息、红利等权益性投资收益，根据《企业所得税法》第二十六条的规定，免征企业所得税。	第十七条 企业所得税法第六条第（四）项所称股息、红利等权益性投资收益，是指企业因权益性投资从被投资方取得的收入。 股息、红利等权益性投资收益，除国务院财政、税务主管部门另有规定外，按照被投资方做出利润分配决定的日期确认收入的实现。 第八十三条 《企业所得税法》第二十六条第（二）项所称符合条件的居民企业之间的股息、红利等权益性投资收益，是指居民企业直接投资于其他居民企业取得的投资收益。《企业所得税法》第二十六条第（二）项和第（三）项所称股息、红利等权益性投资收益，不包括连续持有居民企业公开发行并上市流通的股票不足12个月取得的投资收益。	第四条 关于股息、红利等权益性投资收益收入确认问题。 企业权益性投资取得股息、红利等收入，应以被投资企业股东会或股东大会做出利润分配或转股决定的日期，确定收入的实现。 被投资企业将股权（票）溢价所形成的资本公积转为股本的，不作为投资方企业的股息、红利收入，投资方企业也不得增加该项长期投资的计税基础。

由于股息、红利是从被投资企业税后利润中分配的，如果将股息、红利全额并入投资企业的应税收入中征收企业所得税，会出现对同一经济来源所得的重复征税。因此，消除企业间股息、红利的重复征税是防止税收政策扭曲、保持税收中性的必然要求，也是各国的普遍做法。

(续表)

(1) 居民企业之间的股息、红利等权益性投资收益免税，需要具备两个条件：第一，仅限于居民企业直接投资于其他居民企业取得的投资收益；第二，不包括连续持有居民企业公开发行并上市流通的股票不足12个月而取得的权益性投资收益。非居民企业从居民企业取得的股息、红利等权益性投资收益免税，也需要具备以下两个条件：第一，非居民企业从居民企业取得的股息、红利等权益性投资收益，需要与其在境内设立的机构、场所有实际联系；第二，非居民企业从居民企业取得的与其所设机构、场所有实际联系的股息、红利等权益性投资收益，能够享受免税优惠的，也不包括连续持有居民企业公开发行并上市流通的股票不足12个月而取得的权益性投资收益。因居民企业间股息、红利免税强调的是直接投资，通过合伙企业投资分回的股息、红利能否免税，实务中大部分税务机关不予认可。通过其他企业代持股分得股息、红利，税务机关更倾向于形式重于实质，判断为不属于直接投资取得的股息、红利。

(2) 符合条件的投资收益仅指股息、红利等权益性投资收益。(正常做法是，持有不到12个月的当年做应税所得申报，下一纳税年度持有时间超过12个月时再做免税收入处理。个别地方允许的另一种做法是，只要是没有转让，持有期间的股息、红利可暂作为免税收入处理，若企业持有时间不足12个月将流通股票转让，则补征企业所得税。)股利收益要求企业提供证券交易机构的股票买卖交割单据、长期股权投资协议、会计核算方式等资料。税务机关在评估时不仅关注是否符合免税收入的条件，还特别强调免税股息、红利仅适用于直接投资。企业通过二级市场买卖股票差价的所得属于财产转让收入，不属于股息、红利所得，不属于免税收入。证券公司等投资人股票买卖频繁，通常按照先进先出法，以持股人身份确定持有时间是否超过12个月。对不符合免税条件的投资收益征税时不再还原为税前所得，对于免税的股息红利也不需要区分投资前还是投资后形成的。

企业持有优先股所取得的收益，属于被投资企业留存收益的部分，符合《企业所得税法》第二十六条第(二)项及《企业所得税法实施条例》第八十三条规定的，可以作为免税收入享受税收优惠；超过被投资企业留存收益的部分，应计入企业应纳税所得额，缴纳企业所得税。

(3) 对于企业分得的股票股利或实物股利，在确认免税同时，也要确认相应的计税基础，这样的免税才是真正意义上的免税。基于公司法已认同不按投资比例分红的约定，2017年新所得税年度申报表修改后，国家税务总局公告2017年第54号文件明确了未按投资比例分得的股息、红利也可享受免税待遇。

(4) 企业参与房地产项目的合作开发，项目未成立独立的法人公司，实际上企业不占有股权或股份，严格意义上不属于权益性投资。但国税发〔2009〕31号文件对此做出了特殊规定，对合作协议、合同中约定分配利润的，视同权益投资业务，投资方取得项目的营业利润视同股息红利处理。

(5) 企业投资于新三板挂牌企业所取得的股息、红利，符合《企业所得税法》第二十六条第二项及《企业所得税法实施条例》第八十三条规定的，可以作为免税收入，享受税收优惠。国发〔2013〕49号文件也非常明确地定性：挂牌公司依法纳入非上市公众公司监管，股东人数可以超过200人。《企业所得税法实施条例》也非常明确，受到12个月约束的前提是被投资企业属于公开发行并上市流通。新三板股票属于定向发行也未上市流通。法人企业投资于新三板挂牌公司，其取得的股息、红利不受免税收入条件中不足12个月条件的影响。

(6) 如果企业需要办理股息、红利免税留存备查时，需要在股息、红利决议日期的年度进行备案。而在企业真正收到股利的当期，进行会计处理，同时根据以前年度的备查资料，填写在会计处理当年的所得税汇算清缴表中的表A107011中，重点关注"被投资企业做出利润分配或转股决定时间、依决定归属于本公司的股息、红利等权益性投资收益金额"两项，减免当期的应纳税所得额。只作利润分配方案，但并不实际作现金分红的情形，对分配方无影响，但执行新准则后，对于投资方就会产生影响。法定公积金转为资本时，所留存的该项公积金不得少于转增前公司注册资本的25%。[《中华人民共和国公司法(2014)》第一百六十八条]

【例4-2】 A企业于2018年以1 000万元投资注册B企业，占B企业30%股份，2022年1月31日经股东会决议，B企业将可分配利润300万元对全体股东进行分配，归属于A企业的权益性投资收益金额为90万元。

A企业于2010年以1 000万元投资C企业，占C企业30%股份，2022年C企业进行清算，清算时C企业未分配利润和盈余公积3 000万元，A企业分得C企业清算剩余财产现金2 500万元。

A企业于2010年以1 000万元投资D企业,占D企业30%股份,2022年经股东大会决议撤资。截至撤资时,D企业累积留存收益为3 000万元,其中A企业按照份额享有900万元。A企业撤资时分得一栋物业,账面价值为2 000万元,评估市价为2 500万元。

会计处理(单位:万元)	企业所得税处理
(1) A企业确认B企业投资收益时: 　借:应收股利——B企业　　90 　　贷:投资收益　　　　　　　90 (2) C企业进行清算,A企业确认投资收益时: 　借:银行存款——C企业　2 500 　　贷:投资收益　　　　　1 500 　　　长期股权投资——C企业 　　　　　　　　　　　　1 000 (3) A企业从D企业撤资,确认投资收益时: 　借:固定资产　　　　　　2 500 　　贷:投资收益　　　　　1 500 　　　长期股权投资——D企业 　　　　　　　　　　　　1 000	(1) A企业分得B企业股息、红利,直接确认投资收益90万元,此部分为免税收入。 (2) C企业清算,A企业首先根据被投资企业C企业累计留存收益3 000万元按投资比例确认股息、红利900万元,此部分为免税收入,再按照分回剩余财产2 500万元剔除投资收益900万元的余额1 600万元,与投资成本比较,确认投资所得为600万元,此部分为应税所得。 (3) 从D企业撤资,D企业要对分出物业做视同销售处理,确认利润500万元,增加税后利润为500×(1-25%)=375(万元)。 ① A企业享有累计留存收益部分为3 375×30%=1 012.5(万元)。 ② A企业剔除投资成本后金额=2 500-1 000=1 500(万元)。 ③ A企业应确认股息所得=3 375×30%=1 012.5(万元),此部分为免税收入。 ④ A企业股权撤资所得=1 500-1 012.5=487.5(万元),此部分为应税所得。

1. 内地企业投资者通过沪港通、深港通投资香港联交所上市股票有关税收政策

增值税政策 (财税〔2014〕81号、财税〔2016〕36号)	企业所得税政策 (财税〔2014〕81号、财税〔2016〕127号)
(1) 对香港市场投资者(包括单位和个人)通过深港通买卖深交所上市A股取得的差价收入,通过沪港通买卖上交所上市A股取得的差价收入,在营改增试点期间免征增值税。 (2) 对内地个人投资者通过深港通买卖香港联交所上市股票取得的差价收入,在营改增试点期间免征增值税。 (3) 对内地单位投资者通过深港通买卖香港联交所上市股票取得的差价收入,在营改增试点期间按现行政策规定征免增值税。	(1) 对内地企业投资者通过沪港通、深港通投资香港联交所上市股票取得的转让差价所得,计入其收入总额,依法征收企业所得税。 (2) 对内地企业投资者通过沪港通、深港通投资香港联交所上市股票取得的股息、红利所得,计入其收入总额,依法计征企业所得税。其中,内地居民企业连续持有H股满12个月取得的股息、红利所得,依法免征企业所得税。 (3) 香港联交所上市H股公司应向中国结算提出申请,由中国结算向H股公司提供内地企业投资者名册,H股公司对内地企业投资者不代扣股息、红利所得税款,应纳税款由企业自行申报缴纳。 (4) 内地企业投资者自行申报缴纳企业所得税时,对香港联交所非H股上市公司已代扣代缴的股息、红利所得税,可依法申请税收抵免。

企业通过香港SPV(特殊目的公司)购买在港交所上市的居民企业H股票,选择以电子化股票持有,根据港交所规则,在被投资企业股东名册上是以香港中央结算有限公司的名义存在,此种情况下企业取得的股息、红利,不属于直接投资于被投资企业取得的投资收益,不得享受免税收入优惠。

优惠事项管理(国家税务总局公告2018年第23号)

序号	主要留存备查资料	享受优惠时间	后续管理要求
4、5	(1)相关记账凭证、本公司持股比例以及持股时间超过12个月的情况说明。 (2)被投资企业股东会(或股东大会)利润分配决议或公告、分配表。 (3)投资收益、应收股利科目明细账或按月汇总表。	预缴享受	由省税务机关(含计划单列市税务机关)规定。

2. 持有创新企业CDR取得的股息、红利所得免征企业所得税

《财政部 税务总局 证监会关于创新企业境内发行存托凭证试点阶段有关税收政策的公告》(财政部 税务总局 证监会公告2019年第52号)

1. 个人所得税政策

(1) 自试点开始之日起,对个人投资者转让创新企业CDR取得的差价所得,3年(36个月,下同)内暂免征收个人所得税。

(2) 自试点开始之日起,对个人投资者持有创新企业CDR取得的股息、红利所得,3年内实施股息、红利差别化个人所得税政策,具体参照《财政部 国家税务总局 证监会关于实施上市公司股息红利差别化个人所得税政策有关问题的通知》(财税〔2012〕85号)、《财政部 国家税务总局 证监会关于上市公司股息红利差别化个人所得税政策有关问题的通知》(财税〔2015〕101号)的相关规定执行,由创新企业在其境内的存托机构代扣代缴税款,并向存托机构所在地税务机关办理全员全额明细申报。对于个人投资者取得的股息、红利在境外已缴纳的税款,可按照个人所得税法以及双边税收协定(安排)的相关规定予以抵免。

2. 企业所得税政策

(1) 对企业投资者转让创新企业CDR取得的差价所得和持有创新企业CDR取得的股息、红利所得,按转让股票差价所得和持有股票的股息、红利所得政策规定征免企业所得税。

(2) 对公募证券投资基金(封闭式证券投资基金、开放式证券投资基金)转让创新企业CDR取得的差价所得和持有创新企业CDR取得的股息、红利所得,按公募证券投资基金税收政策规定暂不征收企业所得税。

(3) 对合格境外机构投资者(QFII)、人民币合格境外机构投资者(RQFII)转让创新企业CDR取得的差价所得和持有创新企业CDR取得的股息、红利所得,视同转让或持有据以发行创新企业CDR的基础股票取得的权益性资产转让所得和股息、红利所得征免企业所得税。

3. 增值税政策

(1) 对个人投资者转让创新企业CDR取得的差价收入,暂免征收增值税。

(2) 对单位投资者转让创新企业CDR取得的差价收入,按金融商品转让政策规定征免增值税。

(3) 自试点开始之日起,对公募证券投资基金(封闭式证券投资基金、开放式证券投资基金)管理人运营基金过程中转让创新企业CDR取得的差价收入,3年内暂免征收增值税。

(4) 对合格境外机构投资者(QFII)、人民币合格境外机构投资者(RQFII)委托境内公司转让创新企业CDR取得的差价收入,暂免征收增值税。

4. 印花税政策

自试点开始之日起3年内,在上海证券交易所、深圳证券交易所转让创新企业CDR,按照实际成交金额,由出让方按1‰的税率缴纳证券交易印花税。

5. 其他相关事项

(1) 本公告所称创新企业CDR,是指符合《国务院办公厅转发证监会关于开展创新企业境内发行股票或存托凭证试点若干意见的通知》(国办发〔2018〕21号)规定的试点企业,以境外股票为基础证券,由存托人签发并在中国境内发行,代表境外基础证券权益的证券。

(2) 本公告所称试点开始之日,是指首只创新企业CDR取得国务院证券监督管理机构的发行批文之日。

3. 境外机构投资境内债券市场（财政部 税务总局公告2021年34号）

自2021年11月7日至2025年12月31日，对境外机构投资境内债券市场取得的债券利息收入暂免征收企业所得税和增值税。	上述暂免征收企业所得税的范围不包括境外机构在境内设立的机构、场所取得的与该机构、场所有实际联系的债券利息。

4. 永续债所得税处理（财政部 税务总局公告2019年第64号）

政策规定	政策解读
企业发行的永续债，可以适用股息、红利企业所得税政策，即：投资方取得的永续债利息收入属于股息、红利性质，按照现行企业所得税政策相关规定进行处理，其中，发行方和投资方均为居民企业的，永续债利息收入可以适用企业所得税法规定的居民企业之间的股息、红利等权益性投资收益免征企业所得税规定；同时发行方支付的永续债利息支出不得在企业所得税税前扣除。 企业发行符合规定条件的永续债，也可以按照债券利息适用企业所得税政策，即：发行方支付的永续债利息支出准予在其企业所得税税前扣除；投资方取得的永续债利息收入应当依法纳税。 本公告第二条所称符合规定条件的永续债，是指符合下列条件中5条（含）以上的永续债： （1）被投资企业对该项投资具有还本义务。 （2）有明确约定的利率和付息频率。 （3）有一定的投资期限。 （4）投资方对被投资企业净资产不拥有所有权。 （5）投资方不参与被投资企业日常生产经营活动。 （6）被投资企业可以赎回，或满足特定条件后可以赎回。 （7）被投资企业将该项投资计入负债。 （8）该项投资不承担被投资企业股东同等的经营风险。 （9）该项投资的清偿顺序位于被投资企业股东持有的股份之前。 企业发行永续债，应当将其适用的税收处理方法在证券交易所、银行间债券市场等发行市场的发行文件中向投资方予以披露。 发行永续债的企业对每一永续债产品的税收处理方法一经确定，不得变更。企业对永续债采取的税收处理办法与会计核算方式不一致的，发行方、投资方在进行税收处理时须作出相应纳税调整。 本公告所称永续债是指经国家发展改革委员会、中国人民银行、中国银行保险监督管理委员会、中国证券监督管理委员会核准，或经中国银行间市场交易商协会注册、中国证券监督管理委员会授权的证券自律组织备案，依照法定程序发行、附赎回（续期）选择权或无明确到期日的债券，包括可续期企业债、可续期公司债、永续债务融资工具（含永续票据）、无固定期限资本债券等。 本公告自2019年1月1日起施行。	永续债所得税处理的两种方法：永续债利息收入属于股息、红利或者债券利息。 （1）不附条件的作为股息处理（一般性处理）：融资方不得在税前扣除，投资方取得的利息收入享受股息免税优惠。 （2）符合条件的（财政部、税务总局公告2019年第64号文件第三条）作为利息处理（特殊性处理）：融资方准予扣除（按照国家税务总局公告2018年第28号文件的规定，企业所得税税前扣除必须要取得合法有效凭证），投资方需计入应税所得缴纳企业所得税。 （3）投融资双方的税务处理选择应一致，以防止"混合错配"。一经选择不得变更，以便于征管。 （4）发行方应当披露税务处理办法，即税务处理的选择权在于发行一方。披露的目的在于两点：其一，投资方可以据此确定税务处理；其二，更重要的是，不同的处理影响投融资双方的融资成本和投资收益的计算。例如，A企业平价发行永续债，票面利率7%，税务处理作为股息；B企业平价发行永续债，票面利率8%，税务处理作为利息。则A企业债券的税后融资成本为7%，税后投资收益亦7%；B企业债券的税后融资成本6%[8×(1−25%)，不考虑税率优惠]，投资收益亦6%。 （5）允许存在税会差异，财会〔2019〕2号文件更多地将永续债定性为"股"，财政部、税务总局公告2019年第64号文件规定，企业对永续债采取的税收处理办法与会计核算方式不一致的，发行方、投资方在进行税收处理时须作出相应纳税调整。
风险提示： （1）对于投资方2019年1月1日前取得永续债利息的，由于税收规定不明确，投资方可以参照发行方的会计处理进行相应税务处理，即：对于发行方将永续债确认为金融负债的，投资方应确认为利息收入；对于发行方将永续债确认为其他权益工具，并且其分配的利息小于累计留存收益的，投资方取得的永续债利息收入属于股息、红利性质。 （2）财政部、税务总局公告2019年第64号文件的适用范围仅限于其第六条所规定的部门或协会所发行的永续债，不包括企业自行发行的永续债，因此企业自行发行的永续债不得适用财政部、税务总局公告2019年第64号文件。 （3）投资方适用股息红利政策时，可将发行方的财务报表、申报表等材料作为留存备查资料，证明发行方的税务处理方式和利润分配情况。	

5. 海南自由贸易港设立的特定企业新增境外直接投资取得的所得免征企业所得税（财税〔2020〕31号）

自2020年1月1日起执行至2024年12月31日,对在海南自由贸易港设立的旅游业、现代服务业、高新技术产业企业新增境外直接投资取得的所得,免征企业所得税。 本条所称新增外直接投资所得应当符合以下条件:	(1)从境外新设分支机构取得的营业利润;或从持股比例超过20%（含）的境外子公司分回的,与新增境外直接投资相对应的股息所得。 (2)被投资国（地区）的企业所得税法定税率不低于5%。 本条所称旅游业、现代服务业、高新技术产业,按照海南自由贸易港鼓励类产业目录执行。

6. 横琴粤澳深度合作区企业所得税免税优惠（财税〔2022〕19号第二条）

自2021年1月1日起,对在横琴粤澳深度合作区设立的旅游业、现代服务业、高新技术产业企业新增境外直接投资取得的所得,免征企业所得税。	本条所称新增境外直接投资所得应当符合以下条件: (1)从境外新设分支机构取得的营业利润;或从持股比例超过20%（含）的境外子公司分回的,与新增境外直接投资相对应的股息所得。 (2)被投资国（地区）的企业所得税法定税率不低于5%。 本条所称旅游业、现代服务业、高新技术产业,按照《横琴粤澳深度合作区企业所得税优惠目录(2021年版)》中规定的旅游业、现代服务业、高新技术产业执行。

（三）符合条件的非营利组织的收入免税

政策依据:

《企业所得税法》及《企业所得税法实施条例》;
《财政部 国家税务总局关于非营利组织免税资格认定管理有关问题的通知》(财税〔2009〕123号,有效期:2012年12月31日至2018年1月1日);
《国家税务总局关于非营利组织免税资格认定管理有关问题的通知》(财税〔2014〕13号,有效期:2013年1月1日至2017年12月31日);
《财政部 国家税务总局关于非营利组织免税资格认定管理有关问题的通知》(财税〔2018〕13号,有效期:2018年1月1日开始执行)。

1. 免税政策

《企业所得税法》	《企业所得税法实施条例》
第二十六条 企业的下列收入为免税收入: （四）符合条件的非营利组织的收入。	第八十四条 《企业所得税法》第二十六条第(四)项所称符合条件的非营利组织,是指同时符合下列条件的组织: （一）依法履行非营利组织登记手续。 （二）从事公益性或者非营利性活动。 （三）取得的收入除用于与该组织有关的、合理的支出外,全部用于登记核定或者章程规定的公益性或者非营利性事业。 （四）财产及其孳息不用于分配。 （五）按照登记核定或者章程规定,该组织注销后的剩余财产用于公益性或者非营利性目的,或者由登记管理机关转赠给与该组织性质、宗旨相同的组织,并向社会公告。 （六）投入人对投入该组织的财产不保留或者享有任何财产权利。 （七）工作人员工资福利开支控制在规定的比例内,不变相分配该组织的财产。 前款规定的非营利组织的认定管理办法由国务院财政、税务主管部门会同国务院有关部门制定。 第八十五条 《企业所得税法》第二十六条第(四)项所称符合条件的非营利组织的收入,不包括非营利组织从事营利性活动取得的收入,但国务院财政、税务主管部门另有规定的除外。

(续表)

取得免税资格的非营利组织的符合条件的收入作为企业的免税收入。

(1) 非营利组织享受免税优惠必须同时具备七个条件,包括成立第(一)项条件,第(二)项行为要件,第(三)、(四)、(五)、(六)、(七)项财产管理要件。

(2) 非营利与非盈利:非营利性机构并不意味着不能盈利。它们可以有盈利,即可以产生利润;只是盈利(利润)不能分配股东、投资者,利润必须用于非营利性组织的自身运作,包括分配职工工资福利。非营利性机构注销后的剩余财产,需用于公益性或者非营利性目的,或者由登记管理机关采取转赠给与该组织性质、宗旨相同的组织,不得分配股东、投资者。

2. 非营利组织的认定(财税〔2018〕13号)

认定条件	认定程序
依据本通知认定的符合条件的非营利组织,必须同时满足以下条件: (1) 依照国家有关法律法规设立或登记的事业单位、社会团体、基金会、社会服务机构、宗教活动场所、宗教院校以及财政部、税务总局认定的其他非营利组织。 (注:《中华人民共和国民法总则》第八十七条将非营利法人分为事业单位、社会团体、基金会、社会服务机构等四类;《中华人民共和国慈善法》第八条将慈善组织分为基金会、社会团体、社会服务机构等三类,本条将原"民办非企业单位"的表述改为"社会服务机构",和其他法律契合。增加了"宗教院校",将宗教团体举办的培养宗教教职人员和其他宗教专门人才的全日制院校纳入税收优惠范围。) (2) 从事公益性或者非营利性活动。 (3) 取得的收入除用于与该组织有关的、合理的支出外,全部用于登记核定或者章程规定的公益性或者非营利性事业。 (4) 财产及其孳息不用于分配,但不包括合理的工资薪金支出。 (5) 按照登记核定或者章程规定,该组织注销后的剩余财产用于公益性或者非营利性目的,或者由登记管理机关采取转赠给与该组织性质、宗旨相同的组织等处置方式,并向社会公告。 (6) 投入人对投入该组织的财产不保留或者享有任何财产权利。上述所称投入人是指除各级人民政府及其部门外的法人、自然人和其他组织。 (7) 工作人员工资福利开支控制在规定的比例内,不变相分配该组织的财产,其中:工作人员平均工资薪金水平不得超过税务登记所在地的地市级(含地市级)以上地区的同行业同类组织平均工资水平的两倍,工作人员福利按照国家有关规定执行。 [注:原规定"工作人员工资福利开支控制在规定的比例内,不变相分配该组织的财产,其中:工作人员平均工资薪金水平不得超过上年度税务登记所在地人均工资水平的两倍,工作人员福利按照国家有关规定执行;"	经省级(含省级)以上登记管理机关批准设立或登记的非营利组织,凡符合规定条件的,应向其所在地省级税务主管机关提出免税资格申请,并提供本通知规定的相关材料;经地市级或县级登记管理机关批准设立或登记的非营利组织,凡符合规定条件的,分别向其所在地的地市级或县级税务主管机关提出免税资格申请,并提供本通知规定的相关材料。 财政、税务部门按照上述管理权限,对非营利组织享受免税的资格联合进行审核确认,并定期予以公布。 申请享受免税资格的非营利组织,需报送以下材料: (1) 申请报告。 (2) 事业单位、社会团体、基金会、社会服务机构的组织章程或宗教活动场所、宗教院校的管理制度。 (3) 非营利组织注册登记证件的复印件。 (4) 上一年度的资金来源及使用情况、公益活动和非营利活动的明细情况。 (5) 上一年度的工资薪金情况专项报告,包括薪酬制度、工作人员整体平均工资薪金水平、工资福利占总支出比例、重要人员工资薪金信息(至少包括工资薪金水平排名前10的人员)。 [注:本条为新增条款。之前一直是各地主管财政、税务部门要求提供的其他材料管理,经过10年的实践,财政部、国家税务总局认为有必要将工资薪金情况专项报告作为一项法定材料管理。内容方面也做了延伸,除了证明工作人员整体平均工资薪金水平控制在"税务登记所在地的地市级(含地市级)以上地区的同行业同类组织平均工资水平的两倍"以内之外,还要说明工资福利占总支出比例,甚至要求披露至少包括但不限于工资薪金水平排名前10的人员情况。这一项材料是非营利组织没有通过支付工资薪金对财产进行分配和变相分配行为的重要证明文件。] (6) 具有资质的中介机构鉴证的上一年度财务报表和审计报告。 (7) 登记管理机关出具的事业单位、社会团体、基金会、社会服务机构、宗教活动场所、宗教院校上一年度符合相关法律法规和国家政策的事业发展情况或非营利活动的材料。 (8) 财政、税务部门要求提供的其他材料。 当年新设立或登记的非营利组织需提供上述第(1)项至第(3)项规定的材料及上述第(4)项、第(5)项规定的申请当年的材料,不需提供上述第(6)项、第(7)项规定的材料。 (注:本规定一是简化了新设非营利组织申请时的资料,包括免除提供上年度审计报告和上年度报告结论,因为

（续表）

认定条件	认定程序
本款和原规定有较大的变化。对用于衡量非营利组织工资水平的"平均工资"做出进一步的明确。一是对"平均工资"的所在地做出进一步明确："地市级（含地市级）以上地区"，原规定"税务登记所在地"，实际执行中容易出现分歧。二是增加了"同行业同类组织"的规定，应该是按照事业单位、社会团体、基金会、社会服务机构、宗教活动场所、宗教院校细分比对。但统计部门是否能公布如此细化的"同行业同类组织"平均工资是一个问题。〕 （8）对取得的应纳税收入及其有关的成本、费用、损失应与免税收入及其有关的成本、费用、损失分别核算。	新设非营利组织确实没有这两项材料；二是新设非营利组织申请时因没有上年度的历史数据，因此要求申请人提交的材料以申请当年的数据为准。） 非营利组织免税优惠资格的有效期为5年。非营利组织应在免税优惠资格期满后6个月内提出复审申请，不提出复审申请或复审不合格的，其享受免税优惠的资格到期自动失效。 非营利组织免税资格复审，按照初次申请免税优惠资格的规定办理。（注：原规定是免税优惠资格期满前3个月内提交申请，比如有效期为2013—2017年，按照原规定应该在2017年10月1日至12月31日申请复审，而复审通过后下一个有效期应该是2017—2021年，中间有一年是重叠的。将复审期限设定为期满后6个月内有利于复审工作的顺利进行。）

非营利组织需取得免税资格，并非经民政等部门登记的社会团体就自然获取免税资格。财税〔2018〕13号文件将财税〔2014〕13号文件第三条申请材料进行了修改。

财税〔2014〕13号文件和财税〔2018〕13号文件将财税〔2009〕123号文件中的符合条件的非营利组织活动范围主要在中国境内的条款删除，即按照我国有关法律法规设立或登记的非营利组织即使活动范围在境外，只要符合其他几项条件，也可以被认定为非营利组织享受免税优惠。

财税〔2018〕13号文件将财税〔2014〕13号文件第一条第（八）项删除，除当年新设立或登记的事业单位、社会团体、基金会及民办非企业单位外，事业单位、社会团体、基金会及民办非企业单位申请前年度的检查结论为"合格"。

符合非营利组织条件的孵化器的收入，按照《企业所得税法》及《企业所得税法实施条例》和有关税收政策规定享受企业所得税优惠政策。（财税〔2016〕89号）

符合非营利组织条件的大学科技园的收入，按照《企业所得税法》及《企业所得税法实施条例》和有关税收政策规定享受企业所得税优惠政策。（财税〔2016〕98号）

3. 免税资格的取得与取消（财税〔2018〕13号）

免税资格的取得	免税资格的取消
非营利组织必须按照《税收征收管理法》及《税收征收管理法实施细则》等有关规定，办理税务登记，按期进行纳税申报。取得免税资格的非营利组织应按照规定向主管税务机关办理免税手续，免税条件发生变化的，应当自发生变化之日起15日内向主管税务机关报告；不再符合免税条件的，应当依法履行纳税义务；未依法纳税的，主管税务机关应当予以追缴。取得免税资格的非营利组织注销时，剩余财产处置违反财税〔2018〕13号文件第一条第五项规定的，主管税务机关应追缴其应纳企业所得税款。 有关部门在日常管理过程中，发现非营利组织享受优惠年度不符合财税〔2018〕13号文件规定的免税条件的，应提请核准该非营利组织免税资格的财政、税务部门，由其进行复核。 核准非营利组织免税资格的财政、税务部门根据财税〔2018〕13号文件规定的管理权限，对非营利组织的免税优惠资格进行复核，复核不合格的，相应年度不得享受税收优惠政策。	已认定的享受免税优惠政策的非营利组织有下述情形之一的，应自该情形发生年度起取消其资格： （1）登记管理机关在后续管理中发现非营利组织不符合相关法律法规和国家政策的。 （2）在申请认定过程中提供虚假信息的。 （3）纳税信用等级为税务部门评定的C级或D级的。 （4）通过关联交易或非关联交易和服务活动，变相转移、隐匿、分配该组织财产的。 （5）被登记管理机关列入严重违法失信名单的。 （6）从事非法政治活动的。 因上述第（1）项至第（5）项规定的情形被取消免税优惠资格的非营利组织，财政、税务部门自其被取消资格的次年起一年内不再受理该组织的认定申请；因上述第（6）项规定的情形被取消免税优惠资格的非营利组织，财政、税务部门将不再受理该组织的认定申请。 被取消免税优惠资格的非营利组织，应当依法履行纳税义务；未依法纳税的，主管税务机关应当自其存在取消免税优惠资格情形的当年起予以追缴。

(续表)

(1) 取得免税资格并不意味着在免税资格有效期就一定能享受税收优惠,非营利组织在免税资格有效期内的每一个纳税年度,仍然需要保持免税资格的所有条件,当年符合《企业所得税法》及《企业所得税法实施条例》和有关规定免税条件的收入,免予征收企业所得税;当年不符合免税条件的收入,照章征收企业所得税。

(2) 调整了取消资格的情形:

① 明确了取消是从发生该情形的年度起取消,而非整个有效期都取消。例如,某基金会免税资格有效期为 2018—2022 年,2021 年纳税信用等级被评定为 C 级,免税资格自 2021 年起被取消,剩余期限不能享受相关的税收优惠。

② 强化了征信在免税资格的地位。相比原规定,增加了上述第(三)和第(五)款,均属于征信范畴的。享受独有的免税税收优惠,必然要求非营利组织有更规范行为,从另一个角度看,可以理解为用财税政策促进征信体系的建设和发展。

(3) 违法违纪处理(财税〔2018〕13 号第七条)。

各级财政、税务部门及其工作人员在认定非营利组织免税资格工作中,存在违法违纪行为的,按照《公务员法》《行政监察法》等国家的有关规定追究相应责任;涉嫌犯罪的,移送司法机关处理。

4. 非营利组织免税收入范围(财税〔2009〕122 号)

非营利组织的下列收入为免税收入: (1) 接受其他单位或者个人捐赠的收入。 (2) 除《企业所得税法》第七条规定的财政拨款以外的其他政府补助收入,但不包括因政府购买服务取得的收入。	(3) 按省级以上民政、财政部门规定收取的会费。 (4) 不征税收入和免税收入孳生的银行存款利息收入。 (5) 财政部、国家税务总局规定的其他收入。

《企业所得税法》第二十六条第(四)项所称符合条件的非营利组织的收入,不包括非营利组织从事营利性活动取得的收入,但国务院财政、税务主管部门另有规定的除外。(《企业所得税法实施条例》第 85 条)

目前,仅明确认定后的非营利组织的不征税收入及免税收入孳生的银行存款利息收入为免税收入,其他企业的不征税收入及免税收入的孳生的利息收入按税收规定确认收入。非营利性组织为政府机构或其他部门提供培训服务收取的费用,属于提供营利性活动取得的收入,不属于企业所得税免税收入,应按规定缴纳企业所得税。

5. 优惠事项管理(国家税务总局公告 2018 年第 23 号)

序号	主要留存备查资料	享受优惠时间	后续管理要求
6	(1) 非营利组织免税资格有效认定文件或其他相关证明。 (2) 非营利组织认定资料。 (3) 当年资金来源及使用情况、公益活动和非营利活动的明细情况。 (4) 当年工资薪金情况专项报告,包括薪酬制度、工作人员整体平均工资薪金水平、工资福利占总支出比例、重要人员工资薪金信息(至少包括工资薪金水平排名前 10 的人员)。 (5) 当年财务报表。 (6) 登记管理机关出具的事业单位、社会团体、基金会、社会服务机构、宗教活动场所、宗教院校当年符合相关法律法规和国家政策的事业发展情况或非营利活动的材料。 (7) 应纳税收入及其有关的成本、费用、损失,与免税收入及其有关的成本、费用、损失分别核算的情况说明。 (8) 取得各类免税收入的情况说明。 (9) 各类免税收入的凭证。	预缴享受	由省税务机关(含计划单列市税务机关)规定。

6. 科技企业孵化器

财税〔2016〕89 号	财税〔2018〕120 号，财政部、税务总局公告 2022 年第 4 号
自 2016 年 1 月 1 日至 2018 年 12 月 31 日，对符合条件的孵化器自用以及无偿或通过出租等方式提供给孵化企业使用的房产、土地，免征房产税和城镇土地使用税；自 2016 年 1 月 1 日至 2016 年 4 月 30 日，对其向孵化企业出租场地、房屋以及提供孵化服务的收入，免征营业税；在营业税改征增值税试点期间，对其向孵化企业出租场地、房屋以及提供孵化服务的收入，免征增值税。 符合非营利组织条件的孵化器的收入，按照《企业所得税法》及《企业所得税法实施条例》和有关税收政策规定享受企业所得税优惠政策。	自 2019 年 1 月 1 日至 2023 年 12 月 31 日，对国家级、省级科技企业孵化器、大学科技园和国家备案众创空间自用以及无偿或通过出租等方式提供给在孵对象使用的房产、土地，免征房产税和城镇土地使用税；对其向在孵对象提供孵化服务取得的收入，免征增值税。 本通知所称孵化服务，是指为在孵对象提供的经纪代理、经营租赁、研发和技术、信息技术、鉴证咨询服务。 国家级、省级科技企业孵化器、大学科技园和国家备案众创空间应当单独核算孵化服务收入。 国家级科技企业孵化器、大学科技园和国家备案众创空间认定和管理办法由国务院科技、教育部门另行发布；省级科技企业孵化器、大学科技园认定和管理办法由省级科技、教育部门另行发布。 本通知所称在孵对象，是指符合上述认定和管理办法规定的孵化企业、创业团队和个人。 国家级、省级科技企业孵化器、大学科技园和国家备案众创空间应按规定申报享受免税政策，并将房产土地权属资料、房产原值资料、房产土地租赁合同、孵化协议等留存备查，税务部门依法加强后续管理。 2018 年 12 月 31 日以前认定的国家级科技企业孵化器、大学科技园，自 2019 年 1 月 1 日起享受本通知规定的税收优惠政策。2019 年 1 月 1 日以后认定的国家级、省级科技企业孵化器、大学科技园和国家备案众创空间，自认定之日次月起享受本通知规定的税收优惠政策。2019 年 1 月 1 日以后被取消资格的，自取消资格之日次月起停止享受本通知规定的税收优惠政策。
享受以上免征房产税和土地使用税、增值税的具体要求如下： （1）应当单独核算孵化服务收入。这意味着孵化器等机构除了孵化服务如果还提供其他服务（如酒店、餐饮等业务）时，应该将孵化服务单独设立收入类别明细核算，无法区分或者区分不清的，不能享受优惠。 （2）享受的范围是经国家、省认定或备案的科技企业孵化器、大学科技园和众创空间。如果没有经过认定、备案，即使名称叫做孵化器、大学科技园、重创空间，也不能享受相关税收优惠。 （3）向在孵对象提供的房产、提供的孵化服务免税。如果使用房产的对象不是在孵对象，提供经纪代理、经营租赁、研发和技术、信息技术、鉴证咨询服务的对象不是在孵对象，同样不可以享受免税。 （4）享受免税政策必须按规定申报，同时将房产土地权属资料、房产原值资料、房产土地租赁合同、孵化协议等留存备查，税务部门事后监督。这意味着不申报，不备查，无法直接享受免税政策，并且在经营活动中也要遵循相关政策要求，后续若被发现不符合政策要求，税务机关有权依法查处。	

7. 国家大学科技园

财税〔2016〕98 号	财税〔2018〕120 号，财政部、税务总局公告 2022 年第 4 号
自 2016 年 1 月 1 日至 2018 年 12 月 31 日，对符合条件的科技园自用以及无偿或通过出租等方式提供给孵化企业使用的房产、土地，免征房产税和城镇土地使用税；自 2016 年 1 月 1 日至 2016 年 4 月 30 日，对其向孵化企业出租场地、房屋以及提供孵化服务的收入，免征营业税；在营业税改征增值税试点期间，对其向孵化企业出租场地、房屋以及提供孵化服务的收入，免征增值税。 符合非营利组织条件的科技园的收入，按照《企业所得税法》及《企业所得税法实施条例》和有关税收政策规定享受企业所得税优惠政策。	自 2019 年 1 月 1 日至 2023 年 12 月 31 日，对国家级、省级科技企业孵化器、大学科技园和国家备案众创空间自用以及无偿或通过出租等方式提供给在孵对象使用的房产、土地，免征房产税和城镇土地使用税；对其向在孵对象提供孵化服务取得的收入，免征增值税。 本通知所称孵化服务，是指为在孵对象提供的经纪代理、经营租赁、研发和技术、信息技术、鉴证咨询服务。 国家级、省级科技企业孵化器、大学科技园和国家备案众创空间应当单独核算孵化服务收入。
享受以上免征房产税和土地使用税、增值税的具体要求见上述科技企业孵化器部分。	

(四) 其他专项优惠汇缴申报审核

1. 中国清洁发展机制基金取得的收入免税(财税〔2009〕30号)

1) 清洁基金免税收入范围

经国务院批准,自2007年1月1日起,清洁基金取得的下列收入,免征企业所得税:

(1) CDM项目温室气体减排量转让收入上缴国家的部分。
(2) 国际金融组织赠款收入。
(3) 基金资金的存款利息收入、购买国债的利息收入。
(4) 国内外机构、组织和个人的捐赠收入。

2) CDM项目扣除优惠

CDM项目实施企业按照《清洁发展机制项目运行管理办法》(发展改革委 科技部 外交部 财政部令第37号)的规定,将温室气体减排量的转让收入,按照以下比例上缴给国家的部分,准予在计算应纳税所得额时扣除。

(1) 氢氟碳化物(HFC)和全氟碳化物(PFC)类项目,为温室气体减排量转让收入的65%。
(2) 氧化亚氮(N_2O)类项目,为温室气体减排量转让收入的30%。
(3)《清洁发展机制项目运行管理办法》第四条规定的重点领域以及植树造林项目等类清洁发展机制项目,为温室气体减排量转让收入的2%。

3) 优惠事项管理(国家税务总局公告2018年第23号)

序号	主要留存备查资料	享受优惠时间	后续管理要求
10	由省税务机关规定	预缴享受	由省税务机关规定

2. 证券投资基金从证券市场中取得的收入免税(财税〔2008〕1号)

政策规定	风险提示
对证券投资基金从证券市场中取得的收入,包括买卖股票、债券的差价收入,股权的股息、红利收入,债券的利息收入和其他收入,暂不征收企业所得税。	适用主体:证券投资基金。实际工作中,证券投资基金并未办理税务登记,实际上无法纳入企业所得税年度申报。2017年版申报表取消了2014年版表A107010第7行"2.证券投资基金从证券市场取得的收入",实际上无需填报。

3. 投资者从证券投资基金分配中取得的收入免税(财税〔2008〕1号)

1) 投资者从证券投资基金分配中取得的收入免税范围

政策规定	风险提示
对投资者从证券投资基金分配中取得的收入,暂不征收企业所得税。	企业作为投资主体,直接购买证券投资基金所取得的分配收入暂不征收企业所得税。 投资者从证券投资基金分配取得的收入,在证券投资基金做出利润分配的日期确认收入。投资者在购入证券投资基金之前已经宣告分派的红利等收入,买家在实际收到时不应作为投资收益,更不能就此部分红利享受免税优惠。 委托理财公司在委托理财过程中购买证券投资基金产品,不是以直接投资方式购买证券投资基金,委托理财收到的分红不可以免税。 企业因转让证券投资基金,而取得的差价收入不得免税。

对证券投资基金管理人运用基金买卖股票、债券的差价收入,暂不征收企业所得税。2017年版申报表不再填报该项目。

2) 优惠事项管理(国家税务总局公告2018年第23号)

序号	主要留存备查资料	享受优惠时间	后续管理要求
9	(1) 购买证券投资基金记账凭证。 (2) 证券投资基金分配公告。 (3) 免税的分配收入明细账及按月汇总表。	预缴享受	由省税务机关(含计划单列市税务机关)规定。

4. 取得的地方政府债券利息所得或收入免税（财税〔2011〕76号、财税〔2013〕5号）

对企业和个人取得的2009年、2010年和2011年发行的地方政府债券利息所得，免征企业所得税和个人所得税。对企业和个人取得的2012年及以后年度发行的地方政府债券利息收入，免征企业所得税和个人所得税。地方政府债券是指经国务院批准同意，以省、自治区、直辖市、计划单列市政府为发行和偿还主体的债券。该项优惠主要从备案程序和备案资料完整性上进行审核。

5. 保险保障基金公司取得的保险保障基金等收入免税（财税〔2018〕41号，财政部、税务总局公告2021年第6号）

1）政策规定

| 对中国保险保障基金有限责任公司（以下简称保险保障基金公司）根据《保险保障基金管理办法》取得的下列收入，免征企业所得税：
（1）境内保险公司依法缴纳的保险保障基金。
（2）依法从撤销或破产保险公司清算财产中获得的受偿收入和向有关责任方追偿所得，以及依法从保险公司风险处置中获得的财产转让所得。
（3）接受捐赠收入。
（4）银行存款利息收入。
（5）购买政府债券、中央银行、中央企业和中央级金融机构发行债券的利息收入。
（6）国务院批准的其他资金运用取得的收入。 | 对保险保障基金公司下列应税凭证，免征印花税：
（1）新设立的资金账簿。
（2）在对保险公司进行风险处置和破产救助过程中签订的产权转移书据。
（3）在对保险公司进行风险处置过程中与中国人民银行签订的再贷款合同。
（4）以保险保障基金自有财产和接收的受偿资产与保险公司签订的财产保险合同。
对与保险保障基金公司签订上述产权转移书据或应税合同的其他当事人照章征收印花税。
本通知自2018年1月1日起至2020年12月31日止执行。《财政部 国家税务总局关于保险保障基金有关税收政策问题的通知》（财税〔2016〕10号）同时废止。 |

依据《财政部 税务总局关于延长部分税收优惠政策执行期限的公告》（财政部 税务总局公告2021年第6号）的规定，财税〔2018〕41号文件的税收优惠政策执行期限延长至2023年12月31日。

2）优惠事项管理（国家税务总局公告2018年第23号）

序号	主要留存备查资料	享受优惠时间	后续管理要求
11	由省税务机关规定	预缴享受	由省税务机关规定

6. 对北京冬奥组委免征应缴纳的企业所得税（财税〔2017〕60号）

对北京2022年冬奥会和冬残奥会组织委员会（以下简称北京冬奥组委）实行以下税收政策：
（1）对北京冬奥组委取得的电视转播权销售分成收入、国际奥委会全球合作伙伴计划分成收入（实物和资金），免征应缴纳的增值税。
（2）对北京冬奥组委市场开发计划取得的国内外赞助收入、转让无形资产（如标志）特许权收入和销售门票收入，免征应缴纳的增值税。
（3）对北京冬奥组委取得的与中国集邮总公司合作发行纪念邮票收入、与中国人民银行合作发行纪念币收入，免征应缴纳的增值税。
（4）对北京冬奥组委取得的来源于广播、互联网、电视等媒体收入，免征应缴纳的增值税。
（5）对外国政府和国际组织无偿捐赠用于北京2022年冬奥会的进口物资，免征进口关税和进口环节增值税。
（6）对以一般贸易方式进口，用于北京2022年冬奥会的体育场馆建设所需设备中与体育场馆设施固定不可分离的设备以及直接用于北京2022年冬奥会比赛用的消耗品，免征关税和进口环节增值税。享受免税政策的奥运会体育场馆建设进口设备及比赛用消耗品的范围、数量清单由北京冬奥组委汇总后报财政部商有关部门审核确定。
（7）对北京冬奥组委进口的其他特需物资，包括：国际奥委会或国际单项体育组织指定的、国内不能生产或性能不能满足需要的体育器材、医疗检测设备、安全保障设备、交通通信设备、技术设备，在运动会期间按暂准进口货物规定办理，运动会结束后留用或做变卖处理的，按有关规定办理正式进口手续，并照章缴纳进口税收，其中进口汽车以不低于新车90%的价格估价征税。上述暂准进口的商品范围、数量清单由北京

(续表)

冬奥组委汇总后报财政部商有关部门审核确定。

(8) 对北京冬奥组委再销售所获捐赠物品和赛后出让资产取得收入,免征应缴纳的增值税、消费税和土地增值税。免征北京冬奥组委向分支机构划拨所获赞助物资应缴纳的增值税,北京冬奥组委向主管税务机关提供"分支机构"范围的证明文件,办理减免税备案。

(9) 对北京冬奥组委使用的营业账簿和签订的各类合同等应税凭证,免征北京冬奥组委应缴纳的印花税。

(10) 对北京冬奥组委免征应缴纳的车船税和新购车辆应缴纳的车辆购置税。

(11) 对北京冬奥组委免征应缴纳的企业所得税。

(12) 对北京冬奥组委委托加工生产的高档化妆品免征应缴纳的消费税。

具体管理办法由税务总局另行规定。

(13) 对国际奥委会、国际单项体育组织和其他社会团体等从国外邮寄进口且不流入国内市场的、与北京2022年冬奥会有关的文件、书籍、音像、光盘,在合理数量范围内免征关税和进口环节增值税。合理数量的具体标准由海关总署确定。对奥运会场馆建设所需进口的模型、图纸、图板、电子文件光盘、设计说明及缩印本等规划设计方案,免征关税和进口环节增值税。

(14) 对北京冬奥组委取得的餐饮服务、住宿、租赁、介绍服务和收费卡收入,免征应缴纳的增值税。

(15) 对北京2022年冬奥会场馆及其配套设施建设占用耕地,免征耕地占用税。

(16) 根据中国奥委会、主办城市、国际奥委会签订的《北京2022年冬季奥林匹克运动会主办城市合同》(以下简称《主办城市合同》)的规定,北京冬奥组委全面负责和组织举办北京2022年冬残奥会,其取得的北京2022年冬残奥会收入及其发生的涉税支出比照执行北京2022年冬奥会的税收政策。

对国际奥委会、中国奥委会、国际残疾人奥林匹克委员会、中国残奥委员会、北京冬奥会测试赛赛事组委会实行以下税收政策:

(1) 对国际奥委会取得的与北京2022年冬奥会有关的收入免征增值税、消费税、企业所得税。

(2) 对国际奥委会、中国奥委会签订的与北京2022年冬奥会有关的各类合同,免征国际奥委会和中国奥委会应缴纳的印花税。

(3) 对国际奥委会取得的国际性广播电视组织转来的中国境内电视台购买北京2022年冬奥会转播权款项,免征应缴纳的增值税。

(4) 对按中国奥委会、主办城市签订的《联合市场开发计划协议》和中国奥委会、主办城市、国际奥委会签订的《主办城市合同》的规定,中国奥委会取得的由北京冬奥组委分期支付的收入、按比例支付的盈余分成收入免征增值税、消费税和企业所得税。

(5) 对国际残奥委会取得的与北京2022年冬残奥会有关的收入免征增值税、消费税、企业所得税和印花税。

(6) 对中国残奥委会根据《联合市场开发计划协议》取得的由北京冬奥组委分期支付的收入免征增值税、消费税、企业所得税和印花税。

(7) 北京冬奥会测试赛赛事组委会取得的收入及发生的涉税支出比照执行北京冬奥组委的税收政策。

对北京2022年冬奥会、冬残奥会、测试赛参与者实行以下税收政策:

(1) 对企业、社会组织和团体赞助、捐赠北京2022年冬奥会、冬残奥会、测试赛的资金、物资、服务支出,在计算企业应纳税所得额时予以全额扣除。

(2) 企业根据赞助协议向北京冬奥组委免费提供的与北京2022年冬奥会、冬残奥会、测试赛有关的服务,免征增值税。免税清单由北京冬奥组委报财政部、税务总局确定。

[对赞助企业及参与赞助的下属机构根据赞助协议及补充赞助协议向北京冬奥组委免费提供的、与北京2022年冬奥会、冬残奥会、测试赛有关的服务,免征增值税。适用免征增值税政策的服务,仅限于赞助企业及下属机构与北京冬奥组委签订的赞助协议及补充赞助协议中列明的服务。赞助企业及下属机构应对上述服务单独核算,未单独核算的,不得适用免税政策。(财税〔2019〕6号)]

(3) 个人捐赠北京2022年冬奥会、冬残奥会、测试赛的资金和物资支出可在计算个人应纳税所得额时予以全额扣除。

(4) 对财产所有人将财产(物品)捐赠给北京冬奥组委所书立的产权转移书据免征应缴纳的印花税。

(5) 对受北京冬奥组委邀请的,在北京2022年冬奥会、冬残奥会、测试赛期间临时来华,从事奥运相关工作的外籍顾问以及裁判员等外籍技术官员取得的由北京冬奥组委、测试赛赛事组委会支付的劳务报酬免征增值税和个人所得税。

(6) 对在北京2022年冬奥会、冬残奥会、测试赛期间裁判员等中方技术官员取得的由北京冬奥组委、测试赛赛事组委会支付的劳务报酬,免征应缴纳的增值税。

(续表)

(7) 对于参赛运动员因北京2022年冬奥会、冬残奥会、测试赛比赛获得的奖金和其他奖赏收入,按现行税收法律法规的有关规定征免应缴纳的个人所得税。

(8) 在北京2022年冬奥会场馆(场地)建设、试运营、测试赛及冬奥会及冬残奥会期间,对用于北京2022年冬奥会场馆(场地)建设、运维的水资源,免征应缴纳的水资源税。

(9) 免征北京2022年冬奥会、冬残奥会、测试赛参与者向北京冬奥组委无偿提供服务和无偿转让无形资产的增值税。

本通知自发布之日(2017年7月12日)起执行。

7. 基础设施领域不动产投资信托基金(REITs)试点税收政策(财政部 税务总局公告2022年第3号)

为支持基础设施领域不动产投资信托基金(以下简称基础设施REITs)试点,现将有关税收政策公告如下:

一、设立基础设施REITs前,原始权益人向项目公司划转基础设施资产相应取得项目公司股权,适用特殊性税务处理,即项目公司取得基础设施资产的计税基础,以基础设施资产的原计税基础确定;原始权益人取得项目公司股权的计税基础,以基础设施资产的原计税基础确定。原始权益人和项目公司不确认所得,不征收企业所得税。

二、基础设施REITs设立阶段,原始权益人向基础设施REITs转让项目公司股权实现的资产转让评估增值,当期可暂不缴纳企业所得税,允许递延至基础设施REITs完成募资并支付股权转让价款后缴纳。其中,对原始权益人按照战略配售要求自持的基础设施REITs份额对应的资产转让评估增值,允许递延至实际转让时缴纳企业所得税。原始权益人通过二级市场认购(增持)该基础设施REITs份额,按照先进先出原则认定优先处置战略配售份额。

三、对基础设施REITs运营、分配等环节涉及的税收,按现行税收法律法规的规定执行。

四、本公告适用范围为证监会、发展改革委根据有关规定组织开展的基础设施REITs试点项目。

五、本公告自2021年1月1日起实施。2021年1月1日前发生的符合本公告规定的事项,可按本公告规定享受相关政策。

8. 免税收入对应成本费用的扣除(国税函〔2010〕79号)

企业取得的各项免税收入所对应的各项成本费用,除另有规定者外,可以在计算企业应纳税所得额时扣除。

二、减计收入优惠项目

(一) 综合利用资源生产产品减按90%计入收入总额

政策依据:

《企业所得税法》第三十三条、《企业所得税法实施条例》第九十九条;

《国家发展改革委员会 财政部 国家税务总局关于印发〈国家鼓励的资源综合利用认定管理办法〉的通知》(发改环资〔2006〕1864号);

《财政部 国家税务总局关于执行资源综合利用企业所得税优惠目录有关问题的通知》(财税〔2008〕47号);

财政部等四部门关于公布《环境保护、节能节水项目企业所得税优惠目录(2021年版)》以及《资源综合利用企业所得税优惠目录(2021年版)》的公告(财政部 税务总局 发展改革委 生态环境部公告2021年第36号);

《国家税务总局关于资源综合利用企业所得税优惠管理问题的通知》(国税函〔2009〕185号);

《国家税务总局关于资源综合利用有关企业所得税优惠问题的批复》(国税函〔2009〕567号);

1. 优惠政策规定

《企业所得税法》第三十三条	《企业所得税法实施条例》第九十九条
企业综合利用资源，生产符合国家产业政策规定的产品所取得的收入，可以在计算应纳税所得额时减计收入。	《企业所得税法》第三十三条所称减计收入，是指企业以《资源综合利用企业所得税优惠目录》规定的资源作为主要原材料，生产国家非限制和禁止并符合国家和行业相关标准的产品取得的收入，减按90%计入收入总额。 上述所称原材料占生产产品材料的比例不得低于《资源综合利用企业所得税优惠目录》规定的标准。

企业从事资源综合利用属于《财政部 国家税务总局 国家发展改革委关于公布资源综合利用企业所得税优惠目录（2008年版）的通知》（财税〔2008〕117号）中目录规定范围，但不属于《资源综合利用企业所得税优惠目录（2021年版）》规定范围的，可按政策规定继续享受优惠至2021年12月31日止。税务机关在后续管理中，如不能准确判定企业从事资源综合利用是否属于《资源综合利用企业所得税优惠目录（2021年版）》规定的范围，可提请省级以上（含省级）发展改革和生态环境等部门出具意见。（财政部 税务总局 发展改革委 生态环境部公告2021年第36号）

《资源综合利用企业所得税优惠目录（2021年版）》目录的大类保持不变，对具体项目进行了调整：一是为提升矿产资源和再生资源综合利用效率，在可利用资源方面新增6项，主要包括金属矿和非金属矿、废玻璃和废玻璃纤维、厨余垃圾、废纸、铸造废砂，废旧汽车等。二是为体现生态文明政策导向。删除1个项目，此外还对部分项目进行了归并。三是为提升资源利用效率，体现技术进步和行业发展，新增废水、废气、废渣、废弃电子产品，化工原材料，农业相关明细项内容共9项。同时，根据政策导向以及国家和行业标准规定等，删减和修订了个别明细项内容。

利用电石渣生产水泥的企业，经国家循环经济主管部门认定后，可享受国家资源综合利用税收优惠政策。（发改办环资〔2008〕981号）

企业自2008年1月1日起，经资源综合利用主管部门按《资源综合利用企业所得税优惠目录》规定认定的生产资源综合利用产品的企业（不包括仅对资源综合利用工艺和技术进行认定的企业），取得《资源综合利用认定证书》，以《资源综合利用企业所得税优惠目录（2021年版）》中所列资源为主要原材料，且原材料占生产材料比例不得低于《资源综合利用企业所得税优惠目录》规定的标准，生产国家非限制和禁止并符合国家和行业相关标准的产品取得的收入，减按90%计入收入总额。包括：

（1）利用共生、伴生矿产资源生产规定产品：以《资源综合利用企业所得税优惠目录》第1.1至1.2项列举的原材料，生产相对应的符合相关技术标准的产品所取得的收入减计10%部分的数额。	（2）利用废水(液)、废气、废渣生产规定产品：以《资源综合利用企业所得税优惠目录》第2.1至2.6项列举的原材料，生产相对应的符合相关技术标准的产品所取得的收入减计10%部分的数额。	（3）利用再生资源生产规定产品：以《资源综合利用企业所得税优惠目录》第3.1至3.11项列举的原材料，生产相对应的符合相关技术标准的产品所取得的收入减计10%部分的数额。

企业资源综合利用产品的认定程序，按《国家发展改革委员会 财政部 国家税务总局关于印发〈国家鼓励的资源综合利用认定管理办法〉的通知》（发改环资〔2006〕1864号）的规定执行。2008年1月1日之前经资源综合利用主管部门认定取得《资源综合利用认定证书》的企业，应重新办理认定并取得《资源综合利用认定证书》，方可申请享受资源综合利用企业所得税优惠。

《资源综合利用认定证书》是纳税人到税务机关申请资源综合利用减免税的必要条件。企业资源综合利用产品的认定程序，按《国家发展改革委员会 财政部 国家税务总局关于印发〈国家鼓励的资源综合利用认定管理办法〉的通知》（发改环资〔2006〕1864号）的规定执行。凡未取得认定证书的企业，一律不得办理税收减免手续。资源综合利用企业的资格有效期为2年。

企业生产的资源综合利用产品是否符合规定，应当按照《资源综合利用证书》上注明的比率确定。

企业同时从事其他项目而取得的非资源综合利用收入，应与资源综合利用收入分开核算，没有分开核算的，不得享受优惠政策。享受资源综合利用企业所得税优惠的企业因经营状况发生变化而不符合《资源综合利用企业所得税优惠目录》规定的条件的，应自发生变化之日起15个工作日内向主管税务机关报告，并停止享受资源综合利用企业所得税优惠。

问题答疑：

> 问题：某资源综合利用企业利用《资源综合利用企业所得税优惠目录》规定的建筑垃圾作为主要原材料，生产符合规定的产品如水泥、混凝土等，取得的收入享受减按90%计入企业当年收入总额的税收优惠。该企业2022年从政府有关部门取得政府补助100万元，对于其利用废弃材料而减少废物排放的行为予以奖励，该企业取得的政府补助能否享受减计收入优惠？
>
> 解答：考虑到资源综合利用减计收入优惠是对应税收入进行减计，因此，对于企业取得的政府补助，如该补助是对收入的补偿则可以享受减计收入优惠，如不是对收入的补偿而是对其他因素的补偿则不能享受减计收入优惠。上述问题中的政府补助是对企业减少废物排放行为的奖励，不是对其生产的产品收入进行补偿，因此不能享受减计收入的优惠。

2.《资源综合利用企业所得税优惠目录（2021年版）》

《资源综合利用企业所得税优惠目录（2021年版）》

类别	序号	综合利用的资源	生产的产品	技术标准
一、共生、伴生矿产资源	1.1	煤系共生、伴生矿产资源、瓦斯	高岭岩、铝矾土、膨润土，电力、热力及燃气	（1）产品原料100%来自所列资源。（2）产品原料来自煤炭开发中的废弃物。（3）产品符合国家和行业标准。
	1.2	黑金属矿、有色金属矿、非金属矿共生、伴生矿产资源	共生、伴生矿产资源产品	（1）产品原料100%来自所列资源。（2）共生、伴生矿产资源未达到工业品位。
二、废水（液）、废气、废渣	2.1	煤矸石、煤泥、化工废渣、粉煤灰、尾矿、废石、冶炼渣（钢铁渣、有色冶炼渣、赤泥等）、工业副产石膏、港口航道的疏浚物、江（渠）道的淤泥淤沙等、风积沙、建筑垃圾、生活垃圾焚烧炉渣	砖（瓦）、电力、热力、煤矸石井下充填开采置换出的呆滞煤量、砌块、新型墙体材料、石膏类制品以及商品粉煤灰、建筑砂石骨料、道路用建筑垃圾再生骨料、再生级配骨料、再生骨料无机混合料、预拌商品混凝土、干混砂浆、预拌砂浆、砂浆预制件、混凝土预制件、盾构土、粒化高炉矿渣、钢渣微粉、微晶玻璃、岩棉、矿渣棉、氧化铝、水泥熟料	（1）建材产品原料70%以上来自所列资源。生产其他产品的产品原料100%来自所列资源。（2）用煤矸石、煤泥生产电力、热力产品符合《煤矸石综合利用管理办法》要求。（3）产品符合国家和行业标准。
	2.2	社会回收的废金属（废钢铁、废铜、废铝等）、冶炼渣（钢铁渣、有色冶炼渣、赤泥等）、化工废渣	金属（含稀贵金属）、铁合金料、精矿粉、氯盐（氯化钾、氯化钠等）、硅酸盐及其衍生产品	（1）产品原料70%以上来自所列资源。（2）产品符合国家和行业标准。
	2.3	化工、纺织、造纸工业废液及废渣	银、盐、锌、纤维、碱、羊毛脂、聚乙烯醇、硫化钠、亚硫酸钠、硫氰酸钠、硝酸、铁盐、铬盐、木素磺酸盐、乙酸、乙二酸、乙酸钠、盐酸、粘合剂、酒精、香兰素、饲料酵母、肥料、甘油、乙氰	（1）产品原料70%以上来自所列资源。（2）产品符合国家和行业标准。
	2.4	制盐液（苦卤）及硼酸废液	氯化钾、硝酸钾、溴素、氯化镁、氢氧化镁、无水硝、石膏、硫酸镁、硫酸钾、肥料	产品原料70%以上来自所列资源。

(续表)

类别	序号	综合利用的资源	生产的产品	技术标准
二、废水(液)、废气、废渣	2.5	工矿废水、城镇污水污泥	再生水、土地改良剂、有机肥料	(1) 再生水原料100%来自所列资源。 (2) 土地改良剂、有机肥料原料80%以上来自所列资源。 (3) 产品符合《城市污水再生利用》系列国家标准、《再生水水质标准》或相关用途的再生水水质标准。
	2.6	焦炉煤气、转炉煤气、高炉煤气、矿热炉尾气、化工废气、石油(炼油)化工废气、发酵废气、炭黑尾气、二氧化碳、氯化氢废气,生物质合成气	电力、热力、硫磺、硫酸、磷铵、硫铵、脱硫石膏、可燃气、轻烃、氢气、硫酸亚铁、有色金属、二氧化碳(纯度≥99.9%)、干冰、甲醇、合成氨、甲烷、变性燃料乙醇(纯度≥99.5%)、乙醇梭菌蛋白/菌体蛋白(粗蛋白≥80%)、天然气、氯气(含液氯)	(1) 产品原料100%来自所列资源。 2) 乙醇、蛋白产品等符合国家和行业标准。
三、再生资源	3.1	废弃电器电子产品、废旧电池、废感光材料、废灯泡(管)、废旧太阳能光伏板、风电机组	金属(含稀贵金属)、非金属产品	(1) 产品原料90%以上来自所列资源。 (2) 产品原料符合《废弃电器电子产品处理目录》。
	3.2	废塑料	塑料制品、塑木(木塑)产品	(1) 产品原料90%以上来自所列资源。 (2) 产品符合国家和行业标准。
	3.3	废旧轮胎、废橡胶	再制造轮胎、胶粉、再生橡胶等	(1) 产品原料70%以上来自所列资源。 (2) 产品符合国家和行业标准。
	3.4	废弃天然纤维、化学纤维、多种废弃纤维混合物及其制品、废弃聚酯瓶及瓶片	浆粕、纤维纱及织物、无纺布、毡、粘合剂、再生聚酯及其制品、再生纤维、燃料块、复合板材、生态修复材料、工程塑料等	(1) 生产再生聚酯及其制品的产品原料100%来自所列资源。 (2) 生产其他产品的产品原料70%以上来自所列资源。
	3.5	农作物秸秆及壳皮(粮食作物秸秆、粮食壳皮、玉米芯等)、林业三剩物、次小薪材、蔗渣、糠醛渣、菌糠、酒糟、粗糟、中药渣、废旧家具、畜禽养殖废弃物、畜禽屠宰废弃物、农产品加工有机废弃物	纤维板、刨花板、细木工板、生物质压块、生物质破碎料、生物天然气、热解燃气、沼气、生物油、电力、热力、生物炭、活性炭、烤胶、水解酒精、纤维素、木质素、木糖、阿拉伯糖、糠醛、土壤调理剂、有机肥、膨化饲料、颗粒饲料、菌棒、纸浆、秸秆浆、纸制品等	(1) 产品原料70%以上来自所列资源。 (2) 产品符合国家和行业标准。
	3.6	废生物质油、废弃润滑油	生物柴油、工业级混合油等	(1) 产品原料90%以上来自所列资源。 (2) 产品符合国家和行业标准。

(续表)

类别	序号	综合利用的资源	生产的产品	技术标准
三、再生资源	3.7	废玻璃、废玻璃纤维	玻璃熟料、玻璃纤维制品、真空绝热板芯材	(1) 产品原料90%以上来自所列资源。 (2) 产品符合国家和行业标准。
	3.8	废旧汽车、废旧办公设备、废旧工业装备、废旧机电设备	通过再制造方式生产的发动机、变速箱、转向器、起动机、发电机、电动机等汽车零部件、办公设备、工业装备、机电设备零部件等	产品符合国家标准。
	3.9	厨余垃圾	有机肥料、粗油脂、沼气等	(1) 产品原料80%以上来自所列资源。 (2) 产品符合国家和行业标准。
	3.10	铸造废砂	再生砂型覆膜砂、低氨覆膜砂、再生砂	(1) 产品原料70%以上来自所列资源。 (2) 产品符合国家和行业标准。
	3.11	废纸	纸浆、纸制品	(1) 产品原料90%以上来自所列资源。 (2) 产品符合国家和行业标准。

3. 优惠事项管理（国家税务总局公告2018年第23号）

序号	主要留存备查资料	享受优惠时间	后续管理要求
15	(1) 企业实际资源综合利用情况（包括综合利用的资源、技术标准、产品名称等）的说明。 (2) 综合利用资源生产产品取得的收入核算情况说明。	预缴享受	由省税务机关（含计划单列市税务机关）规定。

（二）金融、保险等机构取得的涉农利息、保费收入减按90%计入收入总额

政策依据：

> 《企业所得税法》及《企业所得税法实施条例》；
> 《财政部 国家税务总局关于延续支持农村金融发展有关税收政策的通知》（财税〔2017〕44号）；
> 《财政部 国家税务总局关于小额贷款公司有关税收政策的通知》（财税〔2017〕48号）；
> 《财政部 国家税务总局关于支持小微企业融资有关税收政策的通知》（财税〔2017〕77号）；
> 《财政部 税务总局关于延续实施普惠金融有关税收优惠政策的公告》（财政部 税务总局公告2020年第22号）。

自2017年1月1日至2023年12月31日，对金融机构农户小额贷款的利息收入，对保险公司为种植业、养殖业提供保险业务取得的保费收入，对经省级金融管理部门（金融办、局等）批准成立的小额贷款公司取得的农户小额贷款利息收入，在计算应纳税所得额时，按90%计入收入总额。

(续表)

(1) 小额贷款、保费收入标准。

小额贷款,是指单笔且该农户贷款余额总额在10万元(含本数)以下的贷款。

保费收入(净值收入额),是指原保险保费收入加上分保费收入减去分出保费后的余额。

(2) 小额贷款利息核算要求。

金融机构应对符合条件的农户小额贷款利息收入进行单独核算,不能单独核算的不得适用优惠政策。

(3) 农户的判定标准。

农户的判定标准应遵循实质重于形式原则。不以户口为判定标准,无必须从事农业生产经营的限制条件,以时间(一年以上)、居住地(乡镇,但不包括城关镇)及实际居住三要素作为主要判定标准。农户贷款的判定应以贷款发放时的承贷主体是否属于农户为准。

1. 金融机构取得的涉农贷款利息收入、保险机构取得的涉农保费收入

1) 税收优惠政策

财税〔2017〕44号	财税〔2017〕77号	财税〔2017〕90号
【条款废止】自2017年1月1日至2019年12月31日,对金融机构农户小额贷款的利息收入,免征增值税。 自2017年1月1日至2019年12月31日,对金融机构农户小额贷款的利息收入,在计算应纳税所得额时,按90%计入收入总额。 自2017年1月1日至2019年12月31日,对保险公司为种植业、养殖业提供保险业务取得的保费收入,在计算应纳税所得额时,按90%计入收入总额。 本通知所称农户,是指长期(一年以上)居住在乡镇(不包括城关镇)行政管理区域内的住户,还包括长期居住在城关镇所辖行政村范围内的住户和户口不在本地而在本地居住一年以上的住户,国有农场的职工和农村个体工商户。位于乡镇(不包括城关镇)行政管理区域内和在城关镇所辖行政村范围内的国有经济的机关、团体、学校、企事业单位的集体户;有本地户口,但举家外出谋生一年以上的住户,无论是否保留承包耕地均不属于农户。农户以户为统计单位,既可以从事农业生产经营,也可以从事非农业生产经营。农户贷款的判定应以贷款发放时的承贷主体是否属于农户为准。	自2017年12月1日至2019年12月31日,对金融机构向农户、小型企业、微型企业及个体工商户发放小额贷款取得的利息收入,免征增值税。金融机构应将相关免税证明材料留存备查,单独核算符合免税条件的小额贷款利息收入,按现行规定向主管税务机构办理纳税申报;未单独核算的,不得免征增值税。《财政部 国家税务总局关于延续支持农村金融发展有关税收政策的通知》(财税〔2017〕44号)第一条相应废止。 自2018年1月1日至2020年12月31日,对金融机构与小型企业、微型企业签订的借款合同免征印花税。 本通知所称农户,是指长期(一年以上)居住在乡镇(不包括城关镇)行政管理区域内的住户,还包括长期居住在城关镇所辖行政村范围内的住户和户口不在本地而在本地居住一年以上的住户,国有农场的职工。位于乡镇(不包括城关镇)行政管理区域内和在城关镇所辖行政村范围内的国有经济的机关、团体、学校、企事业单位的集体户;有本地户口,但举家外出谋生一年以上的住户,无论是否保留承包耕地均不属于农户。农户以户为统计单位,既可以从事农业生产经营,也可以从事非农业生产经营。农户贷款的判定应以贷款发放时的借款人是否属于农户为准。	自2018年1月1日至2019年12月31日,纳税人为农户、小型企业、微型企业及个体工商户借款、发行债券提供融资担保取得的担保费收入,以及为上述融资担保(以下简称原担保)提供再担保取得的再担保费收入,免征增值税。再担保合同对应多个原担保合同的,原担保合同应全部适用免征增值税政策。否则,再担保合同应按规定缴纳增值税。 纳税人应将相关免税证明材料留存备查,单独核算符合免税条件的融资担保费和再担保费收入,按现行规定向主管税务机关办理纳税申报;未单独核算的,不得免征增值税。 农户,是指长期(一年以上)居住在乡镇(不包括城关镇)行政管理区域内的住户,还包括长期居住在城关镇所辖行政村范围内的住户和户口不在本地而在本地居住一年以上的住户,国有农场的职工。位于乡镇(不包括城关镇)行政管理区域内和在城关镇所辖行政村范围内的国有经济的机关、团体、学校、企事业单位的集体户;有本地户口,但举家外出谋生一年以上的住户,无论是否保留承包耕地均不属于农户。农户以户为统计单位,既可以从事农业生产经营,也可以从事非农业生产经营。农户担保、再担保的判定应以原担保生效时的被担保人是否属于农户为准。 小型企业、微型企业,是指符合《中小企业划型标准规定》(工信部联企业〔2011〕300号)的小型企业和微型企业。其中,资产总额和从业人员

(续表)

财税〔2017〕44号	财税〔2017〕77号	财税〔2017〕90号
本通知所称小额贷款，是指单笔且该农户贷款余额总额在10万元（含本数）以下的贷款。 本通知所称保费收入，是指原保险保费收入加上分保费收入减去分出保费后的余额。 金融机构应对符合条件的农户小额贷款利息收入进行单独核算，不能单独核算的不得适用本通知第一条、第二条规定的优惠政策。 本通知印发之日前已征的增值税，可抵减纳税人以后月份应缴纳的增值税或予以退还。	本通知所称小型企业、微型企业，是指符合《中小企业划型标准规定》（工信部联企业〔2011〕300号）的小型企业和微型企业。其中，资产总额和从业人员指标均以贷款发放时的实际状态确定，营业收入指标以贷款发放前12个自然月的累计数确定，不满12个自然月的，按照以下公式计算： 营业收入（年）＝企业实际存续期间营业收入／企业实际存续月数×12 本通知所称小额贷款，是指单户授信小于100万元（含本数）的农户、小型企业、微型企业或个体工商户贷款；没有授信额度的，是指单户贷款合同金额且贷款余额在100万元（含本数）以下的贷款。	指标均以原担保生效时的实际状态确定；营业收入指标以原担保生效前12个自然月的累计数确定，不满12个自然月的，按照以下公式计算： 营业收入（年）＝企业实际存续期间营业收入／企业实际存续月数×12 《财政部 国家税务总局关于全面推开营业税改征增值税试点的通知》（财税〔2016〕36号）附件3《营业税改征增值税试点过渡政策的规定》第一条第（二十四）款规定的中小企业信用担保增值税免税政策自2018年1月1日起停止执行。纳税人享受中小企业信用担保增值税免税政策在2017年12月31日前未满3年的，可以继续享受至3年期满为止。

上述文件中规定于2019年12月31日执行到期的税收优惠政策，实施期限延长至2023年12月31日。（财政部、税务总局公告2020年第22号）

2）优惠事项管理（国家税务总局公告2018年第23号）

序号	主要留存备查资料	享受优惠时间	后续管理要求
16	（1）相关利息收入的核算情况说明。 （2）相关贷款合同。	预缴享受	由省税务机关（含计划单列市税务机关）规定。
17	（1）相关保费收入的核算情况说明。 （2）相关保险合同。	预缴享受	由省税务机关（含计划单列市税务机关）规定。

2. 小额贷款公司取得的农户小额贷款利息收入

1）税收优惠政策（财税〔2017〕48号）

自2017年1月1日至2019年12月31日，对经省级金融管理部门（金融办、局等）批准成立的小额贷款公司取得的农户小额贷款利息收入，免征增值税。

自2017年1月1日至2019年12月31日，对经省级金融管理部门（金融办、局等）批准成立的小额贷款公司取得的农户小额贷款利息收入，在计算应纳税所得额时，按90%计入收入总额。

自2017年1月1日至2019年12月31日，对经省级金融管理部门（金融办、局等）批准成立的小额贷款公司按年末贷款余额的1%计提的贷款损失准备金准予在企业所得税税前扣除。具体政策口径按照《财政部 国家税务总局关于金融企业贷款损失准备金企业所得税税前扣除有关政策的通知》（财税〔2015〕9号）执行。

本通知所称农户，是指长期（一年以上）居住在乡镇（不包括城关镇）行政管理区域内的住户，还包括长期住在城关镇所辖行政村范围内的住户和户口不在本地而在本地居住一年以上的住户，国有农场的职工和农村个体工商户。位于乡镇（不包括城关镇）行政管理区域内和在城关镇所辖行政村范围内的国有经济的机关、团体、学校、企事业单位的集体户；有本地户口，但举家外出谋生一年以上的住户，无论是否保留承包耕地均不属于农户。农户以户为统计单位，既可以从事农业生产经营，也可以从事非农业生产经营。农户贷款的判定应以贷款发放时的承贷主体是否属于农户为准。

本通知所称小额贷款，是指单笔且该农户贷款余额总额在10万元（含本数）以下的贷款。

2017年1月1日至本通知印发之日前已征的应予免征的增值税，可抵减纳税人以后月份应缴纳的增值税或予以退还。

上述文件中规定于2019年12月31日执行到期的税收优惠政策，实施期限延长至2023年12月31日。（财政部、税务总局公告2020年第22号）

2) 优惠事项管理(国家税务总局公告 2018 年第 23 号)

序号	主要留存备查资料	享受优惠时间	后续管理要求
18	(1) 相关利息收入的核算情况说明。 (2) 相关贷款合同。 (3) 省级金融管理部门(金融办、局等)出具的小额贷款公司准入资格文件。	预缴享受	由省税务机关(含计划单列市税务机关)规定。

(三) 取得的中国铁路建设债券利息收入减半征收企业所得税

政策依据	减半优惠期间
财税〔2011〕99 号	2011—2013 年
财税〔2014〕2 号	2014—2015 年
财税〔2016〕30 号	2016—2018 年
财政部、税务总局公告 2019 年第 57 号	2019—2023 年

业取得的中国铁路建设债券利息收入减半征收企业所得税,铁路债券是指以中国铁路总公司为发行和偿还主体的债券,包括中国铁路建设债券、中期票据、短期融资券等债务融资工具。如果是企业投资者中途转让的,持有期间的利息不能作为减半作为免税收入。

铁路债券一般为中长期债券,在债券发行后的很长一段时间内,投资者都会取得利息收入。政策文件中仅限定铁路债券的发行时间,未限定企业取得利息收入的时间。因此,只要企业投资者持有 2019—2023 年发行的铁路债券,在 2023 年以后年度取得的利息收入,仍可享受减半征收企业所得税优惠。同理,企业投资者持有 2016—2018 年发行的铁路债券,在 2019 年及以后年度取得的利息收入,按照财税〔2016〕30 号文件的规定,仍可享受减半征收企业所得税优惠。

优惠事项管理。(国家税务总局公告 2018 年第 23 号)

序号	主要留存备查资料	享受优惠时间	后续管理要求
19	(1) 购买铁路债券证明资料,包括持有时间、票面金额、利率等相关资料。 (2) 应收利息(投资收益)科目明细账或按月汇总表。 (3) 减免税计算过程的说明。	预缴享受	由省税务机关(含计划单列市税务机关)规定。

(四) 提供社区养老、托育、家政服务减计收入(财政部、税务总局、发展改革委、民政部、商务部、卫生健康委公告 2019 年第 76 号)

为支持养老、托育、家政等社区家庭服务业发展,现就有关税费政策公告如下:
(1) 为社区提供养老、托育、家政等服务的机构,按照以下规定享受税费优惠政策:
① 提供社区养老、托育、家政服务取得的收入,免征增值税。
② 提供社区养老、托育、家政服务取得的收入,在计算应纳税所得额时,减按 90% 计入收入总额。
③ 承受房屋、土地用于提供社区养老、托育、家政服务的,免征契税。
④ 用于提供社区养老、托育、家政服务的房产、土地,免征不动产登记费、耕地开垦费、土地复垦费、土地闲置费;用于提供社区养老、托育、家政服务的建设项目,免征城市基础设施配套费;确因地质条件等原因无法修建防空地下室的,免征防空地下室易地建设费。

(2) 社区提供养老、托育、家政等服务的机构自有或其通过承租、无偿使用等方式取得并用于提供社区养老、托育、家政服务的房产、土地,免征房产税、城镇土地使用税。
(3) 本公告所称社区是指聚居在一定地域范围内的人们所组成的社会生活共同体,包括城市社区和农村社区。

为社区提供养老服务的机构,是指在社区依托固定场所设施,采取全托、日托、上门等方式,为社区居民提供养老服务的企业、事业单位和社会组织。社区养老服务是指为老年人提供的生活照料、康复护理、助餐助行、紧急救援、精神慰藉等服务。

为社区提供托育服务的机构,是指在社区依托固定场所设施,采取全日托、半日托、计时托、临

（续表）

时托等方式，为社区居民提供托育服务的企业、事业单位和社会组织。社区托育服务是指为 3 周岁（含）以下婴幼儿提供的照料、看护、膳食、保育等服务。 　　为社区提供家政服务的机构，是指以家庭为服务对象，为社区居民提供家政服务的企业、事业单位和社会组织。社区家政服务是指进入家庭成员住所或医疗机构为孕产妇、婴幼儿、老人、病人、残疾人提供的照护服务，以及进入家庭成员住所提供的保洁、烹饪等服务。 　　（4）符合下列条件的家政服务企业提供家政服务取得的收入，比照《营业税改征增值税试点过渡政策的规定》（财税〔2016〕36 号附件）第一条第（三十一）项的规定，免征增值税。	① 与家政服务员、接受家政服务的客户就提供家政服务行为签订三方协议。 ② 向家政服务员发放劳动报酬，并对家政服务员进行培训管理。 ③ 通过建立业务管理系统对家政服务员进行登记管理。 　　（5）财政、税费征收机关可根据工作需要与民政、卫生健康、商务等部门建立信息共享和工作配合机制，民政、卫生健康、商务等部门应积极协同配合，保障优惠政策落实到位。 　　（6）本公告自 2019 年 6 月 1 日起执行至 2025 年 12 月 31 日。

三、一般企业研发费用加计扣除优惠

（一）研发活动的界定

1. 研发活动要素及内涵

研发活动要素	内涵
有明确创新目标	企业研发活动的目标包括知识创新、技术改进、产品开发和服务改进等，即通过研发活动形成前所未有且具有价值的客体。
有系统组织形式	企业研发活动以项目、课题等方式组织进行，活动围绕着具体的目标，有一定的期限，有较为确定的人、财、物等支持，因此是有边界的和可度量的。
有较强创造性	研发活动的结果是不能完全事先预期的，具有较大的不确定性，有一定的风险并存在失败的可能。

2. 研发活动及具体形式

| 类型 | 研发活动 | | 非研发活动 |
	主要目的	具体形式	
应用性研究	主要是为解决实际应用中的问题，或寻找已有知识的实际应用途径，而开展的理论研究和实验探索。其目的是获取新知识，包括改良材料、产品、装置、工艺过程或服务。	包括辨别基础性研究成果的可应用性，或者研究出一套使企业能够完成预先设定的发展目标的新方案等。	纯粹以获取更多知识为目的，无明确应用目标的基础性、探索性研究和预研等。
试验性开发	主要针对某一特定的实际应用目的，通常是为了生产新材料、新产品、新设备、开发新程序、新系统和新服务，而进行的试制、小试、中试等试验性探索。	原型样机设计、制造、测试，设计新工艺所需要的专用设备和架构，对新产品和新工艺的构思、开发和制造等。	常规测试，为生产工艺而进行的设计、试生产等。
实质性改进	利用从研究或实际经验中获得的知识，对已产生或建立的新产品、新设备、新程序和新系统进行进一步研发、设计和工程化等改良活动，使其质量、水平或效率获得显著提升而进行的系统性的研发工作。	生产机械和工具的改良、生产工艺和质量控制工艺的改变、新方法和标准的开发、新产品或新工艺转到生产部门后，仍存在需要解决的技术问题，其中有一些可能需要进行进一步的研发工作等。	产品化后的相关技术支撑环节。

3. 会计准则对研发活动的界定[《企业会计准则第6号——无形资产》(2006)]

研发阶段	定义	特征	相关活动列举
研究阶段	为获取新的科学或技术知识并理解它们而进行的独创性的有计划调查。	研究阶段是探索性的,为进一步开发活动进行资料及相关方面的准备,已进行的研究活动将来是否会转入开发、开发后是否会形成无形资产等均具有较大的不确定性。	意在获取知识而进行的活动,研究成果或其他知识的应用研究、评价和最终选择,材料、设备、产品、工序系统或服务替代品的研究,新的或经改进的材料、设备、产品、工序系统或服务的可能替代品的配置、设计、评价和最终选择等。
开发阶段	在进行商业性生产或使用前,将研究成果或其他知识应用于某项计划或设计,以生产出新的或具有实质性改进的材料、装置、产品等。	已完成研究阶段的工作,在很大程度上具备了形成一项新产品或新技术的基本条件。	生产前或使用前的原型和模型的设计、建造和测试,不具有商业性生产经济规模的试生产设施的设计、建造和运营等。

4. 企业所得税对研发活动的界定(财税〔2015〕119号)

研发活动	创意设计活动
研发活动及研发费用归集范围。 研发活动,是指企业为获得科学与技术新知识,创造性运用科学技术新知识,或实质性改进技术、产品(服务)、工艺而持续进行的具有明确目标的系统性活动。	特别事项的处理: 企业为获得创新性、创意性、突破性的产品进行创意设计活动而发生的相关费用,可按照财税〔2015〕119号文件的规定进行税前加计扣除。 创意设计活动,是指多媒体软件、动漫游戏软件开发、数字动漫、游戏设计制作、房屋建筑工程设计(绿色建筑评价标准为三星)、风景园林工程专项设计、工业设计、多媒体设计、动漫及衍生产品设计、模型设计等。

风险提示:产品的创意设计活动视同研发,其费用可加计扣除。财税〔2015〕119号文件虽将"创意设计活动"纳入享受加计扣除优惠政策的范畴,但并不意味着此类"创意设计活动"就是研发活动。

(二) 研发费用加计扣除政策规定

政策依据:

《企业所得税法》及《企业所得税法实施条例》;
《财政部 国家税务总局 科技部关于完善研究开发费用税前加计扣除政策的通知》(财税〔2015〕119号);
《国家税务总局关于企业研究开发费用税前加计扣除政策有关问题的公告》(国家税务总局公告2015年第97号);
《国家税务总局关于进一步做好企业研究开发费用税前加计扣除政策贯彻落实工作的通知》(税总函〔2016〕685号);
《科技部 财政部 国家税务总局关于进一步做好企业研发费用加计扣除政策落实工作的通知》(国科发政〔2017〕211号);
《国家税务总局 科技部关于加强企业研发费用税前加计扣除政策贯彻落实工作的通知》(税总发〔2017〕106号);
《国家税务总局关于研发费用税前加计扣除归集范围有关问题的公告》(国家税务总局公告2017年第40号);
《研发费用加计扣除政策执行指引(1.0版)》(国家税务总局所得税司);

《财政部 税务总局 科技部关于企业委托境外研究开发费用税前加计扣除有关政策问题的通知》(财税〔2018〕64号);

《财政部 税务总局 科技部关于提高研究开发费用税前加计扣除比例的通知》(财税〔2018〕99号);

《国家税务总局关于发布修订后的〈企业所得税优惠政策事项办理办法〉的公告》(国家税务总局公告2018年第23号);

《财政部 税务总局关于延长部分税收优惠政策执行期限的公告》(财政部 税务总局公告2021年第6号);

《财政部 税务总局关于进一步完善研发费用税前加计扣除政策公告》(财政部 税务总局公告2021年第13号);

《国家税务总局关于进一步落实研发费用加计扣除政策有关问题的公告》(国家税务总局公告2021年第28号);

《国家税务总局关于企业预缴申报享受研发费用加计扣除优惠政策有关事项的公告》(国家税务总局公告2022年第10号)。

1. 研究开发费加计扣除税收优惠政策

政策依据	重要事项	实施时间
财企〔2007〕194号	研发费用的财务管理口径及会计方面对研发活动的界定。	自2007年9月4日起
国科发火〔2016〕195号	研发费用归集的高新技术企业认定口径。	自2016年1月1日起
《企业所得税法》第三十条第一项	开发新技术、新产品、新工艺发生的研究开发费用可以在计算应纳税所得额时加计扣除。	自2008年1月1日起
《企业所得税法实施条例》第九十五条	企业为开发新技术、新产品、新工艺发生的研究开发费用,未形成无形资产计入当期损益的,在按照规定据实扣除的基础上,按照研究开发费用的50%加计扣除;形成无形资产的,按照无形资产成本的150%摊销。	2008年1月1日至2017年12月31日
国税发〔2008〕116号(失效)	有关研发费加计扣除第一个总局规范性文件。	2008年1月1日至2015年12月31日
财税〔2013〕170号(失效)	加计扣除试点政策推广到全国。	2013年1月1日至2015年12月31日
财税〔2015〕119号	放宽研发活动范围,大幅减少研发费用加计扣除口径与高新技术企业认定研发费用归集口径的差异,并首次明确负面清单制度。明确企业为获得创新性、创意性、突破性的产品进行创意设计活动而发生的相关费用,可按照规定进行税前加计扣除。	自2016年1月1日起
国家税务总局公告2015年第97号	明确财税〔2015〕119号文件政策执行口径,简化研发费用在税务处理中的归集、核算及备案管理,进一步降低企业享受优惠的门槛。	自2016年1月1日起

(续表)

政策依据	重要事项	实施时间
财税〔2017〕134号、国科发政〔2017〕115号、国家税务总局公告2017年第18号	将科技型中小企业享受研发费用加计扣除比例由50%提高到75%。	2017年1月1日至2019年12月31日
国家税务总局公告2017年第40号	聚焦研发费用归集范围,完善和明确了部分研发费用掌握口径。	自2017年1月1日起
财税〔2018〕64号	取消企业委托境外研发费用不得加计扣除限制。	自2018年1月1日起
财税〔2018〕99号,财政部、税务总局公告2021年第6号	提高了企业研究开发费用税前加计扣除比例,未形成无形资产计入当期损益的,在按照规定据实扣除的基础上,按照研究开发费用的75%加计扣除;形成无形资产的,按照无形资产成本的175%摊销。	2018年1月1日至2023年12月31日
财政部、税务总局公告2021年第13号	制造业企业开展研发活动中实际发生的研发费用,未形成无形资产计入当期损益的,在按规定据实扣除的基础上,再按照实际发生额的100%在税前加计扣除;形成无形资产的,自2021年1月1日起,按照无形资产成本的200%在税前摊销。	自2021年1月1日起
国家税务总局公告2022年第10号	企业10月份预缴申报第3季度(按季预缴)或9月份(按月预缴)企业所得税时,可以自主选择就当年前三季度研发费用享受加计扣除优惠政策。对10月份预缴申报期未选择享受研发费用加计扣除优惠政策的,可以在办理当年度企业所得税汇算清缴时统一享受。	自2021年1月1日起

加计扣除优惠与直接减免税相比,直接减免税政策一般都有严格的限制条件和执行期限,而加计扣除优惠的对象是企业的某些具体支出项目,在这些项目上支出越多,得到的优惠越大,因此加计扣除对于鼓励企业加大对研发项目的投入更有针对性,故目前世界各国普遍采用加计扣除方式作为鼓励企业加大研发等方面投入的手段。

1) 对研发支出要区分费用化和资本化处理方式

财税〔2015〕119号	财税〔2018〕99号,财政部、税务总局公告2021年第6号
企业开展研发活动中实际发生的研发费用,未形成无形资产计入当期损益的,在按规定据实扣除的基础上,按照本年度实际发生额的50%,从本年度应纳税所得额中扣除;形成无形资产的,按照无形资产成本的150%在税前摊销。	企业开展研发活动中实际发生的研发费用,未形成无形资产计入当期损益的,在按规定据实扣除的基础上,在2018年1月1日至2023年12月31日,再按照实际发生额的75%在税前加计扣除;形成无形资产的,在上述期间按照无形资产成本的175%在税前摊销。

风险提示:企业的研发支出以是否形成无形资产为标准,划分为费用化和资本化两种方式加计扣除。两种方式准予税前扣除的总额是一样的。研发支出的核算无论是计入当期损益还是形成无形资产,可加计扣除的研发费用都应属于财税〔2015〕119号文件及国家税务总局公告2015年第97号文件、国家税务总局公告2017年第40号文件规定的范围,同时应符合法律、行政法规和财税部门税前扣除的相关规定,即不得税前扣除的项目也不得加计扣除。对于研发支出形成无形资产的,其摊销年限应符合《企业所得税法实施条例》规定,除法律法规另有规定或合同约定外,摊销年限不得低于10年。

实务中,有些企业认为研发支出费用化可以提前享受研发费加计扣除的减税效果,或担心研发费用加计扣除比例未来会下降,若资本化,以后均匀加计扣除时将吃亏。对此,企业不应人为调节研发费用的核算方法。一方面,费用化虽可提前享受研发费加计扣除效果,但以前年度已经费用化的只享受50%的加计扣除,现在加计75%的减税红利无法享受。另一方面,从上述研发费用加计扣除政策的发展可以看出,国家支持创新的力度是持续的,未来优惠政策的延续是大概率事件,甚至可能进一步提高加计扣除比例。因此,企业应按照会计准则和税法的规定,据实核算、归集研发费用,合理合规选择研发费资本化时点,据实享受研发费加计扣除政策。

(1) 除制造业和科技型中小企业外的企业研发费用按75%加计扣除。

政策内容	政策依据
除制造业以外的企业,且不属于烟草制造业、住宿和餐饮业、批发和零售业、房地产业、租赁和商务服务业、娱乐业。 企业开展研发活动中实际发生的研发费用,未形成无形资产计入当期损益的,在2023年12月31日前,在按规定据实扣除的基础上,再按照实际发生额的75%在税前加计扣除;形成无形资产的,在上述期间按照无形资产成本的175%在税前摊销。	《财政部 税务总局 科技部关于提高研究开发费用税前加计扣除比例的通知》(财税〔2018〕99号); 《财政部 税务总局关于延长部分税收优惠政策执行期限的公告》(财政部 税务总局公告2021年第6号)。

(2) 制造业企业研发费用加计扣除比例提高到100%。

政策内容	政策依据
制造业企业开展研发活动中实际发生的研发费用,未形成无形资产计入当期损益的,在按规定据实扣除的基础上,自2021年1月1日起,再按照实际发生额的100%在税前加计扣除;形成无形资产的,自2021年1月1日起,按照无形资产成本的200%在税前摊销。	《财政部 国家税务总局 科技部关于完善研究开发费用税前加计扣除政策的通知》(财税〔2015〕119号); 《财政部 税务总局 科技部关于企业委托境外研究开发费用税前加计扣除有关政策问题的通知》(财税〔2018〕64号); 《财政部 税务总局关于进一步完善研发费用税前加计扣除政策的公告》(财政部 税务总局公告2021年第13号)。

对于制造业的判断,与固定资产加速折旧政策一致,采取的主营业务收入占比+国民经济行业分类的办法,具体为:一是主营业务收入占收入总额的比例要达到50%以上。考虑到企业存在多业经营的实际情况,政策明确企业主要从事制造业业务,即主营业务收入占比达到50%以上即可享受。收入总额按照《企业所得税法》第六条的规定执行,按照规定,企业取得免税收入、不征税收入也属于收入总额的计算范围。应作为计算主营业务收入占比的基数。二是按照国民经济行业分类确定制造业。这也是税收政策在判断行业时普遍采用的方法,现行的国民经济行业分类于2017年发布,如果以后有新的版本发布,则按新版本执行。为保持政策的一致性,判断制造业的时点也应以摊销点为准。

(3) 科技型中小企业加计扣除比例提高到100%。

政策内容	政策依据
科技型中小企业开展研发活动中实际发生的研发费用,未形成无形资产计入当期损益的,在按规定据实扣除的基础上,自2022年1月1日起,再按照实际发生额的100%在税前加计扣除;形成无形资产的,自2022年1月1日起,按照无形资产成本的200%在税前摊销。	《财政部 税务总局 科技部关于进一步提高科技型中小企业研发费用税前加计扣除比例的公告》(财政部 税务总局 科技部公告2022年第16号)。

2) 资本化费用的适用时点

以制造业无形资产加计摊销为例,提高制造业研发费用加计扣除比例的政策从2021年开始执行。费用化研发费用仅涉及发生这一时点,因此自2021年起执行对费用化研发费用是没有异议的,即2021年及以后年度发生的费用化研发费用均能适用政策。但是对于资本化的研发费用,存在着发生、形成无形资产、摊销三个时点。自2021年开始执行具体指哪个时点,是政策顶层设计时面临的一个问题。《财政部 税务总局关于进一步完善研发费用税前加计扣除政策的公告》(财政部 税务总局公告2021年第13号)出于可操作性的考虑,以摊销时点来判断是否可以适用政策,与其他提高研发费用加计扣除比例的政策口径保持一致。例如,某制造业企业在2018—2020年发生了研发费用并进行资本化,在2020年7月结转形成无形资产,2020年7月开始摊销,那么按照文件规定,该企业研发费用发生和形成资产的时点虽然在2021年以前,但按照摊销时点判断,2021

年及以后年度如果符合条件,则可以按200％进行摊销,2020年度的摊销由于摊销时点在2021年以前,则按普适性政策规定的175％进行摊销。

3）研发费用加计扣除可以与其他企业所得税优惠事项叠加享受

《企业所得税法实施条例》	财税〔2009〕69号
企业所得税事项包括免税收入、减计收入、加计扣除、加速折旧、所得减免、抵扣应纳税所得额、减低税率、税额抵免、民族自治地方分享部分减免等。	《企业所得税法》及《企业所得税法实施条例》中规定的各项税收优惠,凡企业符合规定条件的,可以同时享受。因此,企业既符合享受研发费用加计扣除政策条件,又符合享受其他优惠政策条件的,可以同时享受有关优惠政策。

4）预缴享受研发费用加计扣除规定

财政部 税务总局公告2021年第13号	国家税务总局公告2022年第10号
二、企业预缴申报当年第3季度（按季预缴）或9月份（按月预缴）企业所得税时,可以自行选择就当年上半年研发费用享受加计扣除优惠政策,采取"自行判别、申报享受、相关资料留存备查"办理方式。 符合条件的企业可以自行计算加计扣除金额,填报《中华人民共和国企业所得税月（季）度预缴纳税申报表（A类）》享受税收优惠,并根据享受加计扣除优惠的研发费用情况（上半年）填写《研发费用加计扣除优惠明细表》（A107012）。《研发费用加计扣除优惠明细表》（A107012）与相关政策规定的其他资料一并留存备查。	企业10月份预缴申报第3季度（按季预缴）或9月份（按月预缴）企业所得税时,可以自主选择就前三季度研发费用享受加计扣除优惠政策。对10月份预缴申报期未选择享受优惠的,可以在办理年度企业所得税汇算清缴时统一享受。 企业享受研发费用加计扣除政策采取"真实发生、自行判别、申报享受、相关资料留存备查"的办理方式,由企业依据实际发生的研发费用支出,自行计算加计扣除金额,填报《中华人民共和国企业所得税月（季）度预缴纳税申报表（A类）》享受税收优惠,并根据享受加计扣除优惠的研发费用情况（前三季度）填写《研发费用加计扣除优惠明细表》（A107012）。《研发费用加计扣除优惠明细表》（A107012）与政策规定的其他资料一并留存备查。

企业在10月征期预缴申报第3季度（按季预缴）或9月份（按月预缴）企业所得税时,允许企业就前三季度研发费用加计扣除,将享受时点至少提前3个月以上。但企业在10月征期享受并不是强制性规定,而是给企业提供了一个选择权,如果企业因自身等原因,在10月征期没享受的,还也可在汇算清缴时一并享受。由于汇算清缴是企业一年生产经营结果的体现,对于10月征期已经享受的,企业应该将第四季度研发费用与前三季度研发费用统一计算。按政策规定进行年度纳税申报。

2. 享受研究开发费加计扣除优惠政策企业的资格

（1）享受主体。

财税〔2015〕119号 第五条第1点	财税〔2015〕119号 第五条第4点	财政部 税务总局公告2021年第13号
会计核算健全、实行查账征收并能够准确归集研发费用的居民企业。	企业符合本通知规定的研发费用加计扣除条件而在2016年1月1日以后未及时享受该项税收优惠的,可以追溯享受并履行备案手续,追溯期限最长为3年。	制造业企业,是指以制造业业务为主营业务,享受优惠当年主营业务收入占收入总额的比例达到50％以上的企业。制造业的范围按照《国民经济行业分类》（GB/T 4754—2017）确定,如国家有关部门更新《国民经济行业分类》,从其规定。收入总额按照《企业所得税法》第六条的规定执行。 对于制造业的判定标准,即按照制造业的范围按照《国民经济行业分类》（GB/T 4754—2017）确定。2017版的《国民经济行业分类》中制造业一共分为31个大类,179个中类,608个小类。需要注意的是,对于不适用研发费用加计扣除的企业,如烟草制造业,即使按照《国民经济行业分类》属于制造业,也不得享受任何加计扣除。

享受加计扣除的企业是《企业所得税法》第三条规定的依法在中国境内成立的企业,包括依照中国法律、行政法规在中国境内成立的企业、事业单位、社会团体以及其他取得收入的组织。

（2）是否属于可以享受研发费加计扣除政策的对象的判断：负面清单行业的企业不能享受研发费用加计扣除政策。

财税〔2015〕119号第四条	国家税务总局公告2015年第97号
6个不适用研发费用加计扣除政策的行业：烟草制造业、住宿和餐饮业、批发和零售业、房地产业、租赁和商务服务业、娱乐业。上述行业以《国民经济行业分类与代码(GB/4754—2017)》为准，并随之更新。	不适用加计扣除政策行业的判定。《财政部 国家税务总局 科技部关于完善研究开发费用税前加计扣除政策的通知》（财税〔2015〕119号，以下简称财税〔2015〕119号文件）中不适用税前加计扣除政策行业的企业，是指以财税〔2015〕119号文件所列行业业务为主营业务，其研发费用发生当年的主营业务收入占《企业按税法》第六条规定计算的收入总额减除不征税收入和投资收益的余额50%（不含）以上的企业。

（1）非居民企业不得加计扣除；核定征收企业不得加计扣除；"不适用加计扣除政策的行业"是对不得享受加计扣除政策行业的完全列举，即列举之外行业的相关企业，若符合其他条件均可按规定享受加计扣除政策，是"非此即彼"的关系。企业主营业务所属行业不属于负面清单所列示的行业，该企业发生的符合条件的研发费可以按规定留存备查资料并申报享受加计扣除政策。对于企业税务登记中的行业属于负面清单列示行业而实际主营业务不是负面清单列示行业的，该企业可以享受研发费加计扣除政策，如企业因行业信息登记有误未能享受研发费用加计扣除优惠，可对税务登记信息中的所属行业信息进行调整后，通过汇算清缴申报享受优惠。上述行业以《国民经济行业分类与代码(GB/4754—2017)》为准，并随之更新。科技型中小企业研发费用加计扣除也应适用该范围。

（2）收入总额按《企业所得税法》第六条的规定计算。从收入总额中减除的投资收益包括税法规定的股息、红利等权益性投资收益以及股权转让所得。收入总额减除不征税收入和投资收益，保证列举行业不受其他因素影响。企业从事多项上述行业业务的，在主营业务判定时，应根据企业当年取得的上述行业业务收入汇总确定，具体金额可根据企业收入明细账中对应的上述行业业务收入合计数确认。在计算收入总额时，应注意收入总额的完整性和准确性，税收上确认的收入总额不能简单等同于会计收入，重点关注税会收入确认差异及调整情况。计算收入占比时，原则上按年确定。

（3）年度申报时，年度申报表之《企业所得税年度纳税申报基础信息表》"105所属国民经济行业"不能填错，否则不能享受加计扣除优惠。

【例4-3】 H公司拥有丙烯提纯等多项专利技术，但由于场地有限，仅在本地进行项目研发与小批量试制，形成专利技术后，授权外省T公司进行生产。H公司税务登记行业为"有机化学原料制造"。

实际经营与会计处理	企业所得税申报
实际经营中，生产原料由T公司直接采购，T公司利用H公司提供的专利技术对丙烯进行提纯后，将丙烯销售给H公司，H公司再将丙烯通过关联外贸公司销售给国内外下游客户。H公司既没有直接向T公司提供生产原料和主要材料，也没有支付加工费。 在会计核算上，T公司按照全额确认丙烯销售收入；H公司将丙烯作为库存商品入库、销售，并向T公司收取专利使用费125万元。2022年度丙烯销售金额为9 246万元。 根据业务实质，H公司的此经营模式应为批发，国民经济行业大类应为批发和零售业。	2022年度，H公司收入总额为13 960万元，无不征税收入与投资收益。 在2022年度企业所得税汇算清缴申报时，H公司认为公司与T公司是"委托加工"关系，适用的行业是"有机化学原料制造"，并将研发费用624万元的50%申报加计扣除312万元。 按照财税〔2015〕119号文件的规定，2022年度H公司实际上以"批发和零售"为主营业务（主营业务收入占比为9246÷13 960＝66.23%，超过了50%），因此H公司2022年度不能适用税前加计扣除政策。

(3) 是否属于可以享受研发费加计扣除政策的活动的判断:7类一般的知识性、技术性活动不适用加计扣除政策。

财税〔2015〕119号第一条	政策解读
下列活动不适用税前加计扣除政策: (1) 企业产品(服务)的常规性升级。 (2) 对某项科研成果的直接应用,如直接采用公开的新工艺、材料、装置、产品、服务或知识等。 (3) 企业在商品化后为顾客提供的技术支持活动。 (4) 对现存产品、服务、技术、材料或工艺流程进行的重复或简单改变。 (5) 市场调查研究、效率调查或管理研究。 (6) 作为工业(服务)流程环节或常规的质量控制、测试分析、维修维护。 (7) 社会科学、艺术或人文方面的研究。	上述所列举的7类活动,仅是采取反列举的方法,对什么活动属于研发活动所做的有助于理解和把握的说明,并不意味着上述7类活动以外的活动都属于研发活动。企业开展的可适用研发费用加计扣除政策的活动,必须符合财税〔2015〕119号文件有关研发活动的基本定义等相关条件。 对于这七种负面清单,有一些比较模糊,很容易引发税企争议,这就需要企业做好将研发项目能够证明不属于负面清单所列的活动的依据。这样的证明需要从项目的开始做起,绝不能事中或者事后来找证据进行补充。建议企业做好几点: (1) 有明确的研发机构(可以不单设),制定研发的有关管理制度。 (2) 有年度研发计划,提出具体的研发项目或者方向。 (3) 立项申请。要注意立项的名称,对于真实符合条件的,立项名称应该远离负面清单中的字眼。比如说:"对＊＊流水线的技术改造""增加＊＊产品强度的研发"等。 (4) 立项、可行性研究报告论证和布置落实研发的决议文件或者会议纪要。 (5) 研发结果的报告材料。对研发成果的成功报告或者研发失败的报告及终止研发的说明材料。 (6) 创意设计活动很大程度上有非物理化形态的特殊性,更需要有相关的材料来证明其真实性。
"不适用加计扣除的活动"是对不得享受加计扣除政策活动的不完全列举,并非指列举之外的活动都是符合政策条件的研发活动,而仅仅是对"研发活动"范畴的辅助说明,在判定企业从事活动是否可适用加计扣除政策时,应根据财税〔2015〕119号文件有关研发活动的基本定义进行判断。	

(4) 研发费用能否准确归集的判断。

财税〔2015〕119号	国家税务总局公告2015年第97号	国家税务总局公告2021年第28号
三、会计核算与管理 1. 企业应按照国家财务会计制度要求,对研发支出进行会计处理;同时,对享受加计扣除的研发费用按研发项目设置辅助账,准确归集核算当年可加计扣除的各项研发费用实际发生额。企业在一个纳税年度内进行多项研发活动的,应按照不同研发项目分别归集可加计扣除的研发费用。 2. 企业应对研发费用和生产经营费用分别核算,准确、合理归集各项费用支出,对划分不清的,不得实行加计扣除。 五、管理事项及征管要求 1. 本通知适用于会计核算健全、实行查账征收并能够准确归集研发费用的居民企业。 2. 企业研发费用各项目的实际发生额归集不准确、汇总额计算不准确的,税务机关有权对其税前扣除额或加计扣除额进行合理调整。	五、核算要求 企业应按照国家财务会计制度要求,对研发支出进行会计处理。研发项目立项时应设置研发支出辅助账,由企业留存备查;年末汇总分析填报研发支出辅助账汇总表,并在报送《年度财务会计报告》的同时随附注一并报送主管税务机关。研发支出辅助账、研发支出辅助账汇总表可参照本公告所附样式(见附件)编制。 ① 自主研发"研发支出"辅助账; ② 委托研发"研发支出"辅助账; ③ 合作研发"研发支出"辅助账; ④ 集中研发"研发支出"辅助账; ⑤ "研发支出"辅助账汇总表; ⑥ 研发项目可加计扣除研究开发费用情况归集表。	关于研发支出辅助账样式的问题 (1)《国家税务总局关于企业研究开发费用税前加计扣除政策有关问题的公告》(国家税务总局公告2015年第97号)发布的研发支出辅助账和研发支出辅助账汇总表样式(以下简称2015版研发支出辅助账样式)继续有效。另增设简化版研发支出辅助账和研发支出辅助账汇总表样式(以下简称2021版研发支出辅助账样式),具体样式及填写说明见附件。 (2) 企业按照研发项目设置辅助账时,可以自主选择使用2015版研发支出辅助账样式,或者2021版研发支出辅助账样式,也可以参照上述样式自行设计研发支出辅助账样式。 企业自行设计的研发支出辅助账样式,应当包括2021版研发支出辅助账样式所列数据项,且逻辑关系一致,能准确归集允许加计扣除的研发费用。

(续表)

风险提示：

研发支出辅助账样式的定位是为企业享受加计扣除政策提供一个参照使用的样本，不强制执行。因此，2021版研发支出辅助账样式发布后，2015版研发支出辅助账样式继续有效。纳税人既可以选择使用2021版研发支出辅助账样式，也可以继续选择2015版研发支出辅助账样式。需要说明，企业继续使用2015版研发支出辅助账样式的，可以参考2021版研发支出辅助账样式对委托境外研发费用、其他相关费用限额的计算公式等进行相应调整。

为保证企业准确归集可加计扣除的研发费用，且与《研发费用加计扣除优惠明细表》（A107012）的数据项相匹配，小企业自行设计的辅助账样式，应当至少包括2021版研发支出辅助账样式所列数据项，且逻辑关系一致。

3. 异议研发项目鉴定

财税〔2015〕119号	国科发政〔2017〕211号
税务机关对企业享受加计扣除优惠的研发项目有异议的，可以转请地市级（含）以上科技行政主管部门出具鉴定意见，科技部门应及时回复意见。企业承担省级（含）以上科研项目的，以及以前年度已鉴定的跨年度研发项目，不再需要鉴定。	事中异议项目鉴定： （1）税务部门对企业享受加计扣除优惠的研发项目有异议的，应及时通过县（区）级科技部门将项目资料送地市级（含）以上科技部门进行鉴定；由省直接管理的县/市，可直接由县级科技部门进行鉴定（以下简称鉴定部门）。 （2）鉴定部门在收到税务部门的鉴定需求后，应及时组织专家进行鉴定，并在规定时间内通过原渠道将鉴定意见反馈税务部门。鉴定时，应由3名以上相关领域的产业、技术、管理等专家参加。 （3）税务部门对鉴定部门的鉴定意见有异议的，可转请省级人民政府科技行政管理部门出具鉴定意见。 （4）对企业承担的省部级（含）以上科研项目，以及以前年度已鉴定的跨年度研发项目，税务部门不再要求进行鉴定。 事后核查异议项目鉴定： 税务部门在对企业享受的研发费用加计扣除优惠开展事后核查中，对企业研发项目有异议的，可按照本通知第二条的规定送科技部门鉴定。
开展企业研发项目鉴定，不得向企业收取任何费用，所需要的工作经费应纳入部门经费预算给予保障。	

4. 加计扣除研究开发费用的内容（财税〔2015〕119号第一条第一项）

（1）人员人工费用。 直接从事研发活动人员的工资薪金、基本养老保险费、基本医疗保险费、失业保险费、工伤保险费、生育保险费和住房公积金，以及外聘研发人员的劳务费用。 （2）直接投入费用。 ① 研发活动直接消耗的材料、燃料和动力费用。 ② 用于中间试验和产品试制的模具、工艺装备开发及制造费，不构成固定资产的样品、样机及一般测试手段购置费，试制产品的检验费。 ③ 用于研发活动的仪器、设备的运行维护、调整、检验、维修等费用，以及通过经营租赁方式租入的用于研发活动的仪器、设备租赁费。 （3）折旧费用。 用于研发活动的仪器、设备的折旧费。	（4）无形资产摊销。 用于研发活动的软件、专利权、非专利技术（包括许可证、专有技术、设计和计算方法等）的摊销费用。 （5）新产品设计费、新工艺规程制定费、新药研制的临床试验费、勘探开发技术的现场试验费。 （6）其他相关费用。 与研发活动直接相关的其他费用，如技术图书资料费、资料翻译费、专家咨询费、高新科技研发保险费，研发成果的检索、分析、评议、论证、鉴定、评审、评估、验收费用，知识产权的申请费、注册费、代理费，差旅费、会议费等。此项费用总额不得超过可加计扣除研发费用总额的10%。 （7）财政部和国家税务总局规定的其他费用。
国税发〔2008〕116号文件和财税〔2013〕70号文件规定的研发费用范围中强调了"专门"二字，如"专门用于研发活动的""专门用于中间试验和产品试制的"等，非专门用于研发的情况不能加计扣除。财税〔2015〕119号文件取消了"专门"二字，明确企业生产经营和研发共用的设备、软件、模具等也可以加计扣除。	

国家税务总局公告 2015 年第 97 号	国家税务总局公告 2017 年第 40 号
（1）研究开发人员范围【条款废止】。 　　企业直接从事研发活动人员包括研究人员、技术人员、辅助人员。研究人员是指主要从事研究开发项目的专业人员；技术人员是指具有工程技术、自然科学和生命科学中一个或一个以上领域的技术知识和经验，在研究人员指导下参与研发工作的人员；辅助人员是指参与研究开发活动的技工。 　　企业外聘研发人员是指与本企业签订劳务用工协议（合同）和临时聘用的研究人员、技术人员、辅助人员。 （2）研发费用归集。 ① 加速折旧费用的归集【条款废止】。 　　企业用于研发活动的仪器、设备，符合税法规定且选择加速折旧优惠政策的，在享受研发费用税前加计扣除时，就已经进行会计处理计算的折旧、费用的部分加计扣除，但不得超过按税法规定计算的金额。 ② 多用途对象费用的归集【条款废止】。 　　企业从事研发活动的人员和用于研发活动的仪器、设备、无形资产，同时从事或用于非研发活动的，应对其人员活动及仪器设备、无形资产使用情况做必要记录，并将其实际发生的相关费用按实际工时占比等合理方法在研发费用和生产经营费用间分配，未分配的不得加计扣除。 ③ 其他相关费用的归集与限额计算【条款废止】。 　　企业在一个纳税年度内进行多项研发活动的，应按照不同研发项目分别归集可加计扣除的研发费用。在计算每个项目其他相关费用的限额时应当按照以下公式计算： 　　其他相关费用限额＝《财政部 国家税务总局 科技部关于完善研究开发费用税前加计扣除政策的通知》（财税〔2015〕119 号）第一条第一项允许加计扣除的研发费用中的第 1 项至第 5 项的费用之和×10%/（1－10%） 　　当其他相关费用实际发生数小于限额时，按实际发生数计算税前加计扣除数额；当其他相关费用实际发生数大于限额时，按限额计算税前加计扣除数额。	（1）人员人工费用。 　　指直接从事研发活动人员的工资薪金、基本养老保险费、基本医疗保险费、失业保险费、工伤保险费、生育保险费和住房公积金，以及外聘研发人员的劳务费用。 ① 直接从事研发活动人员包括研究人员、技术人员、辅助人员。研究人员是指主要从事研究开发项目的专业人员；技术人员是指具有工程技术、自然科学和生命科学中一个或一个以上领域的技术知识和经验，在研究人员指导下参与研发工作的人员；辅助人员是指参与研究开发活动的技工。外聘研发人员是指与本企业或劳务派遣企业签订劳务用工协议（合同）和临时聘用的研究人员、技术人员、辅助人员。 　　接受劳务派遣的企业按照协议（合同）约定支付给劳务派遣企业，且由劳务派遣企业实际支付给外聘研发人员的工资薪金等费用，属于外聘研发人员的劳务费用。 ② 工资薪金包括按规定可以在税前扣除的对研发人员股权激励的支出。 ③ 直接从事研发活动的人员、外聘研发人员同时从事非研发活动的，企业应对其人员活动情况做必要记录，并将其实际发生的相关费用按实际工时占比等合理方法在研发费用和生产经营费用间分配，未分配的不得加计扣除。 （2）直接投入费用。 　　指研发活动直接消耗的材料、燃料和动力费用；用于中间试验和产品试制的模具、工艺装备开发及制造费，不构成固定资产的样品、样机及一般测试手段购置费，试制产品的检验费；用于研发活动的仪器、设备的运行维护、调整、检验、维修等费用，以及通过经营租赁方式租入的用于研发活动的仪器、设备租赁费。 ① 以经营租赁方式租入的用于研发活动的仪器、设备，同时用于非研发活动的，企业应对其仪器设备使用情况做必要记录，并将其实际发生的租赁费按实际工时占比等合理方法在研发费用和生产经营费用间分配，未分配的不得加计扣除。 ② 企业研发活动直接形成产品或作为组成部分形成的产品对外销售的，研发费用中对应的材料费用不得加计扣除。 　　产品销售与对应的材料费用发生在不同纳税年度且材料费用已计入研发费用的，可在销售当年以对应的材料费用发生额直接冲减当年的研发费用，不足冲减的，结转以后年度继续冲减。 （3）折旧费用。 　　指用于研发活动的仪器、设备的折旧费。 ① 用于研发活动的仪器、设备，同时用于非研发活动的，企业应对其仪器设备使用情况做必要记录，并将其实际发生的折旧费按实际工时占比等合理方法在研发费用和生产经营费用间分配，未分配的不得加计扣除。 ② 企业用于研发活动的仪器、设备，符合税法规定且选择加速折旧优惠政策的，在享受研发费用税前加计扣除政策时，就税前扣除的折旧部分计算加计扣除。 （4）无形资产摊销费用。 　　指用于研发活动的软件、专利权、非专利技术（包括许可证、专有技术、设计和计算方法等）的摊销费用。 ① 用于研发活动的无形资产，同时用于非研发活动的，企业应对其无形资产使用情况做必要记录，并将其实际发生的摊销费按实际工时占比等合理方法在研发费用和生产经营费用间分配，未分配的不得加计扣除。 ② 用于研发活动的无形资产，符合税法规定且选择缩短摊销年限的，在享受研发费用税前加计扣除政策时，就税前扣除的摊销

(续表)

国家税务总局公告 2015 年第 97 号	国家税务总局公告 2017 年第 40 号
④ 特殊收入的扣减【条款废止】。 　　企业在计算加计扣除的研发费用时,应扣减已按财税〔2015〕119 号文件规定归集计入研发费用,但在当期取得的研发过程中形成的下脚料、残次品、中间试制品等特殊收入;不足扣减的,允许加计扣除的研发费用按零计算。 　　企业研发活动直接形成产品或作为组成部分形成的产品对外销售的,研发费用中对应的材料费用不得加计扣除。 ⑤ 财政性资金的处理。 　　企业取得作为不征税收入处理的财政性资金用于研发活动所形成的费用或无形资产,不得计算加计扣除或摊销。 ⑥ 不允许加计扣除的费用。 　　法律、行政法规和国务院财税主管部门规定不允许企业所得税前扣除的费用和支出项目不得计算加计扣除。 　　已计入无形资产但不属于财税〔2015〕119 号文件中允许加计扣除研发费用范围的,企业摊销时不得计算加计扣除。	部分计算加计扣除。 　　(5) 新产品设计费、新工艺规程制定费、新药研制的临床试验费、勘探开发技术的现场试验费。 　　指企业在新产品设计、新工艺规程制定、新药研制的临床试验、勘探开发技术的现场试验过程中发生的与开展该项活动有关的各类费用。 　　(6) 其他相关费用。 　　指与研发活动直接相关的其他费用,如技术图书资料费、资料翻译费、专家咨询费、高新科技研发保险费、研发成果的检索、分析、评议、论证、鉴定、评审、评估、验收费用、知识产权的申请费、注册费、代理费、差旅费、会议费,职工福利费、补充养老保险费、补充医疗保险费。 　　此类费用总额不得超过可加计扣除研发费用总额的 10%。 　　(7) 其他事项。 　　① 企业取得的政府补助,会计处理时采用直接冲减研发费用方法且税务处理时未将其确认为应税收入的,应按冲减后的余额计算加计扣除金额。 　　② 企业取得研发过程中形成的下脚料、残次品、中间试制品等特殊收入,在计算确认收入当年的加计扣除研发费用时,应从已归集研发费用中扣减该特殊收入,不足扣减的,加计扣除研发费用按零计算。 　　③ 企业开展研发活动中实际发生的研发费用形成无形资产的,其资本化的时点与会计处理保持一致。 　　④ 失败的研发活动所发生的研发费用可享受税前加计扣除政策。 　　⑤ 国家税务总局公告 2015 年第 97 号文件第三条所称"研发活动发生费用"是指委托方实际支付给受托方的费用。无论委托方是否享受研发费用税前加计扣除政策,受托方均不得加计扣除。 　　委托方委托关联方开展研发活动的,受托方需向委托方提供研发过程中实际发生的研发项目费用支出明细情况。 　　(8) 执行时间和适用对象。 　　本公告适用于 2017 年度及以后年度汇算清缴。以前年度已经进行税务处理的不再调整。涉及追溯享受优惠政策情形的,按照本公告的规定执行。科技型中小企业研发费用加计扣除事项按照本公告执行。

(1) 接受劳务派遣的企业按照协议(合同)约定支付给劳务派遣企业,且由劳务派遣企业实际支付给外聘研发人员的工资薪金等费用,属于外聘研发人员的劳务费用。企业外聘的研发人员,协议约定由劳务派遣公司支付工资薪金等费用的,凭劳务公司开具的发票上注明的金额加计扣除,不需要区分发票金额中多少是人工费用、多少是劳务派遣公司的其他费用或利润。

国家税务总局公告 2017 年第 40 号文件未规定外聘研发人员必须是专职人员,也未要求必须与外聘研发人员签订劳务用工协议(合同),因此未签订劳务用工协议(合同)的兼职人员可以享受研发费加计扣除优惠。

(2) 工资薪金包括按规定可以在税前扣除的对研发人员股权激励的支出,即符合条件的对研发人员股权激励支出属于可加计扣除范围。需要强调的是享受加计扣除的股权激励支出需要符合《国家税务总局关于我国居民企业实行股权激励计划有关企业所得税处理问题的公告》(国家税务总局公告 2012 年第 18 号)规定的条件。

(3) 人员人工费用、直接投入费用、折旧费用、无形资产摊销费用等多用途对象费用,按照各科目研发工时占比等方法进行分配,未分配不得加计扣除。企业应当在日常的经营管理中严格区分生产用和研发用,编制领料单和审批单进行辅助核算。研发费用分配比例随意是企业中比较常见的问题,例如折旧费用与长期待摊费用、无形资产摊销费用、直接投入、人员人工等均会涉及此类问题。若企业单纯的核定某一百分比作为分配比例而没有相应的依据作为支撑,很难通过检查,而审批单的设置能较好地说明分配比例的设定,为研发费用再分配提供较强的数据支撑。

（续表）

（4）研发活动直接形成产品或作为组成部分形成的产品对外销售的特殊处理：生产单机、单品的企业，研发活动直接形成产品或作为组成部分形成的产品对外销售，产品所耗用的料、工、费全部计入研发费用加计扣除不符合政策鼓励本意。考虑到材料费用占比较大且易于计量，企业研发活动直接形成产品或作为组成部分形成的产品对外销售的，研发费用中对应的材料费用不得加计扣除。产品销售与对应的材料费用发生在不同纳税年度且材料费用已计入研发费用的，可在销售当年以对应的材料费用发生额直接冲减当年的研发费用，不足冲减的，结转以后年度继续冲减。此内容是确定企业研发费用加计扣除基数的政策规定。高新技术企业研发费用按照高新技术企业认定指引的规定进行归集。

（5）特殊收入应减可加计扣除的研发费用：企业开展研发活动中实际发生的研发费用可按规定享受加计扣除政策，实务中常有已归集计入研发费用，但当期取得的研发过程中形成的下脚料、残次品、中间试制品等特殊收入，此类收入均为与研发活动直接相关的收入，应冲减对应的可加计扣除的研发费用。为简便操作，企业取得研发过程中形成的下脚料、残次品、中间试制品等特殊收入，在计算确认收入当年的加计扣除研发费用时，应从已归集研发费用中扣减该特殊收入，不足扣减的，加计扣除研发费用按零计算。

（6）叠加享受加速折旧和加计扣除政策：保留国家税务总局公告2015年第97号文件有关仪器、设备的折旧费用口径和多用途仪器、设备折旧费用归集要求，进一步调整加速折旧费用的归集方法。国家税务总局公告2015年第97号明确加速折旧费用享受加计扣除政策为会计、税收折旧孰小原则，该计算方法复杂，为提高政策的可操作性，国家税务总局公告2017年第40号文件将加速折旧费用的归集方法调整为就税前扣除的折旧部分计算加计扣除，税会有差异的，就税前扣除的折旧部分计算加计扣除。例如，某企业购进研发用仪器设备（价值60万元），按照会计规定折旧年限为10年，按照税法加速折旧的规定，年限为6年，此时，根据旧的规定，企业当年可以加计扣除的额度为 $60 \div 10 = 6$（万元），但根据新规，当年度可以进行加计扣除的部分为 $60 \div 6 = 10$（万元）。再如，企业2022年购入了价值400万元的研发用仪器设备，会计按10年计算折旧，年折旧额40万元。税务处理享受购入固定资产一次性扣除的优惠，2022年度一次性扣除400万元。企业2022年享受研发费用加计扣除时，就税前扣除的400万元折旧额计算加计扣除。

可以在企业所得税前加计扣除的折旧费用，既可以是来源于专门用于研发活动的专用的仪器、设备，也可以来源于同时用于研发活动和非研发活动的仪器、设备。满足加速折旧条件的研发仪器、设备，不仅可以依法享受一次性列支或是加速折旧政策优惠，还可以同时享受研发设备的加计扣除。具体包括：一是所有企业的专用于研发活动的仪器、设备，自2014年1月1日起都可以依法加速折旧；二是"生物药品制造业，专用设备制造业，铁路、船舶、航空航天和其他运输设备制造业，计算机、通信和其他电子设备制造业，仪器仪表制造业，信息传输、软件和信息技术服务业等"六大行业，以及轻工、纺织、机械、汽车四个领域重点行业105个中小类别行业中的小型微利企业研发活动的仪器、设备，不受"专门用于研发"的条件限制，其新购进的研发和生产经营共用的仪器、设备，分别自2014年1月1日和2015年1月1日起，可以依法加速折旧；三是所有企业在2018年1月1日至2023年12月31日新购进的设备、器具，单位价值不超过500万元的，一次性计入当期成本费用。

对于上述三类可以加速折旧的研发设备以外，如自2018年1月1日至2023年12月31日，六大行业、四个领域小型微利企业范围以外，企业新购进的用研发活动的"生产与研发共用的设备"，单位价值超过500万元的，就不能加速折旧。但是在企业所得税申报中，就是归属于研发活动的折旧费用部分，仍然可以"按照本年度实际发生额的"规定比例，从本年度应纳税所得额中加计扣除。

企业选择加速折旧优惠政策时，其资产的税务处理可与会计处理不一致，企业需要特别关注会计处理与税务处理差异，及时做好纳税调整，避免在企业所得税纳税申报（预缴、年报）时出现重复扣除的情况。对于企业采取加速折旧的仪器、设备，在折旧期限内转让给其他单位和个人的，也需要就其当期未纳税调整折旧和未折旧净值进行纳税调整。

（7）企业外购的软件作为无形资产管理的可以适当缩短摊销年限（财税〔2012〕27号），国家税务总局公告2017年第40号文件明确了无形资产缩短摊销年限的折旧归集方法，与固定资产加速折旧的归集方法保持一致，就税前扣除的摊销部分计算加计扣除。会计上使用寿命不确定的无形资产不进行摊销，税收上无形资产摊销年限一般不得少于10年，税会有差异的，就税前扣除的摊销部分计算加计扣除。

（8）明确新产品设计费、新工艺规程制定费、新药研制的临床试验费、勘探开发技术的现场试验费，指企业在新产品设计、新工艺规程制定、新药研制的临床试验、勘探开发技术的现场试验过程中发生的与开展该项活动有关的各类费用。

（9）国家税务总局公告2017年第40号文件在财税〔2015〕119号文件列举的费用基础上，明确其他相关费用还包括职工福利费、补充养老保险费、补充医疗保险费，这三项费用的增加体现了政策对于劳动保护制度完善企业的鼓励。

根据国家税务总局公告 2021 年第 28 号文件规定,2021 年及以后年度,企业在一个纳税年度内同时开展多项研发活动的,由原来按照每一研发项目分别计算"其他相关费用"限额,改为统一计算全部研发项目"其他相关费用"限额。企业按照以下公式计算"其他相关费用"的限额,其中资本化项目发生的费用在形成无形资产的年度统一纳入计算:

全部研发项目的其他相关费用限额=全部研发项目的人员人工等五项费用之和×10%/(1−10%)

当"其他相关费用"实际发生数小于限额时,按实际发生数计算税前加计扣除额;当"其他相关费用"实际发生数大于限额时,按限额计算税前加计扣除额。

(10) 财政性资金用于研发形成的研发费用应区别处理:财政部对《企业会计准则第 16 号——政府补助》进行了修订,修订后的准则在总额法的基础上,新增了净额法,将政府补助作为相关成本费用扣减。按照企业所得税法的规定,企业取得的政府补助应确认为收入,计入收入总额。净额法产生了税会差异。企业在税收上将政府补助确认为应税收入,同时增加研发费用,加计扣除应以税前扣除的研发费用为基数。

但企业未进行相应调整的,税前扣除的研发费用与会计的扣除金额相同,应以会计上冲减后的余额计算加计扣除金额。例如,某企业 2018 年发生研发支出 200 万元,取得政府补助 50 万元,当年会计上的研发费用为 150 万元,未进行相应的纳税调整,则税前加计扣除金额为 150×75%=112.5(万元)。

(11) 明确企业开展研发活动中实际发生的研发费用形成无形资产的,其开始资本化的时点与会计处理保持一致。

按照《企业会计准则第 6 号——无形资产》的规定,企业内部研发项目研究阶段的支出,应当于发生时计入当期损益;开发阶段的支出,同时符合规定条件的,才能确认为无形资产。

企业无法对研究阶段和开发阶段进行准确划分的研发项目,应将发生的研发支出全部费用化处理,计入当期损益。

(12) 已计入无形资产但不属于财税〔2015〕119 号文件中允许加计扣除研发费用范围的,企业摊销时不得计算加计扣除。

无形资产的成本仅指会计上归集的按税法口径允许加计扣除的成本,而不是全部会计成本。

(13) 明确失败的研发活动所发生的研发费用可享受加计扣除政策。一是企业的研发活动具有一定的风险和不可预测性,既可能成功也可能失败,政策是对研发活动予以鼓励,并非单纯强调结果;二是失败的研发活动也并不是毫无价值,在一般情况下的"失败"是指没有取得预期的结果,但可以取得其他有价值的成果;三是许多研发项目的执行是跨年度的,在研发项目执行当年,其发生的研发费用就可以享受加计扣除,不是在项目执行完成并取得最终结果以后才申请加计扣除。

(14) 明确盈利企业和亏损企业都可以享受加计扣除政策。

(15) A107012《研发费用加计扣除优惠明细表》第 34 行"(七)经限额调整后的其他相关费用":填报第 28 行与其他相关费用限额的孰小值。第 34 行=第 28 行与第 3+7+16+19+23 行×10%/(1−10%)的孰小值。(国家税务总局公告 2021 年第 34 号)

其他相关费用限额按以下公式计算:其他相关费用限额=第 3+7+16+19+23 行×10%/(1−10%)。

例如,假设甲公司于 2020 年同时开展两个研发项目,项目一的五项费用之和为 120 万元,其他相关费用为 15 万元;项目二的五项费用之和为 150 万元,其他相关费用为 12 万元。甲公司于 2021 年同样开展两个研发项目,金额均与 2020 年保持一致。则:

2020 年,甲公司根据原政策计算"其他相关费用"限额:项目一其他相关费用限额=120×10%/(1−10%)=13.33(万元),实际发生的其他相关费用为 15 万元,项目一可加计扣除的其他相关费用为 13.33 万元。项目二其他相关费用限额=150×10%/(1−10%)=16.67(万元),实际发生的其他相关费用为 12 万元,项目二可加计扣除的其他相关费用为 12 万元。甲公司于 2020 年可加计扣除的其他相关费用合计为 25.33 万元(13.33+12)。

2021 年,甲公司根据新政策计算"其他相关费用"限额:其他相关费用限额=(120+150)×10%/(1−10%)=30(万元);实际发生的其他相关费用 27 万元(15+12)。根据孰小原则,甲公司于 2021 年可加计扣除的其他相关费用为 27 万元,多于 2020 年可加计扣除的金额。

由此可见,新的计算方式对于同时开展多个研发项目的企业极其友好,不仅能简化计算流程,更能使不同研发项目中的其他相关费用得到充分利用,帮助企业最大程度享受到相关优惠。

(16) 企业在年度汇算清缴时享受此项税收优惠政策,自 2021 年度起预缴时可享受。

【例 4-4】 假设 A 企业管理人员张三,在作为 RD1、RD2 两项研发项目负责人的同时从事企业日常管理,张三当年的工资薪金 50 万元。企业张三工作活动用时情况有记录:2022 年度工作总工时 1 500 小时,其中日常管理活动 500 小时,研发 1 000 小时(其中 RD1 项目 500 小时,RD2 项目 500 小时)。

在计算该企业 2022 年度可加计扣除的研发支出时,日常管理活动对应的 $50 \times (500 \div 1\,500) = 16.67$(万元)不得加计扣除,余下的 33.33 万元在 RD1、RD2 项目间按工时进行分配,可加计扣除的研发支出分别为 16.67 万元、16.67 万元。

【例 4-5】 2022 年某劳务派遣公司向 A 企业派遣 5 人,企业根据合同规定支付劳务费 120 万元(已取得相关发票),根据劳务派遣公司提供的劳务派遣单位派遣员工工资薪金及费用明细表,120 万元劳务费中:工资薪金 86 万元、五险一金 15 万元(其中住房公积金 3 万元)、补充养老保险 4 万元(无补充医疗保险)、补充住房公积金 2 万元、职工福利费 5 万元、职工教育经费 1 万元、工会经费 1 万元,管理费 6 万元。

若 A 企业将外聘 5 人全部作为研发人员参与甲项目的研发。则 2022 年甲项目可归集的外聘人员的人工费用 103 万元(86+15+2),甲项目可归入其他相关费用外聘人员费用 9 万元(4+5)。	若派遣人员中同时从事非研发活动的,企业应对其人员活动情况做必要记录,并将其实际发生的相关费用按实际工时占比等合理方法在研发费用和生产经营费用间分配,未分配的不得加计扣除。

【例 4-6】 某智能科技公司在 2022 年共有甲、乙、丙 3 个研发项目,甲项目当年归集的研发费用总额 65 万元,其中其他直接相关费用 8 万元;乙项目当年归集的研发费用总额 120 万元,其中其他直接相关费用 20 万元;丙项目当年归集的研发费用总额 80 万元,其中其他直接相关费用 6 万元。如何计算当年可加计扣除的其他费用?假设研发活动均符合加计扣除相关规定。

甲项目	乙项目	丙项目
第 1 项至第 5 项费用=65-8=57(万元)。其他费用扣除限额=$57 \times 10\% \div (1-10\%) = 6.33$(万元)。小于实际发生 8 万元,则允许加计扣除金额为 6.33 万元。	第 1 项至第 5 项费用=120-20=100(万元)。其他费用扣除限额=$100 \times 10\% \div (1-10\%) = 11.11$(万元)。小于实际发生 20 万元,则允许加计扣除 11.11 万元。	第 1 项至第 5 项费用=80-6=74(万元)。其他费用扣除限额=$74 \times 10\% \div (1-10\%) = 8.22$(万元)。大于实际发生 6 万元,则允许加计扣除 6 万元。
企业合计可加计扣除的其他费用=6.33+11.11+6=23.44(万元)。		

【例 4-7】 A 公司于 2022 年研发××工艺技术,发生费用化的研发费用 500 万元(均符合加计扣除相关规定),当年处置以前年度研发过程中形成下脚料、残次品、中间试制品一批,取得收入 100 万元,则 2022 年度 A 公司可加计扣除的研发费用为 400 万元(500-100),加计扣除额为 300 万元。

5. 研发形式及享受加计扣除的主体

1) 自主研究开发

条件	加计扣除要求
自主研发是指企业依靠自己的资源、技术、人力,依靠自己的意志,独立研究,并在研发项目的主要方面拥有独立的知识产权。	该研发方式的政策申请主体是开展研发活动的企业本身。

2) 委托研究开发

(1) 委托境内研究开发。

条件	财税〔2015〕119号	国家税务总局公告 2015年第97号	国家税务总局公告 2017年第40号
委托研发是指被委托人基于他人委托而开发的项目。委托人以支付报酬的形式获得被委托人的研发成果的所有权或使用权。	特别事项的处理： 　　企业委托外部机构或个人进行研发活动所发生的费用，按照费用实际发生额的80%计入委托方研发费用并计算加计扣除，受托方不得再进行加计扣除。委托外部研究开发费用实际发生额应按照独立交易原则确定。 　　委托方与受托方存在关联关系的，受托方应向委托方提供研发项目费用支出明细情况。 　　【条款废止】企业委托境外机构或个人进行研发活动所发生的费用，不得加计扣除。	委托研发： 　　企业委托外部机构或个人开展研发活动发生的费用，可按规定税前扣除；加计扣除时按照研发活动发生费用的80%作为加计扣除基数。委托个人研发的，应凭个人出具的发票等合法有效凭证在税前加计扣除。 　　【条款废止】企业委托境外研发所发生的费用不得加计扣除，其中受托研发的境外机构是指依照外国和地区(含中国港澳台)法律成立的企业和其他取得收入的组织。受托研发的境外个人是指外籍(含中国港澳台)个人。	国家税务总局公告2015年第97号文件第三条所称"研发活动发生费用"是指委托方实际支付给受托方的费用。无论委托方是否享受研发费用税前加计扣除政策，受托方均不得加计扣除。 　　委托方委托关联方开展研发活动的，受托方需向委托方提供研发过程中实际发生的研发项目费用支出明细情况。

风险提示：国税发〔2008〕116号文件(已废止)第六条第二款规定，对委托开发的项目，受托方应向委托方提供该研发项目的费用支出明细情况，否则，该委托开发项目的费用支出不得实行加计扣除。财税〔2015〕119号文件第二条第一款规定，委托方与受托方存在关联关系的，受托方应向委托方提供研发项目费用支出明细情况；若不存在关联关系，则不必再提供该研发项目的费用支出明细情况。在委托研发中，要求受托关联方提供研发支出明细情况的目的是为了判断该交易是否符合独立交易原则，并不是要求委托方根据受托方的研发支出确认委托方的研发支出。2016—2017年度汇算清缴时，企业委托境外机构或个人进行研发活动所发生的费用，不得加计扣除。其中委托研发的境外机构是指依照外国和地区(含中国港澳台)法律成立的企业和其他取得收入的组织。受托研发的境外个人是指外籍(含中国港澳台)个人。根据国家税务总局公告2015年第97号留存备查资料要求，委托研发的合同需经科技主管部门登记，未申请认定登记和未予登记的技术合同，不得享受研发费用加计扣除优惠政策。

根据《研发费用加计扣除政策执行指引(1.0版)》的相关规定，只有委托方部分或全部拥有知识产权时，才可按照委托研发享受加计扣除政策。若知识产权最后属于受托方，则不能按照委托研发享受加计扣除政策。根据国家税务总局公告2017年第40号文件的解读第二条第七款的规定，明确委托方享受加计扣除优惠的权益不得转移给受托方。委托研发发生的费用由委托方加计扣除，受托方不得加计扣除。因此，无论委托方是否享受了研发费加计扣除优惠，是否拥有知识产权，受托方均不得加计扣除。

各级税务部门和科技部门要简化管理方式，优化操作流程，确保政策落地。优化委托研发与合作研发项目合同登记管理方式，坚持"实质重于形式"的原则。凡研发项目合同具备技术合同登记的实质性要素，仅在形式上与技术合同示范文本存在差异的，也应予以登记，不得要求企业重新按照技术合同示范文本进行修改报送。(税总发〔2017〕106号)

(2) 委托境外研究开发。(财税〔2018〕64号)

政策规定	政策解读
(1) 委托境外进行研发活动所发生的费用，按照费用实际发生额的80%计入委托方的委托境外研发费用。委托境外研发费用不超过境内符合条件的研发费用三分之二的部分，可以按规定在企业所得税前加计扣除。 　　上述费用实际发生额应按照独立交易原则确定。委托方与受托方存在关联关系的，受托方应向委托方提供研发项目费用支出明细情况。 　　(2) 自委托境外进行研发活动应签订技术开发合同，并由委托方到科技行政主管部门进行登记。相关事项按技术合同认定登记管理办法及技术合同认定规则执行。	(1) 2018年1月1日前发生的委托境外研发费用不得加计扣除，财税〔2015〕119号文件第二条中"企业委托境外机构或个人进行研发活动所发生的费用，不得加计扣除"。 　　(2) 自2018年1月1日起发生的委托境外除个人以外的研发费用按照本通知进行加计扣除。 　　(3) 委托境外机构发生研发费加计扣除条件：

（续表）

政策规定	政策解读
（3）企业应在年度申报享受优惠时，按照《国家税务总局关于发布修订后的〈企业所得税优惠政策事项办理办法〉的公告》（国家税务总局公告2018年第23号）的规定办理有关手续，并留存备查以下资料： ① 企业委托研发项目计划书和企业有权部门立项的决议文件。 ② 委托研究开发专门机构或项目组的编制情况和研发人员名单。 ③ 经科技行政主管部门登记的委托境外研发合同。 ④ "研发支出"辅助账及汇总表。 ⑤ 委托境外研发银行支付凭证和受托方开具的收款凭据。 ⑥ 当年委托研发项目的进展情况等资料。 企业如果已取得地市级（含）以上科技行政主管部门出具的鉴定意见，应作为资料留存备查。 （4）企业对委托境外研发费用以及留存备查资料的真实性、合法性承担法律责任。 （5）委托境外研发费用加计扣除其他政策口径和管理要求按照财税〔2015〕119号、财税〔2017〕34号、国家税务总局公告2015年第97号等文件规定执行。 （6）本通知所称委托境外进行研发活动不包括委托境外个人进行的研发活动。 （7）本通知自2018年1月1日起执行。财税〔2015〕119号文件第二条中"企业委托境外机构或个人进行研发活动所发生的费用，不得加计扣除"的规定同时废止。	① 必须签订合同并且合同。 ② 合同经科技行政主管部门进行登记。 ③ 取得委托研究开发专门机构或项目组的编制情况和研发人员名单。 ④ 款项支付需为银行支付并且取得收款凭证。 ⑤ 受托方为关联方的需取得研发项目费用支出明细情况。 （4）委托境外机构发生研发费加计扣除基数计算： ① 按照发生额的80%计入委托方委托境外研发费用。 ② 委托境外研发费用不超过境内符合条件的研发费用三分之二的部分，可以按规定在企业所得税前加计扣除。 ③ 境内符合条件的研发费用既包括费用化的研发费用也包括资本化的研发费用，因此，用于计算三分之二限额的基数"境内符合条件的研发费用"包括资本化的研发费用。 （5）企业在境外的分支机构产生的研发费用不属于委托境外机构研发费用，按照企业自主研发项目享受加计扣除。

财税〔2018〕64号文件规定，委托方与受托方存在关联关系的，受托方应向委托方提供研发项目费用支出明细情况。研发费用实际发生额应按照独立交易原则确定。早在《国家税务总局关于发布〈特别纳税调查调整及相互协商程序管理办法〉的公告》（国家税务总局公告2017年第6号）中就曾强调，向关联方对外支付服务费需要满足"真实性""受益性"，定价应符合独立交易原则。无法满足这些条件的服务费不得在所得税前列支抵扣。建议企业提前准备证明委托研发活动"真实性"的文档支持佐证，并关注委托研发活动的"受益性"。同时，应制定合理的委托研发定价政策，比如类比市场公平交易价格确定，或根据委托研发费用的合理完全成本加成确定。

【例4-8】 A企业于2022年委托不存在关联关系的境外B企业开展研发活动，发生支出5亿元，A企业境内符合条件的研发费用合计4.5亿元，则A企业于2022年度汇算清缴时，应按$5\times 80\%=4$（亿元）计入其委托境外研发费用；同时，A企业的委托境外研发费用仅可在境内符合条件的研发费用的三分之二限额$[4.5\times 2\div 3=3$（亿元）$]$内加计扣除，A企业该年度允许加计扣除的境外研发支出为3亿元。2022年，A企业允许扣除的研发费用为$4.5+4+(4.5+3)\times 75\%=14.125$（亿元）。

【例4-9】 甲石墨烯节能灯有限公司为高新技术企业，2022年度进行了2项研发活动，项目编号分别为SMC1、SMC2。SMC1研发失败，SMC2委托外部机构研发。SMC1支出研发费用160万元，其中符合条件的为140万元，SMC2委托外部机构进行研发，共支付研发活动劳务费用150万元（其中50万元由境外机构完成）。没有特别说明，数据归集均符合法律、法规等相关规定。求加计扣除的本年度研发费用金额。

委托境外机构的研发费用$=50\times 80\%=40$（万元）。

不超过境内符合条件的研发费用三分之二的部分计算：$(140+100\times 80\%)\times 2\div 3=146.67$（万元），孰小取谁。

加计扣除本年度研发费用小计$=140+80+40=260$（万元）。

加计扣除金额$=260\times 75\%=195$（万元）。

(3) 委托研发合同。

对委托研发的项目,委托方应与受托方签订委托开发合同。其中,委托境内机构或个人研发的合同由受托方于科技主管部门进行登记,委托境外进行研发活动由委托方于科技行政主管部门登记。未申请认定登记和未予登记的技术合同,不得享受研发费用税前加计扣除的优惠政策。		合同可参照《科学技术部关于印发〈技术合同示范文本〉的通知》(国科发政字〔2001〕244号)附件1《技术开发(委托)合同》(样式)编制,但凡企业研发项目合同具备技术合同登记的实质性要素,仅在形式上与技术合同示范文本存在差异的,也应予以登记,不得要求企业重新按照技术合同示范文本进行修改报送。

3) 合作研究开发(财税〔2015〕119号、国家税务总局公告2015年第97号)

条件	加计扣除要求	合作研发合同
合作研发是指立项企业通过契约的形式与其他企业共同对项目的某一关键领域分别投入资金、技术、人力,共同参与产生智力成果的创作活动,共同完成研发项目。	企业共同合作开发的项目,由合作各方就自身实际承担的研发费用分别计算加计扣除。	合作研发合同可参照《科学技术部关于印发〈技术合同示范文本〉的通知》(国科发政字〔2001〕244号)附件2《技术开发(合作)合同》(样式)编制,但凡企业研发项目合同具备技术合同登记的实质性要素,仅在形式上与技术合同示范文本存在差异的,也应予以登记,不得要求企业重新按照技术合同示范文本进行修改报送。 涉及与外省市企业以及境外企业合作开发的情况,合作开发协议或者合同中一定要明确合作各方的权利义务和成果归属,作为享受税收研发费用加计扣除的依据和无形资产成果管理摊销的重要判断标准。

风险提示:根据国家税务总局公告2015年第97号文件留存备查资料的要求,合作研发的合同需经科技主管部门登记,未申请认定登记和未予登记的技术合同,不得享受研发费用加计扣除优惠政策。

各级税务部门和科技部门要简化管理方式,优化操作流程,确保政策落地。优化委托研发与合作研发项目合同登记管理方式,坚持"实质重于形式"的原则。凡研发项目合同具备技术合同登记的实质性要素,仅在形式上与技术合同示范文本存在差异的,也应予以登记,不得要求企业重新按照技术合同示范文本进行修改报送。(税总发〔2017〕106号)

4) 集团集中研究开发(财税〔2015〕119号、国家税务总局公告2015年第97号)

条件	加计扣除要求
集中研发是指集团企业根据生产经营和科技开发的实际情况,对技术要求高、投资数额大,单个企业难以独立承担,或者研发力量集中在集团公司、由其统筹管理集团研发活动的研发项目进行集中研发。	集中研发在收益成员企业间合理分摊加计扣除。企业集团根据生产经营和科技开发的实际情况,对集中研发项目按照财税〔2015〕119号文件规定归集的可加计扣除的研发费用,按照权利和义务相一致、费用支出和收益分享相配比的原则,合理确定研发费用的分摊方法,在受益成员企业间进行分摊,由相关成员企业分别计算加计扣除。

企业集团集中开发的研发费用分摊需要关注关联申报:

企业集团根据生产经营和科技开发的实际情况,对集中研发项目按照财税〔2015〕119号文件规定归集的可加计扣除的研发费用,按照权利和义务相一致、费用支出和收益分享相配比的原则,合理确定研发费用的分摊方法,在受益成员企业间进行分摊,由相关成员企业分别计算加计扣除。

企业集团应将集中研发项目的协议或合同、集中研发项目研发费用决算表,集中研发项目费用分摊明细情况表和实际分享收益比例等资料提供给相关成员企业。协议或合同应明确参与各方在该研发项目中的权利和义务、费用分摊方法等内容。集团在分摊研发费用时,须开发票给成员企业并收取研发费用。成员企业真正负担了研发费,凭发票在税前扣除并加计扣除。如不能提供集中研究开发项目的决算表及分摊表等关键资料,研究开发费用不得加计扣除。

根据《国家税务总局关于完善关联申报和同期资料管理有关事项的公告》(国家税务总局公告2016年第42号)的规定,企业集团开发、应用无形资产及确定无形资产所有权归属的整体战略,包括主要研发机构所在地和研发管理活动发生地及其主要功能、风险、资产和人员情况等应在主体文档中披露。

5）享受自主研发费用加计扣除的研发项目无需事先通过科技部门鉴定或立项

自2016年1月1日起，企业申报享受研发费用加计扣除优惠，无需事前通过科技部门鉴定。 企业自主研发的项目，需经过企业有权部门审核立项。也就是说，不需经过科技部门和税务部门进行立项备案，只需企业内部有决策权的部门，如董事会等做出决议即可。政府及相关部门支持的重点项目，根据政府部门立项管理的相关要求，需科技部门备案的特殊情况除外，但税务部门对自主研发项目没有登记的硬性要求。	委托研发及合作研发的项目立项则需要科技部门登记。《科学技术部 财政部 国家税务总局关于印发〈技术合同认定登记管理办法〉的通知》（国科发政字〔2000〕63号）第六条规定，未申请认定登记和未予登记的技术合同，不得享受国家对有关促进科技成果转化规定的税收、信贷和奖励等方面的优惠政策；国家税务总局公告2015年第97号文件规定，委托及合作研发的，需提供经科技行政主管部门登记的委托、合作研究开发项目的合同留存备查。因此，经科技行政主管部门登记的委托、合作研发项目合同是享受研发费用加计扣除的要件之一。

6. 研发费用加计扣除形成亏损的处理

国税函〔2009〕98号	税会差异
企业技术开发费加计扣除部分已形成企业年度亏损，可以用以后年度所得弥补，但结转年限最长不得超过5年。	加计扣除属于税法与会计核算不一致所产生的一项可抵减永久性差异。

结论：亏损企业也可以享受技术开发费用加计扣除的税收优惠政策。
建议：企业即使正常经营活动产生亏损，也应积极申请加计扣除，这样可以抵减以后年度更多的应纳税所得额，从而减轻以后年度的所得税负担。

（三）加计扣除财务管理及核算

1. 研发项目的立项管理

（1）研发项目立项前调研。

在研发项目立项前，企业研发部门须进行项目立项调研。项目立项调研的主要任务包括：论证该项目领域技术（或产品）的技术发展方向和动向、市场动态及企业研发该项目的技术优势、可行性等。

（2）编制研发项目可行性研究报告。

在立项调研结束后，企业研发部门须编制和提供立项可行性研究报告。可行性研究报告内容应包括项目概况、市场需求、主要研究内容、预期目标、实施方案、项目预算等内容。

企业可以组织独立于申请及立项审批之外的专业机构和人员成立评估委员会进行项目评估论证，对技术研发部门提交的立项可行性研究报告进行评估。技术研发部门报告编制人或项目技术负责人应参会陈述和答辩。经评估后，委员会对该可行性研究报告作出可行或不可行的意见。

（3）研发项目的立项审批。

经评估可行的可行性研究报告，技术研发部门及时提交立项申请。研究项目应当按照规定的权限和程序进行审批，重大研究项目应当报经董事会或类似权力机构集体审议决策。审批过程中，应当重点关注研究项目促进企业发展的必要性、技术的先进性以及成果转化的可行性。根据项目预算金额的大小，按企业分级授权管理制度分别提交总经理办公会或董事会审批。对经审批通过的立项申请，企业应及时下达立项批复，编制《企业研究开发项目计划书》，并明确项目预算，组成研发项目小组，指定项目小组负责人和配备合适项目小组成员等。项目小组负责人凭立项批复在财务部门办理项目费用预算申请，财务部门在年度的研发费用中安排保证。

（4）研发项目的跟踪监督与成果验收。

企业总工程师（技术总监）、技术中心主任等应当跟踪项目进展情况，项目小组负责人有责任定期或不定期向总工程师（技术总监）、技术中心主任等汇报进展情况。项目小组每月应编制项目进展情况表，由总工程师（技术总监）、技术中心主任等签字审核报财务部门，财务部门据此办理研发支出的预算控制、会计核算等。

企业所有的立项研发项目都必须进行验收。企业应当建立和完善研究成果验收制度，组织专业人员对研究成果进行独立评审和验收。企业内部立项的研发项目可以组成以总工程师（技术总监）为组长的验收小组，成员由企业技术、生产、营销、质量、设备、财务、人力资源、审计等专业人员组成，同时也可以邀请外部专家的加入，必要时可以委托外部相关机构对研究成果进行评审或科技成果鉴定。

企业对于通过验收的研究成果，可以委托相关机构进行审查，确认是否申请专利或作为非专利技术、商业秘密等进行管理。企业对于需要申请专利的研究成果，应当及时办理有关专利申请手续。

2. 研究阶段与开发阶段的区分

2006年的《企业会计准则第6号——无形资产》规定,企业内部研究开发项目的支出,应当区分研究阶段支出与开发阶段支出。研究是指为获取并理解新的科学或技术知识而进行的独创性的有计划调查。开发是指在进行商业性生产或使用前,将研究成果或其他知识应用于某项计划或设计,以生产出新的或具有实质性改进的材料、装置、产品等。企业内部研究开发项目研究阶段的支出,应当于发生时计入当期损益;同时满足下列条件的,才能确认为无形资产:

资本化条件	研发费用资本化判断条件及佐证材料
(1)完成该无形资产以使其能够使用或出售在技术上具有可行性。(企业判断该无形资产在技术上是否具有可行性,应当提供相关证据和材料,如企业已完成了研发、测试等全部环节,该项资产已能够达到预期的所有功能) (2)具有完成该无形资产并使用或出售的意图。(企业应具有完成该项无形资产开发并使其能够使用或出售的可能性) (3)无形资产产生经济利益的方式,包括能够证明运用该无形资产生产的产品存在市场或无形资产自身存在市场,无形资产将在内部使用的,应当证明其有用性。(企业应区分该项无形资产产生未来经济利益的形式:对运用该无形资产生产新产品而出售的,应证明新产品存在市场且能产生经济利益流入;对直接将该无形资产用于出售的,应证明该资产能够出售且能带来经济利益流入) (4)有足够的技术、财务资源和其他资源支持,以完成该无形资产的开发,并有能力使用或出售该无形资产。(企业应有确凿证据证明完成该项无形资产开发的技术能力、财务基础及其他资源) (5)归属于该无形资产开发阶段的支出能够可靠地计量。(企业应对开发活动的支出单独核算。对于同时从事多项开发活动而无法在各项间合理分配,以及无法区分研究阶段与开发阶段的支出,应进行费用化计入当期损益)	(1)开发项目技术方案已经过技术团队进行充分论证并通过。佐证材料包括开发项目可行性分析报告、公司立项评审会议纪要等。 (2)管理层已经批准开发项目立项申请报告。佐证材料包括开发项目立项申请书、管理层会议批准文件等。 (3)开发项目已经充分地进行前期市场调研,说明所生产的产品或开发的工艺流程具有市场推广能力,能给企业带来经济利益。佐证材料包括开发项目可行性分析报告、公司立项评审会议纪要等。 (4)有足够的技术和资金支持,以进行项目开发及后续的规模化生产。佐证材料包括经批准的项目工作大纲或科技合同书(含项目预算、开发团队、技术路线等)。 (5)开发项目支出能够可靠地归集。佐证材料包括开发项目会计核算账簿、项目支出统计台账等。

我国会计准则关于无形资产资本化的规定采取的是"有条件资本化"的方式。会计人员必须根据企业的实际情况准确判断所发生的研发支出是属于研究阶段还是属于开发阶段,并且提供详细、合理的有力证据。而《企业所得税法》及其实施条例规定,企业发生的支出应当区分收益性支出和资本性支出。收益性支出在发生当期直接扣除;资本性支出应当分期扣除或者计入有关资产成本,不得在发生当期直接扣除。应注意税会差异之间的调整。

3. 研发费用财务列支的范围(财企〔2007〕194号第一条)

(1)研发活动直接消耗的材料、燃料和动力费用。 (2)企业在职研发人员的工资、奖金、津贴、补贴、社会保险费、住房公积金等人工费用以及外聘研发人员的劳务费用。(与研发费用加计扣除归集口径相比,强调"在职"人员,且包含了研发人员的奖金、津补贴等未列入加计扣除范围的费用) (3)用于研发活动的仪器、设备、房屋等固定资产的折旧费或租赁费以及相关固定资产的运行维护、维修等费用。(研发费用加计扣除归集口径不包含房屋的折旧或租赁费用) (4)用于研发活动的软件、专利权、非专利技术等无形资产的摊销费用。 (5)用于中间试验和产品试制的模具、工艺装备开发及制造费,设备调整及检验费,样品、样机及一般测试手段购置费,试制产品的检验费等。	(6)研发成果的论证、评审、验收、评估以及知识产权的申请费、注册费、代理费等费用。 (7)通过外包、合作研发等方式,委托其他单位、个人或者与之合作进行研发而支付的费用。(研发费用加计扣除归集口径规定,委托研发支出仅可按实际发生额的80%作为加计扣除基数计入委托方。) (8)与研发活动直接相关的其他费用,包括技术图书资料费、资料翻译费、会议费、差旅费、办公费、外事费、研发人员培训费、培养费、专家咨询费、高新科技研发保险费用等。(与研发费用加计扣除归集口径相比多列举了办公费、外事费、研发人员培训费、培养费,且未规定归集限额。同时,按照税务总局公告2017年第40号文件的规定,职工福利费、补充养老保险费、补充医疗保险费可按规定归集入其他相关费用计算加计扣除)

一般而言,研发费用加计扣除优惠明细表的数据必然小于会计账面研发支出金额。如果两者是一致的,那么必然是会计上不符税法研发支出的,也列入税法加计扣除了。

4. 研发准备金的提取(财企〔2007〕194号第四条)

财务规定	税务处理
企业可以建立研发准备金制度,根据研发计划及资金需求,提前安排资金,确保研发资金的需要,研发费用按实际发生额列入成本(费用)。	对按财企〔2007〕194号文件的规定计提了研发准备金的企业,在季度预缴时,应按会计规定核算的利润总额申报纳税。年度汇算清缴时,当年计提而未实际支出的研发准备金,应进行纳税调整,不得在税前扣除且不得用于计算加计扣除。

5. 税法对研发费用加计扣除的核算要求(财税〔2015〕119号)

(1)遵照国家统一会计制度:企业应按照国家财务会计制度的要求,对研发支出进行会计处理。

(2)设置研发支出辅助账:对享受加计扣除的研发费用,按研发项目设置辅助账,准确归集核算当年可加计扣除的各项研发费用实际发生额。企业在一个纳税年度内进行多项研发活动的,应按照不同研发项目分别归集可加计扣除的研发费用。

(3)研发与生产分别核算:企业应对研发费用和生产经营费用分别核算,准确、合理归集各项费用支出,对划分不清的,不得实行加计扣除。

1) 2015版研发支出辅助账

财税〔2015〕119号	国家税务总局公告2015年第97号
三、会计核算与管理 1. 企业应按照国家财务会计制度的要求,对研发支出进行会计处理;同时,对享受加计扣除的研发费用按研发项目设置辅助账,准确归集核算当年可加计扣除的各项研发费用实际发生额。企业在一个纳税年度内进行多项研发活动的,应按照不同研发项目分别归集可加计扣除的研发费用。 2. 企业应对研发费用和生产经营费用分别核算,准确、合理归集各项费用支出,对划分不清的,不得实行加计扣除。 五、管理事项及征管要求 1. 本通知适用于会计核算健全、实行查账征收并能够准确归集研发费用的居民企业。 2. 企业研发费用各项目的实际发生额归集不准确、汇总额计算不准确的,税务机关有权对其税前扣除额或加计扣除额进行合理调整。	五、核算要求 企业应按照国家财务会计制度的要求,对研发支出进行会计处理。研发项目立项时应设置研发支出辅助账,由企业留存备查;年末汇总分析填报研发支出辅助账汇总表,并在报送《年度财务会计报告》的同时随附注一并报送主管税务机关。研发支出辅助账、研发支出辅助账汇总表可参照本公告所附样式(见附件)编制。 ① 自主研发"研发支出"辅助账; ② 委托研发"研发支出"辅助账; ③ 合作研发"研发支出"辅助账; ④ 集中研发"研发支出"辅助账; ⑤ "研发支出"辅助账汇总表; ⑥ 研发项目可加计扣除研究开发费用情况归集表。

研发支出辅助账样式的定位是为企业享受加计扣除政策提供一个参照使用的样本,不强制执行。因此,2021版研发支出辅助账样式发布后,2015版研发支出辅助账样式继续有效。纳税人既可以选择使用2021版研发支出辅助账样式,也可以继续选择2015版研发支出辅助账样式。需要说明,企业继续使用2015版研发支出辅助账样式的,可以参考2021版研发支出辅助账样式对委托境外研发费用、其他相关费用限额的计算公式等进行相应调整。

为保证企业准确归集可加计扣除的研发费用,且与《研发费用加计扣除优惠明细表》(A107012)的数据项相匹配,小企业自行设计的辅助账样式,应当至少包括2021版研发支出辅助账样式所列数据项,且逻辑关系一致。

2) 2021 版研发支出辅助账

① 2021 版研发支出辅助账样式见下表。

(可从国家税务总局公告 2021 年第 28 号附件 1 下载)

2021 版研发支出辅助账(样式)

项目编号：　　　　项目名称：　　　　完成情况：　　　　支出类型：　　　　金额单位：元

凭证信息				会计凭证记载金额	税法规定的归集金额	费用明细(税法规定)						委托研发费用	
日期	种类	号数	摘要			人员人工费用	直接投入费用	折旧费用	无形资产摊销	新产品设计费等	其他相关费用	委托境内机构或个人进行研发活动所发生的费用	委托境外机构进行研发活动所发生的费用
合计金额													

会计主管：　　　　　　　　　　　　　　　　　录入人：

② 填写说明。

(一) 对享受加计扣除的研发费用按项目设置研发支出辅助账,用于归集已按照国家财务会计制度进行会计处理,且属于税前加计扣除归集范围的研发费用。

对于单个研发项目涉及多种研发形式的,该研发项目只需建立一套辅助账,无需再按不同研发形式分别设置辅助账。如:某一研发项目,其一部分采取自主研发形式,另一部分采取委托研发形式,企业不必分别设置自主研发和委托研发两套辅助账,对同时包括两种及两种以上研发形式的支出,统一在一套辅助账中归集。

(二) 项目编号:企业可自行对本企业的研发项目进行编号,并据此填写本栏次。

(三) 项目名称:根据企业研发项目计划书或立项决议文件等据实填写。

(四) 完成情况:根据项目完成进度,选填"未结束"或"已结束"。其中:对于跨年度的研发项目,截至所属期末尚未完成的项目,填写"未结束";对于企业确认研发失败的项目,填写"已结束"。

(五) 支出类型:根据会计处理情况,选填"费用化"或"资本化"。其中:"费用化"是研发支出直接计入当期损益,在发生年度一次性扣除;"资本化"是指相关研发支出计入无形资产的成本,待其研发成功后,从无形资产可供使用时起,通过分期摊销的方式跨年度扣除。

需要说明:一是对于单个研发项目涉及费用化支出和资本化支出两个阶段的,应当按照费用化支出和资本化支出分别设置辅助账。具体操作方法:当研发项目在研发初期采取费用化方式时,支出类型填写"费用化",按规定设置辅助账。当该项目进入资本化阶段后,费用化辅助账完成情况选择"已结束";同时对该项目新设辅助账,将支出类型选择为"资本化",按规定归集该项目的资本化支出。二是对于支出类型为"资本化"的跨年度研发项目,可仅设置一套辅助账,在形成无形资产年度再将相关数据填写汇总表;若企业根据自身核算方式,选择每年新设辅助账的,可在辅助账中自行新增"期初余额"行次,实现每个年度资本化金额的结转,在形成无形资产年度再将相关数据填写到汇总表。

(六)凭证信息中有关日期、种类、号数、摘要等信息:按照每一张可以加计扣除的研发费用的会计凭证信息填写。采用会计电算化的企业,通过软件导出的明细数据,可以视同相关凭证信息,不再重复填写。

(七)会计凭证记载金额:按照国家财务会计制度规定核算的金额填写。每张会计凭证对应一个行次,若一张会计凭证上记载了多项不同类型的费用的,如既记载了人员人工费用,又记载了其他相关费用,可填写在同一行,无需再分行填写。

(八)税法规定的归集金额:填写对应的会计凭证中,可纳入加计扣除范围的研发费用的金额。

(九)费用明细(税法规定):按不同费用类型分项填写可加计扣除范围的研发费用数额。对于同一凭证涉及多个研发项目的费用的,按合理方法在不同研发项目之间分配后填写。合理方法由企业根据实际情况具体确定。

1. 人员人工费用。填写会计凭证中,可纳入加计扣除范围的人员人工费用,具体包括:直接从事研发活动人员的工资薪金、基本养老保险费、基本医疗保险费、失业保险费、工伤保险费、生育保险费和住房公积金,以及外聘研发人员的劳务费用。其中,对于研发人员的股权激励支出,如在税前扣除的当年,该人员仍从事研发工作,则可将可加计扣除的金额填入本栏次;对于该人员不再从事研发活动的,对其应归属于研发费用的部分不再填写本表,直接填入2021版研发支出辅助账汇总表"其中:其他事项"行"人员人工费用"列。

2. 直接投入费用。填写会计凭证中,可纳入加计扣除范围的直接投入费用,具体包括:研发活动直接消耗的材料、燃料和动力费用,用于中间试验和产品试制的模具、工艺装备开发及制造费,不构成固定资产的样品、样机及一般测试手段购置费,试制产品的检验费,用于研发活动的仪器、设备的运行维护、调整、检验、维修等费用,以及通过经营租赁方式租入的用于研发活动的仪器、设备租赁费。

3. 折旧费用。填写会计凭证中,可纳入加计扣除范围的折旧费用,具体是指用于研发活动的仪器、设备的折旧费。

4. 无形资产摊销。填写会计凭证中,可纳入加计扣除范围的无形资产摊销费用,具体是指用于研发活动的软件、专利权、非专利技术(包括许可证、专有技术、设计和计算方法等)的摊销费用。

5. 新产品设计费等。填写会计凭证中,可纳入加计扣除范围的新产品设计费、新工艺规程制定费、新药研制的临床试验费、勘探开发技术的现场试验费。

6. 其他相关费用。填写会计凭证中,可纳入加计扣除范围的与研发活动直接相关的其他费用,具体包括:技术图书资料费、资料翻译费、专家咨询费、高新科技研发保险费、研发成果的检索、分析、评议、论证、鉴定、评审、评估、验收费用,知识产权的申请费、注册费、代理费,差旅费、会议费,职工福利费、补充养老保险费、补充医疗保险费。

7. 委托研发费用。填写会计凭证中,可纳入加计扣除范围的委托研发费用,具体填写委托方实际支付给受托方的金额。对于研发项目仅涉及委托研发一种研发形式的,其他栏次无需填写。

③ 表内表间关系。

(一)合计金额:根据各行数据汇总填写。 (二)税法规定的归集金额:根据费用明细(税法规定)各列数据汇总填写。	(三)所属期间的费用化项目、已结束的资本化项目的辅助账,按项目编号、项目名称、完成情况、支出类型等表头信息和表中"合计金额"行的相关栏次金额填至《2021版研发支出辅助账汇总表》中。

3)2021版研发支出辅助账汇总表
① 2021版研发支出辅助账汇总表(样式)见下表。
(可从国家税务总局公告2021年第28号附件2下载)

2021版研发支出辅助账汇总表（样式）

纳税人识别号（统一社会信用代码）：　　　　　纳税人名称：　　　　　属期：　　　　　金额单位：元

项目编号	项目名称	完成情况	支出类型	允许加计扣除金额合计	人员人工费用	直接投入费用	折旧费用	无形资产摊销	新产品设计费等	前五项小计	其他相关费用及限期		委托研发费用及限期			
											其他相关费用合计	经限额调整后的其他相关费用	委托境内机构或个人进行研发活动所发生的费用	允许加计扣除的委托境内机构或个人进行研发活动所发生的费用	委托境外机构进行研发活动所发生的费用	经限额调整后的委托境外机构进行研发活动所发生的费用
					1	2	3	4	5	6	7.1	7.2	8.1	8.2	8.3	8.4
资本化金额小计																
费用化金额小计																
其中：其他事项																
金额合计																

法定代表人（签章）：

② 填写说明。

（一）本表根据所属期间的费用化、已结束的资本化项目的2021版研发支出辅助账中项目编号、项目名称、完成情况、支出类型等表头信息和"合计金额"行的相应栏次金额填写、计算。

（二）"其中：其他事项"行次填写符合研发费用加计扣除条件，但不能归集到具体研发项目的支出，例如：接受股权激励的研发人员，在税前扣除当年不再从事研发活动的，将股权激励支出直接填入"其中：其他事项"行次。

二、表内表间关系

（一）"资本化金额小计"行：汇总填写所属期间已结束的资本化项目的合计金额。

（二）"费用化金额小计"行：汇总填写所属期间费用化项目及"其中：其他事项"行的合计金额。

（三）"金额合计"行 ＝"资本化金额小计"行＋"费用化金额小计"行。

（四）"允许加计扣除金额合计"列＝第6列＋第7.2列＋第8.2列＋第8.4列。

（五）"前五项小计"列＝第1列＋第2列＋第3列＋第4列＋第5列。

（六）第7.2列"经限额调整后的其他相关费用"按以下规则填写：

1. "金额合计"行：第7.2列根据第7.1列合计数与第6列×10％/（1－10％）孰小值填写。

2. 除费用化项目以外的其他行：第7.2列＝（"金额合计"行第7.2列÷"金额合计"行第7.1列）×相应行第7.1列，主要是将允许加计扣除的其他相关费用分摊至每一资本化项目，以便其以后年度采取摊销方式加计扣除。

（七）第8.2列＝第8.1列×80％。

（八）第8.4列"经限额调整后的委托境外机构进行研发活动所发生的费用"按以下原则填写：

1. "金额合计"行：第8.4列根据（第6列＋第7.2列＋第8.2列）×2/3与第8.3列×80％的孰小值填写。

2. 除费用化项目以外的其他行：第8.4列＝（"金额合计"行第8.4列÷"金额合计"行第8.3列）×相应行第8.3列，主要是将允许加计扣除的委托境外研发费用分摊至每一资本化项目，以便其以后年度采取摊销方式加计扣除。

（九）企业享受研发费用加计扣除优惠时，将本表"金额合计"行全部栏次、"资本化金额小计"行及"费用化金额小计"行对应的"允许加计扣除金额合计"栏次，填写至《研发费用加计扣除优惠明细表》（A107012）相应栏次。

4）2021版研发支出辅助账的变化

与2015版研发支出辅助账样式相比，2021版研发支出辅助账样式主要在以下方面进行了优化简化：

一是简并辅助账样式。2015版研发支出辅助账样式包括自主研发、委托研发、合作研发、集中研发等4类辅助账和辅助账汇总表样式，共"4张辅助账＋1张汇总表"。2021版研发支出辅助账将4类辅助账样式合并为一类，共"1张辅助账＋1张汇总表"，总体上减少辅助账样式的数量。

二是精简辅助账信息。2015版研发支出辅助账样式要求填写人员人工等六大类费用的各项明细信息，并要求填报"借方金额""贷方金额"等会计信息。2021版研发支出辅助账样式仅要求企业填写人员人工等六大类费用合计，不再填写具体明细费用，同时删除了部分会计信息，减少了企业填写工作量。

三是调整优化操作口径。2015版研发支出辅助账样式未体现2015年之后的政策变化情况，如未明确委托境外研发费用的填写要求，企业需自行调整样式或分析填报。2021版研发支出辅助账样式，充分考虑了税收政策的调整情况，增加了委托境外研发的相关列次，体现其他相关费用限额的计算方法的调整。《国家税务总局关于进一步落实研发费用加计扣除政策有关问题的公告》（国家税务总局公告2021年第28号）还对填写口径进行了详细说明，便于纳税人准确归集核算。

建议企业采用2021版研发支出辅助账样式。

5) 2015版、2021版辅助账样式的关系

无论是2015版,还是2021版辅助账样式,其定位都是供纳税人参照使用。因此自2021版辅助账样式发布以后,2015版辅助账样式仍然有效,企业可根据自身情况选择使用。由于2021版辅助账体现了后续政策调整完善情况,如果企业选择使用2015版辅助账样式,建议可参考2021版研发支出辅助账样式对委托境外研发费用、其他相关费用限额的计算公式等进行相应调整。此外,纳税人也可自行设计辅助账样式。自行设计的辅助账样式至少要包含2021版研发支出辅助账样式所列数据项,且逻辑关系一致,这样要求是为了与年度纳税申报表《研发费用加计扣除优惠明细表》数据项相匹配,便于企业准确进行汇算清缴。为使年度纳税申报表与2021版辅助账相衔接,2021年新修订的年度纳税申报表还进行了相应调整:基础信息表中增加了研发支出辅助账样式的选项,选择2021年版和自行设计的则《研发费用加计扣除优惠明细表》中相关明细行次可以不填写,选择2015年版的需要填写全部行次。企业在年度纳税申报时,要准确选用采用的形式,并根据要求填写申报。

6) 2021版辅账样式需要特别关注的几个口径

(1) 关于填写口径。

为提高填写口径的统一性和确定性,避免实际操作过程中的误解,2021版辅助账样式对每列填写口径进行了明确说明:辅助账中除"会计凭证记载金额"列按会计口径填写外,其余涉及金额的列次均按税法口径填写。辅助账汇总表与辅助账存在着关联关系,其各列金额均是由辅助账税法口径汇总而成,因此也是税收口径金额,可以直接计算得出各类费用可加计扣除金额,填入年度纳税申报表。

(2) 资本化项目委托外研发费用、其他相关费用可加计扣除金额的计算。

委托境外研发费用、其他相关费用均采取限额管理的方式,按照现行政策规定,其限额均是全部研发项目统一计算,进而得出全部项目的可加计扣除额。由于资本化项目涉及以后年度摊销的问题,在计算出全部项目的可加计扣除额的基础上,还须准确计算出每个资本化项目的可加计扣除的委托境外研发费用、其他相关费用。其具体计算步骤如下:

第一步,按当年全部费用化项目和当年已结束的资本化项目统一计算出当年全项目委托境外研发项目、其他相关费用额。

第二步,比较委托境外研发费用限额、其他相关费用限额及其实际发生数的大小,确定可加计扣除的委托境外研发费用、其他相关费用金额。

第三步,用可加计扣除的委托境外研发费用、其他相关费用金额除以全都项目实际发生的委托境外研发费用、其他相关费用,得出可加计扣除比例。

第四步,用可加计扣除比例乘以每个资本化项目实际发生的委托境外研发费用、其他相关费用,得出单个资本化项目可加计扣除的委托境外研发费用、其他相关费用,与该项目其他可加计扣除的研发费用一并在以后年度摊销。

2021版辅助账样式在委托境外研发费用、其他相关费用列次详细写明了计算公式,按公式计算即可。采用2015年版或自行设计辅助账样式的企业,也可按照上述步骤或2021年版的计算公式进行计算。

(3) 股权激励的计算口径。

按照现行规定,研发人员对应的股权激励支出,在行权年度在税前扣除并加计扣除。实务中会出现某员工在股权授予年度从事研发,但是在行权年度不再从事研发活动的情况,该员工所对应的股权激励在行权年度无法归属到具体的研发项目。2021版辅助账样式对于这种情况,给出了处理口径:将该员工对应的股权激励支出直接填入辅助账汇总表"其中:其他事项"行次,进而纳入行权年度的研发费用可加计扣除额,无须填入具体某一项目的研发支出辅助账。

6. 研发支出辅助账核算流程和具体要求

企业应根据研发项目的形式，在立项后按照项目分别设置辅助账。从凭证级别记录各个项目的研发支出，并将每笔研发支出按照财税〔2015〕119号文件列明的可加计扣除的六大类研发费用类别进行归类。

企业应在年度终了之后，根据所有项目辅助账贷方发生余额汇总填制《研发支出辅助账汇总表》，并作为年度财务报告附注，随年度财务报告一并报送主管税务机关。

企业还需注意的是，《研发项目可加计扣除研究开发费用情况归集表》用于填报计算本年度享受研发费用加计扣除优惠政策的金额，包括本年度研发支出费用化加计扣除的部分，以及本年度及以前年度研发费用资本化在本年度加计摊销的部分，最后作为附列资料随企业年度纳税申报表一并报送主管税务机关。

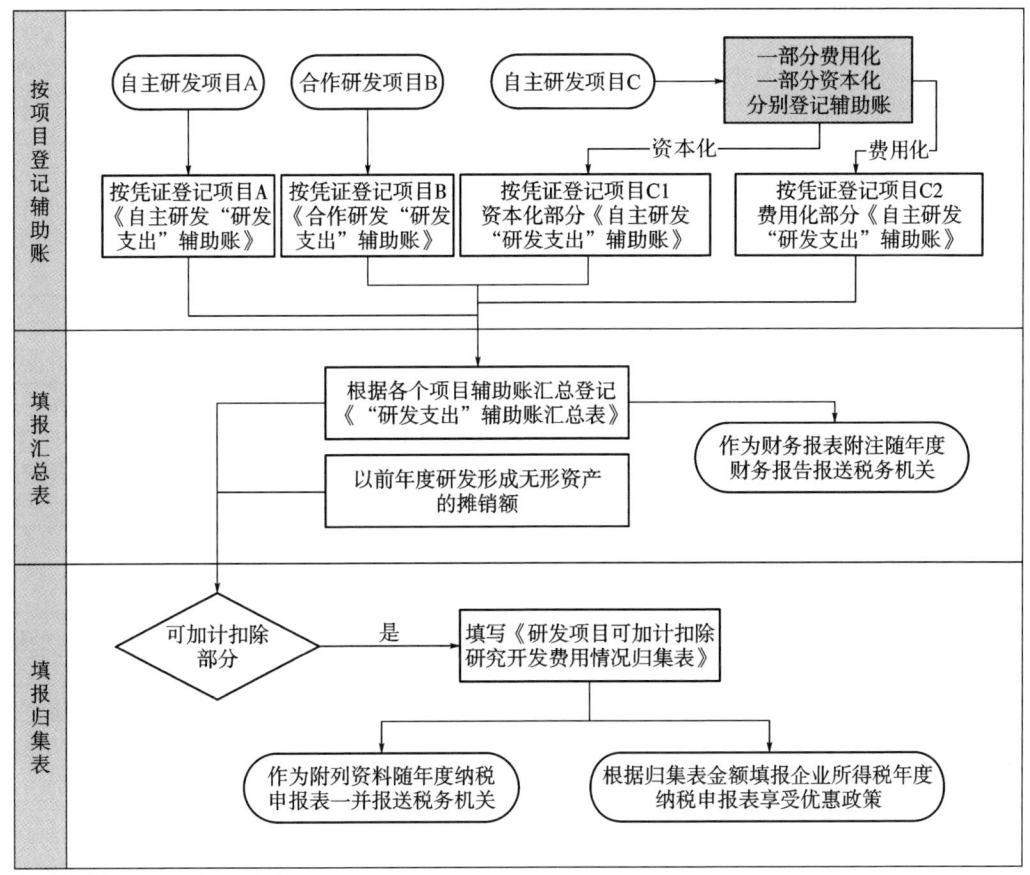

研发支出辅助账填写总流程图

7. 研发实施及会计核算

1) 合理设置会计科目

企业内部研究开发项目发生的各项支出，应通过在费用类科目下设置"研发支出"科目进行归集，该科目借方登记实际发生的研发支出，贷方登记转为无形资产和管理费用的金额，借方余额反映企业正在进行的研究开发项目中满足资本化条件的支出。

下一级按照研发项目分别设置"研发支出——费用化支出"和"研发支出——资本化支出"进行明细核算，同时根据有关规定中对研发各项费用科目的归集范围下设人员人工、直接投入、折旧费用与长期待摊费用、设计费用、装备调试费、无形资产摊销、委托外部研究开发费用、其他费用等明细科目，并可根据实际情况再向下设置明细科目，如材料费、燃料费、动力费、工资薪酬、社会保险费及住房公积金、劳务费、设备、仪器折旧费、其他固定资产折旧费、无形资产摊销、维护、维修费、设备、仪器租赁费、其他租赁费、模具、工艺装备开发及制造费、样品、样机购置费、化验检验费、论证评估费、外协费用、其他费用。

2）协同开展科研项目管理、人员管理与财务管理

企业内部各部门应加强协调沟通，建立经济责任制，完善研发、人事、财务等各部门的有效配合机制，确保企业内部涉及研发的各部门、各相关人员的职责清晰、分工明确。

（1）研发部门的职责。	（2）人事部门的职责。	（3）财务部门的职责。
向财务部门提供当年研发预算，登记研究开发项目费用支出台账，并与财务部门进行定期对账；研发项目的采购申请、材料领用和费用报销等，应在相关采购申请单、领料单和费用报销单上注明研发项目名称或编号；研发项目涉及试生产安排的，应详细记录用工工时或用工工资支出情况，并报人力资源部门和财务部门以便进行单独核算；涉及与生产经营部门共用设备、仪器的，应提供使用情况说明及使用工时等。	按照研发项目小组成员名单向财务部门提供单列的工资汇总表、明细表；按照研发项目小组成员名单向财务部门提供单列的基本养老保险费、基本医疗保险费、失业保险费、工伤保险费、生育保险费和住房公积金汇总表、明细表；向财务部门提供专门针对研发项目而发生的未纳入工资表的奖金、津贴、补贴等费用明细清单；有外聘研发人员的，按照研发项目小组的向财务部门提供劳务费用支出及聘用协议副本。	做好研发相关文件档案管理工作；严格按照会计准则进行研发支出的会计核算，及时了解研发活动的总体预算及进展情况，合理安排资金使用，准确核算归集各项目的研发费用列支情况；编制研发项目费用发生情况归集表；年度终了进行所得税年度申报和汇算清缴时，按税法规定计算研发支出的加计扣除金额，并办理相关申报事宜；及时收集研发支出涉及的资料并整理归档。

3）对企业研发活动实施分项目管理

企业应对每一项研发活动进行项目管理，建立研发费用项目辅助账，对每个研发项目单独进行费用登记，并根据项目的进度进行阶段性地评价和分析，判断费用预算执行情况。	项目管理的流程包括项目可行性研究、项目申报批准、确定项目预算等。企业的项目责任会计应规范会计操作，正确核算各项目支出。

4）对研发费用支出实施规范化管理

对于研发过程中需要报销的费用严格按照企业规定流程进行申报，材料设备使用时填写相应的项目领用单，注明该材料的用途，多个项目中的直接投入费用按合理规定分摊，项目完成时提供结项报告或鉴定意见书等证明材料，并附有相关部门责任人的经济责任签名；财务部门应充分了解研发项目目标、总体预算、进展情况等，合理安排资金，建立研发项目专用账户，合理界定及归集研发费用，做好研发费用的确认、计量、计录和报告等工作，以防止人为操控研发费用。对于研发费支出管理的具体要求主要包括：

（1）研发费用的各项原始凭证必须合法，报销手续严格执行企业审批程序。

（2）研发活动所用的材料燃料动力费用必须有专门的仪表记录，领用的原材料必须填制研发费用专用领料单，以区别于日常生产所耗用的原材料。

（3）企业应根据项目计划书或项目合同中列示的研发人员名单核算和计发工资性支出。研发人员在负责项目研发的同时，又承担了相关的生产项目的，人力资源部门应对其实际工时分开上报财务部门，将这类人员的工资及其附加在企业研究开发费用、生产成本、管理费用、制造费用中进行分摊核算，以确保核算的合理性与合规性。

（4）研发的产品一旦取得新产品合格证开始进入销售，该产品的工料支出即应于生产成本中核算。

（5）对于集团公司及关联企业进行的研究开发必须有书面及合理的分配办法并遵循一贯性原则。须注意集团公司集中使用的研发费用总额，原则上不得超过集团合并会计报表年营业收入的2%。

（6）对于研发活动现场试验类的费用支出，要有该项目即时的完工单证，参加现场试验的主要人员必须确认证明材料、完工单证齐全后方可归集至研究开发费用核算。

（7）对企业委托外单位进行开发的费用，根据加工合同及加工费的正式发票归集项目的研发费用，不属于项目计划书中的其他项目进行委托开发与加工，不可以归集于企业研究开发费用。

5）合理确认和归集研发费用

总体要求	研发费用的归集程序
企业具体核算时，对于直接发生的研发支出，应采取直接对应核算方法；对于企业在一个会计年度内进行多个研发活动的，应按照合理的标准在各项研究开发活动之间进行分摊；对于无法明确分配的，计入当期损益，不计入开发活动的成本中。会计期末应及时将不满足资本化条件的研发费用转入管理费用，将满足资本化条件的研发费用转入无形资产，以清晰统计研发项目的具体内容及费用归属，满足不同会计核算的需要，确保研究开发费用归集工作的精确性与规范性。 例如，外聘人员的劳务费用应同时符合"临时性"与"签订用工合同或协议"两大条件，聘用单位在支付劳务费用时应注意取得相应的合法有效票据；对于折旧、摊销费用，企业应对用于研发的仪器、设备及无形资产做好基础数据记录。对仪器、设备及无形资产等资产既用于研发活动，又从事或用于非研发活动的，如果能准确记录工时的，则记录工时；无法用工时进行分摊的，应记录产品数量等其他基础数据；对于下脚料、残次品、中间试制品等收入，企业应根据实际情况设立研发废料库，与生产经营废料库进行区分，以准确区分正常生产经营下脚料收入与研发活动下脚料收入，满足国家税务总局公告2017年第40号文件中关于特殊收入扣减的有关核算要求等。	（1）确定研发活动的成本计算对象。 （2）设置研发支出成本明细账和成本项目，并建立以研究开发项目为基础的项目辅助账。 （3）根据设置的研发支出成本明细账户和成本项目归集研发费用。 企业研发费用归集过程中可能存在的问题包括： ① 把与研发活动无关的费用计入研发费用。 ② 把已经开发成功进入产品销售阶段发生的成本费用计入研发费用。 ③ 把部分不直接从事研发活动的人员工资津贴补贴计入研发费用。 ④ 把日常生产的机器设备的折旧费租赁费计入研发费用。 ⑤ 把生产经营中未取得合规的票据的相关支出计入研发费用。

6）共同承担研发费用的分摊

对于企业生产经营与研发共同承担研发费用，应采用总量计量再分摊的办法。在共同承担研发费用分摊口径的把握上，应把握有关费用与企业具体研发活动的相关性程度。与企业研发活动直接相关的费用，应根据企业会计准则要求及时足额确认计入研发费用；而对于与企业研发活动非直接相关的费用，则应采用合理的方法分摊计入有关项目的研发费用。	会计实务中采用的分摊方法主要包括相关费用的耗用量、研发人员投入工时、人员比例结构等。会计核算人员应结合相关费用的特点选择合理的分摊方法，详细编制《人员人工分配表》《设备折旧分配表》《无形资产摊销分配表》等，确保研发费用分配的准确性。

7）研发支出会计核算

（1）自主研发。 企业自行开发无形资产发生的研发支出，不满足资本化条件的，借记"研发支出——费用化支出"科目，满足资本化条件的，借记"研发支出——资本化支出"，贷记"原材料""应付职工薪酬"等科目。 研究开发项目达到预定用途形成无形资产的，应按"研发支出——资本化支出"科目余额，借记"无形资产"科目，贷记"研发支出——资本化支出"科目。期末，应将"研发支出"科目归集的费用化支出金额转入"管理费用"科目。借记"管理费用"科目，贷记"研发支出——费用化支出"。	会计期末对费用化支出，转入管理费用： 借：管理费用 　　贷：研发支出——费用化支出 对资本化支出部分，则等到该无形资产达到预定用途时： 借：无形资产 　　贷：研发支出——资本化支出 对于已形成无形资产的研究开发费，从其达到预定用途的当月起，按直线法摊销（税法规定的摊销年限不低于10年）。 借：管理费用 　　贷：累计摊销 （2）合作研发。 ① 相关研发费用发生时： 借：研发支出——费用化支出——××合作研发项目——人工费等 　　　　　　——资本化支出——××合作研发项目——人工费等 　　贷：原材料/应付职工薪酬等相关科目

（续表）

"研发支出"科目期末借方余额，反映企业正在进行无形资产研究开发项目满足资本化条件的支出。

企业从事研究开发活动有关业务的会计处理如下：

① 相关研发费用发生时：

借：研发支出——费用化支出
　　　　　　——资本化支出
　贷：原材料
　　　应付职工薪酬
　　　银行存款

② 会计期末将费用化支出结转到"管理费用"科目；对资本化支出部分，则等到该无形资产达到预定用途时，才将其转入"无形资产"科目。

结转费用化支出：

借：管理费用
　贷：研发支出——费用化支出

当资本化支出部分达到预定用途时：

借：无形资产
　贷：研发支出——资本化支出

③ 对于已形成无形资产的研究开发费用，从其达到预定用途的当月起，按直线法摊销（税法规定的摊销年限不低于10年）。

借：管理费用
　贷：累计摊销

(3) 委托研发（委托方）。

① 相关研发费用发生时：

借：研发支出——费用化支出——××委托研发项目
　　　　　　——资本化支出——××委托研发项目
　贷：银行存款等

② 会计期末对费用化支出，转入管理费用：

借：管理费用
　贷：研发支出——费用化支出

对资本化支出部分，则等到该无形资产达到预定用途时：

借：无形资产
　贷：研发支出——资本化支出

对于已形成无形资产的研究开发费，从其达到预定用途的当月起，按直线法摊销（税法规定的摊销年限不低于10年）。

借：管理费用
　贷：累计摊销

(4) 集中研发。

① 集团本部会计处理。

集团本部内设研发机构发生的研发支出：

借：研发支出——费用化支出——××集中研发项目——资本化支出——人工费等
　贷：原材料
　　　应付职工薪酬
　　　银行存款

集团本部根据项目实际发生的研发费用在子公司间进行分摊，确定实际分享收益比例，并编制集中研发项目费用分摊明细情况表：

借：银行存款
　贷：研发支出——费用化支出——××集中研发项目——甲/乙/丙子公司
　　　　　　——资本化支出——××集中研发项目——甲/乙/丙子公司

② 子公司会计处理。

子公司分摊到研发费用时：

借：研发支出——费用化支出——××集中研发项目
　　　　　　——资本化支出——××集中研发项目
　贷：银行存款

子公司费用化支出结转时：

借：管理费用
　贷：研发支出——费用化支出——××集中研发项目

子公司资本化支出计入无形资产时：

借：无形资产
　贷：研发支出——资本化支出——××集中研发项目

(5) 追溯享受加计扣除的会计处理。

在追溯调整时，企业应调整减少年初应交企业所得税、调整增加年初未分配利润。其调整业务的会计处理过程为：

① 根据调减应交企业所得税额，借记"应交税费——应交企业所得税"科目，贷记"利润分配——未分配利润"科目。

② 根据未分配利润增加额（贷方）按规定比例10％计提年初的盈余公积，会计处理时，借记"利润分配——未分配利润"科目，贷记"盈余公积——法定盈余公积"科目。

③ 根据前述会计处理后相关账户金额，调整当期资产负债表相关项目年初金额，其中"应交税费"项目调减、"未分配利润"项目调增、"盈余公积"项目调增。

8) 会计信息的列报与披露

会计信息的列示	会计信息的披露
企业会计期末在编制会计报表时,应将本会计期内发生的研究开发费用根据其不同的处理结果在报表中列示如下: (1) 当期费用化处理的研究开发费用,于利润表中的"管理费用"栏"其中"项下"研究与开发支出"列示。 (2) 当期资本化处理的研究开发费用应区分情况进行列示: ① 对会计期末,还未达到预定用途形成无形资产的,于资产负债表中的"开发支出"项目列示。 ② 对会计期末,已达到预定用途并形成资产的部分的,于资产负债表的"无形资产"项目列示。	企业应加大研究开发支出信息披露力度,提高对外提供信息质量,在财务报表附注中向投资者、股东全面展现研发费用的应用、支出情况。例如,在无形资产附注中增加披露"本期研究阶段发生的支出总额""本年度研发支出总额占公司本期营业收入的比例"和"本年度研发支出总额占公司本期净资产的比例"等内容;在管理费用附注中单独列示计入当期损益的研发支出,以全面反映企业研究与开发阶段的全部支出;对于当年资本化确认为无形资产的开发支出,应在无形资产明细中以独立的类别单独列示,以便于分析公司内部研发形成的无形资产的情况等;此外,还应在企业的年度财务会计报告中,披露新项目或新产品的开发,专利、认证的取得,研发项目的能够使用或出售在技术上的可行性,产生经济利益的方式和效益等方面的详细信息。通过帮助投资者进行合理估值,详细了解研发信息及企业资金的使用方向,进而增强投资者信心,带动企业投资良性增长。

9) 财政部发布《企业会计准则解释第 15 号》引发的研发费加计扣除税会差异

《企业会计准则解释第 15 号》	国家税务总局公告 2017 年第 40 号
研发过程中产出的产品或副产品对外销售的,应当按照《企业会计准则第 14 号——收入》《企业会计准则第 1 号——存货》等规定,对试运行销售相关的收入和成本分别进行会计处理,计入当期损益,不应将试运行销售相关收入抵销相关成本后的净额冲减研发支出。试运行产出的有关产品或副产品在对外销售前,符合《企业会计准则第 1 号——存货》规定的应当确认为存货,符合其他相关企业会计准则中有关资产确认条件的应当确认为相关资产。属于非日常活动的,在"资产处置收益"等项目列示。	第二条第(二)款:企业研发活动直接形成产品或作为组成部分形成的产品对外销售的,研发费用中对应的材料费用不得加计扣除。产品销售与对应的材料费用发生在不同纳税年度且材料费用已计入研发费用的,可在销售当年以对应的材料费用发生额直接冲减当年的研发费用,不足冲减的,结转以后年度继续冲减。 第七条第(二)款:企业取得研发过程中形成的下脚料、残次品、中间试制品等特殊收入,在计算确认收入当年的加计扣除研发费用时,应从已归集研发费用中扣减该特殊收入,不足扣减的,加计扣除研发费用按零计算。

差异分析:税收上区分两种情况冲减加计扣除的研发费基数,只有对于生产单机、单品的企业,研发过程中直接形成了产品或作为单品、单机组成部分的零部件产品,对外销售的,国家税务总局考虑到材料费用占比大且易于计量,此时,在冲减加计扣除的研发费基数时,是按材料成本冲减。对于其他类型企业在研发中形成的下脚料、残次品、中间试制品,则直接按照对外销售收入冲减研发费加计扣除的基数。会计准则解释 15 号则没有这个区分。

10) 企业研发费用核算风险提醒

(1) 是否按会计制度的要求对研发支出进行会计处理,并对享受加计扣除的研发费用按研发项目设置辅助账,分别归集了可加计扣除的研发费用。

(2) 是否准确界定了研发活动、研发费用、研发人员等概念,从而准确归集有关费用。

(3) 对研发费用和生产经营费用是否分别核算、准确划分,对同时用于研发和非研发活动的仪器、设备、人员等是否按合理方法进行分配归集。

(4) 是否按照会计准则的有关规定区分研究阶段与开发阶段,并将研发支出合理予以费用化或资本化;对于资本化的研发费用,是否符合会计准则规定的无形资产确认条件。

(5) 是否在财务报表附注中对无形资产及研发支出信息按会计准则要求进行充分披露。

(6) 是否按照财企〔2007〕194 号文件的要求,严格研发费用审批程序,设立台账归集核算研发费用。对于企业依法取得知识产权后在境内外发生的知识产权维护费、诉讼费、代理费等应从管理费用中据实列支的费用,是否从研发费用中剔除。

(7) 是否就研发活动各阶段的档案材料分别归档。各阶段需归档的主要材料包括:

① 研发立项阶段:决议文件、研发项目计划书、研发项目预算报告、研发团队成员材料等。

② 研发实施阶段:研发人员合同、研发人员出勤情况统计表、研发人员工资发放记录、研发材料领用单及出库单、研发设备公式分配表等。

③ 研发完成阶段:研发项目论证、评审、验收材料;研发费用决算报告、技术转让合同等。

【例 4-10】 某市科技开发公司为增值税一般纳税人，注册资本为 5 000 万元，其主营业务为软件设计、开发与销售。2022 年为获得软件开发的新技术，该公司自主研发 A 和 B 两个项目；为获得软件开发的新产品，委托境外某软件公司研发 C 项目。各研发项目发生的费用支出情况如下表所示（单位：万元）：

项目	具体内容	金额
A	总费用	480
	其中：人员人工费用	150
	直接投入费用	170
	摊销费用	130
	其他相关费用	30
B	总费用	730
	其中：人员人工费用	260
	直接投入费用	210
	摊销费用	160
	其他相关费用	100
C	委托费用（符合独立交易原则）	1 000

假设该公司 2022 年度已办理备查税收优惠政策相关手续，A、B、C 三个研发项目均已进行费用化处理，无其他纳税调整事项。计算三项目以税前扣除的研发费用总金额。

（1）计算 A 项目可以税前扣除的研发费用总金额。
① 计算其他相关费用限额：(150＋170＋130)×10%÷(1－10%)＝50(万元)＞其他费用 30 万元。
② 可以加计扣除的金额＝480×75%＝360(万元)。
③ 可税前扣除的金额＝480＋360＝840(万元)。

（2）计算 B 项目可以税前扣除的研发费用总金额。
① 计算其他相关费用限额：(260＋210＋160)×10%÷(1－10%)＝70(万元)＜其他费用 100 万元。
② 可以加计扣除的金额＝(260＋210＋160＋70)×75%＝525(万元)。
③ 可税前扣除的金额＝730＋525＝1 255(万元)。

（3）计算 C 项目可以税前扣除的研发费用总金额。
① 委托境外研发费用加计扣除基数，即委托境外研发所产生费用的 80%＝1000×80%＝800(万元)。
② 当年境内符合条件研发费用的 2/3 为＝(480＋260＋210＋160＋70)×2/3＝786.67(万元)＜800 万元。
③ 可以加计扣除的金额＝786.67×75%＝590(万元)。
④ 可税前扣除的金额＝800＋590＝1 390(万元)。

【例 4-11】 以纺织企业为例，甲企业财务会计核算健全，企业所得税为查账征收方式，经营范围包括生产、加工、销售服装、鞋、手袋、床上用品，以及纺织品等。2022 年开始研发 RD18《有色超细涤锦复合纤维舒适超柔软牛仔裤》项目。

（一）立项阶段

1. 市场调查

经过市场调研，分析得出：目前的超细涤锦复合纤维产品均是以定比例的涤纶和锦纶为原料，通过复合纺丝，假捻变形或拉伸工艺制得，这种纤维产品能满足高档纺织产品独特的超强吸水去污性能、超柔软性能和超仿真性能等风格的要求，并且还具备合成纤维共有的高弹性、高强度及耐磨耐腐蚀等物理性能。但由于已有技术中的超细涤锦复合纤维均为白色的，在将其进一步加工成纺织产品后必须通过染色才能得到用户所需的各种色泽的纺织产品,从而造成以下两个方面的不足:一是作为以超细涤锦复合纤维为原料的纺织产品,其开纤后的单丝纤度仅为 0.08dtex 左右,由于单丝纤度极细,所以染色色牢度及颜色的鲜艳度均达不到一些高档的深色纺织产品及鲜艳纺织产品的要求,使产品的应用范围存在着局限性;二是任何纺织产品在后处理染色过程中,会产生大量的工业废气及污水,严重污染环境,危害健康。

在此背景下,根据企业的产品定位以及设计风格,决定对生产工艺技术进行立项研究,主要内容是研发超细涤锦复合纤维的纺前着色技术,利用此技术织造的有色超细涤锦复合纤维舒适超柔软牛仔裤,无需进行染色而能满足色牢度、颜色鲜艳度要求并且无三废污染,为社会带来长期效益。

2. 项目可行性研究

项目申请配备约 85 万作为研发经费,具体预算如下:

序号	项目支持	经费(万元)
1	人员费	35
2	设备费	10
3	材料费	25
4	其他费用	15
5	合计	85

3. 项目立项

经董事会评审决议,最终立项,研发部编制出立项任务书。因该项目为自主研发项目,不需要在科技部门登记备案。项目计划安排如下:

阶段	完成项目	成果输出
第一阶段	市场调查,项目可行性分析,组织研发团队等前期准备工作	项目可行立项
第二阶段	超细涤锦复合纤维的纺前着色技术研究	有色超细涤锦复合纤维舒适超柔软牛仔裤实现
第三阶段	试验改进阶段	根据试验结果不断改进优化,使着色达到最优效果,保证产品质量
第四阶段	项目总结、验收	验收合格、专利申请

4. 立项阶段发生费用情况

(1) 本阶段发生费用情况如下:

① 市场调研环节中市场调查费用 1.5 万元,市场需求情况分析调查报告支出 0.5 万元,销售部门人员工资 2 万元,"五险一金"0.8 万元,差旅费 0.5 万元;

② 直接从事研发人员工资 5 万元、"五险一金"1 万元;职工福利费 0.5 万元;补充养老保险费和补充医疗保险费合计 0.8 万元;差旅费、会议费、专家咨询费等其他费用 2 万元;

③ 行政和后勤保障人员工资 2 万元;

④ 办公用品费、通信费、业务招待费合计 0.6 万元。

(2) 立项阶段费用加计扣除情况如下:

① 允许加计扣除的研发费用。

A. 人员人工费用:直接从事研发人员工资 5 万元,"五险一金"1 万元;

B. 其他相关费用:职工福利费 0.5 万元,补充养老保险费和补充医疗保险费合计 0.8 万元,差旅费、会议费、专家咨询等其他费用2万元。

② 不适用加计扣除的费用。

A. 市场调查研究研究活动不适用税前加计扣除政策,因此企业在市场调查活动中发生的相关费用作销售费用处理,不列入研发费用,包括市场调研环节中市场调查费用1.5万元,市场需求情况分析调查报告支出0.5万元,销售部门人员工资2万元,"五险一金"0.8万元,差旅费0.5万元;

B. 未直接从事研发活动的行政和后勤保障人员,其人员工资2万元,不属于适用加计扣除的范围;

C. 办公用品费、通信费、业务招待费合计0.6万元不在国家税务总局公告2017年第40号"其他相关费用"的列举范围,不得加计扣除。

(二) 研究阶段

本阶段,根据前期市场调查报告,分析调查群体抽样质量和是否具备代表性、研发产品的时效性、市场竞争力等;根据立项报告中明确的利用超细涤锦复合纤维的纺前着色技术织造有色超细涤锦复合纤维舒适超柔软牛仔裤的研发项目要求,对研发的技术问题进行分析研究,探索超细涤锦复合纤维纺前着色的有效途径。通过咨询专家,组织研发人员进行研讨等方式,对设计理念进行全面设计,研究涤纶切片、锦纶切片、涤纶色母粒、锦纶色母粒等原料的份比,设计生产工艺流程等,充分利用友商的资源,与面料厂、洗水厂等进行战略合作,对面料织造工艺、洗水方法、机器设备等进行研究改良,确定最终的设计方案。

1. 本阶段发生费用情况

(1) 直接从事研发人员工资8万元,"五险一金"2万元,职工福利费1万元,补充养老保险费和补充医疗保险费1万元,外聘研发人员的劳务费用1万元;差旅费、会议费、技术图书资料费、资料翻译费、专家咨询费等其他费用合计1万元;

(2) 发生新产品设计费用2万元;

(3) 行政和后勤保障人员工资3万元;

(4) 业务招待费、办公用品费等1万元。

2. 研究阶段费用加计扣除情况

(1) 允许加计扣除的研发费用:

① 人员人工费用:直接从事研发人员工资8万元,"五险一金"2万元,外聘研发人员的劳务费用1万元;

② 新产品设计费用2万元;

③ 其他相关费用:职工福利费1万元,补充养老保险费和补充医疗保险费1万元,差旅费、会议费等合计1万元。

(2) 不适用加计扣除的费用:

① 未直接从事研发活动的行政和后勤保障人员工资3万元不属于可加计扣除的范围;

② 业务招待费、办公用品费等1万元不在国家税务总局公告2017年第40号"其他相关费用"的列举范围,不得加计扣除。

(三) 开发阶段

企业在本阶段主要是根据设计研究方案,采购设备、原材料等投入试制研发活动中,按步骤进行开发,包括将原材料涤纶和锦纶切片,经过结晶干燥机将其干燥,通过注色机将有色母粒添加到结晶干燥机进行干燥,将经过干燥后的涤纶切片、锦纶切片以及有色母粒通过螺旋挤压机进行熔断,通过纺丝油剂计量泵和纺丝计量泵控制熔体的体积等。在开发过程中,同时对分散染料、活性染料、匀染剂的类型、分量和染色工艺进行改进。之后按比例复合纺丝、牵伸或拉伸假捻变形制成涤锦复合纤维,加捻形成纱线,编织成小卷布进行测试。最后根据企业的牛仔裤设计款式打样,利用有色超细涤锦复合纤维进行制作,做退浆和洗浮色处理,测试色牢度、舒适度等。

1. 开发阶段发生的相关费用

(1) 直接从事研发人员工资 8 万元,"五险一金" 2 万元,职工福利费 1 万元,补充养老保险费和补充医疗保险费 1 万元,外聘研发人员的劳务费用 1 万元;发生差旅费、会议费等其他费用合计 1 万元;

(2) 研究消耗材料费用 12 万元,消耗动力费用 2 万元;

(3) 专用于研发活动的仪器、设备折旧费用 6 万元,专用于研发活动的软件摊销费用 1 万元,假设会计折旧、摊销金额与按税法规定的折旧摊销金额一致;

(4) 行政和后勤保障人员工资 3 万元,生产工人工资 1 万元。

2. 开发阶段加计扣除情况

(1) 允许加计扣除的研发费用:

① 人员人工费用:直接从事研发人员工资 8 万元,"五险一金" 2 万元,外聘研发人员的劳务费用 1 万元;

② 直接投入费用:研究消耗材料费用 12 万元,消耗动力费用 2 万;

③ 折旧费用:企业专用于研发活动的仪器、设备,就税前扣除的折旧部分 6 万元计算加计扣除;

④ 无形资产摊销费用:企业专用于研发活动的软件,就税前扣除的摊销部分 1 万元计算加计扣除;

⑤ 其他相关费用:职工福利费 1 万元,补充养老保险费和补充医疗保险费 1 万元,差旅费、会议费等 1 万元。

(2) 不适用加计扣除的费用:

未直接从事研发活动的行政和后勤保障人员、生产工人工资 4 万元不属于可加计扣除的范围。

(四) 其他阶段

本阶段进行后续跟踪,企业对有色超细涤锦复合纤维舒适超柔软牛仔裤的色牢度、颜色鲜艳度、舒适度等方面模拟客户使用情况进行试验测试其稳定性和性能是否达到预定目标,并将效果反馈给研发部门,解决存在的技术问题;之后以不同的款式设计做开发样板,进行小批量产品推广,根据市场反馈进行再优化、评估;当试生产完成后、量化生产前,客户认证后,企业对项目进行验收,开展相关专利的申请工作,安排专业人员编写专利底稿,确保对该开发产品享有专利权。

1. 本阶段发生的相关费用

(1) 销售部门人员工资 2 万元,"五险一金" 0.5 万元,职工福利费 0.3 万元,发生差旅费、展会费等其他费用 1 万元;

(2) 直接从事研发人员工资 4 万元,"五险一金" 1 万元,聘请专家发生劳务费 1 万元,职工福利费 0.5 万元,差旅费、会议费等其他费用 1 万元;

(3) 行政和后勤保障人员工资 2 万元,生产工人工资 2 万元;

(4) 研发部门消耗材料费用 6 万元,消耗动力费用 2 万元;企业试产形成的部分样品直接对外销售,该部分样品对应的材料费用 2 万元已计入研发费用;

(5) 研发成果评审、验收费用等 2 万元,专利权申请费、注册费、代理费 1 万元。

2. 本阶段加计扣除情况

(1) 允许加计扣除的研发费用:

① 人员人工费用:直接从事研发人员工资 4 万元,"五险一金" 1 万元,外聘研发人员的劳务费用 1 万元;

② 直接投入费用:研究消耗材料费用 6 万元,消耗动力费用 2 万元;

③ 其他相关费用:研发人员职工福利费 0.5 万元,差旅费、会议费 1 万元,专利产权申请费等 1 万元,研发成果评审、验收费用 2 万元。

(2) 不适用加计扣除的费用:

① 未直接从事研发活动的行政和后勤保障人员、生产工人工资 4 万元,销售部门发生的相关费用 3.8 万元不属于可加计扣除的范围;

② 企业研发活动直接形成产品对外销售的,研发费用中对应的材料费用不得加计扣除,合计 2 万元;

③ 注意企业产品(服务)的常规性升级、企业在商品化后为顾客提供的技术支持活动活动不适用税前加计扣除政策。

(五) 整个研发流程其他相关费用

2022 年该研发项目执行完毕,各项费用情况汇总如下:

(1) 人员人工费用:6+11+11+6=34(万元);
(2) 直接投入费用:14+8=22(万元);
(3) 折旧费用:6(万元);
(4) 无形资产摊销费用:(1 万元);
(5) 新产品设计费用:(2 万元);
(6) 其他相关费用:3.3+3+3+4.5=13.8(万元);
(7) 企业研发活动直接形成产品对外销售的,研发费用中对应的材料费用不得加计扣除:2 万元。

其他相关费用不得超过可加计扣除研发费用总额的 10%。

其他相关费用限额=(34+22+6+1+2-2)×10%/(1-10%)=7(万元);因为限额 7 万元<实际发生额 13.8 万元,所以允许扣除的其他费用金额为 7(万元)。

综上,企业该项目本年允许扣除的研发费用金额=34+22+6+1+2-2+7=70(万元),研发费用加计扣除总额=70×100%=70(万元)。

因牛仔服装是需要通过水洗来体现风格,满足服用要求的,该项目是企业根据市场需求,以及在产品使用过程中存在的弱点出发,进行自主立项、自主研发,实现了纤维和染色的同步生产,减少了后序染色加工的污染,节能减排,并且织成的面料色牢度高、颜色鲜艳、色泽均匀企业对该项目研发费用进行专项归集,辅助费用以及共同费用按照一定的规则进行分摊处理,如研发人员同时兼顾几个项目的,由项目负责人根据该名员工对本项目的服务工时进行人工成本的分配与归集,正确申报享受了研发费用的加计扣除。

(四) 研发费用加计扣除申报规范

1. 预缴申报

企业在 10 月征期预缴申报企业所得税时,可自主选择提前享受前三季度研发费用加计扣除,企业未选择享受的,可在年度汇算清缴时一并享受。企业享受研发费用加计扣除政策采取"真实发生、自行判别、申报享受、相关资料留存备查"的办理方式,无需向税务机关申请。	企业依据实际发生的研发费用,自行计算加计扣除金额,填报预缴申报表享受税收优惠,并根据享受加计扣除优惠的研发费用情况(前三季度)填写《研发费用加计扣除优惠明细表》(A107012),与其他相关资料一并留存备查。

2. 年度申报

对符合加计扣除条件的研发费用,先在《研发费用加计扣除优惠明细表》(A107012)归集,转到《免税、减计收入及加计扣除优惠明细表》(A107010)第 26 行"(一)开发新技术、新产品、新工艺发生的研究开发费用加计扣除(填写 A107012)",最后转到主表 A100000 第 17 行"免税、减计收入及加计扣除(填写 A107010)"。

1) 研发费用加计扣除优惠明细表表样

A107012　研发费用加计扣除优惠明细表

行次	项　　目	金额(数量)
1	本年可享受研发费用加计扣除项目数量	
2	一、自主研发、合作研发、集中研发(3＋7＋16＋19＋23＋34)	
3	（一）人员人工费用(4＋5＋6)	
4	1.直接从事研发活动人员工资薪金	
5	2.直接从事研发活动人员五险一金	
6	3.外聘研发人员的劳务费用	
7	（二）直接投入费用(8＋9＋10＋11＋12＋13＋14＋15)	
8	1.研发活动直接消耗材料费用	
9	2.研发活动直接消耗燃料费用	
10	3.研发活动直接消耗动力费用	
11	4.用于中间试验和产品试制的模具、工艺装备开发及制造费	
12	5.用于不构成固定资产的样品、样机及一般测试手段购置费	
13	6.用于试制产品的检验费	
14	7.用于研发活动的仪器、设备的运行维护、调整、检验、维修等费用	
15	8.通过经营租赁方式租入的用于研发活动的仪器、设备租赁费	
16	（三）折旧费用(17＋18)	
17	1.用于研发活动的仪器的折旧费	
18	2.用于研发活动的设备的折旧费	
19	（四）无形资产摊销(20＋21＋22)	
20	1.用于研发活动的软件的摊销费用	
21	2.用于研发活动的专利权的摊销费用	
22	3.用于研发活动的非专利技术(包括许可证、专有技术、设计和计算方法等)的摊销费用	
23	（五）新产品设计费等(24＋25＋26＋27)	
24	1.新产品设计费	
25	2.新工艺规程制定费	
26	3.新药研制的临床试验费	
27	4.勘探开发技术的现场试验费	
28	（六）其他相关费用(29＋30＋31＋32＋33)	
29	1.技术图书资料费、资料翻译费、专家咨询费、高新科技研发保险费	
30	2.研发成果的检索、分析、评议、论证、鉴定、评审、评估、验收费用	
31	3.知识产权的申请费、注册费、代理费	

(续表)

行次	项 目	金额(数量)
32	4.职工福利费、补充养老保险费、补充医疗保险费	
33	5.差旅费、会议费	
34	(七)经限额调整后的其他相关费用	
35	二、委托研发(36+37+39)	
36	(一)委托境内机构或个人进行研发活动所发生的费用	
37	(二)委托境外机构进行研发活动发生的费用	
38	其中:允许加计扣除的委托境外机构进行研发活动发生的费用	
39	(三)委托境外个人进行研发活动发生的费用	
40	三、年度研发费用小计(2+36×80%+38)	
41	(一)本年费用化金额	
42	(二)本年资本化金额	
43	四、本年形成无形资产摊销额	
44	五、以前年度形成无形资产本年摊销额	
45	六、允许扣除的研发费用合计(41+43+44)	
46	减:特殊收入部分	
47	七、允许扣除的研发费用抵减特殊收入后的金额(45-46)	
48	减:当年销售研发活动直接形成产品(包括组成部分)对应的材料部分	
49	减:以前年度销售研发活动直接形成产品(包括组成部分)对应材料部分结转金额	
50	八、加计扣除比例(%)	
51	九、本年研发费用加计扣除总额(47-48-49)×50	
52	十、销售研发活动直接形成产品(包括组成部分)对应材料部分结转以后年度扣减金额(当47-48-49≥0,本行=0;当47-48-49<0,本行=47-48-49的绝对值)	

2)填报口径和要求(国家税务总局公告2021年第34号)

本表适用于享受研发费用加计扣除优惠(含结转)政策的纳税人填报。纳税人根据相关税收政策规定,填报本年发生的研发费用加计扣除优惠情况及结转情况。

第1行"本年可享受研发费用加计扣除项目数量":填报纳税人本年研发项目中可享受研发费用加计扣除优惠政策的项目数量。

一、自主研发、合作研发、集中研发

第2行"一、自主研发、合作研发、集中研发"：第2行＝第3+7+16+19+23+34行。

（一）人员人工费用

第3行"（一）人员人工费用"：第3行＝第4+5+6行。当表A000000"224研发支出辅助账样式"填报"2021版"或"自行设计"时，不执行本规则。

直接从事研发活动的人员、外聘研发人员同时从事非研发活动的，填报按实际工时占比等合理方法分配的用于研发活动的相关费用。

1. 直接从事研发活动人员工资薪金

第4行"1.直接从事研发活动人员工资薪金"：填报纳税人直接从事研发活动人员，包括研究人员、技术人员、辅助人员的工资、薪金、奖金、津贴、补贴以及按规定可以在税前扣除的对研发人员股权激励的支出。

2. 直接从事研发活动人员五险一金

第5行"2.直接从事研发活动人员五险一金"：填报纳税人直接从事研发活动人员，包括研究人员、技术人员、辅助人员的基本养老保险费、基本医疗保险费、失业保险费、工伤保险费、生育保险费和住房公积金。

3. 外聘研发人员的劳务费用

第6行"3.外聘研发人员的劳务费用"：填报与纳税人或劳务派遣企业签订劳务用工协议（合同）的外聘研发人员的劳务费用，以及临时聘用的研究人员、技术人员、辅助人员的劳务费用。

（企业外聘的研发人员，协议约定由劳务派遣公司支付工资薪金等费用的，企业凭劳务派遣公司开具的发票加计扣除。能加计扣除的金额，只限于劳务派遣公司实际支付的人工工资和五险一金，不能把劳务派遣公司的利润等也加计扣除）

（二）直接投入费用

第7行"（二）直接投入费用"：第7行＝第8+9+10+11+12+13+14+15行。当表A000000"224研发支出辅助账样式"填报"2021版"或"自行设计"时，不执行本规则。

1. 研发活动直接消耗材料费用

第8行"1.研发活动直接消耗材料费用"：填报纳税人研发活动直接消耗的材料费用。

2. 研发活动直接消耗燃料费用

第9行"2.研发活动直接消耗燃料费用"：填报纳税人研发活动直接消耗的燃料费用。

3. 研发活动直接消耗动力费用

第10行"3.研发活动直接消耗动力费用"：填报纳税人研发活动直接消耗的动力费用。

4. 用于中间试验和产品试制的模具、工艺装备开发及制造费

第11行"4.用于中间试验和产品试制的模具、工艺装备开发及制造费"：填报纳税人研发活动中用于中间试验和产品试制的模具、工艺装备开发及制造的费用。

5. 用于不构成固定资产的样品、样机及一般测试手段购置费

第12行"5.用于不构成固定资产的样品、样机及一般测试手段购置费"：填报纳税人研发活动中用于不构成固定资产的样品、样机及一般测试手段购置费用。

6. 用于试制产品的检验费

第13行"6.用于试制产品的检验费"：填报纳税人研发活动中用于试制产品的检验费。

7. 用于研发活动的仪器、设备的运行维护、调整、检验、维修等费用

第14行"7.用于研发活动的仪器、设备的运行维护、调整、检验、维修等费用"：填报纳税人用于研发活动的仪器、设备的运行维护、调整、检验、维修等费用。

第15行"8.通过经营租赁方式租入的用于研发活动的仪器、设备租赁费"：填报纳税人经营租赁方式租入的用于研发活动的仪器、设备租赁费。以经营租赁方式租入的用于研发活动的仪器、设备，同时用于非研发活动的，填报按实际工时占比等合理方法分配的用于研发活动的相关费用。

（三）折旧费用

第16行"（三）折旧费用"：第16行＝第17+18行。当表A000000"224研发支出辅助账样式"填报"2021版"或"自行设计"时，不执行本规则。

用于研发活动的仪器、设备，同时用于非研发活动的，填报按实际工时占比等合理方法分配的用于研发活动的相关费用。纳税人用于研发活动的仪器、设备，符合税收规定且选择加速折旧优惠政策的，在享受研发费用税前加计扣除政策时，按照税前扣除的折旧口径填报。

1. 用于研发活动的仪器的折旧费

第17行"1.用于研发活动的仪器的折旧费"：填报纳税人用于研发活动的仪器的折旧费。

2. 用于研发活动的设备的折旧费

第18行"2.用于研发活动的设备的折旧费"：填报纳税人用于研发活动的设备的折旧费。

［国家税务总局公告2017年第40号文件规定，用于研发活动的仪器、设备，同时用于非研发活动的，企业应对其仪器设备使用情况做必要记录，并将其实际发生的折旧费按实际工时占比等合理方法在研发费用和生产经营费用间分配，未分配的不得加计扣除。同时规定，企业用于研发活动的仪器、设备，符合税法规定且选择加速折旧优惠政策的，在享受研发费用税前加计扣除政策时，就税前扣除的折旧部分计算加计扣除。因此，第17行、第18行"用于研发活动的仪器、设备的折旧费"纳税人用于研发活动的仪器、设备，同时用于非研发活动的，填报按实际工时占比等合理方法分配的用于研发活动的相关费用。

符合税收规定且选择加速折旧优惠政策的,在享受研发费用税前加计扣除政策时,就税前扣除的折旧部分填报。例如,甲企业于2017年12月购入并投入使用一专门用于研发活动的设备,单位价值1 200万元,会计处理按8年折旧,税法上规定的最低折旧年限为10年,不考虑残值。甲企业对该项设备选择缩短折旧年限的加速折旧方式,折旧年限缩短为6年(10×60%)。则第18行应填报200万元(1 200÷6)]。

(四)无形资产摊销

第19行"(四)无形资产摊销":第19行=第20+21+22行。当表A000000"224研发支出辅助账样式"填报"2021版"或"自行设计"时,不执行本规则。用于研发活动的无形资产,同时用于非研发活动的,填报按实际工时占比等合理方法在研发费用和生产经营费用间分配的用于研发活动的相关费用。纳税人用于研发活动的无形资产,符合税收规定且选择加速摊销优惠政策的,在享受研发费用税前加计扣除政策时,按照税前扣除的摊销口径填报。

1. 用于研发活动的软件的摊销费用

第20行"1.用于研发活动的软件的摊销费用":填报纳税人用于研发活动的软件的摊销费用。

2. 用于研发活动的专利权的摊销费用

第21行"2.用于研发活动的专利权的摊销费用":填报纳税人用于研发活动的专利权的摊销费用。

3. 用于研发活动的非专利技术(包括许可证、专有技术、设计和计算方法等)的摊销费用

第22行"3.用于研发活动的非专利技术(包括许可证、专有技术、设计和计算方法等)的摊销费用":填报纳税人用于研发活动的非专利技术(包括许可证、专有技术、设计和计算方法等)的摊销费用。

(五)新产品设计费等

第23行"(五)新产品设计费等":第23行=第24+25+26+27。当表A000000"224研发支出辅助账样式"填报"2021版"或"自行设计"时,不执行本规则。新产品设计费、新工艺规程制定费、新药研制的临床试验费、勘探开发技术的现场试验费等由辅助生产部门提供的,填报按照一定的分配标准分配给研发项目的金额。

1. 新产品设计费

第24行"1.新产品设计费":填报纳税人研发活动中发生的新产品设计费。

2. 新工艺规程制定费

第25行"2.新工艺规程制定费":填报纳税人研发活动中发生的新工艺规程制定费。

3. 新药研制的临床试验费

第26行"3.新药研制的临床试验费":填报纳税人研发活动中发生的新药研制的临床试验费。

4. 勘探开发技术的现场试验费

第27行"4.勘探开发技术的现场试验费":填报纳税人研发活动中发生的勘探开发技术的现场试验费。

(续表)

(六)其他相关费用

第28行"(六)其他相关费用":第28行=第29+30+31+32+33行。当表A000000"224研发支出辅助账样式"填报"2021版"或"自行设计"时,不执行本规则。

1. 技术图书资料费、资料翻译费、专家咨询费、高新科技研发保险费

第29行"1.技术图书资料费、资料翻译费、专家咨询费、高新科技研发保险费":填报纳税人研发活动中发生的技术图书资料费、资料翻译费、专家咨询费、高新科技研发保险费。

2. 研发成果的检索、分析、评议、论证、鉴定、评审、评估、验收费用

第30行"2.研发成果的检索、分析、评议、论证、鉴定、评审、评估、验收费用":填报纳税人研发活动中发生的研发成果的检索、分析、评议、论证、鉴定、评审、评估、验收费用。

3. 知识产权的申请费、注册费、代理费

第31行"3.知识产权的申请费、注册费、代理费":填报纳税人研发活动中发生的知识产权的申请费、注册费、代理费。

4. 职工福利费、补充养老保险费、补充医疗保险费

第32行"4.职工福利费、补充养老保险费、补充医疗保险费":填报纳税人研发活动人员发生的职工福利费、补充养老保险费、补充医疗保险费。

5.差旅费、会议费

第33行"5.差旅费、会议费":填报纳税人研发活动发生的差旅费、会议费。

(七)经限额调整后的其他相关费用

第34行"(七)经限额调整后的其他相关费用":填报第28行与其他相关费用限额的孰小值。

第34行=第28行与第3+7+16+19+23行×10%÷(1-10%)的孰小值。

其他相关费用限额按以下公式计算:其他相关费用限额=第3+7+16+19+23行×10%÷(1-10%)。

例如,假设甲公司于2020年同时开展两个研发项目,项目一的五项费用之和为120万元,其他相关费用为15万元;项目二的五项费用之和为150万元,其他相关费用为12万元。甲公司于2021年同样开展两个研发项目,金额均与2020年保持一致。则:

2020年,甲公司根据原政策计算"其他相关费用"限额:项目一其他相关费用限额=120×10%÷(1-10%)=13.33(万元),实际发生的其他相关费用为15万元,项目一可加计扣除的其他相关费用为13.33万元。项目二其他相关费用限额=150×10%÷(1-10%)=16.67(万元),实际发生的其他相关费用为12万元,项目二可加计扣除的其他相

关费用为12万元。甲公司2020年可加计扣除的其他相关费用合计为25.33万元(13.33+12)。

2021年,甲公司根据新政策计算"其他相关费用"限额:其他相关费用限额=(120+150)×10%÷(1-10%)=30(万元);实际发生的其他相关费用27万元(15+12)。根据孰小原则,甲公司于2021年可加计扣除的其他相关费用为27万元,多于它在2020年可加计扣除的金额。

由此可见,新的计算方式对于同时开展多个研发项目的企业极其友好,不仅能简化计算流程,更能使不同研发项目中的其他相关费用得到充分利用,帮助企业最大程度享受到相关优惠。

二、委托研发

第35行"二、委托研发":第35行=第36+37+39行。

(一)委托境内机构或个人进行研发活动所发生的费用

第36行"(一)委托境内机构或个人进行研发活动所发生的费用":填报纳税人研发项目委托境内机构或个人进行研发活动所发生的费用。

(二)委托境外机构进行研发活动发生的费用

第37行"(二)委托境外机构进行研发活动发生的费用":填报纳税人研发项目委托境外机构进行研发活动所发生的费用。

第38行"允许加计扣除的委托境外机构进行研发活动发生的费用":填报纳税人按照税收规定允许加计扣除的委托境外机构进行研发活动发生的研发费用。

(三)委托境外个人进行研发活动发生的费用

第39行"(三)委托境外个人进行研发活动发生的费用":填报纳税人委托境外个人进行研发活动发生的费用。本行不参与加计扣除优惠金额的计算。

三、年度可加计扣除的研发费用小计

第40行"三、年度研发费用小计":第40行=第2行+第36行×80%+第38行。

(一)本年费用化金额

第41行"(一)本年费用化金额":填报纳税人研发活动本年费用化部分金额。

(二)本年资本化金额

第42行"(二)本年资本化金额":填报纳税人研发活动本年结转无形资产的金额。

四、本年形成无形资产摊销额

第43行"四、本年形成无形资产摊销额":填报纳税人研发活动本年形成无形资产的摊销额。

五、以前年度形成无形资产本年摊销额

第44行"五、以前年度形成无形资产本年摊销额":填报纳税人研发活动以前年度形成无形资产本年摊销额。

六、允许扣除的研发费用合计

第45行"六、允许扣除的研发费用合计":第45行=第41+43+44行。

第46行"特殊收入部分":填报纳税人已归集计入研发费用,但在当期取得的研发过程中形成的下脚料、残次品、中间试制品等特殊收入。

七、允许扣除的研发费用抵减特殊收入后的金额

第47行"七、允许扣除的研发费用抵减特殊收入后的金额":第47行=第45-46行。

第48行"当年销售研发活动直接形成产品(包括组成部分)对应的材料部分":填报纳税人当年销售研发活动直接形成产品(包括组成部分)对应的材料部分金额。

第49行"以前年度销售研发活动直接形成产品(包括组成部分)对应材料部分结转金额":填报纳税人以前年度销售研发活动直接形成产品(包括组成部分)对应材料部分结转金额。

八、加计扣除比例

第50行"八、加计扣除比例":根据有关政策规定填报。

九、本年研发费用加计扣除总额

第51行"九、本年研发费用加计扣除总额":第51行=(第47-48-49行)×第50行,当第47-48-49行<0时,本行=0。

当"□一般企业 □科技型中小企业"选"一般企业"时,第50行=表A107010第26行。

当"□一般企业 □科技型中小企业"为"科技型中小企业"时,第50行=表A107010第27行。

十、销售研发活动直接形成产品(包括组成部分)对应材料部分结转以后年度扣减金额

第52行"十、销售研发活动直接形成产品(包括组成部分)对应材料部分结转以后年度扣减金额":当第47-48-49行≥0时,第52行=0;当第47-48-49行<0时,第52行=第46-47-48行金额的绝对值。

(1)按照年度研发费用支出形式,设置第41行"(一)本年费用化金额"和第42行"(二)本年资本化金额"填报行次。

(2)为了满足计算本年允许扣除的研发资本化支出金额的需要,设置第43行"四、本年形成无形资产摊销额"和第44行"五、以前年度形成无形资产本年摊销额"填报行次。

(3)考虑到当期取得的研发过程中形成的下脚料、残次品、中间试制品等特殊收入对研发费用的抵减,当年销售研发活动直接形成产品(包括组成部分)对应的材料部分对研发费用的抵减,以及销售研发活动直接形成产品(包括组成部分)对应材料部分的抵减和结转,分别设置第46行"减:特殊收入部分"、第48行"减:当年销售研发活动直接形成产品(包括组成部分)对应的材料部分"、第49行"减:以前年度销售研发活动直接形成产品(包括组成部分)对应材料部分结转金额"、第52行"十、销售研发活动直接形成产品(包括组成部分)对应材料部分结转以后年度扣减金额"填报行次。

(续表)

(4) 本表应当根据税收政策规定填报。作为不征税收入处理的财政性资金用于研发的部分等应按规定扣除，并填报扣除后的金额。其他费用、委托境外进行研发活动所发生的费用应按规定计算限额并调整。研发活动与生产活动共同支出的相关费用应按规定分摊计算后填报。

3. 注意问题

(1) 当年没有研发项目，如何填写《研发费用加计扣除优惠明细表》(A107012)？

本年度有研发项目、本年度发生研发支出，必须填写《研发费用加计扣除优惠明细表》(A107012)，以计算加计扣除的优惠金额。但是本年度没有研发项目，并不代表不需要填写《研发费用加计扣除优惠明细表》(A107012)，以下两种情况需要填报：

(1) 本年度虽然没有研发项目，但以前年度的研发项目形成的无形资产在本年摊销，且享受加计摊销的，需要填写《研发费用加计扣除优惠明细表》(A107012)。	(2) 本年度虽然没有研发项目，但以前年度有研发项目，且有研发活动形成产品对应材料未冲减完的，需要填写《研发费用加计扣除优惠明细表》(A107012)，以反映结转情况。

(2) 不征税收入用于研发如何调整？

原研发费加计扣除表，专门有一列调整不征税收入用于研发。新申报表采用了归集表格式，没有专门行次调整不征税收入。需按照政府补助的不同会计处理分别进行调整。

(1) 按照《企业会计准则第16号——政府补助》的规定，采取净额法核算的，相关支出中已剔除不征税收入，就无需在《研发费用加计扣除优惠明细表》(A107012)再进行调整。	(2) 按照总额法进行核算的，不征税收入用于研发支出的费用，既不能税前扣除，也不能加计扣除。新《研发费用加计扣除优惠明细表》(A107012)虽然没有单独栏次进行调整，但如果能分得清楚，不征税收入对应的支出用在了人工费用、直接投入还是购买研发设备等，就在相关费用填写时剔除不征税收入对应的部分。如果不能对应，只能选择某行进行调整。

(3) "研发特殊收入冲减"如何填报？

《研发费用加计扣除优惠明细表》(A107012)本年研发费用加计扣除总额＝(47－48－49)×加计扣除比例 ＝[允许扣除的研发费用合计－已归集计入研发费用，但在当期取得的研发过程中形成的下脚料、残次品、中间试制品等特殊收入－当年销售研发活动直接形成产品(包括组成部分)对应的材料部分－以前年度销售研发活动直接形成产品(包括组成部分)对应材料部分结转金额]×加计扣除比例 从上述公式可以看出，为利于企业，按顺序先冲销售下脚料、残次品、中间试制品等特殊收入，再冲减形成产品或作为组成部分形成的产品对应的材料费用。	(1) 特殊收入冲减，是冲特殊收入销售当年的研发费，而不是研发费用发生的当年。填表时，冲减第45行"允许扣除的研发费用合计"，不冲减第8行"研发活动直接消耗材料费用"，也不需要按研发项目对应冲减，并且不影响具体项目"其他相关费用"计算基数。 (2) 销售当年冲不完不够冲的，冲不完的"特殊收入"作废，不能结转下年。当然也不能把当年的研发费用冲成负数。 (3) 特殊收入的冲减，不需要A研发项目形成的特殊收入，一定要冲A项目研发费，没有对应关系。 (4) 研发形成的下脚料等，没有用于销售，而转用于正常的生产，文件虽然没有明确一定要冲减已发生的研发费，建议从"研发支出"科目转出，转到"原材料""生产成本"等科目，以规避税收风险。

（五）研发费用加计扣除征管要求

财税〔2015〕119号	税总函〔2016〕685号
管理事项及征管要求： （1）本通知适用于会计核算健全、实行查账征收并能够准确归集研发费用的居民企业。 （2）企业研发费用各项目的实际发生额归集不准确、汇总额计算不准确的，税务机关有权对其税前扣除额或加计扣除额进行合理调整。 （3）税务机关对企业享受加计扣除优惠的研发项目有异议的，可以转请地市级（含）以上科技行政主管部门出具鉴定意见，科技部门应及时回复意见。企业承担省部级（含）以上科研项目的，以及以前年度已鉴定的跨年度研发项目，不再需要鉴定。 （4）企业符合本通知规定的研发费用加计扣除条件而在2016年1月1日以后未及时享受该项税收优惠的，可以追溯享受并履行备案手续，追溯期限最长为3年。 （5）税务部门应加强研发费用加计扣除优惠政策的后续管理，定期开展核查，年度核查面不得低于20%。	既往涉税问题不影响加计扣除（正确处理税务核查与企业享受研究费用加计扣除优惠政策的关系）： 税总函〔2016〕685号文件第四条明确要求，"各级税务机关在落实加计扣除优惠政策时，应以核实企业享受2016年度优惠的有关情况为基准，原则上不核实以前年度有关情况。如企业以前年度存在或发现存在涉税问题，应按相关规定另行处理，不得影响企业享受2016年度加计扣除优惠政策"。 再次强调"3年"追溯享受期： 税总函〔2016〕685号文件第四条再次强调，"如企业2016年度未及时申报享受加计扣除优惠政策，可在以后3年内追溯享受"。 税务机关应在10日内"解决"企业诉求： 税总函〔2016〕685号文件规定，"对纳税人反映的相关问题和投诉，各级税务机关应当在接到问题和投诉后的10个工作日内予以解决"。
风险提示： （1）根据财税〔2015〕119号文件第五条第三项的规定，科委鉴定不再作为前置性环节，由企业直接将申报资料提交税务机关，税务机关有异议可转请地市科技部门出具鉴定意见。企业应当规范研发项目的管理，通过设置完善的立项、预算、审批、决算等对研发项目进行全程管理；准备完善的备案及留存备查资料。 （2）税总函〔2016〕685号文件并没有对研发费用加计扣除享受的实体、程序做出新的规定，而应严格按照财税〔2015〕119号文件执行。财税〔2015〕119号文件虽然减少了审核程序，扩大了费用范围，但同时规定税务机关加强该项优惠政策的优惠管理，并明确年度核查面不得低于20%。因此，企业应当从完善研发项目管理、合理准确归集研发费用和设置研发费用辅助账等方面增强风险防范意识，提高危机化解能力。	

（六）研发费用加计扣除优惠管理

1. 自行判断

企业年度纳税申报时，根据研发支出辅助账汇总表填报研发项目可加计扣除研发费用情况归集表，在年度纳税申报时随申报表一并报送。

2. 一般企业研发费用加计扣除优惠管理（国家税务总局公告2018年第23号）

主要留存备查资料	上传科技部门鉴定所需资料
（1）自主、委托、合作研究开发项目计划书和企业有权部门关于自主、委托、合作研究开发项目立项的决议文件。 （2）自主、委托、合作研究开发专门机构或项目组的编制情况和研发人员名单。 （3）经科技行政主管部门登记的委托、合作研究开发项目的合同。 （4）从事研发活动的人员（包括外聘人员）和用于研发活动的仪器、设备、无形资产的费用分配说明（包括工作使用情况记录及费用分配计算证据材料）。 （5）集中研发项目研发费决算表、集中研发项目费用分摊明细情况表和实际分享收益比例等资料。 （6）"研发支出"辅助账及汇总表。 （7）企业如果已取得地市级（含）以上科技行政主管部门出具的鉴定意见，应作为资料留存备查。 若企业委托境外进行研发活动的，还应将以下资料留存备查： （1）委托境外研发银行支付凭证和受托方开具的收款凭据。 （2）当年委托研发项目的进展情况等资料。	（1）、（2）、（3）项与留存备查资料一致。 （4）支撑证明材料（企业根据项目情况选择提供）： ① 在其他部门立项的研究开发项目的立项证明文件。 ② 项目（阶段）测试报告。 ③ 项目（阶段）研究成果证明、项目样品试制报告、新产品检测报告。 ④ 知识产权证明。 ⑤ 高新技术产品、重点新产品证明。 ⑥ 临床研究进展报告、临床研究批件、新药证书。 ⑦ 新工艺实质性改进的对比证明数据，产品性能指标或行业标准、行业先进水平的说明。 ⑧ 其他证明材料。

3. 创意设计活动而发生的相关费用加计扣除（国家税务总局公告2018年第23号）

序号	主要留存备查资料	享受优惠时间	后续管理要求
21	（1）创意设计活动相关合同。 （2）创意设计活动相关费用核算情况的说明。	汇缴享受	由省税务机关（含计划单列市税务机关）规定。

4. 后续管理与核查（国家税务总局公告2015年第97号）

税务机关应加强对享受研发费用加计扣除优惠企业的后续管理和监督检查。每年汇算清缴期结束后应开展核查，核查面不得低于享受该优惠企业户数的20%。	省级税务机关可根据实际情况制订具体核查办法或工作措施。

四、科技型中小企业研发费用加计扣除

政策依据：

《财政部 国家税务总局 科技部关于提高科技型中小企业研究开发费用税前加计扣除比例的通知》（财税〔2017〕34号）；

《科技部 财政部 国家税务总局关于印发〈科技型中小企业评价办法〉的通知》（国科发政〔2017〕115号）；

《国家税务总局关于提高科技型中小企业研究开发费用税前加计扣除比例有关问题的公告》（国家税务总局公告2017年第18号）；

《科技部火炬中心关于印发〈科技型中小企业评价工作指引（试行）〉的通知》（国科火字〔2017〕144号）；

《科技部 国家税务总局关于做好科技型中小企业评价工作有关事项的通知》（国科发政〔2018〕11号）；

《财政部 税务总局 科技部关于进一步提高科技型中小企业研发费用税前加计扣除比例的公告》（财政部 税务总局 科技部公告2022年第16号）；

《国家税务总局关于企业预缴申报享受研发费用加计扣除优惠政策有关事项的公告》（国家税务总局公告2022年第10号）。

（一）政策规定

财税〔2017〕34号	国家税务总局公告2017年第18号
科技型中小企业开展研发活动中实际发生的研发费用，未形成无形资产计入当期损益的，在按规定据实扣除的基础上，自2017年1月1日至2019年12月31日，再按照实际发生额的75%在税前加计扣除；形成无形资产的，在上述期间按照无形资产成本的175%在税前摊销。 科技型中小企业享受研发费用加计扣除政策的其他政策口径按照《财政部 国家税务总局 科技部关于完善研究开发费用税前加计扣除政策的通知》（财税〔2015〕119号）的规定执行。	一、科技型中小企业开展研发活动中实际发生的研发费用，未形成无形资产计入当期损益的，在按规定据实扣除的基础上，自2022年1月1日起，再按照实际发生额的100%在税前加计扣除；形成无形资产的，自2022年1月1日起，按照无形资产成本的200%在税前摊销。 二、科技型中小企业条件和管理办法按照《科技型中小企业评价办法》（国科发政〔2017〕115号）执行。 三、科技型中小企业享受研发费用税前加计扣除政策的其他政策口径和管理要求，按照《关于完善研究开发费用税前加计扣除政策的通知》（财税〔2015〕119号）、《关于企业委托境外研究开发费用税前加计扣除有关政策问题的通知》（财税〔2018〕64号）等文件的相关规定执行。 四、本公告自2022年1月1日起执行。

(续表)

科技型中小企业资格不需要审批,企业享受上述优惠须取得省级科技管理部门赋予的科技型中小企业入库登记编号。企业在汇算清缴期内按规定取得科技型中小企业登记编号的,其汇算清缴年度可享受上述优惠政策。企业按规定更新信息后不再符合条件的,其汇算清缴年度不得享受上述优惠政策。科技型中小企业不需取得登记编码,可以直接按《财政部 税务总局 科技部关于提高研究开发费用税前加计扣除比例的通知》(财税〔2018〕99号)的规定,加计扣除和摊销。

无形资产摊销执行口径:国家税务总局公告2017年第18号文件将享受此项政策的无形资产界定为在2019年12月31日以前形成的无形资产,既包括自2017年1月1日至2019年12月31日形成的无形资产,也包括在2017年以前年度形成的、在上述期间进行摊销的无形资产。

企业在10月份预缴申报时,自行判断本年度符合科技型中小企业条件的,可选择暂按规定享受科技型中小企业研发费用加计扣除优惠政策,年度汇算清缴时再按照取得入库登记编号的情况确定是否可以享受科技型中小企业研发费用加计扣除优惠政策。(国家税务总局公告2022年第10号)

(二) 科技型中小企业(国科发政〔2017〕115号第二条)

科技型中小企业是指依托一定数量的科技人员从事科学技术研究开发活动,取得自主知识产权并将其转化为高新技术产品或服务,从而实现可持续发展的中小企业。

(三) 科技型中小企业的确认或评价(国科火字〔2017〕144号)

科技部火炬高技术产业开发中心承担全国科技型中小企业评价工作的组织协调与服务监督的日常工作,负责指导、协调各地区科技型中小企业评价组织工作;承担科技型中小企业评价工作机构备案管理;负责"全国科技型中小企业信息服务平台"(以下简称"服务平台")和"全国科技型中小企业信息库"建设。

科技型中小企业评价工作实行网络化管理,评价工作在"服务平台"上的"全国科技型中小企业评价工作系统"(网址:www.innofund.gov.cn)中进行。企业认为符合条件的,可自愿在科技型中小企业服务平台上注册登记企业基本信息,在线填报,信息完整,条件符合,省级科技主管部门在服务平台上公示10个工作日,赋予企业入库登记编号,登记编号实行年度动态管理,有效期为通过公示之日起—次年3月31日前,已入库企业在次年3月底前对信息进行更新,符合要求的获取新一年度的编号。

(四) 后续管理(国科发政〔2017〕115号)

更新	撤销	抽查
第十二条 已入库企业应在每年3月底前通过服务平台对《科技型中小企业信息表》中的信息进行更新,并对本企业是否仍符合科技型中小企业条件进行自主评价,仍符合条件的,由省级科技管理部门按本办法第十条和第十一条规定程序办理。 第十三条 已入库企业发生更名或与第二章规定的条件有关的重大变化的,应在三个月内通过服务平台填报变化情况。	第十四条 已入库企业有下列行为之一的,由省级科技管理部门撤销其行为发生年度登记编号并在服务平台上公告: (1) 企业发生重大变化,不再符合第二章规定条件的。 (2) 存在严重弄虚作假行为的。 (3) 发生科研严重失信行为的。 (4) 发生重大安全、重大质量事故或有严重环境违法行为的。 (5) 被列入经营异常名录和严重违法失信企业名单的。 (6) 未按期更新《科技型中小企业信息表》信息的。	第十五条 科技部根据工作需要对省级科技管理部门管理工作进行监督检查。省级科技管理部门对已入库企业进行抽查,对经抽查或审核企业确认不符合条件的,由省级科技管理部门按照第十四条规定处理。

风险提示:科技型中小企业资格不需要审批;科技型中小企业是否符合条件,主要依据其上一年度数据进行判断,因此,科技型中小企业经公示并取得入库登记编号说明其上一年度符合科技型中小企业的条件;编号跨年度失效。

（五）享受税收优惠的管理规定

国家税务总局公告2017年第18号	国科发火〔2018〕11号
企业在汇算清缴期内按照《科技部 财政部 国家税务总局关于印发〈科技型中小企业评价办法〉的通知》（国科发政〔2017〕115号，以下简称《评价办法》）第十条、第十一条、第十二条规定取得科技型中小企业登记编号的，其汇算清缴年度可享受《财政部 税务总局 科技部关于提高科技型中小企业研究开发费用税前加计扣除比例的通知》（财税〔2017〕34号，以下简称财税〔2017〕34号文件）规定的优惠政策。企业按《评价办法》第十二条规定更新信息后不再符合条件的，其汇算清缴年度不得享受财税〔2017〕34号文件规定的优惠政策。 科技型中小企业办理税收优惠备案时，应将按照《评价办法》取得的相应年度登记编号填入《企业所得税优惠事项备案表》"具有相关资格的批准文件（证书）及文号（编号）"栏次。 因不符合科技型中小企业条件而被科技部门撤销登记编号的企业，相应年度不得享受财税〔2017〕34号文件规定的优惠政策，已享受的应补缴相应年度的税款。 科技型中小企业享受研发费用税前加计扣除政策的其他政策口径和管理事项仍按照《国家税务总局关于企业研究开发费用税前加计扣除政策有关问题的公告》（国家税务总局公告2015年第97号）和《国家税务总局关于发布〈企业所得税优惠政策事项办理办法〉的公告》（国家税务总局公告2015年第76号）执行。	各省级科技管理部门要组织好企业注册信息、自评信息的形式审查及科技型中小企业入库公示、公告工作，省级科技管理部门6月30日前应完成5月31日前提交自评信息（补正自评信息的按补正提交日期）的科技型中小企业入库公告，保障符合条件的企业及时入库并享受优惠政策。 各省级科技管理部门应按企业成立日期和提交自评信息日期，在科技型中小企业入库登记编号（以下简称登记编号）上进行标识。入库年度之前成立且5月31日前提交自评信息的，其登记编号第11位（左数，以下相同）为0；入库年度之前成立但6月1日（含）以后提交自评信息的，其登记编号第11位为A；入库年度当年成立的，其登记编号第11位为B。入库登记编号第11位为0的企业，可在上年度汇算清缴中享受提高科技型中小企业税前研发费用加计扣除比例政策。 省级科技管理部门应及时将科技型中小企业入库登记信息（包括企业名称、统一社会信用代码、注册地、入库登记编号、入库日期等）发送给省级税务部门。 各级税务部门要与科技部门密切配合，及时掌握企业参与评价工作进展，摸清符合科技型中小企业评价标准的纳税人基数和分布情况，通过各种方式为企业提供政策辅导，帮助取得登记编号企业及时享受政策，切实加大提高科技型中小企业研究开发费用税前加计扣除比例政策落实力度。 汇算清缴工作结束后，省级税务部门应及时将实际享受提高科技型中小企业研究开发费用税前加计扣除比例政策的企业信息（包括名称、统一社会信用代码、入库登记编号、研发加计扣除额等）与省级科技管理部门进行共享。

享受提高研发费加计扣除比例政策的企业必须是科技型中小企业，是否符合科技型中小企业条件主要看其是否取得入库编号。

（1）入库登记编号第11位为0的企业，可在上年度汇算清缴中享受提高科技型中小企业研发费用加计扣除比例政策（科技型中小企业75％加计扣除政策）。企业按规定更新信息后不再符合条件的，其汇算清缴年度不得享受科技型中小企业75％加计扣除政策。

（2）科技型中小企业申报享受科技型中小企业75％加计扣除政策时，应将按照《评价办法》取得的相应年度登记编号填入《企业所得税年度纳税申报表（A类，2017年版）》之《研发费用加计扣除优惠明细表》（A107012）中"科技型中小企业登记编号"栏次。

（3）因不符合科技型中小企业条件而被科技部门撤销登记编号的企业，相应年度不得享受科技型中小企业75％加计扣除政策，已享受的应补缴相应年度的税款。

1. 优惠管理（国家税务总局公告2018年第23号）

序号	主要留存备查资料	享受优惠时间	后续管理要求
22	（1）自主、委托、合作研究开发项目计划书和企业有权部门关于自主、委托、合作研究开发项目立项的决议文件。 （2）自主、委托、合作研究开发专门机构或项目组的编制情况和研发人员名单。 （3）经科技行政主管部门登记的委托、合作研究开发项目的合同。 （4）从事研发活动的人员（包括外聘人员）和用于研发活动的仪器、设备、无形资产的费用分配说明（包括工作使用情况记录及费用分配计算证据材料）。 （5）集中研发项目研发费决算表、集中研发项目费用分摊明细情况表和实际分享收益比例等资料。 （6）"研发支出"辅助账及汇总表。 （7）企业已取得的地市级（含）以上科技行政主管部门出具的鉴定意见。 （8）科技型中小企业取得的入库登记编号证明资料。	汇缴享受	由省税务机关（含计划单列市税务机关）规定。

2. 负面清单

按照财税〔2015〕119号文件的规定,烟草制造业、住宿和餐饮业、批发和零售业、房地产业、租赁和商业服务业、娱乐业以及财政部和国家税务总局规定的其他行业不适用研发费用加计扣除政策,因此上述行业的科技型中小企业也不得享受提高研发费用加计扣除比例优惠。

3. 排除账证不全不能准确核算的企业

按照财税〔2015〕119号文件的规定,研发费用加计扣除政策适用于会计核算健全、实行查账征收并能够准确归集研发费用的居民企业,因此,核定征收的科技型中小企业不能享受提高研发费加计扣除比例优惠政策。

4. 要求设立辅助账

科技型中小企业应按照国家财务会计制度的要求,对研发支出进行会计处理。研发项目立项时应设置研发支出辅助账,由企业留存备查;年末汇总分析填报研发支出辅助账汇总表,并在报送《年度财务会计报告》的同时随附注一并报送主管税务机关。研发支出辅助账、研发支出辅助账汇总表的样式与其他企业一致,具体可参照本节一般企业研发费用辅助账格式。

五、残疾人员工资加计扣除

《企业所得税法》	《企业所得税法实施条例》	财税〔2009〕70号
第三十条第(二)项 企业安置残疾人员及国家鼓励安置的其他就业人员所支付的工资,可以在计算应纳税所得额时加计扣除。	第九十六条 企业安置残疾人员所支付的工资的加计扣除,是指企业安置残疾人员的,在按照支付给残疾职工工资据实扣除的基础上,按照支付给残疾职工工资的100%加计扣除。残疾人员的范围适用《中华人民共和国残疾人保障法》的有关规定。	第一条 企业安置残疾人员的,在按照支付给残疾职工工资据实扣除的基础上,可以在计算应纳税所得额时按照支付给残疾职工工资的100%加计扣除。 企业就支付给残疾职工的工资,在进行企业所得税预缴申报时,允许据实计算扣除;在年度终了进行企业所得税年度申报和汇算清缴时,再按照本条第一款的规定计算加计扣除。 第二条 残疾人员的范围适用《中华人民共和国残疾人保障法》的有关规定。

根据《中华人民共和国残疾人保障法》第二条的规定,残疾人是指在心理、生理、人体结构上,某种组织、功能丧失或者不正常,全部或者部分丧失以正常方式从事某种活动能力的人。残疾人包括视力残疾、听力残疾、言语残疾、肢体残疾、智力残疾、精神残疾、多重残疾和其他残疾的人。残疾标准由国务院规定。

(一) 企业享受安置残疾职工工资100%加计扣除应同时具备如下条件(财税〔2009〕70号)

政策规定	风险提示
企业享受安置残疾职工工资100%加计扣除应同时具备如下条件: (1)依法与安置的每位残疾人签订了1年以上(含1年)的劳动合同或服务协议,并且安置的每位残疾人在企业实际上岗工作。 (2)为安置的每位残疾人按月足额缴纳了企业所在区县人民政府根据国家政策规定的基本养老保险、基本医疗保险、失业保险和工伤保险等社会保险。	(1)"依法与安置的每位残疾人签订了一年以上(含一年)的劳动合同或服务协议"中的"劳动合同或服务协议",包括全日制工资发放形式和非全日制工资发放形式劳动合同或服务协议。安置残疾人单位聘用非全日制用工的残疾人,与其签订符合法律法规规定的劳动合同或服务协议,并且安置该残疾人在单位实际上岗工作的,可按照财税〔2009〕70号文件的规定,享受增值税优惠政策。(国家税务总局公告2013年第73号) 企业应对报送资料的真实性和合法性负责。如果税务机关发现该企业存在"挂名未上岗"或其他情形导致不符合促进残疾人就业税收优惠政策适用条件的,应将其发生相应违法违规行为年度内实际享受到的减(退)税款全额追缴入库。(税总函〔2016〕609号) (2)对没有给残疾职工缴纳社会保险费的,不能享受工资加计扣除的优惠。"基本养老保险"和"基本医疗保险"是指"职工基本养老保险"和"职工基本医疗保险",不含"城镇居民社会养老保险""新型农村社会养老保险""城镇居民基本医疗保险"和"新型农村合作医疗"。(国家税务总局公告2013年第78号)

（续表）

政策规定	风险提示
（3）定期通过银行等金融机构向安置的每位残疾人实际支付了不低于企业所在区县适用的经省级人民政府批准的最低工资标准的工资。 （4）具备安置残疾人上岗工作的基本设施。	安置残疾人的机关事业单位以及由机关事业单位改制后的企业，为残疾人缴纳的机关事业单位养老保险，属于基本养老保险范畴。（国家税务总局公告2015年第55号） （3）自2015年9月1日起，以劳务派遣形式就业的残疾人，属于劳务派遣单位的职工。安置残疾人的机关事业单位以及由机关事业单位改制后的企业，为残疾人缴纳的机关事业单位养老保险，属于《财政部 国家税务总局关于促进残疾人就业税收优惠政策的通知》（财税〔2007〕92号）第五条第（三）款规定的"基本养老保险"范畴，可按规定享受相关税收优惠政策。（国家税务总局公告2015年第55号）

（二）优惠事项管理（国家税务总局公告2018年第23号）

序号	主要留存备查资料	享受优惠时间	后续管理要求
23	（1）为安置的每位残疾人按月足额缴纳了企业所在区县人民政府根据国家政策规定的基本养老保险、基本医疗保险、失业保险和工伤保险等社会保险证明资料。 （2）通过非现金方式支付工资薪酬的证明。 （3）安置残疾职工名单及其《残疾人证》或《残疾军人证》。 （4）与残疾人员签订的劳动合同或服务协议。	汇缴享受	由省税务机关（含计划单列市税务机关）规定。

第四节 所得减免政策解析及应用

一、基本政策规定

《企业所得税法》	《企业所得税法实施条例》
第二十七条　企业的下列所得，可以免征、减征企业所得税： （1）从事农、林、牧、渔业项目的所得。 （2）从事国家重点扶持的公共基础设施项目投资经营的所得。 （3）从事符合条件的环境保护、节能节水项目的所得。 （4）符合条件的技术转让所得。 （5）本法第三条第三款规定的所得。	第一百零二条　企业同时从事适用不同企业所得税待遇的项目的，其优惠项目应当单独计算所得，并合理分摊企业的期间费用；没有单独计算的，不得享受企业所得税优惠。
居民企业取得《企业所得税法实施条例》第八十六条、第八十七条、第八十八条和第九十条规定可减半征收企业所得税的所得，是指居民企业应就该部分所得单独核算并依照25%的法定税率减半缴纳企业所得税。[国税函〔2010〕157号第一条第（三）项]	
项目所得额＝项目收入－项目成本－相关税费－应分摊的期间费用＋纳税调整额 这个享受减免所得计算的过程，其实就是一个汇算清缴的调整过程。因此，这个项目所得额并不是会计上的所得额，而是税务上的所得额。 纳税人同时从事减免项目与非减免项目的，应分别核算，独立计算减免项目的计税依据以及减免税额度。不能分别核算的，不能享受减免税。核算不清的，由税务机关按合理方法核定；纳税人同时从事适用不同企业所得税待遇的项目的，其优惠项目应当单独计算所得，并合理分摊企业的期间费用，没有单独计算的，不得享受企业所得税优惠。	《企业所得税法》采用法人税制，《企业所得税法实施条例》要求各算各的应纳税所得额，相当于一个分公司独立核算的概念，但各算各的应纳税所得额并不能代表打破了法人所得税框架。已废止的国税函〔2010〕148号文件规定："对企业取得的免税收入、减计收入以及减征、免征所得额项目，不得弥补当期及以前年度应税项目亏损；当期形成亏损的减征、免征所得额项目，也不得用当期和以后纳税年度应税项目所得抵补"，传统的两条线处理，各算各的税，各补各的亏，实际上已突破了法人所得税的概念。2017年版企业所得税年度纳税申报表（国家税务总局公告2017年第54号）填报口径明确，主表第19行"纳税调整后所得"为负数的，不填报A107020《所得减免优惠明细表》，使得应税项目与免税项目可以相互弥补亏损。

二、农、林、牧、渔业项目所得减免

政策依据：

> 《企业所得税法》第二十七条、《企业所得税法实施条例》第八十六条；
>
> 《国家税务总局关于贯彻落实从事农、林、牧、渔业项目企业所得税优惠政策有关事项的通知》（国税函〔2008〕850号）；
>
> 《财政部 国家税务总局关于发布享受企业所得税优惠政策的农产品初加工范围（试行）的通知（2008年版）》（财税〔2008〕149号）；
>
> 《国家税务总局关于黑龙江垦区国有农场土地承包费缴纳企业所得税问题的批复》（国税函〔2009〕779号）；
>
> 《国家税务总局关于"公司＋农户"经营模式企业所得税优惠问题的公告》（国家税务总局公告2010年第2号）；
>
> 《国家税务总局关于享受企业所得税优惠的农产品初加工有关范围的补充通知》（财税〔2011〕26号）；
>
> 《国家税务总局关于实施农林牧渔业项目企业所得税优惠问题的公告》（国家税务总局公告2011年第48号）。

（一）享受优惠的条件（国家税务总局公告2011年第48号）

（1）企业从事享受税收优惠的农、林、牧、渔业项目，除另有规定外，参照《国民经济行业分类》（GB/T 4754—2002）的规定标准执行。

（2）农产品初加工范围符合财政部、国家税务总局规定。

（3）企业同时从事适用不同企业所得税政策规定项目的，应分别核算，单独计算优惠项目的计税依据及优惠数额；分别核算不清的，可由主管税务机关按照比例分摊法或其他合理方法进行核定。

（4）企业购买农产品后直接进行销售的贸易活动产生的所得，不能享受农、林、牧、渔业项目的税收优惠政策。

（5）企业从事农、林、牧、渔业项目，凡属于《产业结构调整指导目录（2011年版）》（国家发展和改革委员会令第9号）中限制和淘汰类的项目，不得享受《企业所得税法实施条例》第八十六条规定的优惠政策。

2017年新版《国民经济行业分类》（GB/T 4754—2017）取代了《国民经济行业分类》（GB/T 4754—2002），判断企业从事的养殖项目是否可以享受税收优惠，应参照《国民经济行业分类》（GB/T 4754—2017）。如《国民经济行业分类》（GB/T 4754—2017）已将"0313猪的饲养"列入"031牲畜饲养"项目下，将"0391兔的饲养"列入"039其他牲畜业"项目下。

（二）具体优惠政策

1. 企业从事下列农、林、牧、渔项目的所得减免所得税（《企业所得税法实施条例》第八十六条）

《企业所得税法实施条例》第八十六条第一款	国家税务总局公告2011年第48号
企业从事下列项目的所得，免征企业所得税： （1）蔬菜、谷物、薯类、油料、豆类、棉花、麻类、糖料、水果、坚果的种植（但不包括生水果和坚果等的采集）。 （2）农作物新品种的选育。	企业从事下列项目的所得，免征企业所得税： （1）企业从事农作物新品种选育的免税所得，是指企业对农作物进行品种和育种材料选育形成的成果，以及由这些成果形成的种子（苗）等繁殖材料的生产、初加工、销售一体化取得的所得。

(续表)

《企业所得税法实施条例》第八十六条第一款	国家税务总局公告2011年第48号
(3) 中药材的种植(但不包括用于杀虫和杀菌目的植物的种植)。 (4) 林木的培育和种植。 (5) 牲畜、家禽的饲养(但不包括鸟类的饲养和其他珍禽如山鸡、孔雀等的饲养)。 (6) 林产品的采集(但不包括咖啡、可可等饮料作物的采集)。 (7) 灌溉、农产品初加工、兽医、农技推广、农机作业和维修等农林牧渔服务业项目(农、林、牧、渔服务业项目不包括水利工程的建设、水利工程的管理;兽医服务不包括对动物的检疫)。 (8) 远洋捕捞。	(2) 企业从事林木的培育和种植的免税所得,是指企业对树木、竹子的育种和育苗、抚育和管理以及规模造林活动取得的所得,包括企业通过拍卖或收购方式取得林木所有权并经过一定的生长周期,对林木进行再培育取得的所得。 (3) 猪、兔的饲养,按"牲畜、家禽的饲养"项目处理;饲养牲畜、家禽产生的分泌物、排泄物,按"牲畜、家禽的饲养"项目处理。 (4) 对取得农业部颁发的"远洋渔业企业资格证书"并在有效期内的远洋渔业企业,从事远洋捕捞业务取得的所得免征企业所得税。 (5) 企业对外购茶叶进行筛选、分装、包装后进行销售的所得,不享受农产品初加工的优惠政策。
企业从事农、林、牧、渔业项目,凡属于《产业结构调整指导目录(2011年版)》(国家发展和改革委员会令第9号)中限制和淘汰类的项目,不得享受《企业所得税法实施条例》第八十六条规定的优惠政策。	

《企业所得税法实施条例》 第八十六条第二款	国家税务总局公告2011年第48号
企业从事下列项目的所得,减半征收企业所得税: (1) 花卉、茶以及其他饮料作物和香料作物的种植。 (2) 海水养殖、内陆养殖。	企业从事下列项目的所得,减半征收企业所得税: (1) 观赏性作物的种植,按"花卉、茶及其他饮料作物和香料作物的种植"项目处理。 (2) "牲畜、家禽的饲养"以外的生物养殖项目,按"海水养殖、内陆养殖"项目处理。 (3) 企业从事《企业所得税法实施条例》第八十六条第(二)项适用企业所得税减半优惠的种植、养殖项目,并直接进行初加工且符合农产品初加工目录范围的,企业应合理划分不同项目的各项成本、费用支出,分别核算种植、养殖项目和初加工项目的所得,并各按适用的政策享受税收优惠。
企业从事农、林、牧、渔业项目,凡属于《产业结构调整指导目录(2011年版)》(国家发展和改革委员会令第9号)中限制和淘汰类的项目,不得享受《企业所得税法实施条例》第八十六条规定的优惠政策。	

购入农产品进行再种植、养殖的税务处理(国家税务总局公告2011年第48号)。

政策规定	政策解读
企业将购入的农、林、牧、渔产品,在自有或租用的场地进行育肥、育秧等再种植、养殖,经过一定的生长周期,使其生物形态发生变化,且并非由于本环节对农产品进行加工而明显增加了产品的使用价值的,可视为农产品的种植、养殖项目享受相应的税收优惠。 主管税务机关对企业进行农产品的再种植、养殖是否符合上述条件难以确定的,可要求企业提供县级以上农、林、牧、渔业政府主管部门的确认意见。	公告中对什么是再种植、养殖,经过多长的生长周期等没有明确,但公告的本款规定可以减少或避免税企双方在税收执法中引起的争议。 所涉及的种植、养殖品种不同,其生长周期也会长短不一,需要差别化对待。因此,国家税务总局在相关规定中没有对"一定的生长周期"划定统一标准。在具体操作掌握中,应主要依据生物形态是否发生显著变化或其使用价值是否明显增加等因素,来确定其是否符合"一定生长周期"的要求。

优惠项目分别核算规定(国家税务总局2011年第48号公告)。

企业从事《企业所得税法实施条例》第八十六条第(二)项适用企业所得税减半优惠的种植、养殖项目,并直接进行初加工且符合农产品初加工目录范围的,企业应合理划分不同项目的各项成本、费用支出,分别核算种植、养殖项目和初加工项目的所得,并各按适用的政策享受税收优惠。	企业同时从事适用不同企业所得税政策规定项目的,应分别核算,单独计算优惠项目的计税依据及优惠数额;分别核算不清的,可由主管税务机关按照比例分摊法或其他合理方法进行核定。

2. 国有农场从家庭农场承包户以"土地承包费"形式取得的从事农、林、牧、渔业生产的收入

(国税函〔2009〕779号)

黑龙江垦区国有农场实行以家庭承包经营为基础、统分结合的双层经营体制。国有农场作为法人单位,将所拥有的土地发包给农场职工经营,农场职工以家庭为单位成为家庭承包户,属于农场内部非法人组织。农场对家庭承包户实施农业生产经营和企业行政的统一管理,统一为农场职工上交养老、医疗、失业、工伤、生育五项社会保险和农业保险费;家庭承包户按内部合同规定承包,就其农、林、牧、渔业生产取得的收入,以土地承包费名义向农场上缴。	上述承包形式属于农场内部承包经营的形式,黑龙江垦区国有农场从家庭农场承包户以"土地承包费"形式取得的从事农、林、牧、渔业生产的收入,属于农场"从事农、林、牧、渔业项目"的所得,可以适用《企业所得税法》第二十七条及《企业所得税法实施条例》第八十六条规定的企业所得税优惠政策。

3. "公司＋农户"经营模式享受税收优惠

国家税务总局公告2010年第2号	国家税务总局公告2013年第8号
自2010年1月1日起,以"公司＋农户"经营模式从事农、林、牧、渔业项目生产的企业,可以按照《企业所得税法实施条例》第八十六条的有关规定,享受减免企业所得税优惠政策。	自2013年4月1日起,纳税人采取"公司＋农户"经营模式从事畜禽饲养,即公司与农户签订委托养殖合同,向农户提供畜禽苗、饲料、兽药及疫苗等(所有权属于公司),农户饲养畜禽苗至成品后交付公司回收,公司将回收的成品畜禽用于销售模式下,纳税人回收再销售畜禽,属于农业生产者销售自产农产品免征增值税。

4. 委托受托农产品初加工享受税收优惠

国家税务总局公告2011年第48号	政策解读
企业根据委托合同,受托对符合财税〔2008〕149号文件和财税〔2011〕26号文件规定的农产品进行初加工服务,其所收取的加工费,可以按照农产品初加工的免税项目处理。 企业委托其他企业或个人从事《企业所得税法实施条例》第八十六条规定农、林、牧、渔业项目取得的所得,可享受相应的税收优惠政策。 企业受托从事《企业所得税法实施条例》第八十六条规定农、林、牧、渔业项目取得的收入,比照委托方享受相应的税收优惠政策。	公告将农产品初加工拓展到"农产品进行初加工服务"项目,将对农产品初加工"收取的加工费"纳入免税范围免征企业所得税。

5. 享受企业所得税优惠政策的农产品初加工范围(2008年版)（财税〔2008〕149号、财税〔2011〕26号、国家税务总局公告2011年第48号）

农产品的初加工是指对农产品一次性的不涉及农产品内在成分改变的加工。		
种植业类	(1) 粮食初加工	① 小麦初加工。通过对小麦进行清理、配麦、磨粉、筛理、分级、包装等简单加工处理，制成的小麦面粉、各种专用粉及麸皮、麦糠、麦仁。
		② 稻米初加工。通过对稻谷进行清理、脱壳、碾米(或不碾米)、烘干、分级、包装等简单加工处理，制成的成品粮及其初制品，具体包括大米、蒸谷米、稻糠(砻糠、米糠和统糠)。
		③ 玉米初加工。通过对玉米籽粒进行清理、浸泡、粉碎、分离、脱水、干燥、分级、包装等简单加工处理，生产的玉米粉、玉米渣、玉米片等；鲜嫩玉米经筛选、脱皮、洗涤、速冻、分级、包装等简单加工处理，生产的鲜食玉米(速冻粘玉米、甜玉米、花色玉米、玉米籽粒)。
		④ 薯类初加工。通过对马铃薯、甘薯等薯类进行清洗、去皮、磋磨、切制、干燥、冷冻、分级、包装等简单加工处理，制成薯类初级制品。具体包括：薯粉、薯片、薯条及变性淀粉以外的薯类淀粉。 ＊薯类淀粉生产企业需达到国家环保标准，且年产量在一万吨以上。
		⑤ 食用豆类初加工。通过对大豆、绿豆、红小豆等食用豆类进行清理去杂、浸洗、晾晒、分级、包装等简单加工处理，制成的豆面粉、黄豆芽、绿豆芽。
		⑥ 其他类粮食初加工。通过对燕麦、荞麦、高粱、谷子、麦、糯米、青稞、芝麻、核桃等杂粮进行清理去杂、脱壳、烘干、磨粉、轧片、冷却、包装等简单加工处理，制成的燕麦米、燕麦粉、燕麦麸皮、燕麦片、荞麦米、荞麦面、小米、小米面、高粱米、高粱面、大麦芽、糯米粉、青稞粉、芝麻粉、核桃粉。
	(2) 林木产品初加工：通过将伐倒的乔木、竹(含活立木、竹)去枝、去梢、去皮、去叶、锯段等简单加工处理，制成的原木、原竹、锯材。	
	(3) 园艺植物初加工	① 蔬菜初加工 将新鲜蔬菜通过清洗、挑选、切割、预冷、分级、包装等简单加工处理，制成净菜、切割蔬菜。
		利用冷藏设施，将新鲜蔬菜通过低温贮藏，以备淡季供应的速冻蔬菜，如速冻茄果类、叶类、豆类、瓜类、葱蒜类、柿子椒、蒜苔。
		将植物的根、茎、叶、花、果、种子和食用菌通过干制等简单加工处理，制成的初制干菜，如黄花菜、玉兰片、萝卜干、冬菜、梅干菜、木耳、香菇、平菇。 ＊ 以蔬菜为原料制作的各类蔬菜罐头(罐头是指以金属罐玻璃瓶、经排气密封的各种食品。下同)及碾磨后的园艺植物(胡椒粉、花椒粉等)不属于初加工范围。
		② 水果初加工。通过对新鲜水果(含各类山野果、番茄)清洗、脱壳、切块(片)、分类、储藏保鲜、速冻、干燥、分级、包装等简单加工处理，制成的各类水果、果干、原浆果汁、果仁、坚果。
		③ 花卉及观赏植物初加工。通过对观赏用、绿化及其他各种用途的花卉及植物进行保鲜、储藏、烘干、分级、包装等简单加工处理，制成的各类鲜、干花。
	(4) 油料植物初加工：通过对菜籽、花生、大豆、葵花籽、蓖麻籽、芝麻、胡麻籽、茶子、桐子、棉籽、红花籽及米糠、玉米胚芽、小麦胚芽等粮食的副产品等，进行清理、热炒、磨坯、榨油(搅油、墩油)、浸出等简单加工处理，制成的植物毛油和饼粕等副产品。具体包括菜籽油、花生油、豆油、葵花油、蓖麻籽油、芝麻油、胡麻籽油、茶子油、桐子油、棉籽油、红花油、米糠油以及油料饼粕、豆饼、棉籽饼。 "油料植物初加工"工序包括"冷却、过滤"等。(国家税务总局公告2011年第48号) ＊ 精炼植物油不属于初加工范围。	

(续表)

种植业类		(5) 糖料植物初加工：通过对各种糖料植物，如甘蔗、甜菜、甜菊(又名甜叶菊)等，进行清洗、切割、压榨等简单加工处理，制成的制糖初级原料产品。
		(6) 茶叶初加工：通过对茶树上采摘下来的鲜叶和嫩芽进行杀青(萎凋、摇青)、揉捻、发酵、烘干、分级、包装等简单加工处理，制成的初制毛茶。 "糖料植物初加工"工序包括"过滤、吸附、解析、碳脱、浓缩、干燥"等。(国家税务总局公告2011年第48号) ＊精制茶、边销茶、紧压茶和掺兑各种药物的茶及茶饮料不属于初加工范围。
		(7) 药用植物初加工：通过对各种药用植物的根、茎、皮、叶、花、果实、种子等，进行挑选、整理、捆扎、清洗、晾晒、切碎、蒸煮、炒制等简单加工处理，制成的片、丝、块、段等中药材。 ＊加工的各类中成药不属于初加工范围。
	(8) 纤维植物初加工	① 棉花初加工。通过轧花、剥绒等脱绒工序简单加工处理，制成的皮棉、短绒、棉籽。
		② 麻类初加工。通过对各种麻类作物(大麻、黄麻、槿麻、苎麻、苘麻、亚麻、罗布麻、蕉麻、剑麻、芦苇等)进行脱胶、抽丝等简单加工处理，制成的干(洗)麻、纱条、丝、绳。
		③ 蚕茧初加工。通过烘干、杀蛹、缫丝、煮剥、拉丝等简单加工处理，制成的蚕(包括蚕茧)、蛹、生丝(包括厂丝)、丝棉。
		(9) 热带、南亚热带作物初加工：通过对热带、南亚热带作物去除杂质、脱水、干燥、分级、包装等简单加工处理，制成的工业初级原料。具体包括：天然橡胶生胶和天然浓缩胶乳、生咖啡豆、胡椒籽、肉桂油、桉油、香茅油、木薯淀粉、木薯干片、坚果。
畜牧业类	(1) 畜禽类初加工	① 肉类初加工。通过对畜禽类动物(包括各类牲畜、家禽和人工驯养、繁殖的野生动物以及其他经济动物)宰杀、去头、去蹄、去皮、去内脏、分割、切块或切片、冷藏或冷冻、分级、包装等简单加工处理，制成的分割肉、保鲜肉、冷藏肉、冷冻肉、绞肉、肉块、肉片、肉丁、火腿等风干肉、猪牛羊杂骨。
		② 蛋类初加工。通过对鲜蛋进行清洗、干燥、分级、包装、冷藏等简单加工处理，制成的各种分级、包装的鲜蛋、冷藏蛋。
		③ 奶类初加工。通过对鲜奶进行净化、均质、杀菌或灭菌、灌装等简单加工处理，制成的巴氏杀菌奶、超高温灭菌奶。
		④ 皮类初加工。通过对畜禽类动物皮张剥取、浸泡、刮里、晾干或熏干等简单加工处理，制成的生皮、生皮张。
		⑤ 毛类初加工。通过对畜禽类动物毛、绒或羽绒分级、去杂、清洗等简单加工处理，制成的洗净毛、洗净绒或羽绒。
		⑥ 蜂产品初加工。通过去杂、过滤、浓缩、熔化、磨碎、冷冻简单加工处理，制成的蜂蜜、蜂蜡、蜂胶、蜂花粉。 ＊肉类罐头、肉类熟制品、蛋类罐头、各类酸奶、奶酪、奶油、王浆粉、各种蜂产品口服液、胶囊不属于初加工范围。
	(2) 饲料类初加工	① 植物类饲料初加工。通过碾磨、破碎、压榨、干燥、酿制、发酵等简单加工处理，制成的糠麸、饼粕、糟渣、树叶粉。
		② 动物类饲料初加工。通过破碎、烘干、制粉等简单加工处理，制成的鱼粉、虾粉、骨粉、肉粉、血粉、羽毛粉、乳清粉。
		③ 添加剂类初加工。通过粉碎、发酵、干燥等简单加工处理，制成的矿石粉、饲用酵母。
		(3) 牧草类初加工：通过对牧草、牧草种籽、农作物秸秆等，进行收割、打捆、粉碎、压块、成粒、分选、青贮、氨化、微化等简单加工处理，制成的干草、草捆、草粉、草块或草饼、草颗粒、牧草种籽以及草皮、秸秆粉(块、粒)。

(续表)

渔业类	(1) 水生动物初加工：将水产动物(鱼、虾、蟹、鳖、贝、棘皮类、软体类、腔肠类、两栖类、海兽类动物等)整体或去头、去鳞(皮、壳)、去内脏、去骨(刺)、捣溃或切块、切片、经冰鲜、冷冻、冷藏等保鲜防腐处理、包装等简单加工处理，制成的水产动物初制品。 ＊熟制的水产品和各类水产品的罐头以及调味烤制的水产食品不属于初加工范围。	
	(2) 水生植物初加工：将水生植物(海带、裙带菜、紫菜、龙须菜、麒麟菜、江篱、浒苔、羊栖菜、莼菜等)整体或去根、去边梢、切段，经热烫、冷冻、冷藏等保鲜防腐处理、包装等简单加工处理的初制品，以及整体或去根、去边梢、切段、经晾晒、干燥(脱水)、包装、粉碎等简单加工处理的初制品。 ＊罐装(包括软罐)产品不属于初加工范围。	

(三) 优惠事项管理(国家税务总局公告2018年第23号)

序号	主要留存备查资料	享受优惠时间	后续管理要求
24	(1) 企业从事相关业务取得的资格证书或证明资料，包括有效期内的远洋渔业企业资格证书、从事农作物新品种选育的认定证书、动物防疫条件合格证、林木种子生产经营许可证、兽医的资格证明等。 (2) 与农户签订的委托养殖合同("公司＋农户"经营模式的企业)。 (3) 与家庭承包户签订的内部承包合同(国有农场实行内部家庭承包经营)。 (4) 农产品初加工项目及工艺流程说明(两个或两个以上的分项目说明)。 (5) 同时从事适用不同企业所得税待遇项目的，每年度单独计算减免税项目所得的计算过程及其相关账册，期间费用合理分摊的依据和标准。 (6) 生产场地证明资料，包括土地使用权证、租用合同等。 (7) 企业委托或受托其他企业或个人从事符合规定的农林牧渔业项目的委托合同、受托合同、支出明细等证明材料。	预缴享受	由省税务机关(含计划单列市税务机关)规定。

【例4-12】 甲企业从事蔬菜、花卉种植，2022年实现蔬菜种植收入240万元，花卉种植收入60万元。企业对两项种植项目合理划分不同项目的成本，发生相应的成本分别为170万元和40万元，未发生相关税费，全年发生管理费用40万元，销售费用20万元，企业选择按照收入比例分摊相关费用，无其他纳税调整项目。

(1) 蔬菜种植项目所得享受免征企业所得税	(2) 花卉种植项目所得享受减半征收企业所得税
① 项目收入为240万元； ② 项目成本为170万元； ③ 应分摊期间费用为240×(40＋20)÷(240＋60)＝48(万元)； ④ 项目所得额为240－170－48＝22(万元)； ⑤ 项目减免所得额为22万元。	① 项目收入为60万元； ② 项目成本为40万元； ③ 应分摊期间费用为60×(40＋20)÷(240＋60)＝12(万元)； ④ 项目所得额为60－40－12＝8(万元)； ⑤ 项目减免所得额为8×50％＝4(万元)。

三、公共基础设施项目定期减免所得额

政策依据：

《企业所得税法》第二十七条、《企业所得税法实施条例》第八十七条、八十九条；

《财政部 国家税务总局关于执行公共基础设施项目企业所得税优惠目录有关问题的通知》（财税〔2008〕46号）；

《财政部 国家税务总局 国家发展改革委员会关于公布〈公共基础设施项目企业所得税优惠目录(2008年版)〉的通知》（财税〔2008〕116号）；

《财政部 国家税务总局 国家发展改革委关于实施国家重点扶持的公共基础设施项目企业所得税优惠问题的通知》（国税发〔2009〕80号）；

《财政部 国家税务总局关于公共基础设施项目和环境保护节能节水项目企业所得税优惠政策问题的通知》（财税〔2012〕10号）；

《财政部 税务总局关于继续实行农村饮水安全工程税收优惠政策的公告》（财政部 税务总局公告2019年第67号）；

《国家税务总局关于电网企业电网新建项目享受所得税优惠政策问题的公告》（国家税务总局公告2013年第26号）；

《财政部 国家税务总局关于公共基础设施项目享受企业所得税优惠政策问题的补充通知》（财税〔2014〕55号）；

《财政部 税务总局关于延长部分税收优惠政策执行期限的公告》（财政部 税务总局公告2021年第6号）。

（一）政策规定

1."三免三减半"优惠政策

《企业所得税法实施条例》	具体规定
第八十七条 《企业所得税法》第二十七条第（二）项所称国家重点扶持的公共基础设施项目，是指《公共基础设施项目企业所得税优惠目录》规定的港口码头、机场、铁路、公路、城市公共交通、电力、水利等项目。 企业从事前款规定的国家重点扶持的公共基础设施项目的投资经营的所得，自项目取得第一笔生产经营收入所属纳税年度起，第一年至第三年免征企业所得税，第四年至第六年减半征收企业所得税。 企业承包经营、承包建设和内部自建自用本条规定的项目，不得享受本条规定的企业所得税优惠。 第八十九条 依照本条例第八十七条和第八十八条规定享受减免税优惠的项目，在减免税期限内转让的，受让方自受让之日起，可以在剩余期限内享受规定的减免税优惠；减免税期限届满后转让的，受让方不得就该项目重复享受减免税优惠。	（1）财税〔2008〕46号文件规定的国家重点扶持的公共基础设施项目，是指2008年1月1日后经批准的项目；财税〔2012〕10号文件扩大到2007年12月31日前已经批准的公共基础设施项目。 （2）承包经营，是指与从事该项目经营的法人主体相独立的另一法人经营主体，通过承包该项目的经营管理而取得劳务性收益的经营活动。承包建设，是指与从事该项目经营的法人主体相独立的另一法人经营主体，通过承包该项目的工程建设而取得建筑劳务收益的经营活动。内部自建自用，是指项目的建设仅作为本企业主体经营业务的设施，满足本企业自身的生产经营活动需要，而不属于向他人提供公共服务业务的公共基础设施建设项目。 （3）企业在减免税期限内转让所享受的减免税优惠的项目，受让方承续经营该项目的，可自受让之日起，在剩余优惠期限内享受规定的减免税优惠；减免税期限届满后转让的，受让方不得就该项目重复享受减免税优惠。

能够享受优惠的国家重点扶持的公共基础设施项目范围，采取列举的办法，在《公共基础设施项目企业所得税优惠目录》中具体规定。优惠的起始点从原来的"从开始获利年度"改为"自项目取得第一笔生产经营收入所属纳税年度"起。承包经营、承包建设和内部自建只是属于单纯的施工建设，并不负责投资，对扩大公共基础设施规模没有直接关系，不得享受本条规定的企业所得税优惠。

(续表)

企业投资经营符合《公共基础设施项目企业所得税优惠目录》规定条件和标准的公共基础设施项目,采用一次核准、分批次(如码头、泊位、航站楼、跑道、路段、发电机组等)建设的,凡同时符合以下条件的,可按每一批次为单位计算所得,并享受企业所得税"三免三减半"优惠:(1)不同批次在空间上相互独立;(2)每一批次自身具备取得收入的功能;(3)以每一批次为单位进行会计核算,单独计算所得,并合理分摊期间费用。(财税〔2014〕55号)

企业同时从事不在《公共基础设施项目企业所得税优惠目录》范围的生产经营项目取得的所得,应与享受优惠的公共基础设施项目经营所得分开核算,并合理分摊企业的期间共同费用;没有单独核算的,不得享受上述企业所得税优惠。(国税发〔2009〕80号第六条)

《企业所得税法实施条例》第八十七条所规定的税收优惠的,是项目而不是企业,只要该项目仍然处在税收优惠期内,则受让企业可以就该项目继续享受优惠,但是有一个限制,就是只能从受让方受让之日起,在剩余期限内享受优惠。

2.《公共基础设施项目企业所得税优惠目录(2008年版)》

《公共基础设施项目企业所得税优惠目录(2008年版)》

序号	类别	项目	范围、条件及技术标准
1	港口码头	码头、泊位、通航建筑物新建项目	由省级以上政府投资主管部门核准的沿海港口万吨级及以上泊位、内河千吨级及以上泊位、滚装泊位、内河航运枢纽新建项目
2	机场	民用机场新建项目	由国务院核准的民用机场新建项目,包括民用机场迁建、军航机场军民合用改造项目
3	铁路	铁路新线建设项目	由省级以上政府投资主管部门或国务院行业主管部门核准的客运专线、城际轨道交通和Ⅲ级及以上铁路建设项目
4		既有线路改造项目	由省级以上政府投资主管部门或国务院行业主管部门核准的铁路电气化改造、增建二线项目以及其他改造投入达到项目固定资产账面原值75%以上的改造项目
5	公路	公路新建项目	由省级以上政府投资主管部门核准的一级以上的公路建设项目
6	城市公共交通	城市快速轨道交通新建项目	由国务院核准的城市地铁、轻轨新建项目
7	电力	水力发电新建项目(包括控制性水利枢纽工程)	由国务院投资主管部门核准的在主要河流上新建的水电项目,总装机容量在25万千瓦及以上的新建水电项目,以及抽水蓄能电站项目
8		核电站新建项目	由国务院核准的核电站新建项目
9		电网(输变电设施新建项目)	由国务院投资主管部门核准的330 kV及以上跨省及长度超过200 kM的交流输变电新建项目,500 kV及以上直流输变电新建项目;由省级以上政府投资主管部门核准的革命老区、老少边穷地区电网新建工程项目;农网输变电新建项目
10		风力发电新建项目	由政府投资主管部门核准的风力发电新建项目
11		海洋能发电新建项目	由省级以上政府投资主管部门核准的海洋能发电新建项目
12		太阳能发电新建项目	由政府投资主管部门核准的太阳能发电新建项目
13		地热发电新建项目	由政府投资主管部门核准的地热发电新建项目
14	水利	灌区配套设施及农业节水灌溉工程新建项目	由政府投资主管部门核准的灌区水源工程、灌排系统工程、节水工程
15		地表水水源工程新建项目	由政府投资主管部门核准的水库、塘堰、水窖及配套工程
16		调水工程新建项目	由政府投资主管部门核准的取水、输水、配水工程

(续表)

序号	类别	项目	范围、条件及技术标准
17	水利	农村人畜饮水工程新建项目	由政府投资主管部门核准的农村人畜饮水工程中取水、输配水、净化水、配水工程
18		牧区水利工程新建项目	由政府投资主管部门核准的牧区水利工程中的取水、输配水、节水灌溉及配套工程

3. 第一笔生产经营收入的界定

第一笔生产经营收入,是指公共基础设施项目建成并投入运营(包括试运营)后所取得的第一笔主营业务收入。

从事《公共基础设施项目企业所得税优惠目录》范围项目投资的居民企业应于从该项目取得的第一笔生产经营收入后15日内向主管税务机关备案并报送如下材料后,方可享受有关企业所得税优惠:

(1) 有权部门对公共基础设施项目立项批准文件。
(2) 公共基础设施项目竣工(验收)证明。
(3) 减免税项目所得核算明细账、期间费用分摊表。
(4) 企业经营该项目的第一笔收入证明,包括发票购领簿及免税项目开出的第一张发票复印件。
(5) 项目权属变动证明(优惠期转让的)。
(6) 税务机关要求提供的其他材料,如《税收优惠事项备案报告表》等。

4. 饮水工程新建项目投资经营所得"三免三减半"(财政部、税务总局公告2019年第67号;财政部、税务总局公告2021年第6号)

对饮水工程运营管理单位为建设饮水工程而承受土地使用权,免征契税。

对饮水工程运营管理单位为建设饮水工程取得土地使用权而签订的产权转移书据,以及与施工单位签订的建设工程承包合同免征印花税。

对饮水工程运营管理单位自用的生产、办公用房产、土地,免征房产税、城镇土地使用税。

对饮水工程运营管理单位向农村居民提供生活用水取得的自来水销售收入,免征增值税。

对饮水工程运营管理单位从事《公共基础设施项目企业所得税优惠目录》规定的饮水工程新建项目投资经营的所得,自项目取得第一笔生产经营收入所属纳税年度起,第一年至第三年免征企业所得税,第四年至第六年减半征收企业所得税。

上述所称饮水工程,是指为农村居民提供生活用水而建设的供水工程设施。上述所称饮水工程运营管理单位,是指负责饮水工程运营管理的自来水公司、供水公司、供水(总)站(厂、中心)、村集体、农民用水合作组织等单位。

对于既向城镇居民供水,又向农村居民供水的饮水工程运营管理单位,依据农村居民供水收入占总供水收入的比例免征增值税;依据向农村居民供水量占总供水量的比例免征契税、印花税、房产税和城镇土地使用税。无法提供具体比例或所提供数据不实的,不得享受上述税收优惠政策。

符合上述条件的饮水工程运营管理单位自行申报享受减免税优惠,相关材料留存备查。

上述政策(第五条除外)自2019年1月1日至2020年12月31日执行。

依据《财政部 税务总局关于延长部分税收优惠政策执行期限的公告》(财政部 税务总局公告2021年第6号)的规定,财政部、税务总局公告2019年第67号文件规定的税收优惠政策已到期的,执行期限延长至2023年12月31日。

5. 电网新建项目所得"三免三减半"(国家税务总局公告2013年第26号)

自2013年1月1日起,居民企业从事符合《公共基础设施项目企业所得税优惠目录(2008年版)》规定条件和标准的电网(输变电设施)的新建项目,可依法享受"三免三减半"的企业所得税优惠政策。基于企业电网新建项目的核算特点,暂以资产比例法,即以企业新增输变电固定资产原值占企业总输变电固定资产原值的比例,合理计算电网新建项目的应纳税所得额,并据此享受"三免三减半"的企业所得税优惠政策。

(续表)

(1) 对于企业能独立核算收入的330 kV以上跨省及长度超过200 kM的交流输变电新建项目和500 kV以上直流输变电新建项目,应在项目投运后,按该项目营业收入、营业成本等单独计算其应纳税所得额;该项目应分摊的期间费用,可按照企业期间费用与分摊比例计算确定,其计算公式为:

应分摊的期间费用＝企业期间费用×分摊比例

第一年分摊比例＝该项目输变电资产原值/[(当年企业期初总输变电资产原值＋当年企业期末总输变电资产原值)/2]×(当年取得第一笔生产经营收入至当年年底的月份数/12)

第二年及以后年度分摊比例＝该项目输变电资产原值/[(当年企业期初总输变电资产原值＋当年企业期末总输变电资产原值)/2]

(2) 对于企业符合优惠条件但不能独立核算收入的其他新建输变电项目,可先依照《企业所得税法》及相关规定计算出企业的应纳税所得额,再按照项目投运后的新增输变电固定资产原值占企业总输变电固定资产原值的比例,计算得出该新建项目减免的应纳税所得额。享受减免的应纳税所得额计算公式为:

当年减免的应纳税所得额＝当年企业应纳税所得额×减免比例

减免比例＝[当年新增输变电资产原值/(当年企业期初总输变电资产原值＋当年企业期末总输变电资产原值)/2]×1/2＋(符合税法规定、享受到第二年和第三年输变电资产原值之和)/[(当年企业期初总输变电资产原值＋当年企业期末总输变电资产原值)/2]＋[(符合税法规定、享受到第四年至第六年输变电资产原值之和)/(当年企业期初总输变电资产原值＋当年企业期末总输变电资产原值)/2]×1/2

根据《国家税务总局关于公布已取消的22项税务非行政许可审批事项的公告》(国家税务总局公告2015年第58号)的规定,取消"电网企业新建项目分摊期间费用的核准",实行事后备案管理。

(二) 优惠事项管理(国家税务总局公告2018年第23号)

序号	主要留存备查资料	享受优惠时间	后续管理要求
25	(1) 有关部门批准该项目文件。 (2) 公共基础设施项目建成并投入运行后取得的第一笔生产经营收入凭证(原始凭证及账务处理凭证)。 (3) 公共基础设施项目完工验收报告。 (4) 项目权属变动情况及转让方已享受优惠情况的说明及证明资料(优惠期间项目权属发生变动的)。 (5) 公共基础设施项目所得分项目核算资料,以及合理分摊期间共同费用的核算资料。 (6) 符合《公共基础设施项目企业所得税优惠目录》规定范围、条件和标准的情况说明及证据资料。	预缴享受	由省税务机关(含计划单列市税务机关)规定。

四、环境保护、节能节水项目定期减免所得额

政策依据:

《企业所得税法》第二十七条、《企业所得税法实施条例》第八十八条;

财政部等四部门关于公布《环境保护、节能节水项目企业所得税优惠目录(2021年版)》以及《资源综合利用企业所得税优惠目录(2021年版)》的公告(财政部 税务总局 发展改革委 生态环境部公告2021年第36号);

《财政部 国家税务总局关于公共基础设施项目和环境保护节能节水项目企业所得税优惠政策问题的通知》(财税〔2012〕10号);

《财政部 国家税务总局 国家发展改革委关于垃圾填埋沼气发电列入环境保护、节能节水项目企业所得税优惠目录(试行)的通知》(财税〔2016〕131号)。

（一）政策规定

《企业所得税法实施条例》	财税〔2012〕10号
第八十八条 《企业所得税法》第二十七条第（三）项所称符合条件的环境保护、节能节水项目，包括公共污水处理、公共垃圾处理、沼气综合开发利用、节能减排技术改造、海水淡化等。项目的具体条件和范围由国务院财政、税务主管部门商国务院有关部门制订，报国务院批准后公布施行。 企业从事前款规定的符合条件的环境保护、节能节水项目的所得，自项目取得第一笔生产经营收入所属纳税年度起，第一年至第三年免征企业所得税，第四年至第六年减半征收企业所得税。 第八十九条 依照本条例第八十八条规定享受减免税优惠的项目，在减免税期限内转让的，受让方自受让之日起，可以在剩余期限内享受规定的减免税优惠；减免税期限届满后转让的，受让方不得就该项目重复享受减免税优惠。	企业从事符合《环境保护、节能节水项目企业所得税优惠目录》规定：于2007年12月31日前已经批准的环境保护、节能节水项目的所得，可在该项目取得第一笔生产经营收入所属纳税年度起，按新税法规定计算的企业所得税"三免三减半"优惠期间内，自2008年1月1日起享受其剩余年限的减免企业所得税优惠。 如企业既符合享受上述税收优惠政策的条件，又符合享受《国务院关于实施企业所得税过渡优惠政策的通知》（国发〔2007〕39号）第一条规定的企业所得税过渡优惠政策的条件，由企业选择最优惠的政策执行，不得叠加享受。

符合条件的环境保护、节能节水项目共涉及三个方面内容：

1. 环境污染防治	包括大气污染防治、公共污水处理、土壤与地下水污染治理、公共垃圾处理、沼气综合开发利用和生态环境监测项目。
2. 节能减排技术改造	包括既有建筑节能与可再生能源利用项目、热泵技术改造项目、工业锅炉工业窑炉节能改造项目、数据中心节能改造项目、通信基站节能改造项目、电机系统节能改造项目、能量系统优化技术改造项目、余热余压利用项目、高效精馏设备和系统改造、绿色照明项目、供热系统节能改造项目、碳捕集利用与封存（CCUS）项目。
3. 节水改造及非常规水利用	包括海水淡化项目、污水资源化利用项目、城镇和工业公共供水管网改造项目、工业节水改造项目。

对环境保护领域失信生产经营单位开展联合惩戒：存在超过污染物排放标准或者超过重点污染物排放总量控制指标排放污染物等违法行为的，按照财政部、国家税务总局相关规定，停止执行已经享受的环境保护项目企业所得税优惠。（发改财金〔2016〕1580号）

《企业所得税法实施条例》第八十八条所规定的税收优惠的，是项目而不是企业，只要该项目仍然处在税收优惠期内，则受让企业可以就该项目继续享受优惠，但是有一个限制，就是只能从受让方受让之日起，在剩余期限内享受优惠。

享受优惠项目应符合目录规定条件。企业从事的环境保护、节能节水项目，符合《环境保护、节能节水项目企业所得税优惠目录（试行）》规定优惠政策条件的，可依照规定享受企业所得税优惠。

自2016年1月1日起，企业从事垃圾填埋沼气发电项目取得的所得，符合《环境保护、节能节水项目企业所得税优惠目录（试行）》规定优惠政策条件的，可依照规定享受企业所得税优惠。（财税〔2016〕131号）

企业从事属于《财政部 国家税务总局 国家发展改革委关于公布环境保护节能节水项目企业所得税优惠目录（试行）的通知》（财税〔2009〕166号）和《财政部 国家税务总局 国家发展改革委关于垃圾填埋沼气发电列入〈环境保护、节能节水项目企业所得税优惠目录（试行）〉的通知》（财税〔2016〕131号）中目录规定范围的项目，2021年12月31日前已进入优惠期的，可按政策规定继续享受至期满为止；企业从事属于《环境保护、节能节水项目企业所得税优惠目录（2021年版）》规定范围的项目，若2020年12月31日前已取得第一笔生产经营收入，可在剩余期限享受政策优惠至期满为止。税务机关在后续管理中，如不能准确判定企业从事的项目是否属于《资源综合利用企业所得税优惠目录（2021年版）》规定的范围，可提请省级以上（含省级）发展改革和生态环境等部门出具意见。（财政部 税务总局 发展改革委 生态环境部公告2021年第36号）

《环境保护、节能节水项目企业所得税优惠目录（2021年版）》对目录大类进行了归并，在此基础上进一步扩大目录项目范围，具体变化为：一是根据环保节能政策导向，将公共污水处理、公共垃圾处理、沼气综合开发利用、节能减排技术改造、海水淡化等5大类归并为环境污染防治、节能减排技术改造、节水改造及非常规水利用等3大类。二是落实大水土壤污染防治工作部署和体现技术进步等要求。在大气水土壤污染防治、热能热电、碳达峰碳中和、污水资源化利用等方面。2021年版目录新增16个项目，删除1个项目，同时，对部分保留的项目进行了归并和拆分。三是对项目条件做了进一步明确和修改。此外，考虑到近些年国家各项标准相对完善，为便于企业对照享受，将2008年版目录中作为补充条件的"国务院财政、税务主管部门规定的其他条件"全部删除。

(二)《环境保护、节能节水项目企业所得税优惠目录(2021年版)》

类别		项目	条件
一、环境污染防治	大气污染防治	脱硫脱硝除尘排放治理及改造项目	1. 包括电力、钢铁等行业烟气超低排放改造项目;建材、焦化、石化、化工、有色等行业烟气治理项目(含重金属等有毒有害大气污染物治理项目);颗粒物无组织排放收集治理项目。 2. 电力、钢铁等行业烟气超低排放改造项目符合超低排放改造要求或地方大气污染物排放标准要求;水泥、焦化、石化、化工、有色等行业烟气治理项目(含重金属等有毒有害大气污染物治理项目)烟气排放达到国家或地方规定的排放要求;颗粒物无组织排放收集治理项目烟气排放达到国家或地方规定的排放要求。以上项目通过相关验收。
		有机废气收集净化项目	1. 包括石化、有机化工、表面涂装、包装印刷等行业有机废气排放收集装置改造及净化项目。(单一采用低温等离子、光催化、光氧化以及不具备"点对点"集中回收再生条件的活性炭一次性吸附工艺的项目除外) 2. 有机废气排放达到国家或地方规定的要求,项目通过相关验收。
		恶臭气体治理项目	1. 各类企业恶臭治理项目。 2. 恶臭排放达到《恶臭污染物排放标准》规定要求,项目通过相关验收。
	公共污水处理	城镇污水处理项目	1. 城镇污水处理设施、配套管网的新建、扩建、提标改造项目。 2. 排放连续稳定达到国家或地方规定的排放标准要求,项目通过相关验收。配套管网应建立专业化运行维护机制。
		工业废水处理项目	1. 工业企业、工业园区废水治理项目、配套管网的新建、扩建、提标改造项目。 2. 污染物排放达到国家或地方规定的要求,项目通过相关验收。配套管网应建立专业化运行维护机制。
		农村污水处理项目	1. 包括农村生活污水处理及资源化利用项目、畜禽养殖废水处理及资源化利用项目、农村黑臭水体治理项目。 2. 污染物排放达到国家或地方规定的要求,项目通过相关验收。
		污泥处理处置及资源化利用项目	1. 包括污泥稳定化、无害化和资源化处理处置利用项目。 2. 项目符合国家或地方相关规定,通过相关验收。污泥得到安全处理处置,处理处置后的污泥符合国家有关标准。
		水体修复与治理项目	1. 包括河流、湖泊、海域、黑臭水体、饮用水源地等的修复与治理项目。 2. 项目符合国家相关水体修复与治理要求,并通过相关验收。
	土壤与地下水污染治理	土壤与地下水污染修复项目	1. 包括土壤治理与修复项目、地下水污染修复项目。 2. 项目满足国家或地方相关要求,并通过评审或备案。
	公共垃圾处理	生活垃圾分类和无害化处理处置项目	1. 对城镇和农村生活垃圾(含厨余垃圾)进行减量化、资源化、无害化处理的项目,涉及生活垃圾分类收集、贮存、运输、处理、处置项目。(对原生生活垃圾进行填埋处理的除外) 2. 项目通过相关验收,涉及污染物排放的,指标应达到国家或地方规定的排放要求。
		工业固体废物利用处置项目	1. 对工业固体废物(含建筑垃圾)减量化、资源化、无害化处理的项目,涉及收集、贮存、运输、利用、处置等环节。(直接进行贮存、填埋处置的除外) 2. 项目通过相关验收,涉及污染物排放的,指标应达到国家或地方规定的排放要求。

(续表)

类别	项目	条件
一、环境污染防治	公共垃圾处理 危险废物利用处置项目	1. 对危险废物(含医疗废物)减量化、资源化、无害化处理的项目,涉及收集、贮存、运输、利用、处置等环节。(直接进行贮存、填埋处置的除外) 2. 项目应取得危险废物经营许可证,并通过相关验收,涉及污染物排放的,指标应达到国家或地方规定的排放要求。
	沼气综合开发利用 畜禽养殖场和养殖小区沼气工程项目	1. 单体装置容积不小于300立方米,年平均日产沼气量不低于300立方米/天,且符合国家有关沼气工程技术规范的项目。 2. 废水排放、废渣处置、沼气利用符合国家和地方有关标准,不产生二次污染。 3. 项目包括完整的发酵原料的预处理设施、沼渣和沼液的综合利用或进一步处理系统,沼气净化、储存、输配和利用系统。 4. 项目设计、施工和运行管理人员具备国家相应职业资格。 5. 项目按照国家法律法规要求,通过相关验收。
	生态环境监测项目	1. 包括国家、省、市、县级生态环境监测项目。 2. 项目符合国家或地方相关规定,通过相关验收,无弄虚作假行为。
二、节能减排技术改造	既有建筑节能与可再生能源利用项目	1. 对既有建筑实施节能与可再生能源利用改造。 2. 项目应符合《既有居住建筑节能改造技术规程》《公共建筑节能改造技术规范》《建筑节能与可再生能源利用通用规范》等国家标准要求。
	热泵技术改造项目	1. 包括地源、水源、空气源等热泵技术改造项目。 2. 采用的技术及设备应符合《浅层地热能利用通用技术要求》等国家标准要求,达到《水(地)源热泵机组能效限定值及能效等级》《低环境温度空气源热泵(冷水)机组能效限定值及能效等级》等国家标准能效等级二级以上,项目通过相关验收。
	工业锅炉、工业窑炉节能改造项目	1. 年节能量折算后不小于1 000吨标准煤。 2. 节能量评估方法应符合《节能量测量和验证技术通则》《节能量测量和验证技术要求 工业锅炉系统》《节能量测量和验证技术要求 板坯加热炉系统》等国家标准要求。
	数据中心节能改造项目	1. 对数据中心实施节能改造。 2. 改造后数据中心电能利用效率不高于1.3。
	通信基站节能改造项目	1. 对通信基站进行节能改造。 2. 改造后通信基站单载频运行能耗降低8%以上。
	电机系统节能改造项目	1. 对电机系统实施节能改造。 2. 项目应符合《电机系统(风机、泵、空气压缩机)优化设计指南》等国家标准要求。
	能量系统优化技术改造项目	1. 年节能量折算后不小于1 000吨标准煤。 2. 项目应建立完善的能源管理信息系统,节能量评估方法符合《节能量测量和验证技术通则》等国家标准要求。
	余热余压利用项目	1. 包括利用余热、余压等生产电力或热力的节能改造项目。 2. 生产电力、热力的原料100%来源于余热、余压。项目符合国家或地方相关规定,通过相关验收。
	高效精馏设备和系统改造项目	1. 对填料塔高效精馏设备和系统实施节能改造。 2. 改造后应符合以下技术参数:(1)"塔压降":10～40 Pa/米;(2)传质效率:3～4理论板/米;(3)热效率≥20%。

(续表)

类别	项目	条件
二、节能减排技术改造	绿色照明项目	1. 采用高效照明产品、高效照明控制系统等对各类建筑及公共场所实施照明节能改造。 2. 项目应符合《LED城市道路照明应用技术要求》《隧道照明用LED灯具性能要求》等国家标准要求。
	供热系统节能改造项目	1. 包括供暖、供热水、供蒸汽等供热系统节能改造项目。 2. 项目应符合《供热系统节能改造技术规范》等国家标准要求。
	碳捕集利用与封存（CCUS）项目	1. 在各领域实施碳捕集、利用与封存。 2. 项目二氧化碳封存量不低于10万吨/年，符合国家或地方相关规定。
三、节水改造及非常规水利用	海水淡化项目	1. 用作工业、生活用水及海岛军民饮用水的海水淡化项目。工业、生活用水项目规模不低于淡水产量10 000吨/日；海岛军民饮用水项目规模不低于淡水产量1 000吨/日(热法海水淡化项目的能耗消耗指标为吨水耗电量小于1.8千瓦时/吨、造水比大于8；膜法海水淡化项目的能耗指标为吨水耗电量小于4.0千瓦时/吨)。 2. 海水直接利用项目。海水循环冷却规模不小于1万吨/小时、海水浓缩倍数不小于1.6倍、水处理剂使用无磷环境友好型产品。 3. 海水淡化核心技术装备产业化项目。适用于海水淡化反渗透膜组件、高压泵和能量回收装置等技术装备生产项目。
	污水资源化利用项目	1. 污水资源化利用项目。企业利用污水无害化处理后的再生水量应不低于15万立方米/年。 2. 区域再生水循环利用项目。项目生产的再生水应连续稳定达到《城市污水再生利用》系列国家标准、《再生水水质标准》或相关用途的再生水水质标准，并通过相关验收。
	城镇和工业公共供水管网改造项目	1. 城镇公共供水管网改造项目。项目应符合当地城市供水相关规划要求或列入相关改造计划。综合改造后，项目所在供水区域管网漏损率下降≥5%，或全市(县)公共供水管网漏损率不高于12%。 2. 工业公共供水管网改造项目。综合改造后，工业公共供水管网漏损率不高于5%。
	工业节水改造项目	1. 工业智慧水管理项目。包括水系统智慧大数据中心项目、水系统操作、控制、管理智能一体化项目等。通过实施工业智慧水管理项目，工业企业应达到国家水效领跑者企业用水指标要求。 2. 凝结水回收利用项目。项目精处理后的凝结水应达到中、高压锅炉进水标准、温度不小于85℃、年节水量不低于32万立方米。 3. 电化学循环水处理项目。改造后项目达到《工业循环冷却水处理设计规范》指标要求，浓缩倍数≥5。 4. 煤炭工业复合式干法选煤节水改造项目，年节水量不低于200万立方米。 5. 工业除尘湿法改干法项目。年节水量不低于200万立方米。 6. 石化化工、造纸、纺织印染企业节水技术改造项目。改造后达到国家水效领跑者企业用水指标要求。 7. 干法熄焦改造项目。年节水量不低于90万立方米。 8. 公用纺织品洗涤节水技术改造项目。改造后每吨布草洗涤用水量达到《公用纺织品洗涤设施节水管理规范》取水定额先进值。 9. 毛皮、皮革加工节水改造项目。对于毛皮加工节水改造项目，改造后加工标准张绵羊皮用水量达到《取水定额 毛皮》取水定额先进企业值；对于皮革加工节水技术改造项目，改造后加工单位原料皮用水量达到《取水定额 皮革》取水定额先进企业值。

(三) 优惠事项管理(国家税务总局公告2018年第23号)

序号	主要留存备查资料	享受优惠时间	后续管理要求
25	(1) 有关部门批准该项目文件。 (2) 公共基础设施项目建成并投入运行后取得的第一笔生产经营收入凭证(原始凭证及账务处理凭证)。 (3) 公共基础设施项目完工验收报告。 (4) 项目权属变动情况及转让方已享受优惠情况的说明及证明资料(优惠期间项目权属发生变动的)。 (5) 公共基础设施项目所得分项目核算资料,以及合理分摊期间共同费用的核算资料。 (6) 符合《公共基础设施项目企业所得税优惠目录》规定范围、条件和标准的情况说明及证据资料。	预缴享受	由省税务机关(含计划单列市税务机关)规定。

五、符合条件的技术转让所得免征、减征所得税

政策依据:

《企业所得税法》第二十七条、《企业所得税法实施条例》第九十条;

《国家税务总局关于技术转让所得减免企业所得税有关问题的通知》(国税函〔2009〕212号);

《财政部 国家税务总局关于居民企业技术转让有关企业所得税政策问题的通知》(财税〔2010〕111号);

《国家税务总局关于技术转让所得减免企业所得税有关问题的公告》(国家税务总局公告2013年第62号);

《财政部 国家税务总局关于将国家自主创新示范区有关税收试点政策推广到全国范围实施的通知》(财税〔2015〕116号);

《国家税务总局关于技术转让所得企业所得税有关问题的公告》(国家税务总局公告2015年第82号);

《财政部 国家税务总局 科技部 知识产权局关于中关村国家自主创新示范区特定区域转让企业所得税试点政策的通知》(财税〔2020〕61号)。

(一) 政策规定

企业所得税	增值税(财税〔2016〕36号附件3)
1.《企业所得税法》第二十七条 企业的下列所得,可以免征、减征企业所得税: 符合条件的技术转让所得。 2.《企业所得税法实施条例》第九十条 《企业所得税法》第二十七条第(四)项所称符合条件的技术转让所得免征、减征企业所得税,是指一个纳税年度内,居民企业技术转让所得不超过500万元的部分,免征企业所得税;超过500万元的部分,减半征收企业所得税。 3. 国税函〔2009〕212号第一条 根据《企业所得税法》第二十七条第(四)项规定,享受减免企业所得税优惠的技术转让应符合以下条件: (1) 享受优惠的技术转让主体是《企业所得税法》规定的居民企业。 (2) 技术转让属于财政部、国家税务总局规定的范围。 (3) 境内技术转让经省级以上科技部门认定。	纳税人提供技术转让、技术开发和与之相关的技术咨询、技术服务。 (1) 技术转让、技术开发,是指《销售服务、无形资产、不动产注释》中"转让技术""研发服务"范围内的业务活动。技术咨询,是指就特定技术项目提供可行性论证、技术预测、专题技术调查、分析评价报告等业务活动。 与技术转让、技术开发相关的技术咨询、技术服务,是指转让方(或者受托方)根据技术转让或者开发合同的规定,为帮助受让方(或者委托方)掌握所转让(或者委托开发)的技术,而提供的技术咨询、技术服务业务,且这部分技术咨询、技术服务的价款与技术转让或者技术开发的价款应当在同一张发票上开具。

（续表）

企业所得税	增值税(财税〔2016〕36号附件3)
（4）向境外转让技术经省级以上商务部门认定。 （5）国务院税务主管部门规定的其他条件。 4. 财税〔2020〕61号 　　在中关村国家自主创新示范区特定区域内注册的居民企业，符合条件的技术转让所得，在一个纳税年度内不超过2 000万元的部分，免征企业所得税；超过2 000万元的部分，减半征收企业所得税。	（2）备案程序。试点纳税人申请免征增值税时，须持技术转让、开发的书面合同，到纳税人所在地省级科技主管部门进行认定，并持有关的书面合同和科技主管部门审核意见证明文件报主管税务机关备查。

居民企业一个纳税年度内技术转让所得的总和，而不管享受减免税优惠的转让所得是通过几次技术转让行为所获取的，只要居民企业技术转让所得总和在一个纳税年度内不到500万元的，这部分所得全部免税；超过500万元的部分，减半征收企业所得税。

1. 技术转让的范围和标准（财税〔2010〕111号）

技术转让的范围	技术转让的标准
技术转让的范围包括居民企业转让专利技术、计算机软件著作权、集成电路布图设计权、植物新品种、生物医药新品种，以及财政部和国家税务总局确定的其他技术。	技术转让应签订技术转让合同。其中，境内的技术转让须经省级以上（含省级）科技部门认定登记，跨境的技术转让须经省级以上（含省级）商务部门认定登记，涉及财政经费支持产生技术的转让，需省级以上（含省级）科技部门审批。
其中：专利技术，是指法律授予独占权的发明、实用新型和非简单改变产品图案的外观设计。 　　技术转让，是指居民企业转让其拥有符合财税〔2010〕111号第一条规定技术的所有权或5年以上（含5年）全球独占许可使用权的行为。 　　居民企业从直接或间接持有股权之和达到100%的关联方取得的技术转让所得，不享受技术转让减免企业所得税优惠政策。	居民企业技术出口应由有关部门按照商务部、科技部发布的《中国禁止出口限制出口技术目录》（商务部科技部令2008年第12号）进行审查。居民企业取得禁止出口和限制出口技术转让所得，不享受技术转让减免企业所得税优惠政策。 　　[《中华人民共和国合同法》（以下简称《合同法》）规定，技术转让合同包括专利权转让合同、专利申请权转让合同、专利实施许可合同和技术秘密转让合同]

技术转让的范围(财税〔2015〕116号)	技术转让的标准 (国家税务总局公告2015年第82号)
关于技术转让所得企业所得税政策。 　　（1）自2015年10月1日起，全国范围内的居民企业转让5年以上非独占许可使用权取得的技术转让所得，纳入享受企业所得税优惠的技术转让所得范围。居民企业的年度技术转让所得不超过500万元的部分，免征企业所得税；超过500万元的部分，减半征收企业所得税。 　　（2）本通知所称技术，包括专利（含国防专利）、计算机软件著作权、集成电路布图设计专有权、植物新品种权、生物医药新品种，以及财政部和国家税务总局确定的其他技术。其中，专利是指法律授予独占权的发明、实用新型以及非简单改变产品图案和形状的外观设计。	企业转让符合条件的5年以上非独占许可使用权的技术，限于其拥有所有权的技术。技术所有权的权属由国务院行政主管部门确定。其中，专利由国家知识产权局确定权属；国防专利由总装备部确定权属；计算机软件著作权由国家版权局确定权属；集成电路布图设计专有权由国家知识产权局确定权属；植物新品种权由农业部确定权属；生物医药新品种由国家食品药品监督管理总局确定权属。

科技部门在出具合同认定证明的同时，出具了合同认定信息表，在信息表中分别注明了合同的性质和类型。在实际工作中，除了审查技术合同的实质内容，还可以通过审查技术信息表，或者从国家专利局等政府网站审查卖方技术证书等途径核实技术转让的性质。此外，企业发生的技术转让可以到科技部门进行技术合同认定，但并非所有技术转让或者所有经科技部门认定的技术转让合同都可以享受企业所得税优惠。

2. 技术转让所得的计算

国税函〔2009〕212号	国家税务总局公告2013年第62号	国家税务总局公告2015年第82号
符合条件的技术转让所得应按以下方法计算： 技术转让所得＝技术转让收入－技术转让成本－相关税费 技术转让收入，是指当事人履行技术转让合同后获得的价款，不包括销售或转让设备、仪器、零部件、原材料等非技术性收入。不属于与技术转让项目密不可分的技术咨询、技术服务、技术培训等收入，不得计入技术转让收入。 技术转让成本，是指转让的无形资产的净值，即该无形资产的计税基础减除在资产使用期间按照规定计算的摊销扣除额后的余额。 相关税费，是指技术转让过程中实际发生的有关税费，包括除企业所得税和允许抵扣的增值税以外的各项税金及其附加、合同签订费用、律师费等相关费用及其他支出。 享受技术转让所得减免企业所得税优惠的企业，应单独计算技术转让所得，并合理分摊企业的期间费用；没有单独计算的，不得享受技术转让所得企业所得税优惠。	自2013年11月1日起，可以计入技术转让收入的技术咨询、技术服务、技术培训收入，是指转让方为使受让方掌握所转让的技术投入使用、实现产业化而提供的必要的技术咨询、技术服务、技术培训所产生的收入，并应同时符合以下条件： （1）在技术转让合同中约定的与该技术转让相关的技术咨询、技术服务、技术培训。 （2）技术咨询、技术服务、技术培训收入与该技术转让项目收入一并收取价款。	符合条件的5年以上非独占许可使用权技术转让所得应按以下方法计算： 技术转让所得＝技术转让收入－无形资产摊销费用－相关税费－应分摊期间费用 技术转让收入，是指转让方履行技术转让合同后获得的价款，不包括销售或转让设备、仪器、零部件、原材料等非技术性收入。不属于与技术转让项目密不可分的技术咨询、服务、培训等收入，不得计入技术转让收入。技术许可使用权转让收入，应按转让协议约定的许可使用权人应付许可使用权使用费的日期确认收入的实现。 无形资产摊销费用，是指该无形资产按税法规定当年计算摊销的费用。涉及自用和对外许可使用的，应按照受益原则合理划分。 相关税费，是指技术转让过程中实际发生的有关税费，包括除企业所得税和允许抵扣的增值税以外的各项税金及其附加、合同签订费用、律师费等相关费用。 应分摊期间费用（不含无形资产摊销费用和相关税费），是指技术转让按照当年销售收入占比分摊的期间费用。

风险提示：减半征收企业所得税的所得，是指居民企业应就该部分所得单独核算并依照25%的法定税率减半缴纳企业所得税。（国税函〔2010〕157号）

3. 没有资格享受技术转让所得减免企业所得税的情形

财税〔2010〕111号	国税函〔2009〕212号第三条
（1）居民企业从直接或间接持有股权之和达到100%的关联方取得的技术转让所得，不享受技术转让减免企业所得税优惠政策。 （2）居民企业取得禁止出口和限制出口的技术转让所得不可以享受技术转让所得减免企业所得税的优惠政策。	享受技术转让所得减免企业所得税优惠的企业，应单独计算技术转让所得，并合理分摊企业的期间费用；没有单独计算的，不得享受技术转让所得企业所得税优惠。

（二）优惠事项管理（国家税务总局公告2018年第23号）

序号	主要留存备查资料	享受优惠时间	后续管理要求
27	（1）所转让的技术产权证明。 （2）企业发生境内技术转让： ① 技术转让合同（副本）。 ② 技术合同登记证明。 ③ 技术转让所得归集、分摊、计算的相关资料。 ④ 实际缴纳相关税费的证明资料。 （3）企业向境外转让技术：	预缴享受	由省税务机关（含计划单列市税务机关）规定。

（续表）

序号	主要留存备查资料	享受优惠时间	后续管理要求
27	① 技术出口合同（副本）。 ② 技术出口合同登记证书或技术出口许可证。 ③ 技术出口合同数据表。 ④ 技术转让所得归集、分摊、计算的相关资料。 ⑤ 实际缴纳相关税费的证明资料。 ⑥ 有关部门按照商务部、科技部发布的《中国禁止出口限制出口技术目录》出具的审查意见。 （4）转让技术所有权的，其成本费用情况；转让使用权的，其无形资产费用摊销情况。 （5）技术转让年度，转让双方股权关联情况。		

【例4-13】 某公司系增值税一般纳税人，2022年9月将一项符合条件的专利技术转让给非关联第三方，转让价格为1 000万元，其中包含一套硬件设备，公允价格为100万元，账面价值为80万元，该设备已抵扣进项税额；该专利技术原值为200万元，已摊销20万元；应分配的期间费用为100万元。该公司在计算增值税时，技术转让收入为1 000万元，免征增值税；计算企业所得税时，技术转让所得额为720万元［1 000－（200－20）－100］，减免所得额为610万元［500＋（720－500）×50%］。

正确的计算方法是，技术转让收入为900万元（1 000－100），免征增值税，按照销售固定资产计征的增值税为13万元（100×13%）；计算企业所得税时，技术转让所得额为620万元［900－（200－20）－100］，减免所得额为560万元［500＋（620－500）×50%］。	在技术转让业务中，销售或转让设备、仪器、零部件等，应按照销售固定资产缴纳增值税，转让原材料（已抵扣进项税额）等应作进项税额转出处理，而不得将转让设备、仪器、零部件和原材料等作为技术转让收入享受免征增值税优惠。因此，该公司转让的设备不能作为技术转让收入，不能享受技术转让增值税优惠政策。此外，试点纳税人申请免征增值税时，须持技术转让、开发的书面合同，到纳税人所在地省级科技主管部门进行认定，并持有关的书面合同和科技主管部门审核意见证明文件报主管税务机关备查。 技术转让收入指履行技术转让合同后获得的价款，不包括销售或转让设备、仪器、零部件和原材料等非技术性收入。不属于与技术转让项目密不可分的技术咨询、技术服务、技术培训等收入，不得计入技术转让收入。

六、实施清洁机制发展项目所得减免

（一）清洁机制发展项目（CDM项目）所得"三免三减半"（财税〔2009〕30号）

对企业实施的将温室气体减排量转让收入的65%上缴给国家的HFC和PFC类CDM项目，以及将温室气体减排量转让收入的30%上缴给国家的N_2O类CDM项目，其实施该类CDM项目的所得，自项目取得第一笔减排量转让收入所属纳税年度起，第一年至第三年免征企业所得税，第四年至第六年减半征收企业所得税。	企业实施CDM项目的所得，是指企业实施CDM项目取得的温室气体减排量转让收入扣除上缴国家的部分，再扣除企业实施CDM项目发生的相关成本、费用后的净所得。

企业应单独核算其享受优惠的CDM项目的所得，并合理分摊有关期间费用，没有单独核算的，不得享受上述企业所得税优惠政策。

(二）优惠事项管理（国家税务总局公告2018年第23号）

序号	主要留存备查资料	享受优惠时间	后续管理要求
28	（1）清洁发展机制项目立项有关文件。 （2）企业将温室气体减排量转让的HFC和PFC类CDM项目，及将温室气体减排量转让的N_2O类CDM项目的证明材料。 （3）将温室气体减排量转让收入上缴给国家的证明资料。 （4）清洁发展机制项目第一笔减排量转让收入凭证（原始凭证及账务处理凭证）。 （5）清洁发展机制项目所得单独核算资料，以及合理分摊期间共同费用的核算资料。	预缴享受	由省税务机关（含计划单列市税务机关）规定。

七、合同能源管理项目所得减免

政策依据：

> 《企业所得税法》第二十七条；
> 《企业所得税法实施条例》第八十八条、第八十九条；
> 《财政部 国家税务总局 国家发展改革委关于公布环境保护节能节水项目企业所得税优惠目录（试行）》（财税〔2009〕166号）；
> 《国务院办公厅转发发展改革委等部门关于加快推进合同能源管理促进节能服务产业发展意见的通知》（国办发〔2010〕25号）；
> 《财政部 国家税务总局关于促进节能服务产业发展增值税、营业税和企业所得税政策问题的通知》（财税〔2010〕110号）；
> 《国家税务总局 国家发展改革委关于落实节能服务企业合同能源管理项目企业所得税优惠政策有关征收管理问题的公告》（国家税务总局 国家发展改革委公告2013年第77号）。

（一）合同能源管理项目确认

节能服务，也叫合同能源管理EMC，是一种新的节能产业推广模式，在发达国家已普遍推行，该模式由节能服务公司与用能大户签订合同，对后者的用能设施免费加以改造，用能方不但不需投入，而且还能从改造后节约的能源中得到分成。而节能服务公司的先期投入，则从后期节能费用的分成中得到回报。所以，EMC公司需要有强大的资金、技术实力，也特别需要政策的支持。自2011年1月1日起执行的财税〔2010〕110号文件，与前期财政部关于加大对EMC项目的贷款等金融支持的通知相比，对EMC公司和用能户的税收都给予了很大力度的政策优惠。

合同能源管理项目确认由国家发展改革委、财政部公布的第三方节能量审核机构负责，并出具《合同能源管理项目情况确认表》，或者由政府节能主管部门出具合同能源管理项目确认意见。第三方机构在合同能源管理项目确认过程中应严格按照国家有关要求认真审核把关，确保审核结果客观、真实。对在审核过程中把关不严、弄虚作假的第三方机构，一经查实，将取消其审核资质，并按相关法律规定追究责任。

由省以下发改委公布的第三方节能量审计机构出具的《合同能源管理项目情况确认表》税务机关不予认可。

（二）税收优惠政策

财税〔2010〕110号、财税〔2016〕36号	国家税务总局 国家发展改革委公告2013年第77号
1. 关于增值税、营业税政策问题 （1）对符合条件的节能服务公司实施合同能源管理项目，取得的营业税应税收入，暂免征收营业税。 （2）节能服务公司实施符合条件的合同能源管理项目，将项目中的增值税应税货物转让给用能企业，暂免征收增值税。 （3）合同能源管理服务是"研发和设计服务"税目下的子细目，属于"营改增"现代服务业范畴，税率为6%。 合同能源管理服务，是指节能服务公司与用能单位以契约形式约定节能目标，节能服务公司提供必要的服务，用能单位以节能效果支付节能服务公司投入及其合理报酬的业务活动。 根据财税〔2016〕36号附件3，符合条件的节能服务公司实施合同能源管理项目中提供的应税服务免征增值税。条件有两项：① 节能服务公司实施合同能源管理项目相关技术，应当符合国家质量监督检验检疫总局和国家标准化管理委员会发布的《合同能源管理技术通则》（GB/T 24915—2010）规定的技术要求；② 节能服务公司与用能企业签订节能效益分享型合同，其合同格式和内容，符合《中华人民共和国合同法》和《合同能源管理技术通则》（GB/T 24915—2010）等规定。 2. 关于企业所得税政策问题 （1）对符合条件的节能服务公司实施合同能源管理项目，符合《企业所得税法》有关规定的，自项目取得第一笔生产经营收入所属纳税年度起，第一年至第三年免征企业所得税，第四年至第六年按照25%的法定税率减半征收企业所得税。 （2）对符合条件的节能服务公司，以及与其签订节能效益分享型合同的用能企业，实施合同能源管理项目有关资产的企业所得税税务处理按以下规定执行： ① 用能企业按照能源管理合同实际支付给节能服务公司的合理支出，均可以在计算当期应纳税所得额时扣除，不再区分服务费用和资产价款进行税务处理。 ② 能源管理合同期满后，节能服务公司转让给用能企业的因实施合同能源管理项目形成的资产，按折旧或摊销期满的资产进行税务处理，用能企业从节能服务公司接受有关资产的计税基础也应按折旧或摊销期满的资产进行税务处理。 ③ 能源管理合同期满后，节能服务公司与用能企业办理有关资产的权属转移时，用能企业已支付的资产价款，不再另行计入节能服务公司的收入。	对实施节能效益分享型合同能源管理项目（以下简称项目）的节能服务企业，凡实行查账征收所得税的居民企业并符合企业所得税法和本公告有关规定的，该项目可享受财税〔2010〕110号文件规定的企业所得税"三免三减半"优惠政策。如节能服务企业的分享型合同约定的效益分享期短于6年的，按实际分享期享受优惠。 节能服务企业享受"三免三减半"项目的优惠期限，应连续计算。对在优惠期限内转让所享受优惠的项目给其他符合条件的节能服务企业，受让企业承续经营该项目的，可自项目受让之日起，在剩余期限内享受规定的优惠；优惠期限届满后转让的，受让企业不得就该项目重复享受优惠。 节能服务企业投资项目所发生的支出，应按税法规定作资本化或费用化处理。形成的固定资产或无形资产，应按合同约定的效益分享期计提折旧或摊销。 节能服务企业应分别核算各项目的成本费用支出额。对在合同约定的效益分享期内发生的期间费用划分不清的，应合理进行分摊，期间费用的分摊应按照项目投资额和销售（营业）收入额两个因素计算分摊比例，两个因素的权重各为50%。 节能服务企业、节能效益分享型能源管理合同和合同能源管理项目应符合财税〔2010〕110号文件第二条第（三）项所规定的条件。 享受企业所得税优惠政策的项目应属于《财政部 国家税务总局 国家发展改革委关于公布环境保护节能节水项目企业所得税优惠目录（试行）的通知》（财税〔2009〕166号）规定的节能减排技术改造项目，包括余热余压利用、绿色照明等节能效益分享型合同能源管理项目。

（三）节能服务企业享受税收优惠政策应具备的条件

（1）具有独立法人资格，注册资金不低于100万元，且能够单独提供用能状况诊断、节能项目设计、融资、改造（包括施工、设备安装、调试、验收等）、运行管理、人员培训等服务的专业化节能服务公司。 （2）节能服务公司实施合同能源管理项目相关技术应符合国家质量监督检验检疫总局和国家标准化管理委员会发布的《合同能源管理技术通则》（GB/T 24915—2010）规定的技术要求。 （3）节能服务公司与用能企业签订《节能效益分享型》合同（不包括节能量保证型、能源费用托管型、融资租赁型、混合型等类型的合同），其合同格式和内容，符合《合同法》和国家质量监督检验检疫总局和国家标准化管理委员会发布的《合同能源管理技术通则》（GB/T 24915—2010）等规定。	（4）节能服务公司实施合同能源管理的项目符合《关于公布环境保护节能节水项目企业所得税优惠目录（2021年版）的通知》（财政部 税务总局 发展改革委 生态环境部公告2021年第36号）"二、节能减排技术改造"类中各项目和条件。 （5）节能服务公司投资额不低于实施合同能源管理项目投资总额的70%。 （6）节能服务公司拥有匹配的专职技术人员和合同能源管理人才，具有保障项目顺利实施和稳定运行的能力。

节能服务公司同时从事适用不同税收政策待遇项目的，其享受税收优惠项目应当单独计算收入、扣除，并合理分摊企业的期间费用；没有单独计算的，不得享受税收优惠政策。（财税〔2010〕110号第六条）

(四) 优惠事项管理(国家税务总局公告2018年第23号)

序号	主要留存备查资料	享受优惠时间	后续管理要求
29	(1) 能源管理合同。 (2) 国家发展改革委、财政部公布的第三方机构出具的合同能源管理项目情况确认表，或者政府节能主管部门出具的合同能源管理项目确认意见。 (3) 项目转让合同、项目原享受优惠的备案文件(项目发生转让的,受让节能服务企业)。 (4) 合同能源管理项目取得第一笔生产经营收入凭证(原始凭证及账务处理凭证)。 (5) 合同能源管理项目应纳税所得额计算表。 (6) 合同能源管理项目所得单独核算资料,以及合理分摊期间共同费用的核算资料。	预缴享受	由省税务机关(含计划单列市税务机关)规定。

【例4-14】 A公司为上市公司,其主营业务为新能源工程的设计、技术开发和咨询、技术服务、技术转让、工程安装及工程总承包;机械、电气、自动化控制设备及其零部件的研发、组装、销售。A公司与客户签订能源服务合同,在客户所在地设立一家分公司(以下简称项目公司),该项目公司对客户工厂产生的余热或蒸汽进行综合利用,为其配套建设余热发电装置。

余热发电项目所在地的土地使用权归客户所有,项目的立项审批、竣工验收及并网发电等政府相关的审批手续均以客户的名义进行。项目公司负责余热发电项目的投资建设,具体内容包括对整个工程的设计、设备选型、设备采购、工程安装和调试。余热发电项目的资产所有权归项目公司所有,自建成投产之日起,项目公司运营8年后无偿转让给客户。余热发电项目建成后由项目公司负责运营,项目公司向客户提供电力,电价参考当地同类型上网电价确定。为保证项目公司投资的收回,每台机组每月发电收入如低于200万元,按200万元结算;如高于200万元则按实际情况结算。

问题:A公司如何进行会计处理? A公司、客户工厂如何进行税务处理?

会计处理	税务处理
A公司本身是一家专门从事新能源技术开发和能源工程安装的公司,并非一家发电厂;余热发电项目的盈利点主要来自公司的新能源技术和能源工程安装方面的专长和经验。因此,A公司实质上主要是在为客户建造余热发电装置,只是建造合同的对价不再是固定对价,而是改为与余热发电收入挂钩的变动对价(其中一部分为按每台机组每月200万元的保底收入)。 根据业务的实质,项目公司应当适用建造合同准则确认该合同能源管理业务的收入。在符合建造合同有关收入确认条件的情况下,A公司应该对该能源服务合同的结果合理估计,并相应确认建造服务收入,同时将所取得的对价确认为相应的资产。对于未来将收到的不受实际发电量影响的固定金额部分(每台机组每月200万元),按现值确认为长期应收款;对于受实际发电量影响的变动金额部分,按照建造服务收入金额扣除已确认的长期应收款的金额确认为无形资产。	从A公司与客户签订的合同来看,项目公司向客户提供电力收取费用参考当地同类型上网电价确定,并非税法规定的节能效益分享型合同,不能享受财税〔2010〕100号文件及财税〔2016〕36号文件规定的税收优惠。项目公司取得的发电收入应当签订补充协议将其分解为发电收入和8年后余热发电装置的残值销售收入,并缴纳增值税,项目公司购买设备等取得的增值税专用发票注明的进项税额可以抵扣。在计算企业所得税时,项目公司应当按照余热发电装置的总投入作为计税基础,按10年计算折旧,前8年扣除折旧,8年期满后按照固定资产净值一次性扣除。用户支付的电费在实际发生的当期扣除,8年后购买残值按照双方作价作为固定资产处理,在尚可使用年限内计算折旧在税前扣除。 本案例中,如果设备采购、安装均以客户名义采购,相关发票直接开给客户,则A公司应当在原合作框架协议的基础上与客户签订一组经济合同,包括垫资建设合同、工程设计合同、委托代购设备及安装合同、项目运营管理合同,其中资金占用费、委托代购设备及安装手续费、工程设计费、项目运营管理服务费全部缴纳增值税,A公司融资费用、运营成本等按照权责发生制原则在税前扣除。

第五节　抵扣应纳税所得额政策解析与应用

政策依据：

《企业所得税法》第三十一条、《企业所得税法实施条例》第九十七条；

《外商投资创业投资企业管理规定》（商务部等5部委令2003年第2号）；

《创业投资企业管理暂行办法》（国家发展和改革委员会等10部委令2005年第39号）；

《国家税务总局关于实施创业投资企业所得税优惠问题的通知》（国税发〔2009〕87号）；

《财政部　国家税务总局关于执行企业所得税优惠政策若干问题的通知》（财税〔2009〕69号）；

《财政部　国家税务总局关于将国家自主创新示范区有关税收试点政策推广到全国范围实施的通知》（财税〔2015〕116号）；

《国家税务总局关于有限合伙制创业投资企业法人合伙人企业所得税有关问题的公告》（国家税务总局公告2015年第81号）；

《国家税务总局关于创业投资企业和天使投资个人税收试点政策有关问题的公告》（国家税务总局公告2017年第20号）；

《国家税务总局关于创业投资企业和天使投资个人税收政策有关问题的公告》（国家税务总局公告2018年第43号）；

《财政部　税务总局关于创业投资企业和天使投资个人有关税收政策的通知》（财税〔2018〕55号）；

《财政部　税务总局关于实施小微企业普惠性税收减免政策的通知》（财税〔2019〕13号）；

《财政部　国家税务总局　发展改革委　证监会关于中关村国家自主创新示范区公司型创业投资企业有关企业所得税试点政策的通知》（财税〔2020〕63号）；

《财政部　税务总局关于延续执行创业投资企业和天使投资个人投资初创科技型企业有关政策条件的公告》（财政部　税务总局公告2022年第6号）。

一、政策规定

（一）一般性政策规定

《企业所得税法》	《企业所得税法实施条例》
第三十一条　创业投资企业从事国家需要重点扶持和鼓励的创业投资，可以按投资额的一定比例抵扣应纳税所得额。	第九十七条　《企业所得税法》第三十一条所称抵扣应纳税所得额，是指创业投资企业采取股权投资方式投资于未上市的中小高新技术企业2年以上的，可以按照其投资额的70%在股权持有满2年的当年抵扣该创业投资企业的应纳税所得额；当年不足抵扣的，可以在以后纳税年度结转抵扣。

创业投资企业享受企业所得税优惠的投资类型和条件：创业投资企业采取股权投资方式投资，创业投资于未上市的中小高新技术企业2年以上。对创业投资企业实行按投资额的一定比例抵扣应纳税所得额的优惠办法，属于间接税收优惠，可以引导社会资金更多投资于中小高新技术企业。按照企业所得税的基本原理，企业的对外投资不得在税前扣除，因此允许企业按照投资额的一定比例抵扣应纳税所得额，实际上也是一种加计扣除优惠。

(二) 创业投资企业

概念	特点
创业投资,是指职业金融家投入到新兴的、迅速发展的、有巨大竞争力的企业中的一种权益资本(Equity Capital)。经济合作和发展组织(OECD)则将创业投资定义为,凡是以高科技与知识为基础、生产与经营技术密集的创新产品或服务的投资。目前,我国创业投资企业是指依照《创业投资企业管理暂行办法》(国家发展和改革委员会等10部委令2005年第39号)和《外商投资创业投资企业管理规定》(商务部等5部委令2003年第2号)在中华人民共和国境内设立的专门从事创业投资活动的处于创建或重建过程中的成长性企业或其他经济组织。 创业投资基金(Venture Capital Fund),是指由一群具有科技或财务专业知识和经验的人士操作,并且专门投资在具有发展潜力以及快速成长公司的基金。一般而言,创业投资公司会执行以下几项工作:投资新兴而且快速成长中的科技公司;协助新兴的科技公司开发新产品、提供技术支持及产品营销管道;承担投资的高风险并追求高报酬;以股权的型态投资于这些新兴的科技公司;经由实际参与经营决策提供具附加价值的协助;有较长期的投资规划。	一是基金的主要资助对象是一般投资者或银行不愿提供资金的高科技、产品新、成长快的风险投资企业。 二是创业投资基金以获取股利与资本利得为目的,而不是以控制被投资公司所有权为目的,创业投资者甘愿承担创业投资的风险,以追求较大的投资回报。 三是创业投资包含创业投资者的股权参与,其中包括直接购买股票、认股权证、可转换债券等方式。 四是创业投资者并不直接参与产品的研究与开发(R&D)、生产与销售等经营活动,而是间接地扶持被投资企业的发展,提供必要的财务监督与咨询,使所投资的公司能够健全经营、价值增值。

(三) 公司制创业投资企业所得税抵免(国税发〔2009〕87号)

创业投资企业是指依照《创业投资企业管理暂行办法》(国家发展和改革委员会等10部委令2005年第39号,以下简称《暂行办法》)和《外商投资创业投资企业管理规定》(商务部等5部委令2003年第2号)在中华人民共和国境内设立的专门从事创业投资活动的企业或其他经济组织。

创业投资企业采取股权投资方式,投资于未上市的中小高新技术企业2年(24个月)以上,凡符合以下条件的,可按照其投资额的70%在股权持有期满2年的当年抵扣该创业投资企业的应纳税所得额;当年不足抵扣的,可以在以后纳税年度结转抵扣:

(1) 经营范围符合规定,且工商登记为"创业投资有限责任公司""创业投资股份有限公司"等专业性法人创业投资企业。

(2) 按照《暂行办法》规定的条件和程序完成备案,经备案管理部门年度检查核实,投资运作符合《暂行办法》的有关规定。

(3) 创业投资企业投资的中小高新技术企业,除应按照《高新技术企业认定管理办法》(国科发火〔2008〕172号)、《高新技术企业认定管理工作指引》(国科发火〔2008〕362号)的规定,通过高新技术企业认定以外,还应符合职工人数不超过500人,年销售(营业)额不超过2亿元,资产总额不超过2亿元的条件。

2007年年底前按原有规定取得高新技术企业资格的中小高新技术企业,且在2008年继续符合新的高新技术企业标准的,向其投资满24个月的计算,可自创业投资企业实际向其投资的时间起计算。

(4) 财政部、国家税务总局规定的其他条件。

风险提示:投资当年,被投资企业已经取得高新技术企业证书,但超过中小高新技术企业标准,不能享受投资抵免。中小企业接受创业投资之后,经认定符合高新技术企业标准的,应自其被认定为高新技术企业的年度起,计算创业投资企业的投资期限。该期限内中小企业接受创业投资后,企业规模超过中小企业标准,但仍符合高新技术企业标准的,不影响创业投资企业享受有关税收优惠。因此,企业应在"长期股权投资""可供出售金融资产"等相关会计科目明细账中严格区分享受税收优惠的股权投资额与不享受税收优惠的股权投资额。

（四）有限合伙制创业投资企业法人合伙人所得税政策

财税〔2015〕116 号	国家税务总局公告 2015 年第 81 号
关于有限合伙制创业投资企业法人合伙人企业所得税政策。 （1）自 2015 年 10 月 1 日起，全国范围内的有限合伙制创业投资企业采取股权投资方式投资于未上市的中小高新技术企业满 2 年（24 个月）的，该有限合伙制创业投资企业的法人合伙人可按照其对未上市中小高新技术企业投资额的 70％抵扣该法人合伙人从该有限合伙制创业投资企业分得的应纳税所得额，当年不足抵扣的，可以在以后纳税年度结转抵扣。 （2）有限合伙制创业投资企业的法人合伙人对未上市中小高新技术企业的投资额，按照有限合伙制创业投资企业对中小高新技术企业的投资额和合伙协议约定的法人合伙人占有限合伙制创业投资企业的出资比例计算确定。	有限合伙制创业投资企业是指依照《中华人民共和国合伙企业法》《创业投资企业管理暂行办法》（国家发展和改革委员会令第 39 号）和《外商投资创业投资企业管理规定》（外经贸部 科技部 工商总局 税务总局 外汇管理局令 2003 年第 2 号）设立的专门从事创业投资活动的有限合伙企业。 有限合伙制创业投资企业的法人合伙人，是指依照《企业所得税法》及其实施条例以及相关规定，实行查账征收企业所得税的居民企业。 有限合伙制创业投资企业采取股权投资方式投资于未上市的中小高新技术企业满 2 年（24 个月，下同）的，其法人合伙人可按照对未上市中小高新技术企业投资额的 70％抵扣该法人合伙人从该有限合伙制创业投资企业分得的应纳税所得额，当年不足抵扣的，可以在以后纳税年度结转抵扣。 所称满 2 年是指自 2015 年 10 月 1 日起，有限合伙制创业投资企业投资于未上市中小高新技术企业的实缴投资满 2 年，同时，法人合伙人对该有限合伙制创业投资企业的实缴出资也应满 2 年。 如果法人合伙人投资于多个符合条件的有限合伙制创业投资企业，可合并计算其可抵扣的投资额和应分得的应纳税所得额。当年不足抵扣的，可结转以后纳税年度继续抵扣；当年抵扣后有结余的，应按照企业所得税法的规定计算缴纳企业所得税。 有限合伙制创业投资企业的法人合伙人对未上市中小高新技术企业的投资额，按照有限合伙制创业投资企业对中小高新技术企业的投资额和合伙协议约定的法人合伙人占有限合伙制创业投资企业的出资比例计算确定。其中，有限合伙制创业投资企业对中小高新技术企业的投资额按实缴投资额计算；法人合伙人占有限合伙制创业投资企业的出资比例按法人合伙人对有限合伙制创业投资企业的实缴出资额占该有限合伙制创业投资企业的全部实缴出资额的比例计算。 有限合伙制创业投资企业应纳税所得额的确定及分配，按照《财政部 国家税务总局关于合伙企业合伙人所得税问题的通知》（财税〔2008〕159 号）的相关规定执行。 有限合伙制创业投资企业法人合伙人符合享受优惠条件的，应在符合条件的年度终了后 3 个月内向其主管税务机关报送《有限合伙制创业投资企业法人合伙人应纳税所得额分配情况明细表》。

（五）创业投资企业和天使投资个人税收政策

财税〔2018〕55 号、财税〔2019〕13 号	国家税务总局公告 2018 年第 43 号
一、财税〔2018〕55 号 1. 税收政策内容 （1）公司制创业投资企业采取股权投资方式直接投资于种子期、初创期科技型企业（以下简称初创科技型企业）满 2 年（24 个月，下同）的，可以按照投资额的 70％在股权持有满 2 年的当年抵扣该公司制创业投资企业的应纳税所得额；当年不足抵扣的，可以在以后纳税年度结转抵扣。 （2）有限合伙制创业投资企业（以下简称合伙创投企业）采取股权投资方式直接投资于初创科技型企业满 2 年的，该合伙创投企业的合伙人分别按以下方式处理： ① 法人合伙人可以按照对初创科技型企业投资额的 70％抵扣法人合伙人从合伙创投企业分得的所得；当年不足抵扣的，可以在以后纳税年度结转抵扣。 ② 个人合伙人可以按照对初创科技型企业投	1. 相关政策执行口径 （1）《财政部 税务总局关于创业投资企业和天使投资个人有关税收政策的通知》（财税〔2018〕55 号，以下简称财税〔2018〕55 号文件）第一条所称满 2 年是指公司制创业投资企业（以下简称公司制创投企业）、有限合伙制创业投资企业（以下简称合伙创投企业）和天使投资个人投资于种子期、初创期科技型企业（以下简称初创科技型企业）的实缴投资满 2 年，投资时间从初创科技型企业接受投资并完成工商变更登记的日期算起。 （2）财税〔2018〕55 号文件第二条第（一）项所称研发费用总额占成本费用支出的比例，是指企业接受投资当年及下一纳税年度的研发费用总额合计占同期成本费用总额合计的比例。 例如，某公司制创投企业于 2018 年 5 月投资初创科技型企业，假设其他条件均符合文件规定，初创科技型企业 2018 年发生研发费用 100 万元，成本费

（续表）

财税〔2018〕55号、财税〔2019〕13号	国家税务总局公告2018年第43号
资额的70%抵扣个人合伙人从合伙创投企业分得的经营所得；当年不足抵扣的，可以在以后纳税年度结转抵扣。 （3）天使投资个人采取股权投资方式直接投资于初创科技型企业满2年的，可以按照投资额的70%抵扣转让该初创科技型企业股权取得的应纳税所得额；当期不足抵扣的，可以在以后取得转让该初创科技型企业股权的应纳税所得额时结转抵扣。 天使投资个人投资多个初创科技型企业的，对其中办理注销清算的初创科技型企业，天使投资个人对其投资额的70%尚未抵扣完的，可自注销清算之日起36个月内抵扣天使投资个人转让其他初创科技型企业股权取得的应纳税所得额。 2. 相关政策条件 （1）本通知所称初创科技型企业，应同时符合以下条件： ① 在中国境内（不包括中国港、澳、台地区）注册成立、实行查账征收的居民企业。 ② 接受投资时，从业人数不超过200人，其中具有大学本科以上学历的从业人数不低于30%；资产总额和年销售收入均不超过3 000万元。 ③ 接受投资时设立时间不超过5年（60个月）。 ④ 接受投资时以及接受投资后2年内未在境内外证券交易所上市。 ⑤ 接受投资当年及下一纳税年度，研发费用总额占成本费用支出的比例不低于20%。 （2）享受本通知规定税收政策的创业投资企业，应同时符合以下条件： ① 在中国境内（不含中国港、澳、台地区）注册成立、实行查账征收的居民企业或合伙创投企业，且不属于被投资初创科技型企业的发起人。 ② 符合《创业投资企业管理暂行办法》（发展改革委等10部门令第39号）规定或者《私募投资基金监督管理暂行办法》（证监会令第105号）关于创业投资基金的特别规定，按照上述规定完成备案且规范运作。 ③ 投资后2年内，创业投资企业及其关联方持有被投资初创科技型企业的股权比例合计应低于50%。 （3）享受本通知规定的税收政策的天使投资个人，应同时符合以下条件： ① 不属于被投资初创科技型企业的发起人、雇员或其亲属（包括配偶、父母、子女、祖父母、外祖父母、孙子女、外孙子女、兄弟姐妹，下同），且与被投资初创科技型企业不存在劳务派遣等关系。 ② 投资后2年内，本人及其亲属持有被投资初创科技型企业股权比例合计应低于50%。 （4）享受本通知规定的税收政策的投资，仅限于通过向被投资初创科技型企业直接支付现金方式取得的股权投资，不包括受让其他股东的存量股权。	用1 000万元，2018年研发费用占比10%，低于20%；2019年发生研发费用500万元，成本费用1 000万元，2019年研发费用占比50%，高于20%。如要求投资当年及下一年分别满足研发费用占比高于20%的条件，则该公司制创投企业不能享受税收优惠政策。但按照国家税务总局公告2018年第43号文件明确的口径，投资当年及下一年初创科技型企业研发费用平均占比为30%[(100+500)÷(1 000+1 000)]，该公司制创投企业可以享受税收优惠政策。 （3）财税〔2018〕55号文件第三条第（三）项所称出资比例，按投资满2年当年年末各合伙人对合伙创投企业的实缴出资额占所有合伙人全部实缴出资额的比例计算。 （4）财税〔2018〕55号文件所称从业人数及资产总额指标，按照初创科技型企业接受投资前连续12个月的平均数计算，不足12个月的，按实际月数平均计算。其具体计算公式如下： 月平均数＝（月初数＋月末数）÷2 接受投资前连续12个月平均数＝接受投资前连续12个月平均数之和÷12 （5）法人合伙人投资于多个符合条件的合伙创投企业，可合并计算其可抵扣的投资额和分得的所得。当年不足抵扣的，可结转以后纳税年度继续抵扣；当年抵扣后有结余的，应按照企业所得税法的规定计算缴纳企业所得税。 所称符合条件的合伙创投企业既包括符合《通知》规定条件的合伙创投企业，也包括符合《国家税务总局关于有限合伙制创业投资企业法人合伙人企业所得税有关问题的公告》（国家税务总局公告2015年第81号）规定条件的合伙创投企业。 2. 办理程序和资料 （1）企业所得税。 ① 公司制创投企业和合伙创投企业法人合伙人在年度申报享受优惠时，按照《关于发布修订后的〈企业所得税优惠政策事项办理办法〉的公告》（国家税务总局公告2018年第23号）的规定办理有关手续。 ② 合伙创投企业的法人合伙人符合享受优惠条件的，合伙创投企业应在投资初创科技型企业满2年的年度以及分配所得的年度终了后及时向法人合伙人提供《合伙创投企业法人合伙人所得分配情况明细表》。 （2）个人所得税。 ① 合伙创投企业个人合伙人。 合伙创投企业的个人合伙人符合享受优惠条件的，合伙创投企业应在投资初创科技型企业满2年的年度终了后3个月内，向合伙创投企业主管税务机关办理备案手续，备案时应报送《合伙创投企业个人所得税投资抵扣备案表》，同时将有关资料留存备查（备查资料同公司制创投企业）。合伙企业多次投资同一初创科技型企业的，应按年度分别备案。 合伙创投企业应在投资初创科技型企业满2年后的每个年度终了后3个月内，向合伙创投企业主管

（续表）

财税〔2018〕55号、财税〔2019〕13号	国家税务总局公告2018年第43号
3. 管理事项及管理要求 （1）本通知所称研发费用口径，按照《财政部 国家税务总局 科技部关于完善研究开发费用税前加计扣除政策的通知》（财税〔2015〕119号）等规定执行。 （2）本通知所称从业人数，包括与企业建立劳动关系的职工人员及企业接受的劳务派遣人员。从业人数和资产总额指标，按照企业接受投资前连续12个月的平均数计算，不足12个月的，按实际月数平均计算。 本通知所称销售收入，包括主营业务收入与其他业务收入；年销售收入指标，按照企业接受投资前连续12个月的累计数计算，不足12个月的，按实际月数累计计算。 本通知所称成本费用，包括主营业务成本、其他业务成本、销售费用、管理费用、财务费用。 （3）本通知所称投资额，按照创业投资企业或天使投资个人对初创科技型企业的实缴投资额确定。 合伙创投企业的合伙人对初创科技型企业的投资额，按照合伙创投企业对初创科技型企业的实缴投资额和合伙协议约定的合伙人占合伙创投企业的出资比例计算确定。合伙人从合伙创投企业分得的所得，按照《财政部 国家税务总局关于合伙企业合伙人所得税问题的通知》（财税〔2008〕159号）规定计算。 （4）天使投资个人、公司制创业投资企业、合伙创投企业、合伙创投企业法人合伙人、被投资初创科技型企业应按规定办理优惠手续。 （5）初创科技型企业接受天使投资个人投资满2年，在上海证券交易所、深圳证券交易所上市的，天使投资个人转让该企业股票时，按照现行限售股有关规定执行，其尚未抵扣的投资额，在税款清算时一并计算抵扣。 （6）享受本通知规定的税收政策的纳税人，其主管税务机关对被投资企业是否符合初创科技型企业条件有异议的，可以转请被投资企业主管税务机关提供相关材料。对纳税人提供虚假资料，违规享受税收政策的，应按税收征管法相关规定处理，并将其列入失信纳税人名单，按规定实施联合惩戒措施。 4. 执行时间 本通知规定的天使投资个人所得税政策自2018年7月1日起执行，其他各项政策自2018年1月1日起执行。执行日期前2年内发生的投资，在执行日期后投资满2年，且符合本通知规定的其他条件的，可以适用本通知规定的税收政策。 《财政部 税务总局关于创业投资企业和天使投资个人有关税收试点政策的通知》（财税〔2017〕38号）自2018年7月1日起废止，符合试点政策条件的投资额可按本通知的规定继续抵扣。 二、财税〔2019〕13号 《财政部 税务总局关于创业投	税务机关报送《合伙创投企业个人所得税投资抵扣情况表》。 个人合伙人在个人所得税年度申报时，应将当年允许抵扣的投资额填至《个人所得税生产经营所得纳税申报表（B表）》"允许扣除的其他费用"栏，并同时标明"投资抵扣"字样。 ② 天使投资个人。 投资抵扣备案。 天使投资个人应在投资初创科技型企业满24个月的次月15日内，与初创科技型企业共同向初创科技型企业主管税务机关办理备案手续。备案时应报送《天使投资个人所得税投资抵扣备案表》。被投资企业符合初创科技型企业条件的有关资料留存企业备查，备查资料包括初创科技型企业接受现金投资时的投资合同（协议）、章程、实际出资的相关证明材料，以及被投资企业符合初创科技型企业条件的有关资料。多次投资同一初创科技型企业的，应分次备案。 投资抵扣申报。 天使投资个人转让未上市的初创科技型企业股权，按照财税〔2018〕55号文件规定享受投资抵扣税收优惠时，应于股权转让次月15日内，向主管税务机关报送《天使投资个人所得税投资抵扣情况表》。同时，天使投资个人还应一并提供投资初创科技型企业后税务机关受理的《天使投资个人所得税投资抵扣备案表》。 其中，天使投资个人转让初创科技型企业股权需同时抵扣前36个月内投资其他注销清算初创科技型企业尚未抵扣完毕的投资额的，申报时应一并提供注销清算企业主管税务机关受理并注明注销清算等情况的《天使投资个人所得税投资抵扣备案表》，以及前期享受投资抵扣政策后税务机关受理的《天使投资个人所得税投资抵扣情况表》。 接受投资的初创科技型企业，应在天使投资个人转让股权纳税申报时，向扣缴义务人提供相关信息。 天使投资个人投资初创科技型企业满足投资抵扣税收优惠条件后，初创科技型企业在上海证券交易所、深圳证券交易所上市的，天使投资个人在转让初创科技型企业股票时，有尚未抵扣完毕的投资额的，应向证券机构所在地主管税务机关办理限售股转让税款清算，抵扣尚未抵扣完毕的投资额。清算时，应提供投资初创科技型企业后税务机关受理的《天使投资个人所得税投资抵扣备案表》和《天使投资个人所得税投资抵扣情况表》。 被投资企业发生个人股东变动或者个人股东所持股权变动的，应在次月15日内向主管税务机关报送含有股东变动信息的《个人所得税基础信息表（A表）》。对天使投资个人，应在备注栏标明"天使投资个人"字样。 天使投资个人转让股权时，扣缴义务人、天使投资个人应将当年允许抵扣的投资额填至《扣缴个人所得税报告表》或《个人所得税自行纳税申报表（A表）》"税前扣除项目"的"其他"栏，并同时标明"投资抵扣"字样。

(续表)

财税〔2018〕55号、财税〔2019〕13号	国家税务总局公告2018年第43号
资个人有关税收政策的通知》(财税〔2018〕55号)第二条第(一)项关于初创科技型企业条件中的"从业人数不超过200人"调整为"从业人数不超过300人","资产总额和年销售收入均不超过3 000万元"调整为"资产总额和年销售收入均不超过5 000万元"。 2019年1月1日至2021年12月31日发生的投资,投资满2年且符合本通知规定和财税〔2018〕55号文件规定的其他条件的,可以适用财税〔2018〕55号文件规定的税收政策。 2019年1月1日前2年内发生的投资,自2019年1月1日起投资满2年且符合本通知规定和财税〔2018〕55号文件规定的其他条件的,可以适用财税〔2018〕55号文件规定的税收政策。	天使投资个人投资的初创科技型企业注销清算的,应及时持《天使投资个人所得税投资抵扣备案表》到主管税务机关办理情况登记。 3.其他事项 (1)税务机关在公司制创投企业、合伙创投企业合伙人享受优惠政策后续管理中,对初创科技型企业是否符合规定条件有异议的,可以转请初创科技型企业主管税务机关提供相关资料,主管税务机关应积极配合。 (2)创业投资企业、合伙创投企业合伙人、天使投资个人、初创科技型企业提供虚假情况、故意隐瞒已投资抵扣情况或采取其他手段骗取投资抵扣,不缴或者少缴应纳税款的,按税收征管法有关规定处理。 4.施行时间 本公告天使投资个人所得税有关规定自2018年7月1日起施行,其他所得税规定自2018年1月1日起施行。施行日期前2年内发生的投资,适用财税〔2018〕55号文件规定的税收政策的,按本公告规定执行。

为支持创业投资发展,财税〔2019〕13号文件将享受创业投资企业所得税优惠的被投资对象范围,从"从业人数不超过200人、资产总额和年销售收入均不超过3 000万元的初创科技型企业"进一步扩展到"从业人数不超过300人、资产总额和年销售收入均不超过5 000万元的初创科技型企业",并明确2019年1月1日至2021年12月31日创业投资企业发生的投资、投资满2年,或是2019年1月1日前2年内发生的投资、自2019年1月1日起投资满2年,且符合享受创业投资税收优惠的被投资对象范围和财税〔2018〕55号文件规定的其他条件的,可以适用财税〔2018〕55号文件规定的企业所得税政策。

初创科技型企业和小型微利企业的从业人数和资产总额指标的计算方法不一样。初创科技型企业从业人数和资产总额指标,按照企业接受投资前连续12个月的平均数计算,不足12个月的,按实际月数平均计算。小型微利企业从业人数和资产总额按照企业全年的季度平均值确定。

(六)中关村国家自主创新示范区公司型创业投资企业有关企业所得税试点政策(财税〔2020〕63号)

(1)对示范区内公司型创业投资企业,转让持有3年以上股权的所得占年度股权转让所得总额的比例超过50%的,按照年末个人股东持股比例减半征收当年企业所得税;转让持有5年以上股权的所得占年度股权转让所得总额的比例超过50%的,按照年末个人股东持股比例免征当年企业所得税。 上述两种情形下,应分别适用以下公式计算当年企业所得税免征额: ① 转让持有3年以上股份的所得占年度股权转让所得总额的比例超过50%的: 企业所得税免征额=年末个人股东持股比例×本年度企业所得税应纳税额÷2 ② 转让持有5年以上股权的所得占年度股权转让所得总额的比例超过50%的: 企业所得税免征额=年末个人股东持股比例×本年度企业所得税应纳税额	(2)本通知所称公司型创业投资企业,应同时符合以下条件: ① 在示范区内注册成立,实行查账征收的居民企业。 ② 符合《创业投资企业管理暂行办法》(发展改革委等10部门令第39号)或者《私募投资基金监督管理暂行办法》(证监会令第105号)要求,并按照规定完成备案且规范运作。 (3)个人股东从公司型创业投资企业取得的股息红利,按照规定缴纳个人所得税。 (4)本通知自2020年1月1日起实施。2020年1月1日前发生的股权投资,在本通知规定的执行期内转让股权取得的所得符合本通知第一条规定的,适用本通知规定的税收政策。

1. 优惠办法及适用条件

	公司制创业投资企业	有限合伙制创业投资企业		天使投资个人
		法人合伙人	个人合伙人	
税收优惠	投资满2年（24个月，下同），可按投资额的70%在股权持有满2年的当年抵扣公司应纳税所得额；当年不足抵扣的，结转以后年度抵扣。	投资满2年，可按投资额的70%抵扣法人合伙人从合伙创投企业分得的所得；当年不足抵扣的，结转以后年度抵扣。	投资满2年，可按投资额的70%抵扣个人合伙人从该合伙创投企业分得的经营所得；当年不足抵扣的，结转以后年度抵扣。	投资满2年，可按投资额的70%抵扣转让该被投资企业股权取得的应纳税所得额；当期不足抵扣的，结转以后取得股权转让所得时抵扣。在试点地区投资多个初创科技型企业的，对其中办理注销清算，天使投资个人对其投资额的70%尚未抵扣完的，可自注销清算之日起36个月内抵扣天使投资个人转让其他初创科技型企业股权取得的应纳税所得额。
创业投资企业及天使个人适用优惠政策需符合的条件	(1) 在中国境内(不含中国港、澳、台地区)注册成立、实行查账征收。 (2) 不属于被投资初创科技型企业的发起人，必须以增资方式投入。 (3) 根据《创业投资企业管理暂行办法》《私募投资基金监督管理暂行办法》进行备案。 (4) 投资后2年内，创业投资企业及其关联方持有被投资初创科技型企业的股权比例合计低于50%。			(1) 不属于被投资初创科技型企业的发起人、雇员或其亲属，无劳务派遣关系。 (2) 投资后2年内，本人及其亲属持有被投资初创科技型企业股权比例合计应低于50%。 (3) 被投资的初创科技型企业须注册于试点地区。
初创科技型企业需符合的条件	(1) 在中国境内(不包括中国港、澳、台地区)注册成立、实行查账征收的居民企业。 (2) 接受投资时，从业人数不超过200人，其中具有大学本科以上学历的从业人数不低于30%；资产总额和年销售收入均不超过3 000万元(从业人数、资产总额的计算均为接受投资前连续12个月的平均数，不足12个月的，按实际月数平均计算)。 (3) 接受投资时设立时间不超过60个月。 (4) 接受投资时以及接受投资后2年内未在境内外证券交易所上市。 (5) 接受投资当年及下一纳税年度，研发费用总额合计占同期成本费用总额合计的比例不低于20%。			
投资形式	增资(不含设立、受让股权、可转债、过桥贷款、债券等方式)			
出资方式	现金			
实施范围	全国			

2. 具体内容解读

1)"投资满2年"的确定

投资满2年是指公司制或有限合伙制创投企业、天使投资个人实缴投资初创科技型企业满2年。对于合伙人或合伙人数变动的情况，无论新的合伙人持有合伙企业份额是否满2年，均不影响新合伙人享受税收优惠。	例如，A合伙企业于2017年1月1日投资B初创科技型企业，2018年3月1日，新合伙人入伙，至2019年1月1日，合伙A对B企业投资满2年，新合伙人可享受投资抵扣税收优惠。

2)"投资额"的计算

公司制创投企业和天使投资个人的投资额是指公司制创投企业与天使投资个人对初创科技型企业的实缴投资额。 有限合伙创投企业的法人合伙人和个人合伙人的投资额＝有限合伙创投企业对初创科技型企业的实缴投资额×投资满2年当年年末各合伙人对有限合伙创投的实缴出资比例 在合伙企业的合伙人或合伙人数变动的情况下，仅限于合伙企业对初创科技型企业投资满2年的当年年末的合伙人适用，并按照当年年末的各合伙人实缴出资比例计算投资额。投资满2年年末之后进入的合伙人，在有限合伙投下一次投资满2年年末时计算抵扣额度。	例如，有限合伙创投企业A原有合伙人甲、乙、丙，2017年9月1日，A企业投资初创科技型企业B，2018年11月3日，丁受让合伙人甲的全部出资份额成为A的合伙人，2019年9月1日，A投资B满2年，2019年10月1日，戊以增资的方式入伙A企业，2020年1月5日，申以增资的方式入伙A企业，A企业在2020年3月31日之前进行个人合伙人投资抵扣备案时，仅就2019年12月31日的合伙人乙、丙、丁、戊的实缴出资比例计算这四位合伙人的投资抵扣额度。

3) 可用于抵扣的所得范围

（1）公司制创投企业可用于抵扣的所得范围为：投资满2年的当年及以后年度的应纳税所得额。
（2）天使投资个人可用于抵扣的所得范围为：投资满2年的当年及以后年度转让该初创科技型企业股权取得的应纳税所得额（不含股息、红利所得）。
（3）有限合伙创投企业的法人合伙人可用于抵扣的所得范围为：投资满2年的当年及以后年度通过该合伙创投企业实现的应纳税所得额（不仅包括合伙创投企业转让该初创型科技企业股权取得的所得，还包括该合伙创投企业的其他股权转让所得、股息、红利所得等）。法人合伙人投资多家有限合伙创投企业（含投资于未上市的中小高新技术企业的有限合伙制创投企业）的，可以合并计算通过各合伙企业实现的应纳税所得额与抵扣额。

有限合伙创投企业的个人合伙人可用于抵扣的所得范围为：投资满2年的当年及以后年度通过该有限合伙创投企业实现的经营所得（不含股息、红利所得），不仅包括合伙企业转让该初创型科技企业的股权取得的所得，还包括该合伙创投企业的其他股权转让所得等。个人合伙人投资多家有限合伙创投企业的，不得跨企业计算抵扣额。

法人合伙人通过合伙创投企业实现的所得、个人合伙人通过合伙创投企业实现的经营所得，无论合伙企业是否实际分配，均需按照财税〔2008〕159号文件规定的分配比例计算各合伙人的应纳税所得额。

【例4-15】某合伙创投企业2020年9月1日投资于A初创科技型企业500万元，截至2022年9月1日，该投资符合投资抵扣税收优惠相关条件（假设无其他符合投资抵扣税收优惠的投资）。张某是该合伙创投企业的个人合伙人，2020年12月31日，张某对该合伙创投企业实缴出资300万元，占全部合伙人实缴出资比例的5%。该合伙创投企业2022年度实现经营所得200万元，对张某的分配比例为3%。张某2022年度实际抵扣投资额是多少？

根据财税〔2018〕55号文件的规定，有限合伙制创业投资企业采取股权投资方式直接投资于初创科技型企业满2年的，该合伙创投企业的合伙人分别按以下方式处理：

法人合伙人可以按照对初创科技型企业投资额的70%抵扣法人合伙人从合伙创投企业分得的所得；当年不足抵扣的，可以在以后纳税年度结转抵扣。该合伙创投企业截至2022年年末，符合投资抵扣条件的投资共500万元，因此可抵扣投资额＝500×70%＝350（万元）。

个人合伙人可以按照对初创科技型企业投资额的70%抵扣个人合伙人从合伙创投企业分得的经营所得；当年不足抵扣的，可以在以后纳税年度结转抵扣。张某对合伙创投企业的出资比例为5%，张某可抵扣投资额＝350×5%＝17.5（万元）。2022年度张某自合伙创投企业分得的经营所得＝200×3%＝6（万元）＜17.5万元，因此，张某2022年实际抵扣投资额为6万元，还有11.5万元（17.5－6）结转以后年度抵扣。

二、优惠事项管理（国家税务总局公告2018年第23号）

（一）投资于未上市的中小高新技术企业的创业投资企业按投资额的一定比例抵扣应纳税所得额

序号	主要留存备查资料	享受优惠时间	后续管理要求
32	（1）发展改革或证监部门出具的符合创业投资企业条件的年度证明材料。 （2）中小高新技术企业投资合同（协议）、章程、实际出资等相关材料。 （3）由省、自治区、直辖市和计划单列市高新技术企业认定管理机构出具的中小高新技术企业有效的高新技术企业证书复印件（注明"与原件一致"，并加盖公章）。 （4）中小高新技术企业基本情况〔包括企业职工人数、年销售（营业）额、资产总额、未上市等〕说明。	汇缴享受	由省税务机关（含计划单列市税务机关）规定。

（二）投资于种子期、初创期科技型企业的创业投资企业按投资额的一定比例抵扣应纳税所得额

序号	主要留存备查资料	享受优惠时间	后续管理要求
33	（1）发展改革或证监部门出具的符合创业投资企业条件的年度证明材料。 （2）初创科技型企业接受现金投资时的投资合同（协议）、章程、实际出资的相关证明材料。	汇缴享受	由省税务机关（含计划单列市税务机关）规定。

(续表)

序号	主要留存备查资料	享受优惠时间	后续管理要求
	（3）创业投资企业与其关联方持有初创科技型企业的股权比例的说明。 （4）被投资企业符合初创科技型企业条件的有关资料： ① 接受投资时从业人数、资产总额、年销售收入和大学本科以上学历的从业人数比例的情况说明。 ② 接受投资时设立时间不超过5年的证明材料。 ③ 接受投资时以及接受投资后2年内未在境内外证券交易所上市情况说明。 ④ 研发费用总额占成本费用总额比例的情况说明。		

（三）投资于未上市的中小高新技术企业的有限合伙制创业投资企业法人合伙人按投资额的一定比例抵扣应纳税所得额

序号	主要留存备查资料	享受优惠时间	后续管理要求
34	（1）发展改革或证监部门出具的符合创业投资企业条件的年度证明材料。 （2）中小高新技术企业投资合同（协议）、章程、实际出资等相关材料。 （3）省、自治区、直辖市和计划单列市高新技术企业认定管理机构出具的中小高新技术企业有效的高新技术企业证书复印件（注明"与原件一致"，并加盖公章）。 （4）中小高新技术企业基本情况［包括企业职工人数、年销售（营业）额、资产总额、未上市等］说明。 （5）法人合伙人应纳税所得额抵扣情况明细表。 （6）有限合伙制创业投资企业法人合伙人应纳税所得额分配情况明细表。	汇缴享受	由省税务机关（含计划单列市税务机关）规定。

（四）投资于种子期、初创期科技型企业的有限合伙制创业投资企业法人合伙人

序号	主要留存备查资料	享受优惠时间	后续管理要求
35	（1）发展改革或证监部门出具的符合创业投资企业条件的年度证明材料。 （2）初创科技型企业接受现金投资时的投资合同（协议）、章程、实际出资的相关证明材料。 （3）创业投资企业与其关联方持有初创科技型企业的股权比例的说明。 （4）被投资企业符合初创科技型企业条件的有关资料： ① 接受投资时从业人数、资产总额、年销售收入和大学本科以上学历的从业人数比例的情况说明。 ② 接受投资时设立时间不超过5年的证明材料。 ③ 接受投资时以及接受投资后2年内未在境内外证券交易所上市情况说明。 ④ 接受投资当年及下一纳税年度研发费用总额占成本费用总额比例的情况说明。 （5）法人合伙人投资于合伙创投企业的出资时间、出资金额、出资比例及分配比例的相关证明材料、合伙创投企业主管税务机关受理后的《合伙创投企业法人合伙人所得分配情况明细表》。	汇缴享受	由省税务机关（含计划单列市税务机关）规定。

第六节　减免所得税政策解析与应用

一、符合条件的小型微利企业减免所得税

2017年9月1日,第十二届全国人民代表大会常务委员会第二十九次会议修订的《中小企业促进法》第十一条规定,国家实行有利于小型微型企业发展的税收政策,对符合条件的小型微型企业按照规定实行缓征、减征、免征企业所得税、增值税等措施,简化税收征管程序,减轻小型微型企业税收负担。《财政部　税务总局关于实施小微企业和个体工商户所得税优惠政策的公告》(财政部　税务总局公告2021年第12号)规定,2021年1月1日至2022年12月31日,对小型微利企业年应纳税所得额不超过100万元的部分,在《财政部　税务总局关于实施小微企业普惠性税收减免政策的通知》(财税〔2019〕13号)第二条规定的优惠政策基础上,再减半征收企业所得税。为进一步支持小微企业发展,《财政部　税务总局关于进一步实施小微企业所得税优惠政策的公告》(财政部　税务总局公告2022年第13号)规定,2022年1月1日至2024年12月31日,对小型微利企业年应纳税所得额超过100万元但不超过300万元的部分,减按25%计入应纳税所得额,按20%的税率缴纳企业所得税。

详细内容见第二章"小微企业普惠性税费支持普惠政策解析与应用"。

二、国家需要重点扶持的高新技术企业低税率优惠

政策依据：

> 《企业所得税法》第二十八条、《企业所得税法实施条例》第九十三条；
> 《高新技术企业认定管理办法》(国科发火〔2016〕32号)；
> 《高新技术企业认定管理工作指引(2016年版)》(国科发火〔2016〕195号修订印发)；
> 《国务院关于经济特区和上海浦东新区新设立高新技术企业实行过渡性税收优惠的通知》(国发〔2007〕40号)；
> 《财政部　国家税务总局关于贯彻落实国务院关于实施企业所得税过渡优惠政策有关问题的通知》(财税〔2008〕21号)；
> 《高新技术企业认定专项鉴证业务规则(试行)》(中税协发〔2017〕004号)；
> 《国家税务总局关于实施高新技术企业所得税优惠政策有关问题的公告》(国家税务总局公告2017年第24号)；
> 《关于高新技术企业认定有关证明事项实行告知承诺制的通知》(国科发火〔2021〕362号)。

(一)优惠政策规定
1. 减免税优惠政策

《企业所得税法》及《企业所得税法实施条例》	国科发火〔2016〕32号
《企业所得税法》第二十八条　国家需要重点扶持的高新技术企业,减按15%的税率征收企业所得税。 《企业所得税法实施条例》第九十三条　《企业所得税法》第二十八条第二款所称国家需要重点扶持的高新技术企业,是指拥有核心自主知识产权,并同时符合下列条件的企业： (1)产品(服务)属于《国家重点支持的高新技术领域》规定的范围。 (2)研究开发费用占销售收入的比例不低于规定比例。	第二条　国家需要重点扶持的认定合格的高新技术企业,自认定批准的有效期当年开始,减按15%税率征收企业所得税。 高新技术企业,是指在《国家重点支持的高新技术领域》内,持续进行研究开发与技术成果转化,形成企业核心自主知识产权,并以此为基础开展经营活动,在中国境内(不包括中国港、澳、台地区)注册的居民企业。

(续表)

《企业所得税法》及《企业所得税法实施条例》	国科发火〔2016〕32号
（3）高新技术产品（服务）收入占企业总收入的比例不低于规定比例。 （4）科技人员占企业职工总数的比例不低于规定比例。 （5）高新技术企业认定管理办法规定的其他条件。 《国家重点支持的高新技术领域》和高新技术企业认定管理办法由国务院科技、财政、税务主管部门商国务院有关部门制订，报国务院批准后公布施行。	第九条　通过认定的高新技术企业，其资格自颁发证书之日起有效期为3年。 第十条　企业获得高新技术企业资格后，自高新技术企业证书颁发之日所在年度起享受税收优惠，到主管税务机关申报（而非申请）享受企业所得税优惠。

高新技术企业资格认定方式按《高新技术企业认定管理工作指引（2016年版）》（国科发火〔2016〕195号修订印发）的相关程序和资料进行处理，企业获得高新技术企业资格后，"按自行判定、申报享受、留存资料备查"的方式，自高新技术企业证书注明的发证时间所在年度起享受企业所得税优惠。企业的高新技术企业资格期满当年，在通过重新认定前，其企业所得税暂按15%的税率预缴，在年度汇算清缴前仍未取得高新技术企业资格的，应按规定补缴相应期间的税款。

高新技术企业享受的税收优惠是对纳税所得额的整体税率优惠，不是单独的高新技术产品（服务）项目优惠。

企业既符合高新技术企业所得税优惠条件，又符合小型微利企业所得税优惠条件，可按照自身实际情况由纳税人从优选择适用优惠税率，但不得叠加享受。

2. 优惠税率的确定

境内所得适用税率的确定 （国税函〔2010〕157号）	境外所得适用税率的确定 （财税〔2011〕47号）
居民企业被认定为高新技术企业，同时享受"两免三减半""五免五减半"等定期减免税优惠过渡期的，该居民企业的所得税适用税率可以选择依照过渡期适用税率并适用减半征税至期满，或者选择适用高新技术企业的15%税率，但不能享受15%税率的减半征税。 被认定为高新技术企业，同时又符合软件生产企业和集成电路生产企业定期减半征收企业所得税优惠条件的，该居民企业的所得税适用税率可以选择适用高新技术企业的15%税率，也可以选择依照25%的法定税率减半征税，但不能享受15%税率的减半征税。 居民企业取得《企业所得税法实施条例》第八十六条、第八十七条、第八十八条和第九十条规定可减半征收企业所得税的所得，是指居民企业应就该部分所得单独核算并依照25%的法定税率减半缴纳企业所得税。 凡居民企业经税务机关核准2007年度及以前享受高新技术企业或新技术企业所得税优惠，2008年及以后年度未被认定为高新技术企业的，自2008年起不得适用高新技术企业的15%税率，国发〔2007〕39号文件第一条第二款规定的过渡税率，而应自2008年度起适用25%的法定税率。	自2010年1月1日起，以境内、境外全部生产经营活动有关的研究开发费用总额、总收入、销售收入总额、高新技术产品（服务）收入等指标申请并经认定的高新技术企业，其来源境外的所得可以享受高新技术企业所得税优惠政策，即对其来源于境外所得可以按照15%的优惠税率缴纳企业所得税，在计算境外抵免限额时，可按15%的优惠税率计算境内外应纳税总额。上述高新技术企业境外所得税收抵免的其他事项，仍按照财税〔2009〕125号文件的有关规定执行。

3. 高新技术企业同时符合小型微利企业条件

企业既符合高新技术企业所得税优惠条件，又符合小型微利企业所得税优惠条件，可按照自身实际情况由纳税人从优选择适用优惠税率，但不得叠加享受。另外，只要是资格在有效期内的高新技术企业，不论是否享受高新技术企业税收优惠，均需填报《高新技术企业优惠情况及明细表》（A107041）。

(二) 国家重点支持的高新技术领域(国科发火〔2016〕32号附件)

国科发火〔2016〕32号附件	与国科发火〔2008〕172号第十一条对比分析
国家重点支持的高新技术领域: (1) 电子信息。 (2) 生物与新医药。 (3) 航空航天。 (4) 新材料。 (5) 高技术服务。 (6) 新能源与节能。 (7) 资源与环境。 (8) 先进制造与自动化。	国科发火〔2016〕32号文件继续以附件的形式发布最新《国家重点支持的高新技术领域》,保持了"八大领域",第八项由"高新技术改造传统产业"调整为"先进制造与自动化",更加精准和明确。与原技术领域相比,主要有以下三个方面的变化: 一是扩充服务业支撑技术。如新增"检验检测认证技术""现代体育服务支撑技术""智慧城市服务支撑技术"等行业特征明显的内容,并对"研发与设计服务""信息技术服务""文化创意产业支撑技术""电子商务与现代物流技术"等技术领域进行了补充。 二是增加相关领域新技术,淘汰落后技术。如新增"增材制造技术""石墨烯制备与应用技术""重大自然灾害监测、预警和应急处置关键技术""新能源汽车试验测试及基础设施技术"等先进技术,并排除了落后的产业技术与产品内容。 三是增强内容的规范性和技术特点。突出领域的关键技术要求,尽可能去除产业类、产品化描述,加强领域间的协调,避免重复和遗漏,表述上更加准确、精炼、规范、专业。

(三) 认定条件(国科发火〔2016〕32号附件第十一条)

政策规定	政策解读
认定为高新技术企业须同时满足以下条件: (1) 企业申请认定时须注册成立1年以上。 (2) 企业通过自主研发、受让、受赠、并购等方式,获得对其主要产品(服务)在技术上发挥核心支持作用的知识产权的所有权。 (3) 对企业主要产品(服务)发挥核心支持作用的技术属于《国家重点支持的高新技术领域》规定的范围。 (4) 企业从事研发和相关技术创新活动的科技人员占企业当年职工总数的比例不低于10%。 (5) 企业近三个会计年度(实际经营期不满3年的按实际经营时间计算,下同)的研究开发费用总额占同期销售收入总额的比例符合如下要求: ① 最近一年销售收入小于5 000万元(含)的企业,比例不低于5%。 ② 最近一年销售收入在5 000万元至2亿元(含)的企业,比例不低于4%。 ③ 最近一年销售收入在2亿元以上的企业,比例不低于3%。 其中,企业在中国境内发生的研究开发费用总额占全部研究开发费用总额的比例不低于60%。 (6) 近一年高新技术产品(服务)收入占企业同期总收入的比例不低于60%。 (7) 企业创新能力评价应达到相应要求。 (8) 企业申请认定前一年内未发生重大安全、重大质量事故或严重环境违法行为。	最明显的变化是对中小型企业放宽了比例要求,最近一年销售收入小于5 000万元(含)的企业研发费用总额占同期销售收入总额的比例由6%调整为5%。 无论从事何种行业的企业,只要符合《高新技术企业认定管理办法》的要求,即可申请高新技术企业认定。申报时看企业主要产品(服务)发挥核心支持作用的技术属于《国家重点支持的高新技术领域》规定的范围中的哪一项,请根据自己企业情况查找,高企认定对于行业领域没有要求。 事业单位按《高新技术企业认定管理办法》要求符合条件的,也可以申请认定。

1. 年限(国科发火〔2016〕195号附件1第三条)

《高新技术企业认定管理办法》(国科发火〔2016〕32号,以下简称《认定办法》)第十一条"须注册成立一年以上"是指企业须注册成立365个日历天数以上。	"当年""最近一年""近一年"都是指企业申报前1个会计年度;"近三个会计年度"是指企业申报前的连续3个会计年度(不含申报年);"申请认定前一年内"是指申请前的365天之内(含申报年)。

2. 知识产权（国科发火〔2016〕195号附件1第三条）

政策规定	政策解读
（1）高新技术企业认定所指的知识产权须在中国境内授权或审批审定，并在中国法律的有效保护期内。知识产权权属人应为申请企业。 （2）不具备知识产权的企业不能认定为高新技术企业。 （3）高新技术企业认定中，对企业知识产权情况采用分类评价方式，其中：发明专利（含国防专利）、植物新品种、国家级农作物品种、国家新药、国家一级中药保护品种、集成电路布图设计专有权等按Ⅰ类评价；实用新型专利、外观设计专利、软件著作权等（不含商标）按Ⅱ类评价。 （4）按Ⅱ类评价的知识产权在申请高新技术企业时，仅限使用一次。 （5）在申请高新技术企业及高新技术企业资格存续期内，知识产权有多个权属人时，只能由一个权属人在申请时使用。 （6）申请认定时专利的有效性以企业申请认定前获得授权证书或授权通知书并能提供缴费收据为准。 （7）发明、实用新型、外观设计、集成电路布图设计专有权可在国家知识产权局网站（http://www.sipo.gov.cn）查询专利标记和专利号；国防专利须提供国家知识产权局授予的国防专利证书；植物新品种可在农业部植物新品种保护办公室网站（http://www.cnpvp.cn）和国家林业局植物新品种保护办公室网站（http://www.cnpvp.net）查询；国家级农作物品种是指农业部国家农作物品种审定委员会审定公告的农作物品种；国家新药须提供国家食品药品监督管理局签发的新药证书；国家一级中药保护品种须提供国家食品药品监督管理局签发的中药保护品种证书；软件著作权可在国家版权局中国版权保护中心网站（http://www.ccopyright.com.cn）查询软件著作权标记（亦称版权标记）。	国科发火〔2016〕195号文件强调了认定高新技术企业的前提，即应具备知识产权，对于不具备知识产权的企业不能认定为高新技术企业。相较于旧指引，新指引扩大了知识产权的范围，并对知识产权进行了分类。(1)范围方面，新规剔除了全球独占许可，纳入了国家级农作物新品种、国家新药、国家一级中药保护品种；(2)层次方面，新规对于列举的知识产权类型进行了Ⅰ类和Ⅱ类的区分，例如，发明专利、植物新品种、国家级农作物品种、国家新药、国家一级中药保护品种、集成电路布图设计专有权等按Ⅰ类评价；实用新型专利、外观设计专利、软件著作权等（不含商标）按Ⅱ类评价；(3)使用次数方面，明确Ⅱ类知识产权在申请高企资格时仅限使用一次，按Ⅰ类评价的知识产权无使用次数限制。申请时，要确保认定专利具有有效性；(4)权属方面，明确知识产权有多个权属人时，在高企认定申请及资格存续期内只能由一个权属人在申请时使用；(5)有效性证明方面，由单一以知识产权授权证书为准改变为以授权证书或授权通知书及缴费收据为准，解决了实际工作中知识产权授权证书取得时间较长的问题。

知识产权的评分根据《高新技术企业认定管理工作指引》中规定的5项相关评价指标进行综合评价，不会因使用次数受到影响。如果申请不成功，下一次申请时，使用过的Ⅱ类知识产权可以继续使用。

企业申请认定高新技术企业时，应保证所使用的知识产权有效期要能包含高新技术企业证书的3年有效期。如果在高新技术企业证书有效期内知识产权提前失效了，则不再属于有效专利。

3. 高新技术产品（服务）与主要产品（服务）（国科发火〔2016〕195号附件1第三条）

高新技术产品（服务）是指对其发挥核心支持作用的技术属于《国家重点支持的高新技术领域》规定范围的产品（服务）。	主要产品（服务）是指高新技术产品（服务）中，拥有在技术上发挥核心支持作用的知识产权的所有权，且收入之和在企业同期高新技术产品（服务）收入中超过50%的产品（服务）。

4. 高新技术产品（服务）收入占比（国科发火〔2016〕195号附件1第三条）

高新技术产品（服务）收入占比是指高新技术产品（服务）收入与同期总收入的比值。
高新技术产品（服务）收入占企业同期总收入的比例不低于60%这个标准没有变。

（1）高新技术产品（服务）收入	（2）总收入
高新技术产品（服务）收入是指企业通过研发和相关技术创新活动，取得的产品（服务）收入与技术性收入的总和。对企业取得上述收入发挥核心支持作用的技术应属于《国家重点支持的高新技术领域》规定的范围。其中，技术性收入包括： ① 技术转让收入：指企业技术创新成果通过技术贸易、技术转让所获得的收入。 ② 技术服务收入：指企业利用自己的人力、物力和数据系统等为社会和本企业外的用户提供技术资料、技术咨询与市场评估、工程技术项目设计、数据处理、测试分析及其他类型的服务所获得的收入。 ③ 接受委托研究开发收入：指企业承担社会各方面委托研究开发、中间试验及新产品开发所获得的收入。	总收入是指收入总额减去不征税收入。 收入总额与不征税收入按照《企业所得税法》及《企业所得税法实施条例》的规定计算。

(续表)

风险提示：企业应正确计算高新技术产品（服务）收入，由具有资质并符合本《高新技术企业认定管理工作指引》（以下简称为《工作指引》）相关条件的中介机构进行专项审计或鉴证。一是税收上总收入不同于会计口径，比如处置固定资产会计确认的是净损益，而税收要算毛收入，利息收入会计冲减费用，税收计算收入；二是不征税收入是不折不扣的税收概念，根据《企业所得税法》及其实施条例和财税〔2008〕151号文件、财税〔2011〕70号文件等政策确定；三是更强调核心技术与高新技术收入的关系；四是技术服务收入有变化，如"工程技术项目设计"这个新概念的引入，别看不起眼，影响可是很大。

5. 企业科技人员占比（国科发火〔2016〕195号附件1第三条）

企业科技人员占比是企业科技人员数与职工总数的比值。

高新技术企业对人员原来是双比例要求，即"具有大学专科以上学历的科技人员占企业当年职工总数的30%以上，其中研发人员占企业当年职工总数的10%以上"，2016年以后调整为单比例"企业从事研发和相关技术创新活动的科技人员占企业当年职工总数的比例不低于10%"。

科技人员	职工总数	统计方法
企业科技人员是指直接从事研发和相关技术创新活动，以及专门从事上述活动的管理和提供直接技术服务的，累计实际工作时间在183天以上的人员，包括在职、兼职和临时聘用人员。	企业职工总数包括企业在职、兼职和临时聘用人员。在职人员可以通过企业是否签订了劳动合同或缴纳社会保险费来鉴别；对于在职、兼职和临时聘用人员，需在一个年度内累计直接从事研发和相关技术创新活动满183天，才可判定为科技人员。	企业当年职工总数、科技人员数均按照全年月平均数计算。 月平均数=（月初数+月末数）÷2 全年月平均数=全年各月平均数之和÷12 年度中间开业或者终止经营活动的，以其实际经营期作为一个纳税年度确定上述相关指标。

风险提示：一是很多高新技术企业再也不用为大专学历人员不够发愁了，但在《高新技术企业认定申请书》的人力资源情况表中要求申请企业填写人员学历和职称，不排除科技人员学历还是对企业的评价有一定影响；二是通过兼职、临时聘用人员等形式"共用"研发人员的企业，考勤、工资发放等证明实际工作183天以上的证据一定要备齐，防止出现类似福利企业只"挂名"不上岗的现象；三是高新技术企业优惠明细表中"科技人员"与研发活动"研发人员"的口径不一致，国家税务总局公告2017年第40号文件规定的直接从事研发活动人员包括研究人员、技术人员、辅助人员。高新技术企业指标的"职工总数"与基础信息表中"从业人数"的口径和计算方法不一致。

6. 企业研究开发费用占比（国科发火〔2016〕195号附件1第三条）

企业研究开发费用占比是企业近三个会计年度的研究开发费用总额占同期销售收入总额的比值。

最近一年销售收入小于5 000万元（含）的企业，比例不低于5%；最近一年销售收入在5 000万元至2亿元（含）的企业，比例不低于4%；最近一年销售收入在2亿元以上的企业，比例不低于3%。

（1）企业研究开发活动确定。	（2）研究开发费用的归集范围。
研究开发活动是指，为获得科学与技术（不包括社会科学、艺术或人文学）新知识，创造性运用科学技术新知识，或实质性改进技术、产品（服务）、工艺而持续进行的具有明确目标的活动。不包括企业对产品（服务）的常规性升级或对某项科研成果直接应用等活动（如直接采用新的材料、装置、产品、服务、工艺或知识等）。 企业应按照研究开发活动的定义填写《高新技术企业认定申请书》中的"四、企业研究开发活动情况表"。 专家评价过程中可参考如下方法判断：	① 人员人工费用。 人员人工费用包括企业科技人员的工资薪金、基本养老保险费、基本医疗保险费、失业保险费、工伤保险费、生育保险费和住房公积金，以及外聘科技人员的劳务费用。 ② 直接投入费用。 直接投入费用是指企业为实施研究开发活动而实际发生的相关支出。包括： ——直接消耗的材料、燃料和动力费用。 ——用于中间试验和产品试制的模具、工艺装备开发及制造费，不构成固定资产的样品、样机及一般测试手段购置费，试制产品的检验费。 ——用于研究开发活动的仪器、设备的运行维护、调整、检验、检测、维修等费用，以及通过经营租赁方式租入的用于研发活动的固定资产租赁费。 ③ 折旧费用与长期待摊费用。 折旧费用是指用于研究开发活动的仪器、设备和在用建筑物的折旧费。

（续表）

——行业标准判断法。若国家有关部门、全国（世界）性行业协会等具备相应资质的机构提供了测定科技"新知识""创造性运用科学技术新知识"或"具有实质性改进的技术、产品（服务）、工艺"等技术参数（标准），则优先按此参数（标准）来判断企业所进行项目是否为研究开发活动。 ——专家判断法。如果企业所在行业中没有发布公认的研发活动测度标准，则通过本行业专家进行判断。获得新知识、创造性运用新知识以及技术的实质改进，应当是取得被同行业专家认可的、有价值的创新成果，对本地区相关行业的技术进步具有推动作用。 ——目标或结果判定法。在采用行业标准判断法和专家判断法不易判断企业是否发生了研发活动时，以本方法作为辅助。重点了解研发活动的目的、创新性、投入资源（预算），以及是否取得了最终成果或中间成果（如专利等知识产权或其他形式的科技成果）。	长期待摊费用是指研发设施的改建、改装、装修和修理过程中发生的长期待摊费用。 ④ 无形资产摊销费用。 无形资产摊销费用是指用于研究开发活动的软件、知识产权、非专利技术（专有技术、许可证、设计和计算方法等）的摊销费用。 ⑤ 设计费用。 设计费用是指为新产品和新工艺进行构思、开发和制造，进行工序、技术规范、规程制定、操作特性方面的设计等发生的费用。包括为获得创新性、创意性、突破性产品进行的创意设计活动发生的相关费用。 ⑥ 装备调试费用与试验费用。 装备调试费用是指工装准备过程中研究开发活动所发生的费用，包括研制特殊、专用的生产机器，改变生产和质量控制程序，或制定新方法及标准等活动所发生的费用。 为大规模批量化和商业化生产所进行的常规性工装准备和工业工程发生的费用不能计入归集范围。 试验费用包括新药研制的临床试验费、勘探开发技术的现场试验费、田间试验费等。 ⑦ 委托外部研究开发费用。 委托外部研究开发费用是指企业委托境内外其他机构或个人进行研究开发活动所发生的费用（研究开发活动成果为委托方企业拥有，且与该企业的主要经营业务紧密相关）。委托外部研究开发费用的实际发生额应按照独立交易原则确定，按照实际发生额的80％计入委托方研发费用总额。 ⑧ 其他费用。 其他费用是指上述费用之外与研究开发活动直接相关的其他费用，包括技术图书资料费、资料翻译费、专家咨询费、高新科技研发保险费、研发成果的检索、论证、评审、鉴定、验收费用，知识产权的申请费、注册费、代理费，会议费、差旅费、通信费等。此项费用一般不得超过研究开发总费用的20％，另有规定的除外。	
（3）企业在中国境内发生的研究开发费用。	（4）企业研究开发费用归集办法。	（5）销售收入。
企业在中国境内发生的研究开发费用，是指企业内部研究开发活动实际支出的全部费用与委托境内其他机构或个人进行的研究开发活动所支出的费用之和，不包括委托境外机构或个人完成的研究开发活动所发生的费用。受托研发的境外机构是指依照外国和地区（含中国港、澳、台地区）法律成立的企业和其他取得收入的组织；受托研发的境外个人是指外籍（含中国港、澳、台地区）个人。 对于境内企业接受境外企业委托研发的项目，如其符合研发活动的条件，发生的相关费用可以计入高新技术企业的研发费考核指标。	企业应正确归集研发费用，由具有资质并符合本《工作指引》相关条件的中介机构进行专项审计或鉴证。 企业的研究开发费用是以单个研发活动为基本单位分别进行测度并加总计算的。企业应对包括直接研究开发活动和可以计入的间接研究开发活动所发生的费用进行归集，并填写《高新技术企业认定申请书》中的"企业年度研究开发费用结构明细表"。 企业应按照"企业年度研究开发费用结构明细表"设置高新技术企业认定专用研究开发费用辅助核算账目，提供相关凭证及明细表，并按本《工作指引》要求进行核算。	销售收入为主营业务收入与其他业务收入之和。 主营业务收入与其他业务收入按照企业所得税年度纳税申报表的口径计算。不含视同销售收入。

(续表)

变化:研发费用中其他费用比例的限制由10%放宽到20%,明确"试验费用包括新药研制的临床试验费、勘探开发技术的现场试验费、田间试验费等"对于相关行业有重大影响。

注意:研发费用比例不是和总收入比,而是和销售收入比,销售收入这次明确"为主营业务收入与其他业务收入之和。主营业务收入与其他业务收入按照企业所得税年度纳税申报表的口径计算"。而年度申报表中,这两个"收入"出现在《一般企业收入明细表》(A101010),填报的口径其实是没有经过调整的会计口径,视同销售不算作企业的销售收入参与高新技术企业认定。高新技术企业研发费用在企业所得税年度汇算清缴《高新技术企业优惠情况及明细表》(A107041),虽有年度数据,但最终是以连续三年的研发费用总额与同期销售收入比例作为高企研发费用占比数据,在这期间个别年度数据波动对总额影响有限;高新技术企业应加强对研发年度数据监控,一旦在资格有效期中间年度发现研发费用占比有下滑趋势,须追溯至销售收入、研发支出等核算明细,查找比例失调症结,及时采取有效应对措施,以免数据占比惯性下滑导致三年整体比例不符合要求。

只要是研发活动,不管是否成功,都可以进行归集。属于《工作指引》中规定的无形资产,且用于研发活动的无形资产摊销费用可以计入研发费用。

7. 企业创新能力评价(国科发火〔2016〕195号附件1第三条)

企业创新能力主要从知识产权、科技成果转化能力、研究开发组织管理水平、企业成长性等四项指标进行评价。各级指标均按整数打分,满分为100分,综合得分达到70分以上(不含70分)为符合认定要求。

8. 高新技术企业认定合规标准(7+4)

7项符合性检查指标 (缺一不可)	4项评分指标(70分以上)
企业设立时限:成立1年以上。 知识产权:对主要产品(服务)在技术上有核心支持作用。 高新领域:8大领域、精准至第3级领域。 科技人员:科技人员占比超过10%。 研发费用:近3年费用总额占销售收入总额的比例不低于5%、4%、3%。 高新收入:近1年高新收入占同期总收入比例不低于60%。 企业上一年度未发生重大安全、重大质量事故或严重环境违法行为。	(1) 知识产权定性与定量综合评分(30分)。 专家对知识产权的技术先进程度、对主要产品(服务)在技术上发挥核心支持作用等定性指标的考核。如果企业想在这一块拿到高新,需要1个以上发明专利或6个实用新型专利。 另外,应注意的是若企业将在国内、国外申请登记的同一知识产权记为多个,只计为一个;知识产权有多个权属人的,只能由一个权属人在申请时使用。 若公司参与了国标或行标的编制工作将会额外获得1~2分的加分。 (2) 科技成果转化满分需15项(30分)。 高新认定要求企业近3年内科技成果转化的年平均数量在5项以上,并且需要提供相应的证明材料,除了产品、服务、样品、样机等之外,其他包括客户验收报告或回复资料的证明力相对较弱,应尽可能提供前述类型的证明资料。 在评判科技成果转化能力时应注重以下要点: 同一科学技术成果在国内外的申请只记为1项。 一个科技成果只能作为一项转化成果。 (3) 研发组织管理水平(20分)。 该指标对高新技术企业提出了更高的创新和管理方面的要求,主要体现在以下几个方面: 企业制定了研究开发的组织管理制度,建立了研究投入核算体系,编制研发费用辅助账。 设立了内部科学技术研究开发机构并具备相应的科研条件,与国内外研究开发机构开展多种形式的产学研合作。 建立了科技成果转化的组织实施与激励制度,建立开放式的创新创业平台; 建立科技人员的培育进修、职工技能培新、优秀人才引进,以及人才绩效评价奖励制度。 (4) 成长性指标(20分)。 由财务专家选取企业净资产增长率、销售收入增长率等指标对企业成长性进行评价。企业的净资产增长率或销售收入增长率为负值时,按0分计算。第一年净资产或销售收入为0的,按两年计算;第二年净资产或销售收入为0的,按0分计算。

(四) 高新技术企业认定有关证明事项告知承诺(国科发火〔2021〕362号)
1. 确认按告知承诺制办理

自2021年12月16日起,申请高新技术企业通过"高新技术企业认定管理工作网"(www.innocom.gov.cn)或"科学技术部政务服务平台"(fuwu.most.gov.cn)登录高新技术企业认定管理系统(以下简称"管理系统"),进入企业申报系统(企业账号)-高企认定申报-申报材料-告知承诺制,勾选已阅读并同意《证明事项告知承诺书》。

(1) 点击确认后,管理系统自动生成带申请企业名称等信息的《证明事项告知承诺书》(适用申请高新技术企业认定)文本,点击打印(系统默认A4纸,正反打印);

(2) 在《证明事项告知承诺书》相应位置由企业法人签字,并加盖企业公章。

(3) 申请企业应将签字盖章的《证明事项告知承诺书》扫描上传至管理系统;

(4) 申请企业应将签字盖章的《证明事项告知承诺书》(原件)与《高新技术企业认定申请书》一同提交至高新技术企业认定管理机构。

2. 证明事项告知承诺书

高新技术企业认定管理机构告知	申请企业承诺
(1) 适用告知承诺的证明事项。 ① 营业执照等企业注册登记证件; ② 专利证书等企业知识产权证件。 (2) 证明事项设定依据及证明内容。 《高新技术企业认定管理办法》(国科发火〔2016〕32号)及《高新技术企业认定管理工作指引》(国科发火〔2016〕195号)规定,企业申请高新技术企业认定需要提交营业执照等注册登记证件复印件、专利证书等知识产权证件复印件。 ① 营业执照等注册登记证件用于证明企业申请高新技术企业认定时依法成立年限等; ② 专利证书等知识产权证件主要用于证明企业对申请高新技术企业认定中使用的知识产权拥有所有权属等。 (3) 承诺方式。 选择适用告知承诺制办理的,申请企业须书面签署本《证明事项告知承诺书》,并与《高新技术企业认定申请书》一并提交至有关高新技术企业认定管理机构。 (4) 承诺效力。 ① 高新技术企业认定管理机构收到申请企业提交的有效承诺书后,不再要求其提供适用证明事项的证明材料; ② 申请企业提交承诺书仅在当年度申请高新技术企业认定中有效。 (5) 不实承诺的责任。 ① 提供虚假承诺的企业将被纳入有关信用记录,并在下一次申请高新技术企业认定时不适用告知承诺制办理; ② 对提供虚假承诺通过认定的企业,按《高新技术企业认定管理办法》第十九条第一款处理。 (6) 核查权力。 高新技术企业认定管理机构在认定工作事中事后有权对申请企业承诺事项进行核查。 (7) 公开范围。 本告知承诺书用于高新技术企业认定,在高新技术企业认定管理工作体系内部公开。	(1) 本告知承诺书中的基本信息真实、准确。 (2) 已经知晓高新技术企业认定管理机构告知的全部内容。 (3) 本企业依法成立一年以上,对申请高新技术企业认定中使用的知识产权拥有有效所有权。 (4) 愿意承担不实承诺的责任。

（五）税收优惠享受

国科发火〔2016〕195 号附件 1	政策理解
享受税收优惠： （1）自认定当年起，企业可持"高新技术企业"证书及其复印件，按照《企业所得税法》及其实施条例、《中华人民共和国税收征收管理法》（以下简称《税收征收管理法》）、《中华人民共和国税收征收管理法实施细则》（以下简称《税收征收管理法实施细则》）、《认定办法》和《工作指引》等有关规定，到主管税务机关办理相关手续，享受税收优惠。 （2）未取得高新技术企业资格或不符合《企业所得税法》及其实施条例、《税收征管法》及其实施细则，以及《认定办法》等有关规定条件的企业，不得享受高新技术企业税收优惠。 （3）高新技术企业资格期满当年内，在通过重新认定前，其企业所得税暂按15%的税率预缴，在年度汇算清缴前未取得高新技术企业资格的，应按规定补缴税款。	（1）新规明确了认定高新技术企业以后，需要到主管税务机关办理相关手续，才能享受税收优惠。 （2）新规明确了通过认定的高新技术企业，其资格自颁发证书之日起有效期为3年。高新技术企业资格期满当年内，在通过重新认定前，其企业所得税暂按15%的税率预缴，在年度汇算清缴前未取得高新技术企业资格的，应按规定补缴税款。这可以理解为如果年度汇算清缴之前未取得证书，则需按25%的法定企业所得税税率纳缴当年全年企业所得税。文中未明确，如果企业在年度汇算清缴之后才获得证书，如果有效期涵盖当年度，是否应予退税。一般情况下，可以推断是可以退税的，但具体情况可能要看执行和有没有后续补充法规。

其他优惠：

高新技术企业发生的职工教育经费支出，不超过工资薪金总额8%的部分，准予在计算企业所得税应纳税所得额时扣除；超过部分，准予在以后纳税年度结转扣除。（财税〔2015〕63号）

高新技术企业取得作为不征税收入处理的财政性资金用于研发活动形成的费用或无形资产摊销部分，不得在计算应纳税所得额时扣除。（财税〔2011〕70号）

（六）监督管理

国科发火〔2016〕32 号	国科发火〔2016〕195 号附件 1
第十五条 科技部、财政部、税务总局建立随机抽查和重点检查机制，加强对各地高新技术企业认定管理工作的监督检查。对存在问题的认定机构提出整改意见并限期改正，问题严重的给予通报批评，逾期不改的暂停其认定管理工作。 第十六条 对已认定的高新技术企业，有关部门在日常管理过程中发现其不符合认定条件的，应提请认定机构复核。复核后确认不符合认定条件的，由认定机构取消其高新技术企业资格，并通知税务机关追缴其不符合认定条件年度起已享受的税收优惠。 第十七条 高新技术企业发生更名或与认定条件有关的重大变化（如分立、合并、重组以及经营业务发生变化等）应在3个月内向认定机构报告。经认定机构审核符合认定条件的，其高新技术企业资格不变，对于企业更名的，重新核发认定证书，编号与有效期不变；不符合认定条件的，自更名或条件变化年度起取消其高新技术企业资格。	第五条 监督管理 （1）重点检查。 根据认定管理工作需要，科技部、财政部、税务总局按照《认定办法》的要求，可组织专家对各地高新技术企业认定管理工作进行重点检查，对存在问题的视情况给予相应处理。 （2）企业年报。 企业获得高新技术企业资格后，在其资格有效期内应每年5月底前通过"高新技术企业认定管理工作网"，报送上一年度知识产权、科技人员、研发费用、经营收入等年度发展情况报表；在同一高新技术企业资格有效期内，企业累计两年未按规定时限报送年度发展情况报表的，由认定机构取消其高新技术企业资格，在"高新技术企业认定管理工作网"上公告。 认定机构应提醒、督促企业及时填报年度发展情况报表，并协助企业处理填报过程中的相关问题。 （3）复核。 对已认定的高新技术企业，有关部门在日常管理过程中发现其不符合认定条件的，应以书面形式提请认定机构复核。复核后确认不符合认定条件的，由认定机构取消其高新技术企业资格，并通知税务机关追缴其不符合认定条件年度起已享受的税收优惠。 属于对是否符合《认定办法》第十一条[除（五）款外]、第十七条、第十八条和第十九条情况的企业，按《认定办法》规定办理；属于对是否符合《认定办法》第十一条（五）款产生异议的，应以问题所属年度和前两个会计年度（实际经营不满3年的按实际经营时间计算）的研究开发费用总额与同期销售收入总额之比是否符合《认定办法》第十一条（五）款规定进行复核。

(续表)

国科发火〔2016〕32号	国科发火〔2016〕195号附件1
第十八条 跨认定机构管理区域整体迁移的高新技术企业，在其高新技术企业资格有效期内完成迁移的，其资格继续有效；跨认定机构管理区域部分搬迁的，由迁入地认定机构按照本办法重新认定。 第十九条 已认定的高新技术企业有下列行为之一的，由认定机构取消其高新技术企业资格： （1）在申请认定过程中存在严重弄虚作假行为的。 （2）发生重大安全、重大质量事故或有严重环境违法行为的。 （3）未按期报告与认定条件有关重大变化情况，或累计两年未填报年度发展情况报表的。 对被取消高新技术企业资格的企业，由认定机构通知税务机关按《税收征收管理法》及有关规定，追缴其自发生上述行为之日所属年度起已享受的高新技术企业税收优惠。 第二十条 参与高新技术企业认定工作的各类机构和人员对所承担的有关工作负有诚信、合规、保密义务。违反高新技术企业认定工作相关要求和纪律的，给予相应处理。	（4）更名及重大变化事项。 高新技术企业发生名称变更或与认定条件有关的重大变化（如分立、合并、重组以及经营业务发生变化等），应在发生之日起3个月内向认定机构报告，在"高新技术企业认定管理工作网"上提交《高新技术企业名称变更申请表》，并将打印出的《高新技术企业名称变更申请表》与相关证明材料报认定机构，由认定机构负责审核企业是否仍符合高新技术企业条件。 企业仅发生名称变更，不涉及重大变化，符合高新技术企业认定条件的，由认定机构在本地区公示10个工作日，无异议的，由认定机构重新核发认定证书，编号与有效期不变，并在"高新技术企业认定管理工作网"上公告；有异议的或有重大变化的（无论名称变更与否），由认定机构按《认定办法》第十一条进行核实处理，不符合认定条件的，自更名或条件变化年度起取消其高新技术企业资格，并在"高新技术企业认定管理工作网"上公告。 （5）异地搬迁。 ①《认定办法》第十八条中整体迁移是指符合《中华人民共和国公司登记管理条例》第二十九条所述情况。 ② 跨认定机构管理区域整体迁移的高新技术企业须向迁入地认定机构提交有效期内的《高新技术企业证书》及迁入地工商等登记管理机关核发的完成迁入的相关证明材料。 ③ 完成整体迁移的，其高新技术企业资格和《高新技术企业证书》继续有效，编号与有效期不变。由迁入地认定机构给企业出具证明材料，并在"高新技术企业认定管理工作网"上公告。 （6）其他。 ① 有《认定办法》第十九条所列三种行为之一的企业，自行为发生之日所属年度起取消其高新技术企业资格，并在"高新技术企业认定管理工作网"上公告。 ② 认定机构应依据有关部门根据相关法律法规出具的意见对"重大安全、重大质量事故或有严重环境违法行为"进行判定处理。 ③ 已认定的高新技术企业，无论何种原因被取消高新技术企业资格的，当年不得再次申请高新技术企业认定。

新规将第四章标题"罚则"改为"监督管理"，体现了管理思路的改变，同时扩充了相关内容与具体规定。其背景是，在行政审批制度改革背景下，税收优惠管理在取消和下放行政审批的同时，更加强化后续的监管和法律责任，无疑对包括全国7.9万家高新技术企业，尤其以上市企业（信息公开，重点税源户）为代表的大型企业提出了更高的要求，同时也面临更高的风险。具体来看：

（1）明确了随机抽查与重点检查相结合的方式加强检查。从科技部等三部门联合检查组于2014年3月至5月重点检查反馈的情况来看，大企业主要在核心自主知识产权、研发费用归集、高新技术产品（服务）收入核算方面最容易出现问题，包括启迪桑德、中国西电、*ST海龙等多家上市公司被取消高新资格。

（2）《高新技术企业认定管理办法》（国科发火〔2008〕172号，已废止）第十五条规定，已认定的高新技术企业，有偷、骗税等行为的，应取消其资格。《认定办法》取消了该规定，偷税不再是取消高新技术企业资格的必然条件。高新企业出现"偷、骗税行为"应严格按照《税收征收管理法》等法律、法规进行处理。

（3）法定取消高新资格情形，增加情节考量因素。对"申请认定过程中存在弄虚作假行为的""质量事故""环境违法"增加"严重""重大"等限定词，更加公平、公正、合理。

（4）增加"未按期报告与认定条件有关重大变化情况"，或"累计两年未填报年度发展情况报表的"两种作为法定高新资格取消情形。重点提示：此为新规实施后，高新企业未来面临的重大风险，要求企业提高税务管理的合规性，并充分重视相关报告和履行法定报告义务。企业在获得资格后，每年必须按规定分别向高新技术企业认定工作平台、统计局统计年报以及其他平台（科技部统计调查信息系统年报及相关区科委或管委会通知）进行年度报告。

（5）取消"5年不得申请高新资格"规定，未来，法定情形下企业被取消高新资格，将按照《税收征收管理法》等规定予以处理，体现了三部门"落实税收法定原则"，强化了税收法治。

(续表)

(6) 明确跨认定机构管理区域整体迁移的高新技术企业相关管理办法。《公司登记管理条例》第二十九条所述情况:公司变更住所的,应当在迁入新住所前申请变更登记,并提交新住所使用证明。公司变更住所跨公司登记机关辖区的,应当在迁入新住所前向迁入地公司登记机关申请变更登记;迁入地公司登记机关受理的,由原公司登记机关将公司登记档案移送迁入地公司登记机关。

(7) 新规明确,已认定的高新技术企业有下列行为之一的,由认定机构取消其高新技术企业资格:
① 在申请认定过程中存在严重弄虚作假行为的。
② 发生重大安全、重大质量事故或有严重环境违法行为的。
③ 未按期报告与认定条件有关重大变化情况,或累计两年未填报年度发展情况报表的。新指引强调,发生上述行为将自行为发生之日起所属年度起取消资格,则意味着自行为发生之日所属年度均不得享受企业所得税优惠税率。

另外,有关部门在日常管理过程中发现其不符合认定条件的,应以书面形式提请认定机构复核,复核后不符合认定条件的,由认定机构取消其资格。税务机关将追缴其不符合认定条件年度起已享受的税收优惠。根据新指引,高新技术企业无论何种原因被取消资格,当年不得再次申请高新技术企业认定,也就是说,次年仍可以申请。这相对于旧办法中5年内不得再次申请的规定,是较为宽松的做法。

(七) 优惠事项管理

企业在获得高新技术企业资格后,不需经过税务机关审批,按照要求备案即可享受税收优惠。高新技术企业优惠属于每年都要备案的事项。

1. 实施高新技术企业所得税优惠政策管理规定(国家税务总局公告2017年第24号)

政策规定	政策解读
企业获得高新技术企业资格后,自高新技术企业证书注明的发证时间所在年度起申报享受税收优惠,并按规定向主管税务机关办理备案手续。 企业的高新技术企业资格期满当年,在通过重新认定前,其企业所得税暂按15%的税率预缴,在年底前仍未取得高新技术企业资格的,应按规定补缴相应期间的税款。 对取得高新技术企业资格且享受税收优惠的高新技术企业,税务部门如在日常管理过程中发现其在高新技术企业认定过程中或享受优惠期间不符合《认定办法》第十一条规定的认定条件的,应提请认定机构复核。复核后确认不符合认定条件的,由认定机构取消其高新技术企业资格,并通知税务机关追缴其证书有效期内自不符合认定条件年度起已享受的税收优惠。 享受税收优惠的高新技术企业,每年汇算清缴时按照《企业所得税优惠政策事项办理办法》(国家税务总局公告2015年第76号)规定向税务机关提交企业所得税优惠事项备案表、高新技术企业资格证书履行备案手续,同时妥善保管以下资料留存备查: (1) 高新技术企业资格证书。 (2) 高新技术企业认定资料。 (3) 知识产权相关材料。	(1) 明确高新技术企业享受优惠的期间。 A企业取得的高新技术企业证书上注明的发证时间为2016年11月25日,A企业可自2016年度1月1日起连续3年享受高新技术企业税收优惠政策,即,享受高新技术企业税收优惠政策的年度为2016、2017和2018年。 B企业的高新技术企业证书在2019年8月20日到期,在2019年季度预缴时企业仍可按高新技术企业15%税率预缴。如果A企业在2019年年底前重新获得高新技术企业证书,其2019年度可继续享受税收优惠。如未重新获得高新技术企业证书,则应按25%的税率补缴少缴的税款。 (2) 明确税务机关日常管理的范围、程序和追缴期限。 ① 明确后续管理范围。 《认定办法》第十六条中所称"认定条件"是较为宽泛的概念,既包括高新技术企业认定时的条件,也包括享受税收优惠期间的条件。公告将税务机关后续管理的范围明确为高新技术企业认定过程中和享受优惠期间,统一了管理范围,明确了工作职责。

(续表)

政策规定	政策解读
（4）年度主要产品（服务）发挥核心支持作用的技术属于《国家重点支持的高新技术领域》规定范围的说明，高新技术产品（服务）及对应收入资料。 （5）年度职工和科技人员情况证明材料。 （6）当年和前两个会计年度研发费用总额及占同期销售收入比例、研发费用管理资料以及研发费用辅助账、研发费用结构明细表（具体格式见《工作指引》附件2）。 （7）省税务机关规定的其他资料。 本公告适用于2017年度及以后年度企业所得税汇算清缴。2016年1月1日以后按《认定办法》认定的高新技术企业按本公告规定执行。2016年1月1日前按《科技部 财政部 国家税务总局关于印发〈高新技术企业认定管理办法〉的通知》（国科发火〔2008〕172号）认定的高新技术企业，仍按《国家税务总局关于实施高新技术企业所得税优惠有关问题的通知》（国税函〔2009〕203号）和国家税务总局公告2015年第76号文件的规定执行。	② 调整后续管理程序。 按照国税函〔2009〕203号文件的规定，税务部门发现高新技术企业不符合优惠条件的，可以追缴高新技术企业已减免的企业所得税税款，但不取消其高新技术企业资格。 ③ 明确追缴期限。 公告将《认定办法》第十六条中的追缴期限"不符合认定条件年度起"明确为"证书有效期内自不符合认定条件年度起"，避免因为理解偏差导致扩大追缴期限。 （3）明确高新技术企业优惠备案要求。 （4）明确执行时间和衔接问题。 在一段时间内，按不同认定办法认定的高新技术企业还将同时存在，但认定条件、监督管理要求等并不一致。为公平、合理起见，公告明确了"老人老办法，新人新办法"的处理原则，以妥善解决新旧衔接问题。

企业在高新技术企业资格证书有效期内不符合高新认定条件，主动在不符合条件当年不享受高新优惠，补缴企业所得税。在此种情况下，税务机关不需再提请复核。

2. 优惠事项管理（国家税务总局公告2018年第23号）

序号	主要留存备查资料	享受优惠时间	后续管理要求
37	（1）高新技术企业资格证书。 （2）高新技术企业认定资料。 （3）知识产权相关材料。 （4）年度主要产品（服务）发挥核心支持作用的技术属于《国家重点支持的高新技术领域》规定范围的说明，高新技术产品（服务）及对应收入资料。 （5）年度职工和科技人员情况证明材料。 （6）当年和前两个会计年度研发费用总额及占同期销售收入比例、研发费用管理资料以及研发费用辅助账、研发费用结构明细表。	预缴享受	由省税务机关（含计划单列市税务机关）规定。

（八）《高新技术企业优惠情况及明细表》填报规范
1. 高新技术企业优惠情况及明细表表样

A107041　高新技术企业优惠情况及明细表

税收优惠基本信息			
1	企业主要产品（服务）发挥核心支持作用的技术所属范围	国家重点支持的高新技术领域	一级领域	
2			二级领域	
3			三级领域	

(续表)

		税收优惠有关情况				
4	收入指标	一、本年高新技术产品(服务)收入(5+6)				
5		其中：产品(服务)收入				
6		技术性收入				
7		二、本年企业总收入(8-9)				
8		其中：收入总额				
9		不征税收入				
10		三、本年高新技术产品(服务)收入占企业总收入的比例(4÷7)				
11	人员指标	四、本年科技人员数				
12		五、本年职工总数				
13		六、本年科技人员占企业当年职工总数的比例(11÷12)				
14		高新研发费用归集年度	本年度 1	前一年度 2	前二年度 3	合计 4
15	研发费用指标	七、归集的高新研发费用金额(16+25)				
16		（一）内部研究开发投入(17+…+22+24)				
17		1. 人员人工费用				
18		2. 直接投入费用				
19		3. 折旧费用与长期待摊费用				
20		4. 无形资产摊销费用				
21		5. 设计费用				
22		6. 装备调试费与实验费用				
23		7. 其他费用				
24		其中：可计入研发费用的其他费用				
25		（二）委托外部研发费用[(26+28)×80%]				
26		1. 境内的外部研发费				
27		2. 境外的外部研发费				
28		其中：可计入研发费用的境外的外部研发费				
29		八、销售(营业)收入				
30		九、三年研发费用占销售(营业)收入的比例(15行4列÷29行4列)				
31	减免税额	十、国家需要重点扶持的高新技术企业减征企业所得税				
32		十一、经济特区和上海浦东新区新设立的高新技术企业定期减免税额				

2. 填报口径和要求

本表适用于具备高新技术企业资格的纳税人填报。纳税人根据税法及相关税收政策规定,填报高新技术企业基本信息和本年优惠情况。不论是否享受优惠政策,高新技术企业资格在有效期内的纳税人均需填报本表。

第 1 行至第 3 行:"企业主要产品(服务)发挥核心支持作用的技术所属范围":填报对企业主要产品(服务)发挥核心支持作用的技术属于《国家重点支持的高新技术领域》规定的具体范围,填报至三级明细领域,如"一、电子信息技术(一)软件 1.系统软件"。自 2016 年起,每年还要报一张年度发展情况报表,两张表数据要保持一致。

收入指标	人员指标	研发费用指标
一、本年高新技术产品(服务)收入 第 4 行"一、本年高新技术产品(服务)收入":第 4 行=第 5+6 行。 第 5 行"产品(服务)收入":填报纳税人本年发挥核心支持作用的技术属于《国家重点支持的高新技术领域》规定范围的产品(服务)收入。 第 6 行"技术性收入":包括技术转让收入、技术服务收入和接受委托研究开发收入。 二、本年企业总收入 第 7 行"二、本年企业总收入":第 7 行=第 8-9 行。 第 8 行"(一)收入总额":填报纳税人本年以货币形式和非货币形式从各种来源取得的收入总额。包括:销售货物收入,提供劳务收入,转让财产收入,股息、红利等权益性投资收益,利息收入,租金收入,特许权使用费收入,接受捐赠收入,其他收入。 第 9 行"不征税收入":填报纳税人本年符合相关政策规定的不征税收入。 三、本年高新技术产品(服务)收入占企业总收入的比例	四、本年科技人员数 第 11 行"四、本年科技人员数":填报纳税人直接从事研发和相关技术创新活动,以及专门从事上述活动的管理和提供直接技术服务的,累计实际工作时间在 183 天以上的人员,包括在职、兼职和临时聘用人员。 五、本年职工总数 第 12 行"五、本年职工总数":填报纳税人本年在职、兼职和临时聘用人员。在职人员可以通过企业是否签订劳动合同或缴纳社会保险费来判断。兼职、临时聘用人员全年须在企业累计工作 183 天以上。 六、本年科技人员占企业当年职工总数的比例 第 13 行"六、本年科技人员占企业当年职工总数的比例":第 13 行=第 11÷12 行。	第 14 行"高新研发费用归集年度":本行无填报事项。 与计算研发费比例相关的第 15 行至第 29 行需填报三年数据,实际经营不满三年的按实际经营时间填报。 七、本年归集的高新研发费用金额 第 15 行"七、本年归集的高新研发费用金额":第 15 行=第 16+25 行。 (一)内部研究开发投入 第 16 行"(一)内部研究开发投入":第 16 行=第 17+18+19+20+21+22+24 行。 1. 人员人工费用 第 17 行"1.人员人工费用":填报纳税人科技人员的工资薪金、基本养老保险费、基本医疗保险费、失业保险费、工伤保险费、生育保险费和住房公积金,以及外聘科技人员的劳务费用。 2. 直接投入费用 第 18 行"2.直接投入费用":填报纳税人为实施研究开发活动而实际发生的相关支出。包括:直接消耗的材料、燃料和动力费用;用于中间试验和产品试制的模具、工艺装备开发及制造费,不构成固定资产的样品、样机及一般测试手段购置费,试制产品的检验费;用于研究开发活动的仪器、设备的运行维护、调整、检验、检测、维修等费用,以及通过经营租赁方式租入的用于研发活动的固定资产租赁费。 3. 折旧费用与长期待摊费用 第 19 行"3.折旧费用与长期待摊费用":填报纳税人用于研究开发活动的仪器、设备和在用建筑物的折旧费;研发设施的改建、改装、装修和修理过程中发生的长期待摊费用。 4. 无形资产摊销费用 第 20 行"4.无形资产摊销费用":填报纳税人用于研究开发活动的软件、知识产权、非专利技术(专有技术、许可证、设计和计算方法等)的摊销费用。 5. 设计费用 第 21 行"5.设计费用":填报纳税人为新产品和新工艺进行构思、开发和制造,进行工序、技术规范、规程制定、操作特性方面的设计等发生的费用,包括为获得创新性、创意性、突破性产品进行的创意设计活动发生的相关费用。 6. 装备调试费与实验费用 第 22 行"6.装备调试费与实验费用":填报纳税人工装准备过程中研究开发活动所发生的费用,包括研制特殊、专用的生产机器,改变生产和质量控制程序,或制定新方法及标准等活动所发生的费用。 7. 其他费用 第 23 行"7.其他费用":填报纳税人与研究开发活动直接相关的其他费用,包括技术图书资料费、资料翻译费、专家咨询费、高新科技研发保险费、研发成果的检索、论证、评审、鉴定、验收费用、知识产权的申请费、注册费、代理费,会议费、差旅费、通信费等。

(续表)

收入指标	人员指标	研发费用指标
第10行"三、本年高新技术产品(服务)收入占企业总收入的比例":第10行=第4÷7行。		第24行"可计入研发费用的其他费用":填报纳税人为研究开发活动所发生的其他费用中不超过研究开发总费用的20%的金额,按第17行至第22行之和×20%÷(1-20%)与第23行的孰小值填报。 (二)委托外部研发费用 第25行"(二)委托外部研发费用":填报纳税人委托境内外其他机构或个人进行研究开发活动所发生的费用(研究开发活动成果为委托方企业拥有,且与该企业的主要经营业务紧密相关)。委托外部研发费用的实际发生额应按照独立交易原则确定,实际发生额的80%可计入委托方研发费用总额。第25行=(第26+28行)×80%。 1. 境内的外部研发费用 第26行"1.境内的外部研发费用":填报纳税人委托境内其他机构或个人进行的研究开发活动所支出的费用。本行填报实际发生境内的外部研发费用。 2. 境外的外部研发费用 第27行"2.境外的外部研发费用":填报纳税人委托境外机构或个人完成的研究开发活动所发生的费用。受托研发的境外机构是指依照外国(地区)及港澳台法律成立的企业和其他取得收入的组织;受托研发的境外个人是指外籍及港澳台个人。本行填报实际发生境外的外部研发费用。 第28行"其中:可计入研发费用的境外的外部研发费用":根据《高新技术企业认定管理办法》等规定,纳税人在中国境内发生的研发费用总额占全部研发费用总额的比例不低于60%,即境外发生的研发费用总额占全部研发费用总额的比例不超过40%。本行填报(第17+18+…+22+23+26行)×40%÷(1-40%)与第27行的孰小值。 八、销售(营业)收入 第29行"八、销售(营业)收入":填报纳税人主营业务收入与其他业务收入之和。 九、三年研发费用占销售(营业)收入的比例 第30行"九、三年研发费用占销售(营业)收入的比例":第30行=第15行4列÷第29行4列。 (对自2016年起新认定的高新技术企业,从2017年所属年度起,研发费占销售收入比例,明确为前三年合计数比例。)
减免税额		
十、国家需要重点扶持的高新技术企业减征企业所得税 第31行"十、国家需要重点扶持的高新技术企业减征企业所得税":本行填报经济特区和上海浦东新区外的高新技术企业或虽是经济特区和上海浦东新区新设的高新技术企业但取得区外所得的减免税金额。经济特区和上海浦东新区新设的高新技术企业定期减免政策期满后,只享受15%税率优惠政策的,减免税金额也在本行填报。 第31行=表A107040第2行。		十一、经济特区和上海浦东新区新设立的高新技术企业定期减免 第32行"十一、经济特区和上海浦东新区新设立的高新技术企业定期减免":本行填报在经济特区和上海浦东新区新设的高新技术企业区内所得的减免税金额。 第32行=表A107040第3行。

（续表）

高新技术企业维持期间主要以《高新技术企业优惠情况及明细表》（A107041）为稽核表格，高新收入占比、研发费用占比、领域条件、科技人员占比四组数据满足要求后，该表格第31行会默认按照高新技术企业减免10%计算企业所得税，该减免的数据对应到二级附表《减免所得税优惠明细表》（A107040）第二行"国家需要重点扶持的高新技术企业减按15%的税率征收企业所得税"，数据最终汇总到主表26行"减免所得税额"。

问题答疑：

问题1：有高新资格，但选择享受小微企业优惠或选择享受软件企业优惠，要不要填表A107041？

解答：只要具有高新资格，无论享不享受高新税率优惠，必须填写表A107041。选择享受小微优惠或者软件企业优惠的高新技术企业，也应该填写表A107041。表A107041不仅仅是反映享受优惠情况的表格，还是一张列示高新情况的表格。但若选择不按高新优惠，在填写该表时，不需要填写减征所得税税额。

问题2：企业有了高新资格，有效期内是不是都可以享受高新优惠？

解答：有了高新资格，在高新资格有效果期内，不等于可以无条件享受高新优惠。表A107041列示了享受当年必须要符合的条件，其中硬性指标有高新产品占比、科技人员占比、研发费占比等指标。当年的这些指标没有达到比例，不能享受高新的税率优惠。

无论享不享受高新税率优惠，必须填写表A107041。如不据实填写有关数据，继续按高新享受15%税率优惠要承担相应的后果。按照国家税务总局公告2017年第24号文件的规定，税务机关发现在高新技术企业享受优惠期间不符合《认定办法》第十一条规定的认定条件的，应提请认定机构复核。复核后确认不符合认定条件的，由认定机构取消其高新技术企业资格，并通知税务机关追缴其证书有效期内自不符合认定条件年度起已享受的税收优惠。只要在高新资格有效期内，仍能享受职工教育经费8%等其他优惠政策。

问题3：高新技术企业后续核查中计算研发费用占比要不要冲减研发活动直接形成产品所耗用的材料费用？

解答：《研发费用加计扣除优惠明细表》（A107012）（2017年版，2018年修订）中，在计算研发费用时要冲减第46行"特殊收入部分"、第48行"当年销售研发活动直接形成产品"、第49行"以前年度销售研发活动直接形成产品（包括组成部分）对应材料部分结转金额"。但《科技部 财政部 国家税务总局关于修订印发〈高新技术企业认定管理工作指引〉的通知》（国科发火〔2016〕195号）明确，企业为实施研究开发活动而实际发生的材料费用强调的是直接消耗的材料费用，并没有就研发过程中形成产品对应的材料费用做出冲减的相关规定。《高新技术企业优惠情况及明细表》（A107041）（A类，2017年版，2018修订）报表填写也没要求冲减研发活动直接形成产品所耗用的材料费用。《企业会计准则第6号——无形资产准则》，也并未就此做出明确。因此，高新技术企业认定口径下，核查研发费用占比计算时，并无政策依据要求冲减研发活动直接形成产品所耗用的材料费用。

【例4-16】 甲企业于2022年5月被认定为高新技术企业（2012年成立），本年度应纳税所得额为55万元，不涉及以前年度亏损弥补。企业本年总收入是250万元，销售收入为220元，高新技术领域为新材料技术，本年度未发生重大安全、质量事故，未有环境等违法、违规而受到有关部门处罚的行为，未发生偷税行为。各项指标如下所示：本年高新技术产品（服务）收入165万元，其中产品（服务）收入100万元，技术性服务65万元。具有大学专科以上学历的科技人员80人，本年职工总数110人；人员人工费用20万元，直接投入费用20万元，折旧费用与长期待摊费用5万元，无形资产摊销费用5万元，设计费用3万元，设备调试费与实验费用3万元，其他费用16.5万元；委托外部研发费用68.66万元，境内的外部研发费22.5万元，境外的外部研发费用63.33万元。

前一年销售（营业）收入200万元，归结的高新研发费用为55万元，均为科技人员人工费用；前二年销售（收入）为200万元，归集的高新研发费用金额为50万元，均为科技人员人工费用。没有特别说明，数据归集均符合法律、法规等相关规定。按照要求填报《高新技术企业优惠情况及明细表》（A107041）有关项目。（填报单位：万元）

24栏"可计入研发费用的其他费用"=(人员人工+直接投入+折旧费用与长期待摊费用+无形资产折旧摊销+设计费用+装备试制费与实验费用)×20%÷(1-20%)=(20+20+5+5+3+3)×20%÷(1-20%)=14(万元)。

27栏"境外开发研究部分"63.33万元。

28栏"可计入研发费用的境外的外部研发费用",根据《认定办法》的规定,纳税人在中国境内发生的研发费用总额占全部研发费用总额比例不低于60%,即境外发生的研发费用总额占全部研发费用总额的比例不超过40%。

28栏填报:(第17+第18+……+22+23+26行)×40%÷(1-40%)=(72.5+22.5)×40%÷(1-40%)=63.33(万元),与27栏63.33万元比较孰小值,填写63.33万元。

第25栏"委托外部研发费用"=(境内的外部研发费用+境外的外部研发费用)×80%=(22.5+63.33)×80%=68.66(万元)。

第31栏"高新技术企业减征企业所得税"=55×10%=5.5(万元)。

三、动漫企业定期减免所得税

政策依据:

> 《财政部 国家税务总局关于扶持动漫产业发展有关税收政策问题的通知》(财税〔2009〕65号);
>
> 《文化部 财政部 国家税务总局关于印发〈动漫企业认定管理办法(试行)〉的通知》(文市发〔2008〕51号);
>
> 《文化部 财政部 国家税务总局关于实施〈动漫企业认定管理办法(试行)〉有关问题的通知》(文产发〔2009〕18号);
>
> 《文化部 财政部 国家税务总局关于公布2015年通过认定动漫企业名单的通知》(文产函〔2016〕76号)。

(一)政策规定与报表填报(财税〔2009〕65号)

政策规定	报表填报
经认定的动漫企业自主开发、生产动漫产品,享受软件企业所得税优惠政策。即在2017年12月31日前自获利年度起,第一年至第二年免征所得税,第三年至第五年按照25%的法定税率减半征收所得税,并享至期满为止。	经认定的动漫企业减免的所得税填报表A107040第5行"五、动漫企业自主开发、生产动漫产品定期减免企业所得税",减免税金额根据表A100000第23行应纳税所得额计算的免征、减征企业所得税金额。

(二)优惠事项管理(国家税务总局公告2018年第23号)

序号	主要留存备查资料	享受优惠时间	后续管理要求
44	(1)动漫企业认定证明。 (2)动漫企业认定资料。 (3)动漫企业年审通过名单。 (4)获利年度情况说明。	预缴享受	由省税务机关(含计划单列市税务机关)规定。

四、集成电路产业和软件产业企业所得税优惠

政策依据:

> 《财政部 国家税务总局关于进一步鼓励软件产业和集成电路产业发展企业所得税政策的通知》(财税〔2012〕27号)[部分条款失效];
>
> 《财政部 国家税务总局 发展改革委 工业和信息化部关于进一步鼓励集成电路产业发展企业所得税政策的通知》(财税〔2015〕6号);

《财政部　国家税务总局　发展改革委　工业和信息化部关于软件和集成电路产业企业所得税优惠政策有关问题的通知》(财税〔2016〕49号)；

《国家发展和改革委员会　工业和信息化部　财政部　国家税务总局关于印发国家规划布局内重点软件和集成电路设计领域的通知》(发改高技〔2016〕1056号)；

《财政部　税务总局　国家发展改革委　工业和信息化部关于集成电路生产企业有关企业所得税政策问题的通知》(财税〔2018〕27号)；

《财政部　税务总局关于集成电路设计和软件产业企业所得税政策的公告》(财政部　税务总局公告2019年第68号)；

《国务院关于印发新时期促进集成电路产业和软件产业高质量发展若干政策的通知》(国发〔2020〕8号，以下简称《若干政策》)；

《财政部　海关总署　税务总局关于支持集成电路产业和软件产业发展进口税收政策的通知》(财关税〔2021〕4号)；

《财政部　国家发展改革委　工业和信息化部　海关总署　税务总局关于支持集成电路产业和软件产业发展进口税收政策管理办法的通知》(财关税〔2021〕5号)；

《财政部　税务总局　发展改革委　工业和信息化部关于促进集成电路和软件产业高质量发展企业所得税政策的公告》(财政部　税务总局　发展改革委　工业和信息化部公告2020年第45号)；

《国家发展改革委等五部门关于做好享受税收优惠政策的集成电路企业或项目、软件企业清单制定工作有关要求的通知》(发改高技〔2021〕413号)；

《国家鼓励的集成电路设计、装备、材料、封装、测试企业条件公告》(工业和信息化部　国家发展改革委　财政部　国家税务总局公告2021年第9号)；

《国家鼓励的软件企业条件公告》(工业和信息化部　国家发展改革委　财政部　国家税务总局公告2021年第10号)；

《国家发展改革委等5个部门关于做好2022年享受税收优惠政策的集成电路企业或项目、软件企业清单制定工作有关要求的通知》(发改高技〔2022〕390号)。

集成电路产业和软件产业是信息产业的核心，是引领新一轮科技革命和产业变革的关键力量。对支撑国家信息化建设，促进国民经济和社会持续健康发展，深化产业国际合作，提升产业创新能力和发展质量具有重大作用。

(一)集成电路产业和软件产业企业所得税新旧优惠政策及衔接

原政策	新政策
《财政部　国家税务总局关于企业所得税若干优惠政策的通知》(财税〔2008〕1号)； 《财政部　国家税务总局关于进一步鼓励软件产业和集成电路产业发展企业所得税政策的通知》(财税〔2012〕27号)； 《财政部　国家税务总局　发展改革委　工业和信息化部关于进一步鼓励集成电路产业发展企业所得税政策的通知》(财税〔2015〕6号)； 《财政部　国家税务总局　发展改革委　工业和信息化部关于软件和集成电路产业企业所得税优惠政策有关问题的通知》(财税〔2016〕49号)； 《财政部　税务总局　发展改革委　工业和信息化部关于集成电路生产	《国务院关于印发新时期促进集成电路产业和软件产业高质量发展若干政策的通知》(国发〔2020〕8号，以下简称《若干政策》)； 《财政部　税务总局　发展改革委　工业和信息化部关于促进集成电路产业和软件产业高质量发展企业所得税政策的公告》(财政部　税务总局　发展改革委　工业和信息化部公告2020年第45号，以下简称2020年第45号公告)； 《国家发展改革委　工业和信息化部　财政部　海关总署　税务总局关于做好享受税收优惠政策的集成电路企业或项目、软件企业清单制定工作有关要求的通知》(发改高技〔2021〕413号)； 《财政部　海关总署　税务总局关于支持集成电路产业和软件产业发展进口税收政策的通知》(财关税〔2021〕4号)； 《财政部　国家发展改革委　工业和信息化部　海关总署　税务总局关于支持集成电路产业和软件产业发展进口税收政策管理办法的通知》(财关税〔2021〕5号)； 《国家鼓励的集成电路设计、装备、材料、封装、测试企业条件

(续表)

原政策	新政策
企业有关企业所得税政策问题的通知》(财税〔2018〕27号); 《财政部 税务总局关于集成电路设计和软件产业企业所得税政策的公告》(财政部 税务总局公告2019年第68号); 《财政部 税务总局关于集成电路设计企业和软件企业2019年度企业所得税汇算清缴适用政策的公告》(财政部 税务总局公告2020年第29号)。	公告》(工业和信息化部 国家发展改革委 财政部 国家税务总局公告2021年第9号); 《国家鼓励的软件企业条件公告》(工业和信息化部 国家发展改革委 财政部 税务总局公告2021年第10号); 《国家发展改革委等5个部门关于做好2022年享受税收优惠政策的集成电路企业或项目、软件企业清单制定工作有关要求的通知》(发改高技〔2022〕390号)。

2020年第45号公告	政策解读
符合原有政策条件且在2019年(含)之前已经进入优惠期的企业或项目,2020年(含)起可按原有政策规定继续享受至期满为止,如也符合本公告第一条至第四条规定,可按本公告规定享受相关优惠,其中定期减免税优惠,可按本公告规定计算优惠期,并就剩余期限享受优惠至期满为止。符合原有政策条件,2019年(含)之前尚未进入优惠期的企业或项目,2020年(含)起不再执行原有政策。	注意新政适用分界点: (1)对于在2019年(含)之前已经进入优惠期的企业或项目,同时符合原有政策条件和2020年第45号公告政策条件的,可自行选择执行原有政策或2020年第45号公告政策。其中,选择执行2020年第45号公告政策的,就剩余期限享受优惠至期满为止。 例如,2018年设立的软件企业,2019年获利:按财政部、税务总局公告2020年第29号文件享受两免三减半,2020年是享受免征企业所得税第二年,企业享受企业所得税税收优惠到2023年为止;如选择执行2020年第45号公告规定,2019年获利年度开始,这家企业也可以享受4年剩余期的税收优惠——2020年免征企业所得税和2021年至2023年的减半征收企业所得税。 (2)符合2020年第45号公告政策条件但不符合原有条件企业或者项目,2019年(含)之前已进入优惠期的,可按规定自获利年度或者取得第一笔生产经营收入所属年度开始计算优惠期,从2020年开始就剩余期限享受相应优惠至期满为止。 (3)从2020年1月1日起,2020年第45号公告执行以后,企业不符合新规定,对于符合原有政策条件且在2019年(含)之前已经进入优惠期的企业或项目,2020年(含)起可按原有政策规定继续享受至期满为止。如果,2019年(含)之前尚未进入优惠期的企业或项目,2020年(含)起不再执行原有政策。

(二)原政策规定

1. 集成电路生产企业

1)集成电路生产企业享受优惠条件(财税〔2016〕49号、财税〔2018〕27号)

财税〔2012〕27号文件所称集成电路生产企业,是指以单片集成电路、多芯片集成电路、混合集成电路制造为主营业务并同时符合下列条件的企业:

(1)在中国境内(不包括中国港、澳、台地区)依法注册并在发展改革、工业和信息化部门备案的居民企业。
(2)汇算清缴年度具有劳动合同关系或劳务派遣、聘用关系且具有大学专科以上学历职工人数占企业月平均职工总数的比例不低于40%,其中研究开发人员占企业月平均职工总数的比例不低于20%。
(3)拥有核心关键技术,并以此为基础开展经营活动,且汇算清缴年度研究开发费用总额占企业销售(营业)收入(主营业务收入与其他业务收入之和,下同)总额的比例不低于2%;其中,企业在中国境内发生的研究开发费用金额占研究开发费用总额的比例不低于60%。
(4)汇算清缴年度集成电路制造销售(营业)收入占企业收入总额的比例不低于60%。
(5)具有保证产品生产的手段和能力,并获得有关资质认证(包括ISO质量体系认证)。
(6)汇算清缴年度未发生重大安全、重大质量事故或严重环境违法行为。

集成电路是芯片制造的基础。芯片广泛应用于计算机、移动通信终端以及国防军事等领域,是一个国家科学技术硬实力的体现。为了实现"中国制造2025"这一强国战略,通过给予税收优惠政策,减轻企业税负和资金压力,以更好地投入生产研发是大势所趋。

2）集成电路生产企业所得税优惠政策

类型	减免政策及方式(财税〔2012〕27号)		减免政策及方式(财税〔2018〕27号)	
线宽小于130纳米			2018年1月1日后投资新设的集成电路线宽小于130纳米，且经营期在10年以上的集成电路生产企业或项目，第一年至第二年免征企业所得税，第三年至第五年按照25%的法定税率减半征收企业所得税，并享受至期满为止。	二免三减半
线宽小于65微米(含)			2018年1月1日后投资新设的集成电路线宽小于65纳米或投资额超过150亿元，且经营期在15年以上的集成电路生产企业或项目，第一年至第五年免征企业所得税，第六年至第十年按照25%的法定税率减半征收企业所得税，并享受至期满为止。 对于按照集成电路生产企业享受本通知第一条、第二条税收优惠政策的，优惠期自企业获利年度起计算；对于按照集成电路生产项目享受上述优惠的，优惠期自项目取得第一笔生产经营收入所属纳税年度起计算。 享受本通知第一条、第二条税收优惠政策的集成电路生产项目，其主体企业应符合集成电路生产企业条件，且能够对该项目单独进行会计核算、计算所得，并合理分摊期间费用。	五免五减半
线宽小于0.8微米(含)	集成电路线宽小于0.8微米(含)的集成电路生产企业，在2017年12月31日前自获利年度起计算优惠期，第一年至第二年免征企业所得税，第三年至第五年按照25%的法定税率减半征收企业所得税，并享受至期满为止。	二免三减半	2017年12月31日前设立但未获利的集成电路线宽小于0.8微米(含)的集成电路生产企业，自获利年度起第一年至第二年免征企业所得税，第三年至第五年按照25%的法定税率减半征收企业所得税，并享受至期满为止。	二免三减半
线宽小于0.25微米	线宽小于0.25微米的集成电路生产企业，经营期在15年以上的，在2017年12月31日前自获利年度起计算优惠期，第一年至第五年免征企业所得税，第六年至第十年按照25%的法定税率减半征收企业所得税，并享受至期满为止。	五免五减半	2017年12月31日前设立但未获利的集成电路线宽小于0.25微米或投资额超过80亿元，且经营期在15年以上的集成电路生产企业，自获利年度起第一年至第五年免征企业所得税，第六年至第十年按照25%的法定税率减半征收企业所得税，并享受至期满为止。	五免五减半
	线宽小于0.25微米的集成电路生产企业，经营期不到15年的经认定后。（自2020年1月1日起停止执行）	15%税率		
投资额超过80亿元	投资额超过80亿元的集成电路生产企业，经营期在15年以上的，在2017年12月31日前自获利年度起计算优惠期，第一年至第五年免征企业所得税，第六年至第十年按照25%的法定税率减半征收企业所得税，并享受至期满为止。	五免五减半		
	投资额超过80亿元的集成电路生产企业，经营期不到15年的经认定后。	15%税率		

(续表)

类型	减免政策及方式(财税〔2012〕27号)	减免政策及方式(财税〔2018〕27号)
加速折旧或摊销	企业外购的软件,凡符合固定资产或无形资产确认条件的,可以按照固定资产或无形资产进行核算,其折旧或摊销年限可以适当缩短,最短可为2年(含)。 集成电路生产企业的生产设备,其折旧年限可以适当缩短,最短可为3年(含)。	

3)优惠事项管理(国家税务总局公告2018年第23号)

(1)线宽小于130纳米的集成电路生产项目的所得减免企业所得税。

序号	主要留存备查资料	享受优惠时间	后续管理要求
52	后续管理要求提交资料的留存件。	预缴享受	在汇算清缴期结束前向税务机关提交以下资料: (1)在发展改革或工业和信息化部门立项的备案文件(应注明总投资额、工艺线宽标准)复印件以及企业取得的其他相关资质证书复印件等。 (2)企业职工人数、学历结构、研究开发人员情况及其占企业职工总数的比例说明,以及汇算清缴年度最后一个月社会保险缴纳证明等相关证明材料。 (3)加工集成电路产品主要列表及国家知识产权局(或国外知识产权相关主管机构)出具的企业自主开发或拥有的一至两份代表性知识产权(如专利、布图设计登记、软件著作权等)的证明材料。 (4)经具有资质的中介机构鉴证的企业财务会计报告(包括会计报表、会计报表附注和财务情况说明书)以及集成电路制造销售(营业)收入、研究开发费用、境内研究开发费用等情况说明。 (5)与主要客户签订的一至两份代表性销售合同复印件。 (6)保证产品质量的相关证明材料(如质量管理认证证书复印件等)。

(2)线宽小于65纳米或投资额超过150亿元的集成电路生产项目的所得减免企业所得税。

序号	主要留存备查资料	享受优惠时间	后续管理要求
53	后续管理要求提交资料的留存件。	预缴享受	在汇算清缴期结束前向税务机关提交以下资料: (1)在发展改革或工业和信息化部门立项的备案文件(应注明总投资额、工艺线宽标准)复印件以及企业取得的其他相关资质证书复印件等。 (2)企业职工人数、学历结构、研究开发人员情况及其占企业职工总数的比例说明,以及汇算清缴年度最后一个月社会保险缴纳证明等相关证明材料。 (3)加工集成电路产品主要列表及国家知识产权局(或国外知识产权相关主管机构)出具的企业自主开发或拥有的一至两份代表性知识产权(如专利、布图设计登记、软件著作权等)的证明材料。 (4)经具有资质的中介机构鉴证的企业财务会计报告(包括会计报表、会计报表附注和财务情况说明书)以及集成电路制造销售(营业)收入、研究开发费用、境内研究开发费用等情况说明。 (5)与主要客户签订的一至两份代表性销售合同复印件。 (6)保证产品质量的相关证明材料(如质量管理认证证书复印件等)。

(3) 线宽小于0.8微米(含)。

序号	主要留存备查资料	享受优惠时间	后续管理要求
47	后续管理要求提交资料的留存件。	预缴享受	在汇算清缴期结束前向税务机关提交以下资料： (1) 发展改革或工业和信息化部门立项的备案文件(应注明总投资额、工艺线宽标准)复印件以及企业取得的其他相关资质证书复印件等。 (2) 企业职工人数、学历结构、研究开发人员情况及其占企业职工总数的比例说明，以及汇算清缴年度最后一个月社会保险缴纳证明等相关证明材料。 (3) 加工集成电路产品主要列表及国家知识产权局(或国外知识产权相关主管机构)出具的企业自主开发或拥有的一至两份代表性知识产权(如专利、布图设计登记、软件著作权等)的证明材料。 (4) 经具有资质的中介机构鉴证的企业财务会计报告(包括会计报表、会计报表附注和财务情况说明书)以及集成电路制造销售(营业)收入、研究开发费用、境内研究开发费用等情况说明。 (5) 与主要客户签订的一至两份代表性销售合同复印件。 (6) 保证产品质量的相关证明材料(如质量管理认证证书复印件等)。

(4) 线宽小于0.25微米。

序号	主要留存备查资料	享受优惠时间	后续管理要求
48	后续管理要求提交资料的留存件。	预缴享受	在汇算清缴期结束前向税务机关提交以下资料： (1) 发展改革或工业和信息化部门立项的备案文件(应注明总投资额、工艺线宽标准)复印件以及企业取得的其他相关资质证书复印件等。 (2) 企业职工人数、学历结构、研究开发人员情况及其占企业职工总数的比例说明，以及汇算清缴年度最后一个月社会保险缴纳证明等相关证明材料。 (3) 加工集成电路产品主要列表及国家知识产权局(或国外知识产权相关主管机构)出具的企业自主开发或拥有的一至两份代表性知识产权(如专利、布图设计登记、软件著作权等)的证明材料。 (4) 经具有资质的中介机构鉴证的企业财务会计报告(包括会计报表、会计报表附注和财务情况说明书)以及集成电路制造销售(营业)收入、研究开发费用、境内研究开发费用等情况说明。 (5) 与主要客户签订的一至两份代表性销售合同复印件。 (6) 保证产品质量的相关证明材料(如质量管理认证证书复印件等)。
50	后续管理要求提交资料的留存件。	预缴享受	在汇算清缴期结束前向税务机关提交以下资料： (1) 在发展改革或工业和信息化部门立项的备案文件(应注明总投资额、工艺线宽标准)复印件以及企业取得的其他相关资质证书复印件等。 (2) 企业职工人数、学历结构、研究开发人员情况及其占企业职工总数的比例说明，以及汇算清缴年度最后一个月社会保险缴纳证明等相关证明材料。 (3) 加工集成电路产品主要列表及国家知识产权局(或国外知识产权相关主管机构)出具的企业自主开发或拥有的一至两份代表性知识产权(如专利、布图设计登记、软件著作权等)的证明材料。 (4) 经具有资质的中介机构鉴证的企业财务会计报告(包括会计报表、会计报表附注和财务情况说明书)以及集成电路制造销售(营业)收入、研究开发费用、境内研究开发费用等情况说明。 (5) 与主要客户签订的一至两份代表性销售合同复印件。 (6) 保证产品质量的相关证明材料(如质量管理认证证书复印件等)。

(5) 投资额超过 80 亿元。

序号	主要留存备查资料	享受优惠时间	后续管理要求
49	后续管理要求提交资料的留存件。	预缴享受	在汇算清缴期结束前向税务机关提交以下资料： (1) 在发展改革或工业和信息化部门立项的备案文件(应注明总投资额、工艺线宽标准)复印件以及企业取得的其他相关资质证书复印件等。 (2) 企业职工人数、学历结构、研究开发人员情况及其占企业职工总数的比例说明，以及汇算清缴年度最后一个月社会保险缴纳证明等相关证明材料。 (3) 加工集成电路产品主要列表及国家知识产权局(或国外知识产权相关主管机构)出具的企业自主开发或拥有的一至两份代表性知识产权(如专利、布图设计登记、软件著作权等)的证明材料。 (4) 经具有资质的中介机构鉴证的企业财务会计报告(包括会计报表、会计报表附注和财务情况说明书)以及集成电路制造销售(营业)收入、研究开发费用、境内研究开发费用等情况说明。 (5) 与主要客户签订的一至两份代表性销售合同复印件。 (6) 保证产品质量的相关证明材料(如质量管理认证证书复印件等)。
51	后续管理要求提交资料的留存件。	预缴享受	在汇算清缴期结束前向税务机关提交以下资料： (1) 在发展改革或工业和信息化部门立项的备案文件(应注明总投资额、工艺线宽标准)复印件以及企业取得的其他相关资质证书复印件等。 (2) 企业职工人数、学历结构、研究开发人员情况及其占企业职工总数的比例说明，以及汇算清缴年度最后一个月社会保险缴纳证明等相关证明材料。 (3) 加工集成电路产品主要列表及国家知识产权局(或国外知识产权相关主管机构)出具的企业自主开发或拥有的一至两份代表性知识产权(如专利、布图设计登记、软件著作权等)的证明材料。 (4) 经具有资质的中介机构鉴证的企业财务会计报告(包括会计报表、会计报表附注和财务情况说明书)以及集成电路制造销售(营业)收入、研究开发费用、境内研究开发费用等情况说明。 (5) 与主要客户签订的一至两份代表性销售合同复印件。 (6) 保证产品质量的相关证明材料(如质量管理认证证书复印件等)。

2. 集成电路设计企业

1) 集成电路设计企业享受优惠条件(财税〔2016〕49号)

财税〔2012〕27号文件所称集成电路设计企业，是指以集成电路设计为主营业务并同时符合下列条件的企业：

(1) 在中国境内(不包括中国港、澳、台地区)依法注册的居民企业。
(2) 汇算清缴年度具有劳动合同关系且具有大学专科以上学历的职工人数占企业月平均职工总人数的比例不低于40%，其中研究开发人员占企业月平均职工总数的比例不低于20%。
(3) 拥有核心关键技术，并以此为基础开展经营活动，且汇算清缴年度研究开发费用总额占企业销售(营业)收入总额的比例不低于6%；其中，企业在中国境内发生的研究开发费用金额占研究开发费用总额的比例不低于60%。
(4) 汇算清缴年度集成电路设计销售(营业)收入占企业收入总额的比例不低于60%，其中集成电路自主设计销售(营业)收入占企业收入总额的比例不低于50%。
(5) 主营业务拥有自主知识产权。
(6) 具有与集成电路设计相适应的软硬件设施等开发环境(如EDA工具、服务器或工作站等)。
(7) 汇算清缴年度未发生重大安全、重大质量事故或严重环境违法行为。

2）国家规划布局内重点集成电路设计企业（财税〔2016〕49号）

财税〔2012〕27号文件所称国家规划布局内重点集成电路设计企业除符合本通知第三条规定，还应至少符合下列条件中的一项：

| （1）汇算清缴年度集成电路设计销售（营业）收入不低于2亿元，年应纳税所得额不低于1 000万元，研究开发人员占月平均职工总数的比例不低于25%。 | （2）在国家规定的重点集成电路设计领域内，汇算清缴年度集成电路设计销售（营业）收入不低于2 000万元，应纳税所得额不低于250万元，研究开发人员占月平均职工总数的比例不低于35%，企业在中国境内发生的研发开发费用金额占研究开发费用总额的比例不低于70%。 |

3）集成电路设计企业所得税优惠政策（财税〔2012〕27号；财政部 税务总局公告2019年第68号；财政部 税务总局公告2020年第29号）

类型	减免政策及方式	
新办集成电路设计企业	我国境内新办的集成电路设计企业，在2017年12月31日（财政部、税务总局公告2019年第68号文件调整为2018年12月31日，财政部、税务总局公告2020年第29号文件调整为2019年12月31日）前自获利年度起计算优惠期，第一年至第二年免征企业所得税，第三年至第五年按照25%的法定税率减半征收企业所得税，并享受至期满为止。	二免三减半
国家规划布局内集成电路设计重点企业	国家规划布局内的重点集成电路设计企业，如当年未享受免税优惠的，可减按10%税率征收企业所得税。（自2020年1月1日起停止执行）	10%税率

4）优惠事项管理（国家税务总局公告2018年第23号）

（1）新办集成电路设计企业。

序号	主要留存备查资料	享受优惠时间	后续管理要求
45	后续管理要求提交资料的留存件。	预缴享受	在汇算清缴期结束前向税务机关提交以下资料： （1）企业职工人数、学历结构、研究开发人员情况及其占企业职工总数的比例说明，以及汇算清缴年度最后一个月社会保险缴纳证明等相关证明材料。 （2）企业开发销售的主要集成电路产品列表，以及国家知识产权局（或国外知识产权相关主管机构）出具的企业自主开发或拥有的一至两份代表性知识产权（如专利、布图设计登记、软件著作权等）的证明材料。 （3）经具有资质的中介机构鉴证的企业财务会计报告（包括会计报表、会计报表附注和财务情况说明书）以及集成电路设计销售（营业）收入、集成电路自主设计销售（营业）收入、研究开发费用、境内研究开发费用等情况表。 （4）第三方检测机构提供的集成电路产品测试报告或用户报告，以及与主要客户签订的一至两份代表性销售合同复印件。 （5）企业开发环境等相关证明材料。

（2）国家规划布局内集成电路设计重点企业。

序号	主要留存备查资料	享受优惠时间	后续管理要求
46	后续管理要求提交资料的留存件。	预缴享受	在汇算清缴期结束前向税务机关提交以下资料： （1）企业职工人数、学历结构、研究开发人员情况及其占企业职工总数的比例说明，以及汇算清缴年度最后一个月社会保险缴纳证明等相关证明材料。 （2）企业开发销售的主要集成电路产品列表，以及国家知识产权局（或国外知识产权相关主管机构）出具的企业自主开发或

（续表）

序号	主要留存备查资料	享受优惠时间	后续管理要求
46	后续管理要求提交资料的留存件。	预缴享受	拥有的一至两份代表性知识产权（如专利、布图设计登记、软件著作权等）的证明材料。 （3）经具有资质的中介机构鉴证的企业财务会计报告（包括会计报表、会计报表附注和财务情况说明书）以及集成电路设计销售（营业）收入、集成电路自主设计销售（营业）收入、研究开发费用、境内研究开发费用等情况表。 （4）第三方检测机构提供的集成电路产品测试报告或用户报告，以及与主要客户签订的一至两份代表性销售合同复印件。 （5）企业开发环境等相关证明材料。 （6）符合财税〔2016〕49号文件第五条规定的第二类条件的，应提供在国家规定的重点集成电路设计领域内销售（营业）情况说明。

3. 软件企业

1）软件企业享受优惠条件（财税〔2016〕49号）

财税〔2012〕27号文件所称软件企业是指以软件产品开发销售（营业）为主营业务并同时符合下列条件的企业：

（1）在中国境内（不包括中国港、澳、台地区）依法注册的居民企业。
（2）汇算清缴年度具有劳动合同关系且具有大学专科以上学历的职工人数占企业月平均职工总人数的比例不低于40%，其中研究开发人员占企业月平均职工总数的比例不低于20%。
（3）拥有核心关键技术，并以此为基础开展经营活动，且汇算清缴年度研究开发费用总额占企业销售（营业）收入总额的比例不低于6%；其中，企业在中国境内发生的研究开发费用金额占研究开发费用总额的比例不低于60%。

（4）汇算清缴年度软件产品开发销售（营业）收入占企业收入总额的比例不低于50%〔嵌入式软件产品和信息系统集成产品开发销售（营业）收入占企业收入总额的比例不低于40%〕，其中：软件产品自主开发销售（营业）收入占企业收入总额的比例不低于40%〔嵌入式软件产品和信息系统集成产品开发销售（营业）收入占企业收入总额的比例不低于30%〕。
（5）主营业务拥有自主知识产权。
（6）具有与软件开发相适应软硬件设施等开发环境（如合法的开发工具等）。
（7）汇算清缴年度未发生重大安全、重大质量事故或严重环境违法行为。

2）国家规划布局内重点软件企业（财税〔2016〕49号）

财税〔2012〕27号文件所称国家规划布局内重点软件企业是除符合本通知第四条规定，还应至少符合下列条件中的一项：

（1）汇算清缴年度软件产品开发销售（营业）收入不低于2亿元，应纳税所得额不低于1000万元，研究开发人员占企业月平均职工总数的比例不低于25%。
（2）在国家规定的重点软件领域内，汇算清缴年度软件产品开发销售（营业）收入不低于5000万元，应纳税所得额不低于250万元，研究开发人员占企业月平均职工总数的比例不低于25%，企业在中国境内发生的研究开发费用金额占研究开发费用总额的比例不低于70%。

（3）汇算清缴年度软件出口收入总额不低于800万美元，软件出口收入总额占本企业年度收入总额比例不低于50%，研究开发人员占企业月平均职工总数的比例不低于25%。

3）软件企业所得税优惠政策（财税〔2012〕27号；财政部 税务总局公告2019年第68号；财政部 税务总局公告2020年第29号）

类型	减免政策及方式	
新办符合条件的软件企业	我国境内新办的符合条件的企业，在2017年12月31日（财政部、税务总局公告2019年第68号文件调整为2018年12月31日，财政部、税务总局公告2020年第29号文件调整为2019年12月31日）前自获利年度起计算优惠期，第一年至第二年免征企业所得税，第三年至第五年按照25%的法定税率减半征收企业所得税，并享受至期满为止。	二免三减半

(续表)

类型	减免政策及方式	
国家规划布局内重点软件企业	国家规划布局内的重点软件企业,如当年未享受免税优惠的,可减按10%税率征收企业所得税。(自2020年1月1日起停止执行)	10%税率

4) 优惠事项管理(国家税务总局公告2018年第23号)

(1) 新办符合条件的软件企业。

序号	主要留存备查资料	享受优惠时间	后续管理要求
56	后续管理要求提交资料的留存件。	预缴享受	在汇算清缴期结束前向税务机关提交以下资料: (1) 企业开发销售的主要软件产品列表或技术服务列表。 (2) 主营业务为软件产品开发的企业,提供至少1个主要产品的软件著作权或专利权等自主知识产权的有效证明文件,以及第三方检测机构提供的软件产品测试报告;主营业务仅为技术服务的企业提供核心技术说明。 (3) 企业职工人数、学历结构、研究开发人员及其占企业职工总数的比例说明,以及汇算清缴年度最后一个月社会保险缴纳证明等相关证明材料。 (4) 经具有资质的中介机构鉴证的企业财务会计报告(包括会计报表、会计报表附注和财务情况说明书)以及软件产品开发销售(营业)收入、软件产品自主开发销售(营业)收入、研究开发费用、境内研究开发费用等情况说明。 (5) 与主要客户签订的一至两份代表性的软件产品销售合同或技术服务合同复印件。 (6) 企业开发环境相关证明材料。

(2) 国家规划布局内重点软件企业。

序号	主要留存备查资料	享受优惠时间	后续管理要求
57	后续管理要求提交资料的留存件。	预缴享受	在汇算清缴期结束前向税务机关提交以下资料: (1) 企业开发销售的主要软件产品列表或技术服务列表。 (2) 主营业务为软件产品开发的企业,提供至少1个主要产品的软件著作权或专利权等自主知识产权的有效证明文件,以及第三方检测机构提供的软件产品测试报告;主营业务仅为技术服务的企业提供核心技术说明。 (3) 企业职工人数、学历结构、研究开发人员及其占企业职工总数的比例说明,以及汇算清缴年度最后一个月社会保险缴纳证明等相关证明材料。 (4) 经具有资质的中介机构鉴证的企业财务会计报告(包括会计报表、会计报表附注和财务情况说明书)以及软件产品开发销售(营业)收入、软件产品自主开发销售(营业)收入、研究开发费用、境内研究开发费用等情况说明。 (5) 与主要客户签订的一至两份代表性的软件产品销售合同或技术服务合同复印件。 (6) 企业开发环境相关证明材料。 (7) 符合财税〔2016〕49号文件第六条规定的第二类条件的,应提供在国家规定的重点软件领域内销售(营业)情况说明。 (8) 符合财税〔2016〕49号文件第六条规定的第三类条件的,应提供商务主管部门核发的软件出口合同登记证书,以及有效出口合同和结汇证明等材料。

4. 集成电路封装、测试企业
1) 集成电路封装、测试企业享受优惠条件（财税〔2015〕6号）

本通知所称符合条件的集成电路封装、测试企业，必须同时满足以下条件：	
（1）2014年1月1日后依法在中国境内成立的法人企业。 （2）签订劳动合同关系且具有大学专科以上学历的职工人数占企业当年月平均职工总人数的比例不低于40%，其中，研究开发人员占企业当年月平均职工总数的比例不低于20%。 （3）拥有核心关键技术，并以此为基础开展经营活动，且当年度的研究开发费用总额占企业销售（营业）收入（主营业务收入与其他业务收入之和，下同）总额的比例不低于3.5%，其中，企业在中国境内发生的研究开发费用金额占研究开发费用总额的比例不低于60%。	（4）集成电路封装、测试销售（营业）收入占企业收入总额的比例不低于60%。 （5）具有保证产品生产的手段和能力，并获得有关资质认证（包括ISO质量体系认证、人力资源能力认证等）。 （6）具有与集成电路封装、测试相适应的经营场所、软硬件设施等基本条件。

2) 集成电路封装、测试企业所得税优惠政策（财税〔2012〕27号）

类型	减免政策及方式	
符合条件的集成电路封装、测试企业	符合条件的集成电路封装、测试企业，在2017年（含2017年）前实现获利的，自获利年度起第一年至第二年免征企业所得税，第三年至第五年按照25%的法定税率减半征收企业所得税，并享受至期满为止；2017年前未实现获利的，自2017年起计算优惠期，享受至期满为止。	二免三减半

3) 优惠事项管理（国家税务总局公告2018年第23号）

序号	主要留存备查资料	享受优惠时间	后续管理要求
54	省级相关部门根据发展改革委等部门规定办法出具的证明。	预缴享受	由省税务机关（含计划单列市税务机关）规定。

5. 集成电路关键专用材料和专用设备生产企业
1) 集成电路关键专用材料和专用设备生产企业享受优惠条件（财税〔2015〕6号）

本通知所称符合条件的集成电路关键专用材料生产企业或集成电路专用设备生产企业，必须同时满足以下条件：	
（1）2014年1月1日后依法在中国境内成立的法人企业。 （2）签订劳动合同关系且具有大学专科以上学历的职工人数占企业当年月平均职工总人数的比例不低于40%，其中，研究开发人员占企业当年月平均职工总数的比例不低于20%。 （3）拥有核心关键技术，并以此为基础开展经营活动，且当年度的研究开发费用总额占企业销售（营业）收入总额的比例不低于5%，其中，企业在中国境内发生的研究开发费用金额占研究开发费用总额的比例不低于60%。	（4）集成电路关键专用材料或专用设备销售收入占企业销售（营业）收入总额的比例不低于30%。 （5）具有保证集成电路关键专用材料或专用设备产品生产的手段和能力，并获得有关资质认证（包括ISO质量体系认证、人力资源能力认证等）。 （6）具有与集成电路关键专用材料或专用设备生产相适应的经营场所、软硬件设施等基本条件。 集成电路关键专用材料或专用设备的范围，分别按照《集成电路关键专用材料企业所得税优惠目录》《集成电路专用设备企业所得税优惠目录》的规定执行。

2）集成电路关键专用材料和专用设备生产企业所得税优惠政策（财税〔2012〕27号）

类型	减免政策及方式	
符合条件的集成电路关键专用材料和专用设备生产企业	符合条件的集成电路关键专用材料生产企业、集成电路专用设备生产企业，在2017年（含2017年）前实现获利的，自获利年度起第一年至第二年免征企业所得税，第三年至第五年按照25%的法定税率减半征收企业所得税，并享受至期满为止；2017年前未实现获利的，自2017年起计算优惠期，享受至期满为止。	二免三减半

3）优惠事项管理（国家税务总局公告2018年第23号）

序号	主要留存备查资料	享受优惠时间	后续管理要求
55	省级相关部门根据发展改革委等部门规定办法出具的证明。	预缴享受	由省税务机关（含计划单列市税务机关）规定。

（三）新政策规定

国发〔2020〕8号	2020年第45号公告
1. 财税政策 （1）国家鼓励的集成电路线宽小于28纳米（含），且经营期在15年以上的集成电路生产企业或项目，第一年至第十年免征企业所得税。国家鼓励的集成电路线宽小于65纳米（含），且经营期在15年以上的集成电路生产企业或项目，第一年至第五年免征企业所得税，第六年至第十年按照25%的法定税率减半征收企业所得税。国家鼓励的集成电路线宽小于130纳米（含），且经营期在10年以上的集成电路生产企业或项目，第一年至第二年免征企业所得税，第三年至第五年按照25%的法定税率减半征收企业所得税。国家鼓励的线宽小于130纳米（含）的集成电路生产企业纳税年度发生的亏损，准予向以后年度结转，总结转年限最长不得超过10年。 　　对于按照集成电路生产企业享受税收优惠政策的，优惠期自获利年度起计算；对于按照集成电路生产项目享受税收优惠政策的，优惠期自项目取得第一笔生产经营收入所属纳税年度起计算。国家鼓励的集成电路生产企业或项目清单由国家发展改革委、工业和信息化部会同相关部门制定。 （2）国家鼓励的集成电路设计、装备、材料、封装、测试企业和软件企业，自获利年度起，第一年至第二年免征企业所得税，第三年至第五年按照25%的法定税率减半征收企业所得税。国家鼓励的集成电路设计、装备、材料、封装、测试企业条件由工业和信息化部会同相关部门制定。 （3）国家鼓励的重点集成电路设计企业和软件企业，自获利年度起，第一年至第五年免征企业所得税，接续年度减按10%的税率征收企业所得税。国家鼓励的重点集成电路设计企业和软件企业清单由国家发展改革委、工业和信息化部会同相关部门制定。	（1）国家鼓励的集成电路线宽小于28纳米（含），且经营期在15年以上的集成电路生产企业或项目，第一年至第十年免征企业所得税；国家鼓励的集成电路线宽小于65纳米（含），且经营期在15年以上的集成电路生产企业或项目，第一年至第五年免征企业所得税，第六年至第十年按照25%的法定税率减半征收企业所得税；国家鼓励的集成电路线宽小于130纳米（含），且经营期在10年以上的集成电路生产企业或项目，第一年至第二年免征企业所得税，第三年至第五年按照25%的法定税率减半征收企业所得税。 　　对于按照集成电路生产企业享受税收优惠政策的，优惠期自获利年度起计算；对于按照集成电路生产项目享受税收优惠政策的，优惠期自项目取得第一笔生产经营收入所属纳税年度起计算，集成电路生产项目需单独进行会计核算、计算所得，并合理分摊期间费用。 　　国家鼓励的集成电路生产企业或项目清单由国家发展改革委、工业和信息化部会同财政部、税务总局等相关部门制定。 （2）国家鼓励的线宽小于130纳米（含）的集成电路生产企业，属于国家鼓励的集成电路生产企业清单年度之前5个纳税年度发生的尚未弥补完的亏损，准予向以后年度结转，总结转年限最长不得超过10年。 （3）国家鼓励的集成电路设计、装备、材料、封装、测试企业和软件企业，自获利年度起，第一年至第二年免征企业所得税，第三年至第五年按照25%的法定税率减半征收企业所得税。 　　国家鼓励的集成电路设计、装备、材料、封装、测试企业和软件企业条件，由工业和信息化部会同国家发展改革委、财政部、税务总局等相关部门制定。 （4）国家鼓励的重点集成电路设计企业和软件企业，自获利年度起，第一年至第五年免征企业所得税，接续年度减按10%的税率征收企业所得税。

(续表)

国发〔2020〕8号	2020年第45号公告
（4）国家对集成电路企业或项目、软件企业实施的所得税优惠政策条件和范围，根据产业技术进步情况进行动态调整。集成电路设计企业、软件企业在本政策实施以前年度的企业所得税，按照国发〔2011〕4号文件明确的企业所得税"两免三减半"优惠政策执行。 （5）继续实施集成电路企业和软件企业增值税优惠政策。 （6）在一定时期内，集成电路线宽小于65纳米（含）的逻辑电路、存储器生产企业，以及线宽小于0.25微米（含）的特色工艺集成电路生产企业（含掩模版、8英寸及以上硅片生产企业）进口自用生产性原材料、消耗品，净化室专用建筑材料、配套系统和集成电路生产设备零配件，免征进口关税；集成电路线宽小于0.5微米（含）的化合物集成电路生产企业和先进封装测试企业进口自用生产性原材料、消耗品，免征进口关税。具体政策由财政部会同海关总署等有关部门制定。企业清单、免税商品清单分别由国家发展改革委、工业和信息化部会同相关部门制定。 （7）在一定时期内，国家鼓励的重点集成电路设计企业和软件企业，以及第（六）条中的集成电路生产企业和先进封装测试企业进口自用设备，及按照合同随设备进口的技术（含软件）及配套、备件，除相关不予免税的进口商品目录所列商品外，免征进口关税。具体政策由财政部会同海关总署等有关部门制定。 （8）在一定时期内，对集成电路重大项目进口新设备，准予分期缴纳进口环节增值税。具体政策由财政部会同海关总署等有关部门制定。 2. 进出口政策 （1）在一定时期内，国家鼓励的重点集成电路设计企业和软件企业需要临时进口的自用设备（包括开发测试设备）、软硬件环境、样机及部件、元器件，符合规定的可办理暂时进境货物海关手续，其进口税收按照现行法规执行。 （2）对软件企业与国外资信等级较高的企业签订的软件出口合同，金融机构可按照独立审贷和风险可控的原则提供融资和保险支持。 （3）推动集成电路、软件和信息技术服务出口，大力发展国际服务外包业务，支持企业建立境外营销网络。商务部会同相关部门与重点国家和地区建立长效合作机制，采取综合措施为企业拓展新兴市场创造条件。	国家鼓励的重点集成电路设计和软件企业清单由国家发展改革委、工业和信息化部会同财政部、税务总局等相关部门制定。 （5）符合原有政策条件且在2019年（含）之前已经进入优惠期的企业或项目，2020年（含）起可按原有政策规定继续享受至期满为止，如也符合本公告第一条至第四条规定，可按本公告规定享受相关优惠，其中定期减免税优惠，可按本公告规定计算优惠期，并就剩余期限享受优惠至期满为止。符合原有政策条件，2019年（含）之前尚未进入优惠期的企业或项目，2020年（含）起不再执行原有政策。 （6）集成电路企业或项目、软件企业按照本公告规定同时符合多项定期减免税优惠政策条件的，由企业选择其中一项政策享受相关优惠。其中，已经进入优惠期的，可由企业在剩余期限内选择其中一项政策享受相关优惠。 （7）本公告规定的优惠，采取清单进行管理的，由国家发展改革委、工业和信息化部于每年3月底前按规定向财政部、税务总局提供上一年度可享受优惠的企业和项目清单；不采取清单进行管理的，税务机关按照财税〔2016〕49号文件第十条的规定转请发展改革、工业和信息化部门进行核查。 （8）集成电路企业或项目、软件企业按照原有政策规定享受优惠的，税务机关按照财税〔2016〕49号文件第十条的规定转请发展改革、工业和信息化部门进行核查。 （9）本公告所称原有政策，包括《财政部 国家税务总局关于进一步鼓励软件产业和集成电路产业发展企业所得税政策的通知》（财税〔2012〕27号）、《财政部 国家税务总局 发展改革委 工业和信息化部关于进一步鼓励集成电路产业发展企业所得税政策的通知》（财税〔2015〕6号）、《财政部 国家税务总局 发展改革委 工业和信息化部关于软件和集成电路产业企业所得税优惠政策有关问题的通知》（财税〔2016〕49号）、《财政部 税务总局 国家发展改革委 工业和信息化部关于集成电路生产企业有关企业所得税政策问题的通知》（财税〔2018〕27号）、《财政部 税务总局关于集成电路设计和软件产业企业所得税政策的公告》（财政部 税务总局公告2019年第68号）、《财政部 税务总局关于集成电路设计企业和软件企业2019年度企业所得税汇算清缴适用政策的公告》（财政部 税务总局公告2020年第29号）。 （10）本公告自2020年1月1日起执行。财税〔2012〕27号文件第二条中"经认定后，减按15%的税率征收企业所得税"的规定和第四条"国家规划布局内的重点软件企业和集成电路设计企业，如当年未享受免税优惠的，可减按10%的税率征收企业所得税"同时停止执行。

财关税〔2021〕4号	财关税〔2021〕5号
一、对下列情形，免征进口关税： （一）集成电路线宽小于65纳米（含，下同）的逻辑电路、存储器生产企业，以及线宽小于0.25微米的特色工艺（即模拟、数模混合、高压、射频、功率、光电集成、图像传感、微机电系统、绝缘体上硅工艺）集成电路生产企业，进口国内不能生产或性能不能满足需求的自用生产性（含研发用，下同）原材料、消耗品，净化室专用建筑材料、配套系统和集成电路生产设备（包括进口设备和国产设备）零配件。 （二）集成电路线宽小于0.5微米的化合物集成电路生产企业和先进封装测试企业，进口国内不能生产或性能不能满足需求的自用生产性原材料、消耗品。 （三）集成电路产业的关键原材料、零配件（即靶材、光刻胶、掩模版、封装载板、抛光垫、抛光液、8英寸及以上硅单晶、8英寸及以上硅片）生产企业，进口国内不能生产或性能不能满足需求的自用生产性原材料、消耗品。 （四）集成电路用光刻胶、掩模版、8英寸及以上硅片生产企业，进口国内不能生产或性能不能满足需求的净化室专用建筑材料、配套系统和生产设备（包括进口设备和国产设备）零配件。 （五）国家鼓励的重点集成电路设计企业和软件企业，以及符合本条第（一）、（二）项的企业（集成电路生产企业和先进封装测试企业）进口自用设备，及按照合同随设备进口的技术（含软件）及配套件、备件，但《国内投资项目不予免税的进口商品目录》《外商投资项目不予免税的进口商品目录》和《进口不予免税的重大技术装备和产品目录》所列商品除外。上述进口商品不占用投资总额，相关项目不需出具项目确认书。 二、根据国内产业发展、技术进步等情况，财政部、海关总署、税务总局将会同国家发展改革委、工业和信息化部对本通知第一条中的特色工艺类型和关键原材料、零配件类型适时调整。	一、国家发展改革委会同工业和信息化部、财政部、海关总署、税务总局制定并联合印发享受免征进口关税的集成电路生产企业、先进封装测试企业和集成电路产业的关键原材料、零配件生产企业清单。 二、国家发展改革委、工业和信息化部会同财政部、海关总署、税务总局制定并联合印发享受免征进口关税的国家鼓励的重点集成电路设计企业和软件企业清单。 三、工业和信息化部会同国家发展改革委、财政部、海关总署、税务总局制定并联合印发国内不能生产或性能不能满足需求的自用生产性（含研发用）原材料、消耗品和净化室专用建筑材料、配套系统及生产设备（包括进口设备和国产设备）零配件的免税进口商品清单。 四、国家发展改革委会同工业和信息化部制定可享受进口新设备进口环节增值税分期纳税的集成电路重大项目标准和享受分期纳税承建企业的条件，并根据上述标准、条件确定集成电路重大项目建议名单和承建企业建议名单，函告财政部，抄送海关总署、税务总局。财政部会同海关总署、税务总局确定集成电路重大项目名单和承建企业名单，通知省级（包括省、自治区、直辖市、计划单列市、新疆生产建设兵团，下同）财政厅（局）、企业所在地直属海关、省级税务局。 承建企业应于承建的集成电路重大项目项下申请享受分期纳税的首台新设备进口3个月前，向省级财政厅（局）提出申请，附项目投资金额、进口设备时间、年度进口新设备金额、年度进口新设备进口环节增值税额、税款担保方案等信息，抄送企业所在地直属海关、省级税务局。省级财政厅（局）会同企业所在地直属海关、省级税务局初核后报送财政部，抄送海关总署、税务总局。 财政部会同海关总署、税务总局确定集成电路重大项目的分期纳税方案（包括项目名称、承建企业名称、分期纳税起止时间、分期纳税总税额、每季度纳税额等），通知省级财政厅（局）、企业所在地直属海关、省级税务局，由企业所在地直属海关告知相关企业。 分期纳税方案实施中，如项目名称发生变更，承建企业发生名称、经营范围变更等情形的，承建企业应在完成变更登记之日起60日内，向省级财政厅（局）、企业所在地直属海关、省级税务局报送变更情况说明，申请变更分期纳税方案相应内容。省级财政厅（局）会同企业所在地直属海关、省级税务局确定变更结果，并由省级财政厅（局）函告企业所在地直属海关，抄送省级税务局，报财政部、海关总署、税务总局备案。企业所在地直属海关将变更结果告知承建企业。承建企业超过本款前述时间报送变更情况说明的，省级财政厅（局）、企业所在地直属海关、省级税务局不予受理，该项目不再享受分期纳税，已进口设备的未缴纳税款应在完成变更登记次月起3个月内缴纳完毕。 享受分期纳税的进口新设备，应在企业所在地直属海关关区内申报进口。按海关事务担保的规定，承建企业对未缴纳的税款应提供海关认可的税款担保。海关对准予分期缴纳的税款不予征收滞纳金。承建企业在最后一次纳税时，由海关完成该项目全部应纳税款的汇算清缴。如违反规定，逾期未及时缴纳税款的，该项目不再享受分期纳税，已进口设备的未缴纳税款应在逾期未缴纳情形发生月起3个月内缴纳完毕。 五、《财政部 海关总署 税务总局关于支持集成电路产业和软件产业发展进口税收政策的通知》（财关税〔2021〕4号，以下简称《通知》）第一条第（五）项和第三条中的企业进口设备，同时适用申报进口当期的《国内投资项目不予免税的进口商品目录》《外商投资项目不予免税的进口商品目录》《进口不予免税的重大技术装备和产品目录》所列商品的累积范围。 六、免税进口企业应按照海关有关规定，办理有关进口商品的减免税手续。

(续表)

财关税〔2021〕4号	财关税〔2021〕5号
三、承建集成电路重大项目的企业自2020年7月27日至2030年12月31日期间进口新设备，除《国内投资项目不予免税的进口商品目录》《外商投资项目不予免税的进口商品目录》和《进口不予免税的重大技术装备和产品目录》所列商品外，对未缴纳的税款提供海关认可的税款担保，准予在首台设备进口之后的6年（连续72个月）期限内分期缴纳进口环节增值税，6年内每年（连续12个月）依次缴纳进口环节增值税总额的0%、20%、20%、20%、20%、20%，自首台设备进口之日起已经缴纳的税款不予退还。在分期纳税期间，海关对准予分期缴纳的税款不予征收滞纳金。 四、支持集成电路产业和软件产业发展进口税收政策管理办法由财政部、海关总署、税务总局会同国家发展改革委、工业和信息化部另行制定印发。 五、本通知自2020年7月27日至2030年12月31日实施。自2020年7月27日，至第一批免税进口企业清单印发之日后30日内，已征的应免关税税款准予退还。	七、本办法第一、二条中，国家发展改革委牵头制定或者国家发展改革委、工业和信息化部牵头制定的第一批免税进口企业清单自2020年7月27日实施，至该清单印发之日后30日内，已征的应免关税税款准予退还。本办法第三条中，工业和信息化部牵头制定的第一批免税进口商品清单自2020年7月27日实施。以后批次制定的免税进口企业清单、免税进口商品清单，分别自其印发之日后第20日起实施。 八、本办法第一、二条中的免税进口企业发生名称、经营范围变更等情形的，应自完成变更登记之日起60日内，将有关变更情况说明报送牵头部门。牵头部门分别按照本办法第一、二条规定，确定变更后的企业自变更登记之日起能否继续享受政策。企业超过本条前述时间报送变更情况说明的，牵头部门不予受理，该企业自变更登记之日起停止享受政策。确定结果或不予受理情况由牵头部门函告海关总署（确定结果较多时，每年至少两批函告），抄送第一、二条中其他部门。 九、免税进口企业应按有关规定使用免税进口商品，如违反规定，将免税进口商品擅自转让、移作他用或者进行其他处置，被依法追究刑事责任的，在《通知》剩余有效期限内停止享受政策。 十、免税进口企业如存在以虚报情况获得免税资格，由国家发展改革委会同工业和信息化部、财政部、海关总署、税务总局等部门查实后，国家发展改革委函告海关总署，自函告之日起，该企业在《通知》剩余有效期限内停止享受政策。 十一、财政等有关部门及其工作人员在政策执行过程中，存在违反执行政策规定的行为，以及滥用职权、玩忽职守、徇私舞弊等违法违纪行为的，依照国家有关规定追究相应责任；涉嫌犯罪的，依法追究刑事责任。 十二、本办法有效期为2020年7月27日至2030年12月31日。

1. 新政归纳

产业类型	线宽要求	经营年限要求	优惠	优惠方式
国家鼓励的集成电路生产企业或项目	≤28纳米	>15年	10年免征	按企业优惠的从获利年度开始；按项目优惠的从取得收入年度开始。
	≤65纳米	>15年	五免五减半	
	≤130纳米	>10年	二免三减半	
	≤130纳米	清单年度之前5个纳税年度发生的尚未弥补完的亏损，准予向以后年度结转，总结转年限最长不得超过10年。		
国家鼓励的集成电路设计、装备、材料、封装、测试企业和软件企业			二免三减半	获利年度开始
国家鼓励的重点集成电路设计企业和软件企业			五免后10%	获利年度开始

2. 新政变化

（1）十年免税。

以前的相关政策中，优惠力度最大的是五免五减半。这次，对"国家鼓励的集成电路线宽小于28纳米（含），且经营期在15年以上的集成电路生产企业或项目"，第一年至第十年免征企业所得税。

（2）线宽更窄。

虽然政策更优惠，但要想享受优惠，需要更高的技术。原政策中，最优惠的是对生产线宽小于65纳米集成电路的生产企业或项目，实行五免五减半，这次10年免税的支持对象是生产线宽小于28纳米集成电路

(续表)

的生产企业或项目。而微米级的优惠彻底退出。

（3）清单管理。

以前的相关政策，在非行政许可审批取消后，改为备案类管理，由企业在企业所得税汇算清缴时提交备案资料，由税务机关转请发展改革、工业和信息化部门进行核查。在新政中，对"国家鼓励的集成电路生产企业或项目""国家鼓励的重点集成电路设计企业和软件企业"实行清单管理，即企业自行申请后，四部委按程序联合确认清单名单，列入清单的企业或项目方可享受相应的税收优惠政策。

（4）过期作废。

对符合原有政策条件但2019年尚未进入优惠期的企业或项目，如不再符合新政优惠条件的，2020年不再执行原有优惠。

（5）新老优惠的选择。

既符合以前优惠条件又符合新政优惠条件并在2019年已进入优惠期的，除了可以选择按老政策享受至到期，也可以选择按新政执行优惠。符合原来优惠条件但不符合新政优惠条件的企业，在2020年及以后年度能否继续享受老的优惠政策，取决于2019年是否已经进入优惠期，如果尚未进入优惠期，则作废，反之，享受至到期。政策制定者将年度确定为2019年而不是2020年，恐怕也有防止企业在2020年进行人为调整利润的考量。

（6）大额投资优惠不再。

老政策中，对投资额大的集成电路生产企业也有优惠，例如，财税〔2018〕27号文件规定，2018年1月1日后投资新设的投资额超过150亿元，且经营期在15年以上的集成电路生产企业或项目，享受与线宽小于65纳米的生产企业同等待遇，即享受五免五减半的优惠。新政策中取消了相关规定。

3. 税收优惠政策的集成电路企业或项目、软件企业清单制定

发改高技〔2021〕413号	发改高技〔2022〕390号
根据《国务院关于印发新时期促进集成电路产业和软件产业高质量发展若干政策的通知》（国发〔2020〕8号，以下简称《若干政策》）及其配套政策有关规定，为做好享受税收优惠政策的集成电路企业或项目、软件企业清单（以下简称清单）制定工作，现将有关程序、享受税收优惠政策的企业条件和项目标准通知如下： 一、本通知所称清单是指《若干政策》第（一）条提及的国家鼓励的集成电路线宽小于28纳米（含）、线宽小于65纳米（含）、线宽小于130纳米（含）的集成电路生产企业或项目的清单；《若干政策》第（三）（六）（七）（八）条和《财政部 海关总署 税务总局关于支持集成电路产业和软件产业发展进口税收政策的通知》（财关税〔2021〕4号）、《财政部 国家发展改革委 工业和信息化部 海关总署 税务总局关于支持集成电路产业和软件产业发展进口税收政策管理办法的通知》（财关税〔2021〕5号）提及的国家鼓励的重点集成电路设计企业和软件企业，集成电路线宽小于65纳米（含）的逻辑电路、存储器生产企业，线宽小于0.25微米（含）的特色工艺集成电路生产企业，集成电路线宽小于0.5微米（含）的化合物集成电路生产企业和先进封装测试企业，集成电路产业的关键原材料、零配件（靶材、光刻胶、掩模版、封装载板、抛光垫、抛光液、8英寸及以上硅单晶、8英寸及以上硅片）生产企业，集成电路重大项目和承建企业的清单。 二、申请列入清单的企业，原则上每年3月25日至4月16日在信息填报系统（https://yyglxxbs.ndrc.gov.cn/xxbs-front/）中提交申请	根据《国务院关于印发新时期促进集成电路产业和软件产业高质量发展若干政策的通知》（国发〔2020〕8号，以下简称《若干政策》）及其配套政策有关规定，为做好2022年享受税收优惠政策的集成电路企业或项目、软件企业清单（以下简称"清单"）制定工作，现将有关程序、享受税收优惠政策的企业条件和项目标准通知如下： 一、本通知所称清单是指《若干政策》第（一）条提及的国家鼓励的集成电路线宽小于28纳米（含）、线宽小于65纳米（含）、线宽小于130纳米（含）的集成电路生产企业或项目的清单；《若干政策》第（三）（六）（七）（八）条和《财政部、海关总署、税务总局关于支持集成电路产业和软件产业发展进口税收政策的通知》（财关税〔2021〕4号）、《财政部、国家发展改革委、工业和信息化部、海关总署、税务总局关于支持集成电路产业和软件产业发展进口税收政策管理办法的通知》（财关税〔2021〕5号）提及的国家鼓励的重点集成电路设计企业和软件企业，集成电路线宽小于65纳米（含）的逻辑电路、存储器生产企业，线宽小于0.25微米（含）的特色工艺集成电路生产企业，集成电路线宽小于0.5微米（含）的化合物集成电路生产企业和先进封装测试企业，集成电路产业的关键原材料、零配件（靶材、光刻胶、掩模版、封装载板、抛光垫、抛光液、8英寸及以上硅单晶、8英寸及以上硅片）生产企业，集成电路重大项目和承建企业的清单。 二、2021年已列入清单的企业如需享受新一年度税收优惠政策（进口环节增值税分期纳税政策除外），2022年需重新申报。申请列入清单的企业应于2022年3月25日至4月16日在信息填报系统（https://yyglxxbs.ndrc.gov.cn/xxbs-front/）中提交申请，并生成纸质文件加盖企业公章，连同必要证明材料（电子版、纸质版）报本省、自治区、直辖市及计划单列市、新疆生产建设兵团发展改革委或工业

(续表)

发改高技〔2021〕413号	发改高技〔2022〕390号
并将必要佐证材料(电子版、纸质版。如因特殊情况不能按时完成审计,可先提交未经审计的企业会计报告,并于4月16日后10个工作日内,在信息填报系统中补充提交经审计的企业会计报告)报各省、自治区、直辖市及计划单列市、新疆生产建设兵团发展改革委或工业和信息化主管部门(由地方发展改革委确定接受单位)。 三、各省、自治区、直辖市及计划单列市、新疆生产建设兵团发展改革委和工业和信息化主管部门(以下简称"地方发改和工信部门")根据企业条件和项目标准(附后),对企业申报的信息进行初核推荐后,报送至国家发展改革委、工业和信息化部。《若干政策》第(一)(三)(六)(七)条,以及财关税〔2021〕4号文提及的集成电路产业的关键原材料、零配件生产企业清单,由国家发展改革委、工业和信息化部、财政部、海关总署、税务总局进行联审确认,并联合印发。《若干政策》第(八)条提及的集成电路重大项目,由国家发展改革委、工业和信息化部形成清单后,函告财政部,财政部会同海关总署、税务总局最终确定。 四、清单印发前,企业可依据税务有关管理规定,先行按照企业条件和项目标准享受相关国内税收优惠政策。清单印发后,如企业未被列入清单,应按规定补缴已享受优惠的企业所得税款。申请享受《若干政策》第(一)(三)(六)(七)条,以及财关税〔2021〕4号文提及的关税优惠政策的,可于汇算清缴结束前,从信息填报系统中查询是否列入清单。享受《若干政策》第(八)条优惠政策的,由企业所在地直属海关告知相关企业。 五、已享受《若干政策》第(一)(三)(六)(七)条,以及财关税〔2021〕4号文提及的关税优惠政策的企业或项目发生更名、分立、合并、重组以及主营业务重大变化等情况,应及时向地方发改和工信部门报告,并提交相关材料,由国家发展改革委、工业和信息化部会同相关部门确定发生变更情形后是否继续符合企业条件或项目标准。 六、地方发改和工信部门会同财政、海关、税务对清单内的企业加强日常监管。在监管过程中,如发现企业存在以虚报信息获得减免税资格,应及时联合核查,并联合上报国家发展改革委、工业和信息化部进行复核。国家发展改革委、工业和信息化部会同相关部门复核后对确不符合企业条件和项目标准的企业或项目,函告财政部、海关总署、税务总局按相关规定处理。 七、企业对所提供材料和数据的真实性负责。申报企业应签署承诺书,承诺申报出现失信	和信息化主管部门(由地方发展改革委确定接受单位)。经审计的企业会计报告须在提交申请时一并提交。 三、鉴于2021年国家重点集成电路设计企业和重点软件企业确认工作方式发生调整,2021年因客观原因未能申请享受企业所得税优惠政策的集成电路设计企业和软件企业,可于2022年3月15日至3月21日在信息填报系统"补充申请"栏目提出补充申报申请;经本省、自治区、直辖市及计划单列市、新疆生产建设兵团发展改革委和工业和信息化主管部门(以下简称地方发改和工信部门)审核通过后,于2022年3月25日至2022年4月16日,在信息填报系统"补充申请"栏目完成信息填写,正式申请列入2020年度享受企业所得税优惠政策的国家鼓励的重点集成电路设计企业和重点软件企业清单。企业应按照附件3要求提交证明材料,包括经审计的2020年度企业会计报告在内的相关证明材料和数据应体现2020年度企业实际情况。 四、地方发改和工信部门根据企业条件和项目标准(附后),对企业申报的信息进行初核通过后,报送至国家发展改革委、工业和信息化部。《若干政策》第(一)(三)(六)(七)条,以及财关税〔2021〕4号文件提及的集成电路产业的关键原材料、零配件生产企业清单,由国家发展改革委、工业和信息化部、财政部、海关总署、税务总局进行联审确认并联合印发。《若干政策》第(八)条提及的集成电路重大项目,由国家发展改革委、工业和信息化部形成清单后函告财政部,财政部会同海关总署、税务总局最终确定。 五、清单印发前,企业可依据税务有关管理规定,先行按照企业条件和项目标准享受相关国内税收优惠政策。清单印发后,如企业未被列入清单,应按规定补缴已享受优惠的企业所得税款。申请享受《若干政策》第(一)(三)(六)(七)条,以及财关税〔2021〕4号文件提及的关税优惠政策的,可于汇算清缴结束前,从信息填报系统中查询是否列入清单。享受《若干政策》第(八)条优惠政策的,由企业所在地直属海关告知相关企业。 六、已享受《若干政策》第(一)(三)(六)(七)条,以及财关税〔2021〕4号文件提及的关税优惠政策的企业或项目发生更名、分立、合并、重组以及主营业务重大变化等情况,应及时向地方发改和工信部门报告,并于完成变更登记之日起60日内,将企业重大变化情况表和相关材料报送国家发展改革委、工业和信息化部。国家发展改革委、工业和信息化部会同相关部门确定发生变更情形后是否继续符合享受优惠政策的企业条件或项目标准。 七、地方发改和工信部门会同财政、海关、税务对清单内的企业加强日常监管。在监管过程中,如发现企业存在以虚报信息获得减免税资格问题,应及时联合核查,并联合上报国家发展改革委、工业和信息化部进行复核。国家发展改革委、工业和信息化部会同相关部门复核后,对确不符合享受优惠政策条件和标准的企业或项目,将函告财政部、海关总署、税务总局按相关规定处理。

（续表）

发改高技〔2021〕413号	发改高技〔2022〕390号
行为,接受有关部门按照法律、法规和国家有关规定处理,涉及违法行为的信息记入企业信用记录,纳入全国信用信息共享平台,并在"信用中国"网站公示。 八、本通知自印发之日起实施,并适用于企业享受2020年度企业所得税优惠政策和财关税〔2021〕4号文件规定的进口税收政策。国家发展改革委、工业和信息化部会同相关部门,根据产业发展、技术进步等情况,对符合优惠政策的企业条件或项目标准适时调整。 附件: 1. 享受税收优惠政策的企业条件和项目标准 2. 重点集成电路设计领域和重点软件领域 3. 享受税收优惠政策的集成电路企业、项目和软件企业提交材料明细表 4. 企业重大变化情况表 享受税收优惠的集成电路企业或项目、软件企业申报系统企业填报使用手册	八、企业对所提供材料和数据的真实性负责。申报企业应签署承诺书,承诺申报如出现失信行为,则接受有关部门按照法律、法规和国家有关规定处理,涉及违法行为的信息记入企业信用记录,纳入全国信用信息共享平台,并在"信用中国"网站公示。 九、本通知自印发之日起实施,并适用于企业享受2021年度企业所得税优惠政策、补充享受2020年度企业所得税优惠政策,以及享受财关税〔2021〕4号文件规定的进口税收政策。国家发展改革委、工业和信息化部会同相关部门,根据产业发展、技术进步等情况,对符合享受优惠政策的企业条件或项目标准适时调整。 附件: 1. 享受税收优惠政策的企业条件和项目标准 2. 重点集成电路设计领域和重点软件领域 3. 享受税收优惠政策的集成电路企业、项目和软件企业提交材料明细表 4. 企业重大变化情况表

4. 享受税收优惠政策的企业条件、项目标准和提交材料

1)《若干政策》第(一)条提及的国家鼓励的集成电路线宽小于28纳米(含)、线宽小于65纳米(含)、线宽小于130纳米(含)的集成电路生产企业或项目享受税收优惠政策条件(发改高技〔2022〕390号附件1)

① 在中国境内(不包括中国港、澳、台地区)依法注册并具有独立法人资格的企业; ② 符合国家布局规划和产业政策; ③ 汇算清缴年度,具有劳动合同关系或劳务派遣、聘用关系,其中具有本科及以上学历月平均职工人数占企业月平均职工总人数的比例不低于30%,研究开发人员月平均数占企业月平均职工总数的比例不低于20%(从事8英寸及以下集成电路生产的不低于15%); ④ 企业拥有关键核心技术和属于本企业的知识产权,并以此为基础开展经营活动,且汇算清缴年度研究开发费用总额占企业销售(营业)收入(主营业务收入与其他业务收入之和)总额的比例不低于2%[本条及下述研究开发费用政策口径,按照财税〔2015〕119号文件和《国家税务总局关于研发费用税前加计扣除归集范围有关问题的公告》(国家税务总局公告2017年第40号)的规定执行];	⑤ 汇算清缴年度集成电路制造销售(营业)收入占企业收入总额的比例不低于60%; ⑥ 具有保证相关工艺线宽产品生产的手段和能力; ⑦ 汇算清缴年度未发生重大安全、重大质量事故或严重环境违法行为; ⑧ 对于按照集成电路生产项目享受税收优惠政策的,项目主体企业应符合相应的集成电路生产企业条件,且能够对该项目单独进行会计核算、计算所得,并合理分摊期间费用。

2) 国家鼓励的集成电路设计、装备、材料、封装、测试企业条件(中华人民共和国工业和信息化部 国家发展改革委 财政部 国家税务总局公告2021年第9号)

根据《国务院关于印发新时期促进集成电路产业和软件产业高质量发展若干政策的通知》(国发〔2020〕8号,以下简称《若干政策》)及其配套税收政策有关要求,现将《若干政策》第二条所称国家鼓励的集成电路设计、装备、材料、封装、测试企业条件公告如下: 一、《若干政策》所称国家鼓励的集成电路设计企业,必须同时满足以下条件:	(一) 在中国境内(不包括港、澳、台地区)依法设立,从事集成电路设计、电子设计自动化(EDA)工具开发或知识产权(IP)核设计并具有独立法人资格的企业; (二) 汇算清缴年度具有劳动合同关系或劳务派遣、聘用关系的月平均职工人数不少于20人,其中具有本科及以上学历月平均职工人数占企业月平均职工

总人数的比例不低于50%,研究开发人员月平均数占企业月平均职工总数的比例不低于40%;

(三)汇算清缴年度研究开发费用总额占企业销售(营业)收入(主营业务收入与其他业务收入之和,下同)总额的比例不低于6%;

(四)汇算清缴年度集成电路设计(含EDA工具、IP和设计服务,下同)销售(营业)收入占企业收入总额的比例不低于60%,其中自主设计销售(营业)收入占企业收入总额的比例不低于50%,且企业收入总额不低于(含)1 500万元;

(五)拥有核心关键技术和属于本企业的知识产权,企业拥有与集成电路产品设计相关的已授权发明专利、布图设计登记、计算机软件著作权合计不少于8个;

(六)具有与集成电路设计相适应的软硬件设施等开发环境和经营场所,且必须使用正版的EDA等软硬件工具;

(七)汇算清缴年度未发生严重失信行为,重大安全、重大质量事故或严重环境违法行为。

二、《若干政策》所称国家鼓励的集成电路装备企业,必须同时满足以下条件:

(一)在中国境内(不包括港、澳、台地区)依法设立,从事集成电路专用装备或关键零部件研发、制造并具有独立法人资格的企业;

(二)汇算清缴年度具有劳动合同关系或劳务派遣、聘用关系且具有大学专科及以上学历月平均职工人数占企业当年月平均职工总人数的比例不低于40%,研究开发人员月平均数占企业当年月平均职工总数的比例不低于20%;

(三)汇算清缴年度用于集成电路装备或关键零部件研究开发费用总额占企业销售(营业)收入总额的比例不低于5%;

(四)汇算清缴年度集成电路装备或关键零部件销售收入占企业销售(营业)收入总额的比例不低于30%,且企业销售(营业)收入总额不低于(含)1 500万元;

(五)拥有核心关键技术和属于本企业的知识产权,企业拥有与集成电路装备或关键零部件研发、制造相关的已授权发明专利数量不少于5个;

(六)具有与集成电路装备或关键零部件生产相适应的经营场所、软硬件设施等基本条件;

(七)汇算清缴年度未发生严重失信行为,重大安全、重大质量事故或严重环境违法行为。

三、《若干政策》所称国家鼓励的集成电路材料企业,必须同时满足以下条件:

(一)在中国境内(不包括港、澳、台地区)依法设立,从事集成电路专用材料研发、生产并具有独立法人资格的企业;

(二)汇算清缴年度具有劳动合同关系或劳务派遣、聘用关系且具有大学专科及以上学历月平均职工人数占企业当年月平均职工总人数的比例不低于40%,研究开发人员月平均数占企业当年月平均职工总数的比例不低于15%;

(三)汇算清缴年度用于集成电路材料研究开发费用总额占企业销售(营业)收入总额的比例不低于5%;

(四)汇算清缴年度集成电路材料销售收入占企业销售(营业)收入总额的比例不低于30%,且企业销售(营业)收入总额不低于(含)1 000万元;

(五)拥有核心关键技术和属于本企业的知识产权,且企业拥有与集成电路材料研发、生产相关的已授权发明专利数量不少于5个;

(六)具有与集成电路材料生产相适应的经营场所、软硬件设施等基本条件;

(七)汇算清缴年度未发生严重失信行为,重大安全、重大质量事故或严重环境违法行为。

四、《若干政策》所称国家鼓励的集成电路封装、测试企业,必须同时满足以下条件:

(一)在中国境内(不包括港、澳、台地区)依法设立,从事集成电路封装、测试并具有独立法人资格的企业;

(二)汇算清缴年度具有劳动合同关系或劳务派遣、聘用关系且具有大学专科以上学历月平均职工人数占企业当年月平均职工总人数的比例不低于40%,研究开发人员月平均数占企业当年月平均职工总数的比例不低于15%;

(三)汇算清缴年度研究开发费用总额占企业销售(营业)收入总额的比例不低于3%;

(四)汇算清缴年度集成电路封装、测试销售(营收)收入占企业收入总额的比例不低于60%,且企业收入总额不低于(含)2 000万元;

(五)拥有核心关键技术和属于本企业的知识产权,且企业拥有与集成电路封装、测试相关的已授权发明专利、计算机软件著作权合计不少于5个;

(六)具有与集成电路芯片封装、测试相适应的经营场所、软硬件设施等基本条件;

(七)汇算清缴年度未发生严重失信行为,重大安全、重大质量事故或严重环境违法行为。

五、本公告企业条件中所称研究开发费用政策口径,按照《财政部 国家税务总局 科技部关于完善研究开发费用税前加计扣除政策的通知》(财税〔2015〕119号)和《国家税务总局关于研发费用税前加计扣除归集范围有关问题的公告》(国家税务总局公告2017年第40号)等规定执行。

六、符合条件的集成电路设计、装备、材料、封装、测试企业,按照《国家税务总局关于发布修订后的<企业所得税优惠政策事项办理办法>的公告》(国家税务总局公告2018年第23号)规定的"自行判别、申报享受、相关资料留存备查"的办理方式享受税收优惠,主要留存备查资料见附件。享受优惠的企业在完成年度汇算清缴后,按要求将主要留存备查资料提交税务机关,由税务机关按照财税〔2016〕49号文件第十条规定转请省级工业和信息化主管部门进行核查。

七、本公告自2020年1月1日起实施,由工业和信息化部会同国家发展改革委、财政部、税务总局负责解释。

附件:享受企业所得税优惠政策的国家鼓励的集成电路设计、装备、材料、封装、测试企业主要留存备查资料

享受企业所得税优惠政策的国家鼓励的集成电路设计、装备、材料、封装、测试企业主要留存备查资料。

企业类型	资料清单(复印件须加盖企业公章)
集成电路设计企业	(1) 企业法人营业执照副本、企业取得的其他相关资质证书等。 (2) 企业职工人数、学历结构、研究开发人员情况及其占企业职工总数的比例说明,企业研究开发人员名单,以及汇算清缴年度最后一个月的企业职工社会保险缴纳证明(包括劳务派遣人员代缴社保付款凭证)等相关材料。 (3) 企业开发销售的主要产品和服务列表[名称/领域/对应销售(营业)收入规模]。 (4) 企业拥有与主营产品相关的不少于8项的已授权发明专利、布图设计登记、计算机软件著作权登记证书的材料。 (5) 经具有资质的中介机构鉴证的汇算清缴年度企业会计报告(包括会计报表、会计报表附注和财务情况说明书等),以及集成电路设计销售(营业)收入、集成电路自主设计销售(营业)收入、研究开发费用等情况表。 (6) 第三方检测机构提供的集成电路主要产品测试报告或用户报告,以及与主要客户签订的一至两份代表性销售合同复印件。 (7) 企业具有与集成电路设计相适应的软硬件设施等开发环境的材料。
集成电路装备企业	(1) 企业法人营业执照副本、企业取得的其他相关资质证书等。 (2) 企业职工人数、学历结构、研究开发人员情况及其占企业职工总数的比例说明,企业研究开发人员名单,以及汇算清缴年度最后一个月的企业职工社会保险缴纳证明(包括劳务派遣人员代缴社保付款凭证)等相关材料。 (3) 企业开发销售的主要产品列表(名称/规格)。 (4) 企业拥有与主营产品相关的不少于5项的已授权发明专利、计算机软件著作权登记证书的材料。 (5) 经具有资质的中介机构鉴证的汇算清缴年度企业会计报告(包括会计报表、会计报表附注和财务情况说明书等),以及集成电路封装、测试销售(营业)收入、研究开发费用等情况表。 (6) 与主要客户签订的一至两份代表性销售合同复印件。 (7) 企业具有与集成电路封装、测试相适应的经营场所、软硬件设施等材料。
集成电路材料企业	(1) 企业法人营业执照副本、企业取得的其他相关资质证书等。 (2) 企业职工人数、学历结构、研究开发人员情况及其占企业职工总数的比例说明,企业研究开发人员名单,以及汇算清缴年度最后一个月的企业职工社会保险缴纳证明(包括劳务派遣人员代缴社保付款凭证)等相关材料。 (3) 企业开发销售的主要产品列表(名称/规格)。 (4) 企业拥有与主营产品相关的不少于5项的已授权发明专利材料。 (5) 经具有资质的中介机构鉴证的汇算清缴年度企业会计报告(包括会计报表、会计报表附注和财务情况说明书等),以及集成电路材料销售(营业)收入、研究开发费用等情况表。 (6) 与主要客户签订的一至两份代表性销售合同复印件。 (7) 企业具有与集成电路材料生产相适应的经营场所、软硬件设施等材料。
集成电路封装、测试企业	(1) 企业法人营业执照副本、企业取得的其他相关资质证书等。 (2) 企业职工人数、学历结构、研究开发人员情况及其占企业职工总数的比例说明,企业研究开发人员名单,以及汇算清缴年度最后一个月的企业职工社会保险缴纳证明(包括劳务派遣人员代缴社保付款凭证)等相关材料。 (3) 企业开发销售的主要产品列表(名称/规格)。 (4) 企业拥有与主营产品相关的不少于5项的已授权发明专利、计算机软件著作权登记证书的材料。 (5) 经具有资质的中介机构鉴证的汇算清缴年度企业会计报告(包括会计报表、会计报表附注和财务情况说明书等),以及集成电路封装、测试销售(营业)收入、研究开发费用等情况表。 (6) 与主要客户签订的一至两份代表性销售合同复印件。 (7) 企业具有与集成电路封装、测试相适应的经营场所、软硬件设施等材料。

3）国家鼓励的软件企业条件（中华人民共和国工业和信息化部 国家发展改革委 财政部 国家税务总局公告2021年第10号）

一、国家鼓励的软件企业是指同时符合下列条件的企业：

（一）在中国境内（不包括中国港、澳、台地区）依法设立，以软件产品开发及相关信息技术服务为主营业务并具有独立法人资格的企业；该企业的设立具有合理商业目的，且不以减少、免除或推迟缴纳税款为主要目的；

（二）汇算清缴年度具有劳动合同关系或劳务派遣、聘用关系，其中具有本科及以上学历的月平均职工人数占企业月平均职工总人数的比例不低于40%，研究开发人员月平均数占企业月平均职工总数的比例不低于25%；

（三）拥有核心关键技术，并以此为基础开展经营活动，汇算清缴年度研究开发费用总额占企业销售（营业）收入总额的比例不低于7%，企业在中国境内发生的研究开发费用金额占研究开发费用总额的比例不低于60%；

（四）汇算清缴年度软件产品开发销售及相关信息技术服务（营业）收入占企业收入总额的比例不低于55%［嵌入式软件产品开发销售（营业）收入占企业收入总额的比例不低于45%］，其中软件产品自主开发销售及相关信息技术服务（营业）收入占企业收入总额的比例不低于45%［嵌入式软件产品开发销售（营业）收入占企业收入总额的比例不低于40%］；

（五）主营业务或主要产品具有专利或计算机软件著作权等属于本企业的知识产权；

（六）具有与软件开发相适应的生产经营场所、软硬件设施等开发环境（如合法的开发工具等），建立符合软件工程要求的质量管理体系并持续有效运行；

（七）汇算清缴年度未发生重大安全事故、重大质量事故、知识产权侵权等行为，企业合法经营。

二、本公告第一条中所称研究开发费用政策口径，按照《财政部 国家税务总局 科技部关于完善研究开发费用税前加计扣除政策的通知》（财税〔2015〕119号）和《国家税务总局关于研发费用税前加计扣除归集范围有关问题的公告》（国家税务总局公告2017年第40号）等规定执行。

三、本公告自2020年1月1日起执行，由工业和信息化部会同国家发展改革委、财政部、税务总局负责解释。

4）《若干政策》第（三）、（七）条提及的国家鼓励的重点集成电路设计企业享受税收优惠政策条件，除符合《若干政策》第（二）条所称国家鼓励的集成电路设计企业条件外，还应符合以下条件（发改高技〔2022〕390号附件1）

（一）汇算清缴年度具有劳动合同关系或劳务派遣、聘用关系，其中具有本科及以上学历月平均职工人数占企业月平均职工总人数的比例不低于50%，研究开发人员月平均数占企业月平均职工总数的比例不低于40%；

（二）拥有关键核心技术，并以此为基础开展经营活动，且汇算清缴年度研究开发费用总额占企业销售（营业）收入（主营业务收入与其他业务收入之和）总额的比例不低于6%；

（三）汇算清缴年度集成电路设计（含EDA工具、IP和设计服务，下同）销售（营业）收入占企业收入总额的比例不低于70%，其中集成电路自主设计销售（营业）收入占企业收入总额的比例不低于60%；对于集成电路设计销售（营业）收入超过50亿元的企业，汇算清缴年度集成电路设计销售（营业）收入占企业收入总额的比例不低于60%，其中集成电路自主设计销售（营业）收入占企业收入总额的比例不低于50%；

（四）企业拥有核心关键技术和属于本企业的知识产权，企业拥有与集成电路产品设计相关的已授权发明专利、布图设计登记、计算机软件著作权合计不少于8个。

除以上条件外，还应至少符合下列条件中的一项：

（一）汇算清缴年度，集成电路设计销售（营业）收入不低于5亿元，应纳税所得额不低于3 000万元；对于集成电路设计销售（营业）收入不低于50亿元的企业，可不要求应纳税所得额，但研究开发费用总额占企业销售（营业）收入（主营业务收入与其他业务收入之和）总额的比例不低于8%。

（二）在国家鼓励的重点集成电路设计领域内（发改高技〔2021〕413号附件2），汇算清缴年度集成电路设计销售（营业）收入不低于3 000万元，应纳税所得额不低于350万元。

5)《若干政策》第(三)、(七)条提及的国家鼓励的重点软件企业,除符合国家鼓励的软件企业条件外,还应至少符合下列条件中的一项,具体领域说明见发改高技〔2021〕413号附件2。(发改高技〔2022〕390号附件1)

(一)专业开发基础软件、研发设计类工业软件的企业,汇算清缴年度软件产品开发销售及相关信息技术服务(营业)收入(其中相关信息技术服务是指实现软件产品功能直接相关的咨询设计、软件运维、数据服务,下同)不低于5000万元;汇算清缴年度研究开发费用总额占企业销售(营业)收入总额的比例不低于7%。 (二)专业开发生产控制类工业软件、新兴技术软件、信息安全软件的企业,汇算清缴年度软件产品开发销售及相关信息技术服务(营业)收入不低于1亿元;应纳税所得额不低于500万元;研究开发人员月平均数占企业月平均职工总数的比例不低于30%;汇算清缴年度研究开发费用总额占企业销售(营业)收入总额的比例不低于8%。	(三)专业开发重点领域应用软件、经营管理类工业软件、公有云服务软件、嵌入式软件的企业,汇算清缴年度软件产品开发销售及相关信息技术服务(营业)收入不低于5亿元,应纳税所得额不低于2500万元;研究开发人员月平均数占企业月平均职工总数的比例不低于30%;汇算清缴年度研究开发费用总额占企业销售(营业)收入总额的比例不低于7%。

重点集成电路设计领域和重点软件领域。(发改高技〔2021〕413号附件2)

重点集成电路设计领域	重点软件领域
如业务范围涉及多个领域,仅选择其中一个领域进行申请。选择领域的销售(营业)收入占本企业集成电路设计销售(营业)收入的比例不低于50%。 (一)高性能处理器和FPGA芯片。 (二)存储芯片。 (三)智能传感器。 (四)工业、通信、汽车和安全芯片。 (五)EDA、IP和设计服务。	如业务范围涉及多个领域,仅选择其中一个领域进行申请。选择领域的软件产品开发及相关信息技术服务销售(营业)收入(其中相关信息技术服务是指实现选择领域软件产品功能直接相关的咨询设计、软件运维、数据服务)占本企业软件产品开发及相关信息技术服务销售(营业)收入的比例不低于50%。企业拥有所选择领域相应的发明专利不少于2项,相应领域计算机软件著作权登记证书不少于2项(均应具备对应的测试报告)。 (一)基础软件:操作系统、数据库管理系统、中间件、通用办公软件、固件(BIOS)、开发支撑软件、少数民族语言文字编辑处理软件。 (二)研发设计类工业软件:虚拟仿真系统、计算机辅助设计(CAD)、计算机辅助工程(CAE)、计算机辅助制造(CAM)、计算机辅助工艺规划(CAPP)、建筑信息模型(BIM)、产品数据管理(PDM)软件。 (三)生产控制类工业软件:工业控制系统、制造执行系统(MES)、制造运行管理(MOM)、调度优化系统(ORION)、先进控制系统(APC)、安全仪表系统(SIS)、可编程控制器(PLC)。 (四)新兴技术软件:分布式计算、数据分析挖掘、可视化、数据采集清洗等大数据软件,人机交互、通用算法软件、基础算法库、工具链、机器学习和深度学习框架等人工智能软件,信息系统运行维护软件,超级计算软件,区块链软件,工业互联网平台软件,云管理软件,虚拟化软件。 (五)信息安全软件:信息系统安全、网络安全、密码算法、数据安全、安全测试等方面的软件。 (六)重点行业应用软件:面向党政机关、国防、能源、交通、物流、通信、广电、医疗、建筑、制造业、应急、社保、农业、水利、教育、金融财税、知识产权、检验检测、科学研究、公共安全、节能环保、自然资源、城市管理、地理信息领域的专业应用软件。 (七)经营管理类工业软件:企业资源计划(ERP)、供应链管理(SCM)、客户关系管理(CRM)、人力资源管理(HEM)、企业资产管理(EAM)、产品生命周期管理(PLM)、运维综合保障管理(MRO)软件及相关云服务。 (八)公有云服务软件:大型公有云IaaS、PaaS服务软件。 (九)嵌入式软件(软件收入比例不低于50%):通信设备、汽车电子、交通监控设备、电子测量仪器、装备自动控制、电子医疗器械、计算机应用产品、终端设备等嵌入式软件及嵌入式软件开发环境相关软件。 (以上部分软件名词涵盖范围可参考国家标准GB/T36475软件产品分类)

6)《若干政策》第(六)条提及的集成电路线宽小于65纳米(含)的逻辑电路、存储器生产企业、线宽小于0.25微米(含)的特色工艺集成电路生产企业、集成电路线宽小于0.5微米(含)的化合物集成电路生产企业,以及财关税〔2021〕4号文件提及的集成电路产业的关键原材料、零配件(靶材、光刻胶、掩模版、封装载板、抛光垫、抛光液、8英寸及以上硅单晶、8英寸及以上硅片)生产企业享受税收优惠政策条件如下:(发改高技〔2022〕390号附件1)

① 在中国境内(不包括中国港、澳、台地区)依法注册并具有独立法人资格的企业; ② 符合国家布局规划和产业政策;	③ 具有保证产品生产的手段和能力; ④ 汇算清缴年度未发生重大安全、重大质量事故或严重环境违法行为。

7)《若干政策》第(六)条提及的先进封装测试企业享受财税优惠政策条件如下:(发改高技〔2021〕413号附件1)

① 在中国境内(不包括中国港、澳、台地区)依法注册并具有独立法人资格的企业; ② 符合国家布局规划和产业政策; ③ 汇算清缴年度企业先进封装测试(晶圆级封装、系统级封装、2.5维和3维封装)规划产能占总规划产能比例,按封装产品颗粒数或晶圆数(折合8英寸)计算不低于40%。	④ 具有保证产品生产的手段和能力; ⑤ 汇算清缴年度未发生重大安全、重大质量事故或严重环境违法行为。

8)《若干政策》第(八)条提及的集成电路重大项目企业享受财税优惠政策条件如下:(发改高技〔2022〕390号附件1)

享受《若干政策》第(八)条的集成电路重大项目承建企业应符合本通知第四、五条的相对应规定。除以上条件外,还应符合下列对应条件中的一项:

(一)芯片制造类重大项目,需同时满足以下条件: 1. 符合国家布局规划和产业政策; 2. 对于不同工艺类型芯片制造项目,需分别满足以下条件: (1)对于工艺线宽小于65纳米(含)的逻辑电路、存储器项目,固定资产总投资额需超过80亿元,规划月产能超过1万片(折合12英寸)。 (2)对于工艺线宽小于0.25微米(含)的模拟、数模混合、高压、射频、功率、光电集成、图像传感、微机电系统、绝缘体上硅工艺等特色芯片制造项目,固定资产总投资额超过10亿元,规划月产能超过1万片(折合8英寸)。 (3)对于工艺线宽小于0.5微米(含)的基于化合物集成电路制造项目,固定资产总投资额超过10亿元,规划月产能超过1万片(折合6英寸)。	(二)先进封装测试类重大项目,需同时满足以下条件: 1. 符合国家布局规划和产业政策; 2. 固定资产总投资额超过10亿元; 3. 封装规划年产能超过10亿颗芯片或50万片晶圆(折合8英寸)。

5. 享受集成电路产业企业所得税税收优惠政策备案方式和要求

集成电路产业企业所得税税收优惠按照国家税务总局公告2018年第23号附件《企业所得税优惠事项管理目录(2017年版)》规定办理,该优惠预缴时即可享受。	2020年第45号公告的企业所得税税收优惠事项后续管理要分为两类:一种采取清单进行管理,另一种不采取清单进行管理。 采取清单管理的,按照2020年第45号公告规定的享受企业所得税税收优惠,清单由国家发展改革委、工业和信息化部于每年3月底前按规定向财政部、税务总局提供上一年度可享受优惠的企业和项目清单。国家鼓励的重点软件企业清单,由国家发展改革委、工业和信息化部会同财政部、税务总局等相关部门制定。 不采取清单管理的,由税务机关按照财税〔2016〕49号文件第十条的规定转请发展改革、工业和信息化部门进行核查。

1) 清单管理

采用清单管理的基本集中于部分高精尖集成电路生产企业及项目、重点集成电路设计企业以及软件企业。

清单管理范围为：企业享受《若干政策》第（一）、（三）、（六）、（七）、（八）和《财政部 海关总署 税务总局关于支持集成电路产业和软件产业发展进口税收政策的通知》（财关税〔2021〕4号）、《财政部 国家发展改革委 工业和信息化部 海关总署 税务总局关于支持集成电路产业和软件产业发展进口税收政策管理办法的通知》（财关税〔2021〕5号）提及的国家鼓励的重点集成电路设计企业和软件企业，集成电路线宽小于65纳米（含）的逻辑电路、存储器生产企业，线宽小于0.25微米（含）的特色工艺集成电路生产企业，集成电路线宽小于0.5微米（含）的化合物集成电路生产企业和先进封装测试企业，集成电路产业的关键原材料、零配件（靶材、光刻胶、掩模版、封装载板、抛光垫、抛光液、8英寸及以上硅单晶、8英寸及以上硅片）生产企业，集成电路重大项目和承建企业。

申请列入清单的企业，原则上每年3月25日至4月16日在信息填报系统（https://yyglxxbs.ndrc.gov.cn/xxbs-front/）中提交申请并将必要佐证材料（电子版、纸质版。如因特殊情况不能按时完成审计，可先提交未经审计的企业会计报告，并于4月16日后10个工作日内，在信息填报系统中补充提交经审计的企业会计报告）报各省、自治区、直辖市及计划单列市、新疆生产建设兵团发展改革委或工业和信息化主管部门（由地方发展改革委确定接受单位）。

清单印发前，企业可依据税务有关管理规定，先行按照企业条件和项目标准享受相关国内税收优惠政策。清单印发后，如企业未被列入清单，应按规定补缴已享受优惠的企业所得税款。

申请享受《若干政策》第（一）、（三）、（六）、（七）条，以及《财政部 海关总署 税务总局关于支持集成电路产业和软件产业发展进口税收政策的通知》（财关税〔2021〕4号）提及的关税优惠政策的，可于汇算清缴结束前（5月31日前），在信息填报系统中查是否列入清单。享受《若干政策》第（八）条优惠政策的，由企业所在地直属海关告知相关企业。

除列入清单管理的以外，采用转请核查方式。

享受税收优惠政策的集成电路企业、项目和软件企业提交材料明细表。（发改高技〔2022〕390号附件3）

企业或项目类型	材料清单（复印件须加盖企业公章）
享受《若干政策》第（一）条的集成电路生产企业或项目	（1）企业法人营业执照副本、企业取得的其他相关资质证书等。（可提供相应查询网址） （2）项目备案文件（备案表）。（可提供相应查询网址） （3）企业职工人数、学历结构、研究开发人员情况及其占职工总数的比例说明，企业研究开发人员名单，以及汇算清缴年度最后一个月的企业职工社会保险缴纳证明（包括劳务派遣人员代缴社保付款凭证）等相关证明材料。 （4）企业主要工艺、产品列表（名称/规格）。 （5）企业拥有与主营产品相关的发明专利等证明材料。 （6）经具有资质的中介机构鉴证的汇算清缴年度企业会计报告（包括会计报表、会计报表附注和财务情况说明书等），以及集成电路制造销售（营业）收入、自有集成电路产品制造销售（营业）收入、研究开发费用等情况表。 （7）与主要客户签订的一至两份代表性销售合同复印件。 （8）企业具有保证产品生产的手段和能力的证明材料（包括采购设备清单等）。 （9）省级发展改革委（工业和信息化主管部门）要求出具的其他材料。
享受《若干政策》第（三）、（七）条的重点集成电路设计企业	（1）企业法人营业执照副本、企业取得的其他相关资质证书等。（可提供相应查询网址） （2）企业职工人数、学历结构、研究开发人员情况及其占职工总数的比例说明，企业研究开发人员名单，以及汇算清缴年度最后一个月的企业职工社会保险缴纳证明（包括劳务派遣人员代缴社保付款凭证）等相关证明材料。 （3）企业开发销售的主要产品和服务列表[名称/重点领域/对应销售（营业）收入规模]。

(续表)

企业或项目类型	材料清单（复印件须加盖企业公章）
享受《若干政策》第（三）、（七）条的重点集成电路设计企业	（4）企业拥有与主营产品相关的不少于8项的已授权发明专利、布图设计登记、计算机软件著作权登记证书的证明材料。 （5）经具有资质的中介机构鉴证的汇算清缴年度企业会计报告（包括会计报表、会计报表附注和财务情况说明书等），以及集成电路设计销售（营业）收入、集成电路自主设计销售（营业）收入、研究开发费用等情况表。 （6）第三方检测机构提供的集成电路产品测试报告或用户报告，以及与主要客户签订的一至两份代表性销售合同复印件。 （7）企业具有与集成电路设计相适应的软硬件设施等开发环境的证明材料。 （8）省级发展改革委（工业和信息化主管部门）要求出具的其他材料。
享受《若干政策》第（三）、（七）的重点软件企业	（1）企业法人营业执照副本、企业取得的其他相关资质证书等。（可提供相应查询网址） （2）企业职工人数、学历结构、研究开发人员情况及其占职工总数的比例说明，企业研究开发人员名单，以及汇算清缴年度最后一个月的企业职工社会保险缴纳证明（包括劳务派遣人员代缴社保付款凭证）等相关证明材料。 （3）企业开发销售的主要软件产品列表[名称/重点领域/对应销售（营业）收入规模]。 （4）企业具有所申报领域相应的已授权发明专利不少于2项，相应领域计算机软件著作权登记证书不少于2项（均应具备对应的测试报告）的证明材料。 （5）经具有资质的中介机构鉴证的汇算清缴年度企业会计报告（包括会计报表、会计报表附注和财务情况说明书等），以及软件产品开发销售及相关信息技术服务（营业）收入、软件产品自主开发销售（营业）收入、研究开发费用、境内研究开发费用等情况表。 （6）汇算清缴年度与申报领域相关的合同列表及销售凭证。 （7）与主要客户签订的一至两份代表性销售合同复印件。 （8）企业具有与软件开发相适应软硬件设施等开发环境（如合法的开发工具等）的证明材料。 （9）省级发展改革委（工业和信息化主管部门）要求出具的其他材料。
享受《若干政策》第（六）条的集成电路生产企业	（1）企业法人营业执照副本、企业取得的其他相关资质证书等。（可提供相应查询网址） （2）项目备案文件（备案表）。（可提供相应查询网址） （3）企业具有保证产品生产的手段和能力的证明材料（包括采购设备清单等），先进封装、测试企业需提供按封装产品颗粒数或晶圆数（折合8英寸）计算，先进封装测试（晶圆级封装、系统级封装、2.5维和3维封装）规划产能占总规划产能比例不低于40%的证明材料。 （4）省级发展改革委（工业和信息化主管部门）要求出具的其他材料。
享受《若干政策》第（八）条的集成电路重大项目	（1）项目企业对应类别集成电路企业条件材料清单。 （2）固定资产投资额相关证明材料。 （3）省级发展改革委（工业和信息化主管部门）要求出具的其他材料。

注：上述企业类型、材料清单依据国发〔2020〕8号文件制定，材料模板请询省级发展改革委（工业和信息化主管部门），填报说明见信息填报系统。

2）转请核查

软件、集成电路产业按照《企业所得税优惠事项管理目录》第30至31项、第45至53项、第56至57项集成电路产业优惠事项需要在汇算清缴后按照《企业所得税优惠事项管理目录》"后续管理要求"项目中列示的资料清单向税务部门提交资料，提交资料时间不得超过本年度汇算清缴期。集成电路封装、测试企业，集成电路关键专用材料生产企业或集成电路专用设备生产企业定期减免企业所得税税收优惠通常按照"自行判别、申报享受、相关资料留存备查"的办理方式。

对于符合条件的集成电路封装、测试企业，集成电路关键专用材料生产企业或集成电路专用设备生产企业定期减免企业所得税，按照《企业所得税优惠事项管理目录》第54、55项的要求，年度汇算清缴时，凭省级相关部门出具的证明享受减免税优惠。

（四）软件企业与高新技术企业优惠叠加享受问题（国税函〔2010〕157号第一条第二项）

居民企业被认定为高新技术企业，同时又符合软件生产企业和集成电路生产企业定期减半征收企业所得税优惠条件的，该居民企业的所得税适用税率可以选择适用高新技术企业的15%税率，也可以选择依照25%的法定税率减半征税，但不能享受15%税率的减半征税。

（五）《软件、集成电路企业优惠情况及明细表》填报规范

1．软件、集成电路企业优惠情况及明细表表样

A107042　　　　　　　　　　软件、集成电路企业优惠情况及明细表

税收优惠基本信息			
选择适用优惠政策		□延续适用原有优惠政策	□适用新出台优惠政策
减免方式1		获利年度\开始计算优惠期年度1	
减免方式2		获利年度\开始计算优惠期年度2	
税收优惠有关情况			
行次	项	目	数量\金额
1	人员指标	一、企业本年月平均职工总人数	
2		其中：签订劳动合同关系且具有大学专\本科以上学历的职工人数	
3		研究开发人员人数	
4	研发费用指标	二、研发费用总额	
5		其中：企业在中国境内发生的研发费用金额	
6	收入指标	三、企业收入总额	
7		四、符合条件的销售（营业）收入	
8		其中：自主设计、自主开发销售及服务收入	
9	知识产权指标	五、拥有核心关键技术和属于本企业的知识产权总数	
10		其中：发明专利	
11		集成电路布图设计登记	
12		计算机 软件著作权	
13	业务类型及领域	是否从事8英寸及以下集成电路生产	□是　□否
14		是否按照开发、销售嵌入式软件企业条件享受政策	□是　□否
15		重点集成电路设计领域和重点软件领域	请选择所属领域
16	减免税额		

2. 填报口径和要求

本表适用于享受软件、集成电路企业优惠政策的纳税人填报。纳税人根据税法及相关政策规定,填报本年发生的软件、集成电路企业优惠有关情况。	享受软件、集成电路企业优惠政策的纳税人均需按照企业整体情况填报本表,其中填报《所得减免优惠明细表》(A107020)"七、线宽小于130纳米(含)的集成电路生产项目""八、线宽小于65纳米(含)或投资额超过150亿元的集成电路生产项目""九、线宽小于28纳米(含)的集成电路生产项目减免企业所得税"减免项目的纳税人,应当填报除本表第16行"减免税额"以外的本表其他相应项目。

1) 税收优惠基本信息

企业以前年度符合软件、集成电路税收优惠政策条件且已开始享受优惠政策的,可选择延续适用原有优惠政策;符合最新软件、集成电路税收优惠政策条件的,可选择适用新出台的优惠政策。企业根据实际情况在"选择适用优惠政策"中勾选"□延续适用原有优惠政策"或"□适用新出台优惠政策"。

当集成电路生产企业存在按项目享受时,可根据实际情况填报"减免方式1""减免方式2"……,并同时填报对应的"获利年度\开始计算优惠期年度1"和"获利年度\开始计算优惠期年度2"……。

减免方式	获利年度\开始计算优惠期年度
纳税人根据《企业所得税年度纳税申报基础信息表》(A000000)"208软件、集成电路企业类型"填报的企业类型和实际经营情况,从《软件、集成电路企业优惠方式代码表》"代码"列中选择相应代码,填入本项。除集成电路生产企业纳税人存在按项目享受优惠的情况外,纳税人仅可从中选择一项填列;若集成电路生产企业纳税人存在多个项目的,应将所有享受优惠的项目减免方式等情况填入本表,项目数量可以增加。	适用选择"二免三减半""五免五减半""十免"等定期减免类型的纳税人填报。其中,"开始计算优惠期年度"按照财税〔2012〕27号、财税〔2015〕6号、财税〔2018〕27号、财政部税务总局发展改革委工业和信息化部公告2020年第45号等文件的相关规定确定。

软件、集成电路企业优惠方式代码表

代码	减免方式类型	原政策	新政策		软件、集成电路企业类型
110	企业二免三减半(免税)		√	140	集成电路生产企业(线宽小于130纳米的企业)
			√	240	集成电路设计企业
			√	330	软件企业
			√	400	集成电路封装、测试(含封装测试)企业
			√	500	集成电路材料(含关键专用材料)企业
			√	600	集成电路装备(含专用设备)企业
120	企业二免三减半(减半征收)	√		110	集成电路生产企业(线宽小于0.8微米的企业)
		√	√	140	集成电路生产企业(线宽小于130纳米的企业)
		√	√	240	集成电路设计企业
		√	√	330	软件企业
		√	√	400	集成电路封装、测试(含封装测试)企业
		√	√	500	集成电路材料(含关键专用材料)企业
		√	√	600	集成电路装备(含专用设备)企业
210	企业五免五减半(免税)	√		120	集成电路生产企业(线宽小于0.25微米的企业)
		√		130	集成电路生产企业(投资额超过80亿元的企业)
		√		131	集成电路生产企业(资额超过150亿元的企业)
		√	√	151	集成电路生产企业(线宽小于65纳米的企业)

（续表）

代码	减免方式类型	原政策	新政策		软件、集成电路企业类型
220	企业五免五减半（减半征收）	√		120	集成电路生产企业（线宽小于 0.25 微米的企业）
		√		130	集成电路生产企业（投资额超过 80 亿元的企业）
		√		131	集成电路生产企业（资额超过 150 亿元的企业）
		√	√	151	集成电路生产企业（线宽小于 65 纳米的企业）
300	企业减按 10% 税率征收企业所得税		√	250	重点集成电路设计企业
			√	340	重点软件企业
510	项目所得二免三减半（免税）		√	140	集成电路生产企业（线宽小于 130 纳米的企业）
520	项目所得二免三减半（减半征收）	√	√	140	集成电路生产企业（线宽小于 130 纳米的企业）
610	项目所得五免五减半（免税）	√		131	集成电路生产企业（资额超过 150 亿元的企业）
		√	√	151	集成电路生产企业（线宽小于 65 纳米的企业）
620	项目所得五免五减半（减半征收）	√		131	集成电路生产企业（资额超过 150 亿元的企业）
		√	√	151	集成电路生产企业（线宽小于 65 纳米的企业）
700	项目所得十免（免税）		√	160	集成电路生产企业（线宽小于 28 纳米的企业）
800	企业五免（免税）		√	250	重点集成电路设计企业
			√	340	重点软件企业
900	企业十免（免税）		√	160	集成电路生产企业（线宽小于 28 纳米的企业）

2）税收优惠有关情况

（1）人员指标。

企业本年月平均职工总人数	签订劳动合同关系且具有大学专科以上学历的职工人数	研究开发人员人数
1. 第 1 行"一、企业本年月平均职工总人数"：填报纳税人本年月平均职工总人数。本年月平均职工总人数计算方法： 月平均人数＝（月初数＋月末数）÷2 全年月平均职工总人数＝全年各月平均数之和÷12	2. 第 2 行"签订劳动合同关系且具有大学专科以上学历的职工人数"：填报纳税人符合政策规定的大学专\本科以上学历的职工人数。	3. 第 3 行"研究开发人员人数"：填报纳税人本年研究开发人员人数。

（2）研发费用指标。

研发费用总额	企业在中国境内发生的研发费用金额
4. 第 4 行"二、研发费用总额"：填报企业按照财税〔2015〕119 号、国家税务总局公告 2015 年第 97 号、国家税务总局公告 2017 年第 40 号等文件规定口径归集的研发费用。	5. 第 5 行"企业在中国境内发生的研发费用金额"：填报纳税人本年在中国境内发生的研发费用。

(3) 收入指标。

企业收入总额	符合条件的销售(营业)收入
6. 第 6 行"三、企业收入总额":填报纳税人本年以货币形式和非货币形式从各种来源取得的收入总额。包括:销售货物收入,提供劳务收入,转让财产收入,股息、红利等权益性投资收益,利息收入,租金收入,特许权使用费收入,接受捐赠收入,其他收入。	7. 第 7 行"四、符合条件的销售(营业)收入":根据企业类型分析填报,具体如下: (1) 集成电路生产企业:填报本年度集成电路制造销售(营业)收入; (2) 集成电路设计企业:填报本年度集成电路设计销售(营业)收入; (3) 软件企业:一般软件企业填报本年软件产品开发销售(营业)收入;嵌入式或信息系统集成软件企业填报嵌入式软件产品和信息系统集成产品开发销售(营业)收入; (4) 集成电路封装、测试(含封装测试)企业:填报本年集成电路封装、测试(含封装测试)销售(营业)收入; (5) 集成电路材料(含关键专用材料)企业:填报本年集成电路材料(含关键专用材料)销售(营业)收入; (6) 集成电路装备(含专用设备)企业:填报本年集成电路装备(含专用设备)销售(营业)收入。 8. 第 8 行"其中:自主设计、自主开发销售及服务收入":根据企业类型分析填报,具体如下: (1) 集成电路设计企业:填报本年度集成电路自主设计销售(营业)收入。 (2) 软件企业:软件企业填报本年软件产品自主开发销售(营业)收入;嵌入式或信息系统集成软件企业填报本年自主开发嵌入式软件产品和信息系统集成产品开发销售(营业)收入。

(4) 知识产权指标。

9. 第 9 行"五、拥有核心关键技术和属于本企业的知识产权总数":填报拥有核心关键技术和属于本企业的知识产权的数量。

发明专利	集成电路布图设计登记	计算机软件著作权
10. 第 10 行"其中:发明专利":填报拥有核心关键技术和属于本企业的知识产权中属于发明专利的数量。	11. 第 11 行"集成电路布图设计登记":由集成电路设计企业填报集成电路布图设计登记数量。	12. 第 12 行"计算机软件著作权":填报计算机软件著作权数量。

(5) 业务类型及领域。

是否从事 8 英寸及以下集成电路生产	是否按照开发、销售嵌入式软件企业条件享受政策	重点集成电路设计领域和重点软件领域
13. 第 13 行"是否从事 8 英寸及以下集成电路生产":由集成电路生产企业根据企业经营情况勾选。	14. 第 14 行"是否按照开发、销售嵌入式软件企业条件享受政策":由软件企业根据企业生产经营情况勾选。	15. 第 15 行"重点集成电路设计领域和重点软件领域":由重点集成电路设计企业和软件企业根据企业实际情况,从《重点集成电路设计和软件企业领域表》中选择所属领域填入本项。

重点集成电路设计和软件企业领域表

一、重点集成电路设计领域	(一) 高性能处理器和 FPGA 芯片;
	(二) 存储芯片;
	(三) 智能传感器;
	(四) 工业、通信、汽车和安全芯片;
	(五) EDA、IP 和设计服务。
二、重点软件领域	(一) 基础软件:操作系统、数据库管理系统、中间件、通用办公软件、固件(BIOS)、开发支撑软件、少数民族语言文字编辑处理软件。

（续表）

二、重点软件领域	（二）研发设计类工业软件：虚拟仿真系统、计算机辅助设计（CAD）、计算机辅助工程（CAE）、计算机辅助制造（CAM）、计算机辅助工艺规划（CAPP）、建筑信息模型（BIM）、产品数据管理（PDM）软件。	
	（三）生产控制类工业软件：工业控制系统、制造执行系统（MES）、制造运行管理（MOM）、调度优化系统（ORION）、先进控制系统（APC）、安全仪表系统（SIS）、可编程控制器（PLC）。	
	（四）新兴技术软件：分布式计算、数据分析挖掘、可视化、数据采集清洗等大数据软件，人机交互、通用算法软件、基础算法库、工具链、机器学习和深度学习框架等人工智能软件，信息系统运行维护软件，超级计算软件，区块链软件，工业互联网平台软件，云管理软件，虚拟化软件。	
	（五）信息安全软件：信息系统安全、网络安全、密码算法、数据安全、安全测试等方面的软件。	
	（六）重点行业应用软件：面向党政机关、国防、能源、交通、物流、通信、广电、医疗、建筑、制造业、应急、社保、农业、水利、教育、金融财税、知识产权、检验检测、科学研究、公共安全、节能环保、自然资源、城市管理、地理信息领域的专业应用软件。	
	（七）经营管理类工业软件：企业资源计划（ERP）、供应链管理（SCM）、客户关系管理（CRM）、人力资源管理（HEM）、企业资产管理（EAM）、产品生命周期管理（PLM）、运维综合保障管理（MRO）软件及相关云服务。	
	（八）公有云服务软件：大型公有云 IaaS、PaaS 服务软件。	
	（九）嵌入式软件（软件收入比例不低于50%）：通信设备、汽车电子、交通监控设备、电子测量仪器、装备自动控制、电子医疗器械、计算机应用产品、终端设备等嵌入式软件及嵌入式软件开发环境相关软件。	

（6）减免税额。

16.第16行"减免税额"：填报本年享受集成电路、软件企业优惠的金额。	当减免方式为"项目所得二免三减半（免税）""项目所得二免三减半（减半征收）""项目所得五免五减半（免税）""项目所得五免五减半（减半征收）""项目所得十免（免税）"时，本行无需填报。

3）表 A107042 第 16 行"减免税额"与表 A107040 行次对应关系

软件、集成电路企业类型	选择适用优惠政策	优惠方式代码	减免方式类型	A107040对应行次
110 集成电路生产企业（线宽小于0.8微米的企业）	原政策	120	企业二免三减半（减半征收）	6
120 集成电路生产企业（线宽小于0.25微米的企业）	原政策	210	企业五免五减半（免税）	9
	原政策	220	企业五免五减半（减半征收）	9
130 集成电路生产企业（投资额超过80亿元的企业）	原政策	210	企业五免五减半（免税）	10
	原政策	220	企业五免五减半（减半征收）	10
131 集成电路生产企业（投资额超过150亿元的企业）	原政策	210	企业五免五减半（免税）	27
	原政策	220	企业五免五减半（减半征收）	27
140 集成电路生产企业（线宽小于130纳米的企业）	原政策	120	企业二免三减半（减半征收）	26
	新政策	110	企业二免三减半（免税）	28.4.3
	新政策	120	企业二免三减半（减半征收）	28.4.3

(续表)

软件、集成电路企业类型	选择适用优惠政策	优惠方式代码	减免方式类型	A107040对应行次
151 集成电路生产企业（线宽小于65纳米的企业）	原政策	210	企业五免五减半（免税）	27
	原政策	220	企业五免五减半（减半征收）	27
	新政策	210	企业五免五减半（免税）	28.4.2
	新政策	220	企业五免五减半（减半征收）	28.4.2
160 集成电路生产企业（线宽小于28纳米的企业）	新政策	900	企业十免（免税）	28.4.1
240 集成电路设计企业（集成电路设计企业）	原政策	120	企业二免三减半（减半征收）	11
	新政策	110	企业二免三减半（免税）	28.4.4
	新政策	120	企业二免三减半（减半征收）	28.4.4
250 集成电路设计企业（重点集成电路设计企业）	新政策	300	企业减按10%税率征收企业所得税	28.4.5
	新政策	800	企业五免（免税）	28.4.5
330 软件企业（软件企业）	原政策	120	企业二免三减半（减半征收）	13
	新政策	110	企业二免三减半（免税）	28.4.9
	新政策	120	企业二免三减半（减半征收）	28.4.9
340 软件企业（重点软件企业）	新政策	300	企业减按10%税率征收企业所得税	28.4.10
	新政策	800	企业五免（免税）	28.4.10
400 集成电路封装、测试（含封装测试）企业	原政策	120	企业二免三减半（减半征收）	15
	新政策	110	企业二免三减半（免税）	28.4.8
	新政策	120	企业二免三减半（减半征收）	28.4.8
500 集成电路材料（含关键专用材料）企业	原政策	120	企业二免三减半（减半征收）	16
	新政策	110	企业二免三减半（免税）	28.4.7
	新政策	120	企业二免三减半（减半征收）	28.4.7
600 集成电路装备（含专用设备）企业	原政策	120	企业二免三减半（减半征收）	16
	新政策	110	企业二免三减半（免税）	28.4.6
	新政策	120	企业二免三减半（减半征收）	28.4.6

五、减免所得税其他专项优惠

(一) 经营性文化事业单位转制企业免税优惠

1. 税收优惠政策

政策依据：

《国务院办公厅关于印发文化体制改革中经营性文化事业单位转制为企业和进一步支持文化企业发展两个规定的通知》(国办发〔2018〕124号)；

《财政部 国家税务总局 中央宣传部关于继续实施文化体制改革中经营性文化事业单位转制为企业若干税收政策的通知》(财税〔2019〕16号)；

《财政部 税务总局关于继续实施支持文化企业发展增值税政策的通知》(财税〔2019〕17号);

《财政部 税务总局 国家发展改革委 生态环境部关于从事污染防治的第三方企业所得税政策问题的公告》(财政部 税务总局 国家发展改革委 生态环境部公告2019年第60号);

《财政部 税务总局关于电影等行业税费支持政策的公告》(财政部 税务总局公告2020年第25号)。

财税〔2019〕17号	财税〔2019〕16号	相关口径
对电影主管部门(包括中央、省、地市及县级)按照各自职能权限批准从事电影制片、发行、放映的电影集团公司(含成员企业)、电影制片厂及其他电影企业取得的销售电影拷贝(含数字拷贝)收入、转让电影版权(包括转让和许可使用)收入、电影发行收入以及在农村取得的电影放映收入,免征增值税。一般纳税人提供的城市电影放映服务,可以按现行政策规定,选择按照简易计税办法计算缴纳增值税。 对广播电视运营服务企业收取的有线数字电视基本收视维护费和农村有线电视基本收视费,免征增值税。 本通知执行期限为2019年1月1日至2023年12月31日。 文化企业按照本通知规定应予减免的增值税税款,在本通知下发以前已经征收入库的,可抵减以后纳税期应缴税款或办理退库。 对纳税人2020年度提供电影放映服务取得的收入免征增值税。(财政部 税务总局公告2020年第25号)	自2019年1月1日至2023年12月31日: (1)经营性文化事业单位转制为企业,自转制注册之日起5年内免征企业所得税。2018年12月31日之前已完成转制的企业,自2019年1月1日起可继续免征5年企业所得税。 (2)由财政部门拨付事业经费的文化单位转制为企业,自转制注册之日起5年内对其自用房产免征房产税。2018年12月31日之前已完成转制的企业,自2019年1月1日起对其自用房产可继续免征5年房产税。 (3)党报、党刊将其发行、印刷业务及相应的经营性资产剥离组建的文化企业,自注册之日起所取得的党报、党刊发行收入和印刷收入免征增值税。 (4)对经营性文化事业单位转制中资产评估增值、资产转让或划转涉及的企业所得税、增值税、城市维护建设税、契税、印花税等,符合现行规定的享受相应税收优惠政策。 本通知下发之前已经审核认定享受财税〔2014〕84号文件税收优惠政策的转制文化企业,可按本通知规定享受税收优惠政策。	"经营性文化事业单位",是指从事新闻出版、广播影视和文化艺术的事业单位。转制包括整体转制和剥离转制。其中,整体转制包括:(图书、音像、电子)出版社、非时政类报刊出版单位、新华书店、艺术院团、电影制片厂、电影(发行放映)公司、影剧院、重点新闻网站等整体转制为企业;剥离转制包括:新闻媒体中的广告、印刷、发行、传输网络等部分,以及影视剧等节目制作与销售机构,从事业体制中剥离出来转制为企业。 "转制注册之日",是指经营性文化事业单位转制为企业并进行企业法人登记之日。对于经营性文化事业单位转制前已进行企业法人登记,则按注销事业单位法人登记之日,或核销事业编制的批复之日(转制前未进行事业单位法人登记的)确定转制完成并享受本通知所规定的税收优惠政策。 "2018年12月31日之前已完成转制",是指经营性文化事业单位在2018年12月31日及以前已转制为企业、进行企业法人登记,并注销事业单位法人登记或批复核销事业编制(转制前未进行事业单位法人登记的)。

2019年1月1日至2023年12月31日,经营性文化事业单位转制为企业,自转制注册之日起5年内免征企业所得税。2018年12月31日之前已完成转制的企业,自2019年1月1日起可继续免征5年企业所得税。企业在2023年12月31日享受税收政策不满5年的,可继续享受至5年期满为止。

财税〔2014〕84号文件规定的"转制为企业的出版、发行单位处置库存呆滞出版物形成的损失,允许按照税收法律法规的规定在企业所得税前扣除。"自2019年1月1日起停止执行。

报表填报:经营性文化事业单位转制企业征企业所得税,填报表A107040第17行"十七、经营性文化事业单位转制为企业的免征企业所得税",填报金额为根据表A100000第23行"应纳税所得额"计算的免征企业所得税金额。

2. 享受税收优惠政策的转制文化企业应同时符合以下条件

(1) 根据相关部门的批复进行转制。 (2) 转制文化企业已进行企业法人登记。 (3) 整体转制前已进行事业单位法人登记的,转制后已核销事业编制、注销事业单位法人;整体转制前未进行事业单位法人登记的,转制后已核销事业编制。	(4) 已同在职职工全部签订劳动合同,按企业办法参加社会保险。 (5) 转制文化企业引入非公有资本和境外资本的,须符合国家法律法规和政策规定;变更资本结构依法应经批准的,需经行业主管部门和国有文化资产监管部门批准。
本政策适用于所有转制文化单位。中央所属转制文化企业的认定,由中央宣传部会同财政部、税务总局确定并发布名单;地方所属转制文化企业的认定,按照登记管理权限,由地方各级宣传部门会同同级财政、税务部门确定和发布名单,并按程序抄送中央宣传部、财政部和税务总局。 已认定发布的转制文化企业名称发生变更的,如果主营业务未发生变化,可持同级文化体制改革和发展工作领导小组办公室出具的同意变更函,到主管税务机关履行变更手续;如果主营业务发生变化,依照本条规定的条件重新认定。	

3. 优惠事项管理(国家税务总局公告2018年第23号)

序号	主要留存备查资料	享受优惠时间	后续管理要求
58	(1) 企业转制方案文件。 (2) 有关部门对转制方案的批复文件。 (3) 整体转制前进行事业单位法人登记的,同级机构编制管理机关核销事业编制的证明,以及注销事业单位法人的证明。 (4) 企业转制的工商登记情况。 (5) 企业与职工签订的劳动合同。 (6) 企业缴纳社会保险费记录。 (7) 有关部门批准引入非公有资本、境外资本和变更资本结构的批准函。 (8) 同级文化体制改革和发展工作领导小组办公室出具的同意变更函(已认定发布的转制文化企业名称发生变更,且主营业务未发生变化的)。	预缴享受	由省税务机关(含计划单列市税务机关)规定。 未经认定的转制文化企业或转制文化企业不符合财税〔2019〕16号文件规定的,不得享受相关税收优惠政策。已享受优惠的,主管税务机关应追缴其已减免的税款。

(二) 符合条件的生产和装配伤残人员专门用品企业免税优惠

1. 优惠政策(财税〔2011〕81号、财税〔2016〕111号、财政部 税务总局 民政部公告2021年第14号)

优惠政策	报表填报
符合条件的居民企业,可在2015年年底以前免征企业所得税。(财税〔2011〕81号) 自2016年1月1日至2020年12月31日,对符合条件的居民企业,免征企业所得税。(财税〔2016〕111号) 自2021年1月1日至2023年12月31日,对符合下列条件的居民企业,免征企业所得税。(财政部 税务总局 民政部公告2021年第14号)	符合条件的生产和装配伤残人员专门用品的企业,免征的企业所得税在表A107040第18行"十八、符合条件的生产和装配伤残人员专门用品企业免征企业所得税",填报金额为根据表A100000第23行"应纳税所得额"计算的免征企业所得税。

2. 免税条件(财政部 税务总局 民政部公告2021年第14号)

(1) 生产和装配伤残人员专门用品,且在民政部发布的《中国伤残人员专门用品目录》范围之内。 (2) 以销售本企业生产或者装配的伤残人员专门用品为主,且所取得的年度伤残人员专门用品销售收入(不含出口取得的收入)占企业全部收入60%以上。 (3) 企业账证健全,能够准确、完整地向主管税务机关提供纳税资料,且本企业生产或者装配的伤残人员专门用品所取得的收入能够单独、准确核算。	(4) 企业拥有取得注册登记的假肢、矫形器(辅助器具)制作师执业资格证书的专业技术人员不得少于1人;其企业生产人员如超过20人,则其拥有取得注册登记的假肢、矫形器(辅助器具)制作师执业资格证书的专业技术人员不得少于全部生产人员的1/6。 (5) 具有与业务相适应的测量取型、模型加工、接受腔成型、打磨、对线装配、功能训练等生产装配专用设备和工具。 (6) 具有独立的接待室、假肢或者矫形器(辅助器具)制作室和假肢功能训练室,使用面积不少于115平方米。

取消财税〔2011〕81号文件规定的"企业取得注册登记的假肢、矫形器（辅助器具）制作师执业资格证书的专业技术人员每年须接受继续教育,制作师《执业资格证书》须通过年检"条件。

3. 优惠事项管理（国家税务总局公告2018年第23号）

序号	主要留存备查资料	享受优惠时间	后续管理要求
43	（1）生产和装配伤残人员专门用品,在民政部《中国伤残人员专门用品目录》范围之内的说明。 （2）伤残人员专门用品制作师名册、《执业资格证书》（假肢制作师、矫形器制作师）。 （3）企业的生产和装配条件以及帮助伤残人员康复的其他辅助条件的说明材料。	预缴享受	由省税务机关（含计划单列市税务机关）规定。

（三）技术先进型服务企业（服务贸易类）减免税优惠

1. 增值税优惠

1）优惠政策

财税〔2015〕118号	财税〔2016〕36号附件4
离岸服务外包业务免征增值政策自2015年12月1日起停止执行,改为实行增值税零税率政策。 自2014年1月1日至2018年12月31日,试点纳税人提供的离岸服务外包业务免征增值税。（已废止的财税〔2013〕106号附件3）	境内单位和个人向境外单位提供的完全在境外消费的离岸服务外包业务,适用增值税零税率。

从事离岸服务外包业务,指企业根据境外单位与其签订的委托合同,由本企业或其直接转包的企业为境外提供信息技术外包服务（ITO）、技术性业务流程外包服务（BPO）或技术性知识流程外包服务（KPO）,其所涉及的具体业务活动,按照《销售服务、无形资产、不动产注释》相对应的业务活动执行。

2）合同认定

应向商务委员会申请离岸服务外包合同认定,主要步骤为：系统注册→录入合同信息→报送相关材料,企业需向商务委员会递交与该离岸服务外包合同相关的材料,如合同文本、与合同执行金额相对应的外汇收汇凭证等审核确认,商务委员会审核并对该离岸服务外包合同予以确认,出具《离岸服务外包合同认定单》。

2. 企业所得税优惠

1）优惠政策规定（财税〔2017〕79号）

优惠政策	技术先进型服务企业的条件
自2017年1月1日起,在全国范围内实行以下企业所得税优惠政策： （1）对经认定的技术先进型服务企业,减按15%的税率征收企业所得税。	享受本通知第一条规定的企业所得税优惠政策的技术先进型服务企业必须同时符合以下条件： （1）在中国境内（不包括中国港、澳、台地区）注册的法人企业。 （2）从事《技术先进型服务业务认定范围（试行）》中的一种或多种技术先进型服务业务,采用先进技术或具备较强的研发能力。 （3）具有大专以上学历的员工占企业职工总数的50%以上。

(续表)

优惠政策	技术先进型服务企业的条件
（2）经认定的技术先进型服务企业发生的职工教育经费支出，不超过工资薪金总额8%的部分准予在计算应纳税所得额时扣除；超过部分，准予在以后纳税年度结转扣除。	（4）从事《技术先进型服务业务认定范围（试行）》中的技术先进型服务业务取得的收入占企业当年总收入的50%以上。 （5）从事离岸服务外包业务取得的收入不低于企业当年总收入的35%。 从事离岸服务外包业务取得的收入，是指企业根据境外单位与其签订的委托合同，由本企业或其直接转包的企业为境外单位提供《技术先进型服务业务认定范围（试行）》中所规定的信息技术外包服务（ITO）、技术性业务流程外包服务（BPO）和技术性知识流程外包服务（KPO），而从上述境外单位取得的收入。
自2018年1月1日起，经认定的技术先进型服务企业（服务贸易类）减按15%的税率征收企业所得税。技术先进型服务企业减免的所得税填报表A107040第19行"十九、技术先进型服务企业减按15%的税率征收企业所得税"，减免税金额根据表A100000第23行"应纳税所得额"乘以10%的积填写。	

2) 技术先进型服务企业的认定管理（财税〔2017〕79号）

技术先进型服务企业的认定管理。

（1）省级科技部门会同本级商务、财政、税务和发展改革部门根据本通知规定制定本省（自治区、直辖市、计划单列市）技术先进型服务企业认定管理办法，并负责本地区技术先进型服务企业的认定管理工作。各省（自治区、直辖市、计划单列市）技术先进型服务企业认定管理办法应报科技部、商务部、财政部、税务总局和国家发展改革委备案。

（2）符合条件的技术先进型服务企业应向所在省科技部门提出申请，由省级科技部门会同本级商务、财政、税务和发展改革部门联合评审后发文认定，并将认定企业名单及有关情况通过科技部"全国技术先进型服务企业业务办理管理平台"备案，科技部与商务部、财政部、税务总局和国家发展改革委共享备案信息。符合条件的技术先进型服务企业须在商务部"服务贸易统计监测管理信息系统（服务外包信息管理应用）"中填报企业基本信息，按时报送数据。

（3）经认定的技术先进型服务企业，持相关认定文件向所在地主管税务机关办理享受本通知第一条规定的企业所得税优惠政策事宜。享受企业所得税优惠的技术先进型服务企业条件发生变化的，应当自发生变化之日起15日内向主管税务机关报告；不再符合享受税收优惠条件的，应当依法履行纳税义务。主管税务机关在执行税收优惠政策过程中，发现企业不具备技术先进型服务企业资格的，应提请认定机构复核。复核后确认不符合认定条件的，应取消企业享受税收优惠政策的资格。

（4）省级科技、商务、财政、税务和发展改革部门对经认定并享受税收优惠政策的技术先进型服务企业应做好跟踪管理，对变更经营范围、合并、分立、转业、迁移的企业，如不再符合认定条件，应及时取消其享受税收优惠政策的资格。

（5）省级财政、税务、商务、科技和发展改革部门要认真贯彻落实本通知的各项规定，在认定工作中对内外资企业一视同仁，平等对待，切实做好沟通与协作工作。在政策实施过程中发现问题，要及时反映上报财政部、税务总局、商务部、科技部和国家发展改革委。

（6）省级科技、商务、财政、税务和发展改革部门及其工作人员在认定技术先进型服务企业工作中，存在违法违纪行为的，按照《公务员法》《行政监察法》等国家有关规定追究相应责任；涉嫌犯罪的，移送司法机关处理。

（7）本通知印发后，各地应按照本通知规定于2017年12月31日前出台本省（自治区、直辖市、计划单列市）技术先进型服务企业认定管理办法并据此开展认定工作。现有31个中国服务外包示范城市已认定的2017年度技术先进型服务企业继续有效。自2018年1月1日起，中国服务外包示范城市技术先进型服务企业认定管理工作依照所在省（自治区、直辖市、计划单列市）制定的管理办法实施。

经认定的技术先进型服务企业，自发证之日起，有效期3年。

3) 技术先进型服务业务认定范围(财税〔2017〕79号附件)

类 别			适用范围
信息技术外包服务(ITO)	(1) 软件研发及外包	软件研发及开发服务	用于金融、政府、教育、制造业、零售、服务、能源、物流、交通、媒体、电信、公共事业和医疗卫生等部门和企业,为用户的运营/生产/供应链/客户关系/人力资源和财务管理、计算机辅助设计/工程等业务进行软件开发,包括定制软件开发,嵌入式软件、套装软件开发、系统软件开发、软件测试等。
		软件技术服务	软件咨询、维护、培训、测试等技术性服务。
	(2) 信息技术研发服务外包	集成电路和电子电路设计	集成电路和电子电路产品设计以及相关技术支持服务等。
		测试平台	为软件、集成电路和电子电路的开发运用提供测试平台。
	(3) 信息系统运营维护外包	信息系统运营和维护服务	客户内部信息系统集成、网络管理、桌面管理与维护服务;信息工程、地理信息系统、远程维护等信息系统应用服务。
		基础信息技术服务	基础信息技术管理平台整合、IT基础设施管理、数据中心、托管中心、安全服务、通信服务等基础信息技术服务。
技术性业务流程外包服务(BPO)	(1) 企业业务流程设计服务		为客户企业提供内部管理、业务运作等流程设计服务。
	(2) 企业内部管理服务		为客户企业提供后台管理、人力资源管理、财务、审计与税务管理、金融支付服务、医疗数据及其他内部管理业务的数据分析、数据挖掘、数据管理、数据使用的服务;承接客户专业数据处理、分析和整合服务。
	(3) 企业运营服务		为客户企业提供技术研发服务、为企业经营、销售、产品售后服务提供的应用客户分析、数据库管理等服务。主要包括金融服务业务、政务与教育业务、制造业务和生命科学、零售和批发与运输业务、卫生保健业务、通讯与公共事业业务、呼叫中心、电子商务平台等。
	(4) 企业供应链管理服务		为客户企业提供采购、物流的整体方案设计及数据库服务。
技术性知识流程外包服务(KPO)			知识产权研究、医药和生物技术研发和测试、产品技术研发、工业设计、分析学和数据挖掘、动漫及网游设计研发、教育课件研发、工程设计等领域。

4) 优惠事项管理(国家税务总局公告2018年第23号)

序号	主要留存备查资料	享受优惠时间	后续管理要求
59	(1) 技术先进型服务企业认定文件。 (2) 技术先进型服务企业认定资料。 (3) 优惠年度技术先进型服务业务收入总额、离岸服务外包业务收入总额占本企业当年收入总额比例情况说明。 (4) 企业具有大专以上学历的员工占企业总职工总数比例情况说明。	预缴享受	由省税务机关(含计划单列市税务机关)规定。

(四)服务贸易创新发展试点地区符合条件的技术先进型服务企业减免税优惠

1. 优惠政策(财税〔2018〕44号)

优惠政策	报表填报
自2018年1月1日起,对经认定的技术先进型服务企业(服务贸易类),减按15%的税率征收企业所得税。 本通知所称技术先进型服务企业(服务贸易类)须符合的条件及认定管理事项,按照《财政部 税务总局 商务部 科技部 国家发展改革委关于将技术先进型服务企业所得税政策推广至全国实施的通知》(财税〔2017〕79号)的相关规定执行。其中,企业须满足的技术先进型服务业务领域范围按照本通知所附《技术先进型服务业务领域范围(服务贸易类)》执行。 省级科技部门应会同本级商务、财政、税务和发展改革部门及时将《技术先进型服务业务领域范围(服务贸易类)》增补入本地区技术先进型服务企业认定管理办法,并据此开展认定管理工作。省级人民政府财政、税务、商务、科技和发展改革部门应加强沟通与协作,发现新情况、新问题及时上报财政部、税务总局、商务部、科技部和国家发展改革委。 省级科技、商务、财政、税务和发展改革部门及其工作人员在认定技术先进型服务企业工作中,存在违法违纪行为的,按照《公务员法》《行政监察法》等国家有关规定追究相应责任;涉嫌犯罪的,移送司法机关处理。	表A107040第20行"二十、技术先进型服务企业(贸易类)减按15%的税率征收企业所得税",填报根据表A100000第23行"应纳税所得额"计算的减征所得税金额。

2. 技术先进型服务业务领域范围(服务贸易类)(财税〔2016〕122号)

类别	适用范围
(1) 计算机和信息服务	
① 信息系统集成服务	系统集成咨询服务;系统集成工程服务;提供硬件设备现场组装、软件安装与调试及相关运营维护支撑服务;系统运营维护服务,包括系统运行检测监控、故障定位与排除、性能管理、优化升级等。
② 数据服务	数据存储管理服务,提供数据规划、评估、审计、咨询、清洗、整理、应用服务,数据增值服务,提供其他未分类数据处理服务。
(2) 研究开发和技术服务	
③ 研究和实验开发服务	物理学、化学、生物学、基因学、工程学、医学、农业科学、环境科学、人类地理科学、经济学和人文科学等领域的研究和实验开发服务。
④ 工业设计服务	对产品的材料、结构、机理、形状、颜色和表面处理的设计与选择;对产品进行的综合设计服务,即产品外观的设计、机械结构和电路设计等服务。
⑤ 知识产权跨境许可与转让	以专利、版权、商标等为载体的技术贸易。知识产权跨境许可是指授予境外机构有偿使用专利、版权和商标等;知识产权跨境转让是指将专利、版权和商标等知识产权售卖给境外机构。
(3) 文化技术服务	
⑥ 文化产品数字制作及相关服务	采用数字技术对舞台剧目、音乐、美术、文物、非物质文化遗产、文献资源等文化内容以及各种出版物进行数字化转化和开发,为各种显示终端提供内容,以及采用数字技术传播、经营文化产品等相关服务。
⑦ 文化产品的对外翻译、配音及制作服务	将本国文化产品翻译或配音成其他国家语言,将其他国家文化产品翻译或配音成本国语言以及与其相关的制作服务。
(4) 中医药医疗服务	
⑧ 中医药医疗保健及相关服务	与中医药相关的远程医疗保健、教育培训、文化交流等服务。

3. 优惠事项管理(国家税务总局公告 2018 年第 23 号)

序号	主要留存备查资料	享受优惠时间	后续管理要求
60	(1) 技术先进型服务企业认定文件。 (2) 技术先进型服务企业认定资料。 (3) 优惠年度技术先进型服务业务收入总额、离岸服务外包业务收入总额占本企业当年收入总额比例情况说明。 (4) 企业具有大专以上学历的员工占企业总职工总数比例情况说明。	预缴享受	由省税务机关(含计划单列市税务机关)规定。

(五)设在西部地区的鼓励类产业企业低税率优惠

政策依据:

> 《财政部 国家税务总局关于执行企业所得税优惠政策若干问题的通知》(财税〔2009〕69 号);
> 《财政部 海关总署 国家税务总局关于深入实施西部大开发战略有关税收政策问题的通知》(财税〔2011〕58 号);
> 《国家税务总局关于深入实施西部大开发战略有关企业所得税问题的公告》(国家税务总局公告 2012 第 12 号);
> 《西部地区鼓励类产业目录(2020 年本)》(国家发展和改革委员会令第 40 号);
> 《财政部 海关总署 国家税务总局关于赣州市执行西部大开发税收政策问题的通知》(财税〔2013〕4 号);
> 《国家税务总局关于执行〈西部地区鼓励类产业目录〉有关企业所得税问题的公告》(国家税务总局公告 2015 第 14 号);
> 《财政部 税务总局关于海南自由贸易港企业所得税优惠政策的通知》(财税〔2020〕31 号);
> 《财政部 税务总局 国家发展改革委关于延续西部大开发企业所得税政策的公告》(财政部 税务总局 国家发展改革委公告 2020 年第 23 号)。

1. 优惠政策

1) 一般规定(财政部 税务总局 国家发展改革委公告 2020 年第 23 号)

一、自 2021 年 1 月 1 日至 2030 年 12 月 31 日,对设在西部地区的鼓励类产业企业减按 15%的税率征收企业所得税。本条所称鼓励类产业企业是指以《西部地区鼓励类产业目录》中规定的产业项目为主营业务,且其主营业务收入占企业收入总额 60%以上的企业。

二、《西部地区鼓励类产业目录》由发展改革委牵头制定。该目录在本公告执行期限内修订的,自修订版实施之日起按新版本执行。

三、税务机关在后续管理中,不能准确判定企业主营业务是否属于国家鼓励类产业项目时,可提请发展改革等相关部门出具意见。对不符合税收优惠政策规定条件的,由税务机关按税收征收管理法及有关规定进行相应处理。具体办法由省级发展改革、税务部门另行制定。

四、本公告所称西部地区包括内蒙古自治区、广西壮族自治区、重庆市、四川省、贵州省、云南省、西藏自治区、陕西省、甘肃省、青海省、宁夏回族自治区、新疆维吾尔自治区和新疆生产建设兵团。湖南省湘西土家族苗族自治州、湖北省恩施土家族苗族自治州、吉林省延边朝鲜族自治州和江西省赣州市,可以比照西部地区的企业所得税政策执行。

五、本公告自 2021 年 1 月 1 日起执行。财税〔2011〕58 号文件、财税〔2013〕4 号文件中的企业所得税政策规定自 2021 年 1 月 1 日起停止执行。

风险提示:

(1) 企业既符合西部大开发 15%优惠税率条件,又符合《企业所得税法》及其实施条例和国务院规定的各项税收优惠条件的,可以同时享受。在涉及定期减免税的减半期内,可以按照企业适用税率计算的应纳税额减半征税。(财税〔2009〕69 号第一条、第二条)

(2) 表 A107040 第 21 行"二十一、设在西部地区的鼓励类产业企业减按 15%的税率征收企业所得税",根据表 A100000 第 23 行"应纳税所得额"计算的减征所得税金额填报。

(3) 西部大开发企业所得税政策精神,除鼓励类产业项目主营收入占比由 70%降为 60%外,前后政策基本一致。

2) 区内外分别设有机构优惠税率的适用(国家税务总局公告 2012 年第 12 号)

政策规定	政策解读
在优惠地区内外分别设有机构的企业享受西部大开发优惠税率问题： (1) 总机构设在西部大开发税收优惠地区的企业，仅就设在优惠地区的总机构和分支机构(不含优惠地区外设立的二级分支机构在优惠地区内设立的三级以下分支机构)的所得确定适用 15%优惠税率。在确定该企业是否符合优惠条件时，以该企业设在优惠地区的总机构和分支机构的主营业务是否符合《西部地区鼓励类产业目录》及其主营业务收入占其收入总额的比重加以确定，不考虑该企业设在优惠地区以外分支机构的因素。该企业应纳所得税额的计算和所得税缴纳，按照《跨地区经营汇总纳税企业所得税征收管理暂行办法》(国家税务总局公告 2012 年第 57 号)相关规定执行。有关审核、备案手续向总机构主管税务机关申请办理。 (2) 总机构设在西部大开发税收优惠地区外的企业，其在优惠地区内设立的分支机构(不含仅在优惠地区内设立的三级以下分支机构)，仅就该分支机构所得确定适用 15%优惠税率。在确定该分支机构是否符合优惠条件时，仅以该分支机构的主营业务是否符合《西部地区鼓励类产业目录》及其主营业务收入占其收入总额的比重加以确定。该企业应纳所得税额的计算和所得税缴纳，按照《跨地区经营汇总纳税企业所得税征收管理暂行办法》(国家税务总局公告 2012 年第 57 号)相关规定执行。有关审核、备案手续向分支机构主管税务机关申请办理，分支机构主管税务机关需将该分支机构享受西部大开发税收优惠情况及时函告总机构所在地主管税务机关。	(1) 总机构、二级分支机构均在区内的，全部计算确定适用。 (2) 总机构区内、二级分支机构区外的，总机构单独确定适用。 (3) 总机构区外、二级分支机构区内的，二级分支机构单独确定适用。 (4) 二级分支机构区外、三级分支机构区内的，均不确定适用。 (5) 仅三级分支机构区内的，不确定适用。

2. 享受条件(国家税务总局公告 2012 年第 12 号)

设在西部地区以《西部地区鼓励类产业目录》中规定的产业项目为主营业务，且其当年度主营业务收入占企业收入总额 70%以上的企业。

3. 西部地区的界定

本优惠所称西部地区，根据财税〔2011〕58 号文件规定，包括重庆市、四川省、贵州省、云南省、西藏自治区、陕西省、甘肃省、宁夏回族自治区、青海省、新疆维吾尔自治区、新疆生产建设兵团、内蒙古自治区和广西壮族自治区。湖南省湘西土家族苗族自治州、湖北省恩施土家族苗族自治州、吉林省延边朝鲜族自治州，可以比照西部地区的税收政策执行。

4. 优惠事项管理(国家税务总局公告 2018 年第 23 号)

序号	主要留存备查资料	享受优惠时间	后续管理要求
63	(1) 主营业务属于《西部地区鼓励类产业目录》中的具体项目的相关证明材料。 (2) 符合目录的主营业务收入占企业收入总额 70%以上的说明。	预缴享受	由省税务机关规定。

(六)新疆困难地区新办企业定期减免税(财税〔2021〕27 号)

2021 年 1 月 1 日至 2030 年 12 月 31 日，对在新疆困难地区新办的属于《新疆困难地区重点鼓励发展产业企业所得税优惠目录》范围内的企业，自取得第一笔生产经营收入所属纳税年度起，第一年至第二年免征企业所得税，第三年至第五年减半征收企业所得税。

享受上述企业所得税定期减免税政策的企业，在减半期内，按照企业所得税 25%的法定税率计算的应纳税额减半征税。

新疆困难地区包括南疆三地州、其他脱贫县(原国家扶贫开发重点县)和边境县市。

属于《新疆困难地区重点鼓励发展产业企业所得税优惠目录》范围内的企业是指以《新疆困难地区重点鼓励发展产业企业所得税优惠目录》中规定的产业项目为主营业务，其主营业务收入占企业收入总额 60%以上的企业。

第一笔生产经营收入，是指产业项目已建成并投入运营后所取得的第一笔收入。

税务机关在后续管理中，不能准确判定企业主营业务是否属于《新疆困难地区重点鼓励发展产业企业所得税优惠目录》中规定的产业项目时，可提请省级以上(含省级)有关行业主管部门出具意见。

(七) 新疆喀什、霍尔果斯特殊经济开发区新办企业定期免税(财税〔2021〕27号)

2021年1月1日至2030年12月31日,对在新疆喀什、霍尔果斯两个特殊经济开发区内新办的属于《新疆困难地区重点鼓励发展产业企业所得税优惠目录》范围内的企业,自取得第一笔生产经营收入所属纳税年度起,5年内免征企业所得税。	属于《新疆困难地区重点鼓励发展产业企业所得税优惠目录》范围内的企业是指以《新疆困难地区重点鼓励发展产业企业所得税优惠目录》中规定的产业项目为主营业务,其主营业务收入占企业收入总额60%以上的企业。 第一笔生产经营收入,是指产业项目已建成并投入运营后所取得的第一笔收入。 税务机关在后续管理中,不能准确判定企业主营业务是否属于《新疆困难地区重点鼓励发展产业企业所得税优惠目录》中规定的产业项目时,可提请省级以上(含省级)有关行业主管部门出具意见。

(八) 广东横琴、福建平潭、深圳前海等地区的鼓励类产业企业减按15%税率优惠(财税〔2021〕29号、财税〔2021〕30号)

财税〔2021〕29号	财税〔2021〕30号
一、对设在平潭综合实验区的符合条件的企业减按15%的税率征收企业所得税。享受上述优惠政策的企业需符合的条件,是指以《平潭综合实验区企业所得税优惠目录(2021版)》中规定的产业项目为主营业务,且其主营业务收入占收入总额60%以上。收入总额按照《企业所得税法》第六条规定执行。 二、本通知所称平潭综合实验区的范围,按照国务院2011年11月批复的《平潭综合实验区总体发展规划》执行。 三、对总机构设在平潭综合实验区的企业,仅就其设在实验区内符合本通知第一条规定条件的总机构和分支机构的所得适用15%税率;对总机构设在实验区以外的企业,仅就其设在实验区内符合本通知第一条规定条件的分支机构所得适用15%税率。具体征管办法按照税务总局有关规定执行。 四、税务机关对企业主营业务是否属于《平潭综合实验区企业所得税优惠目录(2021版)》难以界定的,可提请福建省人民政府有关行政主管部门或其授权的下一级行政主管部门出具意见。 五、本通知自2021年1月1日起执行至2025年12月31日。	一、对设在前海深港现代服务业合作区的符合条件的企业按15%的税率征收企业所得税。享受上述优惠政策的企业需符合的条件,是指以《前海深港现代服务业合作区企业所得税优惠目录(2021版)》中规定的产业项目为主营业务,且其主营业务收入占收入总额60%以上。收入总额按照《企业所得税法》第六条规定执行。 二、本通知所称前海深港现代服务业合作区的范围,按照国务院2010年8月批复的《前海深港现代服务业合作区总体发展规划》执行。 三、对总机构设立在前海深港现代服务业合作区的企业,仅就其合作区内符合本通知条规定条件的总机构和分支机构的所得适用15%税率;对总机构设在合作区以外的企业,仅就其设立在合作区内符合本通知条规定的分支机构所得适用15%税率。具体征管办法按照税务总局有关规定执行。 四、税务籍贯对于企业主营业务是否属于《前海深港现代服务业合作区企业所得税优惠目录(2021版)》难以界定的,可提请深圳市政府有关行政主管部门或其授权的下一级行政主管部门出具意见。 五、本通知自2021年1月1日起执行至2025年12月31日。

风险提示:符合条件的企业,减按15%税率征收企业所得税。减免税金额填报表A107040第24行"二十四、广东横琴、福建平潭、深圳前海等地区的鼓励类产业企业减按15%税率征收企业所得税",填报金额为根据表A100000第23行"应纳税所得额"乘以10%的积。

（九）北京冬奥组委、北京冬奥会测试赛赛事组委会免税（财税〔2017〕60号）

对北京2022年冬奥会和冬残奥会组织委员会（以下简称北京冬奥组委）实行以下税收政策：

（1）对北京冬奥组委取得的电视转播权销售分成收入、国际奥委会全球合作伙伴计划分成收入（实物和资金），免征应缴纳的增值税。

（2）对北京冬奥组委市场开发计划取得的国内外赞助收入、转让无形资产（如标志）特许权收入和销售门票收入，免征应缴纳的增值税。

（3）对北京冬奥组委取得的与中国集邮总公司合作发行纪念邮票收入、与中国人民银行合作发行纪念币收入，免征应缴纳的增值税。

（4）对北京冬奥组委取得的来源于广播、互联网、电视等媒体收入，免征应缴纳的增值税。

（5）对外国政府和国际组织无偿捐赠用于北京2022年冬奥会的进口物资，免征进口关税和进口环节增值税。

（6）对以一般贸易方式进口，用于北京2022年冬奥会的体育场馆建设所需设备中与体育场馆设施固定不可分离的设备以及直接用于北京2022年冬奥会比赛用的消耗品，免征关税和进口环节增值税。享受免税政策的奥运会体育场馆建设进口设备及比赛用消耗品的范围、数量清单由北京冬奥组委汇总后报财政部商有关部门审核确定。

（7）对北京冬奥组委进口的其他特需物资，包括：国际奥委会或国际单项体育组织指定的、国内不能生产或性能不能满足需要的体育器材、医疗检测设备、安全保障设备、交通通信设备、技术设备，在运动会期间按暂准进口货物规定办理，运动会结束后留用或做变卖处理的，按有关规定办理正式进口手续，并照章缴纳进口税收，其中进口汽车以不低于新车90%的价格估价征税。上述暂准进口的商品范围、数量清单由北京冬奥组委汇总后报财政部商有关部门审核确定。

（8）对北京冬奥组委再销售所获捐赠物品和赛后出让资产取得收入，免征应缴纳的增值税、消费税和土地增值税。免征北京冬奥组委向分支机构划拨所获赞助物资应缴纳的增值税，北京冬奥组委向主管税务机关提供"分支机构"范围的证明文件，办理减免税备案。

（9）对北京冬奥组委使用的营业账簿和签订的各类合同等应税凭证，免征北京冬奥组委应缴纳的印花税。

（10）对北京冬奥组委免征应缴纳的车船税和新购车辆应缴纳的车辆购置税。

（11）对北京冬奥组委免征应缴纳的企业所得税。

（12）对北京冬奥组委委托加工生产的高档化妆品免征应缴纳的消费税。具体管理办法由税务总局另行规定。

（13）对国际奥委会、国际单项体育组织和其他社会团体等从国外邮寄进口且不流入国内市场的、与北京2022年冬奥会有关的文件、书籍、音像、光盘，在合理数量范围内免征关税和进口环节增值税。合理数量的具体标准由海关总署确定。对奥运会场馆建设所需进口的模型、图纸、图板、电子文件光盘、设计说明及缩印本等规划设计方案，免征关税和进口环节增值税。

（14）对北京冬奥组委取得的餐饮服务、住宿、租赁、介绍服务和收费卡收入，免征应缴纳的增值税。

（15）对北京2022年冬奥会场馆及其配套设施建设占用耕地，免征耕地占用税。

（16）根据中国奥委会、主办城市、国际奥委会签订的《北京2022年冬季奥林匹克运动会主办城市合同》的规定，北京冬奥组委全面负责和组织举办北京2022年冬残奥会，其取得的北京2022年冬残奥会收入及其发生的涉税支出比照执行北京2022年冬奥会的税收政策。

对北京2022年冬奥组委免征应缴纳的企业所得税，北京冬奥会测试赛赛事组委会取得的收入及发生的涉税支出比照执行北京冬奥组委的税收政策。免税金额填报表A107040第25行"二十五、北京冬奥组委、北京冬奥会测试赛赛事组委会免征企业所得税"，本行填报北京冬奥组委、北京冬奥会测试赛赛事组委会根据表A100000第23行"应纳税所得额"计算的免征企业所得税金额。

（十）从事污染防治第三方防治企业减按15%的税率征收企业所得税

政策依据：

《财政部　税务总局　国家发展改革委　生态环境部关于从事污染防治的第三方企业所得税政策问题的公告》（财政部　税务总局　国家发展改革委　生态环境部公告2019年第60号）；

《国家税务总局　国家发展改革委　生态环境部关于落实从事污染防治的第三方企业所得税政策有关问题的公告》（国家税务总局　国家发展改革委　生态环境部公告2021年第11号）；

《财政部　税务总局关于延长部分税收优惠政策执行期限的公告》（财政部　税务总局公告2022年第4号）。

财政部 税务总局 国家发展改革委 生态环境部公告2019年第60号、财政部 税务总局公告2022年第4号	国家税务总局 国家发展改革委 生态环境部公告2021年第11号
（1）对符合条件的从事污染防治的第三方企业（以下简称第三方防治企业）减按15%的税率征收企业所得税。 本公告所称第三方防治企业是指受排污企业或政府委托，负责环境污染治理设施（包括自动连续监测设施，下同）运营维护的企业。 （2）本公告所称第三方防治企业应当同时符合以下条件： ① 在中国境内（不包括中国港、澳、台地区）依法注册的居民企业； ② 具有1年以上连续从事环境污染治理设施运营实践，且能够保证设施正常运行； ③ 具有至少5名从事本领域工作且具有环保相关专业中级及以上技术职称的技术人员，或者至少2名从事本领域工作且具有环保相关专业高级及以上技术职称的技术人员； ④ 从事环境保护设施运营服务的年度营业收入占总收入的比例不低于60%； ⑤ 具备检验能力，拥有自有实验室，仪器配置可满足运行服务范围内常规污染物指标的检测需求； ⑥ 保证其运营的环境保护设施正常运行，使污染物排放指标能够连续稳定达到国家或者地方规定的排放标准要求； ⑦ 具有良好的纳税信用，近三年内纳税信用等级未被评定为C级或D级。 （3）第三方防治企业，自行判断其是否符合上述条件，符合条件的可以申报享受税收优惠，相关资料留存备查。税务部门依法开展后续管理过程中，可转请生态环境部门进行核查，生态环境部门可以委托专业机构开展相关核查工作，具体办法由税务总局会同国家发展改革委、生态环境部制定。 （4）本公告执行期限自2019年1月1日起至2023年12月31日止。	（1）优惠事项办理方式。 第三方防治企业依照《财政部 税务总局 国家发展改革委 生态环境部关于从事污染防治的第三方企业所得税政策问题的公告》（财政部 税务总局 国家发展改革委 生态环境部公告2019年第60号，以下简称60号公告）规定享受优惠政策时，按照《国家税务总局关于发布修订后的〈企业所得税优惠政策事项办理办法〉的公告》（国家税务总局公告2018年第23号）的规定，采取"自行判别、申报享受、相关资料留存备查"的方式办理。 （2）主要留存备查资料。 第三方防治企业依照60号公告规定享受优惠政策的，主要留存备查资料为： ① 连续从事环境污染治理设施运营实践一年以上的情况说明，与环境污染治理设施运营有关的合同、收入凭证。 ② 当年有效的技术人员的职称证书或执（职）业资格证书、劳动合同及工资发放记录等材料。 ③ 从事环境保护设施运营服务的年度营业收入、总收入及其占比等情况说明。 ④ 可说明当年企业具备检验能力，拥有自有实验室，仪器配置可满足运行服务范围内常规污染物指标的检测需求的有关材料： A. 污染物检测仪器清单，其中列入《实施强制管理计量器具目录》的检测仪器需同时留存备查相关检定证书。 B. 当年常规理化指标的化验检测全部原始记录，其中污染治理类别为危险废物的利用与处置的，还需留存备查危险废物转移联单。 ⑤ 可说明当年企业能保证其运营的环境保护设施正常运行，使污染物排放指标能够连续稳定达到国家或者地方规定的排放标准要求的有关材料： A. 环境污染治理运营项目清单、项目简介。 B. 反映污染治理设施运营期间主要污染物排放连续稳定达标的所有自动监测日均值等记录，由具备资质的生态环境监测机构出具的全部检测报告。从事机动车船、非道路移动机械、餐饮油烟治理的，如未进行在线数据监测，也可不留存备查在线监测数据记录。 C. 运营期内能够反映环境污染治理设施日常运行情况的全部记录、能够说明自动监测仪器设备符合生态环境保护相关标准规范要求的材料。 ⑥ 仅从事自动连续监测运营服务的第三方企业，提供反映运营服务期间自动监测故障后及时修复、监测数据"真、准、全"等相关证明材料，无须提供反映污染物排放连续稳定达标相关材料。 （3）相关后续管理： ① 第三方防治企业享受60号公告优惠政策后，税务部门将按照规定开展后续管理。 ② 税务部门在后续管理过程中，对享受优惠的企业是否符合60号公告第二条第五项、第六项规定条件有疑义的，可转请《环境污染治理范围》（见下表）所列的同级生态环境或发展改革部门核查。 ③ 生态环境或发展改革部门收到同级税务部门转来的核查资料后，应组织专家或者委托第三方机构进行核查。核查可以采取案头审核或实地核查等方式。需要实地核查的，相关部门应协同进行，涉及异地核查的，企业运营项目所在地相关部门应予以配合。生态环境或发展改革部门应在收到核查要求后两个月内，将核查结果反馈同级税务部门。 本公告自2021年6月1日起施行。

环境污染治理范围

序号	领域	污染治理类别	污染治理类别说明	核查部门
1	水污染治理	生活污水处理	主要包括城镇集中式、农村生活污水和生活垃圾填埋场渗滤液等的处理及利用。	生态环境部门
		工业废水治理	主要包括工业园区、工业企业等的工业废水处理(含管网运维)及生活垃圾填埋场或焚烧厂渗滤液等的处理及利用。	生态环境部门
		水体治理与修复	主要指流域、湖库、黑臭水体的治理与修复。	生态环境部门
		地下水污染风险管控和修复	主要包括地下水污染风险管控和修复。	生态环境部门
2	大气污染治理	固定源大气污染治理	工业企业、工业园区、锅炉和集中式污染治理设施的废气治理。	生态环境部门
		移动源大气污染治理	机动车船、非道路移动机械以及加油站、储油库等的废气治理。	生态环境部门
		其他	餐饮油烟、汽修废气等污染治理。	生态环境部门
3	噪声污染治理	噪声污染治理	工业企业等噪声源治理。	生态环境部门
4	土壤污染风险管控和修复	土壤污染风险管控和修复	主要包括土壤污染状况调查和土壤污染风险评估、风险管控、修复、风险管控效果评估、修复效果评估、后期管理等活动。	生态环境部门
5	固体废物处理与处置	生活垃圾处理	主要包括城镇和农村生活垃圾的资源化利用与处置。	发展改革部门
		工业固体废物处理	主要包括生产过程中产生的一般工业固体废物的资源化利用与处置。	生态环境部门
		电子废物的拆解处理与处置	电子废物的拆解处理与处置。	生态环境部门
		危险废物的利用与处置	危险废物的利用与处置。	生态环境部门
		其他	主要包括畜禽废物、污泥处置、餐厨垃圾、食品加工过程中产生的废渣等废物的资源化利用与处置。	发展改革部门
6	自动连续监测	水污染物自动连续监测	主要包括水环境质量自动连续监测或污染源自动连续监测。	生态环境部门
		大气污染物自动连续监测	主要包括大气环境质量自动连续监测或污染源自动连续监测。	生态环境部门
7	清洁生产	清洁生产改造	主要包括为工业企业和服务型企业提供清洁企业改造服务,减少能源资源消耗的污染物排放。	发展改革部门
8	区域环境托管服务	区域环境托管服务	主要包括为企业、园区政府和城市政府提供系统的环境污染第三方治理服务或托管服务。	发展改革部门

（十一）注册在海南自由贸易港并实质性运营的鼓励类产业企业减按 15% 税率优惠（财税〔2020〕31号第一条）

自 2020 年 1 月 1 日起执行至 2024 年 12 月 31 日，对注册在海南自由贸易港并实质性运营的鼓励类产业企业，减按 15% 的税率征收企业所得税。

本条所称鼓励类产业企业，是指以海南自由贸易港鼓励类产业目录中规定的产业项目为主营业务，且其主营业务收入占企业收入总额 60% 以上的企业。所称实质性运营，是指企业的实际管理机构设在海南自由贸易港，并对企业生产经营、人员、账务、财产等实施实质性全面管理和控制。对不符合实质性运营的企业，不得享受优惠。

海南自由贸易港鼓励类产业目录包括《产业结构调整指导目录（2019 年本）》《鼓励外商投资产业目录（2019 年版）》和海南自由贸易港新增鼓励类产业目录。上述目录在本通知执行期限内修订的，自修订版实施之日起按新版本执行。

对总机构设在海南自由贸易港的符合条件的企业，仅就其设在海南自由贸易港的总机构和分支机构的所得，适用 15% 税率；对总机构设在海南自由贸易港以外的企业，仅就其设在海南自由贸易港内的符合条件的分支机构的所得，适用 15% 税率。具体征管办法按照税务总局有关规定执行。

（十二）中国（上海）自由贸易试验区临港新片区内重点产业企业减按 15% 税率优惠（财税〔2020〕38号第一条）

根据《国务院关于印发中国（上海）自由贸易试验区临港新片区总体方案的通知》（国发〔2019〕15号）的有关要求，现就中国（上海）自由贸易试验区临港新片区（以下称新片区）内重点产业企业所得税政策通知如下：

（1）新片区内从事集成电路、人工智能、生物医药、民用航空等关键领域核心环节相关产品（技术）业务，并开展实质性生产或研发活动的符合条件的法人企业，自设立之日起 5 年内减按 15% 的税率征收企业所得税。

（2）本通知所称"符合条件的法人企业"必须同时满足以下第①、②项条件，以及第③项或第④项条件中任一子条件：

① 自 2020 年 1 月 1 日起在新片区内注册登记（不包括从外区域迁入新片区的企业），主营业务为从事《新片区集成电路、人工智能、生物医药、民用航空关键领域核心环节目录》中相关领域环节实质性生产或研发活动的法人企业。

实质性生产或研发活动是指，企业拥有固定生产经营场所、固定工作人员，具备与生产或研发活动相匹配的软硬件支撑条件，并在此基础上开展相关业务。

② 企业主要研发或销售产品中至少包含 1 项关键产品（技术）。

关键产品（技术）是指在集成电路、人工智能、生物医药、民用航空等重点领域产业链中起到重要作用或不可或缺的产品（技术）。

③ 企业投资主体条件：

A. 企业投资主体在国际细分市场影响力排名前列，技术实力居于业内前列。

B. 企业投资主体在国内细分市场居于领先地位，技术实力在业内领先。

④ 企业研发生产条件：

A. 企业拥有领军人才及核心团队骨干，在国内外相关领域长期从事科研生产工作。

B. 企业拥有核心关键技术，对其主要产品具备建立自主知识产权体系的能力。

C. 企业具备推进产业链核心供应商多元化，牵引国内产业升级能力。

D. 企业具备高端供给能力，核心技术指标达到国际前列或国内领先。

E. 企业研发成果（技术或产品）已被国际国内一线终端设备制造商采用或已经开展紧密实质性合作（包括资本、科研、项目等领域）。

F. 企业获得国家或省级政府科技或产业化专项资金、政府性投资基金或取得知名投融资机构投资。

（3）上海市财税部门会同产业主管部门制定重点产业企业认定具体操作管理办法，并报财政部、税务总局备案。

（4）本通知自 2020 年 1 月 1 日起实施。2019 年 12 月 31 日之前已在新片区注册登记且从事《新片区集成电路、人工智能、生物医药、民用航空关键领域核心环节目录》所列业务的实质性生产或研发活动的符合条件的法人企业，可自 2020 年至该企业设立满 5 年期限内按照本通知执行。

(十三) 对设在横琴粤澳深度合作区符合条件的产业企业,减按 15% 的税率征收企业所得税（财税〔2022〕19 号第一条）

对设在横琴粤澳深度合作区符合条件的产业企业,减按 15% 的税率征收企业所得税。享受本条优惠政策的企业需符合以下条件:
(1) 以《横琴粤澳深度合作区企业所得税优惠目录(2021 版)》中规定的产业项目为主营业务,且其主营业务收入占收入总额 60% 以上。收入总额按照《企业所得税法》第六条的规定执行。
(2) 进行实质性运营,实质性运营是指企业的实际管理机构设在横琴粤澳深度合作区,并对企业生产经营、人员、账务、财产等实施实质性全面管理和控制。对不符合实质性运营的企业,不得享受优惠。

对总机构设在横琴粤澳深度合作区的企业,仅就其设在合作区内符合本条规定条件的总机构和分支机构的所得适用 15% 税率;对总机构设在合作区以外的企业,仅就其设在合作区内符合本条规定条件的分支机构所得适用 15% 税率。具体征管办法按照税务总局有关规定执行。

六、项目所得额按法定税率减半征收企业所得税叠加享受减免税优惠

政策规定 (国税函〔2010〕157 号)	申报审核
关于居民企业选择适用税率及减半税的具体界定问题。居民企业取得《企业所得税法实施条例》第八十六条、第八十七条、第八十八条和第九十条规定可减半征收企业所得税的所得,是指居民企业应就该部分所得单独核算并依照 25% 的法定税率减半缴纳企业所得税。	表 A107040 第 29 行"二十九、减:项目所得额按法定税率减半征收企业所得税叠加享受减免税优惠":纳税人同时享受优惠税率和所得项目减半情形下,在填报本表 A107040 低税率优惠时,所得项目按照优惠税率减半计算多享受优惠的部分。 企业从事农林牧渔业项目、国家重点扶持的公共基础设施项目、符合条件的环境保护、节能节水项目、符合条件的技术转让、集成电路生产项目、其他专项优惠等所得额应按法定税率 25% 减半征收,同时享受小型微利企业、高新技术企业、技术先进型服务企业、集成电路线生产企业、国家规划布局内重点软件企业和集成电路设计企业等优惠税率政策,由于申报表填报顺序,按优惠税率减半叠加享受减免税优惠部分,应在本行对该部分金额进行调整。本行应大于等于 0 且小于等于第 1+2+…+20+22+…+28 行的值。 1. 2020 年版填报说明计算公式(老口径): 　　本行＝减半项目所得额×50%×(25%－优惠税率) 　　　　＝减半项目所得额×(12.5%－优惠税率÷2) 如果项目减免所得是 100% 减免,这一行次不需要处理,只有存在按 25% 减半的期间时,才需要考虑调整,填报本行。通过填表 A107040 第 29 行,补缴叠加享受项目所得减免及定期减免双重优惠的企业,按适用税率计算税款而少缴纳的部分。 2. 2021 年填报说明计算公式(新口径): 　　A＝需要进行叠加调整的减免所得税优惠金额 　　B＝A×[(减半项目所得×50%)÷(纳税调整后所得－所得减免)] 本行填报 A 和 B 的孰小值。 其中,需要进行叠加调整的减免所得税优惠金额为本表中第 1 行到第 28 行的优惠金额,不包括免税行次和第 21 行。

【例 4-17】 (1)甲公司是高新技术企业,企业所得税适用优惠税率为 15%。2022 年度纳税调整后所得 1 000 万元。本年转让技术所得 700 万元,其中 500 万元适用企业所得税免税政策,超过 500 万元的部分适用减半政策。以前年度结转待弥补亏损为 0 元。

按照新口径的计算表一　　　　　　　　　　　　　　　　(单位:万元)

项　目	计　算
纳税调整后所得	1 000
所得减免	500＋200×50%＝600
弥补以前年度亏损	0
应纳税所得额	1 000－600＝400

(续表)

项 目	计 算
应纳所得税额	400×25％＝100
享受高新技术企业所得税优惠政策的减免税额	400×(25％－15％)＝40
叠加享受减免优惠金额	A＝40 B＝40×[(200×50％)/(1 000－600)]＝10 A 和 B 的孰小值＝10
应纳税额	100－(40－10)＝70

按老口径计算	按新口径计算
叠加享受减免税优惠＝(200×50％)×(25％－15％)＝10(万元)。 应纳税额＝100－(40－10)＝70(万元)。	A＝需要进行叠加调整的减免所得税优惠金额。 B＝A×[(减半项目所得×50％)÷(纳税调整后所得－所得减免)]。 将"A＝(纳税调整后所得－所得减免)×(25％－优惠税率)"代入 B 计算公式，得 B＝(纳税调整后所得－所得减免)×(25％－优惠税率)×[(减半项目所得×50％)÷(纳税调整后所得－所得减免)] ＝(减半项目所得×50％)×(25％－优惠税率) ＝(200×50％)×(25％－15％)＝10(万元)。 其中的"(减半项目所得×50％)×(25％－优惠税率)"，即为老口径中第 29 行叠加享受优惠的税额计算公式，因此新老口径计算的结果一致。

(2) 甲公司是高新技术企业，企业所得税适用优惠税率为 15％。2021 年度纳税调整后所得 1 000 万元。本年转让技术所得 700 万元，其中 500 万元适用企业所得税免税政策，超过 500 万元的部分适用减半政策。以前年度结转待弥补亏损为 200 万元。

按照新口径的计算表二　　　　　　　　　　　　　　　　　　　　　　　(单位：万元)

项 目	计 算
纳税调整后所得	1 000
所得减免	500＋200×50％＝600
弥补以前年度亏损	200
应纳税所得额	1 000－600－200＝200
应纳所得税额	200×25％＝50
享受高新技术企业所得税优惠政策的减免税额	200×(25％－15％)＝20
叠加享受减免优惠金额	A＝20 B＝20×[(200×50％)/(1 000－600)]＝5 A 和 B 的孰小值＝5
应纳税额	50－(20－5)＝35

按老口径计算	新老口径不一致原因
叠加享受减免税优惠＝(200×50％)×(25％－15％)＝10(万元)。 应纳税额＝50－(20－10)＝40(万元)。	在当年存在"弥补以前年度亏损"的情形下，新口径下的 A＝(纳税调整后所得－所得减免－弥补以前年度亏损)×(25％－优惠税率)。 将其代入 B 的公式中，不能得出"B＝(减半项目所得×50％)×(25％－优惠税率)"的结论，因此新旧口径很可能会产生差异。

(3) 甲公司是高新技术企业,企业所得税适用优惠税率为15%。2022年度纳税调整后所得1 000万元。本年转让技术所得700万元,其中500万元适用企业所得税免税政策,超过500万元的部分适用减半政策。以前年度结转待弥补亏损为350万元。

按照新口径的计算表三　　　　　　　　　　　　　　　（单位:万元）

项　目	计　算
纳税调整后所得	1 000
所得减免	500＋200×50％＝600
弥补以前年度亏损	350
应纳税所得额	1 000－600－350＝50
应纳所得税额	50×25％＝12.5
享受高新技术企业所得税优惠政策的减免税额	50×(25％－15％)＝5
叠加享受减免优惠金额	A＝5 B＝5×[(200×50％)/(1 000－600)]＝1.25 A 和 B 的孰小值＝1.25
应纳税额	12.5－(5－1.25)＝8.75

叠加享受减免税优惠＝(200×50％)×(25％－15％)＝10(万元)。
应纳税额＝50－(20－10)＝40(万元)。
而"享受高新企业所得税优惠政策的减免税额"只有5万元,因此叠加享受减免税优惠只能填5万元。
应纳税额＝12.5－(5－5)＝12.5(万元)。
甲公司相当于没有享受高新政策的优惠。

减免所得税的填报。

A107040　　　　　　　　所得税优惠明细表

行次	项目	金额
2	二、国家需要重点扶持的高新技术企业减按15％的税率征收企业所得税(填写A107041)	140
…	…	…
29	二十九、减:项目所得额按法定税率减半征收企业所得税叠加享受减免税优惠	10
33	合计(1＋2＋…＋27＋28－29＋30＋31＋32)	130

【例4-18】　甲公司从事非国家限制或禁止行业,2022年度的资产总额、从业人数符合小型微利企业条件,纳税调整后所得400万元,其中300万元是符合所得减半征收条件的花卉种植项目所得。甲公司以前年度结转待弥补亏损为0,不享受其他减免所得税额的优惠政策。此时,甲公司应先选择享受项目所得减半优惠政策,再享受小型微利企业所得税优惠政策,并对叠加享受减免税优惠部分进行调整,计算结果如下:

（单位:万元）

项　目	计　算
纳税调整后所得	400
所得减免	300×50％＝150
弥补以前年度亏损	0
应纳税所得额	400－150＝250

（续表）

项 目	计 算
应纳所得税额	250×25%=62.5
享受小型微利企业所得税优惠政策的减免税额	100×(25%−12.5%×20%)+(250−100)×(25%−50%×20%)=45
叠加享受减免优惠金额	A=45 B=45×[(300×50%)÷(400−150)]=27 A和B的孰小值=27
应纳税额	62.5−(45−27)=44.5

【例4-19】 乙公司从事非国家限制或禁止行业，2022年度的资产总额、从业人数符合小型微利企业条件，纳税调整后所得1 000万元，其中符合所得减半征收条件的花卉养殖项目所得1 200万元，符合所得免税条件的林木种植项目所得100万元。乙公司以前年度结转待弥补亏损200万元，不享受其他减免所得税额的优惠政策。此时，乙公司应先选择享受项目所得减半优惠政策，再享受小型微利企业所得税优惠政策，并对叠加享受减免税优惠进行调整，计算结果如下：

（单位：万元）

项 目	计 算
纳税调整后所得	1 000
所得减免	100+1 200×50%=700
弥补以前年度亏损	200
应纳税所得额	1 000−700−200=100
应纳所得税额	100×25%=25
小型微利企业所得税优惠政策减免税额	100×(25%−12.5%×20%)=22.5
叠加享受减免优惠金额	A=22.5 B=22.5×[(1 200×50%)÷(1 000−700)]=45 A和B的孰小值=22.5
应纳税额	25−(22.5−22.5)=25

【例4-20】 丙公司从事非国家限制或禁止行业，2022年度的资产总额、从业人数符合小型微利企业条件，纳税调整后所得500万元，其中符合所得减半征收条件的花卉养殖项目所得150万元，符合所得免税条件的林木种植项目所得300万元。丙公司以前年度结转待弥补亏损20万元，不享受其他减免所得税额的优惠政策。此时，丙公司享受项目所得减半优惠政策、小型微利企业所得税优惠政策时，有2种处理方式，计算结果如下：

（单位：万元）

项 目	享受小型微利企业所得税优惠政策，但不享受项目所得减半优惠政策	先选择享受项目所得减半优惠政策，再享受小型微利企业所得税优惠政策，并对叠加部分进行调整
纳税调整后所得	500	500
所得减免	300	300+150×50%=375
弥补以前年度亏损	20	20
应纳税所得额	500−300−20=180	500−375−20=105

(续表)

项　目	享受小型微利企业所得税优惠政策,但不享受项目所得减半优惠政策	先选择享受项目所得减半优惠政策,再享受小型微利企业所得税优惠政策,并对叠加部分进行调整
应纳所得税额	180×25%＝45	105×25%＝26.25
小型微利企业所得税优惠政策减免税额	100×(25%－12.5%×20%)＋(180－100)×(25%－50%×20%)＝34.5	100×(25%－12.5%×20%)＋(105－100)×(25%－50%×20%)＝23.25
叠加享受减免优惠	0	A＝23.25 B＝23.25×[(150×50%)÷(500－375)]＝13.95 A和B的孰小值＝13.95
应纳税额	45－34.5＝10.5	26.25－(23.25－13.95)＝16.95

在[例4-18]、[例4-19]情况下,企业应选择同时享受项目所得减半和小型微利企业优惠政策。在[例4-20]情况下,企业不选择享受项目所得减半优惠政策,只选择享受项目所得免税和小型微利企业优惠政策的,可以享受最大优惠力度。

综上,建议纳税人在申报时关注以下两个方面的内容:一是可以同时享受两类优惠政策时,建议纳税人根据自身实际情况综合分析,选择优惠力度最大的处理方式。二是纳税人通过电子税务局申报,申报系统将帮助纳税人自动计算叠加享受减免税优惠,无需纳税人再手动计算。

七、扶持就业限额减征企业所得税

(一) 优惠政策

政策依据:

《财政部　国家税务总局关于全面推开营业税改征增值税试点的通知》(财税〔2016〕36号);

《财政部　税务总局　人力资源社会保障部关于继续实施支持和促进重点群体创业就业有关税收政策的通知》(财税〔2017〕49号);

《财政部　税务总局关于进一步支持和促进重点群体创业就业有关税收政策的通知》(财税〔2019〕22号);

《财政部　国家税务总局　民政部关于继续实施扶持自主就业退役士兵创业就业有关税收政策的通知》(财税〔2017〕46号);

《财政部　税务总局　退役军人部关于进一步扶持自主就业退役士兵创业就业有关税收政策的通知》(财税〔2019〕21号);

《国家税务总局　人力资源社会保障部　国务院扶贫办　教育部关于实施支持和促进重点群体创业就业有关税收政策具体操作问题的公告》(国家税务总局　人力资源社会保障部　国务院扶贫办　教育部公告2019年第10号);

《财政部　税务总局　人力资源社会保障部　国家乡村振兴局关于延长部分扶贫税收优惠政策执行期限的公告》(财政部　税务总局　人力资源社会保障部　国家乡村振兴局公告2021年第18号);

《财政部　税务总局关于延长部分税收优惠政策执行期限的公告》(财政部　税务总局公告2022年第4号)。

1. 特殊人员创业就业税收优惠概要

特殊人员对象	就业相关税收优惠	创业相关税收优惠	政策依据
建档立卡贫困人口、在人力资源社会保障部门公共就业服务机构登记失业半年以上且持《就业创业证》(注明"自主创业税收政策"或"毕业年度内自主创业税收政策")或《就业失业登记证》(注明"自主创业税收政策")的人员。	(1) 纳入全国扶贫开发信息系统的建档立卡贫困人口。 (2) 在人力资源社会保障部门公共就业服务机构登记失业半年以上的人员。 (3) 零就业家庭、享受城市居民最低生活保障家庭劳动年龄内的登记失业人员。 (4) 毕业年度内高校毕业生。	企业招用与其签订1年以上期限劳动合同并依法缴纳社会保险费的,自签订劳动合同并缴纳社会保险当月起,在3年内按实际招用人数予以定额依次扣减增值税、城市维护建设税、教育费附加和企业所得税优惠。定额标准为每人每年6 000元(原来为4 000元),最高可上浮30%(退役军人最高可上浮50%)。	从事个体经营的,自办理个体工商户登记当月起,在3年(36个月,下同)内按每户每年12 000元(原来8 000元)为限额依次扣减其当年实际应缴纳的增值税、城市维护建设税、教育费附加、地方教育附加和个人所得税。限额标准最高可上浮20%。纳税人年度应缴纳税款小于上述扣减限额的,减免税额以其实际缴纳的税款为限;大于上述扣减限额的,以上述扣减限额为限。	财税〔2019〕22号
自主就业退役士兵。			财税〔2019〕21号

2. 支持和促进重点群体创业就业

财税〔2019〕22号	国家税务总局公告2019年第10号	政策解读
建档立卡贫困人口、持《就业创业证》(注明"自主创业税收政策"或"毕业年度内自主创业税收政策")或《就业失业登记证》(注明"自主创业税收政策")的人员,从事个体经营的,自办理个体工商户登记当月起,在3年(36个月,下同)内按每户每年12 000元为限额依次扣减其当年实际应缴纳的增值税、城市维护建设税、教育费附加、地方教育附加和个人所得税。限额标准最高可上浮20%,各省、自治区、直辖市人民政府可根据本地区实际情况在此幅度内确定具体限额标准。 纳税人年度应缴纳税款小于上述扣减限额的,减免税额以其实际缴纳的税款为限;大于上述扣减限额的,以上述扣减限额为限。 上述人员具体包括:(1)纳入全国扶贫开发信息系统的建档立卡贫困人口;(2)在人力资源社会保障部门公共就业服务机构登记失业半年以上的人员;(3)零就业家庭、享受城市居民最低生活保障家庭劳动年龄内的登记失业人员;(4)毕业年度内高校毕业生。高校毕业生是指实	企业招用重点群体税收政策。 (1) 申请。 享受招用重点群体就业税收优惠政策的企业,持下列材料向县以上人力资源社会保障部门递交申请: ① 招用人员持有的《就业创业证》(建档立卡贫困人口不需提供)。 ② 企业与招用重点群体签订的劳动合同(副本),企业依法为重点群体缴纳的社会保险记录。通过内部信息共享、数据比对等方式审核的地方,可不再要求企业提供缴纳社会保险记录。 县以上人力资源社会保障部门接到企业报送的材料后,重点核实以下情况: ① 招用人员是否属于享受税收优惠政策的人员范围,以前是否已享受过重点群体创业就业税收优惠政策。 ② 企业是否与招用人员签订了1年以上期限劳动合同,并依法为招用人员缴纳社会保险。 核实后,对持有《就业创业证》的重点群体,在其《就业创业证》上注明"企业吸纳税收政策";对符合条件的企业核发《企业吸纳重点群体就业认定证明》。 招用人员发生变化的,应向人力资源社会保障部门办理变更申请。 本公告所称企业是指属于增值税纳税人或企业所得税纳税人的企业等单位。 (2) 税款减免顺序及额度。 ① 纳税人按本单位招用重点群体的人数及其实际工作月数核算本单位减免税总额,在减免总额内每月依次扣减增值税、城市维护建设税、教育费附加和地方教育附加。城市维护建设税、教育费附加、地方教育附加的计税依据是享受本项税收优惠政策前的增值税应纳税额。	(1) 调整和完善的内容: ① 提高扣减标准。将登记失业半年以上的人员,零就业家庭、享受城市居民最低生活保障家庭劳动年龄内的登记失业人员,高校毕业生,农村建档立卡贫困人口等重点群体从事个体经营减税款的标准由每户每年8 000元提高到每户每年12 000元。将企业招用重点群体人员扣减标准由每人每年4 000元提高到每人每年6 000元。 ② 取消行业限制。将享受优惠的招用重点群体就业企业的行业范围由商贸企业、服务型企业、劳动就业服务企业中的加工型企业和街道社区具有加工性质的小型企业实体,放宽到所有增值税纳税人或企业所得税纳税人的企业等单位,为各市场主体吸纳就业提供统一的税收政策。 (2) 享受优惠政策方式。

(续表)

财税〔2019〕22号	国家税务总局公告2019年第10号	政策解读
施高等学历教育的普通高等学校、成人高等学校应届毕业的学生；毕业年度是指毕业所在自然年，即1月1日至12月31日。企业招用建档立卡贫困人口，以及在人力资源社会保障部门公共就业服务机构登记失业半年以上且持《就业创业证》或《就业失业登记证》（注明"企业吸纳税收政策"）的人员，与其签订1年以上期限劳动合同并依法缴纳社会保险费的，自签订劳动合同并缴纳社会保险当月起，在3年内按实际招用人数予以定额依次扣减增值税、城市维护建设税、教育费附加、地方教育附加和企业所得税优惠。定额标准为每人每年6 000元，最高可上浮30%，各省、自治区、直辖市人民政府可根据本地区实际情况在此幅度内确定具体定额标准。城市维护建设税、教育费附加、地方教育附加的计税依据是享受本项税收优惠政策前的增值税应纳税额。 按上述标准计算的税收扣减额应在企业当年实际应缴纳的增值税、城市维护建设税、教育费附加、地方教育附加和企业所得税税额中扣减，当年扣减不完的，不得结转下年使用。 本通知所称企业是指属于增值税纳税人或企业所得税纳税人的企业等单位。 国务院扶贫办在每年1月15日前将建档立卡贫困人口名单及相关信息提供给人力资源社会保障部、税务总局，税务总局将相关信息转发给各省、自治区、直辖市税务部门。人力资源社会保障部门依托全国扶贫开发信息系统核实建档立卡贫困人口身份信息。 企业招用就业人员既可以适用本通知规定的税收优惠政策，又可以适用其他扶持就业专项税收优惠政策的，企业可以选择适用最优惠的政策，但不得重复享受。	纳税人实际应缴纳的增值税、城市维护建设税、教育费附加和地方教育附加小于核算的减免税总额的，以实际应缴纳的增值税、城市维护建设税、教育费附加、地方教育附加为限；实际应缴纳的增值税、城市维护建设税、教育费附加和地方教育附加大于核算的减免税总额的，以核算的减免税总额为限。纳税年度终了，如果纳税人实际减免的增值税、城市维护建设税、教育费附加和地方教育附加小于核算的减免税总额，纳税人在企业所得税汇算清缴时，以差额部分扣减企业所得税。当年扣减不完的，不再结转以后年度扣减。 享受优惠政策当年，重点群体人员工作不满1年的，应以实际月数换算其减免税总额。 减免税总额＝∑每名重点群体人员本年度在本企业工作月数÷12×具体定额标准 ②第2年及以后年度当年新招用人员、原招用人员及其工作时间按上述程序和办法执行。计算每名重点群体人员享受税收优惠政策的期限最长不超过36个月。 (3)税收减免管理。 企业招用重点群体享受本项优惠的，由企业留存以下材料备查： ①享受税收优惠政策的登记失业半年以上的人员，零就业家庭、城市低保家庭的登记失业人员，以及毕业年度内高校毕业生的《就业创业证》（注明"企业吸纳税收政策"）。 ②县以上人力资源社会保障部门核发的《企业吸纳重点群体就业认定证明》。 ③《重点群体人员本年度实际工作时间表》。 凭《就业创业证》享受上述优惠政策的人员，按以下规定申领《就业创业证》。 （1）失业人员在常住地公共就业服务机构进行失业登记，申领《就业创业证》。对其中的零就业家庭、城市低保家庭的登记失业人员，公共就业服务机构应在其《就业创业证》上予以注明。 （2）毕业年度内高校毕业生在校期间凭学生证向公共就业服务机构申领《就业创业证》，或委托所在高校就业指导中心向公共就业服务机构代为申领《就业创业证》；毕业年度内高校毕业生离校后可凭毕业证直接向公共就业服务机构按规定申领《就业创业证》。 税收优惠政策管理。 （1）严格各项凭证的审核发放。任何单位或个人不得伪造、涂改、转让、出租相关凭证，违者将依法予以惩处；对出借、转让《就业创业证》的人员，主管人力资源社会保障部门要收回其《就业创业证》并记录在案；对采取上述手段已经获取减免税的企业和个人，主管税务机关要追缴其已减免的税款，并依法予以处理。 （2）《就业创业证》采用实名制，限持证者本人使用。创业人员从事个体经营的，《就业创业证》由本人保管；被用人单位招用的，享受税收优惠政策期间，证件由用人单位保管。《就业创业证》由人力资源社会保障部统一样式，各省、自治区、直辖市人	《国家税务总局 人力资源社会保障部 国务院扶贫办 教育部关于实施支持和促进重点群体创业就业有关税收政策具体操作问题的公告》（国家税务总局 人力资源社会保障部 国务院扶贫办 教育部公告2019年第10号，以下简称2019年第10号公告）明确了个体经营和企业招用重点群体适用税收优惠政策的方式： ①个体经营享受税收优惠。 建档立卡贫困人口从事个体经营的，自行申报纳税并享受税收优惠。 登记失业半年以上的人员，零就业家庭、城市低保家庭的登记失业人员，以及毕业年度内高校毕业生，可持《就业创业证》（或《就业失业登记证》，下同）、个体工商户登记执照（未完成"两证整合"的还须持《税务登记证》）向创业地县以上（含县级，下同）人力资源社会保障部门提出申请。符合条件的人员从事个体经营的，自行申报纳税并享受税收优惠。 ②企业吸纳重点群体就业享受税收优惠。 享受招用重点群体就业税收优惠政策的企业，向县以上人力资源社会保障部门递交申请。人力资源社会保障部门经核实后，对持有《就业创业证》的重点群体，在其《就业创业证》上注明"企业吸纳税收政策"；对符合条件的企业核发《企业吸纳重点群体就业认定证明》。 符合条件的企业自行申报纳税并享受税收优惠。 《就业创业证》采用实名制，限持证者本人使用。招用人员发生变化的，应向人力资源社会保障部门办理变更申请。

(续表)

财税〔2019〕22号	国家税务总局公告2019年第10号	政策解读
本通知规定的税收政策执行期限为2019年1月1日至2021年12月31日。纳税人在2021年12月31日享受本通知规定税收优惠政策未满3年的,可继续享受至3年期满为止。《财政部 税务总局 人力资源社会保障部关于继续实施支持和促进重点群体创业就业有关税收政策的通知》(财税〔2017〕49号)自2019年1月1日起停止执行。 本通知所述人员,以前年度已享受重点群体创业就业税收优惠政策满3年的,不得再享受本通知规定的税收优惠政策;以前年度享受重点群体创业就业税收优惠政策未满3年且符合本通知规定条件的,可按本通知规定享受优惠至3年期满。	力资源社会保障部门负责印制,作为审核劳动者就业失业状况和享受政策情况的有效凭证。 (3)《企业吸纳重点群体就业认定证明》由人力资源社会保障部门统一样式,各省、自治区、直辖市人力资源社会保障部门统一印制,统一编号备案,相关信息由当地人力资源社会保障部门按需提供给税务部门。 (4)县以上人力资源社会保障、税务部门及扶贫办要建立劳动者就业信息交换和协查制度。人力资源社会保障部建立全国《就业创业证》查询系统(http://jyjc.mohrss.gov.cn),供各级人力资源社会保障、财政、税务部门查询《就业创业证》信息。国务院扶贫办建立全国统一的全国扶贫开发信息系统,供各级扶贫办、人力资源社会保障、财政、税务部门查询建档立卡贫困人口身份等相关信息。 (5)各级税务机关对《就业创业证》或建档立卡贫困人口身份有疑问的,可提请同级人力资源社会保障部门、扶贫办予以协查,同级人力资源社会保障部门、扶贫办应根据具体情况规定合理的工作时限,并在时限内将协查结果通报提请协查的税务机关。 本公告自2019年1月1日起施行。	(3)管理方式。 2019年第10号公告将优惠政策管理方式由备案改为备查: 建档立卡贫困人口从事个体经营享受优惠的,直接向主管税务机关申报纳税时享受优惠,无备查材料留存;登记失业半年以上的人员,零就业家庭、享受城市居民最低生活保障家庭劳动年龄内的登记失业人员,高校毕业生从事个体经营享受优惠的,留存《就业创业证》备查;招用重点群体就业的企业享受优惠的,留存《就业创业证》《企业吸纳重点群体就业认定证明》《重点群体人员本年度实际工作时间表》备查。

(1)纳税人不得重复享受重点群体创业就业优惠政策,即每人只能享受一次该项优惠政策,且计算每人享受税收优惠政策的期限最长不超过3年。

(2)企业招用建档立卡贫困人口、吸纳失业人员就业既适用财税〔2017〕49号、财税〔2019〕22号文件规定的税收优惠政策,又适用其他扶持就业的专项税收优惠政策,企业可选择适用最优惠的政策,不能重复享受。但是,如果企业同时符合享受小微企业、高新技术企业等非扶持就业的专项优惠政策条件的,不属于重复享受。

(3)《财政部 税务总局 人力资源社会保障部 国家乡村振兴局关于延长部分扶贫税收优惠政策执行期限的公告》(财政部 税务总局 人力资源社会保障部 国家乡村振兴局公告2021年第18号)规定,财税〔2019〕22号文件中规定的税收优惠政策,执行期限延长至2025年12月31日。

【例4-21】 某生活服务型企业2021年12月招收符合条件的失业人员20人,2022年6月新增10人。该省定额扣减标准为每人每年5 200元。核定该企业2022年税收扣减总额为:(20×12+10×6)÷12×5 200=130 000(元)。

假定该企业2022年合计应缴纳税费141 120元:增值税126 000元;城市维护建设税8 820元、教育费附加3 780元、地方教育附加2 520元。可享受的减免税金额即为核定的扣减总额130 000元,依次扣减126 000元、城市维护建设税4 000元。还应缴纳税费合计11 120元:城市维护建设税4 820元、教育费附加3 780元、地方教育附加2 520元。	假定该企业2022年应缴纳:增值税100 000元;城市维护建设税7 000元、教育费附加3 000元、地方教育附加2 000元,汇算清缴时应缴企业所得税9 700元。可享受的减免税额先以应缴的"流转税及附加"112 000元(增值税100 000元、城市维护建设税7 000元、教育费附加3 000元、地方教育附加2 000元)为限,全部予以扣减;已扣减的112 000元与核定的可扣减税收总额130 000元尚有差额18 000元,汇算清缴时再将其应缴的企业所得税9 700元全额扣减;在依次扣减上述税费121 700元后,仍有差额8 300元没有扣减,则不得结转下年再扣减。

3. 扶持自主就业退役士兵创业就业（财税〔2019〕21号）

自主就业退役士兵从事个体经营的，自办理个体工商户登记当月起，在3年（36个月，下同）内按每户每年12 000元为限额依次扣减其当年实际应缴纳的增值税、城市维护建设税、教育费附加、地方教育附加和个人所得税。限额标准最高可上浮20%，各省、自治区、直辖市人民政府可根据本地区实际情况在此幅度内确定具体限额标准。

纳税人年度应缴纳税款小于上述扣减限额的，减免税额以其实际缴纳的税款为限；大于上述扣减限额的，以上述扣减限额为限。纳税人的实际经营期不足1年的，应当按月换算其减免税限额。其换算公式为：减免税限额＝年度减免税限额÷12×实际经营月数。城市维护建设税、教育费附加、地方教育附加的计税依据是享受本项税收优惠政策前的增值税应纳税额。

企业招用自主就业退役士兵，与其签订1年以上期限劳动合同并依法缴纳社会保险费的，自签订劳动合同并缴纳社会保险当月起，在3年内按实际招用人数予以定额依次扣减增值税、城市维护建设税、教育费附加、地方教育附加和企业所得税优惠。定额标准为每人每年6 000元，最高可上浮50%，各省、自治区、直辖市人民政府可根据本地区实际情况在此幅度内确定具体定额标准。

企业按招用人数和签订的劳动合同时间核算企业减免税总额，在核算减免税总额内每月依次扣减增值税、城市维护建设税、教育费附加和地方教育附加。企业实际应缴纳的增值税、城市维护建设税、教育费附加和地方教育附加小于核算减免税总额的，以实际应缴纳的增值税、城市维护建设税、教育费附加和地方教育附加为限；实际应缴纳的增值税、城市维护建设税、教育费附加和地方教育附加大于核算减免税总额的，以核算减免税总额为限。

纳税年度终了，如果企业实际减免的增值税、城市维护建设税、教育费附加和地方教育附加小于核算减免税总额，企业在企业所得税汇算清缴时以差额部分扣减企业所得税。当年扣减不完的，不再结转以后年度扣减。

自主就业退役士兵在企业工作不满1年的，应当按月换算减免税限额。其计算公式为：企业核算减免税总额＝Σ每名自主就业退役士兵本年度在本单位工作月份÷12×具体定额标准。

城市维护建设税、教育费附加、地方教育附加的计税依据是享受本项税收优惠政策前的增值税应纳税额。

本通知所称自主就业退役士兵是指依照《退役士兵安置条例》（国务院 中央军委令第608号）的规定退出现役并按自主就业方式安置的退役士兵。

本通知所称企业是指属于增值税纳税人或企业所得税纳税人的企业等单位。

自主就业退役士兵从事个体经营的，在享受税收优惠政策进行纳税申报时，注明其退役军人身份，并将《中国人民解放军义务兵退出现役证》《中国人民解放军士官退出现役证》或《中国人民武装警察部队义务兵退出现役证》《中国人民武装警察部队士官退出现役证》留存备查。

企业招用自主就业退役士兵享受税收优惠政策的，将以下资料留存备查：（1）招用自主就业退役士兵的《中国人民解放军义务兵退出现役证》《中国人民解放军士官退出现役证》或《中国人民武装警察部队义务兵退出现役证》《中国人民武装警察部队士官退出现役证》；（2）企业与招用自主就业退役士兵签订的劳动合同（副本），为职工缴纳的社会保险费记录；（3）自主就业退役士兵本年度在企业工作时间表。

企业招用自主就业退役士兵既可以适用本通知规定的税收优惠政策，又可以适用其他扶持就业专项税收优惠政策的，企业可以选择适用最优惠的政策，但不得重复享受。

本通知规定的税收政策执行期限为2019年1月1日至2021年12月31日。纳税人在2021年12月31日享受本通知规定税收优惠政策未满3年的，可继续享受至3年期满为止。《财政部 税务总局 民政部关于继续实施扶持自主就业退役士兵创业就业有关税收政策的通知》（财税〔2017〕46号）自2019年1月1日起停止执行。

退役士兵以前年度已享受退役士兵创业就业税收优惠政策满3年的，不得再享受本通知规定的税收优惠政策；以前年度享受退役士兵创业就业税收优惠政策未满3年且符合本通知规定条件的，可按本通知规定享受优惠至3年期满。

（二）优惠事项管理（国家税务总局公告2018年第23号）

1. 支持和促进重点群体创业就业限额减征优惠备案

序号	主要留存备查资料	享受优惠时间	后续管理要求
41	（1）县以上人力资源社会保障部门核发的《企业实体吸纳失业人员认定证明》《持〈就业创业证〉人员本年度实际工作时间表》。 （2）企业当年已享受增值税和附加税抵减税额优惠的证明资料。	汇缴享受	由省税务机关（含计划单列市税务机关）规定。

2. 扶持自主就业退役士兵创业就业限额优惠备案

序号	主要留存备查资料	享受优惠时间	后续管理要求
42	（1）新招用自主就业退役士兵的《中国人民解放军义务兵退出现役证》或《中国人民解放军士官退出现役证》。 （2）企业当年已享受增值税和附加税抵减税额优惠的证明资料。	汇缴享受	由省税务机关（含计划单列市税务机关）规定。

八、民族自治地方企业所得税减免优惠

《企业所得税法》第二十九条	《企业所得税法实施条例》第九十四条
民族自治地方的自治机关对本民族自治地方的企业应缴纳的企业所得税中属于地方分享的部分，可以决定减征或者免征。自治州、自治县决定减征或者免征的，须报省、自治区、直辖市人民政府批准。	民族自治地方，是指依照《中华人民共和国民族区域自治法》的规定，实行民族区域自治的自治区、自治州、自治县。 对民族自治地方内国家限制和禁止行业的企业，不得减征或者免征企业所得税。

我国现行《民族区域自治法》第三十四条规定，"民族自治地方的自治机关在执行国家税法的时候，除应由国家统一审批的减免税收项目以外，对属于地方财政收入的某些需要从税收上加以照顾和鼓励的，可以实行减税或者免税。自治州、自治县决定减税或者免税，须报省、自治区、直辖市人民政府批准。"经省级民族自治地方权力机关批准，减征或者免征民族自治地方的企业缴纳的企业所得税中属于地方分享的企业所得税金额减征或者免征的金额，填报表A100000第37行"民族自治地区企业所得税地方分享部分（□免征 □减征：减征幅度____%）"。

九、享受过渡期税收优惠定期减免企业所得税

《企业所得税法》第五十七条	国发〔2007〕39号
本法公布前已经批准设立的企业，依照当时的税收法律、行政法规的规定，享受低税率优惠的，按照国务院规定，可以在本法施行后5年内，逐步过渡到本法规定的税率；享受定期减免税优惠的，按照国务院规定，可以在本法施行后继续享受到期满为止，但因未获利而尚未享受优惠的，优惠期限从本法施行年度起计算。 法律设置的发展对外经济合作和技术交流的特定地区内，以及国务院已规定执行上述地区特殊政策的地区内新设立的国家需要重点扶持的高新技术企业，可以享受过渡性税收优惠，具体办法由国务院规定。 国家已确定的其他鼓励类企业，可以按照国务院规定享受减免税优惠。	新税法公布前批准设立的企业税收优惠过渡办法。 企业按照原税收法律、行政法规和具有行政法规效力文件规定享受的企业所得税优惠政策，按以下办法实施过渡： 自2008年1月1日起，原享受低税率优惠政策的企业，在新税法施行后5年内逐步过渡到法定税率。其中：享受企业所得税15%税率的企业，2008年按18%税率执行，2009年按20%税率执行，2010年按22%税率执行，2011年按24%税率执行，2012年按25%税率执行；原执行24%税率的企业，2008年起按25%税率执行。 自2008年1月1日起，原享受企业所得税"两免三减半""五免五减半"等定期减免税优惠的企业，新税法施行后继续按原税收法律、行政法规及相关文件规定的优惠办法及年限享受至期满为止，但因未获利而尚未享受税收优惠的，其优惠期限从2008年度起计算。

十、特定区域公司型创业投资企业股权转让所得减免所得税

政策依据：

《财政部 税务总局 发展改革委 证监会关于中关村国家自主创新示范区公司型创业投资企业有关企业所得税试点政策的通知》（财税〔2020〕63号）；

《财政部 税务总局 发展改革委 证监会关于上海市浦东新区特定区域公司型创业投资企业有关企业所得税试点政策的通知》（财税〔2021〕53号）。

（一）政策规定

一、对示范区内公司型创业投资企业，转让持有3年以上股权的所得占年度股权转让所得总额的比例超过50%的，按照年末个人股东持股比例减半征收当年企业所得税；转让持有5年以上股权的所得占年度股权转让所得总额的比例超过50%的，按照年末个人股东持股比例免征当年企业所得税。

上述两种情形下，应分别适用以下公式计算当年企业所得税免征额：

（一）转让持有3年以上股份的所得占年度股权转让所得总额的比例超过50%的：

企业所得税免征额＝年末个人股东持股比例×本年度企业所得税应纳税额÷2

（二）转让持有5年以上股权的所得占年度股权转让所得总额的比例超过50%的：

企业所得税免征额＝年末个人股东持股比例×本年度企业所得税应纳税额

二、本通知所称公司型创业投资企业，应同时符合以下条件：

（一）在示范区内注册成立，实行查账征收的居民企业。

（二）符合《创业投资企业管理暂行办法》（发展改革委等10部门令第39号）或者《私募投资基金监督管理暂行办法》（证监会令第105号）要求，并按照规定完成备案且规范运作。

三、个人股东从公司型创业投资企业取得的股息红利，按照规定缴纳个人所得税。

四、本通知自2020年1月1日起实施。2020年1月1日前发生的股权投资，在本通知规定的执行期内转让股权取得的所得符合本通知第一条规定的，适用本通知规定的税收政策。

一、对上海市浦东新区特定区域内公司型创业投资企业，转让持有3年以上股权的所得占年度股权转让所得总额的比例超过50%的，按照年末个人股东持股比例减半征收当年企业所得税；转让持有5年以上股权的所得占年度股权转让所得总额的比例超过50%的，按照年末个人股东持股比例免征当年企业所得税。

上述两种情形下，应分别适用以下公式计算当年企业所得税免征额：

（一）转让持有3年以上股份的所得占年度股权转让所得总额的比例超过50%的：

企业所得税免征额＝年末个人股东持股比例×本年度企业所得税应纳税额÷2

（二）转让持有5年以上股权的所得占年度股权转让所得总额的比例超过50%的：

企业所得税免征额＝年末个人股东持股比例×本年度企业所得税应纳税额

二、本通知所称公司型创业投资企业，应同时符合以下条件：

（一）在上海市浦东新区特定区域内注册成立，实行查账征收的居民企业。

（二）符合《创业投资企业管理暂行办法》（发展改革委等10部门令第39号）或者《私募投资基金监督管理暂行办法》（证监会令第105号）要求，并按照规定完成备案且规范运作。

三、本通知所称上海市浦东新区特定区域是指中国（上海）自由贸易试验区、中国（上海）自由贸易试验区临港新片区浦东部分和张江科学城。其中：中国（上海）自由贸易试验区，按照《国务院关于印发进一步深化中国（上海）自由贸易试验区改革开放方案的通知》（国发〔2015〕21号）规定的地理范围执行；中国（上海）自由贸易试验区临港新片区浦东部分，按照《国务院关于印发中国（上海）自由贸易试验区临港新片区总体方案的通知》（国发〔2019〕15号）规定的地理范围中位于浦东的部分执行；张江科学城，按照《上海市人民政府关于印发〈上海市张江科学城发展"十四五"规划〉的通知》（沪府发〔2021〕11号）规定的地理范围执行。

四、个人股东从公司型创业投资企业取得的股息红利，按照规定缴纳个人所得税。

五、本通知自2021年1月1日起实施。2021年1月1日前发生的股权投资，在本通知规定的执行期内转让股权取得的所得符合本通知第一条规定的，适用本通知规定的税收政策。

（二）政策解读（以财税〔2021〕53号文件为例，以下简称53号文件）

1. 享受主体：须为公司型创业投资企业

需要明确的是，53号文件的享受主体是公司型创业投资企业，而且应同时符合两个条件：（一）在上海市浦东新区特定区域内注册成立，实行查账征收的居民企业。（二）符合《创业投资企业管理暂行办法》（发展改革委等10部门令第39号）或者《私募投资基金监督管理暂行办法》（证监会令第105号）要求，并按照规定完成备案且规范运作。

具体来说，公司型创业投资企业应严格对照政策确定注册地址。53号文件内的"上海市浦东新区特定区域"，指中国（上海）自由贸易试验区、中国（上海）自由贸易试验区临港新片区浦东部分和张江科学城。其中，中国（上海）自由贸易试验区，按照《国务院关于印发进一步深化中国（上海）自由贸易试验区改革开放方案的通知》（国发〔2015〕21号）规定的地理范围执行；中国（上海）自由贸易试验区临港新片区浦东部分，按照《国务院关于印发中国（上海）自由贸易试验区临港新片区总体方案的通知》（国发〔2019〕15号）规定的地理范围中位于浦东的部分执行；张江科学城，按照《上海市人民政府关于印发〈上海市张江科学城发展"十四五"规划〉的通知》（沪府发〔2021〕11号）

规定的地理范围执行。

此外，公司型创业投资企业需向上海市发展和改革委员会或基金业协会备案，符合《创业投资企业管理暂行办法》或《私募投资基金监督管理暂行办法》相关要求。

2. 优惠客体：企业所得税应纳税额

3号文件的优惠客体是公司型创业投资企业的企业所得税应纳税额。

创业投资企业经营范围包括：创业投资业务、代理其他创业投资企业等机构或个人的创业投资业务、创业投资咨询业务、为创业企业提供管理服务，参与设立创业投资企业与创业投资管理顾问机构，私募基金财产的投资包括买卖股票、股权、债券、期货、期权、基金份额及投资合同约定的其他投资标的。

公司型创业投资企业不仅有股权转让所得，还有其他相关业务所得。虽然53号文件规定的减免条件是股权转让所得满足比例要求，但优惠的客体是企业全部应纳企业所得税税额，给予企业更大优惠空间。

例如，甲公司型创业投资企业2022年度取得股权转让所得800万元、投资咨询业务所得200万元，合计所得额1 000万元，需缴纳企业所得税1 000×25％＝250（万元）。53号文件的优惠客体并非针对800万元的股权转让所得，而是对全部1 000万元所得应缴纳的企业所得税。假设甲公司年末个人股东持股比例40％，当期转让持有5年以上股权的所得占年度股权转让所得总额的比例超过50％，那么，甲公司当期减免企业所得税250×40％＝100（万元），并非仅减免股权转让所得应纳企业所得税800×25％×40％＝80（万元）。

3. 优惠差异：持股时间越长，优惠力度越大

53号文件第一条明确，对上海市浦东新区特定区域内公司型创业投资企业，转让持有3年以上股权的所得占年度股权转让所得总额的比例超过50％的，按照年末个人股东持股比例减半征收当年企业所得税；转让持有5年以上股权的所得占年度股权转让所得总额的比例超过50％的，按照年末个人股东持股比例免征当年企业所得税。这两种情况分别适用不同公式，计算当年企业所得税免征额。

转让持有3年以上股份的所得占年度股权转让所得总额的比例超过50％的：

企业所得税免征额＝年末个人股东持股比例×本年度企业所得税应纳税额÷2

转让持有5年以上股权的所得占年度股权转让所得总额的比例超过50％的：

企业所得税免征额＝年末个人股东持股比例×本年度企业所得税应纳税额

也就是说，个人股东持股时间越长，享受优惠力度越大。

【例4-22】 乙公司型创业投资企业成立于2014年1月，2021年年底个人股东持股比例为30％，假设它2021年退出投资的有关股权投资和转让情况如下：

2015年3月，向A创业企业投资300万元，2021年1月退出取得转让收入900万元；
2015年9月，向B创业企业投资300万元，2021年2月退出取得转让收入1 200万元；
2016年5月，向C创业企业投资300万元，2021年4月退出取得转让收入750万元；
2017年7月，向D创业企业投资500万元，2021年5月退出取得转让收入700万元；
2017年9月，向E创业企业投资100万元，2021年6月退出取得转让收入200万元；
2018年1月，向F创业企业投资1 800万元，2021年8月退出取得转让收入300万元；
2019年9月，向G创业企业投资500万元，2021年6月退出取得转让收入1 000万元；
2020年2月，向H创业企业投资200万元，2021年9月退出取得转让收入1 000万元；

已知乙公司2021年应纳企业所得税为1 000万元。根据上述情况，可形成乙公司整体投资情况。

综合可得，2021年，乙公司股权转让所得总额为2 050万元，其中：持有3年以上的股权转让所

得为 $600+900+450+200+100-1\,500=750$（万元），占股权转让所得总额的比例为 $750\div2\,050\times100\%=36.59\%$，不超过 50%，那么，乙公司 2021 年不能享受减半企业所得税政策。

但是，乙公司持有 5 年以上的股权转让所得为 $600+900=1\,500$（万元），转让持有 5 年以上股权所得占股权转让所得总额的比例为 $1\,500\div2\,050\times100\%=73.17\%$，超过 50%，可以享受免征当年企业所得税政策，免征额＝年末个人股东持股比例×本年度企业所得税应纳税额＝$30\%\times1\,000$＝300（万元）。

根据上述情况，可形成乙公司 2021 年度应纳税情况。

不难看出，公司型创业投资企业如果设立股权转让台账，详细记录每笔股权投资的对象、时间、成本、转让份额及价格、转让所得等信息，可快速判断能否享受减免税优惠。

企业应结合合同约定条款、股权登记时间、实际出资时间、会计记账时间等综合判断股权投资时间；同时，应认真审查取得转让股权收入的股权实际持有时间。企业如果分辨不清，可提请税务机关进行判定。需要说明的是，企业如果提供虚假资料享受税收优惠政策，可能需要承担偷税等行政责任，同时可能被纳入失信纳税人名单；构成犯罪的，还将被追究刑事责任。

第七节　专用设备投资额抵免政策解析与应用

政策依据：

《企业所得税法》第三十四条、《企业所得税法实施条例》第一百条；

《财政部　国家税务总局　应急管理部关于印发〈安全生产专用设备企业所得税优惠目录（2018 年版）〉的通知》（财税〔2018〕84 号）；

《财政部　国家税务总局关于执行企业所得税优惠政策若干问题的通知》（财税〔2009〕69 号）；

《国家税务总局关于环境保护节能节水安全生产等专用设备投资抵免企业所得税有关问题的通知》（国税函〔2010〕256 号）；

《财政部　税务总局　国家发展改革委　工业和信息化部　环境保护部关于印发节能节水和环境保护专用设备企业所得税优惠目录（2017 年版）的通知》（财税〔2017〕71 号）；

《安全生产专用设备企业所得税优惠目录（2018 年版）》（财税〔2018〕84 号印发）。

一、优惠政策

（一）税额抵免政策

《企业所得税法》	《企业所得税法实施条例》	财税〔2009〕69 号	财税〔2008〕48 号
第三十四条　企业购置用于环境保护、节能节水、安全生产等专用设备的投资额，可以按一定比例实行税额抵免。	第一百条　企业购置并实际使用《环境保护专用设备企业所得税优惠目录》《节能节水专用设备企业所得税优惠目录》和《安全生产专用设备企业所得税优惠目录》（以下简称《目录》）规定的环境保护、节能节水、安全生产等专用设备，该专用设备投资额的 10% 可以从企业当年的应纳税额中抵免；当年不足抵免的，可以在以后 5 个纳税年度结转抵免。	十、《企业所得税法实施条例》第一百条规定的购置并实际使用的环境保护、节能节水和安全生产专用设备，包括承租方企业以融资租赁方式租入的，并在融资租赁合同中约定租赁期届满时租赁设备所有权转移给承租方企业，且符合规定条件的上述专用设备。凡融资租赁期届满后租赁设备所有权未转移至承租方企业的，承租方企业应停止享受抵免企业所得税优惠，并补缴已经抵免的企业所得税款。	一、自 2008 年 1 月 1 日起，企业购置并实际使用《目录》规定的环境保护、节能节水、安全生产等专用设备，可以按专用设备投资额的 10% 抵免当年企业所得税应纳税额；企业当年应纳税额不足抵免的，可以向以后年度结转，但结转期不得超过 5 个纳税年度。

(续表)

实行企业所得税税额抵免的设备范围是《目录》规定的环境保护、节能节水、安全生产等专用设备,并不再限于国产设备。享受企业所得税优惠的企业,应当实际购置并自身实际投入使用符合规定的专用设备。企业按购置上述设备投资额的一定比例抵免的税额,就属于《企业所得税法》第二十二条规定的计算应纳税额过程中可以减除的税收优惠抵免税额。

专用设备享受优惠的条件:实际购置的专用设备符合专用设备目录标准,且自身实际投入使用。

1. 环境保护和节能节水专用设备企业所得税优惠目录(2017 年版)(财税〔2017〕71 号)

环境保护专用设备企业所得税优惠目录 (2017 年版)	节能节水专用设备企业所得税优惠目录 (2017 年版)
《环境保护专用设备企业所得税优惠目录》(2017 版)共分为 6 大类 24 项设备,相比 2008 版目录主要有以下变化: (1) 新增设备 19 项,其中新增"电袋复合除尘器"应用领域为"燃煤发电行业除外的烟尘处理"。 (2) 删除设备 14 项,主要包括:大气污染防治设备中的湿法脱硫专用喷嘴、湿法脱硫专用除雾器等。 (3) 保留设备 5 项,但所涉及性能参数要求或应用领域等均有所变化,比如袋式除尘器,应用领域则由原来"发电机组、工业锅炉、工业窑炉除尘"修改为"燃煤发电行业除外的烟尘处理"。	《节能节水专用设备企业所得税优惠目录》(2017 版)共分为 2 类 32 项设备,相比 2008 版目录主要有以下变化: (1) 新增设备 16 项,主要包括:永磁同步电动机、多联式空调(热泵)机组、反渗透淡化装置等。 (2) 删除设备 9 项,主要包括:配电系统节电设备、能效等级 1 级的单元式空气调节机。 (3) 保留设备 20 项,但在名称和分类上有所变化,最终 2017 版目录列示为 16 项。同时,目录中所保留设备的性能参数要求也有所变化,比如工业锅炉设备,在额定蒸发量上由原来"不小于 0.7MW"修改为"应当大于 7MW",同时,对其所参考执行标准也做了修改。

自 2017 年 1 月 1 日起,对企业购置并实际使用节能节水和环境保护专用设备享受企业所得税抵免优惠政策的适用目录进行适当调整,统一按《节能节水专用设备企业所得税优惠目录(2017 年版)》和《环境保护专用设备企业所得税优惠目录(2017 年版)》执行。

2. 目录的选择适用及政策规定(财税〔2017〕71 号)

政策规定	政策理解
对企业购置并实际使用节能节水和环境保护专用设备享受企业所得税抵免优惠政策的适用目录进行适当调整,统一按《节能节水专用设备企业所得税优惠目录(2017 年版)》《环境保护专用设备企业所得税优惠目录(2017 年版)》执行。 按照国务院关于简化行政审批的要求,进一步优化优惠管理机制,实行企业自行申报并直接享受优惠、税务部门强化后续管理的机制。企业购置节能节水和环境保护专用设备,应自行判断是否符合税收优惠政策规定条件,按规定向税务部门履行企业所得税优惠备案手续后直接享受税收优惠,税务部门采取税收风险管理、稽查、纳税评估等方式强化后续管理。 建立部门协调配合机制,切实落实节能节水和环境保护专用设备税收抵免优惠政策。税务部门在执行税收优惠政策过程中,不能准确判定企业购置的专用设备是否符合相关技术指标等税收优惠政策规定条件的,可提请地市级(含)以上发展改革、工业和信息化、环境保护等部门,由其委托专业机构出具技术鉴定意见,相关部门应积极配合。对不符合税收优惠政策规定条件的,由税务机关按《税收征收管理法》及有关规定进行相应处理。 本通知所称税收优惠政策规定条件,是指《节能节水专用设备企业所得税优惠目录(2017 年版)》和《环境保护专用设备企业所得税优惠目录(2017 年版)》所规定的设备类别、设备名称、性能参数、应用领域和执行标准。 本通知自 2017 年 1 月 1 日起施行。《节能节水专用设备企业所得税优惠目录(2008 年版)》和《环境保护专用设备企业所得税优惠目录(2008 年版)》自 2017 年 10 月 1 日起废止,企业在 2017 年 1 月 1 日至 2017 年 9 月 30 日购置的专用设备符合 2008 年版优惠目录规定的,也可享受税收优惠。	(1) 明确 2017 版目录的实施时间可追溯至 2017 年 1 月 1 日,对于 2017 版和 2008 版新旧目录交叉重叠的期间,通知给予了一定的过渡安排,即允许 2008 年版目录继续执行至 2017 年 9 月 30 日,并且对于纳税人在 2017 年 1 月 1 日至 2017 年 9 月 30 日购置的专用设备,允许选择适用 2008 年版目录或 2017 版目录。 (2) 判断适用 2008 年版目录或 2017 版目录的标准是"购置时间(一般以发票开具时间作为设备购置时间)",而不需考虑专用设备的实际投用时间或优惠备案时间。 (3) 延续原来纳税人自行备案、直接享受优惠的基础上,赋予税务机关提请有关部门委托专业机构,针对专用设备是否符合目录相关技术指标等要求出具技术鉴定意见的权利。实质是对专用设备抵免企业所得税备案类税收优惠事项强化后续管理一个制度保障。一方面保证了税务机关在备案制度下形式审核责任的适度性,有效降低了税务机关的执法责任和风险;另一方面,该项制度安排在一定程度上恢复了该项税收优惠原来实行审批制度时在实质内容审查环节的严谨性。

3. 安全生产专用设备企业所得税优惠目录(2018年版)(财税〔2018〕84号)

政策规定	《目录》
对企业购置并实际使用安全生产专用设备享受企业所得税抵免优惠政策的适用目录进行适当调整,统一按《安全生产专用设备企业所得税优惠目录(2018年版)》执行。 企业购置安全生产专用设备,自行判断其是否符合税收优惠政策规定条件,自行申报享受税收优惠,相关资料留存备查,税务部门依法加强后续管理。 建立部门协调配合机制,切实落实安全生产专用设备税收抵免优惠政策。税务部门在执行税收优惠政策过程中,不能准确判定企业购置的专用设备是否符合相关技术指标等税收优惠政策规定条件的,可提请地方应急管理部门和驻地煤矿安全监察部门报请应急管理部,由应急管理部会同有关行业部门委托专业机构出具技术鉴定意见,相关部门应积极配合。对不符合税收优惠政策规定条件的,由税务部门按税收征收管理法及有关规定进行相应处理。 本通知所称税收优惠政策规定条件,是指2018年版优惠目录所规定的设备名称、性能参数和执行标准。 本通知自2018年1月1日起施行,《安全生产专用设备企业所得税优惠目录(2008年版)》同时废止。企业在2018年1月1日至2018年8月31日购置的安全生产专用设备,符合2008年版优惠目录规定的,仍可享受税收优惠。	煤矿、非煤矿山、石油及危险化学品、民爆及烟花爆竹、交通运输、电力、建筑施工、应急救援设备类8大类89项设备。表内安全设备按照行业列示,对于可在不同行业中通用的专用设备,不受该专用设备所处行业和所列应用领域的限制。 详细目录见文件规定。

自2018年1月1日起,对企业购置并实际使用安全生产专用设备享受企业所得税抵免优惠政策的适用目录进行适当调整,统一按《安全生产专用设备企业所得税优惠目录(2018年版)》执行。

(二)专用设备投资额的确定

财税〔2008〕48号	国税函〔2010〕256号
专用设备投资额,是指购买专用设备发票价税合计价格,但不包括按有关规定退还的增值税税款以及设备运输、安装和调试等费用。企业利用财政拨款购置专用设备的投资额,不得抵免企业应纳所得税额。	自2009年1月1日起,纳税人购进并实际使用环境保护、节能节水和安全生产专用设备并取得增值税专用发票的,在按照财税〔2008〕48号文件第二条的规定进行税额抵免时,如增值税进项税额允许抵扣,其专用设备投资额不再包括增值税进项税额;如增值税进项税额不允许抵扣,其专用设备投资额应为增值税专用发票上注明的价税合计金额。企业购买专用设备取得普通发票的,其专用设备投资额为普通发票上注明的金额。

(三)当年应纳税额的确定(财税〔2008〕48号)

政策规定	政策理解
当年应纳税额,是指企业当年的应纳税所得额乘以适用税率,扣除依照企业所得税法和国务院有关税收优惠规定以及税收过渡优惠规定减征、免征税额后的余额。	这里应关注减免所得税与抵免所得税的顺序。企业如果同时存在减免所得税和抵免所得税优惠,应按先减免后抵免顺序处理,即如果应纳所得税额扣除减免所得税额后有余额,再抵免所得税额。

(四)资金来源与税额抵免(财税〔2008〕48号第四条)

企业利用自筹资金和银行贷款购置专用设备的投资额,可以按《企业所得税法》的规定抵免企业应纳所得税额;企业利用财政拨款购置专用设备的投资额,不得抵免企业应纳所得税额。

(五)设备转让出租优惠处理(财税〔2008〕48号第五条)

企业购置并实际投入适用、已开始享受税收优惠的专用设备,如从购置之日起5个纳税年度内转让、出租的,应在该专用设备停止使用当月停止享受企业所得税优惠,并补缴已经抵免的企业所得税税款。转让的受让方可以按照该专用设备投资额的10%抵免当年企业所得税应纳税额;当年应纳税额不足抵免的,可以在以后5个纳税年度结转抵免。

二、优惠事项管理(国家税务总局公告2018年第23号)

序号	主要留存备查资料	享受优惠时间	后续管理要求
66	(1)购买并自身投入使用的专用设备清单及发票。 (2)以融资租赁方式取得的专用设备的合同或协议。 (3)专用设备属于《环境保护专用设备企业所得税优惠目录》《节能节水专用设备企业所得税优惠目录》或《安全生产专用设备企业所得税优惠目录》中的具体项目的说明。 (4)专用设备实际投入使用时间的说明。	汇缴享受	由省税务机关(含计划单列市税务机关)规定。

【例4-23】 某地甲公司执行《企业会计准则》,2022年度财务会计报告及相关账簿、凭证,资料如下:

(1)2022年度会计利润总额1 000万元,2022年已预缴所得税180万元。

(2)公司于2022年10月自筹资金投资兴建环保项目,购置了用于环境保护专用设备,该项目已经税务机关备案审核确认符合投资抵免所得税优惠条件,环保设备600万元,增值税78万元,取得设备发票,当月认证已抵扣,运费及安装费55万元。

(3)公司适用企业所得税适用税率25%,假设无纳税调整项目。

要求:根据上述资料,计算甲公司2022年度设备抵免额及应纳所得税额。

(1)应纳所得税额=1 000×25%=250(万元)。
(2)专用设备投资额为600万元,投资为自筹资金符合抵免条件,但投资额不包括抵扣的进项税额、运费及安装费。
(3)专用设备投资额抵免限额=600×10%=60(万元)。
(4)准予抵免的投资额为60万元,应纳所得税额250万元大于60万元,可于抵免60万元。
(5)2022年实际应纳所得税额=250-60=190(万元)。

第八节 加速折旧政策解析与应用

加速折旧是指在固定资产使用年限的初期提列较多的折旧。可以在固定资产的使用年限内早一些得到折旧费和减免税的税款。虽然加速折旧可在固定资产使用年限的初期提列较大的折旧,但由于折旧累计的总额不能超过固定资产的可折旧成本,所以,其总折旧额并不会比一般折旧高。折旧是企业的一项费用,折旧额越大,企业的应扣税所得越小,税负就越轻。从总数上看,加速折旧并不能减轻企业的税负,政府在税收上似乎也没损失什么。但是,由于后期企业所提的折旧额大大小于前期,故税负较重。对企业来说,虽然总税负未变,但税负前轻后重,有税收递延缴纳之利,亦同政府给予一笔无息贷款之效。对政府而言,在一定时期内,虽然来自这方面的总税收收入未变,但税收收入前少后多,有收入迟滞之弊。政府损失了一部分收入的"时间价值"。因此,这种方式同延期纳税方式一样,都是税收支出的特殊形式。

一、税法规定

《企业所得税法》	《企业所得税法实施条例》
第三十二条 企业的固定资产由于技术进步等原因,确需加速折旧的,可以缩短折旧年限或者采取加速折旧的方法。	第九十八条 《企业所得税法》第三十二条所称可以采取缩短折旧年限或者采取加速折旧的方法的固定资产,包括: (1) 由于技术进步,产品更新换代较快的固定资产。 (2) 常年处于强震动、高腐蚀状态的固定资产。 采取缩短折旧年限方法的,最低折旧年限不得低于本条例第六十条规定折旧年限的60%;采取加速折旧方法的,可以采取双倍余额递减法或者年数总和法。 第五十九条 固定资产按照直线法计算的折旧,准予扣除。企业应当自固定资产投入使用月份的次月起计算折旧;停止使用的固定资产,应当自停止使用月份的次月起停止计算折旧。企业应当根据固定资产的性质和使用情况,合理确定固定资产的预计净残值。固定资产的预计净残值一经确定,不得变更。

财税〔2014〕75号、财税〔2015〕106号、财税〔2018〕54号:符合规定的固定资产可以一次性进入成本费用。

二、加速折旧"旧"政解析与应用

政策依据:

> 《财政部 国家税务总局关于进一步鼓励软件产业和集成电路产业发展企业所得税政策的通知》(财税〔2012〕27号);
> 《国家税务总局关于企业固定资产加速折旧所得税处理有关问题的通知》(国税发〔2009〕81号)。

国税发〔2009〕81号	财税〔2012〕27号
企业拥有并用于生产经营的主要或关键的固定资产,由于以下原因确需加速折旧的,可以缩短折旧年限或者采取加速折旧的方法: (1) 由于技术进步,产品更新换代较快的。 (2) 常年处于强震动、高腐蚀状态的。 可以加速折旧的固定资产必须是企业拥有并用于生产经营的主要或关键的固定资产。采取缩短折旧年限方法的,最低折旧年限不得低于《企业所得税法实施条例》第六十条规定折旧年限的60%;采取加速折旧方法的,可以采取双倍余额递减法或者年数总和法。	(1) 企业外购的软件,凡符合固定资产或无形资产确认条件的,可以按照固定资产或无形资产进行核算,其折旧或摊销年限可以适当缩短,最短可为2年(含)。 (2) 集成电路生产企业的生产设备,其折旧年限可以适当缩短,最短可为3年(含)。

三、加速折旧"新"政解析与应用

政策依据:

> 《财政部 国家税务总局关于完善固定资产加速折旧企业所得税政策的通知》(财税〔2014〕75号);
> 《国家税务总局关于固定资产加速折旧税收政策有关问题的公告》(国家税务总局公告2014年第64号);
> 《财政部 国家税务总局关于进一步完善固定资产加速折旧企业所得税政策的通知》(财税〔2015〕106号);

《国家税务总局关于进一步完善固定资产加速折旧企业所得税政策有关问题的公告》(国家税务总局公告 2015 年第 68 号);

《财政部 税务总局关于设备、器具扣除有关企业所得税政策的通知》(财税〔2018〕54 号);

《国家税务总局关于设备、器具扣除有关企业所得税政策执行问题的公告》(国家税务总局公告 2018 年第 46 号);

《财政部 税务总局关于扩大固定资产加速折旧优惠政策适用范围的公告》(财政部 税务总局公告 2019 年第 66 号);

《财政部 税务总局关于支持新型冠状病毒感染的肺炎疫情防控有关税收政策的公告》(财政部 税务总局公告 2020 年第 8 号);

《财政部 税务总局关于延长部分税收优惠政策执行期限的公告》(财政部 税务总局公告 2021 年第 6 号);

《财政部 税务总局关于中小微企业设备器具所得税税前扣除有关政策的公告》(财政部 税务总局公告 2022 年第 12 号)。

(一) 政策规定

1. 六大行业企业(财税〔2014〕75 号)

行业	条件	折旧政策
六大行业的企业	2014 年 1 月 1 日后新购进的固定资产(包括自行建造)	可缩短折旧年限或采取加速折旧的方法
六大行业的小型微利企业	2014 年 1 月 1 日后新购进的单位价值不超过 100 万元的研发和生产经营共用的仪器、设备	允许一次性计入当期成本费用在计算应纳税所得额时扣除,不再分年度计算折旧。
	2014 年 1 月 1 日后新购进的单位价值超过 100 万元的研发和生产经营共用的仪器、设备	可缩短折旧年限或采取加速折旧的方法

自 2019 年 1 月 1 日起,适用财税〔2014〕75 号文件规定固定资产加速折旧优惠的行业范围,扩大至全部制造业领域。

2. 四个领域重点行业企业(财税〔2015〕106 号)

行业	条件	折旧政策
四个领域重点行业的企业	2015 年 1 月 1 日后新购进的固定资产	可缩短折旧年限或采取加速折旧的方法
四个领域重点行业的小型微利企业	2015 年 1 月 1 日后新购进的单位价值不超过 100 万元的研发和生产经营共用的仪器、设备	允许一次性计入当期成本费用在计算应纳税所得额时扣除,不再分年度计算折旧。
	2015 年 1 月 1 日后新购进的单位价值超过 100 万元的研发和生产经营共用的仪器、设备	可缩短折旧年限或采取加速折旧的方法

自 2019 年 1 月 1 日起,适用财税〔2015〕106 号文件规定固定资产加速折旧优惠的行业范围,扩大至全部制造业领域。

3. 全部制造业企业(财政部 税务总局公告 2019 年第 66 号)

政策规定	政策解读
为支持制造业企业加快技术改造和设备更新,现就有关固定资产加速折旧政策公告如下: 自2019年1月1日起,适用《财政部 国家税务总局关于完善固定资产加速折旧企业所得税政策的通知》(财税〔2014〕75号)和《财政部 国家税务总局关于进一步完善固定资产加速折旧企业所得税政策的通知》(财税〔2015〕106号)规定固定资产加速折旧优惠的行业范围,扩大至全部制造业领域。 制造业按照国家统计局《国民经济行业分类与代码(GB/4754—2017)》确定。今后国家有关部门更新国民经济行业分类与代码,从其规定。 本公告发布前,制造业企业未享受固定资产加速折旧优惠的,可自本公告发布后在月(季)度预缴申报时享受优惠或在2019年度汇算清缴时享受优惠。	固定资产加速折旧的优惠政策,之前有三个主要的文件:一是《财政部 国家税务总局关于完善固定资产加速折旧企业所得税政策的通知》(财税〔2014〕75号),二是《财政部 国家税务总局关于进一步完善固定资产加速折旧企业所得税政策的通知》(财税〔2015〕106号),三是《财政部 税务总局关于设备、器具扣除有关企业所得税政策的通知》(财税〔2018〕54号)。 前两个文件的优惠针对部分行业,优惠内容分为两部分,特定金额以下一次性进费用,特定金额以上加速折旧。第三个文件基本上就覆盖了前两个文件一次性进费用的优惠,因为它是针对全行业的,对所有企业新购进的设备器具,只要单位价值不超过500万元的,都允许一次性计入当期成本费用。但对于单位价值超过500万元的固定资产,按照财税〔2014〕75号文件和财税〔2015〕106号文件的规定,还是只有文件中提到行业可以享受加速折旧,没有提到的行业则必须按企业所得税法规定的折旧年限计提折旧。财政部、税务总局公告2019年第66号文件出台扩展了加速折旧的行业范围,所有制造业企业均可按规定加速折旧。

4. 所有行业企业(财税〔2014〕75号、财税〔2018〕54号、财政部 税务总局公告2021年第6号)

行业	条件	折旧政策
所有行业企业	2014年1月1日后新购进的单位价值不超过100万元的专门用于研发的仪器、设备	允许一次性计入当期成本费用在计算应纳税所得额时扣除,不再分年度计算折旧。
所有行业企业	2014年1月1日后新购进的单位价值超过100万元的专门用于研发的仪器、设备	可缩短折旧年限或采取加速折旧的方法。
所有行业企业	持有的单位价值不超过5 000元的固定资产	允许一次性计入当期成本费用在计算应纳税所得额时扣除,不再分年度计算折旧。企业在2013年12月31日前持有的单位价值不超过5 000元的固定资产,其折余价值部分,2014年1月1日以后可以一次性在计算应纳税所得额时扣除。
所有行业企业	2018年1月1日至2023年12月31日新购进的设备、器具(除房屋、建筑物以外的固定资产),单位价值不超过500万元	允许一次性计入当期成本费用在计算应纳税所得额时扣除,不再分年度计算折旧。

5. 疫情防控重点保障物资生产企业(财政部 税务总局公告2020年第8号、财政部 税务总局公告2020年第28号、财政部 税务总局公告2021年第7号)

政策规定	政策解读
对疫情防控重点保障物资生产企业为扩大产能新购置的相关设备,允许一次性计入当期成本费用在企业所得税税前扣除。 疫情防控重点保障物资生产企业名单,由省级及以上发展改革部门、工业和	(1)适用主体:对疫情防控重点保障物资生产企业。生产企业名单,由省级及以上发展改革部门、工业和信息化部门确。 (2)适用范围:为扩大产能新购置的相关设备。一是文件明确是"新购置的设备"不是"购置新设",所以只要符合条件的企业购进相关设备,即使是购进二手设备也可以一次性计入当期成本费用在企业所得税税前扣除。二是没有500万元以下的金额限制。

（续表）

政策规定	政策解读
信息化部门确定。 本公告自2020年1月1日起实施，截止日期视疫情况另行公告。 本法规规定的税收优惠政策凡已经到期的，执行期限延长至2021年3月31日。（财政部 税务总局公告2021年第7号）	（3）优惠政策：为扩大产能新购置的相关设备，允许一次性计入当期成本费用在企业所得税税前扣除。即可以选择一次性计入当期成本费用在企业所得税税前扣除，也可以选择按规定年限分期计提折扣税前扣除。 （4）管理要求同国家税务总局公告2018年第46号文件的规定，见下述。

发改办财金〔2020〕145号文件明确了疫情防控重点保障物资中生活物资和部分医疗应急物资的具体范围清单。

疫情防控重点保障物资生产企业按照财政部、税务总局公告2020年第8号第一条规定，适用一次性企业所得税税前扣除政策的，在优惠政策管理等方面参照《国家税务总局关于设备器具扣除有关企业所得税政策执行问题的公告》（国家税务总局公告2018年第46号）的规定执行。企业在纳税申报时将相关情况填入企业所得税纳税申报表"固定资产一次性扣除"行次。（国家税务总局公告2020年第4号第九条）

6. 在海南自由贸易港设立的企业（财税〔2020〕31号）

政策规定	政策解读
对在海南自由贸易港设立的企业，新购置（含自建、自行开发）固定资产或无形资产，单位价值不超过500万元（含）的，允许一次性计入当期成本费用在计算应纳税所得额时扣除，不再分年度计算折旧和摊销；新购置（含自建、自行开发）固定资产或无形资产，单位价值超过500万元的，可以缩短折旧、摊销年限或采取加速折旧、摊销的方法。	本条所称固定资产，是指除房屋、建筑物以外的固定资产。 本通知自2020年1月1日起执行至2024年12月31日。

7. 在横琴粤澳深度合作区设立的企业（财税〔2022〕19号第三条）

政策规定	政策解读
对在横琴粤澳深度合作区设立的企业，新购置（含自建、自行开发）固定资产或无形资产，单位价值不超过500万元（含）的，允许一次性计入当期成本费用在计算应纳税所得额时扣除，不再分年度计算折旧和摊销；新购置（含自建、自行开发）固定资产或无形资产，单位价值超过500万元的，可以缩短折旧、摊销年限或采取加速折旧、摊销的方法。	本条所称固定资产，是指除房屋、建筑物以外的固定资产。 本通知自2021年1月1日起执行。

8. 中小微企业

财政部 税务总局公告2022年第12号	《企业所得税法实施条例》第六十条
（1）中小微企业在2022年1月1日至2022年12月31日期间新购置的设备、器具，单位价值在500万元以上的，按照单位价值的一定比例自愿选择在企业所得税税前扣除。其中，企业所得税法实施条例规定最低折旧年限为3年的设备器具，单位价值的100%可在当年一次性税前扣除；最低折旧年限为4年、5年、10年的，单位价值的50%可在当年一次性税前扣除，其余50%按规定在剩余年度计算折旧进行税前扣除。 企业选择适用上述政策当年不足扣除形成的亏损，可在以后5个纳税年度结转弥补，享受其他延长亏损结转年限政策的企业可按现行规定执行。 （2）中小微企业是指从事国家非限制和禁止行业，且符合以下条件的企业： ① 信息传输业、建筑业、租赁和商务服务业：从业人员2 000人以下，或营业收入10亿元以下或资产总额12亿元以下； ② 房地产开发经营：营业收入20亿元以下或资产总额1亿元以下； ③ 其他行业：从业人员1 000人以下或营业收入4亿元以下。 （3）本政策所称设备、器具，是指除房屋、建筑物以外的固定资产；	除国务院财政、税务主管部门另有规定外，固定资产计算折旧的最低年限如下： （1）房屋、建筑物，为20年； （2）飞机、火车、轮船、机器、机械和其他生产设备，为10年； （3）与生产经营活动有关的器具、工具、家具等，为5年； （4）飞机、火车、轮船以外的运输工具，为4年； （5）电子设备，为3年。

财政部　税务总局公告 2022 年第 12 号	《企业所得税法实施条例》第六十条
所称从业人数,包括与企业建立劳动关系的职工人数和企业接受的劳务派遣用工人数。 　　从业人数和资产总额指标,应按企业全年的季度平均值确定。具体计算公式如下： $$季度平均值＝(季初值＋季末值)\div 2$$ $$全年季度平均值＝全年各季度平均值之和\div 4$$ 　　年度中间开业或者终止经营活动的,以其实际经营期作为一个纳税年度确定上述相关指标。 　　(4)中小微企业可按季(月)在预缴申报时享受上述政策。本公告发布前企业在 2022 年已购置的设备、器具,可在本公告发布后的预缴申报、年度汇算清缴时享受。 　　(5)中小微企业可根据自身生产经营核算需要自行选择享受上述政策,当年度未选择享受的,以后年度不得再变更享受。	

(1)适用政策的主要条件

按照上述政策内容,企业如适用财政部、税务总局公告 2022 年第 12 号文件(以下简称 12 号公告)规定的设备器具按一定比例税前扣除政策,需要满足以下条件：

第一个条件是企业属于中小微企业。需要注意,中小微企业不同于小型微利企业。12 号公告对从事国家非限制和禁止行业的企业,以《中小企业划型标准规定》为基础,兼顾政策执行简便有效,对各行业的从业人数、营业收入、资产总额等 3 个指标按照"让企业充分享受"的原则进行指标归并,按三大类行业形成了享受设备器具一次性扣除政策的中小微企业的标准：第一类是建筑业、信息传输业、租赁和商务服务业,从业人数 2 000 人以下,或营业收入 10 亿元以下或资产总额 12 亿元以下；第二类是房地产开发经营,营业收入 20 亿元以下或资产总额 1 亿元以下；第三类是其他行业,从业人员 1 000 人以下或营业收入 4 亿元以下。

中小微企业的判断标准涉及从业人数、资产总额、营业收入三个指标中的两项或三项指标,与现行小型微利企业的标准相比,既有相同之处也有不同之处。相同之处是中小微企业从业人数、资产总额的口径和计算方法与小型微利企业保持一致。不同之处是小型微利企业的从业人数、资产总额和应纳税所得额之间是"并且"的关系,必须同时符合 3 个指标；而中小微企业的指标之间是"或者"的关系,企业只要符合相关指标中的一项指标即可认定其符合中小微企业的条件,进而可适用按一定比例一次性扣除政策。

第二个条件是购置时间应在 2022 年 1 月 1 日至 12 月 31 日期间内。

第三个条件是设备器具的单位价值应在 500 万元以上。现行政策已经允许单位价值 500 万元以下的设备器具可一次性税前扣除,而 12 号公告出台的固定资产按一定比例税前扣除政策是一个"升级版",针对的是单位价值 500 万元以上的设备器具。

第四个条件是设备器具要属于规定的范围。设备器具属于规定范围有两层含义：第一层含义是能否享受。按照 12 号公告规定,除房屋、建筑物以外,其余的固定资产均属于设备器具范畴,均可适用此项政策,这与单位价值 500 万元以下的设备器具一次性扣除政策的口径是一致的。第二层含义是享受什么政策,是全额一次性扣除,还是按单位价值的 50% 一次性扣除政策。12 号公告按照设备器具的最低折旧年限明确了不同的政策,最低折旧年限为 3 年的设备器具适用一次性扣除政策,最低折旧年限为 4 年、5 年、10 年的设备器具适用单位价值的 50% 一次性扣除政策。其中,最低折旧年限为 3 年的设备器具仅指电子设备,最低折旧年限为 4 年的设备器具是指飞机、火车、轮船以外的运输工具,最低折旧年限为 5 年的设备器具是指与生产经营活动有关的器具、工具、家具等,最低折旧年限为10年为飞机、火车、轮船、机器、机械和其他生产设备。

(2) 会计处理要规范

【例4-24】 甲公司(系符合12号公告规定的中小微企业),2022年1月10日以银行存款购进不含增值税价900万元的生产设备,取得增值税专用发票。该设备于2022年1月26日投入使用,按10年折旧假如残值为0。

(单位:万元)

购进不含增值税价900万元设备。		2023—2031年折旧	
借:固定资产——设备	900	借:制造费用	90.00
应交税费——应交增值税(进项税额)	117	贷:累计折旧	90.00
贷:银行存款	1 017	2032年折旧	
该设备自2022年2月起,每月按7.50万元折旧,2022年折旧:		借:制造费用	7.50
借:制造费用	82.50	贷:累计折旧	7.50
贷:累计折旧	82.50		

(2) 做好会税差异台账

根据12号公告的规定,甲公司2022年可企业所得税税前扣除450万元,2023—2031年每年企业所得税税前扣除50万元。

甲公司2022年新购置设备2024会税差异台账　　　　(单位:万元)

序号	内容	2022	2023	……	2031	2032	备注
1	会计扣除	82.50	90.00		90.00	7.50	
2	税务扣除	450.00	50.00		50.00	0.00	
3	税会差异	367.50	−40.00		−40.00	−7.50	

即:2022年调减应纳税所得额367.50万元,2023—2031年分别调增应纳税所得额40.00万元,2032年调增应纳税所得额7.50万元。

(3) 做好留存备查资料

纳税人享受固定资产加速折旧或一次性扣除优惠政策,根据《国家税务总局关于发布修订后的〈企业所得税优惠政策事项办理办法〉的公告》(国家税务总局公告2018年第23号)的规定,应在进行相关年度企业所得税汇算清缴时,按规定做好以下留存备查资料:

① 符合中小微企业条件说明材料。
② 购进固定资产的发票。
③ 记账凭证(购入已使用过的固定资产,应提供已使用年限的相关说明)。
④ 核算该项资产税法与会计差异台账。

9. 一次性计入当期成本费用在计算应纳税所得额时扣除的6种情形

(1) 六大行业(自2019年1月1日起,全部制造业)的小型微利企业2014年1月1日后新购进的研发和生产经营共用的仪器、设备,单位价值不超过100万元的。

四个领域重点行业(自2019年1月1日起,全部制造业)的小型微利企业2015年1月1日后新购进的研发和生产经营共用的仪器、设备,单位价值不超过100万元的。

(2) 所有行业企业2014年1月1日后新购进的专门用于研发的仪器、设备,单位价值不超过100万元的。

(3) 所有行业企业持有的单位价值不超过5 000元的固定资产。

(4) 企业在2018年1月1日至2023年12月31日新购进的设备、器具,单位价值不超过500万元的。

(5) 自2020年1月1日起,对疫情防控重点保障物资生产企业为扩大产能新购置的相关设备,允许一次性计入当期成本费用在企业所得税税前扣除,截止日期为2021年3月31日。(无金额限制)

(6) 中小微企业在2022年1月1日至2022年12月31日期间新购置的电子设备,自愿选择在企业所得税前一次性扣除。

（续表）

风险提示：允许符合条件的固定资产在企业购入当期一次性税前扣除，其实质上将企业发生的固定资产支出在当期费用化处理，不再通过分年度计算折旧的方式在税前扣除。企业研发完成，对外销售专用设备时，应按照销售收入全额计入当期应纳税所得额，但无需追回已享受的加速折旧优惠。

（二）加速折旧"新"政要求和处理

1. 享受加速折旧"新"政的行业范围

六大行业的范围 （国家税务总局公告 2014年第64号）	四大领域重点行业 （国家税务总局公告 2015年第68号）	全部制造业企业 （财政部 税务总局公告 2019年第66号）
（1）生物药品制造业。 （2）专用设备制造业。 （3）铁路、船舶、航空航天和其他运输设备制造业。 （4）计算机、通信和其他电子设备制造业。 （5）仪器仪表制造业。 （6）信息传输、软件和信息技术服务业。	四个领域重点行业按照财税〔2015〕106号附件"轻工、纺织、机械、汽车四个领域重点行业范围"确定。今后国家有关部门更新国民经济行业分类与代码，从其规定。	制造业按照国家统计局《国民经济行业分类与代码（GB/4754—2017）》确定。今后国家有关部门更新国民经济行业分类与代码，从其规定。

六大行业、四个领域重点行业及制造业企业，是指以上述行业业务为主营业务，其固定资产投入使用当年主营业务收入占企业收入总额50%（不含）以上的企业。所称收入总额，是指《企业所得税法》第六条规定的收入总额。企业在生产经营过程中，收入占比可能发生变化，为了简便可行，应以固定资产开始用于生产经营当年的数据为准，以后发生变化的，也不影响企业享受优惠政策，即当年不达标的，当年和以后年度均不得享受；当年达标，当年和以后年度均享受。

2. 六大行业和四大领域"新"政要求和处理（国家税务总局公告2014年第64号、国家税务总局公告2015年第68号）

政策要求	企业所得税处理
（1）缩短折旧年限的，最低折旧年限不得低于《企业所得税法实施条例》第六十条规定折旧年限的60%，企业购置已使用过的固定资产，其最低折旧年限不得低于实施条例规定的最低折旧年限减去已使用年限后剩余年限的60%，最低折旧年限一经确定，一般不得变更；采取加速折旧方法的，可采取双倍余额递减法或者年数总和法，加速折旧方法一经确定，一般不得变更。 （2）用于研发活动的仪器、设备范围口径，按照国税发〔2015〕119号规定执行。企业专门用于研发活动的仪器、设备已享受上述优惠政策的，在享受研发费加计扣除时，按照财税〔2015〕119号文件的规定，就已经进行会计处理的折旧、费用等金额进行加计扣除。 （3）小型微利企业，是指《企业所得税法》第二十八条规定的小型微利企业。 （4）企业的固定资产既符合两个公告优惠政策条件，同时又符合《国家税务总局关于企业固定资产加速折旧所得税处理有关问题的通知》（国税发〔2009〕81号）、《财政部 国家税务总局关于进一步鼓励软件产业和集成电路产业发展企业所得税政策的通知》（财税〔2012〕27号）中相关加速折旧政策条件的，可由企业选择其中最优惠的政策执行，且一经选择，不得改变（不能叠加享受）。	（1）企业固定资产采取一次性税前扣除、缩短折旧年限或加速折旧方法的，预缴申报时，须同时报送《固定资产加速折旧(扣除)明细表》，年度申报时，实行事后备案管理，并按要求报送相关资料。企业应将购进固定资产的发票、记账凭证等有关凭证、凭据（购入已使用过的固定资产，应提供已使用年限的相关说明）等资料留存备查，并应建立台账，准确核算税法与会计差异情况。 （2）企业应将购进固定资产的发票、记账凭证等有关资料留存备查，并建立台账，准确反映税法与会计差异情况。 （3）主管税务机关应对享受固定资产加速折旧优惠政策的企业加强后续管理，对预缴申报时享受了优惠政策的企业，年终汇算清缴时应对企业全年主营业务收入占企业收入总额的比例进行重点审核。 （4）按照企业所得税法及其实施条例有关规定，企业根据自身生产经营需要，也可选择不实行加速折旧政策。（财税〔2015〕106号） （5）企业2015年前3季度按本公告规定未能享受加速折旧优惠的，可将前3季度应享受的加速折旧部分，在2015年第4季度企业所得税预缴申报时享受，或者在2015年度企业所得税汇算清缴时统一享受。

（续表）

　　(1) 财税〔2014〕75号文件规定了固定资产加速折旧的税务处理，企业固定资产折旧仍按会计规定处理。并根据国家税务总局公告2014年第29号文件第五条的规定做纳税调整，即会计未采取"加速折旧"方法，税法可以加速折旧进行纳税调减。也就是说，企业会计处理上是否采取加速折旧方法，不影响企业享受加速折旧税收优惠政策，企业在享受加速折旧税收优惠政策时，不需要会计上也同时采取与税收上相同的折旧方法。

　　(2) 加速折旧虽然是一项税收优惠，但只是形成暂时性差异，只能延迟纳税，不能减少纳税。如企业正处于"三免三减半"的免税期，选择加速折旧就不适宜。享受税收优惠是纳税人的一项权利，纳税人可以自主选择是否享受优惠。为此，财税〔2015〕106号文件规定，企业根据自身生产经营需要，也可以选择不享受加速折旧优惠政策。

　　(3) 根据国家税务总局公告2014年第64号文件第二条第三款的规定，尽管企业享受加速折旧政策时不需要进行会计处理，但对享受研发费加计扣除的折旧、费用等必须已经进行了相应的会计处理，所以，企业如果还需享受研发费加计扣除，则必须同时对加速折旧进行相应的会计处理，否则无法享受加计扣除优惠。小型微利企业研发和生产经营共用的仪器、设备所发生的折旧、费用等金额，不能享受研发费用加计扣除政策。

　　(4) 企业研发完成后，对外销售该仪器和设备时，应依照销售收入全额计入当期应纳税所得额中，但无需追回已享受的加速折旧优惠。

　　(5) 对小型微利企业当年购置固定资产已按照政策享受加速折旧优惠的，即使以后年度企业不再符合小型微利企业标准，该固定资产的折旧方法也不再调整。

　　(6) 固定资产加速折旧企业所得税政策中的"固定资产"范围包括房屋、建筑物在内，只是房屋、建筑物不能享受一次性扣除。

3. 设备、器具一次性扣除（国家税务总局公告2018年第46号、财政部　税务总局公告2021年第6号）

国家税务总局公告2018年第46号	政策解读
企业在2018年1月1日至2020年12月31日新购进的设备、器具，单位价值不超过500万元的，允许一次性计入当期成本费用在计算应纳税所得额时扣除，不再分年度计算折旧（以下简称一次性税前扣除政策）。 　　(1) 所称设备、器具，是指除房屋、建筑物以外的固定资产（以下简称固定资产）；所称购进，包括以货币形式购进或自行建造，其中以货币形式购进的固定资产包括购进的使用过的固定资产；以货币形式购进的固定资产，以购买价款和支付的相关税费以及直接归属于使该资产达到预定用途发生的其他支出确定单位价值，自行建造的固定资产，以竣工结算前发生的支出确定单位价值。 　　(2) 固定资产购进时点按以下原则确认：以货币形式购进的固定资产，除采取分期付款或赊销方式购进外，按发票开具时间确认；以分期付款或赊销方式购进的固定资产，按固定资产到货时间确认；自行建造的固定资产，按竣工结算时间确认。 　　固定资产在投入使用月份的次月所属年度一次性税前扣除。	(1) 明确设备、器具一次性税前扣除政策。 　　《财政部　税务总局关于设备器具扣除有关企业所得税政策的通知》（财税〔2018〕54号，以下简称财税〔2018〕54号文件）规定，2018年1月1日至2023年12月31日，企业新购进的单位价值不超过500万元的设备、器具可一次性在税前扣除。考虑到本次政策受惠面比较广，企业享受意愿强，为增强政策确定性，便于具体操作，《国家税务总局关于设备器具扣除有关企业所得税政策执行问题的公告》（国家税务总局公告2018年第46号，以下简称2018年第46号公告）对有关执行口径进行了明确。 　　一是明确"购进"的概念。取得固定资产包括外购、自行建造、融资租入、捐赠、投资、非货币性资产交换、债务重组等多种方式。2018年第46号公告明确"购进"包括以货币形式购进或自行建造两种形式。将自行建造也纳入享受优惠的范围，主要是考虑到自行建造固定资产所使用的材料实际也是购进的，因此把自行建造的固定资产也看作是"购进"。此外，"新购进"中的"新"字，只是区别于原已购进的固定资产，不是规定非要购进全新的固定资产，因此，2018年第46号公告明确以货币形式购进的固定资产包括企业购进的使用过的固定资产。 　　二是明确"单位价值"的计算方法。此前的政策文件中未对单位价值的计算方法进行明确。财税〔2018〕54号文件下发后，不少企业询问如何确定固定资产的单位价值，如是否包含安装费等。为统一政策执行口径，2018年第46号公告对单位价值的计算方法进行了明确。单位价值的计算方法与《企业所得税法实施条例》第五十八条规定的固定资产计税基础的计算方法保持一致，具体为：以货币形式购进的固定资产，以购买价款和支付的相关税费以及直接归属于使该资产达到预定用途发生的其他支出确定单位价值；自行建造的固定资产，以竣工结算前发生的支出确定单位价值。 　　三是明确购进时点的确定原则。设备、器具一次性税前扣除政策的执行时间为2018年1月1日至2023年12月31日，因此，需要依据设备、器具的购进时点确定其是否属于可享受优惠政策的范围。2018年第46号公告明确，以货币形式购进的固定资产，以发票开具时间确认购进时点，但考虑到分期付款可能会分批开具发票、赊销方式会在销售方取得货款后才开具发票的特殊情况，2018年第46号公告对这两种情况进行了例外规定，以固定资产到货时间确认购进时点。对于自行建造的固定资产，以竣工结算时间确认购进时点。

(续表)

国家税务总局公告 2018 年第 46 号	政策解读
企业选择享受一次性税前扣除政策的,其资产的税务处理可与会计处理不一致。 企业根据自身生产经营核算需要,可自行选择享受一次性税前扣除政策。未选择享受一次性税前扣除政策的,以后年度不得再变更。 企业按照《国家税务总局关于发布修订后的〈企业所得税优惠政策事项办理办法〉的公告》(国家税务总局公告 2018 年第 23 号)的规定办理享受政策的相关手续,主要留存备查资料如下: (1) 有关固定资产购进时点的资料(如以货币形式购进固定资产的发票,以分期付款或赊销方式购进固定资产的到货时间说明,自行建造固定资产的竣工决算情况说明等)。 (2) 固定资产记账凭证。 (3) 核算有关资产税务处理与会计处理差异的台账。	四是一次性扣除固定资产销售后不需追回。国家税务总局所得税司有关负责人 2015 年 11 月解读完善固定资产加速折旧企业所得税政策时明确:"允许单位价值在 100 万元以下的专门用于研发的仪器和设备在企业购入当期一次性税前扣除,其实质上将企业发生的固定资产支出在当期费用化处理,不再通过分年度计算折旧的方式在税前扣除。"企业研发完成,对外销售专用设备时,应按照销售收入全额计入当期应纳税所得额,但无需追回已享受的加速折旧优惠。 (2) 明确一次性税前扣除的时点。 《企业所得税法实施条例》规定,企业应当自固定资产投入使用月份的次月起计算折旧。固定资产一次性税前扣除政策仅仅是固定资产税前扣除的一种特殊方式,因此,其税前扣除的时点应与固定资产计算折旧的处理原则保持一致。2018 年第 46 号公告对此进行了相应规定。比如,某企业于 2018 年 12 月购进了一项单位价值为 300 万元的设备并于当月投入使用,则该设备可在 2019 年一次性税前扣除。 (3) 明确固定资产税务处理可与会计处理不一致。 企业会计处理上是否采取一次性税前扣除方法,不影响企业享受一次性税前扣除政策,企业在享受一次性税前扣除政策时,不需要会计上也同时采取与税收上相同的折旧方法。 (4) 明确企业可自主选择享受一次性税前扣除政策,但未选择的不得变更。 实行一次性税前扣除政策后,纳税人可能会由于税前扣除的固定资产与财务核算的固定资产折旧费用不同,而产生复杂的纳税调整问题,加之一些固定资产核算期限较长,也会增加会计核算负担和遵从风险。对于短期无法实现盈利的亏损企业而言,选择实行一次性税前扣除政策会进一步加大亏损,且由于税法规定的弥补期限的限制,该亏损可能无法得到弥补,实际上减少了税前扣除额。 此外,企业在定期减免税期间往往不会选择一次性税前扣除政策。考虑到享受税收优惠是纳税人的一项权利,纳税人可以自主选择是否享受优惠。因此,2018 年第 46 号公告规定企业根据自身生产经营需要,可自行选择享受一次性税前扣除政策。为避免恶意套取税收优惠,2018 年第 46 号公告明确企业未选择享受的,以后年度不得再变更。需要注意的是,以后年度不得再变更的规定是针对单个固定资产而言,单个固定资产未选择享受的,不影响其他固定资产选择享受一次性税前扣除政策。 (5) 明确企业享受一次性税前扣除政策的管理要求。 享受主体仅限查账居民企业,为保证优惠政策的准确执行,2018 年第 46 号公告明确按照《国家税务总局关于发布修订后的〈企业所得税优惠政策事项办理办法〉的公告》(国家税务总局公告 2018 年第 23 号)的规定办理有关手续。此外,在国家税务总局公告 2018 年第 23 号规定的"固定资产加速折旧或一次性扣除"优惠事项主要留存备查资料的基础上,对留存备查资料的相关内容进行了调整,具体为:有关固定资产购进时点的资料(如以货币形式购进固定资产的合同、发票,以分期付款或赊销方式购进固定资产的到货时间说明,自行建造固定资产的竣工决算情况说明等)、固定资产记账凭证、核算有关资产税务处理与会计处理差异的台账。 (6) 明确单位价值超过 500 万元的固定资产税务处理。 为保证政策的完整性,公告明确单位价值超过 500 万元的固定资产,仍按照《企业所得税法》及其实施条例、财税〔2014〕75 号、财税〔2015〕106 号、国家税务总局公告 2014 年第 64 号和国家税务总局公告 2015 年第 68 号等相关文件的规定执行。

(续表)

疫情防控重点保障物资生产企业按照《财政部 税务总局关于支持新型冠状病毒感染的肺炎疫情防控有关税收政策的公告》(财政部 税务总局公告 2020 年第 8 号)第一条的规定,适用一次性企业所得税税前扣除政策的,在优惠政策管理等方面参照 2018 年第 46 号公告的规定执行。企业在纳税申报时将相关情况填入企业所得税纳税申报表"固定资产一次性扣除"行次。(国家税务总局公告 2020 年第 4 号第九条)

对选择享受一次性税前扣除政策的企业,可在制定有关资产税务处理与会计处理差异台账时,详细设计涵盖资产名称、编号、原值、购置时间、折旧开始时间、折旧完成时间等有关栏目,并分年度统计折旧金额和纳税调整金额,达到既可让固定资产会计岗位在会计处理时及时完整填报,又便于税收会计岗位在进行年度企业所得税申报时准确地进行纳税调整。享受一次性税前扣除政策的设备、器具,发生提前报废、非货币性交易、无偿划转、有偿转让等特殊事项时,做好会计与税务处理,避免出现纳税调整不当的税收风险。

对于房屋、建筑物,无论价值大小都不可以一次性扣除。制造业,信息传输、软件和信息技术服务业:新购进的房屋、建筑物可以选择缩短折旧年限或加速折旧。

4. 关于"新购进"的理解和把握

取得方式	购进时点	确认时间	已使用的固定资产
购进包括以货币形式购进或自行建造两种形式。将自行建造也纳入享受优惠的范围,主要是考虑到自行建造固定资产所使用的材料实际也是购进的,因此把自行建造的固定资产也看作是"购进"的。	除六大行业和四个领域重点行业中的制造业企业外,其余制造业企业适用加速折旧政策的固定资产应是 2019 年 1 月 1 日以后新购进的;六大行业新购进指 2014 年 1 月 1 日以后新购进的;四个领域新购进指 2015 年 1 月 1 日以后新购进的。	(1) 以货币形式购进的固定资产,除采取分期付款或赊销方式购进外,按发票开具时间确认。 (2) 以分期付款或赊销方式购进的固定资产,按固定资产到货时间确认。 (3) 自行建造的固定资产,按竣工结算时间确认。	"新购进"中的"新"字,只是区别于原已购进的固定资产,不是指非要购进全新的固定资产,因此企业购进的使用过的固定资产也可适用加速折旧政策。

【例 4-25】 某一般纳税人于 2022 年 6 月 1 日购进专门用于研发的某设备,含税价 452 万元,取得增值税专用发票,该设备可以按规定抵扣进项税额。该研发设备预计可使用年限为 10 年,预计净残值为 0,会计上按直线法计提折旧,《企业所得税法》上按照上述优惠政策计提折旧。企业所得税率为 25%。

会计处理(万元)	所得税调整(万元)
(1) 2019 年购进设备时 借:固定资产——某设备　　　　　　400 　　应交税费——应交增值税(进项税额)　52 　　贷:银行存款　　　　　　　　　　　452 (2) 计提折旧 每年计提折旧=400÷10=40(万元),2022 年计提 6 个月 (注:投入使用月份的次月起计算折旧)为 20 万元。 借:研发支出——费用化支出　　　　20 　　贷:累计折旧　　　　　　　　　　20 期末将"研发支出——费用化支出"转入"研发费用"科目。 借:研发费用　　　　　　　　　　　20 　　贷:研发支出——费用化支出　　　　20	(1) 税务上 2022 年按优惠政策计提折旧 400 万元,折旧产生的税会差异应调减应纳税所得额=400-20=380(万元)。 (2) 研发费用可以享受 75% 加计扣除的税收优惠,应调减应纳税所得额=400×75%=300(万元)。 (3) A 设备期末账面价值=400-20=380(万元),计税基础=400-400=0,前者大于后者 380 万元,属于应纳税暂时性差异,应确认递延所得税负债=380×25%=95(万元)。 借:所得税费用　　　　　　　　　　95 　　贷:递延所得税负债　　　　　　　　95

(三) 优惠事项管理管理(国家税务总局公告2018年第23号)
1. 传统的加速折旧项目

序号	主要留存备查资料	享受优惠时间	后续管理要求
67	(1) 固定资产的功能、预计使用年限短于规定计算折旧的最低年限的理由、证明资料及有关情况的说明。 (2) 被替代的旧固定资产的功能、使用及处置等情况的说明。 (3) 固定资产加速折旧拟采用的方法和折旧额的说明,外购软件拟缩短折旧或摊销年限情况的说明。 (4) 集成电路生产企业证明材料。 (5) 购入固定资产或软件的发票、记账凭证。	汇缴享受(税会处理一致的,预缴享受;税会处理不一致的,汇缴享受)	由省税务机关(含计划单列市税务机关)规定。

2. 新推广的加速折旧政策

序号	主要留存备查资料	享受优惠时间	后续管理要求
68	(1) 企业属于重点行业、领域企业的说明材料[以某重点行业业务为主营业务,固定资产投入使用当年主营业务收入占企业收入总额50%(不含)以上]。 (2) 购进固定资产的发票、记账凭证(购入已使用过的固定资产,应提供已使用年限的相关说明)。 (3) 核算有关资产税法与会计差异的台账。	预缴享受	由省税务机关(含计划单列市税务机关)规定。

(四) 加速折旧优惠的理性选择
1. 加速折旧优惠的实质

从税收优惠的类型上来说,一次性税前扣除或者加速折旧政策,应属于递延纳税,而不是税收减免。对于企业而言,既可以采用保守的方式核算会计利润,也可以在税收上采用一次性扣除或者加速折旧的方式改善现金流,相当于国家提供了一笔无息贷款,等于政府以损失了一部分税收收入的"时间价值"为代价,换取减轻企业的资金压力,支持企业的发展。因此,加速折旧的税收优惠的实质主要是两种情形:

一是提前扣除,获得所得税延期缴纳的时间性优惠,在总体上没有所得税进而的整体优惠,但可以或者资金流动性的优惠,即相当于获得无息的阶段性资金使用优惠。

二是对于符合加计扣除的规定时,可以获得实质的加计扣除优惠,从而获得实质性的可以依法少缴所得税的优惠。

2. 加速折旧优惠政策的适用方法(总结)

适用情形	固定资产类型	用途	金额	税前扣除	原有资产
六大行业、四个领域	不限	不限	不限	加速折旧	不适用
六大行业、四个领域中的小型微利企业	仪器、设备	研发和生产经营共用	≤100万元	一次性扣除	不适用
			>100万元	加速折旧	
全部	仪器、设备	专门用于研发	≤100万元	一次性扣除	不适用
			>100万元	加速折旧	
全部	不限	不限	≤5 000元	一次性扣除	适用
全部(2018年1月1日至2023年12月31日)	设备、器具	不限	≤500万元	一次性扣除	不适用

3. 加速折旧的理性选择

对于企业来说，固定资产折旧是否采用加速折旧办法是有选择权的，但是除特殊的规定情形外，一经选择是不得改变的。因此，企业在选择是否采用加速折旧时有必要考虑以下几种情形的分析：

（1）加速折旧必须是对于在未享受加速折旧的情况下，有所得税计税所得额的，并且加速折旧额足以在税前足额扣除的，那么选择加速折旧自然是合算的。

（2）对于固定资产购入年度，如果没有加速折旧可以处于微利状态，但加速折旧后可能导致所得税计税所得额小于零，但能够在以后的5年内足以弥补的，那么，企业可以考虑选择，但需要谨慎。

（3）对于暂时企业处于起步期，若干年度内处于小型微利状态的，或者企业正处于所得税税收优惠期间的，选择加速折旧的结果就可能会导致加速折旧部分也因为享受税收优惠而不能充分按照法定税率扣除，到优惠期结束后可能就自然减少了可以税前扣除的折旧，本质上就少享受了所得税税收优惠政策。当然，这里还有必要考虑获得的资金流的收益与减少税收优惠享受之间的权衡关系。

（4）企业处于亏损弥补期限内的选择。如果企业暂时处于阶段性亏损期或者存在比较充足的待弥补损期，选择加速折旧后就可能出现在5年弥补亏损的期限内无法进行充分弥补的问题，如果超期后就不能再用于所得税税前弥补亏损，从而可能造成以后的税收损失。

（5）企业因某种业绩体现需要，不适宜选择加速折旧。比如，企业为了贷款、融资（如股市）等需要，有必要体现经营业绩，以利于获取比暂时性少缴的税款更多的利益，这时，可以考虑放弃加速折旧的选择。企业也可以通过财务上不作加速处理，税收处理上作加速折旧的税会差异办法处理。

（6）企业用于符合条件的研发活动的固定资产，如果企业处于盈利模式下，或者短期内预计可以获得高盈利的，对其采用加速折旧是有叠加的税收优惠好处的：按规定用于研发的固定资产的加速折旧也可以参与加计扣除，这是属于实质性好处，特别是对于符合条件的共用设备的加速折旧。需要注意的是：可以享受研发费加计扣除的加速折旧必须是在财务核算上也是进行加速折旧的，不可以进行税会差异核算。

（7）加速折旧与加计扣除的衔接。根据《国家税务总局关于研发费用税前加计扣除归集范围有关问题的公告》（国家税务总局公告2017年第40号）的规定，企业用于研发活动的仪器、设备，符合税法规定且选择加速折旧优惠政策的，在享受研发费用税前加计扣除政策时，就税前扣除的折旧部分计算加计扣除。

总之，从本质上看，固定资产加速折旧的税收优惠政策，除用于研发项目可以获得实质性扣除优惠外，只是一种递延纳税的优惠，本质上仅仅是一种资金流的优惠，即相当于融资性优惠。企业在选择是否进行加速折旧时需要综合考虑多种因素，切不可轻易以为是税收优惠而选择。税务机关应该尊重企业的选择，不应该以落实税收优惠政策为名而强力推行，放手让企业自己选择为好。

当企业采用财务上不作加速折旧处理、所得税上作加速折旧处理的税会差异方式时，企业要做好备查账，特别是在会计岗位人员调动，办理交接时要交代清楚，以免发生重复税前扣除，引发税收风险。

（五）加速折旧税务管理

为使政策及时落地，企业在预缴时就可以享受加速折旧政策。六大行业和四个领域重点行业的企业在预缴申报企业所得税时，由于无法取得主营业务收入占收入总额的比重数据，可以由企业合理预估，先行享受。到年底时如果不符合规定比例，则在汇算清缴时一并进行纳税调整。

根据《企业所得税税前扣除凭证管理办法》（国家税务总局公告2018年第28号发布）的规定，允许扣除的折旧，其固定资产必须取得合法有效的凭据。但需注意的是，如增值税发票应于纳税年度汇算清缴期满后开具，则当年度折旧扣除无需取得发票。企业在汇算清缴期满前应取得而未取得税前扣除凭证（符合规定的发票及其他外部凭证），暂不允许税前扣除折旧，需作纳税调增处理；企业在汇算清缴期满后5年内自行取得补开或换开税前扣除凭证的，允许追补扣除；汇算清缴期满后税务机关发现企业应取得而未取得税前扣除凭证并告知企业限期补开、换开期限届满仍未取得的，折旧不得在税前扣除。

1. 固定资产或购入软件等可以加速折旧或摊销应留存资料

（1）固定资产的功能、预计使用年限短于规定计算折旧的最低年限的理由、证明资料及有关情况的说明。

（2）被替代的旧固定资产的功能、使用及处置等情况的说明。

（3）固定资产加速折旧拟采用的方法和折旧额的说明，外购软件拟缩短折旧或摊销年限情况的说明。

（4）集成电路生产企业证明材料。

（5）购入固定资产或软件的发票、记账凭证。

2. 固定资产加速折旧或一次性扣除应留存资料

（1）企业属于重点行业、领域企业的说明材料〔以某重点行业业务为主营业务，固定资产投入使用当年主营业务收入占企业收入总额50%（不含）以上〕。	（2）购进固定资产的发票、记账凭证（购入已使用过的固定资产，应提供已使用年限的相关说明）。 （3）核算有关资产税法与会计差异的台账。

第九节　其他减税支持政策解析与应用

一、公益性捐赠支出的税前扣除

政策依据：

《中华人民共和国公益事业捐赠法》；

《中华人民共和国慈善法》；

《企业所得税法》及其实施条例；

《财政部　国家税务总局关于通过公益性群众团体的公益性捐赠税前扣除有关问题的通知》（财税〔2009〕124号）；

《财政部关于印发〈行政事业单位资金往来结算票据使用管理暂行办法〉的通知》（财综〔2010〕1号）；

《财政部关于印发〈公益事业捐赠票据使用管理暂行办法〉的通知》（财综〔2010〕112号）；

《财政部　国家税务总局关于公益性捐赠支出企业所得税税前结转扣除有关政策的通知》（财税〔2018〕15号）；

《财政部　税务总局　国务院扶贫办关于企业扶贫捐赠所得税税前扣除政策的公告》（财政部　税务总局　国务院扶贫办公告2019年第49号）；

《财政部　税务总局关于公共租赁住房税收优惠政策的公告》（财政部　税务总局公告2019年第61号）；

《财政部　税务总局　海关总署关于北京2022年冬奥会和冬残奥会税收优惠政策的公告》（财政部　税务总局　海关总署公告2019年第92号）；

《财政部　税务总局关于支持新型冠状病毒感染的肺炎疫情防控有关捐赠税收政策的公告》（财政部　税务总局公告2020年第9号）；

《财政部　税务总局　民政部关于公益性捐赠税前扣除有关事项的公告》（财政部　税务总局　民政部公告2020年第27号）；

《财政部　税务总局　人力资源社会保障部　国家乡村振兴局关于延长部分扶贫税收优惠政策执行期限的公告》（财政部　税务总局　人力资源社会保障部　国家乡村振兴局公告2021年第18号）；

《国家税务总局关于企业所得税若干政策征管口径问题的公告》（国家税务总局公告2021年第17号）。

(一) 公益性捐赠支出扣除政策(国务院令第714号对《企业所得税法实施条例》第五十一条、五十二条、五十三条进行了修改)

《企业所得税法》及其实施条例	财税〔2018〕15号
《企业所得税法》第九条　企业发生的公益性捐赠支出,在年度利润总额12%以内的部分,准予在计算应纳税所得额时扣除;超过年度利润总额12%的部分,准予结转以后3年内在计算应纳税所得额时扣除。 《企业所得税法实施条例》第五十三条　企业当年发生以及以前年度结转的公益性捐赠支出,不超过年度利润总额12%的部分,准予扣除。年度利润总额,是指企业依照国家统一会计制度的规定计算的年度会计利润。 公益性社会组织登记成立时的注册资金捐赠人,在该公益性社会组织首次取得公益性捐赠税前扣除资格的当年进行所得税汇算清缴时,可按规定对其注册资金捐赠额进行税前扣除。(财政部　税务总局　民政部公告2020年第27号第十二条) 《企业所得税法实施条例》第二十五条　业发生非货币性资产交换,以及将货物、财产、劳务用于捐赠、偿债、赞助、集资、广告、样品、职工福利或者利润分配等用途的,应当视同销售货物、转让财产或者提供劳务,但国务院财政、税务主管部门另有规定的除外。〔属于企业自制的资产,应按企业同类资产同期对外销售价格确定销售收入。属于外购的资产,应按照被移送资产的公允价值确定销售收入。(国税函〔2008〕828号、国家税务总局公告2016年第80号第二条)〕 《企业所得税法实施条例》第五十八条第五项、六十二条、六十六条　企业接受捐赠收入计入收入总额,按照实际收到捐赠资产的日期确认收入的实现。通过捐赠取得的资产,以该资产的公允价值和支付的相关税费为计税基础。	企业通过公益性社会组织或者县级(含县级)以上人民政府及其组成部门和直属机构,用于慈善活动、公益事业的捐赠支出,在年度利润总额12%以内的部分,准予在计算应纳税所得额时扣除;超过年度利润总额12%的部分,准予结转以后3年内在计算应纳税所得额时扣除。 本条所称公益性社会组织,应当依法取得公益性捐赠税前扣除资格。 本条所称年度利润总额,是指企业依照国家统一会计制度的规定计算的大于零的数额。 企业当年发生及以前年度结转的公益性捐赠支出,准予在当年税前扣除的部分,不能超过企业当年年度利润总额的12%。 企业发生的公益性捐赠支出未在当年税前扣除的部分,准予向以后年度结转扣除,但结转年限自捐赠发生年度的次年起计算最长不得超过3年。 企业在对公益性捐赠支出计算扣除时,应先扣除以前年度结转的捐赠支出,再扣除当年发生的捐赠支出。 本通知自2017年1月1日起执行。2016年9月1日至2016年12月31日发生的公益性捐赠支出未在2016年税前扣除的部分,可按本通知执行。

(二) 公益性捐赠的两个条件

1. 捐赠对象属于公益慈善事业(财政部　税务总局　民政部公告2020年第27号)

本公告第一条所称公益慈善事业,应当符合《中华人民共和国公益事业捐赠法》第三条对公益事业范围的规定或者《中华人民共和国慈善法》第三条对慈善活动范围的规定。

《中华人民共和国公益事业捐赠法》	《中华人民共和国慈善法》
本法所称公益事业是指非营利的下列事项:(1)救助灾害、救济贫困、扶助残疾人等困难的社会群体和个人的活动。(2)教育、科学、文化、卫生、体育事业。(3)环境保护、社会公共设施建设。(4)促进社会发展和进步的其他社会公共和福利事业。	本法所称慈善活动,是指自然人、法人和其他组织以捐赠财产或者提供服务等方式,自愿开展的下列公益活动:(1)扶贫、济困。(2)扶老、救孤、恤病、助残、优抚。(3)救助自然灾害、事故灾难和公共卫生事件等突发事件造成的损害。(4)促进教育、科学、文化、卫生、体育等事业的发展。(5)防治污染和其他公害,保护和改善生态环境。(6)符合本法规定的其他公益活动。

2. 捐赠渠道要合法

《企业所得税法实施条例》	财政部　税务总局　民政部公告2020年第27号
第五十一条　《企业所得税法》第九条所称公益性捐赠,是指企业通过公益性社会组织或者县级以上人民政府及其部门,用于符合法律规定的慈善活动、公益事业的捐赠。	企业或个人通过公益性社会组织、县级以上人民政府及其部门等国家机关,用于符合法律规定的公益慈善事业捐赠支出,准予按税法规定在计算应纳税所得额时扣除。

（续表）

《企业所得税法实施条例》	财政部　税务总局　民政部公告2020年第27号
第五十二条　本条例第五十一条所称公益性社会组织，是指同时符合下列条件的慈善组织以及其他社会组织： 　　(1) 依法登记，具有法人资格。 　　(2) 以发展公益事业为宗旨，且不以营利为目的。 　　(3) 全部资产及其增值为该法人所有。 　　(4) 收益和营运结余主要用于符合该法人设立目的的事业。 　　(5) 终止后的剩余财产不归属任何个人或者营利组织。 　　(6) 不经营与其设立目的无关的业务。 　　(7) 有健全的财务会计制度。 　　(8) 捐赠者不以任何形式参与该法人财产的分配。 　　(9) 国务院财政、税务主管部门会同国务院民政部门等登记管理部门规定的其他条件。	本公告第一条所称公益性社会组织，包括依法设立或登记并按规定条件和程序取得公益性捐赠税前扣除资格的慈善组织、其他社会组织和群众团体。公益性群众团体的公益性捐赠税前扣除资格确认及管理按照现行规定执行。依法登记的慈善组织和其他社会组织的公益性捐赠税前扣除资格确认及管理按本公告执行。 　　在民政部门依法登记的慈善组织和其他社会组织（以下统称社会组织），取得公益性捐赠税前扣除资格应当同时符合以下规定： 　　(1) 符合《企业所得税法实施条例》第五十二条第一项至第八项规定的条件。 　　(2) 每年年度应当在3月31日前按要求向登记管理机关报送经审计的上年度专项信息报告。报告应当包括财务收支和资产负债总体情况、开展募捐和接受捐赠情况、公益慈善事业支出及管理费用情况（包括本条第三项、第四项规定的比例情况）等内容。 　　首次确认公益性捐赠税前扣除资格的，应当报送经审计的前两个年度的专项信息报告。 　　(3) 具有公开募捐资格的社会组织，前两年度每年用于公益慈善事业的支出占上年总收入的比例均不得低于70%。计算该支出比例时，可以用前三年收入平均数代替上年总收入。 　　不具有公开募捐资格的社会组织，前两年度每年用于公益慈善事业的支出占上年末净资产的比例均不得低于8%。计算该比例时，可以用前三年年末净资产平均数代替上年末净资产。 　　(4) 具有公开募捐资格的社会组织，前两年度每年支出的管理费用占当年总支出的比例均不得高于10%。 　　不具有公开募捐资格的社会组织，前两年每年支出的管理费用占当年总支出的比例均不得高于12%。 　　(5) 具有非营利组织免税资格，且免税资格在有效期内。 　　(6) 前两年度未受到登记管理机关行政处罚（警告除外）。 　　(7) 前两年度未被登记管理机关列入严重违法失信名单。 　　(8) 社会组织评估等级为3A以上（含3A）且该评估结果在确认公益性捐赠税前扣除资格时仍在有效期内。 　　公益慈善事业支出、管理费用和总收入的标准和范围，按照《民政部　财政部　国家税务总局关于印发〈关于慈善组织开展慈善活动年度支出和管理费用的规定〉的通知》（民发〔2016〕189号）关于慈善活动支出、管理费用和上年总收入的有关规定执行。 　　按照《中华人民共和国慈善法》新设立或新认定的慈善组织，在其取得非营利组织免税资格的当年，只需要符合本条第一项、第六项、第七项条件即可。 　　公益性捐赠税前扣除资格的确认按以下规定执行： 　　(1) 在民政部登记注册的社会组织，由民政部结合社会组织公益活动情况和日常监督管理、评估等情况，对社会组织的公益性捐赠税前扣除资格进行核实，提出初步意见。根据民政部初步意见，财政部、税务总局和民政部对照本公告相关规定，联合确定具有公益性捐赠税前扣除资格的社会组织名单，并发布公告。

(续表)

《企业所得税法实施条例》	财政部 税务总局 民政部公告 2020 年第 27 号
	（2）在省级和省级以下民政部门登记注册的社会组织，由省、自治区、直辖市和计划单列市财政、税务、民政部门参照本条第一项规定执行。 （3）公益性捐赠税前扣除资格的确认对象包括： ① 公益性捐赠税前扣除资格将于当年末到期的公益性社会组织。 ② 已被取消公益性捐赠税前扣除资格但又重新符合条件的社会组织。 ③ 登记设立后尚未取得公益性捐赠税前扣除资格的社会组织。 （4）每年年底前，省级以上财政、税务、民政部门按权限完成公益性捐赠税前扣除资格的确认和名单发布工作，并按本条第三项规定的不同审核对象，分别列示名单及其公益性捐赠税前扣除资格起始时间。 公益性捐赠税前扣除资格在全国范围内有效，有效期为三年。 本公告第五条第三项规定的第一种情形，其公益性捐赠税前扣除资格自发布名单公告的次年 1 月 1 日起算。本公告第五条第三项规定的第二种和第三种情形，其公益性捐赠税前扣除资格自发布公告的当年 1 月 1 日起算。 公益性社会组织存在以下情形之一的，应当取消其公益性捐赠税前扣除资格： （1）未按本公告规定时间和要求向登记管理机关报送专项信息报告的。 （2）最近一个年度用于公益慈善事业的支出不符合本公告第四条第三项规定的。 （3）最近一个年度支出的管理费用不符合本公告第四条第四项规定的。 （4）非营利组织免税资格到期后超过六个月未重新获取免税资格的。 （5）受到登记管理机关行政处罚（警告除外）的。 （6）被登记管理机关列入严重违法失信名单的。 （7）社会组织评估等级低于 3A 或者无评估等级的。 公益性社会组织存在以下情形之一的，应当取消其公益性捐赠税前扣除资格，且取消资格的当年及之后三个年度内不得重新确认资格： （1）违反规定接受捐赠的，包括附加对捐赠人构成利益回报的条件、以捐赠为名从事营利性活动、利用慈善捐赠宣传烟草制品或法律禁止宣传的产品和事项、接受不符合公益目的或违背社会公德的捐赠等情形。 （2）开展违反组织章程的活动，或者接受的捐赠款项用于组织章程规定用途之外的。 （3）在确定捐赠财产的用途和受益人时，指定特定受益人，且该受益人与捐赠人或公益性社会组织管理人员存在明显利益关系的。 公益性社会组织存在以下情形之一的，应当取消其公益性捐赠税前扣除资格且不得重新确认资格： （1）从事非法政治活动的。 （2）从事、资助危害国家安全或者社会公共利益活动的。 对应当取消公益性捐赠税前扣除资格的公益性社会组织，由省级以上财政、税务、民政部门核实相关信息后，按权限及时向社会发布取消资格名单公告。自发布公告的次月起，相关公益性社会组织不再具有公益性捐赠税前扣除资格。

税收相关文件中所指的政府组成部门和直属机构一般是由机构编制委员会批准成立或由机构编制委员会提出意见,报上级机关批准成立。其中,"组成部门"指各级人民政府的组织机构;"直属机构"是指各级政府为了管理某项专门业务或特定事务设置的一类机构。

(三) 公益性捐赠扣除票据

财综〔2010〕112号	财综〔2016〕7号	财政部 税务总局 民政部 公告2020年第27号
各级人民政府及其部门、公益性事业单位、公益性社会团体及其他公益性组织,依法接受并用于公益性事业的捐赠财物时,应当向提供捐赠的法人和其他组织开具凭证。	公益事业捐赠票据实行凭证领用(购)、分次限量、核旧领(购)新的申领制度。公益性社会组织接受捐赠应当严格按照《财政票据管理办法》和《公益事业捐赠票据使用管理暂行办法》使用公益事业捐赠票据,自觉接受财政部门的监督检查。	公益性社会组织、县级以上人民政府及其部门等国家机关在接受捐赠时,应当按照行政管理级次分别使用由财政部或省、自治区、直辖市财政部门监(印)制的公益事业捐赠票据,并加盖本单位的印章。 企业或个人将符合条件的公益性捐赠支出进行税前扣除,应当留存相关票据备查。

(1) 已被财政部、税务总局、民政部公告2020年第27号文件全文废止的财税〔2010〕45号文件曾经规定,加盖接受捐赠单位印章的《非税收入一般缴款书》收据联可作为税前扣除凭证,自2020年度汇算清缴时,加盖接受捐赠单位印章的《非税收入一般缴款书》不再作为税前扣除的凭证。

(2) 自2019年1月1日至2022年12月31日,企业发生对"目标脱贫地区"的捐赠支出时,应及时要求开具方在公益事业捐赠票据中注明目标脱贫地区的具体名称,并妥善保管该票据。

(3) 企业和个人直接向承担疫情防治任务的医院捐赠用于应对新冠肺炎疫情的物品,捐赠人凭承担疫情防治任务的医院开具的捐赠接收函办理税前扣除事宜。(财政部 国家税务总局公告2020年第9号)

企业和个人取得承担疫情防治任务的医院开具的捐赠接收函,作为税前扣除依据自行留存备查。(国家税务总局公告2020年第4号第十一条)

(4) 机关、企事业单位统一组织员工开展公益捐赠的,纳税人可以凭汇总开具的捐赠票据和员工明细单扣除。个人自行办理或扣缴义务人为个人办理公益捐赠扣除的,应当在申报时一并报送《个人所得税公益慈善事业捐赠扣除明细表》。个人应留存捐赠票据,留存期限为五年。

(5) 对于统一以集团公司名义捐赠,但实际捐赠资产由各成员单位全部或部分出资的,各出资单位应凭合法有效凭证按规定在税前扣除。除国务院财政税务主管部门另有规定外,各出资单位不得凭集团内部分割单等自制凭证从税前扣除。

按照《捐赠法》规定,公益性捐赠需要签订捐赠协议,提供捐赠物品的价值证明等,特别是企业通过公益性社会团体大额捐赠,后续要补签捐赠协议作为备查资料。

(四) 捐赠资产价值确认

财政部税务总局民政部公告2020年第27号	国家税务总局公告2021年第17号
十三、除另有规定外,公益性社会组织、县级以上人民政府及其部门等国家机关在接受企业或个人捐赠时,按以下原则确认捐赠额: (一) 接受的货币性资产捐赠,以实际收到的金额确认捐赠额。 (二) 接受的非货币性资产捐赠,以其公允价值确认捐赠额。捐赠方在向公益性社会组织、县级以上人民政府及其部门等国家机关捐赠时,应当提供注明捐赠非货币性资产公允价值的证明;不能提供证明的,接受捐赠方不得向其开具捐赠票据。	关于公益性捐赠支出相关费用的扣除问题:企业在非货币性资产捐赠过程中发生的运费、保险费、人工费用等相关支出,凡纳入国家机关、公益性社会组织开具的公益捐赠票据记载的数额中的,作为公益性捐赠支出按照规定在税前扣除;上述费用未纳入公益性捐赠票据记载的数额中的,作为企业相关费用按照规定在税前扣除。(国家税务总局公告2021年第17号第一条)

（五）扶贫捐赠所得税处理（财政部　税务总局　国务院扶贫办公告2019年第49号、财政部　税务总局　人力资源社会保障部　国家乡村振兴局公告2021年第18号）

所得税政策规定	处理要点
（1）自2019年1月1日至2022年12月31日，企业通过公益性社会组织或者县级（含县级）以上人民政府及其组成部门和直属机构，用于目标脱贫地区的扶贫捐赠支出，准予在计算企业所得税应纳税所得额时据实扣除。在政策执行期限内，目标脱贫地区实现脱贫的，可继续适用上述政策。 "目标脱贫地区"包括832个国家扶贫开发工作重点县、集中连片特困地区县（新疆阿克苏地区6县1市享受片区政策）和建档立卡贫困村。 （2）企业同时发生扶贫捐赠支出和其他公益性捐赠支出，在计算公益性捐赠支出年度扣除限额时，符合上述条件的扶贫捐赠支出不计算在内。 （3）企业在2015年1月1日至2018年12月31日已发生的符合上述条件的扶贫捐赠支出，尚未在计算企业所得税应纳税所得额时扣除的部分，可执行上述企业所得税政策。 财政部、税务总局、人力资源社会保障部、国家乡村振兴局公告2021年第18号将《财政部　税务总局　国务院扶贫办关于企业扶贫捐赠所得税税前扣除政策的公告》（财政部　税务总局　国务院扶贫办公告2019年第49号）中规定的税收优惠政策，执行期限延长至2025年12月31日。	（1）企业同时发生扶贫捐赠支出和其他公益性捐赠支出时，符合条件的扶贫捐赠支出不计算在公益性捐赠支出的年度扣除限额内。 例如，企业2019年度的利润总额为100万元，当年度发生符合条件的扶贫方面的公益性捐赠15万元，发生符合条件的教育方面的公益性捐赠12万元。则2019年度该企业的公益性捐赠支出税前扣除限额为12万元（100×12%），教育捐赠支出12万元在扣除限额内，可以全额扣除；扶贫捐赠无须考虑税前扣除限额，准予全额税前据实扣除。2019年度，该企业的公益性捐赠支出共计27万元，均可在税前全额扣除。 （2）"目标脱贫地区"包括832个国家扶贫开发工作重点县、集中连片特困地区县（新疆阿克苏地区6县1市享受片区政策）和建档立卡贫困村。目标脱贫地区的具体名单由县级以上政府的扶贫工作部门掌握。考虑到建档立卡贫困村数量众多，且实施动态管理，因此财政部、税务总局、国务院扶贫办公告2019年第49号文件未附"目标脱贫地区"的具体名单，企业如有需要可向当地扶贫工作部门查阅或问询。 （3）企业月（季）度预缴申报时就能享受到扶贫捐赠支出所得税前据实扣除政策。 （4）扶贫捐赠支出所得税前据实扣除政策自2019年施行。2019年度汇算清缴开始前，税务总局将统筹做好年度纳税申报表的修订和纳税申报系统升级工作，在《捐赠支出及纳税调整明细表》（A105070）中"全额扣除的公益性捐赠"行次下单独增列一行，作为扶贫捐赠支出据实扣除的填报行次，以方便企业自行申报。 （5）企业在2015年1月1日至2018年12月31日，发生的尚未扣除的符合条件的扶贫捐赠支出，也可执行所得税前据实扣除政策。 为让企业尽快享受到政策红利，同时减轻企业申报填写负担，对企业在2015年1月1日至2018年12月31日，发生的尚未全额扣除的符合条件的扶贫捐赠支出，可在2018年度汇算清缴时，通过填写年度申报表的《纳税调整项目明细表》（A105000）"六、其他"行次第4列"调减金额"，实现全额扣除。可以比照如下示例申报扣除。 （6）企业发生对"目标脱贫地区"的捐赠支出时，应根据《公益事业捐赠票据使用管理暂行办法》（财综〔2010〕112号）的规定，及时要求开具方在公益事业捐赠票据中注明目标脱贫地区的具体名称，并妥善保管该票据。

（六）疫情防控捐赠支出全额税前扣除

享受主体	优惠内容	享受条件
发生疫情防控捐赠支出的企业	1. 自2020年1月1日至2021年3月31日，企业通过公益性社会组织或者县级以上人民政府及其部门等国家机关，捐赠用于应对新型冠状病毒感染的肺炎疫情的现金和物品，允许在计算应纳税所得额时全额扣除。 2. 自2020年1月1日至2021年3月31日，企业直接向承担疫情防治任务的医院捐赠用于应对新型冠状病毒感染的肺炎疫情的物品，允许在计算应纳税所得额时全额扣除。 捐赠人凭承担疫情防治任务的医院开具的捐赠接收函办理税前扣除事宜。 企业享受上述优惠政策，采取"自行判别、申报享受、相关资料留存备查"的方式，并将捐赠全额扣除情况填入企业所得税纳税申报表相应行次。	1. 企业通过公益性社会组织或者县级以上人民政府及其部门等国家机关，捐赠用于应对新型冠状病毒感染的肺炎疫情的现金和物品。 2. 公益性社会组织，是指依法取得公益性捐赠税前扣除资格的社会组织。 3. 企业直接向承担疫情防治任务的医院捐赠用于应对新型冠状病毒感染的肺炎疫情的物品。

（续表）

政策依据：
(1)《财政部 税务总局关于支持新型冠状病毒感染的肺炎疫情防控有关捐赠税收政策的公告》(财政部 税务总局公告 2020 年第 9 号)；
(2)《国家税务总局关于支持新型冠状病毒感染的肺炎疫情防控有关税收征收管理事项的公告》(国家税务总局公告 2020 年第 4 号)；
(3)《财政部 税务总局关于延续实施应对疫情部分税费优惠政策的公告》(财政部 税务总局公告 2021 年第 7 号)。

（七）企事业单位等捐赠住房作为公租房按规定税前扣除

享受主体	优惠内容	享受条件
捐赠住房作为公租房的企事业单位、社会团体以及其他组织	自 2019 年 1 月 1 日至 2023 年 12 月 31 日，企事业单位、社会团体以及其他组织捐赠住房作为公租房，符合税收法律法规规定的，对其公益性捐赠支出在年度利润总额 12% 以内的部分，准予在计算应纳税所得额时扣除，超过年度利润总额 12% 的部分，准予结转以后三年内在计算应纳税所得额时扣除。	纳税人享受优惠政策，应按规定进行免税申报，并将不动产权属证明、载有房产原值的相关材料、纳入公租房及用地管理的相关材料、配套建设管理公租房相关材料、购买住房作为公租房相关材料、公租房租赁协议等留存备查。

政策依据：
(1)《财政部 税务总局关于公共租赁住房税收优惠政策的公告》(财政部 税务总局公告 2019 年第 61 号)；
(2)《财政部 税务总局关于延长部分税收优惠政策执行期限的公告》(财政部 税务总局公告 2021 年第 6 号)。

二、亏损弥补

（一）企业所得税法对亏损的界定

《企业所得税法》	《企业所得税法实施条例》
第五条 企业每一纳税年度的收入总额，减除不征税收入、免税收入、各项扣除以及允许弥补的以前年度亏损后的余额，为应纳税所得额。	第十条 《企业所得税法》第五条所称亏损，是指企业依照《企业所得税法》和本条例的规定将每一纳税年度的收入总额减除不征税收入、免税收入和各项扣除后小于零的数额。（大于或等于零在企业所得税中都不叫亏损）

（二）一般企业亏损弥补

企业所得税法规定	财务会计规定
(1) 企业纳税年度发生的亏损，准予向以后年度结转，用以后年度的所得弥补，但结转年限最长不得超过 5 年。（《企业所得税法》第十八条） (2) 企业在汇总计算缴纳企业所得税时，其境外营业机构的亏损不得抵减境内营业机构的盈利。（《企业所得税法》第十七条）	(1) 企业发生的年度经营亏损，依照税法的规定弥补。税法规定年限内的税前利润不足弥补的，用以后年度的税后利润弥补，或者经投资者审议后用盈余公积弥补。[《企业财务通则》(财政部令 2006 年第 41 号)第四十九条] (2) 企业弥补以前年度亏损和提取盈余公积后，当年没有可供分配的利润时，不得向投资者分配利润，但法律、行政法规另有规定的除外。（《企业财务通则》第五十一条） 企业发生的亏损可以用次年起连续 5 年实现的税前利润弥补，超过 5 年的用税后利润弥补，直接自"本年利润"科目，转入"利润分配——未分配利润"科目贷方，无需专门作会计分录，如果用盈余公积弥补亏损，则需作账务处理，借记"盈余公积"科目，贷记"利润分配——盈余公积补亏"科目。

（1）企业上一年度发生亏损，可用当年所得予以弥补，按弥补亏损后的所得额来确定适用税率。

（2）企业应按税法规定进行亏损弥补。以亏损年度的下一年算起，连续计算5年，中间不得中断，5年内不论是盈利或亏损，都作为实际弥补年限计算。纳税人必须逐年弥补亏损，不允许5年内任意跳跃式弥补。先亏先补，按顺序计算弥补期。超过5年弥补期仍未弥补完的，则不能再用以后年度的应纳税所得额弥补，只能在税后弥补或用盈余公积金弥补。纳税人弥补以前年度亏损时，应按照"先到期亏损先弥补、同时到期亏损先发生的先弥补"的原则处理。

（3）《企业会计准则第18号——所得税》要求企业对于能够结转以后年度的可抵扣亏损和税款抵减，应当以可能获得用于抵扣尚可抵扣的亏损和税款抵减的未来应纳税所得额为限，确认相应的递延所得税资产。企业应当对5(10)年内可抵扣暂时性差异是否能在以后经营期内的应税利润充分转回作出判断，如果不能，企业则不应确认。

（三）延长特定行业企业亏损结转年限

1. 延长高新技术企业和科技型中小企业亏损结转年限（财税〔2018〕76号）

政策规定	政策解读
自2018年1月1日起，当年具备高新技术企业或科技型中小企业资格（以下统称资格）的企业，其具备资格年度之前5个年度发生的尚未弥补完的亏损，准予结转以后年度弥补，最长结转年限由5年延长至10年。	延长这两类企业的亏损结转年限，更多考虑是让企业的研发费用加计扣除，得到足额的企业所得税前消化，让企业足额享受到研发费加计扣除政策带来的红利。

自2018年1月1日起，当年具备高新技术企业或科技型中小企业资格的企业，其具备资格年度之前5个年度发生的尚未弥补完的亏损，准予结转以后年度弥补，最长结转年限由5年延长至10年。2018年具备高新技术企业或者科技型中小企业资格的企业，无论2013年至2017年是否具备资格，其2013年至2017年发生的尚未弥补完的亏损，均准予结转以后年度弥补，最长结转年限为10年。2018年以后年度具备资格的企业，依此类推，进行亏损结转弥补税务处理。

2. 受疫情影响较大的困难行业企业延长弥补亏损年限

财政部 税务总局公告2020年第8号	国家税务总局公告2020年第4号
受疫情影响较大的困难行业企业2020年度发生的亏损（注：不是所有年度），最长结转年限由5年延长至8年。困难行业企业，包括交通运输、餐饮、住宿、旅游（指旅行社及相关服务、游览景区管理两类）四大类，具体判断标准按照现行《国民经济行业分类》（GB/T 4754—2017）执行。困难行业企业2020年度主营业务收入须占收入总额（剔除不征税收入和投资收益）的50%以上。[根据《财政部 税务总局关于延续实施应对疫情部分税费优惠政策的公告》（财政部 税务总局公告2021年第7号）的规定，本公告规定的税收优惠政策凡已经到期的，执行期限延长至2021年3月31日]	受疫情影响较大的困难行业企业按照财政部、税务总局公告2020年第8号文件第四条的规定，适用延长亏损结转年限政策的，应当在2020年度企业所得税汇算清缴时，通过电子税务局提交《适用延长亏损结转年限政策声明》。

纳税人应在《适用延长亏损结转年限政策声明》填入纳税人名称、纳税人识别号（统一社会信用代码）、所属的具体行业三项信息，并对其符合政策规定、主营业务收入占比符合要求、勾选的所属困难行业等信息的真实性、准确性、完整性负责。

3. 延长电影行业企业2020年度亏损的结转年限（财政部 税务总局公告2020年第25号）

对电影行业企业2020年度发生的亏损，最长结转年限由5年延长至8年。	电影行业企业限于电影制作、发行和放映等企业，不包括通过互联网、电信网、广播电视网等信息网络传播电影的企业。

4. 延长集成电路生产企业亏损的结转年限（财政部　税务总局　发展改革委　工业和信息化部公告2020年第45号）

自2020年1月1日起，国家鼓励的线宽小于130纳米（含）的集成电路生产企业，属于国家鼓励的集成电路生产企业清单年度之前5个纳税年度发生的尚未弥补完的亏损，准予向以后年度结转，总结转年限最长不得超过10年。

三、明确部分扣除项目政策

（一）资产损失相关资料改为留存备查（国家税务总局公告2018年第15号）

政策规定	政策解读
企业向税务机关申报扣除资产损失，仅需填报企业所得税年度纳税申报表《资产损失税前扣除及纳税调整明细表》，不再报送资产损失相关资料。相关资料由企业留存备查。 企业应当完整保存资产损失相关资料，保证资料的真实性、合法性。 本公告规定适用于2017年度及以后年度企业所得税汇算清缴。	简化企业资产损失资料报送，是为了切实减轻企业办税负担。资产损失由向税务机关备案制改为由企业留存备查，程序简化，但是资产损失认定的相关条件未发生变化，企业依然要按照国家税务总局公告2011年第25号规定的各类资产损失的认定依据及材料清单准备好相关资料，保证资料的真实性、合法性，否则要承担《税收征收管理法》等法律、行政法规规定的法律责任。

（二）雇主责任保险可税前扣除（国家税务总局公告2018年第52号）

政策规定	政策解读
企业参加雇主责任险、公众责任险等责任保险，按照规定缴纳的保险费，准予在企业所得税税前扣除。 本公告适用于2018年度及以后年度企业所得税汇算清缴。	雇主责任险、公众责任险等责任保险是参加责任保险的企业出现保单中所列明的事故，需对第三者如损害赔偿责任时，由承保人代其履行赔偿责任的一种保险。由于企业参加雇主责任险、公众责任险等责任保险缴纳的保险费支出是企业实际发生的，《保险法》也规定财产保险业务包括责任保险，为此，根据《企业所得税法》及其实施条例有关规定，本公告明确，企业参加雇主责任险、公众责任险等责任保险，按照规定缴纳的保险费，准予在企业所得税前扣除。

另外，国家税务总局公告2016年第80号文件规定，企业职工因公出差乘坐交通工具发生的人身意外保险费支出，准予企业在计算应纳税所得额时扣除。

（三）职工教育经费扣除比例提高至8%（财税〔2018〕51号）

自2018年1月1日起，所有企业发生的职工教育经费支出，不超过工资薪金总额8%的部分，准予在计算企业所得税应纳税所得额时扣除；超过部分，准予在以后纳税年度结转扣除。

（四）党组织工作经费不超过1%可扣除

组通字〔2014〕42号	组通字〔2017〕38号
根据《中华人民共和国公司法》"公司应当为党组织的活动提供必要条件"规定和中办发〔2012〕11号文件"建立并落实税前列支制度"等要求，非公有制企业党组织工作经费纳入企业管理费列支，不超过职工年度工资薪金总额1%的部分，可以据实在企业所得税前扣除。	纳入管理费用的党组织工作经费，实际支出不超过职工年度工资薪金总额1%的部分，可以据实在企业所得税前扣除。年末如有结余，结转下一年度使用。累计结转超过上一年度职工工资总额2%的，当年不再从管理费用中安排。

（五）工资薪金和福利费扣除政策

企业发生的合理的工资薪金，只要在汇算清缴前支付，均可以税前扣除。（国家税务总局公告2015年第34号）

国税函〔2009〕3号文件规定，属于国有性质的企业，其工资薪金，不得超过政府有关部门给予的限定数额；超过部分，不得计入企业工资薪金总额，也不得在计算企业应纳税所得额时扣除。

国家税务总局公告2015年第34号文件规定，企业接受外部劳务派遣用工所实际发生的费用，应分两种情况按规定在税前扣：除按照协议（合同）约定直接支付给劳务派遣公司的费用，应作为劳务费支出；直接支付给员工个人的费用，应作为工资薪金支出和职工福利费支出。其中属于工资薪金支出的费用，准予计入企业工资薪金总额的基数，作为计算其他各项相关费用扣除的依据。

国家税务总局公告2015年第34号文件同时规定，列入企业员工工资薪金制度、固定与工资薪金一起发放的福利性补贴，符合国税函〔2009〕3号文件第一条规定的，可作为企业发生的工资薪金支出，按规定在税前扣除。

根据国税函〔2009〕3号文件的规定，福利费的列支范围如下：

《企业所得税法实施条例》第四十条规定的企业职工福利费，包括以下内容：

（1）尚未实行分离办社会职能的企业，其内设福利部门所发生的设备、设施和人员费用，包括职工食堂、职工浴室、理发室、医务所、托儿所、疗养院等集体福利部门的设备、设施及维修保养费用和福利部门工作人员的工资薪金、社会保险费、住房公积金、劳务费等。

（2）为职工卫生保健、生活、住房、交通等所发放的各项补贴和非货币性福利，包括企业向职工发放的因公外地就医费用、未实行医疗统筹企业职工医疗费用、职工供养直系亲属医疗补贴、供暖费补贴、职工防暑降温费、职工困难补贴、救济费、职工食堂经费补贴、职工交通补贴等。

（3）按照其他规定发生的其他职工福利费，包括丧葬补助费、抚恤费、安家费、探亲假路费等。

对于国税函〔2009〕3号文件中未明确列明，但是属于员工福利的支出，也应作为福利费支出，汇算清缴时应按照税收口径计算福利费是否超过工资总额的14%。

（六）设备、器具税前扣除

享受主体	优惠内容	享受条件
购进设备、器具的纳税人	企业在2018年1月1日至2023年12月31日期间新购进的设备、器具，单位价值不超过500万元的，允许一次性计入当期成本费用在计算应纳税所得额时扣除，不再分年度计算折旧。	设备、器具，是指除房屋、建筑物以外的固定资产。
购进设备、器具的中小微企业纳税人	中小微企业在2022年1月1日至2022年12月31日期间新购置的设备、器具，单位价值在500万元以上的，按照单位价值的一定比例自愿选择在企业所得税前扣除。其中，企业所得税法实施条例规定最低折旧年限为3年的设备器具，单位价值的100%可在当年一次性税前扣除；最低折旧年限为4年、5年、10年的，单位价值的50%可在当年一次性税前扣除，其余50%按规定在剩余年度计算折旧进行税前扣除。企业选择适用上述政策当年不足扣除形成的亏损，可在以后5个纳税年度结转弥补，享受其他延长亏损结转年限政策的企业可按现行规定执行。	中小微企业，是指从事国家非限制和禁止行业，且符合以下条件的企业： （1）信息传输业、建筑业、租赁和商务服务业：从业人员2 000人以下，或营业收入10亿元以下或资产总额12亿元以下； （2）房地产开发经营：营业收入20亿元以下或资产总额1亿元以下； （3）其他行业：从业人员1 000人以下或营业收入4亿元以下。

政策依据：

(1)《财政部　税务总局关于设备 器具扣除有关企业所得税政策的通知》（财税〔2018〕54号）；

(2)《财政部　税务总局关于延长部分税收优惠政策执行期限的公告》（财政部　税务总局公告2021年第6号）；

(3)《财政部　税务总局关于中小微企业设备器具所得税税前扣除有关政策的公告》（财政部　税务总局公告2022年第12号）。

（七）金融企业按规定提取的贷款损失准备金准予在企业所得税税前扣除

享受主体	优惠内容	享受条件
政策性银行、商业银行、财务公司、城乡信用社、金融租赁公司	自2019年1月1日起，政策性银行、商业银行、财务公司、城乡信用社和金融租赁公司等金融企业提取的以下贷款损失准备金准予在企业所得税税前扣除： （1）贷款（含抵押、质押、保证、信用等贷款）； （2）银行卡透支、贴现、信用垫款（含银行承兑汇票垫款、信用证垫款、担保垫款等）、进出口押汇、同业拆出、应收融资租赁款等具有贷款特征的风险资产； （3）由金融企业转贷并承担对外还款责任的国外贷款，包括国际金融组织贷款、外国买方信贷、外国政府贷款、日本国际协力银行不附条件贷款和外国政府混合贷款等资产。	金融企业发生的符合条件的贷款损失，应先冲减已在税前扣除的贷款损失准备金，不足冲减部分可据实在计算当年应纳税所得额时扣除。

政策依据：
（1）《财政部 税务总局关于金融企业贷款损失准备金企业所得税税前扣除有关政策的公告》（财政部 税务总局公告2019年第86号）；
（2）《财政部 税务总局关于延长部分税收优惠政策执行期限的公告》（财政部 税务总局公告2021年第6号）。

（八）金融企业按规定计提的涉农贷款和中小企业贷款损失准备金准予在计算应纳税所得额时扣除

享受主体	优惠内容	享受条件
金融企业	自2019年1月1日起，金融企业根据《贷款风险分类指引》（银监发〔2007〕54号），对其涉农贷款和中小企业贷款进行风险分类后，按照以下比例计提的贷款损失准备金，准予在计算应纳税所得额时扣除： （1）关注类贷款，计提比例为2%。 （2）次级类贷款，计提比例为25%。 （3）可疑类贷款，计提比例为50%。 （4）损失类贷款，计提比例为100%。	金融企业发生的符合条件的涉农贷款和中小企业贷款损失，应先冲减已在税前扣除的贷款损失准备金，不足冲减部分可据实在计算应纳税所得额时扣除。

政策依据：
（1）《财政部 税务总局关于金融企业涉农贷款和中小企业贷款损失准备金税前扣除有关政策的公告》（财政部 税务总局公告2019年第85号）；
（2）《财政部 税务总局关于延长部分税收优惠政策执行期限的公告》（财政部 税务总局公告2021年第6号）。

（九）证券公司按规定交纳的证券结算风险基金准予在企业所得税税前扣除

享受主体	优惠内容	享受条件
证券公司	自2016年1月1日起，证券公司依据《证券结算风险基金管理办法》（证监发〔2006〕65号）的有关规定，作为结算会员按人民币普通股和基金成交金额的十万分之三、国债现货成交金额的十万分之一、1天期国债回购成交额的千万分之五、2天期国债回购成交额的千万分之十、3天期国债回购成交额的千万分之十五、4天期国债回购成交额的千万分之二十、7天期国债回购成交额的千万分之五十、14天期国债回购成交额的十万分之一、28天期国债回购成交额的十万分之二、91天期国债回购成交额的十万分之六、182天期国债回购成交额的十万分之十二逐日交纳的证券结算风险基金，准予在企业所得税税前扣除。	证券结算风险基金如发生清算、退还，应按规定补征企业所得税。

政策依据：
（1）《财政部 税务总局关于证券行业准备金支出企业所得税税前扣除有关政策问题的通知》（财税〔2017〕23号）；
（2）《财政部 税务总局关于延长部分税收优惠政策执行期限的公告》（财政部 税务总局公告2021年第6号）。

（十）证券公司按规定缴纳的证券投资者保护基金准予在企业所得税税前扣除

享受主体	优惠内容	享受条件
证券公司	自2016年1月1日起，证券公司依据《证券投资者保护基金管理办法》（证监会令第27号、第124号）的有关规定，按其营业收入0.5%～5%缴纳的证券投资者保护基金，准予在企业所得税税前扣除。	证券投资者保护基金如发生清算、退还，应按规定补征企业所得税。

政策依据：
(1)《财政部 税务总局关于证券行业准备金支出企业所得税税前扣除有关政策问题的通知》（财税〔2017〕23号）；
(2)《财政部 税务总局关于延长部分税收优惠政策执行期限的公告》（财政部 税务总局公告2021年第6号）。

（十一）期货公司按规定缴纳的期货投资者保障基金准予在企业所得税税前扣除

享受主体	优惠内容	享受条件
期货公司	自2016年1月1日起，期货公司依据《期货投资者保障基金管理办法》（证监会令第38号、第129号）和《关于明确期货投资者保障基金缴纳比例有关事项的规定》（证监会 财政部公告〔2016〕26号）的有关规定，从其收取的交易手续费中按照代理交易额的亿分之五至亿分之十的比例（2016年12月8日前按千万分之五至千万分之十的比例）缴纳的期货投资者保障基金，在基金总额达到有关规定的额度内，准予在企业所得税税前扣除。	期货投资者保障基金如发生清算、退还，应按规定补征企业所得税。

政策依据：
(1)《财政部 税务总局关于证券行业准备金支出企业所得税税前扣除有关政策问题的通知》（财税〔2017〕23号）；
(2)《财政部 税务总局关于延长部分税收优惠政策执行期限的公告》（财政部 税务总局公告2021年第6号）。

（十二）期货公司按规定提取的期货公司风险准备金准予在企业所得税税前扣除

享受主体	优惠内容	享受条件
期货公司	自2016年1月1日起，期货公司依据《期货公司管理办法》（证监会令第43号）和《商品期货交易财务管理暂行规定》（财商字〔1997〕44号）的有关规定，从其收取的交易手续费收入减去应付期货交易所手续费后的净收入的5%提取的期货公司风险准备金，准予在企业所得税税前扣除。	风险准备金如发生清算、退还，应按规定补征企业所得税。

政策依据：
(1)《财政部 税务总局关于证券行业准备金支出企业所得税税前扣除有关政策问题的通知》（财税〔2017〕23号）；
(2)《财政部 税务总局关于延长部分税收优惠政策执行期限的公告》（财政部 税务总局公告2021年第6号）。

（十三）保险公司按规定缴纳的保险保障基金准予据实税前扣除

享受主体	优惠内容	享受条件
保险公司	自2016年1月1日起，保险公司按下列规定缴纳的保险保障基金，准予据实税前扣除： (1) 非投资型财产保险业务，不得超过保费收入的0.8%；投资型财产保险业务，有保证收益的，不得超过业务收入的0.08%，无保证收益的，不得超过业务收入的0.05%。 (2) 有保证收益的人寿保险业务，不得超过业务收入的0.15%；无保证收益的人寿保险业务，不得超过业务收入的0.05%。 (3) 短期健康保险业务，不得超过保费收入的0.8%；长期健康保险业务，不得超过保费收入的0.15%。 (4) 非投资型意外伤害保险业务，不得超过保费收入的0.8%；投资型意外伤害保险业务，有保证收益的，不得超过业务收入的0.08%，无保证收益的，不得超过业务收入的0.05%。	按财税〔2016〕114号文件规定的条件扣除。

(续表)

政策依据：
(1)《财政部 国家税务总局关于保险公司准备金支出企业所得税税前扣除有关政策问题的通知》(财税〔2016〕114号)；
(2)《财政部 税务总局关于延长部分税收优惠政策执行期限的公告》(财政部 税务总局公告2021年第6号)。

(十四) 保险公司按规定提取的有关准备金准予在税前扣除

享受主体	优惠内容	享受条件
保险公司	自2016年1月1日起，保险公司按国务院财政部门的相关规定提取的未到期责任准备金、寿险责任准备金、长期健康险责任准备金、已发生已报案未决赔款准备金和已发生未报案未决赔款准备金，准予在税前扣除。	按财税〔2016〕114号文件规定的条件扣除。

政策依据：
(1)《财政部 国家税务总局关于保险公司准备金支出企业所得税税前扣除有关政策问题的通知》(财税〔2016〕114号)；
(2)《财政部 税务总局关于延长部分税收优惠政策执行期限的公告》(财政部 税务总局公告2021年第6号)。

(十五) 保险公司按规定计提的农业保险大灾风险准备金准予在企业所得税前据实扣除

享受主体	优惠内容	享受条件
保险公司	自2016年1月1日起，保险公司经营财政给予保费补贴的农业保险，按不超过财政部门规定的农业保险大灾风险准备金(简称大灾准备金)计提比例，计提的大灾准备金，准予在企业所得税前据实扣除。	按财税〔2016〕114号文件规定的条件扣除。

政策依据：
(1)《财政部 国家税务总局关于保险公司准备金支出企业所得税税前扣除有关政策问题的通知》(财税〔2016〕114号)；
(2)《财政部 税务总局关于延长部分税收优惠政策执行期限的公告》(财政部 税务总局公告2021年第6号)。

(十六) 中小企业融资(信用)担保机构按规定计提的担保赔偿准备允许在企业所得税税前扣除

享受主体	优惠内容	享受条件
中小企业融资(信用)担保机构	自2016年1月1日起，符合条件的中小企业融资(信用)担保机构按照不超过当年年末担保责任余额1%的比例计提的担保赔偿准备，允许在企业所得税税前扣除，同时将上年度计提的担保赔偿准备余额转为当期收入。	按财税〔2017〕22号文件规定的条件扣除。

政策依据：
(1)《财政部 税务总局关于中小企业融资(信用)担保机构有关准备金企业所得税税前扣除政策的通知》(财税〔2017〕22号)；
(2)《财政部 税务总局关于延长部分税收优惠政策执行期限的公告》(财政部 税务总局公告2021年第6号)。

(十七) 中小企业融资(信用)担保机构按规定计提的未到期责任准备允许在企业所得税税前扣除

享受主体	优惠内容	享受条件
中小企业融资(信用)担保机构	自2016年1月1日起，符合条件的中小企业融资(信用)担保机构按照不超过当年担保费收入50%的比例计提的未到期责任准备，允许在企业所得税税前扣除，同时将上年度计提的未到期责任准备余额转为当期收入。	按财税〔2017〕22号文件规定的条件扣除。

(续表)

政策依据：
(1)《财政部　税务总局关于中小企业融资（信用）担保机构有关准备金企业所得税税前扣除政策的通知》（财税〔2017〕22号）；
(2)《财政部　税务总局关于延长部分税收优惠政策执行期限的公告》（财政部　税务总局公告2021年第6号）。

四、企业所得税税前扣除凭证规范（国家税务总局公告2018年第28号发布）

政策依据：

《企业所得税税前扣除凭证管理办法》（国家税务总局公告2018年第28号发布，以下简称《税前扣除凭证管理办法》）。

（一）税前扣除必须提供"合法有效凭证"

《企业所得税法》	《税收征收管理法》	《发票管理办法》
第八条　企业实际发生的与取得收入有关的、合理的支出，包括成本、费用、税金、损失和其他支出，准予在计算应纳税所得额时扣除。	第十九条　纳税人、扣缴义务人按照有关法律、行政法规和国务院财政、税务主管部门的规定设置账簿，根据合法、有效凭证记账，进行核算。	第二十一条　不符合规定的发票，不得作为财务报销凭证。

风险提示：纳税人要符合《企业所得税法》第八条规定的"实际发生"，必须提供必要的证据，该证据即《税收征收管理法》第十九条所规定的合法、有效凭证。《税前扣除凭证管理办法》要求，企业应在当年度企业所得税法规定的汇算清缴期结束前取得合法有效税前扣除凭证。

《税前扣除凭证管理办法》	其他规范要求
第四条　税前扣除凭证在管理中遵循真实性、合法性、关联性原则。真实性是指税前扣除凭证反映的经济业务真实，且支出已经实际发生；合法性是指税前扣除凭证的形式、来源符合国家法律、法规等相关规定；关联性是指税前扣除凭证与其反映的支出相关联且有证明力。 第五条　企业发生支出，应取得税前扣除凭证，作为计算企业所得税应纳税所得额时扣除相关支出的依据。 第六条　企业应在当年度企业所得税法规定的汇算清缴期结束前取得税前扣除凭证。 第七条　企业应将与税前扣除凭证相关的资料，包括合同协议、支出依据、付款凭证等留存备查，以证实税前扣除凭证的真实性。	对于不符合规定的发票和其他凭证，包括虚假发票和非法代开发票，均不得用以税前扣除、出口退税、抵扣税款。（国税发〔2008〕40号） 纳税人使用不符合规定发票，特别是没有填开付款方全称的发票，不得允许纳税人用于税前扣除、抵扣税款、出口退税和财务报销。（国税发〔2008〕80号） 加强发票核实工作，不符合规定的发票不得作为税前扣除凭据。（国税发〔2008〕88号） 未按规定取得的合法有效凭据不得在税前扣除。（国税发〔2009〕114号） 对纳税人购买、取得的虚假发票，不允许用以税前扣除、抵扣税款、办理出口退（免）税和财务核算。（国税发〔2010〕92号） 对检查发现的虚假发票，一律不得用以税前扣除、抵扣税款、办理出口退税（包括免、抵、退税）和财务报销、财务核算。（国税发〔2011〕25号、税总发〔2013〕20号） 不符合规定的发票，不得作为税收凭证。（国家税务总局公告2017年第16号）

（二）境内增值税应税项目的税前扣除凭证管理（《税前扣除凭证管理办法》）

政策规定	政策解读
第九条　企业在境内发生的支出项目属于增值税应税项目（以下简称应税项目）的，对方为已办理税务登记的增值税纳税人，其支出以发票（包括按照规定由税务机关代开的发票）作为税前扣除凭证；对方为依法无需办理税务登记的单位或者从事小额零星经营业务的个人，其支出以税务机关代开的发票或者收款凭证及内部凭证作为税前扣除凭证，收款凭证应载明收款单位名称、个人姓名及身份证号、支出项目、收款金额等相关信息。 小额零星经营业务的判断标准是个人从事应税项目经营业务的销售额不超过增值税相关政策规定的起征点。 税务总局对应税项目开具发票另有规定的，以规定的发票或者票据作为税前扣除凭证。	第九条第一款整体以分号分隔，前面部分详细表明了支出项目属于应税项目的，对方已经办理税务登记证的增值税纳税人的情形，这其中当然包括办理了税务登记证的个体工商户：工商、税务登记的个体工商户即便未达起征点免税，亦须开具发票，支付企业仍须以发票为主的外部凭证作为税前扣除依据。分号后半部分是并列关系，是对无需办理税务登记的单位和小额零星业务的自然人个人进行说明。 无需办理税务登记的单位主要指国家机关、政府部门，其支出可以凭以税务机关代开的发票或者收款凭证（应载明收款单位名称、支出项目、收款金额等相关信息）及内部凭证作为税前扣除凭证。 企业支出应税项目对方是除个体工商户以外的自然人个人，只能是在其销售额不超过增值税相关政策规定起征点的情况下，才可凭收款凭证及内部凭证作为税前扣除凭证，收款凭证应载明个人姓名及身份证号、支出项目、收款金额等相关信息。自然人个人如超过起征点就须到税务局代开发票，但此处有个 bug，需要仰赖自然人个人的税收遵从度，不能仅依靠税务总局补充明确。

（三）不合规发票、不合规其他外部凭证管理（《税前扣除凭证管理办法》）

政策规定	政策解读
第十二条　企业取得私自印制、伪造、变造、作废、开票方非法取得、虚开、填写不规范等不符合规定的发票（以下简称不合规发票），以及取得不符合国家法律、法规等相关规定的其他外部凭证（以下简称不合规其他外部凭证），不得作为税前扣除凭证。	不合规发票是指私自印制、伪造、变造、作废、开票方非法取得、虚开、填写不规范等不符合规定的发票。判断发票是否符合规定的依据主要有《发票管理办法》及其实施细则、《国家税务总局关于增值税发票开具有关问题的公告》（国家税务总局公告2017年第16号）等相关法规。不合规其他外部凭证是指发票以外的不符合国家法律、法规等相关规定的其他外部凭证。判断其他外部凭证是否符合规定，主要依据与凭证相关的各类法律法规，如财政部发布的《财政票据管理办法》等。

（四）未按规定取得税前扣除凭证的补救处理（《税前扣除凭证管理办法》）

政策规定	政策理解
第十三条　企业应当取得而未取得发票、其他外部凭证或者取得不合规发票、不合规其他外部凭证的，若支出真实且已实际发生，应当在当年度汇算清缴期结束前，要求对方补开、换开发票、其他外部凭证。补开、换开后的发票、其他外部凭证符合规定的，可以作为税前扣除凭证。 第十四条　企业在补开、换开发票、其他外部凭证过程中，因对方注销、撤销、依法被吊销营业执照、被税务机关认定为非正常户等特殊原因无法补开、换开发票、其他外部凭证的，可凭以下资料证实支出真实性后，其支出允许税前扣除： （一）无法补开、换开发票、其他外部凭证原因的证明资料（包括工商注销、机构撤销、列入非正常	企业应当取得而未取得或者取得不合规外部凭证，是企业在经营活动中有可能遇到的问题。为不影响企业当年度税款计算与缴纳，《税前扣除凭证管理办法》根据"尊重事实、宽严相济"的原则，制定了补救措施，既体现了企业所得税"实际发生"的扣除原则，又保障纳税人合法权益。根据《税前扣除凭证管理办法》的规定，纳税人可以分步骤实施补救措施： （1）汇算清缴期结束前的税务处理。 ① 能够补开、换开符合规定的发票、其他外部凭证的，相应支出可以税前扣除。 ② 因对方注销、撤销、依法被吊销营业执照、被税务机关认定为非正常户等特殊原因无法补开、换开符合规定的发票、其他外部凭证的，凭相关资料证实支出真实性

(续表)

政策规定	政策理解
经营户、破产公告等证明资料)。 （二）相关业务活动的合同或者协议。 （三）采用非现金方式支付的付款凭证。 （四）货物运输的证明资料。 （五）货物入库、出库内部凭证。 （六）企业会计核算记录以及其他资料。 前款第一项至第三项为必备资料。 第十五条 汇算清缴期结束后，税务机关发现企业应当取得而未取得发票、其他外部凭证或者取得不合规发票、不合规其他外部凭证并且告知企业的，企业应当自被告知之日起60日内补开、换开符合规定的发票、其他外部凭证。其中，因对方特殊原因无法补开、换开发票、其他外部凭证的，企业应当按照本办法第十四条的规定，自被告知之日起60日内提供可以证实其支出真实性的相关资料。 第十六条 企业在规定的期限未能补开、换开符合规定的发票、其他外部凭证，并且未能按照本办法第十四条的规定提供相关资料证实其支出真实性的，相应支出不得在发生年度税前扣除。 第十七条 除发生本办法第十五条规定的情形外，企业以前年度应当取得而未取得发票、其他外部凭证，且相应支出在该年度没有税前扣除的，在以后年度取得符合规定的发票、其他外部凭证或者按照本办法第十四条的规定提供可以证实其支出真实性的相关资料，相应支出可以追补至该支出发生年度税前扣除，但追补年限不得超过5年。	后，相应支出可以税前扣除。 ③ 未能补开、换开符合规定的发票、其他外部凭证并且未能凭相关资料证实支出真实性的，相应支出不得在发生年度税前扣除。 （2）汇算清缴期结束后的税务处理。 ① 由于一些原因(如购销合同、工程项目纠纷等)，企业在规定的期限内未能取得符合规定的发票、其他外部凭证或者取得不合规发票、不合规其他外部凭证，企业没有主动进行税前扣除的，待以后年度取得符合规定的发票、其他外部凭证后，相应支出可以追补至该支出发生年度扣除，追补扣除年限不得超过5年。其中，因对方注销、撤销、依法被吊销营业执照、被税务机关认定为非正常户等特殊原因无法补开、换开符合规定的发票、其他外部凭证的，企业在以后年度凭相关资料证实支出真实性后，相应支出也可以追补至该支出发生年度扣除，追补扣除年限不得超过5年。 ② 税务机关发现企业应当取得而未取得发票、其他外部凭证或者取得不合规发票、不合规其他外部凭证，企业自被告知之日起60日内补开、换开符合规定的发票、其他外部凭证或者按照《税前扣除凭证管理办法》第十四条规定凭相关资料证实支出真实性后，相应支出可以在发生年度税前扣除。否则，该支出不得在发生年度税前扣除，也不得在以后年度追补扣除。 以上制度安排，畅通了"不合规外部凭证不得作为税前扣除凭证—换开合规外部凭证—因特殊原因不能换开—具有相应资料可以证实支出真实性—允许扣除"这一税前扣除管理流程，既兼顾了征管效率，又尊重了客观实际，还贯彻了诚信理念，切实有效保障了纳税人的正当权益。

第十三条至第十七条的内在逻辑关系：

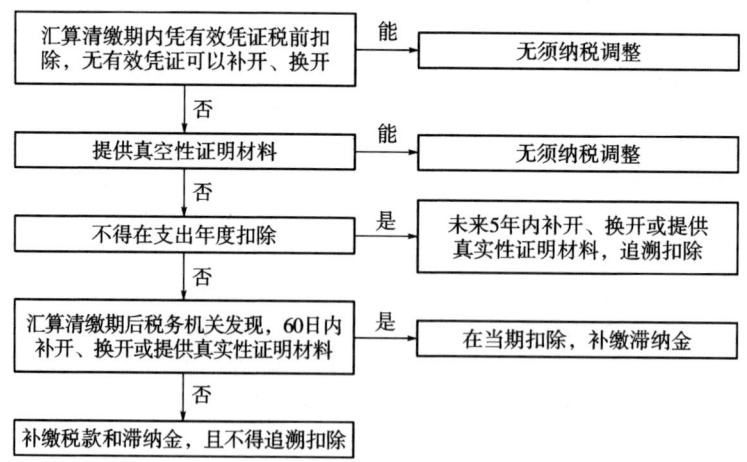

第五章 其他税种和附加优惠政策解析与应用

第一节 消费税优惠政策解析与应用

政策依据：

> 《中华人民共和国消费税暂行条例》(以下简称《消费税暂行条例》)；
> 《中华人民共和国消费税暂行条例实施细则》(以下简称《消费税暂行条例实施细则》)。

一、消费税税目税率表

税目(15个)	税目注释	税率
一、烟	凡是以烟叶为原料加工生产的产品，不论使用何种辅料，均属于本税目的征收范围。下设卷烟、雪茄烟、烟丝三个子目。	
1. 卷烟		
生产环节(含进口)		
(1) 甲类卷烟	每标准条(200支，下同)调拨价格在70元(不含增值税)以上(含70元)	56%加 0.003元/支
(2) 乙类卷烟	每标准条调拨价格在70元(不含增值税)以下	36%加 0.003元/支
批发环节(财税〔2015〕160号)	自2015年5月10日起，将卷烟批发环节从价税税率由5%提高至11%，并按0.005元/支加征从量税。纳税人兼营卷烟批发和零售业务的，应当分别核算批发和零售环节的销售额、销售数量；未分别核算批发和零售环节销售额、销售数量的，按照全部销售额、销售数量计征批发环节消费税。纳税人兼营卷烟批发和零售业务的，应当分别核算批发和零售环节的销售额、销售数量；未分别核算批发和零售环节销售额、销售数量的，按照全部销售额、销售数量计征批发环节消费税。	11%加 0.005元/支
2. 雪茄烟	生产环节	36%
3. 烟丝	生产环节	30%
二、酒(生产环节)	下设白酒、黄酒、啤酒、其他酒四个子目。其他酒指除白酒、黄酒、啤酒以外，酒度在1度以上的各种酒。	
1. 白酒	白酒是指以高粱、玉米、大米、糯米、大麦、小麦、青稞等各种粮食为原料，经过糖化、发酵后，采用蒸馏方法酿制的白酒。	20%加0.5元/500克(或者500毫升)
2. 黄酒	黄酒分为干黄酒、半干黄酒、半甜黄酒、甜黄酒4类。黄酒的征收范围包括各种原料酿制的黄酒和酒度超过12度(含12度)的土甜酒。	240元/吨

(续表)

税目(15个)	税目注释	税率
3. 啤酒	啤酒的征收范围包括各种包装和散装的啤酒。无醇啤酒比照啤酒征税。对啤酒源、菠萝啤酒应按啤酒征收消费税。"果啤"属于啤酒,应征消费税。(国税函〔2005〕333号) 对饮食业、商业、娱乐业举办的啤酒屋(啤酒坊)利用啤酒生产设备生产的啤酒,应当征收消费税。(国税发〔1997〕84号)	
(1) 甲类啤酒	每吨出厂价(含包装物及包装物押金,不包括重复使用的塑料周转箱的押金,下同)在3 000元(含3 000元,不含增值税,下同)以上的。	250元/吨
(2) 乙类啤酒	每吨出厂价在3 000元以下的。	220元/吨
(3) 娱乐业、饮食业自制的		250元/吨
4. 其他酒	调味料酒、酒精不再征收消费税。 其他酒是指除白酒、黄酒、啤酒以外,酒度在1度以上的各种酒。调味料酒不征收消费税。(国税函〔2008〕742号) 对以蒸馏酒或食用酒精为酒基,同时符合以下条件的配制酒,按消费税税率表"其他酒"税率征收消费税:①具有国家相关部门批准的国食健字或卫食健字文号;②酒精度低于38度(含)。以发酵酒为酒基,酒精度低于20度(含)的配制酒,按"其他酒"税率征收消费税。其他配制酒,按白酒税率征收消费税。其他配制酒,按白酒税率征收消费税。(国家税务总局公告2011年第53号) 葡萄酒,属于"其他酒"子目。(国税发〔2006〕66号) 酒精不再征收消费税。(财税〔2014〕93号)	10%
三、高档化妆品(生产环节)	自2016年10月1日起,取消对普通美容、修饰类化妆品征收消费税,将"化妆品"税目名称更名为"高档化妆品"。包括高档美容修饰类化妆品、高档护肤类化妆品和成套化妆品。高档美容修饰类化妆品和高档护肤类化妆品是指生产(进口)环节销售(完税)价格(不含增值税)在10元/毫升(克)或15元/片(张)及以上的美容、修饰类化妆品和护肤类化妆品。(财税〔2016〕103号)	15%
四、贵重首饰及珠宝玉石	包括各种金银珠宝首饰和经采掘、打磨、加工的各种珠宝玉石。下设"金、银、铂金首饰和钻石、钻石制品"和"其他贵重首饰和珠宝玉石"两个子目。对宝石坯应按规定征收消费税。	
1. 金银首饰、铂金首饰和钻石及钻石饰品	零售环节	5%
2. 其他贵重首饰和珠宝玉石	生产环节	10%
五、鞭炮、焰火(生产环节)	包括各种鞭炮、焰火。但体育上用的发令纸,鞭炮药引线,不按本税目征收。	15%
六、成品油(生产环节)	下设汽油、柴油、石脑油、溶剂油、航空煤油、润滑油、燃料油七个子目。 自2009年1月1日起,对成品油生产企业在生产成品油过程中,作为燃料、动力及原料消耗掉的自产成品油,免征消费税。对用于其他用途或直接对外销售的成品油照章征收消费税。(财税〔2010〕98号)	

(续表)

税目(15个)	税目注释	税率
1. 汽油	汽油分为车用汽油和航空汽油。以汽油、汽油组分调和生产的甲醇汽油、乙醇汽油也属于本税目征收范围。	1.52元/升
2. 柴油	以柴油、柴油组分调和生产的生物柴油也属于本税目征收范围。自2009年1月1日起,对同时符合下列条件的纯生物柴油免征消费税:(1)生产原料中废弃的动物油和植物油用量所占比重不低于70%;(2)生产的纯生物柴油符合国家《柴油机燃料调和生物柴油(BD100)标准》。对不符合规定的生物柴油,或者以柴油、柴油组分调和生产的生物柴油照章征收消费税。(财税〔2010〕118号)	1.2元/升
3. 航空煤油	航空煤油也叫喷气燃料,是用原油或其他原料加工生产的用作喷气发动机和喷气推进系统燃料的各种轻质油。	1.2元/升(暂缓征收)
4. 石脑油	石脑油的征收范围包括除汽油、柴油、航空煤油、溶剂油以外的各种轻质油。非标汽油、重整生成油、拔头油、戊烷原料油、轻裂解料(减压柴油VGO和常压柴油AGO)、重裂解料、加氢裂化尾油、芳烃抽余油均属轻质油,属于石脑油征收范围。 除汽油、柴油、航空煤油、溶剂油外,以原油或其他原料加工生产的用于化工原料的各种轻质油均属于石脑油征收范围。凡在产品特性上符合《成品油消费税征收范围注释》规定的,无论取何种名称,都应征收消费税。(财税〔2008〕167号) 凡生产加工符合汽油、柴油、航空煤油、石脑油、溶剂油、润滑油、燃料油征税规定的产品,无论以何种名称对外销售或用于非连续生产应征消费税产品,均应按规定缴纳消费税。(国家税务总局公告2012年第47号、国家税务总局公告2013年第50号)	1.52元/升
5. 溶剂油	橡胶填充油、溶剂油原料,属于溶剂油征收范围。	1.52元/升
6. 润滑油	征收范围包括矿物性润滑油、矿物性润滑油基础油、植物性润滑油、动物性润滑油和化工原料合成润滑油。 润滑脂是润滑产品,属润滑油消费税征收范围,生产、加工润滑脂应当征收消费税。(国税函〔2009〕709号)	1.52元/升
7. 燃料油	蜡油、船用重油、常压重油、减压重油、180CTS燃料油、7号燃料油、糠醛油、工业燃料油、4—6号燃料油等油品的主要用途是作为燃料燃烧,属于燃料油征收范围。 自2012年11月1日起,催化料、焦化料属于燃料油的征收范围,应当征收消费税。(国家税务总局公告2012年第46号)	1.2元/升

(续表)

税目(15个)	税目注释	税率
七、摩托车(生产环节)	指最大设计车速超过50公里/小时,发动机气缸总工作容积超过50毫升,空车质量不超过400公斤的两轮和三轮机动车。本税目下设"气缸容量(排气量,下同)250毫升的摩托车"和"250毫升(不含)以上的摩托车"两个子目。 气缸容量在250毫升以下的,自2014年12月1日起免征。	
1. 气缸容量250毫升的		3%
2. 气缸容量在250毫升(不含)以上的		10%
八、小汽车	本税目下设乘用车、中轻型商用客车、超豪华小汽车三个子目。 对于购进乘用车或中轻型商用客车整车改装生产的汽车,应按规定征收消费税。 电动汽车不属于本税目征收范围。沙滩车、雪地车、卡丁车、高尔夫车不属于消费税征收范围,不征收消费税。企业购进货车或厢式货车改装生产的商务车、卫星通信车等专用汽车不属于消费税征税范围,不征收消费税。(国税函〔2008〕452号)	
1. 乘用车		
(1) 气缸容量(排气量,下同)在1.0升(含1.0升)以下的(生产、进口环节)		1%
(2) 气缸容量在1.0升以上至1.5升(含1.5升)的(生产、进口环节)		3%
(3) 气缸容量在1.5升以上至2.0升(含2.0升)的(生产、进口环节)		5%
(4) 气缸容量在2.0升以上至2.5升(含2.5升)的(生产、进口环节)		9%
(5) 气缸容量在2.5升以上至3.0升(含3.0升)的(生产、进口环节)		12%
(6) 气缸容量在3.0升以上至4.0升(含4.0升)的(生产、进口环节)		25%
(7) 气缸容量在4.0升以上的(生产、进口环节)		40%
2. 中轻型商用客车(生产、进口环节)		5%
3. 超豪华小汽车:自2016年12月1日起,除按子税目1和子税目2的规定征收生产、进口环节消费税外,对每辆零售价格130万元(不含增值税)及以上的乘用车和中轻型商用客车加征零售环节消费税。(批发环节不需要缴纳消费税)(财税〔2016〕129号、财关税〔2016〕63号)		10%
九、高尔夫球及球具(生产环节)	指从事高尔夫球运动所需要的各种专用设备,包括高尔夫球、高尔夫球杆及高尔夫球包(袋)等。高尔夫球杆的杆头、杆身和握把属于本税目征收范围。	10%
十、高档手表(生产环节)	指销售价格(不含增值税)每只10 000元(含)以上的各类手表。	20%

(续表)

税目(15个)	税目注释	税率
十一、游艇(生产环节)	指长度大于8米小于90米,船体由玻璃钢、钢、铝合金、塑料等多种材料制作,内置发动机,可以在水上移动的水上浮载体。按照动力划分,游艇分为无动力艇、帆艇和机动艇。	10%
十二、木制一次性筷子(生产环节)	又称卫生筷子,包括各种规格的木制一次性筷子。未经打磨、倒角的木制一次性筷子属于本税目征税范围。	5%
十三、实木地板(生产环节)	指以木材为原料,经锯割、干燥、刨光、截断、开榫、涂漆等工序加工而成的块状或条状的地面装饰材料。包括各类规格的实木地板、实木指接地板、实木复合地板及用于装饰墙壁、天棚的侧端面为榫、槽的实木装饰板。未经涂饰的素板属于本税目征税范围。	5%
十四、电池(铅蓄电池)(生产环节)	自2015年2月1日起征收消费税,范围包括原电池、蓄电池、燃料电池、太阳能电池和其他电池。对无汞原电池、金属氢化物镍蓄电池(又称"氢镍蓄电池"或"镍氢蓄电池")、锂原电池、锂离子蓄电池、太阳能电池、燃料电池和全钒液流电池免征消费税。2015年12月31日前对铅蓄电池缓征消费税;自2016年1月1日起,对铅蓄电池按4%税率征收消费税。(财税〔2015〕16号)	4%
十五、涂料(生产环节)	自2015年2月1日起征收消费税,对施工状态下挥发性有机物含量低于420克/升(含)的涂料免征消费税。(财税〔2015〕16号)	4%

自2014年12月1日起,取消汽车轮胎消费税。

二、消费税优惠项目

符合消费税优惠条件的纳税人,如需享受相应税收优惠,应向主管税务机关申请办理消费税优惠备案。

序号	减免项目名称(代码)	备案资料	政策依据
1	横琴、平潭区内企业销售货物免征消费税(02039901)	《纳税人减免税备案登记表》2份。	《财政部 海关总署 国家税务总局关于横琴 平潭开发有关增值税和消费税政策的通知》(财税〔2014〕51号)
2	节能环保电池免税(02061003)	(1)《纳税人减免税备案登记表》2份。(2)省级以上质量技术监督部门认定的检测机构出具的产品检测报告复印件。	《财政部 国家税务总局关于对电池 涂料征收消费税的通知》(财税〔2015〕16号)
3	节能环保涂料免税(02061004)	(1)《纳税人减免税备案登记表》2份。(2)省级以上质量技术监督部门认定的检测机构出具的产品检测报告复印件。	《财政部 国家税务总局关于对电池 涂料征收消费税的通知》(财税〔2015〕16号)
4	废动植物油生产纯生物柴油免税(02064001)	(1)《纳税人减免税备案登记表》2份;(2)有关部门资格证书、证明或检测报告复印件。	《财政部 国家税务总局关于对利用废弃的动植物油生产纯生物柴油免征消费税的通知》(财税〔2010〕118号)

(续表)

序号	减免项目名称(代码)	备案资料	政策依据
5	用废矿物油生产的工业油料免税(02064003)	(1)《纳税人减免税备案登记表》2份。 (2)产品质量检测报告原件及复印件。 (3)不属于国家发展和改革委员会《产业结构调整指导目录》中的禁止类、非限制类项目和环境保护部《环境保护综合名录》中的"高污染、高环境风险"产品或者非重污染工艺的声明材料。 (4)省级或以上环境保护部门颁发的《危险废物(综合)经营许可证》复印件,且该证件上核准生产经营范围应包括"利用"或"综合经营"字样。 (5)生产经营范围为"综合经营"的纳税人,还应同时提供颁发《危险废物(综合)经营许可证》的环境保护部门出具的能证明其生产经营范围包括"利用"的材料。 (6)《危险废物转移联单》(列明纳税人回收的废矿物油名称、特性、数量、接受日期等项目)。	《财政部 国家税务总局关于对废矿物油再生油品免征消费税的通知》(财税〔2013〕105号) 为进一步促进资源综合利用和环境保护,经国务院批准,《财政部 国家税务总局关于对废矿物油再生油品免征消费税的通知》(财税〔2013〕105号)实施期限延长5年,自2018年11月1日至2023年10月31日止。(财税〔2018〕144号)
6	对北京冬奥组委、北京冬奥会测试赛赛事组委会赛后再销售物品和出让资产收入免征消费税(02102901)	《纳税人减免税备案登记表》2份。	《财政部 税务总局 海关总署关于北京2022年冬奥会和冬残奥会税收政策的通知》(财税〔2017〕60号)
7	对北京冬奥组委、北京冬奥会测试赛赛事组委会委托加工生产的高档化妆品免征消费税(02102902)	《纳税人减免税备案登记表》2份。	《财政部 税务总局 海关总署关于北京2022年冬奥会和冬残奥会税收政策的通知》(财税〔2017〕60号)
8	对国际奥委会取得的与北京2022年冬奥会有关的收入免征消费税(02102903)	《纳税人减免税备案登记表》2份。	《财政部 税务总局 海关总署关于北京2022年冬奥会和冬残奥会税收政策的通知》(财税〔2017〕60号)
9	对中国奥委会取得的由北京冬奥组委支付的收入免征消费税(02102904)	《纳税人减免税备案登记表》2份。	《财政部 税务总局 海关总署关于北京2022年冬奥会和冬残奥会税收政策的通知》(财税〔2017〕60号)
10	对国际残奥委会取得的与北京2022年冬残奥会有关的收入免征消费税(02102905)	《纳税人减免税备案登记表》2份。	《财政部 税务总局 海关总署关于北京2022年冬奥会和冬残奥会税收政策的通知》(财税〔2017〕60号)
11	对中国残奥委会取得的由北京冬奥组委分期支付的收入免征消费税(02102906)	《纳税人减免税备案登记表》2份。	《财政部 税务总局 海关总署关于北京2022年冬奥会和冬残奥会税收政策的通知》(财税〔2017〕60号)

（续表）

序号	减免项目名称(代码)	备案资料	政策依据
12	生产成品油过程中消耗的自产成品油部分免税(02125204)	(1)《纳税人减免税备案登记表》2份。 (2)成品油生产企业在生产成品油过程中，作为燃料、动力及原料消耗掉的自产成品油相关证明材料。	《财政部 国家税务总局关于对成品油生产企业生产自用油免征消费税的通知》（财税〔2010〕98号）
13	自产石脑油、燃料油生产乙烯、芳烃产品免税(02125205)	(1)《纳税人减免税备案登记表》2份。 (2)《石脑油、燃料油消费税退（免）税资格备案表》。 (3)省级或以上安全生产监督管理部门颁发的危险化学品《安全生产许可证》复印件。 (4)石脑油、燃料油用于生产乙烯、芳烃类化工产品的工艺设计方案、装置工艺流程以及相关生产设备情况。 (5)石脑油、燃料油用于生产乙烯、芳烃类化工产品的物料平衡图，要求标注每套生产装置的投入产出比例及年处理能力。 (6)原料储罐、产成品储罐和产成品仓库的分布图、用途、储存容量的相关资料。 (7)乙烯、芳烃类化工产品生产装置的全部流量计的安装位置图和计量方法说明，以及原材料密度的测量和计算方法说明。 (8)上一年度用石脑油、燃料油生产乙烯、芳烃类化工产品的分品种的销售明细表。	《财政部 国家税务总局关于延续执行部分石脑油燃料油消费税政策的通知》（财税〔2011〕87号）
14	用已税汽油生产的乙醇汽油免税(02125207)	(1)《纳税人减免税备案登记表》2份。 (2)有关部门资格证书、证明或检测报告复印件。	《财政部 国家税务总局关于提高成品油消费税税率后相关成品油消费税政策的通知》（财税〔2008〕168号）

第二节 城市维护建设税和教育费附加优惠政策解析与应用

政策依据：

《中华人民共和国城市维护建设税法》（以下简称《城建税法》）；
《国家税务总局关于城市维护建设税征收管理有关事项的公告》（国家税务总局公告2021年第26号）；
《财政部 税务总局关于继续执行的城市维护建设税优惠政策的公告》（财政部 税务总局公告2021年第27号）；
《财政部 税务总局关于城市维护建设税计税依据确定办法等事项的公告》（财政部 税务总局公告2021年第28号）；
《国务院征收教育费附加的暂行规定》（国发〔1986〕50号，2011年修订）；
《财政部 税务总局关于进一步实施小微企业"六税两费"减免政策的公告》（财政部 税务总局公告2022年第10号）；
《国家税务总局关于进一步实施小微企业"六税两费"减免政策有关征管问题的公告》（国家税务总局公告2022年第3号）。

一、应交城市维护建设税和教育费附加

(一) 纳税人、扣缴义务人

(1) 纳税人是负有缴纳"两税"(增值税、消费税)义务的纳税人。	(2) "两税"的代扣代缴、代收代缴义务人。

自 2010 年 12 月 1 日起,外商投资企业缴纳。(财税〔2010〕103 号)

(二) 计税依据

《城建税法》	国家税务总局公告 2021 年第 26 号	财政部 税务总局公告 2021 年第 28 号
第二条 城市维护建设税以纳税人依法实际缴纳的增值税、消费税税额为计税依据。 城市维护建设税的计税依据应当按照规定扣除期末留抵退税退还的增值税税额。 城市维护建设税计税依据的具体确定办法,由国务院依据本法和有关税收法律、行政法规规定,报全国人民代表大会常务委员会备案。 第三条 对进口货物或者境外单位和个人向境内销售劳务、服务、无形资产缴纳的增值税、消费税税额,不征收城市维护建设税。	(1) 城建税以纳税人依法实际缴纳的增值税、消费税(以下称两税)税额为计税依据。 依法实际缴纳的增值税税额,是指纳税人依照增值税相关法律法规和税收政策规定计算应当缴纳的增值税税额,加上增值税免抵税额,扣除直接减免的增值税税额和期末留抵退税退还的增值税税额(以下简称留抵退税额)后的金额。 依法实际缴纳的消费税税额,是指纳税人依照消费税相关法律法规和税收政策规定计算应当缴纳的消费税税额,扣除直接减免的消费税税额后的金额。 应当缴纳的两税税额,不含因进口货物或境外单位和个人向境内销售劳务、服务、无形资产缴纳的两税税额。 纳税人自收到留抵退税额之日起,应当在下一个纳税申报期从城建税计税依据中扣除。 留抵退税额仅允许在按照增值税一般计税方法确定的城建税计税依据中扣除。当期未扣除完的余额,在以后纳税申报期按规定继续扣除。 (2) 对于增值税小规模纳税人更正、查补此前按照一般计税方法确定的城建税计税依据,允许扣除尚未扣除完的留抵退税额。	(1) 城市维护建设税以纳税人依法实际缴纳的增值税、消费税税额(以下简称两税税额)为计税依据。 依法实际缴纳的两税税额,是指纳税人按照增值税、消费税相关法律法规和税收政策规定计算的应当缴纳的两税税额(不含因进口货物或境外单位和个人向境内销售劳务、服务、无形资产缴纳的两税税额),加上增值税免抵税额,扣除直接减免的两税税额和期末留抵退税退还的增值税税额后的金额。 直接减免的两税税额,是指依照增值税、消费税相关法律法规和税收政策规定,直接减征或免征的两税税额,不包括实行先征后返、先征后退、即征即退办法退还的两税税额。 (2) 教育费附加、地方教育附加计征依据与城市维护建设税计税依据一致,按本公告第一条规定执行。 (3) 本公告自 2021 年 9 月 1 日起施行。

(三) 税(费)率

《城建税法》	财税字〔1985〕069 号
城建税市区 7%、县镇 5%、其他 1%。 代扣代缴以受托方税率为准;流动经营无固定场所,按经营地的适用税率;销售不动产、转产土地使用权应使用不动产所在地、土地所在地适用税率。(财税字〔1985〕第 143 号) 开采海洋石油资源的中外合作油(气)田 1%。 撤县建市后,纳税人所在地在市区的,城市维护建设税适用税率为 7%;纳税人所在地在市区以外其他镇的,城市维护建设税适用税率仍为 5%。(税总函〔2016〕280 号)	教育费附加率为 3%,自 2010 年 12 月 1 日起,地方教育费附加率为 2%。(国发明电〔1994〕2 号、财综〔2010〕98 号)

（四）优惠事项（财政部 税务总局公告2021年第27号）

（1）对黄金交易所会员单位通过黄金交易所销售且发生实物交割的标准黄金，免征城市维护建设税。具体操作按照《财政部 国家税务总局关于黄金税收政策问题的通知》（财税〔2002〕142号）的有关规定执行。

（2）对上海期货交易所会员和客户通过上海期货交易所销售且发生实物交割并已出库的标准黄金，免征城市维护建设税。具体操作按照《财政部 国家税务总局关于黄金期货交易有关税收政策的通知》（财税〔2008〕5号）的有关规定执行。

（3）对国家重大水利工程建设基金免征城市维护建设税。具体操作按照《财政部 国家税务总局关于免征国家重大水利工程建设基金的城市维护建设税和教育费附加的通知》（财税〔2010〕44号）的有关规定执行。

（4）自2019年1月1日至2021年12月31日，对增值税小规模纳税人可以在50%的税额幅度内减征城市维护建设税。具体操作按照《财政部 税务总局关于实施小微企业普惠性税收减免政策的通知》（财税〔2019〕13号）的有关规定执行。

（5）自2019年1月1日至2021年12月31日，实施扶持自主就业退役士兵创业就业城市维护建设税减免。具体操作按照《财政部 税务总局 退役军人部关于进一步扶持自主就业退役士兵创业就业有关税收政策的通知》（财税〔2019〕21号）的有关规定执行。

（6）自2019年1月1日至2025年12月31日，实施支持和促进重点群体创业就业城市维护建设税减免。具体操作按照《财政部 税务总局 人力资源社会保障部 国务院扶贫办关于进一步支持和促进重点群体创业就业有关税收政策的通知》（财税〔2019〕22号）、《财政部 税务总局 人力资源社会保障部 国家乡村振兴局关于延长部分扶贫税收优惠政策执行期限的公告》（财政部 税务总局 人力资源社会保障部 国家乡村振兴局公告2021年第18号）的有关规定执行。

二、城市维护建设税和教育费附加优惠项目

符合城市维护建设税优惠备案条件的纳税人，应向主管税务机关申请办理城市维护建设税优惠备案。

序号	减免项目名称（代码）	备案资料	政策依据
1	国家重大水利工程建设基金的城市维护建设税和教育费附加优惠（07064002）	（1）《纳税人减免税备案登记表》2份。（2）国家重大水利工程建设相关文件证明材料。	《财政部 国家税务总局关于免征国家重大水利工程建设基金的城市维护建设税和教育费附加的通知》（财税〔2010〕44号）
2	重点群体从事个体经营扣减城市维护建设税和教育费附加优惠（07129999）	（1）《纳税人减免税备案登记表》2份。（2）企业当年已享受增值税抵减税额优惠的证明资料。	《财政部 税务总局 退役军人部关于进一步扶持自主就业退役士兵创业就业有关税收政策的通知》（财税〔2019〕21号）；《财政部 税务总局 人力资源社会保障部 国务院扶贫办关于进一步支持和促进重点群体创业就业有关税收政策的通知》（财税〔2019〕22号）
3.	按月纳税的月销售额或按季不超过标准的缴纳义务人免征城市维护建设税和教育费附加（61042802）	通过填报申报表及其附表履行优惠备案手续，无需报送其他资料。	《财政部 税务总局关于实施小微企业普惠性税收减免政策的通知》（财税〔2019〕13号）；《财政部 税务总局关于扩大有关政府性基金免征范围的通知》（财税〔2016〕12号）

自主就业退役士兵从事个体经营，以及企业招用自主就业退役士兵的，办理减免增值税、城市维护建设税、教育费附加、个人所得税备案时，原需提供退役士兵的《中国人民解放军义务兵退出现役证》或《中国人民解放军士官退出现役证》。自2019年1月1日起，不再提交。改为纳税人自行留存备查。（国家税务总局令第46号）

三、小微企业减征城市维护建设税和教育费附加 50%

财政部 税务总局公告 2022 年第 10 号	国家税务总局公告 2022 年第 3 号
（1）自 2022 年 1 月 1 日至 2024 年 12 月 31 日，由省、自治区、直辖市人民政府根据本地区实际情况，以及宏观调控需要确定，对增值税小规模纳税人、小型微利企业和个体工商户可以在 50% 的税额幅度内减征资源税、城市维护建设税、房产税、城镇土地使用税、印花税（不含证券交易印花税）、耕地占用税和教育费附加、地方教育附加。 （2）增值税小规模纳税人、小型微利企业和个体工商户已依法享受资源税、城市维护建设税、房产税、城镇土地使用税、印花税、耕地占用税、教育费附加、地方教育附加其他优惠政策的，可叠加享受本公告第一条规定的优惠政策。	小规模纳税人、个体工商户直接享受"六税两费减半优惠"。 登记为一般纳税人的企业所得税的纳税人，按以下情况判断： （1）2020 年及之前成立的一般纳税人，以 2021 年办理 2020 年度汇缴的结果来确定 2022 年 1 月 1 日至 2022 年 6 月 30 日（税款所属期）能否享受减免优惠。 （2）2021 年及之后成立的一般纳税人，下一年尚未办理上年度汇缴且同时符合申报期上月末从业人数不超过 300 人、资产总额不超过 5 000 万元两个条件的，在办理汇缴前（申报期）可以享受减免优惠。 （3）2022 年办理 2021 年度汇缴的结果属于小型微利企业的，自 2022 年 7 月 1 日至 2023 年 6 月 30 日享受减免优惠；不属于小型微利企业的，自办理汇缴的次月 1 日（按次申报的自汇缴之日）至 2023 年 6 月 30 日不享受减免优惠。 （4）办理首次汇算清缴申报前，已按规定申报缴纳"六税两费"的，不再根据首次汇算清缴结果进行更正。

在享受优惠的顺序上，"六税两费"减征优惠是在享受其他优惠的基础上再享受。原来适用比例减免或定额减免的，"六税两费"减征额计算的基数是应纳税额减除原有减免税额后的数额。

四、预缴增值税后城建税不需清算补退（财税〔2016〕74 号）

政策规定	政策解读
自 2016 年 5 月 1 日起，纳税人跨地区提供建筑服务、销售和出租不动产的，应在建筑服务发生地、不动产所在地预缴增值税时，以预缴增值税税额为计税依据，并按预缴增值税所在地的城市维护建设税适用税率和教育费附加征收率就地计算缴纳城市维护建设税和教育费附加。 预缴增值税的纳税人在其机构所在地申报缴纳增值税时，以其实际缴纳的增值税税额为计税依据，并按机构所在地的城市维护建设税适用税率和教育费附加征收率就地计算缴纳城市维护建设税和教育费附加。	纳税人所在地与缴纳"两税"所在地城市维护建设税税率不一致的，以城市维护建设税实际纳税地的适用税率为准，无需回纳税人机构所在地办理补税或退税手续。附征的城市维护建设税、教育费附加、地方教育附加随缴纳增值税的地点确定纳税地点。随预交增值税缴纳的税金及附加，在缴纳当期可以扣除，在会计确认收入实际计提的期间予以转回做纳税调增，并按实际计提缴纳数予以扣除。

五、城市维护建设税、教育费附加简并申报

政策依据：

> 《国家税务总局关于增值税、消费税与附加税费申报表整合有关事项的公告》（国家税务总局公告 2021 年第 20 号）；
> 《国家税务总局关于进一步实施小微企业"六税两费"减免政策有关征管问题的公告》（国家税务总局公告 2022 年第 3 号）。

国家税务总局公告2021年第20号	国家税务总局公告2022年第3号
自2021年8月1日起,增值税、消费税分别与城市维护建设税、教育费附加、地方教育附加申报表整合,启用《增值税及附加税费申报表(一般纳税人适用)》《增值税及附加税费申报表(小规模纳税人适用)》《增值税及附加税费预缴表》及其附列资料和《消费税及附加税费申报表》(附件1—附件7),《废止文件及条款清单》(附件8)所列文件、条款同时废止。	修订《财产和行为税减免税明细申报附表》《〈增值税及附加税费申报表(一般纳税人适用)〉附列资料(五)》《〈增值税及附加税费预缴表〉附列资料》《〈消费税及附加税费申报表〉附表6(消费税附加税费计算表)》,增加增值税小规模纳税人、小型微利企业、个体工商户减免优惠申报有关数据项目,相应修改有关填表说明(具体见附件)。 本公告修订的表单自各省(自治区、直辖市)人民政府确定减征比例的规定公布当日正式启用。各地启用本公告修订的表单后,不再使用《国家税务总局关于简并税费申报有关事项的公告》(国家税务总局公告2021年第9号)中的《财产和行为税减免税明细申报附表》和《国家税务总局关于增值税、消费税与附加税费申报表整合有关事项的公告》(国家税务总局公告2021年第20号)中的《〈增值税及附加税费申报表(一般纳税人适用)〉附列资料(五)》《〈增值税及附加税费预缴表〉附列资料》《〈消费税及附加税费申报表〉附表6(消费税附加税费计算表)》。

第三节 资源税优惠政策解析与应用

政策依据:

《中华人民共和国资源税法》(以下简称《资源税法》);

《财政部 税务总局关于继续执行的资源税优惠政策的公告》(财政部 税务总局公告2020年第32号);

《财政部 税务总局关于资源税有关问题执行口径的公告》(财政部 税务总局公告2020年第34号);

《国家税务总局关于资源税征收管理若干问题的公告》(国家税务总局公告2020年第14号);

《财政部 国家税务总局 水利部关于印发〈扩大水资源税改革试点实施办法〉的通知》(财税〔2017〕80号);

《国家税务总局关于水资源费改税后城镇公共供水企业增值税发票开具问题的公告》(国家税务总局公告2017年第47号);

《国家税务总局关于简并税费申报有关事项的公告》(国家税务总局公告2021年第9号)。

《财政部 税务总局关于进一步实施小微企业"六税两费"减免政策的公告》(财政部 税务总局公告2022年第10号);

《国家税务总局关于进一步实施小微企业"六税两费"减免政策有关征管问题的公告》(国家税务总局公告2022年第3号)。

废止文件:

《财政部 国家税务总局关于实施煤炭资源税改革的通知》(财税〔2014〕72号);
《财政部 国家税务总局关于调整原油天然气资源税有关政策的通知》(财税〔2014〕73号);
《财政部 国家税务总局关于实施稀土钨钼资源税从价计征改革的通知》(财税〔2015〕52号);
《财政部 国家税务总局关于全面推进资源税改革的通知》(财税〔2016〕53号);
《财政部 国家税务总局关于资源税改革具体政策问题的通知》(财税〔2016〕54号);

《国家税务总局关于发布修订后的〈资源税若干问题的规定〉的公告》(国家税务总局公告2011年第63号);

《国家税务总局关于发布〈中外合作及海上自营油气田资源税纳税申报表〉的公告》(国家税务总局公告2012年第3号);

《国家税务总局 国家能源局关于落实煤炭资源税优惠政策若干事项的公告》(国家税务总局 国家能源局公告2015年第21号发布,国家税务总局公告2018年第31号修改);

《国家税务总局关于发布修订后的〈资源税纳税申报表〉的公告》(国家税务总局公告2016年第38号);

《国家税务总局自然资源部关于落实资源税改革优惠政策若干事项的公告》(国家税务总局公告2017年第2号发布,国家税务总局公告2018年第31号修改);

《国家税务总局关于发布〈资源税征收管理规程〉的公告》(国家税务总局公告2018年第13号);

《国家税务总局关于增值税小规模纳税人地方税种和相关附加减征政策有关征管问题的公告》(国家税务总局公告2019年第5号)。

一、纳税人和扣缴义务人

纳税人	扣缴义务人
资源税的纳税人是指在中华人民共和国领域及管辖海域开采或者生产应税产品的单位和个人。应税资源的具体范围,由本法所附《资源税税目税率表》(以下简称《税目税率表》)确定。(《资源税法》第一条) 第十五条 中外合作开采陆上、海上石油资源的企业依法缴纳资源税。 2011年11月1日前已依法订立中外合作开采陆上、海上石油资源合同的,在该合同有效期内,继续依照国家有关规定缴纳矿区使用费,不缴纳资源税;合同期满后,依法缴纳资源税。(《资源税法》第十五条) 河北省和水资源税扩大试点的北京、山东等9个省(自治区、直辖市),利用取水工程或者设施直接从江河、湖泊(含水库)和地下取用地表水、地下水的单位和个人,为水资源税纳税人。纳税人应按《中华人民共和国水法》《取水许可和水资源费征收管理条例》等规定申领取水许可证。	收购未税矿产品的独立矿山、联合企业和其他单位为资源税扣缴义务人。 独立矿山是指只有采矿或只有采矿和选矿并实行独立核算、自负盈亏的单位。作为独立矿山,其生产的原矿和精矿主要用于对外销售。联合企业是指采矿、选矿、冶炼(或加工)连续生产的企业或采矿、冶炼(或加工)连续生产的企业,其采矿单位一般是该企业的二级或二级以下的核算单位。其他收购未税矿产品的单位包括收购未税矿产品的非矿山企业、单位和个体户等。未税矿产品是指资源税纳税人在销售其矿产品时不能向扣缴义务人提供资源税管理证明的矿产品。"资源税管理证明"是证明销售的矿产品已缴纳资源税或已向当地税务机关办理纳税申报的有效凭证。 独立矿山、联合企业收购未税矿产品的,按照本单位应税产品税额、税率标准,依据收购的数量代扣代缴资源税;其他收购单位收购未税矿产品的,按照税务机关核定的应税产品税额、税率标准,依据收购的数量代扣代缴资源税。 开采海洋或陆上油气资源的中外合作油气田,按实物量计算缴纳资源税,以该油气田开采的原油、天然气扣除作业用量和损耗量之后的原油、天然气产量作为课税数量。中外合作油气田的资源税由作业者负责代扣,申报缴纳事宜由参与合作的中国石油公司负责办理。计征的原油、天然气资源税实物随同中外合作油气田的原油、天然气一并销售,按实际销售额(不含增值税)扣除其本身所发生的实际销售费用后入库。海上自营油气田比照上述规定执行。

开采销售规定范围内应税矿产品的单位和个人,在销售其矿产品时,应当向当地主管税务机关申请开具"资源税管理证明",作为销售矿产品已申报纳税免予扣缴税款的依据。购货方(扣缴义务人)在收购矿产品时,应主动向销售方(纳税人)索要"资源税管理证明",扣缴义务人据此不代扣资源税。自2019年3月8日起,税务机关不再开具或索要资源税管理证明,并通过以下措施强化监管:(1)进一步加强开采地源泉控管,对已纳入开采地正常税务管理或者在销售矿产品时开具增值税发票的纳税人,实行纳税人自主申报,不采用代扣代缴的征管方式。(2)对于部分零散税源,确有必要的,可采用委托代征等替代管理方式。(3)加强与矿产资源管理等部门的信息共享,加强资源税源头控管和风险防控。(国家税务总局令第46号)

二、资源税税目和税率

《资源税法》	财政部 税务总局公告2020年第34号
第二条 资源税的税目、税率，依照《税目税率表》执行。《税目税率表》中规定实行幅度税率的，其具体适用税率由省、自治区、直辖市人民政府统筹考虑该应税资源的品位、开采条件以及对生态环境的影响等情况，在《税目税率表》规定的税率幅度内提出，报同级人民代表大会常务委员会决定，并报全国人民代表大会常务委员会和国务院备案。《税目税率表》中规定征税对象为原矿或者选矿的，应当分别确定具体适用税率。 第三条 资源税按照《税目税率表》实行从价计征或者从量计征。 《税目税率表》中规定可以选择实行从价计征或者从量计征的，具体计征方式由省、自治区、直辖市人民政府提出，报同级人民代表大会常务委员会决定，并报全国人民代表大会常务委员会和国务院备案。 实行从价计征的，应纳税额按照应税资源产品(以下称应税产品)的销售额乘以具体适用税率计算。实行从量计征的，应纳税额按照应税产品的销售数量乘以具体适用税率计算。 应税产品为矿产品的，包括原矿和选矿产品。 第四条 纳税人开采或者生产不同税目应税产品的，应当分别核算不同税目应税产品的销售额或者销售数量；未分别核算或者不能准确提供不同税目应税产品的销售额或者销售数量的，从高适用税率。 第五条 纳税人开采或者生产应税产品自用的，应当依照本法规定缴纳资源税；但是，自用于连续生产应税产品的，不缴纳资源税。 第八条 纳税人的免税、减税项目，应当单独核算销售额或者销售数量；未单独核算或者不能准确提供销售额或者销售数量的，不予免税或者减税。	纳税人自用应税产品应当缴纳资源税的情形，包括纳税人以应税产品用于非货币性资产交换、捐赠、偿债、赞助、集资、投资、广告、样品、职工福利、利润分配或者连续生产非应税产品等。 应税产品的销售数量，包括纳税人开采或者生产应税产品的实际销售数量和自用于应当缴纳资源税情形的应税产品数量。 纳税人开采或者生产同一税目下适用不同税率应税产品的，应当分别核算不同税率应税产品的销售额或者销售数量；未分别核算或者不能准确提供不同税率应税产品的销售额或者销售数量的，从高适用税率。 纳税人以自采原矿(经过采矿过程采出后未进行选矿或者加工的矿石)直接销售，或者自用于应当缴纳资源税情形的，按照原矿计征资源税。 纳税人以自采原矿洗选加工为选矿产品(通过破碎、切割、洗选、筛分、磨矿、分级、提纯、脱水、干燥等过程形成的产品，包括富集的精矿和研磨成粉、粒级成型、切割成型的原矿加工品)销售，或者将选矿产品自用于应当缴纳资源税情形的，按照选矿产品计征资源税，在原矿移送环节不缴纳资源税。对于无法区分原生岩石矿种的粒级成型砂石颗粒，按照砂石税目征收资源税。

资源税税目税率表

税目		征税对象	税率
能源矿产	原油	原矿	6%
	天然气、页岩气、天然气水合物	原矿	6%
	煤	原矿或者选矿	2%~10%
	煤成(层)气	原矿	1%~2%
	铀、钍	原矿	4%
	油页岩、油砂、天然沥青、石煤	原矿或者选矿	1%~4%
	地热	原矿	1%~20%或者每立方米1~30元

(续表)

税目			征税对象	税率
金属矿产	黑色金属	铁、锰、铬、钒、钛	原矿或者选矿	1%～9%
	有色金属	铜、铅、锌、锡、镍、锑、镁、钴、铋、汞	原矿或者选矿	2%～10%
		铝土矿	原矿或者选矿	2%～9%
		钨	选矿	6.5%
		钼	选矿	8%
		金、银	原矿或者选矿	2%～6%
		铂、钯、钌、锇、铱、铑	原矿或者选矿	5%～10%
		轻稀土	选矿	7%～12%
		中重稀土	选矿	20%
		铍、锂、锆、锶、铷、铯、铌、钽、锗、镓、铟、铊、铪、铼、镉、硒、碲	原矿或者选矿	2%～10%
非金属矿产	矿物类	高岭土	原矿或者选矿	1%～6%
		石灰岩	原矿或者选矿	1%～6%或者每吨（或者每立方米）1～10元
		磷	原矿或者选矿	3%～8%
		石墨	原矿或者选矿	3%～12%
		萤石、硫铁矿、自然硫	原矿或者选矿	1%～8%
		天然石英砂、脉石英、粉石英、水晶、工业用金刚石、冰洲石、蓝晶石、硅线石（矽线石）、长石、滑石、刚玉、菱镁矿、颜料矿物、天然碱、芒硝、钠硝石、明矾石、砷、硼、碘、溴、膨润土、硅藻土、陶瓷土、耐火粘土、铁矾土、凹凸棒石粘土、海泡石粘土、伊利石粘土、累托石粘土	原矿或者选矿	1%～12%
		叶蜡石、硅灰石、透辉石、珍珠岩、云母、沸石、重晶石、毒重石、方解石、蛭石、透闪石、工业用电气石、白垩、石棉、蓝石棉、红柱石、石榴子石、石膏	原矿或者选矿	2%～12%
		其他粘土（铸型用粘土、砖瓦用粘土、陶粒用粘土、水泥配料用粘土、水泥配料用红土、水泥配料用黄土水泥配料用泥岩、保温材料用粘土）	原矿或者选矿	1%～5%或者每吨（或者每立方米）0.1～5元
	岩石类	大理岩、花岗岩、白云岩石英岩、砂岩、辉绿岩、安山岩、闪长岩、板岩、玄武岩、片麻岩、角闪岩、页岩浮石、凝灰岩、黑曜岩、霞石正长岩、蛇纹岩、麦饭石、泥灰岩、含钾岩石、含钾砂页岩、天然油石、橄榄岩、松脂岩、粗面岩、辉长岩、辉石岩、正长岩、火山灰、火山渣、泥炭	原矿或者选矿	1%～10%
		砂石	原矿或者选矿	1%～5%或者每吨（或者每立方米）0.1～5元
	宝玉石类	宝石、玉石、宝石级金刚石、玛瑙、黄玉、碧玺	原矿或者选矿	4%～20%

(续表)

税目		征税对象	税率
水汽矿产	二氧化碳气、硫化氢气、氦气、氡气	原矿	2%～5%
	矿泉水	原矿	1%～20%或者每立方米1～30元
盐	钠盐、钾盐、镁盐、锂盐	选矿	3%～15%
	天然卤水	原矿	3%～15%或者每吨(或者每立方米)1～10元
	海盐		2%～5%

三、资源税政策执行口径

财政部 税务总局公告2020年第34号	国家税务总局公告2020年第14号
资源税应税产品(以下简称应税产品)的销售额,按照纳税人销售应税产品向购买方收取的全部价款确定,不包括增值税税款。 计入销售额中的相关运杂费用,凡取得增值税发票或者其他合法有效凭据的,准予从销售额中扣除。相关运杂费用是指应税产品从坑口或者洗选(加工)地到车站、码头或者购买方指定地点的运输费用、建设基金以及随运销产生的装卸、仓储、港杂费用。 纳税人申报的应税产品销售额明显偏低且无正当理由的,或者有自用应税产品行为而无销售额的,主管税务机关可以按下列方法和顺序确定其应税产品销售额: (1)按纳税人最近时期同类产品的平均销售价格确定。 (2)按其他纳税人最近时期同类产品的平均销售价格确定。 (3)按后续加工非应税产品销售价格,减去后续加工环节的成本利润后确定。 (4)按应税产品组成计税价格确定。 组成计税价格=成本×(1+成本利润率)÷(1-资源税税率) 上述公式中的成本利润率由省、自治区、直辖市税务机关确定。 (5)按其他合理方法确定。 应税产品的销售数量,包括纳税人开采或者生产应税产品的实际销售数量和自用于应当缴纳资源税情形的应税产品数量。 纳税人外购应税产品与自采应税产品混合销售或者混合加工为应税产品销售的,在计算应税产品销售额或者销售数量时,准予扣减外购应税产品的购进金额或者购进数量;当期不足扣减的,可结转下期扣减。纳税人应当准确核算外购应税产品的购进金额或者购进数量,未准确核算的,一并计算缴纳资源税。 纳税人核算并扣减当期外购应税产品购进金额、购进数量,应当依据外购应税产品的增值税发票、海关进口增值税专用缴款书或者其他合法有效凭据。	纳税人以外购原矿与自采原矿混合为原矿销售,或者以外购选矿产品与自产选矿产品混合为选矿产品销售的,在计算应税产品销售额或者销售数量时,直接扣减外购原矿或者外购选矿产品的购进金额或者购进数量。 纳税人以外购原矿与自采原矿混合洗选加工为选矿产品销售的,在计算应税产品销售额或者销售数量时,按照下列方法进行扣减: 准予扣减的外购应税产品购进金额(数量)＝外购原矿购进金额(数量)×(本地区原矿适用税率÷本地区选矿产品适用税率) 不能按照上述方法计算扣减的,按照主管税务机关确定的其他合理方法进行扣减。

纳税人外购应税产品与自采应税产品混合销售或者混合加工为应税产品销售的,在计算应税产品销售额或者销售数量时,应准予扣减外购应税产品的购进金额或者购进数量。因为只有这样才能做到避免税上加税、重复课税,才能有助于维护税收公平。

(1) 会计核算要求。

会计上要准确核算外购应税产品的购进金额或者购进数量,未准确核算的,不允许扣减,这样重复纳税是不可避免的。

(2) 扣减凭据要求。

应当依据外购应税产品的增值税发票、海关进口增值税专用缴款书或者其他合法有效凭据作为扣减外购应税产品购进金额或者购进数量的依据。

上述扣减凭据包括海关进口增值税专用缴款书,意味进口应税产品与自采应税产品混合销售也允许扣减。此项扣减充分体现了资源税的特点,即只对境内开采应税资源的单位和个人征税,不属于境内开采的应税资源不征税。

【例 5-1】 某煤炭企业将外购 100 万元原煤与自采 200 万元原煤混合洗选加工为选煤销售,选煤销售额为 450 万元。当地原煤税率为 3%,选煤税率为 2%,在计算应税产品销售额时,准予扣减的外购应税产品购进金额=外购原煤购进金额×(本地区原煤适用税率÷本地区选煤适用税率)=100×(3%÷2%)=150(万元)。

一是上述计算出的扣减金额会大于购进金额,政策如此规定主要是考虑在洗选加工过程中,外购应税产品产生了增值或数量消耗,为确保税负公平,在计算应税产品销售额或者销售数量时,设计出按公式计算出金额予以扣减的规定。

二是无论按哪种方法扣减,当期允许扣减的外购应税产品,均应为用于混合销售部分所涉及的购进金额或数量,未用于混合销售部分不允许扣减,如 2020 年 8 月外购 100 吨原煤,其中 20 吨与自采原煤 80 吨混合销售,8 月计算资源税应纳税额时,允许扣减的金额是 20 吨外购原煤的购进金额,而不是 100 吨的全部购进金额。即资源税的扣减属于"实际销售扣减",与消费税的"实耗"扣税相似,不同于增值税的"购进"抵扣。

(3) 具体扣减方法分为两种情况:

一是直接扣减。外购(原矿、选矿)+自采(原矿、选矿),混合后一并销售的,计算应税产品销售额或者销售数量时,直接扣减外购原矿或者外购选矿产品的购进金额或者购进数量。

二是计算扣减。外购原矿+自采原矿,加工为选矿产品再销售的,计算应税产品销售额或者销售数量时,按照下列方法进行扣减:

准予扣减的外购应税产品购进金额(数量)=外购原矿购进金额(数量)×(本地区原矿适用税率÷本地区选矿产品适用税率)

(4) 当期不足扣减的,可结转下期扣减。

受购销价格及按公式计算扣减等因素影响,当期应税矿产品销售额可能会出现小于当期可抵减销售额,为充分保证不重复征税,现行政策规定当期不足扣减的,可结转下期扣减。

(5) 扣减购进金额或数量,抵减应纳税款的会计处理。

资源税属于价内税,计算应纳税额时因扣减购进金额或数量而抵减的税款应冲减主营业务成本。具体会计处理应分如下两步:

第一步:按全部销售额计提资源税:

借:税金及附加

  贷:应交税费——应交资源税

第二步:对抵减税额进行会计处理:

借:应交税费——应交资源税

  贷:主营业务成本

四、水资源税(财税〔2016〕55 号、财税〔2017〕80 号)

(一) 纳税人和征税对象

纳税人	征税对象
利用取水工程或者设施直接从江河、湖泊(含水库)和地下取用地表水、地下水的单位和个人,为水资源税纳税人。纳税人应按《中华人民共和国水法》《取水许可和水资源费征收管理条例》等规定申领取水许可证。 试点省份:河北、北京、天津市、山西、内蒙古、河南、山东、四川、陕西、宁夏。	水资源税的征税对象为地表水和地下水。地表水是陆地表面上动态水和静态水的总称,包括江、河、湖泊(含水库)等水资源。地下水是埋藏于地表以下各种形式的水资源。 下列情形,不缴纳水资源税:农村集体经济组织及其成员从本集体经济组织的水塘、水库中取用水的;家庭生活和零星散养、圈养畜禽饮用等少量取用水的;水利工程管理单位为配置或者调度水资源取水的;为保障矿井等地下工程施工安全和生产安全必须进行临时应急取用(排)水的;为消除对公共安全或者公共利益的危害临时应急取水的;为农业抗旱和维护生态与环境必须临时应急取水的。

(二) 税额

税额的具体规定	税额确定的依据
试点省份的中央直属和跨省(区、市)水力发电取用水税额为每千瓦时0.005元。跨省(区、市)界河水电站水力发电取用水水资源税税额,与涉及的非试点省份水资源费征收标准不一致的,按较高一方标准执行。	除中央直属和跨省(区、市)水力发电取用水外,由试点省份省级人民政府统筹考虑本地区水资源状况、经济社会发展水平和水资源节约保护要求,在财税〔2017〕80号文件所附《试点省份水资源税最低平均税额表》规定的最低平均税额基础上,分类确定具体适用税额。

(三) 计征方法和计税依据

计征方法	计税依据
除水力发电和火力发电贯流式(不含循环式)冷却取用水水资源税应按照实际发电量计征外,水资源税实行从量计征。	(1) 水资源税实行从量计征的,其计税依据为纳税人的实际取用水量。水资源税应纳税额的计算公式如下: 应纳税额＝实际取用水量×适用税额 城镇公共供水企业实际取用水量应当考虑合理损耗因素。 疏干排水的实际取用水量按照排水量确定。疏干排水,是指在采矿和工程建设过程中破坏地下水层、发生地下涌水的活动。疏干排水应纳税额的计算公式如下: 应纳税额＝排水量×适用税额 (2) 水力发电和火力发电贯流式(不含循环式)冷却取用水水资源税应按照实际发电量计征。 水力发电和火力发电贯流式(不含循环式)冷却取用水应纳税额的计算公式如下: 应纳税额＝实际发电量×适用税额 火力发电贯流式冷却取用水,是指火力发电企业从江河、湖泊(含水库)等水源取水,并对机组冷却后将水直接排入水源的取用水方式。火力发电循环式冷却取用水,是指火力发电企业从江河、湖泊(含水库)、地下等水源取水并引入自建冷却水塔,对机组冷却后返回冷却水塔循环利用的取用水方式。 适用税额,是指取水口所在地的适用税额。

(四) 水资源税优惠(财税〔2017〕80号第十五条)

下列情形,予以免征或者减征水资源税: (1) 规定限额内的农业生产取用水,免征水资源税。 (2) 取用污水处理再生水,免征水资源税。 (3) 除接入城镇公共供水管网以外,军队、武警部队通过其他方式取用水的,免征水资源税。	(4) 抽水蓄能发电取用水,免征水资源税。 (5) 采油排水经分离净化后在封闭管道回注的,免征水资源税。 (6) 财政部、税务总局规定的其他免征或者减征水资源税情形。

五、资源税优惠

(一) 一般企业优惠

《资源税法》	财政部 税务总局公告2020年第32号	财政部 税务总局公告2020年第34号	国家税务总局公告2020年第14号
第五条 纳税人开采或者生产应税产品自用的,应当依照本法规定缴纳资源税;但是,自用于连续生产应税产品的,不缴纳资源税。 第六条 有下列情形之一的,免征资源税: (一)开采原油以及在油田范围内运输原油过程中用于加热的原油、天然气。 (二)煤炭开采企业因安全生产需要抽采的煤成(层)气。 有下列情形之一的,减征资源税: (一)从低丰度油气田开采的原油、天然气,减征20%资源税。 (二)高含硫天然气、三次采油和从深水油气田开采的原油、天然气,减征30%资源税。 (三)稠油、高凝油减征40%资源税。 (四)从衰竭期矿山开采的矿产品,减征30%资源税。 根据国民经济和社会发展需要,国务院对有利于促进资源节约集约利用、保护环境等情形可以规定免征或者减征资源税,报全国人民代表大会常务委员会备案。 第七条 有下列情形之一的,省、自治区、直辖市可以决定免征或者减征资源税: (一)纳税人开采或者生产应税产品过程中,因意外事故或者自然灾害等原因遭受重大损失。 (二)纳税人开采共伴生矿、低品位矿、尾矿。 前款规定的免征或者减征资源税的具体办法,由省、自治区、直辖市人民政府提出,报同级人民代表大会常务委员会决定,并报全国人民代表大会常务委员会和国务院备案。	(1)对青藏铁路公司及其所属单位运营期间自采自用的砂、石等材料免征资源税。具体操作按《财政部 国家税务总局关于青藏铁路公司运营期间有关税收等政策问题的通知》(财税〔2007〕11号)第三条的规定执行。 (2)自2018年4月1日至2021年3月31日,对页岩气资源税减征30%。具体操作按《财政部 国家税务总局关于对页岩气减征资源税的通知》(财税〔2018〕26号)的规定执行。 (3)自2019年1月1日至2021年12月31日,对增值税小规模纳税人可以在50%的税额幅度内减征资源税。具体操作按《财政部 税务总局关于实施小微企业普惠性税收减免政策的通知》(财税〔2019〕13号)的有关规定执行。 (4)自2014年12月1日至2023年8月31日,对充填开采置换出来的煤炭,资源税减征50%。	纳税人开采或者生产同一应税产品,其中既有享受减免税政策的,又有不享受减免税政策的,按照免税、减税项目的产量占比等方法分别核算确定免税、减税项目的销售额或者销售数量。 纳税人开采或者生产同一应税产品同时符合两项或者两项以上减征资源税优惠政策的,除另有规定外,只能选择其中一项执行。	纳税人享受资源税优惠政策,实行"自行判别、申报享受、有关资料留存备查"的办理方式,另有规定的除外。纳税人对资源税优惠事项留存材料的真实性和合法性承担法律责任。 解读:"另有规定的除外"的主要考虑是,根据资源税法授权,部分资源税优惠政策由各省制定具体管理办法,本公告不宜对其作出统一规定。

(二) 小微企业减征资源税 50%

财政部 税务总局公告 2022 年第 10 号	国家税务总局公告 2022 年第 3 号
(1) 自 2022 年 1 月 1 日至 2024 年 12 月 31 日,由省、自治区、直辖市人民政府根据本地区实际情况,以及宏观调控需要确定,对增值税小规模纳税人、小型微利企业和个体工商户可以在 50% 的税额幅度内减征资源税、城市维护建设税、房产税、城镇土地使用税、印花税(不含证券交易印花税)、耕地占用税和教育费附加、地方教育附加。 (2) 增值税小规模纳税人、小型微利企业和个体工商户已依法享受资源税、城市维护建设税、房产税、城镇土地使用税、印花税、耕地占用税、教育费附加、地方教育附加其他优惠政策的,可叠加享受本公告第一条规定的优惠政策。	小规模纳税人、个体工商户直接享受"六税两费减半优惠"。 登记为一般纳税人的企业所得税的纳税人,按以下情况判断: (1) 2020 年及之前成立的一般纳税人,以 2021 年办理 2020 年度汇缴的结果来确定 2022 年 1 月 1 日至 2022 年 6 月 30 日(税款所属期)能否享受减免优惠。 (2) 2021 年及之后成立的一般纳税人,下一年尚未办理上年度汇缴且同时符合申报期上月末从业人数不超过 300 人、资产总额不超过 5 000 万元两个条件的,在办理汇缴前(申报期)可以享受减免优惠。 (3) 2022 年办理 2021 年度汇缴的结果属于小型微利企业的,自 2022 年 7 月 1 日至 2023 年 6 月 30 日享受减免优惠;不属于小型微利企业的,自办理汇缴的次月 1 日(按次申报的自汇缴之日)至 2023 年 6 月 30 日不享受减免优惠。 (4) 办理首次汇算清缴申报前,已按规定申报缴纳"六税两费"的,不再根据首次汇算清缴结果进行更正。

在享受优惠的顺序上,"六税两费"减征优惠是在享受其他优惠的基础上再享受。原来适用比例减免或定额减免的,"六税两费"减征额计算的基数是应纳税额减除原有减免税额后的数额。

六、资源税简化申报

国家税务总局公告 2021 年第 9 号	国家税务总局公告 2022 年第 3 号
自 2021 年 6 月 1 日起,纳税人申报缴纳城镇土地使用税、房产税、车船税、印花税、耕地占用税、资源税、土地增值税、契税、环境保护税、烟叶税中一个或多个税种时,使用《财产和行为税纳税申报表》(附件 1)。纳税人新增税源或税源变化时,需先填报《财产和行为税源明细表》(附件 2)。	修订《财产和行为税减免税明细申报附表》《增值税及附加税费申报表(一般纳税人适用)》附列资料(五)》《增值税及附加税费预缴表》附列资料》《消费税及附加税费申报表》附表 6(消费税附加税费计算表)》,增加增值税小规模纳税人、小型微利企业、个体工商户减免优惠申报有关数据项目,相应修改有关填表说明(具体见附件)。 本公告修订的表单自各省(自治区、直辖市)人民政府确定减征比例的规定公布当日正式启用。各地启用本公告修订的表单后,不再使用《国家税务总局关于简并税费申报有关事项的公告》(国家税务总局公告 2021 年第 9 号)中的《财产和行为税减免税明细申报附表》和《国家税务总局关于增值税、消费税与附加税费申报表整合有关事项的公告》(国家税务总局公告 2021 年第 20 号)中的《增值税及附加税费申报表(一般纳税人适用)》附列资料(五)》《增值税及附加税费预缴表》附列资料》《消费税及附加税费申报表》附表 6(消费税附加税费计算表)》。

纳税申报时,财产和行为税各税种统一采用《财产行为税纳税申报表》。该申报表由一张主表和一张减免税附表组成,主表为纳税情况,附表为申报享受的各类减免税情况。纳税申报前,需先维护税源信息。税源信息没有变化的,确认无变化后直接进行纳税申报;税源信息有变化的,通过填报《税源明细表》进行数据更新维护后再进行纳税申报。

纳税人可以自由选择维护税源信息的时间,既可以在申报期之前,也可以在申报期内。为确保税源信息和纳税申报表逻辑一致,减轻纳税人填报负担,征管系统将根据各税种税源信息自动生成新申报表,纳税人审核确认后即可完成申报。无论选择何种填报方式,纳税人申报时,系统都会根据已经登记的税源明细表自动生成申报表。

税源信息是财产和行为税各税种纳税申报和后续管理的基础数据来源,是生成纳税申报表的主要依据。纳税人通过填报税源明细表提供税源信息。纳税人仅就发生纳税义务的税种填报对应的税源明细表。

第四节 环境保护税优惠政策解析与应用

政策依据：

> 《中华人民共和国环境保护税法》(以下简称《环境保护税法》)；
> 《中华人民共和国环境保护税法实施条例》(以下简称《环境保护税法条例》)；
> 《财政部 税务总局 生态环境部关于明确环境保护税应税污染物适用等有关问题的通知》(财税〔2018〕117号)；
> 《财政部 税务总局 生态环境部关于环境保护税有关问题的通知》(财税〔2018〕23号)；
> 《生态环境部 财政部 税务总局关于发布计算环境保护税应税污染物排放量的排污系数和物料衡算方法的公告》(生态环境部 财政部 税务总局公告2021年第16号)。

一、纳税人和应税行为

《环境保护税法》	《环境保护税法实施条例》	政策解读
第二条 在中华人民共和国领域和中华人民共和国管辖的其他海域，直接向环境排放应税污染物的企业事业单位和其他生产经营者为环境保护税的纳税人，应当依照本法规定缴纳环境保护税。 第三条 本法所称应税污染物，是指本法所附《环境保护税税目税额表》《应税污染物和当量值表》规定的大气污染物、水污染物、固体废物和噪声。 第四条 有下列情形之一的，不属于直接向环境排放污染物，不缴纳相应污染物的环境保护税： （一）企业事业单位和其他生产经营者向依法设立的污水集中处理、生活垃圾集中处理场所排放应税污染物的。 （二）企业事业单位和其他生产经营者在符合国家和地方环境保护标准的设施、场所贮存或者处置固体废物的。 第五条 依法设立的城乡污水集中处理、生活垃圾集中处理场所超过国家和地方规定的排放标准向环境排放应税污染物的，应当缴纳环境保护税。 企业事业单位和其他生产经营者贮存或者处置固体废物不符合国家和地方环境保护标准的，应当缴纳环境保护税。	第三条 《环境保护税法》第五条第一款、第十二条第一款第三项规定的城乡污水集中处理场所，是指为社会公众提供生活污水处理服务的场所，不包括为工业园区、开发区等工业聚集区域内的企业事业单位和其他生产经营者提供污水处理服务的场所，以及企业事业单位和其他生产经营者自建自用的污水处理场所。	（1）直接向环境排放应税污染物的企事业单位、其他生产经营者为环保税纳税人，非直接排放的不属于环保税纳税人，如企业的污水排放到污水处理厂而非直接向环境排放的，该企业不属于纳税人。 （2）应税污染物包括四类：大气污染物、水污染物、固体废物和噪声。《环境保护税税目税额表》中仅将工业噪声列为征税对象，而将建筑噪声等排除在外。 （3）不征税项目： ①向依法设立的城镇污水处理厂、城镇生活垃圾处理场排放应税污染物的，不征收环境保护税。 ②在符合环境保护标准的设施、场所贮存或者处置的工业固体废物，不征收环境保护税。

风险提示： 自2018年1月1日起施行，2003年1月2日国务院公布的《排污费征收使用管理条例》同时废止。

(一) 税目

(1) 大气污染(44种)。

大气污染物,指由于人类活动或自然过程排入大气的并对人和环境产生有害影响的那些物质。应税大气污染物包括二氧化硫、氮氧化物、一氧化碳、氯气、氯化氢、氟化物、氧化氢、硫酸雾、铅酸雾、汞及其化合物、一般性粉尘、石棉尘、玻璃棉尘、碳黑尘、铅及其化合物、镉及其化合物、铍及其化合物、镍及其化合物、锡及其化合物、烟尘、苯、甲苯、二甲苯、苯并(a)芘、甲醛、乙醛、丙烯醛、甲醇、酚类、沥青烟、苯胺类、氯苯类、硝基苯、丙烯腈、氯乙烯、光气、硫化氢、氨、三甲胺、甲硫醇、甲硫醚、二甲二硫、苯乙烯、二硫化碳。

(2) 水污染。

水污染物是指造成水体水质、水中生物群落以及水体底泥质量恶化的各种有害物质(或能量)。系水中的盐分、微量元素或放射性物质浓度超出临界值,使水体的物理、化学性质或生物群落组成发生变化。应税水污染物包括总汞、总镉、总铬、六价铬、总砷、总铅、总镍、苯并(a)芘、总铍、总银、悬浮物(SS)、生化需氧量(BOD)、化学需氧量(CODcr)、总有机碳(TOC)、石油类、动植物油、挥发酚、总氰化物、硫化物、氨氮、氟化物、甲醛、苯胺类、硝基苯类、阴离子表面活性剂(LAS)、总铜、总锌、总锰、彩色显影剂(CD-2)、总磷、单质磷(以P计)、有机磷农药(以P计)、乐果、甲基对硫磷、马拉硫磷、对硫磷、五氯酚及五氯酚钠(以五氯酚计)、三氯甲烷、可吸附有机卤化物(AOX)(以Cl计)、四氯化碳、三氯乙烯、四氯乙烯、苯、甲苯、乙苯、邻-二甲苯、对-二甲苯、间-二甲苯、氯苯、邻二氯苯、对二氯苯、对硝基氯苯、2,4-二硝基氯苯、苯酚、间-甲酚、2,4-二氯酚、2,4,6-三氯酚、邻苯二甲酸二丁酯、邻苯二甲酸二丁酯、丙烯腈、总硒等。

(3) 固体废物。

固体废物包括煤矸石、尾矿、危险废物、冶炼渣、粉煤灰、炉渣、其他固体废物(含半固态、液态废物)。

(4) 噪声。

噪声是指发声体做无规则振动时发出的声音,当噪声对人及周围环境造成不良影响时,就形成噪声污染。应税噪声污染目前只包括工业噪声。

燃烧产生废气中的颗粒物,按照烟尘征收环境保护税。排放的扬尘、工业粉尘等颗粒物,除可以确定为烟尘、石棉尘、玻璃棉尘、炭黑尘的外,按照一般性粉尘征收环境保护税。(财税〔2018〕117号第一条)

(二) 税率

应税污染物的适用税率有两种:一是全国统一定额税;二是浮动定额税。对于固体废物和噪声污染实行的是全国统一的定额税制,对于大气和水污染物实行各省浮动定额税制,既有上限也有下限,税额上限则设定为下限的10倍。各省可以在此幅度范围内自行选择定额税的金额。

二、计税依据和应纳税额

《环境保护税法》	《环境保护税法实施条例》
第六条 环境保护税的税目、税额,依照本法所附《环境保护税税目税额表》执行。 应税大气污染物和水污染物的具体适用税额的确定和调整,由省、自治区、直辖市人民政府统筹考虑本地区环境承载能力、污染物排放现状和经济社会生态发展目标要求,在本法所附《环境保护税税目税额表》规定的税额幅度内提出,报同级人民代表大会常务委员会决定,并报全国人民代表大会常务委员会和国务院备案。 第七条 应税污染物的计税依据,按照下列方法确定: (一)应税大气污染物按照污染物排放量折合的污染当量数确定。 (二)应税水污染物按照污染物排放量折合的污染当量数确定。 (三)应税固体废物按照固体废物的排放量确定。 (四)应税噪声按照超过国家规定标准的分贝数确定。 第八条 应税大气污染物、水污染物的污染当量数,以该污染物的排放量除以该污染物的污染当量值计算。每种应税大气污染物、水污染物的具体污染当量值,依照本法所附《应税污染物和当量值表》执行。	第五条 应税固体废物的计税依据,按照固体废物的排放量确定。固体废物的排放量为当期应税固体废物的产生量减去当期应税固体废物的贮存量、处置量、综合利用量的余额。 前款规定的固体废物的贮存量、处置量,是指在符合国家和地方环境保护标准的设施、场所贮存或者处置的固体废物数量;固体废物的综合利用量,是指按照国务院发展改革、工业和信息化主管部门关于资源综合利用要求以及国家和地方环境保护标准进行综合利用的固体废物数量。 第六条 纳税人有下列情形之一的,以其当期应税固体废物的产生量作为固体废物的排放量: (一)非法倾倒应税固体废物。 (二)进行虚假纳税申报。

（续表）

《环境保护税法》	《环境保护税法实施条例》
第九条 每一排放口或者没有排放口的应税大气污染物，按照污染当量数从大到小排序，对前三项污染物征收环境保护税。 每一排放口的应税水污染物，按照本法所附《应税污染物和当量值表》，区分第一类水污染物和其他类水污染物，按照污染当量数从大到小排序，对第一类水污染物按照前五项征收环境保护税，对其他类水污染物按照前三项征收环境保护税。 省、自治区、直辖市人民政府根据本地区污染物减排的特殊需要，可以增加同一排放口征收环境保护税的应税污染物项目数，报同级人民代表大会常务委员会决定，并报全国人民代表大会常务委员会和国务院备案。 第十条 应税大气污染物、水污染物、固体废物的排放量和噪声的分贝数，按照下列方法和顺序计算： （一）纳税人安装使用符合国家规定和监测规范的污染物自动监测设备的，按照污染物自动监测数据计算。 （二）纳税人未安装使用污染物自动监测设备的，按照监测机构出具的符合国家有关规定和监测规范的监测数据计算。 （三）因排放污染物种类多等原因不具备监测条件的，按照国务院生态环境主管部门规定的排污系数、物料衡算方法计算。 （四）不能按照本条第一项至第三项规定的方法计算的，按照省、自治区、直辖市人民政府生态环境主管部门规定的抽样测算的方法核定计算。 第十一条 环境保护税应纳税额按照下列方法计算： （一）应税大气污染物的应纳税额为污染当量数乘以具体适用税额。 （二）应税水污染物的应纳税额为污染当量数乘以具体适用税额。 （三）应税固体废物的应纳税额为固体废物排放量乘以具体适用税额。 （四）应税噪声的应纳税额为超过国家规定标准的分贝数对应的具体适用税额。	第七条 应税大气污染物、水污染物的计税依据，按照污染物排放量折合的污染当量数确定。 纳税人有下列情形之一的，以其当期应税大气污染物、水污染物的产生量作为污染物的排放量： （一）未依法安装使用污染物自动监测设备或者未将污染物自动监测设备与环境保护主管部门的监控设备联网。 （二）损毁或者擅自移动、改变污染物自动监测设备。 （三）篡改、伪造污染物监测数据。 （四）通过暗管、渗井、渗坑、灌注或者稀释排放以及不正常运行防治污染设施等方式违法排放应税污染物。 （五）进行虚假纳税申报。 第八条 从两个以上排放口排放应税污染物的，对每一排放口排放的应税污染物分别计算征收环境保护税；纳税人持有排污许可证的，其污染物排放口按照排污许可证载明的污染物排放口确定。 第九条 属于《环境保护税法》第十条第二项规定情形的纳税人，自行对污染物进行监测所获取的监测数据，符合国家有关规定和监测规范的，视同《环境保护税法》第十条第二项规定的监测机构出具的监测数据。

（一）计税依据

大气污染物	污染物排放量折合成的污染当量数
水污染物	污染物排放量折合成的污染当量数
固体废物	固体废物的排放量
工业噪声	超过国家规定的标准分贝数

（二）污染当量数及计算公式

污染当量，是指根据污染物或者污染排放活动对环境的有害程度以及处理的技术经济性，衡量不同污染物对环境污染的综合性指标或者计量单位。同一介质相同污染当量的不同污染物，其污染程度基本相当。	污染当量数＝该污染物的排放量(kg)/该污染物的污染当量值(kg) 具体污染当量值依据《环境保护税法》所附《应税污染物和当量值表》执行。（见文件规定）

风险提示：污染当量值表示不同污染物或污染排放量之间的污染危害和处理费用的相对关系。对于等量排放的不同污染物，其对应的污染当量值越低，换算成的污染当量数越高，课税也越重。

(三) 同一排放口排放多种应税污染物的征税

（1）应税大气污染物：对污染当量数排名前三的污染物征税环保税。每一排放口的应税大气污染物，按照污染当量数从大到小排序，取前三项。	（2）应税水污染物：区分第一类（重金属）水污染物和第二类（其他）水污染物。 ① 第一类水污染物：按照污染当量数从大到小排序，取前五项征税。 ② 第二类水污染物：按照污染当量数从大到小排序，取前三项征税。

风险提示：对大气污染物和水污染物征税，要先计算所有污染物的污染当量数，然后将各类污染当量数从大到小排序，对大气污染物和其他类水污染物取前三项征收环境保护税，对第一类水污染物取前五项征收环境保护税。

(四) 分类计量的四种方法

《环境保护税法》第二十五条	生态环境部　财政部　税务总局公告2021年第16号
排污系数，是指在正常技术经济和管理条件下，生产单位产品所应排放的污染物量的统计平均值。 物料衡算，是指根据物质质量守恒原理对生产过程中使用的原料、生产的产品和产生的废物等进行测算的一种方法。	属于排污许可管理的排污单位，适用生态环境部发布的排污许可证申请与核发技术规范中规定的排（产）污系数、物料衡算方法计算应税污染物排放量；排污许可证申请与核发技术规范未规定相关排（产）污系数的，适用生态环境部发布的排放源统计调查制度规定的排（产）污系数方法计算应税污染物排放量。 不属于排污许可管理的排污单位，适用生态环境部发布的排放源统计调查制度规定的排（产）污系数方法计算应税污染物排放量。 上述情形中仍无相关计算方法的，由各省、自治区、直辖市生态环境主管部门结合本地实际情况，科学合理制定抽样测算方法。 本公告自2021年5月1日起施行。

本条规定四种计算方法应依次顺序适用：根据自动监测数据计算→根据监测机构监测数据计算→根据排污系数、物料衡算方法计算→根据抽样测算的方法核定计算。

(五) 应纳税额计算方法

大气污染物	应税污染当量数×具体适用税额
水污染物	应税污染当量数×具体适用税额
固体废物	应税固体废物排放量×具体适用税额
工业噪声	超过国家规定的标准分贝数对应的具体适用税额

(六) 应税污染物排放量的监测计算（财税〔2018〕117号第三条）

| （1）纳税人按照规定须安装污染物自动监测设备并与生态环境主管部门联网的，当自动监测设备发生故障、设备维护、启停炉、停运等状态时，应当按照相关法律法规和《固定污染源烟气（SO_2、NO_x、颗粒物）排放连续监测技术规范》（HJ75—2017）、《水污染源在线监测系统数据有效性判别技术规范》（HJ/T356—2007）等规定，对数据状态进行标记，以及对数据缺失、无效时段的污染物排放量进行修约和替代处理，并按标记、处理后的自动监测数据计算应税污染物排放量。相关纳税人当月不能提供符合国家规定和监测规范的自动监测数据的，应当按照排污系数、物料衡算方法计算应税污染物排放量。纳入排污许可管理行业的纳税人，其应税污染物排放量的监测计算方法按照排污许可管理要求执行。
纳税人主动安装使用符合国家规定和监测规范的污染物自动监测设备，但未与生态环境主管部门联网的，可以按照自动监测数据计算应税污染物排放量；不能提供符合国家规定和监测规范的自动监测数据的，应当按照监测机构出具的符合监测规范的监测数据或者排污系数、物料衡算方法计算应税污染物排放量。 | （2）纳税人委托监测机构监测应税污染物排放量的，应当按照国家有关规定制定监测方案，并将监测数据资料及时报送生态环境主管部门。监测机构实施的监测项目、方法、时限和频次应当符合国家有关规定和监测规范要求。监测机构出具的监测报告应当包括应税水污染物种类、浓度值和污水流量；应税大气污染物种类、浓度值、排放速率和烟气量；执行的污染物排放标准和排放浓度限值等信息。监测机构对监测数据的真实性、合法性负责，凡发现监测数据弄虚作假的，依照相关法律法规的规定追究法律责任。 |

(续表)

纳税人采用委托监测方式,在规定监测时限内当月无监测数据的,可以沿用最近一次的监测数据计算应税污染物排放量,但不得跨季度沿用监测数据。纳税人采用监测机构出具的监测数据申报减免环境保护税的,应当取得申报当月的监测数据;当月无监测数据的,不予减免环境保护税。有关污染物监测浓度值低于生态环境主管部门规定的污染物检出限的,除有特殊管理要求外,视同该污染物排放量为零。生态环境主管部门、计量主管部门发现委托监测数据失真或者弄虚作假的,税务机关应当按照同一纳税期内的监督性监测数据或者排污系数、物料衡算方法计算应税污染物排放量。 (3)在建筑施工、货物装卸和堆存过程中无组织排放应税大气污染物的,按照生态环境部规定的排污系数、物料衡算方法计算应税污染物排放量;不能按照生态环境部规定的排污系数、物料衡算方法计算的,按照省、自治区、直辖市生态环境主管部门规定的抽样测算的方法核定计算应税污染物排放量。	(4)纳税人因环境违法行为受到行政处罚的,应当依据相关法律法规和处罚信息计算违法行为所属期的应税污染物排放量。生态环境主管部门发现纳税人申报信息有误的,应当通知税务机关处理。

【例5-2】 某企业2022年7月向大气直接排放二氧化硫160吨、氮氧化物228吨,烟尘45吨、一氧化碳20吨,该企业所在地区大气污染物的税额标准为1.2元/污染当量,该企业只有一个排放口。已知二氧化硫、氮氧化物的污染当量值为0.95,烟尘污染当量值为2.18,一氧化碳污染当量值为16.7。请计算该企业7月大气污染物应缴纳的环境保护税(结果保留两位小数)。

第一步,计算各污染物的污染当量数。 二氧化硫:160×1 000÷0.95=168 421.05;氮氧化物:228×1 000÷0.95=240 000;烟尘:45×1 000÷2.18=20 642.20;一氧化碳:20×1 000÷16.7=1 197.60。 第二步,按污染物的污染当量数排序。 氮氧化物(240 000)>二氧化硫(168 421.05)>烟尘(20 642.20)>一氧化碳(1197.60)	第三步,选取前三项污染物计算应纳税额。 氮氧化物:240 000×1.2=288 000(元);二氧化硫:168 421.05×1.2=202 105.26(元);烟尘:20 642.20×1.2=24 770.64(元)。 该企业7月应纳环境保护税税额=288 000+202 105.26+24 770.64=514 875.90(元)。

三、税收减免

(一)法定减免

《环境保护税法》	《环境保护税法实施条例》
第十二条 下列情形,暂予免征环境保护税: (一)农业生产(不包括规模化养殖)排放应税污染物的。 (二)机动车、铁路机车、非道路移动机械、船舶和航空器等流动污染源排放应税污染物的。 (三)依法设立的城乡污水集中处理、生活垃圾集中处理场所排放相应应税污染物,不超过国家和地方规定的排放标准的。 (四)纳税人综合利用的固体废物,符合国家和地方环境保护标准的。 (五)国务院批准免税的其他情形。 前款第五项免税规定,由国务院报全国人民代表大会常务委员会备案。 第十三条 纳税人排放应税大气污染物或者水污染物的浓度值低于国家和地方规定的污染物排放标准30%的,减按75%征收环境保护税。纳税人排放应税大气污染物或者水污染物的浓度值低于国家和地方规定的污染物排放标准百50%的,减按50%征收环境保护税。	第十条 《环境保护税法》第十三条所称应税大气污染物或者水污染物的浓度值,是指纳税人安装使用的污染物自动监测设备当月自动监测的应税大气污染物浓度值的小时平均值再平均所得数值或者应税水污染物浓度值的日平均值再平均所得数值,或者监测机构当月监测的应税大气污染物、水污染物浓度值的平均值。 依照《环境保护税法》第十三条的规定减征环境保护税,前款规定的应税大气污染物浓度值的小时平均值或者应税水污染物浓度值的日平均值,以及监测机构当月每次监测的应税大气污染物、水污染物的浓度值,均不得超过国家和地方规定的污染物排放标准。 第十一条 依照《环境保护税法》第十三条的规定减征环境保护税的,应当对每一排放口排放的不同应税污染物分别计算。

(续表)

　　《环境保护税法》第十二条规定的依法设立的城乡污水集中处理、生活垃圾集中处理场所纳税人享受免税的,应符合的条件有:一是纳税人主体是依法设立的城乡污水集中处理、生活垃圾集中处理场所;二是排放相应应税污染物不超过国家和地方规定的排放标准。否则,应该按照《环境保护税法》第五条的规定缴纳环境保护税。

　　《环境保护税法》第十三条规定的纳税人享受应税大气污染物、水污染物减税的,应符合的条件有:一是纳税人主体是排放应税大气污染物或者水污染物的纳税人;二是排放应税大气污染物或者水污染物排放标准符合《环境保护税法》第十三条的规定;三是浓度值符合规定。

　　依法设立的生活垃圾焚烧发电厂、生活垃圾填埋场、生活垃圾堆肥厂,属于生活垃圾集中处理场所,其排放应税污染物不超过国家和地方规定的排放标准的,依法予以免征环境保护税。纳税人任何一个排放口排放应税大气污染物、水污染物的浓度值,以及没有排放口排放应税大气污染物的浓度值,超过国家和地方规定的污染物排放标准的,依法不予减征环境保护税。(财税〔2018〕117号第二条)

(二) 关于税收减免适用问题(财税〔2018〕117号第二条)

政策规定	政策解读
依法设立的生活垃圾焚烧发电厂、生活垃圾填埋场、生活垃圾堆肥厂,属于生活垃圾集中处理场所,其排放应税污染物不超过国家和地方规定的排放标准的,依法予以免征环境保护税。纳税人任何一个排放口排放应税大气污染物、水污染物的浓度值,以及没有排放口排放应税大气污染物的浓度值,超过国家和地方规定的污染物排放标准的,依法不予减征环境保护税。	(1)《环境保护税法》第十二条规定,依法设立的城乡污水集中处理、生活垃圾集中处理场所排放相应应税污染物,不超过国家和地方规定的排放标准的,免征环境保护税。 (2) 生活垃圾集中处理场所包括生活垃圾焚烧发电厂、生活垃圾填埋场、生活垃圾堆肥厂。 (3)《环境保护税法》第十三条规定,纳税人排放应税大气污染物或者水污染物的浓度值低于国家和地方规定的污染物排放标准30%的,减按75%征收环境保护税。纳税人排放应税大气污染物或者水污染物的浓度值低于国家和地方规定的污染物排放标准50%的,减按50%征收环境保护税。 (4) 注意此处规定的"依法不予减征环境保护税",应为上述《环境保护税法》第十三条规定的内容。即:生活垃圾集中处理场所"任何一个排放口排放应税大气污染物、水污染物的浓度值,以及没有排放口排放应税大气污染物的浓度值,超过国家和地方规定的污染物排放标准的,依法不予减征环境保护税"。 (5) 根据《环境保护税法实施条例》第十一条的规定,此处"依法不予减征环境保护税",应为每一排放口排放情况对单一排放口依法不予减征,不是对纳税人所有排放口不予减征。但若没有排放口的纳税人,监测数据超标,即整个纳税人都不减征。

(三) 环境保护税优惠项目

符合环境保护税优惠备案条件的纳税人,应向主管税务机关申请办理环境保护税优惠备案。

序号	减免项目名称(代码)	备案资料	政策依据
1	农业生产(不包括规模化养殖)排放应税污染物的暂予免征环境保护税(16064001)	无需办理备案	《环境保护税法》;《环境保护税法实施条例》;《国家税务总局国家海洋局关于发布〈海洋工程环境保护税申报征收办法〉的公告》(国家税务总局公告2017年第50号)
2	机动车、铁路机车、非道路移动机械、船舶和航空器等流动污染源排放应税污染物的暂予免征环境保护税(16064002)	无需办理备案	
3	依法设立的城乡污水集中处理、生活垃圾集中处理场所排放相应应税污染物,不超过国家和地方规定的排放标准的暂予免征环境保护税(16064003)	通过填报申报表及其附表履行优惠备案手续,无需报送其他资料	
4	纳税人综合利用的固体废物,符合国家和地方环境保护标准的暂予免征环境保护税(16064004)		
5	纳税人排放应税大气污染物或者水污染物的浓度值低于国家和地方规定的污染物排放标准30%的减征环境保护税(16064006)		
6	纳税人排放应税大气污染物或者水污染物的浓度值低于国家和地方规定的污染物排放标准50%的减征环境保护税(16064007)		

四、环境保护税简化申报（国家税务总局公告2021年第9号）

政策规定	政策解读
自2021年6月1日起，纳税人申报缴纳城镇土地使用税、房产税、车船税、印花税、耕地占用税、资源税、土地增值税、契税、环境保护税、烟叶税中一个或多个税种时，使用《财产和行为税纳税申报表》。纳税人新增税源或税源变化时，需先填报《财产和行为税税源明细表》。《废止文件及条款清单》所列文件、条款同时废止。	纳税申报时，各税种统一采用《财产行为税纳税申报表》。该申报表由一张主表和一张减免税附表组成，主表为纳税情况，附表为申报享受的各类减免税情况。纳税申报前，需先维护税源信息。税源信息没有变化的，确认无变化后直接进行纳税申报；税源信息有变化的，通过填报《财产和行为税税源明细表》进行数据更新维护后再进行纳税申报。 纳税人可以自由选择维护税源信息的时间，既可以在申报期之前，也可以在申报期内。为确保税源信息和纳税申报表逻辑一致，减轻纳税人填报负担，征管系统将根据各税种税源信息自动生成新申报表，纳税人审核确认后即可完成申报。无论选择何种填报方式，纳税人申报时，系统都会根据已经登记的税源明细表自动生成申报表。

税源信息是财产和行为税各税种纳税申报和后续管理的基础数据来源，是生成纳税申报表的主要依据。纳税人通过填报税源明细表提供税源信息。纳税人仅就发生纳税义务的税种填报对应的税源明细表。

第五节　房产税优惠政策解析与应用

政策依据：

> 《中华人民共和国房产税暂行条例》（以下简称《房产税暂行条例》）；
> 《财政部　税务总局关于延长部分税收优惠政策执行期限的公告》（财政部　税务总局公告2022年第4号）；
> 《财政部　税务总局关于延续供热企业增值税 房产税 城镇土地使用税优惠政策的通知》（财税〔2019〕38号）；
> 《财政部　税务总局　科技部　教育部关于科技企业孵化器 大学科技园和众创空间税收政策的通知》（财税〔2018〕120号）；
> 《财政部　税务总局关于去产能和调结构房产税 城镇土地使用税政策的通知》（财税〔2018〕107号）；
> 《财政部　国家税务总局关于国家大学科技园税收政策的通知》（财税〔2013〕118号）；
> 《财政部　国家税务总局关于科技企业孵化器税收政策的通知》（财税〔2013〕117号）。

一、纳税人和征税范围

纳税人	征税范围
房产税以在征税范围内的房屋产权所有人为纳税人。产权属于全民所有的，由经营管理的单位缴纳。产权出典的，由承典人缴纳。产权所有人、承典人不在房产所在地的，或者产权未确定及租典纠纷未解决的，由房产代管人或者使用人缴纳。《房产税暂行条例》第二条）	房产税是以房屋为征税对象，按房屋的计税余值或租金收入为计税依据，向房屋产权所有人征收的一种财产税。自2009年1月起，所有企业（含外商投资企业、外国企业和组织以及外籍个人）都是房产税纳税人。无租使用房产的，由使用人代为缴纳房产税。房产税在城市、县城、建制镇和工矿区征收，不包括农村。 县城，是指未设立建制镇的县人民政府所在地。建制镇，是指经省、自治区、直辖市人民政府批准设立的建制镇。工矿区，是指工商业比较发达，人口比较集中，符合国务院规定的建制镇标准，但尚未设立镇建制的大中型工矿企业所在地。开征房产税的工矿区须经省、自治区、直辖市人民政府批准。（财税地字〔1986〕8号第一条） 建制镇的征税范围为镇人民政府所在地。不包括所辖的行政村。（财税地字〔1986〕8号第二条） 根据《房产税暂行条例》的规定，不在开征地区范围之内的工厂、仓库，不应征收房产税。（财税地字〔1986〕8号第九条） 个人出租的房产，不分用途，均应征收房产税。（财税地字〔1986〕8号第十二条） 纳税单位与免税单位共同使用的房屋，按各自使用的部分划分，分别征收或免征房产税。（财税地字〔1986〕8号第二十五条）

二、税率

从价计税：1.2%	从租计税：12%

自2008年3月1日起，个人出租住房，不区分用途一律按4%的税率征收房产税。(财税〔2000〕125号)

对企事业单位、社会团体以及其他组织按市场价格向个人出租用于居住的住房，减按4%的税率征收房产税。(财税〔2008〕24号)

三、计税依据

(一) 经营自用的房屋以房产的计税余值作为计税依据

对依照房产原值计税的房产，不论是否记载在会计账簿固定资产科目中，均应按照房屋原价计算缴纳房产税。房屋原价应根据国家有关会计制度规定进行核算。对纳税人未按国家会计制度规定核算并记载的，应按规定予以调整或重新评估。所谓计税余值，是指依照税法规定按房产原值一次减除10%至30%的损耗价值以后的余额。(财税〔2008〕152号)

应税房产无论在会计处理时是否计入"固定资产"，均应当按规定计征房产税。房产计税原值的确认仍然依照国家有关会计制度的规定执行。(国税地字〔1998〕15号)

融资租赁的房产，由承租人自融资租赁合同约定开始日的次月起，依照房产余值缴纳房产税。合同未约定开始日的，由承租人自合同签订的次月起，依照房产余值缴纳房产税。(财税〔2009〕128号)

(1) 房产原值是指纳税人按照会计制度的规定，在账簿"固定资产"科目中记载的房屋原价。房产原值应包括与房屋不可分割的各种附属设备或一般不单独计算价值的配套设施。	(2) 纳税人对原有房屋进行改建、扩建的，要相应增加房屋的原值。	(3) 更换房屋附属设备和配套设施的，在将其价值计入房产原值时，可扣减原来相应设备和设施的价值；对附属设备和配套设施中易损坏，需要经常更换的零配件，更新后不再计入房产原值，原零配件的原值也不扣除。(国税发〔2005〕173号)	(4) 在确定计税余值时，房产原值的具体减除比例，由省、自治区、直辖市人民政府规定，减除幅度只能在10%至30%以内。(财税地字〔1986〕8号第十七条)

(二) 出租的房屋以租金收入为计税依据

(1) 纳税人出租、出借房产的，应自交付出租、出借房产之次月起计征房产税和城镇土地使用税。对于到税务机关代开发票的纳税人，应按照代开发票金额一次性缴纳房产税。	(2) 对出租房产，约定免收租金期限的，在免收租金期间由产权所有人按照房产原值缴纳房产税。(财税〔2010〕121号第二条)	(3) 房产转租，不需要缴纳房产税。由于转租者不是产权所有人，因此对转租者取得的房产转租收入不征收房产税。(《房产税暂行条例》第二条)	(4) 房产出租的，计征房产税的租金收入不含增值税。免征增值税的，确定计税依据时，成交价格、租金收入、转让房地产取得的收入不扣减增值税额。在计征房产税等税种时，税务机关核定的计税价格或收入不含增值税。(财税〔2016〕43号)

(三) 对计税房产原值均应包含地价的规定(财税〔2010〕121号第三条)

对按照房产原值计税的房产，无论会计上如何核算，房产原值均应包含地价，包括为取得土地使用权支付的价款、开发土地发生的成本费用等。宗地容积率低于0.5的，按房产建筑面积的2倍计算土地面积并据此确定计入房产原值的地价。

（续表）

宗地与容积率	房产税计税方法的调整及需要注意的问题
考虑到将地价计入房产原值后，部分单位如仓储、物流企业等存在"大地小房"的特殊性，参考国土资源部《工业项目建设用地控制指标》（国土资发〔2008〕24号），将宗地容积率0.5（工业用地最低容积率）作为界定"大地小房"的标准，仅将部分土地的地价计入房产原值，计入的土地面积按应税房产建筑面积的2倍计算。其计算公式如下： 计入房产原值的地价＝应税房产建筑面积×2×土地单价 宗地是土地权属界址线围成的地块，是土地登记和地籍调查的基本单位，一般情况下，一宗土地为一个权属单位。容积率是指一宗土地上建筑物（不含地下建筑物）总建筑面积与该宗土地面积之比，是反映土地使用强度的指标。	对按照房产原值计税的房产，无论会计上如何核算，房产原值均应包含地价，包括为取得土地使用权支付的价款，开发土地发生的成本费用等。该文件同时规定，宗地容积率低于0.5的，按房产建筑面积的2倍计算土地面积并据此确定计入房产原值的地价。该文件的实质是规范所有类型的企业计税房产原值，是改变现行的新《企业会计准则》《企业会计制度》及《小企业会计准则》对土地价值计入应税房产原值的差异，消除因执行不同会计制度造成计税房产原值不同而导致的税负不公平问题。

四、税收优惠

（一）**法定优惠**（《房产税暂行条例》第五条）

政策规定	政策解读
下列房产免纳房产税： （1）国家机关、人民团体、军队自用的房产。 （2）由国家财政部门拨付事业经费的单位自用的房产。 （3）宗教寺庙、公园、名胜古迹自用的房产。 （4）个人所有非营业用的房产。 （5）经财政部批准免税的其他房产。	（1）人民团体，是指经国务院授权的政府部门批准设立或登记备案并由国家拨付行政事业费的各种社会团体。（财税地字〔1986〕8号第三条） 自用的房产，是指这些单位本身的办公用房和公务用房。（财税地字〔1986〕8号第六条） （2）对实行差额预算管理的事业单位，也属于是由国家财政部门拨付事业经费的单位，对其本身自用的房产免征房产税。（财税地字〔1986〕8号第四条） 事业单位自用的房产，是指这些单位本身的业务用房。（财税地字〔1986〕8号第六条） （3）宗教寺庙自用的房产，是指举行宗教仪式等的房屋和宗教人员使用的生活用房。公园、名胜古迹自用的房产，是指供公共参观游览的房屋及其管理单位的办公用房。 上述3条免税单位的出租房产以及非业务使用的生产、营业用房，不属于免税范围。（财税地字〔1986〕8号第六条） 宗教寺庙、公园、名胜古迹中附设的营业单位，如影剧院、饮食部、茶社、照相馆等所使用的房产及出租的房产，应征收房产税。（财税地字〔1986〕8号第二十二条） （4）个人所有非营业用的房产免征房产税，国务院批准的征税试点城市除外。 个人所有的非营业用房，不分面积多少，一律免征房产税。对个人拥有的营业用房或者出租的房产，不属于免税房产，应照章纳税。

（二）**经财政部批准免税的其他房产**

（1）对个人所有的居住用房，不分面积多少，均免征房产税。（财税地字〔1986〕8号第十三条）

（2）企业办的各类学校、医院、托儿所、幼儿园自用的房产免税。（财税地字〔1986〕8号第十条）

（3）经有关部门鉴定，对毁损不堪居住的房屋和危险房屋，在停止使用后，可免征房产税。（财税地字〔1986〕8号第十六条）

（4）房屋大修停用在半年以上的，经纳税人申请，在大修期间可免征房产税。（财税地字〔1986〕8号第二十四条）

在房屋大修期间免征房产税免征税额由纳税人在申报缴纳房产税时自行计算扣除，并在申报表附表或备注栏作相应说明。

（5）凡是在基建工地为基建工地服务的各种工棚、材料棚、休息棚和办公室、食堂、茶炉房、汽车房等临时性房屋，不论是施工企业自行建造还是由基建单位出资建造交施工企业使用的，在施工期间，一律免征房产税。但是，如果在基建工程结束以后，施工企业将这种临时性房屋交还或者估价转让给基建单位的，应当从基建单位接收的次月起，依照规定征收房产税。（财税地字〔1986〕8号第二十一条）

(续表)

(6) 对房地产开发企业建造的商品房,在出售前不征收房产税。但对出售前房地产开发企业已使用或出租、出借的商品房应按规定征收房产税。(国税发〔2003〕89号)

(7) 自2016年1月1日至2023年供暖期结束,对向居民供热而收取采暖费的供热企业,为居民供热所使用的厂房及土地免征房产税、城镇土地使用税;对供热企业其他厂房及土地,应当按规定征收房产税、城镇土地使用税。(财税〔2016〕94号,财税〔2019〕38号,财政部、税务总局公告2021年第6号)

(8) 自2011年1月1日至2023年12月31日止,对饮水工程运营管理单位自用的生产、办公用房产、土地,免征房产税、城镇土地使用税。对饮水工程运营管理单位为建设饮水工程而承受土地使用权,免征契税。(财税〔2012〕30号,财税〔2016〕19号,财政部、税务总局公告2019年第67号,财政部、税务总局公告2021年第6号)

(9) 对按政府规定价格出租的公有住房和廉租住房,包括企业和自收自支事业单位向职工出租的单位自有住房;房管部门向居民出租的公有住房;落实私房政策中带户发还产权并以政府规定租金标准向居民出租的私有住房等,暂免征收房产税、营业税。(财税字〔2000〕125号)

按照公有住房管理或纳入县级以上政府廉租住房管理的单位自有住房暂免征收房产税、营业税。(财税〔2000〕125号、财税〔2013〕94号)

对公共租赁住房免征房产税。对经营公共租赁住房所取得的租金收入,免征营业税。公共租赁住房经营管理单位应单独核算公共租赁住房租金收入,未单独核算的,不得享受免征营业税、房产税优惠政策。(财税字〔2015〕139号)

自2019年1月1日至2023年12月31日,单独核算公租房租金收入免征房产税。(财政部、税务总局公告2019年第61号,财政部、税务总局公告2021年第6号)

(10) 自2016年1月1日至2023年12月31日,对农产品批发市场、农贸市场(包括自有和承租,下同)专门用于经营农产品的房产、土地,暂免征收房产税和城镇土地使用税。对同时经营其他产品的农产品批发市场和农贸市场使用的房产、土地,按其他产品与农产品交易场地面积的比例确定征免房产税和城镇土地使用税。农产品批发市场和农贸市场,是指经工商登记注册,供买卖双方进行农产品及其初加工品现货批发或零售交易的场所。农产品包括粮油、肉禽蛋、蔬菜、干鲜果品、水产品、调味品、棉麻、活畜、可食用的林产品以及由省、自治区、直辖市财税部门确定的其他可食用的农产品。享受上述税收优惠的房产、土地,是指农产品批发市场、农贸市场直接为农产品交易提供服务的房产、土地。农产品批发市场、农贸市场的行政办公区、生活区,以及商业餐饮娱乐等非直接为农产品交易提供服务的房产、土地,不属于本通知规定的优惠范围,应按规定征收房产税和城镇土地使用税。企业享受规定的免税政策,应按规定进行免税申报,并将不动产权属证明、载有房产原值的相关材料、租赁协议、房产土地用途证明等资料留存备查。(财税〔2016〕1号,财税〔2019〕12号,财政部、税务总局公告2022年第4号)

(11) 自2019年1月1日至2023年12月31日,对商品储备管理公司及其直属库承担商品储备业务自用的房产、土地,免征房产税、城镇土地使用税。(财税〔2013〕59号,财政部、税务总局公告2019年第77号,财政部、税务总局公告2022年第8号)

(12) 自2016年1月1日起,企业拥有并运营管理的大型体育场馆,其用于体育活动的房产、土地,减半征收房产税和城镇土地使用税。大型体育场馆的标准以及用于体育活动的界定按财税〔2015〕130号文件执行。(财税〔2015〕130号)

(13) 由财政部门拨付事业经费的文化单位转制为企业,自2014年1月1日起至2018年12月31日,自转制注册之日(工商登记注册之日)起对其自用房产免征房产税。[财税〔2014〕84号,【依据《财政部 国家税务总局 中央宣传部关于继续实施文化体制改革中经营性文化事业单位转制为企业若干税收政策的通知》(财税〔2019〕16号)第六条的规定,本法规自2019年1月1日起全文废止】]

(14) 对行使国家行政管理职能的中国人民银行总行(含国家外汇管理局)所属分支机构自用的房产,免征房产税。(国税函〔2001〕770号)

依据国家税务总局公告2016年第34号文件的规定,本法规执行期限至2016年5月26日。

(15) 老年服务机构自用的房产暂免征收房产税。老年服务机构是指专门为老年人提供生活照料、文化、护理、健身等多方面服务的福利性、非营利性的机构,主要包括:老年社会福利院、敬老院(养老院)、老年服务中心、老年公寓(含老年护理院、康复中心、托老所)等。(财税〔2000〕97号)

（续表）

（16）自2018年10月1日至2020年12月31日，对按照去产能和调结构政策要求停产停业、关闭的企业，自停产停业次月起，免征房产税。企业享受免税政策的期限累计不得超过两年。按照去产能和调结构政策要求停产停业、关闭的中央企业名单由国务院国有资产监督管理部门认定发布，其他企业名单由省、自治区、直辖市人民政府确定的去产能、调结构主管部门认定发布。认定部门应当及时将认定发布的企业名单（含停产停业、关闭时间）抄送同级财政和税务部门。企业享受本通知规定的免税政策，应按规定进行减免税申报，并将房产土地权属资料、房产原值资料等留存备查。（财税〔2018〕107号）

（17）自2019年1月1日至2023年12月31日，对国家级、省级科技企业孵化器、大学科技园和国家备案众创空间自用以及无偿或通过出租等方式提供给在孵对象使用的房产、土地，免征房产税和城镇土地使用税；对其向在孵对象提供孵化服务取得的收入，免征增值税。（财税〔2018〕120号，财政部、税务总局公告2022年第4号）

（18）自2004年8月1日起，对军队空余房产租赁收入暂免征收房产税；此前已征税款不予退还，未征税款不再补征。暂免征收房产税的军队空余房产，在出租时必须悬挂《军队房地产租赁许可证》，以备查验。（财税〔2004〕123号）

（19）铁道部（现为中国铁路总公司）所属铁路运输企业自用的房产，继续免征房产税。铁道部（现为中国铁路总公司）所属铁路运输企业的范围包括：铁路局、铁路分局（包括客货站、编组站、车务、机务、工务、电务、水电、车辆、供电、列车、客运段）、中铁集装箱运输有限责任公司、中铁特货运输有限责任公司、中铁行包快递有限责任公司、中铁快运有限公司。地方铁路运输企业自用的房产，应缴纳的房产税比照铁道部（现为中国铁路总公司）所属铁路运输企业的政策执行。（财税〔2006〕17号）

（20）自2019年1月1日至2023年12月31日，对高校学生公寓免征房产税。高校学生公寓，是指为高校学生提供住宿服务，按照国家规定的收费标准收取住宿费的学生公寓。企业享受本通知规定的免税政策，应按规定进行免税申报，并将不动产权属证明、载有房产原值的相关材料、房产用途证明、租赁合同等资料留存备查。（财税〔2019〕14号，财政部、税务总局公告2022年第4号）

（21）2019年1月1日至2023年12月31日，对商品储备管理公司及其直属库自用的承担商品储备业务的房产、土地，免征房产税、城镇土地使用税。（财政部、税务总局公告2019年第77号，财政部、税务总局公告2022年第8号）

（22）社区提供养老、托育、家政等服务的机构自有或其通过承租、无偿使用等方式取得并用于提供社区养老、托育、家政服务的房产、土地，免征房产税、城镇土地使用税。（财政部、税务总局、发展改革委、民政部、商务部、卫生健康委公告2019年第76号）

（23）自2018年1月1日起至2023年12月31日止，对纳税人及其全资子公司从事大型民用客机发动机、中大功率民用涡轴涡桨发动机研制项目自用的科研、生产、办公房产及土地，免征房产税、城镇土地使用税。自2019年1月1日起至2023年12月31日止，对纳税人及其全资子公司自用的科研、生产、办公房产及土地，免征房产税、城镇土地使用税。（财政部、税务总局公告2019年第88号，财政部、税务总局公告2021年第6号）

（三）房产税优惠项目核准与备案
1. 房产税困难减免

《房产税暂行条例》	国家税务总局公告2014年第1号	山东省地方税务局公告2018年第7号
除本条例第五条规定者外，纳税人纳税确有困难的，可由省、自治区、直辖市人民政府确定，定期减征或者免征房产税。	各省、自治区、直辖市和计划单列市税务机关（以下简称省税务机关）要根据纳税困难类型、减免税金额大小及本地区管理实际，按照减负提效、放管结合的原则，合理确定省、市、县税务机关的审批权限，做到审批严格规范、纳税人办理方便。	纳税人符合下列情形之一，且缴纳房产税确有困难的，可申请困难减免： （1）因风、火、水、地震等造成的严重自然灾害或者其他不可抗力因素遭受重大损失的。 （2）依法进入破产程序或者因改制依法进入清算程序，房产闲置不用的。 （3）全面停产、停业（依法被责令停产、停业的除外）连续超过6个月，房产闲置不用的。 （4）承担县级以上人民政府任务的。

（续表）

《房产税暂行条例》	国家税务总局公告2014年第1号	山东省地方税务局公告2018年第7号
	困难减免税按年审批，纳税人申请困难减免税应在规定时限内向主管税务机关或有权审批的税务机关提交书面申请并报送相关资料。纳税人报送的资料应真实、准确、齐全。 申请困难减免税的情形、办理流程、时限及其他事项由省税务机关确定。省税务机关在确定申请困难减免税情形时要符合国家关于调整产业结构和促进土地节约集约利用的要求。对因风、火、水、地震等造成的严重自然灾害或其他不可抗力因素遭受重大损失、从事国家鼓励和扶持产业或社会公益事业发生严重亏损，缴纳城镇土地使用税确有困难的，可给予定期减免税。对从事国家限制或不鼓励发展的产业不予减免税。	（5）为推动新旧动能转换重大工程，经设区的市以上人民政府确定为重点扶持企业的。 （6）受市场因素影响发生严重亏损的。 （7）从事社会公益事业的。 纳税人申请困难减免税应当提供以下资料： （1）减免税申请报告及《纳税人减免税申请核准表》。 （2）房产权属证书或者其他证明纳税人使用房产的资料。 （3）证明纳税人纳税困难的相关资料。 （4）因风、火、水、地震等造成的严重自然灾害或者其他不可抗力因素遭受重大损失的纳税人，应当提供保险公司理赔证明或者其他受灾损失证明。 （5）依法进入破产程序的纳税人，应当提供人民法院出具的裁定受理文书；因改制依法进入清算程序的纳税人，应当提供有关改制清算证明资料。 （6）全面停产、停业的纳税人，应当提供全面、连续停产或者停业导致房产闲置不用超过6个月的相关证明资料。 （7）承担县级以上人民政府任务的纳税人，应当提供县级以上人民政府有关部门出具的证明资料。 （8）为推动新旧动能转换重大工程，经设区的市以上人民政府确定为重点扶持企业的，应当提供设区的市以上人民政府有关部门出具的证明资料。 纳税人对报送资料的真实性和合法性承担责任。 房产税困难减免税由县税务机关负责核准。 本公告自2018年1月1日起施行，有效期至2022年12月31日。

2. 房产税优惠留存备查资料（国家税务总局公告2019年第21号）

纳税人享受房产税优惠实行"自行判别、申报享受、有关资料留存备查"办理方式，申报时无须再向税务机关提供有关资料。纳税人根据具体政策规定自行判断是否符合优惠条件，符合条件的，纳税人申报享受税收优惠，并将有关资料留存备查。

序号	减免项目名称（代码）	备查资料	政策依据
1	地震毁损不堪和危险房屋免房产税（08011601）	（1）《纳税人减免税备案登记表》2份。 （2）房屋产权证明复印件。 （3）证明房产原值的资料。 （4）有关部门出具的鉴定或证明材料。 （5）主管税务机关要求的其他资料。	《财政部 国家税务总局关于认真落实抗震救灾及灾后重建税收政策问题的通知》（财税〔2008〕62号）

（续表）

序号	减免项目名称(代码)	备查资料	政策依据
2	按政府规定价格出租的公有住房和廉租住房免征房产税(08011701)	(1)《纳税人减免税备案登记表》2份。 (2) 房屋产权证明等公有住房和廉租住房证明材料复印件。 (3) 租赁合同(协议)复印件。 (4) 主管税务机关要求的其他资料。	《财政部 国家税务总局关于调整住房租赁市场税收政策的通知》（财税〔2000〕125号）； 《财政部 国家税务总局关于廉租住房 经济适用住房和住房租赁有关税收政策的通知》（财税〔2008〕24号）
3	公共租赁住房免征房产税(08011705)	(1)《纳税人减免税备案登记表》2份。 (2) 房屋产权证复印件。 (3) 确认为公共租赁住房的证明材料。 (4) 主管税务机关要求的其他资料。	《财政部 国家税务总局关于公共租赁住房税收优惠政策的通知》（财税〔2015〕139号）
4	非营利性老年服务机构自用房产免征房产税(08012701)	(1)《纳税人减免税备案登记表》2份。 (2) 房屋产权证明复印件。 (3) 证明房产原值的资料。 (4) 民政部门出具的资质认定复印件。 (5) 主管税务机关要求的其他资料。	《财政部 国家税务总局关于对老年服务机构有关税收政策问题的通知》（财税〔2000〕97号）
5	农产品批发市场农贸市场房产免征房产税(08019903)	(1)《纳税人减免税备案登记表》2份。 (2) 房屋产权证明复印件。 (3) 证明房产原值的资料。 (4) 农产品批发市场和农贸市场经营主体的相关证明材料，对同时经营其他产品的农产品批发市场和农贸市场，应提供面积比例专项说明。 (5) 主管税务机关要求的其他资料。	《财政部 税务总局关于继续实行农产品批发市场 农贸市场房产税 城镇土地使用税优惠政策的通知》（财税〔2019〕12号）
6	非营利性科研机构自用的房产免征房产税(08021906)	(1)《纳税人减免税备案登记表》2份。 (2) 房屋产权证明复印件。 (3) 证明房产原值的资料。 (4) 非营利性科研机构执业登记证明复印件。 (5) 主管税务机关要求的其他资料。	《财政部 国家税务总局关于非营利性科研机构税收政策的通知》（财税〔2001〕5号）
7	科技园自用及提供孵化企业使用房产免征房产税(08021907)	(1)《纳税人减免税备案登记表》2份。 (2) 房屋产权证明复印件。 (3) 证明房产原值的资料。 (4) 教育部门出具的大学科技园资格证明材料。 (5) 大学科技园面向孵化企业出租场地、房屋以及提供孵化服务的业务收入在财务上单独核算的相关证明材料。 (6) 孵化企业相关证明材料、在孵化企业汇总表。 (7) 主管税务机关要求的其他资料。	《财政部 税务总局 科技部 教育部关于科技企业孵化器大学科技园和众创空间税收政策的通知》（财税〔2018〕120号）

(续表)

序号	减免项目名称(代码)	备查资料	政策依据
8	孵化器自用及提供孵化企业使用房产免征房产税（08021908）	（1）《纳税人减免税备案登记表》2份。 （2）房屋产权证明复印件。 （3）证明房产原值的资料。 （4）科技部门出具的证明材料。 （5）孵化器面向孵化企业出租场地、房屋以及提供孵化服务的业务收入在财务上单独核算的相关证明材料。 （6）孵化企业相关证明材料、在孵化企业汇总表。 （7）主管税务机关要求的其他资料。	《财政部 税务总局 科技部 教育部关于科技企业孵化器大学科技园和众创空间税收政策的通知》（财税〔2018〕120号）
9	大型客机和大型客机发动机整机设计制造企业免征房产税（08021909）	（1）《纳税人减免税备案登记表》2份。 （2）主管税务机关要求的其他资料。	《财政部 国家税务总局关于大型客机和大型客机发动机整机设计制造企业房产税城镇土地使用税政策的通知》（财税〔2016〕133号）
10	转制科研机构的科研开发用房免征房产税（08022001）	（1）《纳税人减免税备案登记表》2份。 （2）房屋产权证明复印件。 （3）证明房产原值的资料。 （4）转制方案批复函。 （5）企业工商营业执照。 （6）整体转制前已进行事业单位法人登记的，应提供同级机构编制管理机关核销事业编制、注销事业单位法人的证明。 （7）同在职职工签订劳动合同、按企业办法参加社会保险制度的证明。 （8）引入非公有资本和境外资本、变更资本结构的，需出具相关部门批准文件。 （9）主管税务机关要求的其他资料。	《财政部 国家税务总局关于延长转制科研机构有关税收政策执行期限的通知》（财税〔2005〕14号）
11	青藏铁路公司及所属单位自用房产免征房产税（08033301）	（1）《纳税人减免税备案登记表》2份。 （2）房屋产权证明复印件。 （3）证明房产原值的资料。 （4）主管税务机关要求的其他资料。	《财政部 国家税务总局关于青藏铁路公司运营期间有关税收等政策问题的通知》（财税〔2007〕11号）
12	大秦公司完全按市场化运作前其自用房产免征房产税（08052401）	（1）《纳税人减免税备案登记表》2份。 （2）房屋产权证复印件。 （3）证明房产原值的资料。 （4）主管税务机关要求的其他资料。	《财政部 国家税务总局关于大秦铁路改制上市有关税收问题的通知》（财税〔2006〕32号）
13	天然林二期工程的专用房产免征房产税（08061002）	（1）《纳税人减免税备案登记表》2份。 （2）房屋产权证明复印件。 （3）证明房产原值的资料。 （4）属于天然林二期工程实施企业和单位的认定资料。 （5）主管税务机关要求的其他资料。	《财政部 国家税务总局关于天然林保护工程（二期）实施企业和单位房产税、城镇土地使用税政策的通知》（财税〔2011〕90号）

(续表)

序号	减免项目名称(代码)	备查资料	政策依据
14	天然林二期工程森工企业闲置房产免征房产税(08061003)	(1)《纳税人减免税备案登记表》2份。 (2) 房屋产权证明复印件。 (3) 证明房产原值的资料。 (4) 属于天然林二期工程实施企业和单位的认定资料。 (5) 主管税务机关要求的其他资料。	《财政部 国家税务总局关于天然林保护工程(二期)实施企业和单位房产税、城镇土地使用税政策的通知》(财税〔2011〕90号)
15	为居民供热所使用的厂房免征房产税(08064002)	(1)《纳税人减免税备案登记表》2份。 (2) 房屋产权证明复印件。 (3) 证明房产原值的资料。 (4) 供热企业证明材料。 (5) 主管税务机关要求的其他资料。	《财政部 国家税务总局关于供热企业增值税 房产税 城镇土地使用税优惠政策的通知》(财税〔2016〕94号)
16	被撤销金融机构清算期间房地产免征房产税(08081501)	(1)《纳税人减免税备案登记表》2份。 (2) 房屋产权证明复印件。 (3) 证明房产原值的资料。 (4) 中国人民银行依法决定撤销的证明材料复印件。 (5) 财产处置协议复印件。 (6) 主管税务机关要求的其他资料。	《财政部 国家税务总局关于被撤销金融机构有关税收政策问题的通知》(财税〔2003〕141号)
17	东方资产管理公司接收港澳国际(集团)有限公司的房地产免征房产税(08083902)	(1)《纳税人减免税备案登记表》2份。 (2) 房屋产权证明复印件。 (3) 证明房产原值的资料。 (4) 处置不良资产合同或协议复印件。 (5) 主管税务机关要求的其他资料。	《财政部 国家税务总局关于中国东方资产管理公司处置港澳国际(集团)有限公司有关资产税收政策问题的通知》(财税〔2003〕212号)
18	四家金融资产管理公司及分支机构处置不良资产免征房产税(08083904)	(1)《纳税人减免税备案登记表》2份。 (2) 房屋产权证明复印件。 (3) 证明房产原值的资料。 (4) 处置不良资产合同或协议复印件。 (5) 主管税务机关要求的其他资料。	《财政部 国家税务总局关于中国信达资产管理股份有限公司等4家金融资产管理公司有关税收政策问题的通知》(财税〔2013〕56号)
19	农村饮水工程运营管理单位房产免征房产税(08092302)	(1)《纳税人减免税备案登记表》2份。 (2) 房屋产权证明复印件。 (3) 农村饮水工程运营相关证明资料原件及复印件。 (4) 主管税务机关要求的其他资料。	《财政部 国家税务总局关于继续实行农村饮水安全工程建设运营税收优惠政策的通知》(财税〔2016〕19号)
20	学校、托儿所、幼儿园自用的房产免征房产税(08101401)	(1)《纳税人减免税备案登记表》2份。 (2) 房屋产权证明复印件。 (3) 证明房产原值的资料。 (4) 教育部门出具的教育行业资质证明复印件。 (5) 主管税务机关要求的其他资料。	《财政部 国家税务总局关于教育税收政策的通知》(财税〔2004〕39号)

(续表)

序号	减免项目名称(代码)	备查资料	政策依据
21	高校学生公寓免征房产税(08101406)	(1)《纳税人减免税备案登记表》2份。 (2)房屋产权证明复印件。 (3)证明房产原值的资料。 (4)学生公寓相关证明资料复印件。 (5)主管税务机关要求的其他资料。	《财政部 税务总局关于高校学生公寓房产税印花税政策的通知》(财税〔2019〕14号)
22	符合条件的体育场馆减免房产税(08102901)	(1)《纳税人减免税备案登记表》2份。 (2)房屋产权证明或其他证明纳税人使用房产的文件复印件。 (3)确认为体育场馆的证明材料。 (4)证明房产原值的资料。 (5)主管税务机关要求的其他资料。	《财政部 国家税务总局关于体育场馆房产税和城镇土地使用税政策的通知》(财税〔2015〕130号)
23	转制文化企业自用房产免征房产税(08103207)	(1)《纳税人减免税备案登记表》2份。 (2)房屋产权证明复印件。 (3)证明房产原值的资料。 (4)事业单位法人证书的注销手续复印件。 (5)与在职职工签订劳动合同、按企业办法参加社会保险制度的证明材料。 (6)引入非公有资本和境外资本、变更资本结构的,出具相关部门的批准件复印件。 (7)注销后已变更的法人营业执照复印件。 (8)上级主管部门批复的转制文件复印件。	《财政部 国家税务总局 中宣部关于继续实施文化体制改革中经营性文化事业单位转制为企业若干税收政策的通知》(财税〔2014〕84号)
24	铁路运输企业免征房产税(08121302、08121303、08121304)	(1)《纳税人减免税备案登记表》2份。 (2)房屋产权证明复印件。 (3)证明房产原值的资料。 (4)股改铁路运输企业应提供国务院批准股份制改革文件;合资铁路运输公司应提供其公司章程、验资报告等资料。	《财政部 国家税务总局关于明确免征房产税城镇土地使用税的铁路运输企业范围及有关问题的通知》(财税〔2004〕36号); 《财政部 国家税务总局关于明确免征房产税城镇土地使用税的铁路运输企业范围的补充通知》(财税〔2006〕17号); 《财政部 国家税务总局关于股改及合资铁路运输企业房产税城镇土地使用税有关政策的通知》(财税〔2009〕132号)

(续表)

序号	减免项目名称(代码)	备查资料	政策依据
25	商品储备业务自用房产免征房产税(08122603)	(1)《纳税人减免税备案登记表》2份。 (2)房屋产权证明复印件。 (3)与政府有关部门签订的承担储备任务的书面委托合同、取得财政储备经费或补贴的批复文件或相关凭证等相关证明资料复印件。	《财政部 国家税务总局关于部分国家储备商品有关税收政策的通知》(财税〔2016〕28号)
26	血站自用的房产免征房产税(08123401)	(1)《纳税人减免税备案登记表》2份。 (2)房屋产权证明复印件。 (3)证明房产原值的资料。 (4)医疗执业注册登记证复印件。	《财政部 国家税务总局关于血站有关税收问题的通知》(财税字〔1999〕264号)
27	非营利性医疗机构、疾病控制机构和妇幼保健机构等卫生机构自用的房产免征房产税(08123402)	(1)《纳税人减免税备案登记表》2份。 (2)房屋产权证明复印件。 (3)证明房产原值的资料。 (4)医疗执业注册登记证复印件。	《财政部 国家税务总局关于医疗卫生机构有关税收政策的通知》(财税〔2000〕42号)
28	营利性医疗机构自用的房产,免征三年房产税(08123404)	(1)《纳税人减免税备案登记表》2份。 (2)房屋产权证明复印件。 (3)证明房产原值的资料。 (4)医疗执业注册登记证复印件。	《财政部 国家税务总局关于医疗卫生机构有关税收政策的通知》(财税〔2000〕42号)
29	司法部门所属监狱等房产免征房产税(08125002)	(1)《纳税人减免税备案登记表》2份。 (2)房屋产权证明复印件。 (3)证明房产原值的资料。 (4)司法系统所属监狱等房产的证明材料。	《财政部 税务总局关于对司法部所属的劳改劳教单位征免房产税问题的通知》[(87)财税地字第021号]
30	毁损房屋和危险房屋免征房产税(08129903)	(1)《纳税人减免税备案登记表》2份。 (2)房屋产权证明复印件。 (3)证明房产原值的资料。 (4)房屋毁损鉴定证明材料。	《财政部 税务总局关于房产税若干具体问题的解释和暂行规定》[(86)财税地字第008号]
31	工商行政管理部门的集贸市场用房免征房产税(08129906)	(1)《纳税人减免税备案登记表》2份。 (2)房屋产权证明复印件。 (3)证明房产原值的资料。 (4)集贸市场经营主体的相关证明材料。	《财政部 税务总局关于房产税和车船使用税几个业务问题的解释与规定》[(87)财税地字第003号]
32	房管部门经租非营业用房免征房产税(08129907)	(1)《纳税人减免税备案登记表》2份。 (2)房屋产权证明复印件。 (3)房屋租赁合同(协议)复印件。 (4)经租居民用房相关证明材料。	《财政部 税务总局关于对房管部门经租的居民住房暂缓征收房产税的通知》[(87)财税地字第030号]

(续表)

序号	减免项目名称(代码)	备查资料	政策依据
33	地下建筑减征房产税(08129913)	(1)《纳税人减免税备案登记表》2份。 (2)房屋产权证明复印件。 (3)证明房产原值的资料。 (4)证明房产用途的资料。	《财政部 国家税务总局关于具备房屋功能的地下建筑征收房产税的通知》(财税〔2005〕181号)
34	基建工地临时性房屋免征房产税(08129916)	(1)《纳税人减免税备案登记表》2份。 (2)房屋产权证明复印件。 (3)基建施工合同、临时房屋建造成本等证明材料。	《财政部 税务总局关于房产税若干具体问题的解释和暂行规定》〔(86)财税地字第008号〕
35	大修停用的房产免征房产税(08129916)	(1)《纳税人减免税备案登记表》2份。 (2)房屋产权证明复印件。 (3)证明房产原值的资料。 (4)房屋大修相关证明材料。	《财政部 税务总局关于房产税若干具体问题的解释和暂行规定》〔(86)财税地字第008号〕
36	企事业单位向个人出租住房房产税减按4%税率征收(08129917)	(1)《纳税人减免税备案登记表》2份。 (2)房屋产权证明复印件。 (3)租赁合同(协议)原件及复印件。	《财政部 国家税务总局关于廉租住房经济适用住房和住房租赁有关税收政策的通知》(财税〔2008〕24号)

1) 国家税务总局公告2018年第65号文件取消的备案证明事项

为贯彻落实党中央、国务院关于减证便民、优化服务的部署要求,根据《国务院办公厅关于做好证明事项清理工作的通知》(国办发〔2018〕47号),按照《国家税务总局关于实施进一步支持和服务民营经济发展若干措施的通知》(税总发〔2018〕174号)的安排,2018年12月28日税务总局决定取消20项税务证明事项。涉及房产税备案的下列证明事项予以取消,不再提交,除第5项、第6项通过政府部门间信息共享或内部核查替代外,其他各项改为纳税人自行留存备查。

取消的税务证明事项目录(节选)

序号	证明名称	原证明用途
5	参加社会保险证明	5.1 转制科研机构办理科研开发自用房产免征房产税备案时,需提供按企业办法参加社会保险制度的证明。
6	工商营业执照	转制科研机构办理科研开发自用房产免征房产税备案时,需提供企业工商营业执照。
9	核销事业编制、注销事业单位法人的证明	9.1 转制科研机构办理科研开发自用房产免征房产税备案时,需提供核销事业编制、注销事业单位法人的证明。
10	决定撤销金融机构的证明	10.1 纳税人办理被撤销金融机构清算期间自有的或从债务方接收的房地产免征房产税备案时,需提供中国人民银行决定撤销该机构的证明材料。
11	单位性质证明	11.1 转制科研机构办理科研开发自用房产免征房产税备案时,需提供转制方案批复函。 11.2 血站办理自用房产免征房产税备案时,需提供事业单位证明材料。 11.3 纳税人办理学校、托儿所、幼儿园自用房产免征房产税备案时,需提供教育行业资质证明。

(续表)

序号	证明名称	原证明用途
11	单位性质证明	11.4 纳税人办理国家机关、人民团体、军队以及由国家财政部门拨付事业经费的单位自用房产免征房产税备案时,需提供单位性质证明材料。
		11.5 企业办的各类医院办理自用房产免征房产税备案时,需提供单位性质证明材料。
		11.6 纳税人办理高校学生公寓免征房产税备案时,需提供高校资质证明。
		11.7 供热企业办理为居民供热所使用的厂房免征房产税备案时,需提供主管部门出具的供热企业的认定材料。
		11.8 纳税人办理股改铁路运输企业及合资铁路运输公司自用房产免征房产税备案时,需提供符合政策规定的股改铁路运输企业及合资铁路运输公司单位性质证明。
		11.9 纳税人办理监狱免征房产税备案时,需提供单位性质证明材料。
		11.10 农村饮水工程运营管理单位办理自用的生产、办公用房产免征房产税备案时,需提供农村饮水安全工程企业和单位的认定资料。
		11.11 纳税人办理集贸市场用房免征房产税备案时,需提供集贸市场经营主体的相关证明材料。
		11.12 纳税人办理农产品批发市场、农贸市场减免房产税备案时,需提供农产品批发市场和农贸市场经营主体的相关证明材料。
		11.13 福利性非营利性老年服务机构办理自用房产免征房产税备案时,需提供非营利性服务机构资质证明。
		11.14 非营利性科研机构办理自用房产免征房产税备案时,需提供非营利性科研机构执业登记证明。
		11.15 中国人民银行总行所属分支机构办理自用房产免征房产税备案时,需提供单位性质证明材料。
		11.16 纳税人办理天然林二期工程专用房产免征房产税备案时,需提供属于天然林二期工程实施企业和单位的认定资料。
12	医疗机构执业许可证	12.1 医疗卫生机构在办理免征增值税优惠备案时,需提供医疗机构执业许可证件。
		12.2 非营利性医疗机构、疾病控制机构和妇幼保健机构等卫生机构办理自用房产免征房产税备案时,需提供医疗机构执业许可证。
		12.3 营利性医疗机构办理自用房产3年内免征房产税备案时,需提供医疗机构执业许可证。
		12.4 血站办理自用房产免征房产税备案时,需提供医疗机构执业许可证。
		12.5 营利性医疗机构办理自用土地3年内免征城镇土地使用税备案时,需提供医疗机构执业许可证。
		12.6 血站办理自用土地免征城镇土地使用税备案时,需提供医疗机构执业许可证。
		12.7 非营利性医疗、疾病控制、妇幼保健机构等卫生机构办理自用土地免征城镇土地使用税备案时,需提供医疗机构执业许可证。
14	引入非公有资本和境外资本、变更资本结构的批准文件	转制科研机构引入非公有资本和境外资本、变更资本结构的,办理科研开发用房免征房产税备案时,需提供相关部门的批准文件。

(续表)

序号	证明名称	原证明用途
15	房屋、土地权属证明	15.1 非营利性医疗机构、疾病控制机构和妇幼保健机构等卫生机构办理自用房产免征房产税备案时，需提供房屋产权证明。
		15.2 营利性医疗机构办理自用房产3年内免征房产税备案时，需提供房屋产权证明。
		15.3 血站办理自用房产免征房产税备案时，需提供房屋产权证明。
		15.4 纳税人办理学校、托儿所、幼儿园自用房产免征房产税备案时，需提供房屋产权证明。
		15.5 纳税人办理国家机关、人民团体、军队以及由国家财政部门拨付事业经费的单位自用房产免征房产税备案时，需提供房屋产权证明。
		15.6 企业办的各类医院办理自用房产免征房产税备案时，需提供房屋产权证明。
		15.7 纳税人办理高校学生公寓免征房产税备案时，需提供房屋产权证明。
		15.8 供热企业办理为居民供热所使用的厂房免征房产税备案时，需提供房屋产权证明。
		15.9 商品储备管理公司及其直属库办理商品储备业务自用房产免征房产税备案时，需提供房屋产权证明。
		15.10 纳税人办理铁路运输企业自用房产免征房产税备案时，需提供房屋产权证明。
		15.11 纳税人办理股改铁路运输企业及合资铁路运输公司自用房产免征房产税备案时，需提供房屋产权证明。
		15.12 青藏铁路公司及所属单位办理自用房产免征房产税备案时，需提供房屋产权证明。
		15.13 大秦公司办理自用房产免征房产税备案时，需提供房屋产权证明。
		15.14 纳税人办理监狱用房免征房产税备案时，需提供房屋产权证明。
		15.15 农村饮水工程运营管理单位办理自用的生产、办公用房产免征房产税备案时，需提供房屋产权证明。
		15.16 纳税人办理集贸市场用房免征房产税备案时，需提供房屋产权证明。
		15.17 纳税人办理农产品批发市场、农贸市场减免房产税备案时，需提供房屋产权证明。
		15.18 纳税人办理科技企业孵化器、国家大学科技园自用及提供给在孵对象使用的房产免征房产税备案时，需提供房屋产权证明。
		15.19 企事业单位办理向个人出租住房减按4%税率征收房产税时，需提供房屋产权证明。
		15.20 房管部门办理经租的居民用房免征房产税备案时，需提供房屋产权证明。
		15.21 纳税人办理公共租赁住房免征房产税备案时，需提供房屋产权证明。
		15.22 福利性非营利性老年服务机构办理自用房产免征房产税备案时，需提供房屋产权证明。

(续表)

序号	证明名称	原证明用途
15	房屋、土地权属证明	15.23 非营利性科研机构办理自用房产免征房产税备案时,需提供房屋产权证明。
		15.24 纳税人将职工住宅全部产权出售给本单位职工,办理免征房产税备案时,需提供房屋产权证明。
		15.25 中国人民银行总行所属分支机构办理自用房产免征房产税备案时,需提供房屋产权证明。
		15.26 纳税人办理中国信达等4家金融资产管理公司处置不良资产免征房产税备案时,需提供房屋产权证明。
		15.27 纳税人办理被撤销金融机构清算期间自有的或从债务方接收的房地产免征房产税备案时,需提供房屋产权证明。
		15.28 纳税人办理处置港澳国际(集团)有限公司的有关资产免征房产税备案时,需提供房屋产权证明。
		15.29 纳税人办理毁损房屋和危险房屋免征房产税备案时,需提供房屋产权证明。
		15.30 纳税人办理地下建筑减征房产税备案时,需提供房屋产权证明。
		15.31 纳税人办理大修停用的房产免征房产税备案时,需提供房屋产权证明。
		15.32 纳税人办理天然林二期工程森工企业闲置房产免征房产税备案时,需提供房屋产权证明。
		15.33 纳税人办理天然林二期工程的专用房产免征房产税备案时,需提供房屋产权证明。
		15.34 纳税人办理宗教寺庙、公园、名胜古迹自用房产免征房产税时,需提供房屋产权证明。
17	出租住房相关证明材料	17.1 房管部门办理经租的居民用房免征房产税备案时,需提供经租居民用房相关证明材料。
		17.2 纳税人办理公共租赁住房免征房产税备案时,需提供出租公共租赁住房相关证明材料。
20	取得财政储备经费或补贴的文件或凭证	20.1 商品储备管理公司及其直属库办理商品储备业务自用房产免征房产税备案时,需提供取得财政储备经费或补贴的批复文件或相关凭证。

2)国家税务总局令第46号文件取消的税务证明事项

序号	证明名称	证明用途	取消后的办理方式
13	科技企业孵化器、大学科技园证明	纳税人办理科技企业孵化器、国家大学科技园按规定免征房产税、城镇土地使用税、增值税备案时,需提供国务院科技、教育行政主管部门出具的证明材料。	不再提交。通过政府部门间信息共享替代。
14	转制证明	经认定的转制文化企业,办理免征增值税、房产税备案时,需提供转制方案批复函;企业营业执照;核销事业编制、注销事业单位法人的证明;按企业办法参加社会保险制度的有关材料;相关部门对引入非公有资本和境外资本、变更资本结构的批准文件。	不再提交。改为纳税人自行留存备查。

(四) 小微企业减征房产税 50%

财政部 税务总局公告 2022 年第 10 号	国家税务总局公告 2022 年第 3 号
（1）自 2022 年 1 月 1 日至 2024 年 12 月 31 日，由省、自治区、直辖市人民政府根据本地区实际情况，以及宏观调控需要确定，对增值税小规模纳税人、小型微利企业和个体工商户可以在 50% 的税额幅度内减征资源税、城市维护建设税、房产税、城镇土地使用税、印花税（不含证券交易印花税）、耕地占用税和教育费附加、地方教育附加。 （2）增值税小规模纳税人、小型微利企业和个体工商户已依法享受资源税、城市维护建设税、房产税、城镇土地使用税、印花税、耕地占用税、教育费附加、地方教育附加其他优惠政策的，可叠加享受本公告第一条规定的优惠政策。	小规模纳税人、个体工商户直接享受"六税两费减半优惠"。 登记为一般纳税人的企业所得税的纳税人，按以下情况判断： （1）2020 年及之前成立的一般纳税人，以 2021 年办理 2020 年度汇缴的结果来确定自 2022 年 1 月 1 日至 2022 年 6 月 30 日（税款所属期）能否享受减免优惠。 （2）2021 年及之后成立的一般纳税人，下一年尚未办理上年度汇缴且同时符合申报期上月末从业人数不超过 300 人、资产总额不超过 5 000 万元两个条件的，在办理汇缴前（申报期）可以享受减免优惠。 （3）2022 年办理 2021 年度汇缴的结果属于小型微利企业的，自 2022 年 7 月 1 日至 2023 年 6 月 30 日享受减免优惠；不属于小型微利企业的，自办理汇缴的次月 1 日（按次申报的自汇缴之日）至 2023 年 6 月 30 日不享受减免优惠。 （4）办理首次汇算清缴申报前，已按规定申报缴纳"六税两费"的，不再根据首次汇算清缴结果进行更正。

在享受优惠的顺序上，"六税两费"减征优惠是在享受其他优惠的基础上再享受。原来适用比例减免或定额减免的，"六税两费"减征额计算的基数是应纳税额减除原有减免税额后的数额。

山东省增值税小规模纳税人免征房产税、城镇土地使用税的期限，延长至 2022 年 12 月 31 日。（鲁财税〔2022〕2 号）

五、房产税简化申报

国家税务总局公告 2021 年第 9 号	国家税务总局公告 2022 年第 3 号
自 2021 年 6 月 1 日起，纳税人申报缴纳城镇土地使用税、房产税、车船税、印花税、耕地占用税、资源税、土地增值税、契税、环境保护税、烟叶税中一个或多个税种时，使用《财产和行为税纳税申报表》（附件 1）。纳税人新增税源或税源变化时，需先填报《财产和行为税税源明细表》（附件 2）。	修订《财产和行为税减免税明细申报附表》《增值税及附加税费申报表（一般纳税人适用）》附列资料（五）》《增值税及附加税费预缴表》附列资料》《〈消费税及附加税费申报表〉附表 6（消费税附加税费计算表）》，增加增值税小规模纳税人、小型微利企业、个体工商户减免优惠申报有关数据项目，相应修改有关填表说明（具体见附件）。 本公告修订的表单自各省（自治区、直辖市）人民政府确定减征比例的规定公布当日正式启用。各地启用本公告修订的表单后，不再使用《国家税务总局关于简并税费申报有关事项的公告》（国家税务总局公告 2021 年第 9 号）中的《财产和行为税减免税明细申报附表》和《国家税务总局关于增值税消费税与附加税费申报表整合有关事项的公告》（国家税务总局公告 2021 年第 20 号）中的《增值税及附加税费申报表（一般纳税人适用）》附列资料（五）》《增值税及附加税费预缴表》附列资料》《〈消费税及附加税费申报表〉附表 6（消费税附加税费计算表）》。

纳税申报时，财产和行为税各税种统一采用《财产行为税纳税申报表》。该申报表由一张主表和一张减免税附表组成，主表为纳税情况，附表为申报享受的各类减免税情况。纳税申报前，需先维护税源信息。税源信息没有变化的，确认无变化后直接进行纳税申报；税源信息有变化的，通过填报《税源明细表》进行数据更新维护后再进行纳税申报。

纳税人可以自由选择维护税源信息的时间，既可以在申报期之前，也可以在申报期内。为确保税源信息和纳税申报表逻辑一致，减轻纳税人填报负担，征管系统将根据各税种税源信息自动生成新申报表，纳税人审核确认后即可完成申报。无论选择何种填报方式，纳税人申报时，系统都会根据已经登记的税源明细表自动生成申报表。

税源信息是财产和行为税各税种纳税申报和后续管理的基础数据来源，是生成纳税申报表的主要依据。纳税人通过填报税源明细表提供税源信息。纳税人仅就发生纳税义务的税种填报对应的税源明细表。

第六节　城镇土地使用税优惠政策解析与应用

政策依据：

> 《中华人民共和国城镇土地使用税暂行条例》(以下简称《城镇土地使用税暂行条例》)；
> 《财政部　国家税务总局关于延长部分税收优惠政策执行期限的公告》(财政部　税务总局公告2022年第4号)；
> 《财政部　税务总局关于继续实施物流企业大宗商品仓储设施用地城镇土地使用税优惠政策的公告》(财政部　税务总局公告2020年第16号)；
> 《财政部　税务总局关于延续供热企业增值税　房产税　城镇土地使用税优惠政策的通知》(财税〔2019〕38号)；
> 《财政部　税务总局　科技部　教育部关于科技企业孵化器　大学科技园和众创空间税收政策的通知》(财税〔2018〕120号)；
> 《财政部　税务总局关于去产能和调结构房产税　城镇土地使用税政策的通知》(财税〔2018〕107号)；
> 《财政部　税务总局关于继续实施物流企业大宗商品仓储设施用地城镇土地使用税优惠政策的通知》(财税〔2017〕33号)；
> 《财政部　税务总局关于承租集体土地城镇土地使用税有关政策的通知》(财税〔2017〕29号)；
> 《财政部　国家税务总局关于继续实行农产品批发市场　农贸市场房产税城镇土地使用税优惠政策的通知》(财税〔2016〕1号)。

一、纳税人和征税范围

纳税人	征税范围
凡在城市、县城、建制镇、工矿区范围内使用土地的单位和个人，为城镇土地使用税的纳税人。(《城镇土地使用税暂行条例》第二条) 土地使用税由拥有土地使用权的单位或个人缴纳。拥有土地使用权的纳税人不在土地所在地的，由代管人或实际使用人纳税；土地使用权未确定或权属纠纷未解决的，由实际使用人纳税；土地使用权共有的，由共有各方分别纳税。(国税地字〔1988〕15号第四条) 纳税人通常包括以下几类： (1)拥有土地使用权的单位和个人。 (2)拥有土地使用权的单位和个人不在土地所在地的，其土地的实际使用人和代管人为纳税人。 (3)土地使用权未确定或权属纠纷未解决的，其实际使用人为纳税人。 (4)土地使用权共有的，共有各方都是纳税人，由共有各方分别纳税。 (5)在城镇土地使用税征税范围内实际使用应税集体所有建设用地、但未办理土地使用权流转手续的，由实际使用集体土地的单位和个人按规定缴纳城镇土地使用税。(财税〔2006〕56号) (6)在城镇土地使用税征税范围内，承租集体所有建设用地的，由直接从集体经济组织承租土地的单位和个人，缴纳城镇土地使用税。(财税〔2017〕29号)	(1)城镇土地使用税的征税范围是：城市、县城、建制镇和工矿区内属于国家所有和集体所有的土地，不包括农村集体所有的土地。 城市是指经国务院批准设立的市；县城是指县人民政府所在地；建制镇是指经省、自治区、直辖市人民政府批准设立的建制镇；工矿区是指工商业比较发达，人口比较集中，符合国务院规定的建制镇标准，但尚未设立建制镇的大中型工矿企业所在地，工矿区须经省、自治区、直辖市人民政府批准。上述城镇土地使用税的征税范围中，城市的土地包括市区和郊区的土地；县城的土地是指县人民政府所在地的城镇的土地；建制镇的土地是指镇人民政府所在地的土地。 (2)公园、名胜古迹内的索道公司经营用地，应按规定缴纳城镇土地使用税。(财税〔2008〕152号) (3)免税单位无偿使用纳税单位的土地(如公安、海关等单位使用铁路、民航等单位的土地)，免征城镇土地使用税。对纳税单位无偿使用免税单位的土地，纳税单位应照章缴纳城镇土地使用税。纳税单位与免税单位共同使用共有使用权土地上的多层建筑，对纳税单位可按其占用的建筑面积占建筑总面积的比例计征城镇土地使用税。(国税地〔1989〕140号)

二、适用税额——分级幅度税额(《城镇土地使用税暂行条例》第四条)

土地使用税每平方米年税额如下： (1) 大城市 1.5 元至 30 元。 (2) 中等城市 1.2 元至 24 元。 (3) 小城市 0.9 元至 18 元。 (4) 县城、建制镇、工矿区 0.6 元至 12 元。	① 税额最低(0.6元/平方米)与最高(30元/平方米)相差 50 倍。 ② 经济落后地区可以适当降低，但降低额不得超过规定的最低税额的 30%。经济发达地区的适用税额可适当提高，但需报财政部批准。

上述大、中、小城市是以登记在册的非农业正式户口人数为依据，其中，市区及郊区非农业人口总计在 50 万以上的，称为大城市；市区及郊区非农业人口总计在 20 万至 50 万的，称为中等城市；市区及郊区非农业人口总计在 20 万以下的称为小城市。

城镇土地使用税适用地区幅度差别定额税率。经省、自治区、直辖市人民政府批准，经济落后地区的城镇土地使用税适用税额标准可适当降低，但降低额不得超过税率表中规定的最低税额的 30%。经济发达地区的适用税额可适当提高，但须报财政部批准。(降低有比例限制，提高有审批限制)

设区的市、县(市)划分不同等级，制定相应的税额标准，逐级报省政府批准。

三、计税依据及应纳税额的计算

计税依据	应纳税额的计算
城镇土地使用税以纳税人"实际占用"的土地面积(平方米)为计税依据。 纳税人实际占用的土地面积，以房地产管理部门核发的土地使用证书与确认的土地面积为准；尚未核发土地使用证书的，应由纳税人据实申报土地面积，据以纳税，待核发土地使用证后再作调整。	应纳税额=计税土地面积(平方米)×适用税额 土地使用权由几方共有的，由共有各方按照各自实际使用的土地面积占总面积的比例，分别计算缴纳土地使用税。

纳税人申报的城镇土地使用税面积少于"金税三期税收管理系统"中土地信息登记面积，存在税收风险。

(1) 土地使用权共有的各方，应按其实际使用的土地面积占总面积的比例，分别计算缴纳土地使用税。年应纳税额=(应税土地面积×该级次土地单位税额)×某纳税人使用建筑面积÷该楼总建筑面积。(国税地字〔1988〕15号第五条)

(2) 对在城镇土地使用税征税范围内单独建造的地下建筑用地，按规定征收城镇土地使用税。其中，已取得地下土地使用权证的，按土地使用权证确认的土地面积计算应征税款；未取得地下土地使用权证或地下土地使用权证上未标明土地面积的，按地下建筑垂直投影面积计算应征税款。对上述地下建筑用地暂按应征税款的 50% 征收城镇土地使用税。(财税〔2009〕128号)

四、纳税义务发生和终止时间

(1) 纳税人购置新建商品房，自房屋交付使用之次月起，缴纳城镇土地使用税。

(2) 以出让或转让方式有偿取得土地使用权的，应由受让方从合同约定交付土地时间的次月起缴纳城镇土地使用税；合同未约定交付时间的，由受让方从合同签订的次月起缴纳城镇土地使用税。(财税〔2006〕186号)

(3) 通过招标、拍卖、挂牌方式取得的建设用地，不属于新征用的耕地，纳税人应从合同约定交付土地时间的次月起缴纳城镇土地使用税；合同未约定交付时间的，从合同签订的次月起缴纳城镇土地使用税。(国家税务总局公告2014年第74号)

(4) 购置存量房，自办理房屋权属转移、变更登记手续，房地产权属登记机关签发房屋权属证书之次月起，计征城镇土地使用税。

(5) 出租、出借房产，自交付出租、出借房产之次月起，计征城镇土地使用税。

(6) 纳税人新征收的耕地，自批准征收之日起满 1 年时开始缴纳土地使用税；纳税人新征收的非耕地，自批准征收次月起缴纳土地使用税。(《城镇土地使用税暂行条例》第九条)

(7) 纳税人因房产、土地的实物或权利状态发生变化而依法终止房产税、城镇土地使用税纳税义务的,其应纳税款的计算应截止到房产、土地的实物或权利状态发生变化的当月末。(财税〔2008〕152号)

(8) 房地产开发企业土地使用税不缴纳的截止时间以"交付使用"为基本原则。

房地产开发企业销售新建商品房的城镇土地使用税纳税义务截止时间,为房屋交付使用的当月末。房屋交付使用的时间为合同约定时间。未按合同约定时间交付使用的,为房屋的实物或权利状态发生变化的当月末。

房地产开发项目中公共配套设施占地的城镇土地使用税纳税义务截止时间,为该公共配套设施的实物或权利状态发生变化的当月末。(安徽省地方税务局公告2012年第2号)

房地产开发企业商品房销售期间,应逐月统计已交付和未交付部分,并按建筑面积比例分摊计算当月应缴纳土地使用税。(西地税发〔2009〕248号)

商品房交付使用,是指房地产企业将已建成的房屋转移给买受人占有,其外在表现主要是将房屋的钥匙交付给买受人。每月应纳土地使用税=开发初期应税土地总面积×(1-截至上月末累计销售商品房交付使用的建筑面积÷商品房可售总建筑面积)×土地使用税单位税额标准÷12,而开发初期应税土地总面积不包括经规划部门批准建设项目配套的居委会、派出所、学校、幼儿园、托儿所、医院等公共设施应分摊的土地面积。也就是说,青岛地税计算土地使用税时,一开始就不包括公共配套应分摊的土地面积。(青地税函〔2009〕128号)

五、税收优惠

(一) 法定优惠(《城镇土地使用税暂行条例》第六条)

下列土地免缴土地使用税:

(1) 国家机关、人民团体、军队自用的土地。这部分土地是指这些单位本身的办公用地和公务用地。如国家机关、人民团体的办公楼用地,军队的训练场用地等。

(2) 由国家财政部门拨付事业经费的单位自用的土地。这部分土地是指这些单位本身的业务用地。如学校的教学楼、操场、食堂等占用的土地。由国家财政部门拨付事业经费的单位,是指由国家财政部门拨付经费、实行全额预算管理或差额预算管理的事业单位。不包括实行自收自支、自负盈亏的事业单位。

(3) 宗教寺庙、公园、名胜古迹自用的土地。宗教寺庙自用的土地,是指举行宗教仪式等的用地和寺庙内的宗教人员生活用地。公园、名胜古迹自用的土地,是指供公共参观游览的用地及其管理单位的办公用地。公园、名胜古迹中附设的营业单位如影剧院、饮食部、茶社、照相馆等使用的土地应征收土地使用税。

以上规定中所指单位的生产、经营用地和其他用地,不属于免税范围,应按规定缴纳土地使用税。

(4) 市政街道、广场、绿化地带等公共用地。

(5) 直接用于农、林、牧、渔业的生产用地。这部分土地是指直接从事于种植、养殖、饲养的专业用地,不包括农副产品加工场地和生活、办公用地。

(6) 经批准开山填海整治的土地和改造的废弃土地,从使用的月份起免缴土地使用税5年至10年。具体免税期限由各省、自治区、直辖市税务局在《城镇土地使用税暂行条例》规定的期限内自行确定,山东为10年。

(7) 由财政部另行规定免税的能源、交通、水利设施用地和其他用地。

新征用的耕地自批准征用之日起1年内免征土地使用税;征用的非耕地,自批准征用次月起缴纳土地使用税。(《城镇土地使用税暂行条例》第九条)

(二) 特定优惠

(1) 企业办的学校、托儿所、幼儿园自用的土地,免征城镇土地使用税。[国税地字〔1988〕15号【依据《国家税务总局关于公布失效废止的税务部门规章和税收规范性文件目录的决定》(国家税务总局令第42号)的规定,本条款废止】]

(2) 对非营利性医疗机构、疾病控制机构和妇幼保健机构等卫生机构自用的土地,免征城镇土地使用税。(财税〔2000〕42号)

(3) 对行使国家行政管理职能的中国人民银行总行(含国家外汇管理局)所属分支机构自用的土地,免征城镇土地使用税。[国税函〔2001〕770号【依据国家税务总局公告2016年第34号,本规定执行期限至2016年5月26日】]

(4) 为了体现国家的产业政策,支持重点产业的发展,对石油、电力、煤炭等能源用地,民用港口、民航机场用地、铁路等交通用地和水利设施用地,三线调整企业、盐业、采石场、邮电等一些特殊用地划分了征免税界限和给予政策性减免税照顾。其具体规定如下:

（续表）

① 石油天然气（含页岩气、煤层气）生产企业下列石油天然气生产建设用地暂免征收城镇土地使用税：
A. 地质勘探、钻井、井下作业、油气田地面工程等施工临时用地。
B. 企业厂区以外的铁路专用线、公路及输油（气、水）管道用地。
C. 油气长输管线用地。
在城市、县城、建制镇以外工矿区内的消防、防洪排涝、防风、防沙设施用地，暂免征收城镇土地使用税。（财税〔2015〕76号）

② 对企业的铁路专用线、公路等用地，除另有规定者外，在厂区（包括生产、办公及生活区）以外、与社会公用地段未加隔离的，暂免征收城镇土地使用税。（国税地字〔1989〕第140号第十一条）

③ 对企业厂区（包括生产、办公及生活区）以外的公共绿化用地和向社会开放的公园用地，暂免征收城镇土地使用税。（国税地字〔1989〕140号）

④ 对盐场的盐滩、盐矿的矿井用地，暂免征收城镇土地使用税。（国税地字〔1989〕141号）

⑤ 矿山的采矿场、排土场、尾矿库、炸药库的安全区，以及运矿运岩公路、尾矿输送管道及回水系统用地，免征城镇土地使用税。对矿山企业采掘地下矿造成的塌陷地以及荒山占地，在未利用之前，暂免征收土地使用税。（国税地字〔1989〕122号）

⑥ 对火电厂厂区围墙内的用地，均应照章征收土地使用税。对厂区围墙外的灰场、灰管、输油（气）管道、铁路专用线用地，免征土地使用税；厂区围墙外的其他用地，应照章征税。对供电部门的输电线路用地、变电站用地，免征城镇土地使用税。（国税地字〔1989〕13号）

⑦ 对水利设施及共管护用地（如水库库区、大坝、堤防、灌渠、泵站等用地），免征土地使用税。（国税地字〔1989〕14号）

⑧ 对中国海洋石油总公司及其所属公司，下列用地暂免征收城镇土地使用税：导管架、平台组块等海上结构物建造用地，码头用地，输油气管线用地，通信天线用地，办公、生活区以外的公路、铁路专用线、机场用地。〔国税油发〔1990〕3号【依据《财政部 国家税务总局关于石油天然气生产企业城镇土地使用税政策的通知》（财税〔2015〕76号）的规定，本法规自2015年7月1日起全文废止】〕

⑨ 对核工业总公司所属企业用地，对生产核系列产品的厂矿，为照顾其特殊情况，除生活区、办公区用地应依照规定征收外，其他用地暂免征收城镇土地使用税。（国税地字〔1989〕7号）

⑩ 对交通部门港口的码头（即泊位，包括岸边码头、伸入水中的浮码头、堤岸、堤坝、战桥等）用地，免征城镇土地使用税。（国税地字〔1989〕123号）

⑪ 对民航机场用地，机场飞行区（包括跑道、滑行道、停机坪、安全带、夜航灯光区）用地、场内外通信导航设施用地和飞行区四周排水防洪设施用地，免征城镇土地使用税；在机场道路中，场外道路用地免征城镇土地使用税。（国税地字〔1989〕32号）

⑫ 对国家石油储备基地第一期项目建设过程中涉及的城镇土地使用税予以免征。（财税〔2005〕23号）

⑬ 自2011年1月1日至2020年12月31日，对天然林保护工程的土地免征城镇土地使用税。（财税〔2011〕90号）

⑭ 自2016年1月1日至2023年12月31日，饮水工程运营管理单位自用的生产、办公用土地，免征城镇土地使用税。（财税〔2016〕19号，财政部、税务总局公告2019年第67号，财政部、税务总局公告2020年第6号）

⑮ 对核电站的核岛、常规岛、辅助厂房和通信设施用地（不包括地下线路用地），生活、办公用地按规定征收城镇土地使用税，其他用地免征城镇土地使用税。对核电站应税土地在基建期内减半征收城镇土地使用税。（财税〔2007〕124号）

⑯ 自2019年1月1日至2021年12月31日，对中国兵器工业集团公司和中国兵器装备集团公司所属专门生产枪炮弹、火炸药、引信、火工品的企业，除办公、生活区用地外，其他用地继续免征城镇土地使用税。企业享受财税〔2019〕10号文件规定的免税政策，应按规定进行免税申报，并将不动产权属证明、土地用途证明等资料留存备查。（财税〔2019〕10号）

⑰ 自2019年1月1日至2023年12月31日，对商品储备管理公司及其直属库自用的承担商品储备业务的房产、土地，免征房产税、城镇土地使用税。（财政部、税务总局公告2019年第77号，财政部、税务总局公告2022年第8号）

（5）自2016年1月1日至2023年12月31日，对城市公交站场、道路客运站场、城市轨道交通系统运营用地，免征城镇土地使用税。（财税〔2016〕16号，财税〔2019〕11号，财政部、税务总局公告2022年第4号）

(6) 自 2016 年 1 月 1 日至 2023 年 12 月 31 日,对专门经营农产品的农产品批发市场、农贸市场使用(包括自有和承租,下同)的房产、土地,暂免征收城镇土地使用税。对同时经营其他产品的农产品批发市场和农贸市场使用的房产、土地,按其他产品与农产品交易场地面积的比例确定免征城镇土地使用税。(财税〔2016〕1 号,财税〔2019〕12 号,财政部、税务总局公告 2022 年第 4 号)

(7) 自 2017 年 1 月 1 日至 2022 年 12 月 31 日,对物流企业自有的(包括自用和出租)大宗商品仓储设施用地,减按所属土地等级适用税额标准的 50%计征城镇土地使用税。物流企业的办公、生活区用地及其他非直接从事 大宗商品仓储的用地,不属于优惠范围,应按规定征收城镇土地使用税。(财税〔2017〕33 号,财政部、税务总局公告 2020 年第 16 号)

(8) 对政府部门和企事业单位、社会团体以及个人等社会力量投资兴办的福利性、非营利性的老年服务机构自用土地,暂免城镇土地使用税。(财税〔2000〕97 号)

(9) 在城镇土地使用税征收范围内经营采摘、观光农业的单位和个人,其直接用于采摘、观光的种植、养殖、饲养的土地,根据《城镇土地使用税暂行条例》第六条中"直接用于农、林、牧、渔业的生产用地"的规定,免征城镇土地使用税。(财税〔2006〕186 号第三条)

在城镇土地使用税征收范围内,利用林场土地兴建度假村等休闲娱乐场所的,其经营、办公和生活用地,应按规定征收城镇土地使用税。(财税〔2006〕186 号第四条)

(10) 对在一个纳税年度内月平均实际安置残疾人就业人数占单位在职职工总数的比例高于 25%(含 25%)且实际安置残疾人人数高于 10 人(含 10 人)的单位,可减征或免征该年度城镇土地使用税。具体减免税比例及管理办法由省、自治区、直辖市财政主管部门确定。(财税〔2010〕121 号)

(11) 自 2019 年 1 月 1 日至 2023 年 12 月 31 日,对商品储备管理公司及其直属库承担商品储备业务自用的房产、土地,免征房产税、城镇土地使用税。(财税〔2013〕59 号,财政部、税务总局公告 2019 年第 77 号,财政部、税务总局公告 2022 年第 8 号)

(12) 自 2016 年 1 月 1 日至 2023 年供暖期结束,对向居民供热而收取采暖费的供热企业,为居民供热所使用的厂房及土地免征房产税、城镇土地使用税;对供热企业其他厂房及土地,应当按规定征收房产税、城镇土地使用税。(财税〔2016〕94 号,财税〔2019〕38 号,财政部、税务总局公告 2021 年第 6 号)

(13) 自 2019 年 1 月 1 日至 2023 年 12 月 31 日,对公租房建设期间用地及公租房建成后占地,免征城镇土地使用税。(财政部、税务总局公告 2019 年第 61 号,财政部、税务总局公告 2021 年第 6 号)

(14) 自 2016 年 1 月 1 日起,企业拥有并运营管理的大型体育场馆,其用于体育活动的房产、土地,减半征收房产税和城镇土地使用税。大型体育场馆的标准以及用于体育活动的界定按财税〔2015〕130 号文件执行。(财税〔2015〕130 号)

(15) 除经批准开发建设经济适用房的用地外,对各类房地产开发用地一律不得减免城镇土地使用税。(国税发〔2004〕100 号)

对廉租住房、经济适用住房建设用地以及廉租住房经营管理单位按照政府规定价格、向规定保障对象出租的廉租住房用地,免征城镇土地使用税。开发商在经济适用住房、商品住房项目中配套建造廉租住房,在商品住房项目中配套建造经济适用住房,如能提供政府部门出具的相关材料,可按廉租住房、经济适用住房建筑面积占总建筑面积的比例免征开发商应缴纳的城镇土地使用税。(财税〔2008〕24 号,根据财税〔2014〕52 号文件,本文件有关廉租住房税收政策的规定自 2014 年 8 月 15 日起废止)

对改造安置住房建设用地免征城镇土地使用税。对改造安置住房经营管理单位、开发商与改造安置住房相关的印花税以及购买安置住房的个人涉及的印花税予以免征。在商品住房等开发项目中配套建造安置住房的,依据政府部门出具的相关材料和拆迁安置补偿协议,按改造安置住房建筑面积占总建筑面积的比例免征城镇土地使用税、印花税。(财税〔2013〕101 号)

自 2018 年 1 月 1 日至 2025 年 12 月 31 日,对易地扶贫搬迁安置住房用地,免征城镇土地使用税。(财税〔2018〕135 号,财政部、税务总局公告 2021 年第 6 号)

(16) 自 2018 年 10 月 1 日至 2023 年 12 月 31 日,对按照去产能和调结构政策要求停产停业、关闭的企业,自停产停业次月起,免征城镇土地使用税。企业享受免税政策的期限累计不得超过两年。按照去产能和调结构政策要求停产停业、关闭的中央企业名单由国务院国有资产监督管理部门认定发布,其他企业名单由省、自治区、直辖市人民政府确定的去产能、调结构主管部门认定发布。认定部门应当及时将认定发布的企业名单(含停产停业、关闭时间)抄送同级财政和税务部门。企业享受财税〔2018〕107 号文件规定的免税政策,应按规定进行减免税申报,并将房产土地权属资料、房产原值资料等留存备查。(财税〔2018〕107 号)

（续表）

(17) 自2019年1月1日至2023年12月31日，对国家级、省级科技企业孵化器、大学科技园和国家备案众创空间自用以及无偿或通过出租等方式提供给在孵对象使用的房产、土地，免征房产税和城镇土地使用税。（财税〔2018〕120号，财政部、税务总局公告2022年第4号）

(18) 对易地扶贫搬迁安置住房用地，免征城镇土地使用税。（财税〔2018〕135号）

(19) 自2018年1月1日至2023年12月31日，对纳税人及其全资子公司从事大型民用客机发动机、中大功率民用涡轴涡桨发动机研制项目自用的科研、生产、办公房产及土地，免征房产税、城镇土地使用税。自2019年1月1日至2023年12月31日，对纳税人及其全资子公司自用的科研、生产、办公房产及土地，免征房产税、城镇土地使用税。（财政部、税务总局公告2019年第88号，财政部、税务总局公告2021年第6号）

(20) 社区提供养老、托育、家政等服务的机构自有或其通过承租、无偿使用等方式取得并用于提供社区养老、托育、家政服务的房产、土地，免征房产税、城镇土地使用税。（财政部、税务总局、发展改革委、民政部、商务部、卫生健康委公告2019年第76号）

(21) 自2019年1月1日至2023年12月31日，对农村饮水安全工程运营管理单位自用的生产、办公用土地，免征城镇土地使用税。（财政部、税务总局公告2019年第67号，财政部、税务总局公告2021年第6号）

(22) 山东省增值税小规模纳税人免征房产税、城镇土地使用税的期限，延长至2022年12月31日。（鲁财税〔2022〕2号）

六、城镇土地使用税优惠项目核准与备案

（一）城镇土地使用困难减免

《城镇土地使用税暂行条例》	国家税务总局公告2014年第1号	山东省地方税务局公告2018年第6号
第七条 纳税人缴纳土地使用税确有困难需要定期减免的，由县以上税务机关批准。	各省、自治区、直辖市和计划单列市税务机关（以下简称省税务机关）要根据纳税困难类型、减免税金额大小及本地区管理实际，按照减负提效、放管结合的原则，合理确定省、市、县税务机关的审批权限，做到审批严格规范、纳税人办理方便。 困难减免税按年审批，纳税人申请困难减免税应在规定时限内向主管税务机关或有权审批的税务机关提交书面申请并报送相关资料。纳税人报送的资料应真实、准确、齐全。 申请困难减免税的情形、办理流程、时限及其他事项由省税务机关确定。省税务机关在确定申请困难减免税情形时要符合国家关于调整产业结构和促进土地节约集约利用的要求。对因风、火、水、地震等造成	纳税人符合下列情形之一，且缴纳城镇土地使用税确有困难的，可申请困难减免： (1) 因风、火、水、地震等造成的严重自然灾害或者其他不可抗力因素遭受重大损失的。 (2) 依法进入破产程序或者因改制依法进入清算程序，土地闲置不用的。 (3) 全面停产、停业（依法被责令停产、停业的除外）连续超过6个月，土地闲置不用的。 (4) 因政府建设规划致使土地不能使用的。 (5) 承担县级以上人民政府任务的。 (6) 为推动新旧动能转换重大工程，经设区的市以上人民政府确定为重点扶持企业的。 (7) 受市场因素影响发生严重亏损的。 (8) 从事社会公益事业的。 下列情形不得享受城镇土地使用税困难减免： (1) 除本公告第一条第一项规定的情形外，对从事国家限制类、淘汰类的产业不予减免。国家限制类、淘汰类的产业具体范围按照国家产业结构调整指导目录等相关规定执行。 (2) 财政部、国家税务总局规定的其他情形。 纳税人申请困难减免税应当提供以下资料： (1) 减免税申请报告及《纳税人减免税申请核准表》。 (2) 土地权属证书或者其他证明纳税人使用土地的资料。 (3) 证明纳税人纳税困难的相关资料。 (4) 因风、火、水、地震等造成的严重自然灾害或者其他不可抗力因素遭受重大损失的纳税人，应当提供保险公司理赔证明或者其他受灾损失证明。 (5) 依法进入破产程序的纳税人，应当提供人民法院出具的裁定受理文书；因改制依法进入清算程序的纳税人，应当提供有关改制清算证明资料。 (6) 全面停产、停业的纳税人，应当提供全面、连续停产或者停业导致土地闲置不用超过6个月的相关证明资料。

(续表)

《城镇土地使用税暂行条例》	国家税务总局公告2014年第1号	山东省地方税务局公告2018年第6号
的严重自然灾害或其他不可抗力因素遭受重大损失、从事国家鼓励和扶持产业或社会公益事业发生严重亏损,缴纳城镇土地使用税确有困难的,可给予定期减免税。对从事国家限制或不鼓励发展的产业不予减免税。		(7)因政府建设规划致使土地不能使用的纳税人,应当提供县级以上人民政府有关部门出具的建设规划证明资料。 (8)承担县级以上人民政府任务的纳税人,应当提供县级以上人民政府有关部门出具的证明资料。 (9)为推动新旧动能转换重大工程,经设区的市以上人民政府确定为重点扶持企业的,应当提供设区的市以上人民政府有关部门出具的证明资料。 纳税人对报送资料的真实性和合法性承担责任。 城镇土地使用税困难减免税由县税务机关负责核准。 本公告自2018年1月1日起施行,有效期至2022年12月31日。

(二)城镇土地使用税优惠资料备查(国家税务总局公告2019年第21号)

纳税人享受城镇土地使用税优惠实行"自行判别、申报享受、有关资料留存备查"办理方式,申报时无须再向税务机关提供有关资料。纳税人根据具体政策规定自行判断是否符合优惠条件,符合条件的,纳税人申报享受税收优惠,并将有关资料留存备查。

序号	减免项目名称(代码)	留存备查资料	政策依据
1	棚户区改造安置住房建设用地免土地税(10011705)	(1)《纳税人减免税备案登记表》2份。 (2)土地使用权证明复印件。 (3)政府部门出具的棚户区改造安置住房建设用地证明材料。 (4)棚户区改造合同(协议)复印件。	《财政部 国家税务总局关于棚户区改造有关税收政策的通知》(财税〔2013〕101号)
2	公共租赁住房用地免土地税(10011707)	(1)《纳税人减免税备案登记表》2份。 (2)确认为公共租赁住房的证明材料。 (3)土地权属证书或其他证明纳税人使用土地的文件复印件。	《财政部 税务总局关于公共租赁住房税收优惠政策的公告》(财政部 税务总局公告2019年第61号)
3	安置残疾人就业单位用地减免土地税(10012701)	(1)《纳税人减免税备案登记表》2份。 (2)土地使用权证明复印件。 (3)安置的残疾职工名单(各月)及相应的《中华人民共和国残疾人证》或《中华人民共和国残疾军人证(1至8级)》原件及复印件。 (4)劳动合同或服务协议,工资发放及社会保险费缴纳清单(应注明全体 职工的个人明细情况)。 (5)职工名单,安置残疾人名单及岗位安排,符合安置比例及相关条件的 用工情况说明。	《财政部 国家税务总局关于安置残疾人就业单位城镇土地使用税等政策的通知》(财税〔2010〕121号)
4	福利性非营利性老年服务机构土地免土地税(10012702)	(1)《纳税人减免税备案登记表》2份。 (2)土地使用权证明复印件。 (3)民政部门出具的资质认定复印件。	《财政部 国家税务总局关于对老年服务机构有关税收政策问题的通知》(财税〔2000〕97号)
5	农产品批发市场、农贸市场用地免土地税(10019902、10019905)	(1)《纳税人减免税备案登记表》2份。 (2)土地使用权证明复印件。 (3)农产品批发市场和农贸市场经营主体的相关证明,同时经营其他产品 的农产品批发市场和农贸市场,应提供面积比例专项说明。	《关于土地使用税若干具体问题的补充规定》〔(89)国税地字第140号〕; 《财政部 税务总局关于继续实行农产品批发市场农贸市场房产税城镇土地使用税优惠政策的通知》(财税〔2019〕12号)

(续表)

序号	减免项目名称(代码)	留存备查资料	政策依据
6	落实私房政策后的房屋用地减免土地税(10019903)	(1)《纳税人减免税备案登记表》2份。 (2)土地使用权证明复印件。 (3)有关部门出具的落实私房政策证明材料。 (4)房屋租赁合同(协议)复印件。	《关于土地使用税若干具体问题的补充规定》[(89)国税地字第140号]
7	大宗商品仓储设施用地城镇土地使用税优惠(10019906)	(1)《纳税人减免税备案登记表》2份。 (2)土地使用权证明复印件。 (3)单位性质证明材料。	《财政部 税务总局关于继续实施物流企业大宗商品仓储设施用地城镇土地使用税优惠政策的公告》(财政部 税务总局公告2020年第16号)
8	非营利性科研机构自用土地免土地税(10021901)	(1)《纳税人减免税备案登记表》2份。 (2)土地使用权证明复印件。 (3)非营利性科研机构执业登记证明复印件。	《财政部 国家税务总局关于非营利性科研机构税收政策的通知》(财税〔2001〕5号)
9	科技园自用及提供孵化企业使用土地免土地税(10021907)	(1)《纳税人减免税备案登记表》2份。 (2)土地使用权证明复印件。 (3)教育部门出具的大学科技园资格证明材料。 (4)大学科技园面向孵化企业出租场地、房屋以及提供孵化服务的业务收入在财务上单独核算的相关证明材料。 (5)孵化企业相关证明材料、在孵化企业汇总表。	《财政部 税务总局 科技部 教育部关于科技企业孵化器 大学科技园和众创空间税收政策的通知》(财税〔2018〕120号)
10	孵化器自用及提供孵化企业使用土地免土地税(10021908)	(1)《纳税人减免税备案登记表》2份。 (2)土地使用权证明复印件。 (3)科技部门出具的证明材料。 (4)孵化器面向孵化企业出租场地、房屋以及提供孵化服务的业务收入在财务上单独核算的相关证明材料。 (5)孵化企业相关证明材料、在孵化企业汇总表。	《财政部 税务总局 科技部 教育部关于科技企业孵化器 大学科技园和众创空间税收政策的通知》(财税〔2018〕120号)
11	转制科研机构的科研开发自用土地免土地税(10022002)	(1)《纳税人减免税备案登记表》2份。 (2)土地使用权证明复印件。 (3)转制方案批复函。 (4)企业工商营业执照。 (5)整体转制前已进行事业单位法人登记的,应提供同级机构编制管理机关核销事业编制、注销事业单位法人的证明。 (6)同在职职工签订劳动合同、按企业办法参加社会保险制度的证明。 (7)引入非公有资本和境外资本、变更资本结构的,需出具相关部门批准文件。	《财政部 国家税务总局关于转制科研机构有关税收政策问题的通知》(财税〔2003〕137号)
12	青藏铁路公司及其所属单位自用土地免土地税(10033301)	(1)《纳税人减免税备案登记表》2份。 (2)土地使用权证明复印件。	《财政部 国家税务总局关于青藏铁路公司运营期间有关税收等政策问题的通知》(财税〔2007〕11号)

(续表)

序号	减免项目名称(代码)	留存备查资料	政策依据
13	大秦公司市场化运作前其自用土地免土地税(10052401)	(1)《纳税人减免税备案登记表》2份。 (2)土地使用权证明复印件。	《财政部 国家税务总局关于大秦铁路改制上市有关税收问题的通知》(财税〔2006〕32号)
14	广深公司承租广铁集团铁路运输用地免土地税(10052402)	(1)《纳税人减免税备案登记表》2份。 (2)土地使用权证明复印件。 (3)收购租赁合同及相关协议复印件。	《财政部 国家税务总局关于广深铁路股份有限公司改制上市和资产收购有关税收问题的通知》(财税〔2008〕12号)
15	企业搬迁原场地不使用的免土地税(10052403)	(1)《纳税人减免税备案登记表》2份。 (2)土地使用权证明复印件。 (3)有关部门对企业搬迁的批准文件或认定书复印件。	《关于土地使用税若干具体问题的补充规定》[(89)国税地字第140号]
16	企业厂区以外的公共绿化用地免土地税(0061001)	(1)《纳税人减免税备案登记表》2份。 (2)土地使用权证明复印件。 (3)企业公共绿化用地证明材料。	《关于土地使用税若干具体问题的补充规定》[(89)国税地字第140号]
17	天然林二期工程专用土地免土地税(10061002)	(1)《纳税人减免税备案登记表》2份。 (2)专用土地的土地使用权证明复印件。 (3)属于天然林二期工程实施企业和单位的认定资料。	《财政部 国家税务总局关于天然林保护工程(二期)实施企业和单位房产税、城镇土地使用税政策的通知》(财税〔2011〕90号)
18	天然林二期工程森工企业闲置土地免土地税(10061003)	(1)《纳税人减免税备案登记表》2份。 (2)企业闲置土地的土地使用权证明复印件。 (3)属于天然林二期工程实施企业和单位的认定资料。	
19	居民供热使用土地免土地税(10064003)	(1)《纳税人减免税备案登记表》2份。 (2)专用土地的土地使用权证明复印件。 (3)供热企业证明材料。	《财政部 国家税务总局关于供热企业增值税 房产税 城镇土地使用税优惠政策的通知》(财税〔2016〕94号)
20	电力行业部分用地免土地税(10064201)	(1)《纳税人减免税备案登记表》2份。 (2)土地使用权证明复印件。 (3)电力行业用地证明材料。	《国家税务局关于电力行业征免土地使用税问题的规定》[(89)国税地字第13号]
21	核工业总公司所属企业部分用地免土地税(10064202)	(1)《纳税人减免税备案登记表》2份。 (2)土地使用权证明复印件。 (3)单位性质证明材料。	《国家税务局关于对核工业总公司所属企业征免土地使用税问题的若干规定》[(89)国税地字第007号]
22	核电站部分用地减免土地税(10064203)	(1)《纳税人减免税备案登记表》2份。 (2)土地使用权证明复印件。 (3)单位性质证明材料。	《财政部 国家税务总局关于核电站用地征免城镇土地使用税的通知》(财税〔2007〕124号)
23	4家金融资产公司处置房地产免土地税(10083901、10083905)	(1)《纳税人减免税备案登记表》2份。 (2)土地使用权证明复印件。 (3)处置不良资产合同或协议复印件。	《财政部 国家税务总局关于中国信达等4家金融资产管理公司税收政策问题的通知》(财税〔2001〕10号)

（续表）

序号	减免项目名称(代码)	留存备查资料	政策依据
24	东方资产管理公司接收港澳国际(集团)有限公司资产的城镇土地使用税优惠(10083902)	(1)《纳税人减免税备案登记表》2份。 (2)土地使用权证明复印件。 (3)处置不良资产合同或协议复印件。	《财政部 国家税务总局关于中国东方资产管理公司处置港澳国际(集团)有限公司有关资产税收政策问题的通知》(财税〔2003〕212号)
25	被撤销金融机构清算期间自有的或从债务方接收的房地产(10083903)	(1)《纳税人减免税备案登记表》2份。 (2)土地使用权证明复印件。 (3)中国人民银行撤销该机构的证明材料。 (4)财产处置协议复印件。	《财政部 国家税务总局关于被撤销金融机构有关税收政策问题的通知》(财税〔2003〕141号)
26	农村饮水工程运营管理单位自用土地免土地税(10092302)	(1)《纳税人减免税备案登记表》2份。 (2)土地使用权证明复印件。 (3)农村饮水工程运营相关证明资料原件及复印件。	《财政部 税务总局关于继续实行农村饮水安全工程税收优惠政策的公告》(财政部 税务总局公告2019年第67号)
27	学校、托儿所、幼儿园自用土地免土地税(10101401)	(1)《纳税人减免税备案登记表》2份。 (2)土地使用权证明复印件。 (3)教育部门出具的教育行业资质证明复印件。	《财政部 国家税务总局关于教育税收政策的通知》(财税〔2004〕39号)
28	符合条件的体育场馆减免城镇土地使用税(10102901)	(1)《纳税人减免税备案登记表》2份。 (2)土地权属证书或其他证明纳税人使用土地的文件复印件。 (3)确认为体育场馆的证明材料。	《财政部 国家税务总局关于体育场馆房产税和城镇土地使用税政策的通知》(财税〔2015〕130号)
29	航空航天公司专属用地免土地税(10120702)	(1)《纳税人减免税备案登记表》2份。 (2)土地权属证书或其他证明纳税人使用土地的文件复印件。 (3)确认为中国航空、航天、船舶工业总公司所属军工企业单位性质证明材料。	《财政部 国家税务总局关于对中国航空 航天船舶工业总公司所属军工企业免征土地使用税的若干规定的通知》(财税字〔1995〕27号)
30	铁道部所属铁路运输企业自用土地免土地税(10121301)	(1)《纳税人减免税备案登记表》2份。 (2)土地使用权证明复印件。 (3)单位性质证明材料。	《财政部 国家税务总局关于调整铁路系统房产税城镇土地使用税政策的通知》(财税〔2003〕149号)
31	地方铁路运输企业自用土地免土地税(10121303)	(1)《纳税人减免税备案登记表》2份。 (2)土地使用权证明复印件。 (3)单位性质证明材料。	《财政部 国家税务总局关于明确免征房产税城镇土地使用税的铁路运输企业范围及有关问题的通知》(财税〔2004〕36号)
32	港口的码头用地免土地税(10121304)	(1)《纳税人减免税备案登记表》2份。 (2)土地使用权证明复印件。 (3)港口用地相关证明材料。	《国家税务局关于对交通部门的港口用地征免土地使用税问题的规定》〔(89)国税地字第123号〕
33	民航机场规定用地免土地税(10121305)	(1)《纳税人减免税备案登记表》2份。 (2)土地使用权证明复印件。 (3)民航机场用地相关证明材料。	《国家税务局关于对民航机场用地征免土地使用税问题的规定》〔(89)国税地字第032号〕

(续表)

序号	减免项目名称(代码)	留存备查资料	政策依据
34	股改铁路运输企业及合资铁路运输公司自用的房产免土地税(10121306)	(1)《纳税人减免税备案登记表》2份。 (2)土地使用权证明复印件。 (3)单位性质证明材料。	《财政部 国家税务总局关于股改及合资铁路运输企业房产税、城镇土地使用税有关政策的通知》(财税〔2009〕132号)
35	厂区外未加隔离的企业铁路专用线用地免土地税(10121308)	(1)《纳税人减免税备案登记表》2份。 (2)土地使用权证明复印件。 (3)企业铁路专用线、公路用地证明材料。	《关于土地使用税若干具体问题的补充规定》[(89)国税地字第140号]
36	城市公交站场、道路客运站场的运营用地免土地税(10121309)	(1)《纳税人减免税备案登记表》2份。 (2)土地权属证书或其他证明纳税人使用土地的文件复印件。 (3)确认为城市公交站场、道路客运站场、城市轨道交通系统的有关证明材料。	《财政部 税务总局关于继续对城市公交站场道路客运站场、城市轨道交通系统减免城镇土地使用税优惠政策的通知》(财税〔2019〕11号)
37	商品储备管理公司及其直属库储备业务自用土地免土地税(10122605)	(1)《纳税人减免税备案登记表》2份。 (2)土地权属证书或其他证明纳税人使用土地的文件复印件。 (3)与政府有关部门签订的承担储备任务的书面委托合同、取得财政储备经费或补贴的批复文件或相关凭证等确认为商品储备管理公司及其直属库的有关证明材料复印件。	《财政部 税务总局关于部分国家储备商品有关税收政策的公告》(财政部税务总局公告2019年第77号)
38	血站自用的土地免土地税(10123401)	(1)《纳税人减免税备案登记表》2份。 (2)土地使用权证明复印件。 (3)医疗执业注册登记证复印件。	《财政部 国家税务总局关于血站有关税收问题的通知》(财税字〔1999〕264号)
39	非营利性医疗、疾病控制、妇幼保健机构自用的土地免土地税(10123402)	(1)《纳税人减免税备案登记表》2份。 (2)土地使用权证明复印件。 (3)医疗执业注册登记证复印件。	《财政部 国家税务总局关于医疗卫生机构有关税收政策的通知》(财税〔2000〕42号)
40	营利性医疗机构自用的土地3年内免土地税(10123403)	(1)《纳税人减免税备案登记表》2份。 (2)土地使用权证明复印件。 (3)医疗执业注册登记证复印件。	《财政部 国家税务总局关于医疗卫生机构有关税收政策的通知》(财税〔2000〕42号)
41	免税单位无偿使用的土地免土地税(10125002)	(1)《纳税人减免税备案登记表》2份。 (2)土地使用权证明复印件。 (3)免税单位无偿使用证明材料。	《关于土地使用税若干具体问题的补充规定》[(89)国税地字第140号]
42	劳改劳教单位相关用地免土地税(10125003)	(1)《纳税人减免税备案登记表》2份。 (2)土地使用权证明复印件。 (3)司法系统所属的劳改单位的证明材料。	《国家税务局关于对司法部所属的劳改劳教单位征免土地使用税问题的规定》[(89)国税地字第119号]
43	地下建筑用地暂按50%征收免土地税(10129901)	(1)《纳税人减免税备案登记表》2份。 (2)土地使用权证明复印件。 (3)地下建筑用地相关证明材料。	《财政部 国家税务总局关于房产税城镇土地使用税有关问题的通知》(财税〔2009〕128号)

（续表）

序号	减免项目名称(代码)	留存备查资料	政策依据
44	采摘观光的种植养殖土地免土地税(10129902)	(1)《纳税人减免税备案登记表》2份。 (2)土地使用权证明复印件。 (3)采摘观光农业用地证明材料。	《财政部 国家税务总局关于房产税城镇土地使用税有关政策的通知》(财税〔2006〕186号)
45	水利设施及其管护用地免土地税(10129906)	(1)《纳税人减免税备案登记表》2份。 (2)土地使用权证明复印件。 (3)水利设施用地证明材料。	《国家税务局关于水利设施用地征免土地使用税问题的规定》[(89)国税地字第014号]
46	防火防爆防毒等安全用地免土地税(10129907)	(1)《纳税人减免税备案登记表》2份。 (2)土地使用权证明复印件。 (3)有关部门出具的安全防范用地证明材料。	《关于土地使用税若干具体问题的补充规定》[(89)国税地字第140号]
47	矿山企业生产专用地免土地税(10129909)	(1)《纳税人减免税备案登记表》2份。 (2)土地使用权证明复印件。 (3)单位性质证明材料。	《国家税务局关于对矿山企业征免土地使用税问题的通知》[(89)国税地字第122号]
48	煤炭企业规定用地免土地税(10129910)	(1)《纳税人减免税备案登记表》2份。 (2)土地使用权证明复印件。 (3)单位性质证明材料。	《国家税务局关于对煤炭企业用地征免土地使用税问题的规定》[(89)国税地字第089号]
49	盐场的盐滩盐矿的矿井用地免土地税(10129911)	(1)《纳税人减免税备案登记表》2份。 (2)土地使用权证明复印件。 (3)单位性质证明材料。	《国家税务局关于对盐场、盐矿征免城镇土地使用税问题的通知》[(89)国税地字第141号]
50	林业系统相关用地免土地税(10129913)	(1)《纳税人减免税备案登记表》2份。 (2)土地使用权证明复印件。 (3)单位性质证明材料。	《国家税务局关于林业系统征免土地使用税问题的通知》(国税函发〔1991〕1404号)
51	开山填海整治土地和改造废弃土地免土地税(10129918)	(1)《纳税人减免税备案登记表》2份。 (2)土地使用证、海域证等证明复印件。 (3)开山填海整治或废弃土地改造前的图纸、图片及其他能够证明目标土地整治或改造前状态的证明材料。 (4)国土资源部门批准占用滩涂、泽塘、山地等废弃土地的批复文件。	《城镇土地使用税暂行条例》
52	企业已售房改房占地免土地税(10129919)	(1)《纳税人减免税备案登记表》2份。 (2)土地使用权证明复印件。 (3)房改房销售合同(协议)复印件。	《财政部 国家税务总局关于房改用地未办理土地使用权过户期间城镇土地使用税政策的通知》(财税〔2013〕44号)
53	个人出租住房用地城镇土地使用税优惠(10129920)	(1)《纳税人减免税备案登记表》2份。 (2)房屋产权证明原件及复印件。 (3)个人身份证件。 (4)租赁合同(协议)原件及复印件。	《财政部 国家税务总局关于廉租住房 经济适用住房和住房租赁有关税收政策的通知》(财税〔2008〕24号)

(续表)

序号	减免项目名称(代码)	留存备查资料	政策依据
54	企业的荒山、林地、湖泊等占地减半征收土地税(10129921)	(1)《纳税人减免税备案登记表》2份。 (2)土地使用权证明复印件。 (3)对企业范围内的荒山、林地、湖泊等占地,尚未利用的相关证明材料。	《财政部 国家税务总局关于企业范围内的荒山林地湖泊等占地城镇土地使用税有关政策的通知》(财税〔2014〕1号)
55	石油天然气生产企业部分用地免土地税(10129924)	(1)《纳税人减免税备案登记表》2份。 (2)土地使用权证明复印件。 (3)单位性质证明材料。	《财政部 国家税务总局关于石油天然气生产企业城镇土地使用税政策的通知》(财税〔2015〕76号)
56	接收港澳国际(集团)有限公司的房产(10021909)	《纳税人减免税备案登记表》2份。	《财政部 国家税务总局关于中国东方资产管理公司处置港澳国际(集团)有限公司有关资产税收政策问题的通知》(财税〔2003〕212号)

1. 国家税务总局公告2018年第65号文件取消的备案证明事项

涉及城镇土地使用税备案的下列证明事项予以取消,不再提交,除了第5项通过政府部门间信息共享或内部核查替代,其他各项改为纳税人自行留存备查。

取消的税务证明事项目录(节选)

序号	证明名称	原证明用途
5	参加社会保险证明	5.2 转制科研机构办理科研开发自用土地免征城镇土地使用税备案时,需提供按企业办法参加社会保险制度的证明。
8	残疾人证明	安置残疾人就业单位办理减免城镇土地使用税备案时,需提供就业人员的残疾人证或残疾军人证。
9	核销事业编制、注销事业单位法人的证明	9.2 转制科研机构办理科研开发自用土地免征城镇土地使用税备案时,需提供核销事业编制、注销事业单位法人的证明。
10	决定撤销金融机构的证明	10.2 纳税人办理被撤销金融机构清算期间自有的或从债务方接收的房地产免征城镇土地使用税备案时,需提供中国人民银行决定撤销该机构的证明材料。
11	单位性质证明	11.17 转制科研机构办理科研开发自用土地免征城镇土地使用税备案时,需提供转制方案批复函。 11.18 中国人民银行总行所属分支机构办理自用土地免征城镇土地使用税备案时,需提供单位性质证明材料。 11.19 纳税人办理铁路运输企业自用土地免征城镇土地使用税备案时,需提供单位性质证明材料。 11.20 纳税人办理地方铁路运输企业自用土地免征城镇土地使用税备案时,需提供符合政策规定的地方铁路运输企业单位性质证明。 11.21 纳税人办理股改铁路运输企业及合资铁路运输公司自用土地免征城镇土地使用税备案时,需提供符合政策规定的股改铁路运输企业及合资铁路运输公司单位性质证明。 11.22 纳税人办理天然林二期工程专用土地免征城镇土地使用税备案时,需提供属于天然林二期工程实施企业和单位的认定资料。

(续表)

序号	证明名称	原证明用途
11	单位性质证明	11.23 石油天然气生产企业办理符合条件的用地免征城镇土地使用税备案时,需提供单位性质证明材料。
		11.24 纳税人办理国家石油储备基地项目用地免征城镇土地使用税备案时,需提供用地单位属于国家石油储备基地项目企业的资料。
		11.25 企业搬迁后,原有场地不使用的,办理免征城镇土地使用税备案时,需提供有关部门对企业搬迁的批准文件或认定书。
		11.26 纳税人办理林业系统相关用地免征城镇土地使用税备案时,需提供单位性质证明材料。
		11.27 农村饮水工程运营管理单位办理自用土地免征城镇土地使用税备案时,需提供农村饮水安全工程企业和单位的认定资料。
		11.28 纳税人办理集贸市场用地免征城镇土地使用税备案时,需提供集贸市场经营主体的相关证明。
		11.29 纳税人办理农产品批发市场、农贸市场减免城镇土地使用税备案时,需提供农产品批发市场和农贸市场经营主体的相关证明。
		11.30 矿山企业办理生产专用地免征城镇土地使用税备案时,需提供单位性质证明材料。
		11.31 建材企业办理采石场、排土场等用地免征城镇土地使用税备案时,需提供单位性质证明材料。
		11.32 纳税人办理盐场的盐滩盐矿的矿井用地免征城镇土地使用税备案时,需提供单位性质证明材料。
		11.33 纳税人办理学校、托儿所、幼儿园自用土地免征城镇土地使用税备案时,需提供教育行业资质证明。
		11.34 非营利性老年服务机构办理自用土地免征城镇土地使用税备案时,需提供非营利性服务机构资质证明。
		11.35 福利性非营利性科研机构办理自用土地免征城镇土地使用税备案时,需提供非营利性科研机构执业登记证明。
12	医疗机构执业许可证	12.5 营利性医疗机构办理自用土地3年内免征城镇土地使用税备案时,需提供医疗机构执业许可证。
		12.6 血站办理自用土地免征城镇土地使用税备案时,需提供医疗机构执业许可证。
		12.7 非营利性医疗、疾病控制、妇幼保健机构等卫生机构办理自用土地免征城镇土地使用税备案时,需提供医疗机构执业许可证。
13	海域使用权证明	纳税人办理开山填海整治土地免征城镇土地使用税备案时,需提供纳税人的海域使用权证明。
15	房屋、土地权属证明	15.35 转制科研机构办理科研开发自用土地免征城镇土地使用税备案时,需提供土地权属证明。
		15.36 中国人民银行总行所属分支机构办理自用土地免征城镇土地使用税备案时,需提供土地权属证明。
		15.37 纳税人办理铁路运输企业自用土地免征城镇土地使用税备案时,需提供土地权属证明。

(续表)

序号	证明名称	原证明用途
15	房屋、土地权属证明	15.38 纳税人办理地方铁路运输企业自用土地免征城镇土地使用税备案时,需提供土地权属证明。
		15.39 纳税人办理股改铁路运输企业及合资铁路运输公司自用房产免征城镇土地使用税备案时,需提供土地权属证明。
		15.40 大秦公司办理自用土地免征城镇土地使用税备案时,需提供土地权属证明。
		15.41 青藏铁路公司及其所属单位办理自用土地免征城镇土地使用税备案时,需提供土地权属证明。
		15.42 广深公司承租广铁集团铁路运输用地办理免征城镇土地使用税备案时,需提供土地权属证明。
		15.43 纳税人办理天然林二期工程专用土地免征城镇土地使用税备案时,需提供土地权属证明。
		15.44 纳税人办理天然林二期工程森工企业闲置土地免征城镇土地使用税备案时,需提供土地权属证明。
		15.45 石油天然气生产企业办理符合条件的用地免征城镇土地使用税备案时,需提供土地权属证明。
		15.46 纳税人办理国家石油储备基地项目用地免征城镇土地使用税备案时,需提供土地权属证明。
		15.47 商品储备管理公司及其直属库办理商品储备业务自用土地免征城镇土地使用税备案时,需提供土地权属证明。
		15.48 物流企业办理大宗商品仓储设施用地减征城镇土地使用税备案时,需提供土地权属证明。
		15.49 纳税人办理城市公交站场、道路客运站场的运营用地免征城镇土地使用税备案时,需提供土地权属证明。
		15.50 纳税人办理民航机场规定用地免征城镇土地使用税备案时,需提供土地权属证明。
		15.51 纳税人办理港口的码头用地免征城镇土地使用税备案时,需提供土地权属证明。
		15.52 纳税人办理企业已售房改房占地免征城镇土地使用税备案时,需提供土地权属证明。
		15.53 纳税人办理企业厂区以外的公共绿化用地免征城镇土地使用税备案时,需提供土地权属证明。
		15.54 纳税人办理厂区外未加隔离的企业铁路专用线用地免征城镇土地使用税备案时,需提供土地权属证明。
		15.55 企业搬迁后,原有场地不使用的,办理免征城镇土地使用税备案时,需提供土地权属证明。
		15.56 纳税人办理林业系统相关用地免征城镇土地使用税备案时,需提供土地权属证明。
		15.57 纳税人办理采摘观光的种植养殖土地免征城镇土地使用税备案时,需提供土地权属证明。

(续表)

序号	证明名称	原证明用途
15	房屋、土地权属证明	15.58 农村饮水工程运营管理单位办理自用土地免征城镇土地使用税备案时,需提供土地权属证明。
		15.59 纳税人办理农产品批发市场、农贸市场减免城镇土地使用税备案时,需提供土地权属证明。
		15.60 免税单位无偿使用土地办理免征城镇土地使用税备案时,需提供土地权属证明。
		15.61 纳税人办理落实私房政策后的出租房屋用地减免城镇土地使用税备案时,需提供土地权属证明。
		15.62 纳税人办理煤炭企业免征规定用途用地的城镇土地使用税备案时,需提供土地权属证明。
		15.63 矿山企业办理生产专用地免征城镇土地使用税备案时,需提供土地权属证明。
		15.64 建材企业办理采石场、排土场等用地免征城镇土地使用税备案时,需提供土地权属证明。
		15.65 纳税人办理盐场的盐滩盐矿的矿井用地免征城镇土地使用税备案时,需提供土地权属证明。
		15.66 纳税人办理经济适用住房建设用地及占地免征城镇土地使用税备案时,需提供土地权属证明。
		15.67 纳税人办理公共租赁住房用地免征城镇土地使用税备案时,需提供土地权属证明。
		15.68 纳税人办理棚户区改造安置住房建设用地免征城镇土地使用税备案时,需提供土地权属证明。
		15.69 纳税人办理科技企业孵化器、国家大学科技园自用及提供给在孵对象使用的土地免征城镇土地使用税备案时,需提供土地权属证明。
		15.70 纳税人办理水利设施及其管护用地免征城镇土地使用税备案时,需提供土地权属证明。
		15.71 供热企业办理为居民供热所使用的土地免征城镇土地使用税备案时,需提供土地权属证明。
		15.72 纳税人办理核工业企业部分用地免征城镇土地使用税备案时,需提供土地权属证明。
		15.73 纳税人办理核电站部分用地减免城镇土地使用税备案时,需提供土地权属证明。
		15.74 纳税人办理电力行业部分用地免征城镇土地使用税备案时,需提供土地权属证明。
		15.75 纳税人办理学校、托儿所、幼儿园自用土地免征城镇土地使用税备案时,需提供土地权属证明。
		15.76 福利性非营利性老年服务机构办理自用土地免征城镇土地使用税备案时,需提供土地权属证明。
		15.77 非营利性医疗、疾病控制、妇幼保健机构等卫生机构办理自用土地免征城镇土地使用税备案时,需提供土地权属证明。

(续表)

序号	证明名称	原证明用途
15	房屋、土地权属证明	15.78 营利性医疗机构办理自用土地3年内免征城镇土地使用税备案时,需提供土地权属证明。
		15.79 非营利性科研机构办理自用土地免征城镇土地使用税备案时,需提供土地权属证明。
		15.80 血站办理自用土地免征城镇土地使用税备案时,需提供土地权属证明。
		15.81 纳税人办理防火防爆防毒等安全防范用地免征城镇土地使用税备案时,需提供土地权属证明。
		15.82 纳税人办理地下建筑用地暂按50%征收城镇土地使用税备案时,需提供土地权属证明。
		15.83 纳税人办理被撤销金融机构清算期间自有的或从债务方接收的房地产免征城镇土地使用税备案时,需提供土地权属证明。
		15.84 纳税人办理中国信达等4家金融资产管理公司处置不良资产免征城镇土地使用税备案时,需提供土地权属证明。
		15.85 纳税人办理处置港澳国际(集团)有限公司的有关资产免征城镇土地使用税备案时,需提供土地权属证明。
		15.86 安置残疾人就业单位办理减免城镇土地使用税备案时,需提供土地权属证明。
		15.87 纳税人办理符合条件的体育场馆减免城镇土地使用税备案时,需提供土地权属证明。
		15.88 纳税人办理开山填海整治土地免征城镇土地使用税备案时,需提供土地权属证明。
		15.89 纳税人办理集贸市场用地免征城镇土地使用税备案时,需提供土地权属证明。
		15.90 纳税人办理直接用于农、林、牧、渔业的生产用地免征城镇土地使用税备案时,需提供土地权属证明。
		15.91 纳税人办理宗教寺庙、公园、名胜古迹自用土地免征城镇土地使用税备案时,需提供土地权属证明。
16	土地用途证明	16.1 物流企业办理大宗商品仓储设施用地减征城镇土地使用税备案时,需提供符合文件规定的大宗商品仓储设施用地的相关证明材料。
		16.2 纳税人办理民航机场规定用地免征城镇土地使用税备案时,需提供符合减免税政策规定的民航机场用地相关证明材料。
		16.3 纳税人办理港口的码头用地免征城镇土地使用税备案时,需提供符合减免税政策规定的港口的码头用地证明材料。
		16.4 纳税人办理企业厂区以外的公共绿化用地免征城镇土地使用税备案时,需提供符合减免税政策规定的企业公共绿化用地证明材料。
		16.5 纳税人办理厂区外未加隔离的企业铁路专用线用地免征城镇土地使用税备案时,需提供符合减免税政策规定的厂区外未加隔离的企业铁路专用线用地证明材料。
		16.6 纳税人办理采摘观光的种植养殖土地免征城镇土地使用税备案时,需提供采摘观光农业用地证明材料。

(续表)

序号	证明名称	原证明用途
16	土地用途证明	16.7 纳税人办理棚户区改造安置住房建设用地免征城镇土地使用税备案时,需提供棚户区改造安置住房建设用地证明材料。
		16.8 纳税人办理煤炭企业规定用途地免征城镇土地使用税备案时,需提供用地性质证明材料。
		16.9 纳税人办理防火防爆防毒等安全防范用地免征城镇土地使用税备案时,需提供安全防范用地证明材料。
18	政府主办或确认为经济适用房、公共租赁住房的相关证明材料	18.1 纳税人办理经济适用住房建设用地及占地免征城镇土地使用税备案时,需提供确认为经济适用房的证明材料。
		18.2 纳税人办理公共租赁住房用地免征城镇土地使用税备案时,需提供确认为公共租赁住房的证明材料。
19	落实私房政策证明	纳税人办理落实私房政策后的出租房屋用地减免城镇土地使用税备案时,需提供落实私房政策证明材料。
20	取得财政储备经费或补贴的文件或凭证	20.2 商品储备管理公司及其直属库办理商品储备业务自用土地免征城镇土地使用税备案时,需提供取得财政储备经费或补贴的批复文件或相关凭证。

2. 国家税务总局令第 46 号取消的税务证明事项

序号	证明名称	证明用途	取消后的办理方式
13	科技企业孵化器、大学科技园证明	纳税人办理科技企业孵化器、国家大学科技园按规定免征房税、城镇土地使用税、增值税备案时,需提供国务院科技、教育行政主管部门出具的证明材料。	不再提交。通过政府部门间信息共享替代。

七、小微企业减征城镇土地使用税 50%

财政部 税务总局公告 2022 年第 10 号	国家税务总局公告 2022 年第 3 号
（1）自 2022 年 1 月 1 日至 2024 年 12 月 31 日,由省、自治区、直辖市人民政府根据本地区实际情况,以及宏观调控需要确定,对增值税小规模纳税人、小型微利企业和个体工商户可以在 50% 的税额幅度内减征资源税、城市维护建设税、房产税、城镇土地使用税、印花税（不含证券交易印花税）、耕地占用税和教育费附加、地方教育附加。 （2）增值税小规模纳税人、小型微利企业和个体工商户已依法享受资源税、城市维护建设税、房产税、城镇土地使用税、印花税、耕地占用税、教育费附加、地方教育附加其他优惠政策的,可叠加享受本公告第一条规定的优惠政策。	小规模纳税人、个体工商户直接享受"六税两费减半优惠"。 登记为一般纳税人的企业所得税的纳税人,按以下情况判断: （1）2020 年及之前成立的一般纳税人,以 2021 年办理 2020 年度汇缴的结果来确定自 2022 年 1 月 1 日至 2022 年 6 月 30 日（税款所属期）能否享受减免优惠。 （2）2021 年及之后成立的一般纳税人,下一年尚未办理上年度汇缴但同时符合申报期上月末从业人数不超过 300 人、资产总额不超过 5 000 万元两个条件的,在办理汇缴前（申报期）可以享受减免优惠。 （3）2022 年办理 2021 年度汇缴的结果属于小型微利企业的,自 2022 年 7 月 1 日至 2023 年 6 月 30 日享受减免优惠;不属于小型微利企业的,自办理汇缴的次月 1 日（按次申报的自汇缴之日）至 2023 年 6 月 30 日不享受减免优惠。 （4）办理首次汇算清缴申报前,已按规定申报缴纳"六税两费"的,不再根据首次汇算清缴结果进行更正。

在享受优惠的顺序上,"六税两费"减征优惠是在享受其他优惠的基础上再享受。原来适用比例减免或定额减免的,"六税两费"减征额计算的基数是应纳税额减除原有减免税额后的数额。

山东省增值税小规模纳税人免征房产税、城镇土地使用税的期限,延长至 2022 年 12 月 31 日。（鲁财税〔2022〕2 号）

八、城镇土地使用税简化申报

国家税务总局公告2021年第9号	国家税务总局公告2022年第3号
自2021年6月1日起,纳税人申报缴纳城镇土地使用税、房产税、车船税、印花税、耕地占用税、资源税、土地增值税、契税、环境保护税、烟叶税中一个或多个税种时,使用《财产和行为税纳税申报表》(附件1)。纳税人新增税源或税源变化时,需先填报《财产和行为税税源明细表》(附件2)。	修订《财产和行为税减免税明细申报附表》《〈增值税及附加税费申报表(一般纳税人适用)〉附列资料(五)》《〈增值税及附加税费预缴表〉附列资料》《〈消费税及附加税费申报表〉附表6(消费税附加税费计算表)》,增加增值税小规模纳税人、小型微利企业、个体工商户减免优惠申报有关数据项目,相应修改有关填表说明(具体见附件)。 本公告修订的表单自各省(自治区、直辖市)人民政府确定减征比例的规定公布当日正式启用。各地启用本公告修订的表单后,不再使用《国家税务总局关于简并税费申报有关事项的公告》(国家税务总局公告2021年第9号)中的《财产和行为税减免税明细申报附表》和《国家税务总局关于增值税 消费税与附加税费申报表整合有关事项的公告》(国家税务总局公告2021年第20号)中的《〈增值税及附加税费申报表(一般纳税人适用)〉附列资料(五)》《〈增值税及附加税费预缴表〉附列资料》《〈消费税及附加税费申报表〉附表6(消费税附加税计算表)》。
纳税申报时,财产和行为税各税种统一采用《财产行为税纳税申报表》。该申报表由一张主表和一张减免税附表组成,主表为纳税情况,附表为申报享受的各类减免税情况。纳税申报前,需先维护税源信息。税源信息没有变化的,确认无变化后直接进行纳税申报;税源信息有变化的,通过填报《税源明细表》进行数据更新维护后再进行纳税申报。 纳税人可以自由选择维护税源信息的时间,既可以在申报期之前,也可以在申报期内。为确保税源信息和纳税申报表逻辑一致,减轻纳税人填报负担,征管系统将根据各税种税源信息自动生成新申报表,纳税人审核确认后即可完成申报。无论选择何种填报方式,纳税人申报时,系统都会根据已经登记的税源明细表自动生成申报表。 税源信息是财产和行为税各税种纳税申报和后续管理的基础数据来源,是生成纳税申报表的主要依据。纳税人通过填报税源明细表提供税源信息。纳税人仅就发生纳税义务的税种填报对应的税源明细表。	

第七节 耕地占用税优惠政策解析与应用

政策依据:

> 《中华人民共和国耕地占用税法》(以下简称《耕地占用税法》,自2019年9月1日起施行);
> 《中华人民共和国耕地占用税法实施办法》(以下简称《耕地占用税法实施办法》);
> 《国家税务总局关于耕地占用税征收管理有关事项的公告》(国家税务总局公告2019年第30号)。

一、纳税人

《耕地占用税法》	《耕地占用税法实施办法》
第二条 在中华人民共和国境内占用耕地建设建筑物、构筑物或者从事非农业建设的单位和个人,为耕地占用税的纳税人,应当依照本法规定缴纳耕地占用税。 占用耕地建设农田水利设施的,不缴纳耕地占用税。 本法所称耕地,是指用于种植农作物的土地。	第二条 经批准占用耕地的,纳税人为农用地转用审批文件中标明的建设用地人;农用地转用审批文件中未标明建设用地人的,纳税人为用地申请人,其中用地申请人为各级人民政府的,由同级土地储备中心、自然资源主管部门或政府委托的其他部门、单位履行耕地占用税申报纳税义务。 未经批准占用耕地的,纳税人为实际用地人。
按照《土地管理法》和国土资源部的《土地分类》的规定,农用地分为耕地、园地、林地、牧草地和其他农用地。	

用途		纳税人	
占用耕地、农用地	建设建筑物、构筑物	单位和个人	建设用地人 用地申请人 实际用地人
	包括毁损耕地非农业建设		
用地申请人为各级人民政府的		同级土地储备中心、自然资源主管部门或政府委托的其他部门、单位履行耕地占用税申报纳税义务。	
未经批准占用耕地的		实际用地人	

二、征税范围

《耕地占用税法》	《耕地占用税法实施办法》
第二条 在中华人民共和国境内占用耕地建设建筑物、构筑物或者从事非农业建设的单位和个人,为耕地占用税的纳税人,应当依照本法规定缴纳耕地占用税。 占用耕地建设农田水利设施的,不缴纳耕地占用税。 本法所称耕地,是指用于种植农作物的土地。 第八条 依照本法第七条第一款、第二款规定免征或者减征耕地占用税后,纳税人改变原占地用途,不再属于免征或者减征耕地占用税情形的,应当按照当地适用税额补缴耕地占用税。 第十一条 纳税人因建设项目施工或者地质勘查临时占用耕地,应当依照本法的规定缴纳耕地占用税。纳税人在批准临时占用耕地期满之日起一年内依法复垦,恢复种植条件的,全额退还已经缴纳的耕地占用税。(需提供复垦验收合格确认书复印件) 第十二条 占用园地、林地、草地、农田水利用地、养殖水面、渔业水域滩涂以及其他农用地建设建筑物、构筑物或者从事非农业建设的,依照本法的规定缴纳耕地占用税。 占用前款规定的农用地的,适用税额可以适当低于本地区按照本法第四条第二款确定的适用税额,但降低的部分不得超过50%。具体适用税额由省、自治区、直辖市人民政府提出,报同级人民代表大会常务委员会决定,并报全国人民代表大会常务委员会和国务院备案。 占用本条第一款规定的农用地建设直接为农业生产服务的生产设施的,不缴纳耕地占用税。	第十七条 根据《耕地占用税法》第八条的规定,纳税人改变原占地用途,不再属于免征或减征情形的,应自改变用途之日起30日内申报补缴税款,补缴税款按改变用途的实际占用耕地面积和改变用途时当地适用税额计算。 第十八条 临时占用耕地,是指经自然资源主管部门批准,在一般不超过2年内临时使用耕地并且没有修建永久性建筑物的行为。 依法复垦应由自然资源主管部门会同有关行业管理部门认定并出具验收合格确认书。 第十九条 因挖损、采矿塌陷、压占、污染等损毁耕地属于《耕地占用税法》所称的非农业建设,应依照《耕地占用税法》的规定缴纳耕地占用税;自自然资源、农业农村等相关部门认定损毁耕地之日起3年内依法复垦或修复,恢复种植条件的,比照《耕地占用税法》第十一条的规定办理退税。 第二十条 园地,包括果园、茶园、橡胶园、其他园地。 前款的其他园地包括种植桑树、可可、咖啡、油棕、胡椒、药材等其他多年生作物的园地。 第二十一条 林地,包括乔木林地、竹林地、红树林地、森林沼泽、灌木林地、灌丛沼泽、其他林地,不包括城镇村庄范围内的绿化林木用地,铁路、公路征地范围内的林木用地,以及河流、沟渠的护堤林用地。 前款的其他林地包括疏林地、未成林地、迹地、苗圃等林地。 第二十二条 草地,包括天然牧草地、沼泽草地、人工牧草地,以及用于农业生产并已由相关行政主管部门发放使用权证的草地。 第二十三条 农田水利用地,包括农田排灌沟渠及相应附属设施用地。 第二十四条 养殖水面,包括人工开挖或者天然形成的用于水产养殖的河流水面、湖泊水面、水库水面、坑塘水面及相应附属设施用地。 第二十五条 渔业水域滩涂,包括专门用于种植或者养殖水生动植物的海水潮浸地带和滩地,以及用于种植芦苇并定期进行人工养护管理的苇田。 第二十六条 直接为农业生产服务的生产设施,是指直接为农业生产服务而建设的建筑物和构筑物。具体包括:储存农用机具和种子、苗木、木材等农业产品的仓储设施;培育、生产种子、种苗的设施;畜禽养殖设施;木材集材道、运材道;农业科研、试验、示范基地;野生动植物保护、护林、森林病虫害防治、森林防火、木材检疫的设施;专为农业生产服务的灌溉排水、供水、供电、供热、供气、通讯基础设施;农业生产者从事农业生产必需的食宿和管理设施;其他直接为农业生产服务的生产设施。 第十条第二款 专用铁路和铁路专用线占用耕地的,按照当地适用税额缴纳耕地占用税。 第十一条第二款 专用公路和城区内机动车道占用耕地的,按照当地适用税额缴纳耕地占用税。

征税	不征税	退税
占用耕地(用于种植农作物的土地)	建设农田水利设施	
占用农用地(园地、林地、草地、农田水利用地、养殖水面、渔业水域滩涂以及其他农用地)	建设直接为农业生产服务的生产设施	
毁损耕地(挖损、采矿塌陷、压占、污染等)		3年内依法复垦或修复,恢复种植条件的退税
临时占用耕地(建设项目施工、地质勘查); 不超过2年内临时使用耕地并且没有修建永久性建筑物		1年内恢复种植条件的全额退还
专用铁路和铁路专用线占用耕地		
专用公路和城区内机动车道占用耕地		
减免税改变占地用途		

三、应纳税额

《耕地占用税法》	《耕地占用税法实施办法》	国家税务总局公告 2019 年第 30 号
第三条 耕地占用税以纳税人实际占用的耕地面积为计税依据,按照规定的适用税额一次性征收,应纳税额为纳税人实际占用的耕地面积(平方米)乘以适用税额。	第三条 实际占用的耕地面积,包括经批准占用的耕地面积和未经批准占用的耕地面积。	耕地占用税以纳税人实际占用的属于耕地占用税征税范围的土地(以下简称应税土地)面积为计税依据,按应税土地当地适用税额计税,实行一次性征收。 耕地占用税计算公式为: $$应纳税额＝应税土地面积\times 适用税额$$ 应税土地面积包括经批准占用面积和未经批准占用面积,以平方米为单位。 当地适用税额是指省、自治区、直辖市人民代表大会常务委员会决定的应税土地所在地县级行政区的现行适用税额。 按照《耕地占用税法》第六条的规定,加按150%征收耕地占用税的计算公式为: $$应纳税额＝应税土地面积\times 适用税额\times 150\%$$

(一) 适用税额

《耕地占用税法》	《耕地占用税法实施办法》
第四条 耕地占用税的税额如下: (一)人均耕地不超过一亩的地区(以县、自治县、不设区的市、市辖区为单位,下同),每平方米为 10 元至 50 元。 (二)人均耕地超过一亩但不超过二亩的地区,每平方米为 8 元至 40 元。 (三)人均耕地超过二亩但不超过三亩的地区,每平方米为 6 元至 30 元。 (四)人均耕地超过三亩的地区,每平方米为 5 元至 25 元。 各地区耕地占用税的适用税额,由省、自治区、直辖市人民政府根据人均耕地面积和经济发展等情况,在前款规定的税额幅度内提出,报同级人民代表大会常务委员会决定,并报全国人民代表大会常务委员会和国务院备案。各省、自治区、直辖市耕地占用税适用税额的平均水平,不得低于本法所附《各省、自治区、直辖市耕地占用税平均税额表》规定的平均税额。	第四条 基本农田,是指依据《基本农田保护条例》划定的基本农田保护区范围内的耕地。

(续表)

《耕地占用税法》	《耕地占用税法实施办法》
第五条　在人均耕地低于0.5亩的地区,省、自治区、直辖市可以根据当地经济发展情况,适当提高耕地占用税的适用税额,但提高的部分不得超过本法第四条第二款确定的适用税额的50%。具体适用税额按照本法第四条第二款规定的程序确定。 第六条　占用基本农田的,应当按照本法第四条第二款或者第五条确定的当地适用税额,加按150%征收。	
上海每平方米45元,北京每平方米40元,天津每平方米35元,江苏、浙江、福建、广东每平方米30元,辽宁、湖北、湖南每平方米25元,河北、安徽、江西、山东、河南、重庆、四川每平方米22.5元,广西、海南、贵州、云南、陕西每平方米20元,山西、吉林、黑龙江每平方米17.5元,内蒙古、西藏、甘肃、青海、宁夏、新疆每平方米12.5元。	

(二) 纳税义务发生时间

《耕地占用税法》	《耕地占用税法实施办法》
第十条　耕地占用税的纳税义务发生时间为纳税人收到自然资源主管部门办理占用耕地手续的书面通知的当日。纳税人应当自纳税义务发生之日起30日内申报缴纳耕地占用税。 自然资源主管部门凭耕地占用税完税凭证或者免税凭证和其他有关文件发放建设用地批准书。	第二十七条　未经批准占用耕地的,耕地占用税纳税义务发生时间为自然资源主管部门认定的纳税人实际占用耕地的当日。 因挖损、采矿塌陷、压占、污染等损毁耕地的纳税义务发生时间为自然资源、农业农村等相关部门认定损毁耕地的当日。

四、优惠政策

《耕地占用税法》	国家税务总局公告2019年第30号
第七条　军事设施、学校、幼儿园、社会福利机构、医疗机构占用耕地,免征耕地占用税。 铁路线路、公路线路、飞机场跑道、停机坪、港口、航道、水利工程占用耕地,减按每平方米2元的税额征收耕地占用税。 农村居民在规定用地标准以内占用耕地新建自用住宅,按照当地适用税额减半征收耕地占用税;其中农村居民经批准搬迁,新建自用住宅占用耕地不超过原宅基地面积的部分,免征耕地占用税。 农村烈士遗属、因公牺牲军人遗属、残疾军人以及符合农村最低生活保障条件的农村居民,在规定用地标准以内新建自用住宅,免征耕地占用税。	三、按照《耕地占用税法》及《耕地占用税法实施办法》的规定,免征、减征耕地占用税的部分项目按以下口径执行: (一)免税的军事设施,是指《中华人民共和国军事设施保护法》第二条所列建筑物、场地和设备。具体包括:指挥机关,地面和地下的指挥工程、作战工程;军用机场、港口、码头;营区、训练场、试验场;军用洞库、仓库;军用通信、侦察、导航、观测台站,测量、导航、助航标志;军用公路、铁路专用线,军用通信、输电线路,军用输油、输水管道;边防、海防管控设施;国务院和中央军事委员会规定的其他军事设施。 (二)免税的社会福利机构,是指依法登记的养老服务机构、残疾人服务机构、儿童福利机构及救助管理机构、未成年人救助保护机构内专门为老年人、残疾人、未成年人及生活无着的流浪乞讨人员提供养护、康复、托管等服务的场所。 养老服务机构,是指为老年人提供养护、康复、托管等服务的老年人社会福利机构。具体包括老年社会福利院、养老院(或老人院)、老年公寓、护养院、护养院、敬老院、托老所、老年人服务中心等。 残疾人服务机构,是指为残疾人提供养护、康复、托管等服务的社会福利机构。具体包括为肢体、智力、视力、听力、语言、精神方面有残疾的人员提供康复和功能补偿的辅助器具,进行康复治疗、康复训练,承担教育、养护和托管服务的社会福利机构。 儿童福利机构,是指为孤、弃、残儿童提供养护、康复、医疗、教育、托管等服务的儿童社会福利服务机构。具体包括儿童福利院、社会福利院、SOS儿童村、孤儿学校、残疾儿童康复中心、社区特教班等。

(续表)

《耕地占用税法》	国家税务总局公告 2019 年第 30 号
根据国民经济和社会发展的需要,国务院可以规定免征或者减征耕地占用税的其他情形,报全国人民代表大会常务委员会备案。 第八条 依照本法第七条第一款、第二款规定免征或者减征耕地占用税后,纳税人改变原占地用途,不再属于免征或者减征耕地占用税情形的,应当按照当地适用税额补缴耕地占用税。	社会救助机构,是指为生活无着的流浪乞讨人员提供寻亲、医疗、未成年人教育、离站等服务的救助管理机构。具体包括县级以上人民政府设立的救助管理站、未成年人救助保护中心等专门机构。 (三)免税的医疗机构,是指县级以上人民政府卫生健康行政部门批准设立的医疗机构内专门从事疾病诊断、治疗活动的场所及其配套设施。 (四)减税的公路线路,是指经批准建设的国道、省道、县道、乡道和属于农村公路的村道的主体工程以及两侧边沟或者截水沟。具体包括高速公路、一级公路、二级公路、三级公路、四级公路和等外公路的主体工程及两侧边沟或者截水沟。 九、耕地占用税减免优惠实行"自行判别、申报享受、有关资料留存备查"办理方式。纳税人根据政策规定自行判断是否符合优惠条件,符合条件的,纳税人申报享受税收优惠,并将有关资料留存备查。纳税人对留存材料的真实性和合法性承担法律责任。 符合耕地占用税减免条件的纳税人,应留存下列材料: (一)军事设施占用应税土地的证明材料。 (二)学校、幼儿园、社会福利机构、医疗机构占用应税土地的证明材料。 (三)铁路线路、公路线路、飞机场跑道、停机坪、港口、航道、水利工程占用应税土地的证明材料。 (四)农村居民建房占用土地及其他相关证明材料。 (五)其他减免耕地占用税情形的证明材料。 十、纳税人符合《耕地占用税法》第十一条、《耕地占用税法实施办法》第十九条的规定申请退税的,纳税人应提供身份证明查验,并提交以下材料复印件: (一)税收缴款书、税收完税证明。 (二)复垦验收合格确认书。 十一、纳税人、建设用地人符合《耕地占用税法实施办法》第二十九条规定共同申请退税的,纳税人、建设用地人应提供身份证明查验,并提交以下材料复印件: (一)纳税人应提交税收缴款书、税收完税证明。 (二)建设用地人应提交使用耕地用途符合免税规定的证明材料。

五、优惠资料留存备查(国家税务总局公告 2019 年第 21 号)

纳税人享受"六税一费"优惠实行"自行判别、申报享受、有关资料留存备查"办理方式,申报时无须再向税务机关提供有关资料。纳税人根据具体政策规定自行判断是否符合优惠条件,符合条件的,纳税人申报享受税收优惠,并将有关资料留存备查。

序号	减免项目名称(代码)	备查资料	政策依据
1	耕地占用税困难性减免(14019901)	(1)《纳税人减免税备案登记表》2 份。 (2)县级人民政府批准的农村居民困难减免批复文件复印件。 (3)申请人身份证明原件。	《耕地占用税法》
2	农村宅基地减征耕地占用税(14092301)	(1)《纳税人减免税备案登记表》2 份。 (2)农村居民占用应税土地新建住宅的证明材料。	《耕地占用税法》

(续表)

序号	减免项目名称(代码)	备查资料	政策依据
3	学校、幼儿园、养老院、医院占用耕地免征耕地占用税(14101402,14123401)	(1)《纳税人减免税备案登记表》2份。 (2)学校、幼儿园、养老院、医院占用应税土地的证明材料。	《耕地占用税法》
4	对北京2022年冬奥会场馆及其配套设施建设占用耕地免征耕地占用税(同时适用于北京冬奥组委、北京冬奥会测试赛赛事组委会)(14102901)	《纳税人减免税备案登记表》2份。	《财政部 税务总局 海关总署关于北京2022年冬奥会和冬残奥会税收政策的通知》(财税〔2017〕60号)
5	军事设施占用耕地免征耕地占用税(14120701)	(1)《纳税人减免税备案登记表》2份。 (2)军事设施占用应税土地的证明材料。	《耕地占用税法》
6	交通运输设施占用耕地减征耕地占用税(14121301)	(1)《纳税人减免税备案登记表》2份。 (2)铁路线路、公路线路、飞机场跑道、停机坪、港口、航道占用应税土地的证明材料。	《耕地占用税法》
7	石油储备基地第一期项目免征耕地占用税(14122601)	《纳税人减免税备案登记表》2份。	《财政部 国家税务总局关于国家石油储备基地建设有关税收政策的通知》(财税〔2005〕23号)
8	石油储备基地第二期项目免征耕地占用税(14122602)	《纳税人减免税备案登记表》2份。	《财政部 国家税务总局关于国家石油储备基地有关税收政策的通知》(财税〔2011〕80号)

六、小微企业减征耕地占用税50%

财政部 税务总局公告2022年第10号	国家税务总局公告2022年第3号
(1)自2022年1月1日至2024年12月31日,由省、自治区、直辖市人民政府根据本地区实际情况,以及宏观调控需要确定,对增值税小规模纳税人、小型微利企业和个体工商户可以在50%的税额幅度内减征资源税、城市维护建设税、房产税、城镇土地使用税、印花税(不含证券交易印花税)、耕地占用税和教育费附加、地方教育附加。 (2)增值税小规模纳税人、小型微利企业和个体工商户已依法享受资源税、城市维护建设税、房产税、城镇土地使用税、印花税、耕地占用税、教育费附加、地方教育附加其他优惠政策的,可叠加享受本公告第一条规定的优惠政策。	小规模纳税人、个体工商户直接享受"六税两费减半优惠"。 登记为一般纳税人的企业所得税的纳税人,按以下情况判断: (1)2020年及之前成立的一般纳税人,以2021年办理2020年度汇缴的结果来确定自2022年1月1日至2022年6月30日(税款所属期)能否享受减免优惠。 (2)2021年及之后成立的一般纳税人,下一年尚未办理上年度汇缴且同时符合申报期上月末从业人数不超过300人,资产总额不超过5 000万元两个条件的,在办理汇缴前(申报期)可以享受减免优惠。 (3)2022年办理2021年度汇缴的结果属于小型微利企业的,自2022年7月1日至2023年6月30日享受减免优惠;不属于小型微利企业的,自办理汇缴的次月1日(按次申报的自汇缴之日)至2023年6月30日不享受减免优惠。 (4)办理首次汇算清缴申报前,已按规定申报缴纳"六税两费"的,不再根据首次汇算清缴结果进行更正。
在享受优惠的顺序上,"六税两费"减征优惠是在享受其他优惠的基础上再享受。原来适用比例减免或定额减免的,"六税两费"减征额计算的基数是应纳税额减除原有减免税额后的数额。	

七、耕地占用税简化申报

国家税务总局公告 2021 年第 9 号	国家税务总局公告 2022 年第 3 号
自 2021 年 6 月 1 日起,纳税人申报缴纳城镇土地使用税、房产税、车船税、印花税、耕地占用税、资源税、土地增值税、契税、环境保护税、烟叶税中一个或多个税种时,使用《财产和行为税纳税申报表》(附件 1)。纳税人新增税源或税源变化时,需先填报《财产和行为税税源明细表》(附件 2)。	修订《财产和行为税减免税明细申报附表》《〈增值税及附加税费申报表(一般纳税人适用)〉附列资料(五)》《〈增值税及附加税费预缴表〉附列资料》《〈消费税及附加税费申报表〉附表 6(消费税附加税费计算表)》,增加增值税小规模纳税人、小型微利企业、个体工商户减免优惠申报有关数据项目,相应修改有关填表说明(具体见附件)。 本公告修订的表单自各省(自治区、直辖市)人民政府确定减征比例的规定公布当日正式启用。各地启用本公告修订的表单后,不再使用《国家税务总局关于简并税费申报有关事项的公告》(国家税务总局公告 2021 年第 9 号)中的《财产和行为税减免税明细申报附表》和《国家税务总局关于增值税 消费税与附加税费申报表整合有关事项的公告》(国家税务总局公告 2021 年第 20 号)中的《〈增值税及附加税费申报表(一般纳税人适用)〉附列资料(五)》《〈增值税及附加税费预缴表〉附列资料》《〈消费税及附加税费申报表〉附表 6(消费税附加税费计算表)》。

纳税申报时,财产和行为税各税种统一采用《财产行为税纳税申报表》。该申报表由一张主表和一张减免税附表组成,主表为纳税情况,附表为申报享受的各类减免税情况。纳税申报前,需先维护税源信息。税源信息没有变化的,确认无变化后直接进行纳税申报;税源信息有变化的,通过填报《税源明细表》进行数据更新维护后再进行纳税申报。

纳税人可以自由选择维护税源信息的时间,既可以在申报期之前,也可以在申报期内。为确保税源信息和纳税申报表逻辑一致,减轻纳税人填报负担,征管系统将根据各税种税源信息自动生成新申报表,纳税人审核确认后即可完成申报。无论选择何种填报方式,纳税人申报时,系统都会根据已经登记的税源明细表自动生成申报表。

税源信息是财产和行为各税种纳税申报和后续管理的基础数据来源,是生成纳税申报表的主要依据。纳税人通过填报税源明细表提供税源信息。纳税人仅就发生纳税义务的税种填报对应的税源明细表。

第八节 车辆购置税优惠政策解析与应用

政策依据:

《中华人民共和国车辆购置税法》(以下简称《车辆购置税法》,自 2019 年 7 月 1 日起施行);

《财政部 国家税务总局 工业和信息化部 科技部关于免征新能源汽车车辆购置税的公告》(财政部 国家税务总局 工业和信息化部 科学技术部公告 2017 年第 172 号);

《财政部 税务总局关于车辆购置税有关具体政策的公告》(财政部 税务总局公告 2019 年第 71 号);

《国家税务总局 公安部关于应用车辆购置税电子完税信息办理车辆注册登记业务的公告》(国家税务总局 公安部公告 2019 年第 18 号);

《国家税务总局关于车辆购置税征收管理有关事项的公告》(国家税务总局公告 2019 年第 26 号);

《财政部 税务总局关于继续执行的车辆购置税优惠政策的公告》(财政部 税务总局公告 2019 年第 75 号);

《国家税务总局 工业和信息化部关于加强车辆配置序列号管理有关事项的公告》(国家税务总局 工业和信息化部公告 2019 年第 25 号);

《财政部　税务总局　工业和信息化部关于新能源汽车免征车辆购置税有关政策的公告》(财政部　税务总局　工业和信息化部公告2020年第21号);

《财政部　税务总局　工业和信息化部关于设有固定装置的非运输专用作业车辆免征车辆购置税有关政策的公告》(财政部　税务总局　工业和信息化部公告2020年第35号);

《国家税务总局　工业和信息化部关于设有固定装置的非运输专用作业车辆免征车辆购置税有关管理事项的公告》(国家税务总局　工业和信息化部公告2020年第20号);

《国家税务总局　工业和信息化部关于发布〈免征车辆购置税的设有固定装置的非运输专用作业车辆目录〉(第四批)的公告》(国家税务总局　工业和信息化部公告2021年第32号);

《财政部　税务总局关于减征部分乘用车车辆购置税的公告》(财政部　税务总局公告2022年第20号)。

一、征收范围

《车辆购置税法》	财政部　税务总局公告2019年第71号
第一条　在中华人民共和国境内购置汽车、有轨电车、汽车挂车、排气量超过150毫升的摩托车(以下统称应税车辆)的单位和个人,为车辆购置税的纳税人,应当依照本法规定缴纳车辆购置税。 第二条　本法所称购置,是指以购买、进口、自产、受赠、获奖或者其他方式取得并自用应税车辆的行为。	地铁、轻轨等城市轨道交通车辆,装载机、平地机、挖掘机、推土机等轮式专用机械车,以及起重机(吊车)、叉车、电动摩托车,不属于应税车辆。

新法并非取消农用运输车的纳税义务,而是根据国家发改委《关于规范三轮汽车、低速货车管理有关事项的通知》(发改产业〔2006〕823号)的规定,不再使用"农用运输车"称谓,与汽车管理相衔接。

自2018年7月1日至2023年12月31日,对购置挂车减半征收车辆购置税。(财政部、税务总局、工业和信息化部公告2018年第69号,财政部、税务总局公告2021年第6号)

二、税率和计税价格

《车辆购置税法》	财政部　税务总局公告2019年第71号	国家税务总局公告2019年第26号
第四条　车辆购置税的税率为10%。 第五条　车辆购置税的应纳税额按照应税车辆的计税价格乘以税率计算。 第六条　应税车辆的计税价格,按照下列规定确定: (一)纳税人购买自用应税车辆的计税价格,为纳税人实际支付给销售者的全部价款,不包括增值税税款。 (二)纳税人进口自用应税车辆的计税价格,为关税完税价格加上关税和消费税。 (三)纳税人自产自用应税车辆的计税价格,按照纳税人生产的同类应税车辆的销售价格确定,不包括增值税税款。	纳税人购买自用应税车辆实际支付给销售者的全部价款,依据纳税人购买应税车辆时相关凭证载明的价格确定,不包括增值税税款。 纳税人进口自用应税车辆,是指纳税人直接从境外进口或者委托代理进口自用的应税车辆,不包括在境内购买的进口车辆。 纳税人自产自用应税车辆的计税价格,按照同类应税车辆(即车辆配置序列号相同的车辆)的销售价格确定,不包括增值税税款;没有同类应税车辆销售价格的,按照组成计税价格确定。组成计税价格的计算公式	《车辆购置税法》第六条第四项所称的购置应税车辆时相关凭证,是指原车辆所有人购置或者以其他方式取得应税车辆时载明价格的凭证。无法提供相关凭证的,参照同类应税车辆市场平均交易价格确定其计税价格。 原车辆所有人为车辆生产或者销售企业,未开具机动车销售统一发票的,按照车辆生产或者销售同类应税车辆的销售价格确定应税车辆的计税价格。无同类应税车辆销售价格的,按照组成计税价格确定应税车辆的计税价格。

(续表)

《车辆购置税法》	财政部 税务总局公告 2019年第71号	国家税务总局公告 2019年第26号
（四）纳税人以受赠、获奖或者其他方式取得自用应税车辆的计税价格，按照购置应税车辆时相关凭证载明的价格确定，不包括增值税税款。 第七条 纳税人申报的应税车辆计税价格明显偏低，又无正当理由的，由税务机关依照《税收征收管理法》的规定核定其应纳税额。 第八条 纳税人以外汇结算应税车辆价款的，按照申报纳税之日的人民币汇率中间价折合成人民币计算缴纳税款。	如下： 组成计税价格＝成本×（1＋成本利润率） 属于应征消费税的应税车辆，其组成计税价格中应加计消费税税额。 上述公式中的成本利润率，由国家税务总局各省、自治区、直辖市和计划单列市税务局确定。	纳税人应当如实申报应税车辆的计税价格，税务机关应当按照纳税人申报的计税价格征收税款。纳税人编造虚假计税依据的，税务机关应当依照《税收征收管理法》及其实施细则的相关规定处理。

取消最低计税价格的规定。《中华人民共和国车辆购置税暂行条例》规定，无正当理由的情况下，最低计税价格与有效价格凭证价格二者孰高，核定应纳税额。《车辆购置税法》规定，一般情况，按照有效价格凭证价格核定应纳税额；纳税人申报的应税车辆计税价格明显偏低，又无正当理由的，由主管税务机关依照《税收征收管理法》的规定核定其应纳税额。

计税价格不再包括价外费用。《中华人民共和国车辆购置税暂行条例》规定，计税依据包括纳税人购买应税车辆支付给销售者的全部价款和价外费用。《车辆购置税法》规定，计税依据仅包括全部价款，不再包括价外费用。

三、税收优惠

法定优惠	其他优惠
《车辆购置税法》第九条规定，下列车辆免征车辆购置税： （1）依照法律规定应当予以免税的外国驻华使馆、领事馆和国际组织驻华机构及其有关人员自用的车辆。 （2）中国人民解放军和中国人民武装警察部队列入装备订货计划的车辆。 （3）悬挂应急救援专用号牌的国家综合性消防救援车辆。 （4）设有固定装置的非运输专用作业车辆。 （5）城市公交企业购置的公共汽电车辆。	1. 财政部、税务总局公告2019年第71号 城市公交企业购置的公共汽电车辆免征车辆购置税中的城市公交企业，是指由县级以上（含县级）人民政府交通运输主管部门认定的，依法取得城市公交经营资格，为公众提供公交出行服务，并纳入《城市公共交通管理部门与城市公交企业名录》的企业；公共汽电车辆是指按规定的线路、站点票价营运，用于公共交通服务，为运输乘客设计和制造的车辆，包括公共汽车、无轨电车和有轨电车。 2. 财政部、税务总局公告2019年第75号 自2019年7月1日起： （1）回国服务的在外留学人员用现汇购买1辆个人自用国产小汽车和长期来华定居专家进口1辆自用小汽车免征车辆购置税。防汛部门和森林消防部门用于指挥、检查、调度、报汛（警）、联络的由指定厂家生产的设有固定装置的指定型号的车辆免征车辆购置税。具体操作按照《财政部 国家税务总局关于防汛专用等车辆免征车辆购置税的通知》（财税〔2001〕39号）的有关规定执行。 （2）自2018年1月1日至2020年12月31日，对购置新能源汽车免征车辆购置税。具体操作按照《财政部 税务总局 工业和信息化部 科技部关于免征新能源汽车车辆购置税的公告》（财政部 税务总局 工业和信息化部 科技部公告2017年第172号）的有关规定执行。 （3）自2018年7月1日至2021年6月30日，对购置挂车减半征收车辆购置税。具体操作按照《财政部 税务总局 工业和信息化部关于对挂车减征车辆购置税的公告》（财政部 税务总局 工业和信息化部公告2018年第69号）的有关规定执行。 （4）中国妇女发展基金会"母亲健康快车"项目的流动医疗车免征车辆购置税。 （5）北京2022年冬奥会和冬残奥会组织委员会新购置车辆免征车辆购置税。 （6）原公安现役部队和原武警黄金、森林、水电部队改制后换发地方机动车牌证的车辆（公安消防、武警森林部队执行灭火救援任务的车辆除外），一次性免征车辆购置税。

(续表)

法定优惠	其他优惠
根据国民经济和社会发展的需要,国务院可以规定减征或者其他免征车辆购置税的情形,报全国人民代表大会常务委员会备案。	3. 财政部、国家税务总局、工业和信息化部、科学技术部公告2017年第172号 为进一步支持新能源汽车的创新发展,自2018年1月1日至2020年12月31日,对购置的新能源汽车免征车辆购置税。① 对免征车辆购置税的新能源汽车,通过发布《免征车辆购置税的新能源汽车车型目录》实施管理。在2017年12月31日之前已列入《免征车辆购置税的新能源汽车车型目录》的新能源汽车,对其免征车辆购置税政策继续有效。 自2018年1月1日起列入《免征车辆购置税的新能源汽车车型目录》的新能源汽车须同时符合以下条件: (1)获得许可在中国境内销售的纯电动汽车、插电式(含增程式)混合动力汽车、燃料电池汽车。 (2)符合新能源汽车产品技术要求。 (3)通过新能源汽车专项检测,达到新能源汽车产品专项检验标准。 (4)新能源汽车生产企业或进口新能源汽车经销商(以下简称企业)在产品质量保证、产品一致性、售后服务、安全监测、动力电池回收利用等方面符合相关要求。 4. 财政部、税务总局、工业和信息化部公告2020年第21号 自2021年1月1日至2022年12月31日,对购置的新能源汽车免征车辆购置税。免征车辆购置税的新能源汽车是指纯电动汽车、插电式混合动力(含增程式)汽车、燃料电池汽车。 免征车辆购置税的新能源汽车,通过工业和信息化部、税务总局发布《免征车辆购置税的新能源汽车车型目录》实施管理。自《免征车辆购置税的新能源汽车车型目录》发布之日起,购置列入《免征车辆购置税的新能源汽车车型目录》的新能源汽车免征车辆购置税;购置时间为机动车销售统一发票(或有效凭证)上注明的日期。 对已列入《免征车辆购置税的新能源汽车车型目录》的新能源汽车,新能源汽车生产企业或进口新能源汽车经销商(以下简称汽车企业)在上传《机动车整车出厂合格证》或进口机动车《车辆电子信息单》(以下简称车辆电子信息)时,在"是否符合免征车辆购置税条件"字段标注"是"(即免税标识)。工业和信息化部对汽车企业上传的车辆电子信息中的免税标识进行审核,并将通过审核的信息传送至税务总局。税务机关依据工业和信息化部审核后的免税标识和机动车统一销售发票(或有效凭证),办理车辆购置税免税手续。 汽车企业应当保证车辆电子信息与车辆产品相一致,对因提供虚假信息或资料造成车辆购置税税款流失的,依照《税收征收管理法》及其实施细则予以处理。 从事《免征车辆购置税的新能源汽车车型目录》管理、免税标识审核和办理免税手续的工作人员履行职责时,存在滥用职权、玩忽职守、徇私舞弊等违法违纪行为的,按照《中华人民共和国公务员法》《中华人民共和国监察法》等国家有关规定追究相应责任;涉嫌犯罪的,移送司法机关处理。 本公告自2021年1月1日起施行。在2020年12月31日前已列入《免征车辆购置税的新能源汽车车型目录》的新能源汽车,对其免征车辆购置税政策继续有效。 5. 国家税务总局、交通运输部公告2019年第22号 自2019年7月1日起,各省、自治区、直辖市交通运输厅(委)(以下简称省交通厅)负责组织编制本地区《城市公共交通管理部门与城市公交企业名录》,由县级以上(含县级)人民政府交通运输主管部门认定并逐级上报、省交通厅定期汇总、公示。城市公交企业所在地县级以上(含县级)交通运输主管部门按照有关规定,依据公共汽电车辆购置计划和采购合同等资料,为城市公交企业购置的符合《公共汽车类型划分及等级评定》标准的公共汽车、无轨电车和有轨电车出具《公共汽电车辆认定表》。税务机关依据《公共汽电车辆认定表》以及办理车辆购置税纳税申报需要提供的其他资料,办理车辆购置税免税手续。

---

① 接力文件为自2021年1月1日开始执行的《财政部 税务总局 工业和信息化部关于新能源汽车免征车辆购置税有关政策的公告》(财政部 税务总局 工业和信息化部公告2020年第21号)。

（续表）

法定优惠	其他优惠
	6. 财政部、税务总局、工业和信息化部公告2018年第69号，财政部、税务总局公告2021年第6号 自2018年7月1日至2021年6月30日，对购置挂车减半征收车辆购置税。根据《财政部 税务总局关于延长部分税收优惠政策执行期限的公告》（财政部 税务总局公告2021年第6号）的规定，本公告税收优惠政策于2021年6月30日到期后，执行期限延长至2023年12月31日。 7. 财政部、税务总局公告2022年第20号 对购置日期在2022年6月1日至2022年12月31日期间内，且单车价格（不含增值税）不超过30万元的2.0升及以下排量乘用车，减半征收车辆购置税。乘用车购置日期按照机动车销售统一发票或海关关税专用缴款书等有效凭证的开具日期确定。

《城市公共交通管理部门与城市公交企业名录》（以下简称《名录》）是税务机关确定申报企业是否为城市公交企业的依据；城市公交企业所在地县级以上（含县级）交通运输主管部门根据有关规定，依据公共汽电车辆购置计划和采购合同等资料，为城市公交企业购置的符合《公共汽车类型划分及等级评定》标准的公共汽车、无轨电车，以及有轨电车出具《公共汽电车辆认定表》；税务机关依据《公共汽电车辆认定表》以及办理车辆购置税纳税申报需要提供的其他资料，为已经列入《名录》的城市公交企业购置的公共汽电车辆，办理车辆购置税免税手续；城市公交企业为新购置的公共汽电车辆办理免税手续后，因车辆转让、改变用途等原因导致免税条件消失的，纳税人应当到税务机关重新办理申报纳税手续。未按规定办理的，依据相关规定处理。（国家税务总局、交通运输部公告2019年第22号）

纳税人在办理车辆购置税免税、减税时，除按本公告第五条规定提供资料外，还应当根据不同的免税、减税情形，分别提供相关资料的原件、复印件（国家税务总局公告2019年第26号第六条）：

（1）外国驻华使馆、领事馆和国际组织驻华机构及其有关人员自用车辆，提供机构证明和外交部门出具的身份证明。

（2）城市公交企业购置的公共汽电车辆，提供所在地县级以上（含县级）交通运输主管部门出具的公共汽电车辆认定表。

（3）悬挂应急救援专用号牌的国家综合性消防救援车辆，提供中华人民共和国应急管理部批准的相关文件。

（4）回国服务的在外留学人员购买的自用国产小汽车，提供海关核发的《中华人民共和国海关回国人员购买国产汽车准购单》。

（5）长期来华定居专家进口自用小汽车，提供国家外国专家局或者其授权单位核发的专家证或者A类和B类《外国人工作许可证》。

四、特殊情形车辆购置税的补退

《车辆购置税法》	财政部 税务总局公告2019年第71号
第十四条 免税、减税车辆因转让、改变用途等原因不再属于免税、减税范围的，纳税人应当在办理车辆转移登记或者变更登记前缴纳车辆购置税。计税价格以免税、减税车辆初次办理纳税申报时确定的计税价格为基准，每满一年扣减10%。 第十五条 纳税人将已征车辆购置税的车辆退回车辆生产企业或者销售企业的，可以向主管税务机关申请退还车辆购置税。退税额以已缴税款为基准，自缴纳税款之日至申请退税之日，每满一年扣减10%。	已经办理免税、减税手续的车辆因转让、改变用途等原因不再属于免税、减税范围的，纳税人、纳税义务发生时间、应纳税额按以下规定执行： （1）发生转让行为的，受让人为车辆购置税纳税人；未发生转让行为的，车辆所有人为车辆购置税纳税人。 （2）纳税义务发生时间为车辆转让或者用途改变等情形发生之日。 （3）应纳税额的计算公式如下： 应纳税额＝初次办理纳税申报时确定的计税价格×(1－使用年限×10%)×10%－已纳税额 应纳税额不得为负数。 使用年限的计算方法是，自纳税人初次办理纳税申报之日起，至不再属于免税、减税范围的情形发生之日止。使用年限取整计算，不满一年的不计算在内。 已征车辆购置税的车辆退回车辆生产或销售企业，纳税人申请退还车辆购置税的，应退税额的计算公式如下： 应退税额＝已纳税额×(1－使用年限×10%) 应退税额不得为负数。 使用年限的计算方法是，自纳税人缴纳税款之日起，至申请退税之日止。

五、优惠备案

符合车辆购置税优惠条件的纳税人,如需享受相应税收优惠,在办理车辆购置税申报的同时,办理车辆购置税优惠备案。

序号	减免项目名称(代码)	备案资料	政策依据
1	防汛车辆 (13011603)	(1)《车辆购置税免(减)税申报表》2份。 (2)办理该税收优惠业务所需的其他资料。	《财政部 国家税务总局关于防汛专用等车辆免征车辆购置税的通知》(财税〔2001〕39号)
2	城市公交企业购置公共汽电车辆 (13061003) 政策已执行到期	(1)《车辆购置税免(减)税申报表》2份。 (2)所在地县级以上(含县级)交通运输主管部门出具的城市公交企业和公共汽电车辆认定证明。 (3)办理该税收优惠业务所需的其他资料。	《财政部 国家税务总局关于城市公交企业购置公共汽电车免征车辆购置税的通知》(财税〔2016〕84号)
3	新能源车辆 (13061004)	(1)《车辆购置税免(减)税申报表》2份。 (2)办理该税收优惠业务所需的其他资料。	《财政部 税务总局 工业和信息化部 科技部关于免征新能源汽车车辆购置税的公告》(财政部 税务总局 工业和信息化部 科技部公告2017年第172号)
4	农用三轮运输车 (13099901) 政策已执行到期	(1)《车辆购置税免(减)税申报表》2份。 (2)办理该税收优惠业务所需的其他资料。	《财政部 国家税务总局关于农用三轮车免征车辆购置税的通知》(财税〔2004〕66号)
5	对北京冬奥组委、北京冬奥会测试赛赛事组委会免征新购车辆的车辆购置税 (13102901)	(1)《车辆购置税免(减)税申报表》2份。 (2)办理该税收优惠业务所需的其他资料。	《财政部 税务总局 海关总署关于北京2022年冬奥会和冬残奥会税收政策的通知》(财税〔2017〕60号)
6	"母亲健康快车"项目专用车辆 (13120601) 政策已执行到期	(1)《车辆购置税免(减)税申报表》2份。 (2)车辆内观、外观彩色5寸照片1套。 (3)中国妇女发展基金会随车配发的"母亲健康快车"专用车证。 (4)办理该税收优惠业务所需的其他资料。	《财政部 税务总局关于下达2017年"母亲健康快车"项目流动医疗车免征车辆购置税指标的通知》(财税〔2017〕93号)
7	中国人民解放军和中国人民武装警察部队列入军队武器装备订货计划的车辆 (13120701)	(1)《车辆购置税免(减)税申报表》2份。 (2)订货计划的证明。 (3)办理该税收优惠业务所需的其他资料。	《车辆购置税法》
8	森林消防车辆 (13125002)	(1)《车辆购置税免(减)税申报表》2份。 (2)办理该税收优惠业务所需的其他资料。	《财政部 国家税务总局关于防汛专用等车辆免征车辆购置税的通知》(财税〔2001〕39号)

(续表)

序号	减免项目名称(代码)	备案资料	政策依据
9	计划生育流动服务车(13129903)	(1)《车辆购置税免(减)税申报表》2份。 (2)车辆内观、外观彩色5寸照片。 (3)国家人口和计划生育委员会配发的"计划生育流动服务车专用车证"及国家人口和计划生育委员会和国家发展改革委下发的"计划生育流动服务车项目分配方案"。 (4)办理该税收优惠业务所需的其他资料。	《财政部 国家税务总局关于免征计划生育流动服务车车辆购置税的通知》(财税〔2010〕78号)
10	外国驻华使馆、领事馆和国际组织驻华机构的车辆(13129904)	(1)《车辆购置税免(减)税申报表》2份。 (2)机构证明。 (3)办理该税收优惠业务所需的其他资料。	《车辆购置税法》
11	来华专家购置车辆(13129909)	(1)《车辆购置税免(减)税申报表》2份。 (2)2017年3月31日之前国家外国专家局或其授权单位核发的专家证,或者2017年4月1日之后国家外国专家局或其授权单位核发的A类和B类《外国人工作许可证》。 (3)公安部门出具的境内居住证明。 (4)本人护照。 (5)办理该税收优惠业务所需的其他资料。	《财政部 国家税务总局关于防汛专用等车辆免征车辆购置税的通知》(财税〔2001〕39号)
12	外交人员自用车辆(13129910)	(1)《车辆购置税免(减)税申报表》2份。 (2)外交部门出具的身份证明。 (3)办理该税收优惠业务所需的其他资料。	《车辆购置税法》
13	设有固定装置的非运输车辆(列入免税图册车辆)(13129911)	(1)《车辆购置税免(减)税申报表》2份。 (2)车辆内、外观彩色5寸照片。 (3)办理该税收优惠业务所需的其他资料。	《车辆购置税法》
14	留学人员购买车辆(13129912)	(1)《车辆购置税免(减)税申报表》2份。 (2)中华人民共和国驻留学人员学习所在国的大使馆或领事馆(中央人民政府驻香港联络办公室、中央人民政府驻澳门联络办公室)出具的留学证明。 (3)本人护照。 (4)海关核发的《中华人民共和国海关回国人员购买国产汽车准购单》。 (5)办理该税收优惠业务所需的其他资料。	《财政部 国家税务总局关于防汛专用等车辆免征车辆购置税的通知》(财税〔2001〕39号)

第九节 车船税优惠政策解析与应用

政策依据:

《中华人民共和国车船税法》(以下简称《车船税法》);
《中华人民共和国车船税法实施条例》(以下简称《车船税法实施条例》);
《财政部 税务总局 工业和信息化部 交通运输部关于节能新能源车船享受车船税优惠政策的通知》(财税〔2018〕74号);
《财政部 国家税务总局 工业和信息化部关于节约能源 使用新能源车船税优惠政策的通知》(财税〔2015〕51号);
《工业和信息化部 国家税务总局关于发布享受车船税减免优惠的节约能源 使用新能源汽车车型目录(第十六批)》(工业和信息化部 国家税务总局公告2020年第24号);
《中华人民共和国工业和信息化部 财政部 税务总局关于调整享受车船税优惠的节能新能源汽车产品技术要求的公告》(工业和信息化部公告2022年第2号)。

一、纳税人和征税范围

纳税人(《车船税法》第一条)	征税范围(《车船税法实施条例》第二条)
在中华人民共和国境内,车辆、船舶(以下简称车船)的所有人或者管理人为车船税的纳税人。 自2007年1月1日起外商投资企业和外国企业在华机构、外籍个人,也应缴纳车船税。	车辆、船舶,是指:依法应当在车船登记管理部门登记的机动车辆和船舶;依法不需要在车船登记管理部门登记的在单位内部场所行驶或者作业的机动车辆和船舶。 上述机动车辆包括乘用车、商用车(包括客车、货车)、挂车、专用作业车、轮式专用机械车、摩托车。拖拉机不需要缴纳车船税,履带式专业机械车不属于轮式专用作业车或机械车,不在车船税征税范围,不需要缴纳车船税。

管理人是指对车船具有管理权或者使用权,不具有所有权的单位和个人。

车船管理部门,是指公安、交通运输、农业、渔业、军队、武装警察部队等依法具有车船登记管理职能的部门。

(一)税目税额

《车船税法》	《车船税法实施条例》
第二条 车船的适用税额依照本法所附《车船税税目税额表》执行。 车辆的具体适用税额由省、自治区、直辖市人民政府依照本法所附《车船税税目税额表》规定的税额幅度和国务院的规定确定。 船舶的具体适用税额由国务院在本法所附《车船税税目税额表》规定的税额幅度内确定。	第三条 省、自治区、直辖市人民政府根据车船税法所附《车船税税目税额表》确定车辆具体适用税额,应当遵循以下原则: (一)乘用车依排气量从小到大递增税额。 (二)客车按照核定载客人数20人以下和20人(含)以上两档划分,递增税额。 省、自治区、直辖市人民政府确定的车辆具体适用税额,应当报国务院备案。 第四条 机动船舶具体适用税额为: (一)净吨位不超过200吨的,每吨3元。 (二)净吨位超过200吨但不超过2 000吨的,每吨4元。 (三)净吨位超过2 000吨但不超过10 000吨的,每吨5元。 (四)净吨位超过10 000吨的,每吨6元。 拖船按照发动机功率每1千瓦折合净吨位0.67吨计算征收车船税。 第五条 游艇具体适用税额为: (一)艇身长度不超过10米的,每米600元。 (二)艇身长度超过10米但不超过18米的,每米900元。 (三)艇身长度超过18米但不超过30米的,每米1 300元。 (四)艇身长度超过30米的,每米2 000元。 (五)辅助动力帆艇,每米600元。 第六条 车船税法和本条例所涉及的排气量、整备质量、核定载客人数、净吨位、千瓦、艇身长度,以车船登记管理部门核发的车船登记证书或者行驶证所载数据为准。 依法不需要办理登记的车船和依法应当登记而未办理登记或者不能提供车船登记证书、行驶证的车船,以车船出厂合格证明或者进口凭证标注的技术参数、数据为准;不能提供车船出厂合格证明或者进口凭证的,由主管税务机关参照国家相关标准核定,没有国家相关标准的参照同类车船核定。 第十七条 车辆车船税的纳税人按照纳税地点所在的省、自治区、直辖市人民政府确定的具体适用税额缴纳车船税。

（二）扣缴义务人

《车船税法》	《车船税法实施条例》
第六条 从事机动车第三者责任强制保险业务的保险机构为机动车车船税的扣缴义务人，应当在收取保险费时依法代收车船税，并出具代收税款凭证。	第十二条 机动车车船税扣缴义务人在代收车船税时，应当在机动车交通事故责任强制保险的保险单以及保费发票上注明已收税款的信息，作为代收税款凭证。 第十三条 已完税或者依法减免税的车辆，纳税人应当向扣缴义务人提供登记地的主管税务机关出具的完税凭证或者减免税证明。 第十四条 纳税人没有按照规定期限缴纳车船税的，扣缴义务人在代收代缴税款时，可以一并代收代缴欠缴税款的滞纳金。 第十五条 扣缴义务人已代收代缴车船税的，纳税人不再向车辆登记地的主管税务机关申报缴纳车船税。 没有扣缴义务人的，纳税人应当向主管税务机关自行申报缴纳车船税。 第十六条 纳税人缴纳车船税时，应当提供反映排气量、整备质量、核定载客人数、净吨位、千瓦、艇身长度等与纳税相关信息的相应凭证以及税务机关根据实际需要要求提供的其他资料。 纳税人以前年度已经提供前款所列资料信息的，可以不再提供。 第十八条 扣缴义务人应当及时解缴代收代缴的税款和滞纳金，并向主管税务机关申报。扣缴义务人向税务机关解缴税款和滞纳金时，应当同时报送明细的税款和滞纳金扣缴报告。扣缴义务人解缴税款和滞纳金的具体期限，由省、自治区、直辖市地方税务机关依照法律、行政法规的规定确定。

从事交强险业务的保险公司代收代缴车船税税款未按照规定时限解缴代收代缴税款，存在未按规定代收代缴风险。

国税发〔2012〕8号	国家税务总局公告2016年第51号	国家税务总局　交通运输部公告2013年第1号
从事机动车第三者责任强制保险业务的保险机构为机动车车船税的扣缴义务人，应当在收取保险费时依法代收车船税，并出具代收税款凭证。纳税人在缴纳车船税时，应当按照规定向地方税务机关或者扣缴义务人提供车船的相关凭证等信息。 保险公司代收车船税返还手续费的比例暂定5%。（财税〔2007〕659号）	自2016年5月1日起，保险机构作为车船税扣缴义务人，在代收车船税并开具增值税发票时，应在增值税发票备注栏中注明代收车船税税款信息。具体包括：保险单号、税款所属期（详细至月）、代收车船税金额、滞纳金金额、金额合计等。该增值税发票可作为纳税人缴纳车船税及滞纳金的会计核算原始凭证。	第四条 在交通运输部直属海事管理机构（以下简称海事管理机构）登记的应税船舶，其车船税由船籍港所在地的税务机关委托当地海事管理机构代征。 第六条 海事管理机构受税务机关委托，在办理船舶登记手续或受理年度船舶登记信息报告时代征船舶车船税。 第十条 税务机关出具减免税证明和完税凭证的船舶，海事管理机构对免税和完税船舶不代征车船税，对减税船舶根据减免证明规定的实际年应纳税额代征车船税。海事管理机构应记录上述凭证的凭证号和出具该凭证的单位名称，并将上述凭证的复印件存档备查。

二、应纳税额计算

《车船税法实施条例》	国家税务总局公告2013年第42号
第十九条 购置的新车船，购置当年的应纳税额自纳税义务发生的当月起按月计算。应纳税额为年应纳税额除以12再乘以应纳税月份数。 应纳税额＝年应纳税额÷12×应纳税月份数 应纳税月份数＝12－纳税义务发生时间（取月份）＋1	关于车船税应纳税额的计算： 《车船税法》及其实施条例涉及的整备质量、净吨位、艇身长度等计税单位，有尾数的一律按照含尾数的计税单位据实计算车船税应纳税额。计算得出的应纳税额小数点后超过两位的可四舍五入保留两位小数。

(续表)

《车船税法实施条例》	国家税务总局公告2013年第42号
在一个纳税年度内,已完税的车船被盗抢、报废、灭失的,纳税人可以凭有关管理机关出具的证明和完税凭证,向纳税所在地的主管税务机关申请退还自被盗抢、报废、灭失月份起至该纳税年度终了期间的税款。 已办理退税的被盗抢车船失而复得的,纳税人应当从公安机关出具相关证明的当月起计算缴纳车船税。 第二十条 已缴纳车船税的车船在同一纳税年度内办理转让过户的,不另纳税,也不退税。	【例5-3】 某物业公司,2016年10月购置了一辆整备质量为1.6吨货车(单位税额90元/吨),由于车船税相关政策变化较大,请问该公司在车船税计税依据上是按1.6吨还是按2吨进行确认? 应纳车船税=1.6×90÷12×4=48(元)。

【例5-4】 某国内综合性运输集团,下设陆运部和海运部。集团主要从事海陆运输业务,同时兼营旅游业务和捕鱼业务。集团陆运部2022年年初拥有整备质量为5吨的载货汽车20辆,整备质量为4吨的挂车10辆,整备质量为2.3吨的半挂牵引车2辆,整备质量为2.3吨的货车2辆,整备质量为2.3吨的客货两用车1辆。2022年1月购入排气量2.5升的纯电动汽车3辆、排气量2.5升的非插电式混合动力汽车3辆,当月均取得车船所有权。请问该集团所在地载货汽车车船税年税额为整备质量每吨20元。2.0升到2.5升排气量乘用车的车船税年税额为每辆800元。请问该集团2022年应缴纳车船税多少元?

陆运部的车船税情况: (1) 载货汽车应纳税额=20×5×20=2 000(元)。 (2) 挂车按货车税额的50%征税,应纳税额=10×4×20×50%=400(元)。	(3) 2.3吨货车、半挂牵引车和客货两用车的应纳税额=2.3×20×(2+2+1)=230(元)。 (4) 纯电动汽车免征车船税,非插电式混合动力汽车减半征收车船税。应纳税额=3×800×50%=1 200(元)。

三、税收优惠

(一) 法定减免

《车船税法》	《车船税法实施条例》
第三条 下列车船免征车船税: (一) 捕捞、养殖渔船(指在渔业船舶管理部门登记为捕捞船或者养殖船的船舶)。 (二) 军队、武装警察部队专用的车船。 (三) 警用车船。 (四) 悬挂应急救援专用号牌的国家综合性消防救援车辆和国家综合性消防救援专用船舶(中华人民共和国主席令第29号增加)。 (五) 依照法律规定应当予以免税的外国驻华使领馆、国际组织驻华代表机构及其有关人员的车船。	第七条 《车船税法》第三条第一项所称的捕捞、养殖渔船,是指在渔业船舶登记管理部门登记为捕捞船或者养殖船的船舶。 第八条 《车船税法》第三条第二项所称的军队、武装警察部队专用的车船,是指按照规定在军队、武装警察部队车船登记管理部门登记,并领取军队、武警牌照的车船。 第九条 《车船税法》第三条第三项所称的警用车船,是指公安机关、国家安全机关、监狱、劳动教养管理机关和人民法院、人民检察院领取警用牌照的车辆和执行警务的专用船舶。 第二十五条 按照规定缴纳船舶吨税的机动船舶,自车船税法实施之日起5年内免征车船税。 依法不需要在车船登记管理部门登记的机场、港口、铁路站场内部行驶或者作业的车船,自《车船税法》实施之日起5年内免征车船税。

《车船税法》	《车船税法实施条例》	财税〔2018〕74号
第四条 对节约能源、使用新能源的车船可	第十条 节约能源、使用新能源的车船可以免征或者减半征收车船	对节能汽车,减半征收车船税。 (1) 减半征收车船税的节能乘用车应同时符合以下标准: ① 获得许可在中国境内销售的排量为1.6以下(含1.6升)的燃用汽油、柴油的乘用车(含非插电式混合动力、双燃料和两用燃料

(续表)

《车船税法》	《车船税法实施条例》	财税〔2018〕74号
以减征或者免征车船税;对受严重自然灾害影响纳税困难以及有其他特殊原因确需减税、免税的,可以减征或者免征车船税。具体办法由国务院规定,并报全国人民代表大会常务委员会备案。	税。免征或者减半征收车船税的车船的范围,由国务院财政、税务主管部门商国务院有关部门制订,报国务院批准。 对受地震、洪涝等严重自然灾害影响纳税困难以及有其他特殊原因确需减免税的车船,可以在一定期限内减征或者免征车船税。具体减免期限和数额由省、自治区、直辖市人民政府确定,报国务院备案。	乘用车)。 ② 综合工况燃料消耗量应符合标准。 (2) 减半征收车船税的节能商用车应同时符合以下标准: ① 获得许可在中国境内销售的燃用天然气、汽油、柴油的轻型和重型商用车(含非插电式混合动力、双燃料和两用燃料轻型和重型商用车)。 ② 燃用汽油、柴油的轻型和重型商用车综合工况燃料消耗量应符合标准。 对新能源车船,免征车船税。 (1) 免征车船税的新能源汽车是指纯电动商用车、插电式(含增程式)混合动力汽车、燃料电池商用车。纯电动乘用车和燃料电池乘用车不属于车船税征税范围,对其不征车船税。 (2) 免征车船税的新能源汽车应同时符合以下标准: ① 获得许可在中国境内销售的纯电动商用车、插电式(含增程式)混合动力汽车、燃料电池商用车。 ② 符合新能源汽车产品技术标准。 ③ 通过新能源汽车专项检测,符合新能源汽车标准。 ④ 新能源汽车生产企业或进口新能源汽车经销商在产品质量保证、产品一致性、售后服务、安全监测、动力电池回收利用等方面符合相关要求。 (3) 免征车船税的新能源船舶应符合以下标准: 船舶的主推进动力装置为纯天然气发动机。发动机采用微量柴油引燃方式且引燃油热值占全部燃料总热值的比例不超过5%的,视同纯天然气发动机。 符合上述标准的节能、新能源汽车,由工业和信息化部、税务总局不定期联合发布《享受车船税减免优惠的节约能源使用新能源汽车车型目录》(以下简称《目录》)予以公告。 汽车生产企业或进口汽车经销商(以下简称汽车企业)可通过工业和信息化部节能与新能源汽车财税优惠目录申报管理系统,自愿提交节能车型报告、新能源车型报告,申请将其产品列入《目录》,并对申报资料的真实性负责。 工业和信息化部、税务总局委托工业和信息化部装备工业发展中心负责《目录》组织申报、宣传培训及具体技术审查、监督检查工作。工业和信息化部装备工业发展中心审查结果在工业和信息化部网站公示5个工作日,没有异议的,列入《目录》予以发布。对产品与申报材料不符、产品性能指标未达到标准或者汽车企业提供其他虚假信息,以及列入《目录》后12个月内无产量或进口量的车型,在工业和信息化部网站公示5个工作日,没有异议的,从《目录》中予以撤销。 船舶检验机构在核定检验船舶主推进动力装置时,对满足本通知新能源船舶标准的,在其船用产品证书上标注"纯天然气发动机"字段;在船舶建造检验时,对船舶主推进动力装置船用产品证书上标注有"纯天然气发动机"字段的,在其检验证书服务簿中标注"纯天然气动力船舶"字段。 对使用未标记"纯天然气发动机"字段主推进动力装置的船舶,船舶所有人或者管理人认为符合本通知新能源船舶标准的,在船舶年度检验时一并向船舶检验机构提出认定申请,同时提交支撑材料,并对提供信息的真实性负责。船舶检验机构通过审核材料和现场检验予以确认,符合本通知新能源船舶标准的,在船舶检验证书服务簿中标注"纯天然气动力船舶"字段。 纳税人凭标注"纯天然气动力船舶"字段的船舶检验证书享受车船税免税优惠。

自2015年9月11日起,对列入《享受车船税减免优惠的节约能源使用能源汽车车型目录(第三批)》的节约能源汽车,减半征收车船税;对列入《享受车船税减免优惠的节约能源使用能源汽车车辆目录(第三批)》的使用新能源汽车,免征车船税。(财政部、国家税务总局、工业和信息化部公告2015年第66号)

（续表）

根据《国务院办公厅关于国家综合消防救援车辆悬挂应急救援专用号牌有关事项的通知》（国办发〔2018〕114号）的规定，国家综合性消防救援车辆由部队号牌改挂应急救援专用号牌的，一次性免征改挂当年车船税。（财税〔2019〕18号）

受严重自然灾害影响纳税困难的纳税人办理减免车船税时，原需提供纳税人遭受自然灾害影响纳税困难的相关证明材料。自2019年3月8日起，不再提交。税务机关根据实际需要可以采取告知承诺、主动核查、部门间信息共享等替代方式办理。纳税人办理节约能源、使用新能源的车船减免车船税备案时，不再提交购车单位或人员身份证明。不再提供捕捞、养殖船证明，不再提供车船产权证。（国家税务总局令第46号）

（二）特定减免（《车船税法实施条例》）

临时入境的外国车船和中国香港特别行政区、中国澳门特别行政区、中国台湾地区的车船，不征收车船税。	按照规定缴纳船舶吨税的机动船舶，自车船税法实施之日起5年内免征车船税。 依法不需要在车船登记管理部门登记的机场、港口、铁路站场内部行驶或者作业的车船，自车船税法实施之日起5年内免征车船税。

（三）调整享受车船税优惠的节能新能源汽车产品技术要求（工业和信息化部公告2022年第2号）

一、对财税〔2018〕74号文件中节能乘用车、轻型商用车、重型商用车综合工况燃料消耗量限值标准进行更新，具体要求见本公告附件。

二、对财税〔2018〕74号文件中插电式混合动力（含增程式）乘用车有关技术要求调整如下：

（一）插电式混合动力（含增程式）乘用车纯电动续驶里程应满足有条件的等效全电里程不低于43公里。

（二）插电式混合动力（含增程式）乘用车电量保持模式试验的燃料消耗量（不含电能转化的燃料消耗量）与《乘用车燃料消耗量限值》（GB 19578—2021）中车型对应的燃料消耗量限值相比应当小于70%；电量消耗模式试验的电能消耗量应小于电能消耗量目标值的135%。按整备质量（m,kg）不同，百公里电能消耗量目标值（Y）应满足以下要求：$m \leqslant 1\,000$ 时，$Y=0.011\,2 \times m + 0.4$；$1\,000 < m \leqslant 1\,600$ 时，$Y=0.007\,8 \times m + 3.8$；$m > 1\,600$ 时，$Y=0.004\,8 \times m + 8.60$。

三、享受车船税优惠节能、新能源汽车产品的其他技术要求继续按照财税〔2018〕74号文件的有关规定执行。

四、本公告发布后，新申请享受车船税优惠政策的节能、新能源汽车车型，其技术要求按本公告规定执行，符合条件的列入新的《享受车船税减免优惠的节约能源 使用新能源汽车车型目录》（以下简称新《目录》）。新《目录》公告发布后，已发布的第四批至第三十四批车船税优惠车型目录同时废止，原目录中符合本公告技术要求的车型将自动转入新《目录》公告；新《目录》公告发布前，已取得的列入第四批至第三十四批车船税优惠车型目录的节能、新能源汽车，不论是否转让，可继续享受车船税减免优惠政策。

附 件：
1. 节能乘用车综合工况燃料消耗量限值标准；
2. 节能轻型商用车综合工况燃料消耗量限值标准；
3. 节能重型商用车综合工况燃料消耗量限值标准。

四、优惠资料留存备查（国家税务总局公告2019年第21号）

自2019年5月28日起，纳税人享受车船税优惠时，自行判别、申报享受，有关资料实行留存备查管理方式。

序号	减免项目名称（代码）	备查资料	政策依据
1	对受严重自然灾害影响纳税困难的，减免车船税（12011601、12011602）	（1）《纳税人减免税备案登记表》2份。 （2）单位及人员身份证明原件。 （3）车船产权证（行驶证）复印件。 （4）纳税人遭受自然灾害影响纳税困难相关证明材料。	《车船税法》；《财政部 国家税务总局关于认真落实抗震救灾及灾后重建税收政策问题的通知》（财税〔2008〕62号）
2	节约能源、使用新能源的车船减免车船税（12061001）	（1）《纳税人减免税备案登记表》2份。 （2）购车单位或人员身份证明原件。 （3）车船产权证（行驶证）复印件。	《车船税法》
3	捕捞、养殖渔船免征车船税（12099901）	（1）《纳税人减免税备案登记表》2份。 （2）渔业船舶管理部门出具的捕捞、养殖船证明材料。 （3）渔船产权证明材料复印件。	《车船税法》

（续表）

序号	减免项目名称(代码)	备查资料	政策依据
4	对北京冬奥组委、北京冬奥会测试赛事组委会免征车船税(12102904)	《纳税人减免税备案登记表》2份。	《财政部 税务总局 海关总署关于北京2022年冬奥会和冬残奥会税收政策的通知》(财税〔2017〕60号)
5	军队、武警专用车船免征车船税(12120701)	(1)《纳税人减免税备案登记表》2份。 (2)单位身份证明原件。 (3)车船产权证(行驶证)复印件。	《车船税法》
6	对公共交通车船，农村居民拥有并主要在农村地区使用的摩托车、三轮汽车和低速载货汽车定期减征或者免征车船税(12121302)	(1)《纳税人减免税备案登记表》2份。 (2)车船产权证(行驶证)复印件。 (3)公交车船还应报送： ① 公共交通经营许可证明材料复印件。 ② 单位及人员身份证明原件。 (4)农村居民还应报送农村居民户籍证明复印件。	《车船税法》
7	外国驻华使领馆、国际组织驻华代表机构及其有关人员的车船免征车船税(12123101)	(1)《纳税人减免税备案登记表》2份。 (2)单位及个人身份证明原件。 (3)车船产权证(行驶证)复印件。	《车船税法》
8	警用车船免征车船税(12129999)	(1)《纳税人减免税备案登记表》2份。 (2)单位身份证明原件。 (3)车船产权证(行驶证)复印件。	《车船税法》

五、取消的税务证明事项（国家税务总局令第46号）

取消的税务证明事项目录（节选）

序号	证明名称	证明用途	取消后的办理方式
5	购车单位或人员身份证明	纳税人办理节约能源、使用新能源的车船减免车船税备案时，需提供购车单位或人员身份证明。	不再提交。
7	外交机构、人员身份证明	外国驻华使领馆、国际组织驻华代表机构及其有关人员办理其所有的车船免征车船税备案时，需提供单位及人员身份证明。	不再提交。
10	捕捞、养殖船证明	纳税人办理捕捞、养殖渔船免征车船税备案时，需提供由渔业船舶管理部门出具的捕捞、养殖证明。	不再提交。
11	车船产权证	11.1 纳税人办理捕捞、养殖渔船免征车船税备案时，需提供渔船产权证明。	不再提交。
		11.2 纳税人办理军队、武警专用车船免征车船税备案时，需提供车船产权证。	不再提交。
		11.3 纳税人办理警用车船免征车船税备案时，需提供车船产权证。	不再提交。

六、车船税税简化申报（国家税务总局公告2021年第9号）

政策规定	政策解读
自2021年6月1日起，纳税人申报缴纳城镇土地使用税、房产税、车船税、印花税、耕地占用税、资源税、土地增值税、契税、环境保护税、烟叶税中一个或多个税种	纳税申报时，各税种统一采用《财产行为税纳税申报表》。该申报表由一张主表和一张减免税附表组成，主表为纳税情况，附表为纳税享受的各类减免税情况。纳税申报前，需先维护税源信息。税源信息没有变化的，确认无变化后直接进行纳税申报；税源信息有变化的，通过填报《财产和行为税税源明细表》进行数据更新维护后再进

（续表）

政策规定	政策解读
时，使用《财产和行为税纳税申报表》。纳税人新增税源或税源变化时，需先填报《财产和行为税税源明细表》。《废止文件及条款清单》所列文件、条款同时废止。	行纳税申报。 　　纳税人可以自由选择维护税源信息的时间，既可以在申报期之前，也可以在申报期内。为确保税源信息和纳税申报表逻辑一致，减轻纳税人填报负担，征管系统将根据各税种税源信息自动生成新申报表，纳税人审核确认后即可完成申报。无论选择何种填报方式，纳税人申报时，系统都会根据已经登记的税源明细表自动生成申报表。
税源信息是财产和行为税各税种纳税申报和后续管理的基础数据来源，是生成纳税申报表的主要依据。纳税人通过填报税源明细表提供税源信息。纳税人仅就发生纳税义务的税种填报对应的税源明细表。	

第十节　印花税优惠政策解析与应用

政策依据：

> 《中华人民共和国印花税法》（以下简称《印花税法》）；
> 《财政部　税务总局关于印花税若干事项政策执行口径的公告》（财政部　税务总局公告2022年第22号）；
> 《财政部　税务总局关于印花税法实施后有关优惠政策衔接问题的公告》（财政部　税务总局公告2022年第23号）；
> 《国家税务总局关于实施中华人民共和国印花税法等有关事项的公告》（国家税务总局公告2022年第14号）。

一、纳税人

《印花税法》第一条	财政部　税务总局公告2022年第22号第一条
在中华人民共和国境内书立应税凭证、进行证券交易的单位和个人，为印花税的纳税人，应当依照本法规定缴纳印花税。 　　在中华人民共和国境外书立在境内使用的应税凭证的单位和个人，应当依照本法规定缴纳印花税。	（1）书立应税凭证的纳税人，为对应税凭证有直接权利义务关系的单位和个人。 （2）采用委托贷款方式书立的借款合同纳税人，为受托人和借款人，不包括委托人。 （3）按买卖合同或者产权转移书据税目缴纳印花税的拍卖成交确认书纳税人，为拍卖标的的产权人和买受人，不包括拍卖人。

二、应税凭证

《印花税法》	财政部　税务总局公告2022年第22号第二条
第二条　本法所称应税凭证，是指本法所附《印花税税目税率表》列明的合同、产权转移书据和营业账簿。 　　第三条　本法所称证券交易，是指转让在依法设立的证券交易所、国务院批准的其他全国性证券交易场所交易的股票和以股票为基础的存托	（1）在中华人民共和国境外书立在境内使用的应税凭证，应当按规定缴纳印花税。包括以下几种情形： ① 应税凭证的标的为不动产的，该不动产在境内。 ② 应税凭证的标的为股权的，该股权为中国居民企业的股权。 ③ 应税凭证的标的为动产或者商标专用权、著作权、专利权、专有技术使用权的，其销售方或者购买方在境内，但不包括境外单位或者个人向境内单位或者个人销售完全在境外使用的动产或者商标专用权、著作权、专利权、专有技术使用权。 ④ 应税凭证的标的为服务的，其提供方或者接受方在境内，但不包括境外单位或者个人向境内单位或者个人提供完全在境外发生的服务。 （2）企业之间书立的确定买卖关系、明确买卖双方权利义务的订单、要货单等单据，且未另外书立买卖合同的，应当按规定缴纳印花税。 （3）发电厂与电网之间、电网与电网之间书立的购售电合同，应当按买卖合同税目缴纳印花税。

(续表)

《印花税法》	财政部 税务总局公告 2022 年第 22 号第二条
凭证。 证券交易印花税对证券交易的出让方征收,不对受让方征收。	(4) 下列情形的凭证,不属于印花税征收范围: ① 人民法院的生效法律文书,仲裁机构的仲裁文书,监察机关的监察文书。 ② 县级以上人民政府及其所属部门按照行政管理权限征收、收回或者补偿安置房地产书立的合同、协议或者行政类文书。 ③ 总公司与分公司、分公司与分公司之间书立的作为执行计划使用的凭证。

三、税目税率

税目		税率	备注
合同（是指书面合同）	借款合同	借款金额的万分之零点五	是指银行业金融机构、经国务院银行业监督管理机构批准设立的其他金融机构与借款人(不包括同业拆借)的借款合同
	融资租赁合同	租金的万分之零点五	
	买卖合同	价款的万分之三	是指动产买卖合同(不包括个人书立的动产买卖合同)
	承揽合同	报酬的万分之三	
	建设工程合同	价款的万分之三	
	运输合同	运输费用的万分之三	是指货运合同和多式联运合同(不包括管道运输合同)
	技术合同	价款、报酬或者使用费的万分之三	不包括专利权、专有技术使用权转让书据
	租赁合同	租金的千分之一	
	保管合同	保管费的千分之一	
	仓储合同	仓储费的千分之一	
	财产保险合同	保险费的千分之一	不包括再保险合同
产权转移书据	土地使用权出让书据	价款的万分之五	转让包括买卖(出售)、继承、赠与、互换、分割
	土地使用权、房屋等建筑物和构筑物所有权转让书据(不包括土地承包经营权和土地经营权转移)	价款的万分之五	
	股权转让书据(不包括应缴纳证券交易印花税的)	价款的万分之五	
	商标专用权、著作权、专利权、专有技术使用权转让书据	价款的万分之三	
营业账簿		实收资本(股本)、资本公积合计金额的万分之二点五	
证券交易		成交金额的千分之一	

四、计税依据、补税、退税及具体计算

《印花税法》	财政部 税务总局公告 2022 年第 22 号第三条
第五条 印花税的计税依据如下: (一) 应税合同的计税依据,为合同所列的金额,不包括列明的增值税税款。 (二) 应税产权转移书据的计税依据,为产权	(1) 同一应税合同、应税产权转移书据中涉及两方以上纳税人,且未列明纳税人各自涉及金额的,以纳税人平均分摊的应税凭证所列金额(不包括列明的增值税税款)确定计税依据。

（续表）

《印花税法》	财政部　税务总局公告2022年第22号第三条
转移书据所列的金额，不包括列明的增值税税款。 （三）应税营业账簿的计税依据，为账簿记载的实收资本（股本）、资本公积合计金额。 （四）证券交易的计税依据，为成交金额。 　　第六条　应税合同、产权转移书据未列明金额的，印花税的计税依据按照实际结算的金额确定。 　　计税依据按照前款规定仍不能确定的，按照书立合同、产权转移书据时的市场价格确定；依法应当执行政府定价或者政府指导价的，按照国家有关规定确定。 　　第七条　证券交易无转让价格的，按照办理过户登记手续时该证券前一个交易日收盘价计算确定计税依据；无收盘价的，按照证券面值计算确定计税依据。 　　第八条　印花税的应纳税额按照计税依据乘以适用税率计算。 　　第九条　同一应税凭证载有两个以上税目事项并分别列明金额的，按照各自适用的税目税率分别计算应纳税额；未分别列明金额的，从高适用税率。 　　第十条　同一应税凭证由两方以上当事人书立的，按照各自涉及的金额分别计算应纳税额。 　　第十一条　已缴纳印花税的营业账簿，以后年度记载的实收资本（股本）、资本公积合计金额比已缴纳印花税的实收资本（股本）、资本公积合计金额增加的，按照增加部分计算应纳税额。	（2）应税合同、应税产权转移书据所列的金额与实际结算金额不一致，不变更应税凭证所列金额的，以所列金额为计税依据；变更应税凭证所列金额的，以变更后的所列金额为计税依据。已缴纳印花税的应税凭证，变更后所列金额增加的，纳税人应当就增加部分的金额补缴印花税；变更后所列金额减少的，纳税人可以就减少部分的金额向税务机关申请退还或者抵缴印花税。 　　（3）纳税人因应税凭证列明的增值税税款计算错误导致应税凭证的计税依据减少或者增加的，纳税人应当按规定调整应税凭证列明的增值税税款，重新确定应税凭证计税依据。已缴纳印花税的应税凭证，调整后计税依据增加的，纳税人应当就增加部分的金额补缴印花税；调整后计税依据减少的，纳税人可以就减少部分的金额向税务机关申请退还或者抵缴印花税。 　　（4）纳税人转让股权的印花税计税依据，按照产权转移书据所列的金额（不包括列明的认缴后尚未实际出资权益部分）确定。 　　（5）应税凭证金额为人民币以外的货币的，应当按照凭证书立当日的人民币汇率中间价折合人民币确定计税依据。 　　（6）境内的货物多式联运，采用在起运地统一结算全程运费的，以全程运费作为运输合同的计税依据，由起运地运费结算双方缴纳印花税；采用分程结算运费的，以分程的运费作为计税依据，分别由办理运费结算的各方缴纳印花税。 　　（7）未履行的应税合同、产权转移书据，已缴纳的印花税不予退还及抵缴税款。 　　（8）纳税人多贴的印花税票，不予退税及抵缴税款。

五、税收优惠

法定免税项目 （《印花税法》第十二条）	免税的具体情形 （财政部　税务总局公告2022年第22号第四条）
下列凭证免征印花税： （一）应税凭证的副本或者抄本。 （二）依照法律规定应当予以免税的外国驻华使馆、领事馆和国际组织驻华代表机构为获得馆舍书立的应税凭证。 （三）中国人民解放军、中国人民武装警察部队书立的应税凭证。 （四）农民、家庭农场、农民专业合作社、农村集体经济组织、村民委员会购买农业生产资料或者销售农产品书立的买卖合同和农业保险合同。 （五）无息或者贴息借款合同、国际金融组织向中国提供优惠贷款书立的借款合同。 （六）财产所有权人将财产赠与政府、学校、社会福利机构、慈善组织书立的产权转移书据。 （七）非营利性医疗卫生机构采购药品或者卫生材料书立的买卖合同。	（1）对应税凭证适用印花税减免优惠的，书立该应税凭证的纳税人均可享受印花税减免政策，明确特定纳税人适用印花税减免优惠的除外。 　　（2）享受印花税免税优惠的家庭农场，具体范围为以家庭为基本经营单元，以农场生产经营为主业，以农场经营收入为家庭主要收入来源，从事农业规模化、标准化、集约化生产经营，纳入全国家庭农场名录系统的家庭农场。 　　（3）享受印花税免税优惠的学校，具体范围为经县级以上人民政府或者其教育行政部门批准成立的大学、中学、小学、幼儿园，实施学历教育的职业教育学校、特殊教育学校、专门学校，以及经省级人民政府或者其人力资源社会保障行政部门批准成立的技工院校。 　　（4）享受印花税免税优惠的社会福利机构，具体范围为依法登记的养老服务机构、残疾人服务机构、儿童福利机构、救助管理机构、未成年人救助保护机构。 　　（5）享受印花税免税优惠的慈善组织，具体范围为依法设立、符合《中华人民共和国慈善法》的规定，以面向社会开展慈善活动为宗旨的非营利性组织。

（续表）

法定免税项目 （《印花税法》第十二条）	免税的具体情形 （财政部 税务总局公告2022年第22号第四条）
（八）个人与电子商务经营者订立的电子订单。 根据国民经济和社会发展的需要，国务院对居民住房需求保障、企业改制重组、破产、支持小型微型企业发展等情形可以规定减征或者免征印花税，报全国人民代表大会常务委员会备案。	（6）享受印花税免税优惠的非营利性医疗卫生机构，具体范围为经县级以上人民政府卫生健康行政部门批准或者备案设立的非营利性医疗卫生机构。 （7）享受印花税免税优惠的电子商务经营者，具体范围按《中华人民共和国电子商务法》的有关规定执行。

（一）继续执行的印花税优惠政策文件及条款目录（财政部 税务总局公告2022年第22号第一条）

自2022年7月1日起，继续执行下表中所列文件及相关条款规定的印花税优惠政策。

序号	文件标题及条款	优惠内容	文号
1	《国家税务局关于印花税若干具体问题的规定》第6条	对铁路、公路、航运、水陆承运快件行李、包裹开具的托运单据，暂免贴花印花。	〔1988〕国税地字第25号
2	《国家税务局关于对保险公司征收印花税有关问题的通知》第二条	保险公司的财产保险分为企业财产保险、机动车辆保险、货物运输保险，家庭财产保险和农牧业保险五大类。为了支持农村保险事业的发展，照顾农牧业生产的负担，除对农林作物、牧业畜类保险合同暂不贴花外，对其他几类财产保险合同均应按照规定计税贴花。其中，家庭财产保险由单位集体办理的，均按确定的个人投保金额计税。对其他几类财产保险合同均应按照规定计税贴花。其中，家庭财产保险由单位集体办理的，均按确定的个人投保金额计税。	〔1988〕国税地字第37号
3	《国家税务局关于图书、报刊等征订凭证征免印花税问题的通知》第二条	各类发行单位之间，以及发行单位与订阅单位或个人之间书立的征订凭证，暂免征印花税。	〔1989〕国税地字第142号
4	《国家税务总局关于货运凭证征收印花税几个具体问题的通知》第五条第1项、第2项	军事物资运输。凡附有军事运输命令或使用专用的军事物资运费结算凭证，免纳印花税。 抢险救灾物资运输。凡附有县级以上（含县级）人民政府抢险救灾物资运输证明文件的运费结算凭证，免纳印花税。	国税发〔1990〕173号
5	《财政部 国家税务总局关于铁道部所属单位恢复征收印花税问题的补充通知》第二条、第三条、第四条	铁道部层层下达的基建计划，不属应税合同，不应纳税；铁道部所属各建设单位与施工企业之间签订的建筑安装工程承包合同属于应税合同，应按法规纳税；但企业内部签订的有关铁路生产经营设施基建、更新改造、大修、维修的协议或责任书，不在征收范围之内。 铁道部所属各企业之间签订的购销合同或作为合同使用的调拨单，应按法规贴花；属于企业内部的物资调拨单，不应贴花。 凡在铁路内部无偿调拨的固定资产，其调拨单据不属于产权转移书据，不应贴花。	财税字〔1997〕182号

（续表）

序号	文件标题及条款	优惠内容	文号
6	《财政部 国家税务总局关于中国信达等4家金融资产管理公司税收政策问题的通知》第三条第4项	对资产公司成立时设立的资金账簿免征印花税。对资产公司收购、承接和处置不良资产，免征购销合同和产权转移书据应缴纳的印花税。	财税〔2001〕10号
7	《国家税务总局关于中国石油天然气集团和中国石油化工集团使用的"成品油配置计划表"有关印花税问题的通知》	中国石油天然气集团和中国石油化工集团（以下简称两大集团）之间、两大集团内部各子公司之间、中国石油天然气股份公司的各子公司之间、中国石油化工股份公司的各子公司之间、中国石油天然气股份公司的分公司与子公司之间、中国石油化工股份公司的分公司与子公司之间互供石油和石油制品所使用的"成品油配置计划表"（或其他名称的表、证、单、书），暂不征收印花税。	国税函〔2002〕424号
8	《财政部 国家税务总局关于4家资产管理公司接收资本金项下的资产在办理过户时有关税收政策问题的通知》第一条和第二条中关于印花税的政策	金融资产管理公司按财政部核定的资本金数额，接收国有商业银行的资产，在办理过户手续时，免征契税、印花税。 国有商业银行按财政部核定的数额，划转给金融资产管理公司的资产，在办理过户手续时，免征营业税、增值税、印花税。	财税〔2003〕21号
9	《财政部 国家税务总局关于全国社会保障基金有关印花税政策的通知》第一条、第二条	对社保基金持有的证券，在社保基金证券账户之间的划拨过户，不属于印花税的征税范围，不征收印花税。	财税〔2003〕134号
10	《财政部 国家税务总局关于被撤销金融机构有关税收政策问题的通知》第二条第1项	对被撤销金融机构接收债权、清偿债务过程中签订的产权转移书据，免征印花税。	财税〔2003〕141号
11	《财政部 国家税务总局关于企业改制过程中有关印花税政策的通知》第一条第1项、第2项、第二条，第三条	（1）关于资金账簿的印花税 ① 实行公司制改造的企业在改制过程中成立的新企业（重新办理法人登记的），其新启用的资金账簿记载的资金或因企业建立资本纽带关系而增加的资金，凡原已贴花的部分可不再贴花，未贴花的部分和以后新增加的资金按规定贴花。 公司制改造包括国有企业依《公司法》整体改造成国有独资有限责任公司；企业通过增资扩股或者转让部分产权，实现他人对企业的参股，将企业改造成有限责任公司或股份有限公司；企业以其部分财产和相应债务与他人组建新公司；企业将债务留在原企业，而以其优质财产与他人组建的新公司。 ② 以合并或分立方式成立的新企业，其新启用的资金账簿记载的资金，凡原已贴花的部分可不再贴花，未贴花的部分和以后新增加的资金按规定贴花。 合并包括吸收合并和新设合并。分立包括存续分立和新设分立。 （2）关于各类应税合同的印花税 企业改制前签订但尚未履行完的各类应税合同，改制后需要变更执行主体的，对仅改变执行主体、其余条款未作变动且改制前已贴花的，不再贴花。 （3）关于产权转移书据的印花税 企业因改制签订的产权转移书据免予贴花。	财税〔2003〕183号

(续表)

序号	文件标题及条款	优惠内容	文号
12	《财政部 国家税务总局关于中国东方资产管理公司处置港澳国际（集团）有限公司有关资产税收政策问题的通知》第二条第1项、第三条第1项、第四条第1项	对东方资产管理公司在接收和处置港澳国际（集团）有限公司资产过程中签订的产权转移书据，免征东方资产管理公司应缴纳的印花税。 对港澳国际（集团）内地公司在催收债权、清偿债务过程中签订的产权转移书据，免征港澳国际（集团）内地公司应缴纳的印花税。 对港澳国际（集团）香港公司在中国境内催收债权、清偿债务过程中签订的产权转移书据，免征港澳国际（集团）香港公司应承担的印花税	财税〔2003〕212号
13	《国家税务总局关于办理上市公司国有股权无偿转让暂不征收证券（股票）交易印花税有关审批事项的通知》第一条	对经国务院和省级人民政府决定或批准进行的国有（含国有控股）企业改组改制而发生的上市公司国有股权无偿转让行为，暂不征收证券（股票）交易印花税。对不属于上述情况的上市公司国有股权无偿转让行为，仍应征收证券（股票）交易印花税。	国税函〔2004〕941号
14	《财政部 国家税务总局关于股权分置试点改革有关税收政策问题的通知》第一条	股权分置改革过程中因非流通股股东向流通股股东支付对价而发生的股权转让，暂免征收印花税。	财税〔2005〕103号
15	《财政部 国家税务总局关于信贷资产证券化有关税收政策问题的通知》第一条第（三）、（四）、（五）项	发起机构、受托机构在信贷资产证券化过程中，与资金保管机构（指接受受托机构委托，负责保管信托项目财产账户资金的机构，下同）、证券登记托管机构（指中央国债登记结算有限责任公司）以及其他为证券化交易提供服务的机构签订的其他应税合同，暂免征收发起机构、受托机构应缴纳的印花税。 受托机构发售信贷资产支持证券以及投资者买卖信贷资产支持证券暂免征收印花税。 发起机构、受托机构因开展信贷资产证券化业务而专门设立的资金账簿暂免征收印花税。	财税〔2006〕5号
16	《财政部 国家税务总局关于证券投资者保护基金有关印花税政策的通知》第一条、第二条、第三条、第四条	对保护基金公司新设立的资金账簿免征印花税。 对保护基金公司与中国人民银行签订的再贷款合同、与证券公司行政清算机构签订的借款合同，免征印花税。 对保护基金公司接收被处置证券公司财产签订的产权转移书据，免征印花税。 对保护基金公司以保护基金自有财产和接收的受偿资产与保险公司签订的财产保险合同，免征印花税。	财税〔2006〕104号
17	《财政部 国家税务总局关于印花税若干政策的通知》第二条	对发电厂与电网之间、电网与电网之间（国家电网公司系统、南方电网公司系统内部各级电网互供电量除外）签订的购售电合同按购销合同征收印花税。电网与用户之间签订的供用电合同不属于印花税列举征税的凭证，不征印花税。	财税〔2006〕162号

(续表)

序号	文件标题及条款	优惠内容	文号
18	《财政部 国家税务总局关于青藏铁路公司运营期间有关税收等政策问题的通知》第二条	对青藏铁路公司及其所属单位营业账簿免征印花税;对青藏铁路公司签订的货物运输合同免征印花税,对合同其他各方当事人应缴纳的印花税照章征收。	财税〔2007〕11号
19	《财政部 国家税务总局关于外国银行分行改制为外商独资银行有关税收问题的通知》第三条	外国银行分行改制为外商独资银行(或其分行)后,其在外国银行分行已经贴花的资金账簿、应税合同,在改制后的外商独资银行(或其分行)不再重新贴花。	财税〔2007〕45号
20	《财政部 国家税务总局关于廉租住房经济适用住房和住房租赁有关税收政策的通知》第一条第(四)项中关于经济适用住房的印花税政策、第二条第(二)项	对廉租住房、经济适用住房经营管理单位与廉租住房、经济适用住房相关的印花税以及廉租住房承租人、经济适用住房购买人涉及的印花税予以免征。 对个人出租、承租住房签订的租赁合同,免征印花税。	财税〔2008〕24号
21	《财政部 国家税务总局关于调整房地产交易环节税收政策的通知》第二条	对个人销售或购买住房暂免征收印花税。	财税〔2008〕137号
22	《财政部 国家税务总局关于境内证券市场转持部分国有股充实全国社会保障基金有关证券(股票)交易印花税政策的通知》	经国务院批准,对有关国有股东按照《境内证券市场转持部分国有股充实全国社会保障基金实施办法》(财企〔2009〕94号)向全国社会保障基金理事会转持国有股,免征证券(股票)交易印花税。	财税〔2009〕103号
23	《国家税务总局关于中国海洋石油总公司使用的"成品油配置计划表"有关印花税问题的公告》	中国海油集团与中国石油天然气集团、中国石油化工集团之间,中国海油集团内部各子公司之间,中国海油集团的各分公司和子公司之间互供油和石油制品所使用的"成品油配置计划表"(或其他名称的表、证、单、书),暂不征收印花税。	税务总局公告2012年第58号
24	《财政部 国家税务总局关于棚户区改造有关税收政策的通知》第一条中关于印花税的政策	对改造安置住房建设用地免征城镇土地使用税。对改造安置住房经营管理单位、开发商与改造安置住房相关的印花税以及购买安置住房的个人涉及的印花税予以免征。 在商品住房等开发项目中配套建造安置住房的,依据政府部门出具的相关材料、房屋征收(拆迁)补偿协议或棚户区改造合同(协议),按改造安置住房建筑面积占总建筑面积的比例免征城镇土地使用税、印花税。	财税〔2013〕101号
25	《财政部 国家税务总局关于融资租赁合同有关印花税政策的通知》第二条	在融资性售后回租业务中,对承租人、出租人因出售租赁资产及购回租赁资产所签订的合同,不征收印花税。	财税〔2015〕144号

(续表)

序号	文件标题及条款	优惠内容	文号
26	《财政部 国家税务总局关于落实降低企业杠杆率税收支持政策的通知》第二条第（七）项中关于印花税的政策	企业重组改制涉及的土地增值税、契税、印花税，符合规定的，可享受相关优惠政策。	财税〔2016〕125号
27	《财政部 国家税务总局 证监会关于深港股票市场交易互联互通机制试点有关税收政策的通知》第五条	对香港市场投资者通过沪股通和深股通参与股票担保卖空涉及的股票借入、归还，暂免征收证券（股票）交易印花税。	财税〔2016〕127号
28	《财政部 税务总局关于支持农村集体产权制度改革有关税收政策的通知》第二条中关于印花税的政策	对农村集体经济组织以及代行集体经济组织职能的村民委员会、村民小组进行清产核资收回集体资产而承受土地、房屋权属，免征契税。 对因农村集体经济组织以及代行集体经济组织职能的村民委员会、村民小组进行清产核资收回集体资产而签订的产权转移书据，免征印花税。	财税〔2017〕55号
29	《财政部 税务总局 海关总署关于北京2022年冬奥会和冬残奥会税收政策的通知》第一条第（九）项、第二条第（二）项、第二条第（五）和（六）项中关于印花税的政策、第三条第（四）项	对北京冬奥组委再销售所获捐赠物品和赛后出让资产取得收入，免征应缴纳的增值税、消费税和土地增值税。免征北京冬奥组委向分支机构划拨所获赞助物资应缴纳的增值税，北京冬奥组委向主管税务机关提供"分支机构"范围的证明文件，办理减免税备案。 对国际奥委会、中国奥委会签订的与北京2022年冬奥会有关的各类合同，免征国际奥委会和中国奥委会应缴纳的印花税。 对国际残奥委会取得的与北京2022年冬残奥会有关的收入免征增值税、消费税、企业所得税和印花税。 对中国残奥委会根据《联合市场开发计划协议》取得的由北京冬奥组委分期支付的收入免征增值税、消费税、企业所得税和印花税。 对财产所有人将财产（物品）捐赠给北京冬奥组委所书立的产权转移书据免征应缴纳的印花税。	财税〔2017〕60号
30	《财政部 税务总局关于支持小微企业融资有关税收政策的通知》第二条	对金融机构与小型企业、微型企业签订的借款合同免征印花税。	财税〔2017〕77号
31	《财政部 税务总局关于保险保障基金有关税收政策问题的通知》第二条	对保险保障基金公司下列应税凭证，免征印花税： （1）新设立的资金账簿。 （2）在对保险公司进行风险处置和破产救助过程中签订的产权转移书据。 （3）在对保险公司进行风险处置过程中与中国人民银行签订的再贷款合同。 （4）以保险保障基金自有财产和接收的受偿资产与保险公司签订的财产保险合同。 对与保险保障基金公司签订上述产权转移书据或应税合同的其他当事人照章征收印花税。	财税〔2018〕41号
32	《财政部 税务总局关于全国社会保障基金有关投资业务税收政策的通知》第三条	对社保基金会、社保基金投资管理人管理的社保基金转让非上市公司股权，免征社保基金会、社保基金投资管理人应缴纳的印花税。	财税〔2018〕94号

(续表)

序号	文件标题及条款	优惠内容	文号
33	《财政部 税务总局关于基本养老保险基金有关投资业务税收政策的通知》第三条	对社保基金会及养老基金投资管理机构运用养老基金买卖证券应缴纳的印花税实行先征后返;养老基金持有的证券,在养老基金证券账户之间的划拨过户,不属于印花税的征收范围,不征收印花税。对社保基金会及养老基金投资管理机构管理的养老基金转让非上市公司股权,免征社保基金会及养老基金投资管理机构应缴纳的印花税。	财税〔2018〕95号
34	《财政部 税务总局关于易地扶贫搬迁税收优惠政策的通知》第二条第(一)、(二)、(四)、(五)项中关于印花税的政策	对易地扶贫搬迁项目实施主体(以下简称项目实施主体)取得用于建设安置住房的土地,免征契税、印花税。对安置住房建设和分配过程中应由项目实施主体、项目单位缴纳的印花税,予以免征。在商品住房等开发项目中配套建设安置住房的,按安置住房建筑面积占总建筑面积的比例,计算应予免征的安置住房用地相关的契税、城镇土地使用税,以及项目实施主体、项目单位相关的印花税。对项目实施主体购买商品住房或者回购保障性住房作为安置住房房源的,免征契税、印花税。	财税〔2018〕135号
35	《财政部 税务总局关于高校学生公寓房产税印花税政策的通知》第二条	对与高校学生签订的高校学生公寓租赁合同,免征印花税。	财税〔2019〕14号
36	《财政部 税务总局 中央宣传部关于继续实施文化体制改革中经营性文化事业单位转制为企业若干税收政策的通知》第一条第(四)项中关于印花税的政策	对与高校学生签订的高校学生公寓租赁合同,免征印花税。	财税〔2019〕16号
37	《财政部 人力资源社会保障部 国资委 税务总局 证监会关于全面推开划转部分国有资本充实社保基金工作的通知》第五条第(二十四)项中关于印花税的政策	在国有股权划转和接收过程中,划转非上市公司股份的,对划出方与划入方签订的产权转移书据免征印花税;划转上市公司股份和全国中小企业股份转让系统挂牌公司股份的,免征证券交易印花税;对划入方因承接划转股权而增加的实收资本和资本公积,免征印花税;涉及境内上市公司、全国中小企业股份转让系统挂牌的公司和境外上市公司非境外上市股份的,免收过户费。本办法印发前,划转双方已缴纳的上述税费由征收单位予以退还。	财资〔2019〕49号
38	《财政部 税务总局关于公共租赁住房税收优惠政策的公告》第二条和第三条中关于印花税的政策	对公租房经营管理单位免征建设、管理公租房涉及的印花税。在其他住房项目中配套建设公租房,按公租房建筑面积占总建筑面积的比例免征建设、管理公租房涉及的印花税。对公租房经营管理单位购买住房作为公租房,免征契税、印花税;对公租房租赁双方免征签订租赁协议涉及的印花税。	财政部 税务总局公告2019年第61号
39	《财政部 税务总局关于继续实行农村饮水安全工程税收优惠政策的公告》第二条	对饮水工程运营管理单位为建设饮水工程取得土地使用权而签订的产权转移书据,以及与施工单位签订的建设工程承包合同,免征印花税。	财政部 税务总局公告2019年第67号

(续表)

序号	文件标题及条款	优惠内容	文号
40	《财政部 税务总局 海关总署关于北京2022年冬奥会和冬残奥会税收优惠政策的公告》第六条	对国际奥委会相关实体与北京冬奥组委签订的各类合同,免征国际奥委会相关实体应缴纳的印花税。	财政部 税务总局 海关总署公告2019年第92号
41	《财政部 税务总局 海关总署关于杭州2022年亚运会和亚残运会税收政策的公告》第七条、第八条	对组委会使用的营业账簿和签订的各类合同等应税凭证,免征组委会应缴纳的印花税。 对财产所有人将财产(物品)捐赠给组委会所书立的产权转移书据,免征印花税。	财政部 税务总局 海关总署公告2020年第18号
42	《财政部 税务总局 海关总署关于第18届世界中学生运动会等三项国际综合运动会税收政策的公告》第七条、第八条	对组委会使用的营业账簿和签订的各类合同等应税凭证,免征组委会应缴纳的印花税。 对财产所有人将财产(物品)捐赠给组委会所书立的产权转移书据,免征印花税。	财政部 税务总局 海关总署公告2020年第19号
43	《财政部 税务总局关于延长部分税收优惠政策执行期限的公告》中关于印花税的政策	《财政部 税务总局关于设备器具扣除有关企业所得税政策的通知》(财税〔2018〕54号)等16个文件规定的税收优惠政策凡已到期的,执行期限延长至2023年12月31日。 《财政部 税务总局关于延续供热企业增值税房产税城镇土地使用税优惠政策的通知》(财税〔2019〕38号)规定的税收优惠政策,执行期限延长至2023年供暖期结束。 《财政部 税务总局关于易地扶贫搬迁税收优惠政策的通知》(财税〔2018〕135号)、《财政部 税务总局关于福建平潭综合实验区个人所得税优惠政策的通知》(财税〔2014〕24号)规定的税收优惠政策,执行期限延长至2025年12月31日。	财政部 税务总局公告2021年第6号
44	《财政部 税务总局关于延长部分税收优惠政策执行期限的公告》中关于印花税的政策	《财政部 税务总局 科技部 教育部关于科技企业孵化器 大学科技园和众创空间税收政策的通知》(财税〔2018〕120号)、《财政部 税务总局关于继续对城市公交站场道路客运站场城市轨道交通系统减免城镇土地使用税优惠政策的通知》(财税〔2019〕11号)、《财政部 税务总局关于继续实行农产品批发市场农贸市场房产税城镇土地使用税优惠政策的通知》(财税〔2019〕12号)、《财政部 税务总局关于高校学生公寓房产税印花税政策的通知》(财税〔2019〕14号)、《财政部 税务总局 退役军人部关于进一步扶持自主就业退役士兵创业就业有关税收政策的通知》(财税〔2019〕21号)、《财政部 税务总局 国家发展改革委 生态环境部关于从事污染防治的第三方企业所得税政策问题的公告》(财政部 税务总局 国家发展改革委 生态环境部公告2019年第60号)、《财政部 税务总局关于支持新型冠状病毒感染的肺炎疫情防控有关个人所得税政策的公告》(财政部 税务总局公告2020年第10号)中规定的税收优惠政策,执行期限延长至2023年12月31日。	财政部 税务总局公告2022年第4号
45	《财政部 税务总局关于延续执行部分国家商品储备税收优惠政策的公告》第一条	对商品储备管理公司及其直属库资金账簿免征印花税;对其承担商品储备业务过程中书立的购销合同免征印花税,对合同其他各方当事人应缴纳的印花税照章征收。	财政部 税务总局公告2022年第8号

(续表)

序号	文件标题及条款	优惠内容	文号
46	《财政部 税务总局关于进一步实施小微企业"六税两费"减免政策的公告》第一条中关于印花税的政策	由省、自治区、直辖市人民政府根据本地区实际情况,以及宏观调控需要确定,对增值税小规模纳税人、小型微利企业和个体工商户可以在50%的税额幅度内减征资源税、城市维护建设税、房产税、城镇土地使用税、印花税(不含证券交易印花税)、耕地占用税和教育费附加、地方教育附加。 增值税小规模纳税人、小型微利企业和个体工商户已依法享受资源税、城市维护建设税、房产税、城镇土地使用税、印花税、耕地占用税、教育费附加、地方教育附加其他优惠政策的,可叠加享受本公告第一条规定的优惠政策。	财政部 税务总局公告2022年第10号

(二)废止的印花税优惠政策文件及条款目录(财政部 税务总局公告2022年第22号第一条)

自2022年7月1日起,下表中所列文件及相关条款规定的印花税优惠政策予以废止。相关政策废止后,符合《印花税法》第十二条规定的免税情形的,纳税人可依法享受相关印花税优惠。

序号	文件标题及条款	文号
1	《财政部 国家税务总局关于国家开发银行缴纳印花税问题的复函》第一条	财税字〔1995〕47号
2	《财政部 国家税务总局关于农业发展银行缴纳印花税问题的复函》第一条	财税字〔1996〕55号
3	《财政部 国家税务总局关于教育税收政策的通知》第二条中关于印花税的政策	财税〔2004〕39号
4	《财政部 国家税务总局关于对买卖封闭式证券投资基金继续予以免征印花税的通知》	财税〔2004〕173号
5	《财政部 国家税务总局关于信贷资产证券化有关税收政策问题的通知》第一条第(一)项、第(二)项	财税〔2006〕5号
6	《财政部 国家税务总局关于农民专业合作社有关税收政策的通知》第四条	财税〔2008〕81号
7	《财政部 国家税务总局 证监会关于内地与香港基金互认有关税收政策的通知》第四条第1项	财税〔2015〕125号
8	《财政部 税务总局关于对营业账簿减免印花税的通知》	财税〔2018〕50号

(三)失效的印花税优惠政策文件及条款目录

自2022年7月1日起,下表中所列文件及相关条款规定的印花税优惠政策予以失效。

序号	文件标题及条款	文号
1	《国家税务总局关于货运凭证征收印花税几个具体问题的通知》第五条第3项	国税发〔1990〕173号
2	《财政部 国家税务总局关于国家开发银行缴纳印花税问题的复函》第三条	财税字〔1995〕47号
3	《财政部 国家税务总局关于铁道部所属单位恢复征收印花税问题的通知》第三条	财税字〔1997〕56号
4	《财政部 国家税务总局关于铁道部所属单位恢复征收印花税问题的补充通知》第六条	财税字〔1997〕182号

（续表）

序号	文件标题及条款	文号
5	《中国人民银行 农业部 国家发展计划委员会 财政部 国家税务总局关于免缴农村信用社接收农村合作基金会财产产权过户税费的通知》中关于印花税的政策	银发〔2000〕21号
6	《财政部 国家税务总局关于免征中国华润总公司有关新增实收资本资本公积印花税的通知》	财税〔2001〕155号
7	《财政部 国家税务总局关于中国对外贸易运输(集团)总公司有关印花税政策的通知》	财税〔2003〕7号
8	《财政部 国家税务总局关于大连证券破产及财产处置过程中有关税收政策问题的通知》第一条	财税〔2003〕88号
9	《财政部 国家税务总局关于香港中银集团重组上市有关税收问题的通知》第六条	财税〔2003〕126号
10	《财政部 国家税务总局关于中国华润总公司资产评估增值有关企业所得税和印花税政策的通知》第二条	财税〔2003〕214号
11	《财政部 国家税务总局关于中国长江电力股份有限公司上市及收购三峡发电资产有关税收问题的通知》第二条中关于印花税的政策	财税〔2003〕235号
12	《财政部 国家税务总局关于明确三峡发电资产有关印花税问题的通知》	财税〔2004〕183号
13	《财政部 国家税务总局关于免征中央汇金投资有限公司资金账簿印花税的通知》	财税〔2005〕16号
14	《财政部 国家税务总局关于国家石油储备基地建设有关税收政策的通知》第一条中关于印花税的政策	财税〔2005〕23号
15	《财政部 国家税务总局关于中国建银投资有限责任公司有关税收政策问题的通知》第二条	财税〔2005〕160号
16	《财政部 国家税务总局关于中国石油化工集团公司受让部分国有股权有关证券(股票)交易印花税政策的通知》	财税〔2006〕31号
17	《财政部 国家税务总局关于大秦铁路改制上市有关税收问题的通知》第三条	财税〔2006〕32号
18	《财政部 国家税务总局关于对美国驻华使馆购买馆员住宅免征印花税的通知》	财税〔2006〕101号
19	《财政部 国家税务总局关于广深铁路股份有限公司改制上市和资产收购有关税收问题的通知》第三条	财税〔2008〕12号
20	《财政部 国家税务总局关于北京德国文化中心·歌德学院(中国)在华房产有关契税和印花税问题的通知》中关于印花税的政策	财税〔2009〕159号
21	《财政部 国家税务总局关于明确中国邮政集团公司邮政速递物流业务重组改制过程中有关契税和印花税政策的通知》第二条、第三条、第四条	财税〔2010〕92号
22	《财政部 国家税务总局关于中国信达资产管理股份有限公司改制过程中有关契税和印花税问题的通知》第二条	财税〔2011〕2号
23	《财政部 国家税务总局关于中国联合网络通信集团有限公司转让CDMA网及其用户资产企业合并资产整合过程中涉及的增值税 营业税 印花税和土地增值税政策问题的通知》第四条、第五条、第六条、第七条、第八条	财税〔2011〕13号
24	《财政部 国家税务总局关于全国社会保障基金理事会回拨已转持国有股有关证券(股票)交易印花税问题的通知》	财税〔2011〕65号

(续表)

序号	文件标题及条款	文号
25	《财政部 国家税务总局关于中国中信集团公司重组改制过程中土地增值税等政策的通知》第二条中关于印花税的政策	财税〔2013〕3号
26	《财政部 国家税务总局关于第二届夏季青年奥林匹克运动会等三项国际综合运动会税收政策的通知》第一条第7项、第二条第3项	财税〔2013〕11号
27	《财政部 国家税务总局关于中国邮政储蓄银行改制上市有关税收政策的通知》第五条中关于印花税的政策	财税〔2013〕53号
28	《财政部 国家税务总局关于铁路发展基金有关税收政策的通知》第二条	财税〔2014〕56号
29	《财政部 国家税务总局关于组建中国铁路总公司有关印花税政策的通知》	财税〔2015〕57号
30	《财政部 国家税务总局关于中国华融资产管理股份有限公司改制过程中有关印花税政策的通知》	财税〔2015〕109号
31	《财政部 税务总局 海关总署关于第七届世界军人运动会税收政策的通知》第二条第（三）项	财税〔2018〕119号

六、征管要求

《印花税法》	国家税务总局公告2022年第14号第一条
第十三条 纳税人为单位的，应当向其机构所在地的主管税务机关申报缴纳印花税；纳税人为个人的，应当向应税凭证书立地或者纳税人居住地的主管税务机关申报缴纳印花税。 不动产产权发生转移的，纳税人应当向不动产所在地的主管税务机关申报缴纳印花税。 第十四条 纳税人为境外单位或者个人，在境内有代理人的，以其境内代理人为扣缴义务人；在境内没有代理人的，由纳税人自行申报缴纳印花税，具体办法由国务院税务主管部门规定。 证券登记结算机构为证券交易印花税的扣缴义务人，应当向其机构所在地的主管税务机关申报解缴税款以及银行结算的利息。 第十五条 印花税的纳税义务发生时间为纳税人书立应税凭证或者完成证券交易的当日。 证券交易印花税扣缴义务发生时间为证券交易完成的当日。 第十六条 印花税按季、按年或者按次计征。实行按季、按年计征的，纳税人应当自季度、年度终了之日起十五日内申报缴纳税款；实行按次计征的，纳税人应当自纳税义务发生之日起十五日内申报缴纳税款。	（1）纳税人应当根据书立印花税应税合同、产权转移书据和营业账簿情况，填写《印花税税源明细表》（附件1），进行财产行为税综合申报。 （2）应税合同、产权转移书据未列明金额，在后续实际结算时确定金额的，纳税人应当于书立应税合同、产权转移书据的首个纳税申报期申报应税合同、产权转移书据书立情况，在实际结算后下一个纳税申报期，以实际结算金额计算申报缴纳印花税。 （3）印花税按季、按年或者按次计征。应税合同、产权转移书据印花税可以按季或者按次申报缴纳，应税营业账簿印花税可以按年或者按次申报缴纳，具体纳税期限由各省、自治区、直辖市、计划单列市税务局结合征管实际确定。 境外单位或者个人的应税凭证印花税可以按季、按年或者按次申报缴纳，具体纳税期限由各省、自治区、直辖市、计划单列市税务局结合征管实际确定。 （4）纳税人为境外单位或者个人，在境内有代理人的，以其境内代理人为扣缴义务人。境外单位或者个人的境内代理人应当按规定扣缴印花税，向境内代理人机构所在地（居住地）主管税务机关申报解缴税款。 纳税人为境外单位或者个人，在境内没有代理人的，纳税人应当自行申报缴纳印花税。境外单位或者个人可以向资产交付地、境内服务提供方或者接受方所在地（居住地）、书立应税凭证境内书立人所在地（居住地）主管税务机关申报缴纳；涉及不动产产权转移的，应当向不动产所在地主管税务机关申报缴纳。

(续表)

《印花税法》	国家税务总局公告2022年第14号第一条
证券交易印花税按周解缴。证券交易印花税扣缴义务人应当自每周终了之日起五日内申报解缴税款以及银行结算的利息。 第十七条 印花税可以采用粘贴印花税票或者由税务机关依法开具其他完税凭证的方式缴纳。 印花税票粘贴在应税凭证上的,由纳税人在每枚税票的骑缝处盖戳注销或者画销。 印花税票由国务院税务主管部门监制。 第十八条 印花税由税务机关依照本法和《中华人民共和国税收征收管理法》的规定征收管理。	(5)《印花税法》实施后,纳税人享受印花税优惠政策,继续实行"自行判别、申报享受、有关资料留存备查"的办理方式。纳税人对留存备查资料的真实性、完整性和合法性承担法律责任。 (6)税务机关要优化印花税纳税服务。加强培训辅导,重点抓好基层税务管理人员、一线窗口人员和12366话务人员的学习和培训,分类做好纳税人宣传辅导,促进纳税人规范印花税应税凭证管理。坚持问题导向,聚焦纳税人和基层税务人员在税法实施过程中反馈的意见建议,及时完善征管系统和办税流程,不断提升纳税人获得感。

纳税人享受印花税优惠办理方式,与现行规定一致,实行"自行判别、申报享受、有关资料留存备查",保障纳税人及时享受印花税政策红利,纳税人应当对印花税优惠事项留存备查资料的真实性、完整性和合法性承担法律责任。

七、小规模纳税人减征印花税50%优惠

财政部 税务总局公告2022年第10号	国家税务总局公告2022年第3号
(1)自2022年1月1日至2024年12月31日,由省、自治区、直辖市人民政府根据本地区实际情况,以及宏观调控需要确定,对增值税小规模纳税人、小型微利企业和个体工商户可以在50%的税额幅度内减征资源税、城市维护建设税、房产税、城镇土地使用税、印花税(不含证券交易印花税)、耕地占用税和教育费附加、地方教育附加。 (2)增值税小规模纳税人、小型微利企业和个体工商户已依法享受资源税、城市维护建设税、房产税、城镇土地使用税、印花税、耕地占用税、教育费附加、地方教育附加其他优惠政策的,可叠加享受本公告第一条规定的优惠政策。	小规模纳税人、个体工商户直接享受"六税两费减半优惠"。 登记为一般纳税人的企业所得税的纳税人,按以下情况判断: (1)2020年及之前成立的一般纳税人,以2021年办理2020年度汇缴的结果来确定自2022年1月1日至2022年6月30日(税款所属期)能否享受减免优惠。 (2)2021年及之后成立的一般纳税人,下一年尚未办理上年度汇缴且同时符合申报期上月末从业人数不超过300人、资产总额不超过5 000万元两个条件的,在办理汇缴前(申报期)可以享受减免优惠。 (3)2022年办理2021年度汇缴的结果属于小型微利企业的,自2022年7月1日至2023年6月30日享受减免优惠;不属于小型微利企业的,自办理汇缴的次月1日(按次申报的自汇缴之日)至2023年6月30日不享受减免优惠。 (4)办理首次汇算清缴申报前,已按规定申报缴纳"六税两费"的,不再根据首次汇算清缴结果进行更正。

在享受优惠的顺序上,"六税两费"减征优惠是在享受其他优惠的基础上再享受。原来适用比例减免或定额减免的,"六税两费"减征额计算的基数是应纳税额减除原有减免税额后的数额。

八、印花税简化申报（国家税务总局公告2021年第9号）

政策规定	政策解读
自2021年6月1日起，纳税人申报缴纳城镇土地使用税、房产税、车船税、印花税、耕地占用税、资源税、土地增值税、契税、环境保护税、烟叶税中一个或多个税种时，使用《财产和行为税纳税申报表》（附件1）。纳税人新增税源或税源变化时，需先填报《财产和行为税税源明细表》（附件2）。《废止文件及条款清单》（附件3）所列文件、条款同时废止。	纳税申报时，各税种统一采用《财产行为税纳税申报表》。该申报表由一张主表和一张减免税附表组成，主表为纳税情况，附表为申报享受的各类减免税情况。纳税申报前，需先维护税源信息。税源信息没有变化的，确认无变化后直接进行纳税申报；税源信息有变化的，通过填报《财产和行为税税源明细表》进行数据更新维护后再进行纳税申报。 纳税人可以自由选择维护税源信息的时间，既可以在申报期之前，也可以在申报期内。为确保税源信息和纳税申报表逻辑一致，减轻纳税人填报负担，征管系统将根据各税种税源信息自动生成新申报表，纳税人审核确认后即可完成申报。无论选择何种填报方式，纳税人申报时，系统都会根据已经登记的税源明细表自动生成申报表。

税源信息是财产和行为税各税种纳税申报和后续管理的基础数据来源，是生成纳税申报表的主要依据。纳税人通过填报税源明细表提供税源信息。纳税人仅就发生纳税义务的税种填报对应的税源明细表。

依据《国家税务总局关于进一步实施小微企业"六税两费"减免政策有关征管问题的公告》（国家税务总局公告2022年第3号）的规定，各地启用国家税务总局公告2022年第3号文件修订的表单后，不再使用本法规中的《财产和行为税减免税明细申报附表》。

第十一节　契税优惠政策解析与应用

政策依据：

> 《中华人民共和国契税法》（以下简称《契税法》，自2021年9月1起实施）；
> 《财政部　税务总局关于继续执行企业事业单位改制重组有关契税政策的公告》（财政部　税务总局公告2021年第17号）；
> 《财政部　税务总局关于贯彻实施契税法若干事项执行口径的公告》（财政部　税务总局公告2021年第23号）；
> 《国家税务总局关于契税纳税服务与征收管理若干事项的公告》（国家税务总局公告2021年第25号）；
> 《财政部　税务总局关于契税法实施后有关优惠政策衔接问题的公告》（财政部　税务总局公告2021年第29号）。

一、纳税人、征税范围和税率

《契税法》	契税法的变化
第一条　在中华人民共和国境内转移土地、房屋权属，承受的单位和个人为契税的纳税人，应当依照本法规定缴纳契税。 第二条　本法所称转移土地、房屋权属，是指下列行为： （一）土地使用权出让； （二）土地使用权转让，包括出售、赠与、互换； （三）房屋买卖、赠与、互换。 前款第二项土地使用权转让，不包括土地承包经营权和土地经营权的转移。 以作价投资（入股）、偿还债务、划转、奖励等方式转移土地、房屋权属的，应当依照本法规定征收契税。	（1）将"国有土地使用权"扩大为"土地使用权"，与土地管理法修法协调。2019年修订的《土地管理法》第六十三条规定，土地利用总体规划、城乡规划确定为工业、商业等经营性用途，并经依法登记的集体经营性建设用地，土地所有权人可以通过出让、的方式交由单位或者个人使用。

(续表)

《契税法》	契税法的变化
第三条　契税税率为3%~5%。 契税的具体适用税率,由省、自治区、直辖市人民政府在前款规定的税率幅度内提出,报同级人民代表大会常务委员会决定,并报全国人民代表大会常务委员会和国务院备案。 省、自治区、直辖市可以依照前款规定的程序对不同主体、不同地区、不同类型的住房的权属转移确定差别税率。 第十二条　在依法办理土地、房屋权属登记前,权属转移合同、权属转移合同性质凭证不生效、无效、被撤销或者被解除的,纳税人可以向税务机关申请退还已缴纳的税款,税务机关应当依法办理。	(2) 对《中华人民共和国契税暂行条例细则》第八条规定吸收整合,上升为法律规定。 (3) 税率确定程序更符合税收法定原则,地方可依据住房类型不同确定差别税率。 (4) 房屋权属合同不生效、无效、被撤销或解除的,纳税人可申请退税。

关于土地、房屋权属转移。(财政部、税务总局公告2021年第23号)
自2021年9月1日起:
(1) 征收契税的土地、房屋权属,具体为土地使用权、房屋所有权。
(2) 下列情形发生土地、房屋权属转移的,承受方应当依法缴纳契税:
① 因共有不动产份额变化的。
② 因共有人增加或者减少的。
③ 因人民法院、仲裁委员会的生效法律文书或者监察机关出具的监察文书等因素,发生土地、房屋权属转移的。

二、计税依据与计算

《契税法》	政策解读
第四条　契税的计税依据: (一) 土地使用权出让、出售,房屋买卖,为土地、房屋权属转移合同确定的成交价格,包括应交付的货币以及实物、其他经济利益对应的价款。 (二) 土地使用权互换、房屋互换,为所互换的土地使用权、房屋价格的差额。 (三) 土地使用权赠与、房屋赠与以及其他没有价格的转移土地、房屋权属行为,为税务机关参照土地使用权出售、房屋买卖的市场价格依法核定的价格。 纳税人申报的成交价格、互换价格差额明显偏低且无正当理由的,由税务机关依照《税收征收管理法》的规定核定。 第五条　契税的应纳税额按照计税依据乘以具体适用税率计算。	(1) 契税法的变化:契税法对于土地、房屋权属转移合同确定的成交价格作出具体说明,成交价格不仅包括应交付的货币,还包括了应交付实物、其他经济利益对应的价款,契税计税依据的确定更加明确;同时对于成交价格、互换价格差额明显偏低且无正当理由的,不再简单参照市场价格核定,而是遵循《税收征收管理法》的规定进行核定,即核定应纳税额的具体程序和方法由国务院税务主管部门规定。 (2) 契税的计税依据不含增值税。 房屋附属设施征收契税的依据:①不涉及土地使用权和房屋所有权转移变动的,不征收契税;②采取分期付款方式购买房屋附属设施土地使用权、房屋所有权的,按照合同规定的总价款计算征收契税;③承受的房屋附属设施权属如果是单独计价的,按照当地适用的税率征收,如果与房屋统一计价的,适用与房屋相同的税率。 (3) 企业存在以划拨方式取得土地使用权再转让的,应对补交的土地价款等补缴相应契税。企业将国有划拨用地改变土地性质为出让地时,应缴纳相应的土地契税。企业按规定支付的安置补助费、地上附着物、青苗补偿费、拆迁补偿费、市政建设配套费等应作为计税依据计算缴纳契税。

关于若干计税依据的具体情形。(财政部、税务总局公告2021年第23号)
自2021年9月1日起:
(1) 以划拨方式取得的土地使用权,经批准改为出让方式重新取得该土地使用权的,应由该土地使用权人以补缴的土地出让价款为计税依据缴纳契税。
(2) 先以划拨方式取得土地使用权,后经批准转让房地产,划拨土地性质改为出让的,承受方应分别以补缴的土地出让价款和房地产权属转移合同确定的成交价格为计税依据缴纳契税。
(3) 先以划拨方式取得土地使用权,后经批准转让房地产,划拨土地性质未发生改变的,承受方应以房地产权属转移合同确定的成交价格为计税依据缴纳契税。
(4) 土地使用权及所附建筑物、构筑物等(包括在建的房屋、其他建筑物、构筑物和其他附着物)转让的,计税依据为承受方应交付的总价款。

(续表)

(5) 土地使用权出让的,计税依据包括土地出让金、土地补偿费、安置补助费、地上附着物和青苗补偿费、征收补偿费、城市基础设施配套费、实物配建房屋等应交付的货币以及实物、其他经济利益对应的价款。

(6) 房屋附属设施(包括停车位、机动车库、非机动车库、顶层阁楼、储藏室及其他房屋附属设施)与房屋为同一不动产单元的,计税依据为承受方应交付的总价款,并适用与房屋相同的税率;房屋附属设施与房屋为不同不动产单元的,计税依据为转移合同确定的成交价格,并按当地确定的适用税率计税。

(7) 承受已装修房屋的,应将包括装修费用在内的费用计入承受方应交付的总价款。

(8) 土地使用权互换、房屋互换,互换价格相等的,互换双方计税依据为零;互换价格不相等的,以其差额为计税依据,由支付差额的一方缴纳契税。

(9) 契税的计税依据不包括增值税。

关于纳税义务发生时间的具体情形:

(1) 因人民法院、仲裁委员会的生效法律文书或者监察机关出具的监察文书等发生土地、房屋权属转移的,纳税义务发生时间为法律文书等生效当日。

(2) 因改变土地、房屋用途等情形应当缴纳已经减征、免征契税的,纳税义务发生时间为改变有关土地、房屋用途等情形的当日。

(3) 因改变土地性质、容积率等土地使用条件需补缴土地出让价款,应当缴纳契税的,纳税义务发生时间为改变土地使用条件当日。

发生上述情形,按规定不再需要办理土地、房屋权属登记的,纳税人应自纳税义务发生之日起90日内申报缴纳契税。

关于纳税凭证、纳税信息和退税:

(1) 具有土地、房屋权属转移合同性质的凭证包括契约、协议、合约、单据、确认书以及其他凭证。

(2) 不动产登记机构在办理土地、房屋权属登记时,应当依法查验土地、房屋的契税完税、减免税、不征税等涉税凭证或者有关信息。

(3) 税务机关应当与相关部门建立契税涉税信息共享和工作配合机制。具体转移土地、房屋权属有关的信息包括:自然资源部门的土地出让、转让、征收补偿、不动产权属登记等信息,住房城乡建设部门的房屋交易等信息,民政部门的婚姻登记、社会组织登记等信息,公安部门的户籍人口基本信息。

(4) 纳税人缴纳契税后发生下列情形,可依照有关法律法规申请退税:

① 因人民法院判决或者仲裁委员会裁决导致土地、房屋权属转移行为无效、被撤销或者被解除,且土地、房屋权属变更至原权利人的。

② 在出让土地使用权交付时,因容积率调整或实际交付面积小于合同约定面积需退还土地出让价款的。

③ 在新建商品房交付时,因实际交付面积小于合同约定面积需返还房价款的。

三、税收优惠

(一) 法定优惠

《契税法》	政策解读
第六条 有下列情形之一的,免征契税: (一) 国家机关、事业单位、社会团体、军事单位承受土地、房屋权属用于办公、教学、医疗、科研、军事设施。 (二) 非营利性的学校、医疗机构、社会福利机构承受土地、房屋权属用于办公、教学、医疗、科研、养老、救助。 (三) 承受荒山、荒地、荒滩土地使用权用于农、林、牧、渔业生产。 (四) 婚姻关系存续期间夫妻之间变更土地、房屋权属。 (五) 法定继承人通过继承承受土地、房屋权属。 (六) 依照法律规定应当予以免税的外国驻华使馆、领事馆和国际组织驻华代表机构承受土地、房屋权属。 根据国民经济和社会发展的需要,国务院对居民住房需求保障、企业改制重组、灾后重建等情形可以规定免征或者减征契税,报全国人民代表大会常务委员会备案。	明确契税减免规定需由国务院规定,原减按1%、1.5%、2%征税规定仍继续适用。 对个人购买普通住房,且该住房属于家庭(成员范围包括购房人、配偶以及未成年子女,下同)唯一住房的,减半征收契税。对个人购买90平方米及以下普通住房,且该住房属于家庭唯一住房的,减按1%税率征收契税。(财税〔2010〕94号)

(续表)

《契税法》	政策解读
第七条　省、自治区、直辖市可以决定对下列情形免征或者减征契税： （一）因土地、房屋被县级以上人民政府征收、征用，重新承受土地、房屋权属。 （二）因不可抗力灭失住房，重新承受住房权属。 前款规定的免征或者减征契税的具体办法，由省、自治区、直辖市人民政府提出，报同级人民代表大会常务委员会决定，并报全国人民代表大会常务委员会和国务院备案。 第八条　纳税人改变有关土地、房屋的用途，或者有其他不再属于本法第六条规定的免征、减征契税情形的，应当缴纳已经免征、减征的税款。	对个人购买家庭唯一住房（家庭成员范围包括购房人、配偶以及未成年子女，下同），面积为90平方米及以下的，减按1%的税率征收契税；面积为90平方米以上的，减按1.5%的税率征收契税。对个人购买家庭第二套改善性住房，面积为90平方米及以下的，减按1%的税率征收契税；面积为90平方米以上的，减按2%的税率征收契税。（财税〔2016〕23号）

（二）财政部规定的其他减征、免征项目

1. 售后回租方式进行融资等有关契税政策（财税〔2012〕82号）

（1）对金融租赁公司开展售后回租业务，承受承租人房屋、土地权属的，照章征税。对售后回租合同期满，承租人回购原房屋、土地权属的，免征契税。

（2）以招拍挂方式出让国有土地使用权的，纳税人为最终与土地管理部门签订出让合同的土地使用权承受人。[根据《财政部 税务总局关于契税法实施后有关优惠政策衔接问题的公告》（财政部 税务总局公告2021年第29号），本条自2021年9月1日起废止]

（3）市、县级人民政府根据《国有土地上房屋征收与补偿条例》有关规定征收居民房屋，居民因个人房屋被征收而选择货币补偿用以重新购置房屋，并且购房成交价格不超过货币补偿的，对新购房屋免征契税；购房成交价格超过货币补偿的，对差价部分按规定征收契税。居民因个人房屋被征收而选择房屋产权调换，并且不缴纳房屋产权调换差价的，对新换房屋免征契税；缴纳房屋产权调换差价的，对差价部分按规定征收契税。[根据《财政部 税务总局关于契税法实施后有关优惠政策衔接问题的公告》（财政部 税务总局公告2021年第29号），本条自2021年9月1日起废止]

（4）企业承受土地使用权用于房地产开发，并在该土地上代政府建设保障性住房的，计税价格为取得全部土地使用权的成交价格。[根据《财政部 税务总局关于契税法实施后有关优惠政策衔接问题的公告》（财政部 税务总局公告2021年第29号），本条自2021年9月1日起废止]

（5）单位、个人以房屋、土地以外的资产增资，相应扩大其在被投资公司的股权持有比例，无论被投资公司是否变更工商登记，其房屋、土地权属不发生转移，不征收契税。

（6）个体工商户的经营者将其个人名下的房屋、土地权属转移至个体工商户名下，或个体工商户将其房屋、土地权属转回原经营者个人名下，免征契税。

合伙企业的合伙人将其名下的房屋、土地权属转移至合伙企业名下，或合伙企业将其名下的房屋、土地权属转回原合伙人名下，免征契税。

2. 自2021年9月1日后继续执行的契税优惠政策（财政部 税务总局公告2021年第29号）

（1）夫妻因离婚分割共同财产发生土地、房屋权属变更的，免征契税。

（2）城镇职工按规定第一次购买公有住房的，免征契税。公有制单位为解决职工住房而采取集资建房方式建成的普通住房或由单位购买的普通商品住房，经县级以上地方人民政府房改部门批准、按照国家房改政策出售给本单位职工的，如属职工首次购买住房，比照公有住房免征契税。

已购公有住房经补缴土地出让价款成为完全产权住房的，免征契税。

（3）外国银行分行按照《中华人民共和国外资银行管理条例》等相关规定改制为外商独资银行（或其分行），改制后的外商独资银行（或其分行）承受原外国银行分行的房屋权属的，免征契税。

3. 关于免税的具体情形（财政部、税务总局公告2021年第23号第三条）

自2021年9月1日起：

（1）享受契税免税优惠的非营利性的学校、医疗机构、社会福利机构，限于上述三类单位中依法登记

为事业单位、社会团体、基金会、社会服务机构等的非营利法人和非营利组织。其中： ① 学校的具体范围为经县级以上人民政府或者其教育行政部门批准成立的大学、中学、小学、幼儿园，实施学历教育的职业教育学校、特殊教育学校、专门学校，以及经省级人民政府或者其人力资源社会保障行政部门批准成立的技工院校。 ② 医疗机构的具体范围为经县级以上人民政府卫生健康行政部门批准或者备案设立的医疗机构。 ③ 社会福利机构的具体范围为依法登记的养老服务机构、残疾人服务机构、儿童福利机构、救助管理机构、未成年人救助保护机构。 (2) 享受契税免税优惠的土地、房屋用途具体如下： ① 用于办公的，限于办公室(楼)以及其他直接用于办公的土地、房屋。 ② 用于教学的，限于教室(教学楼)以及其他直接用于教学的土地、房屋。 ③ 用于医疗的，限于门诊部以及其他直接用于医疗的土地、房屋。	④ 用于科研的，限于科学试验的场所以及其他直接用于科研的土地、房屋。 ⑤ 用于军事设施的，限于直接用于《中华人民共和国军事设施保护法》规定的军事设施的土地、房屋。 ⑥ 用于养老的，限于直接用于为老年人提供养护、康复、托管等服务的土地、房屋。 ⑦ 用于救助的，限于直接为残疾人、未成年人、生活无着的流浪乞讨人员提供养护、康复、托管等服务的土地、房屋。 (3) 纳税人符合减征或者免征契税规定的，应当按照规定进行申报。

(三) 改制重组契税(财税[2018]17号，财政部、税务总局公告2021年第17号)

自2018年1月1日起至2023年12月31日：

1. 企业改制

企业按照《中华人民共和国公司法》的有关规定整体改制，包括非公司制企业改制为有限责任公司或股份有限公司，有限责任公司变更为股份有限公司，股份有限公司变更为有限责任公司，原企业投资主体存续并在改制(变更)后的公司中所持股权(股份)比例超过75%，且改制(变更)后公司承继原企业权利、义务的，对改制(变更)后公司承受原企业土地、房屋权属，免征契税。(注：应该关注该条特别强调整体改制、列举的情形及持股比例超过75%。)

2. 事业单位改制

事业单位按照国家有关规定改制为企业，原投资主体存续并在改制后企业中出资(股权、股份)比例超过50%的，对改制后企业承受原事业单位土地、房屋权属，免征契税。(注意本条针对的改制主体是事业单位，改制后持股比例超过50%。)

3. 公司合并

两个或两个以上的公司，依照法律规定、合同约定，合并为一个公司，且原投资主体存续的，对合并后公司承受原合并各方土地、房屋权属，免征契税。

4. 公司分立

公司依照法律规定、合同约定分立为两个或两个以上与原公司投资主体相同的公司，对分立后公司承受原公司土地、房屋权属，免征契税。

5. 企业破产

企业依照有关法律法规规定实施破产，债权人(包括破产企业职工)承受破产企业抵偿债务的土地、房屋权属，免征契税；对非债权人承受破产企业土地、房屋权属，凡按照《中华人民共和国劳动法》等国家的有关法律法规政策妥善安置原企业全部职工规定，与原企业全部职工签订服务年限不少于3年的劳动用工合同的，对其承受所购企业土地、房屋权属，免征契税；与原企业超过30%的职工签订服务年限不少于3年的劳动用工合同的，减半征收契税。

6. 资产划转

对承受县级以上人民政府或国有资产管理部门按规定进行行政性调整、划转国有土地、房屋权属的单位，免征契税。

同一投资主体内部所属企业之间土地、房屋权属的划转，包括母公司与其全资子公司之间，同一公司所属全资子公司之间，同一自然人与其设立的个人独资企业、一人有限公司之间土地、房屋权属的划转，免征契税。

母公司以土地、房屋权属向其全资子公司增资，视同划转，免征契税。

(新增"母公司以土地、房屋权属向其全资子公司增资，视同划转，免征契税"的规定。应注意是"增资"而不是所有的"投资"行为都适用该项规定。)

（续表）

7. 债权转股权

经国务院批准实施债权转股权的企业，对债权转股权后新设立的公司承受原企业的土地、房屋权属，免征契税。（注意本条的债转股，强调的是经国务院批准实施的。）

8. 划拨用地出让或作价出资

以出让方式或国家作价出资（入股）方式承受原改制重组企业、事业单位划拨用地的，不属上述规定的免税范围，对承受方应按规定征收契税。（注意该条规定的是对不在免税范围应该征税的情形。）

9. 公司股权（股份）转让

在股权（股份）转让中，单位、个人承受公司股权（股份），公司土地、房屋权属不发生转移，不征收契税。

10. 有关用语含义

上述所称企业、公司，是指依照我国有关法律法规设立并在中国境内注册的企业、公司。

上述所称投资主体存续，是指原企业、事业单位的出资人必须存在于改制重组后的企业，出资人的出资比例可以发生变动；投资主体相同，是指公司分立前后出资人不发生变动，出资人的出资比例可以发生变动。

四、征收管理（国家税务总局公告2021年第25号）

一、契税申报以不动产单元为基本单位。

二、以作价投资（入股）、偿还债务等应交付经济利益的方式转移土地、房屋权属的，参照土地使用权出让、出售或房屋买卖确定契税适用税率、计税依据等。

以划转、奖励等没有价格的方式转移土地、房屋权属的，参照土地使用权或房屋赠与确定契税适用税率、计税依据等。

三、契税计税依据不包括增值税，具体情形为：

（一）土地使用权出售、房屋买卖，承受方计征契税的成交价格不含增值税；实际取得增值税发票的，成交价格以发票上注明的不含税价格确定。

（二）土地使用权互换、房屋互换，契税计税依据为不含增值税价格的差额。

（三）税务机关核定的契税计税价格为不含增值税价格。

四、税务机关依法核定计税价格，应参照市场价格，采用房地产价格评估等方法合理确定。

五、契税纳税人依法纳税申报时，应填报《财产和行为税税源明细表》（《契税税源明细表》部分，附件1），并根据具体情形提交下列资料：

（一）纳税人身份证件。

（二）土地、房屋权属转移合同或其他具有土地、房屋权属转移合同性质的凭证。

（三）交付经济利益方式转移土地、房屋权属的，提交土地、房屋权属转移相关价款支付凭证，其中，土地使用权出让为财政票据，土地使用权出售、互换和房屋买卖、互换为增值税发票。

（四）因人民法院、仲裁委员会的生效法律文书或者监察机关出具的监察文书等因素发生土地、房屋权属转移的，提交生效法律文书或监察文书等。

符合减免税条件的，应按规定附送有关资料或将资料留存备查。

六、税务机关在契税足额征收或办理免税（不征税）手续后，应通过契税的完税凭证或契税信息联系单（以下简称联系单，附件2）等，将完税或免税（不征税）信息传递给不动产登记机构。能够通过信息共享即时传递信息的，税务机关可不再向不动产登记机构提供完税凭证或开具联系单。

七、纳税人依照《契税法》以及财政部、税务总局公告2021年第23号文件的规定向税务机关申请退还已缴纳契税的，应提供纳税人身份证件，完税凭证复印件，并根据不同情形提交相关资料：

（一）在依法办理土地、房屋权属登记前，权属转移合同或合同性质凭证不生效、无效、被撤销或者被解除的，提交合同或合同性质凭证不生效、无效、被撤销或者被解除的证明材料。

（二）因人民法院判决或者仲裁委员会裁决导致土地、房屋权属转移行为无效、被撤销或者被解除，且土地、房屋权属变更至原权利人的，提交人民法院、仲裁委员会的生效法律文书。

（三）在出让土地使用权交付时，因容积率调整或实际交付面积小于合同约定面积需退还土地出让价款的，提交补充合同（协议）和退款凭证。

（四）在新建商品房交付时，因实际交付面积小于合同约定面积需返还房款的，提交补充合同（协议）和退款凭证。

税务机关收取纳税人退税资料后，应向不动产登记机构核实有关土地、房屋权属登记情况。核实后符合条件的即时受理，不符合条件的一次性告知应补正资料或不予受理原因。

八、税务机关及其工作人员对税收征管过程中知悉的个人的身份信息、婚姻登记信息、不动产权属登记信息、纳税申报信息及其他商业秘密和个人隐私，应当依法予以保密，不得泄露或者非法向他人提供。纳税人的税收违法行为信息不属于保密信息范围，税务机关可依法处理。

九、各地税务机关应与当地房地产管理部门加强协作，采用不动产登记、交易和缴税一窗受理等模式，持续优化契税申报缴纳流程，共同做好契税征收与房地产管理衔接工作。

十、本公告要求纳税人提交的资料，各省、自治区、直辖市和计划单列市税务局能够通过信息共享即时查验的，可公告明确不再要求纳税人提交。

十一、本公告所称纳税人身份证件是指：单位纳税人为营业执照，或者统一社会信用代码证书或者其他有效登记证书；个人纳税人中，自然人为居民身份证，或者居民户口簿或者入境的身份证件，个体工商户为营业执照。

十二、本公告自2021年9月1日起施行。《全文废止和部分条款废止的契税文件目录》（附件3）所列文件或条款同时废止。

五、优惠备案

符合契税优惠备案条件的纳税人,应向主管税务机关申请办理契税优惠备案。

序号	减免项目名称(代码)	备案资料	政策依据
1	已购公有住房补缴土地出让金和其他出让费用免征契税(15011704) 政策已执行到期	(1)《契税纳税申报表》。 (2)补缴土地出让金和其他出让费用的相关证明原件及复印件。 (3)公有住房相关证明。	《财政部 国家税务总局关于国有土地使用权出让等有关契税问题的通知》(财税〔2004〕134号)
2	经营管理单位回购经适房继续用于经适房房源免征契税(15011705)	(1)《契税纳税申报表》。 (2)房屋权属转移合同或具有合同性质的契约、协议、合约、单据、确认书复印件。 (3)经济适用房项目相关证明。	《财政部 国家税务总局关于廉租住房经济适用住房和住房租赁有关税收政策的通知》(财税〔2008〕24号)
3	军建离退休干部住房及附属用房移交地方政府管理的免征契税(15011706)	(1)《契税纳税申报表》。 (2)军地双方土地、房屋权属移交合同复印件。 (3)军地双方土地、房屋权属变更、过户文书复印件。	《财政部 国家税务总局关于免征军建离退休干部住房移交地方政府管理所涉及契税的通知》(财税字〔2000〕176号)
4	城镇职工第一次购买公有住房(15011710) 政策已执行到期	(1)《契税纳税申报表》。 (2)购买公有住房或集资建房证明材料复印件。 (3)个人身份证明原件。	《契税暂行条例》
5	经营管理单位回购改造安置住房仍为安置房免征契税(15011712)	(1)《契税纳税申报表》。 (2)改造安置住房相关证明材料。 (3)回购合同(协议)复印件。	《财政部 国家税务总局关于棚户区改造有关税收政策的通知》(财税〔2013〕101号)
6	夫妻之间变更房屋、土地权属或共有份额免征契税(15011713) 政策已执行到期	(1)《契税纳税申报表》。 (2)财产分割协议,房产权属证明,土地、房屋权属变更、过户文书复印件。 (3)户口本或结婚证、双方身份证明原件及复印件。	《财政部 国家税务总局关于夫妻之间房屋土地权属变更有关契税政策的通知》(财税〔2014〕4号)
7	土地使用权、房屋交换价格相等的免征,不相等的差额征收(15011714) 政策已执行到期	(1)《契税纳税申报表》。 (2)交换双方土地、房屋权属转移合同,交换双方土地、房屋权属变更、过户文书复印件。 (3)单位或个人身份证明原件。	《契税暂行条例细则》
8	土地、房屋被县级以上政府征用、占用后重新承受土地、房屋权属减免契税(15011716) 政策已执行到期	(1)《契税纳税申报表》。 (2)土地、房屋被政府征用、占用的文书复印件。 (3)纳税人重新承受纳税人承受被征用或占用的土地、房屋权属证明复印件。 (4)单位或个人身份证明原件。	《契税暂行条例细则》
9	因不可抗力灭失住房而重新购买住房减征或免征契税(15011717) 政策已执行到期	(1)《契税纳税申报表》。 (2)住房灭失证明原件及复印件。 (3)重新购置住房合同、协议复印件。 (4)个人身份证明原件。	《契税暂行条例》

（续表）

序号	减免项目名称（代码）	备案资料	政策依据
10	（1）棚户区个人首次购买90平方米以下改造安置住房减按1%征收契税（15011719） （2）棚户区购买符合普通住房标准的改造安置住房减半征收契税（15011720）	（1）棚户区改造相关证明材料。 （2）房屋征收（拆迁）补偿协议及购买改造安置住房合同（协议）原件及复印件。 （3）个人身份证明原件。	《财政部 国家税务总局关于棚户区改造有关税收政策的通知》（财税〔2013〕101号）
11	棚户区被征收房屋取得货币补偿用于购买安置住房免征契税（15011721）	（1）《契税纳税申报表》。 （2）棚户区改造相关证明材料。 （3）改造安置住房相关证明材料。 （4）房屋征收（拆迁）补偿协议及购买改造安置住房合同（协议）原件及复印件。 （5）个人身份证明原件。	《财政部 国家税务总局关于棚户区改造有关税收政策的通知》（财税〔2013〕101号）
12	棚户区用改造房屋换取安置住房免征契税（15011722）	（1）《契税纳税申报表》。 （2）棚户区改造相关证明材料。 （3）改造安置住房相关证明材料。 （4）房屋征收（拆迁）补偿协议及购买改造安置住房合同（协议）原件及复印件。 （5）个人身份证明原件。	《财政部 国家税务总局关于棚户区改造有关税收政策的通知》（财税〔2013〕101号）
13	公共租赁住房经营管理单位购买住房作为公共租赁住房免征契税（15011723）政策已执行到期	（1）《契税纳税申报表》。 （2）房屋权属转移合同或具有合同性质的契约、协议、合约、单据、确认书，房屋权属变更、过户文书复印件。 （3）公共租赁住房相关证明。	《财政部 国家税务总局关于公共租赁住房税收优惠政策的通知》（财税〔2015〕139号）
14	（1）个人购买家庭唯一住房90平方米及以下减按1%征收契税（15011724） （2）个人购买家庭唯一住房90平方米以上减按1.5%征收契（15011725）	（1）《契税纳税申报表》。 （2）房屋转移合同或具有合同性质的契约、协议、合约、单据、确认书原件及复印件。 （3）身份证、户口簿、结婚证（已婚的提供）原件及复印件或个人婚姻状况承诺书。 （4）家庭唯一住房证明材料。	《财政部 国家税务总局 住房城乡建设部关于调整房地产交易环节契税营业税优惠政策的通知》（财税〔2016〕23号）
15	（1）个人购买家庭唯一住房90平方米及以下减按1%征收契税（15011724） （2）个人购买家庭第二套住房90平方米以上减按2%征收契税（15011727）	（1）《契税纳税申报表》。 （2）房屋转移合同或具有合同性质的契约、协议、合约、单据、确认书原件及复印件。 （3）身份证、户口簿、结婚证（已婚的提供）原件及复印件或个人婚姻状况承诺书。 （4）家庭唯一住房证明材料。	《财政部 国家税务总局 住房城乡建设部关于调整房地产交易环节契税营业税优惠政策的通知》（财税〔2016〕23号）
16	青藏铁路公司承受土地、房屋权属用于办公及运输主业免征契税（15033301）	（1）《契税纳税申报表》。 （2）土地、房屋转移合同原件及复印件。 （3）土地、房屋用于办公及运输主业的证明复印件。	《财政部 国家税务总局关于青藏铁路公司运营期间有关税收等政策问题的通知》（财税〔2007〕11号）

(续表)

序号	减免项目名称(代码)	备案资料	政策依据
17	企业事业单位改制重组的契税优惠(15052401、15052506、15052507、15052508、15052509、15052510、15052511、15052512、15052513、15052515、15052516、15052517、15052518、15052519、15052520、15052521、15052522、15052523) 政策已执行到期	(1)《契税纳税申报表》。 (2)房屋产权证、土地使用权证明复印件。 (3)上级主管机关批准其改制、重组或董事会决议等证明材料。 (4)改制前后的投资情况的证明材料。	《财政部 国家税务总局关于进一步支持企业事业单位改制重组有关契税政策的通知》(财税〔2015〕37号); 《财政部 国家税务总局关于进一步支持企业事业单位改制重组有关契税政策的通知》(财税〔2015〕37号); 《财政部 税务总局关于继续支持企业事业单位改制重组有关契税政策的通知》(财税〔2018〕17号)
18	中国电信收购CDMA免征契税(15052514) 政策已执行到期	(1)《契税纳税申报表》。 (2)房屋产权证、土地使用权证明原件及复印件。 (3)收购合同、决议、批复等证明材料。	《财政部 国家税务总局关于中国电信集团公司和中国电信股份有限公司收购CDMA网络资产和业务有关契税政策的通知》(财税〔2009〕42号)
19	被撤销金融机构接收债务方土地使用权、房屋所有权免征契税(15081502)	(1)《契税纳税申报表》。 (2)房屋产权证、土地使用权证明复印件。 (3)中国人民银行撤销该机构的证明材料。 (4)财产处置协议原件及复印件。	《财政部 国家税务总局关于被撤销金融机构有关税收政策问题的通知》(财税〔2003〕141号)
20	农村信用社接收农村合作基金会的房屋、土地使用权免征契税(15083903)	(1)《契税纳税申报表》。 (2)土地、房屋转移合同原件及复印件。 (3)清理整顿证明复印件。	《中国人民银行 农业部 国家发展计划委员会 财政部 国家税务总局关于免缴农村信用社接收农村合作基金会财产产权过户税费的通知》(银发〔2000〕21号)
21	中国东方资产管理公司处置港澳国际(集团)有限公司过程中规定的免征契税(15083904)	(1)《契税纳税申报表》。 (2)处置不良资产合同或协议原件及复印件。 (3)土地、房屋权属变更、过户文书复印件。	《财政部 国家税务总局关于中国东方资产管理公司处置港澳国际(集团)有限公司有关资产税收政策问题的通知》(财税〔2003〕212号)
22	4家金融资产公司接受相关国有银行的不良债权,借款方以土地使用权、房屋所有权抵充贷款本息的免征契税(15083905)	(1)《契税纳税申报表》。 (2)土地使用权、房屋所有权证明复印件。 (3)处置不良资产合同或协议复印件。	《财政部 国家税务总局关于中国信达资产管理股份有限公司等4家金融资产管理公司有关税收政策问题的通知》(财税〔2013〕56号)
23	农村饮水工程承受土地使用权免征契税(15092302) 政策已执行到期	(1)《契税纳税申报表》。 (2)土地权属转移合同复印件。 (3)农村饮水工程运营相关证明资料原件及复印件。	《财政部 国家税务总局关于继续实行农村饮水安全工程建设运营税收优惠政策的通知》(财税〔2016〕19号)

(续表)

序号	减免项目名称(代码)	备案资料	政策依据
24	承受荒山等土地使用权用于农、林、牧、渔业生产免征契税(15099901)	(1)《契税纳税申报表》。 (2) 土地权属转移合同复印件。 (3) 政府主管部门出具的土地用途证明、承受土地性质证明。 (4) 单位或个人身份证明原件。	《契税暂行条例细则》
25	社会力量办学、用于教学承受的土地、房屋免征契税(15101402) 政策已执行到期	(1)《契税纳税申报表》。 (2) 土地、房屋权属转移合同或具有合同性质的契约、协议、合约、单据、确认书复印件。 (3) 县级以上人民政府教育行政主管部门或劳动行政主管部门批准并核发的《社会力量办学许可证》复印件。 (4) 项目主管部门批准的立项文书复印件。 (5) 单位或个人身份证明原件。	《财政部 国家税务总局关于社会力量办学契税政策问题的通知》(财税〔2001〕156号)
26	国家石油储备基地第一期项目免征契税(15122601) 政策已执行到期	(1)《契税纳税申报表》。 (2) 土地、房屋权属变更、过户文书复印件。 (3) 土地、房屋用途证明复印件。	《财政部 国家税务总局关于国家石油储备基地建设有关税收政策的通知》(财税〔2005〕23号)
27	国家石油储备基地第二期项目免征契税(15122602)	(1)《契税纳税申报表》。 (2) 土地、房屋权属变更、过户文书复印件。 (3) 土地、房屋用途证明复印件。	《财政部 国家税务总局关于国家石油储备基地有关税收政策的通知》(财税〔2011〕80号)
28	售后回租期满,承租人回购原房屋、土地权属免征契税(15129902) 政策已执行到期	(1)《契税纳税申报表》。 (2) 融资租赁合同(有法律效力的中文版)复印件。 (3) 售后回租房屋所有权证、土地使用权证明复印件。	《财政部 国家税务总局关于企业以售后回租方式进行融资等有关契税政策的通知》(财税〔2012〕82号)
29	国家机关、事业单位、社会团体、军事单位公共单位用于教学、科研承受土地、房屋免征契税(15129903) 政策已执行到期	(1)《契税纳税申报表》。 (2) 土地、房屋权属转移合同或具有合同性质的契约、协议、合约、单据、确认书复印件。 (3) 单位性质证明材料。 (4) 土地、房屋权属变更、过户文书复印件。	《契税暂行条例》
30	个人购买经济适用住房减半征收契税(15129904)	(1)《契税纳税申报表》。 (2) 购买经济适用住房的合同原件及复印件。 (3) 个人身份证明原件。	《财政部 国家税务总局关于廉租住房经济适用住房和住房租赁有关税收政策的通知》(财税〔2008〕24号)

(续表)

序号	减免项目名称(代码)	备案资料	政策依据
31	个人房屋被征收用补偿款新购房屋免征契税(15129905) 政策已执行到期	(1)《契税纳税申报表》。(2)房屋征收(拆迁)补偿协议及新购住房合同(协议)原件及复印件。(3)个人身份证明原件。	《财政部 国家税务总局关于企业以售后回租方式进行融资等有关契税政策的通知》(财税〔2012〕82号)
32	个人房屋征收房屋调换免征契税(15129906) 政策已执行到期	(1)《契税纳税申报表》。(2)房屋征收(拆迁)补偿协议及新购住房合同(协议)原件及复印件。(3)个人身份证明原件。	《财政部 国家税务总局关于企业以售后回租方式进行融资等有关契税政策的通知》(财税〔2012〕82号)
33	农村集体经济组织股份制改革免征契税(15092303)	《契税纳税申报表》。	《财政部 国家税务总局关于支持农村集体产权制度改革有关税收政策的通知》(财税〔2017〕55号)
34	农村集体经济组织清产核资免征契税(15092304)	《契税纳税申报表》。	《财政部 国家税务总局关于支持农村集体产权制度改革有关税收政策的通知》(财税〔2017〕55号)
35	外交部确认的外交人员承受土地、房屋权属免征契税(15129999)	(1)《契税纳税申报表》。(2)土地权属转移合同或土地权属变更、过户文书复印件。(3)外交部出具的房屋、土地用途证明原件及复印件。	《契税暂行条例细则》

第十二节 土地增值税优惠政策解析与应用

政策依据：

《中华人民共和国土地增值税暂行条例》(以下简称《土地增值税暂行条例》)；

《中华人民共和国土地增值税暂行条例实施细则》(以下简称《土地增值税暂行条例实施细则》)；

《国家税务总局关于印发〈土地增值税清算规程〉的通知》(国税发〔2009〕91号)；

《财政部 税务总局关于继续实施企业改制重组有关土地增值税政策的公告》(财政部 税务总局公告2021年第21号)。

一、纳税人和征税范围

《土地增值税暂行条例》	《土地增值税条例实施细则》
第二条 转让国有土地使用权、地上的建筑物及其附着物(以下简称转让房地产)并取得收入的单位和个人，为土地增值税的纳税义务人(以下简称纳税人)，应依照本条例缴纳土地增值税。	第二条 条例第二条所称的转让国有土地使用权、地上的建筑物及其附着物并取得收入，是指以出售或者其他方式有偿转让房地产的行为，不包括以继承、赠与方式无偿转让房地产的行为。 第三条 条例第二条所称的国有土地，是指按国家法律规定属于国家所有的土地。 第四条 条例第二条所称的地上的建筑物，是指建于土地上的一切建筑物，包括地上地下的各种附属设施。条例第二条所称的附着物，是指附着于土地上的不能移动，一经移动即遭损坏的物品。

(续表)

(1) 土地增值税的征税对象：转让国有土地使用权、地上的建筑物及其附着物所取得的增值额。增值额为纳税人转让房地产的收入减除《土地增值税暂行条例》规定的扣除项目金额后的余额。（国税函发〔1995〕110号）

根据《土地增值税暂行条例》的规定，凡转让国有土地使用权、地上的建筑物及其附着物并取得收入的行为都应缴纳土地增值税。这样界定有三层含义：一是土地增值税仅对转让国有土地使用权的征收，对转让集体土地使用权的不征税。这是因为，根据《土地管理法》的规定，国家为了公共利益，可以依照法律规定对集体土地实行征用，依法被征用后的土地属于国家所有。未经国家征用的集体土地不得转让。如要自行转让是一种违法行为。对这种违法行为应由有关部门依照相关法律来处理，而不应纳入土地增值税的征税范围。二是只对转让的房地产征收土地增值税，不转让的不征税。如房地产的出租，虽然取得了收入，但没有发生房地产的产权转让，不应属于土地增值税的征收范围。三是对转让房地产并取得收入的征税，对发生转让行为，而未取得收入的不征税。如通过继承、赠与方式转让房地产的，虽然发生了转让行为，但未取得收入，就不能征收土地增值税。（国税函发〔1995〕110号）

土地增值税的征税范围具有"国有""转让"（不同于"出让"）两个关键特征。出让国有土地使用权是国家以土地所有者的身份将土地使用权在一定年限内让与土地使用者，土地使用者取得土地的使用权后，要向国家支付土地使用权出让金，属于土地买卖的一级市场。转让方是国家（国家对自己征税没有意义），受让方是土地使用者，所以不需要缴纳土地增值税，但是受让方要缴纳契税。转让国有土地使用权是指土地使用者取得使用权后，再将土地使用权转让给第三人的行为，属于土地买卖的二级市场。国有土地使用权的转让，转让方要缴纳土地增值税，受让方要缴纳契税。

(2) 关于《土地增值税暂行条例实施细则》中"赠与"所包括的范围问题：赠与方式无偿转让房地产行为：《土地增值税暂行条例实施细则》所称的"赠与"是指如下情况：房产所有人、土地使用权所有人将房屋产权、土地使用权赠与直系亲属或承担直接赡养义务人的；房产所有人、土地使用权所有人通过中国境内非营利的社会团体、国家机关将房屋产权、土地使用权赠与教育、民政和其他社会福利、公益事业的。（财税字〔1995〕48号）

(3) 未取得土地的使用权证转让土地：土地使用者转让、抵押或置换土地，无论其是否取得了该土地的使用权属证书，无论其在转让、抵押或置换土地过程中是否与对方当事人办理了土地使用权属证书变更登记手续，只要土地使用者享有占有、使用、收益或处分该土地的权利，且有合同等证据表明其实质转让、抵押或置换了土地并取得了相应的经济利益，土地使用者及其对方当事人应当依照税法规定缴纳营业税①、土地增值税和契税等相关税收。（国税函〔2007〕645号）

(4) 以转让股权名义转让房地产：鉴于深圳市能源集团有限公司和深圳能源投资股份有限公司一次性共同转让深圳能源(钦州)实业有限公司100%的股权，且这些以股权形式表现的资产主要是土地使用权、地上建筑物及附着物，经研究，对此应按土地增值税的规定征收。（国税函〔2000〕687号）

(5) 转让基础设施行为：对转让码头泊位、机场跑道等基础设施性质的建筑物行为，应当征收土地增值税。（国税函〔2010〕347号）

(6) 房地产开发企业将开发的部分房地产转为企业自用或用于出租等商业用途时，如果产权未发生转移，不征收土地增值税，在税款清算时不列收入，不扣除相应的成本和费用。（国税发〔2006〕187号第三条）

征税范围的若干具体规定

事项	是否属于征税范围
1. 出售	征，包括三种情况：①出售国有土地使用权；②取得国有土地使用权后进行房屋开发建造后出售；③存量房地产买卖。
2. 继承、赠予（财税字〔1995〕48号第四条）	继承不征（无收入）；赠予中公益性赠予、赠予直系亲属或承担直接赡养义务人，不征；非公益性赠予，征。
3. 出租	不征。
4. 房地产抵押	抵押期不征；抵押期满偿还债务本息，不征；抵押期满，不能偿还债务，而以房地产抵债，征。
5. 房地产交换（财税字〔1995〕48号第五条）	单位之间换房，征；对个人（企业纳税人不行）之间互换自有居住用房地产（商业用地不行）的，经当地税务机关核实，可以免征土地增值税。

① 现已无营业税。

(续表)

事项	是否属于征税范围
6.以房地产投资、联营	(1)凡所投资、联营的企业从事房地产开发的,征。 (2)房地产开发企业以其建造的商品房进行投资和联营,征。 (3)投资、联营企业将投资联营房地产再转让,征。 (4)非房地产开发企业以房地产进行投资、联营的,将房地产转让到所投资、联营的非房地产企业中时,暂免征收土地增值税。(属于土地增值税征税范围,但给予免征待遇) 总结:投资方和被投资方任何一方是房地产企业,则该房地产投资行为,均缴纳土地增值税。
7.合作建房(财税字〔1995〕48号第二条)	建成后自用,暂免;建成后转让(包括合作建房双方之间的转让),征。
8.房地产评估增值	不征(权属未转移,无收入)。
9.国家收回房地产权	免征。

二、适用税率(《土地增值税暂行条例》第七条)

土地增值税采用四级超率累进税率,其中,最低税率为30%,最高税率为60%,税收负担高于企业所得税。

土地增值税四级超率累进税率表

级数	增值额与扣除项目金额的比率	税率(%)	速算扣除系数(%)
1	不超过50%的部分	30	0
2	超过50%~100%的部分	40	5
3	超过100%~200%的部分	50	15
4	超过200%的部分	60	35

三、税收优惠

(一)建造普通标准住宅

《土地增值税暂行条例》	《土地增值税暂行条例实施细则》	政策解读
第八条 有下列情形之一的,免征土地增值税: 纳税人建造普通标准住宅出售,增值额未超过扣除项目金额20%的。	第十一条 条例第八条(一)项所称的普通标准住宅,是指按所在地一般民用住宅标准建造的居住用住宅。高级公寓,别墅,度假村等不属于普通标准住宅。普通标准住宅与其他住宅的具体划分界限由各省,自治区,直辖市人民政府规定。 纳税人建造普通标准住宅出售,增值额未超过本细则第七条第(一)、(二)、(三)、(五)、(六)项扣除项目金额之和20%的,免征土地增值税;增值额超过扣除项目金额之和20%的,应就其全部增值额按规定计税。	(1)高级公寓,别墅、小洋楼、度假村,以及超面积、超标准豪华装修的住宅,均不属于普通标准住宅。普通标准住宅与其他住宅的具体界限,在2005年5月31前由省级人民政府规定。自2005年6月1日起,普通标准住宅应同时满足住宅小区建筑容积率在1.0以上,单套建筑面积在120平方米以下,实际成交价格低于同级别土地上住房平均交易价格1.2倍以下。各省、自治区、直辖市要根据实际情况,制定本地区享受优惠政策普通住房具体标准。允许单套建筑面积和价格标准适当浮动,但向上浮动的比例不得超过上述标准的20%。 对纳税人既建普通标准住宅,又搞其他房地产开发的,应分别核算增值额;不分别核算增值额或不能准确核算增值额的,其建造的普通标准住宅不适用该免税规定。(财税字〔1995〕48号第十三条) (2)转让旧房作为保障性住房且增值额未超过扣除项目金额20%的免税。 (3)转让旧房作为公共租赁住房房源、且增值额未超过扣除项目金额20%的免税。

（二）国家征用收回的房地产

《土地增值税暂行条例》	《土地增值税暂行条例实施细则》	财税〔2006〕21号
第八条 有下列情形之一的，免征土地增值税： 因国家建设需要依法征用、收回的房地产。	第十一条 条例第八条第（二）项所称的因国家建设需要依法征用、收回的房地产，是指因城市实施规划、国家建设的需要而被政府批准征用的房产或收回的土地使用权。 因城市实施规划，国家建设的需要而搬迁，由纳税人自行转让原房地产的，比照本规定免征土地增值税。 符合上述免税规定的单位和个人，须向房地产所在地税务机关提出免税申请，经税务机关审核后，免予征收土地增值税。	第四条 关于因城市实施规划、国家建设需要而搬迁，纳税人自行转让房地产的征免税问题。 《土地增值税暂行条例实施细则》第十一条第四款所称因"城市实施规划"而搬迁，是指因旧城改造或因企业污染、扰民（指产生过量废气、废水、废渣和噪音，使城市居民生活受到一定危害），而由政府或政府有关主管部门根据已审批通过的城市规划确定进行搬迁的情况；因"国家建设的需要"而搬迁，是指因实施国务院、省级人民政府、国务院有关部委批准的建设项目而进行搬迁的情况。

（三）个人转让房地产

《土地增值税暂行条例实施细则》	财税〔2008〕137号
第十二条 个人因工作调动或改善居住条件而转让原自用住房，经向税务机关申报核准，凡居住满5年或5年以上的，免予征收土地增值税；居住满3年未满5年的，减半征收土地增值税。居住未满3年的，按规定计征土地增值税。	第三条 对个人销售住房暂免征收土地增值税。

（四）转让旧房作为公共租赁住房（财税〔2014〕52号，财政部、税务总局公告2021年第6号）

自2019年1月1日至2023年12月31日，企事业单位、社会团体以及其他组织转让旧房作为公共租赁住房房源且增值额未超过扣除项目金额20%的，免征土地增值税。

（五）企业改制重组（财政部、税务总局公告2021年第21号）

（1）企业按照《中华人民共和国公司法》的有关规定整体改制，包括非公司制企业改制为有限责任公司或股份有限公司，有限责任公司变更为股份有限公司，股份有限公司变更为有限责任公司，对改制前的企业将国有土地使用权、地上的建筑物及其附着物（以下称房地产）转移、变更到改制后的企业，暂不征土地增值税。

本公告所称整体改制是指不改变原企业的投资主体，并承继原企业权利、义务的行为。

（2）按照法律规定或者合同约定，两个或两个以上企业合并为一个企业，且原企业投资主体存续的，对原企业将房地产转移、变更到合并后的企业，暂不征土地增值税。

（3）按照法律规定或者合同约定，企业分设为两个或两个以上与原企业投资主体相同的企业，对原企业将房地产转移、变更到分立后的企业，暂不征土地增值税。

（4）单位、个人在改制重组时以房地产作价入股进行投资，对其将房地产转移、变更到被投资的企业，暂不征土地增值税。

（5）上述改制重组有关土地增值税政策不适用于房地产转移任意一方为房地产开发企业的情形。

（6）改制重组后再转让房地产并申报缴纳土地增值税时，对"取得土地使用权所支付的金额"，按照改制重组前取得该宗国有土地使用权所支付的地价款和按国家统一规定缴纳的有关费用确定；经批准以国有土地使用权作价出资入股的，为作价入股时县级及以上自然资源部门批准的评估价格。按购房发票确定扣除项目金额的，按照改制重组前购房发票所载金额并从购买年度起至本次转让年度止每年加计5%计算扣除项目金额，购买年度是指购房发票所载日期的当年。

（7）纳税人享受上述税收政策，应按税务机关规定办理。

（续表）

（8）本公告所称不改变原企业投资主体、投资主体相同,是指企业改制重组前后出资人不发生变动,出资人的出资比例可以发生变动;投资主体存续,是指原企业出资人必须存在于改制重组后的企业,出资人的出资比例可以发生变动。

（9）本公告执行期限为2021年1月1日至2023年12月31日。企业改制重组过程中涉及的土地增值税尚未处理的,符合本公告规定可按本公告执行。

四、优惠核准

符合土地增值税优惠核准条件的纳税人,可在政策规定的减免税期限内向主管税务机关申请办理土地增值税优惠核准。

序号	减免项目名称（代码）	报送资料	政策依据
1	建造普通住宅出售,增值额未超过扣除项目金额之和20%的土地增值税减免优惠（11011704）	（1）《纳税人减免税申请核准表》。 （2）减免税申请报告（列明减免税理由、依据、范围、期限、数量、金额等,加盖公章）。 （3）开发立项及土地使用权等证明复印件。 （4）土地增值税清算报告。 （5）相关的收入、成本、费用等证明材料。	《土地增值税暂行条例》
2	因城市实施规划、国家建设需要而搬迁,纳税人自行转让房地产土地增值税减免优惠（11129902）	（1）《纳税人减免税申请核准表》。 （2）减免税申请报告（列明减免税理由、依据、范围、期限、数量、金额等,加盖公章）。 （3）房地产权属证明原件及复印件。 （4）城市实施规划、国家建设证明文件原件及复印件。 （5）房地产转让合同（协议）原件及复印件。	《财政部 国家税务总局关于土地增值税若干问题的通知》（财税〔2006〕21号）
3	因国家建设需要依法征用、收回的房地产土地增值税减免优惠（11129905）	（1）《纳税人减免税申请核准表》。 （2）减免税申请报告（列明减免税理由、依据、范围、期限、数量、金额等,加盖公章）。 （3）房地产权属证明原件及复印件。 （4）政府依法征用、收回房地产权文件原件及复印件。 （5）政府征用、收回房地产权补偿协议复印件。	《土地增值税暂行条例》

纳税人在减免税书面核准决定未下达之前应按规定进行纳税申报。纳税人享受减免税的情形发生变化时,应当及时向税务机关报告,税务机关对纳税人的减免税资质进行重新审核。

五、优惠备案

符合土地增值税优惠条件的纳税人,如需享受税收优惠,应向主管税务机关申请办理土地增值税优惠备案。

序号	减免项目名称（代码）	报送资料	政策依据
1	对个人销售住房暂免征收土地增值税（11011701）	（1）《纳税人减免税备案登记表》2份。 （2）房屋产权证、土地使用权证明原件及复印件。 （3）房地产转让合同（协议）原件及复印件。 （4）个人身份证件。	《财政部 国家税务总局关于调整房地产交易环节税收政策的通知》（财税〔2008〕137号）

(续表)

序号	减免项目名称(代码)	报送资料	政策依据
2	转让旧房作为保障性住房且增值额未超过扣除项目金额20%的免征土地增值税(11011707)	(1)《纳税人减免税备案登记表》2份。 (2)房屋产权证、土地使用权证明复印件。 (3)房地产转让合同(协议)复印件。 (4)扣除项目金额证明材料(如评估报告,发票等)。 (5)政府部门将有关旧房转为改造安置住房的证明材料。	《财政部 国家税务总局关于棚户区改造有关税收政策的通知》(财税〔2013〕101号)
3	转让旧房作为公共租赁住房房源、且增值额未超过扣除项目金额20%的免征土地增值税(11011709) 政策已执行到期	(1)《纳税人减免税备案登记表》2份。 (2)房屋产权证、土地使用权证明复印件。 (3)房地产转让合同(协议)复印件。 (4)扣除项目金额证明材料(如评估报告,发票等)。 (5)政府部门将有关旧房转为公共租赁住房的证明材料。	《财政部 国家税务总局关于公共租赁住房税收优惠政策的通知》(财税〔2015〕139号)
4	企业改制重组土地增值税优惠(11052401、11052501、11059901、11059902、11083901、11083902、11083903)	(1)《纳税人减免税备案登记表》2份。 (2)相关房产、国有土地权证、价值证明等书面材料。 (3)改组重制合同(协议)原件及复印件。	《财政部 国家税务总局关于中国邮政储蓄银行改制上市有关税收政策的通知》(财税〔2013〕53号); 《财政部 国家税务总局关于中国邮政集团公司邮政速递物流业务重组改制有关税收问题的通知》(财税〔2011〕116号); 《财政部 国家税务总局关于中国中信集团公司重组改制过程中土地增值税等政策的通知》(财税〔2013〕3号); 《财政部 国家税务总局关于中国联合网络通信集团有限公司转让CDMA网及其用户资产企业合并资产整合过程中涉及的增值税营业税印花税和土地增值税政策问题的通知》(财税〔2011〕13号); 《财政部 国家税务总局关于中国信达等4家金融资产管理公司税收政策问题的通知》(财税〔2001〕10号); 《财政部 国家税务总局关于中国东方资产管理公司处置港澳国际(集团)有限公司有关资产税收政策问题的通知》(财税〔2003〕212号); 《财政部 国家税务总局关于中国信达资产管理股份有限公司等4家金融资产管理公司有关税收政策问题的通知》(财税〔2013〕56号)

(续表)

序号	减免项目名称(代码)	报送资料	政策依据
5	亚运会组委会赛后出让资产取得的收入免征土地增值税优惠(11102902)政策已执行到期	(1)《纳税人减免税备案登记表》2份。(2)相关房产、国有土地权证、价值证明等书面材料。(3)房地产转让合同(协议)原件及复印件。(4)单位性质证明材料。	《财政部 海关总署 国家税务总局关于第16届亚洲运动会等三项国际综合运动会税收政策的通知》(财税〔2009〕94号)
6	对北京冬奥组委、北京冬奥测试赛赛事组委会赛后再销售物品和出让资产免征土地增值税(11102903)	《纳税人减免税备案登记表》2份。	《财政部 税务总局 海关总署关于北京2022年冬奥会和冬残奥会税收政策的通知》(财税〔2017〕60号)
7	被撤销金融机构清偿债务免征土地增值税(11129901)	(1)《纳税人减免税备案登记表》2份。(2)房屋产权证、土地使用权证明复印件。(3)财产处置协议复印件。(4)中国人民银行依法决定撤销的证明材料。	《财政部 国家税务总局关于被撤销金融机构有关税收政策问题的通知》(财税〔2003〕141号)
8	合作建房自用的土地增值税减免优惠(11129903)	(1)《纳税人减免税备案登记表》2份。(2)房屋产权证、土地使用权证明复印件。(3)合作建房合同(协议)复印件。	《财政部 国家税务总局关于土地增值税一些具体问题规定的通知》(财税字〔1995〕48号)

第十三节 进口税收优惠政策解析与应用

一、支持集成电路产业和软件产业发展

政策依据：

《财政部 海关总署 税务总局关于支持集成电路产业和软件产业发展进口税收政策的通知》(财关税〔2021〕4号)；

《财政部 国家发展改革委 工业和信息化部 海关总署 税务总局关于支持集成电路产业和软件产业发展进口税收政策管理办法的通知》(财关税〔2021〕5号)。

财关税〔2021〕4号	财关税〔2021〕5号
一、对下列情形,免征进口关税：(一)集成电路线宽小于65纳米(含,下同)的逻辑电路、存储器生产企业,以及线宽小于0.25微米的特色工艺(即模拟、数模混合、高压、射频、功率、光电集成、图像传感、微机电系统、绝缘体上硅工艺)集成电路生产企业,进口国内不能生产或性能不能满足需求的自用生产性(含研发用,下同)原材料、消耗品,净化室专用建筑材料、配套系统	一、国家发展改革委会同工业和信息化部、财政部、海关总署、税务总局制定并联合印发享受免征进口关税的集成电路生产企业、先进封装测试企业和集成电路产业的关键原材料、零配件生产企业清单。二、国家发展改革委、工业和信息化部会同财政部、海关总署、税务总局制定并联合印发享受免征进口关税的国家鼓励的重点集成电路设计企业和软件企业清单。三、工业和信息化部会同国家发展改革委、财政部、海关总署、税务总局制定并联合印发国内不能生产或性能

(续表)

财关税〔2021〕4号	财关税〔2021〕5号
和集成电路生产设备(包括进口设备和国产设备)零配件。 　　(二)集成电路线宽小于0.5微米的化合物集成电路生产企业和先进封装测试企业,进口国内不能生产或性能不能满足需求的自用生产性原材料、消耗品。 　　(三)集成电路产业的关键原材料、零配件(即靶材、光刻胶、掩模版、封装载板、抛光垫、抛光液、8英寸及以上硅单晶、8英寸及以上硅片)生产企业,进口国内不能生产或性能不能满足需求的自用生产性原材料、消耗品。 　　(四)集成电路用光刻胶、掩模版、8英寸及以上硅片生产企业,进口国内不能生产或性能不能满足需求的净化室专用建筑材料、配套系统和生产设备(包括进口设备和国产设备)零配件。 　　(五)国家鼓励的重点集成电路设计企业和软件企业,以及符合本条第(一)(二)项的企业(集成电路生产企业和先进封装测试企业)进口自用设备,及按照合同随设备进口的技术(含软件)及配套件、备件,但《国内投资项目不予免税的进口商品目录》《外商投资项目不予免税的进口商品目录》和《进口不予免税的重大技术装备和产品目录》所列商品除外。上述进口商品不占用投资总额,相关项目不需出具项目确认书。 　　二、根据国内产业发展、技术进步等情况,财政部、海关总署、税务总局将会同国家发展改革委、工业和信息化部对本通知第一条中的特色工艺类型和关键原材料、零配件类型适时调整。 　　三、承建集成电路重大项目的企业自2020年7月27日至2030年12月31日进口新设备,除《国内投资项目不予免税的进口商品目录》《外商投资项目不予免税的进口商品目录》和《进口不予免税的重大技术装备和产品目录》所列商品外,对未缴纳的税款提供海关认可的税款担保,准予在首台设备进口之后的6年(连续72个月)期限内分期缴纳进口环节增值税,6年内每年(连续12个月)依次缴纳进口环节增值税总额的0%、20%、20%、20%、20%、20%,自首台设备进口之日起已经缴纳的税款不予退还。在分期纳税期间,海关对准予分期缴纳的税款不予征收滞纳金。	不能满足需求的自用生产性(含研发用)原材料、消耗品和净化室专用建筑材料、配套系统及生产设备(包括进口设备和国产设备)零配件的免税进口商品清单。 　　四、国家发展改革委会同工业和信息化部制定可享受进口新设备进口环节增值税分期纳税的集成电路重大项目标准和享受分期纳税承建企业的条件,并根据上述标准、条件确定集成电路重大项目建议名单和承建企业建议名单,函告财政部,抄送海关总署、税务总局。财政部会同海关总署、税务总局确定集成电路重大项目名单和承建企业名单,通知省级(包括省、自治区、直辖市、计划单列市、新疆生产建设兵团,下同)财政厅(局)、企业所在地直属海关、省级税务局。 　　承建企业应于承建的集成电路重大项目项下申请享受分期纳税的首台新设备进口3个月前,向省级财政厅(局)提出申请,附项目投资金额、进口设备时间、年度进口新设备金额、年度进口新设备进口环节增值税额、税款担保方案等信息,抄送企业所在地直属海关、省级税务局。省级财政厅(局)会同企业所在地直属海关、省级税务局初核后报送财政部,抄送海关总署、税务总局。 　　财政部会同海关总署、税务总局确定集成电路重大项目的分期纳税方案(包括项目名称、承建企业名称、分期纳税起止时间、分期纳税总税额、每季度纳税额等),通知省级财政厅(局)、企业所在地直属海关、省级税务局,由企业所在地直属海关告知相关企业。 　　分期纳税方案实施中,如项目名称发生变更,承建企业发生名称、经营范围变更等情形的,承建企业应在完成变更登记之日起60日内,向省级财政厅(局)、企业所在地直属海关、省级税务局报送变更情况说明,申请变更分期纳税方案相应内容。省级财政厅(局)会同企业所在地直属海关、省级税务局确定变更结果,并由省级财政厅(局)函告企业所在地直属海关,抄送省级税务局,报财政部、海关总署、税务总局备案。企业所在地直属海关将变更结果告知承建企业。承建企业超过本款前述时间报送变更情况说明的,省级财政厅(局)、企业所在地直属海关、省级税务局不予受理,该项目不再享受分期纳税,已进口设备的未缴纳税款应在完成变更登记次月起3个月内缴纳完毕。 　　享受分期纳税的进口新设备,应在企业所在地直属海关关区内申报进口。按海关事务担保的规定,承建企业对未缴纳的税款应提供海关认可的税款担保。海关对准予分期缴纳的税款不予征收滞纳金。承建企业在最后一次纳税时,由海关完成该项目全部应纳税款的汇算清缴。如违反规定,逾期未及时缴纳税款的,该项目不再享受分期纳税,已进口设备的未缴纳税款应在逾期未缴纳情形发生次月起3个月内缴纳完毕。 　　五、《财政部 海关总署 税务总局关于支持集成电路产业和软件产业发展进口税收政策的通知》(财关税〔2021〕4号)第一条第(五)项和第三条中的企业进口设备,同时适

（续表）

财关税〔2021〕4号	财关税〔2021〕5号
四、支持集成电路产业和软件产业发展进口税收政策管理办法由财政部、海关总署、税务总局会同国家发展改革委、工业和信息化部另行制定印发。 五、本通知自2020年7月27日至2030年12月31日实施。自2020年7月27日起，至第一批免税进口企业清单印发之日后30日内，已征的应免关税税款准予退还。 六、自2021年4月1日起，《财政部关于部分集成电路生产企业进口自用生产性原材料 消耗品税收政策的通知》（财税〔2002〕136号）、《财政部关于部分集成电路生产企业进口净化室专用建筑材料等物资税收政策问题的通知》（财税〔2002〕152号）、《财政部 海关总署 国家税务总局 信息产业部关于线宽小于0.8微米（含）集成电路企业进口自用生产性原材料 消耗品享受税收优惠政策的通知》（财关税〔2004〕45号）、《财政部 发展改革委 工业和信息化部 海关总署 国家税务总局关于调整集成电路生产企业进口自用生产性原材料 消耗品免税商品清单的通知》（财关税〔2015〕46号）废止。 自2020年7月27日至2021年3月31日，既可享受本条上述4个文件相关政策又可享受本通知第一条第（一）、（二）项相关政策的免税进口企业，对同一张报关单，自主选择适用本条上述4个文件相关政策或本通知第一条第（一）、（二）项相关政策，不得累计享受税收优惠。	用申报进口当期的《国内投资项目不予免税的进口商品目录》《外商投资项目不予免税的进口商品目录》《进口不予免税的重大技术装备和产品目录》所列商品的累积范围。 六、免税进口企业应按照海关有关规定，办理有关进口商品的减免税手续。 七、本办法第一、二条中，国家发展改革委牵头制定或者国家发展改革委、工业和信息化部牵头制定的第一批免税进口企业清单自2020年7月27日起实施，至该清单印发之日后30日内，已征的应免关税税款准予退还。本办法第三条中，工业和信息化部牵头制定的第一批免税进口商品清单自2020年7月27日起实施。以后批次制定的免税进口企业清单、免税进口商品清单，分别自其印发之日后第20日起实施。 八、本办法第一、二条中的免税进口企业发生名称、经营范围变更等情形的，应自完成变更登记之日起60日内，将有关变更情况说明报送牵头部门。牵头部门分别按照本办法第一、二条规定，确定变更后的企业自变更登记之日起能否继续享受政策。企业超过本条前述时间报送变更情况说明的，牵头部门不予受理，该企业自变更登记之日起停止享受政策。确定结果或不予受理情况由牵头部门函告海关总署（确定结果较多时，每年至少分两批函告），抄送第一、二条中其他部门。 九、免税进口企业应按有关规定使用免税进口商品，如违反规定，将免税进口商品擅自转让、移作他用或者进行其他处置，被依法追究刑事责任的，在《财政部 海关总署 税务总局关于支持集成电路产业和软件产业发展进口税收政策的通知》（财关税〔2021〕4号）剩余有效期限内停止享受政策。 十、免税进口企业如存在以虚报情况获得免税资格，由国家发展改革委会同工业和信息化部、财政部、海关总署、税务总局等部门查实后，国家发展改革委函告海关总署，自函告之日起，该企业在《财政部 海关总署 税务总局关于支持集成电路产业和软件产业发展进口税收政策的通知》（财关税〔2021〕4号）剩余有效期限内停止享受政策。 十一、财政等有关部门及其工作人员在政策执行过程中，存在违反执行政策规定的行为，以及滥用职权、玩忽职守、徇私舞弊等违法违纪行为的，依照国家有关规定追究相应责任；涉嫌犯罪的，依法追究刑事责任。 十二、本办法有效期为2020年7月27日至2030年12月31日。

二、支持科技创新

政策依据：

《财政部 海关总署 税务总局关于"十四五"期间支持科技创新进口税收政策的通知》（财关税〔2021〕23号）。

(1) 对科学研究机构、技术开发机构、学校、党校（行政学院）、图书馆进口国内不能生产或性能不能满足需求的科学研究、科技开发和教学用品，免征进口关税和进口环节增值税、消费税。

(2) 对出版物进口单位为科研院所、学校、党校（行政学院）、图书馆进口用于科研、教学的图书、资料等，免征进口环节增值税。

(3) 财关税〔2021〕23号文件第一、二条所称科学研究机构、技术开发机构、学校、党校（行政学院）、图书馆是指：

① 从事科学研究工作的中央级、省级、地市级科研院所（含其具有独立法人资格的图书馆、研究生院）。

② 国家实验室，国家重点实验室，企业国家重点实验室，国家产业创新中心，国家技术创新中心，国家制造业创新中心，国家临床医学研究中心，国家工程研究中心，国家工程技术研究中心，国家企业技术中心，国家中小企业公共服务示范平台（技术类）。

③ 科技体制改革过程中转制为企业和进入企业的主要从事科学研究和技术开发工作的机构。

④ 科技部会同民政部核定或者省级科技主管部门会同省级民政、财政、税务部门和社会研发机构所在地直属海关核定的科技类民办非企业单位性质的社会研发机构；省级科技主管部门会同省级财政、税务部门和社会研发机构所在地直属海关核定的事业单位性质的社会研发机构。

⑤ 省级商务主管部门会同省级财政、税务部门和外资研发中心所在地直属海关核定的外资研发中心。

⑥ 国家承认学历的实施专科及以上高等学历教育的高等学校及其具有独立法人资格的分校、异地办学机构。

⑦ 县级及以上党校（行政学院）。

⑧ 地市级及以上公共图书馆。

(4) 财关税〔2021〕23号文件第二条所称出版物进口单位是指中央宣传部核定的具有出版物进口许可的出版物进口单位，科研院所是指第三条第一项规定的机构。

(5) 财关税〔2021〕23号文件第一、二条规定的免税进口商品实行清单管理。免税进口商品清单由财政部、海关总署、税务总局征求有关部门意见后另行制定印发，并动态调整。

(6) 财关税〔2021〕23号文件有效期为2021年1月1日至2025年12月31日。

三、支持新冠疫情防控

政策依据：

《财政部 海关总署 税务总局关于防控新型冠状病毒感染的肺炎疫情进口物资免税政策的公告》（财政部 海关总署 税务总局公告2020年第6号）。

(1) 适度扩大《慈善捐赠物资免征进口税收暂行办法》规定的免税进口范围，对捐赠用于疫情防控的进口物资，免征进口关税和进口环节增值税、消费税。

① 进口物资增加试剂，消毒物品，防护用品，救护车、防疫车、消毒用车、应急指挥车。

② 免税范围增加国内有关政府部门、企事业单位、社会团体、个人以及来华或在华的外国公民从境外或海关特殊监管区域进口并直接捐赠；境内加工贸易企业捐赠。捐赠物资应直接用于防控疫情且符合上述第①项或《慈善捐赠物资免征进口税收暂行办法》规定。

③ 受赠人增加省级民政部门或其指定的单位。省级民政部门将指定的单位名单函告所在地直属海关及省级税务部门。

无明确受赠人的捐赠进口物资，由中国红十字会总会、中华全国妇女联合会、中国残疾人联合会、中华慈善总会、中国初级卫生保健基金会、中国宋庆龄基金会或中国癌症基金会作为受赠人接收。

(2) 对卫生健康主管部门组织进口的直接用于防控疫情物资免征关税。进口物资应符合上述第(1)条第①项或《慈善捐赠物资免征进口税收暂行办法》规定。省级财政厅（局）会同省级卫生健康主管部门确定进口单位名单、进口物资清单，函告所在地直属海关及省级税务部门。

(3) 财政部、海关总署、税务总局公告2020年第6号文件项下免税进口物资，已征收的应免税款予以退还。其中，已征税进口且尚未申报增值税进项税额抵扣的，可凭主管税务机关出具的《防控新型冠状病毒感染的肺炎疫情进口物资增值税进项税额未抵扣证明》，向海关申请办理退还已征进口关税和进口环节增值税、消费税手续；已申报增值税进项税额抵扣的，仅向海关申请办理退还已征进口关税和进口环节消费税手续。有关进口单位应在2020年9月30日前向海关办理退税手续。

(4) 财政部、海关总署、税务总局公告2020年第6号文件项下免税进口物资，可按照或比照海关总署公告2020年第17号文件，先登记放行，再按规定补办相关手续。

四、支持海南自由贸易港自用生产设备

政策依据：

《财政部 海关总署 税务总局关于海南自由贸易港自用生产设备"零关税"政策的通知》（财关税〔2021〕7号）。

全岛封关运作前，对海南自由贸易港注册登记并具有独立法人资格的企业进口自用的生产设备，除法律法规和相关规定明确不予免税、国家规定禁止进口的商品，以及财关税〔2021〕7号文件所附《海南自由贸易港"零关税"自用生产设备负面清单》所列设备外，免征关税、进口环节增值税和消费税。

财关税〔2021〕7号文件所称生产设备，是指基础设施建设、加工制造、研发设计、检测维修、物流仓储、医疗服务、文体旅游等生产经营活动所需的设备，包括《中华人民共和国进出口税则》第八十四、八十五和九十章中除家用电器及设备零件、部件、附件、元器件外的其他商品。

五、支持民用航空维修用航空器材

政策依据：

《财政部 海关总署关于2021—2030年支持民用航空维修用航空器材进口税收政策的通知》（财关税〔2021〕15号）。

(1) 自2021年1月1日至2030年12月31日，对民用飞机整机设计制造企业、国内航空公司、维修单位、航空器材分销商进口国内不能生产或性能不能满足需求的维修用航空器材，免征进口关税。

(2) 财关税〔2021〕15号文件第一条所述民用飞机整机设计制造企业、国内航空公司、维修单位、航空器材分销商是指：

① 从事民用飞机整机设计制造的企业及其所属单位，且其生产产品的相关型号已取得中国民航局批准的型号合格证(TC)。

② 中国民航局批准的国内航空公司。

③ 持有中国民用航空维修许可证的维修单位。

④ 符合中国民航局管理要求的航空器材分销商。

(3) 财关税〔2021〕15号文件第一条所述维修用航空器材是指专门用于维修民用飞机、民用飞机部件的器材，包括动力装置（发动机、辅助动力装置）、起落架等部件，以及标准件、原材料等消耗器材。范围仅限定于飞机的机载设备及其零部件、原材料，不包括地勤系统所使用的设备及其零部件。

航空器材一般具备中国民航局(CAAC)、美国联邦航空局(FAA)、欧盟航空安全局(EASA)、加拿大民用航空局(TCCA)、巴西民用航空局等民航局颁发的适航证明文件或俄罗斯、乌克兰等民航制造和维修单位签发的履历本。具有制造单位出具产品合格证明的标准件、原材料也属于航空器材范围。

免税进口的维修用航空器材清单，由中国民航局会同工业和信息化部、财政部、海关总署另行制定印发。

第十四节 个人所得税优惠政策解析与应用

一、个体工商户生产经营所得优惠

政策依据：

《中华人民共和国个人所得税法》（以下简称《个人所得税法》）；
《中华人民共和国个人所得税法实施条例》（以下简称《个人所得税法实施条例》）；
《个体工商户条例》（国务院令第596号）；

> 《个体工商户个人所得税计税办法》(国家税务总局令第35号)。
> 《国家税务总局关于印发〈建筑安装业个人所得税征收管理暂行办法〉的通知》(国税发〔1996〕127号);
> 《国家税务总局关于印发〈机动出租车驾驶员个人所得税征收管理暂行办法〉的通知》(国税发〔1995〕50号);
> 《财政部 税务总局关于实施小微企业和个体工商户所得税优惠政策的公告》(财政部 税务总局公告2021年第12号);
> 《国家税务总局关于落实支持小型微利企业和个体工商户发展所得税优惠政策有关事项的公告》(国家税务总局公告2021年第8号)。

(一) 个体工商户的财税特征

1. 个体工商户的投资人要承担无限责任

按照《民法典》第五十六条的规定,个体工商户的债务,个人经营的,以个人财产承担;家庭经营的,以家庭财产承担;无法区分的,以家庭财产承担。

与有限责任公司股东不同,个体工商户的投资人对于经营期间形成的债务要承担无限连带责任。

2. 个体工商户的经营范围没有特殊限制

《个体工商户条例》第四条规定,国家对个体工商户实行市场平等准入、公平待遇的原则。申请办理个体工商户登记,申请登记的经营范围不属于法律、行政法规禁止进入的行业的,登记机关应当依法予以登记。

个体工商户作为市场经济主体,与有限公司等企业主体的市场地位是平等的,其准入门槛在法律层面是一致的。

3. 个体工商户可以不开设银行账户

个体工商户可以不开设银行账户,而由投资人个人的银行账户进行收付款项;而有限公司必须设立独立的银行账户,且要保持资金独立性,不可与投资人财产混用。

4. 无法转让、不能对外投资

个体工商户无法转让,只能注销;也不能对外投资,成为公司的股东;也不能设立分支机构。

5. 符合条件的个体工商户需要建账

按照《个体工商户建账管理暂行办法》的规定,符合下列情形之一的个体工商户,应当设置复式账:

(1) 注册资金在20万元以上的。

(2) 销售增值税应税劳务的纳税人或营业税纳税人月销售(营业)额在40 000元以上;从事货物生产的增值税纳税人月销售额在60 000元以上;从事货物批发或零售的增值税纳税人月销售额在80 000元以上的。

(3) 省税务机关确定应设置复式账的其他情形。

符合下列情形之一的个体工商户,应当设置简易账,并积极创造条件设置复式账:

(1) 注册资金在10万元以上20万元以下的。

(2) 销售增值税应税劳务的纳税人或营业税纳税人月销售(营业)额在15 000元至40 000元;从事货物生产的增值税纳税人月销售额在30 000元至60 000元;从事货物批发或零售的增值税纳税人月销售额在40 000元至80 000元的。

(3) 省税务机关确定应当设置简易账的其他情形。

6. 个体工商户业主一般不拿工资薪金

按照《个体工商户个人所得税计税办法》(国家税务总局令第35号)的规定,个体工商户业主的工资薪金支出不得税前扣除。个体工商户的业主从个体工商户取得的收入为经营所得,如果取得工资薪金收入等综合所得,是不能税前扣除的,同时在计算经营所得时也影响到基本减除费用6万元的扣除。因此,业主一般不从个体户拿工资薪金。

(二) 个体工商户特殊所得处理

1. 个体工商户从事"四业"的所得

财税字〔1994〕20号	财税〔2004〕30号
关于对个体工商户的征税问题: 个体工商户或个人专营种植业、养殖业、饲养业、捕捞业,其经营项目属于农业税(包括农业特产税,下同)、牧业税征税范围并已征收了农业税、牧业税的,不再征收个人所得税;不属于农业税、牧业税征税范围的,应对其所得征收个人所得税。兼营上述四业并四业的所得单独核算的,比照上述原则办理,对于属于征收个人所得税的,应与其他行业的生产、经营所得合并计征个人所得税;对于四业的所得不能单独核算的,应就其全部所得计征个人所得税。	自2004年1月1日起,农村税费改革试点期间,取消农业特产税、减征或免征农业税后,对个人或个户从事种植业、养殖业、饲养业、捕捞业,且经营项目属于农业税(包括农业特产税)、牧业税征税范围的,其取得的"四业"所得暂不征收个人所得税。

（续表）

（1）对个人或个体户从事种植业、养殖业、饲养业、捕捞业，且经营项目属于农业税(包括农业特产税)、牧业税征收范围的，其取得的"四业"所得暂不征收个人所得税。

（2）对个人或个体户从事种植业、养殖业、饲养业、捕捞业，不属于农业税、牧业税征税范围的，应对其所得征收个人所得税。兼营上述四业并四业的所得单独核算的，比照上述原则办理，对于属于征收个人所得税的，应与其他行业的生产、经营所得合并计征个人所得税；对于四业的所得不能单独核算的，应就其全部所得计征个人所得税。

2. 建筑安装业个人所得税（国税发〔1996〕127号）

纳税人的确定	征收管理
第二条 本办法所称建筑安装业，包括建筑、安装、修缮、装饰及其他工程作业。从事建筑安装业的工程承包人、个体户及其他个人为个人所得税的纳税义务人。其从事建筑安装业取得的所得，应依法缴纳个人所得税。 第三条 承包建筑安装业各项工程作业的承包人取得的所得，应区别不同情况计征个人所得税：经营成果归承包人个人所有的所得，或按照承包合同（协议）规定，将一部分经营成果留归承包人个人的所得，按对企事业单位的承包经营、承租经营所得项目征税；以其他分配方式取得的所得，按工资、薪金所得项目征税。 从事建筑安装业的个体工商户和未领取营业执照承揽建筑安装业工程作业的建筑安装队和个人，以及建筑安装企业实行个人承包后工商登记改变为个体经济性质的，其从事建筑安装业取得的收入应依照个体工商户的生产、经营所得项目计征个人所得税。 从事建筑安装业工程作业的其他人员取得的所得，分别按工资、薪金所得项目和劳务报酬所得项目计征个人所得税。	第四条 从事建筑安装业的单位和个人，应依法办理税务登记。在异地从事建筑安装业的单位和个人，必须自工程开工之日前3日内，持营业执照、外出经营活动税收管理证明、城建部门批准开工的文件和工程承包合同（协议）、开户银行账号以及主管税务机关要求提供的其他资料向主管税务机关办理有关登记手续。 【注】根据《国家税务总局关于创新跨区域涉税事项报验管理制度的通知》（税总发〔2017〕103号）的规定，税务总局对外出经营活动税收管理进行了更名与创新：①将"外出经营活动税收管理"更名为"跨区域涉税事项报验管理"；②纳税人跨区域经营前不再开具相关证明，改为填报《跨区域涉税事项报告表》；③取消跨区域涉税事项报验管理的固定有效期；④实行跨区域涉税事项报验管理信息电子化。 第五条 对未领取营业执照承揽建筑安装业工程作业的单位和个人，主管税务机关可以根据其工程规模，责令其缴纳一定数额的纳税保证金。在规定的期限内结清税款后，退还纳税保证金；逾期未结清税款的，以纳税保证金抵缴应纳税款和滞纳金。 第六条 从事建筑安装业的单位和个人应设置会计账簿，健全财务制度，准确、完整地进行会计核算。对未设立会计账簿，或者不能准确、完整地进行会计核算的单位和个人，主管税务机关可根据其工程规模、工程承包合同（协议）价款和工程完工进度等情况，核定其应纳税所得额或应纳税额，据此征税。具体核定办法由县以上(含县级)税务机关制定。 第七条 从事建筑安装业工程作业的单位和个人应按照主管税务机关的规定，购领、填开和保管建筑安装业专用发票或许可使用的其他发票。 第八条 建筑安装业的个人所得税，由扣缴义务人代扣代缴和纳税人自行申报缴纳。 第九条 承揽建筑安装业工程作业的单位和个人是个人所得税的代扣代缴义务人，应在向个人支付收入时依法代扣代缴其应纳的个人所得税。 第十条 没有扣缴义务人的和扣缴义务人未按规定代扣代缴税款的，纳税人应自行向主管税务机关申报纳税。 第十一条 【本条款失效】在异地从事建筑安装业工程作业的单位，应在工程作业所在地缴纳个人所得税。但所得在单位所在地分配，并能向主管税务机关提供完整、准确的会计账簿和核算凭证的，经主管税务机关核准后，可回单位所在地扣缴个人所得税。 第十二条 本办法第三条第一款、第二款涉及的纳税人和扣缴义务人应按每月工程完工量预缴、预扣个人所得税，按年结算。一项工程跨年度作业的，应按各年所得预缴、预扣和结算个人所得税。难以划分各年所得的，可以按月预缴、预扣税款，并在工程完工后按各年度工程完工量分摊所得并结算税款。 第十三条 扣缴义务人每月所扣的税款，自行申报纳税人每月应纳的税款，应当在次月7日内缴入国库，并向主管税务机关报送扣缴个人所得税报告表或纳税申报表以及税务机关要求报送的其他资料。 第十四条 对扣缴义务人按照所扣缴的税款，付给2%的手续费。 第十五条 建筑安装业单位所在地税务机关和工程作业所在地税务机关双方可以协商有关个人所得税代扣代缴和征收的具体操作办法，都有权对建筑安装业单位和个人依法进行税收检查，并有权依法处理其违反税收规定的行为。但一方已经处理的，另一方不得重复处理。 第十七条 本办法所称主管税务机关，是指建筑安装业工程作业所在地税务局（分局、所）。

(三) 个体工商户税费优惠
1. 个体工商户所得税优惠

财政部 税务总局 公告 2021 年第 12 号	国家税务总局公告 2021 年第 8 号
自 2021 年 1 月 1 日至 2022 年 12 月 31 日,对个体工商户年应纳税所得额不超过 100 万元的部分,在现行优惠政策基础上,减半征收个人所得税。	关于个体工商户个人所得税减半政策有关事项: (1) 对个体工商户经营所得年应纳税所得额不超过 100 万元的部分,在现行优惠政策基础上,再减半征收个人所得税。个体工商户不区分征收方式,均可享受。 (2) 个体工商户在预缴税款时即可享受,其年应纳税所得额暂按截至本期申报所属期末的情况进行判断,并在年度汇算清缴时按年计算、多退少补。若个体工商户从两处以上取得经营所得,需在办理年度汇总纳税申报时,合并个体工商户经营所得年应纳税所得额,重新计算减免税额,多退少补。 (3) 个体工商户按照以下公式计算减免税额: 减免税额=(个体工商户经营所得应纳税所得额不超过 100 万元部分的应纳税额—其他政策减免税额×个体工商户经营所得应纳税所得额不超过 100 万元部分÷经营所得应纳税所得额)×(1−50%) (4) 个体工商户需将按上述方法计算得出的减免税额填入对应经营所得纳税申报表"减免税额"栏次,并附报《个人所得税减免税事项报告表》。对于通过电子税务局申报的个体工商户,税务机关将提供该优惠政策减免税额和报告表的预填服务。实行简易申报的定期定额个体工商户,税务机关按照减免后的税额进行税款划缴。

按照现行政策的规定,纳税人从两处以上取得经营所得的,应当选择向其中一处经营管理所在地主管税务机关办理年度汇总申报。若个体工商户从两处以上取得经营所得,需在办理年度汇总纳税申报时,合并个体工商户经营所得年应纳税所得额,重新计算减免税额,多退少补。

【例 5-5】 纳税人张某同时经营个体工商户 A 和个体工商户 B,年应纳税所得额分别为 80 万元和 50 万元,那么张某在年度汇总纳税申报时,可以享受减半征收个人所得税政策的应纳税所得额为 100 万元。

【例 5-6】 纳税人李某经营个体工商户 C,年应纳税所得额为 80 000 元(适用税率 10%,速算扣除数 1 500),同时可以享受残疾人政策减免税额 2 000 元,那么李某该项政策的减免税额=[(80 000×10%−1 500)−2 000]×(1−50%)=2 250(元)。

【例 5-7】 纳税人吴某经营个体工商户 D,年应纳税所得额为 1 200 000 元(适用税率 35%,速算扣除数 65 500),同时可以享受残疾人政策减免税额 6 000 元,那么李某该项政策的减免税额=[(1 000 000×35%−65 500)−6 000×1 000 000÷1 200 000]×(1−50%)=139 750(元)。

实际上,上述计算规则已经内嵌到电子税务局信息系统中,税务机关将为纳税人提供申报表和报告表预填服务,符合条件的纳税人准确、如实填报经营情况数据,系统可自动计算减免税金额。

2. 个体工商户无需缴纳残保金

个体工商户不属于上述规定的征收主体范围,无需缴纳残疾人就业保证金。《财政部 国家税务总局 中国残疾人联合会关于印发〈残疾人就业保障金征收使用管理办法〉的通知》(财税〔2015〕72 号)第二条规定,保障金是为保障残疾人权益,由未按规定安排残疾人就业的机关、团体、企业、事业单位和民办非企业单位缴纳的资金。

3. 个体工商户的业主与其投资的个体工商户之间的房产、土地的权属转移免契税

《财政部 国家税务总局关于企业以售后回租方式进行融资等有关契税政策的通知》(财税〔2012〕82 号)第六条第一款规定,个体工商户的经营者将其个人名下的房屋、土地权属转移至个体工商户名下,或个体工商户将其名下的房屋、土地权属转回原经营者个人名下,免征契税。

（四）个体工商户等代开货物运输业增值税发票时不再预征个人所得税

享受主体	优惠内容	享受条件
个体工商户、个人独资企业、合伙企业和个人	自2021年4月1日起，对个体工商户、个人独资企业、合伙企业和个人，代开货物运输业增值税发票时，不再预征个人所得税。	申请代开货物运输业发票的个体工商户、个人独资企业、合伙企业和个人

政策依据：《国家税务总局关于落实支持小型微利企业和个体工商户发展所得税优惠政策有关事项的公告》（国家税务总局公告2021年第8号）

二、个人独资和合伙企业的生产、经营所得优惠

政策依据：

> 《国务院关于个人独资企业和合伙企业征收所得税问题的通知》（国发〔2000〕16号）；
> 《财政部　国家税务总局关于印发〈关于个人独资企业和合伙企业投资者征收个人所得税的规定〉的通知》（财税〔2000〕91号）；
> 《财政部　国家税务总局关于合伙企业合伙人所得税问题的通知》（财税〔2008〕159号）；
> 《财政部　国家税务总局关于调整个体工商户个人独资企业和合伙企业个人所得税税前扣除标准有关问题的通知》（财税〔2008〕65号）；
> 《财政部　国家税务总局关于规范个人投资者个人所得税征收管理的通知》（财税〔2003〕158号）；
> 《国家税务总局关于〈关于个人独资企业和合伙企业投资者征收个人所得税的规定〉执行口径的通知》（国税函〔2001〕84号）；
> 《个体工商户个人所得税计税办法》（国家税务总局令第35号）；
> 《国家税务总局关于律师事务所从业人员取得收入征收个人所得税有关业务问题的通知》（国税发〔2000〕149号）；
> 《国家税务总局关于律师事务所从业人员有关个人所得税问题的公告》（国家税务总局公告2012年第53号）；
> 《国家税务总局关于个体工商户、个人独资企业和合伙企业个人所得税问题的公告》（国家税务总局公告2014年第25号）；
> 《财政部　税务总局　发展改革委　证监会关于创业投资企业个人合伙人所得税政策问题的通知》（财税〔2019〕8号）；
> 《财政部　税务总局关于权益性投资经营所得个人所得税征收管理的公告》（财政部　税务总局公告2021年第41号）。

为公平税负，支持和鼓励个人投资兴办企业，促进国民经济持续、快速、健康发展，自2000年1月1日起，对个人独资企业和合伙企业投资者的生产经营所得，比照个体工商户的生产、经营所得征收个人所得税。（国发〔2000〕16号）

（一）个体工商户特殊所得处理

1. 投资者从事"四业"的所得（财税〔2010〕96号）

对个人独资企业和合伙企业从事种植业、养殖业、饲养业和捕捞业（以下简称四业），其投资者取得的四业所得暂不征收个人所得税。

2. 律师事务所从业人员个人所得税

国税发〔2000〕149号	国家税务总局公告 2012年第53号
（1）律师个人出资兴办的独资和合伙性质的律师事务所的年度经营所得，自2000年1月1日起，停止征收企业所得税，作为出资律师的个人经营所得，按照有关规定，比照"个体工商户的生产、经营所得"应税项目征收个人所得税。在计算其经营所得时，出资律师本人的工资、薪金不得扣除。 （2）合伙制律师事务所应将年度经营所得全额作为基数，按出资比例或者事先约定的比例计算各合伙人应分配的所得，据以征收个人所得税。 （3）【条款废止】律师个人出资兴办的律师事务所，凡有《税收征收管理法》第二十三条所列情形之一的，主管税务机关有权核定出资律师个人的应纳税额。 （4）律师事务所支付给雇员（包括律师及行政辅助人员，但不包括律师事务所的投资者，下同）的所得，按"工资、薪金所得"应税项目征收个人所得税。 （5）【条款废止】作为律师事务所雇员的律师与律师事务所按规定的比例对收入分成，律师事务所不负担律师办理案件支出的费用（如交通费、资料费、通信费及聘请人员等费用），律师当月的分成收入按本条第二款的规定扣除办理案件支出的费用后，余额与律师事务所发给的工资合并，按"工资、薪金所得"应税项目计征个人所得税。 作为律师事务所雇员的律师从其分成收入中扣除办理案件支出费用的标准，由现行在律师当月分成收入的30%比例内确定，调整为35%比例内确定。实行上述收入分成办法的律师办案费用不得在律师事务所重复列支。 （6）兼职律师从律师事务所取得工资、薪金性质的所得，律师事务所在代扣代缴其个人所得税时，不再减除个人所得税法规定的费用扣除标准，以收入全额（取得分成收入的为扣除办理案件支出费用后的余额）直接确定适用税率，计算扣缴个人所得税。兼职律师应于次月7日内自行向主管税务机关申报两处或两处以上取得的工资、薪金所得，合并计算缴纳个人所得税。 兼职律师是指取得律师资格和律师执业证书，不脱离本职工作从事律师职业的人员。 （7）律师以个人名义再聘请其他人员为其工作而支付的报酬，应由该律师按"劳务报酬所得"应税项目负责代扣代缴个人所得税。为了便于操作，税款可由其任职的律师事务所代为缴入国库。 （8）【条款废止】律师从接受法律事务服务的当事人处取得法律顾问费或其他酬金等收入，应并入其从律师事务所取得的其他收入，按照规定计算缴纳个人所得税。	合伙人律师在计算应纳税所得额时，应凭合法有效凭据按照个人所得税法和有关规定扣除费用；对确实不能提供合法有效凭据而实际发生与业务有关的费用，经当事人签名确认后，可再按下列标准扣除费用：个人年营业收入不超过50万元的部分，按8%扣除；个人年营业收入超过50万元至100万元的部分，按6%扣除；个人年营业收入超过100万元的部分，按5%扣除。 不执行查账征收的，不适用上述规定。上述规定自2013年1月1日至2015年12月31日执行。 律师个人承担的按照律师协会规定参加的业务培训费用，可据实扣除。 律师事务所和律师个人发生的其他费用和列支标准，按照《国家税务总局关于印发〈个体工商户个人所得税计税办法（试行）〉的通知》（国税发〔1997〕43号）等文件的规定执行。
任何地区均不得对律师事务所实行全行业核定征税办法。要按照税收征管法和国发〔1997〕12号文件的规定，对具备查账征收条件的律师事务所，实行查账征收个人所得税。（国税发〔2002〕123号第一条）	

【例5-8】 张律师2022年10月从任职的律师事务所取得了工资7 000元，补贴1 000元，专项扣除为800元，专项附加扣除3 000元。业务分成收入25 000元，在案件办理过程中，张某以个人名义聘请了兼职律师李四协助，支付李四报酬4 000元。张律师为一家公司提供法律咨询，当月取得法律顾问费10 000元。当地分成收入的扣除比例是30%。请问张律师2022年10月应缴纳的个人所得税？

2022年10月应纳税所得额＝7 000＋1 000＋25 000×（1－30%）＋10 000－5 000－800－3 000＝26 700（元）。	张律师应预扣预缴个人所得税＝26 700×3%＝801（元）。

(二) 权益性投资经营所得（财政部 税务总局公告2021年第41号）

政策规定	政策解读
自2022年1月1日起,持有股权、股票、合伙企业财产份额等权益性投资的个人独资企业、合伙企业(以下简称独资合伙企业),一律适用查账征收方式计征个人所得税。 独资合伙企业应自持有上述权益性投资之日起30日内,主动向税务机关报送持有权益性投资的情况;公告实施前独资合伙企业已持有权益性投资的,应当在2022年1月30日前向税务机关报送持有权益性投资的情况。税务机关接到核定征收独资合伙企业报送持有权益性投资情况的,调整其征收方式为查账征收。 各级财政、税务部门应做好服务辅导工作,积极引导独资合伙企业建立健全账簿、完善会计核算和财务管理制度、如实申报纳税。独资合伙企业未如实报送持有权益性投资情况的,依据税收征收管理法相关规定处理。	(1) 个人独资、合伙企业直接持有股权、股票,这类个人独资企业、合伙企业不允许核定征收。 (2) 一律"查账征收"的是独资合伙企业而不是投资个人。 (3) "独资合伙企业应自持有上述权益性投资之日起30日内,主动向税务机关报送持有权益性投资的情况",报告人应当是独资合伙企业,而不是权益性投资的被投资企业。

(三) 合伙企业个人所得税优惠

政策依据：

> 《国家税务总局〈关于个人独资企业和合伙企业投资者征收个人所得税的规定〉执行口径的通知》(国税函〔2001〕84号);
> 《财政部 税务总局关于创业投资企业和天使投资个人有关税收政策的通知》(财税〔2018〕55号);
> 《财政部 税务总局 发展改革委 证监会关于创业投资企业个人合伙人所得税政策问题的通知》(财税〔2019〕8号);
> 《财政部 税务总局关于实施小微企业普惠性税收减免政策的通知》(财税〔2019〕13号);
> 《国家税务总局关于创业投资企业和天使投资个人税收政策有关问题的公告》(国家税务总局公告2018年第43号);
> 《财政部 税务总局关于延续执行创业投资企业和天使投资个人投资初创科技型企业有关政策条件的公告》(财政部 税务总局公告2022年第6号)。

1. 残疾人员取得生产经营所得的优惠（国税函〔2001〕84号第四条）

残疾人员投资兴办或参与投资兴办个人独资企业和合伙企业的,残疾人员取得的生产经营所得,符合各省、自治区、直辖市人民政府规定的减征个人所得税条件的,经本人申请、主管税务机关审核批准,可按各省、自治区、直辖市人民政府规定减征的范围和幅度,减征个人所得税。

2. 合伙创投企业投资于初创科技型企业个人合伙人所得税优惠

依据《财政部 税务总局关于创业投资企业和天使投资个人有关税收政策的通知》(财税〔2018〕55号)等文件的规定,有限合伙制创业投资企业(以下简称合伙创投企业)采取股权投资方式直接投资于初创科技型企业满2年的,该合伙创投企业的个人合伙人可以按照对初创科技型企业投资额的70%抵扣个人合伙人从合伙创投企业分得的经营所得;当年不足抵扣的,可以在以后纳税年度结转抵扣。

3. 自2019年1月1日至2023年12月31日,放宽初创科技型企业的条件

为了进一步支持小微企业发展,依据《财政部 税务总局关于实施小微企业普惠性税收减免政策的通知》(财税〔2019〕13号)文件的规定,自2019年1月1日至2021年12月31日,财税〔2018〕55号文件中关于初创科技型企业条件中的"从业人数不超过200人"调整为"从业人数不超过300人","资产总额和年销售收入均不超过3000万元"调整为"资产总额和年销售收入均不超过5000万元"。

在2019年1月1日至2021年12月31日发生的投资,投资满2年且符合财税〔2019〕13号文件和财税〔2018〕55号文件规定的其他条件的,可以适用财税〔2018〕55号文件规定的税收政策。

在2019年1月1日前2年内发生的投资,自2019年1月1日起投资满2年且符合财税〔2019〕13号文件和财税〔2018〕55号文件规定的其他条件的,可以适用财税〔2018〕55号文件规定的税收政策。

4. 合伙创投企业个人合伙人个人所得税计算方式选择

依据《财政部 税务总局 发展改革委 证监会关于创业投资企业个人合伙人所得税政策问题的通知》(财税〔2019〕8号)的规定,创投企业可以选择按单一投资基金核算或者按创投企业年度所得整体核算两种方式之一,对其个人合伙人来源于创投企业的所得计算个人所得税应纳税额。

创投企业选择按单一投资基金核算的,其个人合伙人从该基金应分得的股权转让所得和股息、红利所得,按照20%的税率计算缴纳个人所得税。

创投企业选择按年度所得整体核算的,其个人合伙人应从创投企业取得的所得,按照"经营所得"项目、5%~35%的超额累进税率计算缴纳个人所得税。

创投企业选择按单一投资基金核算或按创投企业年度所得整体核算后,3年内不能变更。

(1) 创投企业的范围。

创投企业,是指符合《创业投资企业管理暂行办法》(发展改革委等10部门令第39号)或者《私募投资基金监督管理暂行办法》(证监会令第105号)关于创业投资企业(基金)的有关规定,并按照上述规定完成备案且规范运作的合伙制创业投资企业(基金)。

(2) 选择按单一投资基金核算的纳税方法。

单一投资基金核算,是指单一投资基金(包括不以基金名义设立的创投企业)在一个纳税年度内从不同创业投资项目取得的股权转让所得和股息、红利所得按下述方法分别核算纳税:

① 股权转让所得。单个投资项目的股权转让所得,按年度股权转让收入扣除对应股权原值和转让环节合理费用后的余额计算,股权原值和转让环节合理费用的确定方法,参照股权转让所得个人所得税有关政策规定执行;单一投资基金的股权转让所得,按一个纳税年度内不同投资项目的所得和损失相互抵减后的余额计算,余额大于或等于零的,即确认为该基金的年度股权转让所得;余额小于零的,该基金年度股权转让所得按零计算且不能跨年结转。

个人合伙人按照其应从基金年度股权转让所得中分得的份额计算其应纳税额,并由创投企业在次年3月31日前代扣代缴个人所得税。如符合《财政部 税务总局关于创业投资企业和天使投资个人有关税收政策的通知》(财税〔2018〕55号)规定条件的,创投企业个人合伙人可以按照被转让项目对应投资额的70%抵扣其应从基金年度股权转让所得中分得的份额后再计算其应纳税额,当期不足抵扣的,不得向以后年度结转。

② 股息、红利所得。单一投资基金的股息、红利所得,以其来源所投资项目分配的股息、红利收入以及其他固定收益类证券等收入的全额计算。个人合伙人按照其应从基金股息、红利所得中分得的份额计算其应纳税额,并由创投企业按次代扣代缴个人所得税。

③ 除前述可以扣除的成本、费用之外,单一投资基金发生的包括投资基金管理人的管理费和业绩报酬在内的其他支出,不得在核算时扣除。

上述单一投资基金核算方法仅适用于计算创投企业个人合伙人的应纳税额。

(3) 选择按创投企业年度所得整体核算的纳税方法。

创投企业年度所得整体核算,是指将创投企业以每一纳税年度的收入总额减除成本、费用以及损失后,计算应分配给个人合伙人的所得。如符合《财政部 税务总局关于创业投资企业和天使投资个人有关税收政策的通知》(财税〔2018〕55号)规定条件的,创投企业个人合伙人可以按照被转让项目对应投资额的70%抵扣其可以从创投企业应分得的经营所得后再计算其应纳税额。年度核算亏损的,准予按有关规定向以后年度结转。

按照"经营所得"项目计税的个人合伙人且没有综合所得的,可依法减除基本减除费用、专项扣除、专项附加扣除以及国务院确定的其他扣除。从多处取得经营所得的,应汇总计算个人所得税,只减除一次上述费用和扣除。

(4) 管理要求。

创投企业选择按单一投资基金核算的,应当自按照财税〔2019〕38号文件第一条的规定完成备案的30日内,向主管税务机关进行核算方式备案;未按规定备案的,视同选择按创投企业年度所得整体核算。创投企业选择一种核算方式满3年需要调整的,应当在满3年的次年1月31日前,重新向主管税务机关备案。

三、个人综合所得扣除项目优惠

政策依据:

> 《个人所得税法》;
> 《个人所得税法实施条例》;
> 《国务院关于印发个人所得税专项附加扣除暂行办法的通知》(国发〔2018〕41号,以下简称《扣除办法》)。

(1) 基本扣除费用。

基本减除费用,是最为基础的一项生计扣除,全员适用,考虑了个人基本生活支出情况,设置定额的扣除标准,并随着居民基本生活费用支出的变化而适时动态调整。

《个人所得税法》第六条规定,居民个人的综合所得,以每一纳税年度的收入额减除费用6万元。

(2) 专项扣除。

专项扣除,是对现行规定允许扣除的"三险一金"进行归纳后,新增加的一个概念。

《个人所得税法》第六条规定,本条第一款第一项规定的专项扣除,包括居民个人按照国家规定的范围和标准缴纳的基本养老保险、基本医疗保险、失业保险等社会保险费和住房公积金等。

(3) 专项附加扣除。

专项附加扣除,是在基本减除费用的基础之上,以国家税收和个人共同分担的方式,适度缓解个人在教育、医疗、住房等方面的支出压力。在施行综合和分类税制初期,专项附加扣除项目包括子女教育、继续教育、大病医疗、住房贷款利息或者住房租金、赡养老人等六项。

《个人所得税法实施条例》第二十八条规定,居民个人取得工资、薪金所得时,可以向扣缴义务人提供专项附加扣除有关信息,由扣缴义务人扣缴税款时减除专项附加扣除。纳税人同时从两处以上取得工资、薪金所得,并由扣缴义务人减除专项附加扣除的,对同一专项附加扣除项目,在一个纳税年度内只能选择从一处取得的所得中减除。

居民个人取得劳务报酬所得、稿酬所得、特许权使用费所得,应当在汇算清缴时向税务机关提供有关信息,减除专项附加扣除。

《个人所得税法》第六条规定,应纳税所得额的计算:专项附加扣除,包括子女教育、继续教育、大病医疗、住房贷款利息或者住房租金、赡养老人等支出,具体范围、标准和实施步骤由国务院确定,并报全国人民代表大会常务委员会备案。

(4) 依法确定的其他扣除。

依法确定的其他扣除,是指除上述基本减除费用、专项扣除、专项附加扣除之外,由国务院决定以扣除方式减少纳税的优惠政策规定。如商业健康险、税收递延型养老保险的支出(试点阶段,未全面实施)等。

《个人所得税法实施条例》第十三条规定,《个人所得税法》第六条第一款第一项所称依法确定的其他扣除,包括个人缴付符合国家规定的企业年金、职业年金,个人购买符合国家规定的商业健康保险、税收递延型商业养老保险的支出,以及国务院规定可以扣除的其他项目。

专项扣除、专项附加扣除和依法确定的其他扣除,以居民个人一个纳税年度的应纳税所得额为限额;一个纳税年度扣除不完的,不结转以后年度扣除。

(5) 公益性捐赠扣除。

《个人所得税法》第六条规定,个人将其所得对教育、扶贫、济困等公益慈善事业进行捐赠,捐赠额未超过纳税人申报的应纳税所得额30%的部分,可以从其应纳税所得额中扣除;国务院规定对公益慈善事业捐赠实行全额税前扣除的,从其规定。

《个人所得税法实施条例》第十九条规定,《个人所得税法》第六条第三款所称个人将其所得对教育、扶贫、济困等公益慈善事业进行捐赠,是指个人将其所得通过中国境内的公益性社会组织、国家机关向教育、扶贫、济困等公益慈善事业的捐赠;所称应纳税所得额,是指计算扣除捐赠额之前的应纳税所得额。

公益捐赠扣除需同时符合以下条件:一是用于教育、扶贫、济困等公益慈善事业;二是通过中国境内的公益性社会组织、国家机关进行捐赠;三是扣除比例符合现行规定要求。

个人向受赠对象的直接捐赠支出,不得税前扣除。

(一)专项扣除

《个人所得税法》第六条第一款第一项规定的专项扣除,包括居民个人按照国家规定的范围和标准缴纳的基本养老保险、基本医疗保险、失业保险等社会保险费和住房公积金等。

财税〔2006〕10号	建金管〔2005〕5号
企事业单位按照国家或省(自治区、直辖市)人民政府规定的缴费比例或办法实际缴付的基本养老保险费、基本医疗保险费和失业保险费,免征个人所得税;个人按照国家或省(自治区、直辖市)人民政府规定的缴费比例或办法实际缴付的基本养老保险费、基本医疗保险费和失业保险费,允许在个人应纳税所得额中扣除。个人实际领(支)取原提存的基本养老保险金、基本医疗保险金、失业保险金和住房公积金时,免征个人所得税。 企事业单位和个人超过规定的比例和标准缴付的基本养老保险费、基本医疗保险费和失业保险费,应将超过部分并入个人当期的工资、薪金收入,计征个人所得税。	单位和个人分别在不超过职工本人上一年度月平均工资12%的幅度内,其实际缴存的住房公积金,允许在个人应纳税所得额中扣除。单位和职工个人缴存住房公积金的月平均工资不得超过职工工作地所在设区城市上一年度职工月平均工资的3倍,具体标准按照各地有关规定执行。 单位和个人超过上述规定比例和标准缴付的住房公积金,应将超过部分并入个人当期的工资、薪金收入,计征个人所得税。

在计算住房公积金个人所得税税前扣除限额时,需要符合"不超过职工本人上一年度月平均工资12%的幅度"这个条件,即关注两个要素:一是缴存基数(本人上一年度月平均工资)和缴存比例(12%)都要符合标准,只要一个要素超出标准,那超出的公积金就不能在个人所得税税前扣除。另外,根据"单位和职工个人缴存住房公积金的月平均工资不得超过职工工作地所在设区城市上一年度职工月平均工资的3倍"规定,准予税前扣除的缴存基数,应以"本人上一年度实际月平均工资""职工工作地所在设区城市上一年度职工月平均工资的3倍""该职工实际缴纳的住房公积金数额"孰小原则确定。

(二)专项附加扣除
政策依据:

> 《个人所得税专项附加扣除暂行办法》(国发〔2018〕41号,以下简称《暂行办法》);
> 《个人所得税专项附加扣除操作办法(试行)》(国家税务总局公告2022年第7号,以下简称《操作办法》);
> 《国务院关于设立3岁以下婴幼儿照护个人所得税专项附加扣除的通知》(国发〔2022〕8号)。

1. 子女教育

扣除标准 (《暂行办法》第五条)	扣除方式 (《暂行办法》第六条)	享受扣除起止时间 (《操作办法》第三条)
纳税人的子女接受全日制学历教育和学前教育的相关支出,按照每个子女每月1 000元的标准定额扣除。	父母可以选择由其中一方按扣除标准的100%扣除,也可以选择由双方分别按扣除标准的50%扣除。扣除方式确定后,在一个纳税年度内不能变更。	学前教育阶段,为子女年满3周岁当月至小学入学前一月;学历教育,为子女接受全日制学历教育入学的当月至全日制学历教育结束的当月。 子女教育专项附加扣除起止时间的计算包含因病或其他非主观原因休学但学籍继续保留的休学期间,以及施教机构按规定组织实施的寒暑假等假期。

纳税人享受子女教育专项附加扣除,应当填报配偶及子女的姓名、身份证件类型及号码、子女当前受教育阶段及起止时间、子女就读学校以及本人与配偶之间扣除分配比例等信息。留存备查资料包括:子女在境外接受教育的,应当留存境外学校录取通知书、留学签证等境外教育佐证资料。(《操作办法》第十二条)

2. 继续教育

扣除标准 (《暂行办法》第八条)	扣除方式 (《暂行办法》第九条)	享受扣除起止时间 (《操作办法》第三条)
纳税人在中国境内接受学历(学位)继续教育的支出,在学历(学位)教育期间按照每月400元定额扣除。同一学历(学位)继续教育的扣除期限不能超过48个月。纳税人接受技能人员职业资格继续教育、专业技术人员职业资格继续教育的支出,在取得相关证书的当年,按照3 600元定额扣除。	接受继续教育的纳税人一般已就业,故一般由本人扣除。例外的情形是,如果个人接受本科及以下学历(学位)继续教育,可以选择由其父母扣除,也可以选择由本人扣除。	学历(学位)继续教育,为入学的当月至学历(学位)继续教育结束的当月[同一学历(学位)继续教育的扣除期限最长不得超过48个月];技能人员职业资格继续教育、专业技术人员职业资格继续教育,为取得相关证书的当年。

纳税人享受继续教育专项附加扣除,接受学历(学位)继续教育的,应当填报教育起止时间、教育阶段等信息;接受技能人员或者专业技术人员职业资格继续教育的,应当填报证书名称、证书编号、发证机关、发证(批准)时间等信息。留存备查资料包括:纳税人接受技能人员职业资格继续教育、专业技术人员职业资格继续教育的,应当留存职业资格相关证书等资料。(《操作办法》第十三条)

3. 住房贷款利息

扣除标准 (《暂行办法》第十四条)	扣除方式 (《暂行办法》第十五条)	享受扣除起止时间 (《操作办法》第三条)
纳税人本人或者配偶单独或者共同使用商业银行或者住房公积金个人住房贷款为本人或者其配偶购买中国境内住房,发生的首套住房贷款利息支出,在实际发生贷款利息的年度,按照每月1 000元的标准定额扣除,扣除期限最长不超过240个月。纳税人只能享受一次首套住房贷款的利息扣除。	经夫妻双方约定,可以选择由其中一方扣除,扣除方式一经确定,在一个纳税年度内不能变更;夫妻双方婚前分别购买住房发生的首套住房贷款,其贷款利息支出,婚后可以选择其中一套购买的住房,由购买方扣除标准的100%扣除,也可以由夫妻双方对各自购买的住房分别按扣除标准的50%扣除,具体扣除方式在一个纳税年度内不能变更。	享受扣除的起止时间:为贷款合同约定开始还款的当月至贷款全部归还或贷款合同终止的当月,扣除期限最长不得超过240个月。

纳税人享受住房贷款利息专项附加扣除,应当填报住房权属信息、住房坐落地址、贷款方式、贷款银行、贷款合同编号、贷款期限、首次还款日期等信息;纳税人有配偶的,填写配偶姓名、身份证件类型及号码。留存备查资料包括:住房贷款合同、贷款还款支出凭证等资料。(《操作办法》第十四条)

非首套住房贷款利息支出,纳税人不得扣除,只能享受一套首套住房贷款利息扣除。

4. 住房租金

扣除标准 (《暂行办法》第十七条)	扣除方式 (《暂行办法》第十九条)	享受扣除起止时间 (《操作办法》第三条)
纳税人在主要工作城市没有自有住房而发生的住房租金支出,直辖市、省会(首府)城市、计划单列市以及国务院确定的其他城市,扣除标准为每月1 500元;市辖区户籍人口超过100万的城市,扣除标准为每月1 100元;市辖区户籍人口不超过100万的城市,扣除标准为每月800元。	住房租金支出由签订租赁住房合同的承租人扣除。	为租赁合同(协议)约定的房屋租赁期开始的当月至租赁期结束的当月。提前终止合同(协议)的,以实际租赁期限为准。

(续表)

纳税人享受住房租金专项附加扣除,应当填报主要工作城市、租赁住房坐落地址、出租人姓名及身份证件类型和号码或者出租方单位名称及纳税人识别号(社会统一信用代码)、租赁起止时间等信息;纳税人有配偶的,填写配偶姓名、身份证件类型及号码。留存备查资料包括:住房租赁合同或协议等资料。(《操作办法》第十五条)

目前,国家税务总局个人所得税 App 做出微调,它不再强制要求填写房屋出租人姓名、身份证号等信息,但仍需填写租赁房屋的详细地址。应当说,房东信息从"必填"到"选填",充分表明税务部门为方便租客纳税申报的初衷,但并不必然意味着税务部门已对房屋出租人不再征缴税款,依法纳税是宪法规定的公民义务,谁都不能例外。

注意事项:纳税人的配偶在纳税人的主要工作城市有自有住房的,视同纳税人在主要工作城市有自有住房,不能享受住房租金扣除;夫妻双方主要工作城市相同的,只能由一方扣除住房租金支出;纳税人及其配偶在一个纳税年度内不能同时分别享受住房贷款利息和住房租金专项附加扣除。也就是说住房贷款利息与住房租金两项扣除政策只能享受其中一项,不能同时享有。(《暂行办法》第十七条、第二十条)

5. 赡养老人

扣除标准 (《暂行办法》第二十二条、第二十三条)	扣除方式 (《暂行办法》第二十二条)	享受扣除起止时间 (《操作办法》第三条)
纳税人赡养一位及以上被赡养人的赡养支出,纳税人为独生子女的,按照每月 2 000 元的标准定额扣除;纳税人为非独生子女的,由其与兄弟姐妹分摊每月 2 000 元的扣除额度,每人分摊的额度不能超过每月 1 000 元。被赡养人是指年满 60 岁的父母,以及子女均已去世的年满 60 岁的祖父母、外祖父母。	独生子女每月 2 000 元的标准定额扣除;非独生子女,赡养人均摊或者约定分摊,也可以由被赡养人指定分摊。	享受扣除的起止时间:为被赡养人年满 60 周岁的当月至赡养义务终止的年末。

纳税人享受赡养老人专项附加扣除,应当填报纳税人是否为独生子女、月扣除金额、被赡养人姓名及身份证件类型和号码、与纳税人关系;有共同赡养人的,需填报分摊方式、共同赡养人姓名及身份证件类型和号码等信息。留存备查资料包括:约定或指定分摊的书面分摊协议等资料。(《操作办法》第十六条)

6. 大病医疗

扣除标准 (《暂行办法》第十一条)	扣除方式 (《暂行办法》第十二条)	享受扣除起止时 (《操作办法》第三条)
在一个纳税年度内,纳税人发生的与基本医保相关的医药费用支出,扣除医保报销后个人负担(指医保目录范围内的自付部分)累计超过 15 000 元的部分,由纳税人在办理年度汇算清缴时,在 80 000 元限额内据实扣除。	纳税人发生的医药费用支出可以选择由本人或者其配偶扣除;未成年子女发生的医药费用支出可以选择由其父母一方扣除。	为医疗保障信息系统记录的医药费用实际支出的当年。

纳税人享受大病医疗专项附加扣除,应当填报患者姓名、身份证件类型及号码、与纳税人关系、与基本医保相关的医药费用总金额、医保目录范围内个人负担的自付金额等信息。留存备查资料包括:大病患者医药服务收费及医保报销相关票据原件或复印件,或者医疗保障部门出具的纳税年度医药费用清单等资料。(《操作办法》第十七条)

7. 3 岁以下婴幼儿照护费用

扣除标准(国发〔2022〕8 号)	扣除标准(国发〔2022〕8 号)	享受扣除起止时间 (《操作办法》第三条)
自 2022 年 1 月 1 日起,纳税人照护 3 岁以下婴幼儿子女的相关支出,按照每个婴幼儿每月 1 000 元的标准定额扣除。	父母可以选择由其中一方按扣除标准的 100% 扣除,也可以选择由双方分别按扣除标准的 50% 扣除,具体扣除方式在一个纳税年度内不能变更。	为婴幼儿出生的当月至年满 3 周岁的前一个月。

纳税人享受 3 岁以下婴幼儿照护专项附加扣除,应当填报配偶及子女的姓名、身份证件类型(如居民身份证、子女出生医学证明等)及号码以及本人与配偶之间扣除分配比例等信息。纳税人需要留存备查资料包括:子女的出生医学证明等资料。(《操作办法》第十八条)

(三) 依法确定的其他扣除

1. 企业年金和职业年金

政策依据：

> 《财政部 人力资源社会保障部 国家税务总局关于企业年金职业年金个人所得税有关问题的通知》(财税〔2013〕103号)；
> 《国家税务总局关于做好企业年金职业年金个人所得税征收管理工作的通知》(税总发〔2013〕143号)；
> 《财政部 国家税务总局关于个人所得税法修改后有关优惠政策衔接问题的通知》(财税〔2018〕164号)。

财税〔2013〕103号	财税〔2018〕164号
企业年金和职业年金缴费的个人所得税处理。 (1) 企业和事业单位(以下简称单位)根据国家有关政策规定的办法和标准，为在本单位任职或者受雇的全体职工缴付的企业年金或职业年金(以下简称年金)单位缴费部分，在计入个人账户时，个人暂不缴纳个人所得税。 (2) 个人根据国家有关政策规定缴付的年金个人缴费部分，在不超过本人缴费工资计税基数的4%标准内的部分，暂从个人当期的应纳税所得额中扣除。 (3) 超过上述第(1)项和第(2)项规定的标准缴付的年金单位缴费和个人缴费部分，应并入个人当期的工资、薪金所得，依法计征个人所得税。税款由建立年金的单位代扣代缴，并向主管税务机关申报解缴。 (4) 企业年金个人缴费工资计税基数为本人上一年度月平均工资。月平均工资按国家统计局规定列入工资总额统计的项目计算。月平均工资超过职工工作地所在设区城市上一年度职工月平均工资300%以上的部分，不计入个人缴费工资计税基数。 职业年金个人缴费工资计税基数为职工岗位工资和薪级工资之和。职工岗位工资和薪级工资之和超过职工工作地所在设区城市上一年度职工月平均工资300%以上的部分，不计入个人缴费工资计税基数。	关于个人领取企业年金、职业年金的政策。 个人达到国家规定的退休年龄，领取的企业年金、职业年金，符合《财政部 人力资源社会保障部 国家税务总局关于企业年金 职业年金个人所得税有关问题的通知》(财税〔2013〕103号)规定的，不并入综合所得，全额单独计算应纳税款。其中按月领取的，适用月度税率表计算纳税；按季领取的，平均分摊计入各月，按每月领取额适用月度税率表计算纳税；按年领取的，适用综合所得税率表计算纳税。 个人因出境定居而一次性领取的年金个人账户资金，或个人死亡后，其指定的受益人或法定继承人一次性领取的年金个人账户余额，适用综合所得税率表计算纳税。对个人除上述特殊原因外一次性领取年金个人账户资金或余额的，适用月度税率表计算纳税。

(1) 税制改革后，单位和个人缴存企业年金、职业年金的税收政策没有变化，仍然按照《财政部 人力资源社会保障部 国家税务总局关于企业年金 职业年金个人所得税有关问题的通知》(财税〔2013〕103号)第一条的规定执行。无论是企业年金还是职业年金，按照现行政策规定，缴付年金时，员工可以在个人所得税税前部分扣除；在年金账户分配收益时，员工暂不缴纳个人所得税；员工在达到法定退休年龄及其他规定情况下领取时，应依法缴纳个人所得税。

(2) 税制改革后，个人领取企业年金、职业年金待遇，按照财税〔2018〕164号文件第四条的规定执行。个人达到国家规定的退休年龄，按规定领取的企业年金、职业年金，属于"工资薪金所得"。实施新税制后，个人领取的企业年金、职业年金待遇依法应当并入综合所得按年计税。为避免离退休人员办理汇算清缴带来的税收遵从负担，原则上平移原有计税方法，即对个人领取的企业年金、职业年金待遇由扣缴义务人扣缴税款，单独计算纳税，不计入综合所得，无需办理汇算清缴。实践中，对以下情况，分别处理：

① 按月领取的，适用月度税率表计算纳税。
② 按季领取的，平均分摊计入各月，按每月领取额适用月度税率表计算纳税。
③ 按年领取的，适用综合所得税率表计算纳税。
④ 个人因出境定居而一次性领取的年金，或者个人死亡后，其指定的受益人或法定继承人一次性领取的年金，适用综合所得税率表计算纳税。对个人除上述特殊原因外一次性领取年金个人账户资金或余额的，适用月度税率表计算纳税。

2. 商业健康保险

政策依据：

> 《财政部 税务总局 保监会关于将商业健康保险个人所得税试点政策推广到全国范围实施的通知》（财税〔2017〕39号）；
> 《国家税务总局关于推广实施商业健康保险个人所得税政策有关征管问题的公告》（国家税务总局公告2017年第17号）。

财税〔2017〕39号	国家税务总局公告2017年第17号
（1）关于政策内容。 对个人购买符合规定的商业健康保险产品的支出，允许在当年（月）计算应纳税所得额时予以税前扣除，扣除限额为2 400元/年（200元/月）。单位统一为员工购买符合规定的商业健康保险产品的支出，应分别计入员工个人工资薪金，视同个人购买，按上述限额予以扣除。 2 400元/年（200元/月）的限额扣除为个人所得税法规定费用标准之外的扣除。 （2）关于适用对象。 适用商业健康保险税收优惠政策的纳税人，是指取得工资薪金所得、连续性劳务报酬所得的个人，以及取得个体工商户生产经营所得、对企事业单位的承包承租经营所得的个体工商户业主、个人独资企业投资者、合伙企业合伙人和承包承租经营者。 （3）关于商业健康保险产品的规范和条件。 符合规定的商业健康保险产品，是指保险公司参照个人税收优惠型健康保险产品指引框架及示范条款开发的、符合下列条件的健康保险产品： ① 健康保险产品采取具有保障功能并设立有最低保证收益账户的万能险方式，包含医疗保险和个人账户积累两项责任。被保险人个人账户由其所投保的保险公司负责管理维护。 ② 被保险人为16周岁以上、未满法定退休年龄的纳税人群。保险公司不得因被保险人既往病史拒保，并保证续保。 ③ 医疗保险保障责任范围包括被保险人医保所在地基本医疗保险基金支付范围内的自付费用及部分基本医疗保险基金支付范围外的费用，费用的报销范围、比例和额度由各保险公司根据具体产品特点自行确定。 ④ 同一款健康保险产品，可依据被保险人的不同情况，设置不同的保险金额，具体保险金额下限由保监会规定。 ⑤ 健康保险产品坚持"保本微利"原则，对医疗保险部分的简单赔付率低于规定比例的，保险公司要将实际赔付率与规定比例之间的差额部分返还到被保险人的个人账户。 根据目标人群已有保障项目和保障需求的不同，符合规定的健康保险产品共有三类，分别适用于： 对公费医疗或基本医疗保险报销后个人负担的医疗费用有报销意愿的人群。 对公费医疗或基本医疗保险报销后个人负担的特定大额医疗费用有报销意愿的人群。 未参加公费医疗或基本医疗保险，对个人负担的医疗费用有报销意愿的人群。 符合上述条件的个人税收优惠型健康保险产品，保险公司应按《保险法》规定程序上报保监会审批。 （4）关于税收征管。 ① 单位统一组织为员工购买或者单位和个人共同负担购	取得工资薪金所得、连续性劳务报酬所得的个人，以及取得个体工商户的生产经营所得、对企事业单位的承包承租经营所得的个体工商户业主、个人独资企业投资者、合伙企业个人合伙人和承包承租经营者，对其购买符合规定的商业健康保险产品支出，可按照《财政部 税务总局 保监会关于将商业健康保险个人所得税试点政策推广到全国范围实施的通知》（财税〔2017〕39号，以下简称财税〔2017〕39号文件）规定标准在个人所得税前扣除。 财税〔2017〕39号文件所称取得连续性劳务报酬所得，是指个人连续3个月以上（含3个月）为同一单位提供劳务而取得的所得。 有扣缴义务人的个人自行购买、单位统一组织为员工购买或者单位和个人共同负担购买符合规定的商业健康保险产品，扣缴义务人在填报《扣缴个人所得税报告表》或《特定行业个人所得税年度申报表》时，应将当期扣除的个人购买商业健康保险支出金额填至申报表"税前扣除项目"的"其他"列中（需注明商业健康保险扣除金额），并同时填报《商业健康保险税前扣除情况明细表》。 其中，个人自行购买符合规定的商业健康保险产品的，应及时向扣缴义务人提供保单凭证，扣缴义务人应当依法为其税前扣除，不得拒绝。个人从中国境内两处或者两处以上取得工资薪金所得，且自行购买商业健康保险的，只能选择在其中一处扣除。 个人未续保或退保的，应于未续保或退保当月告知扣缴义务人终止商业健康保险税前扣除。 个体工商户业主、个人独资企业投资者、合伙企业个人合伙人和企事业单位承包承租经营者购买符合规定的商业健康保险产品支出，在年度申报填报《个人所得税生产经营所得纳税申报表（B表）》、享受商业健康保险税前扣除政策时，应将商业健康保险税前扣除金额填至"允许扣除的其他费用"行（需注明商业健康保险扣除金额），并同时填报《商业健康保险税前扣除情况明细表》。

（续表）

财税〔2017〕39 号	国家税务总局公告 2017 年第 17 号
买符合规定的商业健康保险产品，单位负担部分应当实名计入个人工资薪金明细清单，视同个人购买，并自购买产品次月起，在不超过 200 元/月的标准内按月扣除。一年内保费金额超过 2 400 元的部分，不得税前扣除。以后年度续保时，按上述规定执行。个人自行退保时，应及时告知扣缴单位。个人相关退保信息保险公司应及时传递给税务机关。 ② 取得工资薪金所得或连续性劳务报酬所得的个人，自行购买符合规定的商业健康保险产品的，应当及时向代扣代缴单位提供保单凭证。扣缴单位自个人提交保单凭证的次月起，在不超过 200 元/月的标准内按月扣除。一年内保费金额超过 2 400 元的部分，不得税前扣除。以后年度续保时，按上述规定执行。个人自行退保时，应及时告知扣缴义务人。 ③ 个体工商户业主、企事业单位承包承租经营者、个人独资和合伙企业投资者自行购买符合条件的商业健康保险产品的，在不超过 2 400 元/年的标准内据实扣除。一年内保费金额超过 2 400 元的部分，不得税前扣除。以后年度续保时，按上述规定执行。	实行核定征收的纳税人，应向主管税务机关报送《商业健康保险税前扣除情况明细表》，主管税务机关按程序相应调减其应纳税所得额或应纳税额。纳税人未续保或退保的，应当及时告知主管税务机关，终止商业健康保险税前扣除。 保险公司销售符合规定的商业健康保险产品，及时为购买保险的个人开具发票和保单凭证，并在保单凭证上注明税优识别码。个人购买商业健康保险未获得税优识别码的，其支出金额不得税前扣除。 本公告所称税优识别码，是指为确保税收优惠商业健康保险保单的唯一性、真实性和有效性，由商业健康保险信息平台按照"一人一单一码"的原则对投保人进行校验后，下发给保险公司，并在保单凭证上打印的数字识别码。 本公告自 2017 年 7 月 1 日起施行。

3. 税收递延型养老保险

政策依据：

> 《财政部 税务总局 人力资源社会保障部 中国银行保险监督管理委员会 证监会关于开展个人税收递延型商业养老保险试点的通知》（财税〔2018〕22 号）；
> 《国家税务总局关于开展个人税收递延型商业养老保险试点有关征管问题的公告》（国家税务总局公告 2018 年第 21 号）；
> 《财政部 税务总局关于个人取得有关收入适用个人所得税应税所得项目的公告》（财政部 税务总局公告 2019 年第 74 号）。

财税〔2018〕22 号	国家税务总局公告 2018 年第 21 号
关于试点政策。 (1) 试点地区及时间。 自 2018 年 5 月 1 日起，在上海市、福建省（含厦门市）和苏州工业园区实施个人税收递延型商业养老保险试点。试点期限暂定一年。 (2) 试点政策内容。 对试点地区个人通过个人商业养老资金账户购买符合规定的商业养老保险产品的支出，允许在一定标准内税前扣除；计入个人商业养老资金账户的投资收益，暂不征收个人所得税；个人领取商业养老金时再征收个人所得税。具体规定如下： ① 个人缴费税前扣除标准。 取得工资薪金、连续性劳务报酬所得的个人，其缴纳的保费准予在申报扣除当月计算应纳税所得额时予以限额据实扣除，扣除限额按照当月工资薪金、连续性劳务报酬收入的 6% 和 1 000 元孰低办法确定。取得个体工商户生产经营所得、对企事业单位的承包承租经营所得的个体工商户业主、个人独资企业投资者、合伙企业自然人合伙人和承包承租经营者，其缴纳的保费准予在申报扣除当年计算应纳税所得额时予以限额据实扣除，扣除限额按照不超过当年应税收入的 6% 和 12 000 元孰低办法确定。	(1) 缴费税前扣除环节。 按照《财政部 税务总局 人力资源社会保障部 中国银行保险监督管理委员会 证监会关于开展个人税收递延型商业养老保险试点的通知》（财税〔2018〕22 号，以下简称财税〔2018〕22 号文件）的规定，试点地区内可享受税延养老保险税前扣除优惠政策的个人，凭中国保险信息技术管理有限责任公司相关信息平台出具的《个人税收递延型商业养老保险扣除凭证》（以下简称税延养老扣除凭证），办理税前扣除。 ① 取得工资薪金所得、连续性劳务报酬所得的个人。 取得工资薪金所得、连续性劳务报酬所得的个人，其购买符合规定商业养老保险产品的支出享受税前扣除优惠时，应及时将税延养老扣除凭证提供给扣缴单位。扣缴单位应当按照财税〔2018〕22 号文件的规定，在个人申报扣除当月计算扣除限额并办理税前扣除。扣缴单位在填报《扣缴个人所得税报告表》或《特定行业个人所

（续表）

财税〔2018〕22号	国家税务总局公告2018年第21号
② 账户资金收益暂不征税。 计入个人商业养老资金账户的投资收益，在缴费期间暂不征收个人所得税。 ③ 个人领取商业养老金征税。 个人达到国家规定的退休年龄时，可按月或按年领取商业养老金，领取期限原则上为终身或不少于15年。个人身故、发生保险合同约定的全残或罹患重大疾病的，可以一次性领取商业养老金。 （3）试点政策适用对象。 适用试点税收政策的纳税人，是指在试点地区取得工资薪金、连续性劳务报酬所得的个人，以及取得个体工商户生产经营所得、对企事业单位的承包承租经营所得的个体工商户业主、个人独资企业投资者、合伙企业自然人合伙人和承包承租经营者，其工资薪金、连续性劳务报酬的个人所得税扣缴单位，或者个体工商户、承包承租单位、个人独资企业、合伙企业的实际经营地均位于试点地区内。 取得连续性劳务报酬所得，是指纳税人连续6个月以上（含6个月）为同一单位提供劳务而取得的所得。 （4）试点期间个人商业养老资金账户和信息平台。 ① 个人商业养老资金账户是由纳税人指定的、用于归集税收递延型商业养老保险缴费、收益以及资金领取等的商业银行个人专用账户。该账户封闭运行，与居民身份证件绑定，具有唯一性。 ② 试点期间使用中国保险信息技术管理有限责任公司建立的信息平台（以下简称中保信平台）。个人商业养老资金账户在中保信平台进行登记，校验其唯一性。个人商业养老资金账户变更银行须经中保信平台校验后，进行账户结转，每年允许结转一次。中保信平台与税务系统、商业保险机构和商业银行对接，提供账户管理、信息查询、税务稽核、外部监管等基础性服务。 （5）试点期间商业养老保险产品及管理。 个人商业养老保险产品按稳健型产品为主、风险型产品为辅的原则选择，采取名录方式确定。试点期间的产品是指由保险公司开发，符合"收益稳健、长期锁定、终身领取、精算平衡"原则，满足参保人对养老账户资金安全性、收益性和长期性管理要求的商业养老保险产品。具体商业养老保险产品指引由中国银行保险监督管理委员会提出，商财政部、人社部、税务总局后发布。 （6）试点期间税收征管。 ① 关于缴费税前扣除。 个人购买符合规定的商业养老保险产品、享受递延纳税优惠时，以中保信平台出具的税延养老扣除凭证为扣税凭据。取得工资、薪金所得和连续性劳务报酬所得的个人，应及时将相关凭证提供给扣缴单位。扣缴单位应按照本通知有关要求，认真落实个人税收递延型商业养老保险试点政策，为纳税人办理税前扣除有关事项。 个人在试点地区范围内从两处或者两处以上取得所得的，只能选择在其中一处享受试点政策。 ② 关于领取商业养老金时的税款征收。 个人按规定领取商业养老金时，由保险公司代扣代缴其应缴纳的个人所得税。	得税年度申报表》时，应当将当期可扣除金额填至"税前扣除项目"或"年度前扣除项目"栏"其他"列中（需注明税延养老保险），并同时填报《个人税收递延型商业养老保险税前扣除情况明细表》。 个人因未及时提供税延养老扣除凭证而造成往期未扣除的，扣缴单位可追补至应扣除月份扣除，并按财税〔2018〕22号文件的规定重新计算应扣缴税款，在收到扣除凭证的当月办理抵扣或申请退税。个人缴费金额发生变化、未续保或退保的，应当及时告知扣缴义务人重新计算或终止税延养老保险税前扣除。除个人提供资料不全、信息不实等情形外，扣缴单位不得拒绝为纳税人办理税前扣除。 ② 取得个体工商户的生产经营所得、对企事业单位的承包承租经营所得的个人。 取得个体工商户的生产经营所得、对企事业单位的承包承租经营所得的个体工商户业主、个人独资企业投资者、合伙企业自然人合伙人和承包承租经营者，其购买的符合规定的养老保险产品支出，在年度申报时，凭税延养老扣除凭证，在财税〔2018〕22号文件规定的扣除限额内据实扣除，并填报至《个人所得税生产经营所得纳税申报表（B表）》的"允许扣除的其他费用"行（需注明税延养老保险），同时填报《个人税收递延型商业养老保险税前扣除情况明细表》。 计算扣除限额时，个体工商户业主、个人独资企业投资者和承包承租经营者应税收入按照个体工商户、个人独资企业、承包承租的收入总额确定；合伙企业自然人合伙人应税收入按合伙企业收入总额乘以合伙人分配比例确定。 实行核定征收的，应当向主管税务机关报送《个人税收递延型商业养老保险税前扣除情况明细表》和税延养老扣除凭证，主管税务机关按程序相应调减其应纳税所得额或应纳税额。纳税人缴费金额发生变化、未续保或退保的，应当及时告知主管税务机关，重新核定应纳税所得额或应纳税额。 （2）施行时间。 本公告自2018年5月1日起施行。

四、全年一次性奖金优惠（财税〔2018〕164号，财政部、税务总局公告2022年第4号）

政策依据：

> 《财政部 税务总局关于个人所得税法修改后有关优惠政策衔接问题的通知》（财税〔2018〕164号）；
> 《财政部 税务总局关于延续实施全年一次性奖金等个人所得税优惠政策的公告》（财政部 税务总局公告2021年第42号）。

财税〔2018〕164号	国税发〔2005〕9号
关于全年一次性奖金、中央企业负责人年度绩效薪金延期兑现收入和任期奖励的政策。 （1）居民个人取得全年一次性奖金，符合《国家税务总局关于调整个人取得全年一次性奖金等计算征收个人所得税方法问题的通知》（国税发〔2005〕9号）规定的，在2021年12月31日前，不并入当年综合所得，以全年一次性奖金收入除以12个月得到的数额，按照本通知所附按月换算后的综合所得税率表（以下简称月度税率表），确定适用税率和速算扣除数，单独计算纳税。应纳税额的计算公式如下： 应纳税额＝全年一次性奖金收入×适用税率－速算扣除数 居民个人取得全年一次性奖金，也可以选择并入当年综合所得计算纳税。 自2022年1月1日起，居民个人取得全年一次性奖金，应并入当年综合所得计算缴纳个人所得税。 （2）中央企业负责人取得年度绩效薪金延期兑现收入和任期奖励，符合《国家税务总局关于中央企业负责人年度绩效薪金延期兑现收入和任期奖励征收个人所得税问题的通知》（国税发〔2007〕118号）规定的，在2023年12月31日前，参照本通知第一条第一项执行；2022年1月1日之后的政策另行明确。	全年一次性奖金是指行政机关、企事业单位等扣缴义务人根据其全年经济效益和对雇员全年工作业绩的综合考核情况，向雇员发放的一次性奖金。 上述一次性奖金也包括年终加薪、实行年薪制和绩效工资办法的单位根据考核情况兑现的年薪和绩效工资。 在一个纳税年度内，对每一个纳税人，该计税办法只允许采用一次。 实行年薪制和绩效工资的单位，个人取得年终兑现的年薪和绩效工资按本通知执行。 雇员取得除全年一次性奖金以外的其他各种名目奖金，如半年奖、季度奖、加班奖、先进奖、考勤奖等，一律与当月工资、薪金收入合并，按税法规定缴纳个人所得税。

《财政部 税务总局关于个人所得税法修改后有关优惠政策衔接问题的通知》（财税〔2018〕164号）规定的全年一次性奖金单独计税优惠政策，执行期限延长至2023年12月31日；上市公司股权激励单独计税优惠政策，执行期限延长至2022年12月31日。（财政部 税务总局公告2021年第42号）

实务操作中，在进行个人所得税申报时，央企负责人绩效薪金延期兑现收入和任期奖励并没有单独的申报窗口，而是和全年一次性奖金共用一个申报窗口。如果一个央企既发放央企负责人绩效薪金延期兑现收入和任期奖励，也发全年一次性奖金且在不同的月份发放，可以分开各自单独进行申报，但是如果在同一个月份发放，则无法各自申报。

按月换算后的综合所得税率表

级数	全月应纳税所得额	税率（%）	速算扣除数
1	不超过3 000元的	3	0
2	超过3 000元至12 000元的部分	10	210
3	超过12 000元至25 000元的部分	20	1 410
4	超过25 000元至35 000元的部分	25	2 660
5	超过35 000元至55 000元的部分	30	4 410
6	超过55 000元至80 000元的部分	35	7 160
7	超过80 000元的部分	45	15 160

五、个人取得股权激励优惠

(一)居民个人取得股权激励计税优惠

享受主体	优惠内容	享受条件	办理流程
取得股权激励的居民个人	居民个人取得股票期权、股票增值权、限制性股票、股权奖励等股权激励,在2022年12月31日前,不并入当年综合所得,全额单独适用综合所得税率表,计算纳税。应纳税额的计算公式如下: 应纳税额＝股权激励收入×适用税率－速算扣除数 股权激励收入,为减除行权成本后的收入余额。 居民个人一个纳税年度内取得两次以上(含两次)股权激励的,应合并按以上规定计算纳税。	居民个人取得的股票期权、股票增值权、限制性股票、股权奖励等股权激励,符合《财政部 国家税务总局关于个人股票期权所得征收个人所得税问题的通知》(财税〔2005〕35号)、《财政部 国家税务总局关于股票增值权所得和限制性股票所得征收个人所得税有关问题的通知》(财税〔2009〕5号)、《财政部 国家税务总局关于将国家自主创新示范区有关税收试点政策推广到全国范围实施的通知》(财税〔2015〕116号)第四条、《财政部 国家税务总局关于完善股权激励和技术入股有关所得税政策的通知》(财税〔2016〕101号)第四条第(一)项规定的相关条件。	申报即享受。 股权激励,不像年终奖有选择权,而是必须按照单独的计算,直接确定税率,不得并入综合所得。

政策依据:

《财政部 税务总局关于个人所得税法修改后有关优惠政策衔接问题的通知》(财税〔2018〕164号)

《财政部 税务总局关于延续实施全年一次性奖金等个人所得税优惠政策的公告》(财政部 税务总局公告2021年第42号)

【例5-9】 自然人D在2022年第一次取得股权激励收入是6万元,第二次股权激励收入为12万元。

第一次股权激励收入为6万元,在36 000元到144 000元之间,适用税率为10%,应交个税＝60 000×10%－2 520＝3 480(元)。	第二次股权激励收入为12万元,先合并计算,即120 000＋60 000＝180 000(元)计算,税率为20%,应纳税额＝180 000×20%－16 920＝19 080(元),因为前面已经交了3 840元,所以要补交＝19 080－3 480＝15 600(元)。

(二)取得非上市公司股权激励(财税〔2016〕101号)

个人取得符合规定条件的非上市公司股权激励,经向税务机关备案,可以实行递延纳税,即员工在取得股权激励时暂不纳税,递延至转让该股权时纳税;股权转让时,按照股权转让收入减除股权取得成本以及合理税费后的差额,适用"财产转让所得"项目,按照20%的税率计算缴纳个人所得税。	享受递延纳税政策的,非上市公司股权激励须同时满足以下条件: (1)属于境内居民企业的股权激励计划。 (2)股权激励计划经公司董事会、股东(大)会审议通过,未设股东(大)会的国有单位,经上级主管部门审核批准。 (3)激励标的应为境内居民企业的本公司股权,其中股权奖励的标的可以是技术成果投资入股到其他境内居民企业所取得的股权。 (4)激励对象应为公司董事会或股东(大)会决定的技术骨干和高级管理人员,激励对象人数累计不得超过本公司最近6个月在职职工平均人数的30%。 (5)股票(权)期权自授予日起应持有满3年,且自行权日起持有满1年。限制性股票自授予日起应持有满3年,且解禁后持有满1年。股权奖励自获得奖励之日起应持有满3年。 (6)股票(权)期权自授予日至行权日的时间不得超过10年。 (7)实施股权奖励的公司及其奖励股权标的公司所属行业均不属于《股权奖励税收优惠政策限制性行业目录》范围。 凡不符合上述递延纳税条件的,个人应在取得非上市公司股权激励时,参照上市公司股权激励政策执行。

(三) 新三板个人所得税新规（财税〔2018〕137号）

免税股票	征税股票
自2018年11月1日（含）起，对个人转让新三板挂牌公司非原始股取得的所得，暂免征收个人所得税。 非原始股，是指个人在新三板挂牌公司挂牌后取得的股票，以及由上述股票孳生的送、转股。	个人转让新三板挂牌公司原始股取得的所得，按照"财产转让所得"，适用20%的比例税率征收个人所得税。 原始股，是指个人在新三板挂牌公司挂牌前取得的股票，以及在该公司挂牌前和挂牌后由上述股票孳生的送、转股。
在2019年9月1日之前，个人转让新三板挂牌公司原始股的个人所得税，征收管理办法按照现行股权转让所得有关规定执行，以股票受让方为扣缴义务人，由被投资企业所在地税务机关负责征收管理。自2019年9月1日（含）起，个人转让新三板挂牌公司原始股的个人所得税，以股票托管的证券机构为扣缴义务人，由股票托管的证券机构所在地主管税务机关负责征收管理。	
《国务院关于全国中小企业股份转让系统有关问题的决定》（国发〔2013〕49号）第六条规定，国务院有关部门应当加强统筹协调，为中小微企业利用全国股份转让系统发展创造良好的制度环境。市场建设中涉及税收政策的，原则上比照上市公司投资者的税收政策处理。	

(四) 加强股权激励个人所得税管理（税总征科发〔2021〕69号）

严格执行个人所得税有关政策，实施股权（股票，下同）激励的企业应当在决定实施股权激励的次月15日内，向主管税务机关报送《股权激励情况报告表》，并按照《财政部 国家税务总局关于个人股票期权所得征收个人所得税问题的通知》（财税〔2005〕35号）、《财政部 国家税务总局关于完善股权激励和技术入股有关所得税政策的通知》（财税〔2016〕101号）等现行规定向主管税务机关报送相关资料。股权激励计划已实施但尚未执行完毕的，于2021年年底前向主管税务机关补充报送《股权激励情况报告表》和相关资料。境内企业以境外企业股权为标的对员工进行股权激励的，应当按照工资、薪金所得扣缴个人所得税，并执行上述规定。

六、个人综合所得其他优惠

(一) 疫情防治工作补助和奖金以及用于疫情预防的药品、医疗用品和防护用品免征个人所得税

享受主体	优惠内容	享受条件
参加疫情防治工作的医务人员和防疫工作者，领取疫情预防药品、医疗用品和防护用品的个人	(1) 自2020年1月1日至2023年12月31日，对参加疫情防治工作的医务人员和防疫工作者按照政府规定标准取得的临时性工作补助和奖金，免征个人所得税。对省级及省级以上人民政府规定的对参与疫情防控人员的临时性工作补助和奖金，比照执行。 (2) 自2020年1月1日至2023年12月31日，单位发给个人用于预防新型冠状病毒感染的肺炎的药品、医疗用品和防护用品等实物（不包括现金），不计入工资、薪金收入，免征个人所得税。	政府规定标准包括各级政府规定的补助和奖金标准。

政策依据：

《财政部 税务总局关于支持新型冠状病毒感染的肺炎疫情防控有关个人所得税政策的公告》（财政部 税务总局公告2020年第10号）

《财政部 税务总局关于延续实施应对疫情部分税费优惠政策的公告》（财政部 税务总局公告2021年第7号）

《财政部 国家税务总局关于延长部分税收优惠政策执行期限的公告》（财政部 税务总局公告2022年第4号）

（二）个人向应对疫情的捐赠支出允许在计算应纳税所得额时全额扣除

享受主体	优惠内容	享受条件
个人	（1）自2020年1月1日至2021年3月31日，个人通过公益性社会组织或者县级以上人民政府及其部门等国家机关，捐赠用于应对新型冠状病毒感染的肺炎疫情的现金和物品，允许在计算应纳税所得额时全额扣除。 （2）自2020年1月1日至2021年3月31日，个人直接向承担疫情防治任务的医院捐赠用于应对新型冠状病毒感染的肺炎疫情的物品，允许在计算应纳税所得额时全额扣除。	（1）公益性社会组织，包括依法设立或登记并按规定条件和程序取得公益性捐赠税前扣除资格的慈善组织、其他社会组织和群众团体。 （2）公益性社会组织、国家机关在接受个人捐赠时，应当按照规定开具捐赠票据；个人索取捐赠票据的，应予以开具。机关、企事业单位统一组织员工开展公益捐赠的，纳税人可以凭汇总开具的捐赠票据和员工明细单扣除。

政策依据：
《财政部 税务总局关于公益慈善事业捐赠个人所得税政策的公告》（财政部 税务总局公告2019年第99号）
《财政部 税务总局关于支持新型冠状病毒感染的肺炎疫情防控有关捐赠税收政策的公告》（财政部 税务总局公告2020年第9号）
《财政部 税务总局关于延续实施应对疫情部分税费优惠政策的公告》（财政部 税务总局公告2021年第7号）

（三）个人捐赠住房作为公租房按规定税前扣除

享受主体	优惠内容	享受条件
捐赠住房作为公租房的个人	自2019年1月1日至2023年12月31日，个人捐赠住房作为公租房，符合税收法律法规规定的，对其公益性捐赠支出未超过其申报的应纳税所得额30%的部分，准予从其应纳税所得额中扣除。	纳税人享受免征个人所得税优惠政策，应按规定进行免税申报，并将不动产权属证明、载有房产原值的相关材料、纳入公租房及用地管理的相关材料、配套建设管理公租房相关材料、购买住房作为公租房相关材料、公租房租赁协议等留存备查。

政策依据：
《财政部 税务总局关于公共租赁住房税收优惠政策的公告》（财政部 税务总局公告2019年第61号）
《财政部 税务总局关于延长部分税收优惠政策执行期限的公告》（财政部 税务总局公告2021年第6号）

（四）符合条件的城镇住房保障家庭领取的住房租赁补贴免征个人所得税

享受主体	优惠内容	享受条件
城镇住房保障家庭	自2019年1月1日至2023年12月31日，对符合地方政府规定条件的城镇住房保障家庭从地方政府领取的住房租赁补贴，免征个人所得税。	城镇住房保障家庭符合地方政府规定的条件

政策依据：
《财政部 税务总局关于公共租赁住房税收优惠政策的公告》（财政部 税务总局公告2019年第61号）
《财政部 税务总局关于延长部分税收优惠政策执行期限的公告》（财政部 税务总局公告2021年第6号）

（五）易地扶贫搬迁贫困人口按规定取得的有关货币化补偿和安置住房免征个人所得税

享受主体	优惠内容	享受条件
易地扶贫搬迁贫困人口	自2018年1月1日至2025年12月31日，对易地扶贫搬迁贫困人口按规定取得的住房建设补助资金、拆旧复垦奖励资金等与易地扶贫搬迁相关的货币化补偿和易地扶贫搬迁安置住房，免征个人所得税。	易地扶贫搬迁贫困人口信息由易地扶贫搬迁工作主管部门确定，县级易地扶贫搬迁工作主管部门应当将上述信息及时提供给同级税务部门。

政策依据：
《财政部 税务总局关于易地扶贫搬迁税收优惠政策的通知》（财税〔2018〕135号）
《财政部 税务总局关于延长部分税收优惠政策执行期限的公告》（财政部 税务总局公告2021年第6号）

七、股权转让所得管理

政策依据：

《国家税务总局关于发布〈股权转让所得个人所得税管理办法（试行）〉的公告》（国家税务总局公告2014年第67号，以下简称《办法》）；

《财政部 税务总局关于权益性投资经营所得个人所得税征收管理的公告》（财政部 税务总局公告2021年第41号）。

（一）政策规定（国家税务总局公告2014年第67号）

第一章 总则

第一条 为加强股权转让所得个人所得税征收管理，规范税务机关、纳税人和扣缴义务人征纳行为，维护纳税人合法权益，根据《中华人民共和国个人所得税法》及其实施条例、《中华人民共和国税收征收管理法》及其实施细则，制定本办法。

第二条 本办法所称股权是指自然人股东（以下简称个人）投资于在中国境内成立的企业或组织（以下统称被投资企业，不包括个人独资企业和合伙企业）的股权或股份。

第三条 本办法所称股权转让是指个人将股权转让给其他个人或法人的行为，包括以下情形：

（一）出售股权；
（二）公司回购股权；
（三）发行人首次公开发行新股时，被投资企业股东将其持有的股份以公开发行方式一并向投资者发售；
（四）股权被司法或行政机关强制过户；
（五）以股权对外投资或进行其他非货币性交易；
（六）以股权抵偿债务；
（七）其他股权转移行为。

第四条 个人转让股权，以股权转让收入减除股权原值和合理费用后的余额为应纳税所得额，按"财产转让所得"缴纳个人所得税。

合理费用是指股权转让时按照规定支付的有关税费。

第五条 个人股权转让所得个人所得税，以股权转让方为纳税人，以受让方为扣缴义务人。

第六条 扣缴义务人应于股权转让相关协议签订后5个工作日内，将股权转让的有关情况报告主管税务机关。

被投资企业应当详细记录股东持有本企业股权的相关成本，如实向税务机关提供与股权转让有关的信息，协助税务机关依法执行公务。

第二章 股权转让收入的确认

第七条 股权转让收入是指转让方因股权转让而获得的现金、实物、有价证券和其他形式的经济利益。

第八条 转让方取得与股权转让相关的各种款项，包括违约金、补偿金以及其他名目的款项、资产、权益等，均应当并入股权转让收入。

第九条 纳税人按照合同约定，在满足约定条件后取得的后续收入，应当作为股权转让收入。

第十条 股权转让收入应当按照公平交易原则确定。

第十一条 符合下列情形之一的，主管税务机关可以核定股权转让收入：

（一）申报的股权转让收入明显偏低且无正当理由的；
（二）未按照规定期限办理纳税申报，经税务机关责令限期申报，逾期仍不申报的；
（三）转让方无法提供或拒不提供股权转让收入的有关资料；
（四）其他应核定股权转让收入的情形。

第十二条 符合下列情形之一，视为股权转让收入明显偏低：

（一）申报的股权转让收入低于股权对应的净资产份额的。其中，被投资企业拥有土地使用权、房屋、房地产企业未销售房产、知识产权、探矿权、采矿权、股权等资产的，申报的股权转让收入低于股权对应的净资产公允价值份额的；
（二）申报的股权转让收入低于初始投资成本或低于取得该股权所支付的价款及相关税费的；
（三）申报的股权转让收入低于相同或类似条件下同一企业同一股东或其他股东股权转让收入的；
（四）申报的股权转让收入低于相同或类似条件下同类行业的企业股权转让收入的；
（五）不具合理性的无偿让渡股权或股份；
（六）主管税务机关认定的其他情形。

第十三条 符合下列条件之一的股权转让收入明显偏低，视为有正当理由：

（一）能出具有效文件，证明被投资企业因国家政策调整，生产经营受到重大影响，导致低价转让股权；
（二）继承或将股权转让给其能提供具有法律效力身份关系证明的配偶、父母、子女、祖父母、外祖父母、孙子女、外孙子女、兄弟姐妹以及对转让人承担直接抚养或者赡养义务的抚养人或者赡养人；
（三）相关法律、政府文件或企业章程规定，并有相关资料充分证明转让价格合理且真实的本企业员工持有的不能对外转让股权的内部转让；
（四）股权转让双方能够提供有效证据证明其合理性的其他合理情形。

第十四条　主管税务机关应依次按照下列方法核定股权转让收入：
（一）净资产核定法
股权转让收入按照每股净资产或股权对应的净资产份额核定。
被投资企业的土地使用权、房屋、房地产企业未销售房产、知识产权、探矿权、采矿权、股权等资产占企业总资产比例超过20%的，主管税务机关可参照纳税人提供的具有法定资质的中介机构出具的资产评估报告核定股权转让收入。
6个月内再次发生股权转让且被投资企业净资产未发生重大变化的，主管税务机关可参照上一次股权转让时被投资企业的资产评估报告核定此次股权转让收入。
（二）类比法
1. 参照相同或类似条件下同一企业同一股东或其他股东股权转让收入核定；
2. 参照相同或类似条件下同类行业企业股权转让收入核定。
（三）其他合理方法
主管税务机关采用以上方法核定股权转让收入存在困难的，可以采取其他合理方法核定。

第三章　股权原值的确认

第十五条　个人转让股权的原值依照以下方法确认：
（一）以现金出资方式取得的股权，按照实际支付的价款与取得股权直接相关的合理税费之和确认股权原值；
（二）以非货币性资产出资方式取得的股权，按照税务机关认可或核定的投资入股时非货币性资产价格与取得股权直接相关的合理税费之和确认股权原值；
（三）通过无偿让渡方式取得股权，具备本办法第十三条第二项所列情形的，按取得股权发生的合理税费与原持有人的股权原值之和确认股权原值；
（四）被投资企业以资本公积、盈余公积、未分配利润转增股本，个人股东已依法缴纳个人所得税的，以转增额和相关税费之和确认其新转增股本的股权原值；
（五）除以上情形外，由主管税务机关按照避免重复征收个人所得税的原则合理确认股权原值。
第十六条　股权转让人已被主管税务机关核定股权转让收入并依法征收个人所得税的，该股权受让人的股权原值以取得股权时发生的合理税费与股权转让人被主管税务机关核定的股权转让收入之和确认。
第十七条　个人转让股权未提供完整、准确的股权原值凭证，不能正确计算股权原值的，由主管税务机关核定其股权原值。
第十八条　对个人多次取得同一被投资企业股权的，转让部分股权时，采用"加权平均法"确定其股权原值。

第四章　纳税申报

第十九条　个人股权转让所得个人所得税以被投资企业所在地地税机关为主管税务机关。
第二十条　具有下列情形之一的，扣缴义务人、纳税人应当依法在次月15日内向主管税务机关申报纳税：
（一）受让方已支付或部分支付股权转让价款的；
（二）股权转让协议已签订生效的；
（三）受让方已经实际履行股东职责或者享受股东权益的；
（四）国家有关部门判决、登记或公告生效的；
（五）本办法第三条第四至第七项行为已完成的；
（六）税务机关认定的其他有证据表明股权已发生转移的情形。
第二十一条　纳税人、扣缴义务人向主管税务机关办理股权转让纳税（扣缴）申报时，还应当报送以下资料：
（一）股权转让合同（协议）；
（二）股权转让双方身份证明；
（三）按规定需要进行资产评估的，需提供具有法定资质的中介机构出具的净资产或土地房产等资产价值评估报告；
（四）计税依据明显偏低但有正当理由的证明材料；
（五）主管税务机关要求报送的其他材料。
第二十二条　被投资企业应当在董事会或股东会结束后5个工作日内，向主管税务机关报送与股权变动事项相关的董事会或股东会决议、会议纪要等资料。
被投资企业发生个人股东变动或者个人股东所持股权变动的，应当在次月15日内向主管税务机关报送含有股东变动信息的《个人所得税基础信息表（A表）》及股东变更情况说明。
主管税务机关应当及时向被投资企业核实其股权变动情况，并确认相关转让所得，及时督促扣缴义务人和纳税人履行法定义务。
第二十三条　转让的股权以人民币以外的货币结算的，按照结算当日人民币汇率中间价，折算成人民币计算应纳税所得额。

第五章　征收管理

第二十四条　税务机关应加强与工商部门合作，落实和完善股权信息交换制度，积极开展股权转让信息共享工作。
第二十五条　税务机关应当建立股权转让个人所得税电子台账，将个人股东的相关信息录入征管信息系统，强化对每次股权转让间股权转让收入和股权原值的逻辑审核，对股权转让实施链条式动态管理。
第二十六条　税务机关应当落实好国税部门、地税部门之间的信息交换与共享制度，不断提升股权登记信息应用能力。
第二十七条　税务机关应当加强对股权转让所得个人所得税的日常管理和税务检查，积极推进股权转让各税种协同管理。
第二十八条　纳税人、扣缴义务人及被投资企业未按照规定期限办理纳税（扣缴）申报和报送相关资料的，依照《中华人民共和国税收征收管理法》及其实施细则有关规定处理。
第二十九条　各地可通过政府购买服务的方式，引入中介机构参与股权转让过程中相关资产的评估工作。

(二) 权益性投资经营所得征收管理（财政部　税务总局公告2021年第41号）

一、持有股权、股票、合伙企业财产份额等权益性投资的个人独资企业、合伙企业（以下简称独资合伙企业），一律适用查账征收方式计征个人所得税。

二、独资合伙企业应自持有上述权益性投资之日起30日内，主动向税务机关报送持有权益性投资的情况；公告实施前独资合伙企业已持有权益性投资的，应当在2022年1月30日前向税务机关报送持有权益性投资的情况。税务机关接到核定征收独资合伙企业报送持有权益性投资情况的，调整其征收方式为查账征收。

三、各级财政、税务部门应做好服务辅导工作，积极引导独资合伙企业建立健全账簿、完善会计核算和财务管理制度、如实申报纳税。独资合伙企业未如实报送持有权益性投资情况的，依据税收征收管理法相关规定处理。

四、本公告自2022年1月1日起施行。

（三）问题答疑

1. 问：哪些行为属于股权转让行为？

答：《办法》第三条规定了七类情形为股权转让行为：①出售股权；②公司回购股权；③发行人首次公开发行新股时，被投资企业股东将其持有的股份以公开发行方式一并向投资者发售；④股权被司法或行政机关强制过户；⑤以股权对外投资或进行其他非货币性交易；⑥以股权抵偿债务；⑦其他股权转移行为。

以上情形，股权已经发生了实质上的转移，而且转让方也相应获取了报酬或免除了责任，因此都应当属于股权转让行为，个人取得所得应按规定缴纳个人所得税。

2. 问：纳税人、扣缴义务人是如何规定的？

答：《办法》第五条规定，个人股权转让所得个人所得税，以股权转让方为纳税人，以受让方为扣缴义务人。受让方无论是企业还是个人，均应按个人所得税法规定认真履行扣缴税款义务。

3. 问：股权转让收入确定的原则及方法如何把握？

答：《办法》第十条规定，股权转让收入应当按照公平交易原则确定，这是股权转让收入确定的基本原则。也就是说纳税人转让股权，应当获得与之相匹配的回报，无论回报是何种形式或名义，都应作为股权转让收入的组成部分。《办法》第七至九条规定了不同情形下，股权转让收入确定的方法。通常情况下，股权转让收入就是转让方在转让当期或后续期间获得的各种形式及名义的转让所得。

4. 问：何种情况下需要核定股权转让收入？

答：《办法》第十一条规定了纳税人申报的股权转让收入明显偏低等四种主管税务机关可以核定股权转让收入的情形，主要是对违反了公平交易原则或不配合税收管理的纳税人实施的一种税收保障措施。同时，《办法》第十二条对何为股权转让收入明显偏低进行了说明，但实际情况中，确实存在部分股权转让收入因种种合理情形而偏低的情形。为此，《办法》第十三条对转让收入偏低的合理情形进行了明确，主要是三代以内直系亲属间转让、受合理的外部因素影响导致低价转让、部分限制性的股权转让等。

5. 问：股权转让收入的核定方法如何把握？

答：根据《办法》第十四条的有关规定，主管税务机关在对股权转让收入进行核定时，必须按照净资产核定法、类比法、其他合理方法的先后顺序进行选择。被投资企业账证健全或能够对资产进行评估核算的，应当采用净资产核定法进行核定。被投资企业净资产难以核实的，如其股东存在其他符合公平交易原则的股权转让或类似情况的股权转让，主管税务机关可以采用类比法核定股权转让收入。以上方法都无法适用的，可采用其他合理方法。

净资产主要依据被投资企业会计报表计算确定。对于土地使用权、房屋、房地产企业未销售房产、知识产权、探矿权、采矿权、股权等资产占比超过20%的企业，其以上资产需要按照评估后的市场价格确定。评估有关资产时，由纳税人选择有资质的中介机构，同时，为了减少纳税人资产评估方面的支出,对6个月内多次发生股权转让的情况,给予了简化处理,对净资产未发生重大变动的,可参照上一次的评估情况。

6. 问:股权原值如何确认?

答:根据《办法》第十五至十八条的规定,通常情况下,股权原值按照纳税人取得股权时的实际支出进行确认。如纳税人在获得股权时,转让方已经被核定征收过个人所得税的,纳税人在此次转让时,股权原值可以按照取得股权时发生的合理税费与税务机关核定的转让方股权转让收入之和确定。这也是为了使整个转让环节前后衔接,避免重复征税。

对自然人多次取得同一被投资企业股权的,转让部分股权时,采用"加权平均法"确定其股权原值。

7. 问:股权转让的纳税地点和纳税时点如何确认?

答:《办法》第十九条规定,个人股权转让所得个人所得税以被投资企业所在地地税机关为主管税务机关。也就是说,股权转让所得纳税人需要在被投资企业所在地办理纳税申报。

股权转让的纳税时间为股权转让行为发生后的次月15日内。《办法》第二十条对何时作为股权转让行为发生时点进行了界定,主要包括六种情形:①受让方已支付或部分支付股权转让价款的;②股权转让协议已签订生效的;③受让方已经实际履行股东职责或享受股东权益的;④国家有关部门判决、登记或公告生效的;⑤办法第三条第四至第七项行为已完成的;⑥税务机关认定的其他有证据表明股权已发生转移的情形。

8. 问:纳税人、扣缴义务人、被投资企业在股权转让过程中需要履行哪些义务?

答:(1)事先报告义务。

《办法》第六条规定,扣缴义务人应于股权转让相关协议签订后5个工作日内,将股权转让的有关情况报告主管税务机关。

《办法》第二十二条规定,被投资企业应在董事会或股东会结束后5个工作日内,向主管税务机关报送与股权变动事项相关的董事会或股东会决议、会议纪要等资料。

(2)纳税申报义务。

《办法》第二十条规定了在股权转让行为发生后,纳税人、扣缴义务人应在次月15日内向主管税务机关申报纳税。

(3)事后报告义务。

《办法》第二十二条规定,被投资企业发生个人股东或股东所持股权变动的,应在次月15日内向主管税务机关报送含有股东变动信息的《个人所得税基础信息表(A表)》及股东变更情况说明。

八、个人所得税综合所得汇算清缴

法规依据:

> 1.《财政部 税务总局关于个人所得税综合所得汇算清缴涉及有关政策问题的公告》(财政部 税务总局公告2019年第94号);
> 2.《财政部 税务总局关于延续实施全年一次性奖金等个人所得税优惠政策的公告》(财政部 税务总局公告2021年第42号)。

(一)年度汇算的内容和时间

年度终了后,居民个人(以下简称纳税人)需要汇总纳税年度取得的工资薪金、劳务报酬、稿酬、特许权使用费等四项所得(以下简称综合所得)的收入额,减除费用6万元以及专项扣除、专项附加扣除、依法确定的其他扣除和符合条件的公益慈善事业捐赠后,适用综合所得个人所得税税率并减去速算扣除数,计算年度汇算最终应纳税额,再减去纳税年度已预缴税额,得出应退或应补税

额,向税务机关申报并办理退税或补税。应退或应补税额的具体计算公式如下:

应退或应补税额=[(综合所得收入额-60 000元-"三险一金"等专项扣除-子女教育等专项附加扣除-依法确定的其他扣除-符合条件的公益慈善事业捐赠)×适用税率-速算扣除数]-已预缴税额

年度汇算不涉及财产租赁等分类所得,以及纳税人按规定选择不并入综合所得计算纳税的所得。

年度汇算办理时间为每年3月1日至6月30日。在中国境内无住所的纳税人在3月1日前离境的,可以在离境前办理年度汇算。

(二)需办理和无需办理年度汇算的情形

无需办理年度汇算的情形	需要办理年度汇算的情形
纳税人在纳税年度内已依法预缴个人所得税且符合下列情形之一的,无需办理年度汇算: (1)年度汇算需补税但综合所得收入全年不超过12万元的。 (2)年度汇算需补税金额不超过400元的。 (3)已预缴税额与年度汇算应纳税额一致的。 (4)符合年度汇算退税条件但不申请退税的。	符合下列情形之一的,纳税人需办理年度汇算: (一)已预缴税额大于年度汇算应纳税额且申请退税的; (二)纳税年度内取得的综合所得收入超过12万元且需要补税金额超过400元的。 因适用所得项目错误或者扣缴义务人未依法履行扣缴义务,造成纳税年度内少申报或者未申报综合所得的,纳税人应当依法据实办理年度汇算。

(三)办理方式与渠道

办理方式	办理渠道
纳税人可自主选择下列办理方式: (1)自行办理年度汇算。 (2)通过任职受雇单位(含按累计预扣法预扣预缴其劳务报酬所得个人所得税的单位,下同,以下简称单位)代为办理。 纳税人提出代办要求的,单位应当代为办理,或者培训、辅导纳税人通过自然人电子税务局(含手机个人所得税App、网页端,下同)完成年度汇算申报和退(补)税。 由单位代为办理的,纳税人应在每年4月30日前与单位以书面或者电子等方式进行确认,补充提供其纳税年度内在本单位以外取得的综合所得收入、相关扣除、享受税收优惠等信息资料,并对所提交信息的真实性、准确性、完整性负责。纳税人未与单位确认请其代为办理年度汇算的,单位不得代办。 (3)委托涉税专业服务机构或其他单位及个人(以下简称受托人)办理,纳税人与受托人需签订授权书。 单位或受托人为纳税人办理年度汇算后,应当及时将办理情况告知纳税人。纳税人发现年度汇算申报信息存在错误的,可以要求单位或受托人办理更正申报,也可自行办理更正申报。	按照方便就近原则,纳税人自行办理或受托人为纳税人代为办理年度汇算的,向纳税人任职受雇单位的主管税务机关申报;有两处及以上任职受雇单位的,可自主选择向其中一处申报。 为便利纳税人,税务机关为纳税人提供高效、快捷的网络办税渠道。纳税人可优先通过自然人电子税务局办理年度汇算,税务机关将为纳税人提供申报表项目预填服务;不方便通过上述方式办理的,也可以通过邮寄方式或到办税服务厅办理。 选择邮寄申报的,纳税人需将申报表寄送至主管税务机关所在省、自治区、直辖市和计划单列市税务局公告的地址。

(四)可享受的税前扣除

下列在纳税年度内发生的,且未申报扣除或未足额扣除的税前扣除项目,纳税人可在年度汇算期间填报扣除或补充扣除: (1)纳税人及其配偶、未成年子女符合条件的大病医疗支出。 (2)纳税人符合条件的子女教育、继续教育、住房贷款利息或住房租金、赡养老人专项附加扣除,以及减除费用、专项扣除、依法确定的其他扣除。 (3)纳税人符合条件的公益慈善事业捐赠。	同时取得综合所得和经营所得的纳税人,可在综合所得或经营所得中申报减除费用6万元、专项扣除、专项附加扣除以及依法确定的其他扣除,但不得重复申报减除。

(五) 申报信息及资料留存

纳税人办理年度汇算的,适用个人所得税年度自行纳税申报表(A表、简易版、问答版)和个人所得税年度自行纳税申报表(B表),如需修改本人相关基础信息,新增享受扣除或者税收优惠的,还应按规定一并填报相关信息。纳税人需仔细核对,确保所填信息真实、准确、完整。	纳税人、代办年度汇算的单位,需各自将专项附加扣除、税收优惠材料等年度汇算相关资料,自年度汇算期结束之日起留存5年。

(六) 年度汇算的退税、补税

办理退税	办理补税
纳税人申请年度汇算退税,应当提供其在中国境内开设的符合条件的银行账户。税务机关按规定审核后,在按本公告第九条确定的受理年度汇算申报的税务机关所在地(即年度汇算地),按照国库管理有关规定就地办理税款退库。纳税人未提供本人有效银行账户,或者提供的信息资料有误的,税务机关将通知纳税人更正,纳税人按要求更正后依法办理退税。 为方便办理退税,综合所得全年收入额不超过6万元且已预缴个人所得税的纳税人,可选择使用自然人电子税务局提供的简易申报功能,便捷办理年度汇算退税。 申请2021年度汇算退税的纳税人,如存在应当办理2020年及以前年度汇算补税但未办理,或者经税务机关通知2020年及以前年度汇算申报存在疑点但未更正或说明情况的,需在办理2020年及以前年度汇算申报补税、更正申报或者说明有关情况后依法申请退税。	纳税人办理年度汇算补税的,可以通过网上银行、办税服务厅POS机刷卡、银行柜台、非银行支付机构等方式缴纳。邮寄申报并补税的,纳税人需通过自然人电子税务局或者主管税务机关办税服务厅及时关注申报进度并缴纳税款。 年度汇算需补税的纳税人,年度汇算期结束后未足额补缴税款的,税务机关将依法加收滞纳金,并在其《个人所得税纳税记录》中予以标注。 纳税人因申报信息填写错误造成年度汇算多退或少缴税款的,纳税人主动或经税务机关提醒后及时改正的,税务机关可以按照"首违不罚"原则免予处罚。

第六章　社会保险基金减免政策解析与应用

政策依据：

《中华人民共和国社会保险法》(主席令第35号,以下简称《社会保险法》,2018年12月29日第十三届全国人民代表大会常务委员会第七次会议修正。);

《社会保险费征缴暂行条例》(国务院令第259号);

《工伤保险条例》(国务院令第586号);

《人力资源社会保障部　财政部关于阶段性降低社会保险费率的通知》(人社部发〔2016〕36号);

《人力资源社会保障部　财政部关于阶段性降低失业保险费率有关问题的通知》(人社部发〔2017〕14号);

《人力资源社会保障部　财政部关于继续阶段性降低社会保险费率的通知》(人社部发〔2018〕25号);

《国家税务总局关于做好社会保险费征管职责划转有关工作的通知》(税总发〔2018〕192号);

《关于对社会保险领域严重失信企业及其有关人员实施联合惩戒的合作备忘录》(发改财金〔2018〕1704号);

《国务院办公厅关于印发降低社会保险费率综合方案的通知》(国办发〔2019〕13号);

《人力资源社会保障部　财政部　税务总局　国家医保局关于贯彻落实〈降低社会保险费率综合方案〉的通知》(人社部发〔2019〕35号);

《国务院办公厅关于全面推进生育保险和职工基本医疗保险合并实施的意见》(国办发〔2019〕10号);

《人力资源社会保障部　财政部　税务总局关于阶段性减免企业社会保险费的通知》(人社部发〔2020〕11号);

《国家税务总局关于贯彻落实阶段性减免企业社会保险费政策的通知》(税总函〔2020〕33号);

《国家医保局　财政部　税务总局关于阶段性减征职工基本医疗保险费的指导意见》(医保发〔2020〕6号);

《国家医保局　财政部　国家税务总局关于做好2020年城乡居民基本医疗保障工作的通知》(医保发〔2020〕24号);

《人力资源社会保障部　财政部　税务总局关于延长阶段性减免企业社会保险费政策实施期限等问题的通知》(人社部发〔2020〕49号);

《人力资源社会保障部　国家发展改革委　教育部　财政部　中央军委国防动员部关于延续实施部分减负稳岗扩就业政策措施的通知》(人社部发〔2021〕29号);

《国家税务总局山东省税务局　山东省人力资源和社会保障厅　山东省财政厅　山东省医疗保障局关于企业社会保险费交由税务部门征收的公告》(国家税务总局山东省税务局　山东省人力资源和社会保障厅　山东省财政厅　山东省医疗保障局公告2020年第6号);

《人力资源社会保障部财政部国家税务总局关于做好失业保险稳岗位提技能防失业工作的通知》(人社部发〔2022〕23号);

《人力资源社会保障部办公厅国家税务总局办公厅关于特困行业阶段性实施缓缴企业社会保险费政策的通知》(人社厅发〔2022〕16号);

《人力资源社会保障部　国家发展改革委　财政部　税务总局关于扩大阶段性缓缴社会保险费政策实施范围等问题的通知》(人社部发〔2022〕31号)。

第一节　社会保险项目政策解析与应用

一、社会保险缴费内容

根据《社会保险法》的规定，我国社会保险包括基本养老保险、基本医疗保险、失业保险、工伤保险和生育保险"五险"。

基本养老保险包括职工基本养老保险（含灵活就业人员）、机关单位基本养老保险、城乡居民基本养老保险。基本养老保险实行社会统筹与个人账户相结合。基本养老保险基金由用人单位和个人缴费以及政府补贴等组成。用人单位应当按照国家规定的本单位职工工资总额的比例缴纳基本养老保险费，记入基本养老保险统筹基金。职工应当按照国家规定的本人工资的比例缴纳基本养老保险费，记入个人账户。

基本医疗保险包括职工基本医疗保险、灵活就业人员基本医疗保险、城乡居民基本医疗保险。基本医疗保险，由用人单位和职工按照国家规定共同缴纳基本医疗保险费。

失业保险，由用人单位和职工按照国家规定共同缴纳失业保险费。

工伤保险，由用人单位按照国家规定缴纳工伤保险费，职工不缴纳工伤保险费。

生育保险，由用人单位按照国家规定缴纳生育保险费，职工不缴纳生育保险费。

2019年3月25日，国务院办公厅发布了《国务院办公厅关于全面推进生育保险和职工基本医疗保险合并实施的意见》（国办发〔2019〕10号，以下简称《意见》）。《意见》明确，生育保险基金并入职工基本医疗保险基金，统一征缴，统筹层次一致，而且合并要在2019年年底前实施。

民办非企业单位已纳入职工基本养老保险制度覆盖范围。

职工应当缴纳的社会保险费由用人单位代扣代缴，用人单位应当按月将缴纳社会保险费的明细情况告知本人。

自2015年9月1日起，安置残疾人的机关事业单位以及由机关事业单位改制后的企业，为残疾人缴纳的机关事业单位养老保险，属于"基本养老保险"范畴，可按规定享受相关税收优惠政策。（国家税务总局公告2015年第55号）

2018年7月，中共中央办公厅、国务院办公厅印发了《国税地税征管体制改革方案》，明确自2019年1月1日起，将基本养老保险费、基本医疗保险费、失业保险费、工伤保险费、生育保险费等各项社会保险费交由税务部门统一征收。税务部门将按照"四负责两参与一协助"的部署承担起征收社会保险费的职责。

"四负责"，即税务部门负责制定和会同有关部门制定社会保险费征收制度；负责申报受理、费款征收、会统核算等工作；负责依法征收，开展社会保险费缴费检查、欠费追缴、违法处罚等工作，规范执法行为；负责将征缴明细信息及时传递给相关部门。

"两参与"，即参与对社会保险费收入预算目标的确定提出意见，参与社会保险费收入政策制定和协调。

"一协助"，即税务部门协助其他部门做好社会保险参保扩面工作。

将第六十四条第一款中的"各项社会保险基金按照社会保险险种分别建账，分账核算，执行国家统一的会计制度"修改为"除基本医疗保险基金与生育保险基金合并建账及核算外，其他各项社会保险基金按照社会保险险种分别建账，分账核算。社会保险基金执行国家统一的会计制度"。（《社会保险法》）

二、生育保险和职工基本医疗保险合并实施

（1）统一参保登记。参加职工基本医疗保险的在职职工同步参加生育保险。实施过程中要完善参保范围，结合全民参保登记计划摸清底数，促进实现应保尽保。

（2）统一基金征缴和管理。生育保险基金并入职工基本医疗保险基金，统一征缴，统筹层次一致。按照用人单位参加生育保险和职工基本医疗保险的缴费比例之和确定新的用人单位职工基本医疗保险费率，个人不缴纳生育保险费。同时，根据职工基本医疗保险基金支出情况和生育待遇的需求，按照收支平衡

职工基本医疗保险基金严格执行社会保险基金财务制度，不再单列生育保险基金收入，在职工基本医疗保险统筹基金待遇支出中设置生育待遇支出项目。探索建立健全基金风险预警机制，坚持基金运行情况公开，加强内部控制，强化基金行政监督和社会监督，确保基金安全运行。

（3）统一医疗服务管理。两项保险合并实施后实行统一定点医疗服务管理。医疗保险经办机构与定点医疗机构签订相关医疗服务协议时，要将生育医疗服务有关要求和指标增加到协议内容中，并充分利用协议管理，强化对生育医疗服务的监控。执行基本医疗保险、工伤保

(续表)

的原则,建立费率确定和调整机制。 促进生育医疗服务行为规范。将生育医疗费用纳入医保支付方式改革范围,推动住院分娩等医疗费用按病种、产前检查按人头等方式付费。生育医疗费用原则上实行医疗保险经办机构与定点医疗机构直接结算。充分利用医保智能监控系统,强化监控和审核,控制生育医疗费用不合理增长。 (4)统一经办和信息服务。两项保险合并实施后,要统一经办管理,规范经办流程。经办管理统一由基本医疗保险经办机构负责,经费列入同级财政预算。充分利用医疗保险信息系统平台,实行信息系统一体化运行。原有生育保险医疗费用结算平台可暂时保留,待条件成熟后并入医疗保险结算平台。完善统计信息系统,确保及时全面准确反映生育保险基	险、生育保险药品目录以及基本医疗保险诊疗项目和医疗服务设施范围。金运行、待遇享受人员、待遇支付等方面情况。 (5)确保职工生育期间的生育保险待遇不变。生育保险待遇包括《社会保险法》规定的生育医疗费用和生育津贴,所需资金从职工基本医疗保险基金中支付。生育津贴支付期限按照《女职工劳动保护特别规定》等法律法规规定的产假期限执行。 (6)确保制度可持续。各地要通过整合两项保险基金增强基金统筹共济能力;研判当前和今后人口形势对生育保险支出的影响,增强风险防范意识和制度保障能力;按照"尽力而为、量力而行"的原则,坚持从实际出发,从保障基本权益做起,合理引导预期;跟踪分析合并实施后基金运行情况和支出结构,完善生育保险监测指标;根据生育保险支出需求,建立费率动态调整机制,防范风险转嫁,实现制度可持续发展。

三、社保费移交税务机关征收

2020年10月30日,北京、上海、山东、山西、湖南、四川、贵州、吉林、江西等地同时发布了《关于企业社会保险费交由税务部门征收的公告》。下面以山东为例,明确社保费移交情况。

根据国务院和山东省人民政府关于社会保险费征收体制改革部署,自2020年11月1日起,企业职工各项社会保险费交由税务部门统一征收。现将有关事项公告如下: 1.征收范围 (1)企业缴纳的职工基本养老保险费、职工基本医疗保险费(含生育保险费)、工伤保险费、失业保险费。 (2)无雇工的个体工商户、未在用人单位参加职工基本养老保险、职工基本医疗保险的非全日制从业人员及其他灵活就业人员(以下简称灵活就业人员)缴纳的职工基本养老保险费、职工基本医疗保险费。 2.征收方式及征收期限 (1)山东省企业社会保险费征收采用"社保(医保)核定、税务征收"模式。缴费人按照现行方式和渠道向社保(医保)经办机构办理参保和人员变更登记,申报应缴纳的社会保险费,按照社保(医保)经办机构核定的应缴费额向税务部门缴费。企业应于每月规定期限内向税务部门缴纳当月费款。 (2)灵活就业人员社会保险费征收采用"缴费人向税务部门自行申报"或"社保(医保)核定、税务征收"模式,由各市税务、人社、医保部门联合确定并告知缴费人。灵活就业人员按月、按季或者按年向税务部门缴费,具体期限按照各险种统筹区政策执行。	3.缴费渠道 税务部门为缴费人提供"网上、掌上、实体、自助"等多元化缴费渠道。缴费人可以通过办税服务厅、政务服务大厅税务征收窗口、自助办税(费)终端、单位客户端、电子税务局、手机App以及商业银行等渠道进行缴费。 4.其他事项 (1)由于系统进行升级,自2020年11月10日起,税务部门全面办理企业和灵活就业人员的社会保险费征缴业务。 (2)参保登记、权益记录、待遇发放等业务仍由社保(医保)经办机构负责办理,缴费人在办理相关业务时如有疑问,可以拨打人社部门12333服务热线或统筹区内医保经办机构的咨询电话进行咨询。缴费人在办理缴费业务时如有疑问,可以拨打税务部门12366服务热线咨询。 《关于企业社会保险费交由税务部门征收的公告》(国家税务总局山东省税务局 山东省人力资源和社会保障厅 山东省财政厅 山东省医疗保障局公告2020年第6号),自2020年11月1日起施行。

四、社会保险缴费登记

《社会保险法》	人社厅发〔2016〕130号
自2017年1月1日起,办理社会保险登记的用人单位,自办理社会保险登记之日起30日内,到税务机关办税服务厅办理社会保险缴费登记。《社会保险法》规定,用人单位应当自成立之日起30日内向社保经办机构申请办理社会保险登记。	自2016年10月1日起,在工商部门登记的企业和农民专业合作社按照"五证合一、一照一码"登记制度进行社会保险登记证管理。 "五证合一"以后,办理工商登记的同时自动办理社保登记。用人单位应当自用工之日起30日内为其职工向社保经办机构申请办理社会保险登记并缴纳社会保险费。 企业办理"五证合一"登记后,社会保险经办机构应及时接收工商部门交换的数据,生成企业的《社会保险登记表》,并按规定存档。企业登记信息变更或注销后,社会保险经办机构应依据工商部门的交换数据及时更新企业的社会保险登记信息。其中,已参加社会保险的企业办理工商注销登记后,仍需到社会保险经办机构办理注销登记。

五、缴费对象

根据《社会保险法》第十条、第二十三条、第三十三条、第四十四条、第五十三条等的规定,职工应当参加基本养老保险、基本医疗保险、工伤保险、失业保险、生育保险等五险。而职工,根据《中华人民共和国劳动法》的规定,必须是与用人单位建立劳动关系的劳动者。	没用人单位的相关人员可以通过参加城乡居民基本养老保险、城乡居民基本医疗保险及灵活就业人员通道缴纳养老保险、医疗保险。《社会保险法》第十六条规定,参加基本养老保险的个人,达到法定退休年龄时累计缴费不足15年的,可以缴费至满15年,按月领取基本养老金;也可以转入新型农村社会养老保险或者城镇居民社会养老保险,按照国务院规定享受相应的养老保险待遇。具体程序参见《城乡养老保险制度衔接暂行办法》(人社部法〔2014〕17号)等规定。

六、缴费基数

缴费基数	不列入社保费用的缴费基数
《中华人民共和国劳动和社会保障部社会保险事业管理中心关于规范社会保险缴费基数有关问题的通知》(劳社险中心函〔2006〕60号)第一条规定:"凡是国家统计局有关文件没有明确规定不作为工资收入统计的项目,均应作为社会保险缴费基数"。 关于工资总额的组成,国家统计局发布的《关于工资总额组成的规定》(国家统计局令第1号)做出了明确规定,根据该规定,工资总额是指各单位在一定时期内直接支付给本单位全部职工的劳动报酬总额,由计时工资、计件工资、奖金、加班加点工资、特殊情况下支付的工资、津贴和补贴等组成。 《中华人民共和国劳动和社会保障部社会保险事业管理中心关于规范社会保险缴费基数有关问题的通知》(劳社险中心函〔2006〕60号)第二条"关于工资总额的计算口径"规定如下: (1)依据国家统计局有关文件的规定,工资总额是指各单位在一定时期内直接支付给本单位全部职工的劳动报酬总额,由计时工资、计件工资、奖金、加班加点工资、特殊情况下支付的工资、津贴和补贴等组成。劳动报酬总额包括:在岗职工工资总额;不在岗职工生活费;聘用、留用的离退休人员的劳动报酬;外籍及中国港澳台方人员劳动报酬以及聘用其他从业人员的劳动报酬。	根据《中华人民共和国劳动和社会保障部社会保险事业管理中心关于规范社会保险缴费基数有关问题的通知》(劳社险中心函〔2006〕60号)第四条的规定,根据国家统计局的规定,下列项目不计入工资总额,在计算缴费基数时应予剔除: (1)根据国务院发布的有关规定发放的创造发明奖、国家星火奖、自然科学奖、科学技术进步奖和支付的合理化建议和技术改进奖以及支付给运动员在重大体育比赛中的重奖。 (2)有关劳动保险和职工福利方面的费用。 职工保险福利费用包括医疗卫生费、职工死亡丧葬费及抚恤费、职工生活困难补助、文体宣传费、集体福利事业设施费和集体福利事业补贴、探亲路费、计划生育补贴、冬季取暖补贴、防暑降温费、婴幼儿补贴(即托儿补助)、独生子女牛奶补贴、独生子女费、"六一"儿童节给职工的独生子女补贴、工作服洗补费、献血员营养补助及其他保险福利费。 (3)劳动保护的各种支出。其内容包括工作服、手套等劳动保护用品,解毒剂、清凉饮料,以及按照国务院1963年7月19日国务院、劳动部等七单位规定的范围对接触有毒物质、矽尘作业、放射线作业和潜水、沉箱作业,高温作业等五类工种所享受的由劳动保护费开支的保健食品待遇。

（续表）

缴费基数	不列入社保费用的缴费基数
（2）国家统计局《关于认真贯彻执行〈关于工资总额组成的规定〉的通知》（统制字〔1990〕1号）中对工资总额的计算作了明确解释，各单位支付给职工的劳动报酬以及其他根据有关规定支付的工资，不论是计入成本的还是不计入成本的，不论是按国家规定列入计征奖金税项目的还是未列入计征奖金税项目的，均应列入工资总额的计算范围。 基于以上政策规定，加上金税三期的"数据控税"技术手段，很多企业只按照当地劳动部门公布的最低社保缴纳基数为员工缴纳社保，或在申报时将员工的工资收入予以"缩水"的时代即将结束。用人单位应当按照国家、地方政府公布的社保缴费基数为员工缴纳社会保险。	（4）有关离休、退休、退职人员待遇的各项支出。 （5）支付给外单位人员的稿费、讲课费及其他专门工作报酬。 （6）出差补助、误餐补助。指职工出差应购卧铺票实际改乘座席的减价提成归己部分；因实行住宿费包干，实际支出费用低于标准的差价归己部分。 （7）对自带工具、牲畜来企业工作的从业人员所支付的工具、牲畜等的补偿费用。 （8）实行租赁经营单位的承租人的风险性补偿收入。 （9）职工集资入股或购买企业债券后发给职工的股息分红、债券利息以及职工个人技术投入后的税前收益分配。 （10）劳动合同制职工解除劳动合同时由企业支付的医疗补助费、生活补助费以及一次性支付给职工的经济补偿金。 （11）劳务派遣单位收取用工单位支付的人员工资以外的手续费和管理费。 （12）支付给家庭工人的加工费和按加工订货办法支付给承包单位的发包费用。 （13）支付给参加企业劳动的在校学生的补贴。 （14）调动工作的旅费和安家费中净结余的现金。 （15）由单位缴纳的各项社会保险、住房公积金。 （16）支付给从保安公司招用的人员的补贴。 （17）按照国家政策为职工建立的企业年金和补充医疗保险，其中单位按政策规定比例缴纳部分。

七、缴费比例（以上海2022年为例）

社保项目	企业缴费	个人缴费	合计
养老保险	16%	8%	24%
医疗保险＋生育保险（合并）	10.5%	2%	12.5%
失业保险	0.5%	0.5%	1%
工伤保险	0.26%	0%	0.26%
合计	27.26%	10.5%	37.76%

八、降低、缓缴社会保险费

2015年至2019年，国家先后6次下调社会保险单位缴费比例，共为企业减费近万亿元。仅2020年1年就减免1.5万多亿元，可以说力度和规模都是空前的。企业普遍反映，减免社保费政策是惠及率最广、满意度最高、最为有效的支持政策，对纾解企业困难、促进经济恢复增长起到重要的支持作用。

在支持企业的同时，还要特别强调两个情况：一是截至2020年12月底，企业养老、失业、工伤保险参保职工人数较2019年年底分别增加1 619万人、1 147万人、1 291万人，同比增幅为近5年之最。这也从一个侧面说明，越是经济困难时期，人们对社会保障的需求和依赖程度越高。二是2020年通过加大养老保险基金中央调剂和中央财政支持力度、压实地方政府保发放主体责任以及动用累计结余等举措，确保了各项社会保险待遇按时足额发放，切实兜牢了民生底线。通过社保费的减免，稳就业、保民生的效果得到了充分体现。

2022年《政府工作报告》中明确要求，延续降低费率，继续实施失业保险稳岗返还政策，使用

1 000 亿元失业保险基金,支持稳岗和培训。2022年4月6日,国务院常务会议决定,实施一系列阶段性、组合式失业保险稳岗位提技能防失业政策措施。

(一)阶段性降低社会保险费率政策

人社部发〔2016〕36号	人社部发〔2017〕14号	人社部发〔2018〕25号	人社部发〔2022〕23号	人社部发〔2022〕31号
一、从2016年5月1日起,企业职工基本养老保险单位缴费比例超过20%的省(区、市),将单位缴费比例降至20%;单位缴费比例为20%且2015年底企业职工基本养老保险基金累计结余可支付月数高于9个月的省(区、市),可以阶段性将单位缴费比例降低至19%,降低费率的期限暂按两年执行。具体方案由各省(区、市)确定。 二、从2016年5月1日起,失业保险总费率在2015年已降低1个百分点基础上可以阶段性降至1%～1.5%,其中个人费率不超过0.5%,降低费率的期限暂按两年执行。具体方案由各省(区、市)确定。 三、各地要继续贯彻落实国务院2015年关于降低工伤保险平均费率0.25个百分点和生育保险费率0.5个百分点的决定和有关政策规定,确保政策实施到位。生育保险和基本医疗保险合并实施工作,待国务院制定出台相关规定后统一组织实施。 各地具体调整费率方案,经省级人民政府批准后执行,并报人力资源社会保障部、财政部备案。	一、从2017年1月1日起,失业保险总费率为1.5%的省(区、市),可以将总费率降至1%,降低费率的期限执行至2018年4月30日。在省(区、市)行政区域内,单位及个人的费率应当统一,个人费率不得超过单位费率。具体方案由各省(区、市)研究确定。 二、失业保险总费率已降至1%的省份仍按照人社部发〔2016〕36号文件执行。 三、各地降低失业保险费率,要充分考虑失业保险待遇按时足额发放、提高待遇标准、促进失业人员再就业、落实失业保险稳岗补贴政策等因素对基金支付能力的影响,结合实际,认真测算,研究制定具体方案,经省级人民政府批准后执行,并报人力资源社会保障部和财政部备案。	一、自2018年5月1日起,企业职工基本养老保险单位缴费比例超过19%的省(区、市),以及按照人社部发〔2016〕36号单位缴费比例降至19%的省(区、市),基金累计结余可支付月数(截至2017年年底,下同)高于9个月的,可阶段性执行19%的单位缴费比例至2019年4月30日。具体方案由各省(区、市)研究确定。 二、自2018年5月1日起,按照人社部发〔2017〕14号文件实施失业保险总费率1%的省(区、市),延长阶段性降低费率的期限至2019年4月30日。具体方案由各省(区、市)研究确定。 三、自2018年5月1日起,在保持八类费率总体稳定的基础上,工伤保险基金累计结余可支付月数在18(含)至23个月的统筹地区,可以现行费率为基础下调20%;累计结余可支付月数在24个月(含)以上的统筹地区,可以现行费率为基础下调50%,降低费率的期限暂执行至2019年4月30日。下调费率期间,统筹地区工伤保险基金累计结余达到合理支付月数范围的,停止下调。具体方案由各省(区、市)研究确定。	七、实施降费率和缓缴社会保险费政策。延续实施阶段性降低失业保险、工伤保险费率政策1年,执行期限至2023年4月30日。对餐饮、零售、旅游、民航、公路水路铁路运输企业阶段性实施缓缴养老保险、失业保险、工伤保险费政策,其中,养老保险费缓缴期限3个月,失业保险和工伤保险费缓缴期限不超过1年,缓缴期间免收滞纳金。以个人身份参加企业职工基本养老保险的个体工商户和各类灵活就业人员,2022年缴纳养老保险费有困难的,可自愿暂缓缴费至2023年年底前补缴。	(1)可以缓缴的企业分以下两类: ①受疫情影响较大的特困行业企业。 凡是属于以下行业的企业,无论在哪个地区,无论是否属于中小微企业,均可以申请缓缴社保费: 餐饮;零售;旅游;民航;公路水路铁路运输业;农副食品加工业;纺织业;纺织服装、服饰业;造纸和纸制品业;印刷和记录媒介复制业;医药制造业;化学纤维制造业;橡胶和塑料制品业;通用设备制造业;汽车制造业;铁路、船舶、航空航天和其他运输设备制造业;仪器仪表制造业;社会工作;广播、电视、电影和录音制作业;文化艺术业;体育;娱乐业。 ②疫情严重地区的所有中小微企业。 受疫情影响严重地区生产经营出现暂时困难的所有中小微企业、以单位方式参保的个体工商户,均可申请缓缴社保费。 (2)能够缓缴的仅限于养老保险、工伤保险和失业保险。 (3)个人负担的社保费不可以缓缴。 (4)缓缴期限: ①属于困难行业的企业,养老保险费缓缴实施期限只能到2022年年底。工伤、失业保险费的缓缴期限,最长可以延缓到2023年5月31日。 ②属于疫情严重地区的中小微企业,三项社保费单位缴费部分,缓缴实施期限都是到2022年年底结束。

（二）降低社会保险费率综合方案（国办发〔2019〕13号）

（1）降低养老保险单位缴费比例。

自2019年5月1日起，降低城镇职工基本养老保险（包括企业和机关事业单位基本养老保险，以下简称养老保险）单位缴费比例。各省、自治区、直辖市及新疆生产建设兵团（以下统称省）养老保险单位缴费比例高于16%的，可降至16%；目前低于16%的，要研究提出过渡办法。各省具体调整或过渡方案于2019年4月15日前报人力资源社会保障部、财政部备案。

（2）继续阶段性降低失业保险、工伤保险费率。

自2019年5月1日起，实施失业保险总费率1%的省，延长阶段性降低失业保险费率的期限至2020年4月30日。自2019年5月1日起，延长阶段性降低工伤保险费率的期限至2020年4月30日，工伤保险基金累计结余可支付月数在18至23个月的统筹地区可以现行费率为基础下调20%，累计结余可支付月数在24个月以上的统筹地区可以现行费率为基础下调50%。

（3）调整社保缴费基数政策。

调整就业人员平均工资计算口径。各省应以本省城镇非私营单位就业人员平均工资和城镇私营单位就业人员平均工资加权计算的全口径城镇单位就业人员平均工资，核定社保个人缴费基数上下限，合理降低部分参保人员和企业的社保缴费基数。调整就业人员平均工资计算口径后，各省要制定基本养老金计发办法的过渡措施，确保退休人员待遇水平平稳衔接。

完善个体工商户和灵活就业人员缴费基数政策。个体工商户和灵活就业人员参加企业职工基本养老保险，可以在本省全口径城镇单位就业人员平均工资的60%至300%之间选择适当的缴费基数。

（4）加快推进养老保险省级统筹。

各省要结合降低养老保险单位缴费比例、调整社保缴费基数政策等措施，加快推进企业职工基本养老保险省级统筹，逐步统一养老保险参保缴费、单位及个人缴费基数核定办法等政策，2020年年底前实现企业职工基本养老保险基金省级统收统支。

（5）提高养老保险基金中央调剂比例。

加大企业职工基本养老保险基金中央调剂力度，2019年基金中央调剂比例提高至3.5%，进一步均衡各省之间养老保险基金负担，确保企业离退休人员基本养老金按时足额发放。

（6）稳步推进社保费征收体制改革。

企业职工基本养老保险和企业职工其他险种缴费，原则上暂按现行征收体制继续征收，稳定缴费方式，"成熟一省、移交一省"；机关事业单位社保费和城乡居民社保费征管职责如期划转。人力资源社会保障、税务、财政、医保部门要抓紧推进信息共享平台建设等各项工作，切实加强信息共享，确保征收工作有序衔接。妥善处理好企业历史欠费问题，在征收体制改革过程中不得自行对企业历史欠费进行集中清缴，不得采取任何增加小微企业实际缴费负担的做法，避免造成企业生产经营困难。同时，合理调整2019年社保基金收入预算。

（7）建立工作协调机制。

（8）认真做好组织落实工作。

（三）支持疫情防控阶段性减免

人社部发〔2020〕11号	医保发〔2020〕6号
自2020年2月起，各省、自治区、直辖市及新疆生产建设兵团（以下统称省）可指导统筹地区根据基金运行情况和实际工作需要，在确保基金收支中长期平衡的前提下，对职工医保单位缴费部分实行减半征收，减征期限不超过5个月。 原则上，统筹基金累计结存可支付月数大于6个月的统筹地区，可实施减征；可支付月数小于6个月但确有必要减征的统筹地区，由各省指导统筹考虑安排。缓缴政策可继续执行，缓缴期限原则上不超过6个月，缓缴期间免收滞纳金。 自2020年2月起，免征以单位方式参保的个体工商户三项社会保险单位缴费部分，免征期限不超过5个月。	自2020年2月起，各省可指导统筹地区根据基金运行情况和实际工作需要，在确保基金收支中长期平衡的前提下，对职工医保单位缴费部分实行减半征收，减征期限不超过5个月。 原则上，统筹基金累计结存可支付月数大于6个月的统筹地区，可实施减征；可支付月数小于6个月但确有必要减征的统筹地区，由各省指导统筹考虑安排。缓缴政策可继续执行，缓缴期限原则上不超过6个月，缓缴期间免收滞纳金。

各省对中小微企业三项社会保险单位缴费部分免征的政策，延长执行到2020年12月底。各省（除湖北省外）对大型企业等其他参保单位（不含机关事业单位，下同）三项社会保险单位缴费部分减半征收的政策，延长执行到2020年6月底。湖北省对大型企业等其他参保单位三项社会保险单位缴费部分免征的政策，继续执行到2020年6月底。受疫情影响生产经营出现严重困难的企业，可继续缓缴社会保险费至2020年12月底，缓缴期间免收滞纳金。有雇工的个体工商户以单位方式参加三项社会保险的，继续参照企业办法享受单位缴费减免和缓缴政策。（人社部发〔2020〕49号）

各省2020年度社会保险个人缴费基数下限可继续执行2019年度个人缴费基数下限标准，个人缴费基数上限按规定正常调整。（人社部发〔2020〕49号）

（四）阶段性、组合式失业保险稳岗位提技能防失业措施
1. 关于失业保险稳岗返还政策

人社部发〔2022〕23号	人社部发〔2022〕31号	政策解读
一、继续实施失业保险稳岗返还政策。参保企业上年度未裁员或裁员率不高于上年度全国城镇调查失业率控制目标，30人（含）以下的参保企业裁员率不高于参保职工总数20%的，可以申请失业保险稳岗返还。大型企业仍按不超过企业及其职工上年度实际缴纳失业保险费的30%返还，中小微企业返还比例从60%最高提至90%。社会团体、基金会、社会服务机构、律师事务所、会计师事务所、以单位形式参保的个体工商户参照实施。实施上述稳岗返还政策的统筹地区，上年度失业保险基金滚存结余备付期限应在1年以上。上述政策执行期限至2022年12月31日。各地要大力推广通过后台数据比对精准发放的"免申即享"经办新模式，进一步畅通资金返还渠道，对没有对公账户的小微企业，可将资金直接返还至当地税务部门提供的其缴纳社会保险费的账户。	三、进一步发挥失业保险稳岗作用。加大稳岗返还支持力度，将大型企业稳岗返还比例由30%提至50%。拓宽一次性留工培训补助受益范围，由出现中高风险疫情地区的中小微企业扩大至该地区的大型企业；各省（自治区、直辖市）还可根据当地受疫情影响程度以及基金结余情况，进一步拓展到未出现中高风险疫情地区的餐饮、零售、旅游、民航和公路水路铁路运输5个行业企业。上述两项政策实施条件和期限与《关于做好失业保险稳岗位提技能防失业工作的通知》（人社部发〔2022〕23号）一致。企业招用毕业年度高校毕业生，签订劳动合同并参加失业保险的，可按每人不超过1 500元的标准，发放一次性扩岗补助，具体补助标准由各省份确定，与一次性吸纳就业补贴政策不重复享受，实施期限截至2022年年底。	新政策对稳岗返还政策做了两方面的优化： 第一，向中小微企业倾斜，允许基金备付期限一年以上的统筹地区，将中小微企业返还的比例由60%最高提到90%，同时进一步畅通资金返还渠道，对没有对公账户的小微企业，可以将资金直接返还到企业缴纳社会保险费账户。 第二，在经办上突出"免申即享"，疫情发生后，各地主动升级经办服务，部分省份积极探索通过后台数据比对，直接向符合条件的企业精准发放稳岗返还资金，变"企业找政策"为"政策、资金、服务找企业"。本次文件明确提出，大力推广"免申即享"经办新模式，努力实现"免跑腿、免申请、免填表"。

2. 关于阶段性降低社保费率政策（人社部发〔2022〕23号）

政策规定	政策解读
七、实施降费率和缓缴社会保险费政策。延续实施阶段性降低失业保险、工伤保险费率政策1年，执行期限至2023年4月30日。	延续实施阶段性降低失业保险、工伤保险费率政策1年，执行期限至2023年4月30日。此项政策是一项普惠性政策，不区分行业，也不区分企业类型，受惠面广，连续性强，在稳企业、稳就业方面发挥了积极作用。 据测算，延续实施这项政策1年将减轻企业社保缴费负担约1 600亿元。

3. 关于缓缴社会保险费政策（人社部发〔2022〕23号）

政策规定	政策解读
七、实施降费率和缓缴社会保险费政策。对餐饮、零售、旅游、民航、公路水路铁路运输企业阶段性实施缓缴养老保险、失业保险、工伤保险费政策，其中，养老保险费缓缴期限3个月，失业保险和工伤保险费缓缴期限不超	对特困行业阶段性实施缓缴养老保险、失业保险和工伤保险费政策，此项政策是新出台的政策，是党中央、国务院统筹推进疫情防控和经济社会发展，对目前生产经营遇到特殊困难行业进行精准支持帮扶的重要举措。这项政策有四个特点： 一是定向实施。政策适用范围为受疫情影响较大的餐饮、零售、旅游、民航和公路水路铁路运输5个行业的所有企业，这5个行业中，以单位方式参保的有雇工的个体工商户以及其他单位可以参照执行。缓缴对象为养老保险、失业保险和工伤保险的单位应缴纳部分。对职工个人应缴纳部分，企业应继续依法履行好代扣代缴义务。 二是期限较长。养老保险可以缓缴所属期为2022年4—6月的费款，最迟在2022年年底前补缴到位；失业保险、工伤保险可以缓缴所属期为2022年4月至2023年3月的费款，原则上在期满后一个月内补缴到位。已缴纳所属期为4月份费款的企业，缓缴月份可以顺延一个月，也可以申请退回已缴纳的费款。缓缴期间免收滞纳金。 三是兼顾个人。以个人身份参加企业职工基本养老保险的个体工商户和各类灵活就业人员，2022年缴纳费款有困难的，可自愿缓至2023年年底前缴费，缴费年限累计计算。

（续表）

政策规定	政策解读
过1年，缓缴期间免收滞纳金。以个人身份参加企业职工基本养老保险的个体工商户和各类灵活就业人员，2022年缴纳养老保险费有困难的，可自愿暂缓缴费至2023年年底前补缴。	四是办理简便。相关部门本着方便、快捷、不增加企业事务性负担的原则，对企业提出的缓缴申请进行审核，现有信息无法满足划分行业类型需要的，可以实行告知承诺制，由企业出具所属行业类型的书面承诺，并承担相应法律责任。 缓缴失业保险费期间，不影响企业享受阶段性降低失业保险费率和稳岗返还政策；不影响参保职工享受技能提升补贴政策；不影响参保失业人员享受失业保险金和失业补助金等相关待遇。在缓缴工伤保险费期间，不影响企业享受阶段性降低工伤保险费率政策和职工工伤保险待遇。缓缴养老保险费期间，职工申领养老保险待遇的，企业为其补齐缓缴的养老保险费后，同样不影响职工的养老保险待遇。 据测算，上述缓缴费款政策可以为企业和个人增加800多亿元的现金流，对缓解这些行业特别是中小微企业、个体工商户的资金压力、稳定就业、共渡难关，起到重要的支撑作用。

4. 关于发放一次性留工培训补助政策（人社部发〔2022〕23号）

政策规定	政策解读
五、发放一次性留工培训补助。自2022年1月1日至12月31日，累计出现1个（含）以上中高风险疫情地区的市（地、州、盟）、县（市、区、旗），可对因新冠肺炎疫情严重影响暂时无法正常生产经营的中小微企业，按每名参保职工不超过500元的标准发放一次性留工培训补助，支持企业组织职工以工作代替培训。社会团体、基金会、社会服务机构、律师事务所、会计师事务所、以单位形式参保的个体工商户参照实施。社会保险经办机构可通过大数据比对，按照该企业参加失业保险人数直接发放补助，无需企业提供培训计划、培训合格证书、职工花名册以及生产经营情况证明。上述补助同一企业只能享受一次。符合条件的，还可以享受失业保险稳岗返还。实施上述政策的统筹地区，上年度失业保险基金滚存结余备付期限应在2年以上。上述政策执行期限至2022年12月31日。具体办法由各省（自治区、直辖市）制定。	快速启动。地市或者区县在2022年1月1日至12月31日内累计出现1个以上中高风险地区，即可启动此项政策。 拓展范围。受疫情严重影响暂时无法正常生产经营的中小微企业都可以享受此项政策，社会团体、基金会、社会服务机构、律师事务所、会计师事务所、以单位形式参保的个体工商户参照实施。 精简材料。企业享受此项政策零材料，不需要提供培训计划、培训合格证书、职工花名册以及生产经营情况等证明材料。 减少环节。社会保险经办机构通过大数据比对，按照该企业参加失业保险人数，按每人不超过500元的标准直接发放补助。 叠加享受。这项政策与稳岗返还政策可以叠加享受。 一次性留工培训补助是对2022年受到疫情严重影响企业的支持，是应急帮扶，是解企业燃眉之急的阶段性举措。

5. 关于失业保险保生活政策（人社部发〔2022〕23号）

政策规定	政策解读
八、保障失业人员基本生活。继续实施失业保险保障扩围政策，对领取失业保险金期满仍未就业的失业人员、不符合领取失业保险金条件的参保失业人员，发放失业补助金；对参保不满1年的失业农民工，发放临时生活补助。保障范围为2022年1月1日至12月31日期间新发生的参保失业人员。上年度失业保险基金滚存结余备付期限不足2年的省份，可结合本地区就业形势和基金支付能力，制定具体实施政策，并报人力资源社会保障部、财政部备案。上述政策执行期限至2022年12月31日。持续做好失业保险金、代缴基本医疗保险费和失业农民工一次性生活补助等常规性保生活待遇发放工作。各省（自治区、直辖市）要根据本地实际，逐步将失业保险金标准提高至最低工资标准的90%。要进一步优化失业保险待遇全国线上申领统一入口，方便失业人员申领。	失业保险常规性保生活政策主要有三项：一是对参保满一年且非因本人意愿中断就业的失业人员，发放失业保险金。二是对领金期满且距法定退休年龄不足一年的大龄失业人员，继续发放失业保险金至法定退休年龄。三是对参保满一年的失业农民工，发放一次性生活补助。 阶段性扩围政策有两项：一是对领取失业保险金期满仍未就业的失业人员、不符合领取失业保险金条件的参保失业人员，发放失业补助金。二是对参保不满一年的失业农民工，发放临时生活补助。 2022年，保障力度不减。新文件明确规定，阶段性扩围政策再延续实施一年。同时，持续做好失业保险金、代缴基本医疗保险费和失业农民工一次性生活补助等常规性保生活待遇发放工作，并逐步将失业保险金标准提高至最低工资标准的90%。 为确保应发尽发、应保尽保，新文件还明确要求进一步优化失业保险待遇全国线上申领统一入口，方便失业人员申领。

6. 关于支持劳动者技能提升政策(人社部发〔2022〕23号)

政策规定	政策解读
二、拓宽技能提升补贴受益范围。领取失业保险金人员取得职业资格证书或职业技能等级证书的,可按照初级(五级)不超过1 000元、中级(四级)不超过1 500元、高级(三级)不超过2 000元的标准申请技能提升补贴。参保职工取得职业资格证书或职业技能等级证书的,可按规定申请技能提升补贴;技能提升补贴申领条件,继续放宽至企业在职职工参加失业保险1年以上。每人每年享受补贴次数最多不超过三次。上述政策执行期限至2022年12月31日。 三、继续实施职业培训补贴政策。对领取失业保险金期间接受职业培训的失业人员,按规定发放职业培训补贴。 五、发放一次性留工培训补助。自2022年1月1日至12月31日,累计出现1个(含)以上中高风险疫情地区的市(地、州、盟)、县(市、区、旗),可对因新冠肺炎疫情严重影响暂时无法正常生产经营的中小微企业,按每名参保职工不超过500元的标准发放一次性留工培训补助,支持企业组织职工以工作代替培训。社会团体、基金会、社会服务机构、律师事务所、会计师事务所,以单位形式参保的个体工商户参照实施。社会保险经办机构可通过大数据比对,按照该企业参加失业保险人数直接发补助,无需企业提供培训计划、培训合格证书、职工花名册以及生产经营情况证明。上述补助同一企业只能享受一次。符合条件的,还可以享受失业保险稳岗返还。实施上述政策的统筹地区,上年度失业保险基金滚存结余备付期限应在2年以上。上述政策执行期限至2022年12月31日。具体办法由各省(自治区、直辖市)制定。 六、大力支持职业技能培训。上年度失业保险基金滚存结余备付期限在2年以上,并且职业技能提升行动专账资金不足的统筹地区,在各项保生活稳岗位政策落实到位的基础上,根据本地实际,可提取累计结余4%左右的失业保险基金至职业技能提升行动专账资金中,统筹用于职业技能培训。该项政策的提取期限至2022年12月31日。具体办法由各省(自治区、直辖市)制定,并报人力资源社会保障部、财政部备案。	2022年,失业保险加力支持技能提升,进一步突出培训在应对疫情中的稳岗功能。在延续实施常规政策的基础上,又新增三项阶段性政策。 一是发放一次性留工培训补助。 二是增加职业技能提升行动专账资金。失业保险基金备付期限在两年以上,并且职业技能提升行动专账资金不足的统筹地区,在各项保生活稳岗位政策落实到位的基础上,可以根据本地实际,提取累计结余4%左右的失业保险基金充实到职业技能提升行动专账资金中,统筹用于职业技能培训。 三是拓展技能提升补贴政策受益范围。由目前的在职职工拓展至领取失业保险金的失业人员。

7. 继续实施东部7省(市)扩大失业保险基金支出范围试点政策(人社部发〔2022〕23号)

政策规定	政策解读
四、继续实施东部7省(市)扩大失业保险基金支出范围试点政策。北京市、上海市、江苏省、浙江省、福建省、山东省和广东省,可继续将失业保险基金用于支持参加失业保险且符合就业补助资金申领条件人员和单位的职业培训补贴、职业技能鉴定补贴、岗位补贴和社会保险补贴等四项支出。实施上述政策的统筹地区,上年度失业保险基金滚存结余备付期限应在2年以上。	北京市、上海市、江苏省、浙江省、福建省、山东省和广东省,可继续将失业保险基金用于支持参加失业保险且符合就业补助资金申领条件人员和单位的职业培训补贴、职业技能鉴定补贴、岗位补贴和社会保险补贴等四项支出。实施上述政策的统筹地区,上年度失业保险基金滚存结余备付期限应在2年以上。

(五)特困行业阶段性实施缓缴企业社会保险费(人社厅发〔2022〕16号)

政策规定	政策解读
一、适用范围。缓缴适用于餐饮、零售、旅游、民航、公路水路铁路运输企业三项社保费的单位应缴纳部分。上述行业中以单位方式参加社会保险的有雇工的个体工商户以及其他单位,参照企业办法缓缴。对职工个人应缴纳部分,企业应依法履行好代扣代缴义务。 以个人身份参加企业职工基本养老保险的个体工商户和各类灵活就业人员,2022年缴纳费款有困难的,可自愿暂缓缴费,2022年未缴费月度可于2023年年底前进行补缴,缴费基数在2023年当地个人缴费基数上下限范围内自主选择,缴费年限累计计算。	二、实施期限。企业职工基本养老保险费缓缴费款所属期为2022年4月至6月。失业保险费、工伤保险费缓缴费款所属期为2022年4月至2023年3月,在此期间,企业可申请不同期限的缓缴。已缴纳所属期为2022年4月费款的企业,可从5月起申请缓缴,缓缴月份相应顺延一个月,也可以申请退回4月费款。缓缴期间免收滞纳金。 三、办理流程。在缓缴期限内,企业可根据自身经营状况向社会保险登记部门申请缓缴三项社保费。新开办企业可自参保当月起申请缓缴;企业行业类型变更为上述行业的,可自变更当月起申请缓缴。

（续表）

四、资格认定。各省要本着方便、快捷、不增加企业事务性负担的原则审核。社会保险登记部门审核企业是否适用缓缴政策时，应以企业参保登记时自行申报的行业类型为依据。现有信息无法满足划分行业类型需要的，可实行告知承诺制，由企业出具所属行业类型的书面承诺，并承担相应法律责任。 五、补缴费款。企业原则上应在缓缴期满后的一个月内补缴缓缴的失业保险、工伤保险费款；缓缴的企业职工基本养老保险费最迟于2022年年底前补缴到位，期间免收滞纳金，税务部门应及时提醒企业补缴。企业可根据实际需要，提前申报缴纳缓缴的	费款，税务部门应及时征收。企业依法注销的，应当在注销前缴纳缓缴的费款，相关部门按照注销流程及时办理。 六、待遇处理。缓缴期限内，职工申领养老保险待遇的，企业应先为其补齐缓缴的企业职工基本养老保险费。缓缴失业保险费不影响企业享受阶段性降低失业保险费率和稳岗返还政策，不影响参保职工享受技能提升补贴政策，不影响参保失业人员享受失业保险金或失业补助金等相关待遇。缓缴工伤保险费不影响企业享受阶段性降低工伤保险费率政策和职工享受工伤保险待遇。

九、社会保险费征缴模式

对用人单位应缴纳的社会保险费，改事先核定征收为向税务部门自行申报缴纳；对城镇职工应缴纳的社会保险费，采取用人单位代扣代缴。	对城乡居民应缴纳的社会保险费，按照便民、高效原则，采取政府统一组织、多方协作配合、税务部门集中征收或者委托代征等方式；对灵活就业人员应缴纳的社会保险费，税务部门可采取多种便民方式征收。

问题答疑：

> 问题：我原先在本地的事业单位工作，后来去外地的企业上班，请问我的社保如何接续？
> 解答：人社部社会保险事业管理中心解答：参保人员由机关事业单位流动到企业的，按以下流程办理相关转移业务：
> （1）基本养老保险关系转移流程：首先，由参保人员新就业单位或本人向新参保地社会保险经办机构提出转移接续申请，填写《养老保险关系转移接续申请表》。其次，等待社保机构告知办理结果，具体转移手续由社保经办机构之间协同办理。
> （2）职业年金转移流程：若新就业单位已经建立企业年金计划，由新就业单位或本人提出转移申请，将职业年金资金转入年金计划受托财产托管账户，并将记录职业年金个人账户权益的信息表（由原参保地社保经办机构提供）交由企业年金管理机构。若新就业单位没有建立企业年金计划，参保人员的职业年金基金不转移，由原参保地社保经办机构继续管理运营其职业年金账户。

第二节　城镇企业职工基本养老保险政策解析与应用

政策依据：

> 《人力资源社会保障部　财政部关于机关事业单位基本养老保险关系和职业年金转移接续有关问题的通知》（人社部规〔2017〕1号）；
> 《人力资源社会保障部办公厅关于印发〈机关事业单位基本养老保险关系和职业年金转移接续经办规程（暂行）〉的通知》（人社厅〔2017〕7号）。

一、征缴范围

(1) 城镇企业职工基本养老保险费的征缴范围：国有企业、城镇集体企业、外商投资企业、城镇私营企业和其他城镇企业及其职工，实行企业化管理的事业单位及其职工(各省、自治区、直辖市人民政府根据当地实际情况，可以规定将个体工商户纳入基本养老保险的范围)。

无雇工的个体工商户，未在用人单位参加基本养老保险的非全日制从业人员以及其他灵活就业人员可以参加基本养老保险，由个人按照国家规定缴纳基本养老保险费，分别计入基本养老保险统筹基金和个人账户。

(2) 用人单位应当自行申报、按时足额缴纳社会保险费。职工应当缴纳的社会保险费由用人单位代扣代缴。无雇工的个体工商户，未在用人单位参加社会保险的非全日制从业人员以及其他灵活就业人员，可以直接向社会保险费征收机构缴纳社会保险费。

(3) 用人单位、单位职工按照社会保险政策规定依法自行申报，税务机关按有关规定进行征收；无雇工的个体工商户，未在用人单位参加社会保险的非全日制从业人员以及其他灵活就业人员，按照有关规定向税务机关足额缴纳。

非全日制从业人员是指与用人单位依法订立非全日制劳动合同的劳动者。根据《中华人民共和国劳动合同法》规定，非全日制用工是指以小时计酬为主，劳动者在同一用人单位一般平均每日工作时间不超过4小时，每周工作时间累计不超过24小时的用工形式。这样的非全日制从业人员可以按自由职业者的身份参加职工基本养老保险、基本医疗保险。

灵活就业的形式主要有以下几种类型：
(1) 非正规部门就业，即劳动标准、生产组织管理及劳动关系运作等均达不到一般企业标准的用工和就业形式。例如，家庭作坊式的就业。
(2) 自雇型就业，有个体经营和合伙经营两种类型。
(3) 自主就业，如自由职业者、自由撰稿人、个体演员、模特、独立的中介服务工作者等。
(4) 临时就业，如家庭小时工、街头小贩，其他类型的打零工者。

二、缴费基数

城镇企业职工基本养老保险的缴费基数为：
(1) 参保单位职工工资总额或职工个人缴费工资基数之和作为缴费基数。单位工资总额低于本单位职工个人缴费基数之和的，以职工个人缴费基数之和作为缴费基数。
(2) 职工个人的缴费基数为本人缴费工资。单位职工本人缴纳基本养老保险费的基数原则上以上一年度本人月平均工资为基础，在当地职工平均工资的60%~300%的范围内进行核定。
(3) 城镇个体工商户和灵活就业人员以所在省辖市上年度在岗职工平均工资作为缴费基数。

(4) 凡是国家统计局有关文件没有明确规定不作为工资收入统计的项目，均应作为社会保险缴费基数。
(5) 依据国家统计局有关文件的规定，工资总额是指各单位在一定时期内直接支付给本单位全部职工的劳动报酬总额，由计时工资、计件工资、奖金、加班加点工资、特殊情况下支付的工资、津贴和补贴等组成。

三、缴费比例

(1) 参保单位统一按20%的比例缴纳基本养老保险费。
根据人社部发〔2018〕25号文件的规定，自2018年5月1日起，企业职工基本养老保险单位缴费比例超过19%的省(区、市)，以及按照人社部发〔2016〕36号文件的规定，单位缴费比例降至19%的省(区、市)，基金累计结余可支付月数高于9个月的，可阶段性执行19%的单位缴费比例至2019年4月30日。具体方案由各省(区、市)研究确定。

(2) 个人缴费比例为个人缴费工资的8%。
(3) 城镇个体工商户和灵活就业人员从参加基本养老保险之月起，按所在省辖市上年度在岗职工平均工资的20%缴费。

全国各地基本养老保险缴费比例不尽相同，各地下调城镇职工基本养老保险单位缴费比例可降至16%。

四、缴费期限和计征方法

企业(机关事业)单位基本养老保险，按月申报缴纳。应缴额＝缴费基数×缴费比例。

灵活就业人员，按月、季、半年、年申报缴纳。应缴额＝所选缴费档次对应的缴费基数×缴费比例。

城乡居民，按年申报缴纳。应缴额＝缴费档次对应金额。

第三节　城镇企业职工基本医疗保险政策解析与应用

一、征缴范围

（1）全省城镇所有用人单位及其职工,包括企业（国有企业、城镇集体企业、外商投资企业、私营企业等）及其职工,党政机关及其工作人员、事业单位及其职工、社会团体及其专职人员、民办非企业单位及其职工,以及上述用人单位的退休退职人员,城镇个体工商户及其雇工。

退休人员参加基本医疗保险的,个人不缴纳基本医疗保险费。

（2）无雇工的个体工商户、未在用人单位参加职工基本医疗保险的非全日制从业人员以及其他灵活就业人员可以参加职工基本医疗保险。

（3）全省所有城镇用人单位,包括各类企业、机关、事业单位、社会团体、民办非企业单位等,都应按规定为与其形成劳动关系的农民工办理医疗保险。农民工是指具有农村户籍,在国家规定的劳动年龄内且有劳动能力,与用人单位形成劳动关系的劳动者。

（4）用人单位应当自行申报、按时足额缴纳社会保险费。职工应当缴纳的社会保险费由用人单位代扣代缴。

（5）用人单位、单位职工按照社会保险政策规定依法自行申报,税务机关按规定征收；无雇工的个体工商户、未在用人单位参加社会保险的非全日制从业人员以及其他灵活就业人员,按照有关规定向税务机关足额缴纳。

非全日制从业人员以及其他灵活就业人员的界定见上述"城镇企业职工基本养老保险"部分。

二、缴费基数

（1）基本医疗保险费用由用人单位和职工共同缴纳。用人单位缴费基数为职工工资总额。职工缴费基数一般为本人工资收入。

（2）城镇个体经济组织业主及其从业人员参加当地基本医疗保险的,单位及个人缴费均以当地上年度职工平均工资为基数。新建单位当年单位和个人缴费以当地上年度职工平均工资为基数。

（3）无雇工的个体工商户、未在用人单位参加职工基本医疗保险的非全日制从业人员以及其他灵活就业人员缴纳基本医疗保险的基数,按照各省辖市相关规定执行(基本医疗保险实行市级统筹,在全市范围内统一医疗保险政策、标准)。

（4）国有企业下岗职工的基本医疗保险费,由再就业服务中心按照当地上年度职工平均工资的60％为基数缴纳(包括单位缴费和个人缴费)。

（5）领取失业保险金的失业人员的基本医疗保险费,由社会保险经办机构按照当地上年度职工平均工资的60％为基数,从征缴的失业保险金中直接划转(包括单位缴费和个人缴费)。

（6）与城镇用人单位签订规范劳务合同的农民工,随所在单位参加基本医疗保险,以灵活方式就业的,可按照当地灵活就业人员参保办法参加医疗保险,农民工比较集中的地区,可以采取单独建立大病医疗保险统筹基金办法。农民工医疗保险费由用人单位按照当地上年度在岗职工平均工资的2％左右缴纳。

三、缴费比例

（1）用人单位缴纳基本医疗保险的比例,按照各省辖市的相关规定执行(基本医疗保险实行市级统筹,在全市范围内统一医疗保险政策、标准)。用人单位缴费比例为6％的,按实际水平确定;高于6％的,一般按照6％控制;确需超过6％的,要从严掌握,报省劳动厅、财政厅审批。统筹地区报经省劳动厅、财政厅批准后,可适当调整单位和个人缴费率。

（2）职工缴费率一般为2％。

（3）农民工医疗保险费按照当地上年度在岗职工平均工资的2％左右缴纳。

（4）无雇工的个体工商户、未在用人单位参加职工基本医疗保险的非全日制从业人员以及其他灵活就业人员缴纳基本医疗保险的比例,按照各省辖市相关规定执行(基本医疗保险实行市级统筹,在全市范围内统一医疗保险政策、标准)。

第四节　工伤保险政策解析与应用

一、征缴范围

工伤保险的适用范围包括中华人民共和国境内的企业、事业单位（依照公务员制度管理的事业单位除外）、社会团体、民办非企业单位、基金会、律师事务所、会计师事务所等组织和有雇工的个体工商户。职工个人不缴纳工伤保险费。	职工因工作原因受到事故伤害或者患职业病，且经工伤认定，享受工伤保险待遇；其中，经劳动能力鉴定丧失劳动能力的，享受伤残待遇。

二、缴费基数

工伤保险的缴费基数为本单位职工工资总额。	对于难以按照工资总额缴纳工伤保险费的行业，用如下方法确定缴费基数： （1）建筑施工企业可以实行以建筑施工项目为单位，按照项目工程总造价的一定比例，计算缴纳工伤保险费。比例具体规定参见人社厅发〔2015〕159号文件。 （2）商贸、餐饮、住宿、美容美发、洗浴以及文体娱乐等小型服务业企业以及有雇工的个体工商户，既可以按照营业面积的大小核定应参保人数，按照所在统筹地区上一年度职工月平均工资的一定比例和相应的费率，计算缴纳工伤保险费；也可以按照营业额的一定比例计算缴纳工伤保险费。 （3）小型矿山企业可以按照总产量、吨矿工资含量和相应的费率计算缴纳工伤保险费。

三、缴费比例

（1）工伤保险的缴费比例由行业差别费率和行业内费率档次组成。 社会保险经办机构根据用人单位使用工伤保险基金、工伤发生率和所属行业费率档次等情况，确定用人单位缴费费率。	（2）不同工伤风险类别的行业执行不同的工伤保险行业基准费率。各行业工伤风险类别对应的全国工伤保险行业基准费率为，一类至八类分别控制在该行业用人单位职工工资总额的0.2%、0.4%、0.7%、0.9%、1.1%、1.3%、1.6%、1.9%左右。（具体标准见人社部发〔2015〕71号） 通过费率浮动的办法确定每个行业内的费率档次。一类行业分为三个档次，即在基准费率的基础上，可向上浮动120%～150%，二类至八类行业分为五个档次，即在基准费率的基础上，可分别向上浮动120%～150%或向下浮动80%～50%。	（3）统筹地区社会保险经办机构根据用人单位工伤保险费使用、工伤发生率、职业病危害程度等因素，确定其工伤保险费率，并可依据上述因素变化情况，每一至三年确定其在所属行业不同费率档次间是否浮动。对符合浮动条件的用人单位，每次可上下浮动一档或两档。统筹地区工伤保险最低费率不低于本地区一类风险行业基准费率。

四、建筑业工伤保险

建筑施工企业应依法参加工伤保险	工伤保险费计缴方式
针对建筑行业的特点，建筑施工企业对相对固定的职工，应按用人单位参加工伤保险；对不能按用人单位参保、建筑项目使用的建筑业职工特别是农民工，按项目参加工伤保险。 房屋建筑和市政基础设施工程实行以建设项目为单位参加工伤保险的，可在各项社会保险中优先办理参加工伤保险手续。建设单位在办理施工许可手续时，应当提交建设项目工伤保险参保证明，作为保证工程安全施工的具体措施之一；安全施工措施未落实的项目，各地住房城乡建设主管部门不予核发施工许可证。	按用人单位参保的建筑施工企业应以工资总额为基数依法缴纳工伤保险费。以建设项目为单位参保的，可以按照项目工程总造价的一定比例计算缴纳工伤保险费。

第五节　失业保险政策解析与应用

一、征缴范围

（1）国有企业、城镇集体企业、外商投资企业、城镇私营企业、股份制企业和其他城镇企业及其职工。 （2）事业单位及其职工。	（3）省、自治区、直辖市人民政府根据当地具体情况，可以规定将社会团体及其专职人员、民办非企业单位及其职工以及有雇工的城镇个体工商户及其雇工纳入失业保险的范围。 （4）国家机关中的工勤人员。 农民合同制工人本人不缴纳失业保险费。 职工个人应当缴纳的失业保险费，由所在单位代扣代缴。

二、缴费基数

（1）用人单位失业保险的缴费基数为本单位应参保职工上年度月均工资总额；职工的缴费基数为本人上年度月均工资。	（2）缴费工资基数无法核定的，按照当地上年度职工平均工资计算。职工缴费工资低于当地上年度职工平均工资60%的，按照当地上年度职工平均工资的60%计算。

三、缴费比例

（1）用人单位按照本单位应参保职工上年度月均工资总额的2%缴纳失业保险费。职工按照本人上年度月均工资的1%缴纳失业保险费。	（2）自2018年5月1日起，按照人社部发〔2017〕14号文件实施失业保险费率1%的省（区、市），延长阶段性降低费率的期限至2019年4月30日，具体方案由各省（区、市）研究确定。

第六节　生育保险政策解析与应用

一、征缴范围

中华人民共和国境内的各类企业和国家机关、事业单位、社会团体、民办非企业单位、有雇工的个体工商户应当参加生育保险，为其职工缴纳生育保险费。职工个人个人不缴纳生育保险费。	用人单位已经缴纳生育保险费的，其职工享受生育保险待遇；职工未就业配偶按照国家规定享受生育医疗费用待遇。

二、缴费基数

用人单位缴纳生育保险费，以本单位上年度职工月平均工资总额（有雇工的个体工商户以所在统筹地区上年度在岗职工月平均工资）作为缴费基数。

三、缴费比例

（1）用人单位缴费比例不得超过职工月平均工资总额的1%。具体比例由各统筹地区人民政府确定。	（2）从2015年10月1日起，生育保险基金累计结余大于9个月支付额度的统筹地区，缴费费率原则上调整到用人单位职工工资总额的0.5%以内（含0.5%）；各统筹地区可根据生育基金使用范围的不同，区别基金支付生育津贴、不支付生育津贴两种情况，分别确定用人单位的缴费费率，但平均费率调整到用人单位职工工资总额的0.5%以内；生育保险基金累计结余不足9个月支付额的统筹地区，可暂不调整。

第七节　社保费滞纳金的计算缴纳解析

2011 年 7 月 1 日前	2011 年 7 月 1 日及以后
根据《社会保险费征缴暂行条例》(国务院令第 259 号)第十三条的规定,缴费单位未按规定缴纳和代扣代缴社会保险费的,由劳动保障行政部门或者税务机关责令限期缴纳；逾期仍不缴纳的,除补缴欠缴数额外,从欠缴之日起,按日加收 2‰的滞纳金。滞纳金并入社会保险基金。	根据《社会保险法》第八十六条的规定,用人单位未按时足额缴纳社会保险费的,由社会保险费征收机构责令限期缴纳或者补足,并自欠缴之日起,按日加收 0.5‰的滞纳金；逾期仍不缴纳的,由有关行政部门处欠缴数额 1 倍以上 3 倍以下的罚款。
企业逾期缴纳社保的滞纳金可以在所得税前列支。	

第八节　社会保险事业的税收支持政策解析

一、个人所得税支持政策

(1)《个人所得税法》第四条规定,免征个人所得税：
① 保险赔款。
② 按照国家统一规定发给干部、职工的安家费、退职费、基本养老金或者退休费、离休费、离休生活补助费。
(2)《个人所得税法》第六条规定：
居民个人的综合所得,以每一纳税年度的收入额减除费用 6 万元以及专项扣除、专项附加扣除和依法确定的其他扣除后的余额,为应纳税所得额。专项扣除,包括居民个人按国家规定的范围和标准缴纳的基本养老保险、基本医疗保险、失业保险等社会保险费和住房公积金等。
(3)《个人所得税法实施条例》第二十五条规定：
按照国家规定,单位为个人缴付和个人缴付的基本养老保险费、基本医疗保险费、失业保险费、住房公积金,从纳税义务人的应纳税所得额中扣除。
(4)《财政部　国家税务总局关于基本养老保险费基本医疗保险费失业保险费住房公积金有关个人所得税政策的通知》(财税〔2006〕10 号)规定：
① 企事业单位按照国家或省(自治区、直辖市)人民政府规定的缴费比例或办法实际缴付的基本养老保险费、基本医疗保险费和失业保险费,免征个人所得税；个人按照国家或省(自治区、直辖市)人民政府规定的缴费比例或办法实际缴付的基本养老保险费、基本医疗保险费和失业保险费,允许在个人应纳税所得额中扣除。
企事业单位和个人超过规定的比例和标准缴付的基本养老保险费、基本医疗保险费和失业保险费,应将超过部分并入个人当期的工资、薪金收入,计征个人所得税。
② 个人实际领(支)取原提存的基本养老保险金、基本医疗保险金、失业保险金和住房公积金时,免征个人所得税。
(5)《财政部　国家税务总局　保监会关于将商业健康保险个人所得税试点政策推广到全国范围实施的通知》(财税〔2017〕39 号)规定：
对个人购买符合规定的商业健康保险产品的支出,允许在当年(月)计算应纳税所得额时予以税前扣除,扣除限额为 2 400 元/年(200 元/月)。单位统一为员工购买符合规定的商业健康保险产品的支出,应分别计入员工个人工资、薪金,视同个人购买,按上述限额予以扣除。2400 元/年(200 元/月)的限额扣除为个人所得税法规定减除费用标准之外的扣除。

二、企业所得税支持政策

(1)《企业所得税法实施条例》第三十五条规定：

企业依照国务院有关主管部门或者省级人民政府规定的范围和标准为职工缴纳的基本养老保险费、基本医疗保险费、失业保险费、工伤保险费、生育保险费等基本社会保险费和住房公积金，准予扣除。企业为投资者或者职工支付的补充养老保险费、补充医疗保险费，在国务院财政、税务主管部门规定的范围和标准内，准予扣除。

(2)《财政部 国家税务总局关于补充养老保险费、补充医疗保险费有关企业所得税政策问题的通知》(财税〔2009〕27号)规定：

自2008年1月1日起，企业根据国家有关政策规定，为在本企业任职或者受雇的全体员工支付的补充养老保险费、补充医疗保险费，分别在不超过职工工资总额5%标准内的部分，在计算应纳税所得额时准予扣除；超过的部分，不予扣除。

(3)《企业所得税法实施条例》第三十六条规定：

除企业依照国家有关规定为特殊工种职工支付的人身安全保险费和国务院财政、税务主管部门规定可以扣除的其他商业保险费外，企业为投资者或者职工支付的商业保险费，不得扣除。

(4)《国家税务总局关于企业所得税有关问题的公告》(国家税务总局公告2016年第80号)规定：

企业职工因公出差乘坐交通工具发生的人身意外保险费支出，准予企业在计算应纳税所得额时扣除。

三、契税支持政策

《国家税务总局关于以土地 房屋权属抵缴社会保险费免征契税的批复》(国税函〔2001〕483号)规定，根据国务院发布的《社会保险费征缴暂行条例》(国务院第259号令)中关于"社会保险基金不计征税、费"的规定，对社会保险费(基本养老保险、基本医疗保险、失业保险)征收机构承受用以抵缴社会保险费的土地、房屋权属免征契税。

四、印花税支持政策

(1)《财政部 国家税务总局关于全国社会保障基金有关印花税政策的通知》(财税〔2003〕134号)规定：

① 对社保理事会委托社保基金投资管理人运用社保基金买卖证券应缴纳的印花税实行先征后返。社保理事会定期向财政部、上海市和深圳市财政局提出返还印花税的申请，即按照中央与地方印花税分享比例，属于中央收入部分，向财政部提出申请；属于地方收入部分，向上海市和深圳市财政局提出申请。具体退税程序比照《财政部 国家税务总局 中国人民银行关于税制改革后对某些企业实行"先征后退"有关预算管理问题的暂行规定的通知》[(94)财预字第55号]的有关规定办理。

② 对社保基金持有的证券，在社保基金证券账户之间的划拨过户，不属于印花税的征税范围，不征收印花税。

(2)《财政部 国家税务总局关于境内证券市场转持部分国有股充实全国社会保障基金有关证券(股票)交易印花税政策的通知》(财税〔2009〕103号)规定：

经国务院批准，对有关国有股东按照《境内证券市场转持部分国有股充实全国社会保障基金实施办法》(财企〔2009〕94号)向全国社会保障基金理事会转持国有股，免征证券(股票)交易印花税。

五、综合支持政策

政策依据：

《财政部 税务总局关于基本养老保险基金有关投资业务税收政策的通知》(财税〔2018〕95号)；
《财政部 退役军人部 人力资源社会保障部 医保局 民政部 税务总局关于解决部分退役士兵社会保险问题中央财政补助资金有关事项的通知》(财社〔2019〕81号)。

财税〔2018〕95号	财社〔2019〕81号
（1）对社保基金会及养老基金投资管理机构在国务院批准的投资范围内,运用养老基金投资过程中,提供贷款服务取得的全部利息及利息性质的收入和金融商品转让收入,免征增值税。 （2）对社保基金会及养老基金投资管理机构在国务院批准的投资范围内,运用养老基金投资取得的归属于养老基金的投资收入,作为企业所得税不征税收入;对养老基金投资管理机构、养老基金托管机构从事养老基金管理活动取得的收入,依照税法规定征收企业所得税。 （3）对社保基金会及养老基金投资管理机构运用养老基金买卖证券应缴纳的印花税实行先征后返;养老基金持有的证券,在养老基金证券账户之间的划拨过户,不属于印花税的征收范围,不征收印花税。对社保基金会及养老基金投资管理机构管理的养老基金转让非上市公司股权,免征社保基金会及养老基金投资管理机构应缴纳的印花税。	（1）政府补助范围。 以政府安排工作方式退出现役的退役士兵,在《中共中央办公厅 国务院办公厅印发〈关于解决部分退役士兵社会保险问题的意见〉的通知》实施前,未参加基本养老保险和基本医疗保险或参保后缴费中断的,可以按不超过本人军龄的年限补缴。 退役士兵参加基本养老保险和基本医疗保险所需缴费,原则上单位缴费部分由所在单位负担,个人缴费部分由个人负担。原单位已不存在或缴纳确有困难的,由原单位上级主管部门负责补缴;上级主管部门不存在或无力缴纳的,由安置地退役军人事务主管部门申请财政资金解决。 （2）中央财政补助范围及标准。 退役士兵补缴基本养老保险单位缴费部分所需政府补助资金,中央财政对中西部兵员大省、中西部非兵员大省、东部兵员大省、东部非兵员大省分别按照50％、40％、30％、20％的比例给予补助。自1978年以来,累计接收符合政府安排工作条件的退役士兵达40万人以上的,认定为兵员大省。 退役士兵补缴基本医疗保险单位缴费部分所需政府补助资金,由地方财政承担。退役士兵个人属于最低生活保障对象、特困人员的,地方政府对其补缴基本养老保险和基本医疗保险个人缴费予以适当补助,所需资金由地方财政承担。

第九节 对严重失信对象实施联合惩戒政策解析

一、惩戒对象

联合惩戒的对象,是指人力资源社会保障部、税务总局和医疗保障局会同有关部门确定的违反社会保险相关法律、法规和规章的企事业单位及其有关人员。其严重失信、失范行为主要包括以下情形:

（1）用人单位未按相关规定参加社会保险且拒不整改的。
（2）用人单位未如实申报社会保险缴费基数且拒不整改的。
（3）应缴纳社会保险费却拒不缴纳的。
（4）隐匿、转移、侵占、挪用社会保险费款、基金或者违规投资运营的。
（5）以欺诈、伪造证明材料或者其他手段参加、申报社会保险和骗取社会保险基金支出或社会保险待遇的。
（6）非法获取、出售或变相交易社会保险个人权益数据的。
（7）社会保险服务机构违反服务协议或相关规定的。
（8）拒绝协助社会保险行政部门、经办机构对事故和问题进行调查核实的;拒绝接受或协助税务部门对社会保险实施监督检查,不如实提供与社会保险相关各项资料的。
（9）其他违反法律法规规定的。

二、信息共享与联合惩戒的实施方式

人力资源社会保障部、税务总局和医疗保障局通过全国信用信息共享平台依法依规向签署本备忘录的其他部门和单位提供社会保险领域相关失信用人单位信息,并在"信用中国"网站、国家企业信用信息公示系统、人力资源社会保障部、税务总局和医疗保障局网站向社会公布。有关部门和单位按照本备忘录规定实施联合惩戒措施,并根据实际情况定期将联合惩戒实施情况通过全国信用信息共享平台反馈至国家发展改革委、人力资源社会保障部、税务总局和医疗保障局。

三、惩戒措施

（1）限制招录(聘)失信人为公务员或事业单位工作人员。（实施单位：中央组织部、人力资源社会保障部等相关部门）

（2）将失信企业列为重点监督检查对象，增加社会保险监督检查和稽核的频次，再次发现有社会保险违法违规行为的，延长公示期限。（实施单位：人力资源社会保障部、税务总局、医疗保障局）

（3）限制失信企业参与社会保险业务合作项目。（实施单位：人力资源社会保障部等相关部门）

（4）限制失信主体办理社会保险业务的便捷性。（实施单位：人力资源和社会保障部等相关部门）

（5）依法限制失信企业申请财政补助补贴性资金和社会保障资金支持。（实施单位：国家发展改革委、财政部、人力资源社会保障部及相关部门）

（6）依法限制失信企业作为供应商参加政府采购活动。（实施单位：财政部）

（7）依法将失信信息作为选择基础设施和公用事业特许经营等政府和社会资本合作项目合作伙伴的重要参考因素，限制失信主体成为项目合作伙伴。（实施单位：国家发展改革委、财政部）

（8）将失信信息作为证券公司、基金管理公司及期货公司的设立及股权或实际控制人变更审批或备案、私募投资基金管理人登记、重大事项变更以及基金备案的参考；将失信信息作为公司债券审核或备案的参考；对存在失信记录的相关主体在上市公司或者非上市公众公司收购的事中事后监管中予以重点关注。（实施单位：国家发展改革委、证监会）

（9）在股票、可转换债券发行审核及在全国中小企业股份转让系统挂牌公开转让审核中，将失信信息作为参考。（实施单位：证监会）

（10）对存在失信记录的相关主体在证券、基金、期货从业资格申请中予以从严审核，对已成为证券、基金、期货从业人员的相关主体予以重点关注。（实施单位：证监会）

（11）将失信信息作为非上市公众公司重大资产重组审核的参考。（实施单位：证监会）

（12）将失信信息作为基金销售资格审批的参考。（实施单位：证监会）

（13）将违法失信信息作为审核或注册公司信用类债券的重要参考。（实施单位：国家发展改革委、人民银行）

（14）将失信企业及其有关人员的失信信息纳入金融信用信息基础数据库，为金融机构融资授信提供重要参考。（实施单位：人民银行）

（15）依法限制失信企业设立融资性担保公司；依法限制失信相关责任人任职融资性担保公司或金融机构的董事、监事、高级管理人员。将失信信息作为证券公司、基金管理公司及期货公司的董事、监事和高级管理人员及分支机构负责人任职审批或备案的参考。（实施单位：银保监会、证监会、工业和信息化部、财政部、市场监管总局等相关部门以及地方政府确定的融资性担保公司监管机构）

（16）将失信企业相关信息作为设立保险公司审批参考，作为保险中介业务许可和保险专业中介机构变更股权、实际控制人备案的参考；依法限制失信企业及失信企业（企事业单位）的法定代表人、主要负责人、影响债务履行的直接责任人员、实际控制人支付高额保费购买具有现金价值的保险产品。（实施单位：银保监会）

（17）将失信企业相关信息作为设立商业银行或分行、代表处以及参股、收购商业银行的审批时审慎性参考。（实施单位：银保监会）

（18）将失信信息作为境内上市公司实行股权激励计划或相关人员成为股权激励对象事中事后监管的参考。（实施单位：证监会、国资委、财政部）

（19）在合格境外机构投资者、合格境内机构投资者额度审批和管理中，将失信状况作为审慎性参考依据。（实施单位：外汇局）

（20）在融资授信时查询拟授信对象及其法定代表人、实际控制人、董事、监事、高级管理人员是否为失信责任主体，对拟授信对象为失信责任主体的从严审核。（实施单位：人民银行、银保监会）

（21）限制严重失信行为有关责任人乘坐飞机、列车软卧、轮船二等以上仓位、G字头动车组列车全部座位、其他动车组一等以上座位等非生活和工作必须的消费行为。（实施单位：交通运输部、民航局、铁路总公司等相关部门）

（22）将相关机构及其法人代表、实际控制人、董事、监事、高级管理人等失信责任主体状况作为优惠性政策支持的审慎性参考。（实施单位：国家发展改革委、商务部、海关总署、税务总局、市场监管总局）

（23）对失信企业在取得政府供应土地方面依法予以限制或禁止。（实施单位：自然资源部）

（24）依法限制失信企业参与工程建设项目招标投标。（实施单位：国家发展改革委、工业和信息化部、住房城乡建设部、交通运输部、水利部、商务部、国际发展合作署、民航局、铁路总公司）

（25）依法限制失信企业受让收费公路权益。（实施单位：交通运输部）

（26）失信企业申请适用海关认证企业管理的，海关不予通过认证；已经成为认证企业的，按照规定下调企业信用等级。（实施单位：海关总署）

（27）在失信企业申请办理相关海关业务时，对其进出口货物实施严密监管，加强布控查验、后续稽查或统计监督核查。（实施单位：海关总署）

（28）失信责任主体为个人的，依法限制其担任国有独资公司法定代表人、董事、监事及国有资本控股或参股公司法定代表人、董事、监事及国有企业的法定代表人、高级管理人员；已担任相关职务的，提出其不再担任相关职务的意见。（实施单位：中央组织部、国资委、财政部等相关部门）

（29）失信责任主体为个人的，依法限制登记为事业单位法定代表人。失信责任主体是机构的，该机构法定代表人依法限制登记为事业单位法定代表人。（实施单位：中央编办）

（30）将失信企业和以失信责任主体为法定代表人、实际控制人、董事、监事、高级管理人员的单位，作为重点监管对象，加大日常监管力度，提高随机抽查的比例和频次，并可依据相关法律法规对其采取行政监管措施。（实施单位：相关市场监管、行业主管部门）

（31）通过主要新闻网站向社会公布失信责任主体信息。（实施单位：中央网信办）

（32）对于机关、企事业单位、社会团体或其领导成员为失信单位或个人的，不得参加文明单位、道德模范等各类评选表彰，已经取得荣誉称号的予以撤销。（实施单位：中央宣传部、中央文明办）

第七章　非税收入减免政策解析与运用

第一节　非税收入管理解析

政策依据：

《财政部关于印发〈政府非税收入管理办法〉的通知》(财税〔2016〕33号)；
《财政部关于税务部门罚没收入等政府非税收入管理有关事项的通知》(财税〔2018〕161号)。

一、非税收入及设立(财税〔2016〕33号)

第三条　非税收入，是指除税收以外，由各级国家机关、事业单位、代行政府职能的社会团体及其他组织依法利用国家权力、政府信誉、国有资源(资产)所有者权益等取得的各项收入。具体包括：

（一）行政事业性收费收入。
（二）政府性基金收入。
（三）罚没收入。
（四）国有资源(资产)有偿使用收入。
（五）国有资本收益。
（六）彩票公益金收入。
（七）特许经营收入。
（八）中央银行收入。
（九）以政府名义接受的捐赠收入。
（十）主管部门集中收入。
（十一）政府收入的利息收入。
（十二）其他非税收入。

非税收入不包括社会保险费、住房公积金(是指计入缴存人个人账户部分)。

第九条　设立和征收非税收入，应当依据法律、法规的规定或者按下列管理权限予以批准：

（一）行政事业性收费按照国务院和省、自治区、直辖市(以下简称省级)人民政府及其财政、价格主管部门的规定设立和征收。
（二）政府性基金按照国务院和财政部的规定设立和征收。
（三）国有资源有偿使用收入、特许经营收入按照国务院和省级人民政府及其财政部门的规定设立和征收。
（四）国有资产有偿使用收入、国有资本收益由拥有国有资产(资本)产权的人民政府及其财政部门按照国有资产(资本)收益管理规定征收。
（五）彩票公益金按照国务院和财政部的规定筹集。
（六）中央银行收入按照相关法律法规征收。
（七）罚没收入按照法律、法规和规章的规定征收。
（八）主管部门集中收入、以政府名义接受的捐赠收入、政府收入的利息收入及其他非税收入按照同级人民政府及其财政部门的管理规定征收或者收取。

任何部门和单位不得违反规定设立非税收入项目或者设定非税收入的征收对象、范围、标准和期限。

第十条　取消、停征、减征、免征或者缓征非税收入，以及调整非税收入的征收对象、范围、标准和期限，应当按照设立和征收非税收入的管理权限予以批准，不许越权批准。

取消法律、法规规定的非税收入项目，应当按照法定程序办理。

第十一条　非税收入可以由财政部门直接征收，也可以由财政部门委托的部门和单位(以下简称执收单位)征收。

未经财政部门批准，不得改变非税收入执收单位。
法律、法规对非税收入执收单位已有规定的，从其规定。

税务部门在税收征缴过程中收取或产生的相关罚没收入、利息收入和违约金收入，全额上缴中央国库。相关罚没收入，是指税务部门收取的各项罚没收入，不包括随各税种税款加收的滞纳金和罚款；利息收入，是指税务代保管资金账户中资金产生的利息收入；违约金收入，是指因税务部门委托代征人未履行代征义务，税务部门按《委托代征协议书》约定向代征人收取的违约金。（财税〔2018〕161号）

二、票据管理(财税〔2016〕33号)

第二十条　非税收入票据是征收非税收入的法定凭证和会计核算的原始凭证，是财政、审计等部门进行监督检查的重要依据。

第二十一条　非税收入票据种类包括非税收入通用票据、非税收入专用票据和非税收入一般缴款书。具体适用下列范围：

（一）非税收入通用票据，是指执收单位征收非税收入时开具的通用凭证。

（续表）

（二）非税收入专用票据，是指特定执收单位征收特定的非税收入时开具的专用凭证，主要包括行政事业性收费票据、政府性基金票据、国有资源（资产）收入票据、罚没票据等。

（三）非税收入一般缴款书，是指实施非税收入收缴管理制度改革的执收单位收缴非税收入时开具的通用凭证。

第二十三条　非税收入票据实行凭证领取、分次限量、核旧领新制度。

执收单位使用非税收入票据，一般按照财务隶属关系向同级财政部门申领。

第二十四条　除财政部另有规定以外，执收单位征收非税收入，应当向缴纳义务人开具财政部或者省级财政部门统一监（印）制的非税收入票据。

对附加在价格上征收或者需要依法纳税的有关非税收入，执收单位应当按规定向缴纳义务人开具税务发票。

不开具前款规定票据的，缴纳义务人有权拒付款项。

第二十五条　非税收入票据使用单位不得转让、出借、代开、买卖、擅自销毁、涂改非税收入票据；不得串用非税收入票据，不得将非税收入票据与其他票据互相替代。

第二十六条　非税收入票据使用完毕，使用单位应当按顺序清理票据存根、装订成册、妥善保管。

非税收入票据存根的保存期限一般为 5 年。保存期满需要销毁的，报经原核发票据的财政部门查验后销毁。

三、申报管理

	申报方式		申报表
缴费人	自行申报方式	一般使用	《非税收入通用申报表》
相关电网企业	代征	石油特别收益金	《石油特别收益金申报表》
减免	自行申报享受，相关资料由缴费人留存备查。	油价调控风险准备金	《油价调控风险准备金申报表》

第二节　行政事业性收费减费政策解析与应用

政策依据：

> 《财政部　国家发展改革委关于发布〈行政事业性收费项目审批管理暂行办法〉的通知》（财综〔2004〕100 号）；
> 《财政部关于印发〈政府非税收入管理办法〉的通知》（财税〔2016〕33 号）；
> 《国家发展改革委　财政部关于印发〈行政事业性收费标准管理办法〉的通知》（发改价格规〔2018〕988 号）；
> 《国家发展改革委　财政部关于降低部分行政事业性收费标准的通知》（发改价格〔2019〕914 号）；
> 《财政部　国家发展改革委关于减免部分行政事业性收费有关政策的通知》（财税〔2019〕45 号）；
> 《财政部　国家发展改革委关于继续免征相关防疫药品和医疗器械注册费的公告》（财政部　国家发展改革委公告 2021 年第 9 号）。

行政事业性收费收入属于政府非税收入，按照国务院和省级人民政府及其财政、价格主管部门的规定设立和征收。行政事业性收费在政府提供非普遍公共服务时收取，体现了"谁受益谁付费"的原则，不能让政府为部分人群的服务，让全体纳税人买单。

一、行政事业性收费项目审批管理（财综〔2004〕100 号）

（一）行政事业性收费及审批制度

第三条　行政事业性收费（以下简称收费）是指国家机关、事业单位、代行政府职能的社会团体及其他组织根据法律、行政法规、地方性法规等有关规定，依照国务院规定程序批准，在向公民、法人提供特定服务的过程中，按照成本补偿和非盈利原则向特定服务对象收取的费用。	第四条　收费项目实行中央和省两级审批制度。国务院和省、自治区、直辖市人民政府（以下简称省级政府）及其财政、价格主管部门按照国家规定权限审批管理收费项目。 除国务院和省级政府及其财政、价格主管部门外，其他国家机关、事业单位、社会团体，以及省级以下（包括计划单列市和副省级城市）人民政府，均无权审批收费项目。

(二) 收费项目的审批管理权限

第八条 除法律、行政法规和国务院另有规定外,中央国家机关、事业单位、代行政府职能的社会团体及其他组织(包括中央驻地方单位,以下简称中央单位)申请设立收费项目,应当向财政部、国家发展改革委提出书面申请,由财政部、国家发展改革委审批。

中央单位申请设立下列收费项目,属于重要收费项目,应当向财政部、国家发展改革委提出书面申请,由财政部、国家发展改革委审核后报国务院批准:

(一) 在全国范围内实施的资源类收费。
(二) 在全国范围内实施的公共事业类收费。
(三) 对国民经济和社会发展具有较大影响的其他收费。

第九条 省级国家机关、事业单位、代行政府职能的社会团体及其他组织(以下简称省级单位),省以下国家机关、事业单位、代行政府职能的社会团体及其他组织(以下简称省以下单位),申请设立一般收费项目,应当向省、自治区、直辖市财政、价格主管部门(以下简称省级财政、价格主管部门)提出书面申请,由省级财政、价格主管部门审批。

省级单位、省以下单位申请设立重要收费项目,应当向省级财政、价格主管部门提出书面申请,由省级财政、价格主管部门审核后报省级政府批准。地方重要收费项目的范围由省级财政、价格主管部门确定。

省级单位、省以下单位申请设立专门面向企业的收费项目,应当向省级财政、价格主管部门提出书面申请,经省级财政、价格主管部门审核后报省级政府审批,省级政府在审批之前应当按照中发〔1997〕14号文件的规定征得财政部和国家发展改革委同意。

省级政府及其财政、价格主管部门批准设立的收费项目,应当于批准之日起30日内报财政部和国家发展改革委备案。

第十条 除法律、行政法规另有规定外,省级单位、省以下单位申请设立的收费项目,属于下列情况的,应当通过本系统或行业的中央主管部门统一向财政部、国家发展改革委提出书面申请,由财政部、国家发展改革委审批:

(一) 在全国范围内实施的考试收费。
(二) 在全国范围内实施的证照收费。
(三) 在全国范围内实施的注册、登记等管理性收费。
(四) 在全国范围内实施的检验、检测收费。
(五) 在全国范围内实施的其他收费。

省级政府及其财政、价格主管部门无权审批在全国范围内实施的收费以及中央单位的收费项目。

法律、行政法规、地方性法规中规定设立的收费项目,已明确具体收费对象、收费范围和收费标准的,依照其规定执行。

法律、行政法规中规定设立的收费项目,未明确具体收费对象、收费范围和收费标准的,其征收管理办法由财政部、国家发展改革委负责制定;地方性法规中规定设立的收费项目,未明确具体收费对象、收费范围和收费标准的,其征收管理办法由省级财政、价格主管部门负责制定。

二、全国性及中央部门和单位涉企行政事业性收费目录清单(部分)

序号	部门	项目序号	项目名称	资金管理方式	政策依据
一	公安部门	1	证照费		
			(1) 机动车号牌工本费	缴入地方国库	《中华人民共和国道路交通安全法》(以下简称为《道路交通安全法》);发改价格〔2004〕2831号;计价格〔1994〕783号;价费字〔1992〕240号;行业标准GA36—2014。
			①号牌(含临时)		
			②号牌专用固封装置		
			③号牌架		
			(2) 机动车行驶证、登记证、驾驶证工本费	缴入地方国库	《道路交通安全法》;发改价格〔2004〕2831号;财综〔2001〕67号;计价格〔2001〕1979号;计价格〔1994〕783号;价费字〔1992〕240号;发改价格〔2017〕1186号。
			(3) 临时入境机动车号牌和行驶证、临时机动车驾驶许可工本费	缴入地方国库	《道路交通安全法》;财综〔2008〕36号;发改价格〔2008〕1575号;发改价格〔2017〕1186号。

(续表)

序号	部门	项目序号	项目名称	资金管理方式	政策依据
二	自然资源部门	2	土地复垦费	缴入地方国库	《土地管理法》;《土地复垦条例》;财税〔2014〕77号。
		3	土地闲置费	缴入地方国库	《土地管理法》;《城市房地产管理法》;国发〔2008〕3号;财税〔2014〕77号。
		4	不动产登记费	缴入中央和地方国库	《物权法》;财税〔2016〕79号;发改价格规〔2016〕2559号。
		5	耕地开垦费	缴入地方国库	《土地管理法》;《土地管理法实施条例》;财税〔2014〕77号。
三	生态环境部门	6	海洋废弃物倾倒费	缴入中央国库	《海洋环境保护法》;发改价格〔2008〕1927号。
四	住房城乡建设部门	7	污水处理费	缴入地方国库	《中华人民共和国水污染防治法》;《城镇排水和污水处理条例》;财税〔2014〕151号;发改价格〔2015〕119号。
		8	城市道路占用、挖掘修复费	缴入地方国库	《城市道路管理条例》;建城〔1993〕410号;财税〔2015〕68号。
五	交通运输部门	9	车辆通行费(限于政府还贷)	缴入地方国库	《公路法》;《收费公路条例》;交公路发〔1994〕686号。
		10	长江干线船舶引航收费	缴入中央国库	发改价格〔2013〕1494号;发改价格〔2011〕1536号;财综〔2007〕60号;财税〔2014〕101号;财办税〔2015〕14号。
六	工业和信息化部门	11	无线电频率占用费	缴入中央和地方国库	《无线电管理条例》;计价格〔2000〕1015号;发改价格〔2013〕2396号;发改价格〔2011〕749号;发改价格〔2005〕2812号;发改价格〔2003〕2300号;计价费〔1998〕218号;发改价格〔2017〕1186号;发改价格〔2018〕601号。
		12	电信网码号资源占用费	缴入中央国库	《电信条例》;信部联清〔2004〕517号;信部联清〔2005〕401号;发改价格〔2017〕1186号。
七	水利部门	13	水资源费	缴入中央和地方国库	《水法》;《取水许可和水资源费征收管理条例》;财税〔2016〕2号;发改价格〔2014〕1959号;发改价格〔2013〕29号;财综〔2011〕19号;发改价格〔2009〕1779号;财综〔2008〕79号;财综〔2003〕89号;价费字〔1992〕181号。
		14	水土保持补偿费	缴入中央和地方国库	《水土保持法》;财综〔2014〕8号;发改价格〔2014〕886号;发改价格〔2017〕1186号。

(续表)

序号	部门	项目序号	项目名称	资金管理方式	政策依据
八	农业农村部门	15	农药实验费	缴入中央和地方国库	《农药管理条例》；价费字〔1992〕452号；发改价格〔2015〕2136号；发改价格〔2017〕1186号。
			（1）田间试验费		
			（2）残留试验费		
			（3）药效试验费		
		16	渔业资源增殖保护费	缴入中央和地方国库	《渔业法》；财税〔2014〕101号；财综〔2012〕97号；计价格〔1994〕400号；价费字〔1992〕452号。
九	林业和草原部门	17	草原植被恢复费	缴入地方国库	《草原法》；财综〔2010〕29号；发改价格〔2010〕1235号。
十	人防部门	18	防空地下室易地建设费	缴入中央和地方国库	中发〔2001〕9号；计价格〔2000〕474号；财税〔2014〕77号。
十一	法院	19	诉讼费	缴入中央和地方国库	《民事诉讼法》；《行政诉讼法》；《诉讼费用交纳办法》（国务院令481号）；财行〔2003〕275号。
十二	市场监管部门	20	特种设备检验检测费	缴入地方国库	《特种设备安全法》；《特种设备安全监察条例》；发改价格〔2015〕1299号；财综〔2011〕16号；财综〔2001〕10号。
十三	民航部门	21	航空业务权补偿费	缴入中央国库	发改价格〔2011〕3214号；财综〔2002〕54号。
		22	适航审查费	缴入中央国库	发改价格〔2011〕3214号；财综〔2002〕54号。
十四	药品监管部门	23	药品注册费	缴入中央和地方国库	《药品管理法实施条例》；财税〔2015〕2号；发改价格〔2015〕1006号；食药监公告2015第53号。
			（1）新药注册费		
			（2）仿制药注册费		
			（3）补充申请注册费		
			（4）再注册费		
			（5）加急费		
		24	医疗器械产品注册费	缴入中央和地方国库	《医疗器械监督管理条例》；财税〔2015〕2号；发改价格〔2015〕1006号；食药监公告2015第53号。
			（1）首次注册费		

(续表)

序号	部门	项目序号	项目名称	资金管理方式	政策依据
十四	药品监管部门		（2）变更注册费		
			（3）延续注册费		
			（4）临床试验申请费		
			（5）加急费		
十五	知识产权部门	25	商标注册收费	缴入中央国库	《商标法》；《商标法实施条例》；发改价格〔2015〕2136号；财税〔2017〕20号；发改价格〔2013〕1494号；发改价格〔2008〕2579号；财综〔2004〕11号；计价费〔1998〕1077号；财综字〔1995〕88号；计价格〔1995〕2404号；价费字〔1992〕414号；发改价格〔2015〕2136号；财税〔2017〕20号。
			（1）受理商标注册费		
			（2）补发商标注册证费（含刊登遗失声明费用）		
			（3）受理转让注册商标费		
			（4）受理商标续展注册费		
			（5）受理商标注册延迟费		
			（6）受理商标评审费		
			（7）变更费		
			（8）出具商标证明费		
			（9）受理集体商标注册费		
			（10）受理证明商标注册费		
			（11）商标异议费		
			（12）撤销商标费		
			（13）商标使用许可合同备案费		
		26	专利收费		
			（1）专利收费（国内部分）	缴入中央国库	《专利法》；《专利法实施细则》；财税〔2017〕8号；发改价格〔2017〕270号；财税〔2016〕78号；财税〔2018〕37号。
			①申请费、申请附加费、公布印刷费、优先权要求费		
			②发明专利申请实质审查费、复审费		
			③专利登记费、公告印刷费、年费、年费滞纳金		
			④恢复权利请求费、延长期限请求费		

(续表)

序号	部门	项目序号	项目名称	资金管理方式	政策依据
十五	知识产权部门		⑤著录事项变更费、专利权评价报告请求费、无效宣告请求费		
			⑥专利文件副本证明费		
			(2) PCT 专利申请收费		《专利法》；《专利法实施细则》；财税〔2017〕8号；发改价格〔2017〕270号；财税〔2018〕37号。
			①申请国际阶段收取的国际申请费和手续费，传送费、检索费、优先权文件费、初步审查费、单一性异议费、副本复制费、后提交费、恢复权利请求费、滞纳金		
			②申请进入中国国家阶段收取的宽限费、译文改正费、单一性恢复费、优先权恢复费		
			(3) 为其他国家和地区提供检索和审查服务收费		《专利法》；《专利法实施细则》；财税〔2017〕8号；发改价格〔2017〕270号。
		27	集成电路布图设计保护收费	缴入中央国库	《集成电路布图设计保护条例》；财税〔2017〕8号；发改价格〔2017〕270号；发改价格〔2017〕1186号。
			(1) 布图设计登记费		
			(2) 布图设计登记复审请求费		
			(3) 著录事项变更手续费		
			(4) 延长期限请求费		
			(5) 恢复布图设计登记权利请求费		
			(6) 非自愿许可使用布图设计请求费		
			(7) 报酬裁决费		
十六	银保监会	28	银行业监管费	缴入中央国库	财税〔2015〕21号；财税〔2017〕52号。
		29	保险业监管费	缴入中央国库	财税〔2015〕22号；财税〔2017〕52号。
十七	证监会	30	证券、期货业监管费	缴入中央国库	财税〔2015〕20号；发改价格〔2016〕14号；财税〔2018〕37号；发改价格规〔2018〕917号。
十八	仲裁部门	31	仲裁收费	缴入地方国库	《仲裁法》；财综〔2010〕19号；国办发〔1995〕44号。

三、行政事业性收费标准管理办法(发改价格规〔2018〕988号)

第三条 本办法所称行政事业性收费(以下简称收费),是指国家机关、事业单位、代行政府职能的社会团体及其他组织根据法律法规等有关规定,依照国务院规定程序批准,在实施社会公共管理,以及在向公民、法人和其他组织提供特定公共服务过程中,向特定对象收取的费用。

第四条 收费标准实行中央和省两级审批制度。国务院和省、自治区、直辖市人民政府(以下简称省级政府)的价格财政部门按照定权限审批收费标准。未列入行政事业性收费目录清单的收费项目,一律不得审批收费标准。

中央有关部门和单位(包括中央驻地方单位,下同),以及全国或者区域(跨省、自治区、直辖市)范围内实施收费的收费标准,由国务院价格、财政部门审批。其中,重要收费项目的收费标准应当由国务院价格、财政部门审核后报请国务院批准。

除上款规定的其他收费标准,由省级政府价格、财政部门审批。其中,重要收费项目的收费标准应当由省级政府价格、财政部门审核后报请省级政府批准。

四、行政事业性收费减免政策解析

国家和省推进收费清理改革和减税降费工作以来,行政事业性收费管理随之更加规范,国家和省出台多项减税降费政策措施,使企业和个人缴纳行政事业性收费的种类不断减少、收费标准不断降低,进一步为企业和群众减负,切实增强了企业和群众的获得感,真正兑现了政府以减税降费换取市场的信心和活力的承诺。

(一) 减免部分行政事业性收费标准(发改价格〔2019〕914号)

自2019年7月1日起,降低无线电频率占用费、出入境证照类收费、商标注册收费等部分行政事业性收费标准。

对2019年7月1日前应交未交的上述行政事业性收费,补缴时应按原标准征收。

各地区、各有关部门要严格执行本通知规定,对降低的行政事业性收费标准,不得以任何理由拖延或者拒绝执行。

降低的行政事业性收费标准

1. 工业和信息化部门

(1) 223~235 MHz频段无线数据传输系统收费标准。

降低223~235 MHz频段电力等行业采用载波聚合的基站频率占用费标准,由按每频点(25 kHz)每基站征收改为按每MHz每基站征收,即由现行800元/频点/基站调整为1 000元/MHz/基站。

原窄带无线数据传输系统(每频点信道带宽25 kHz)的收费标准仍按现行规定执行,即800元/频点/基站。

(2) 5 905~5 925 MHz频段车联网直连通信系统收费标准。

① 在省(自治区、直辖市)范围使用的,按照15万元/MHz/年收取;在市(地、州)范围使用的,按照1.5万元/MHz/年。使用范围在10个省(自治区、直辖市)及以上的,按照150万元/MHz/年收取;使用范围在10个市(地、州)及以上的,按照15万元/MHz/年收取。

② 为鼓励新技术新业务的发展,对5 905~5 925 MHz频段车联网直连通信系统频率占用费标准实行"头三年免收"的优惠政策,即自频率使用许可证发放之日起,第一至第三年(按财务年度计算,下同)免收无线电频率占用费;第四年及以后按照国家规定的收费标准收取频率占用费。

(3) 卫星通信系统频率占用费收费标准。

① 调整网络化运营的对地静止轨道Ku频段(12.2~12.75 GHz/14~14.5 GHz)高通量卫星系统业务频率的频率占用费收费方式。根据其技术和运营特点,由原按照空间电台500元/MHz/年(发射)、地球站250元/MHz/年(发射)分别向卫星运营商和网内终端用户收取,改为根据卫星系统业务频率实际占用带宽,只向卫星运营商按照500元/MHz/年标准收取,此频段内不再对网内终端用户收取频率占用费。

② 免收卫星业余业务频率占用费。

(4) 其他收费项目,按现行标准执行。

2. 移民和出入境管理部门

(1) 因私普通护照收费标准,由160元/本降为120元/本。

(2) 往来港澳通行证收费标准,由80元/张降为60元/张。

(3) 其他收费项目,按现行标准执行。

(续表)

3. 知识产权部门 （1）受理商标续展注册费收费标准，由 1 000 元降为 500 元。 （2）变更费收费标准，由 250 元降为 150 元。	（3）对提交网上申请并接受电子发文的商标业务，免收变更费，其他收费项目，包括受理商标注册费、补发商标注册证费、受理转让注册商标费、受理商标续展注册费、受理续展注册迟延费、受理商标评审费、出据商标证明费、受理集体商标注册费、受理证明商标注册费、商标异议费、撤销商标费、商标使用许可合同备案费，按现行标准的 90% 收费。

（二）免征异地扶贫搬迁免征有关行政事业性收费（财税〔2019〕53号）

自 2019 年 7 月 1 日起，免征易地扶贫搬迁项目城市基础设施配套费、不动产登记费及防空地下室易地建设费。

（三）养老、托育、家政等社区家庭服务业免征有关行政事业性收费（财政部、税务总局、发展改革委、民政部、商务部、卫生健康委公告 2019 年第 76 号）

用于提供社区养老、托育、家政服务的房产、土地，免征不动产登记费、耕地开垦费、土地复垦费、土地闲置费；用于提供社区养老、托育、家政服务的建设项目，免征城市基础设施配套费；确因地质条件等原因无法修建防空地下室的，免征防空地下室易地建设费。

（四）减免部分行政事业性收费（财税〔2019〕45号）

1. 减免不动产登记费 （1）对下列情形免征不动产登记费： ① 申请办理变更登记、更正登记的。 ② 申请办理森林、林木所有权及其占用的林地承包经营权或林地使用权，及相关抵押权、地役权不动产权利登记的。 ③ 申请办理耕地、草地、水域、滩涂等土地承包经营权或国有农用地使用权，及相关抵押权、地役权不动产权利登记的。 （2）对申请办理车库、车位、储藏室不动产登记，单独核发不动产权属证书或登记证明的，不动产登记费由原非住宅类不动产登记每件 550 元，减按住宅类不动产登记每件 80 元收取。	2. 调整专利收费减缴条件 将《财政部 国家发展改革委关于印发〈专利收费减缴办法〉的通知》（财税〔2016〕78号）第三条规定可以申请减缴专利收费的专利申请人和专利权人条件，由上年度月均收入低于 3 500 元（年 4.2 万元）的个人，调整为上年度月均收入低于 5 000 元（年 6 万元）的个人；由上年度企业应纳税所得额低于 30 万元的企业，调整为上年度企业应纳税所得额低于 100 万元的企业。

（五）继续免征相关防疫药品和医疗器械注册费（财政部、国家发展改革委公告 2021 年第 9 号）

自 2021 年 1 月 1 日至 2021 年 12 月 31 日，对进入医疗器械应急审批程序并与新型冠状病毒（2019-nCoV）相关的防控产品，免征医疗器械产品注册费；对进入药品特别审批程序、治疗和预防新型冠状病毒肺炎（COVID-19）的药品，免征药品注册费。

第三节　政府性基金减费政策解析与应用

政策依据：

《财政部关于印发〈政府性基金管理暂行办法〉的通知》（财综〔2010〕80号）。

一、政府性基金管理暂行办法

第二条　本办法所称政府性基金，是指各级人民政府及其所属部门根据法律、行政法规和中共中央、国务院文件规定，为支持特定公共基础设施建设和公共事业发展，向公民、法人和其他组织无偿征收的具有专项用途的财政资金。 第三条　政府性基金实行中央一级审批制度，遵循统一领导、分级管理的原则。	第四条　政府性基金属于政府非税收入，全额纳入财政预算，实行"收支两条线"管理。 第五条　各级人民政府财政部门（以下简称各级财政部门）以及政府性基金征收、使用部门和单位按照本办法规定权限，分别负责政府性基金的征收、使用、管理和监督。

二、全国政府性基金目录清单

全国政府性基金目录清单

序号	项目名称	资金管理方式	政策依据
1	铁路建设基金	缴入中央国库	国发〔1992〕37号；财工字〔1996〕371号；财工〔1997〕543号；财综〔2007〕3号。
2	港口建设费	缴入中央和地方国库	国发〔1985〕124号；财综〔2011〕29号；财综〔2011〕100号；财综〔2012〕40号；财税〔2015〕131号。
3	民航发展基金	缴入中央国库	国发〔2012〕24号；财综〔2012〕17号；财税〔2015〕135号。
4	高等级公路车辆通行附加费（海南）	缴入地方国库	财综〔2008〕84号；《海南经济特区机动车辆通行附加费征收管理条例》（海南省人民代表大会常务委员会公告第54号）。
5	国家重大水利工程建设基金	缴入中央和地方国库	财综〔2009〕90号；财综〔2010〕97号；财税〔2010〕44号；财综〔2013〕103号；财税〔2015〕80号；财办综〔2015〕4号；财税〔2017〕51号；财办税〔2017〕60号；财税〔2018〕39号。
6	水利建设基金	缴入中央和地方国库	财综字〔1998〕125号；财综〔2011〕2号；财综函〔2011〕33号；财办综〔2011〕111号；财税函〔2016〕291号；财税〔2016〕12号；财税〔2017〕18号。
7	城市基础设施配套费	缴入地方国库	国发〔1998〕34号；财综函〔2002〕3号。
8	农网还贷资金	缴入中央和地方国库	财企〔2001〕820号；财企〔2002〕266号；财企〔2006〕347号；财综〔2007〕3号；财综〔2012〕7号；财综〔2013〕103号；财税〔2015〕59号。
9	教育费附加	缴入中央和地方国库	《教育法》；国发〔1986〕50号（国务院令第60号修改发布）；国发明电〔1994〕2号、23号；国发〔2010〕35号；财税〔2010〕103号；财税〔2016〕12号；财税〔2019〕13号；财税〔2019〕21号；财税〔2019〕22号。
10	地方教育附加	缴入地方国库	《教育法》；财综〔2001〕58号；财综函〔2003〕2号、9号、10号、12号、13号、14号、15号、16号、18号；财综〔2004〕73号；财综函〔2005〕33号；财综〔2006〕2号、61号；财综〔2006〕9号；财综函〔2007〕45号；财综函〔2008〕7号；财综函〔2010〕2号、3号、7号、8号、11号、71号、72号、73号、75号、76号、78号、79号、80号；财综〔2010〕98号；财综函〔2011〕1号、2号、3号、4号、5号、6号、7号、8号、9号、10号、11号、12号、13号、15号、16号、17号、57号；财税〔2016〕12号；财税〔2019〕13号；财税〔2019〕21号；财税〔2019〕22号。
11	文化事业建设费	缴入中央和地方国库	国发〔1996〕37号；国办发〔2006〕43号；财综〔2013〕102号；财文字〔1997〕243号；财预字〔1996〕469号；财税〔2016〕25号；财税〔2016〕60号。

(续表)

序号	项目名称		资金管理方式	政策依据
12	国家电影事业发展专项资金		缴入中央和地方国库	《电影管理条例》；国办发〔2006〕43号；财税〔2015〕91号；财教〔2016〕4号。
13	旅游发展基金		缴入中央国库	旅办发〔1991〕124号；财行〔2001〕24号；财综〔2007〕3号；财综〔2010〕123号；财税〔2015〕135号。
14	中央水库移民扶持基金	大中型水库移民后期扶持基金	缴入中央国库	《大中型水利水电工程建设征地补偿和移民安置条例》；《长江三峡工程建设移民条例》；国发〔2006〕17号；财综〔2006〕29号；财监〔2006〕95号；监察部 人事部 财政部令第13号；财综〔2007〕26号；财综〔2007〕69号；财综〔2008〕17号；财综〔2008〕29号、30号、31号、32号、33号、35号、64号、65号、66号、67号、68号、85号、86号、87号、88号、89号、90号；财综〔2009〕51号、59号；财综〔2010〕15号、16号、43号、113号；财综函〔2010〕10号、39号；财综〔2013〕103号；财税〔2015〕80号；财税〔2016〕11号；财税〔2016〕13号；财税〔2017〕51号；财办税〔2017〕60号；财农〔2017〕128号。
		跨省大中型水库库区基金		
		三峡水库库区基金		
15	地方水库移民扶持基金	省级大中型水库库区基金	缴入地方国库	国发〔2006〕17号；财综〔2007〕26号；财综〔2008〕17号；财综〔2008〕29号、30号、31号、32号、33号、35号、64号、65号、66号、67号、68号、85号、86号、87号、88号、89号、90号；财综〔2009〕51号、59号；财综〔2010〕15号、16号、43号、113号；财综函〔2010〕10号、39号；财税〔2016〕11号；财税〔2016〕13号；财税〔2017〕18号。
		小型水库移民扶助基金		
16	残疾人就业保障金		缴入地方国库	《残疾人就业条例》；财税〔2015〕72号；财综〔2001〕16号；财税〔2017〕18号；财税〔2018〕39号。
17	森林植被恢复费		缴入中央和地方国库	《森林法》；《森林法实施条例》；财综〔2002〕73号；财税〔2015〕122号；财税〔2016〕2号。
18	可再生能源发展基金		缴入中央国库	《可再生能源法》；财综〔2011〕115号；财建〔2012〕102号；财综〔2013〕89号；财综〔2013〕103号；财税〔2016〕4号；财办税〔2015〕4号。
19	船舶油污损害赔偿基金		缴入中央国库	《环境保护法》；《防治船舶污染海洋环境管理条例》；财综〔2012〕33号；交财审发〔2014〕96号。
20	核电站乏燃料处理处置基金		缴入中央国库	财综〔2010〕58号。
21	废弃电器电子产品处理基金		缴入中央国库	《废弃电器电子产品回收处理管理条例》；财综〔2012〕34号；财综〔2012〕48号；财综〔2012〕80号；财综〔2013〕32号；财综〔2013〕109号；财综〔2013〕110号；财综〔2014〕45号；财税〔2015〕81号；财政部公告2014年第29号；财政部公告2015年第91号；国家税务总局公告2012年第41号；海关总署公告2012年第33号。

第四节 教育费附加与地方教育附加

详见第五章第二节"城市维护建设税和教育费附加优惠政策解析与应用"。

第五节 工会经费减费政策解析与应用

政策依据：

> 《中华人民共和国工会法》（中华人民共和国主席令第五十七号，以下简称《工会法》）；
> 《中华全国总工会办公厅关于印发〈基层工会经费收支管理办法〉的通知》（总工办发〔2017〕32号，以下简称《办法》）；
> 《关于支持民营企业加快改革发展与转型升级的实施意见》（发改体改〔2020〕1566号）。

一、工会经费收入范围

《工会法》	《办法》
第四十二条 工会经费的来源： （一）工会会员缴纳的会费。 （二）建立工会组织的企业、事业单位、机关按每月全部职工工资总额的百分之二向工会拨缴的经费。 （三）工会所属的企业、事业单位上缴的收入。 （四）人民政府的补助。 （五）其他收入。 前款第二项规定的企业、事业单位拨缴的经费在税前列支。 工会经费主要用于为职工服务和工会活动。经费使用的具体办法由中华全国总工会制定。	第四条 基层工会经费收入范围包括： （一）会费收入。会费收入是指工会会员依照全国总工会规定按本人工资收入的5‰向所在基层工会缴纳的会费。 （二）拨缴经费收入。拨缴经费收入是指建立工会组织的单位按全部职工工资总额2%依法向工会拨缴的经费中的留成部分。 （三）上级工会补助收入。上级工会补助收入是指基层工会收到的上级工会拨付的各类补助款项。 （四）行政补助收入。行政补助收入是指基层工会所在单位依法对工会组织给予的各项经费补助。 （五）事业收入。事业收入是指基层工会独立核算的所属事业单位上缴的收入和非独立核算的附属事业单位的各项事业收入。 （六）投资收益。投资收益是指基层工会依据相关规定对外投资取得的收益。 （七）其他收入。其他收入是指基层工会取得的资产盘盈、固定资产处置净收入、接受捐赠收入和利息收入等。

（1）"每月全部职工工资总额"是指每月全部职工的应发工资，不扣除五险一金和个税。计提工会经费的基数应该是应发工资总额，而不是实发工资总额。

（2）"全部职工"包括在公司的正式职工和非正式职工，但不包括退休返聘人员、兼职人员。劳务派遣人员如果直接跟公司签订合同，视为本公司员工纳入员工基数，如果是跟劳务派遣公司签订合同，则不需要计入员工基数。

二、工会经费的拨缴方式

先缴再返	分级拨缴
先按每月全部职工工资薪金总额的2%计算出工会经费全额向工会组织拨缴，取得《工会经费收入专用收据》；或者向受委托代收工会经费的税务机关缴纳，取得工会经费代收凭据，上级工会组再按规定比例（一般为60%）转拨给缴费企业基层工会。	按每月全部职工工资薪金总额的2%计算出工会经费后，按当地规定比例（一般为40%）向受委托代收工会经费的税务机关缴纳，取得工会经费代收凭据；留成部分（一般为60%）由企业同时拨付给其所在的基层工会，取得本单位基层工会开具的《工会经费收入专用收据》。

三、工会经费支出范围（总工办发〔2017〕32号）

第六条　基层工会经费主要用于为职工服务和开展工会活动。

第七条　基层工会经费支出范围包括：职工活动支出、维权支出、业务支出、资本性支出、事业支出和其他支出。

第八条　职工活动支出是指基层工会组织开展职工教育、文体、宣传等活动所发生的支出和工会组织的职工集体福利支出。包括：

（一）职工教育支出。用于基层工会举办政治、法律、科技、业务等专题培训和职工技能培训所需的教材资料、教学用品、场地租金等方面的支出，用于支付职工教育活动聘请授课人员的酬金，用于基层工会组织的职工素质提升补助和职工教育培训优秀学员的奖励。对优秀学员的奖励应以精神鼓励为主、物质激励为辅。授课人员酬金标准参照国家有关规定执行。

（二）文体活动支出。用于基层工会开展或参加上级工会组织的职工业余文体活动所需器材、服装、用品等购置、租赁与维修方面的支出以及活动场地、交通工具的租金支出等，用于文体活动优胜者的奖励支出，用于文体活动中必要的伙食补助费。

文体活动奖励应以精神鼓励为主、物质激励为辅。奖励范围不得超过参与人数的三分之二；不设置奖项的，可为参加人员发放少量纪念品。

文体活动中开支的伙食补助费，不得超过当地差旅费中的伙食补助标准。

基层工会可以用会员会费组织会员观看电影、文艺演出和体育比赛等，开展春游秋游，为会员购买当地公园年票。会费不足部分可以用工会经费弥补，弥补部分不超过基层工会当年会费收入的三倍。

基层工会组织会员春游秋游应当日往返，不得到有关部门明令禁止的风景名胜区开展春游秋游活动。

（三）宣传活动支出。用于基层工会开展重点工作、重大主题和重大节日宣传活动所需的材料消耗、场地租金、购买服务等方面的支出，用于培育和践行社会主义核心价值观，弘扬劳模精神和工匠精神等经常性宣传活动方面的支出，用于基层工会开展或参加上级工会举办的知识竞赛、宣讲、演讲比赛、展览等宣传活动支出。

（四）职工集体福利支出。用于基层工会逢年过节和会员生日、婚丧嫁娶、退休离岗的慰问支出等。

基层工会逢年过节可以向全体会员发放节日慰问品。逢年过节的年节是指国家规定的法定节日（即：新年、春节、清明节、劳动节、端午节、中秋节和国庆节）和经自治区以上人民政府批准设立的少数民族节日。节日慰问品原则上为符合中国传统节日习惯的用品和职工群众必需的生活用品等，基层工会可结合实际采取便捷灵活的发放方式。

工会会员生日慰问可以发放生日蛋糕等实物慰问品，也可以发放指定蛋糕店的蛋糕券。

工会会员结婚生育时，可以给予一定金额的慰问品。工会会员生病住院、工会会员或其直系亲属去世时，可以给予一定金额的慰问金。

工会会员退休离岗，可以发放一定金额的纪念品。

（五）其他活动支出。用于工会组织开展的劳动模范和先进职工疗休养补贴等其他活动支出。

第九条　维权支出是指基层工会用于维护职工权益的支出。包括：劳动关系协调费、劳动保护费、法律援助费、困难职工帮扶费、送温暖费和其他维权支出。

（一）劳动关系协调费。用于推进创建劳动关系和谐企业活动、加强劳动争议调解和队伍建设、开展劳动合同咨询活动、集体合同示范文本印制与推广等方面的支出。

（二）劳动保护费。用于基层工会开展群众性安全生产和职业病防治活动、加强群监员队伍建设、开展职工心理健康维护等促进安全健康生产、保护职工生命安全为宗旨开展职工劳动保护发生的支出等。

（三）法律援助费。用于基层工会向职工群众开展法治宣传、提供法律咨询、法律服务等发生的支出。

（四）困难职工帮扶费。用于基层工会对困难职工提供资金和物质帮助等发生的支出。

工会会员本人及家庭因大病、意外事故、子女就学等原因致困时，基层工会可给予一定金额的慰问。

（五）送温暖费。用于基层工会开展春送岗位、夏送清凉、金秋助学和冬送温暖等活动发生的支出。

（六）其他维权支出。用于基层工会补助职工和会员参加互助互济保障活动等其他方面的维权支出。

第十条　业务支出是指基层工会培训工会干部、加强自身建设以及开展业务工作发生的各项支出。包括：

（一）培训费。用于基层工会开展工会干部和积极分子培训发生的支出。开支范围和标准以有关部门制定的培训费管理办法为准。

（二）会议费。用于基层工会会员大会或会员代表大会、委员会、常委会、经费审查委员会以及其他专业工作会议的各项支出。开支范围和标准以有关部门制定的会议费管理办法为准。

（三）专项业务费。用于基层工会开展基层工会组织建设、建家活动、劳模和工匠人才创新工作室、职工创新工作室等创建活动发生的支出，用于基层工会开办的图书馆、阅览室和职工书屋等职工文体活动阵地所发生的支出，用于基层工会开展专题调研所发生的支出，用于基层工会开展女职工工作性支出，用于基层工会开展外事活动方面的支出，用于基层工会组织开展合理化建议、技术革新、发明创造、岗位练兵、技术比武、技术培训等劳动和技能竞赛活动支出及其奖励支出。

（四）其他业务支出。用于基层工会发放兼职工会干部和专职社会化工会工作者补贴，用于经上级批准评选表彰的优秀工会干部和积极分子的奖励支出,用于基层工会必要的办公费、差旅费,用于基层工会支付代理记账、中介机构审计等购买服务方面的支出。

基层工会兼职工会干部和专职社会化工会工作者发放补贴的管理办法由省级工会制定。

第十一条 资本性支出是指基层工会从事工会建设工程、设备工具购置、大型修缮和信息网络购建而发生的支出。

第十二条 事业支出是指基层工会对独立核算的附属事业单位的补助和非独立核算的附属事业单位的各项支出。

第十三条 其他支出是指基层工会除上述支出以外的其他各项支出。包括:资产盘亏、固定资产处置净损失、捐赠、赞助等。

第十四条 根据《中华人民共和国工会法》的有关规定,基层工会专职工作人员的工资、奖励、补贴由所在单位承担,基层工会办公和开展活动必要的设施和活动场所等物质条件由所在单位提供。所在单位保障不足且基层工会经费预算足以保证的前提下,可以用工会经费适当弥补。

四、工会经费代征

代收范围	代收比例	申报缴纳期限和方式
除工会经费纳入财政集中划拨的机关事业单位外,其他企事业单位工会经费(含未建立工会组织单位缴纳的筹备金)可以由各级工会委托税务部门代收。	对纳入代收范围的单位,原则上按其全部职工工资总额的2%计提的工会经费(筹备金)全额代收。	工会经费可按月或按季缴纳。缴费单位于每月或季度终了后15日内向其主管税务机关申报,并在规定期限内缴纳工会经费。 缴纳单位采用上门缴纳或网上缴纳方式缴纳工会经费(建会筹备金)。采取上门缴纳方式的,缴费单位到主管税务机关办税服务厅填报《通用申报表(税基金规费)》,进行申报缴纳;采用网上申报方式的,缴费单位通过税务机关网上申报系统申报缴纳工会经费(建会筹备金)。

五、小微企业全额返工会经费(发改体改〔2020〕1566号)

对小微企业自2020年1月1日至2021年12月31日的工会经费,实行全额返还支持政策。

第六节 残疾人就业保障金减费政策解析与应用

政策依据:

《中华人民共和国残疾人保障法》(中华人民共和国主席令第三十六号,以下简称《残疾人保障法》);

《残疾人就业条例》(国务院令第488号);

《财政部 国家税务总局 中国残疾人联合会关于印发〈残疾人就业保障金征收使用管理办法〉的通知》(财税〔2015〕72号);

《财政部关于取消、调整部分政府性基金有关政策的通知》(财税〔2017〕18号);

《财政部关于降低部分政府性基金征收标准的通知》(财税〔2018〕39号);

《国家发展改革委关于印发〈关于完善残疾人就业保障金制度 更好促进残疾人就业的总体方案〉的通知》(发改价格规〔2019〕2015号);

《财政部关于调整残疾人就业保障金征收政策的公告》(财政部公告2019年第98号)。

根据《残疾人保障法》,国家实行按比例安排残疾人就业制度。国家机关、社会团体、企业事业单位、民办非企业单位应当按照规定的比例安排残疾人就业,并为其选择适当的工种和岗位。达不到规定比例的,按照国家有关规定履行保障残疾人就业义务。国家鼓励用人单位超过规定比例安排残疾人就业。	残疾人就业保障金(以下简称残保金)是指为保障残疾人权益,由未按规定安排残疾人就业的机关、团体、企业、事业单位和民办非企业单位缴纳的资金。残保金由用人单位所在地的税务机关负责征收。有关省、自治区、直辖市对保障金征收机关另有规定的,按其规定执行。

一、政策规定（财税〔2015〕72号）

缴纳单位	申报缴纳	处罚
第四条 本办法所称残疾人，是指持有《中华人民共和国残疾人证》上注明属于视力残疾、听力残疾、言语残疾、肢体残疾、智力残疾、精神残疾和多重残疾的人员，或者持有《残疾军人证》（1至8级）的人员。 第六条 用人单位安排残疾人就业的比例不得低于本单位在职职工总数的1.5%。具体比例由各省、自治区、直辖市人民政府根据本地区的实际情况规定。用人单位安排残疾人就业达不到其所在地省、自治区、直辖市人民政府规定比例的，应当缴纳保障金。 第七条 用人单位将残疾人录用为在编人员或依法与就业年龄段内的残疾人签订1年以上（含1年）劳动合同（服务协议），且实际支付的工资不低于当地最低工资标准，并足额缴纳社会保险费的，方可计入用人单位所安排的残疾人就业人数。	第八条 保障金按上年用人单位安排残疾人就业未达到规定比例的差额人数和本单位在职职工年平均工资之积计算缴纳。计算公式如下： 保障金年缴纳额=（上年用人单位在职职工人数×所在地省、自治区、直辖市人民政府规定的安排残疾人就业比例－上年用人单位实际安排的残疾人就业人数）×上年用人单位在职职工年平均工资。 用人单位在职职工，是指用人单位在编人员或依法与用人单位签订1年以上（含1年）劳动合同（服务协议）的人员。季节性用工应当折算为年平均用工人数。以劳务派遣用工的，计入派遣单位在职职工人数。 用人单位安排残疾人就业未达到规定比例的差额人数，以公式计算结果为准，可以不是整数。 上年用人单位在职职工年平均工资，按用人单位上年在职职工工资总额除以用人单位在职职工人数计算。 第十七条 用人单位遇不可抗力自然灾害或其他突发事件遭受重大直接经济损失，可以申请减免或者缓缴保障金。用人单位申请减免保障金的最高限额不得超过1年的保障金应缴额，申请缓缴保障金的最长期限不得超过6个月。	第二十六条 用人单位未按规定缴纳保障金的，按照《残疾人就业条例》的规定，由保障金征收机关提交财政部门，由财政部门予以警告，责令限期缴纳；逾期仍不缴纳的，除补缴欠缴数额外，还应当自欠缴之日起，按日加收5‰的滞纳金。

二、完善残疾人就业保障金制度更好促进残疾人就业总体方案（发改价格规〔2019〕2015号第二条）

政策规定	政策解读
自2020年1月1日起： （1）实行分档征收。 将残保金由单一标准征收调整为分档征收，用人单位安排残疾人就业比例1%（含）以上但低于本省（区、市）规定比例的，3年内按应缴费额50%征收；1%以下的，3年内按应缴额90%征收。 （2）暂免征收小微企业残保金。对在职职工总数30人（含）以下的企业，暂免征收残保金。 （3）明确社会平均工资口径。残保金征收标准上限仍按当地社会平均工资的2倍执行，社会平均工资的口径为城镇私营单位和非私营单位就业人员加权平均工资。 （4）合理认定按比例安排就业形式。探索残疾人按比例就业多种实现形式，为用人单位更好履行法定义务提供更多选择。用工单位依法以劳务派遣方式接受残疾人在本单位就业的，残疾人联合会（以下简称残联）在审核残疾人就业人数时相应计入并加强动态监控。	（1）实行分档征收政策。 自2020年1月1日起，企业残疾人就业比例≥1%，减缴50%，即按照应缴金额的50%缴纳残保金；企业残疾人就业比例＜1%，减缴10%，即按照应缴金额的90%缴纳残保金。 ①残疾人就业比例=用人单位就业残疾人÷在职职工总数。 ②原来的规定是，残疾人就业比例不得低于1.5%，且不低于各地规定的比例，否则用人单位就需要缴纳残保金。按照最新政策，就业比例在1%～1.5%之间，减缴50%；就业比例＜1%，减缴10%。 （2）小微企业暂免征收政策。 自2020年1月1日起，在职职工人数在30人（含）以下的企业，暂免征收残疾人就业保障金。只要企业在职职工人数≤30人，在2020—2022年，均免缴残保金。注意，不再要求必须注册3年内。 （3）明确征收标准上限口径。 残保金征收标准上限，按照当地社会平均工资的2倍执行。当地社会平均工资按照所在地城镇非私营单位就业人员平均工资和城镇私营单位就业人员平均工资加权计算。 （4）合理认定按比例安排残疾人就业形式用人单位依法以劳务派遣方式接受残疾人在本单位就业的，各级残联所属的残疾人就业服务机构在审核时要相应计入并加强动态监控。派遣单位和接受单位在审核前要协商一致，将残疾人数计入其中一方的实际安排残疾人就业人数和在职职工人数，不得重复计算。2020年5月底之前（以后每年为1月底之前），劳务派遣单位要到税务登记地的残疾人就业服务机构，申报本单位上年度派遣残疾职工情况。

三、调整残疾人就业保障金征收政策（财政部、国家税务总局公告2019第98号）

政策规定	政策解读
（1）残疾人就业保障金征收标准上限，按照当地社会平均工资2倍执行。当地社会平均工资按照所在地城镇非私营单位就业人员平均工资和城镇私营单位就业人员平均工资加权计算。 （2）用人单位依法以劳务派遣方式接受残疾人在本单位就业的，由派遣单位和接受单位通过签订协议的方式协商一致后，将残疾人数计入其中一方的实际安排残疾人就业人数和在职职工人数，不得重复计算。 （3）自2020年1月1日至2022年12月31日，对残疾人就业保障金实行分档减缴政策。其中：用人单位安排残疾人就业比例达到1%（含）以上，但未达到所在地省、自治区、直辖市人民政府规定比例的，按规定应缴额的50%缴纳残疾人就业保障金；用人单位安排残疾人就业比例在1%以下的，按规定应缴费额的90%缴纳残疾人就业保障金。 （4）自2020年1月1日至2022年12月31日，在职职工人数在30人（含）以下的企业，暂免征收残疾人就业保障金。 （5）本公告自2020年1月1日起执行。	（1）缴费封顶基数是当地社平工资的2倍。 残疾人就业保障金征收标准上限，按照当地社会平均工资2倍执行。当地社会平均工资按照所在地城镇非私营单位就业人员平均工资和城镇私营单位就业人员平均工资加权计算。 （2）劳务派遣人员可以选择在用人单位或派遣单位计算。 用人单位依法以劳务派遣方式接受残疾人在本单位就业的，由派遣单位和接受单位通过签订协议的方式协商一致后，将残疾人数计入其中一方的实际安排残疾人就业人数和在职职工人数，不得重复计算。 原来的政策是，劳务派遣人员计入派遣单位在职职工人数。这样的话，比较有利于派遣单位，不利于用人单位。最新政策允许派遣单位和用人单位协商，可以由其中任何一方计算，对于用人单位来说无疑是有利的。

【例7-1】 上海A企业上年度在职职工总数为80人，在职职工年平均工资为10万元，雇佣了1个残疾人，请问该企业应缴多少残保金？上海规定就业比例不得低于1.5%。

残保金年缴纳额的计算公式如下：

残保全年缴纳额＝（上年用人单位在职职工人数×所在省规定的残疾人就业比例－上年用人单位实际安排的残疾人就业人数）×上年用人单位在职职工年平均工资

本例中，如果没有本次减缴政策，A企业应缴纳残保金＝（80×1.5%－1）×10＝2（万元）。

根据最新政策，A企业的残疾人就业比例＝1÷80＝1.25%＞1%，因此可减缴50%，即按照2×50%＝1（万元）缴纳残保金即可。

本例中，假设A企业上年度在职职工平均工资30万元，上海市上年度社会平均工资是12万元，则计算A企业应缴纳的残保金时，公式是（80×1.5%－1）×24，即不用A企业自己的平均工资30万元，而使用上海市平均工资的2倍这个数值，这个是缴费基数上限。

四、残疾人就业保障金计算方法

残疾人就业保障金按上年用人单位安排残疾人就业未达到规定比例的差额人数和本单位在职职工年平均工资之积计算缴纳。 2020年缴纳2019年度的残疾人就业保障金，2021年缴纳2020年度的残疾人就业保障金，其计算公式如下： 2020年残疾人就业保障金年缴纳额（雇用残疾人比例不低于1%）＝（2019年用人单位在职职工人数×1.5%－2019年用人单位实际安排残疾人就业人数）×2019年用人单位在职职工年平均工资×50%（在职职工年平均工资超过当地社会平均工资2倍以上，按当地社会平均工资2倍标准计算残保金）	2020年残疾人就业保障金年缴纳额（雇用残疾人比例低于1%）＝（2019年用人单位在职职工人数×1.5%－2019年用人单位实际安排残疾人就业人数）×2019年用人单位在职职工年平均工资×90%（在职职工年平均工资超过当地社会平均工资2倍以上，按当地社会平均工资2倍标准计算残保金） 2021年残疾人就业保障金年缴纳额（雇用残疾人比例不低于1%）＝（2020年用人单位在职职工人数×1.5%－2020年用人单位实际安排残疾人就业人数）×2020年用人单位在职职工年平均工资×50%（在职职工年平均工资超过当地社会平均工资2倍以上，按当地社会平均工资2倍标准计算残保金）

（续表）

2021年残疾人就业保障金年缴纳额（雇用残疾人比例低于1%）=（2020年用人单位在职职工人数×1.5%-2020年用人单位实际安排残疾人就业人数）×2020年用人单位在职职工年平均工资×90%（在职职工年平均工资超过当地社会平均工资2倍以上，按当地社会平均工资2倍标准计算残保金） 用人单位在职职工，是指用人单位在编人员或依法与用人单位签订1年以上（含1年）劳动合同（服务协议）的人员。用人单位在职职工人数，按本单位在职职工的年平均人数计算。季节性用工应当折算为年平均用人数。以劳务派遣用工的，计入派遣单位在职职工人数。	用人单位实际安排残疾人就业人数，是指本单位年安排残疾人就业的实际人数，可以不满1年，不满1年的按月计算。 用人单位在职职工年工资总额按照国家统计局有关文件规定口径计算，包括计时工资、计件工资、奖金、加班加点工资、津贴、补贴以及特殊情况下支付的工资等项目。 用人单位在职职工年平均工资，按用人单位2020年在职职工工资总额除以用人单位在职职工人数计算。当地社会平均工资为当地统计部门公布的上年度城镇单位就业人员平均工资。用人单位安排残疾人就业未达到规定比例的差额人数，以公式计算结果为准，可以不是整数。

【例7-2】 甲公司于2013年成立，2021年全年在职职工200人，其中持有残疾证员工3人，在职职工"应付职工薪酬——工资、奖金、津贴和补贴"年借方发生额1170万元，"应付职工薪酬——职工福利费——工资、奖金、津贴和补贴"年借方发生额30万元；季节性用工（春秋两季）8人，"应付职工薪酬——工资、奖金、津贴和补贴"年借方发生额56万元；接受劳务派遣用工40人，全年工资40万元。则甲公司2022年应申报缴纳残疾人保障金金额是多少？假设当地年平均工资4万元。残疾人就业比例为1.5%。

在职职工人数=200+8÷2+0=204（人）。 甲公司的残疾人就业比例=3÷204=1.47%>1%，因此可减缴50%。 季节性用工应当折算为年平均用人数。以劳务派遣用工的，计入派遣单位在职职工人数。 工资总数=1 170+30+56+0=1 256（万元）。 用人单位在职职工年平均工资6.156 9万元（1 256÷204），小于8万元（4×2），则按照实际平均工资计算计征残疾人就业保障金。	保障金年缴纳额=（上年用人单位在职职工人数×所在地省、自治区、直辖市人民政府规定的安排残疾人就业比例-上年用人单位实际安排的残疾人就业人数）×上年用人单位在职职工年平均工资=（204×1.5%-2）×6.156 9×50%=3.263 2（万元）。 借：税金及附加——残疾人保障金　32 632 　　贷：应交税费——残疾人保障金　32 632

五、残疾人就业保障金减免缓缴

（1）用人单位按不低于1.5%比例雇用残疾人，免交当年残疾人就业保障金，雇用1级或2级残疾人可按2倍残疾人数计算，雇用的残疾人户籍不限省籍。 （2）在职职工总数在30人以下（含30人）的企业，免征保障金。 （3）成立不到一个月的，不缴纳保障金。	（4）用人单位遇不可抗力自然灾害或其他突发事件遭受重大直接经济损失，可以申请减免或者缓缴保障金。用人单位申请减免保障金的最高限额不得超过1年的保障金应缴额，申请缓缴保障金的最长期限不得超过6个月。

六、残疾人就业保障金申报

1. 用人单位如何申报并享受残保金优惠 （1）自行判别。用人单位根据在职职工人数，自行判断是不是可以享受免缴残保金的优惠。用人单位自行计算残疾人的就业比例，自行判断可以减缴多少残保金。	（2）申报享受。用人单位通过填写《残疾人就业保障金缴费申报表》享受优惠政策。 （3）相关资料留存备查。用人单位应妥善保管与职工签订的劳动合同等资料，以备检查。 2. 申报上传材料 （1）在职残疾职工的上年度（2020年度）的社会保险证明（需社保中心出具）。

(续表)

(2) 工资证明需上传上年度（2020年度）首月工资、末月工资银行流水表并加盖单位公章。 (3)《中华人民共和国残疾人证》《中华人民共和国残疾军人证》（1至8级）。 (4) 其他需要上传的相关资料。 3. 人数计算 用人单位安排1名持有《中华人民共和国残疾人证》（1至2级）或《中华人民共和国残疾军人证》（1至3级）人员就业满1年的，按照安排2名残疾人计算；未满1年的，按照安排残疾人实际就业月数的2倍计算；用人单位成立未满1年的，按照安排残疾人实际就业月数除以用人单位成立月数所得结果数的2倍计算。用人单位安排1名持有《中华人民共和国残疾人证》（3至4级）或《中华人民共和国残疾军人证》（4至8级）人员就业满1年的，按照安排1名残疾人计算；未满1年的，按照安排残疾人实际就业月数计算；用人单位成立未满1年的，按照残疾人实际就业月数除以用人单位成立月数所得结果数计算。用人单位跨地区招用残疾人的，计入所安排的残疾人就业人数。以劳务派遣用工的，计入派遣单位所安排的残疾人就业人数。	4. 残疾人就业保障金申报缴纳时间 在征缴范围内的用人单位应当于2021年7月1日至10月31日登录国税电子税务局申报缴纳残疾人就业保障金，其残疾人就业保障金款项所属期为2020年1月1日到2020年12月31日。 5. 残疾人就业保障金的申报缴纳方式 用人单位可以选择网上申报或上门申报的方式进行残疾人就业保障金申报。不需缴纳残疾人就业保障金的用人单位也要进行零申报。残疾人就业保障金的缴纳方式与当地税务局征收管理的其他税费的缴款方式一致。 6. 其他 用人单位未按规定缴纳保障金的，由保障金主管税务机关责令限期缴纳。逾期仍不缴纳的，除补缴欠缴数额外，还应当自欠缴之日起，按日加收5‰的滞纳金。税务机关会定期对用人单位保障金缴纳情况进行检查。发现用人单位不报、少缴纳保障金的，主管税务机关会催报、追缴保障金。

第七节 文化事业建设费减费政策解析与应用

政策依据：

《财政部 国家税务总局关于营业税改征增值税试点有关文化事业建设费政策及征收管理问题的通知》（财税〔2016〕25号）；

《财政部 国家税务总局关于营业税改征增值税试点有关文化事业建设费政策及征收管理问题的补充通知》（财税〔2016〕60号）；

《财政部关于调整部分政府性基金有关政策的通知》（财税〔2019〕46号）；

《财政部 税务总局关于电影等行业税费支持政策的公告》（财政部 税务总局公告2020年第25号）；

《财政部 税务总局关于延续实施应对疫情部分税费优惠政策的公告》（财政部 税务总局公告2021年第7号）。

一、征收范围

财税〔2016〕25号	财税〔2016〕60号
在中华人民共和国境内提供广告服务的广告媒介单位和户外广告经营单位，应按照本通知规定缴纳文化事业建设费。 中华人民共和国境外的广告媒介单位和户外广告经营单位在境内提供广告服务，在境内未设有经营机构的，以广告服务接受方为文化事业建设费的扣缴义务人。	在中华人民共和国境内提供娱乐服务的单位和个人，应缴纳文化事业建设费。

(续表)

财税〔2016〕25号	财税〔2016〕60号
广告服务，是指利用图书、报纸、杂志、广播、电视、电影、幻灯、路牌、招贴、橱窗、霓虹灯、灯箱、互联网等各种形式为客户的商品、经营服务项目、文体节目或者通告、声明等委托事项进行宣传和提供相关服务的业务活动。包括广告代理和广告的发布、播映、宣传、展示等。（财税〔2016〕36号）	娱乐服务，是指为娱乐活动同时提供场所和服务的业务。具体包括：歌厅、舞厅、夜总会、酒吧、台球、高尔夫球、保龄球、游艺（包括射击、狩猎、跑马、游戏机、蹦极、卡丁车、热气球、动力伞、射箭、飞镖）。（财税〔2016〕36号注释）

文化事业建设费的缴纳人和增值税纳税人相一致，提供广告服务的是广告媒介单位和户外广告经营单位（不包括个体工商户和其他个人），提供娱乐服务的是单位和个人；娱乐业的具体适用范围仅限税目注释列举的项目，对网吧、棋牌室等未列举的娱乐活动不属于缴纳文化事业建设费的单位和个人。广告设计属于设计服务，不属于广告服务，不需要缴纳文化事业建设费。

二、计费依据（含税价款和价外费用）

广告服务财税（财税〔2016〕25号）	娱乐服务（财税〔2016〕60号）
应缴费额＝计费销售额×3% 计费销售额，为缴纳义务人提供广告服务取得的全部含税价款和价外费用，减除支付给其他广告公司或广告发布者的含税广告发布费后的余额。	应缴费额＝娱乐服务计费销售额×3% 娱乐服务计费销售额，为缴纳义务人提供娱乐服务取得的全部含税价款和价外费用。

值得注意的是，财税〔2016〕25号文件使用的是"全部含税价款和价外费用"，也就是我们通常所说的价税合计金额，作为文化事业建设费的计征依据。很难理解在营改增之后的政策还做出与增值税销售额不一致的计征依据规定，因为现行与销售额相关的计税（费）依据都是指的不含税价，但文件确实如此规定，这一点需要缴费人特别关注。

根据财税〔2016〕36号文件"销售服务、无形资产、不动产注释"，广告设计、创意策划、文印晒图等属于设计服务，不缴纳文化事业建设费；广告代理和广告的发布、播映、宣传、展示等属于广告服务，需缴纳文化事业建设费；广告制作、广告品的文印晒图不再归属于广告服务，不缴纳文化事业建设费。

广告业纳税人，当月广告服务收入为负时，计费收入按零申报，待后期有正数收入时进行冲减。

缴纳人缴纳文化事业建设费时对减除支付的广告发布费，目前无时限要求。

三、免征情形

财税〔2014〕122号	财税〔2016〕25号	财税〔2016〕60号	财税〔2019〕46号
一、自2015年1月1日至2017年12月31日，对按月纳税的月销售额或营业额不超过3万元（含3万元），以及按季纳税的季度销售额或营业额不超过9万元（含9万元）的缴纳义务人，免征教育费附加、地方教育附加、水利建设基金、文化事业建设费。	七、增值税小规模纳税人中月销售额不超过2万元（按季纳税6万元）的企业和非企业性单位提供的应税服务，免征文化事业建设费。 自2015年1月1日至2017年12月31日，对按月纳税的月销售额不超过3万元（含3万元），以及按季纳税的季度销售额不超过9万元（含9万元）的缴纳义务人，免征文化事业建设费。	三、未达到增值税起征点的缴纳义务人，免征文化事业建设费。	一、自2019年7月1日至2024年12月31日，对归属中央收入的文化事业建设费，按照缴纳义务人应缴费额的50%减征；对归属地方收入的文化事业建设费，各省（区、市）财政、党委宣传部门可以结合当地经济发展水平、宣传思想文化事业发展等因素，在应缴费额50%的幅度内减征。各省（区、市）财政、党委宣传部门应当将本地区制定的减征政策文件抄送财政部、中共中央宣传部。

财税〔2014〕122号文件和财税〔2016〕25号文件规定的优惠期限到期后，在新政策出台前，只有未达到起征点的小规模纳税人免缴文化事业建设费。增值税起征点，按照《增值税暂行条例实施细则》和《营业税改征增值税试点实施办法》执行。（详见第三章第九节"增值税减免税优惠解析与应用"）

对所属期为2020年1月1日至2021年12月31日的文化事业建设费予以免征。（财政部 税务总局公告2020年第25号、财政部 税务总局公告2021年第7号）

第八节　水利建设基金和国家重大水利工程建设基金减费政策解析与应用

项目	文号
国家重大水利工程建设基金	财综〔2009〕90号,财综〔2010〕97号,财税〔2010〕44号,财综〔2013〕103号,财税〔2015〕80号,财办税〔2015〕4号,财税〔2017〕51号,财办税〔2017〕60号,财税〔2018〕39号
水利建设基金	财综字〔1998〕125号,财综〔2011〕2号,财综函〔2011〕33号,财办综〔2011〕111号,财税函〔2016〕291号,财税〔2016〕12号,财税〔2017〕18号

一、水利建设基金和国家重大水利工程建设基金

政策依据：

> 《财政部　国家发展和改革委员会　水利部关于印发〈水利建设基金筹集和使用管理办法〉的通知》（财综〔2011〕2号）；
> 《财政部　国家发展改革委　水利部关于印发〈国家重大水利工程建设基金征收使用管理暂行办法〉的通知》（财综〔2009〕90号）。

财综〔2011〕2号	财综〔2009〕90号
第二条　水利建设基金是用于水利建设的专项资金，由中央水利建设基金和地方水利建设基金组成。中央水利建设基金主要用于关系经济社会发展全局的重点水利工程建设。地方水利建设基金主要用于地方水利工程建设。跨流域、跨省（自治区、直辖市）的重大水利建设工程和跨国河流、国界河流我方重点防护工程的治理投资由中央和地方共同负担。 第三条　中央水利建设基金的来源： （一）从车辆购置税收入中定额提取。 （二）从铁路建设基金、港口建设费收入中提取3%。 （三）经国务院批准的其他可用于水利建设基金的资金。 第四条　地方水利建设基金的来源 （一）从地方收取的政府性基金和行政事业性收费收入中提取3%。应提取水利建设基金的地方政府性基金和行政事业性收费项目包括：车辆通行费、城市基础设施配套费、征地管理费，以及省、自治区、直辖市人民政府确定的政府性基金和行政事业性收费项目。 （二）经财政部批准，各省、自治区、直辖市向企事业单位和个体经营者征收的水利建设基金。 （三）地方人民政府按规定从中央对地方成品油价格和税费改革转移支付资金中足额安排资金，划入水利建设基金。	第二条　国家重大水利工程建设基金（以下简称重大水利基金）是国家为支持南水北调工程建设、解决三峡工程后续问题以及加强中西部地区重大水利工程建设而设立的政府性基金。 第三条　重大水利基金利用三峡工程建设基金停征后的电价空间设立。 第四条　重大水利基金按下列原则筹集和分配： （一）三峡工程建设基金向重大水利基金平稳过渡，保持三峡工程建设基金现行征收政策基本不变。 （二）南水北调和三峡工程直接受益省份筹集的重大水利基金，专项用于南水北调工程建设和三峡工程后续工作。 （三）南水北调和三峡工程非直接受益省份筹集的重大水利基金，留给所在省份用于本地重大水利工程建设。 第五条　重大水利基金在除西藏自治区以外的全国范围内筹集，按照各省、自治区、直辖市扣除国家扶贫开发工作重点县农业排灌用电后的全部销售电量和规定征收标准计征。各省、自治区、直辖市全部销售电量包括省级电网企业销售给电力用户的电量、省级电网企业扣除合理线

(续表)

财综〔2011〕2号	财综〔2009〕90号
（四）有重点防洪任务和水资源严重短缺的城市要从征收的城市维护建设税中划出不少于15%的资金，用于城市防洪和水源工程建设。具体比例由省、自治区、直辖市人民政府确定。 有重点防洪任务的城市包括：北京、天津、沈阳、盘锦、长春、吉林、哈尔滨、齐齐哈尔、佳木斯、郑州、开封、济南、合肥、芜湖、安庆、淮南、蚌埠、上海、南京、武汉、黄石、荆州、南昌、九江、长沙、岳阳、成都、广州、南宁、梧州、柳州市，以及省、自治区、直辖市人民政府确定的有重点防洪任务的城市。 水资源严重短缺的城市，由省、自治区、直辖市人民政府确定。	损后的趸售电量（即实际销售给转供单位的电量）、省级电网企业销售给子公司的电量和对境外销售电量、企业自备电厂自发自用电量、地方独立电网销售电量（不含省级电网企业销售给地方独立电网企业的电量，下同）。跨省（自治区、直辖市）电力交易，计入受电省份销售电量。 各省、自治区、直辖市重大水利基金的具体征收标准见附件。第六条　重大水利基金从2010年1月1日起开始征收，至2019年12月31日止。 第七条　除企业自备电厂自发自用电量和地方独立电网销售电量外，重大水利基金由省级电网企业在向电力用户收取电费时一并代征。

凡有销售收入或者营业收入的企业事业单位及个体经营者，按销售收入或者营业收入的0.8‰，银行（含信用社）按利息收入的0.5‰，保险公司按保费收入的0.5‰，各类信托投资公司、财务公司等非银行金融机构按业务收入的1‰征收水利建设基金。各单位缴纳的水利建设基金可计入成本。

二、水利建设基金和国家重大水利工程建设基金减征

政策依据：

> 《财政部国家税务总局关于扩大有关政府性基金免征范围的通知》（财税〔2016〕12号）；
> 《财政部关于降低国家重大水利工程建设基金和大中型水库移民后期扶持基金征收标准的通知》（财税〔2017〕51号）；
> 《财政部关于降低部分政府性基金征收标准的通知》（财税〔2018〕39号）；
> 《财政部关于调整部分政府性基金有关政策的通知》（财税〔2019〕46号）。

财税〔2016〕12号	财税〔2017〕51号	财税〔2018〕39号	财税〔2019〕46号
将免征水利建设基金的范围，由现行按月纳税的月销售额或营业额不超过3万元（按季度纳税的季度销售额或营业额不超过9万元）的缴纳义务人，扩大到按月纳税的月销售额或营业额不超过10万元（按季度纳税的季度销售额或营业额不超过30万元）的缴纳义务人。	将国家重大水利工程建设基金和大中型水库移民后期扶持基金的征收标准统一降低25%。降低征收标准后，两项政府性基金的征收管理、收入划分、使用范围等仍按现行规定执行。	自2018年7月1日起，将国家重大水利工程建设基金征收标准，在按照财税〔2017〕51号文件降低25%的基础上，再统一降低25%。调整后的征收标准=按照《国家重大水利工程建设基金征收使用管理暂行办法》（财综〔2009〕90号）规定的征收标准×（1－25%）×（1－25%）。	二、自2019年7月1日起，将国家重大水利工程建设基金征收标准降低50%。降低后各省（区、市）征收标准见附件1。 国家重大水利工程建设基金征收至2025年12月31日。自2020年1月1日起，缴入中央国库的国家重大水利工程建设基金，根据国务院批复的相关规划，统筹用于南水北调工程和三峡后续工作等。具体资金分配根据基金年度实际征收情况，以及国务院批复的南水北调工程和三峡后续工作相关规划的资金落实情况等统筹安排。

第九节　废弃电器电子产品处理基金减费政策解析与应用

政策依据：

> 《废弃电器电子产品回收处理管理条例》(国务院令第551号，根据国务院令第709号关于修改部分行政法规的规定修正)；
> 《废弃电器电子产品处理资格许可管理办法》(环境保护部令第13号)；
> 《废弃电器电子产品处理基金征收使用管理办法》(财综〔2012〕34号)；
> 《财政部　国家税务总局关于进一步明确废弃电器电子产品处理基金征收产品范围的通知》(财综〔2012〕80号)；
> 《国家税务总局关于发布〈废弃电器电子产品处理基金征收管理规定〉的公告》(国家税务总局公告2012年第41号)；
> 《废弃电器电子产品处理目录(2014年版)》(国家发展和改革委员会　环境保护部　工业和信息化部　财政部　海关总署　国家税务总局联合公告2015年第5号)；
> 《关于印发废弃电器电子产品处理目录(2014年版)释义的通知》(发改办环资〔2016〕1050号)；
> 《国家税务总局关于修订〈废弃电器电子产品处理基金申报表〉的公告》(国家税务总局公告2015年第62号)；
> 《财政部　工业和信息化部　国家发展和改革委员会　生态环境部关于调整废弃电器电子产品处理基金补贴标准的通知》(财税〔2021〕10号)。

一、基金缴费人及基金缴纳

财综〔2012〕34号	国家税务总局公告2012年第41号
第二条　废弃电器电子产品处理基金(以下简称基金)是国家为促进废弃电器电子产品回收处理而设立的政府性基金。 第四条　电器电子产品生产者、进口电器电子产品的收货人或者其代理人应当按照本办法的规定履行基金缴纳义务。 电器电子产品生产者包括自主品牌生产企业和代工生产企业。 第五条　基金分别按照电器电子产品生产者销售、进口电器电子产品的收货人或者其代理人进口的电器电子产品数量定额征收。 依据《废弃电器电子产品回收处理管理条例》(国务院令第551号)和《废弃电器电子产品处理资格许可管理办法》(环境保护部令第13号)的规定取得废弃电器电子产品处理资格的企业(以下简称处理企业)，对列入《废弃电器电子产品处理目录》的废弃电器电子产品进行处理，可以申请基金补贴。财税〔2021〕10号文件提高了基金补贴标准，见下表。 财综〔2012〕80号文件明确了纳入基金征收范围的电视机、电冰箱、洗衣机、房间空调器、微型计算机的具体范围。	第二条　中华人民共和国境内电器电子产品的生产者，为基金缴纳义务人，应当按照本规定缴纳基金。 第五条　基金缴纳义务人销售应征基金产品时缴纳基金。本规定所称销售，是指通过从购买方取得货物、货币或其他经济利益转让应征基金产品所有权。 基金缴纳义务人受托加工生产应征基金产品的，不论原料和主要材料由何方提供，不论在财务上是否做销售处理，均由受托方缴纳基金。 第七条　基金缴纳义务人销售或受托加工生产相关电器电子产品，按照从量定额的办法计算应缴纳基金。应缴纳基金的计算公式为： 应缴纳基金＝销售数量(受托加工数量)×征收标准 在中华人民共和国境内生产《废弃电器电子产品处理基金征收使用管理办法》所规定的电器电子产品的生产者，为基金缴纳义务人。 按照国务院令第551号文件和《废弃电器电子产品处理基金征收使用管理办法》的规定，目前纳入基金征收范围的电器电子产品包括电视机、电冰箱、洗衣机、房间空调器和微型计算机共五类产品，对这五类产品的生产者征收基金。鉴于出口的电器电子产品无需在国内回收处理，规定电器电子产品生产者生产用于出口的电器电子产品免征基金。为了避免重复征收，规定对购进或者收回委托加工电器电子产品已缴纳基金的，可从应征基金产品销售数量中扣除。 基金实行按季申报，从量定额计征，征收标准为：电视机13元/台、电冰箱12元/台、洗衣机7元/台、房间空调器7元/台、微型计算机10元/台。

废弃电器电子产品处理基金补贴标准

序号	产品名称	品种	补贴标准（元/台）	备注
1	电视机	14寸及以上且25寸以下阴极射线管（黑白、彩色）电视机	40	14寸以下阴极射线管（黑白、彩色）电视机不予补贴
		25寸及以上阴极射线管（黑白、彩色）电视机，等离子电视机、液晶电视机、OLED电视机、背投电视机	45	
2	微型计算机	台式微型计算机（含主机和显示器）、主机显示器一体形式的台式微型计算机、便携式微型计算机	45	平板电脑、掌上电脑补贴标准另行制定
3	洗衣机	单桶洗衣机、脱水机（3公斤＜干衣量≤10公斤）	25	干衣量≤3公斤的洗衣机不予补贴
		双桶洗衣机、波轮式全自动洗衣机、滚筒式全自动洗衣机（3公斤＜干衣量≤10公斤）	30	
4	电冰箱	冷藏冷冻箱（柜）、冷冻箱（柜）、冷藏箱（柜）（50升≤容积≤500升）	55	容积＜50升的电冰箱不予补贴
5	空气调节器	整体式空调器、分体式空调器、一拖多空调器（含室外机和室内机）（制冷量≤14 000瓦）	100	

二、废弃电器电子产品处理目录(2014年版)

序号	产品名称	产品范围及定义
1	电冰箱	冷藏冷冻箱（柜）、冷冻箱（柜）、冷藏箱（柜）及其他具有制冷系统，消耗能量以获取冷量的隔热箱体（容积≤800升）。
2	空气调节器	整体式空调器（窗式、穿墙式等）、分体式空调器（挂壁式、落地式等）、一拖多空调器等制冷量在14 000 W及以下（一拖多空调时，按室外机制冷量计算）的房间空气调节器具。
3	吸油烟机	深型吸排油烟机、欧式塔型吸排油烟机、侧吸式吸排油烟机和其他安装在炉灶上部，用于收集、处理被污染空气的电动器具。
4	洗衣机	波轮式洗衣机、滚筒式洗衣机、搅拌式洗衣机、脱水机及其他依靠机械作用洗涤衣物（含兼有干衣功能）的器具（干衣量≤10公斤）。
5	电热水器	储水式电热水器、快热式电热水器和其他将电能转换为热能，并将热能传递给水，使水产生一定温度的器具（容积≤500升）。
6	燃气热水器	以燃气作为燃料，通过燃烧加热方式将热量传递到流经热交换器的冷水中以达到制备热水目的的一种燃气用具（热负荷≤70 kW）。
7	打印机	激光打印机、喷墨打印机、针式打印机、热敏打印机和其他与计算机联机工作或利用云打印平台，将数字信息转换成文字和图像并以硬拷贝形式输出的设备，包括以打印功能为主，兼有其他功能设备（印刷幅面＜A2，印刷速度≤80张/分钟）。
8	复印机	静电复印机、喷墨复印机和其他用各种不同成像过程产生原稿复印品的设备，包括以复印功能为主，兼有其他功能的设备（印刷幅面＜A2，印刷速度≤80张/分钟）。

（续表）

序号	产品名称	产品范围及定义
9	传真机	利用扫描和光电变换技术，把文字、图表、相片等传真静止图像变换成电信号发送出去，接收时以记录形式获取复制稿的通信终端设备，包括以传真功能为主，兼有其他功能的设备。
10	电视机	阴极射线管（黑白、彩色）电视机、等离子电视机、液晶电视机、OLED电视机、背投电视机、移动电视接收终端及其他含有电视调谐器（高频头）的用于接收信号并还原出图像及伴音的终端设备。
11	监视器	阴极射线管（黑白、彩色）监视器、液晶监视器等由显示器件为核心组成的图像输出设备（不含高频头）。
12	微型计算机	台式微型计算机（含一体机）和便携式微型计算机（含平板电脑、掌上电脑）等信息事务处理实体。
13	移动通信手持机	GSM手持机、CDMA手持机、SCDMA手持机、3G手持机、4G手持机、小灵通等手持式的，通过蜂窝网络的电磁波发送或接收两地讲话或其他声音、图像、数据的设备。
14	电话单机	PSTN普通电话机、网络电话机（IP电话机）、特种电话机和其他通信中实现声能与电能相互转换的用户设备。

第十节 取消、停征和整合部分政府性基金政策解析

政策依据：

> 《财政部关于取消、停征和整合部分政府性基金项目等有关问题的通知》（财税〔2016〕11号）；
> 《财政部关于取消、调整部分政府性基金有关政策的通知》（财税〔2017〕18号）；
> 《财政部 国家税务总局关于扩大有关政府性基金免征范围的通知》（财税〔2016〕12号）；
> 《关于完善残疾人就业保障金制度更好促进残疾人就业的总体方案》（发改价格规〔2019〕2015号）；
> 《财政部关于调整部分政府性基金有关政策的通知》（财税〔2019〕46号）；
> 《财政部关于民航发展基金等3项政府性基金有关政策的通知》（财税〔2020〕72号）；
> 《财政部关于取消港口建设费和调整民航发展基金有关政策的公告》（财政部公告2021年第8号）。

一、取消、停征和整合部分政府性基金项目（财税〔2016〕11号）

自2016年2月1日起：

将新菜地开发建设基金征收标准降为零。该基金征收标准降为零后，各地要完善财政保障机制，加大土地出让收入对蔬菜生产的支持。

将育林基金征收标准降为零。该基金征收标准降为零后，通过增加中央财政均衡性转移支付、中央财政林业补助资金、地方财政加大预算保障力度等，确保地方森林资源培育、保护和管理工作正常开展。

停征价格调节基金。该基金停止通过向社会征收方式筹集，所需资金由各地根据实际情况，通过地方同级预算统筹安排，保障调控价格、稳定市场工作正常开展。

将散装水泥专项资金并入新型墙体材料专项基金。停止向水泥生产企业征收散装水泥专项资金。将预拌混凝土、预拌砂浆、水泥预制件列入新型墙体材料目录，纳入新型墙体材料专项基金支持范围，继续推动散装水泥生产使用。

将大中型水库移民后期扶持基金、跨省（区、市）大中型水库库区基金、三峡水库库区基金合并为中央水库移民扶持基金。将省级大中型水库库区基金、小型水库移民扶助基金合并为地方水库移民扶持基金。具体征收政策、收入划分、使用范围等仍按现行规定执行，今后根据水库移民扶持工作需要适时完善分配使用政策。

二、取消、调整部分政府性基金

财税〔2017〕18 号	发改价格规〔2019〕2015 号
取消城市公用事业附加和新型墙体材料专项基金。以前年度欠缴或预缴的上述政府性基金,相关执收单位应当足额征收或及时清算,并按照财政部门规定的渠道全额上缴国库或多退少补。	2020 年 1 月 1 日起: 优化征收,切实降低用人单位成本。 (1) 实行分档征收。 将残保金由单一标准征收调整为分档征收,用人单位安排残疾人就业比例 1%(含)以上但低于本省(区、市)规定比例的,3 年内按应缴费额 50% 征收;1% 以下的,3 年内按应缴费额 90% 征收。 (2) 暂免征收小微企业残保金。对在职职工总数 30 人(含)以下的企业,暂免征收残保金。 (3) 明确社会平均工资口径。残保金征收标准上限仍按当地社会平均工资的 2 倍执行,社会平均工资的口径为城镇私营单位和非私营单位就业人员加权平均工资。 (4) 合理认定按比例安排就业形式。探索残疾人按比例就业多种实现形式,为用人单位更好履行法定义务提供更多选择。用工单位依法以劳务派遣方式接受残疾人在本单位就业的,残疾人联合会(以下简称残联)在审核残疾人就业人数时相应计入并加强动态监控。

三、降低部分政府性基金征收标准

财税〔2019〕46 号	财政部公告 2021 年第 8 号
自 2019 年 7 月 1 日起,将《财政部关于印发〈民航发展基金征收使用管理暂行办法〉的通知》(财综〔2012〕17 号)第八条规定的航空公司应缴纳民航发展基金的征收标准降低 50%。	自 2021 年 4 月 1 日起,将航空公司应缴纳民航发展基金的征收标准,在按照《财政部关于调整部分政府性基金有关政策的通知》(财税〔2019〕46 号)降低 50% 的基础上,再降低 20%。

四、关于扩大有关政府性基金免征范围(财税〔2016〕12 号)

将免征教育费附加、地方教育附加、水利建设基金的范围,由现行按月纳税的月销售额或营业额不超过 3 万元(按季度纳税的季度销售额或营业额不超过 9 万元)的缴纳义务人,扩大到按月纳税的月销售额或营业额不超过 10 万元(按季度纳税的季度销售额或营业额不超过 30 万元)的缴纳义务人。

五、继续征收 3 项政府性基金规定(财税〔2020〕72 号)

(1) 自 2021 年 1 月 1 日起,继续征收民航发展基金、旅游发展基金、水利建设基金,截止日期另行明确。

(2) 优化民航发展基金使用方向,将民航发展基金重点投向不具备市场化条件的公共领域,逐步退出竞争性和市场化特征明显的领域;将航空物流体系建设纳入民航发展基金补助范围;不再对通用航空机场建设和运营予以补贴。

(3) 优化旅游发展基金使用方向,将国家全域旅游示范项目、促进文化和旅游消费项目纳入旅游发展基金补助范围。

(4) 2020 年 12 月 31 日前已开征地方水利建设基金的省、自治区、直辖市,省级财政部门可提出免征、停征或减征地方水利建设基金的方案,报省级人民政府批准后执行。

(5) 除本通知规定外,上述 3 项政府性基金的具体征收使用政策按照现行规定执行。

(6) 请相关部门和地方切实加强有关政府性基金征收和使用管理,按照财政部有关文件规定,及时组织实施政策执行情况年度绩效评价工作,并将评价报告在次年 5 月底前报送财政部。

六、取消港口建设费和调整民航发展基金有关政策(财政部公告2021年第8号)

(1) 自2021年1月1日起取消港口建设费。以前年度欠缴的港口建设费,相关执收单位应当足额征收及时清算,并按照财政部门规定的渠道全额上缴国库。

(2) 自2021年4月1日起,将航空公司应缴纳民航发展基金的征收标准,在按照《财政部关于调整部分政府性基金有关政策的通知》(财税〔2019〕46号)降低50%的基础上,再降低20%。降低后的征收标准(见下表)。

(3) 各有关部门和单位应当按照本公告规定,及时制定相关配套措施,确保上述政策落实到位。

(4) 自2021年1月1日起,《财政部 交通运输部关于印发〈港口建设费征收使用管理办法〉的通知》(财综〔2011〕29号)、《财政部 交通运输部关于免征客滚运输港口建设费的通知》(财综〔2011〕100号)、《财政部 交通运输部关于同意南京港长江大桥以上港区减半征收港口建设费的批复》(财综〔2012〕40号)、《财政部 交通运输部关于完善港口建设费征收政策有关问题的通知》(财税〔2015〕131号)废止。

航空公司民航发展基金征收标准

单位:元/公里

最大起飞全重	第一类航线	第二类航线	第三类航线
≤50吨	0.46	0.36	0.3
50～100吨(含)	0.92	0.74	0.58
100～200吨(含)	1.38	1.1	0.88
>200吨	1.84	1.46	1.16

七、部分政府非税收入项目征管职责划转

税务部门征收非税收入是非税收入财政资金属性的要求。非税收入应尽可能实行"税务收、财政管、部门支、审计查"的多部门共管模式,即:由税务部门征收非税收入,并纳入财政预算管理,再由相关部门或单位将这笔收入支付给用款单位或个人,整个非税收入的"收、支、管"全过程都要接受审计的监督。从这个意义上来说,税务征收有利于保障非税收入的安全性。根据《国税地税征管体制改革方案》中的部署,按照便民、高效的原则,合理确定非税收入征管职责划转到税务部门的范围,对依法保留、适宜划转的非税收入项目成熟一批划转一批,逐步推进。

划转项目和时间	政策依据
(1) 自2019年1月1日起,原由财政部驻地方财政监察专员办事处(以下简称专员办)负责征收的国家重大水利工程建设基金、农网还贷资金、可再生能源发展基金、中央水库移民扶持基金(含大中型水库移民后期扶持基金、三峡水库库区基金、跨省际大中型水库库区基金)、三峡电站水资源费、核电站乏燃料处理处置基金、免税商品特许经营费、油价调控风险准备金、核事故应急准备专项收入,以及国家留成油收入、石油特别收益金,划转至税务部门征收。征收范围、对象、标准及收入分成等仍按现行规定执行。	《国家税务总局关于国家重大水利工程建设基金等政府非税收入项目征管职责划转有关事项的公告》(国家税务总局公告2018年第63号)
(2) 自2020年起,地方政府及有关部门负责征收的国家重大水利工程建设基金,以及向企事业单位和个体经营者征收的水利建设基金,划转至税务部门征收。	《国家税务总局关于水利建设基金等政府非税收入项目征管职责划转有关事项的公告》(国家税务总局公告2020年第2号)
(3) 自2021年1月1日起,水土保持补偿费、地方水库移民扶持基金、排污权出让收入、防空地下室易地建设费划转至税务部门征收。征收范围、征收对象、征收标准等政策仍按现行规定执行。	《国家税务总局关于水土保持补偿费等政府非税收入项目征管职责划转有关事项的公告》(国家税务总局公告2020年第21号)

(续表)

划转项目和时间	政策依据
（4）自 2021 年 7 月 1 日起，将自然资源部门负责征收的土地闲置费、住房城乡建设等部门负责征收的按行政事业性收费管理的城镇垃圾处理费划转至税务部门征收。 ① 土地闲置费由自然资源部门向缴纳义务人（土地使用权人）出具《征缴土地闲置费决定书》等文书，并向税务部门推送《征缴土地闲置费决定书》等费源信息。缴纳义务人依据《征缴土地闲置费决定书》向税务部门申报缴纳，税务部门开具缴费凭证。土地闲置费申报期限按现行规定执行，未按时缴纳的，由税务部门出具催缴通知，并通过涉税渠道及时追缴。 ② 城镇垃圾处理费由缴纳义务人或代征单位自行向税务部门申报缴纳，申报期限和程序按现行规定执行。未按时缴纳的，由税务部门出具催缴通知，并通过涉税渠道及时追缴。 ③ 税务、财政、自然资源、住房和城乡建设、人民银行等部门应加强协同配合，通过信息共享和规范表证单书，实时推送费源信息、征收信息，及时开展征管信息比对，确保非税收入及时足额入库。	《财政部关于土地闲置费、城镇垃圾处理费划转税务部门征收的通知》（财税〔2021〕8 号）； 《国家税务总局等五部门关于土地闲置费 城镇垃圾处理费划转有关征管事项的公告》（国家税务总局 财政部 自然资源部 住房和城乡建设 中国人民银行公告 2021 年第 12 号）
（5）将由自然资源部门负责征收的国有土地使用权出让收入、矿产资源专项收入、海域使用金、无居民海岛使用金四项政府非税收入（以下简称四项政府非税收入），全部划转给税务部门负责征收。自然资源部（本级）按照规定负责征收的矿产资源专项收入、海域使用金、无居民海岛使用金，同步划转税务部门征收。 （6）先试点后推开。自 2021 年 7 月 1 日起，选择在河北、内蒙古、上海、浙江、安徽、青岛、云南省（自治区、直辖市、计划单列市）以省（区、市）为单位开展征管职责划转试点，探索完善征缴流程、职责分工等，为全面推开划转工作积累经验。暂未开展征管划转试点地区要积极做好四项政府非税收入征收划转准备工作，自 2022 年 1 月 1 日起全面实施征管划转工作。	《财政部 自然资源部 税务总局 人民银行关于将国有土地使用权出让收入、矿产资源专项收入、海域使用金、无居民海岛使用金四项政府非税收入划转税务部门征收有关问题的通知》（财综〔2021〕19 号）

现行由税务机关负责征收的政府非税收入可分为政府性基金、行政事业性收费、其他非税收入三大类项目。部分非税收入项目在 2018 年之前就已由税务机关负责征收。依照中共中央 2018 年 3 月印发的《深化党和国家机构改革方案》关于税务部门"承担所辖区域内各项税收、非税收入征管等职责"的规定，根据财税〔2018〕147 号、财税〔2020〕9 号、财税〔2020〕58 号、财税〔2021〕8 号、财综〔2021〕19 号等文件的规定，在 2019 年、2020 年和 2021 年相继划转了 5 批政府非税收入项目至税务机关征收。截至 2021 年 6 月，由税务机关负责征收的政府非税收入项目有 27 项，具体内容如下表所示。

税务机关负责征收的非税收入项目清单①

项目名称	相关说明
国有土地使用权出让收入 矿产资源专项收入 海域使用金 无居民海岛使用金 土地闲置费 城镇垃圾处理费 地方水库移民扶持基金 排污权出让收入 水土保持补偿费 防空地下室易地建设费	2021 年划转项目

---

① 来源：税海涛声公众号。

(续表)

项目名称	相关说明
国家重大水利工程建设基金 农网还贷资金 可再生能源发展基金 核电站乏燃料处理处置基金 中央水库移民扶持基金（含大中型水库移民后期扶持基金、跨省大中型水库库区基金、三峡水库库区基金） 油价调控风险准备金 （场外）核事故应急准备专项收入 石油特别收益金 国家留成油收入 免税商品特许经营收入 三峡电站水资源费	2019 年专员办划转项目
教育费附加 地方教育附加 文化事业建设费 废弃电器电子产品处理基金 残疾人就业保障金	2018 年前已征项目
水利建设基金	2018 年前部分征收 2020 年全部划转项目

第八章 退税减税降费税务行动指引

第一节 退税减税降费税务综合措施指引

政策依据：

《中共中央办公厅 国务院办公厅关于进一步深化税收征管改革的意见》（中办发〔2021〕12号）；
《国家税务总局关于深入学习贯彻落实〈关于进一步深化税收征管改革的意见〉的通知》（税总发〔2021〕21号）；
《国家税务总局办公厅 中华全国工商业联合会办公厅关于印发〈2021年助力小微企业发展"春雨润苗"专项行动方案〉的通知》（税总办发〔2021〕23号）；
《国务院关于印发实施更大规模减税降费后调整中央与地方收入划分改革推进方案的通知》（国发〔2019〕21号）；
《财政部 工业和信息化部 国家发展和改革委员会 中国人民银行关于做好2021年降成本重点工作的通知》（发改运行〔2021〕602号）；
《国家税务总局 财政部关于制造业中小微企业延缓缴纳2021年第四季度部分税费有关事项的公告》（国家税务总局公告2021年第30号）；
《国家发展改革委 财政部 人力资源社会保障部 住房城乡建设部 交通运输部 商务部 文化和旅游部 卫生健康委 人民银行 国务院国资委 税务总局 市场监管总局 银保监会 民航局印发〈关于促进服务业领域困难行业恢复发展的若干政策〉的通知》（发改财金〔2022〕271号）；
《国家发展改革委 工业和信息化部 财政部 人力资源社会保障部 自然资源部 生态环境部 交通运输部 商务部 人民银行 税务总局 银保监会 能源局关于印发促进工业经济平稳增长的若干政策的通知》（发改产业〔2022〕273号）。

一、进一步深化税收征管改革

《中共中央办公厅 国务院办公厅关于进一步深化税收征管改革的意见》（中办发〔2021〕12号）	《国家税务总局关于深入学习贯彻落实〈关于进一步深化税收征管改革的意见〉的通知》（税总发〔2021〕21号）
近年来，我国税收制度改革不断深化，税收征管体制持续优化，纳税服务和税务执法的规范性、便捷性、精准性不断提升。为深入推进税务领域"放管服"改革，完善税务监管体系，打造市场化法治化国际化营商环境，更好服务市场主体发展，现就进一步深化税收征管改革提出如下意见。 一、总体要求 （一）指导思想。以习近平新时代中国特色社会主义思想为指导，全面贯彻党的十九大和十九届二中、三中、四中、五中全会精神，围绕把握新发展阶段、贯彻新发展理念、构建新发展格局，深化税收征管制度改革，着力建设以服务纳税人缴费人为中心、以发票电子化改革为突破口、以税收大数据为驱动力的具有高集成功能、高安全性能、高应用效能的智慧税务，深入推进精确执法、精细服务、精准监管、精诚共治，大幅提高税法遵从度和社会满意度，明显降低征纳成本，充分发挥税收在国家治理中的基础性、支柱性、保障性作用，为推动高质量发展提供有力支撑。	为贯彻落实好中共中央办公厅、国务院办公厅印发的《关于进一步深化税收征管改革的意见》（以下简称《意见》），深入推进税务领域"放管服"改革，打造市场化、法治化、国际化营商环境，更好服务市场主体发展，现将有关要求通知如下。 一、充分认识《意见》的重大意义 党的十八大以来，在以习近平同志为核心的党中央坚强领导下，我国税收制度改革不断深化，税收征管体制持续优化，纳税服务和税务执法的规范性、便捷性、精准性不断提升，但与推进国家治理体系和治理能力现代化的要求相比、与纳税人缴费人的期待相比仍有一定差距。《意见》立足于解决当前税收征管中存在的突出问题和深层次矛盾，围绕把握新发展阶段、贯彻新发展理念、构建

(续表)

《中共中央办公厅 国务院办公厅关于进一步深化税收征管改革的意见》(中办发〔2021〕12号)	《国家税务总局关于深入学习贯彻落实〈关于进一步深化税收征管改革的意见〉的通知》(税总发〔2021〕21号)
（二）工作原则。坚持党的全面领导,确保党中央、国务院决策部署不折不扣落实到位;坚持依法治税,善于运用法治思维和法治方式深化改革,不断优化税务执法方式,着力提升税收法治化水平;坚持为民便民,进一步完善利企便民服务措施,更好满足纳税人缴费人合理需求;坚持问题导向,着力补短板强弱项,切实解决税收征管中的突出问题;坚持改革创新,深化税务领域"放管服"改革,推动税务执法、服务、监管的理念和方式手段等全方位变革;坚持系统观念,统筹推进各项改革措施,整体性集成式提升税收治理效能。 （三）主要目标。到2022年,在税务执法规范性、税费服务便捷性、税务监管精准性上取得重要进展。到2023年,基本建成"无风险不打扰、有违法要追究、全过程强智控"的税务执法新体系,实现从经验式执法向科学精确执法转变;基本建成"线下服务无死角、线上服务不打烊、定制服务广覆盖"的税费服务新体系,实现从无差别服务向精细化、智能化、个性化服务转变;基本建成以"双随机、一公开"监管和"互联网+监管"为基本手段、以重点监管为补充、以"信用+风险"监管为基础的税务监管新体系,实现从"以票管税"向"以数治税"分类精准监管转变。到2025年,深化税收征管制度改革取得显著成效,基本建成功能强大的智慧税务,形成国内一流的智能化行政应用系统,全方位提高税务执法、服务、监管能力。 二、全面推进税收征管数字化升级和智能化改造 （四）加快推进智慧税务建设。充分运用大数据、云计算、人工智能、移动互联网等现代信息技术,着力推进内外部涉税数据汇聚联通、线上线下有机贯通,驱动税务执法、服务、监管制度创新和业务变革,进一步优化组织体系和资源配置。2022年基本实现法人税费信息"一户式"、自然人税费信息"一人式"智能归集,2023年基本实现税务机关信息"一局式"、税务人员信息"一员式"智能归集,深入推进对纳税人缴费人行为的自动分析管理、对税务人员履责的全过程自控考核考评、对税务决策信息和任务的自主分类推送。2025年实现税务执法、服务、监管与大数据智能化应用深度融合、高效联动、全面升级。 （五）稳步实施发票电子化改革。2021年建成全国统一的电子发票服务平台,24小时在线免费为纳税人提供电子发票申领、开具、交付、查验等服务。制定出台电子发票国家标准,有序推进铁路、民航等领域发票电子化,2025年基本实现发票全领域、全环节、全要素电子化,着力降低制度性交易成本。 （六）深化税收大数据共享应用。探索区块链技术在社会保险费征收、房地产交易和不动产登记等方面的应用,并持续拓展在促进涉税涉费信息共享等领域的应用。不断完善税收大数据云平台,加强数据资源开发利用,持续推进与国家及有关部门信息系统互联互通。2025年建成税务部门与相关部门常态化、制度化数据共享协调机制,依法保障涉税涉费必要信息获取;健全涉税涉费信息对外提供机制,打造规模大、类型多、价值高、颗粒度细的税收大数据,高效发挥数据要素驱动作用。完善税收大数据安全治理体系和管理制度,加强安全态势感知平台建设,常态化开展数据安全风险评估和检查,健全监测预警和应急处置机制,确保数据全生命周期安全。加强智能化税收大数据分析,不断强化税收大数据在经济运行研判和社会管理等领域的深层次应用。	新发展格局,对进一步深化税收征管改革作出全面部署,具有多方面重大意义。 （一）这是党中央、国务院关于"十四五"时期税收改革发展的重要制度安排。党中央、国务院高度重视深化税收征管改革。2020年12月30日,习近平总书记主持召开中央全面深化改革委员会第十七次会议,对进一步优化税务执法方式、深化税收征管改革进行研究。党的十九届五中全会对深化税收征管制度改革提出了明确要求。李克强总理在2021年的《政府工作报告》中强调,要深化财税金融体制改革,纵深推进"放管服"改革,加快营造市场化、法治化、国际化营商环境,激发各类市场主体活力。《意见》充分体现党的十九届五中全会、全国"两会"和《中华人民共和国国民经济和社会发展第十四个五年规划和2035年远景目标纲要》（以下简称"十四五"规划纲要）精神,坚持问题导向和目标导向,提出了进一步深化税收征管改革的指导思想、工作原则、主要目标和重点任务,集成推出一系列针对性强、含金量高的服务征管举措,不仅将有力推动税收征管改革不断走向深入,而且为"十四五"时期税收工作确立了总体规划和蓝图框架。 （二）这是体现党中央、国务院关心关怀、顺应纳税人缴费人期盼的重大民心工程。2021年是建党100周年,中央部署在全党开展党史学习教育和"我为群众办实事"实践活动,强调要落实以人民为中心的发展思想,践行全心全意为人民服务的宗旨。《意见》体现"十四五"规划纲要关于坚持共同富裕方向、不断满足人民对美好生活向往的要求,顺应人民群众期待,坚持为民便民,聚焦解决纳税人缴费人的堵点、难点、痛点问题,推出一系列优质高效智能、利企便民惠民的措施,以更好满足纳税人缴费人合理需求,必将指导税务部门在提升纳税人缴费人办税缴费体验中不断提高社会满意度,进一步增强人民群众获得感。

（续表）

《中共中央办公厅 国务院办公厅关于进一步深化税收征管改革的意见》（中办发〔2021〕12号）	《国家税务总局关于深入学习贯彻落实〈关于进一步深化税收征管改革的意见〉的通知》（税总发〔2021〕21号）
三、不断完善税务执法制度和机制 （七）健全税费法律法规制度。全面落实税收法定原则，加快推进将现行税收暂行条例上升为法律。完善现代税收制度，更好发挥税收作用，促进建立现代财税体制。推动修订税收征收管理法、反洗钱法、发票管理办法等法律法规和规章。加强非税收入管理法治化建设。 （八）严格规范税务执法行为。坚持依法依规征税收费，做到应收尽收。同时，坚决防止落实税费优惠政策不到位、征收"过头税费"及对税收工作进行不当行政干预等行为。全面落实行政执法公示、执法全过程记录、重大执法决定法制审核制度，推进执法信息网上录入、执法程序网上流转、执法活动网上监督、执法结果网上查询，2023年基本建成税务执法质量智能控制体系。不断完善税务执法及税费服务相关工作规范，持续健全行政处罚裁量基准制度。 （九）不断提升税务执法精确度。创新行政执法方式，有效运用说服教育、约谈警示等非强制性执法方式，让执法既有力度又有温度，做到宽严相济、法理相融。坚决防止粗放式、选择性、"一刀切"执法。准确把握一般涉税违法与涉税犯罪的界限，做到依法处置、罚当其责。在税务执法领域研究推广"首违不罚"清单制度。坚持包容审慎原则，积极支持新产业、新业态、新模式健康发展，以问题为导向完善税务执法，促进依法纳税和公平竞争。 （十）加强税务执法区域协同。推进区域间税务执法标准统一，实现执法信息互通、执法结果互认，更好服务国家区域协调发展战略。简化企业涉税涉费事项跨省迁移办理程序，2022年基本实现资质异地共认。持续扩大跨省经营企业全国通办涉税涉费事项范围，2025年基本实现全国通办。 （十一）强化税务执法内部控制和监督。2022年基本构建起全面覆盖、全程防控、全员负责的税务执法风险信息化内控监督体系，将税务执法风险防范措施嵌入信息系统，实现事前预警、事中阻断、事后追责。强化内外部审计监督和重大税务违法案件"一案双查"，不断完善对税务执法行为的常态化、精准化、机制化监督。 四、大力推行优质高效智能税费服务 （十二）确保税费优惠政策直达快享。2021年实现征管操作办法与税费优惠政策同步发布、同步解读，增强政策落实的及时性、确定性、一致性。进一步精简享受优惠政策办理流程和手续，持续扩大"自行判别、自行申报、事后监管"范围，确保便利操作、快速享受、有效监管。2022年实现依法运用大数据精准推送优惠政策信息，促进市场主体充分享受政策红利。 （十三）切实减轻办税缴费负担。积极通过信息系统采集数据，加强部门间数据共享，着力减少纳税人缴费人重复报送。全面推行税务证明事项告知承诺制，拓展容缺办理事项，持续扩大涉税资料由事前报送改为留存备查的范围。 （十四）全面改进办税缴费方式。2021年基本实现企业税费事项能网上办理，个人税费事项能掌上办理。2022年建成全国统一规范的电子税务局，不断拓展"非接触式""不见面"办税缴费服务。逐步改变以表单为载体的传统申报模式，2023年基本实现信息系统自动提取数据、自动计算税额、自动预填申报，纳税人缴费人确认或补正后即可线上提交。	（三）这是指导税务部门当前及今后一个时期"带好队伍、干好税务"、更好服务国家治理现代化的纲领性文件。党的十八大以来，税务部门深入学习贯彻习近平新时代中国特色社会主义思想以及习近平总书记关于税收工作的重要论述，确立了以"带好队伍、干好税务"为主要内容的新时代税收现代化建设总目标，有力服务了经济社会发展大局。《意见》提出深入推进精确执法、精细服务、精准监管、精诚共治，为税务部门持续深入"干好税务"指明了方向；《意见》就坚持党对税收工作的全面领导、建设高素质税务执法队伍、人才培养、绩效考评等作出系列部署，对税务部门持续深入"带好队伍"提出了明确要求，必将有力促进构建税务部门全面从严治党新格局，引领保障高质量推进新发展阶段税收现代化不断取得新成绩、开创新局面，更好发挥税收在国家治理中的基础性、支柱性、保障性作用，为推动高质量发展、服务国家治理现代化提供有力支撑。 各级税务机关和广大税务干部要充分认识《意见》的重大意义，切实把思想和行动统一到党中央、国务院重大部署上来，结合深入开展党史学习教育、"我为群众办实事"实践活动以及落实"十四五"规划纲要，认真抓好《意见》的学习贯彻，确保落地见效。 二、准确把握《意见》的主要内容 《意见》提出了进一步深化税收征管改革的6个方面24类重点任务，涉及税收工作的各个方面。各级税务机关要准确把握，积极推动《意见》各项部署安排落实落地。 （一）数据赋能更有效。运用现代信息技术建设智慧税务，实现从信息化到数字化再到智慧化是税收征管发展趋势。要深刻领会《意见》聚焦发挥数据生产要素的创新引擎作用，把"以数治税"理念贯穿税收征管全过程的部署安排，稳步实施发票电子化改革，深化税收大数据共享应用，着力建设具有高集成功能、高安全性能、高应用效能的智慧税务，全面推进税收征管数字化升级和智能化改造。

(续表)

《中共中央办公厅 国务院办公厅关于进一步深化税收征管改革的意见》（中办发〔2021〕12号）	《国家税务总局关于深入学习贯彻落实〈关于进一步深化税收征管改革的意见〉的通知》（税总发〔2021〕21号）
（十五）持续压减纳税缴费次数和时间。落实《优化营商环境条例》，对标国际先进水平，大力推进税（费）种综合申报，依法简并部分税种征期，减少申报次数和时间。扩大部门间数据共享范围，加快企业出口退税事项全环节办理速度，2022年税务部门办理正常出口退税的平均时间压缩至6个工作日以内，对高信用级别企业进一步缩短办理时间。 （十六）积极推行智能型个性化服务。全面改造提升12366税费服务平台，加快推动向以24小时智能咨询为主转变，2022年基本实现全国咨询"一线通答"。运用税收大数据智能分析识别纳税人缴费人的实际体验、个性需求等，精准提供线上服务。持续优化线下服务，更好满足特殊人员、特殊事项的服务需求。 （十七）维护纳税人缴费人合法权益。完善纳税人缴费人权利救济和税费争议解决机制，畅通诉求有效收集、快速响应和及时反馈渠道。探索实施大企业税收事先裁定并建立健全相关制度。健全纳税人缴费人个人信息保护等制度，依法加强税收数据查询权限和留痕等管理，严格保护纳税人缴费人及扣缴义务人的商业秘密、个人隐私等，严防个人信息泄露和滥用等。税务机关和税务人员违反有关法律法规规定、因疏于监管造成重大损失的，依法严肃追究责任。 五、精准实施税务监管 （十八）建立健全以"信用＋风险"为基础的新型监管机制。健全守信激励和失信惩戒制度，充分发挥纳税信用在社会信用体系中的基础性作用。建立健全纳税缴费信用评价制度，对纳税缴费信用高的市场主体给予更多便利。在全面推行实名办税缴费制度基础上，实行纳税人缴费人动态信用等级分类和智能化风险监管，既以最严格的标准防范逃避税，又避免影响企业正常生产经营。健全以"数据集成＋优质服务＋提醒纠错＋依法查处"为主要内容的自然人税费服务与监管体系。依法加强对高收入高净值人员的税费服务与监管。 （十九）加强重点领域风险防控和监管。对逃避税问题多发的行业、地区和人群，根据税收风险适当提高"双随机、一公开"抽查比例。对隐瞒收入、虚列成本、转移利润以及利用"税收洼地""阴阳合同"和关联交易等逃避税行为，加强预防性制度建设，加大依法防控和监督检查力度。 （二十）依法严厉打击涉税违法犯罪行为。充分发挥税收大数据作用，依托税务网络可信身份体系对发票开具、使用等进行全环节即时验证和监控，实现对虚开骗税等违法犯罪行为惩处从事后打击向事前事中精准防范转变。健全违法查处体系，充分依托国家"互联网＋监管"系统多元数据汇聚功能，精准有效打击"假企业"虚开发票、"假出口"骗取退税、"假申报"骗取税费优惠等行为，保障国家税收安全。对重大涉税违法犯罪案件，依法从严查处曝光并按照有关规定纳入企业和个人信用记录，共享至全国信用信息平台。 六、持续深化拓展税收共治格局 （二十一）加强部门协作。大力推进会计核算和财务管理信息化，通过电子发票与财政支付、金融支付和各类单位财务核算系统、电子档案管理信息系统的衔接，加快推进电子发票无纸化报销、入账、归档、存储。持续深化"银税互动"，助力解决小微企业融资难融资贵问题。加强情报交换、信息通报和执法联动，积极推进跨部门协同监管。	（二）税务执法更精确。坚持严格规范公正文明执法，是全面推进依法治国的基本要求，是维护社会公平正义的重要举措。要深刻理解《意见》健全执法制度机制、把握税务执法时度效的核心要义，运用法治思维，创新行政执法方式，严格规范税务执法行为，强化税务执法内部控制和监督，坚决防止粗放式、选择性、"一刀切"执法，推动从经验式执法向科学精确执法转变。 （三）税费服务更精细。不断满足纳税人缴费人的服务需求，是税务部门践行以人民为中心的发展思想的直接体现，是构建一流税收营商环境的具体行动。要深刻认识《意见》大力推行优质高效智能税费服务的重要意义，切实做到税费优惠政策直达快享，有效减轻办税缴费负担，全面改进办税缴费方式，实现从无差别服务向精细化、智能化、个性化服务转变，持续提升纳税人缴费人获得感。 （四）税务监管更精准。实施科学精准的税务监管，维护经济税收秩序，是税务部门的重要职责。要深刻把握《意见》对管出公平、管出质量的部署要求，建立健全以"信用＋风险"为基础的新型监管机制，推动从"以票管税"向"以数治税"分类精准监管转变，既以最严格的标准防范逃避税，又避免影响企业正常生产经营，实现对市场主体干扰最小化，监管效能最大化。 （五）税收共治更精诚。税收工作深度融入国家治理，与政治、经济、社会、文化和民生等各领域息息相关，深化税收征管改革需要各方面的支持、配合和保障。要深刻认识《意见》进一步拓展税收共治格局的重要作用，聚焦重点领域和薄弱环节，突出制度化、机制化、信息化，进一步做实做精部门协作、社会协同、税收司法保障和国际税收合作，凝聚更大合力为税收工作提供强大支撑。 （六）组织保障更有力。加强组织体系建设，是税收治理体系和治理能力现代化的重要组成部分。要深刻理解《意见》进一步激发税务干部活力动力的精神实质，着眼新使命新职责，优化征管职责和力量，加强征管能力建设，改进提升绩效考评，提高干部队伍法治素养和依法履职能力，为进一步深化税收征管改革提供强有力的组织保障。

（续表）

《中共中央办公厅 国务院办公厅关于进一步深化税收征管改革的意见》（中办发〔2021〕12号）	《国家税务总局关于深入学习贯彻落实〈关于进一步深化税收征管改革的意见〉的通知》（税总发〔2021〕21号）
（二十二）加强社会协同。积极发挥行业协会和社会中介组织作用，支持第三方按市场化原则为纳税人提供个性化服务，加强对涉税中介组织的执业监管和行业监管。大力开展税费法律法规的普及宣传，持续深化青少年税收法治教育，发挥税法宣传教育的预防和引导作用，在全社会营造诚信纳税的浓厚氛围。 （二十三）强化税收司法保障。公安部门要强化涉税犯罪案件查办工作力量，做实健全公安派驻税务联络机制。实行警税双方制度化、信息化、常态化联合办案，进一步畅通行政执法与刑事执法衔接工作机制。检察机关发现负有税务监管相关职责的行政机关不依法履责的，应依法提出检察建议。完善涉税司法解释，明晰司法裁判标准。 （二十四）强化国际税收合作。深度参与数字经济等领域的国际税收规则和标准制定，持续推动全球税收治理体系建设。落实防止税基侵蚀和利润转移行动计划，严厉打击国际逃避税，保护外资企业合法权益，维护我国税收利益。不断完善"一带一路"税收征管合作机制，支持发展中国家提高税收征管能力。进一步扩大和完善税收协定网络，加大跨境涉税争议案件协商力度，实施好对所得避免双重征税的双边协定，为高质量引进来和高水平走出去提供支撑。 七、强化税务组织保障 （二十五）优化征管职责和力量。强化市县税务机构在日常性服务、涉税涉费事项办理和风险应对等方面的职责，适当上移全局性、复杂性税费服务和管理职责。不断优化业务流程，合理划分业务边界，科学界定岗位职责，建立健全闭环管理机制。加大人力资源向风险管理、税费分析、大数据应用等领域倾斜力度，增强税务稽查执法力量。 （二十六）加强征管能力建设。坚持更高标准、更高要求，着力建设德才兼备的高素质税务执法队伍，加大税务领军人才和各层次骨干人才培养力度。高质量建设和应用学习兴税平台，促进学习日常化、工作学习化。 （二十七）改进提升绩效考评。在实现税务执法、税费服务、税务监管行为全过程记录和数字化智能归集基础上，推动绩效管理渗入业务流程、融入岗责体系、嵌入信息系统，对税务执法等实施自动化考评，将法治素养和依法履职情况作为考核评价干部的重要内容，促进工作质效持续提升。 八、认真抓好贯彻实施 （二十八）加强组织领导。各地区各有关部门要增强"四个意识"、坚定"四个自信"、做到"两个维护"，切实履行职责，密切协调配合，确保各项任务落地见效。税务总局要牵头组织实施，积极研究解决工作推进中遇到的重大问题，加强协调沟通，抓好贯彻落实。地方各级党委和政府要按照税务系统实行双重领导管理体制的要求，在依法依规征税收费、落实减税降费、推进税收共治、强化司法保障、深化信息共享、加强税法普及、强化经费保障等方面提供支持。 （二十九）加强跟踪问效。在税务领域深入推行"好差评"制度，适时开展监督检查和评估总结，减轻基层负担，促进执法方式持续优化、征管效能持续提升。 （三十）加强宣传引导。税务总局要会同有关部门认真做好宣传工作，准确解读便民利企政策措施，及时回应社会关切，正确引导社会预期，营造良好舆论氛围。	三、坚决抓好《意见》的贯彻实施 （一）加强组织领导，突出党建引领。各级税务机关要坚持和加强党对贯彻落实《意见》工作的领导，增强"四个意识"，坚定"四个自信"，做到"两个维护"。税务总局成立《意见》落实领导小组及其办公室，各省税务局要加强统一领导，成立本级领导小组及其办公室，扎实推进各项改革任务落地。 （二）细化任务分工，分步有序实施。税务总局制定贯彻落实工作方案，明确阶段工作安排，分步推进《意见》实施；细化路线图时间表责任人，分类推进任务落地。各相关司局要按照任务分工，主动担当作为，积极加强与有关部门的沟通协调和对各地税务机关的工作指导。各省税务局既要按照税务总局统一部署抓好贯彻落实，确保全国"一盘棋"；又要积极向当地党委政府汇报，推动制定本地实施方案，将深化税收征管改革纳入当地"十四五"改革发展规划之中统筹安排，凝聚条块协同推进的合力。 （三）强化统筹集成，持续优化提升。《意见》涉及征管服务理念、业务制度、岗责体系和信息系统的优化调整，必须坚持系统观念，不仅要把正在开展的发票电子化改革、金税四期建设、便民办税春风行动等重点工作作为落实《意见》的重要举措，而且要把今后一段时期"带好队伍、干好税务"的系列改革，都纳入《意见》的贯彻落实中统筹谋划、集成贯通、一体推进，务求取得系统性、开创性成效。 （四）做好宣传解读，严格督查考评。各级税务机关要认真组织集中学习和培训，引导税务干部统一思想认识，自觉融入改革大局。要突出让纳税人缴费人更有获得感，加强贯彻落实《意见》的宣传工作，深入解读《意见》促进税务执法监管公平公正公开、办税缴费服务便民利民惠民的举措，积极宣传改革经验做法和成效。要积极回应社会关切，引导社会各界理解和支持税收工作。要注重工作实效，力戒形式主义、官僚主义。要将《意见》贯彻实施工作纳入督查督办和绩效考评，定期开展评估总结、跟踪问效。要健全激励和问责机制，对工作不力、进度迟缓的要依规严肃问责。

二、制造业中小微企业缓税缓费政策解析与应用

法规依据：

> 《国家税务总局　财政部关于制造业中小微企业延缓缴纳2021年第四季度部分税费有关事项的公告》（国家税务总局公告2021年第30号）；
> 《国家税务总局　财政部关于延续实施制造业中小微企业延缓缴纳部分税费有关事项的公告》（国家税务总局　财政部公告2022年第2号）。

（一）继续延缓缴纳2021年第四季度部分税费

《国家税务总局　财政部关于制造业中小微企业延缓缴纳2021年第四季度部分税费有关事项的公告》（国家税务总局公告2021年第30号）规定的制造业中小微企业延缓缴纳2021年第四季度部分税费政策，缓缴期限继续延长6个月。上述企业2021年第四季度延缓缴纳的税费在2022年1月1日后本公告施行前已缴纳入库的，可自愿选择申请办理退税（费）并享受延续缓缴政策。

【例8-1】 纳税人A属于国家税务总局公告2021年第30号文件规定的制造业中小微企业，且按月缴纳相关税费，已经按规定缓缴了所属期为2021年11月的相关税费，缓缴期限3个月，按原政策将在2022年3月申报期结束前缴纳。国家税务总局、财政部公告2022年第2号文件发布后，2021年11月相关税费缴纳期限自动延长6个月，可在2022年9月申报期内申报缴纳2022年8月相关税费时一并缴纳。

若纳税人A按季缴纳相关税费，已经按规定缓缴了2021年第四季度相关税费，缓缴期限3个月，按原政策将在2022年4月申报期结束前缴纳。国家税务总局、财政部公告2022年第2号文件发布后，2021年第四季度相关税费缴纳期限自动延长6个月，可在2022年10月申报期内申报缴纳2022年第三季度相关税费时一并缴纳。

【例8-2】 纳税人B是年销售额30万元的制造业个体工商户，且实行简易申报，按季缴纳，纳税人无需操作确认缓缴相关税费，税务机关2022年4月暂不划扣其2021年第四季度缓缴的个人所得税、增值税、消费税及附征的城市维护建设税、教育费附加、地方教育附加。相关税费继续延缓缴纳期限6个月，延长缓缴期限的税费在2022年10月划扣2022年第三季度应缴税费时一并划扣。

（二）延缓缴纳2022年第一季度、第二季度部分税费

1. 可延缓缴纳2022年第一季度、第二季度部分税费的制造业中小微企业范围

制造业中型企业	制造业小微型企业
国民经济行业分类中行业门类为制造业，且年销售额2 000万元以上（含2 000万元）4亿元以下（不含4亿元）的企业。	国民经济行业分类中行业门类为制造业，且年销售额2 000万元以下（不含2 000万元）的企业。
销售额是指应征增值税销售额，包括纳税申报销售额、稽查查补销售额、纳税评估调整销售额。适用增值税差额征税政策的，以差额后的销售额确定。制造业中小微企业包含个人独资企业、合伙企业和个体工商户。		

2. 制造业中小微企业年销售额的确定

（1）截至2021年12月31日成立满一年的企业，按照所属期为2021年1月至2021年12月的销售额确定。

【例8-3】 纳税人C属于制造业企业，于2019年12月20日成立，截至2021年12月31日成立满一年，其2021年1月至2021年12月的销售额为1000万元，按照国家税务总局、财政部公告

2022年第2号文件的规定,该纳税人属于制造业小微企业。

(2) 截至2021年12月31日成立不满一年的企业,按照所属期截至2021年12月31日的销售额÷实际经营月份×12个月的销售额确定。

【例8-4】 纳税人D属于制造业企业,于2021年4月28日成立,截至2021年12月31日成立不满一年,其实际经营月份9个月,总销售额为1 200万元,则国家税务总局、财政部公告2022年第2号文件所称年销售额为1 200÷9×12＝1 600(万元)。按照国家税务总局、财政部公告2022年第2号文件的规定,该纳税人属于制造业小微企业。

(3) 2022年1月1日及以后成立的企业,按照实际申报期销售额/实际经营月份×12个月的销售额确定。

【例8-5】 纳税人E属于制造业企业,于2022年1月20日成立,若按月申报,首个申报期为2月,销售额为100万元,其实际经营1个月,则国家税务总局、财政部公告2022年第2号文件所称年销售额为100÷1×12＝1 200(万元)。若按季申报,首个申报期为2022年4月,销售额为300万元,其实际经营3个月,则国家税务总局、财政部公告2022年第2号文件所称年销售额为300÷3×12＝1 200(万元)。按照国家税务总局、财政部公告2022年第2号文件的规定,该纳税人属于制造业小微企业。

计算年销售额时制造业中小微企业的成立时间,以纳税人在税务系统中办理信息确认的时间为准。

3. 缓税缓费范围和额度

缓税缓费范围	缓税缓费额度
延缓缴纳的税费包括所属期为2022年1月、2月、3月、4月、5月、6月(按月缴纳)或者2022年第一季度、第二季度(按季缴纳)的企业所得税、个人所得税、国内增值税、国内消费税及附征的城市维护建设税、教育费附加、地方教育附加,不包括代扣代缴、代收代缴以及向税务机关申请代开发票时缴纳的税费。	符合规定条件的制造业中小微企业,在依法办理纳税申报后,制造业中型企业可以延缓缴纳本公告规定的各项税费金额的50%,制造业小微企业可以延缓缴纳本公告规定的全部税费,延缓的期限为6个月。延缓期限届满,纳税人应依法缴纳相应月份或者季度的税费。

4. 缓税缓费实务操作

(1) 延缓缴纳2022年第一季度、第二季度部分税费操作。

国家税务总局、财政部公告2022年第2号文件明确制造业中小微企业可延缓缴纳2022年第一季度、第二季度部分税费,延缓缴纳的期限为6个月。为了便利纳税人享受该政策,税务部门对电子税务局进行了优化,开通了缓税提示功能,纳税人可以通过电子税务局进行操作。是否符合缓税条件由纳税人根据实际经营情况自行判断,税务机关实施事后风险核查。

【例8-6】 纳税人F属于符合缓税条件的制造业中型企业,且按月缴纳相关税费,在2022年3月申报期结束前,登录电子税务局依法申报2月相关税费后,界面自动弹出是否延缓缴纳国家税务总局、财政部公告2022年第2号文件规定各项税费金额50%的提示。纳税人需进行确认,确认不缓缴的,纳税人在该界面填写理由,并依法缴纳相关税费;确认缓缴的,界面跳转进入缴款界面并缴纳应缴税费金额的50%,剩余部分缴纳期限自动延长6个月,可在2022年9月申报期内申报缴纳2022年8月相关税费时一并缴纳。

若纳税人F按季缴纳相关税费,在2022年4月申报期结束前依法申报2022年第一季度相关税费后,确认延缓缴纳的操作流程同按月缴纳的纳税人,缓缴的税费在2022年10月申报期内申报缴纳2022年第三季度相关税费时一并缴纳。

【例8-7】 纳税人G属于国家税务总局、财政部公告2022年第2号文件规定的制造业小微企业,且按季缴纳相关税费,在2022年4月申报期结束前,登录电子税务局依法申报2022年第一季度相关税费后,界面自动弹出是否延缓缴纳国家税务总局、财政部公告 2022 年第 2 号文件规定各项税费的提示。纳税人需进行确认,确认不缓缴的,纳税人在该界面填写理由,并依法缴纳相关税费;确认缓缴的,国家税务总局、财政部公告 2022 年第 2 号文件规定的相关税费延缓缴纳,期限为 6 个月,缓缴的税费在 2022 年 10 月申报期内申报缴纳 2022 年第三季度相关税费时一并缴纳。

若纳税人 G 按月缴纳税费,在 2022 年 3 月申报期结束前申报 2022 年 2 月相关税费后,确认延缓缴纳的操作流程同按季缴纳的纳税人,缓缴的税费在 2022 年 9 月申报期内申报缴纳 2022 年 8 月相关税费时一并缴纳。

【例 8-8】 纳税人 H 是年销售额 30 万元的制造业个体工商户,且实行简易申报,按季缴纳,纳税人无需确认,2022 年 4 月暂不划扣其 2022 年第一季度应缴纳的个人所得税、增值税、消费税及附征的城市维护建设税、教育费附加、地方教育附加。相关税费延缓缴纳 6 个月,缓缴的税费在 2022 年 10 月划扣 2022 年第三季度应缴税费时一并划扣。

(2) 2021 年第四季度已缓缴企业所得税的纳税人 2021 年度汇算清缴的办理。

享受 2021 年第四季度缓缴企业所得税政策的制造业中小微企业,在办理 2021 年度企业所得税汇算清缴年度申报时,产生的应补税款可与 2021 年第四季度已缓缴的税款一并延后缴纳入库,产生的应退税款由纳税人按照有关规定办理。因此,享受 2021 年第四季度缓税政策的纳税人先应按照现行规定,在 2022 年 5 月底前进行 2021 年度企业所得税年度纳税申报,其中涉及汇算清缴补税、退税业务的,视情形分别处理。

① 汇算清缴需要补税的纳税人,产生的应补税款可与 2021 年第四季度已缓缴的税款一并延后缴纳入库。

【例 8-9】 纳税人 K,按季预缴申报企业所得税。2022 年 1 月申报税款属期为 2021 年四季度的企业所得税时,应缴纳税款 10 万元,按照最新政策的规定,其缓缴期再延长 6 个月可推迟至 2022 年 10 月缴纳入库。2022 年 4 月,该企业完成 2021 年度的企业所得税年度纳税申报,结果显示汇算清缴需要补税 20 万元。由于其享受了 2021 年度第四季度企业所得税缓缴政策,该笔 20 万元的汇算清缴补税可与此前的 10 万元缓税一并在 2022 年 10 月缴纳入库。

② 汇算清缴需要退税的纳税人,可以自主选择办理退税。

【例 8-10】 纳税人 L,按季预缴申报企业所得税。2022 年 1 月申报税款属期为 2021 年四季度的企业所得税时,应缴纳税款 10 万元,按照最新政策的规定,其缓缴期再延长 6 个月可推迟至 2022 年 10 月缴纳入库。2022 年 4 月,该企业完成 2021 年度的企业所得税年度纳税申报,结果显示汇算清缴可退税 25 万元。相对而言,及时取得 25 万元的退税更有利于企业,因此其可以在完成企业所得税年度纳税申报后,选择申请抵减缓缴的 10 万元预缴税款,并就剩余的 15 万元办理退税。

【例 8-11】 纳税人 M,按季预缴申报企业所得税。2022 年 1 月申报税款属期为 2021 年四季度的企业所得税时,应缴纳税款 10 万元,按照最新政策的规定,其缓缴期再延长 6 个月可推迟至 2022 年 10 月缴纳入库。2022 年 4 月,该企业完成 2021 年度的企业所得税年度纳税申报,结果显示汇算清缴可退税 2 万元。相对而言,继续延缓缴纳 2021 年四季度的 10 万元预缴税款更有利于企业,因此该企业可暂不办理退税业务,待 2022 年 10 月,先申请抵减 2 万元退税,再将剩余的 2021 年四季度缓缴税款 8 万元缴纳入库。

(3) 2021 年第四季度已缓缴企业所得税的纳税人,在完成年度申报后延期缴纳应补税款的办理。

2021 年第四季度已缓缴企业所得税的纳税人,若完成年度申报后产生应补企业所得税,纳税人无需办理延期申请,征管系统将自动延长汇算清缴应补税款的缴款期限。

(4) 按月预缴申报的企业所得税纳税人,涉及多个月份缓缴企业所得税的,2021 年度汇算清缴应补税款延缓到何时缴纳。

按月预缴申报的企业所得税纳税人,可能涉及多笔缓缴业务。国家税务总局、财政部公告2022年第2号文件规定了汇算清缴产生的应补税款可与2021年第四季度已缓缴的税款一并延后缴纳入库,因此对于存在多笔缓缴业务的企业,可随同最后一笔缓缴税款,缴纳汇算清缴的应补税款。

【例8-12】 纳税人N,按月预缴申报企业所得税。于2021年11月(税款属期为2021年10月)和2022年1月(税款属期为2021年12月)享受两笔缓税,金额分别为5万元和10万元。按照最新政策的规定,其缓缴期再延长6个月可分别推迟至2022年8月、2022年10月。2022年4月,该企业完成2021年度的企业所得税年度纳税申报,结果显示汇算清缴需要补税20万元。由于其享受了2021年度第四季度企业所得税缓缴政策,2021年11月的5万元缓税最迟可在2022年8月缴纳入库,汇算清缴补税的20万元可与2022年1月的10万元缓税一并在2022年10月缴纳入库。

(5) 纳税人登记行业与实际经营不一致的,延缓缴纳政策的享受。

对符合缓缴税费条件的纳税人,登记行业与实际经营不一致等情况,区分两种情形处理:一是纳税人在市场监管部门登记信息为非制造业的,可以向税务机关提供制造业销售额占全部销售额超过50%的说明,享受延缓缴纳政策,后期需向市场监管部门办理行业信息更正。二是对纳税人在市场监管部门登记为制造业的,可向主管税务机关申请变更行业信息,享受延缓缴纳政策。

4. 与税收征管法"困难缓税"的衔接

符合缓税缓费条件的制造业中小微企业,符合《中华人民共和国税收征收管理法》及其实施细则规定可以申请延期缴纳税款的,仍然可以依法申请办理延期缴纳税款。

5. 违规处理

纳税人不符合缓税缓费条件,骗取享受缓缴税费政策的,税务机关将依照《中华人民共和国税收征收管理法》及其实施细则等有关规定严肃处理。

三、促进服务业领域困难行业恢复发展的若干政策(发改财金〔2022〕271号)

(一)服务业普惠性纾困扶持措施

(1) 延续服务业增值税加计抵减政策,2022年对生产、生活性服务业纳税人当期可抵扣进项税额继续分别按10%和15%加计抵减应纳税额。

(2) 2022年扩大"六税两费"适用范围,将省级人民政府在50%税额幅度内减征资源税、城市维护建设税、房产税、城镇土地使用税、印花税(不含证券交易印花税)、耕地占用税和教育费附加、地方教育附加等"六税两费"的适用主体,由增值税小规模纳税人扩展至小型微利企业和个体工商户。符合条件的服务业市场主体可以享受。

(3) 鼓励各地可根据条例授权和本地实际,2022年对缴纳房产税、城镇土地使用税确有困难的纳税人给予减免。符合条件的服务业市场主体可以享受。

(4) 2022年加大中小微企业设备器具税前扣除力度。中小微企业2022年度内新购置的单位价值500万元以上的设备器具,折旧年限为3年的可选择一次性税前扣除,折旧年限为4年、5年、10年的可减半扣除。企业可按季度享受优惠,当年不足扣除形成的亏损,可在以后5个纳税年度结转扣除。符合条件的服务业市场主体可以享受。

(5) 2022年延续实施阶段性降低失业保险、工伤保险费率政策。对不裁员、少裁员的企业继续实施普惠性失业保险稳岗返还政策,在2022年度将中小微企业返还比例从60%最高提至90%。符合条件的服务业市场主体可以享受。

(6) 2022年被列为疫情中高风险地区所在的县级行政区域内的服务业小微企业和个体工商户承租国有房屋,2022年减免6个月租金,其他地区减免3个月租金。各地可统筹各类资金,对承租非国有房屋的服务业小微企业和个体工商户给予适当帮扶。鼓励非国有房屋租赁主体在平等协商的基础上合理分担疫情带来的损失。对减免租金的房屋业主,2022年缴纳房产税、城镇土地使用税确有困难的,鼓励各地可根据条例授权和地方实际给予减免。因减免租金影响国有企事业单位业绩的,在考核中根据实际情况予以认可。

(7) 2022年引导银行用好2021年两次降低存款准备金率释放的2.2万亿元资金,发挥好货币政策工具的总量和结构双重功能,优先支持困难行业特别是服务业小微企业和民营企业。

(8) 2022年发挥好支持普惠小微的市场化工具引导作用,对地方法人银行普惠小微贷款余额增量的1%提供激励资金,用好4000亿元再贷款滚动额度,引导金融机构加大对困难行业特别是服务业领域的倾斜力度。鼓励金融机构对符合续贷条件的服务业市场主体按正常续贷业务办理,不得盲目惜贷、抽贷、断贷、压贷,保持合理流动性。

(续表)

(9) 2022年继续推动金融系统减费让利,落实好贷款市场报价利率(LPR)下行、支农支小再贷款利率下调,推动实际贷款利率在前期大幅降低基础上继续下行,督促指导降低银行账户服务收费、人民币转账汇款手续费、银行卡刷卡手续费,减轻服务业小微企业和个体工商户经营成本压力。	(10) 采取切实有效措施制止乱收费、乱摊派、乱罚款行为,研究实施专项整治行动方案,完善整治涉企乱收费协同治理和联合惩戒机制,防止对服务业的各项助企纾困政策效果被"三乱"抵消。鼓励服务业行业采取多种手段开展促销活动。

(二) 餐饮业纾困扶持措施

(11) 鼓励有条件的地方对餐饮企业免费开展员工定期核酸检测,对企业防疫、消杀支出给予补贴支持。2022年原则上应给予餐饮企业员工定期核酸检测不低于50%比例的补贴支持。 (12) 引导外卖等互联网平台企业进一步下调餐饮业商户服务费标准,降低相关餐饮企业经营成本。引导互联网平台企业对疫情中高风险地区所在的县级行政区域内的餐饮企业,给予阶段性商户服务费优惠。 (13) 允许失业保险、工伤保险基金结余较多的省份对餐饮企业阶段性实施缓缴失业保险、工伤保险费政策,具体办法由省级人民政府确定。符合条件的餐饮企业提出申请,经参保地人民政府批准可以缓缴,期限不超过一年,缓缴期间免收滞纳金。	(14) 引导金融机构加强与餐饮行业主管部门信息共享,运用中小微企业和个体工商户的交易流水、经营用房租赁以及有关部门掌握的信用信息等数据,提升风险定价能力,更多发放信用贷款。鼓励符合条件的餐饮企业发行公司信用类债券,拓宽餐饮企业多元化融资渠道。 (15) 鼓励政府性融资担保机构为符合条件的餐饮业中小微企业提供融资增信支持,依法依约及时履行代偿责任,积极帮助受疫情影响企业续保续贷。支持有条件的地方向政府性融资担保机构注资、提供融资担保费用补贴。 (16) 鼓励保险机构优化产品和服务,扩大因疫情导致餐饮企业营业中断损失保险的覆盖面,提升理赔效率,提高对餐饮企业的保障程度。鼓励有条件的地方给予保费补贴。 (17) 鼓励餐饮企业为老年人提供助餐服务,地方结合实际因地制宜对老年人助餐服务给予适当支持。不得强制餐饮企业给予配套优惠措施。

(三) 零售业纾困扶持措施

(18) 鼓励有条件的地方对零售企业免费开展员工定期核酸检测,对企业防疫、消杀支出给予补贴支持。2022年原则上应给予零售企业员工定期核酸检测不低于50%比例的补贴支持。 (19) 中央财政通过服务业发展资金,支持开展县域商业体系建设。加强政策支持,发挥市场机制作用,推动"一个上行(农产品上行)"和"三个下沉(供应链下沉、物流配送下沉、商品和服务下沉)"。 (20) 中央财政继续通过服务业发展资金,支持10个省(自治区、直辖市)进一步加强农产品供应链体系建设,完善农产品流通骨干网络等。 (21) 允许失业保险、工伤保险基金结余较多的省份对零售企业阶段性实施缓缴失业保险、工伤保险费政策,具体办法由省级人民政府确定。符合条件的零售企业提出申请,经参保地人民政府批准可以缓缴,期限不超过一年,缓缴期间免收滞纳金。	(22) 对于各地商务主管部门推荐的应急保供、重点培育、便民生活圈建设等名单企业,鼓励银行业金融机构加大信贷支持,适当降低贷款利率,鼓励有条件的地方给予贷款贴息。引导金融机构加强与零售行业主管部门信息共享,运用中小微企业和个体工商户的交易流水、经营用房租赁以及有关部门掌握的信用信息等数据,提升风险定价能力,更多发放信用贷款。鼓励符合条件的零售企业发行公司信用类债券,拓宽零售企业多元化融资渠道。 (23) 鼓励政府性融资担保机构为符合条件的零售业中小微企业提供融资增信支持,依法依约及时履行代偿责任,积极帮助受疫情影响企业续保续贷。支持有条件的地方向政府性融资担保机构注资、提供融资担保费用补贴。

（四）旅游业纾困扶持措施

（24）2022年继续实施旅行社暂退旅游服务质量保证金扶持政策，对符合条件的旅行社维持80%的暂退比例，鼓励有条件的地方进一步提高暂退比例。同时，加快推进保险代替保证金试点工作，扩大保险代替保证金试点范围。

（25）允许失业保险、工伤保险基金结余较多的省份对旅游企业阶段性实施缓缴失业保险、工伤保险费政策，具体办法由省级人民政府确定。符合条件的旅游企业提出申请，经参保地人民政府批准可以缓缴，期限不超过一年，缓缴期间免收滞纳金。

（26）加强银企合作，建立健全重点旅游企业项目融资需求库，引导金融机构对符合条件的、预期发展前景较好的A级旅游景区、旅游度假区、乡村旅游经营单位、星级酒店、旅行社等重点文化和旅游市场主体加大信贷投入，适当提高贷款额度。

（27）政府采购住宿、会议、餐饮等服务项目时，严格执行经费支出额度规定，不得以星级、所有制等为门槛限制相关企业参与政府采购。

（28）鼓励机关企事业单位将符合规定举办的工会活动、会展活动等的方案制定、组织协调等交由旅行社承接，明确服务内容、服务标准等细化要求，加强资金使用管理，合理确定预付款比例，并按照合同约定及时向旅行社支付资金。

（29）鼓励银行业金融机构合理增加旅游业有效信贷供给。建立重点企业融资风险防控机制。引导金融机构合理降低新发放贷款利率，对受疫情影响生产经营困难的旅游企业主动让利。鼓励符合条件的旅游企业发行公司信用类债券，拓宽旅游企业多元化融资渠道。

（30）对符合条件的、预期发展良好的旅行社、旅游演艺等领域中小微企业加大普惠金融支持力度。发挥文化和旅游金融服务中心的积极作用，建立中小微旅游企业融资需求库。鼓励银行业金融机构对旅游相关初创企业、中小微企业和主题民宿等个体工商户分类予以小额贷款支持。

（五）公路水路铁路运输业纾困扶持措施

（31）2022年暂停铁路运输企业预缴增值税一年。

（32）2022年免征轮客渡、公交客运、地铁、城市轻轨、出租、长途客运、班车等公共交通运输服务增值税。

（33）2022年中央财政对符合要求的新能源公交车，继续按照既定标准给予购置补贴，且退坡幅度低于非公共领域购置车辆。

（34）2022年中央财政进一步加大车辆购置税收入补助地方资金力度，支持公路、水运和综合货运枢纽、集疏运体系建设等。

（35）鼓励有条件的地方根据实际需要统筹安排资金，用于存在困难的新能源出租车、城市公交运营等支出。

（36）加强信息共享，发挥动态监控数据作用，引导金融机构创新符合道路水路运输企业特点的动产质押类贷款产品，盘活车辆、船舶等资产。鼓励金融机构按市场化原则对信用等级较高、承担疫情防控和应急运输任务较重的交通运输企业加大融资支持力度，相关主管部门提供企业清单供金融机构参考。鼓励符合条件的交通运输企业发行公司信用类债券，拓宽交通运输企业多元化融资渠道。

（六）民航业纾困扶持措施

（37）2022年暂停航空运输企业预缴增值税一年。

（38）地方可根据实际需要，统筹中央对地方转移支付以及地方自有财力，支持航空公司和机场做好疫情防控。

（39）统筹资源加大对民航基础设施建设资金支持力度。中央财政继续通过民航发展基金对符合条件的航空航线、安全能力建设等予以补贴。继续通过民航发展基金等对符合条件的中小机场和直属机场运营、安全能力建设等予以补贴，对民航基础设施贷款予以贴息，对机场和空管等项目建设予以投资补助。鼓励地方财政对相关项目建设予以支持。

（40）研究协调推动中国航空油料集团有限公司与上游企业协商取消航空煤油价格中包含的海上运保费（2美元/桶）、港口费（50元/吨）等费用。

（41）鼓励银行业金融机构加大对枢纽机场的信贷支持力度。鼓励符合条件的航空公司发行公司信用类债券，拓宽航空公司多元化融资渠道。对受疫情影响严重的航空公司和民航机场注册发行债务融资工具建立绿色通道。

四、促进工业经济平稳增长的若干政策（发改产业〔2022〕273号）

（一）财政税费政策

（1）加大中小微企业设备器具税前扣除力度。中小微企业2022年度内新购置的单位价值500万元以上的设备器具，折旧年限为3年的可选择一次性税前扣除，折旧年限为4年、5年、10年的可减半扣除；企业可按季度享受优惠，当年不足扣除形成的亏损，可按规定在以后5个纳税年度结转扣除。适用政策的中小微企业范围：一是信息传输业、建筑业、租赁和商务服务业，标准为从业人员2 000人以下，或营业收入10亿元以下，或资产总额12亿元以下。二是房地产开发经营，标准为营业收入20亿元以下或资产总额1亿元以下。三是其他行业，标准为从业人员1 000人以下或营业收入4亿元以下。

（2）延长阶段性税费缓缴政策，将2021年四季度实施的制造业中小微企业延缓缴纳部分税费政策，延续实施6个月；继续实施新能源汽车购置补贴、充电设施奖补、车船税减免优惠政策。

（3）扩大地方"六税两费"减免政策适用主体范围，加大小型微利企业所得税减免力度。

（4）降低企业社保负担，2022年延续实施阶段性降低失业保险、工伤保险费率政策。

（二）金融信贷政策

（5）2022年继续引导金融系统向实体经济让利；加强对银行支持制造业发展的考核约束，2022年推动大型国有银行优化经济资本分配，向制造业企业倾斜，推动制造业中长期贷款继续保持较快增长。

（6）2022年人民银行对符合条件的地方法人银行，按普惠小微贷款余额增量的1%提供激励资金；符合条件的地方法人银行发放普惠小微信用贷款，可向人民银行申请再贷款优惠资金支持。

（7）落实煤电等行业绿色低碳转型金融政策，用好碳减排支持工具和2 000亿元支持煤炭清洁高效利用专项再贷款，推动金融机构加快信贷投放进度，支持碳减排和煤炭清洁高效利用重大项目建设。

（三）关于保供稳价政策

（8）坚持绿色发展，整合差别电价、阶梯电价、惩罚性电价等差别化电价政策，建立统一的高耗能行业阶梯电价制度，对能效达到基准水平的存量企业和能效达到标杆水平的在建、拟建企业用电不加价，未达到的根据能效水平差距实行阶梯电价，加价电费专项用于支持企业节能减污降碳技术改造。

（9）做好铁矿石、化肥等重要原材料和初级产品保供稳价，进一步强化大宗商品期现货市场监管，加强大宗商品价格监测预警；支持企业投资开发铁矿、铜矿等国内具备资源条件、符合生态环境保护要求的矿产开发项目；推动废钢、废有色金属、废纸等再生资源综合利用，提高"城市矿山"对资源的保障能力。

（四）关于投资和外贸外资政策

（10）组织实施光伏产业创新发展专项行动，实施好沙漠戈壁荒漠地区大型风电光伏基地建设，鼓励中东部地区发展分布式光伏，推进广东、福建、浙江、江苏、山东等海上风电发展，带动太阳能电池、风电装备产业链投资。

（11）推进供电煤耗300克标准煤/千瓦时以上煤电机组改造升级，在西北、东北、华北等地实施煤电机组灵活性改造，加快完成供热机组改造；对纳入规划的跨省区输电线路和具备条件的支撑性保障电源，要加快核准开工、建设投产，带动装备制造业投资。

（12）启动实施钢铁、有色、建材、石化等重点领域企业节能降碳技术改造工程；加快实施制造业核心竞争力提升五年行动计划和制造业领域国家专项规划重大工程，启动一批产业基础再造工程项目，推进制造业强链补链，推动重点地区沿海、内河老旧船舶更新改造，加快培育一批先进制造业集群，加大"专精特新"中小企业培育力度。

（13）加快新型基础设施重大项目建设，引导电信运营商加快5G建设进度，支持工业企业加快数字化改造升级，推进制造业数字化转型；启动实施北斗产业化重大工程，推动重大战略区域北斗规模化应用；加快实施大数据中心建设专项行动，实施"东数西算"工程，加快长三角、京津冀、粤港澳大湾区等8个国家级数据中心枢纽节点建设。推动基础设施领域不动产投资信托基金（REITs）健康发展，有效盘活存量资产，形成存量资产和新增投资的良性循环。

	(续表)
（14）鼓励具备跨境金融服务能力的金融机构在依法合规、风险可控前提下，加大对传统外贸企业、跨境电商和物流企业等建设和使用海外仓的金融支持。进一步畅通国际运输，加强对海运市场相关主体收费行为的监管，依法查处违法违规收费行为；鼓励外贸企业与航运企业签订长期协议，引导各地方、进出口商协会组织中小微外贸企业与航运企业进行直客对接；增加中欧班列车次，引导企业通过中欧班列扩大向西出口。	（15）多措并举支持制造业引进外资，加大对制造业重大外资项目要素保障力度，便利外籍人员及其家属来华，推动早签约、早投产、早达产；加快修订《鼓励外商投资产业目录》，引导外资更多投向高端制造领域；出台支持外资研发中心创新发展政策举措，提升产业技术水平和创新效能。全面贯彻落实外商投资法，保障外资企业和内资企业同等适用各级政府出台的支持政策。

（五）关于用地、用能和环境政策

（16）保障纳入规划的重大项目土地供应，支持产业用地实行"标准地"出让，提高配置效率；支持不同产业用地类型按程序合理转换，完善土地用途变更、整合、置换等政策；鼓励采用长期租赁、先租后让、弹性年期供应等方式供应产业用地。 （17）落实好新增可再生能源和原料用能消费不纳入能源消费总量控制政策；优化考核频次，能耗强度目标在"十四五"规划期内统筹考核，避免因能耗指标完成进度问题限制企业正常用能；落实好国家重大项目能耗单列政策，加快确定并组织实施"十四五"期间符合重大项目能耗单列要求的产业项目。	（18）完善重污染天气应对分级分区管理，坚持精准实施企业生产调控措施；对大型风光电基地建设、节能降碳改造等重大项目，加快规划环评和项目环评进度，保障尽快开工建设。

五、阶段性税费缓缴

国家税务总局公告 2021 年第 30 号	发改产业〔2022〕273 号
制造业中小微企业延缓缴纳 2021 年第四季度部分税费，包括企业所得税、个人所得税（代扣代缴除外）、国内增值税、国内消费税及附征的城市维护建设税、教育费附加、地方教育附加，不包括向税务机关申请代开发票时缴纳的税费。 制造业中小微企业（含个人独资企业、合伙企业、个体工商户）是指国民经济行业分类中行业门类为制造业，且年销售额 2 000 万元以上（含 2 000 万元）4 亿元以下（不含 4 亿元）的企业和年销售额 2 000 万元以下（不含 2 000 万元）的企业。	将 2021 年四季度实施的制造业中小微企业延缓缴纳部分税费政策，延续实施 6 个月，即到 2022 年 6 月末。

第二节　减证便民政策指引

政策依据：

《国务院办公厅关于做好证明事项清理工作的通知》（国办发〔2018〕47 号）；
《国家税务总局关于取消 20 项税务证明事项的公告》（国家税务总局公告 2018 年第 65 号）；
《国家税务总局关于取消一批税务证明事项的决定》（国家税务总局令第 46 号）；
《国务院办公厅关于全面推行证明事项和涉企经营许可事项告知承诺制的指导意见》（国办发〔2020〕42 号）；
《国家税务总局关于部分税务证明事项实行告知承诺制、进一步优化纳税服务的公告》（国家税务总局公告 2021 年第 21 号）。

一、证明事项清理（国办发〔2018〕47号）

各部门要对本部门规章和规范性文件等设定的各类证明事项进行全面清理，尽可能予以取消。对可直接取消的，要作出决定，立即停止执行，同时启动修改或废止规章和规范性文件程序；对应当取消但立即取消存在困难的，应采取必要措施，确保最迟在2018年年底前取消；对个别确需保留的，要在广泛征求意见、充分研究论证的基础上，通过提请制定或修改法律、行政法规予以设定。部门规章和规范性文件等设定的证明事项清理情况，包括已经取消的证明事项目录、拟保留的证明事项目录等，于2018年10月底前报送司法部。

各部门要结合本部门职责，对法律、行政法规设定的证明事项，本着尽可能取消的原则，逐项提出取消或保留的建议，于2018年9月底前报送司法部。对可以通过法定证照、书面告知承诺、政府部门内部核查和部门间核查、网络核验、合同凭证等办理的，能被其他材料涵盖或者替代的，开具单位无法调查核实的，以及不适应形势需要的，要提出取消建议；对实践中确需保留的，要列出目录。对于建议取消和保留的证明事项，要逐项列明设定依据、取消或保留理由、实施基本情况（包括年受理量、索要单位、开具单位）、相关部门意见等。

各地区要对法律、行政法规、部门规章和部门规范性文件设定的、在本行政区域内实施的证明事项进行梳理，逐项提出取消或保留的建议，于2018年9月底前报送司法部。对本地区自行设定的证明事项，除地方性法规设定的外，最迟要于2018年年底前取消。对地方性法规设定的证明事项，也要根据本次清理工作精神，逐一研究，尽可能予以取消。

司法部要做好本次清理的组织实施工作。对各地区、各部门的建议进行汇总并梳理审核，加强对国务院各部门清理工作的跟踪、督促和指导，确保于2018年年底前完成证明事项清理工作，清理工作完成后向国务院报告情况。根据各地区、各部门的建议，对确需保留的证明事项，组织各地区、各部门公布清单，逐项列明设定依据、开具单位、办理指南等。清单之外，政府部门、公用事业单位和服务机构不得索要证明。对取消证明事项涉及修改法律、行政法规的，及时启动法律、行政法规修订程序。

各地区、各部门要以本次清理工作为契机，进一步转变行政管理方式，规范行政行为，切实改进服务作风，提升监管效能。已取消的证明事项要及时通过互联网等向社会公布目录并做好宣传解读工作，公布新的办事指南，保证平稳过渡，防止出现管理和服务"真空"。要加强督促检查，对下级机关违法增加证明事项和证明材料、提高证明要求、随意将行政机关的核查义务转嫁给群众和企业的，及时纠正查处；对未及时纠正查处、引发不良社会影响的，严肃追究相关责任人的责任。要进一步加强协同协作，促进信息系统互联互通，打破政府部门间、部门内部"信息孤岛"，从根本上铲除"奇葩"证明、循环证明、重复证明滋生的土壤。要大力推行告知承诺制，同时加强信用体系建设，强化对群众和企业承诺事项的事后审查，对不实承诺甚至弄虚作假的，依法予以严厉处罚。

二、国家税务总局取消的税务证明事项

（一）第一批取消20项税务证明事项（国家税务总局公告2018年第65号）

为贯彻落实党中央、国务院关于减证便民、优化服务的部署要求，根据《国务院办公厅关于做好证明事项清理工作的通知》（国办发〔2018〕47号），按照《国家税务总局关于实施进一步支持和服务民营经济发展若干措施的通知》（税总发〔2018〕174号）的安排，税务总局决定取消20项税务证明事项[详见附件（附件见下表）]，现予以发布。自2018年12月28日起，附件所列证明事项停止执行。附件所列证明事项涉及的规范性文件，按程序修改后另行发布。

各级税务机关应认真落实取消税务证明事项有关工作，不得保留或变相保留，不得将税务机关的核查义务转嫁纳税人；应及时修改涉及取消事项的相关规定、表证单书和征管流程，明确事中事后监管要求；要树立诚信推定、风险监控、信用管理相关理念，进一步减少纳税人向税务机关报送的资料，探索推行告知承诺制。

各级税务机关应以本次清理工作为契机，进一步转变管理方式，规范监管行为，优化营商环境，更好地为市场主体增便利、添活力。

取消的税务证明事项目录(共20项)

序号	证明名称	证明用途	取消后的办理方式
1	饲料产品合格证明	符合免税条件的饲料生产企业办理饲料产品免征增值税优惠备案时,需提供有计量认证资质的饲料质量检测机构(名单由省税务局确认)出具的饲料产品合格证明。	不再提交。享受免征增值税优惠政策的饲料产品应当符合行业主管部门明确的产品质量标准。主管税务机关应加强后续管理,必要时可委托第三方检测机构对产品质量进行检测,一经发现不符合免税条件的,应及时纠正并依法处理。
2	中介机构专项报告及其相关的证明材料	企业向税务机关申报扣除按独立交易原则向关联企业转让资产而发生的损失,或向关联企业提供借款、担保而形成的债权损失时,需留存备查中介机构出具的专项报告及其相关的证明材料。	不再留存。改为纳税人留存备查自行出具的有法定代表人、主要负责人和财务负责人签章证实有关损失的书面申明和相关材料。
3	专业技术鉴定意见(报告)或中介机构专项报告	企业向税务机关申报扣除特定损失时,需留存备查专业技术鉴定意见(报告)或法定资质中介机构出具的专项报告。	不再留存。改为纳税人留存备查自行出具的有法定代表人、主要负责人和财务负责人签章证实有关损失的书面申明。
4	不可抗力的事故证明	纳税人因不可抗力需要延期缴纳税款的,应当在缴纳税款期限届满前,提交公安机关出具的遭受不可抗力的事故证明。	不再提交。改为纳税人在申请延期缴纳税款书面报告中对不可抗力情况进行说明并承诺属实。税务机关事后进行抽查。
5	参加社会保险证明	5.1 转制科研机构办理科研开发自用房产免征房产税备案时,需提供按企业办法参加社会保险制度的证明。	不再提交。通过政府部门间信息共享或内部核查替代。
		5.2 转制科研机构办理科研开发自用土地免征城镇土地使用税备案时,需提供按企业办法参加社会保险制度的证明。	不再提交。通过政府部门间信息共享或内部核查替代。
6	工商营业执照	转制科研机构办理科研开发自用房产免征房产税备案时,需提供企业工商营业执照。	不再提交。通过政府部门间信息共享替代。
7	个人身份证明	7.1 纳税人办理外籍个人取得外商投资企业股息红利免征个人所得税优惠事项时,需提供居民身份证或其他证明身份的合法证明。	不再提交。直接在申报表中填报纳税人的基本信息和税收减免信息即可。
		7.2 纳税人办理外籍个人符合规定的生活费用免征个人所得税优惠事项时,需提供居民身份证或其他证明身份的合法证明。	不再提交。直接在申报表中填报纳税人的基本信息和税收减免信息即可。
		7.3 纳税人办理外籍个人按合理标准取得的境内、外出差补贴免征个人所得税优惠事项时,需提供居民身份证或其他证明身份的合法证明。	不再提交。直接在申报表中填报纳税人的基本信息和税收减免信息即可。
		7.4 纳税人办理个人转让著作权免征增值税优惠事项时,需提供身份证件。	不再提交。
		7.5 个人销售住房办理免征土地增值税优惠备案时,需提供身份证件。	不再提交。改为纳税人自行留存备查。

(续表)

序号	证明名称	证明用途	取消后的办理方式
8	残疾人证明	安置残疾人就业单位办理减免城镇土地使用税备案时,需提供就业人员的残疾人证或残疾军人证。	不再提交。改为纳税人自行留存备查。
9	核销事业编制、注销事业单位法人的证明	9.1 转制科研机构办理科研开发自用房产免征房产税备案时,需提供核销事业编制、注销事业单位法人的证明。	不再提交。改为纳税人自行留存备查。
		9.2 转制科研机构办理科研开发自用土地免征城镇土地使用税备案时,需提供核销事业编制、注销事业单位法人的证明。	不再提交。改为纳税人自行留存备查。
10	决定撤销金融机构的证明	10.1 纳税人办理被撤销金融机构清算期间自有的或从债务方接收的房地产免征房产税备案时,需提供中国人民银行决定撤销该机构的证明材料。	不再提交。改为纳税人自行留存备查。
		10.2 纳税人办理被撤销金融机构清算期间自有的或从债务方接收的房地产免征城镇土地使用税备案时,需提供中国人民银行决定撤销该机构的证明材料。	不再提交。改为纳税人自行留存备查。
11	单位性质证明	11.1 转制科研机构办理科研开发自用房产免征房产税备案时,需提供转制方案批复函。	不再提交。改为纳税人自行留存备查。
		11.2 血站办理自用房产免征房产税备案时,需提供事业单位证明材料。	不再提交。改为纳税人自行留存备查。
		11.3 纳税人办理学校、托儿所、幼儿园自用房产免征房产税备案时,需提供教育行业资质证明。	不再提交。改为纳税人自行留存备查。
		11.4 纳税人办理国家机关、人民团体、军队以及由国家财政部门拨付事业经费的单位自用房产免征房产税备案时,需提供单位性质证明材料。	不再提交。改为纳税人自行留存备查。
		11.5 企业办的各类医院办理自用房产免征房产税备案时,需提供单位性质证明材料。	不再提交。改为纳税人自行留存备查。
		11.6 纳税人办理高校学生公寓免征房产税备案时,需提供高校资质证明。	不再提交。改为纳税人自行留存备查。
		11.7 供热企业办理为居民供热所使用的厂房免征房产税备案时,需提供主管部门出具的供热企业的认定材料。	不再提交。改为纳税人自行留存备查。

(续表)

序号	证明名称	证明用途	取消后的办理方式
11	单位性质证明	11.8 纳税人办理股改铁路运输企业及合资铁路运输公司自用房产免征房产税备案时,需提供符合政策规定的股改铁路运输企业及合资铁路运输公司单位性质证明。	不再提交。改为纳税人自行留存备查。
		11.9 纳税人办理监狱免征房产税备案时,需提供单位性质证明材料。	不再提交。改为纳税人自行留存备查。
		11.10 农村饮水工程运营管理单位办理自用的生产、办公用房产免征房产税备案时,需提供农村饮水安全工程企业和单位的认定资料。	不再提交。改为纳税人自行留存备查。
		11.11 纳税人办理集贸市场用房免征房产税备案时,需提供集贸市场经营主体的相关证明材料。	不再提交。改为纳税人自行留存备查。
		11.12 纳税人办理农产品批发市场、农贸市场减免房产税备案时,需提供农产品批发市场和农贸市场经营主体的相关证明材料。	不再提交。改为纳税人自行留存备查。
		11.13 福利性非营利性老年服务机构办理自用房产免征房产税备案时,需提供非营利性服务机构资质证明。	不再提交。改为纳税人自行留存备查。
		11.14 非营利性科研机构办理自用房产免征房产税备案时,需提供非营利性科研机构执业登记证明。	不再提交。改为纳税人自行留存备查。
		11.15 中国人民银行总行所属分支机构办理自用房产免征房产税备案时,需提供单位性质证明材料。	不再提交。改为纳税人自行留存备查。
		11.16 纳税人办理天然林二期工程专用房产免征房产税备案时,需提供属于天然林二期工程实施企业和单位的认定资料。	不再提交。改为纳税人自行留存备查。
		11.17 转制科研机构办理科研开发自用土地免征城镇土地使用税备案时,需提供转制方案批复函。	不再提交。改为纳税人自行留存备查。
		11.18 中国人民银行总行所属分支机构办理自用土地免征城镇土地使用税备案时,需提供单位性质证明材料。	不再提交。改为纳税人自行留存备查。
		11.19 纳税人办理铁路运输企业自用土地免征城镇土地使用税备案时,需提供单位性质证明材料。	不再提交。改为纳税人自行留存备查。

(续表)

序号	证明名称	证明用途	取消后的办理方式
11	单位性质证明	11.20 纳税人办理地方铁路运输企业自用土地免征城镇土地使用税备案时,需提供符合政策规定的地方铁路运输企业单位性质证明。	不再提交。改为纳税人自行留存备查。
		11.21 纳税人办理股改铁路运输企业及合资铁路运输公司自用土地免征城镇土地使用税备案时,需提供符合政策规定的股改铁路运输企业及合资铁路运输公司单位性质证明。	不再提交。改为纳税人自行留存备查。
		11.22 纳税人办理天然林二期工程专用土地免征城镇土地使用税备案时,需提供属于天然林二期工程实施企业和单位的认定资料。	不再提交。改为纳税人自行留存备查。
		11.23 石油天然气生产企业办理符合条件的用地免征城镇土地使用税备案时,需提供单位性质证明材料。	不再提交。改为纳税人自行留存备查。
		11.24 纳税人办理国家石油储备基地项目用地免征城镇土地使用税备案时,需提供用地单位属于国家石油储备基地项目企业的资料。	不再提交。改为纳税人自行留存备查。
		11.25 企业搬迁后,原有场地不使用的,办理免征城镇土地使用税备案时,需提供有关部门对企业搬迁的批准文件或认定书。	不再提交。改为纳税人自行留存备查。
		11.26 纳税人办理林业系统相关用地免征城镇土地使用税备案时,需提供单位性质证明材料。	不再提交。改为纳税人自行留存备查。
		11.27 农村饮水工程运营管理单位办理自用土地免征城镇土地使用税备案时,需提供农村饮水安全工程企业和单位的认定资料。	不再提交。改为纳税人自行留存备查。
		11.28 纳税人办理集贸市场用地免征城镇土地使用税备案时,需提供集贸市场经营主体的相关证明。	不再提交。改为纳税人自行留存备查。
		11.29 纳税人办理农产品批发市场、农贸市场减免城镇土地使用税备案时,需提供农产品批发市场和农贸市场经营主体的相关证明。	不再提交。改为纳税人自行留存备查。
		11.30 矿山企业办理生产专用地免征城镇土地使用税备案时,需提供单位性质证明材料。	不再提交。改为纳税人自行留存备查。

(续表)

序号	证明名称	证明用途	取消后的办理方式
11	单位性质证明	11.31 建材企业办理采石场、排土场等用地免征城镇土地使用税备案时,需提供单位性质证明材料。	不再提交。改为纳税人自行留存备查。
		11.32 纳税人办理盐场的盐滩盐矿的矿井用地免征城镇土地使用税备案时,需提供单位性质证明材料。	不再提交。改为纳税人自行留存备查。
		11.33 纳税人办理学校、托儿所、幼儿园自用土地免征城镇土地使用税备案时,需提供教育行业资质证明。	不再提交。改为纳税人自行留存备查。
		11.34 非营利性老年服务机构办理自用土地免征城镇土地使用税备案时,需提供非营利性服务机构资质证明。	不再提交。改为纳税人自行留存备查。
		11.35 福利性非营利性科研机构办理自用土地免征城镇土地使用税备案时,需提供非营利性科研机构执业登记证明。	不再提交。改为纳税人自行留存备查。
12	医疗机构执业许可证	12.1 医疗卫生机构在办理免征增值税优惠备案时,需提供医疗机构执业许可证件。	不再提交。
		12.2 非营利性医疗机构、疾病控制机构和妇幼保健机构等卫生机构办理自用房产免征房产税备案时,需提供医疗机构执业许可证。	不再提交。改为纳税人自行留存备查。
		12.3 营利性医疗机构办理自用房产3年内免征房产税备案时,需提供医疗机构执业许可证。	不再提交。改为纳税人自行留存备查。
		12.4 血站办理自用房产免征房产税备案时,需提供医疗机构执业许可证。	不再提交。改为纳税人自行留存备查。
		12.5 营利性医疗机构办理自用土地3年内免征城镇土地使用税备案时,需提供医疗机构执业许可证。	不再提交。改为纳税人自行留存备查。
		12.6 血站办理自用土地免征城镇土地使用税备案时,需提供医疗机构执业许可证。	不再提交。改为纳税人自行留存备查。
		12.7 非营利性医疗、疾病控制、妇幼保健机构等卫生机构办理自用土地免征城镇土地使用税备案时,需提供医疗机构执业许可证。	不再提交。改为纳税人自行留存备查。

(续表)

序号	证明名称	证明用途	取消后的办理方式
13	海域使用权证明	纳税人办理开山填海整治土地免征城镇土地使用税备案时,需提供纳税人的海域使用权证明。	不再提交。改为纳税人自行留存备查。
14	引入非公有资本和境外资本、变更资本结构的批准文件	转制科研机构引入非公有资本和境外资本、变更资本结构的,办理科研开发用房免征房产税备案时,需提供相关部门的批准文件。	不再提交。改为纳税人自行留存备查。
15	房屋、土地权属证明	15.1 非营利性医疗机构、疾病控制机构和妇幼保健机构等卫生机构办理自用房产免征房产税备案时,需提供房屋产权证明。	不再提交。改为纳税人自行留存备查。
		15.2 营利性医疗机构办理自用房产3年内免征房产税备案时,需提供房屋产权证明。	不再提交。改为纳税人自行留存备查。
		15.3 血站办理自用房产免征房产税备案时,需提供房屋产权证明。	不再提交。改为纳税人自行留存备查。
		15.4 纳税人办理学校、托儿所、幼儿园自用房产免征房产税备案时,需提供房屋产权证明。	不再提交。改为纳税人自行留存备查。
		15.5 纳税人办理国家机关、人民团体、军队以及由国家财政部门拨付事业经费的单位自用房产免征房产税备案时,需提供房屋产权证明。	不再提交。改为纳税人自行留存备查。
		15.6 企业办的各类医院办理自用房产免征房产税备案时,需提供房屋产权证明。	不再提交。改为纳税人自行留存备查。
		15.7 纳税人办理高校学生公寓免征房产税备案时,需提供房屋产权证明。	不再提交。改为纳税人自行留存备查。
		15.8 供热企业办理为居民供热所使用的厂房免征房产税备案时,需提供房屋产权证明。	不再提交。改为纳税人自行留存备查。
		15.9 商品储备管理公司及其直属库办理商品储备业务自用房产免征房产税备案时,需提供房屋产权证明。	不再提交。改为纳税人自行留存备查。
		15.10 纳税人办理铁路运输企业自用房产免征房产税备案时,需提供房屋产权证明。	不再提交。改为纳税人自行留存备查。
		15.11 纳税人办理股改铁路运输企业及合资铁路运输公司自用房产免征房产税备案时,需提供房屋产权证明。	不再提交。改为纳税人自行留存备查。

(续表)

序号	证明名称	证明用途	取消后的办理方式
15	房屋、土地权属证明	15.12 青藏铁路公司及所属单位办理自用房产免征房产税备案时，需提供房屋产权证明。	不再提交。改为纳税人自行留存备查。
		15.13 大秦公司办理自用房产免征房产税备案时，需提供房屋产权证明。	不再提交。改为纳税人自行留存备查。
		15.14 纳税人办理监狱用房免征房产税备案时，需提供房屋产权证明。	不再提交。改为纳税人自行留存备查。
		15.15 农村饮水工程运营管理单位办理自用的生产、办公用房免征房产税备案时，需提供房屋产权证明。	不再提交。改为纳税人自行留存备查。
		15.16 纳税人办理集贸市场用房免征房产税备案时，需提供房屋产权证明。	不再提交。改为纳税人自行留存备查。
		15.17 纳税人办理农产品批发市场、农贸市场减免房产税备案时，需提供房屋产权证明。	不再提交。改为纳税人自行留存备查。
		15.18 纳税人办理科技企业孵化器、国家大学科技园自用及提供给在孵对象使用的房产免征房产税备案时，需提供房屋产权证明。	不再提交。改为纳税人自行留存备查。
		15.19 企事业单位办理向个人出租住房减按4%税率征收房产税时，需提供房屋产权证明。	不再提交。改为纳税人自行留存备查。
		15.20 房管部门办理经租的居民用房免征房产税备案时，需提供房屋产权证明。	不再提交。改为纳税人自行留存备查。
		15.21 纳税人办理公共租赁住房免征房产税备案时，需提供房屋产权证明。	不再提交。改为纳税人自行留存备查。
		15.22 福利性非营利性老年服务机构办理自用房产免征房产税备案时，需提供房屋产权证明。	不再提交。改为纳税人自行留存备查。
		15.23 非营利性科研机构办理自用房产免征房产税备案时，需提供房屋产权证明。	不再提交。改为纳税人自行留存备查。
		15.24 纳税人将职工住宅全部产权出售给本单位职工，办理免征房产税备案时，需提供房屋产权证明。	不再提交。改为纳税人自行留存备查。

(续表)

序号	证明名称	证明用途	取消后的办理方式
15	房屋、土地权属证明	15.25 中国人民银行总行所属分支机构办理自用房屋免征房产税备案时,需提供房屋产权证明。	不再提交。改为纳税人自行留存备查。
		15.26 纳税人办理中国信达等4家金融资产管理公司处置不良资产免征房产税备案时,需提供房屋产权证明。	不再提交。改为纳税人自行留存备查。
		15.27 纳税人办理被撤销金融机构清算期间自有的或从债务方接收的房地产免征房产税备案时,需提供房屋产权证明。	不再提交。改为纳税人自行留存备查。
		15.28 纳税人办理处置港澳国际(集团)有限公司的有关资产免征房产税备案时,需提供房屋产权证明。	不再提交。改为纳税人自行留存备查。
		15.29 纳税人办理毁损房屋和危险房屋免征房产税备案时,需提供房屋产权证明。	不再提交。改为纳税人自行留存备查。
		15.30 纳税人办理地下建筑减征房产税备案时,需提供房屋产权证明。	不再提交。改为纳税人自行留存备查。
		15.31 纳税人办理大修停用的房产免征房产税备案时,需提供房屋产权证明。	不再提交。改为纳税人自行留存备查。
		15.32 纳税人办理天然林二期工程森工企业闲置房产免征房产税备案时,需提供房屋产权证明。	不再提交。改为纳税人自行留存备查。
		15.33 纳税人办理天然林二期工程的专用房产免征房产税备案时,需提供房屋产权证明。	不再提交。改为纳税人自行留存备查。
		15.34 纳税人办理宗教寺庙、公园、名胜古迹自用房产免征房产税时,需提供房屋产权证明。	不再提交。改为纳税人自行留存备查。
		15.35 转制科研机构办理科研开发自用土地免征城镇土地使用税备案时,需提供土地权属证明。	不再提交。改为纳税人自行留存备查。
		15.36 中国人民银行总行所属分支机构办理自用土地免征城镇土地使用税备案时,需提供土地权属证明。	不再提交。改为纳税人自行留存备查。
		15.37 纳税人办理铁路运输企业自用土地免征城镇土地使用税备案时,需提供土地权属证明。	不再提交。改为纳税人自行留存备查。

(续表)

序号	证明名称	证明用途	取消后的办理方式
15	房屋、土地权属证明	15.38 纳税人办理地方铁路运输企业自用土地免征城镇土地使用税备案时,需提供土地权属证明。	不再提交。改为纳税人自行留存备查。
		15.39 纳税人办理股改铁路运输企业及合资铁路运输公司自用房产免征城镇土地使用税备案时,需提供土地权属证明。	不再提交。改为纳税人自行留存备查。
		15.40 大秦公司办理自用土地免征城镇土地使用税备案时,需提供土地权属证明。	不再提交。改为纳税人自行留存备查。
		15.41 青藏铁路公司及其所属单位办理自用土地免征城镇土地使用税备案时,需提供土地权属证明。	不再提交。改为纳税人自行留存备查。
		15.42 广深公司承租广铁集团铁路运输用地办理免征城镇土地使用税备案时,需提供土地权属证明。	不再提交。改为纳税人自行留存备查。
		15.43 纳税人办理天然林二期工程专用土地免征城镇土地使用税备案时,需提供土地权属证明。	不再提交。改为纳税人自行留存备查。
		15.44 纳税人办理天然林二期工程森工企业闲置土地免征城镇土地使用税备案时,需提供土地权属证明。	不再提交。改为纳税人自行留存备查。
		15.45 石油天然气生产企业办理符合条件的用地免征城镇土地使用税备案时,需提供土地权属证明。	不再提交。改为纳税人自行留存备查。
		15.46 纳税人办理国家石油储备基地项目用地免征城镇土地使用税备案时,需提供土地权属证明。	不再提交。改为纳税人自行留存备查。
		15.47 商品储备管理公司及其直属库办理商品储备业务自用土地免征城镇土地使用税备案时,需提供土地权属证明。	不再提交。改为纳税人自行留存备查。
		15.48 物流企业办理大宗商品仓储设施用地减征城镇土地使用税备案时,需提供土地权属证明。	不再提交。改为纳税人自行留存备查。
		15.49 纳税人办理城市公交站场、道路客运站场的运营用地免征城镇土地使用税备案时,需提供土地权属证明。	不再提交。改为纳税人自行留存备查。
		15.50 纳税人办理民航机场规定用地免征城镇土地使用税备案时,需提供土地权属证明。	不再提交。改为纳税人自行留存备查。

（续表）

序号	证明名称	证明用途	取消后的办理方式
15	房屋、土地权属证明	15.51 纳税人办理港口的码头用地免征城镇土地使用税备案时，需提供土地权属证明。	不再提交。改为纳税人自行留存备查。
		15.52 纳税人办理企业已售房改房占地免征城镇土地使用税备案时，需提供土地权属证明。	不再提交。改为纳税人自行留存备查。
		15.53 纳税人办理企业厂区以外的公共绿化用地免征城镇土地使用税备案时，需提供土地权属证明。	不再提交。改为纳税人自行留存备查。
		15.54 纳税人办理厂区外未加隔离的企业铁路专用线用地免征城镇土地使用税备案时，需提供土地权属证明。	不再提交。改为纳税人自行留存备查。
		15.55 企业搬迁后，原有场地不使用的，办理免征城镇土地使用税备案时，需提供土地权属证明。	不再提交。改为纳税人自行留存备查。
		15.56 纳税人办理林业系统相关用地免征城镇土地使用税备案时，需提供土地权属证明。	不再提交。改为纳税人自行留存备查。
		15.57 纳税人办理采摘观光的种植养殖土地免征城镇土地使用税备案时，需提供土地权属证明。	不再提交。改为纳税人自行留存备查。
		15.58 农村饮水工程运营管理单位办理自用土地免征城镇土地使用税备案时，需提供土地权属证明。	不再提交。改为纳税人自行留存备查。
		15.59 纳税人办理农产品批发市场、农贸市场减免城镇土地使用税备案时，需提供土地权属证明。	不再提交。改为纳税人自行留存备查。
		15.60 免税单位无偿使用土地办理免征城镇土地使用税备案时，需提供土地权属证明。	不再提交。改为纳税人自行留存备查。
		15.61 纳税人办理落实私房政策后的出租房屋用地减免城镇土地使用税备案时，需提供土地权属证明。	不再提交。改为纳税人自行留存备查。
		15.62 纳税人办理煤炭企业免征规定用途用地的城镇土地使用税备案时，需提供土地权属证明。	不再提交。改为纳税人自行留存备查。
		15.63 矿山企业办理生产专用地免征城镇土地使用税备案时，需提供土地权属证明。	不再提交。改为纳税人自行留存备查。

(续表)

序号	证明名称	证明用途	取消后的办理方式
15	房屋、土地权属证明	15.64 建材企业办理采石场、排土场等用地免征城镇土地使用税备案时,需提供土地权属证明。	不再提交。改为纳税人自行留存备查。
		15.65 纳税人办理盐场的盐滩盐矿的矿井用地免征城镇土地使用税备案时,需提供土地权属证明。	不再提交。改为纳税人自行留存备查。
		15.66 纳税人办理经济适用住房建设用地及占地免征城镇土地使用税备案时,需提供土地权属证明。	不再提交。改为纳税人自行留存备查。
		15.67 纳税人办理公共租赁住房用地免征城镇土地使用税备案时,需提供土地权属证明。	不再提交。改为纳税人自行留存备查。
		15.68 纳税人办理棚户区改造安置住房建设用地免征城镇土地使用税备案时,需提供土地权属证明。	不再提交。改为纳税人自行留存备查。
		15.69 纳税人办理科技企业孵化器、国家大学科技园自用及提供给在孵对象使用的土地免征城镇土地使用税备案时,需提供土地权属证明。	不再提交。改为纳税人自行留存备查。
		15.70 纳税人办理水利设施及其管护用地免征城镇土地使用税备案时,需提供土地权属证明。	不再提交。改为纳税人自行留存备查。
		15.71 供热企业办理为居民供热所使用的土地免征城镇土地使用税备案时,需提供土地权属证明。	不再提交。改为纳税人自行留存备查。
		15.72 纳税人办理核工业企业部分用地免征城镇土地使用税备案时,需提供土地权属证明。	不再提交。改为纳税人自行留存备查。
		15.73 纳税人办理核电站部分用地减免城镇土地使用税备案时,需提供土地权属证明。	不再提交。改为纳税人自行留存备查。
		15.74 纳税人办理电力行业部分用地免征城镇土地使用税备案时,需提供土地权属证明。	不再提交。改为纳税人自行留存备查。
		15.75 纳税人办理学校、托儿所、幼儿园自用土地免征城镇土地使用税备案时,需提供土地权属证明。	不再提交。改为纳税人自行留存备查。
		15.76 福利性非营利性老年服务机构办理自用土地免征城镇土地使用税备案时,需提供土地权属证明。	不再提交。改为纳税人自行留存备查。

(续表)

序号	证明名称	证明用途	取消后的办理方式
15	房屋、土地权属证明	15.77 非营利性医疗、疾病控制、妇幼保健机构等卫生机构办理自用土地免征城镇土地使用税备案时,需提供土地权属证明。	不再提交。改为纳税人自行留存备查。
		15.78 营利性医疗机构办理自用土地3年内免征城镇土地使用税备案时,需提供土地权属证明。	不再提交。改为纳税人自行留存备查。
		15.79 非营利性科研机构办理自用土地免征城镇土地使用税备案时,需提供土地权属证明。	不再提交。改为纳税人自行留存备查。
		15.80 血站办理自用土地免征城镇土地使用税备案时,需提供土地权属证明。	不再提交。改为纳税人自行留存备查。
		15.81 纳税人办理防火防爆防毒等安全防范用地免征城镇土地使用税备案时,需提供土地权属证明。	不再提交。改为纳税人自行留存备查。
		15.82 纳税人办理地下建筑用地暂按50%征收城镇土地使用税备案时,需提供土地权属证明。	不再提交。改为纳税人自行留存备查。
		15.83 纳税人办理被撤销金融机构清算期间自有的或从债务方接收的房地产免征城镇土地使用税备案时,需提供土地权属证明。	不再提交。改为纳税人自行留存备查。
		15.84 纳税人办理中国信达等4家金融资产管理公司处置不良资产免征城镇土地使用税备案时,需提供土地权属证明。	不再提交。改为纳税人自行留存备查。
		15.85 纳税人办理处置港澳国际(集团)有限公司的有关资产免征城镇土地使用税备案时,需提供土地权属证明。	不再提交。改为纳税人自行留存备查。
		15.86 安置残疾人就业单位办理减免城镇土地使用税备案时,需提供土地权属证明。	不再提交。改为纳税人自行留存备查。
		15.87 纳税人办理符合条件的体育场馆减免城镇土地使用税备案时,需提供土地权属证明。	不再提交。改为纳税人自行留存备查。
		15.88 纳税人办理开山填海整治土地免征城镇土地使用税备案时,需提供土地权属证明。	不再提交。改为纳税人自行留存备查。
		15.89 纳税人办理集贸市场用地免征城镇土地使用税备案时,需提供土地权属证明。	不再提交。改为纳税人自行留存备查。

(续表)

序号	证明名称	证明用途	取消后的办理方式
15	房屋、土地权属证明	15.90 纳税人办理直接用于农、林、牧、渔业的生产用地免征城镇土地使用税备案时,需提供土地权属证明。	不再提交。改为纳税人自行留存备查。
		15.91 纳税人办理宗教寺庙、公园、名胜古迹自用土地免征城镇土地使用税备案时,需提供土地权属证明。	不再提交。改为纳税人自行留存备查。
16	土地用途证明	16.1 物流企业办理大宗商品仓储设施用地减征城镇土地使用税备案时,需提供符合文件规定的大宗商品仓储设施用地的相关证明材料。	不再提交。改为纳税人自行留存备查。
		16.2 纳税人办理民航机场规定用地免征城镇土地使用税备案时,需提供符合减免税政策规定的民航机场用地相关证明材料。	不再提交。改为纳税人自行留存备查。
		16.3 纳税人办理港口的码头用地免征城镇土地使用税备案时,需提供符合减免税政策规定的港口的码头用地证明材料。	不再提交。改为纳税人自行留存备查。
		16.4 纳税人办理企业厂区以外的公共绿化用地免征城镇土地使用税备案时,需提供符合减免税政策规定的企业公共绿化用地证明材料。	不再提交。改为纳税人自行留存备查。
		16.5 纳税人办理厂区外未加隔离的企业铁路专用线用地免征城镇土地使用税备案时,需提供符合减免税政策规定的厂区外未加隔离的企业铁路专用线用地证明材料。	不再提交。改为纳税人自行留存备查。
		16.6 纳税人办理采摘观光的种植养殖土地免征城镇土地使用税备案时,需提供采摘观光农业用地证明材料。	不再提交。改为纳税人自行留存备查。
		16.7 纳税人办理棚户区改造安置住房建设用地免征城镇土地使用税备案时,需提供棚户区改造安置住房建设用地证明材料。	不再提交。改为纳税人自行留存备查。
		16.8 纳税人办理煤炭企业规定用途用地免征城镇土地使用税备案时,需提供用地性质证明材料。	不再提交。改为纳税人自行留存备查。
		16.9 纳税人办理防火防爆防毒等安全防范用地免征城镇土地使用税备案时,需提供安全防范用地证明材料。	不再提交。改为纳税人自行留存备查。

(续表)

序号	证明名称	证明用途	取消后的办理方式
17	出租住房相关证明材料	17.1 房管部门办理经租的居民用房免征房产税备案时,需提供经租居民用房相关证明材料。	不再提交。改为纳税人自行留存备查。
		17.2 纳税人办理公共租赁住房免征房产税备案时,需提供出租公共租赁住房相关证明材料。	不再提交。改为纳税人自行留存备查。
18	政府主办或确认为经济适用房、公共租赁住房的相关证明材料	18.1 纳税人办理经济适用住房建设用地及占地免征城镇土地使用税备案时,需提供确认为经济适用房的证明材料。	不再提交。改为纳税人自行留存备查。
		18.2 纳税人办理公共租赁住房用地免征城镇土地使用税备案时,需提供确认为公共租赁住房的证明材料。	不再提交。改为纳税人自行留存备查。
19	落实私房政策证明	纳税人办理落实私房政策后的出租房屋用地减免城镇土地使用税备案时,需提供落实私房政策证明材料。	不再提交。改为纳税人自行留存备查。
20	取得财政储备经费或补贴的文件或凭证	20.1 商品储备管理公司及其直属库办理商品储备业务自用房产免征房产税备案时,需提供取得财政储备经费或补贴的批复文件或相关凭证。	不再提交。改为纳税人自行留存备查。
		20.2 商品储备管理公司及其直属库办理商品储备业务自用土地免征城镇土地使用税备案时,需提供取得财政储备经费或补贴的批复文件或相关凭证。	不再提交。改为纳税人自行留存备查。

(二) 第二批取消 15 项税务证明事项(国家税务总局令第 46 号)

为贯彻落实党中央、国务院关于减税降费和减证便民决策部署,税务总局决定再取消12项(附件所列1至12项)税务证明事项,自2019年3月8日起施行。所涉及的规章、规范性文件,按程序修改后另行公布。

根据《财政部 税务总局 科技部 教育部关于科技企业孵化器、大学科技园和众创空间税收政策的通知》(财税〔2018〕120号)、《财政部 税务总局 中央宣传部关于继续实施文化体制改革中经营性文化事业单位转制为企业若干税收政策的通知》(财税〔2019〕16号)、《财政部 税务总局关于进一步扶持自主就业退役士兵创业就业有关税收政策的通知》(财税〔2019〕21号)的有关规定,另有3项税务证明事项(附件所列13至15项)已自2019年1月1日起停止执行,现一并予以公布。

各级税务机关应当认真落实2018年年底公布取消20项和本次公布取消15项税务证明事项的有关要求,不得保留或变相保留,并积极回应企业和人民群众关切,进一步减少涉税资料报送,确保纳税人有实实在在的获得感。

取消的税务证明事项目录(共计 15 项)

序号	证明名称	证明用途	取消后的办理方式
1	纳税困难证明	受严重自然灾害影响纳税困难的纳税人办理减免车船税时,需提供纳税人遭受自然灾害影响纳税困难的相关证明材料。	不再提交。税务机关根据实际需要可以采取告知承诺、主动核查、部门间信息共享等替代方式办理。
2	退税商店符合有关条件的证明	符合条件且有意向备案的企业向省税务局办理退税商店备案时,需提供主管税务机关出具的其具有增值税一般纳税人资格、纳税信用等级在B级以上、已经安装并使用增值税发票系统升级版的书面证明。	不再提交。改为部门内部核查。
3	资源税管理证明	开采销售规定范围内应税矿产品的单位和个人,在销售其矿产品时,应当向当地主管税务机关申请开具"资源税管理证明",作为销售矿产品已申报纳税免于扣缴税款的依据。购货方(扣缴义务人)在收购矿产品时,应主动向销售方(纳税人)索要"资源税管理证明",扣缴义务人据此不代扣资源税。	税务机关不再开具或索要资源税管理证明,并通过以下措施强化监管: (1)进一步加强开采地源泉控管,对已纳入开采地正常税务管理或者在销售矿产品时开具增值税发票的纳税人,实行纳税人自主申报,不采用代扣代缴的征管方式。 (2)对于部分零散税源,确有必要的,可采用委托代征等替代管理方式。 (3)加强与矿产资源管理等部门的信息共享,加强资源税源头控管和风险防控。
4	有权继承或接受遗赠的公证证明	纳税人办理个人无偿受赠不动产免征个人所得税手续时,属于继承或接受遗赠的,需提供经公证的有权继承或接受遗赠的证明资料。	取消公证要求。有关材料报送比照《国家税务总局关于土地价款扣除时间等增值税征管问题的公告》(国家税务总局公告2016年第86号)第六条执行。
5	购车单位或人员身份证明	纳税人办理节约能源、使用新能源的车船减免车船税备案时,需提供购车单位或人员身份证明。	不再提交。
6	残疾人证明	残疾人个人提供加工、修理修配劳务,以及为社会提供服务,办理免征增值税备案时,需提供残疾人证明。	不再提交。改为纳税人自行留存备查。
7	外交机构、人员身份证明	外国驻华使领馆、国际组织驻华代表机构及其有关人员办理其所有的车船免征车船税备案时,需提供单位及人员身份证明。	不再提交。
8	批准经营融资租赁业务证明	经人民银行等部门批准从事融资租赁业务的试点纳税人中的一般纳税人,办理其提供有形动产融资租赁服务和有形动产融资性售后回租服务,对其增值税实际税负超过3%的部分实行增值税即征即退备案时,需提供人民银行等部门批准经营融资租赁业务证明。	不再提交。改为纳税人自行留存备查。

(续表)

序号	证明名称	证明用途	取消后的办理方式
9	从事电影制片、发行、放映批文	从事电影制片、发行、放映的电影集团公司（含成员企业）、电影制片厂及其他电影企业，办理取得的销售电影拷贝（含数字拷贝）收入、转让电影版权（包括转让和许可使用）收入、电影发行收入以及在农村取得的电影放映收入免征增值税优惠备案时，需提供广播电影电视行政主管部门（包括中央、省、地市及县级）批准其从事电影制片、发行、放映的批文。	不再提交。改为纳税人自行留存备查。
10	捕捞、养殖船证明	纳税人办理捕捞、养殖渔船免征车船税备案时，需提供由渔业船舶管理部门出具的捕捞、养殖船证明。	不再提交。
11	车船产权证	11.1 纳税人办理捕捞、养殖渔船免征车船税备案时，需提供渔船产权证明。	不再提交。
		11.2 纳税人办理军队、武警专用车船免征车船税备案时，需提供车船产权证。	不再提交。
		11.3 纳税人办理警用车船免征车船税备案时，需提供车船产权证。	不再提交。
12	总分机构证明	纳税人办理增值税、消费税汇总纳税时，需提供批准设立分支机构的文件，以及分支机构或集团子公司所在地市场监管部门出具的总分机构关系证明。	不再提交。改为纳税人自行留存备查批准设立分支机构的文件，无需由市场监管部门另外出具证明。
13	科技企业孵化器、大学科技园证明	纳税人办理科技企业孵化器、国家大学科技园按规定免征房产税、城镇土地使用税、增值税备案时，需提供国务院科技、教育行政主管部门出具的证明材料。	不再提交。通过政府部门间信息共享替代。
14	转制证明	经认定的转制文化企业，办理免征增值税、房产税备案时，需提供转制方案批复函；企业营业执照；核销事业编制、注销事业单位法人的证明；按企业办法参加社会保险制度的有关材料；相关部门对引入非公有资本和境外资本、变更资本结构的批准文件。	不再提交。改为纳税人自行留存备查。

(续表)

序号	证明名称	证明用途	取消后的办理方式
15	退出现役证	自主就业退役士兵从事个体经营,以及企业招用自主就业退役士兵的,办理减免增值税、城市维护建设税、教育费附加、个人所得税备案时,需提供退役士兵的《中国人民解放军义务兵退出现役证》或《中国人民解放军士官退出现役证》。	不再提交。改为纳税人自行留存备查。

(三)第三批取消25项税务证明事项(国家税务总局令第48号)

取消的税务证明事项目录(25项)

序号	证明名称	证明用途	取消后的办理方式
1	发票丢失登报作废声明	使用发票的单位和个人发生发票丢失情形,应当于发现丢失当日书面报告税务机关,并登报声明作废,向税务机关提供刊登遗失声明的报刊版面。	不再提交。取消登报要求。
2	税收票证遗失登报声明	纳税人遗失已完税税收票证需要税务机关另行提供的,需提供原持有联次遗失登报声明。	不再提交。取消登报要求。
3	税务登记证件	3.1 已办理税务登记或扣缴税款登记,但未办理文化事业建设费登记的缴纳人、扣缴人,在办理文化事业建设费缴费信息登记时,需提供税务登记证件。 3.2 纳税人办理发票真伪鉴定时,需提供税务登记证件。 3.3 税人办理印制有本单位名称发票手续时,需提供税务登记证件。 3.4 境内机构和个人向非居民发包工程作业或劳务项目,自项目合同签订之日起30日内向主管税务机关报告时,需提供非居民的税务登记证。	不再提交。改为部门内部核查。
4	营业执照	纳税人在市场监管部门办理变更登记后,向原税务登记机关申报办理变更税务登记时,需提供营业执照。	不再提交。通过部门间信息共享替代。
5	组织机构代码证	5.1 企业、农民专业合作社及个体工商户在办理税务登记事项时,需提供组织机构代码证。 5.2 有组织机构代码证的企事业单位、社会团体等申请车船税退抵税时,需提供组织机构代码证。	不再提交。通过部门间信息共享替代。

(续表)

序号	证明名称	证明用途	取消后的办理方式
6	投资、联营双方资质证明	企业因改制、资产整合,办理免征土地增值税核准时,需提供投资、联营双方的资质证明。	不再提交。改为纳税人自行留存备查。
7	旧房转为改造安置住房的证明材料	企事业单位、社会团体以及其他组织转让旧房作为保障性住房且增值额未超过扣除项目金额20%,办理免征土地增值税备案时,需提供政府部门将有关旧房转为改造安置住房的证明材料。	不再提交。改为纳税人自行留存备查。
8	开发立项证明	纳税人建造普通标准住宅出售且增值率不超过20%,办理免征土地增值税核准时,需提供开发立项证明。	不再提交。改为纳税人自行留存备查。
9	软件产品、动漫软件检测证明材料	纳税人办理软件产品、动漫软件增值税即征即退手续时,需提供省级软件产业主管部门认可的软件检测机构出具的检测证明材料。	不再提交。主管税务机关应加强后续管理,必要时可委托第三方检测机构对产品进行检测,一经发现不符合免税条件的,应及时纠正并依法处理。
10	有机肥产品质量技术检测合格报告	纳税人办理生产销售和批发、零售有机肥产品免征增值税备案时,需提供通过相关资质认定的肥料产品质量检验机构一年内出具的有机肥产品质量技术检测合格报告。	不再提交。有机肥产品应当符合有关国家标准、行业标准。主管税务机关应加强后续管理,必要时可委托第三方检测机构对产品进行检测,一经发现不符合免税条件的,应及时纠正并依法处理。
11	有机肥产品外省备案证明	纳税人办理生产销售和批发、零售有机肥产品免征增值税备案,在省、自治区、直辖市外销售有机肥产品的,需提供在销售使用地省级农业行政主管部门办理备案的证明。	不再提交。
12	滴灌带和滴灌管产品质量技术检测合格报告	纳税人办理生产、批发和零售滴灌带和滴灌管产品免征增值税备案时,需提供通过省以上质量技术监督部门的相关资质认定的产品质量检验机构出具的质量技术检测合格报告。	不再提交。滴灌带和滴灌管产品应当符合国家有关质量技术标准。主管税务机关应加强后续管理,必要时可委托第三方检测机构对产品进行检测,一经发现不符合免税条件的,应及时纠正并依法处理。
13	补办车辆购置税完税证明相关材料	纳税人车辆购置税完税证明发生丢失损毁,办理车辆购置税完税证明补发时,根据不同情况,需提供车辆合格证明,机动车行驶证,机动车登记证书,居民身份证或者居民户口簿或者军人(含武警)身份证明,香港、澳门特别行政区、台湾地区居民或外国人入境的身份证明和居住证明,组织机构代码证或者税务登记证件或者其他有效机构证明,车辆购置税完税凭证收据联。	不再提交。根据2019年7月1日起施行的《中华人民共和国车辆购置税法》,自2019年7月1日起,全面实现车辆购置税电子完税信息部门间信息共享。纳税人办理车辆购置税有关纳税业务以及在公安机关交通管理部门办理车辆注册登记,不再需要提供纸质车辆购置税完税证明。据此,纳税人车辆购置税完税证明发生丢失损毁的,已无补办必要。

(续表)

序号	证明名称	证明用途	取消后的办理方式
14	占用耕地证明	14.1 纳税人占用耕地建设铁路线路、公路线路、飞机场跑道、停机坪、港口、航道等交通运输设施,办理减征耕地占用税备案时,需提供交通运输设施占用耕地证明。 14.2 纳税人占用耕地建设军事设施,办理免征耕地占用税备案时,需提供军事设施占用耕地证明。 14.3 农村居民占用耕地新建住宅,办理减征耕地占用税备案时,需提供农村居民新建住宅占用耕地证明。 14.4 纳税人占用耕地建设学校、幼儿园、养老院、医院,办理免征耕地占用税备案时,需要提交学校、幼儿园、养老院、医院占用耕地证明。	不再提交。根据《国家税务总局关于城镇土地使用税等"六税一费"优惠事项资料留存备查的公告》(国家税务总局公告2019年第21号),自2019年5月28日起,纳税人享受该项税收优惠方式由备案改为直接申报享受。纳税人根据政策规定自行判断是否符合优惠条件,符合条件的,申报时无需向税务机关提供有关资料,可直接享受税收优惠,并将有关资料自行留存备查。
15	公共交通车船证明	纳税人办理公共交通车船减免车船税备案时,需提供单位证明、车船产权证(行驶证)和公共交通经营许可证明。	不再提交。根据《国家税务总局关于城镇土地使用税等"六税一费"优惠事项资料留存备查的公告》(国家税务总局公告2019年第21号),自2019年5月28日起,纳税人享受该项税收优惠方式由备案改为直接申报享受。纳税人根据政策规定自行判断是否符合优惠条件,符合条件的,申报时无需向税务机关提供有关资料,可直接享受税收优惠,并将有关资料自行留存备查。
16	农村居民车船证明	纳税人办理农村居民拥有并主要在农村地区使用的摩托车、三轮汽车和低速载货汽车减免车船税备案时,需提供农村居民个人身份证明、户籍证明和车船产权证(行驶证)。	不再提交。根据《国家税务总局关于城镇土地使用税等"六税一费"优惠事项资料留存备查的公告》(国家税务总局公告2019年第21号),自2019年5月28日起,纳税人享受该项税收优惠方式由备案改为直接申报享受。纳税人根据政策规定自行判断是否符合优惠条件,符合条件的,申报时无需向税务机关提供有关资料,可直接享受税收优惠,并将有关资料自行留存备查。

(续表)

序号	证明名称	证明用途	取消后的办理方式
17	单位性质、个人身份证明	17.1 农村居民等困难群体办理减免耕地占用税备案时,需提供个人身份证明。	不再提交。根据《国家税务总局关于城镇土地使用税等"六税一费"优惠事项资料留存备查的公告》(国家税务总局公告2019年第21号),自2019年5月28日起,纳税人享受该项税收优惠方式由备案改为直接申报享受。纳税人根据政策规定自行判断是否符合优惠条件,符合条件的,申报时无需向税务机关提供有关资料,可直接享受税收优惠,并将有关资料自行留存备查。
		17.2 个人销售或购买住房,办理暂免征收印花税备案时,需提供个人身份证明。	
		17.3 纳税人办理个人出租、承租住房签订的租赁合同免征印花税备案时,需提供个人身份证明。	
		17.4 纳税人办理免征改造安置住房经营管理单位、开发商与改造安置住房相关的印花税以及购买安置住房的个人涉及的印花税备案时,需提供安置住房购买人的个人身份证明。	
		17.5 房地产管理部门与个人订立的租房合同,用于生活居住的,办理免征印花税备案时,需提供租赁人个人身份证明。	
		17.6 纳税人办理外国政府或者国际金融组织向我国政府及国家金融机构提供优惠贷款所书立的合同免征印花税备案时,需提供国际金融组织和国家金融机构单位性质证明。	
		17.7 纳税人办理财产所有人将财产赠给政府、社会福利单位、学校所立的书据免征印花税备案时,需提供财产所有人身份证明、受赠单位性质证明。	
		17.8 纳税人办理无息、贴息贷款合同免征印花税备案时,需提供合同书立双方单位性质证明、个人身份证明。	
		17.9 纳税人办理农民专业合作社与本社成员签订的农业产品和农业生产资料购销合同免征印花税备案时,需提供合同书立双方单位性质证明、个人身份证明。	
		17.10 纳税人办理国家指定的收购部门与村民委员会、农民个人书立的农副产品收购合同免征印花税备案时,需提供合同书立双方的单位性质证明、个人身份证明。	
		17.11 纳税人办理公共租赁住房租赁双方签订租赁协议免征印花税备案时,需提供租赁双方单位性质证明、个人身份证明。	不再提交。根据《财政部 税务总局关于公共租赁住房税收优惠政策的公告》(财政部 税务总局公告2019年第61号),自2019年1月1日起,该项资料取消。

(续表)

序号	证明名称	证明用途	取消后的办理方式
17	单位性质、个人身份证明	17.12 纳税人办理农村饮水安全工程运营管理单位为建设农村饮水安全工程取得土地使用权而签订的产权转移书据,以及与施工单位签订的建设工程承包合同免征印花税备案时,需提供合同书立双方单位性质证明、个人身份证明。	不再提交。根据《财政部 税务总局关于继续实行农村饮水安全工程税收优惠政策的公告》(财政部 税务总局公告2019年第67号),自2019年1月1日起,纳税人享受该项税收优惠方式由备案改为直接申报享受。纳税人根据政策规定自行判断是否符合优惠条件,符合条件的,申报时无需向税务机关提供有关资料,可直接享受税收优惠,并将有关资料自行留存备查。
18	发行单位资格证明	纳税人办理各类发行单位之间,以及发行单位与订阅单位或个人之间书立的征订凭证免征印花税备案时,需提供发行单位资格相关证明。	不再提交。根据《国家税务总局关于城镇土地使用税等"六税一费"优惠事项资料留存备查的公告》(国家税务总局公告2019年第21号),自2019年5月28日起,纳税人享受该项税收优惠方式由备案改为直接申报享受。纳税人根据政策规定自行判断是否符合优惠条件,符合条件的,申报时无需向税务机关提供有关资料,可直接享受税收优惠,并将有关资料自行留存备查。
19	不动产权属证明	19.1 纳税人办理与高校学生签订的高校学生公寓租赁合同免征印花税备案时,需提供不动产权属证明。	不再提交。根据《财政部 税务总局关于高校学生公寓房产税 印花税政策的通知》(财税〔2019〕14号),自2019年1月1日起,纳税人享受该项税收优惠方式由备案改为直接申报享受。纳税人根据政策规定自行判断是否符合优惠条件,符合条件的,申报时无需向税务机关提供有关资料,可直接享受税收优惠,并将有关资料自行留存备查。
19	不动产权属证明	19.2 企事业单位、社会团体、其他组织转让旧房作为公共租赁住房房源,且增值额未超过扣除项目金额20%的,办理免征土地增值税备案时,需提供不动产权属证明。	不再提交。根据《财政部 税务总局关于公共租赁住房税收优惠政策的公告》(财政部 税务总局公告2019年第61号),自2019年1月1日起,纳税人享受该项税收优惠方式由备案改为直接申报享受。纳税人根据政策规定自行判断是否符合优惠条件,符合条件的,申报时无需向税务机关提供有关资料,可直接享受税收优惠,并将有关资料自行留存备查。

(续表)

序号	证明名称	证明用途	取消后的办理方式
20	土地用途、性质证明	纳税人办理农村饮水安全工程承受土地使用权免征契税备案时,需提供土地用途证明、承受土地性质证明。	不再提交。根据《财政部 税务总局关于继续实行农村饮水安全工程税收优惠政策的公告》(财政部 税务总局公告2019年第67号),自2019年1月1日起,纳税人享受该项税收优惠方式由备案改为直接申报享受。纳税人根据政策规定自行判断是否符合优惠条件,符合条件的,申报时无需向税务机关提供有关资料,可直接享受税收优惠,并将有关资料自行留存备查。
21	改造安置住房、公共租赁住房证明	21.1 纳税人办理免征改造安置住房经营管理单位、开发商与改造安置住房相关的印花税以及购买安置住房的个人涉及的印花税备案时,需提供改造安置住房相关材料。	不再提交。根据《国家税务总局关于城镇土地使用税等"六税一费"优惠事项资料留存备查的公告》(国家税务总局公告2019年第21号),自2019年5月28日起,纳税人享受该项税收优惠方式由备案改为直接申报享受。纳税人根据政策规定自行判断是否符合优惠条件,符合条件的,申报时无需向税务机关提供有关资料,可直接享受税收优惠,并将有关资料自行留存备查。
		21.2 纳税人办理免征公共租赁住房经营管理单位建设、管理、在其他住房项目中配套建设公共租赁住房涉及的印花税,以及购买住房作为公共租赁住房涉及的契税、印花税备案时,需提供公共租赁住房相关材料。	不再提交。根据《财政部 税务总局关于公共租赁住房税收优惠政策的公告》(财政部 税务总局公告2019年第61号),自2019年1月1日起,纳税人享受该项税收优惠方式由备案改为直接申报享受。纳税人根据政策规定自行判断是否符合优惠条件,符合条件的,申报时无需向税务机关提供有关资料,可直接享受税收优惠,并将有关资料自行留存备查。
		21.3 企事业单位、社会团体、其他组织转让旧房作为公共租赁住房房源,且增值额未超过扣除项目金额20%的,办理免征土地增值税备案时,需提供公共租赁住房相关材料。	
22	已缴纳印花税凭证	纳税人办理已缴纳印花税的凭证的副本或者抄本免征印花税备案时,需提供已缴纳印花税的凭证。	不再提交。根据《国家税务总局关于城镇土地使用税等"六税一费"优惠事项资料留存备查的公告》(国家税务总局公告2019年第21号),自2019年5月28日起,纳税人享受该项税收优惠方式由备案改为直接申报享受。纳税人根据政策规定自行判断是否符合优惠条件,符合条件的,申报时无需向税务机关提供有关资料,可直接享受税收优惠,并将有关资料自行留存备查。

(续表)

序号	证明名称	证明用途	取消后的办理方式
23	撤销金融机构证明	纳税人办理被撤销金融机构接收债权、清偿债务过程中签订的产权转移书据免征印花税备案时,需提供中国人民银行撤销该金融机构及分设于各地分支机构的证明材料。	不再提交。根据《国家税务总局关于城镇土地使用税等"六税一费"优惠事项资料留存备查的公告》(国家税务总局公告2019年第21号),自2019年5月28日起,纳税人享受该项税收优惠方式由备案改为直接申报享受。纳税人根据政策规定自行判断是否符合优惠条件,符合条件的,申报时无需向税务机关提供有关资料,可直接享受税收优惠,并将有关资料自行留存备查。
24	改制证明	纳税人办理企业改制过程中按规定不再贴花的资金账簿、合同,以及因改制签订的产权转移书据免征印花税备案时,需提供企业改制的有关批准文件。	不再提交。根据《国家税务总局关于城镇土地使用税等"六税一费"优惠事项资料留存备查的公告》(国家税务总局公告2019年第21号),自2019年5月28日起,纳税人享受该项税收优惠方式由备案改为直接申报享受。纳税人根据政策规定自行判断是否符合优惠条件,符合条件的,申报时无需向税务机关提供有关资料,可直接享受税收优惠,并将有关资料自行留存备查。
25	重大水利工程建设证明	纳税人办理国家重大水利工程建设基金免征城市维护建设税和教育费附加备案时,需提供国家重大水利工程建设相关证明材料。	不再提交。根据《国家税务总局关于城镇土地使用税等"六税一费"优惠事项资料留存备查的公告》(国家税务总局公告2019年第21号),自2019年5月28日起,纳税人享受该项税收优惠方式由备案改为直接申报享受。纳税人根据政策规定自行判断是否符合优惠条件,符合条件的,申报时无需向税务机关提供有关资料,可直接享受税收优惠,并将有关资料自行留存备查。

三、六项税务证明事项实行告知承诺制(国家税务总局公告2021年第21号)

(一) 实行范围

自2021年7月1日起,在全国范围内对6项税务证明事项实行告知承诺制。

对重大税收违法失信案件当事人不适用告知承诺制,重大税收违法失信案件当事人履行相关法定义务,经实施检查的税务机关确认,在公布期届满后可以适用告知承诺制;其他纳税人存在曾作出虚假承诺情形的,在纠正违法违规行为或者履行相关法定义务之前不适用告知承诺制。

实行告知承诺制的税务证明事项目录

序号	证明名称	证明用途
1	出生医学证明、户口簿、结婚证（已婚的提供）等家庭成员信息证明	个人购买家庭唯一住房、第二套改善性住房，申报享受减征契税政策。
2	家庭住房情况书面查询结果	个人购买家庭唯一住房、第二套改善性住房，申报享受减征契税政策。
3	县级以上人民政府教育行政主管部门或劳动行政主管部门批准并核发的办学许可证	企业事业组织、社会团体及其他社会组织和公民个人利用非国家财政性教育经费面向社会举办的教育机构，其承受土地、房屋权属用于教学的，申报享受免征契税政策。
4	分支机构审计报告	企业取得境外分支机构的营业利润所得，申报抵免境外所得税收。
5	企业在境外享受税收优惠政策的证明或有关审计报告	企业申报享受税收饶让抵免。
6	相关部门核准企业股权变更事项证明资料	纳税人办理非居民企业股权转让适用特殊性税务处理手续。

（二）承诺方式与法律责任

承诺方式	法律责任
对实行告知承诺制的税务证明事项，纳税人可以自主选择是否适用告知承诺制办理。 选择适用告知承诺制办理的，税务机关以书面形式（含电子文本）将证明义务、证明内容、承诺方式以及不实承诺的法律责任一次性告知纳税人，纳税人书面承诺已经符合告知的相关要求并愿意承担不实承诺的法律责任，税务机关不再索要该事项需要的证明材料，并依据纳税人书面承诺办理相关税务事项。 纳税人不选择适用告知承诺制的，应当提供该事项需要的证明材料。	纳税人对承诺的真实性承担法律责任。税务机关在事中核查时发现核查情况与纳税人承诺不一致的，应要求纳税人提供相关佐证材料后再予办理。对在事中事后核查或者日常监管中发现承诺不实的，税务机关依法责令限期改正、进行处理处罚，并按照有关规定作出虚假承诺行为认定；涉嫌犯罪的，依法移送司法机关追究刑事责任。

（三）告知承诺书格式文本

税务证明事项告知承诺书

（适用于对申报享受减征契税政策需提供的"家庭成员信息证明""家庭住房情况书面查询结果"实行告知承诺制）

一、税务机关告知事项

（一）证明义务及证明内容：个人购买家庭唯一住房、第二套改善性住房，以及棚户区被征收人首次购买改造安置住房，申报享受减征契税政策时，根据《中华人民共和国税收征收管理法》及其实施细则等法律法规规定，需提供出生医学证明、户口簿、结婚证（已婚的提供）等家庭成员信息证明，证明家庭成员情况。并根据纳税人申请或授权，由房地产主管部门出具家庭住房情况书面查询结果，证明纳税人家庭住房情况符合享受减征契税政策的条件。

（二）承诺方式：纳税人申报享受减征契税政策时，应申请或授权相关部门查询家庭成员信息和家庭住房情况，具备查询条件的，税务机关取得相关部门传递的信息；暂不具备查询条件的，纳税人签署《税务证明事项告知承诺书》，税务机关不再要求提供家庭成员信息证明、家庭住房情况书面查询结果。

（三）法律责任

纳税人实际情况与承诺内容不符的，将根据具体情形承担下列法律责任：

1. 造成少缴税款的，税务机关依法追征税款、加收滞纳金；
2. 涉嫌偷逃税款等违法行为的，由税务机关依法查处；
3. 对承诺不实的，税务机关依法处理处罚的同时，在处理处罚决定书等具有法律效力的税务文书中记载虚假承诺事实，以上述文书为依据，认定虚假承诺行为；
4. 涉嫌犯罪的，税务机关依法移送司法机关追究刑事责任。

二、纳税人承诺

本人_____（身份证件类型：_____，证件号码：_____）就办理申报享受减征契税政策事项，作出以下承诺：

（一）（□ 对家庭成员情况进行承诺填写该项）本人家庭成员信息如下：

配偶姓名：_____ 身份证件号码：_____

未成年子女1姓名：_____ 身份证件号码：_____

未成年子女2姓名：_____ 身份证件号码：_____

_____

上述信息真实、准确。

（二）（□ 对家庭住房情况进行承诺填写该项）本人现购买位于_____房产作为家庭住房，符合如下条件（请选择）：

□ 个人购买家庭（成员范围包括购房人、配偶以及未成年子女，下同）唯一住房，面积为90平方米及以下；

□ 个人购买家庭唯一住房，面积为90平方米以上；

□ 个人购买家庭第二套改善性住房，面积为90平方米及以下；

□ 个人购买家庭第二套改善性住房，面积为90平方米以上；

□ 个人首次购买90平方米及以下改造安置住房；

□ 个人首次购买90平方米以上符合普通住房标准的改造安置住房。

上述信息真实、准确。

（三）已知晓本告知承诺书税务机关告知事项。

（四）愿意承担不实承诺的法律责任。

（五）上述承诺是本人真实意思表示。

纳税人：
年　　月　　日

（本承诺书一式两份，税务机关与纳税人各留存一份）

税务证明事项告知承诺书

（适用于对申报享受免征契税政策需提供的"办学许可证"实行告知承诺制）

一、税务机关告知事项

（一）证明义务及证明内容：纳税人利用非国家财政性教育经费面向社会举办的教育机构，其承受土地、房屋权属用于教学的，申报享受免征契税政策时，根据《中华人民共和国税收征收管理法》及其实施细则等法律法规规定，需提供县级以上人民政府教育行政主管部门或劳动行政主管部门批准并核发的办学许可证，证明纳税人具有社会力量办学资质。

(二）承诺方式：纳税人签署《税务证明事项告知承诺书》，承诺将在一定期限内（不超过6个月）取得办学许可证。税务机关依据纳税人承诺办理该业务，并要求纳税人在承诺的期限内补充提供办学许可证。

(三）法律责任

纳税人实际情况与承诺内容不符的，将根据具体情形承担下列法律责任：

1. 造成少缴税款的，税务机关依法追征税款、加收滞纳金；
2. 涉嫌偷逃税款等违法行为的，税务机关依法查处；
3. 对承诺不实的，税务机关依法处理处罚的同时，在处理处罚决定书等具有法律效力的税务文书中记载虚假承诺事实，以上述文书为依据，认定虚假承诺行为；
4. 涉嫌犯罪的，税务机关依法移送司法机关追究刑事责任。

二、纳税人承诺

本单位(个人)就办理申报享受免征契税政策事项，作出以下承诺：

(一）本单位(个人)＿＿＿＿＿＿＿＿＿＿＿＿＿＿＿＿（统一社会信用代码：＿＿＿＿＿＿＿＿＿＿/身份证件类型：＿＿＿＿＿＿，证件号码：＿＿＿＿＿＿＿＿＿）将于＿＿年＿＿月＿＿日(承诺之日起6个月内)前取得县级以上人民政府教育行政主管部门或劳动行政主管部门批准并核发的办学许可证，并提交税务机关。

(二）已知晓本告知承诺书税务机关告知事项。

(三）愿意承担不实承诺的法律责任。

(四）上述承诺是本单位(个人)真实意思表示。

纳税人：

（盖章）

年　月　日

(本承诺书一式两份，税务机关与纳税人各留存一份)

税务证明事项告知承诺书

(适用于对申报抵免境外所得税收需提供的"分支机构审计报告"实行告知承诺制)

一、税务机关告知事项

(一）证明义务及证明内容：纳税人取得境外分支机构的营业利润所得，在办理申报抵免境外所得税收时，根据《中华人民共和国企业所得税法》及其实施条例等法律法规规定，需提供具有资质的机构出具的有关分支机构审计报告，根据审计报告载明的有关情况，证明纳税人已准确申报境外税收抵免金额。

(二）承诺方式：纳税人签署《税务证明事项告知承诺书》，税务机关不再要求提供分支机构审计报告。

(三）法律责任

纳税人实际情况与承诺内容不符的，将根据具体情形承担下列法律责任：

1. 造成少缴税款的，税务机关依法追征税款、加收滞纳金；
2. 涉嫌偷逃税款等违法行为的，税务机关依法查处；
3. 对承诺不实的，税务机关依法处理处罚的同时，在处理处罚决定书等具有法律效力的税务文书中记载虚假承诺事实，以上述文书为依据，认定虚假承诺行为；
4. 涉嫌犯罪的，税务机关依法移送司法机关追究刑事责任。

二、纳税人承诺

本单位就办理申报抵免境外所得税收事项，作出以下承诺：

(一）本单位＿＿＿＿＿＿＿＿＿＿＿＿＿＿＿＿＿（统一社会信用代码：＿＿＿＿＿＿＿＿＿＿）申报境

外税收抵免金额_____元(人民币),该金额真实、准确。有关审计报告自行留存,以备税务机关后续核查。

(二)已知晓本告知承诺书税务机关告知事项。

(三)愿意承担不实承诺的法律责任。

(四)上述承诺是本单位真实意思表示。

纳税人:

(盖章)

年 月 日

(本承诺书一式两份,税务机关与纳税人各留存一份)

税务证明事项告知承诺书

(适用于对申报享受税收饶让抵免需提供的"企业在境外享受税收优惠政策的证明或有关审计报告"实行告知承诺制)

一、税务机关告知事项

(一)证明义务及证明内容:纳税人申报享受税收饶让抵免时,根据《中华人民共和国企业所得税法》及其实施条例等法律法规规定,需提供本企业及其直接或间接控制的外国企业在境外所获免税及减税的证明或披露企业在境外享受税收优惠政策的有关审计报告,根据上述材料载明的本企业及其直接或间接控制的外国企业在境外享受税收优惠政策的情况,证明纳税人已准确申报境外税收抵免金额。

(二)承诺方式:纳税人签署《税务证明事项告知承诺书》,税务机关不再要求提供企业及其直接或间接控制的外国企业在境外所获免税及减税的证明或披露企业在境外享受税收优惠政策的有关审计报告。

(三)法律责任

纳税人实际情况与承诺内容不符的,将根据具体情形承担下列法律责任:

1. 造成少缴税款的,税务机关依法追征税款、加收滞纳金;

2. 涉嫌偷逃税款等违法行为的,税务机关依法查处;

3. 对承诺不实的,税务机关依法处理处罚的同时,在处理处罚决定书等具有法律效力的税务文书中记载虚假承诺事实,以上述文书为依据,认定虚假承诺行为;

4. 涉嫌犯罪的,税务机关依法移送司法机关追究刑事责任。

二、纳税人承诺

本单位就办理申报享受税收饶让抵免事项,作出以下承诺:

(一)本单位_____(统一社会信用代码:_____)申报境外税收抵免金额_____元(人民币),该金额真实、准确。有关证明或审计报告自行留存,以备税务机关后续核查。

(二)已知晓本告知承诺书税务机关告知事项。

(三)愿意承担不实承诺的法律责任。

(四)上述承诺是本单位真实意思表示。

纳税人:

(盖章)

年 月 日

(本承诺书一式两份,税务机关与纳税人各留存一份)

税务证明事项告知承诺书

(适用于对办理非居民企业股权转让适用特殊性税务处理手续需提供的
"相关部门核准企业股权变更事项证明资料"实行告知承诺制)

一、税务机关告知事项

(一)证明义务及证明内容:纳税人办理非居民企业股权转让适用特殊性税务处理手续时,根据《中华人民共和国企业所得税法》及其实施条例等法律法规规定,需向主管税务机关提供相关部门核准企业股权变更事项证明资料,证明非居民企业股权转让中涉及的股权变更事项,以及该变更事项已由市场监管等相关部门核准。

(二)承诺方式:纳税人签署《税务证明事项告知承诺书》,税务机关不再要求提供相关部门核准企业股权变更事项证明资料。

(三)法律责任

纳税人实际情况与承诺内容不符的,将根据具体情形承担下列法律责任:

1. 造成少缴税款的,税务机关依法追征税款、加收滞纳金;
2. 涉嫌偷逃税款等违法行为的,税务机关依法查处;
3. 对承诺不实的,税务机关依法处理处罚的同时,在处理处罚决定书等具有法律效力的税务文书中记载虚假承诺事实,以上述文书为依据,认定虚假承诺行为;
4. 涉嫌犯罪的,税务机关依法移送司法机关追究刑事责任。

二、纳税人承诺

本单位就办理非居民企业股权转让适用特殊性税务处理事项,作出以下承诺:

(一)本单位_____(统一社会信用代码:_____)于____年____月____日完成股权变更,股权转让标的_____,金额_____,受让方为_____。该变更事项已由市场监管等相关部门核准。以上信息真实、准确。

(二)已知晓本告知承诺书税务机关告知事项。

(三)愿意承担不实承诺的法律责任。

(四)上述承诺是本单位真实意思表示。

纳税人:
(盖章)
年　月　日

(本承诺书一式两份,税务机关与纳税人各留存一份)

第三节　优化纳税服务政策指引

政策依据:

《国家税务总局关于开展2022年"我为纳税人缴费人办实事暨便民办税春风行动"的意见》(税总纳服发〔2022〕5号);

《国家税务总局关于推出2022年"我为纳税人缴费人办实事暨便民办税春风行动2.0版"的通知》(税总纳服函〔2022〕32号);

《国家税务总局关于发布〈税务行政处罚"首违不罚"事项清单〉的公告》(国家税务总局公告2021年第6号);

《国家税务总局关于发布〈第二批税务行政处罚"首违不罚"事项清单〉的公告》(国家税务总局公告2021年第33号);

《国家税务总局关于推行办税事项"最多跑一次"改革的通知》(税总发〔2018〕26号);
《"非接触式"网上办税缴费事项清单》(国家税务总局);
《国家税务总局关于明确跨区域涉税事项报验管理相关问题的公告》(国家税务总局公告2018年第38号)。

一、2022年"我为纳税人缴费人办实事暨便民办税春风行动"(税总纳服发〔2022〕5号、税总纳服函〔2022〕32号)

为深入贯彻落实党中央、国务院决策部署,确保中央经济工作会议、全国两会精神落实落地,税务总局决定,在年初已陆续出台105条便民办税缴费措施的基础上,聚焦推进党史学习教育常态化长效化新要求,聚焦落实新的组合式税费支持政策新部署,聚焦优化税收营商环境新挑战,再推出16条便民办税缴费新措施,升级形成2022年"我为纳税人缴费人办实事暨便民办税春风行动2.0版"(以下简称"春风行动2.0版")。"春风行动2.0版"共计121条便民办税缴费措施(详细措施见附件),分为5大类20项。

(1)诉求响应更及时。包括需求快速响应、政策及时送达、问题实时解决、关注个性需求4项29条具体措施。
(2)智慧办理更便捷。包括提升网办体验、精简办理流程、减少资料报送、便利发票使用、提速退税办理5项27条具体措施。
(3)分类服务更精细。包括助力大型企业、扶持中小企业、完善缴费服务、服务个税汇算4项25条具体措施。
(4)执法监管更公正。包括优化执法方式、加强精准监管、保障合法权益3项20条具体措施。
(5)税收共治更聚力。包括推进部门联动、深化国际协作、促进社会协同、拓展信用应用4项20条具体措施。

通过这次升级,"春风行动2.0版"将有力促进服务更加精细、监管更加精准、执法更加优化、共治更加协同,纳税人缴费人的体验感、获得感和税法遵从度将进一步提升。

2022年"我为纳税人缴费人办实事暨便民办税春风行动2.0版"工作任务安排表

任务类别	任务事项	具体措施
一、诉求响应更及时	(一)需求快速响应	1.通过积极开展"一把手走流程"工作,找准办税缴费过程中的痛点难点堵点,及时加以解决。
		2.组织开展2022年度全国纳税人缴费人需求调查,深入分析调查结果,准确掌握纳税人缴费人共性需求,持续优化改进管理和服务工作。
		3.深入分析2022年纳税人缴费人需求调查结果,准确掌握纳税人缴费人共性需求,进一步优化办税缴费服务。
		4.严格落实涉税涉费诉求和意见快速响应机制,广泛收集纳税人缴费人对税费支持政策落实方面的意见建议,及时响应合理诉求、回应关切。
		5.整合优化知识库,推进知识库在全国共享共用,基本实现全国咨询"一线通答"。
		6.优化升级12366智能咨询功能,完善智能咨询知识库,提高智能咨询的解答准确率,加快推动咨询服务向以24小时智能咨询为主转变。
		7.强化12366咨询数据的多维度分析和多场景运用,聚焦减税降费政策出台、重大改革推进和社会关注热点,及时研究提出改进建议,快速响应纳税人缴费人诉求。
		8.探索远程咨询和办税辅导新模式,纳税人缴费人可直接通过电子税务局、征纳互动平台等远程发起税费咨询求助,实现"办问协同"。
		9.进一步推动涉税文书电子化推送,逐步实现"无接触"送达。
		10.试点开展"税意达"行为洞察研究,对纳税人缴费人行为偏好进行多维度动态分析,促进税务部门主动更好、更精准、更精细服务。

(续表)

任务类别	任务事项	具体措施
一、诉求响应更及时	（二）政策及时送达	11. 落实好新的组合式税费支持政策,稳定市场预期,为企业雪中送炭,助企业焕发生机。
		12. 深入开展第31个全国税收宣传月活动,积极主动向纳税人缴费人宣传辅导新的组合式税费支持政策,开展依法诚信纳税缴费典型宣传推介。
		13. 在税务官网上线"组合式税费支持政策"专题,集成展示并持续更新组合式税费支持政策及解读信息;积极利用二维码等载体开展税费支持政策宣传,为纳税人缴费人提供方便快捷的政策查阅渠道。
		14. 结合各地纳税人缴费人特点,针对不同业务场景制发"拳头"宣传辅导产品,特别是要按照《增值税留抵退税培训辅导工作方案》要求,分阶段、分对象、多轮次做好面向税务人员的专题培训和面向纳税人缴费人的培训辅导。
		15. 增加贴近实操的政策解读、操作指南等推送内容,开发图片、短视频、动漫等更加直观的新媒体产品,拓宽微信、抖音、税企沟通平台等推送接收渠道。
		16. 优化税费优惠政策精准推送机制,完善税费政策宣传辅导标签体系,实现税费优惠政策的系统集成、精准定位、智能推送,帮助纳税人缴费人便捷了解政策。
		17. 区分企业法定代表人、财务负责人、办税（费）人员等不同类型,通过多种渠道开展更具针对性的税费优惠政策推送。
		18. 优化信息系统功能、改造信息系统流程,通过弹窗提醒、一键通达等方式实现简便快捷好操作,便利广大纳税人缴费人享受税费支持政策。
		19. 在继续做好全国100个办税服务厅直联点和12366纳税缴费服务热线信息报送的同时,建立与基层税务机关、纳税人缴费人的信息直联直报机制,通过对每一项新出台税费支持政策的跟踪,强化"第一手"信息的收集梳理和研究分析。
		20. 落实落细研发费用加计扣除优惠政策,让减税更有力支持企业加大研发投入。
		21. 完善税费优惠政策落实风险应对工作机制,根据新出台政策及时更新风险指标,实施政策落实风险应对并加强监督抽查,促进税费优惠政策直达快享。
	（三）问题实时解决	22. 积极拓展征纳互动平台、自助办税终端、电子发票服务平台、电子税务局等纳税人端税费办理渠道的征纳互动服务,实时解决纳税人缴费人办理过程中遇到的问题。
		23. 在电子税务局、自然人电子税务局税收扣缴客户端,探索启用主管税务机关电子印章,在出具高频的表证单书上自动套印,提升办税效率。
		24. 多渠道收集纳税人咨询集中、反映较多的政策问题,推动统筹研究、明确解决,提升税收政策确定性。
		25. 进一步推广"马丽工作室"为民服务相关经验做法,引导各地建立解决纳税人缴费人急难愁盼问题机制,让广大纳税人缴费人真切感受到税务部门便民为民的真心真情,推动形成征纳双方互相理解支持的良好局面。
	（四）关注个性需求	26. 对老年人、残疾人等特殊人群加强服务保障,优化线下服务流程,提供"一站式"综合服务、优先办理服务。
		27. 推进办税缴费软件适老化改造。
		28. 明确本地区申请城镇土地使用税困难减免税的情形以及办理流程、时限,提高困难减免税办理的确定性。
		29. 结合本地纳税人缴费人群体特征,组建由税务人员、志愿者组成的民族语言、方言和外语等服务团队,消除语言沟通障碍。

(续表)

任务类别	任务事项	具体措施
二、智慧办理更便捷	（五）提升网办体验	30. 扩大"非接触式"服务范围,持续拓展办税缴费网上办事项清单。
		31. 试点推广税收完税证明线上开具,提升税收票证获取便利性。
		32. 完善电子税务局增值税申报比对功能,优化异常申报在线提示提醒事项内容。
		33. 增加环境保护税申报数据批量导入功能,纳税人填报完成后即可线上提交。
		34. 扩大跨省异地电子缴税试点范围,逐步实现全国推广上线。
		35. 在具备电子税务局移动端的地区实现非居民扣缴企业所得税套餐式服务掌上办理,方便纳税人办理相关业务。
		36. 推行不动产登记全流程网上办税模式,实现全国地级以上城市不动产登记税费网上办。
		37. 优化电子税务局印花税申报功能,对已采集过税源信息的纳税人提供预填写服务,实现申报信息自动填列。
	（六）精简办理流程	38. 对全面数字化的电子发票依托税收大数据自动确定最高开票限额,并以动态管理为主、纳税人申请调整为辅,大幅简化发票申领流程、环节和相关文书。
		39. 推动纳税人延期缴纳税款、延期申报、变更纳税定额的核准,以及采取实际利润额预缴以外的其他企业所得税预缴方式的核定等4个事项由行政许可事项调整为其他权力事项,简化事项办理程序。
		40. 发布第一批全国通办税费事项清单,进一步方便纳税人缴费人跨区域办理税费业务。
		41. 结合印花税法的实施,进一步简并征期,减少申报次数和时间。
		42. 在总结个人所得税综合所得年度汇算提示提醒服务经验做法的基础上,在其他税种的申报管理中,探索试验在申报期的不同时间点向纳税人发送不同的提示提醒信息,引导纳税人积极自主完成申报。
		43. 研究制定简化企业涉税涉费事项跨省迁移办理程序的措施办法,基本实现资质异地共认,便利生产要素合理流动。
		44. 开展不动产登记区块链应用试点,进一步推动不动产登记税费信息共享,减轻纳税人缴费人提交资料负担,缩短办理时间。
	（七）减少资料报送	45. 将土地增值税税收优惠由事前备案改为纳税人"自行判别、申报享受、资料留存备查",进一步减少纳税人报送资料,简化办理流程。
		46. 开展整合企业所得税和财产行为税综合申报表试点,进一步统一不同税种征期,减少纳税人申报和缴税的次数。
		47. 发布第二批实行告知承诺制的税务证明事项,进一步减少纳税人需提交的证明材料。
		48. 编制发布保留的税务证明事项清单,逐项列明设定依据、开具单位、办理指南等,纳税人缴费人无需再提供清单之外的证明。
	（八）便利发票使用	49. 配合司法部做好发票管理办法修订相关工作。
		50. 制定铁路、民航等领域发票电子化方案并组织实施,提高社会满意度。
		51. 深化全面数字化电子发票试点的"首票服务",为纳税人提供线上多渠道精准服务,同步提升线下网格化服务效能,显著优化纳税人体验。
		52. 完善电子发票服务保障体系,税务机关通过电子发票服务平台向纳税人免费提供电子发票申领、开具、交付、查验等服务。

（续表）

任务类别	任务事项	具体措施
二、智慧办理更便捷	（九）提速退税办理	53. 协调财政部、国家档案局等部门，进一步推进电子发票电子化报销、入账、归档。
		54. 进一步精简出口退税涉税资料报送、简化退税办理流程，将全国正常出口退税平均办理时间由7个工作日压缩至6个工作日以内。
		55. 推进电子化方式留存出口退税备案单证。
		56. 依托各地电子税务局，探索多缴退税业务由税务机关自动推送退税提示提醒，纳税人在线办理确认、申请和退税。
三、分类服务更精细	（十）助力大型企业	57. 提供大企业税收确定性服务，建立健全相关制度，提升大企业纳税人满意度。
		58. 试点开展大企业集团遵从评价，根据企业集团遵从度，提供差异性服务和管理措施。
		59. 试点开展税企数据互联互通，降低大企业集团办税成本，提升纳税人服务体验。
		60. 通过线上沟通渠道，适时推送行业性税收优惠政策，开展政策宣传，助力企业及时、准确掌握政策。
		61. 与部分遵从意愿强、遵从能力高的大企业集团签订税收遵从合作协议，提供定制服务。
		62. 有条件的地区积极引导大企业集团健全税务风险内部控制体系，为企业提供税务风险内部控制建议书或个性化服务手册。
	（十一）扶持中小企业	63. 扩大小微企业减税降费红利账单推送服务试点范围，帮助纳税人算清算细减税降费红利账。
		64. 按照国务院部署，组织开展税务系统助力中小企业发展主题服务月活动。
		65. 推进"专精特新"中小企业和"小巨人"企业"一户一档"服务措施落实，助力企业高质量发展。
		66. 深化规范"银税互动"合作，试点在税务和银保监部门间实现数据直连，安全高效助力小微企业缓解融资难融资贵问题。
		67. 与全国工商联联合开展深化"春雨润苗"专项行动，持续助力小微市场主体健康发展。
	（十二）完善缴费服务	68. 发布社保费缴费事项清单，明确事项办理流程、办理方式、办理时限以及需提交的资料。
		69. 推广社保退费申请网上受理，让缴费人"少跑路"。
		70. 加强与人社、医保等相关部门数据共享，落实好特困人员、低保对象等困难人群分类资助参保缴费政策。
		71. 以采矿业、制造业、建筑业等行业为重点，开展社保费政策进企业、进车间、进工地宣传和缴费服务活动。
		72. 规范和优化电力能源类、土地出让类等非税收入征缴流程，编制相关缴费指引，提高办理缴费业务的便利度。

(续表)

任务类别	任务事项	具体措施
三、分类服务更精细	（十二）完善缴费服务	73. 推进土地出让金、土地闲置费、矿产资源专项收入、海域使用金、水利建设基金、防空地下室易地建设费等非税收入项目自动预填申报,改善缴费人申报操作体验。
		74. 推进社保经办和缴费业务线上"一窗通办"、线下"一厅联办",为缴费人提供"一站式"服务。
		75. 推进职业伤害保障制度试点工作,加强新就业形态的就业人员民生保障。
		76. 优化文化事业建设费、残疾人就业保障金申报表单,缴费人申报即可自动享受符合条件的优惠政策。
	（十三）服务个税汇算	77. 积极协调动员社会力量,组织开展税收志愿服务活动,做好各项个人所得税专项附加扣除的宣传辅导,让符合条件的纳税人及时享受红利。
		78. 对灵活就业自行缴纳社保费的纳税人,优化在个人所得税综合所得年度汇算时的填报方式,提升纳税人的填报体验。
		79. 运用税收大数据智能分析,完善个人所得税综合所得年度汇算提示提醒,引导纳税人如实准确申报。
		80. 优化自然人电子税务局扣缴端数据备份功能,使扣缴义务人在更换设备后恢复数据更加便利。
		81. 在个人所得税综合所得年度汇算中,对未使用申报表项目预填服务直接填报空白申报表的纳税人,可以重新使用预填服务;在纳税人更正申报时,也可再次选择使用申报表预填服务,为纳税人提供更好的填报体验。
四、执法监管更公正	（十四）优化执法方式	82. 进一步优化市场主体歇业纳税申报事项,依法逐步扩大税务注销即办范围,更好维护税收征管秩序和服务纳税人。
		83. 推进区域间税务执法标准统一,更好服务国家区域协调发展战略。
		84. 在部分地区推行非强制性执法方式试点,让执法既有温度又有力度。
		85. 推出第二批全国统一的税务行政处罚"首违不罚"事项清单,对于首次发生清单中所列事项且危害后果轻微,在税务机关发现前主动改正或者在税务机关责令限期改正的期限内改正,不予行政处罚,并对当事人加强税法宣传和辅导。
		86. 推进简易处罚事项网上办理,实现违法信息自动提醒、处罚流程全程网上办、处罚结果实时传递。
		87. 坚持依法组织税费收入原则,坚决不收"过头税费",发现一起查处一起。
		88. 修订省及以下税务机关权责清单,进一步强化权力监督,规范执法行为。
		89. 研究出台重点非税收入项目征管规范,保护缴费人合法权益。
	（十五）加强精准监管	90. 深入推进税收执法责任制,加强税收执法监督,持续督促规范公正执法。
		91. 开展虚假代开发票专项治理,依法打击不法分子利用自然人、小规模纳税人身份虚假代开发票行为。
		92. 引导纳税人从核定征收向查账征收方式过渡,依法处理部分高收入人员分拆收入、转换收入性质、违规利用核定征收逃避税问题,促进市场主体健康发展。
		93. 推进税务系统"双随机、一公开"监管,拓展部门联合"双随机、一公开"监管覆盖范围,规范双随机的方式方法,提高监管效率。

(续表)

任务类别	任务事项	具体措施
四、执法监管更公正	（十四）优化执法方式	94. 充分发挥税收大数据作用，严厉精准查处打击涉税违法行为，保障国家税收安全，为守法守规纳税人营造更加公平公正的市场环境。
		95. 试点推进动态"信用＋风险"税务监控，简化无风险和低风险企业的涉税业务办理流程，提醒预警或直接阻断高风险企业的涉税业务办理，依托大数据分析进一步提高风险管理效能。
		96. 坚持依法治税原则，严密防范和严厉打击各类涉税违法行为，对通过虚增进项、隐瞒收入、虚假申报和其他欺骗手段骗取留抵退税的违法行为持续加大打击力度，并对性质恶劣、情节严重的予以曝光。
		97. 将纳税人缴费人通过不同渠道反映的重点问题线索纳入2022年税收重点工作督查，主动回应纳税人缴费人关切。
	（十六）保障合法权益	98. 切实落实加强人权法治保障的要求，坚持人民至上，建立纳税缴费服务投诉暨舆情定期分析改进机制，进一步维护纳税人缴费人合法权益。
		99. 开展税务规范性文件权益性审核，制发权益性审核操作办法，更好维护纳税人缴费人合法权益。
		100. 推动建设"公职律师涉税争议咨询调解中心"，开展涉税争议咨询、组织调解、出具意见等法务活动，推动争议化解，维护纳税人合法权益。
		101. 推进《国家税务总局关于纳税人权利与义务的公告》修订工作，明确纳税人缴费人权利和义务，厘清征纳权责边界。
五、税收共治更聚力	（十七）推进部门联动	102. 深化税务、海关两部门数据共享，优化电子税务局、国际贸易"单一窗口"功能，进一步扩大出口退税申报"免填报"范围。
		103. 结合残疾人按比例就业情况联网认证跨省通办工作，加强与各级残联的双向数据共享，优化残疾人保障金申报表单，方便企业办理残疾人安置情况认证和申报缴纳残疾人就业保障金。
		104. 推进土地出让金、土地闲置费、矿产资源专项收入、海域使用金、防空地下室易地建设费等项目与相关业务主管部门的互联互通和信息共享，减轻缴费人缴费办证相关资料报送负担。
		105. 完善涉税数据共享机制，拓展数据获取渠道，推进数据共享共用，减少纳税人缴费人重复报送。
		106. 实现税务信息数据接入国家数据共享交换平台，实现纳税基本信息共享，方便纳税人办理相关政务事项。
	（十八）深化国际协作	107. 持续加强国别（地区）税收信息研究工作，优化"一带一路"相关税收政策资讯服务，分批次更新国别（地区）投资税收指南，帮助"走出去"纳税人了解相关国家（地区）税制等信息，防范和规避跨境投资税收风险。
		108. 扩大和完善税收协定网络，推动与更多国家（地区）开展税收协定谈签工作，为纳税人跨境经营提供税收确定性，避免和消除国际重复征税，降低纳税人在东道国的税收负担。
		109. 针对符合享受以利润分配直接投资暂不征收预提所得税政策但未实际享受的情况，向纳税人精准推送提示提醒信息，帮助境外投资者应享尽享优惠政策。

(续表)

任务类别	任务事项	具体措施
五、税收共治更聚力	（十八）深化国际协作	110. 依托"一带一路"税收征管合作机制，举办国家(地区)税务部门主题日活动，为"引进来"和"走出去"企业搭建税企沟通的桥梁。
		111. 协助举办第三届"一带一路"税收征管合作论坛，深化共建"一带一路"国家(地区)税收合作，共同持续提高税收征管能力，构建增长友好型税收环境。
	（十九）促进社会协同	112. 制定出台相关措施，支持第三方按市场化原则为纳税人提供个性化服务。
		113. 开展涉税服务虚假宣传及广告信息专项治理，帮助纳税人降低选择涉税专业服务的风险。
		114. 曝光涉税专业服务机构违法违规典型案例，形成警示震慑效应，促进规范涉税专业服务行业秩序。
	（二十）拓展信用应用	115. 适用增值税一般计税方法的个体工商户，可自愿参照企业纳税信用评价指标和评价方式申请参加评价，符合条件的可申请办理留抵退税。
		116. 编制税务领域公共信用信息目录，促进纳税人依法诚信纳税。
		117. 扩大纳税信用修复范围，引导市场主体及时纠正自身涉税违规行为，强化纳税人信用意识。
		118. 加大对破产重整企业纳税信用修复支持力度，帮助符合条件的企业及时修复信用。
		119. 进一步优化守信激励措施，为守信纳税人在跨省迁移、发票使用、税收证明等事项办理时给予更多便利。
		120. 实施《重大税收违法失信主体信息公布管理办法》，加强重大税收违法失信案件信息和当事人名单动态管理，积极开展信用修复工作，依法依规开展联合惩戒，引导市场主体规范健康发展。
		121. 有条件的地区积极联合市场监管、人社、医保等其他政府部门出台办法，为守信纳税人推出更多激励措施。

二、税务行政处罚"首违不罚"事项清单

为贯彻习近平法治思想、优化税务执法方式，税务总局制定了第一批税务行政处罚"首违不罚"事项清单。清单推行以来，对纳税人容错纠错空间扩容明显，行政处罚教育为主、惩戒为辅作用持续放大，广大市场主体感受到了税务执法的"温度"，积极社会效应正在逐步显现。为进一步发挥"首违不罚"积极作用，在制发第一批税务行政处罚"首违不罚"事项清单的基础上，税务总局又制发第二批税务行政处罚"首违不罚"事项清单（国家税务总局公告 2021 年第 33 号，以下简称《公告》），并对执行中的若干问题进行明确。

（一）适用税务行政处罚"首违不罚"的三个条件

《公告》强调了适用税务行政处罚"首违不罚"的三个条件：一是首次发生清单中所列事项，二是危害后果轻微，三是在税务机关发现前主动改正或者在税务机关责令限期改正的期限内改正。符合上述三个条件的，税务机关应主动对当事人适用"首违不罚"。如当事人认为其符合适用"首违不罚"的条件，但税务机关未主动适用的，可以进行申辩并要求适用"首违不罚"。同时，《公告》在"危害后果轻微"的认定上，排除了两种情形，即违法行为造成不可挽回的税费损失或者较大社会影响的，不能认定为"危害后果轻微"，不能适用"首违不罚"。

《公告》明确,税务机关应当按照《中华人民共和国行政处罚法》的相关规定,在法定期限内对适用"首违不罚"的当事人做出不予行政处罚决定,充分保障当事人的合法权益。不予行政处罚决定应当包括违法事实、相关法律依据、不予行政处罚结论和救济权利告知等内容。

《公告》要求,在适用"首违不罚"时,各级税务机关要加强管理,准确把握上述三个适用"首违不罚"的条件,不得变相扩大范围、借"首违不罚"之名行疏于履行管理职责之实,也不得擅自缩小范围,导致纳税人不能"应享尽享"。

(二) 税务行政处罚"首违不罚"事项清单

第一批(国家税务总局公告2021年第6号)	第二批(国家税务总局公告2021年第33号)
1. 纳税人未按照税收征收管理法及实施细则等有关规定将其全部银行账号向税务机关报送 2. 纳税人未按照税收征收管理法及实施细则等有关规定设置、保管账簿或者保管记账凭证和有关资料 3. 纳税人未按照税收征收管理法及实施细则等有关规定的期限办理纳税申报和报送纳税资料 4. 纳税人使用税控装置开具发票,未按照税收征收管理法及实施细则、发票管理办法等有关规定的期限向主管税务机关报送开具发票的数据且没有违法所得 5. 纳税人未按照税收征收管理法及实施细则、发票管理办法等有关规定取得发票,以其他凭证代替发票使用且没有违法所得 6. 纳税人未按照税收征收管理法及实施细则、发票管理办法等有关规定缴销发票且没有违法所得 7. 扣缴义务人未按照税收征收管理法及实施细则等有关规定设置、保管代扣代缴、代收代缴税款账簿或者保管代扣代缴、代收代缴税款记账凭证及有关资料 8. 扣缴义务人未按照税收征收管理法及实施细则等有关规定的期限报送代扣代缴、代收代缴税款有关资料 9. 扣缴义务人未按照《税收票证管理办法》的规定开具税收票证 10. 境内机构或个人向非居民发包工程作业或劳务项目,未按照《非居民承包工程作业和提供劳务税收管理暂行办法》的规定向主管税务机关报告有关事项	1. 纳税人使用非税控电子器具开具发票,未按照税收征收管理法及实施细则、发票管理办法等有关规定将非税控电子器具使用的软件程序说明资料报主管税务机关备案且没有违法所得 2. 纳税人未按照税收征收管理法及实施细则、税务登记管理办法等有关规定办理税务登记证件验证或者换证手续 3. 纳税人未按照税收征收管理法及实施细则、发票管理办法等有关规定加盖发票专用章且没有违法所得 4. 纳税人未按照征收管理法及实施细则等有关规定将财务、会计制度或者财务、会计处理办法和会计核算软件报送税务机关备查

三、办税事项"最多跑一次"清单(国家税务总局公告2018年第12号)

(1) 办税事项"最多跑一次",是指纳税人办理《办税事项"最多跑一次"清单》(以下简称《清单》)范围内事项,在资料完整且符合法定受理条件的前提下,最多只需要到税务机关跑一次。

(2) 对《清单》所列办税事项,各地税务机关应全面实现"最多跑一次"。各省税务机关可通过推行网上办税、邮寄配送、上门办税等多种方式,在税务总局《清单》的基础上增列"最多跑一次"办税事项,形成本省税务局的办税事项"最多跑一次"清单并向社会公告实施。

(3) 各地税务机关在推行"最多跑一次"改革的同时,应积极落实税务总局深化"放管服"的要求,大力推进网上办税,努力实现办税"不用跑"。

(4) 省税务机关要针对"最多跑一次"办税事项的报送资料、办理条件、办理时限、办理方式及流程等编制办税指南并进行公示和宣传,便于纳税人掌握,顺利推进办税事项"最多跑一次"改革。

办税事项"最多跑一次"清单(共 5 大类 103 个事项)

序号	事项类别	事项名称
1	报告类	自然人纳税人信息采集
2		扣缴税款登记
3		存款账户账号报告
4		财务会计制度及核算软件备案报告
5		跨区域涉税事项报告
6		跨区域涉税事项报验
7		跨区域涉税事项反馈
8		增值税一般纳税人登记
9		选择按增值税小规模纳税人纳税
10		增值税一般纳税人选择简易计税方法计算缴纳增值税
11		欠税人处置不动产或大额资产报告
12		纳税人合并分立情况报告
13		发包、出租情况报告
14	发票类	发票票种核定
15		增值税专用发票(增值税税控系统)最高开票限额审批(10 万元以下)
16		增值税税控系统专用设备初始发行
17		增值税税控系统专用设备变更发行
18		增值税税控系统专用设备注销发行
19		发票领用
20		发票退回
21		代开增值税发票
22		发票验旧
23		增值税发票存根联数据采集
24		发票认证
25		海关完税凭证数据采集
26		发票缴销
27		发票挂失、损毁报备
28		丢失被盗税控专用设备处理
29	申报类	增值税一般纳税人申报
30		增值税小规模纳税人(非定期定额户)申报
31		增值税预缴申报
32		航空运输企业汇总缴纳增值税年度清算申报
33		烟类应税消费品消费税申报
34		酒类应税消费品消费税申报
35		成品油消费税申报
36		小汽车消费税申报
37		电池消费税申报
38		涂料消费税申报

(续表)

序号	事项类别	事项名称
39	申报类	其他类消费税申报
40		车辆购置税申报
41		居民企业所得税月(季)度预缴纳税申报(适用查账征收)
42		居民企业所得税月(季)度预缴纳税申报(适用核定征收)
43		居民企业所得税年度纳税申报(适用查账征收)
44		居民企业所得税年度纳税申报(适用核定征收)
45		居民企业清算企业所得税申报
46		非居民企业所得税季度纳税申报(适用据实申报)
47		非居民企业所得税季度纳税申报(适用核定征收)及不构成常设机构和国际运输免税申报
48		非居民企业所得税年度纳税申报(适用据实申报)
49		非居民企业所得税年度纳税申报(适用核定征收)及不构成常设机构和国际运输免税申报
50		自然人纳税人个人所得税自行纳税申报
51		生产、经营纳税人个人所得税自行纳税申报
52		房产税申报
53		城镇土地使用税申报
54		土地增值税纳税申报(从事房地产开发的纳税人预征适用)
55		耕地占用税申报
56		资源税申报
57		印花税申报
58		车船税申报
59		烟叶税申报
60		城市维护建设税申报
61		废弃电器电子产品处理基金申报
62		文化事业建设费申报
63		教育费附加和地方教育附加申报
64		定期定额个体工商户增值税申报
65		定期定额个体工商户消费税申报
66		委托代征申报
67		扣缴车船税申报
68		扣缴非居民企业所得税申报
69		扣缴个人所得税申报
70		代扣代缴文化事业建设费申报
71		代扣代缴证券交易印花税申报
72		代扣代缴、代收代缴报告
73		财务会计报告报送
74		出口退(免)税预申报

(续表)

序号	事项类别	事项名称
75	申报类	关联申报
76		国别报告
77		成本分摊协议副本报送
78	备案类	增值税优惠备案
79		消费税优惠备案
80		车辆购置税优惠备案
81		非居民企业享受税收协定待遇办理
82		个人所得税优惠备案
83		企业年金、职业年金计划报告
84		股权激励或以技术成果投资入股递延纳税报告
85		非居民个人享受税收协定待遇办理
86		资源税优惠备案
87		印花税优惠备案
88		出口退（免）税备案
89		集团公司成员企业备案
90		融资租赁企业退税备案
91		边贸代理出口备案
92		出口企业放弃退（免）税权备案
93		出口企业申请出口退税提醒服务
94		跨境应税行为免征增值税备案
95		非居民企业股权转让适用特殊性税务处理的备案
96		服务贸易等项目对外支付税务备案
97	证明类	完税证明开具
98		开具个人所得税完税证明
99		《非居民企业汇总申报企业所得税证明》开具
100		丢失增值税专用发票已报税证明单开具
101		《车辆购置税完税证明》补办
102		《车辆购置税完税证明》更正
103		《资源税管理证明》开具

四、"非接触式"网上办税缴费事项清单（国家税务总局官方网站）

为贯彻中办、国办印发的《关于进一步深化税收征管改革的意见》精神，结合开展"我为纳税人缴费人办实事暨便民办税春风行动"，税务部门积极拓展"非接触式"办税缴费事项，持续改进办税缴费方式，切实减轻办税缴费负担，为纳税人、缴费人提供安全、高效、便利的服务，更好服务市场主体发展，现将233个可在网上办理的"非接触式"办税缴费事项予以公布。在此基础上，税务部门还将进一步依托电子税务局、手机App、邮寄、传真、电子邮件等，不断拓宽"非接触式"办税缴费渠道，对部分复杂事项通过线上线下结合办理的方式，更好地为纳税人、缴费人服务。

序号	税务事项名称	序号	税务事项名称
1	一照一码户信息确认	33	企业所得税清算报备
2	两证整合个体工商户信息确认	34	税务注销即时办理
3	两证整合个体工商户信息变更	35	注销扣缴税款登记
4	一照一码户信息变更	36	发票遗失、损毁报告
5	纳税人(扣缴义务人,含自然人)身份信息报告	37	税务证件增补发
6	增值税一般纳税人登记	38	文化事业建设费缴费信息报告
7	选择按小规模纳税人纳税的情况说明	39	发票票种核定
8	其他纳税人(扣缴义务人)身份信息变更	40	发票验(交)旧
9	货物运输业小规模纳税人异地代开增值税专用发票备案	41	红字增值税专用发票开具及作废
		42	增值税税控系统专用设备变更发行
10	出口退(免)税企业备案信息报告	43	增值税预缴申报
11	退税商店资格信息报告	44	增值税一般纳税人申报
12	出口企业放弃退(免)税权报告	45	原油天然气增值税申报
13	其他出口退(免)税备案	46	增值税小规模纳税人申报
14	增值税适用加计抵减政策声明	47	航空运输企业年度清算申报
15	存款账户账号报告	48	消费税申报
16	财务会计制度及核算软件备案报告	49	居民企业(查账征收)企业所得税月(季)度申报
17	银税三方(委托)划缴协议		
18	综合税源信息报告	50	居民企业(查账征收)企业所得税年度申报
19	环境保护税税源信息采集	51	居民企业(核定征收)企业所得税月(季)度申报
20	增量房房源信息报告		
21	水资源税税源信息报告	52	居民企业(核定征收)企业所得税年度申报
22	建筑业项目报告	53	清算企业所得税申报
23	注销建筑业项目报告	54	企业所得税汇总纳税信息报告
24	不动产项目报告	55	非居民企业企业所得税自行申报
25	注销不动产项目报告	56	非居民企业企业所得税预缴申报
26	房地产税收一体化信息报告	57	非居民企业企业所得税年度申报
27	跨区域涉税事项报告	58	关联业务往来年度报告申报
28	跨区域涉税事项报验	59	扣缴企业所得税报告
29	跨区域涉税事项信息反馈	60	车辆购置税申报
30	税收减免备案	61	城镇土地使用税、房产税申报
31	停业登记	62	车船税申报
32	复业登记	63	印花税申报

(续表)

序号	税务事项名称	序号	税务事项名称
64	印花税票代售报告	97	财务报表报送与信息采集(其他会计制度)
65	委托代征证券交易印花税报告	98	企业集团合并财务报表报送与信息采集
66	代扣代缴证券交易印花税申报	99	税收统计调查数据采集
67	烟叶税申报	100	重点税源补充信息采集
68	耕地占用税申报	101	对外合作开采石油企业信息采集
69	契税申报	102	欠税人处置不动产或者大额资产报告
70	资源税申报	103	境内机构和个人发包工程作业或劳务项目备案
71	水资源税申报		
72	土地增值税预征申报	104	税费缴纳
73	房地产项目尾盘销售土地增值税申报	105	开具税收完税证明
74	其他情况土地增值税申报	106	转开印花税票销售凭证
75	土地增值税清算申报	107	转开税收缴款书(出口货物劳务专用)
76	环境保护税一般申报	108	中国税收居民身份证明开具
77	环境保护税抽样测算及按次申报	109	服务贸易等项目对外支付税务备案
78	附加税(费)申报	110	出口退(免)税证明开具
79	文化事业建设费申报	111	来料加工免税证明及核销办理
80	废弃电器电子产品处理基金申报	112	出口卷烟相关证明及免税核销办理
81	石油特别收益金申报	113	作废出口退(免)税证明
82	油价调控风险准备金申报	114	补办出口退(免)税证明
83	残疾人就业保障金申报	115	开具中央非税收入统一票据
84	非税收入通用申报	116	确定发票印制企业
85	通用申报(税及附征税费)	117	对纳税人延期缴纳税款核准
86	定期定额户自行申报	118	对纳税人延期申报核准
87	委托代征报告	119	对纳税人变更纳税定额的核准
88	房地产交易税费申报	120	增值税专用发票(增值税税控系统)最高开票限额审批
89	申报错误更正		
90	申报作废	121	对采取实际利润额预缴以外的其他企业所得税预缴方式的核定
91	逾期申报		
92	财务报表数据转换	122	变更税务行政许可
93	财务报表报送与信息采集(企业会计准则)	123	税收减免核准
94	财务报表报送与信息采集(小企业会计准则)	124	定期定额户申请核定及调整定额
95	财务报表报送与信息采集(企业会计制度)	125	农产品增值税进项税额扣除标准核定
96	财务报表报送与信息采集(政府会计准则制度)	126	误收多缴退抵税

(续表)

序号	税务事项名称	序号	税务事项名称
127	入库减免退抵税	160	代开增值税专用发票
128	汇算清缴结算多缴退抵税	161	代开增值税普通发票
129	车辆购置税退税	162	代开发票作废
130	车船税退抵税	163	发票缴销
131	增值税期末留抵税额退税	164	特别纳税调整数据采集
132	石脑油、燃料油消费税退税	165	税务代保管资金收取
133	逾期增值税抵扣凭证抵扣管理	166	纳税担保申请确认
134	未按期申报抵扣增值税扣税凭证抵扣管理	167	复议申请
135	出口货物劳务免退税申报核准	168	赔偿申请
136	外贸企业外购应税服务免退税申报核准	169	税务行政补偿
137	外贸综合服务企业代办退税申报核准	170	中国居民(国民)申请启动的相互协商程序
138	购进自用货物免退税申报核准	171	税务师事务所行政登记
139	出口已使用过设备免退税申报核准	172	税务师事务所行政登记变更及终止
140	退税代理机构结算核准	173	逾期抄报税远程解锁税控设备
141	航天发射业务免退税申报核准	174	专项附加扣除信息采集
142	生产企业出口非自产货物消费税退税申报核准	175	综合所得个人所得税代扣代缴(预扣预缴)申报
143	出口货物劳务免抵退税申报核准		
144	增值税零税率应税服务免抵退税申报核准	176	扣缴义务人集中办理综合所得个人所得税汇算清缴申报
145	生产企业进料加工业务免抵退税核销		
146	出口退(免)税凭证信息查询申请	177	综合所得个人所得税年度自行申报
147	出口退税资料报送与信息采集	178	综合所得个人所得税年度汇算委托代理申报
148	纳税信用补评	179	经营所得个人所得税月(季)度申报(A表)
149	纳税信用复评	180	经营所得个人所得税年度申报(B表)
150	延(分)期缴纳罚款申请审批	181	多处经营所得个人所得税汇总年度申报(C表)
151	涉税专业服务协议信息采集		
152	涉税专业服务协议信息变更及终止	182	限售股转让所得个人所得税扣缴申报
153	涉税专业服务业务信息采集	183	转增股本分期纳税,股权激励、技术成果投资入股递延纳税、科技成果转化现金奖励等个人所得税备案
154	涉税专业服务机构(人员)基本信息采集		
155	合并分立报告		
156	一照一码户清税申报	184	非居民个人所得税代扣代缴申报
157	两证整合个体工商户清税申报	185	集中办理综合所得个人所得税汇算缴款
158	注销税务登记	186	个人所得税扣缴手续费申请
159	发票领用	187	开具个人所得税完税记录

(续表)

序号	税务事项名称	序号	税务事项名称
188	个人所得税异议申诉("被收入""被任职""被财务")	211	增值税留抵抵欠
189	跨境应税行为免征增值税报告	212	非居民企业股权转让适用特殊性税务处理的备案
190	增值税纳税人放弃免(减)税权声明	213	非居民企业间接转让财产事项报告
191	农产品增值税进项税额扣除标准备案	214	开具无欠税证明
192	软件和集成电路产业企业所得税优惠事项资料采集	215	增值税税控系统专用设备初始发行
		216	增值税税控系统专用设备注销发行
193	定期定额户申请终止定期定额征收方式	217	发票防伪用品领购(税控公司)
194	代收代缴车船税申报	218	发票防伪用品核销(税控公司)
195	纳税信用修复申请	219	海关缴款书重号核查
196	涉税专业服务机构信息汇总报送申请	220	特别纳税调查自行调整(缴纳)
197	涉税专业服务机构(人员)信用复核申请	221	一般反避税调查延期报送资料
198	签订税务文书电子送达确认书	222	税务行政处罚听证申请
199	矿区使用费申报	223	赔偿申请撤回
200	源泉扣缴合同信息采集及变更	224	申请税务人员回避处理
201	软件产品增值税即征即退进项分摊方式资料报送与信息采集	225	外国驻华使(领)馆及其馆员在华购买货物和服务增值税退税申报核准
202	核定征收企业所得税重大变化报告	226	单位社会保险费申报
203	非居民纳税人享受税收协定待遇	227	灵活就业人员社会保险费申报
204	代扣代缴文化事业建设费申报	228	城乡居民社会保险费申报
205	其他代扣代缴、代收代缴申报	229	城乡居民社会保险费虚拟户申报
206	境外注册中资控股企业居民身份认定申请	230	社会保险费特殊缴费申报
207	增值税、消费税汇总纳税报告	231	工程项目工伤保险费申报
208	纳税人申请调整核定印花税	232	开具社会保险费缴费证明
209	环境保护税(调整)核定申请	233	误收多缴退还社保费申请
210	税收优惠资格取消		

五、优化跨区域涉税事项报验管理(国家税务总局公告2018年第38号)

(1)纳税人跨省(自治区、直辖市和计划单列市)临时从事生产经营活动的,向机构所在地的税务机关填报《跨区域涉税事项报告表》。

(2)纳税人跨区域经营合同延期的,可以向经营地或机构所在地的税务机关办理报验管理有效期限延期手续。

(3)跨区域报验管理事项的报告、报验、延期、反馈等信息,通过信息系统在机构所在地和经营地的税务机关之间传递,实时共享。

(4)纳税人首次在经营地办理涉税事宜时,向经营地的税务机关报验跨区域涉税事项。

(续表)

(5) 纳税人跨区域经营活动结束后,应当结清经营地税务机关的应纳税款以及其他涉税事项,向经营地的税务机关填报《经营地涉税事项反馈表》。经营地的税务机关核对《经营地涉税事项反馈表》后,及时将相关信息反馈给机构所在地的税务机关。纳税人不需要另行向机构所在地的税务机关反馈。	(6) 机构所在地的税务机关要设置专岗,负责接收经营地的税务机关反馈信息,及时以适当方式告知纳税人,并适时对纳税人已抵减税款、在经营地已预缴税款和应预缴税款进行分析、比对,发现疑点的,及时推送至风险管理部门或者稽查部门组织应对。

六、纳税信用修复

政策依据:

《国家税务总局关于发布〈纳税信用管理办法(试行)〉的公告》(国家税务总局公告2014年第40号);

《国家税务总局关于纳税信用管理有关事项的公告》(国家税务总局公告2020年第15号);

《国家税务总局关于纳税信用修复有关事项的公告》(国家税务总局公告2019年第37号);

《国家税务总局关于纳税信用评价与修复有关事项的公告》(国家税务总局公告2021年第31号)。

(一) 申请纳税信用修复的条件

根据国家税务总局公告2019年第37号文件的规定,税务机关对企业进行纳税信用积分评定后,如纳税人符合下列条件之一的,可在规定期限内向主管税务机关申请纳税信用修复:

(1) 纳税人发生未按法定期限办理纳税申报、税款缴纳资料备案等事项且已补办的。

(2) 未按税务机关处理结论缴纳或者足额缴纳税款、滞纳金和罚款,未构成犯罪,纳税信用级别被直接判为D级的纳税人,在税务机关处理结论明确的期限期满后60日内足额缴纳、补缴的。

(3) 纳税人履行相应法律义务并由税务机关依法解除非正常户状态的。

根据国家税务总局公告2021年第31号文件的规定,符合下列条件之一的纳税人,可向主管税务机关申请纳税信用修复:

(1) 破产企业或其管理人在重整或和解程序中,已依法缴纳税款、滞纳金、罚款,并纠正相关纳税信用失信行为的。

(2) 因确定为重大税收违法失信主体,纳税信用直接判为D级的纳税人,失信主体信息已按照国家税务总局相关规定不予公布或停止公布,申请前连续12个月没有新增纳税信用失信行为记录的。

(3) 由纳税信用D级纳税人的直接责任人员注册登记或者负责经营,纳税信用关联评价为D级的纳税人,申请前连续6个月没有新增纳税信用失信行为记录的。

(4) 因其他失信行为纳税信用直接判为D级的纳税人,已纠正纳税信用失信行为、履行税收法律责任,申请前连续12个月没有新增纳税信用失信行为记录的。

(5) 因上一年度纳税信用直接判为D级,本年度纳税信用保留为D级的纳税人,已纠正纳税信用失信行为、履行税收法律责任或失信主体信息已按照国家税务总局相关规定不予公布或停止公布,申请前连续12个月没有新增纳税信用失信行为记录的。

信用修复不是简单的"洗白记录",也不是简单的"退出惩戒"。按照有限度修复的原则,国家税务总局公告2019年第37号文件明确了19种情节轻微或未造成严重社会影响的纳税信用失信行为,及相应的修复条件,共包括15项未按规定期限办理纳税申报、税款缴纳、资料备案等事项和4项直接判D级情形。

纳税信用修复范围及标准

序号	指标名称	指标代码	失信扣分分值	修复加分分值和修复标准		
				30日内纠正	30日后本年纠正	30日后次年纠正
1	未按规定期限纳税申报*	010101	5分	涉及税款1000元以下的加5分,其他的加4分	2分	1分
2	未按规定期限代扣代缴*	010102	5分	涉及税款1000元以下的加5分,其他的加4分	2分	1分
3	未按规定期限填报财务报表*	010103	3分	2.4分	1.2分	0.6分
4	从事进料加工业务的生产企业,未按规定期限办理进料加工登记、申报、核销手续的*	010304	3分	2.4分	1.2分	0.6分
5	未按规定时限报送财务会计制度或财务处理办法*	010501	3分	2.4分	1.2分	0.6分
6	使用计算机记账,未在使用前将会计电算化系统的会计核算软件、使用说明书及有关资料报送主管税务机关备案的*	010502	3分	2.4分	1.2分	0.6分
7	纳税人与其关联企业之间的业务往来应向税务机关提供有关价格、费用标准信息而未提供的*	010503	3分	2.4分	1.2分	0.6分
8	未按规定(期限)提供其他涉税资料的*	010504	3分	2.4分	1.2分	0.6分
9	未在规定时限内向主管税务机关报告开立(变更)账号的*	010505	5分	4分	2分	1分
10	未按规定期限缴纳已申报或批准延期申报的应纳税(费)款*	020101	5分	涉及税款1000元以下的加5分,其他的加4分	2分	1分
11	至评定期末,已办理纳税申报后纳税人未在税款缴纳期限内缴纳税款或经批准延期缴纳的税款期限已满,纳税人未在税款缴纳期限内缴纳的税款在5万元以上(含5万元)的*	020201	11分	8.8分	4.4分	2.2分
12	至评定期末,已办理纳税申报后纳税人未在税款缴纳期限内缴纳税款或经批准延期缴纳的税款期限已满,纳税人未在税款缴纳期限内缴纳的税款在5万元以下的*	020202	3分	涉及税款1000元以下的加3分,其他的加2.4分	1.2分	0.6分
13	已代扣代收税款,未按规定解缴的*	020301	11分	涉及税款1000元以下的加11分,其他的加8.8分	4.4分	2.2分
14	未履行扣缴义务,应扣未扣,应收不收税款*	020302	3分	涉及税款1000元以下的加3分,其他的加2.4分	1.2分	0.6分

(续表)

序号	指标名称	指标代码	失信扣分分值	修复加分分值和修复标准		
				30日内纠正	30日后本年纠正	30日后次年纠正
15	银行账户设置数大于纳税人向税务机关提供数*	—	11分	8.8分	4.4分	2.2分
16	有非正常户记录的纳税人*	040103	直接判D	履行相应法律义务并由税务机关依法解除非正常户状态的,税务机关依据纳税人申请重新评价纳税信用级别,但不得评价为A级。 履行相应法律义务并由税务机关依法解除非正常户状态,在被直接判为D级的次年年底之后提出修复申请且申请前连续12个月没有新增纳税信用失信行为记录的,税务机关依据纳税人申请重新评价纳税信用级别,但不得评价为A级。		
17	非正常户直接责任人员注册登记或负责经营的其他纳税户	040104	直接判D	非正常户纳税人修复后纳税信用级别不为D级的,税务机关依据纳税人申请重新评价纳税信用级别。		
18	D级纳税人的直接责任人员注册登记或负责经营的其他纳税户	040105	直接判D	D级纳税人修复后纳税信用级别不为D级的,税务机关依据纳税人申请重新评价纳税信用级别。 D级纳税人未申请修复或修复后纳税信用级别仍为D级,被关联纳税人申请前连续6个月没有新增纳税信用失信行为记录的,税务机关依据纳税人申请重新评价纳税信用级别。		
19	在规定期限内未补交或足额补缴税款、滞纳金和罚款*	050107	直接判D	在税务机关处理结论明确的期限期满后60日内足额补缴的(构成犯罪的除外),税务机关依据纳税人申请重新评价纳税信用级别,但不得评价为A级。 在税务机关处理结论明确的期限期满后60日内足额补缴(构成犯罪的除外),在被直接判为D级的次年年底之后提出修复申请且申请前连续12个月没有新增纳税信用失信行为记录的,税务机关依据纳税人申请重新评价纳税信用级别,但不得评价为A级。 在税务机关处理结论明确的期限期满60日后足额补缴(构成犯罪的除外),申请前连续12个月没有新增纳税信用失信行为记录的,税务机关依据纳税人申请重新评价纳税信用级别,但不得评价为A级。		
20	确定为重大税收违法失信主体*	—	直接判D	重大税收违法失信主体信息已不予公布或停止公布,申请前连续12个月没有新增纳税信用失信行为记录的,税务机关依据纳税人申请重新评价纳税信用级别,但不得评价为A级。		
21	其他严重失信行为*	010401至010413	直接判D	已纠正纳税信用失信行为、履行税收法律责任,申请前连续12个月没有新增纳税信用失信行为记录的,税务机关依据纳税人申请重新评价纳税信用级别,但不得评价为A级。		
		030110至030115	直接判D			
		060101 060102 060103 060201 060202	直接判D			

（续表）

序号	指标名称	指标代码	失信扣分分值	修复加分分值和修复标准		
				30日内纠正	30日后本年纠正	30日后次年纠正
22	因上一年度纳税信用直接判为D级，本年度纳税信用保留为D级*	—	直接判D	已纠正纳税信用失信行为、履行税收法律责任或重大税收违法失信主体信息已不予公布或停止公布，申请前连续12个月没有新增纳税信用失信行为记录的，税务机关依据纳税人申请重新评价纳税信用级别，但不得评价为A级。		

备注：1.30日内纠正，即在失信行为被税务机关列入失信记录后30日内(含30日)纠正失信行为；30日后本年纠正，即在失信行为被税务机关列入失信记录后超过30日且在当年年底前纠正失信行为；30日后次年纠正，即在失信行为被税务机关列入失信记录后超过30日且在次年年底前纠正失信行为。

2. 带*内容，是指符合修复条件的破产重整企业或其管理人申请纳税信用修复时，扣分指标修复标准视同30日内纠正，直接判D指标修复标准不受申请前连续12个月没有新增纳税信用失信行为记录的条件限制。

（1）纳税人发生未按法定期限办理纳税申报、税款缴纳、资料备案等事项且已补办的，加分分值根据补办时间与失信行为被税务机关列入失信记录的时间间隔确定，在30日内、本年内、次年内纠正的，分别能挽回80%、40%、20%的扣分损失。对于未按规定期限申报或缴纳已申报的税款等事项，若涉及税款金额不超过1 000元且纳税人能在失信行为被记录的30日内及时补办的，则补回100%的扣分分值。

（2）未按税务机关处理结论缴纳或者足额缴纳税款、滞纳金和罚款，未构成犯罪，纳税信用级别被直接判为D级的纳税人，应在税务机关处理结论明确的期限期满后60日内足额缴纳、补缴税款、滞纳金和罚款，方能申请纳税信用修复。

（3）非正常户纳税人应履行相应法律义务，经税务机关依法解除非正常状态，方能申请纳税信用修复。非正常户失信行为纳税信用修复一个纳税年度内只能申请一次。纳税年度自公历1月1日起至12月31日止。

（二）纳税信用修复的时限和程序

开展纳税信用修复以纠正失信行为为前提。非正常户失信行为纳税信用修复一个纳税年度内只能申请一次。纳税年度自公历1月1日起至12月31日止。

（1）对于符合上述修复条件第1项所列条件且失信行为已纳入纳税信用评价的，纳税人可在失信行为被税务机关列入失信记录的次年年底前向主管税务机关提出信用修复申请。失信行为尚未纳入纳税信用评价的，纳税人无需提出申请，由税务机关按照《纳税信用修复范围及修复标准》对纳税人该项纳税信用评价指标分值进行调整，并按照规定做好后续的纳税信用评价。上述"纳入纳税信用评价"是指税务机关已启动相应年度的纳税信用评价工作，相关失信行为的扣分情况已记入年度纳税信用评价指标得分。

（2）对于符合上述修复条件第2项、第3项所列条件的，纳税人可在纳税信用被直接判为D级的次年年底前向主管税务机关提出申请。税务机关根据纳税人失信行为纠正情况对该项纳税信用评价指标的状态进行调整，并重新评价纳税人纳税信用级别，但不得评价为A级。

（3）纳税信用修复后纳税信用级别不再为D级的纳税人，其直接责任人注册登记或者负责经营的其他纳税人之前被关联为D级的，可向主管税务机关申请解除纳税信用D级关联。

（4）申请纳税信用修复的纳税人向主管税务机关提交《纳税信用修复申请表》，并对纠正失信行为的真实性作出承诺。主管税务机关自受理纳税信用修复申请之日起15个工作日内完成审核，并向纳税人反馈信用修复结果。

纳税信用修复申请表

纳税人识别号 (统一社会信用代码)			
纳税人名称			
经办人		联系电话	
评价年度		评价结果	

具体原因

☐1. 未按法定期限办理纳税申报、税款缴纳、资料备案等事项且已补办

　其中,涉及以下指标的,请填写纠正日期及说明：

　☐010304.从事进料加工业务的生产企业,未按规定期限办理进料加工登记、申报、核销手续的；纠正日期及说明：_____

　☐010502.使用计算机记账,未在使用前将会计电算化系统的会计核算软件、使用说明书及有关资料报送主管税务机关备案的；纠正日期及说明：_____

　☐010503.纳税人与其关联企业之间的业务往来应向税务机关提供有关价格、费用标准信息而提供的；纠正日期及说明：_____

　☐010504.未按规定(期限)提供其他涉税资料的；纠正日期及说明：_____

　☐020302.未履行扣缴义务,应扣未扣,应收不收税款；纠正日期及说明：_____

☐2. 未按税务机关处理结论缴纳或者足额缴纳税款、滞纳金和罚款

　○在处理结论的期限期满后60日内足额补缴

　○在处理结论的期限期满后60日内足额补缴,在被直接判为D级的次年年底之后提出修复申请且申请

　前连续12个月没有新增纳税信用失信行为记录

　○在处理结论的期限期满60日后足额补缴,连续12个月没有新增纳税信用失信行为记录

☐3. 履行相关法律义务由税务机关依法解除非正常状态

　○在被直接判为D级的次年年底前提出修复申请

　○在被直接判为D级的次年年底之后提出修复申请且申请前连续12个月没有新增纳税信用失信行为记录

☐4. 确定为重大税收违法失信主体,失信主体信息已按照国家税务总局相关规定不予公布或停止公布,连续12个月没有新增纳税信用失信行为记录

☐5. 由纳税信用D级纳税人或非正常户的直接责任人员注册登记或负责经营,纳税信用关联为D级

　○D级纳税人或非正常户经修复后不再为D级

　○D级纳税人的关联企业连续6个月没有新增纳税信用失信行为记录

☐6. 因其他失信行为纳税信用直接判为D级,已纠正纳税信用失信行为,履行税收法律责任,连续12个月没有新增纳税信用失信行为记录

☐7. 纳税信用保留为D级,已纠正纳税信用失信行为、履行税收法律责任或失信主体信息已按照国家税务总局相关规定不予公布或停止公布,连续12个月没有新增纳税信用失信行为记录

☐8. 破产重整企业已依法缴纳税款、滞纳金、罚款,并纠正相关纳税信用失信行为

谨承诺：

1. 对申请修复年度纳税信用评价结果无异议,且已对失信行为进行纠正；
2. 所填写的内容和提交的相关材料真实、有效；
3. 违背承诺自愿接受惩戒,并承担相应责任。

经办人签章： 　法定代表人签字： 　纳税人公章：	受理人： 　受理日期：　　年　月　日 　主管税务机关(章)

备注：1. 主管税务机关自受理纳税信用修复申请之日起15个工作日内完成审核,并向纳税人反馈信用修复结果。

　　　2. 本表一式两份,主管税务机关和纳税人各留存一份。

(5) 税务机关对纳税人虚假承诺的处理。

税务机关发现纳税人虚假承诺的,撤销相应的纳税信用修复,并按照《纳税信用评价指标和评价方式(试行)调整表》予以扣分,《纳税信用评价指标和评价方式(试行)调整表》样式见下表。

纳税信用评价指标和评价方式(试行)调整表

税务内部信息	经常性指标信息	一级指标	二级指标	三级指标	扣分标准	备注
税务内部信息	经常性指标信息	01.涉税申报信息	0101.按照规定申报纳税	010106.故意隐瞒真实情况、提供虚假承诺办理有关事项的(按次计算)	5分	新增需要指标

(三)纳税信用修复结果

修复指标调整将与相应扣分及直接判级指标一一对应。对于修复后涉及纳税信用级别调整的,税务机关也将记录评价结果调整情况。纳税信用修复完成后,纳税人按照修复后的纳税信用级别适用相应的税收政策和管理服务措施,之前已适用的税收政策和管理服务措施不作追溯调整。税务机关发现纳税人未履行信用修复承诺,通过提交虚假材料申请纳税信用修复的,在核实后撤销已完成的纳税信用修复,并在纳税信用年度评价中按次扣5分。

(四)纳税信用修复和纳税信用复评的关系

纳税信用修复适用于纳税人发生了失信行为并且主动纠正、消除不良影响后向税务机关申请恢复其纳税信用的情形。纳税信用复评适用于纳税人对纳税信用评价结果有异议,认为部分纳税信用指标扣分或直接判级有误或属于非自身原因导致,而采取的一种维护自身权益的行为。纳税信用修复的前提是纳税人对税务机关作出的年度评价结果无异议,如有异议,应先进行纳税信用复评后再申请纳税信用修复。